民国首版学术经典

中国文化史【上册】

柳诒徵 著

上海科学技术文献出版社
Shanghai Scientific and Technological Literature Press

出版说明

民国时期虽只有短短三十几年，却在中国历史上拥有极其重要的地位。随着地理封闭格局的打破，社会制度的转型，思想束缚的解放，社会的文化和学术也开始了古今中西新旧融合与创新的历史过程，迎来一个百家争胜、异彩纷呈的局面，直接表现便是名家辈出、佳作迭现，且其视野之开阔、学识之渊博、影响之深远，为前代所不及，亦为后人所难达。

民国文学史堪称一部文学思潮、文学流派、文学运动、文学论争、文学社团的流变史，它们之间存在着相互交叉、相互生成的复杂关系，而要想从这些复杂的关系中理清头绪、找到脉络，关键还是要着手到具体的作家与作品上。由于受到各种因素的影响，有时即使是同一部文学作品，在不同的版本中也会呈现出大相径庭的风貌。我们尽量选取民国文学经典作品中最初的版本，保留了原书的内封和版权页、书后广告，将文学经典作品的原貌呈现出来。有些文学作品，由于作者早逝等因素，虽然在文学史上具有一定的价值，但人们对其知之甚少。为此，我们也挑选了一些并非广为流传，但是具有自己的风格、在当时的文学思潮中占据过一定地位的文学作品，为当代文学史的研究提供更多的资源。

从 1911 年辛亥革命结束清王朝统治到 1949 年中华人民共和国成立，在这一段特殊时期成长起来的中国学人涌现出了许多大家，并产生了在中国学术史占有重要地位的著作，尽管今人对民国学术的评价是仁者见仁，智者见智，但不可否认的是不论是这些大家的人格魅力，还是那些著作所折射出来的思想的光辉影响了几代学人。

有鉴于此，我们以"民国首版经典"之名影印了民国文学、学术经典。内容可谓包罗万象，诗歌、小说、散文、纪实文学，以及史学、理学、文学研究等方方面面，所选皆出自名家、大家之手，或为各学科奠基之作，或为集大成之作，或为震动当时、影响深远的传诵之作，其中不乏流传很少、极难觅寻的孤本，我们苦心孤诣，找寻到这些经典著作的初版本，影印出版，精装制作，以飨读者。

编　者

中國文化史

中國文化史

上冊

柳詒徵編著

南京鍾山書局印行

城北總局　中央大學門前蓁巷巷口
城南支店　太平路三二二號
上海發行所　老西門陳英士紀念塔南首

民國二十四年一月再版

上冊實價二元五角

中國文化史上册目錄

第二編　中古文化史

中國文化史 上册

柳詒徵

緒論

歷史之學。最重因果。人事不能有因而無果。亦不能有果而無因。治歷史者。職在綜合人類過去時代複雜之事實。推求其因果而爲之解析。以詔示來茲。舍此無所謂史學也。人類之動作。有共同之軌轍。亦有特殊之蛻變。欲知其共同之軌轍。當合世界各國家各種族之歷史。以觀其通。欲知其特殊之蛻變。當專求一國家一民族或多數民族組成一國之歷史。以覘其異。今之所述。限於中國。凡所標舉。函有二義。一以求人類演進之通則。一以明吾民獨造之眞際。蓋晚清以來。積腐襮著。綜他人所訴病。與吾國人自省其闕失。幾若無文化可言。歐戰既輟。人心惶擾。遠西學者。時或想像東方之文化。國人亦頗思反而自求。然證以最近之紛亂。謂吾國必有持久不敝者存。又若無以共信。實則憑短期之觀察。遽以概全部之歷史。客感所淆。矜餒皆失。欲知中國歷史之眞相及其文化之得失。首宜虛心探索。勿遽爲之判斷。此吾所渴望於同志者也。

吾書凡分三編。第一編。自邃古以迄兩漢。是爲吾國民族本其創造之力。由部落而建設國家。構成獨立之文化之時期。第二編。自東漢以迄明季。是爲印度文化輸入吾國。與吾國固有文化由抵牾而融合之時期。第三編自明季迄今日。是爲中印兩種文化均已就衰。而遠西之學術思想宗教政法以次輸入。相激相盪而卒相合之時期。此三期者。初無截然畫分之界限。特就其嬗聯蛻化之際。略分畛畔。以便尋繹。實則吾民族創造之文化。富於彈性。自古迄今。繼繼相屬。雖間有盛衰之判。固未嘗有中絕之時。苟從多方診察。自知其於此見爲墮落者。於彼仍見其進行。第二三期吸收印歐之文化。初非盡棄所有。且有相得益彰者焉。

中國文化爲何。中國文化何在。中國文化異於印歐者何在。此學者所首應致疑者也。吾書即爲答此疑問而作。其詳具於本文。未可以一言罄。然有一語須先爲學者告者。即吾中國具有特殊之性質。求之世界。無其倫比也。夫世界任何國家之搆成。要皆各有其特殊之處。否則萬國雷同。何必特標之爲某國某國。然他國之特殊之處。有由强盛而崩裂者。有由弱小而積合者。有由複雜而渙散者。事例綦多。而求之吾民族吾國家。乃適相反。此吾民所最宜懸以相較。藉覘文化之因果者也。

就今日中國言之。其第一特殊之現象。即幅員之廣袤。世無其匹也。世界大國。固有總計其所統轄之面積。廣大於中國者。然若英之合五洲屬地。華離龐雜。號稱大國者。固與中國之整齊聯屬。純然爲一片土地者不同。即以美洲之合衆國較之中國。其形勢亦復不侔。合衆國之東西道里。已遜於我。（中國東至西凡六十度五十五分。美國東至西凡五十七度三十九分。）其南北之距離。則尤不逮。（中國南至北凡三十八度三十六分。美國南至北凡二十四度二十六分。）南北距離既遠。氣候因以迴殊。其溫度自華氏表平均七十九度。以至三十六度。相差至四十餘度。其棲息於此同一主權之下之土地之民族。一切性質習慣。自亦因之大相懸絕。然試合黑龍江北境之人。與廣東南境之人於一堂。而叩其國籍。固皆自承爲中華民國之人。而無所歧視也。且此等廣袤國境。固由漢唐元明清累朝開拓以致此盛。然自堯典禹貢以來。其所稱領有之境域。已不減於今之半數。

書堯典分命羲仲宅嵎夷。曰暘谷。申命羲叔宅南交。分命和仲宅西。曰昧谷。申命和叔宅朔方。曰幽都。今人多疑堯典爲儒家僞造。不可盡信。然墨子節用篇。昔者堯治天下。南撫交阯。北降幽都。東西至日所出入。莫不賓服。足見堯典所言國境。非儒家臆造之語。即使此等境界。爲儒墨兩家想像之詞。初非唐虞時事實。亦可見春秋之末戰國之初之人。已信吾國有此廣大領域也。

禹貢東漸於海。西被於流沙。朔南暨聲教。訖於四海。

聖哲立言。恒以國與天下對舉。

老子以正治國。以奇用兵。以無事取天下。大國者下流。天下之交。

大學古之欲明明德於天下者。先治其國。國治而後天下平。

此雖夸大之詞。要必自來所見。恢廓無倫。故以思力所及。名曰天下。由是數千年來。治權時合時分。而國土之增闢。初無或閒。今之擁有廣土。皆席前人之成勞。試問前人所以開拓此天下。摶結此天下者。果何術乎。

第二則種族之複雜。至可驚異也。今之中國。號稱五族共和。其實尚有苗猺獞蠻諸種。不止五族。其族之最大者。世稱漢族。稽之史策。其血統之混雜。決非一單純種族。數千年來。其所吸收同化之異族。無慮百數。春秋戰國時所謂蠻夷戎狄者無論矣。秦漢以降。若匈奴、若鮮卑、若羌、若奚、若胡、若突厥、若沙陀、若契丹、若女眞、若蒙古、若靺鞨、若高麗、若渤海、若安南。時時有同化於漢族。易其姓名。習其文敎。通其婚媾者。外此如月氏、安息、天竺、回紇、唐兀、康里、阿速、欽察、雍古、弗林諸國之人。自漢魏以至元明。逐漸混入漢族者。復不知凡幾。

漢書金日磾、字翁叔。本匈奴休屠王太子也。

晉書卜珝、字子玉。匈奴後部人也。　又段匹磾、東郡鮮卑人也。　又喬智明。字元達。鮮卑前部人也。元魏以後。鮮卑人之化爲漢族者。不可勝數。

通志氏族略黨氏本出西羌。

唐書王世充、字行滿。本姓支。西域胡人也。　又李懷仙、柳城胡人也。　又哥舒翰、突騎施首領哥舒部落之裔也。　又代北李氏、本沙陀部落。　又王武俊、契丹怒皆部落也。　又李光弼、營州柳城人。其先契丹之酋長。　又李懷光、渤海靺鞨人也。　又高仙芝、本高麗人。　又王毛仲、本高麗人。　又高崇文、其先渤海人。　又姜公輔、安南人。　又史憲誠、其先出於奚虜。　又李寶臣、范陽城旁奚族也。

通志支氏、其先月支胡人也。　又安氏、安息王子入侍。遂爲漢人。　又竺氏、本天竺胡人。

元史昔班、畏吾人。　又余闕、唐兀人。　又斡羅思、康里氏。　又杭忽思、阿速人。　又完者都、欽察人。　又馬祖常、世爲雍古部。　又愛薛、西域弗林人。此類甚多。姑舉以示例。

日知錄卷二十三章邱志言洪武初翰林編修吳沈奉旨譔千家姓得姓一千九百六十八而此邑如朮、如偶、尙未之錄。廣韻偶字下注云。齊大夫名。今訪之朮姓有三四百丁。自云金丞相朮虎高琪之後。原注。土人呼朮爲張一反。按金史朮虎漢姓曰董。今則但爲朮姓。蓋二字改爲一字者而譔姓之時尙未登於黃册也。以此知單姓之改並在明初以後。而今代山東氏族其出於金元之裔者多矣。永樂元年九月庚子。上謂兵部尙書劉儁曰。各衞韃靼人多同名。宜賜姓以別之。於是兵部請如洪武中故事。編置勘合賜給姓氏。按洪武中勘合賜姓。實錄不載。惟十六年二月。故元雲南右丞觀音保降。賜姓名李觀。又宣宗實錄。丑閭洪武二十一年來歸。賜姓名李賢。從之。三年七月。賜把都帖木兒名吳允誠。倫都兒灰名柴秉誠。保住名楊效誠。自此遂以爲例。

凡漢族之大姓。若王、若李、若劉者。其得氏之始。雖恒自附於中國帝王。實則多有異族之改姓。其異族之姓。如金、如安、如康、如支、如竺、如元、如源、如冒者。在今日視之。固亦儼然漢族。與姬姜子姒若同一血統矣。

甄克思有言。廣進異種者。其社會將日卽於盛强。

甄克思社會通詮世界歷史所必不可誣之事實、必嚴種界使常淸而不雜者。其種將日弱而馴致於不足以自存。廣進異種者。其社會將日卽於盛强。而種界因之日泯。此其理自草木禽獸以至文明之民。在在可徵之實例。孰得孰失。非難見也。希臘邑社之制。卽以嚴種界而衰滅。羅馬肇立。亦以嚴種界而幾淪亡。橫覽五洲之民。其氣脈繁雜者。强英法德美之民。皆雜種也。其血胤單簡者弱。東方諸部。皆眞種人矣。

顧歐陸諸國。雖多混合之族。而其人至今猶嚴種界。斯拉夫、條頓、日耳曼之界。若鴻溝然。而求之吾國。則非族異心之語。島夷索虜之爭。

左傳成公四年史佚之志有之曰。非我族類。其心必異。

通鑑卷六十九宋魏以降。南北分治。南謂北爲索虜。北謂南爲島夷。

固亦時著於史。而異族之强悍者。久之多同化於漢族。漢族亦遂泯然與之相忘。試問吾國所以容納此諸族、溝通此諸族者。果何道乎。

第三則年祺之久遠。相承勿替也。世界開化最早之國。曰巴比倫。曰埃及。曰印度。曰中國。比而觀之。中國獨壽。

浮田和民西洋上古史。迦勒底王國始於西元前四千年以前。至一千三百年而亡。亞述（即亞西里亞）興於西元前一千三百年至六百零六年而亡。巴比倫興於西元前六百二十五年至五百三十八年。爲波斯所滅。

又埃及舊帝國興於西元前四千年。中帝國當西元前二千一百年。新帝國當西元前一千七百年至五百二十七年。爲波斯所滅。

高桑駒吉印度五十年史。印度吠陀時代始於西元前二千年。　西元後七百十四年。爲回教徒所征服。

中國歷年之久。姑不問緯書荒誕之說。

春秋元命苞。天地開闢。至春秋獲麟之歲。凡二百七十六萬歲。

即以今日所傳書籍之確有可稽者言之。據書經堯典、則應託始於西元前二千四百年。據龜甲古文則作於西元前一千二百年。據詩經、則作於西元前一千一百年。至共和紀元以後。則逐年事實皆有可考。是在西元前八百四十一年。漢唐而降。雖常有異族入主之時。然以今日五族共和言之。則女眞、蒙古、滿洲諸族。皆吾中國之人。是卽三四千年之間。主權有轉移。而國家初未亡滅也。並世諸國。若法、若英、若俄。大抵興於梁唐以後。卽日本號稱萬世一系。然彼國隋唐以前之歷史。大都出於臆造不足徵信。則合過去之國家與新興之國家而較之。未有若吾國之多歷年所者也。試問吾國、所以開化甚早、歷久猶存者。果何、故乎。

答此問題。惟有求之於史策。吾國史籍之富。亦爲世所未有。今日所傳之正史。共計三千五百卷。

史記一百三十卷。漢司馬遷撰。　漢書一百二十卷。漢班固撰。　後漢書一百二十卷。宋范曄撰。內續漢志三十卷晉司馬彪撰　三國志六十五卷。晉陳壽撰。　晉書一百三十卷。唐房喬等撰。　宋書一百卷。梁沈約撰。　南齊書五十九卷。梁蕭子顯撰。　梁書五十六卷。唐姚思廉撰。　陳書三十六卷。唐姚思廉撰。　魏書一百十四卷。北齊魏收撰。　北齊書五十卷。唐李百藥撰。　周書五十卷。唐令狐德棻撰。　隋書八十五卷。唐魏徵等撰。　南史八十卷。唐李延壽撰。　北史一百卷。唐李延壽撰。　舊唐書二百卷。晉劉昫等撰。　新唐書二百五十五卷。宋歐陽修宋祁撰。　舊五代史一百五十二卷。宋薛居正撰。　新五代史七十五卷。宋歐陽修撰。　宋史四百九十六卷。元脫脫等撰。　遼史一百十六卷。元脫脫等撰。　金史一百三十五卷。元脫脫等撰。　元史二百十卷。明宋濂等撰。　新元史二百五十七卷。清柯劭忞撰。　明史三百六十卷。清張廷玉等撰。

自隋書經籍志以下。史部之書。每較經子史爲多。

隋書經籍志

六藝經緯	六二七部	五三七一卷
史部	八一七部	一三二六四卷
子部	八五三部	六四三七卷
集部	五五四部	六六二二卷
道佛	二三二九部	七四一四卷

舊唐書經籍志

經錄	五七五部	六二四一卷
史	八四〇部	一七九四六卷
子	七五三部	一五六三七卷
集	八九二部	一二〇二八卷
釋道書	二五〇〇部	九五〇〇卷

新唐書藝文志

宋史藝文志

經	一三〇四部	一三六〇八卷
史	二一四七部	四三一〇九卷
子	三九九九部	二八二九〇卷
集	一八二四部	二三六〇四卷

明史藝文志

經	八四九部	八七四六卷
史	一〇七九部	二四五七五卷
子	九七〇部	三九二一一卷
集	一三九八部	二九九六六卷

清四庫書目

經	五九七部	六一四五卷
史	八五七部	一六八七四卷
子	九六七部	一七一五二卷
集	八五六部	一一九二三卷

經	六八八部	一〇五九二卷
史	五六〇部	二一三九四卷
子	八九七部	一七一九一卷
集	一八〇八部	二六七二四卷

然經子集部、以至道釋二藏之性質。雖與史書有別。實亦無不可備史料。其第以編年紀事、及紀傳表志諸體、為史書之界限者。初非深知史者也。世恆病吾國史書。為皇帝家譜。不能表示民族社會變遷進步之狀況。實則民族社會之史料。觸處皆是。徒以浩穰無紀。讀者不能博觀而約取。遂疑吾國所謂史者。不過如坊肆綱鑑之類。止有帝王嬗代及武人相斫之事。舉凡教學文藝社會風俗、以至經濟生活物產建築圖畫雕刻之類。舉無可稽。吾書欲祛此惑。故於帝王、朝代、國家、戰伐、多從刪略。惟就民族全體之精神所表現者。廣搜而列舉之。茲事體大。掛漏孔多。姑發其凡。以待來哲。

第一編

第一章　中國人種之起原

中國人種之起原。蓋不可考。其故有二。

（一）無文字之證　研究歷史。自來皆依據文字。吾人今日所知之文字、僅能及於商周之時。世所傳夏代文字多不可信所讀之書、大抵周秦以來之書。周秦之人之去太古。不知若干萬年。視吾人之去周秦之年歲。不止十百倍蓰。故雖周秦人相傳之說。不能盡信爲正確之史料。後世穿鑿附會之說。更不足言。

（二）無器物之證　僅據文字、以考史事。不過能識有史以後之事。其未有文字以前之史事。仍無從考證。故欲推測人種之起原。必須得未有文字以前之器物以爲證。近世東西學者。若勞夫爾及鳥居龍藏等。研究中國各地所發見之石器。多不能定其時代。且謂其未必爲中國民族之石器。蓋古器湮沈。僅從浮土中略得數事。不足據以考史也。

周秦之人。已知此理。故其推論古初。約有二法。

（一）約舉其理

易繫辭有天地然後有萬物。有萬物然後有男女。有男女然後有夫婦。有夫婦然後有父子。有父子然後有君臣。有君臣然後有上下。有上下、然後禮義有所錯。

乾鑿度有太易。有太初。有太始。有太素。太易者、未見氣也。太初者、氣之始也。太始者、形之始也。太素者、質之始也。氣形質具、而未相離。故曰渾淪。渾淪者、言萬物相渾淪而未相離也。視之不見。聽之不聞。循之不得。故曰易也。易無形埒。易變而爲一。一變而爲七。七變而爲九。九者、氣之究也。乃復變而爲一。一者、形變之始也。清輕者上爲天。濁重者下爲地。沖和氣者爲人。故天地含精、萬物化生。亦見列子天瑞篇。蓋襲乾鑿度文。

古無文字。無名號。無年代。故人類起原之時。不可確指。僅能以理想推測其發生次序如此。今人以地質及古物推究人類之年代及進化之次第。亦僅約計。不能如有史以後之事實可確指其距今若干年、在何地、有何事實也。

(一)斥言其誣

列子楊朱篇楊朱曰。太古之事滅矣。孰誌之哉。三皇之世、若存若亡。五帝之事、若覺若夢。三王之事、或隱或顯、億不識一。當身之事、或聞或見、萬不識一。目前之事、或存或廢、千不識一。太古至於今日、年數固不可勝紀。但伏羲以來三十餘萬歲。賢愚好醜成敗是非。無不消滅。但遲速之間耳。

此論極詆歷史爲不可信。蓋謂吾人於目前之事。亦不能盡得其眞相。況欲上考太古乎。其謂太古滅矣。孰誌之哉。亦可見有史以後。雖不能謂史事完全眞確。尚可確知有人誌記。有史以前。既無人爲之記錄。但憑後人推測。則更屬渺茫矣。

後世治歷史者。因亦不復遠溯古初。僅自羲農黃帝堯舜以來言之。而近世學者。以西人稱吾國人種來自西方。於是周秦以來所不能確定而質言者。今人轉鑿鑿言之。或謂來自中央亞細亞。或謂來自阿富汗。或謂來自巴比倫。或謂來自于闐。或謂來自馬來半島。衆說紛紜。莫衷一是。而以法人拉克伯里(Lacouperie）所倡支那太古文明西元論最爲學者所信。

丁謙中國人種從來考中國史書皆始於盤古。而三皇繼之。伏羲神農黃帝又繼之。並無言他處遷來之事。自光緒二十年（西曆一千九百八十四年）法人拉克伯里著支那太古文明西元論。引據亞洲西方古史。證中西事物法制之多同。而彼間亦實有民族東遷之事。於是中東學者翕然贊同。初無異詞。且搜采古書以證明其說。如劉光漢之華夏篇、思故國篇。黃節之立國篇。章太炎之種姓篇。蔣觀雲之中國人種考。及日本人所著之興國史譚等。雖各有主張。要無不以人種西來之說爲可信。

而德人夏德 F. Hirth 所著支那太古史力斥拉克伯里之傅會。近日學者亦多駁斥其說。蓋中國古書多不可信。年代對比亦難正確。如謂巴克民族爲盤古。當先確定盤古之有無。

丁謙中國人種從來考西史謂徙中國者爲巴克民族。巴克乃盤古轉音。中國人謂盤古氏開闢天地。未免失實。而盤古氏之爲中國始遷祖。則固確有可考矣。

徐整五運歷年記元氣濛鴻。萌芽茲始。遂分天地。肇立乾坤。啟陰感陽。分布元氣。乃孕中和。是爲人也。首生盤古。垂死化身。氣成風雲。聲爲雷霆。左眼爲日。右眼爲月。四肢五體爲四極五嶽。血液爲江河。筋脈爲地里。肌肉爲田土。髮髭爲星辰。皮毛爲草木。齒骨爲金石。精髓爲珠玉。汗流爲雨澤。身之諸蟲。因風所感。化爲黎甿。三五歷記天地混沌如雞子。盤古生其中。萬八千歲。天地開闢。陽清爲天。陰濁爲地。盤古在其中。一日九變。神於天。靈於地。天日高一丈。地日厚一丈。盤古日長一丈。如此萬八千歲。天數極高。地數極深。盤古極長。後乃有三皇。（此等荒誕之說。丁氏亦知失實。然猶信盤古爲中國始遷祖。則傅會之過也。）

夏曾佑中國歷史：盤古之名，古籍不見，疑非漢族舊有之說。或盤古、槃瓠音近，槃瓠爲南蠻之祖（後漢書南蠻傳），此爲南蠻自說其天地開闢之文，吾人誤用以爲己有也。故南海獨有盤古墓，桂林又有盤古祠（任昉述異記）。不然，吾族古皇並在北方，何盤古獨居南荒哉。

謂靄南國王爲黃帝，亦難確定黃帝之年代。

丁謙中國人種從來考：西亞古史中國人種爲丟那尼安族。其族分二派：一思米爾，一阿加逖，皆起於亞洲中境。思米爾人先入美索波達米南境，建立迦勒底國。阿加逖人後至沙蛟山麓，建都城於蘇薩，稱靄南國。其王廓特奈亨臺，兼併迦勒底諸部，旣乃率其種人遷入中華，謂卽黃帝。以此王時代在西元前二千二百八十年間也。但其說不確。因此年數卽彼土亦不衷一。或謂在二十四世紀至二十七世紀。據竹書所紀之年，上推黃帝爲二千六百二十年，與第一說不相應，而與第二說差近，但亦無實證，不足爲憑。

陳漢章中國通史：近今一般社說，並謂中國黃種、皆黃帝子孫，而黃帝實由西北方遷徙而來。按法人拉克伯里說，以奈亨臺爲丟那尼安種，非塞米的種，與黃種合矣。底格里士河邊地、與幼發拉的河側地，並卽迦勒底古國，而裏海西岸之巴克、並其統領迦勒底國之地，當時實爲波斯巴撒迦特族人所居。若率巴克民族東來，則東來者仍是白種（西人說波斯古國者，或云哈母種，或云阿利安種，皆白種）。非黃種。且紀元前二千八百八十二年，當中國顓頊帝之二十二年（據四裔年表推之），猶得以底格里士河邊之酋長、由土耳其斯坦來中國者、爲黃帝乎。

至以八卦與楔形字爲一源，則無論年代不合，但以卦象與楔形字比而觀之，一則有橫無縱、而數止於三；一則縱橫兼備、而筆畫亦無定數。雖至愚極淺之人，亦可知其不類也。

陳漢章中國通史或謂八卦卽巴比倫之楔形文字。試問巴比倫始造尖楔文字、在西歷紀元前二千一百四十七年。當中國帝摯時。（四裔年表帝摯八年）能與伏羲時代附合乎。

中國人種之起原、既不可知。以從來所傳不可盡信之說。比而觀之。大約可得二義。一則出於多元也。義農以前之事。多見於緯書。論者謂緯書爲古史書。

兪正燮癸巳類稿緯書論緯者古史書也。孔子定六經。其餘文在太史者。後人目之爲緯。

今其書亦不完。卽其所存者觀之。多荒誕不經之說。猶各國古史之有神話也。諸緯書所述古事。始於三皇。繼分十紀。

春秋命歷序天地初立。有天皇氏十二頭。淡泊無所施爲。而俗自化。木德王。歲起攝提。兄弟十二人。立各一萬八千歲。地皇十一頭。火德王。一姓十一人。與於熊耳龍門山。亦各萬八千歲。　人皇九頭。提羽蓋乘雲車。使風雨出暘谷分九河。　人皇出於提地之國。九男九兄弟相似。別長九國。凡一百五十世。合可萬五千六百年。

又自開闢至獲麟。二百二十七萬六千歲。分爲十紀。每紀爲二十六萬七千年。凡世七萬六百年。（此說以春秋元命苞證之。當云凡二百六十七萬歲。每紀爲二十六萬七千年。凡世云云。當係衍文。）一曰九頭紀。二曰五龍紀。三曰攝提紀。四曰合雒紀。五曰連通紀。六曰敘命紀。七曰循蜚紀。八曰因提紀。九曰禪通紀。十曰疏仡紀。　按緯書所云十紀。並未實指某紀有某氏某氏。惟云人皇九頭。故曰九頭紀。皇伯、皇仲、皇叔、皇季、皇少。五姓同期。俱駕龍。號曰五龍。至宋羅泌路史雜采諸書。傅會其說。始云攝提紀傳五十九世。合雒紀傳四世。連通紀傳六世。敘命紀傳四世。循蜚紀傳二十二世。有鉅靈氏、句彊氏、譙明氏、涿光氏、鉤陳氏、黃神氏、狟神氏、犂靈氏、大騩氏、鬼騩氏、弇茲氏、太逢氏、冉相氏、蓋盈氏、大敦氏、雲陽氏、巫常氏、太一氏、空桑氏、神民氏、倚帝氏、次民氏、因提紀傳十三世。有辰放氏、蜀山氏、豗傀氏、渾敦氏、東戶氏、皇覃氏、啓統氏、吉夷氏、几蘧氏、豨韋氏、大巢氏、燧人氏、庸成氏、禪通紀傳十九世。有倉頡氏、軒轅氏、伏羲氏、女媧氏、大庭氏、柏皇氏、中央氏、栗陸氏、驪連氏、尊盧氏、祝融氏、混沌氏、昊英氏、有巢氏、葛天氏、陰康氏、朱襄氏、無懷氏、神農氏。雖其說不盡無稽。要不可據爲正確之系統也。

大抵出於肊造。然卽此肊造之說推之。亦可立三義以破後來之謬論。

一則人類之生歷年久遠也。　古無歷法。則紀年必不能如後世之正確。所稱若干萬年。不過約舉肊測。不能視爲確數。然以地質證之。自生民之初至於有史時代。至少亦必經數十萬年。若謂吾國茫茫九有。從古初無人類。必待至最近數千年中。始由巴比倫、中央亞細亞轉徙而來。是則理之所不可信者也。

一則人類之生不限一地也。　天皇起於崑崙。則西方之種族也。地皇興於熊耳龍門。則中部之酋長也。人皇出於暘谷九河。則東方之部落也。吾國地勢。固西高而東下。然亦未必人類悉出於西方。吾意天皇、地皇、人皇。初非後先相繼。特十口相傳之說。謂吾國東、中、西三方。有最初發生之部落。因目之爲天地人三皇。而後世遂以天地人分先後。若近世帝皇相嬗者然。實則緯書之言。僅可爲人類初生不限一地之證。不當以後世帝皇例之也。

一則一地之人各分部落也。天皇十二頭兄弟十二人。地皇十一頭一姓十一人。人皇九頭兄弟九人。此可見最古之時。但有人類。即分部落。部落之中。各有酋長。後世傳說。謂其地之相近者。皆此一姓兄弟所據。實則其時父子夫婦之倫未分。惡有所謂兄弟。緯書之言若干頭。猶後世盜賊分據山林各擁頭目耳。以此推之。合雒禪通諸紀之某氏某氏。亦非一時代祇有一氏。蓋同時有若干部分。即有若干氏。其紛爭合併之迹。雖不可詳考。要之羲農以後所謂華夏之族。實由前此無數部落混合而成。必實指此種族爲崛興於某地。或由來於某地。鑿矣。彼以爲中國土著。祇有一族。後之戰勝者。亦祇外來之一族者。皆不知古書之傳說。固明示以多元之義也。

次則興於山嶽也。世多謂文明起於河流。吾謂吾國文明。實先發生於山嶽。蓋吾國地居大陸。人種之生。本不限於一地。其擁部衆而施號令者。必具居高臨下之勢。始可以控制多方。非若海濱島國。地狹人少。徒取一隅之便利也。周秦諸書。雖不盡可據爲上古之信史。然自來傳說。古代諸部興於山嶺者多。而起於河流者少。如天皇興於柱州崑崙山。地皇興於熊耳龍門山。人皇興於刑馬山。出暘谷。分九河之類。實吾民先居山嶺。後沿河流之證。更以其後言之。則證據尤多。

一君主相傳號爲林烝。　爾雅林、烝、君也。蓋古之部落其酋長多深居山林。故後世譯古代林烝之名、卽君主之義。

一唐虞時諸侯之長尙號爲嶽。　尙書四嶽之名。說者不一。或謂爲一人。或謂四方各一人。要皆可證、古者諸侯之長、多居山嶽。故以嶽爲朝臣首領也。

一巡狩之朝諸侯必於山嶽。　舜巡四嶽。禹會諸侯於塗山。卽其證。

一人民相傳號爲丘民。　孟子得乎丘民爲天子。丘民、蓋古者相傳之稱。禹貢有降丘宅土之文。是洪水以前及洪水時民多居丘也。

一爲帝王者必登山封禪。　管子、古者封泰山禪梁父者七十二家。而夷吾所記者、十有二焉。昔無懷氏封泰山禪云云。虙戲氏封泰山禪云云。神農氏封泰山禪云云。炎帝封泰山禪云云。黃帝封泰山禪云云。顓頊封泰山禪云云。帝嚳封泰山禪云云。堯封泰山禪云云。舜封泰山禪云云。禹封泰山禪會稽湯封泰山禪云云周成王封泰山、禪於社首。　此非古人迷信山林之神也。最古之大部強酋。多居山嶽。故後之爲帝王者。雖已奠都造邑。亦必循古代之儀式。登山行禮。然後爲衆所推尊。書稱堯納舜於大麓。亦卽此意也。

此外更有可玩味者。古代諸氏。雖皆後人傳說。不盡可憑。然弈禩相傳。不謂之某林某烝、或某君某主。而概稱之曰氏。則氏字必有其定義。後世胙土、命之氏、氏之名義、實根於土。說文之釋氏字、即援此義爲說。

說文氏巴蜀名山岸脅之旁箸欲落墮者、曰氏。氏崩、聲聞數百里。象形。段玉裁注、丘象傍於山脅也。氏之附於姓者類此。

然則古所謂某氏某氏者、即所謂某山之部落、某山之酋長耳。諸氏並起於山。故後世傅會名山之古迹、往往有某某之丘、某某之臺。

山海經有九丘。以水絡之。名曰陶唐之丘、有叔得之丘、孟盈之丘、昆吾之丘、黑白之丘、赤望之丘、參衞之丘、武夫之丘、神民之丘。又帝堯臺、帝嚳臺、帝丹朱臺、帝舜臺、各二臺。臺四方。在崑崙東北。

其後漸次混合。謀便交通。始有開闢河流、制作舟楫之事。此事實之次序、固可以理測度者也。

第二章　洪水以前之制作

部落時代。統系無徵。年禩莫考。諸稱某皇某帝之事跡年代。要皆僅可存疑。

禮含文嘉三皇、虙戲燧人神農。

春秋運斗樞伏羲女媧神農。爲三皇也。

王符潛夫論世多以伏羲神農爲三皇。其一者、或曰燧人。或曰祝融。或曰女媧。是與非未可知也。

春秋命歷序炎帝號曰大庭氏。傳八世。合五百二十歲。黃帝一曰帝軒轅。傳十世。二千五百歲。次曰帝宣。曰少昊。一曰金天氏。則窮桑氏。傳八世五百歲。次曰顓頊則高陽氏。傳二十世三百五十歲。次是帝嚳卽高辛氏。傳十世四百歲。乃至堯。

孔子刪書。斷自唐虞。蓋以唐堯時有洪水。考史者當以此爲界限。洪水以前之文物。大都爲洪水所蕩滌。雖有傳說。多不足據也。洪水之禍。歷時甚久。

夏曾佑中國歷史。帝典稱洪水滔天、浩浩懷山襄陵。則其水之大可知。然不詳其起於何時。一若起於堯時者。然今案女媧氏時四極廢。九州裂。水浩洋而不息。於是女媧氏斷鰲足以立四極。積蘆灰以止淫水。（此據淮南子覽冥訓文。實不可信。論衡談天篇極言其誣。然論衡謂儒書云云。又曰。此久遠之文。蓋傳說甚久。可取以爲洪水之證。）其後共工氏與顓頊爭爲帝。怒而觸不周之山。共工氏振滔洪水。以薄空桑。江淮流通。四海溟涬。民皆上邱陵。赴樹木。（淮南子本經訓語）似洪水之禍。實起於堯以前。特至堯時。人事進化。始治之耳。考天下各族。述其古事。莫不有洪水。巴比倫古書言洪水乃一神西蘇羅斯所造。洪水前有十王。凡四十三萬年。洪水後乃今世。希伯來創世記言耶和華鑒世人罪惡貫盈。以洪水滅之。歷百五十日。不死者惟挪亞一家。（舊約創世記）最近發見雲南猓猓古書。亦言洪水。言古有宇宙乾燥時代。其後卽洪水時代。有兄弟四五人。三男一女。各思避水。長乘鐵箱。次男乘銅箱。三男與季女同乘木箱。其後惟木箱不沒。而人類遂存。（日本鳥居龍藏引西書）

觀此。則知洪水爲上古之實事。而此諸族者。亦必有相連之故矣。

前後地勢。亦有變遷。

尸子古者龍門未闢。呂梁未鑿。河出於孟門之上。大溢逆流。無有丘阜高陵。皆滅之。名曰鴻水。禹於是疏河決江。十年不闚其家。

墨子古者禹治天下。西爲西河漁竇。以泄渠孫皇之水。北爲防原派。注后之邸嘑池之竇。灑爲底柱。鑿爲龍門。以利燕代胡貉與西河之民。東方漏之陸防孟諸之澤灑為九澮以楗東土之水以利冀州之民。南為江漢淮汝東流之注五湖之處以利荊楚於越與南夷之民。（此文所述地名。有後世所無者。皆洪水以前之名稱。諸家務以後世地理證之。殆未悟此義。）

然由洪水以後觀之。社會事物。已漸完備。似非一時所能創造。則其淵源所自。必多因襲於前人。其由草昧榛狉。漸底開明之域。歷年甚遠。作者孔多。後世所傳。逸文隻句。雖多挂漏。尚可推尋。所謂自古在昔先民有作者。不得悉詆為讕言也。

記載洪水以前之制作者。莫詳於世本。世本有作篇。專記歷代之制作。今據高郵茆泮林所輯世本佚文錄之於左。

【燧人】燧人出火。造火者燧人。因以為名。

【庖羲】(一)伏羲以儷皮制嫁娶之禮　(二)庖羲氏作瑟。　宓羲作瑟八十一寸。四十五弦。　庖羲氏作五十弦。黃帝使素女鼓瑟。哀不自勝。乃破為二十五弦。具二均聲。　(三)伏羲作琴。　伏羲作琴瑟。　(四)伏羲臣芒氏作羅。　芒作罔。（宋衷曰。芒、庖犧之臣。）

【神農】(一)神農和藥濟人。　(二)神農作琴。曰神農氏琴長三尺六寸六分。上有五弦。曰宮商角徵羽。文王增二弦。曰少宮商。　(三)神農作瑟。

【蚩尤】蚩尤作兵。　蚩尤以金作兵器。　蚩尤作五兵。戈、矛、戟、酋矛、夷矛。（宋衷曰。蚩尤、神農臣也。）

【黃帝】(一)黃帝見百物、始穿井。　(二)黃帝樂名咸池。　(三)黃帝造火食旃冕。　黃帝作旃冕。　黃帝作旃。　黃帝作冕旒。　黃帝作冕。　(四)羲和占日。　(五)常儀占月。　羲和作占月。　(六)后益作占歲。　(七)更區占星氣。　(八)大撓作甲子。　黃帝令大撓作甲子。　(九)隸首作算數。　隸首作數。　(十)伶倫造律呂。　(十一)容成造歷。　(十二)蒼頡作書。　蒼頡造文字。　沮誦蒼頡作書並黃帝時史官。　(十三)史皇作圖。　(十四)伯余作衣裳。　(十五)胡曹作衣。　胡曹作冕。　(十六)於則作屝履。　(十七)雍父作舂杵臼。　(十八)胲作服牛。　(十九)相土作乘馬。　(二十)腡作駕。　(二十一)共鼓貨狄作舟。宋衷注曰、二人、黃帝臣也。　(二十二)女媧作笙簧。　女媧作簧。宋均注曰、女媧、黃帝臣也。　(二十三)隨作笙。宋衷注、隨、女媧氏之臣。　隨作竽。　(二十四)夷作鼓。　(二十五)揮作弓。　(二十六)夷牟作矢。　(二十七)巫彭作醫。

【顓頊】祝融作市。宋衷注、祝融顓頊臣、爲高辛氏火正。

右皆唐虞洪水以前之制作也。其唐虞時之制作未能確定爲洪水前後者如

【堯】(一)巫咸初作醫。　巫咸作筮。　巫咸作鼓。　(二)無句作磬。　(三)化益作井。

【舜】(一)舜始陶。夏臣昆吾更增加。　(二)倕作規矩準繩。　(三)垂作耒耜。　垂作耒耨。　垂作銚耨。　(四)咎繇作耒耜。　(五)伯夷作五刑。　(六)簫、舜所造。其形參差象鳳翼。十管、長二尺。　(七)垂作鐘。　(八)夔作樂。　(九)磐、叔所造。叔、舜時人。　(十)烏曹作簙。

【夏】(一)鯀作城郭。 (二)禹作宮室。 (三)奚仲作車。 (四)夏作贖刑。 (五)儀狄造酒。

亦見於作篇。皆可爲研究古代社會開化之資料者也。此外則諸經諸子紀載古代之制作。亦可與作篇相參證。如

易繫辭古者包犧氏之王天下也。仰則觀象於天。俯則觀法於地。觀鳥獸之文。與地之宜。近取諸身。遠取諸物。於是始作八卦。以通神明之德。以類萬物之情。作結繩而爲罔罟。以佃以漁。蓋取諸離。

又包犧氏沒。神農氏作。斲木爲耜。揉木爲耒。耒耨之利。以教天下。蓋取諸益。 日中爲市。致天下之民。聚天下之貨。交易而退。各得其所。蓋取諸噬嗑。

又神農氏沒。黃帝堯舜氏作。通其變。使民不倦。神而化之。使民宜之。易窮則變。變則通。通則久。是以自天祐之。吉无不利。黃帝堯舜垂衣裳而天下治。蓋取諸乾坤。 刳木爲舟。剡木爲楫。舟楫之利。以濟不通。致遠以利天下。蓋取諸渙。 服牛乘馬。引重致遠。以利天下。蓋取諸隨。 重門擊柝。以待暴客。蓋取諸豫。 斷木爲杵。掘地爲臼。杵臼之利。萬民以濟。蓋取諸小過。 弦木爲弧。剡木爲矢。弧矢之利。以威天下。蓋取諸睽。

又上古穴居而野處。後世聖人易之以宮室。上棟下宇。以待風雨。蓋取諸大壯。

又古之葬者。厚衣之以薪。葬之中野。不封不樹。喪期无數。後世聖人易之以棺槨。蓋取諸大過。

又上古結繩而治。後世聖人易之以書契。百官以治。萬民以察。蓋取諸夬。

管子。虙戲造六佱以迎陰陽作九九之數以合天道。

又黃帝作鑽燧生火以熟葷臊。

尸子。宓羲氏之世天下多獸故敎民以獵。

呂氏春秋。大撓作甲子。黔如作虜首。容成作歷。羲和作占日。尙儀作占月。后益作占歲。胡曹作衣。夷羿作弓。祝融作市。儀狄作酒。高元作室。虞姁作舟。伯益作井。赤冀作臼。乘雅作駕。寒哀作御。王冰作服牛。史皇作圖。巫彭作醫。巫咸作筮。

山海經。殳始爲侯。鼓延是始爲鐘。番禺是始爲舟。吉光始以木爲車。般始爲弓矢。晏龍是爲琴瑟。帝俊有子八人是始爲歌舞。義均是始爲巧倕。是始作下民百巧。后稷是播百穀。稷之孫曰叔均是始作牛耕。大比赤陰是始爲國。禹鯀是始布土。均定九州。

白虎通。神農制耒耜。敎民農作。黃帝作宮室以避寒暑。

說文。瑟、庖犧所作弦樂也。琴、神農所作。古者芒氏初作羅。古者夙沙氏初作煮海鹽。黃帝初敎作糜。古者黃帝初作冕。古者掘地爲臼。古者共鼓貨狄刳木爲舟。剡木爲楫。以濟不通。古者女媧作簧。古者隨作笙。古者揮作弓。古者夷牟初作矢。古者巫彭始作醫。古者巫咸初作巫。古者伯益初作井。古者昆吾作匋。古者垂作耒梠。以振民也。古者垂作鐘古者烏曹作簙。車、夏后氏奚仲所造。

漢書。黃帝作舟車。以濟不通。

釋名黃帝造車故號軒轅氏。

右皆可見洪水以前制作之盛。然諸書所言，多有牴牾。制作之方，亦未詳舉。吾儕研究古史，隨在皆見可疑之迹。如繫辭明言農神氏作，斲木爲耜，揉木爲耒；而世本稱耒耜爲垂與咎繇所作。馬驌繹史雖謂垂爲神農臣，與茆輯世本以垂爲舜臣者不同；然咎繇固舜臣也，神農既已創作，何待咎繇更作？然此猶兩書所言不同也。世本一書，卽互有不同。如言伏羲作琴瑟，又言神農作琴瑟；言黃帝始穿井，又言化益作井；言夷作鼓，又言巫咸作鼓；言巫彭作醫，又言巫咸初作醫；言常儀占月，又言羲和作占月；言伯余作衣裳，又言胡曹作衣；言黃帝作冕旒，又言胡曹作冕。有同時而二人並作者，有異代而前後迭制者，是果何故歟？

考工記曰：知者創物，巧者述之，守之世，謂之工。百工之事，皆聖人之作也。爍金以爲刃，凝土以爲器，作車以行陸，作舟以行水，此皆聖人之所作也。知創、巧述，皆得謂之作。而世本所載，一器爲前後迭作者，尤可見古代進化之迹。神農之去伏羲遠矣，伏羲作琴瑟，大抵出於草創，未能完善。傳至神農時，神農又加以研究，於是琴瑟之制，始漸如後世之制。後世溯其原始，獨稱伏羲不可也，獨稱神農亦不可也。則兩紀之，而草創與改良之人，均稱曰作焉。此一義也。後世之人，發明一物，往往有同時異地、各不相謀者。矧古代交通不便，未有文書倣傚傳播，不若後世之捷。乎黃帝作井之法，或限於一地，或久而失傳，唐堯之時化益別於一地作井。則作井之人。後先有二矣。神農作耒耜於陳。咎繇作耒耜於虞。度亦同之。此又一義也。發明創制。不必一人。亦不必同時。伯余胡曹皆作衣。猶之共鼓貨狄皆作舟。或相續爲之。或各極其意匠。後世以其皆在黃帝時代。則並舉曰黃帝時某某作某。是亦無足異也。

章炳麟檢論尊史篇。夫古器純樸。後制麗則。故有名物大同。形範革良者。一矣。（若古自有笛。漢丘仲亦作笛。京房乃備五音也。）禮極而褫。樂極而崩。遺器墜失。光復舊物者。二也。（若前漢冕已亡。明帝始作。）此既冠帶。彼猶毛薪。則其閉門創造。眇與佗會者。三矣。（泰古關梁不通。故合宮爵室。黃唐始備。及古公遷岐。猶陶復陶穴。未有家室。此見質文變革。遠及千年。禹域一隅。自爲胡越。今時牀几。由來久矣。而席地之儀。猶在日本。古之九州。亦若神州東國。進化異時。諒無多怪者也。）三者非始作。然皆可以作者稱之。

自燧人以迄唐虞洪水之時。其歷年雖無確數。以意度之。最少當亦不下數千年。故合而觀其制作。則驚古聖之多。分而按其時期。則見初民之陋。犧農之時。雖有琴瑟罔罟耒耜兵戈諸物。其生活之單簡可想。至黃帝時。諸聖勃興。而宮室衣裳舟車弓矢文書圖畫律歷算數始並作焉。故洪水以前。實以黃帝時爲最盛之時。後世盛稱黃帝。有以也。然黃帝時之制作。或恃前人之經驗。或賴多士之分工。萬物並興。實非一手一足之烈。故知社會之開明。必基於民族之自力。非可徒責望於少數智能之士。而研究歷史。尤當滌除舊念。著眼於人民之進化。勿認開物成務爲一人一家之績也。

第三章　家族及私產制度之起原

上古歷史。雖多懵昧難考。然卽周秦以來之書。推究上古社會之狀況。亦往往有端緒可尋。蓋自草昧社會。進而至於開明，其中階級甚多，必經若干年歲之蛻化，始漸卽於完成。而後來社會之語言文字思想制度，亦必仍有前此之迹象，蟬聯寓伏於其中。由後推前，不難見其經過之迹也。今世學者研究社會制度，病其拘牽束縛，欲一切破壞，以求其理想中廓然大公之境。實則草昧社會，本無後來一切制度，而人類之思想，所以必構造此拘束人生自由之具，相沿至於數千年者，要必有其不得已之故。此非研究上古歷史，無以明其由來也。

上古之社會，無所謂家族也。人類之生，同於禽獸，男女無別，亦無名稱。

說文，男，丈夫也。從田力。言男子力於田也。龜甲古文男字作⿰力田，鐘鼎文作⿱田力。

據此可知，男女之別，起於農業既興之後。漁牧時代，男女羣行，初無分別。至後服田力穡，則爲男子專職，女子家居，席地作事。古女字象人席地坐。別有所持。說文，婦，从女持帚，灑掃也。妻，婦與己齊者也。从女，从中，从又。又，持事，妻職也。中聲。是皆可以文字推求其原始者也。

至於伏羲之時，始有夫婦之制。

白虎通，古之時，未有三綱六紀，民人但知其母，不知其父，能覆前而不能覆後，臥之詓詓，起之吁吁，饑卽求食，飽卽棄餘，茹毛飲血而衣皮革。於是伏羲仰觀象於天，俯察法於地，因夫婦，正五行，始定人道。

其原創制之始，必以人類男女之欲，不可漫無禁制，不立夫婦之制，則淫汚爭攰，其害有不可勝言者，以後世婚禮推之。卽知其制之出於不得已矣。

劉師培中國歷史教科書上古婚禮未備以女子爲一國所共有。故民知母不知父。且當時之民。非惟以女子爲一國所共有也。且有刼奪婦女之風。（禮言陽侯殺穆侯而刼其夫人。卽其證。）凡戰勝他族。必係纍婦女。以備嬪嬙。故取女必於異部。（如神農母爲有蟜氏。少昊母爲西陵氏。顓頊母爲蜀山氏是。）而婦女亦與奴婢相同。（如婦字象持帚之形。而奴字古文象女子械係之形。婢字亦从女卑。）其始也、盛行一妻多夫之制。及男權日昌。使女子終身事一夫。故一妻多夫之制革。而一夫多妻之制、仍屬盛行。伏羲之世、慮刼略之易於造亂。乃創爲儷皮之禮。定夫婦之道。而女媧亦佐伏羲定婚禮。並置女媒。（見風俗通）然儷皮之禮。卽買賣婦女之俗也。故視婦女爲財產之一。（如妃字本義爲帛匹。帑字本義爲庫藏。）後世婚姻行納采、納吉、問名、納徵、請期、親迎六禮。納采納吉皆奠雁。而納徵則用玄纁束帛。（儀禮）所以沿買賣婦女之俗也。而親迎必以昏者。則古代刼略婦女、必乘婦家之不備。且使之不知爲誰何。故必以昏時。

按劉氏之說。大致可以證明婚姻制度因亂交而起。至以聘禮爲買賣。則有未當。古者相見必執贄。或執羔。或執雁。國家聘使、則以玉帛。皆所以表示敬禮。不得謂之買賣也。婚姻、之道。男下、女。女從、男。故男子以其所有、贈遺於女氏。游獵之民所有者。惟獸皮。爰以此爲贈品。後世相沿。則委禽焉。非惡俗也。

伏羲、之時。漁、獵、之時代、也。家族等名起於獵。

說、文、家居也。从宀。豭省聲。古文家从古文家。

按豕爲家畜屋下覆豕實爲私產之起原有私家之觀念於是有私產之制度家字雖未必起於伏羲之時然後世造字之觀念必根於前人之思想可斷言也

說文族矢鏃也束之族族也从㫃从矢所以標衆矢之所集

按族之本義爲矢族後衍爲親族之誼其字亦必不起於伏羲之時然族之所以爲親族者大抵因血統相近部落相鄰之人同事畋獵或相爭奪於是各樹旗幟以供識別凡在一旗幟之下者卽爲一族故古之分族猶滿洲之分旗也

說文貝海介虫也古者貨貝而寶龜

按所謂古者未知何時而以貝爲貨必起於漁貨財等字皆从貝知人之私財由漁得貝矜爲奇寶而起

財產之制起於漁

說文里居也从田从土　段玉裁曰有田有土而可居矣

人類之有私心其來固已久矣降而至於神農之世由漁獵進而爲農田人有定居益愛護其私產

由田土而有疆界

按遊牧之民無定居農業之民則有定居有定居則愛護私產之念益深此定理也

說文畕、比田也。畺、界也。从畕。三、其界畫也。

按疆起於田土之界。後世引申爲國家郡邑之疆界。據此、是有田土卽有此疆爾界之意。漁獵之時。無界限也。

由居宅而有公私。

韓非子五蠹篇古者蒼頡之作書也。自環者謂之厶。背私謂之公。

按自環者、人私其居。築爲垣墉、以自圍匝也。字起於蒼頡。而人之有私意、必在蒼頡之先。

又按後世以私爲厶。而稼字从禾、家聲。穡字从禾、嗇聲。可見農業之人、各私其家務爲吝嗇。勝於他業矣。說文嗇、愛濇也。田夫謂之嗇夫。蓋田夫多務蓋藏。不肯以所得公之於人也。

種穀作酒。宴其部族。而酋長尊屬、遂由之起。

說文酋、繹酒也。尊、酒器也。

按酋長等義。皆引申之義。是古代初無尊卑。由種穀作酒之後。始以飲食之禮而分尊卑也。

原其所以私田產而分尊卑。要亦以人類彼此爭攘。無有厭足。非各謀自衞。有家族之組織。不能免禍而爭存也。

人類有私必有爭。有爭而私心愈熾。有聖哲出。或因其私而嚴爲限制。或因其爭而別謀變通。故家族之制相沿不廢。而商市井田之制。則因爭因私而謀所以調劑之者也。日中爲市。始於神農。(見前章)蓋由私有之物。不能供其所須。故必甲以私有之物。易乙丙私有之物。而後欲望始平。易稱交易而退。各得其所者。卽各得其私心之所須也。然提挈負戴之物。可持以入市交易者。有市易以厭其欲。而田土家屋之不可持以爲市者。猶時有多寡肥瘠遺傳繼續侵占無主之爭。無善法以處之。則生人賊殺鬬爭之禍未已也。浸淫至於黃帝之時。於是以田土爲公有。而井田之法起焉。

通典。昔黃帝始經土設井。以塞爭端。立步制畝。以防不足。使八家爲井。井開四道而分八宅。鑿井於中。一則不洩地氣。二則無費一家。三則同風俗。四則齊巧拙。五則通財貨。六則存亡更守。七則出入相同。八則嫁娶相媒。九則有無相貸。十則疾病相救。是以情性可得而親。生產可得而均。均則欺凌之路塞。親則鬬訟之心弭。

按井田之始。專爲塞爭。亦猶市易之使人各得其所也。土地所有權雖屬於公而不得私。而八家各遂其私。是實限制私產之意。特求私產之平均耳。通典所言十利。雖詳而授受之法。初未陳述。疑黃帝時僅肇其端。亦未遍行於各地。歷唐虞夏商而至周。始詳制其授受之法也。

第四章　政法之萌芽

太古之世。無所謂政治。亦無所謂君主。各分部落。不相統一。剡林木以爲兵。用水火以勝敵。强陵弱。大吞小。不知經若干之歲月。始漸由衆部而集爲大羣。

呂氏春秋蕩兵篇兵所自來者久矣。黃炎故用水火矣。共工氏故次作難矣。五帝固相與爭矣。遞興遞廢。勝者用事。又曰蚩尤作兵。蚩尤非作兵也。利其械矣。未有蚩尤之時。民固剝林木以戰矣。勝者爲長。長則猶不足治之。故立君。君又不足以治之。故立天子。天子之立也出於君。君之立也出於長。長之立也出於爭。

其羣愈大者、其爭亦愈烈。蚩尤共工。戰禍最酷。

按漢書古今人表。列共工於女媧氏後。太平御覽引帝王世紀。女媧氏末。有諸侯共工氏。任智刑以强伯。而列子淮南子諸書。或云共工與顓頊爭帝。或云共工與高辛爭帝。管子揆度篇。稱共工之王。水處什之七。陸處什之三。乘天勢以隘制天下。蓋共工氏爲古部落之最强者。自伏羲氏之末至高辛氏時。常爲世患。其子孫部落。因襲稱共工氏。卽其同盟之部落。散處各地者。亦以共工氏之名號。表示於敵。故有水處什七陸處什三之說。蓋水陸各地。在在有共工氏之名號也。章炳麟檢論尊史篇。古者王伯顯人之號。或仍世循用。不乃摭取先民。與今歐羅巴人無異。是可知古代共工之多。實非一人。 蚩尤爲炎帝時諸侯。而漢書高帝紀注、臣瓚引大戴禮用兵篇。謂蚩尤爲庶人之貪者。書經釋文引馬融說。又謂蚩尤爲少昊末九黎君號。亦猶共工之不一其人也。龍魚河圖稱蚩尤兄弟八十一人。或曰七十二人。蓋同時稱兵之酋長有七八十人。皆以蚩尤爲號。故謂之爲兄弟耳。

雖經炎黃之聖。亦不能取諸部而一一平之。故撻伐與羈縻之策並行。凡舉部族以從號令者。卽因其故

士而封之使世襲爲侯國此封建之制所由起也

柳宗元封建論封建非聖人意也彼其初與萬物皆生草木榛榛鹿豕狉狉人不能搏噬而且無毛羽莫克自奉自衞荀卿有言必將假物以爲用者也夫假物者必爭爭而不已必就其能斷曲直者而聽命焉其智而明者所伏必衆告之以直而不改必痛之而後畏由是君長刑政生焉故近者聚而爲羣羣之分其爭必大大而後有兵有德又有大者衆羣之長又就而聽命焉以安其屬於是有諸侯之列則其爭又有大者焉德又大者諸侯之列又就而聽命焉以安其封於是有方伯連帥之類則其爭又有大者焉德又大者方伯連帥之類又就而聽命以安其人然後天下會於一是故有里胥而後有縣大夫有縣大夫而後有諸侯有諸侯而後有方伯連帥有方伯連帥而後有天子自天子至於里胥其德在人者死必求其嗣而奉之故封建非聖人意也勢也

封建之制實爲吾國雄長東亞成爲大一統之國家之基而外觀雖號統一內部之文化實分無限之階級自太古以至今日無論何時何代舉不能以一語概括其時全國文化之程度此實治中國歷史者所當知之第一義也上古之人觀於鄰近部落之多及其降服酋豪之衆而曠覽大地實亦廣漠無窮故往往好爲大言以自表其所轄之廣遠後世傳述其說因亦不加深考

春秋命歷序神農始立地形甄度四海遠近山川林藪所至東西九十萬里南北八十三萬里（引此第以見古人好爲夸詞不必深究其以若干爲一里）

史記五帝本紀黃帝置左右大監監於萬國

漢書地理志昔在黃帝作舟車以濟不通旁行天下方制萬里畫野分州得百里之國萬區

實則當時土地之開闢者。曾不足方數千里。而其建置國家。亦必不能整齊畫一。如畫棋局然。所謂國家。不過如今之村落。其數或逾萬。或不逮數千。亦不能確定也。當時諸侯之國。固甚藐小。卽各部落所共戴之中央政府。亦未必能統轄若干地域。觀於相傳之輔佐之數。及其官吏所掌職務。卽可推見其政刑之簡。

論語摘輔象伏羲六佐。金提主化俗。鳥明主建福。視默主災惡。紀通爲中職。仲起爲海陸。陽侯爲江海。

又黃帝七輔。風后受金法。天老受天籙。五聖受道級。知命受糾俗。窺紀受變復。地典受州絡。力墨受準斥。州選舉翼佐帝德。

左傳昭公十七年。郯子曰。昔者黃帝氏以雲紀。故爲雲師而雲名。炎帝氏以火紀。故爲火師而火名。共工氏以水紀。故爲水師而水名。太皞氏以龍紀。故爲龍師而龍名。我高祖少皞摯之立也。鳳鳥適至。故紀於鳥。爲鳥師而鳥名。鳳鳥氏。歷正也。玄鳥氏。司分者也。伯趙氏。司至者也。靑鳥氏。司啓者也。丹鳥氏。司閉者也。祝鳩氏。司徒也。鴡鳩氏。司馬也。鳲鳩氏。司空也。爽鳩氏。司寇也。鶻鳩氏。司事也。五鳩。鳩民者也。五雉爲五工正。利器用。正度量。夷民者也。九扈爲九農正。扈民無淫者也。自顓頊以來。不能紀遠。乃紀於近。爲民師而命以民事。

管子五行篇。黃帝得蚩尤而明於天道。得大常而察於地利。得奢龍而辯於東方。得祝融而辯於南方。得大封而辯於西方。得后土而辯於北方。黃帝得六相而天地治。神明至。蚩尤明乎天道。故使爲當時。大常察乎地利。故使爲廩者。奢龍辯乎東方。故使爲土師。祝融辯乎南方。故使爲司徒。大封辯乎西方。故使爲司馬。后土辯乎北方。故使爲李。

諸書所言。雖未盡可據。大抵羲黃官簡而少皥顓頊以來乃漸多政治之進化。蓋緣土地漸闢人事漸繁而然也。

古之帝皇。雖有統一各部而爲共主之勢。然其居處無定等於行國。非若後世中央政府有確定之都城也。

遁甲開山圖伏羲生成紀。徙治陳倉。

帝王世紀庖羲氏稱太昊。都陳。

又神農都於陳。又徙於魯。

史記五帝本紀黃帝披山通道。未嘗寧居。東至於海。登丸山及岱宗。西至於空桐。登雞頭。南至於江。登熊湘。北逐葷粥。合符釜山。而邑於涿鹿之阿。遷徙往來無常處。以師兵爲營衛。

又黃帝居軒轅之丘。而娶於西陵之女。是爲嫘祖。嫘祖爲黃帝正妃。生二子。其後皆有天下。其一曰玄囂。是爲青陽。青陽降居江水。其二曰昌意。降居若水。

大戴禮五帝德篇孔子曰。顓頊。帝之孫。昌意之子也。乘龍而至四海。北至於幽陵。南至於交趾。西濟於流沙。東至於蟠木。

以黃帝顓頊之遷徙往來。卽可證伏羲神農之徙都。亦由於本無確定之都邑。第視兵力所至。形勢利便。卽屯其衆於是。比其老死。卽葬身於所死之地。亦不必反其故居。（如神農死葬長沙黃帝死葬橋山之類後來舜堯禹亦然）而其子孫分居各地。亦無定處。沿及夏商。其風猶然。（史稱成湯至契八遷。周之后稷公劉公亦常遷徙。）蓋由古代地曠人稀。而宮室服御亦甚簡陋。雖至農稼社會。猶存遊獵社會之風。治史者正不可徒執一二古迹。謂某帝某皇曾都於是。因以求其文化之發展途轍。或强分爲南北東西之部族也。

由部落酋長而發生帝皇官吏之政治。其勢實由下而上。故古代雖有君主政體。其君民之別。初不甚嚴。君者羣也。

荀子王制篇。力不若牛。走不若馬。而牛馬爲用。何也。曰。人能羣。彼不能羣也。君者。善羣也。

春秋繁露。君者。不失其羣者也。

白虎通。君。羣也。羣下之所歸心也。

必得其羣之歡心。然後爲衆所推戴。神農黃帝皆有明堂。蓋合部民議事之所。後世承之。因有衢室街庭等制。

淮南子主術訓。神農之治天下也。月省時考。歲終獻功。以時嘗穀。祀於明堂。明堂之制。有蓋而無四方。

管子桓公問篇。黃帝立明台之議者。上觀於賢也。堯有衢室之問者。下聽於人也。舜有告善之旌。而主不蔽也。禹立諫鼓於朝。而備訊唉。湯有總街之庭。以觀人誹也。武王有靈臺之復。而賢者進也。

故謂君主政治。卽爲專制政治者。實誤解古代之事迹也。近人以書有黎民百姓之語。遂謂古代區分民與百姓爲二階級。百姓者、王公之子孫。民者、冥也。言未見人道。故民字專爲九黎有苗而設。

夏曾佑中國歷史劉師培中國歷史教科書皆言之。

按史記稱黃帝二十五子。其得姓者十四人。世本諸侯篇云。蜀之爲國。肇自人皇。蜀無姓。相承云黃帝後。是古之無姓者夥矣。以百姓爲貴族、民爲黎苗之稱、則黃帝之子之無姓者、皆黎苗乎。孔子稱黃帝高辛時事。數數言民。使上古視民爲賤族、則大戴記及史記所書之民字。均應改爲百姓矣。

大戴禮五帝德篇黃帝撫萬民。度四方。(史記五帝本紀同此文)生而民得其利百年。死而民畏其神百年。亡而民用其教百年。(史記無此文)

又顓頊治氣以教民。(史記作治氣以教化)

又帝嚳知民之隱。(史記作知民之意)撫致萬民而利誨之。(史記作撫教萬民而利誨之)

第五章　文字之興

文字之功用有二。通今及傳後也。草昧之世。交通不廣。應求之際。專恃口語。固無需乎文字。其後部落漸多。範圍漸廣。傳說易歧。且難及遠。則必思有一法以通遐邇之情。爲後先之證。而文字之需要、乃隨世運而生。吾國之有文字。實分三階級。一曰結繩。二曰圖畫。三曰書契。是三者皆有文字之用。而書契最便。故書契獨擅文字之名。

說文序黃帝之史倉頡見鳥獸蹏迒之迹。知分理之可相別異也。初造書契。　又倉頡之初作書。蓋依類象形。故謂之文。其後形聲相益即謂之字。是書契獨擅文字之名也。

惟三者爲同時並興抑後先相禪則古史瞢昧未能確定也。

依說文序則圖畫始於庖羲結繩始於神農。

> 說文序古者庖犧氏之王天下也仰則觀象於天俯則觀法於地觀鳥獸之文與地之宜近取諸身遠取諸物於是始作易八卦以垂憲象（按垂憲象者即圖畫也）及神農氏結繩爲治而統其事。

而段茂堂則謂結繩在畫八卦之先。

> 段玉裁說文序注謂自庖犧以前及庖犧及神農皆結繩爲治而統其事也繫辭曰易之興也其於中古乎虞曰與易者謂庖犧也庖犧爲中古則庖犧以前爲上古黃帝堯舜爲後世聖人按依虞說則傳云上古結繩而治者神農以前皆是

> 又曰庖犧作八卦雖卽文字之肇耑但八卦尚非文字自上古至庖羲神農專恃結繩

夫以上古二字定結繩爲庖犧以前事未足據爲確證惟易繫辭言結繩者凡二

> 古者庖犧氏之王天下也（中略）作結繩而爲網罟

> 上古結繩而治

既以作結繩而爲罔罟專屬於庖犧則結繩而治不屬於庖犧可知庖犧以下神農黃帝堯舜所作一一可以指實則所謂上古者必非神農黃帝之時代又可知以此推之結繩之法蓋先圖畫而興也

結繩之法不可詳考鄭玄所言殆出於臆測。

周易正義引鄭康成注云事大大結其繩事小小結其繩。

近人所謂一二三等字之古文及一丨丶乀諸字皆結繩時代之字尤爲傅會。

劉師培文學教科書結繩之字不可復考然觀一二三諸字古文則作弌弍弎蓋田獵時代以獲禽記數故古之文一二三字咸附列弋字於其旁所以表田獵所得之物數也是爲結繩時代之字（蓋結繩時代並無弋字之形惟於所獲禽獸之旁以結繩記數。）結繩之文始於一字衡爲一從爲丨。縮其形則爲丶。斜其體則爲丿（考密切）反其體則爲乀（分勿切）折其體則爲𠃍（及）反𠃍爲厂（鳴旱切）轉厂爲𠃊（隱）反𠃊爲亅（居月切）𠃍（及）𠃊（隱）之合體爲口轉環之則爲〇是結繩文字不外方圓平直此結繩時代本體之字也。

實則結繩時代初不限於太古卽近世之苗蠻猶有結繩之俗。

嚴如熤苗疆風俗考苗民不知文字父子遞傳以鼠牛虎馬記年月暗與歷書合有所控告必倩土人代書性善記憶有忘則結於繩爲契券刻木以爲信太古之意猶存。

欲知太古結繩之法當求之今日未開化之人種以所結之繩實證其分別表示之法不可徒以後世篆隸字畫求之古今人類思想大致相等惟進化之遲速不同耳美洲之秘魯亞洲之琉球皆有結繩之俗吾國古代之結繩當亦與之相近觀東西學者所述自可得其梗概。

若林勝邦涉史餘錄述法國人白爾低猷氏之人類學嘗記秘魯之克伊普法曰秘魯國土人不知文字惟以克伊普爲記號克伊普

者、即以條索織組而成。於其各節各標表示備忘之意之法也。凡人民之統計、土地之界域、各種族及兵卒之標號、以及刑法宗教之儀仗。無不用克伊普。且各異其種類。故有專攻克伊普之學者焉。克伊普之法雖不一。大抵以色彩示意。赤色爲軍事及兵卒。黃色爲黃金。白色爲銀及和睦。綠色爲穀物。其紀數以繩索之結節爲符號。如單結雙結三結等。卽所以示其單數複數及十百千萬等之數也。又其記載家畜之法。以一大繩爲軸。附以小繩若干。其第一繩爲牡牛。第二繩爲牝牛。三爲犢。四爲羊。其頭數年齡。悉以結節表之。又曰。琉球所行之結繩。分指示及會意兩類。凡物品交換、租稅賦納、用以記數者。爲指示類。使役人夫、防護田園、用以示意者。則爲會意類。其材料、多用藤蔓草莖或木葉等。今其民尚有用此法者。

結繩者必託於繩以示意。無繩或未及攜繩、則所記識者無從表示也。進而爲圖畫。則隨在皆可表示。其符號。或畫於地。或畫於石。或以指蘸水。或以堊示色。旣無攜持之累。且免積壓之患。其爲便利過於結繩遠矣。世本作篇謂黃帝時史皇作圖。以圖畫與書契同時幷興。

張彥遠歷代名畫記、史皇黃帝之臣也。始善圖畫。創制垂法。體象天地。功侔造化。云見世本。

然圖畫實始於伏羲。

易通卦驗。伏羲方牙精作易。無書以畫事。

尸子伏羲始畫八卦。

世謂史皇作圖者。圖畫之法、至史皇而始精耳。

易稱庖羲作八卦以仰觀俯察諸法得之又稱其出於河圖洛書。

繫辭河出圖洛出書聖人則之。

春秋緯河以通乾出天苞洛以流坤吐地符河龍圖發洛龜書感河圖有九篇洛書有六篇。

禮含文嘉伏羲德合上下天應以鳥獸文章地應以河圖洛書。

後世說者又謂包羲因燧皇之圖而制八卦。

魏志高貴鄉公傳易博士淳於俊曰包羲因燧皇之圖而制八卦帝曰若使包羲因燧皇而作易孔子何以不云燧人氏沒包羲氏作乎俊不能答。

是一奇一偶之卦象初非偶然創獲實積種種思考經驗而後發明此種符號以易說卦考之八卦所以代表各種名物。

如乾爲天爲圜爲君爲父爲玉爲金爲寒爲冰爲大赤爲良馬爲老馬爲瘠馬爲駁馬爲木果坤爲地爲母爲布爲釜爲吝嗇爲均爲子母牛爲大輿爲文爲象爲柄其於地也爲黑之類。

非專象一事一物故能以簡馭繁不必一一求其形似其後事物日多眾庶難於辨別因之一一圖像務求相肖而象形之字作矣。

八卦之性質介乎圖畫文字之間故世多謂卦象即古之文字。

易緯乾鑿度☰古文天字。☷古地字。☴古風字。☶古山字。☵古水字。☲古火字。☳古雷字。☱古澤字。

劉師培文學教科書八卦爲文字之鼻祖乾坤坎離之卦形卽天地水火之字形試舉其例如左。

乾爲天。　今天字草書作[illegible]。　象乾卦之形。

坤爲地。　古坤字或作巛。　象坤卦之倒形。

坎爲水。　篆文水字作𣱱。　象坎卦之倒形。

離爲火。　古文火字作火。　象離卦之象。

趙曾望窕言伏羲畫八卦爲萬世文字之祖人皆知其然未必皆知其所以然也夫八卦之畫有何文字哉蓋因而屈曲之因而轉移之。因而合併交互之而文字肇興焉。如乾☰連☰也。屈曲之則爲[illegible]。合併之則爲[illegible]矣。坤六斷☷也。屈曲轉移之。則爲[illegible]。合併交互之。則爲[illegible]。

夫以八卦爲八字。則其象甚少。其用甚隘。僅以八字示人。人必不能解也。謂後世之篆隸因襲卦象顚倒屈曲之則可。謂古之卦象祇作後世篆隸一字之用。則大謬矣。

世人附會中國人種西來之說。謂八卦卽巴比倫之楔形字。愚謂卦象獨具橫畫。不作縱畫。實爲與楔形字之極大區別。楔形字或縱或橫。且多寡不一。故亦無哲理之觀念。八卦之數止於三畫。又以一畫之斷續分別陰陽。而顚倒上下。卽寓陰陽消息之義。故八卦可以開中國之哲學。以一爲太極。以--爲兩儀。以三為天地人。舉宇宙萬有悉可歸納其中。雖伏羲畫卦時。未必卽有此意。然文王周公能因之以推闡。實亦由卦畫之簡而能賅所致。使世人觀玩巴比倫楔形文字。雖極力附會。必不能成一有系統之哲學也。

書契之作。亦非始於倉頡。倉頡蓋始整齊畫一之耳。

章炳麟造字緣起說。荀子解蔽篇曰。好書者衆矣。而倉頡獨傳者壹也。依此。是倉頡以前。已有造書者。亦猶后稷以前。神農已務稼穡。后夔以前。伶倫已作律呂也。人具四肢。官骸常動。持莛畫地。便已縱橫成象。用為符號。百姓與能。自不待倉頡也。今之俚人。亦有符號。家為典型。部為徽識。倉頡以前。亦如是矣。一二三諸文。橫之縱之。本無定也。馬牛魚鳥諸形。埶則臥起飛伏。皆可則象也。體則鱗羽毛鬣。皆可增減也。字各異形。則不足以合契。倉頡者。蓋始整齊畫一。下筆不容增損。由是率爾箸形之符號。始為約定俗成之書契。彼七十二王。皆有刻石。十二家中。無懷已在伏戲前矣。所刻者。則猶俚人之符號也。

以近世苗蠻之俗證之。中國數千年來。已成同文之治。而苗蠻之俗。猶沿契刻之文。

陸次雲峒谿纖志。木契者。刻木為符。以志事也。苗人雖有文字。不能皆習。故每有事。刻木記之。以為約信之驗。

諸匡鼎猺獞傳。刻木為齒。與人交易。謂之打木格。

方亨咸苗俗紀聞。俗無文契。凡稱貸交易。刻木為信。未嘗有渝者。木卽常木。或一刻。或數刻。以多寡遠近不同。分為二。各執一。如約時合之。若符節也。

足見倉頡之時。各部落皆有契刻之法。黃帝部落欲統一四方之部落。則以其所定之符號。與各部落相要約而書契之式遂由複雜而畫一。世遂以爲文字始於黃帝時之倉頡矣。易稱百官以治萬民以察知文字之用。始於官書。吾國幅員遼闊。種族複雜。而能摶結爲一。大國家者。卽恃文字爲工具也。

倉頡時之文字不可詳考。依許愼之說則其時文字止有指事象形二種。

說文序倉頡之初作書蓋依類象形。故謂之文。其後形聲相益。卽謂之字。　段玉裁注依類象形。謂指事象形二者也。指事亦所以象形也。形聲相益。謂形聲會意二者也。有形則必有聲。聲與形相附爲形聲。形與形相附爲會意。其後爲倉頡以後也。倉頡有指事象形二者而已。

然以韓非之說公厶考之。則倉頡作書。已有會意之法。

韓非子五蠹篇倉頡之作書也。自環者謂之厶。背私者謂之公。　段玉裁曰。自環爲厶。六書之指事也。八厶爲公。六書之會意也。

有會意亦必有形聲相合之字。雖形聲之字多後出者。未必當時絕無此類。如江河爲形聲字。伏羲黃帝時。已有江水河水。未必當時祇書爲水也。故六書之法。倉頡時必已具有四種。惟轉注。叚借。爲後起之事。世或以倉頡作書之時已有六書者。亦未明文字發生之次第也。

象形文字。爲初民同具之思想。然吾國文字。獨演象形之法。綿延至數千年。而埃及象形之字不傳於後。此實研究人類思想之一問題也。夫人類未有文字。先有語言。演文字者必以語言爲根柢。然太古之時地小而人少者。聲音易於齊同。地廣而人衆者。語言難於畫一。以一地一族表示語言之符號。行之千百里。外。必。致。輾。轉。淆。訛。不。若。形。象。之。易。於。辨。識。雖。極。東。西。南。朔。之。異。音。仍。可。按。形。而。知。義。吾。國。文。字。演。形。而。不。演。聲。者。殆此。故歟。

洪水以前之語言。流傳於世者絕稀。愚意。爾雅。歲陽。歲陰。等名。實吾國最古之。語言。

爾雅釋天。太歲在甲曰閼逢。在乙曰旃蒙。在丙曰柔兆。在丁曰强圉。在戊曰箸雍。在己曰屠維。在庚曰上章。在辛曰重光。在壬曰玄黓。在癸曰昭陽。歲陽 太歲在寅曰攝提格。在卯曰單閼。在辰曰執徐。在巳曰大荒落。在午曰敦牂。在未曰協洽。在申曰涒灘。在酉曰作噩。在戌曰閹茂。在亥曰大淵獻。在子曰困敦。在丑曰赤奮若。歲陰

此等名詞。詩書古史鮮有用之者。注爾雅者亦無解說。

郭璞爾雅注其事義皆所未詳通。故闕而不論。

惟史記歷書以之紀年。疑閼逢困敦等語。當未有甲子等字之時。已立此名。既立甲子之後。書寫者以甲子爲便。讀時仍用閼逢困敦之音。其後語言日漸變遷。凡四合五合之音。一律變爲二合音。惟史官自黃帝以來。世守其書。傳其音讀。故至秦漢時。以今隸譯寫古音。而其義則蔑有知者。

史記歷書。少皞氏之衰也。九黎亂德。民神雜擾。不可放物。禍菑薦至。莫盡其氣。顓頊受之。乃命南正重司天以屬神。命火正黎司地以屬民。使復舊常。無相侵瀆。其後三苗服九黎之德。故二官咸廢所職。而閏餘乖次。孟陬殄滅。攝提無紀。歷數失序。

蓋三苗九黎之亂。其古代語言變遷之關鍵乎。楚辭攝提貞於孟陬兮。用爾雅之文。屈原生於南方。或由

三苗在南方傳述古語。楚人猶用以紀年歟。

第六章 洪水以後之中國

孔子刪書。斷自唐虞。蓋自洪水既平。歷史始漸詳備可考。

史記五帝本紀贊學者多稱五帝尚矣。然尚書獨載堯以來。而百家言黃帝。其文不雅馴。薦紳先生難言之。孔子所傳宰予問五帝德及帝繫姓。儒者或不傳。 崔適史記探原太史公自序述陶唐以來至於麟止。則五帝本紀本當爲陶唐本紀。是史記亦始於唐虞也。

吾國文化之根本。實固定於是時。國家種族之名。胥自是而始見。雖其緣起不可知。然名義所函。具有精理。後世之國民性及哲學家之主張。罔不本焉。是固不可忽視也。

吾國之名爲中國。始見於禹貢。

禹貢中邦錫土姓。 史記中國錫土姓。鄭康成曰。中即九州也。 孫星衍曰、史遷邦作國者、非避諱字。後遇國字。率改爲邦。誤矣。是禹貢邦字當從史記作國。

後世遂沿用之。

左傳倉葛曰。德以威中國。刑以威四夷。僖二十五年

王制中國戎夷五方之民、皆有性也。不可推移。

雖亦有專指京師。

詩民勞惠此中國以綏四方毛傳中國京師也四方諸夏也。

或專指畿甸者。

孟子堯崩三年之喪畢舜避堯之子於南河之南天下諸侯朝覲者不之堯之子而之舜訟獄者不之堯之子而之舜謳歌者不謳歌堯之子而謳歌舜夫然後之中國踐天子位焉

按孟子以中國與南河之南對舉似以當時畿甸之地爲中國而畿甸以外卽非中國者。

要以全國之名爲正義且其以中爲名初非僅以地處中央別於四裔也。

章炳麟中華民國解中國之名別於四裔而爲言印度亦稱摩伽陀爲中國日本亦稱山陽爲中國此本非漢土所獨有者就漢土言漢土則中國之名以先漢郡縣爲界然印度日本之言中國者舉中土以對邊郡漢土之言中國者舉領域以對異邦此其名實相殊之處

按此說未盡然。

文明之域與無教化者殊風此吾國國民所共含之觀念也。

公羊傳不與夷狄之執中國也　何休曰因地不接京師故以中國正之中國者禮義之國也隱七年

韓愈原道孔子之作春秋也諸侯用夷禮則夷之進於中國則中國之

據此。是中國乃文明之國之義非方位界域種族所得限是實吾國先民高尙廣遠之特徵與專持種族主義國家主義經濟主義者不幾霄壤乎。

唐虞之時所以定國名爲中者蓋其時哲士深察人類偏激之失務以中道詔人御物。

論語堯曰咨爾舜允執厥中。

中庸舜其大知也歟擇其兩端而用其中於民。

堯典帝曰夔汝典樂教胄子直而溫寬而栗剛而無虐簡而無傲。

皋陶謨亦行有九德寬而栗柔而立愿而恭亂而敬擾而毅直而溫簡而廉剛而塞彊而義。

據此是唐虞時之教育專就人性之偏者矯正而調劑之使適於中道也。

以爲非此不足以立國故制爲累世不易之通稱一言國名而國性卽以此表見其能統制大宇混合殊族者以此其民多鄉原不容有主持極端之人或力求偏勝之事亦以此也。

按中國民性異常複雜不得謂之尙武亦不得謂之文弱不得謂之易治亦不得謂之難服推原其故殆上古以來尙中之德所養成也然中無一定之界域故無時無地仍不能免於偏執惟其所執恆不取其趨於極端耳。

吾國種族之名爲夏亦見於唐虞時。

堯典、蠻夷猾夏。

或謂卽夏代之人、以時代之名、代表種族。

劉寶楠愈愚錄、書蠻夷猾夏、此夏史所記、夏者禹有天下之號。

然以說文證之、則夏爲人種之特稱。

說文、夏、中國之人也、从夊从頁从臼、臼兩手、夊兩足也、𡕰古文夏。　段注、中國之人、謂以別於北方狄、東方貉、南方蠻閩、西方羌、西南焦僥、東方夷也。

蓋夏爲象形字、實卽古之圖畫、當各族並興之時、吾民先祖崛起而特强、侵掠四方、漸成大族、於是表異於衆、自繪其形、具有頭目手足、而彼四方之衆、悉等於犬豸虫羊、此可望文而知義者也。

說文、羌、西戎羊種也、从羊儿、羊亦聲、南方閩、从虫、北方狄、从犬、東方貉、从豸、西方羌、从羊、此六種也、西南僰人焦僥、从人、蓋在坤地、頗有順理之性、唯東夷从大、大人也、夷俗仁、仁者壽、有君子不死之國。

按此雖漢人之說、然沿用之文字、其來蓋久、未必屬小篆也、古人說東方西南之人、尚近於人類、惟西北之人、則斥之爲非人類、明示夏人之非西方種族矣。

先有種名、後有代號、故朝代雖易、而種名不替。

左傳、戎狄豺狼、不可厭也、諸夏親暱、不可棄也。閔元年　裔不謀夏、定十年論語夷狄之有君。不如諸夏之亡也。

使以沿用為解。則庶殷之名亦見於書。

召誥乃以庶殷攻位於洛汭。　庶殷丕作。

何諸人皆稱夏而不稱殷乎。夫一族之民自視為優越之種。而斥他族為非類。其義似隘。然人類皆具獸性。吾族先民知獸性之不可以立國。則自勉於正義人道。以為殊族之倡。此其所以為大國民也。

春秋之時。吾族復有華稱。

左傳夷不亂華。定十年

他書未見此名。而後世相沿自稱華人。要不若夏之有所取義。近人附會華夏之說類多。鑿空無稽。章太炎釋中華民國謂華取華山。夏取夏水。雖頗自圓其說。亦不盡可信也。

中華民國解。諸華之名。因其民族初至之地而為言。世言昆侖為華國者。特以他事比擬得之。中國前皇曾都昆侖與否。史無明徵。不足引以為質。然神靈之冑。自西方來。以雍梁二州為根本。宓犧生成紀。神農產姜水。黃帝宅橋山。是皆雍州之地。高陽起於若水。高辛起於江水。舜居西城。據世本。西城為漢漢中郡。禹生石紐。是皆梁州之地。觀其帝王所產。而知民族奧區。斯為根極。雍州之地。東南至於華陰而止。梁州之地。東北至於華陽而止。就華山以定限。名其國土曰華。則緣起如此也。按此亦屬想當然耳之說。其後人跡所至。徧及九州。至於秦漢。則朝鮮越南皆為華民耕稼之鄉。華之名於是始廣。華本國名。此亦未確。非種族之號。然今世已為通語。世稱山東人為侉子。侉卽華之遺言矣。正言種族。宜就夏稱。說文云。夏中國人也。或言遠因大夏。此亦與昆侖華國同類。質以史書。夏之爲名。實因夏水而得。是水或謂之夏。或謂之漢。或謂之漾。或謂之沔。凡皆小別互名。本出武都。至漢中而始盛。地在雍梁之際。因水以爲族名。猶生姬水者之氏姬。生姜水者之氏姜也。夏本族名。非邦國之號。是故得言諸夏。其後因族命地。而關東亦以東夏著。下逮劉季。撫有九共。與匈奴西域相却。倚聲效遠。暨復受漢族之稱。此雖近起一王。不爲典要。然漢家建國。自受封漢中。始於夏水。則爲同地。於華陽則爲同州。用爲通稱。適與本名符會。是故華云夏云漢云。隨舉一名。互攝三義。建漢名以爲族。而邦國之義斯在。建華名以爲國。而種族之義亦在。此中華民國之所以謚也。

洪水前後有一大事。至虞夏之時。始稍平靖者。九黎、與三苗、是也。九黎三苗之事。見於書呂刑及國語。

呂刑。若古有訓。蚩尤惟始作亂。延及於平民。罔不寇賊。鴟義姦宄。奪攘矯虔。苗民弗用靈。制以刑。惟作五虐之刑曰罰。殺戮無辜。　馬融曰。蚩尤、少昊之末。九黎君名。　鄭康成曰。蚩尤霸天下。黃帝所伐者。學蚩尤爲此者。九黎之君。少昊之代也。苗民謂九黎之君也。九黎之君於少昊氏衰而棄善道。上效蚩尤重刑。變九黎言苗民者。有苗九黎之後。顓頊代少昊。誅九黎。分流其子孫。居於西裔者。爲三苗。至高辛之衰。又復九黎之惡。堯興又誅之。堯末又在朝。舜臣堯又竄之。禹攝位又在洞庭。逆命。禹又誅之。

楚語。少皞之衰也。九黎亂德。其後三苗復九黎之德。　韋昭曰。少皞、黃帝之子金天氏也。九黎、黎氏九人。三苗、九黎之後。高辛氏衰。三苗爲亂。行其凶德。如九黎之爲也。

據鄭韋之說。黎苗實一族。其爲亂、累世不絕。堯舜及禹。迭加誅竄。吾族始獲安枕。此洪水以後之中國。所大異於洪水以前者也。近人或謂黎苗實古代之地主。

夏曾佑中國歷史古時黎族散處江湖間。先於吾族不知幾何年。至黃帝時。民族競爭之禍。乃不能不起。遂有黃帝蚩尤之戰事。（按呂刑之蚩尤。非黃帝時之蚩尤。觀鄭注可見。）又曰。南蠻爲神洲之土著。黃帝時蚩尤之難。幾覆諸夏。少昊之衰。九黎亂德。顓頊嬗三苗之亂。至於歷數失序。及堯戰於丹水之浦。（呂覽召類篇。堯戰于丹水之浦。以服南蠻。夏氏謂卽今南陽浦岸。）舜時遷三苗於三危。（原注。三危西裔也。謂逐之西去。）稍以衰落。至禹三危既宅。（原注。謂可居。）三苗丕敍。（原注。謂服敍。）於是洞庭彭蠡之間。（史記五帝本紀正義。三苗之國。左洞庭而右彭蠡。）皆王跡之所經。無舊種人之歷史矣。蓋吾族與土族之爭。自黃帝至禹。上下亙千年。至此而興亡乃定。

又謂卽今日南方黎苗之祖。其實亦未盡可信。觀章炳麟之文。自知其中之區別矣。

太炎文錄別錄。二苗種得名。其說各異。大江以南。陪屬猥玭之族。自周訖唐。通謂之蠻。別名則或書獠、言俚、言陸梁。未有謂之苗者。稱苗者自宋始。明非耆老相傳、存此舊語。乃學者逆據尚書三苗之文、以相傅麗耳。漢時諸蠻無苗名。說尚書者、固不以三苗爲荊蠻之族。虞書竄三苗於三危。馬季長曰。三苗國名也。縉雲氏之後。爲諸侯。蓋饕餮也。淮南修務訓、高誘注曰。三苗蓋謂帝鴻氏之裔子渾敦。少昊氏之裔子窮奇。縉雲氏之裔子饕餮。三族之苗裔。故謂之三苗。此則先漢諸師說三苗者。皆謂是神靈苗裔。與今時苗種不涉。

中國文化史

第一編

第七章　衣裳之治

繫辭稱黃帝堯舜之德首舉垂衣裳而天下治。見前其義至可疑。治天下之法多矣。何以首舉垂衣裳乎。顧君惕森謂古衣字象覆二人之形。衣何以覆二人。義亦不可解。衣字之下半、當卽北字。古代、北方、開化之人。知有、冠服。南方、則多、裸體、文身。故衣。字。象。北。方。之。人。戴。冠。者。其說至有思想。衣裳之原起於氣寒。西北氣寒。而東南氣燠。故王制述四夷。惟西北之人有衣。東南無衣也。

王制東方曰夷、被髮文身。南方曰蠻、雕題交趾。西方曰戎、被髮衣皮。北方曰狄、衣羽毛穴居。

以文字證之。南方曰衺。

說文衺、衣帶以上。从衣、矛聲。一曰南北曰衺。東西曰廣。

邊地曰裔。

方言裔、夷狄之總名。郭璞曰。邊地爲裔。

固皆以衣分中外。而衣服之服、古以爲疆界之名。

皋陶謨弼成五服。禹貢五百里甸服。五百里侯服。五百里綏服。五百里要服。五百里荒服。

推其引申叚借之由。必非出於無故。以事實證之。禹時有裸國。

呂氏春秋貴因篇禹之裸國。裸入衣出。

當商時。荊蠻之俗。文身斷髮。

史記太伯世家太伯仲雍二人。奔荊蠻。文身斷髮。

至戰國時。於越猶然。

莊子逍遙遊篇宋人資章甫而適諸越。越人斷髮文身。無所用之。

中夏之文明。首以冠裳衣服爲重。而南北之別。聲敎之暨。胥可。於衣裳覘之。此繫辭所以稱垂衣裳而天下治歟。

衣服之原料。古惟有羽皮。

禮運昔者先王未有麻絲。衣其羽皮。後聖有作。然後治其麻絲。以爲布帛。

若卉服則惟南方有之。

禹貢揚州島夷卉服。

不知何人發明績麻養蠶之法。世傳伏羲作布。

白氏帖伏羲作布。
又稱其化蠶桑爲繐帛。說均未足據。
皇圖要覽伏羲化蠶。西陵氏始養蠶。俱見路史注
然羲農時已有琴瑟。琴瑟皆用絲弦。則絲之發明久矣。禹貢載九州貢物。凡六州有衣服原料。

兗州	厥貢絲	厥篚織文	青州	厥貢絺絲枲	厥篚檿絲
徐州		厥篚玄纖縞	揚州		厥篚織貝
荊州		厥篚玄纁璣組	豫州	厥貢絲絺紵	厥篚纖纊

則洪水以後。吾民之利用天產者。其地固甚廣矣。
冠服進化之迹。以冠爲最著。太古之時。以冃覆首。
說文、冃、小兒及蠻夷頭衣也。 段注、小兒未冠。夷狄未能言冠。故不冠而冃。荀卿曰。古之王者。有務而拘領者矣。楊注、舊讀爲冒。拘與句同。淮南書曰。古者有鍪而綣領以王天下者。高注、古者蓋三皇以前也。鍪、著帽。言未知制冠。務與鍪皆讀爲冃。冃、即今帽字。後聖有作。因冃以制冠冕。而冃遂爲小兒蠻夷頭衣。
其後則有弁。
說文、覍、冕也。弁、或字。𠬝、籀文覍。 段注、𠬝爲籀文。則覍本古文也。 按覍从皃。其儿、象形。蓋古者簡易之制也。

有冕。

說文古者黃帝初作冕。

有冠。

說文、冠絭也。所以絭髮。弁冕之總名也。从冖元。元亦聲。冠有法制。故从寸。

而法制漸備。黃帝之冕有旒。

世本黃帝作冕旒。垂旒、目不邪視也。

後世因之以玉爲旒。

尙書大小夏侯說冕版廣七寸。長尺二寸。前圓後方。前垂四寸。後垂三寸。用白玉珠十二旒。

爲冠制之至尊者。然冕之布以麻爲之。而施以漆。仍存尙質之意。惟麻縷細密。異於餘服耳。

禮書通故孔安國鄭玄說、麻冕三十升布爲之。蔡邕云、周爵弁、殷冔、夏收、皆以三十升漆布爲殼。　賈公彥曰、布八十縷爲升。

弁制用皮而別其色。

禮書通故以爵韋爲之、謂之爵弁。以鹿皮爲之、謂之皮弁。以靺韋之、謂之韋弁。

亦以示法古尙質之義。

白虎通皮弁者、何謂也。所以法古至質冠之名也。弁之爲言攀也。所以攀持其髮也。上古之時質。先加服皮。以鹿皮者、其文章也。禮曰。

三王共皮弁素積言至質不易之服反古不忘本也戰伐田獵皆服之。

太古冠亦以布。其色白齋戒之時。則著黑色之冠。

儀禮記太冠古布齋則緇之。

後世則易以皂繒。此其進化之概也。

儀禮記委貌周道也章甫殷道也毋追夏后氏之道也。禮書通故續漢志委皃以皂繒爲之。孔疏云。三冠皆緇布爲之。蓋非記曰太

古冠布則毋追章甫委貌不以布矣。

古之男子。上衣下裳。

白虎通聖人所以制衣服何以爲絺綌蔽形表德勸善別尊卑也。所以名爲裳何。衣者隱也。裳者障也。所以隱形自障蔽也。何以知上

爲衣下爲裳。以其先言衣也。

其材或以絲。或以布。

周制朝服用十五升布。裳用白素絹。爵弁服純衣。鄭注純衣絲衣也。是衣之材或用布。或用絲也。

其色上玄而下黃。

續漢輿服志乾坤有文故上衣玄下裳黃。

間亦有他色。

禮記玉藻、狐裘黃衣以裼之。是衣亦有黃色也。儀禮、玄端、玄裳黃裳雜裳可也。是裳亦有玄色也。若皮弁服之用白布衣。爵弁服之纁裳純衣。各視其冠帶而爲色。初非一律玄衣黃裳也。

其進化之迹不甚可考。觀孔子述黃帝之衣裳。知其時已尚綵繪。

大戴禮五帝德篇黃帝黃黼黻衣。大帶黼裳。注、白與黑謂之黼。若斧文。黑與青謂之黻。若兩己相戾。

帝嚳帝堯之衣皆與黃帝同。

大戴禮帝嚳黃黼黻衣。帝堯黃黼黻衣。

史記稱帝堯黃收純衣。是其衣亦有時不繪黼黻也。

史記五帝本紀帝堯黃收純衣。索隱純讀曰緇。

虞舜欲觀古人之象。以五采彰施於五色。於是衣裳之文繡、盛行於中國者數千年。

皋陶謨予欲觀古人之象。日、月、星辰、山、龍、華蟲作會。宗彝、藻、火、粉米、黼、黻、絺繡。以五采彰施於五色。作服。汝明。

雖其說頗多聚訟。不能確定何說爲得眞。

唐虞衣服之制有二說。尚書大傳曰。天子衣服。其文華蟲、作繢、宗彝、藻、火、山、龍。諸侯作繢、宗彝、藻、火、山、龍。子男宗彝、藻、火、山、龍。大夫藻、火、山、龍。士山、龍。故書曰天命有德五服五章哉。又曰山龍、青也。華蟲、黃也。作繢、黑也。宗彝、白也。藻、火、赤也。天子服五。諸侯服四。次國服三。大夫服二。士服一。此今文家說也。鄭玄曰。自日月至黼黻。凡十二章。天子以飾祭服。凡畫者爲繪。刺者爲繡。此繡與繪各有六。衣用繪。裳用繡。天子冕服十二章。以日月星辰山龍華蟲繪於衣。以宗彝藻火粉米黼黻繡於裳。諸侯九章。自山以下。伯七章。自華蟲以下。子男五章。自藻以下。卿大夫三章。自粉米以下。尊者繪衣。卑者不繪衣。此古文家說也。

然觀堯典及皋陶謨之文。則此繪繡之法。非第爲觀美也。文采之多寡。實爲階級之尊卑。而政治之賞罰卽寓於其中。故衣裳爲治天下之具也。

堯典。車服以庸。皋陶謨。天命有德。五服五章哉。

階級之制。雖非盡善之道。然當人類未盡開明之時。少數賢哲主持一國之政俗。非有術焉辨等威而定秩序。使賢智者有所勸。而愚不肖者知愧恥而自勉。則天下脊脊大亂矣。黃帝堯舜之治天下。非能家喩而戶說也。以勸善懲惡之心。寓於尋常日用之事。而天下爲之變化焉。則執簡馭繁之術也。尚書之文簡奧。讀者多不能喩其意。惟尚書大傳釋之最詳。

尚書大傳。古之帝王。必有命民。能敬長矜孤。取舍好讓者。命於其君。然後得乘飾車駢馬。衣文錦。未有命者。不得衣。不得乘。乘衣者有罰。又曰。未命爲士者。不得乘飾車朱軒。不得衣繡。庶人單馬木車。衣布帛。

觀此文。則知古之車服。以爲人民行誼之飾。非好爲區別。故示民以異同也。不究其勸勉人民爲善之心。

第責其區分人民階級之制。則曰此實不平之事。或愚民之策耳。

衣服之用。有賞有罰。故古代之象刑。即以冠、履、衣、服、爲刑罰。

尙書大傳。唐虞象刑。而民不敢犯。苗民用刑。而民興相漸。唐虞之象刑。上刑赭衣不純。中刑雜屨。下刑墨幪。以居州里。而民耻之。又

唐虞象刑。犯墨者蒙皂巾。犯劓者赭其衣。犯臏者以墨幪其臏處而畫之。犯大辟者布衣無領。

荀子嘗斥象刑之非。

荀子正論篇。世俗之爲說者曰。治古無肉刑。而有象刑。墨黥。（楊注。墨黥當爲墨幪。但以墨巾幪其頭而已。）慅嬰。（楊注。當爲澡嬰。謂澡濯其布爲纓。澡或讀爲草。愼子作草纓。）共艾畢。（楊注。共艾未詳。或衍字。畢艾著白色。畢與韠同。）菲對屨。（楊注。菲、草屨也。對當爲紨。紨、枲也。）殺赭衣而不純。治古如是。是不然。以爲治耶。則人固莫觸罪。非獨不用肉刑。亦不得用象刑。以爲人或觸罪矣。而直輕其刑。然則是殺人者不死。傷人者不刑也。罪至重而刑至輕。庸人不知惡矣。亂莫大焉。

按書之象刑。與流宥五刑鞭扑並舉。初非專恃象刑一種。

堯典。象以典刑。流宥五刑。鞭作官刑。扑作敎刑。金作贖刑。眚災肆赦。怙終賊刑。

人之知有羞恥者。略加譴責。已惕然自愧。若無所容。其無恥者。雖日加以衍楊桎梏。而無所畏。是固不可以一概論也。後世犯法者。衣服亦異於常人。殆由古者嘗以是爲罰。後雖用刑。猶沿其制而不廢歟。

第八章 治歷授時

古人立國。以測天爲急。後世立國。以治人爲重。蓋後人襲前人之法。勸農敎稼。已有定時。躔度微差。無關

大體。故覺天道遠而人道邇。不汲汲於推步測驗之術。不知邃古以來。萬事草創。生民衣食之始。無在不與天文氣候相關。苟無法以貫通天人。則在在皆形柄鑿。故古之聖哲。殫精竭力。緜祀歷年。察懸象之運行。示人民以法守。自羲農經顓頊迄堯舜。始獲成功。其艱苦憤悱。雖不傳。而以其時代推之。足知其常耗無窮之心力。吾儕生千百世後。日食其賜而不知。殊無以謝先民也。

歷算之法。相傳始於伏羲。

周髀算經。伏羲作曆度。　漢書律歷志。自伏羲畫八卦。由數起。

至神農時有歷日。

楊泉物理論。疇昔神農。正節氣。審寒溫。以爲早晚之期。故立歷日。

而史記歷書不言黃帝以前之法。

歷書。太史公曰。神農以前尚矣。

惟索隱謂黃帝以前。有上元太初等歷。

歷書。昔自在古。歷建正作於孟春。　索隱。案古歷者。謂黃帝調歷以前。有上元太初歷等。皆以建寅爲正。謂之孟春。

據漢書。上元泰初歷。距漢武帝元封七年。凡四千六百一十七歲。不知爲何人所製也。

漢書律歷志。迺以前歷上元泰初四千六百一十七歲。至於元封七年。復得閼逢攝提格之歲。

洪水以前歷法之詳。備。當推黃帝之時。黃帝之歷曰調歷。

史記索隱系本及律歷志黃帝使羲和占日。常儀占月。臾區占星氣。泠綸造律呂。大撓作甲子。隸首作算數。容成綜此六術而著調歷也。

置閏定歲。

歷書黃帝考定星歷。建五行。起消息。正閏餘。

建子爲正。

史記索隱黃帝及殷周魯並建子爲正。

說者謂其時已分二十四氣。

歷書昔者黃帝合而不死名察度驗定淸濁。起五部。建氣物分數。　孟康曰。五部、五行也。天有四時、爲五行也。氣、二十四氣。物、萬物也。

然左傳稱少皞時以諸鳥定分至啓閉。是古祇分四時。未有二十四氣之目也。

左傳少皞摯之立也。鳳鳥適至。故紀於鳥。爲鳥師而鳥名。鳳鳥氏、歷正也。玄鳥氏、司分者也。伯趙氏、司至者也。青鳥氏、司啓者也。丹鳥氏、司閉者也。

少皞之後。歷法嘗再亂。

歷書少皞氏之衰也。九黎亂德。禍菑薦至。莫盡其氣。顓頊受之。乃命南正重司天以屬神。命火正黎司地以屬民。使復舊常。無相侵瀆。其後三苗服九黎之德。故二官咸廢所職。而閏餘乖次。孟陬殄滅。攝提無紀。歷數失序。

至唐堯時。復定歷法。而以閏月定四時成歲之制。遂行用至四千餘年。

堯典朞三百有六旬有六日。以閏月定四時。成歲。允釐百工。庶績咸熙。

考其定歷之法。以實測於四方爲主。

堯典命羲仲宅嵎夷。曰暘谷。寅賓出日。平秩東作。日中星鳥。以殷仲春。命羲叔宅南交。平秩南訛。敬致日永。星火。以正仲夏。命和仲宅西。曰昧谷。寅餞納日。平秩西成。宵中星虛。以殷仲秋。命和叔宅朔方。曰幽都。平在朔易。日短星昴。以正仲冬。

而羲和以世官之經驗。掌制歷之事。則步算尤其專長矣。

歷書堯復遂重黎之後。不忘舊者。使復典之。而立羲和之官。　鄭玄曰。堯育重黎之後。羲氏和氏之賢者。使掌舊職。

制歷之關係。莫先於農時。書稱敬授民時。以民間不知氣候。定播種收穫之期。則爲害乎民事匪尠也。尚書大傳釋授時之法最詳。

尚書大傳主春者張昏中。可以種穀。主夏者火昏中。可以種黍。主秋者虛昏中。可以種麥。主冬者昴昏中。可以收斂。　又曰。田獵斷伐。當上告之天子。而下賦之民。故天子南面而視四星之中。知民之緩急。急則不賦籍。不舉力役。故曰敬授人時。此之謂也。

農時之外。一切行政。亦皆根據時令。故書有允釐百工庶績咸熙之說。大傳亦釋之。而其文不全。然其意可推而知也。

尚書大傳天子以秋命三公將率。選士厲兵。以征不義。決獄訟。斷刑罰。趣收斂。以順天道。以佐秋殺。以冬命三公謹蓋藏。閉門閭。固封境。入山澤田獵。以順天道。以佐冬固藏。

推測步算。必資器具。世傳古有渾儀。

事物紀原劉氏曆曰。高陽造渾儀。黃帝爲蓋天。則渾儀始於高陽氏也。

春秋文耀鉤黃帝即位。羲和立渾儀。

未能詳其形製。以尚書考之。舜時有璿璣玉衡。

堯典璿璣玉衡。以齊七政。

馬鄭之說。皆以爲渾天儀。

馬融曰。璿、美玉也。璣、渾天儀。可轉旋。故曰璣。衡。其中橫筩。所以視星宿也。以璿爲璣。以玉爲衡。蓋貴天象也。日月、星皆以璿璣玉衡度知其盈縮退進所在。鄭玄曰。璿璣玉衡。渾天儀也。

而蔡邕說其制較詳。

史記正義蔡邕云。玉衡長八尺。孔徑一寸。上端望之。以視星宿。蓋縣璣以象天。而以衡望之。轉璣窺衡。以知星宿。璣徑八尺。圓周二尺五寸而强。

疑漢代史官。固有相傳之古器。邕曾見之。其爲虞舜之物與否。能未定也。

晉書天文志漢靈帝時蔡邕於朔方上書言宣夜之學。絕無師法。周髀術數具存。考驗天狀。多所違失。惟渾天近得其情。今史官銅候臺所用銅儀。則其法也。據此。是蔡邕親見史官銅儀。惟是否玉璿璣玉衡。不可知耳。

又虞喜曰。在璇璣玉衡。以齊七政。考靈曜云。分寸之晷。代天氣生。以制方圓。方圓以成。參以規矩。昏明主時。乃命中星。觀玉儀之游。鄭玄謂以玉爲渾儀也。春秋文曜鉤云。唐堯卽位。羲和立渾儀。此則儀象之設。其來遠矣。綿代相傳。史官禁密。學者不睹。故宣蓋沸騰。

據此。是史官所掌渾儀。禁人窺視。蔡邕曾爲史官。故親見渾儀。而其他學者不能睹也。

諸書又傳刻漏始於黃帝。

梁刻漏經肇於軒轅之日。宣於夏商之代。

隋書天文志昔黃帝創觀漏水。制器取則。以分晝夜。其後因以命官。周禮挈壺氏。則其職也。其法總以百刻。分於晝夜。冬至晝漏四十刻。夜漏六十刻。夏至晝漏六十刻。夜漏四十刻。春秋二分。晝夜各五十刻。日未出前。二刻半而明。既沒後。二刻半乃昏。減夜五刻。以益晝。謂之昏旦。漏刻皆隨氣增。冬夏二至之間。晝夜長短。凡差二十刻。每差一刻。爲一箭。冬至互起其首。凡有四十一箭。晝有朝。有禺。有中。有晡。有夕。夜有甲乙丙丁戊。昏旦有星中。每箭各有其數。皆所以分時代守更其作役。

疑亦史官世守之器。以定日夜之時刻者也。

古代星歷之事。掌於史官。世傳其學。往往守之歷千百年。漢晉之人。猶及見古歷。

漢書藝文志黃帝五家歷三十三卷。顓頊歷二十一卷。顓頊五星歷十四卷。夏殷周魯歷十四卷。

雖推驗多所不合。

杜預長歷說自古以來論春秋者多述謬誤。或用黃帝以來諸歷以推經傳朔日皆不諧合。春秋四十七日蝕。黃帝歷得一蝕。顓頊歷得八蝕。夏歷得十四蝕。眞夏歷得一蝕。（漢末宋仲子集七歷以考春秋。其夏周二歷術數。皆與藝文志所記不同。故更名爲眞夏歷。眞周歷。）殷歷周歷得十三蝕。其周歷得一蝕。魯歷得十三蝕。

然算術古疏後密未可以不合遽斥爲僞。惜晉以後諸歷多不傳。遂無由知其歷式矣。

第九章　唐虞之讓國

吾國聖哲之教。以迨後世相承之格言。恒以讓爲美德。遠西諸國無此禮俗。卽其文字亦未有與吾國讓字之義相當者。故論中國文化。不可不知遜讓之風之由來也。人情好爭而不相讓。中土初民固亦如是。如呂覽謂君之立出於長。長之立出於爭。可見吾民初非不知競爭。第開化既早。經驗較多。積千萬年之競爭。熟睹慘殺紛亂之禍之無已。則憬然覺悟。知人類非相讓不能相安。而唐虞之君臣。遂身倡而力行之。高位大權鉅富至貴。靡不可以讓人。而所爭者惟在道德之高下。及人羣之安否。後此數千年。雖曰爭奪刼殺之事不絕於史策。然以遜讓爲美德之意。深中於人心。時時可以殺忿爭之毒。而爲和親之媒。故國家與民族。遂歷久而不敝。此非歷史人物影響於國民性者乎。

唐虞讓國之事。紀於尙書。尙書開宗明義。卽曰允恭克讓。明其所重在此也。第今世所傳之尙書非完全之本。欲考其讓國之迹。殊不能得完全之眞相。此讀史者一大憾事也。孔子所删之書。有堯典、舜典、大禹謨。今惟存堯典。而晉以後所傳之舜典。實卽堯典之文。舜典之首二十八字（曰若稽古帝舜。曰重華。協於帝。濬哲文明。溫恭允塞。玄德升聞。乃命以位。）及大禹謨。皆後人所僞撰。不可信。故唐、堯、讓位之事。可徵於書。而虞、舜、讓位之事。則必以他書證之。

唐堯讓位之事。見於書序及書者如左。

尙書序　昔在帝堯。聰明文思。光宅天下。將遜於位。讓於虞舜。作堯典。　虞舜側微。堯聞之聰明。將使嗣位。歷試諸難。作舜典。

尙書堯典　帝曰。明明揚側陋。師錫帝曰。有鰥在下。曰虞舜。　帝曰。格汝舜。詢事考言。乃言底可績。三載。汝陟帝位。舜讓於德。弗嗣。正月上日。受終於文祖。　二十有八載。帝乃殂落。月正元日。舜格於文祖。

今本大禹謨所稱帝曰。格汝禹、朕宅帝位。三十有三載、耄期、倦於勤、汝惟不怠、總朕師、禹曰朕德罔克、民不依。及禹拜稽首固辭、正月朔旦、受命於神宗、率百官若帝之初。此皆仿堯典之文爲之。非其原文也。

述唐虞禪讓之事。最詳者。無過於孟子。

孟子萬章上　舜相堯二十有八載。堯崩。三年之喪畢。舜避堯之子於南河之南。天下諸侯朝覲者。不之堯之子而之舜。謳歌者。不謳歌堯之子而謳歌舜。夫然後之中國。踐天子位焉。　昔者舜薦禹於天十有七年。舜崩。三年之喪畢。禹避舜之子於陽城。天下之民從之者。若堯崩之後。不從堯之子而從舜也。

次則史記。

史記五帝本紀堯知子丹朱之不肖不足授天下於是乃權授舜授舜則天下得其利而丹朱病授丹朱則天下病而丹朱得其利堯曰終不以天下之病而利一人而卒授舜以天下舜子商均亦不肖舜乃豫薦禹於天十七年而崩三年喪畢禹亦乃讓舜子如舜讓堯子諸侯歸之然後禹踐天子位堯子丹朱舜子商均皆有疆土以奉先祀服其服禮樂如之以客見天子天子弗臣示不敢專也

又夏本紀舜薦禹於天爲嗣十七年而帝舜崩三年喪畢禹辭避舜之子商均於陽城天下諸侯皆去商均而朝禹禹於是遂即天子位南面朝天下　帝禹立而舉臯陶薦之且授爲政而臯陶卒而后舉益任之政十年帝禹東巡狩至於會稽而崩以天下授益三年之喪畢益讓帝禹之子啓而辟居箕山之陽禹子啓賢天下屬意焉於是啓遂即天子之位

孟子司馬遷皆曾見全部尙書者二書所言如此則堯舜禹之皆讓國爲實事無可疑矣外此諸書論述唐虞之事者凡分三種

一則附會其事謂堯舜歷讓於諸人不獨讓於舜禹也

莊子逍遙遊堯讓天下於許由許由曰予無所用天下爲　讓王堯以天下讓許由許由不受又讓於子州支父子州支父曰以我爲天子猶之可也雖然我適有幽憂之病方且治之未暇治天下也舜讓天下於子州支伯子州支伯曰予適有幽憂之病方且治之未暇治天下也舜以天下讓善卷善卷曰余立於宇宙之中冬日衣皮毛夏日衣葛絺春耕種形足以勞動秋收斂身足以休食日出而作日入而息逍遙於天地之間而心意自得吾何以天下爲哉悲夫子之不知予也遂不受去而入深山莫知其處舜以天下

讓其友石戶之農。石戶之農曰。捲捲乎后之爲人葆力之士也。以舜之德未爲至也。於是夫負妻戴。攜子以入於海。終身不反也。

呂氏春秋離俗覽。舜讓其友北人無擇。北人無擇曰、異哉后之爲人也。居於畎畝之中。而游入於堯之門。不若是而已。又欲以其辱行漫我。我羞之。而自投於蒼領之淵。

此皆因書之稱禪讓。而加以附會者也。

一則謂古者天子最勞苦。故堯。禹。樂於讓國也。

韓非子五蠹。堯之王天下也。茅茨不翦。采椽不斲。糲粢之食。藜藿之羹。冬日麑裘。夏日葛衣。雖監門之服養。不虧於此矣。禹之王天下。身執耒臿以爲民先。股無胈。脛不生毛。雖臣虜之勞。不苦於此矣。以是言之。夫古之讓天子者。是去監門之養、而離臣虜之勞也。古傳天下而不足多也。今之縣令。一日身死。子孫累世絜駕。故人重之。是以人之於讓也。輕辭古之天子。難去今之縣令者。薄厚之實異也。

此則純以俗情度堯禹。然亦未嘗謂堯舜未行禪讓之事也。

一則疑其讓國爲虛語。且其得國等於後世之篡弒也。

劉子玄史通疑古篇。案汲冢瑣語云。舜放堯於平陽。而書云某地有城以囚堯爲號。識者憑斯異說。頗以禪授爲疑。據山海經謂放勳之子爲帝丹朱。而列君於帝者。得非舜雖廢堯、仍立堯子、俄又奪其帝者乎。斯則堯之授舜。其事難明。謂之讓國。徒虛語耳。

虞書舜典云。五十載陟方乃死。注云。死蒼梧之野。因葬焉。案蒼梧者、地總百越。山連五嶺。人風婐劃。地氣歊瘴。百金之子。猶憚經履其途。萬乘之君而擕巡幸其國。衆復二妃不從。怨曠生離。萬里無依。孤魂漂盡。讓王高蹈。豈其若是。斯則陟方之死。其殆文命之志乎。　汲冢書云。舜放堯於平陽。益爲啟所誅。又曰。太甲殺伊尹。文丁殺季歷。凡此數事。語異正經。其書近出。世人多不之信也。舜之放堯。無事別說。足驗其情。益與伊尹見戮。並與正書猶無其證。推而論之。如啟之誅益。仍可覆也。何者。舜廢堯而立丹朱。禹黜舜而立商均。益手握機衡。事同舜禹。而欲因循故事。坐膺天祿。其事不成。自貽伊咎。觀夫近古篡奪。桓獨不全。馬仍反正。若啟之誅益。亦猶晉之殺玄者乎。禹舜相代。事業皆成。唯益覆車。伏辜夏后。亦猶桓效曹馬而獨致元興之禍者乎。

此則因後世奸雄假借禪讓。因疑古人亦以禪讓飾其爭奪也。

至於近世民主之制勃興。遂有謂堯舜爲首倡共和者。夫共和、根於憲法、選舉、多由政黨、總統、任事、必有年限、唐虞之時。胥無之。正不容以史事相傅會也。

堯典所載君臣交讓。其事非一。

帝曰。咨四岳。朕在位七十載。汝能庸命。巽朕位。岳曰。否德忝帝位。

帝曰。俞。咨禹。汝平水土。惟時懋哉。禹拜稽首。讓於稷契暨皋陶。

帝曰。疇若予工。僉曰。垂哉。帝曰。俞。咨垂。汝共工。垂拜稽首。讓於殳斨暨伯與。

帝曰。疇若予上下草木鳥獸。僉曰。益哉。帝曰。俞。咨益。汝作朕虞。益拜稽首。讓於朱虎熊羆。

帝曰。咨四岳。有能典朕三禮。僉曰。伯夷。帝曰。俞。咨伯。汝作秩宗。伯拜稽首。讓於夔龍。

皋陶謨尤盛稱讓德之效。

禹曰。萬邦黎獻共惟帝臣惟帝時舉敷納以言明庶以功車服以庸。誰敢不讓。敢不敬應。　夔曰。虞賓在位。羣后德讓。

惟韓非、呂覽稱鯀與共工不慊於堯舜。

韓非子外儲說堯欲傳天下於舜。鯀諫曰。不祥哉。孰以天下而傳之於匹夫乎。堯不聽。舉兵而誅殺鯀於羽山之郊。共工又諫曰。孰以天下而傳之於匹夫乎。堯不聽。又舉兵而誅共工於幽州之都。於是天下莫敢言無傳天下於舜。

呂氏春秋行論篇堯以天下讓舜。鯀爲諸侯。怒於堯曰。得天之道者爲帝。得地之道者爲三公。今我得地之道而不以我爲三公。以堯爲失論。欲得三公。怒甚猛獸。欲以爲亂。比獸之角。能以爲城。舉其尾。能以爲旌。召之不來。仿佯於野。以患帝。舜於是殛之於羽山。副之以吳刀。

蓋以書有四罪之文。故謾爲共鯀反對之說。藉使其說而信。亦可見堯之克讓。具有定識。毅力不爲浮議所搖。而反對之者。實爲少數也。

讓國之事。在人而不在法。故至夏而變爲世襲之局。韓愈論其事。以爲塞爭亂之道。

韓愈對禹問得其人而傳之。堯舜也。無其人而不傳。慮其患而不得如已者。禹也。　時益以難理傳之人則爭。未前定也。傳之子則不爭。前定也。前定雖不當賢。猶可以守法。不前定而不遇賢。則爭且亂。天下之生大聖也不數。其生大惡也亦不數。傳諸人。得大聖。然後人莫敢爭。傳諸子。得大惡。然後人受其亂。禹之後四百年。然後得桀。亦四百年。然後得湯與伊尹。湯與伊尹不得待而傳也。與其傳不得聖人而爭且亂。孰若傳之子。雖不得賢。猶可守法。

蓋讓貴得當。不當之讓。徒以啓爭。立法以定元首之年限。視君主世襲之不能必其得賢。均也。

三代時天子無禪讓者。而侯國猶間有之。如吳太伯、伯夷之類。

史記吳太伯世家：吳太伯、太伯弟仲雍。皆周太王之子。而王季歷之兄也。季歷賢而有聖子昌。太王欲立季歷以及昌。於是太伯仲雍二人乃犇荊蠻。文身斷髮。示不可用。以避季歷。歷果立。是爲王季。而昌爲文王。

又伯夷列傳：伯夷、叔齊。孤竹君之二子也。父欲立叔齊。及父卒。叔齊讓伯夷。伯夷曰。父命也。遂逃去。叔齊亦不肯立而逃之。國人立其中子。

左傳：晉侯執曹伯。歸諸京師。諸侯將見子臧於王而立之。子臧辭曰。前志有之。曰。聖達節。次守節。下失節。爲君非吾節也。雖不能聖。敢失守乎。遂逃奔宋。（成公十五年）

公羊傳：吳子使札來聘。賢季子也。何賢乎季子。讓國也。其讓國奈何。謁也、餘祭也、夷昧也、與季子同母者四。季子弱而才。兄弟皆愛之。同欲立之以爲君。謁曰。今若是迮而與季子國。季子猶不受也。請無與子而與弟。兄弟迭爲君。而致國乎季子。皆曰諾。故諸爲君者。皆輕死爲勇。飲食必祝。曰。天苟有吳國。尙速有悔於予身。故謁也死。餘祭也立。餘祭也死。夷昧也立。夷昧也死。則國宜之季子者也。季子使而亡焉。僚者、庶長也。卽之。季子使而反。至而君之爾。闔廬曰。先君之所以不與子國而與弟者。凡爲季子故也。將從先君之命與。則國宜之季子者也。如不從先君之命歟。則我宜立者也。僚惡得爲君乎。於是使專諸刺僚。而致國乎季子。季子不受。曰。爾弒吾

君吾受爾國是吾與爾爲簒也爾殺吾兄吾又殺爾是父子兄弟相殺終身無已也去之延陵終身不入吳國（襄公二十九年）

皆讓國而遂其志者也越公子搜則讓國而不遂。

周季編略越三世弒君公子搜患之逃乎丹穴越國無君求王子搜而不得從之丹穴王子搜不肯出越人熏之以艾乘之以王輿搜援綏登車仰天而呼曰君乎、君乎、獨不可以舍我乎越人乃立搜爲君（此文蓋據竹書紀年莊子讓王篇呂覽貴生篇合編。）

合之凡五事而燕王噲之讓國獨爲世所笑。

史記燕世家燕王噲信其臣子之子之使鹿毛壽謂燕王不如以國讓子之人之謂堯賢者以其讓天下於許由許由不受有讓天下之名而實不失天下今王以國讓於子之子之必不敢受是王與堯同行也燕王因屬國於子之子之大重或曰禹薦益已而以啟人爲吏及老而以啟爲不足任乎天下傳之於益已而啟與交黨攻益奪之天下謂禹名傳天下於益已而實令啓自取之今王言屬國於子之而吏無非太子人者是名屬子之而實太子用事也王因收印自三百石吏以上而效之子之子之南面行王事而噲老不聽政顧爲臣國事皆決於子之三年國大亂

僞讓而不出於誠與誠讓而不出於僞者史皆一一著之非故沮太伯伯夷等人而獨非燕噲子之也歷觀諸史知古代自有此一種高尚而純潔之人不以身居天下國家之尊位爲樂者是皆堯舜之風有以感之也。

唐虞之時。以治洪水爲一大事。洪水之禍。爲時之久。已詳於前。茲篇所述。專重治水之功。以明吾國有史以來之大勢。按吾國遭水患者非一次。以治水著者亦非一人。

論語摘輔象稱伏羲六佐。仲起爲海陸。陽侯爲江海。是皆治水之官。

祭法共工氏之霸九州也。其子曰后土。能平九州。故祀以爲社。　按共工氏時。洪水之禍最酷。后土能平九州。當亦專長於治水者。

左傳蔡墨曰。少皥氏有四叔。曰重曰該曰修曰熙。實能金木及水。使重爲句芒。該爲蓐收。修及熙爲玄冥。世不失職。遂濟窮桑。　是修熙二子。爲少皥時治水之官也。

國語昔共工虞於湛樂。淫失其身。欲壅防百川。墮高堙卑。以害天下。皇天弗福。庶民弗助。禍亂並興。共工用滅。

共工治水。專事堙塞。爲害孔鉅。后土繼之。而其法不傳。疑必力反共工之所爲。唐虞時。鯀禹父子相繼治水。初亦蹈共工之覆轍。後始改爲疏濬。此可知人事必具有經驗。往往有前人已經失敗。後人復效其所爲者。必一再試之而無功。然後確信失敗者之法之不可用。正不獨治水一端也。

鯀之治水。曰堙曰障。

書洪範箕子曰。我聞在昔鯀堙洪水。汨陳其五行。

祭法鯀鄣鴻水而殛死。

山海經。洪水滔天。鯀竊帝之息壤以堙洪水。

殆惟多築隄防以遏水勢。故經營九載而功弗成。

堯典。九載績用弗成。

然因治水而得城郭之法。後世且崇祀之。亦不可謂鯀為無微功也。

祭法疏。鯀鄣鴻水而殛死者。鯀塞水而無功。而被堯殛死於羽山。亦是有微功於人。故得祀之。若無微功。焉能治水九載。又世本云。作城郭。是有功也。

禹傷父功不成。勞身焦思。以求繼續先業而竟其志。

祭法。禹能修鯀之功。

史記夏本紀。禹傷先人父鯀功之不成受誅。乃勞身焦思。居外十三年。過門不敢入。

吳越春秋。禹傷父功不成。循江泝河。盡濟甄淮。乃勞身焦思。以行七年。聞樂不聽。過門不入。冠挂不顧。履遺不躡。功未及成。愁然沈思。

其法蓋先行調查測量。

皋陶謨。禹曰。予乘四載。隨山刊木。

禹貢。禹敷土。隨山刊木。鄭玄曰。必隨州中之山而登之。除木為道。以望觀所當治者。則規其形而度其功焉。

史記夏本紀。行山表木。（索隱。表木謂刊木立為表記。）陸行乘車。水行乘船。泥行乘橇。山行乘檋。左準繩。右規矩。

按立木爲表記、及携準繩規矩。皆爲調查測量之事。鄭說規其形而度其功。亦卽此義。趙君卿周髀算經注、禹治洪水。決流江河。望山川之形。定高下之勢。乃句股所由生。亦一證也。

而後從事於疏鑿。

淮南子本經訓。舜之時。龍門未開。呂梁未發。江淮通流。四海溟涬。民皆上邱陵。赴樹木。舜乃使禹疏三江五湖。闢伊闕。導廛澗。平通溝陸。流注東海。鴻水漏。九州乾。萬民皆寧其性。

又修務訓。禹沐浴霪雨。櫛扶風。決江疏河。鑿龍門。闢伊闕。修彭蠡之防。乘四載。隨山刊木。平治水土。定千八百國。

其所治之諸水。具詳於禹貢。史家推論其功。尤以導河爲大。

史記河渠書。河菑衍溢。害中國也尤甚。唯是爲務。故道河自積石。歷龍門。南到華陰。東下砥柱。及孟津雒汭。至於大邳。於是禹以爲河所從來者高。水湍悍。難以行平地。數爲敗。乃廝二渠。以引其河。北載之高地。過降水。至於大陸。播爲九河。同爲逆河。入於勃海。九州既疏。九澤既灑。諸夏艾安。功施於三代。

按河自龍門、至今河間天津等地。其長殆二千里。皆禹、時、以、人、力、開、鑿、而成。則中國人造之河流。不自南北運河始也。

專治一河。其工之鉅。已至可駭。矧兼九州之山水治之。北至河套。南至川滇。西至青海。東至山東。其面積至少亦有七八百萬方里。緜治之九年。禹治之十三年。合計二十二年。而九州之地盡行平治。以今人作事揆之斷不能如此神速。故西洋歷史家於禹之治水極爲懷疑。

夏德支那太古史引愛多阿爾比優氏之說曰。黃河自入支那以上。其流程達於五百六十力格。江水自禹所視察之湖廣地方之大湖以下。其長二百五十力格。漢水自發源至與江水合流處。長約五百十力格。合計三河之延長。殆達於一千力格。加以禹所治之他河。當有一千二百至於一千五百力格。夫古代支那之大紀念物。卽萬里長城。雖以非常之勞作而成。其長亦不過三百力格。然此鉅大之建設。實亘非常之歲月。其初秦趙燕等諸國。業已陸續建造。至秦始皇帝。不過修繕而增設之耳。且以此等泥土築造之城。比之綿亘一千二百乃至一千五百力格之大河。修築隄防開濬水道之事。猶爲容易之業。然其難且如此。則禹之治水。當需多大之勞苦與歲月乎。試以隆河之屢次汎濫爲比。隆河之下流。較之黃河長江之下流。不過四分之一。然治之猶需若干功力。彼禹之修改支那之大河。幾與修正微弱之小川之水道無異。則此等具有怪力之禹。殆非人間之人也。

按治水之難。以人工及經費爲首。近世人工皆須以金錢雇之。故興工必須鉅款。吾國古代每有力役。但須召集民人。無須予以金錢。故書史但稱禹之治水。不聞唐虞之人議及工艱費鉅者。此其能成此等大工之最大原因也。西人但讀禹貢。不知其時治水者。實合全國人之力。故疑禹爲非常之人。若詳考他書。則知其治水非徒恃一二人之功。觀史記書經注疏。卽可見矣。

史記夏本紀。禹與益后稷奉帝命。命諸侯百姓興人徒以傅土。

皋陶謨。弼成五服。至於五千。州十有二師。　僞孔傳。服五百里。四方相距爲方五千里。治洪水。輔成之。一州用三萬人功。九州二十七萬庸。孔穎達疏治水之時所役人功。每州用十有二師。通計之、一州用三萬人功。總計九州用二十七萬庸。庸亦功也。州境有闊狹。用功必有多少。例言三萬人者。大都通率爲然。惟言用三萬人者、不知用功日數多少。治水四年乃畢。治水年數。或曰十三年。或曰四年。蓋以鯀之九年。合禹四年計之。爲十三年也。孔曰四年乃畢。是以爲十三年中。應除鯀之九年也。然史記一曰禹抑洪水十三年。再曰居外十三年。皆指禹一身言。不兼計鯀之九載也。用功蓋多矣。不知用幾日也。

按孔氏以周法證夏事。謂一州用三萬人。尙書大傳則曰、古者八家而爲鄰。三鄰而爲朋。三朋而爲里。五里而爲邑。十邑而爲都。十都而爲師。州十有二師焉。注曰、州凡四十三萬二千家。據此、則當時每家出一人、助禹治水。卽一州有四十三萬二千人。九州之水所用徒役、都三百八十八萬八千人。雖未必同時並作。而經年累月。更番迭起。故能成此鉅功也。

禹之治水。不徒治大水也。並田間之畎、澮、而亦治之。

皋陶謨禹曰、予決九州。距四海。濬畎澮距川。爲孔傳一畎之間、廣尺、深尺、曰畎。方百里之間、廣二尋、深二仞、曰澮。濬深之至川。亦入海。

孔子之稱禹。不頌其治江河。而獨頌其盡力溝洫。

論語孔子曰、禹吾無間然矣。卑宮室而盡力乎溝洫。

蓋畎澮溝洫之利。實較江河鉅流爲大。

顧炎武日知錄、夫子之稱禹也、曰盡力乎溝洫。而禹自言。亦曰濬畎澮距川。古聖人有天下之大事。而不遺乎其小。如此。古之通津巨瀆。今日多爲細流。而中原之田。夏旱秋潦。年年告病矣。 陳斌曰。三代溝洫之利。其小者、民自爲之也。其大者、官所爲也。溝洫所起之土、即以爲道路。所通之水、即以備旱潦。故溝洫者、萬世之利也。斌觀畎田之法。一尺之畎、二尺之遂。即耕而即成者也。今蘇湖之田。九月種麥。必爲田輪。兩輪中間深廣二尺。其平闊之鄉。萬輪鱗接。整齊均一。彌月悉成。古之遂。逕豈有異乎。設計其五年而爲溝澮。則合八家之力而先治一橫溝。田首之步之。爲百八十丈者。家出三人。就地築土。二日而畢矣。明年以八十家之力治洫。廣深三溝。其長十之。料工計日。三日而半。七日而畢矣。又明年。以八百家之力爲澮。廣深三洫。其長百溝。料工計日。一旬而半。三旬而畢矣。即以三旬之功、分責三歲。其就必矣。及成之。俱成民畎田以爲利。一歲之中。家修其遂。衆治其溝洫。官督民而浚其澮。有小水旱。可以無飢。十分之飢。可救其五。故曰萬世之利也。

使僅有九川距海。而無畎澮距川。則農田水利。仍無由興。而治川之功。爲虛費矣。然此義若再爲西人言之。則必更驚禹之神奇。謂禹遍天下之溝洫而一一治之。不知禹之濬九川、及濬畎澮。皆身爲之倡。而人民相率效之。

淮南子要略。禹之時。天下大水。禹身執虆垂。以爲民先。

雖其勤苦、異於常人、

莊子天下篇。墨子稱道曰。昔者禹之湮洪水。決江河而通四夷九州也。名山三百。支川三千。小者無數。禹親自操橐耜而九雜天下之川。腓無胈。脛無毛。沐甚雨。櫛疾風。

而以大多數之人民之功悉歸於禹則未知事實之眞相耳。

治水之功除水患一也利農業二也便交通三也觀禹貢所載各州貢道。

【冀州】夾右碣石入於河。

【兗州】浮於濟漯達於河。

【青州】浮於汶達於濟。

【徐州】浮於淮泗達於河。

【揚州】沿於江海達於淮泗。

【荆州】浮於江沱潛漢逾於洛至於南河。

【豫州】浮於洛達於河。

【梁州】浮於潛逾於沔入於渭亂於河。

【雍州】浮於積石至於龍門西河會於渭汭。

是各州之路無不達於河亦無不達於冀州帝都者。以政治言則帝都與侯國消息靈通居中馭外故能搆成一大帝國。以經濟言則九州物產轉輸交易生計自裕故人民咸遂其生而有於變時雍之美猶之近世國家開通鐵道而政治經濟咸呈極大之變化。禹貢所稱治水之功效。

禹貢九州攸同。四隩既宅。九山刊旅。九川滌源。九澤既陂。四海會同。六府孔修。庶土交正。底愼財賦。咸宅三壤成賦。中邦錫土姓。祗台德先。不距朕行。

洵非虛語也。

第十一章　唐虞之政教

自唐虞至周皆封建時代。帝王與諸侯分地而治。帝王直轄之地。不過方千里。其勢殆等於今日一省之督軍省長。然以其爲天下共主。故其政教必足以爲各國之模範。而後可以統治諸侯。吾輩治古代歷史

者當知其時帝王政教具有二義

(一)施之於其直轄之地。兼以爲各國之模範者。

(二)統治各國之法。

以此二義。故凡事皆取自近及遠之術。

堯典克明俊德。以親九族。九族既睦。平章百姓。百姓昭明。協和萬邦。 柔遠能邇。惇德允元。而難任人。蠻夷率服。

皋陶謨愼厥身修。思永。惇敍九族。庶明勵翼。邇可遠在玆。

其所設施、大都指畿甸而言。不能胥諸侯萬國一一如其措注。後世儒者。盛稱其時之政教。則誤認爲道一風同。今人就各方面研究。見其多有出入。又痛詆古書爲不可信。要皆未喻此義也。

唐虞之時。以天然地理畫分九州。

冀州。 濟河惟兗州。 海岱惟青州。 海岱及淮惟徐州。 淮海惟揚州。 荊及衡陽惟荊州。 荊河惟豫州。 華陽黑水惟梁州。 黑水西河惟雍州。

中間嘗分爲十二州。說者謂舜以冀州之北廣大。分置幷州。以青州越海。分置營州。又分燕以北爲幽州。至禹卽位。復爲九州。然其文無徵。不能定其界域。惟知其時確嘗分爲十二區域耳。

堯典肇十有二州。封十有二山。 咨十有二牧。

又卽九州分爲五服。

皐陶謨弼成五服至於五千。

史記夏本紀令天子之國以外、五百里甸服。甸服外五百里侯服。侯服外五百里綏服。綏服外五百里要服。要服外五百里荒服。

以地形證之。四方相距。未必能平均如其里數。惟可、知、其、治、地、約、分、此、五、種、界、限。甸服直接於天子。侯綏爲諸侯治地。要荒服皆蠻夷。其文化相懸甚遠耳。

當時諸侯號爲萬邦。亦非確數。其階級蓋分五等。

堯典輯五瑞。　馬融曰。五瑞公侯伯子男所執以爲瑞信也。

其長曰牧、曰岳、曰伯。

堯典覲四岳羣牧。　咨十有二牧。

左傳貢金九牧。宣三年

尙書大傳虞夏傳惟元祀。巡守四嶽八伯。　又八伯咸進稽首。

其國中制度不可考。以書觀之。岳牧之在中央政府。頗有大權。

如堯舜舉人命官。皆咨詢岳牧。

而中央政府亦可黜陟之。

尙書大傳虞夏傳書曰三歲考績三考黜陟幽明其訓曰三歲而小考者正職而行事也。九歲而大考者黜無職而賞有功也。其賞有功也。諸侯賜弓矢者、得專征。賜鈇鉞者、得專殺。賜圭瓚者、得爲鬯以祭。不得專征者、以兵屬於得專征之國。不得專殺者、以獄屬於得專殺之國。不得專賜圭瓚者、資鬯於天子之國。然後祭。

又古者諸侯之於天子也。三年一貢士。天子命與諸侯輔助爲政。所以通賢共治。示不獨專。重民之至。大國舉三人。次國舉二人。小國舉一人。一適謂之攸好德。再適謂之賢賢。三適謂之有功。有功者、天子賜以車服弓矢。再賜以秬鬯。三賜以虎賁百人。號曰命諸侯。命諸侯得專征者。鄰國有臣弑其君、孼伐其宗者。雖弗請於天子而征之可也。征而歸其地於天子。有不貢士、謂之不率正者。天子絀之。一不適謂之過。再不適謂之敖。三不適謂之誣。誣者天子絀之。一絀、少絀以爵。再絀、少絀以地。三絀、而爵地畢。○按大傳之言。未必卽爲唐虞之定制。然足證當時諸侯可以黜陟。

中央政府與各州諸侯之關係。以巡狩述職爲最重之事。

堯典五載一巡狩。羣后四朝。

尙書大傳五年、親自巡狩。巡猶循也。狩猶守也。循行守視之辭。亦不可國至人見爲煩擾。故至四嶽、知四方之政而已。

又九共以諸侯來朝各述其土地所生美惡、人民好惡。爲之貢賦政教。

觀尙書之文。當時帝者巡狩之要義有三。

(一)致祭　如歲二月至於岱宗、柴望秩於山川是。

(二)壹法　如協時月、正日、同律度量衡是。

(三)修禮　如修五禮、五玉、三帛、二生、一死、贄、如五器、卒乃復是。

三者之中。以第二義爲最切於民生日用。並可以推見當時諸侯之國。往往各用其相傳之正朔。各用其律度量衡。不必與中央政府之定制相同。故虞帝定制。越五年、一往、考察、務使之齊同、均一。此卽統一中國之大綱也。尚書大傳述古巡狩之事項。較虞書爲詳。疑其以後世之法傳之。未必卽爲唐虞之制。然其意亦可參考也。

> 尚書大傳虞夏傳見諸侯。問百年。命大師陳詩。以觀民風俗。命市納賈。以觀民好惡。山川神祇有不舉者爲不敬。不敬者削以地。宗廟有不順者爲不孝。不孝者黜以爵。變禮易樂爲不從。不從者君流。改衣服制度爲畔。畔者君討。有功者賞之。尚書曰。明試以功。車服以庸。

古無印綬符節之制。其執以爲信者。曰瑞、曰圭。有頒斂留復之法。猶後世之摘印接印也。

> 堯典輯五瑞。　班瑞於羣后。　馬融曰。堯將禪舜。使羣牧斂之。使舜親往班之。
>
> 尚書大傳古者圭必有冒。言下之必有冒。不敢專達也。天子執冒以朝諸侯。見則覆之。故冒圭者、天子所與諸侯爲瑞也。瑞也者、屬也。無過行者、得復其圭。以歸其國。有過行者、留其圭。能改過者、復其圭。三年、圭不復。少黜以爵。六年、圭不復。少黜以地。九年、圭不復。而地畢。所謂諸侯之朝於天子也。義則見屬。不義則不見屬。

禹會塗山諸侯執玉卽沿唐虞之制。

左傳禹會諸侯於塗山執玉帛者萬國。（哀七年、杜注。諸侯執玉。附庸執帛。）

非徒以之行禮且以之行賞罰焉中央有黜陟之權而後藩鎮有戒愼之意若徒事寬大任諸侯之跋扈而莫可如何豈所以爲政哉。

唐虞之時中央政府之財政與各國之財政亦截然畫分冀州甸服有賦無貢而人民之粟米直接輸納於帝廷之官府此外八州四服則民賦各輸於其國而國君各市其地之物以爲貢。

禹貢五百里甸服百里賦納總二百里納銍三百里納秸服四百里粟五百里米。　孫星衍曰詩甫田疏引鄭志云凡所貢篚之物皆以稅物市之隨時物價以當邦賦周禮太宰以九貢致邦國之用疏云諸侯國內得民稅大國貢半次國三之一小國四之一所貢者市取當國所出美物則禹貢所云厥篚厥貢之類是也據此知徐州雖有厥貢之文不入穀準其賦之額買土物以貢冀州不言厥貢以帝都所需令有司市買不煩諸侯貢篚故入穀不貢也。

其時鑛產發達貨幣之用漸興。

禹貢揚州貢金三品。　荊州貢金三品。　梁州貢璆鐵銀鏤。

山海經禹曰天下名山五千三百五十經六萬四千五十六里出銅之山四百六十七出鐵之山三千六百九十。

史記平準書虞夏之幣金爲三品。

以禹以九牧貢金鑄鼎之事推之。疑當時各國、所用、貨幣。其鼓、鑄、及發、行之權、皆屬於中、央。故曰六府孔修。底愼財賦也。

吾觀於唐虞帝者之撫侯國。可謂疏節闊目矣。然黜陟大權操之自上。不使有外重內輕之虞。分畫財賦各有權限。儼然有國家地方之別。是古代固以法治。非徒以人治也。法立令行。內外、井井。而中、央政府之政務。自亦、簡易、而無、須多人。僞古文周官篇稱唐虞稽古建官惟百。雖未必可信。然堯典皋謨、稱其時之官吏。不過曰百工。百揆。百僚。是官吏之大數不過百也。更稽其職掌。則有

曆官　羲和及四子司曆象。	司空　禹作司空宅百揆。	稷官　棄居稷官播百穀。
司徒　契爲司徒敷五敎。	理官　皋陶作士司五刑。	說苑修文篇皋陶爲大理。
工官　垂爲共工。	虞　益作虞司上下草木鳥獸。	禮官　伯夷作秩宗典三禮。
敎官　夔典樂敎胄子。	納言　龍作納言出納帝命。	

犖犖數大端。中央政府之政務。已賅括無餘。其異於後世者。獨無外交官及海陸軍耳。

唐虞帝國之官。司敎育者有二職。蓋一司普通敎育。一司專門敎育也。普通敎育專重倫理。

左傳舉八元使布五敎於四方。父義、母慈、兄友、弟恭、子孝。文十八

孟子人之有道也。飽食暖衣逸居而無敎。則近於禽獸。聖人有憂之。使契爲司徒。敎以人倫。父子有親。君臣有義。夫婦有別。長幼有序。

朋友有信。

其施敎之法不可考。專門敎育則有學校。其學校曰庠。亦曰米廩。

王制有虞氏養國老於上庠。養庶老於下庠。　又虞庠在國之四郊。

明堂位米廩、有虞氏之庠也。

以王制之言推之。有虞氏國都內外。當有學校六所。上下庠各一。四郊之庠四。夔之所司。未知屬何學校。或夔專司上庠而下庠及四郊之庠、則屬於司徒歟。

有虞之學校有二事。一曰。養老。

王制有虞氏皇而祭。深衣而養老。　凡養老、有虞氏以燕禮。

據說禮者之言。則學校所養之老凡四種。

皇侃曰。人君養老有四種。一是養三老五更。二是子孫爲國難而死。王養死者父祖。三是養致仕之老。四是引戶校年養庶人之老。

有虞所謂國老。殆卽前三者。而庶老則第四種也。以燕禮養老。未知專指國老、抑兼養庶老。其禮亦不可考。說者以周禮釋之。大致當亦不遠。

王制疏有虞氏以燕禮者。虞氏云。燕禮、脫屨升堂。崔氏云。燕者、殽烝於俎。行一獻之禮。坐而飮酒。以至於醉。以虞氏帝道弘大。故養老以燕禮。

吾意虞學名庠庠者養也其養之之法必不止於帝者來庠之時一舉燕禮而已凡在庠之老者必有常年之膳食如近世各國之有養老年金者然而老者在庠無所事事則又等於素餐故必各就所長及其多年之經驗聚少年學子而教之於是者老之所居轉成最高之學府而帝者以其爲宿學之所萃亦時時臨涖以聆其名言至論取以爲修身治國之準繩少年學子見一國之元首亦隆禮在庠之師儒則服教說學之心因之益摯此古代以學校養老之用意也

一曰教樂其所教爲詩歌聲律

堯典詩言志歌永言聲依永律和聲

卽近世所謂聲音學言語學文學音樂諸科也此諸科者似不切於實用然觀當時之風氣則詩樂實與宗教政治有大關係

如堯典曰八音克諧無相奪倫神人以和　臯陶謨曰戛擊鳴球搏拊琴瑟以詠祖考來格虞賓在位羣后德讓下管鼗鼓合止柷敔笙鏞以間鳥獸蹌蹌簫韶九成鳳皇來儀（是宗教之關係也）　帝庸作歌曰勅天之命惟時惟幾乃歌曰股肱喜哉元首起哉百工熙哉臯陶拜手稽首颺言曰念哉率作興事愼乃憲屢省乃成欽哉乃賡載歌曰元首明哉股肱良哉庶事康哉又歌曰元首叢脞哉股肱惰哉萬事墮哉（是政治之關係也）

尙書大傳樂正定樂名元祀代泰山貢兩伯之樂焉陽伯之樂舞株離其歌聲比余謠名曰晳陽儀伯之樂舞鼚哉其歌聲比大謠名

曰南陽。中祀大交霍山。貢兩伯之樂焉。夏伯之樂、舞謾彧。其歌聲、比中謠。名曰初慮。羲伯之樂、舞將陽。其歌聲、比大謠。名曰朱干。秋祀柳穀華山。貢兩伯之樂焉。秋伯之樂、舞蔡俶。其歌聲、比小謠。名曰苓落。和伯之樂、舞玄鶴。其歌聲、比中謠。名曰歸來。幽都弘山祀。貢兩伯之樂焉。冬伯之樂、舞齊落。歌曰縵縵。垂為冬伯。舞丹鳳。一曰齊落。歌曰齊落。一曰縵縵。（是天子巡狩之時八伯皆須貢樂亦與政治宗教有關係也）

誦詩可以知政。作樂可以降神。則文化教育、亦即其時之實用教育也。觀舜以音樂察治忽。

皋陶謨予欲聞六律五聲八音、在治忽。

蓋古人以聲音之道與政通。故恒注重於聲樂。而學生以此為教科。則一以淑學者之性情。一以裕學者之知識。儲材化俗之意。兼而有之焉。

唐虞之官吏。殆多由大臣舉用。

左傳舜臣堯。舉八愷。使主后土。舉八元。使布五教於四方。（文十八年）

其用人雖多出於貴族。然必以其言論及事功參稽而用之。

堯典詢事考言。　敷奏以言。明試以功。

皋陶謨工以納言。時而颺之。格則承之庸之。

且懲戒之法甚嚴。失職者不免鞭撻。甚且著之刑書。

堯典鞭作官刑。

皐陶謨撻以記之書用識哉。

其考績必以三年者。取其官久而事習。然後可以定其優劣也。

堯典三載考績。（後世官吏有任期實本此制）

官法雖嚴。而君臣之分際、初不若後世之懸隔。相與對語。率以爾汝之稱。

如皐陶謨帝曰。來禹、汝亦昌言。　皐陶曰。兪師汝昌言。　禹曰。安汝止。（史記作安爾汝）

且設四隣以爲人主之監督。

尙書大傳古者天子必有四鄰。前曰疑。後曰丞。左曰輔。右曰弼。天子中立而聽朝。則四聖維之。是以慮無失計。擧無過事。故書曰欽四鄰。此之謂也。　又曰天子有問無以對、責之疑。可志而不志、責之丞。可正而不正、責之輔。可揚而不揚、責之弼。其爵視卿。其祿視次國之君。

故君主無由專制。而政事無不公開也。

唐虞地方之制不可考。以大傳及史記相參。則其時有邑里都師等區畫。

尙書大傳古之處師八家而爲鄰。三鄰而爲朋。三朋而爲里。五里而爲邑。十邑而爲都。十都而爲師。州十有二師焉。家不盈三口者不朋。由命士以上不朋。

史記五帝本紀一年而所居成聚。二年成邑。三年成都。

其民殆多聚族而居。

書序帝釐下土方。設居方。別生分類。作汨作九共九篇。劉師培曰。別生。猶言別姓。所以辨別其氏姓耳。

無姓者則賜之以姓。

禹貢錫土姓。劉師培曰。古人從母得姓。自禹錫土姓。其所謂姓。始不從母而從父。

人民之職業甚多。

淮南子齊俗訓堯之治天下、導萬民也。水處者漁。山處者木。谷處者牧。陸處者農。地宜其事。事宜其械。械宜其用。用宜其人。澤皋織網。陵阪耕田。得以所有易所無。以所工易所拙。

史記五帝本紀舜耕歷山。漁雷澤。陶河濱。作什器於壽邱。就時於負夏。

禹貢詳載各州貢品。知其時畜牧田農漆桑紡織商礦諸業皆備。

考工記有虞氏上陶。

大要以農業爲本。有甽田之制。

漢書食貨志后稷始甽田。以二耜爲耦。廣尺深尺曰甽。長終畮。一畮三甽。一夫三百甽。而播種於三甽中。

其民大率春夏皆處於野。秋冬則邑居。

堯典春厥民析。（孫星衍尚書今古文注疏曰。高誘注。呂覽仲春紀。引書此文。說之云。散布於野。史記司馬相如傳。索隱引如淳云。析、分也。言使民分散耕種。）夏厥民因。（孫曰。爾雅釋詁。儴因也。說文云。漢令解衣耕謂之襄。蓋謂民相就而助成耕耨事。）秋厥民夷。冬厥民燠。

按漢書食貨志述古制春令民畢出在壄。冬則畢入於邑。其詩曰。四之日舉趾。同我婦子。饁彼南畝。田畯至喜。又曰十月蟋蟀入我牀下。嗟我婦子。聿爲改歲、入此室處。所以順陰陽、備寇賊習禮文也。可與堯典相證。（豳風述后稷公劉。當是虞夏時時風俗。）

後世傳其時墾田甚多而人口甚少。雖多出於臆測。然以地域及史事觀之。計亦約略相等。

後漢書郡國志注引皇甫謐帝王世紀禹平洪水時。民口千三百五十五萬三千九百二十三人。九州之地。凡二千四百三十萬八千二十四頃。定墾者九百三十萬六千二十四頃。不墾者千五百萬二千頃。

按皇甫謐不知據何書而能言唐虞時田土人口之數。鑿鑿如此。似不可信。然九州之地、墾闢不足一千萬頃。似亦非過言。以尚書大傳一州四十三萬二千家計之。九州三百八十八萬八千家。平均一家五口。亦不過一千九百四十四萬人。況九州之都邑。未必一一皆如其數。則其時之人口。自不過一千數百萬。觀舜所居二年成邑。三年成都。則舜未居其地之前。皆空曠之地。無都邑也。土曠人稀。而生計進步。此尤其時。號稱郅治之大原。吾輩讀史。不可徒研究其政教。而不就當時土地人民之數。一究其因果也。

唐虞政教之梗概及其社會之狀况具如上述其尤重要者則敬天愛民之義爲後世立國根本雖有專制之君暴虐之主剛愎自用之大臣間亦違反此信條而自恣其私意然大多數之人誦習典謨認爲立國惟一要義反復引申以制暴君汚吏之毒燄於是柄政者賢固益以自勉不肖亦有所懲卽異族入主中國亦不能不本斯義以臨吾民故制度可變方法可變而此立國之根本不可變如

堯典欽若昊天　敬授民時　欽哉惟時亮天功

皐陶謨在知人在安民　安民則惠黎民懷之　天工人其代之　天敍有典勅我五典五惇哉　天秩有禮自我五禮有庸哉　天命有德五服五章哉天討有罪五刑五用哉

天聰明自我民聰明天明畏自我民明威惟動丕徯志以昭受上帝　天其申命用休

諸語以天與民合爲一事欲知天意但順民心凡人君之立政施教不過就天道自然之秩序闡發而推行之直無所用其一人之主張此尤治史者所當深考者也

第十二章　夏之文化

夏后氏十四世十七君傳祚四百數十年

史記三代世表從禹至桀十七世

通鑑外紀注夏十七君十四世通羿浞四百三十二年

以進化之律論之。夏之社會。必已大進於唐虞之時。然夏之歷史多不可考。孔子嘗屢言之。

禮運孔子曰。我欲觀夏道。是故之杞而不足徵也。吾得夏時焉　論語子曰。夏禮吾能言之。杞不足徵也。

太史公著史記。於當時所傳夏代之書。亦多疑詞。

夏本紀太史公曰。孔子正夏時。學者多傳夏小正云。

大宛列傳太史公曰。言九州山川。尚書近之矣。至禹本紀山海經所有怪物。余不敢言之也。

今所傳虞夏書。自禹貢以上。皆述唐虞時事。其專述夏事者。惟三篇。

甘誓　五子之歌　胤征

後僅存甘誓一篇。其文獻之不足徵。更甚於孔子史公之時。故欲云夏之文化。無非鑿空傅會而已。

雖然。孔子能言夏禮。墨子多用夏政。

淮南子要略。墨子背周道而用夏政。

箕子嘗陳鴻範。魏絳實見夏訓。

左傳魏絳曰。夏訓有之曰。有窮后羿。

孝經本於夏法。

章炳麟有孝經本夏法說。

漢志亦載夏龜。

漢書藝文志夏龜二十六卷。

七月公劉之詩。多述夏代社會禮俗。可與夏小正參證。小戴記、王制內則祭法祭義明堂位諸篇。凡言三代典制者。往往舉夏后氏之制爲首。是夏之文獻雖荒落。然亦未嘗不可徵考其萬一也。

夏之社會。農業之社會也。觀夏小正及豳風。皆以農時爲主。而附載其他事業。知其時所最重者。惟農事矣。當時田制有公私之分。

夏小正正月初服於公田。傳。古有公田焉者。言先服公田而後服其田也。

公私之田。一家種若干畝不可考。或謂一夫授田五十畝。

孟子夏后氏五十而貢。　趙岐注民耕五十畝貢上五畝。

顧炎武日知錄古來田賦之制。實始於禹。水土既平。咸則三壤。後之王者。不過因其成蹟而已。故詩曰、信彼南山。維禹甸之。畇畇原隰。曾孫田之。我疆我理。南東其畝。然則周之疆理。猶禹之遺法也。孟子乃曰、夏后氏五十而貢。殷人七十而助。周人百畝而徹。夫井田之制。一井之地。畫爲九區。故蘇洵謂萬夫之地。蓋三十二里有半。而其間爲川爲路者一。爲澮爲道者九。爲洫爲涂者百。爲溝爲畛者千。爲遂爲徑者萬。使夏必五十。殷必七十。周必百。則是一王之興。必將改畛涂。變溝洫。移道路以就之。爲此煩擾而無益於民之事也。豈其然乎。蓋三代班民之異。在乎貢助徹。而不在乎五十、七十、百畝。其五十、七十、百畝。特丈尺之不同。而田未嘗易也。故曰其實皆什一也。夏時土曠人稀。故其畝特大。殷周土易人多。故其畝漸小。以夏之一畝爲二畝。其名殊而實一矣。

其名地方十里爲成。

左傳夏少康有田一成。有衆一旅。杜注、方十里爲成。

方八里爲甸。

詩信南山維禹甸之。　鄭箋六十四井爲甸。甸方八里。居一成之中。成方十里。出兵車一乘。

其典農者曰田畯。

詩豳風田畯至喜。　傳田畯、田大夫也。

其民居多茅屋土壁蓽戶。

詩豳風晝爾于茅。宵爾索綯。亟其乘屋。　又穹窒熏鼠。塞向墐戶。　毛傳向北出牖也。墐、塗也。庶人蓽戶。

緣屋種桑。男治田而女治蠶。

詩豳風女執懿筐。遵彼微行。爰求柔桑。　毛傳微行、牆下徑也。五畝之宅樹之以桑。

農隙則田夫射獵以肄武。

詩豳風一之日于貉。取彼狐狸。爲公子裘。二之日其同。載纘武功。言私其豵。獻豜於公。

事皆先公而後私。其民風之淳樸。頗足多焉。

夏之教育有序有校。

明堂位序夏后氏之序也。

孟子夏曰校。

鄉校一曰公堂。

詩豳風躋彼公堂。毛傳公堂學校也。

國學則曰學。

夏小正二月丁亥萬用入學。傳入學也者、大學也。

入學以春仲吉日。行禮則舞干戚。

夏小正傳丁亥者吉日也。萬也者、干戚舞也。

國之老者、亦養於學。

王制夏后氏以饗禮。養國老於東序。養庶老於西序。

又夏后氏收而祭燕衣而養老。

鄉人則於十月躋公堂。行飲酒之禮。

詩豳風十月滌場。朋酒斯饗。曰殺羔羊。躋彼公堂。稱彼兕觥。萬壽無疆。

而國學特重教射焉。

孟子序者射也。

孔子稱夏禹卑宮室而啓有鈞臺。

左傳夏啓有鈞臺之享。昭四年

世又傳啟有璿臺桀有傾宮瑤臺。

竹書紀年帝啟元年大饗諸侯於鈞臺諸侯從帝歸於冀都。大享諸侯於璿臺。 又夏桀作傾宮瑤臺。殫百姓之財。

其宮室之崇卑。殆亦隨時不同。考工記載夏世室之制。

考工記夏后氏世室。堂修二七。廣四修一。五室三四步。四三尺。九階。四旁兩夾窗。白盛。門堂三之二。室三之一。

假定其時六尺為步。其尺之長略等於周尺。則其世室之修。不過今尺六丈有奇。廣亦不過八丈有奇。而其中之室深不過二丈。寬亦不過二丈有奇。其制度之褊隘可想。記不言其屋高若干。以其深廣度之。亦必不能過高。此孔子所以謂其卑宮室歟。

夏之器用頗簡陋。觀公劉之詩可見。

詩公劉迺裹餱糧。于橐于囊。弓矢斯張。干戈戚揚。 何以舟之。維玉及瑤。鞞琫容刀。 蹌蹌濟濟。俾筵俾几。 執豕于牢。酌之用匏。涉渭為亂。 取厲取鍛。

戴記述其禮器有山罍雞彝龍勺龍簨虡等。

明堂位山罍夏后氏之尊也。夏后氏以雞彝。夏后氏以龍勺。夏后氏之龍簨虡。

則宗廟器具亦有雕刻爲雞龍等形者。惟其時色尚黑。

檀弓夏后氏尚黑。大事斂用昏。戎事乘驪。牲用玄。

雖有雕刻。度必墨色而無華彩。此亦風尚質樸之徵也。考工記稱夏代尚匠。

考工記夏后氏尚匠。

蓋專重治水土與溝洫之事。而宮室器用則弗求其美備歟。

夏代官制。散見羣書。其大數蓋亦百人。

明堂位夏后氏官百。鄭注昏義曰。天子立六官三公九卿二十七大夫八十一元士凡百二十。蓋謂夏時也。夏后氏官百二十。

執政之官。初爲六卿。

甘誓乃召六卿。鄭注大傳夏書云。六卿者后稷、司徒、秩宗、司馬、作士、共工也。

後改爲五官。

禮書通故。洪範八政。一曰食。二曰貨。卽虞后稷所掌。三曰祀。卽虞秩宗所掌。四曰司空。五曰司徒。皆與虞官名同。六曰司寇。卽虞之士。七曰賓。鄭注云。若周大行人。是爲司寇之屬。八曰師。其司馬也。按此則夏之六卿。當爲后稷、秩宗、司空、司徒、司寇、司馬。與鄭注大傳說不同。夏自不窋失官。後后稷廢。兵刑。分其制以秩宗、司徒、司空、司寇、司馬、爲五官。

其司空、司徒、司馬。又號三公。

尚書大傳天子三公。一曰司徒公。二曰司馬公。三曰司空公。月令正義曰。書傳三公領三卿。此夏制也。

此外有遒人。

左傳夏書曰遒人以木鐸徇於路。官師相規。工執藝事以諫。（襄十四年）

有羲和。

史記夏本紀中康時、羲和湎淫。廢時亂日。胤往征之。作胤征。

有太史。

淮南子氾論訓夏之將亡。太史令終古先奔於商。

及車正。

通典夏后氏俾車正奚仲建旗旐。尊卑上下。各有等級。

樂正。

左傳樂正后夔生伯封。有窮后羿滅之。夔是以不祀。（昭二十八年）

虞人、嗇人等官。

夏小正十一月嗇人不從。十二月虞人入梁。

其諸侯之長曰九牧侯國之官有牧正庖正。

左傳少康爲仍牧正又爲虞庖正。哀元年

皆可推見夏之制度焉。

洪水以前。雖有史官。而其著作之文罕傳於後。今所傳之虞夏書皆夏史官所紀載也。皋陶謨一篇或謂伯夷所作。

孫星衍曰。史公云禹伯夷皋陶相與語帝前。經文無伯夷者。大戴禮誥志篇子引虞史伯夷曰。明孟也。幽幼也。似解幽明庶績咸熙。是伯夷爲虞史官。史遷以皋陶方祇厥敍及夔曰戛擊鳴球至庶尹允諧。爲史臣敍事之文。則卽伯夷所述語也。○按堯典至舜死皋謨在堯典後。當皆夏時所撰。是伯夷爲虞史。亦卽夏史也。

故論吾國史家義法。當始於夏。夏之史官世掌圖法。

呂氏春秋先識覽夏太史令終古出其圖法。執而泣之。

不知其圖若何。世傳伊尹見湯。言九品圖畫。

史記殷本紀伊尹從湯言素王及九主之事。集解劉向別錄曰。九主者。有法君專君授君勞君等君寄君破君國君三歲社君。凡九品。圖畫其形。

關龍逢引皇圖。

尚書帝命驗夏桀無道殺關龍逢絕滅皇圖壞亂歷紀。鄭玄曰。天之圖形。龍逢引以諫桀也。

疑當時史策、往往繪畫古代帝皇之事。以昭監戒。史官所掌之外。學士大夫亦多習之。正不獨九鼎之圖畫物象也。

左傳昔夏之方有德也。遠方圖物。貢金九牧。鑄鼎象物。百物而為之備。使民知神姦。故民入川澤山林。不逢不若。魑魅罔兩。莫能逢之。（宣三年）

金石文字、傳世最久者。莫如夏鼎。而其鼎沒於泗水。秦始皇使千人求之不得。後世亦無發見之者。可異也。

周季編略周顯王三十三年。九鼎沒於泗水。

史記始皇本紀二十八年、過彭城。齋戒禱祠。欲出周鼎泗水。使千人沒水求之。弗得。

後世所傳岣嶁碑。

韓愈詩、岣嶁山尖神禹碑。字青石赤形模奇。

琱戈鉤帶。

薛尚功鐘鼎彝器款識有夏琱戈及鉤帶。

乃禹篆

淳化閣帖有夏禹篆書十二字。釋者謂止出令聶子星記齊其尙九字。

皆僞作。不可信。山西通志載夏貨甚多。蓋亦通志所稱堯泉舜幣之類耳。

中國文化史

第一編

第十三章　忠孝之興

唐虞以降。國家統一。政治組織。漸臻完備。於是立國行政。始有確定之方針。其方針。大抵因時勢之需要。而定。救弊補偏。必有所尚。時移勢異。偏弊不同。則所尚亦因之而異。其時無所謂政綱政策。故但名之曰道。曰尚。虞夏商周所尚之道。詳於表記。

表記。子曰。夏道尊命。事鬼敬神而遠之。近人而忠焉。先祿而後威。先賞而後罰。親而不尊。其民之敝。惷而愚。喬而野。朴而不文。殷人尊神。率民以事神。先鬼而後禮。先罰而後賞。尊而不親。其民之敝。蕩而不靜。勝而無恥。周人尊禮尚施。事鬼敬神而遠之。近人而忠焉。其賞罰用爵列。親而不尊。其民之敝。利而巧。文而不慚。賊而蔽。

又曰。夏道未瀆辭。不求備。不大望於民。民未厭其親。殷人未瀆禮。而求備於民。周人強民。未瀆神。而賞爵刑罰窮矣。

又曰。虞夏之道。寡怨於民。殷周之道。不勝其敝。

又曰。虞夏之質。殷周之文。至矣。虞夏之文。不勝其質。殷周之質。不勝其文。

又曰。後世雖有作者。虞帝弗可及也已矣。君天下。生無私。死不厚其子。子民如父母。有憯怛之愛。有忠利之敎。親而尊。安而敬。威而愛。

富而有禮。惠而能散。其君子尊仁畏義。恥費輕實。忠而不犯。義而順。文而靜。寬而有辨。

據此。是一代有一代所尚之道。其道各有所敝。而夏道近於虞。故虞夏往往連言。後世遂祗稱夏商周三教。而不稱虞。

說苑修文篇。夏后氏教以忠。而君子忠矣。小人之失野。救野莫如敬。故殷人教以敬。而君子敬矣。小人之失鬼。救鬼莫如文。故周人教以文。而君子文矣。小人之失薄。救薄莫如忠。

白虎通義。王者設三教者何。承衰救弊。欲民反正道也。三正之有失。故立三教以相指受。夏人之王教以忠。其失野。救野之失莫如敬。殷人之王教以敬。其失鬼。救鬼之失莫如文。周人之王教以文。其失薄。救薄之失莫如忠。　三教改易自夏后氏始。三教所以先忠何。行之本也。

董仲舒對策曰。王者有改制之名。亡變道之實。然夏上忠。殷上敬。周上文者。所繼之救。當用此也。夏因於虞。而獨不言所損益者。其道如一。而所上同也。

夏商周三代。綿亙二千年。其政教風俗之變遷多矣。近世混而言之。不復加以區別。不知周漢之人。論三代史事。研究其性質。則立國行政之方針。固各有其截然不同者在。而其利弊得失。亦直言之而不爲諱。足知昔人之論史。初非一意崇奉古人。不敢一議其失也。商周之事。以俟後論。茲先言虞夏所尚之道。

夏道尚忠。本於虞。以孔子所言味之。如

忠利之敎　忠而不犯　近人而忠

則言君主及官吏之忠於民者二而言官吏忠於君主者一

孔疏忠利之敎者言有忠恕利益之敎也以忠恕養於民是忠焉也○此二者皆指君主官吏盡忠於民而言忠利之敎當以左傳上思利民忠也（桓六年）及孟子敎人以善謂之忠二義解之

孔疏忠而不犯者盡心於君是其忠也無違政敎是不犯也○此則爲官吏對君上之忠

足見夏時所尙之忠非專指臣民盡心事上更非專指見危授命第謂居職任事者當盡心竭力求利於人而已人人求利於人而不自恤其私則犧牲主義勞働主義互助主義悉賅括於其中而國家社會之幸福自由此而烝烝日進矣

夏書不盡傳故夏道之證不多周時專倡夏道者墨子也觀墨子所稱道卽可以推知夏道

莊子天下篇墨子稱道曰昔者禹之湮洪水決江河通四夷九州也名山三百支川三千小者無數禹親自操橐耜而九雜天下之川腓無胈脛無毛沐甚雨櫛疾風置萬國禹大聖也而形勞天下如此使後世之墨者多以裘褐爲衣以跂蹻爲服日夜不休以自苦爲極曰不能如此非禹之道也

大抵尙同兼愛節用節葬之義多由夏道而引申之凡所謂聖王之法疑皆夏時之法（以孝經先王之王爲禹例之可見）

墨子節用篇上昔者聖王爲法曰丈夫年二十毋敢不處家女子年十五毋敢不事人　節用篇中古者聖王制爲節用之法曰凡天

下羣工。輪車鞼匏陶冶梓匠。使各從事其所能。曰、凡足以奉給民用則止。諸加費不加於民利者。聖王弗爲。古者聖王制爲飲食之法。曰、足以充虛繼氣、强股肱、耳目聰明、則止。不極五味之調。芬香之和。不致遠國珍怪異物。古者聖王制爲衣服之法。曰、冬服紺緅之衣。輕且暖。夏服絺綌之衣。輕且淸。則止。諸加費不加於民利者。聖王弗爲。古者聖王制爲節葬之法。曰、衣三領、足以朽肉。棺三寸、足以朽骸。堀穴深不通於泉。流不發洩、則止。節葬篇下　故古聖王制爲葬埋之法。（孫詒讓曰。宋書禮志。引尸子禹治水。爲喪法。墨子所述。或即夏法與。）曰。棺三寸、足以朽體。衣衾三領、足以覆惡。以及其葬也。下毋及泉。上毋通臭。壟若參耕之畝。則止矣。

其忠於民以實利爲止。不以浮侈爲利。外以塞消耗之源。內以節嗜欲之過。於是薄於爲己者、乃相率勇於爲人。勤勤懇懇。至死不倦。

節葬下篇　昔者堯北敎乎八狄、道死、葬蛩山之陰。舜西敎乎七戎、道死、葬南巳之市。禹東敎乎九夷、道死、葬會稽之山。

此犧牲之眞精神。亦卽尙忠之確證也。夫人至不戀權位。不恤子孫。並一己之生命。亦願盡獻於國民。而無所惜。垂死猶欲敎化遠方異種之人。其敎忠之法何如乎。後儒不知忠之古誼。以臣民效命於元首爲忠。於是盜賊豺虎。但據高位。卽可賊民病國。而無所忌憚。而爲其下者。亦相率爲欺詐叛亂之行。侈陳忠義。而忠義之效泯焉不可一睹。豈非學者不明古史。不通古誼之過哉。

夏道尙忠。復尙孝。章炳麟孝經本夏法說詳言之。

章炳麟孝經本夏法說　孝經開宗明義章曰。先王有至德要道。釋文引鄭氏說云。禹三王先者。斯義最宏遠。無證明者。山陽丁晏稍理其說猶未昭晳。予以鄭氏綜攝全經。知其皆述禹道。故以先王屬禹。非憑臆言之也。禹書不存。當以墨子爲說。墨子兼愛。孟軻以爲無父。然非其本。藝文志序墨家者流。云以孝視天下。是以尚同。孝經三才章曰。先之以博愛。而民莫遺其親。博愛卽兼愛。天子章曰愛親者不敢惡於人。疏引魏眞克說。以爲博愛。此卽兼愛明矣。其徵一也。感應章曰。故雖天子必有尊也。言有父也。言有兄也。援神契釋以尊事三老。兄事五更。白虎通德論曰。不臣三老五更者。欲率天下爲人子弟。藝文志序墨家曰。養三老五更。是以兼愛。此又墨家所述禹道與孝經同。其徵二也。藝文志序墨家曰。墨家者流。蓋出於淸廟之守。宗祀嚴父。是以右鬼。孝經聖治章曰。孝莫大於嚴父。嚴父莫大於配天。是道相合。又祭法曰。有虞氏祖顓頊而宗堯。夏后氏祖顓頊而宗禹。此則明堂宗祀。虞以上祀異姓有德者。其以父配天。實自夏始。宗禹者。啟也。若禹卽宗鯀矣。然則嚴父大孝。創制者禹。其徵三也。及夫墨家之蔽。不別親疏。節葬所說。與喪親章義絕相反。要之同源異流。其本於禹道一也。其在墨子外者。左氏傳曰。禹合諸侯於塗山。執玉帛者萬國。異義引公羊說。殷三千諸侯。周千八百諸侯。是殷周無萬國。獨夏有此。孝經孝治章曰。故得萬國之懽心。以事其先王。（此先王不指禹言）自非夏法。何有萬國之數。其徵一也。周禮五刑各五百。爲二千五百章。曲禮曰。刑不上大夫。正義引張逸曰。謂所犯之罪不在夏三千、周二千五百之科。書呂刑序曰。呂命穆王訓夏贖刑。其書言五刑之屬三千。是則條律之數。夏周有殊。孝經五刑章曰。五刑之屬三千。而罪莫大于不孝。非夏法則不得此數。其徵二也。故以墨子明大義。以書禮春秋辨其典章。則孝經皆取夏法。先王爲禹。灼然明矣。

考孝字始見於虞書。

堯典克諧以孝。烝烝乂不格姦。

而契之教孝則在禹平洪水以後虞夏同道故謂先王爲禹非鑿空之談也章氏僅明孝經爲夏法而未言孝之關繫愚按古人知有母而不知有父故姓多從母自禹錫姓而父子之倫以正娶妻不娶同姓而夫婦之倫以正自秦以降雖多以氏爲姓而男系相承弈世不改種族之繁卽由於最初之別姓非若東西各國近親爲婚漫無區別此夏道之有關吾國歷代之文明者一也近世研究社會學者謂社會之進化當由宗法而進於軍國吾國數千年皆在宗法社會中故進步遲滯不知吾國進化實由古昔聖哲提倡孝道孝之爲義初不限於經營家族如

孝經曰立身行道揚名於後世以顯父母孝之終也

祭義曰居處不莊非孝也事君不忠非孝也涖官不敬非孝也朋友不信非孝也戰陳無勇非孝也

皆非僅以順從親意爲孝舉凡增進人格改良世風研求政治保衛國土之義無不賅於孝道卽以禹之殫心治水幹父之蠱爲例知禹惟孝其父乃能盡力於社會國家之事其勞身焦思不避艱險日與洪水猛獸奮鬭務出斯民於窟穴者純孝之精誠所致也軍國之義已非今世所尚卽以此爲言亦非夏道所病觀甘誓之賞於祖

甘誓用命賞於祖不用命戮於社

知戰陳之勇正爲孝子所嘉後世務爲俠義之孝者不可以咎古人而禮俗相沿人重倫紀以家庭之肫

篤而產生鉅人長德效用於社會國家者不可勝紀此夏道之有關於吾國歷代之文明者二也世曰吾國爲祖先敎其風實始於夏嚴父配天已見章說宗廟之制章未之及

考工記夏后氏世室注世室者宗廟也

明堂位魯公之廟文世室也武公之廟武世室也

按之二記則周魯宗廟多沿夏世之法所謂菲飲食而致孝乎鬼神者卽指其注重廟祭而言也祭享之禮其事似近於迷信然尊祖敬宗實爲報本追遠之正務視其他宗敎徒求之冥漠不可知之上帝或妄誕不經之敎主者蓋有別矣後世之於祭祀因革損益代有不同而相承至今無貴賤貧富咸隆此祀祖之誼雖僑民散處列邦語言衣服胥已變異而語及祖宗之國父母之邦廟祧墳墓之重則淵然動其情感而摶結維繫惟恐或先此夏道之有關於吾國歷代之文明者三也

第十四章　洪範與五行

夏代有治國之大法九條其文蓋甚簡約流傳至於商室商之太師箕子

史記宋微子世家太師少師注馬融曰太師箕子也

獨得其說周武王克殷訪問箕子箕子乃舉所傳者告之是曰洪範九疇亦曰鴻範九等

書洪範維十有三祀王訪於箕子王乃言曰嗚呼箕子惟天陰騭下民相協厥居我不知其彝倫攸敍箕子乃言曰我聞在昔鯀堙洪

水。汨陳其五行。帝乃震怒。不畀洪範九疇。彝倫攸斁。鯀則殛死。禹乃嗣興。天乃錫禹洪範九疇。彝倫攸敍。初一曰五行。次二曰敬用五事。次三曰農用八政。次四曰協用五紀。次五曰建用皇極。次六曰乂用三德。次七曰明用稽疑。次八曰念用庶徵。次九曰嚮用五福。威用六極。

史記宋世家。武王既克殷。訪問箕子。武王曰。於乎。維天陰定下民。相和其居。我不知其常倫所序。箕子對曰。在昔鯀堙洪水。汨陳其五行。帝乃震怒。不從洪範九等。常倫所斁。鯀則殛死。禹乃嗣興。天乃錫禹洪範九等。常倫所敍。初一曰五行。二曰五事。三曰八政。四曰五紀。五曰皇極。六曰三德。七曰稽疑。八曰庶徵。九曰嚮用五福。畏用六極。

雖曰天之所錫。初未言天若何錫之。所謂彝倫、卽常倫。猶言常事之次敍。亦未嘗有何神秘之意義也。漢人始謂洪範出於雒書。

漢書五行志。易曰。河出圖。雒出書。聖人則之。劉歆以爲虙羲氏繼天而王。受河圖。則而畫之。八卦是也。禹治洪水。賜雒書。法而陳之。洪範是也。　齊召南曰。易大傳曰。河出圖。洛出書。聖人則之。是言圖書二者、皆出於伏羲之世。故則之以畫八卦。卽尚書本文。祗言天乃錫禹洪範九疇。不云錫禹以洛書。亦不云禹因洛書陳洪範也。以洛書爲洪範。始於劉歆父子。後儒遂信之。

雒書本文。凡六十五字。

漢書五行志。初一曰五行。次二曰羞用五事。次三曰農用八政。次四曰叶用五紀。次五曰建用皇極。次六曰艾用三德。次七曰明用稽疑。次八曰念用庶徵。次九曰嚮用五福。畏用六極。凡此六十五字。皆雒書本文。

之說爲神龜所負

尚書大傳鄭注、初禹治水。得神龜。負文於洛。以畫得天人陰陽之用。

其說頗荒誕。又凡漢人說洪範者。以五行傳會人事。曰洪範五行傳。

尚書大傳有洪範五行傳。

漢書五行志劉向治穀梁春秋。數其禍福。傳以洪範。向子歆言五行傳。又頗不同。

尤支離穿鑿。世因以此病洪範。實則箕子所述夏法。（卽所謂六十五字）第以次數說。初未以五行貫串其他八疇。

卽箕子所陳九疇之解釋。

史記集解孔安國曰。五行以下。箕子所陳。

惟五事庶徵相應。

史記宋世家五事、一曰貌。二曰言。三曰視。四曰聽。五曰思。貌曰恭。言曰從。視曰明。聽曰聰。思曰睿。恭作肅。從作治。明作智。聰作謀。睿作聖。

又庶徵、曰雨。曰暘。曰奧。曰寒。曰風。曰時。五者來備。各以其序。庶草繁廡。一極備凶。一極亡凶。曰休徵、曰肅、時雨若。曰治、時暘若。曰知、時奧若。曰謀、時寒若。曰聖、時風若。曰咎徵、曰狂、常雨若。曰僭、常暘若。曰舒、常奧若。曰急、常寒若。曰霧、常風若。

亦未指此五者與五行相應也。故洪範之中有五行一疇。非九疇皆攝於五行。以五行爲洪範中之一疇。

而夏之大法彰。以九疇皆攝於五行。而夏之大法晦。此讀經治史者所宜詳考也。

漢代五行之說最盛。近人病其支離穿鑿。則欲舉古之所謂五行而並斥之。援據荀子。謂五行之說起於儒家。

章炳麟子思孟軻五行說，荀子非十二子譏子思孟軻曰。案往舊造說。謂之五行。楊倞曰。五行。五常。仁義禮智信也。五常之義舊矣。雖子思倡之。亦無損。荀卿何譏焉。尋子思作中庸。其發端曰。天命之謂性。注曰。木神則仁。金神則義。火神則禮。水神則智。土神則信。孝經說略同此。王制正義引是子思之遺說也。古者洪範九疇。舉五行。傅人事。義未彰著。子思始善傅會。旁有燕齊怪迂之士。侈搪其說。以爲神奇。燿世誣人。自子思始。宜哉荀卿以爲譏也。章氏此說。猶未直以五行爲子思所創。不過謂傅會之說始於子思耳。胡適本章氏之說。遂謂五行之說。大概起於儒家。

不知五行之見於經者。自夏書始。墨子明鬼篇嘗引之。

書甘誓有扈氏威侮五行。怠棄三正。

墨子明鬼篇下然則姑嘗上觀乎夏書禹誓曰。大戰於甘。王乃命左右六人。下聽誓於中軍。曰。有扈氏威侮五行。怠棄三正。天用勦絕其命。

此豈儒家所僞造乎。按五行實起於黃帝。

管子五行篇昔黃帝作五聲。以政五鍾。五聲既調。然後作立五行以正天時。五官以正人位。人與天調。然後天地之美生。

史記歷書黃帝考定星歷。建立五行。

或謂起於伏羲。

白虎通義伏羲因夫婦正五行始定人道。

其來甚久。至於夏代。因五行而起戰爭。則[illegible]之特重五行可知。夏之大法首五行。箕子釋之甚簡。

洪範一五行。一曰水。二曰火。三曰木。四曰金。五曰土。水曰潤下。火曰炎上。木曰曲直。金曰從革。土爰稼穡。潤下作鹹。炎上作苦。曲直作酸。從革作辛。稼穡作甘。

伏生釋之。其義始顯。

尙書大傳水火者、百姓之所飲食也。金木者、百姓之所興作也。土者、萬物之所資生也。是爲人用。

明乎五行之切於人用。自知夏之大法首五行之故。徵之夏書。五行之物。皆利用厚生所必須。

左傳夏書曰。戒之用休。董之用威。勸之以九歌、勿使壞。九功之德皆可歌也、謂之九歌。六府三事、謂之九功。水火金木土穀、謂之六府。正德利用厚生、謂之三事。文八年

夏禹治水。益烈山。九牧貢金。徐州貢土。揚州貢木。以及稷教稼穡、而各州皆治田。卽當時六府之行政。六府之政行。而天下大治。故書曰六府孔修。有扈氏不修此六府。其民生國計之困乏可知。故曰威侮五行。怠棄三正。而爲天子者不可以不討。此夏代之法。亦卽萬世之法也。

洪範五事。與休徵咎徵相應。其理頗深賾。解者不得其恉。則以五行妖妄附會之。

洪範五行傳貌之不恭、是謂不肅。厥咎狂。厥罰常雨。厥極惡。時則有服妖。時則有龜孽。時則有雞禍。時則有下體生於上之痾。時則有青眚青祥。維金沴木。言之不從。是謂不艾。厥咎僭。厥罰常陽。厥極憂。時則有詩妖。時則有介蟲之孽。時則有犬禍。時則有口舌之痾。時則有白眚白祥。維木沴金。視之不明。是謂不悊。厥咎荼。厥罰常奧。厥極疾。時則有草妖。時則有倮蟲之孽。時則有羊禍。時則有目痾。時則有赤眚赤祥。維水沴火。聽之不聰。是謂不謀。厥咎急。厥罰常寒。厥極貧。時則有鼓妖。時則有魚孽。時則有豕禍。時則有耳痾。時則有黑眚黑祥。維火沴水。思心之不容。是謂不聖。厥咎霧。厥罰常風。厥極凶短折。時則有脂夜之妖。時則有華孽。時則有牛禍。時則有心腹之痾。時則有黃眚黃祥。維木金水火沴土。　鄭注凡貌言視聽思心一事失。則逆人之心。人心逆、則怨木金水火土氣爲之傷。傷則衝勝來乘殄之。於是神怒人怨。將爲禍亂。故五行先見變異。以譴告人也。及妖孽禍痾眚祥。皆其氣類暴作非常爲時怪者也。各以物象爲之占也。

實則五行之得當與否。視一國之人之貌言視聽思心。以爲進退。雖不必以某事與某徵相配。而其理實通於古今。如今人以水旱之災爲人事不盡之徵。苟一國之人治水造林。各盡心力。則年穀可以常豐。反之則水旱頻年。災害並作。者其理與洪範所言何異。洪範但言盡人事則得休徵。悖其道則得咎徵。未嘗專指帝王。使誤認爲一人之貌不恭。天卽爲之恒雨。一人之言不從、天卽爲之恒暘。則此帝王、洵如小說中呼風喚雨之道士。如以國民全體解之。則洪範之言。正可以警覺國民。使各竭其耳目心思。以預防雨暘寒燠之偏。充洪範之義。雖曰今之世界休明。科學發達。咸由人類五事運用得宜。亦無不可。蓋利用、天然力與防衛天然力之變化皆人類精神之作用其爲休咎無一能外於五事世人日從事於此而不知洪範備言其理何哉。

五事之於休徵咎徵。卽近人所謂因果律。人事爲因。而天行爲果。其言初不奇異。如老子謂大軍之後必有凶年。亦以人事不盡爲因。推言天行不順之果也。

洪範最尊皇極。蓋當時政體如此。不足爲病。墨子主張萬民上同乎天子而不敢下比。天子之所是必是之。天子之所非必非之。卽洪範所謂皇極之敷言是彝是訓於帝其訓之誼。然洪範一面尊主權。一面又重民意。如

凡厥庶民。極之敷言。（馬融曰。亦盡極敷陳其言於上也。）是訓是行。以近天子之光。

汝則有大疑。謀及乃心。謀及卿士。謀及庶人。謀及卜筮。

等語。皆可見夏商之時。人民得盡言於天子之前。天子有疑。且謀及於庶人。初非徒尊皇極。而奪民權也。以今日投票權例之。當時國事分爲五權。天子一人一權。卿士若干人一權。庶民若干人一權。龜一權。筮一權。五權之中。三可二否。皆可行事。庶民之權。等於天子。如

汝則從。龜從。筮從。卿士逆。庶民逆。吉。

是卿士庶民皆反對。而天子藉龜筮之贊成。可以專斷。又如

庶民從、龜從、筮從、汝則逆、卿士逆、吉。

則天子卿士皆反對。而庶民藉龜筮之贊成。亦可以使天子卿士放棄其主張。而從庶民之說也。洪範之尊重庶民若此。可以其行君主之制。遂謂爲專制乎。

庶徵一疇末段曰。庶民維星。星有好風。星有好雨。日月之行。則有冬有夏。月之從星。則以風雨。亦謂卿士當從民之所好。好風則以風。好雨則以雨。或各從所好。則同時分爲兩黨。如國民有好保守者。則卿士之保守黨從之。國民有好進取者。則卿士之進取黨從之。兩黨相切相劘。而政治遂得其中。此尤民主國家之法也。

第十五章　湯之革命及伊尹之任

君主世及之制。至夏而定。臣民革命之例。亦自夏而開。

易湯武革命。

然湯之革命。實爲貴族革暴君之命。而非平民革貴族之命。此治史者所不可不辨。夏祚四百年。嘗覆國者再。五觀之亂。則其宗室。

劉師培中國歷史敎科書。太康荒縱自娛。居於斟鄩。昆弟五人。須於洛汭。忘大禹之命。以作亂。擬伐斟灌。故夏人作五子之歌。以致太康失邦。卽古籍所謂五觀之亂也。

羿浞之篡。亦爲貴臣。

左傳有窮后羿注羿有窮君之號。　劉師培中國歷史教科書后羿者其先祖世爲先王射官帝嚳封之於鉏及有夏方衰羿乃自鉏遷窮石因夏民以代夏政。

左傳寒浞伯明氏之讒子弟也伯明后寒棄之夷羿收之以爲己相。

至於湯之伐桀尤爲貴族代嬗之徵湯之先祖與禹同爲舜臣相土及冥世有勳業積十四世之經營。

史記殷本紀殷契興於唐虞大禹之際功業著於百姓。

史記索隱相土佐夏功著於商詩商頌曰相土烈烈海外有截是也。

禮記祭法冥勤其官而水死殷人祖契而郊冥。

國語玄王勤商十四世而興。

有數十國之歸向。

尚書大傳桀無道囚湯後釋之諸侯八譯來朝者六國漢南諸侯聞之歸之者四十國。

然後可以革夏政而撫夏民故知吾國平民自古無革命思想非貴族爲之倡始勢不能有大改革也。

古書述湯伐桀之事者甚多而書經僅存湯誓衆之詞其事之首尾不具卽以其文論之似湯伐桀迥非民意義師之舉純由威逼利誘而來。

湯誓格爾衆庶悉聽朕言非台小子敢行稱亂有夏多罪天命殛之今爾有衆汝曰我后不恤我衆舍我穡事而割正夏予惟聞汝衆

言。夏氏有罪。予畏上帝。不敢不正。今汝其曰。夏罪其如台。夏王率遏衆力。率割夏邑。有衆率怠弗協。曰、時日曷喪。予及汝偕亡。夏德若茲。今朕必往。爾尚輔予一人。致天之罰。予其大賚汝。爾無不信。朕不食言。爾不從誓言。予則孥戮汝。罔有攸赦。

雖師之用命與否。夏代例有誓詞。

甘誓。用命賞於祖。不用命戮於社。

然既歆以大賚。又復恐以孥戮。此豈人人皆欲伐桀之詞氣耶。逸周書、孟子所言。則大異是。

逸周書殷祝。湯將放桀於中野。士民聞湯在野。皆委貨扶老攜幼奔國。中虛。桀與其屬五百人南徙千里。止於不齊。不齊士民往奔湯於中野。桀與其屬五百人徙於魯。魯士民復奔湯。

孟子。湯始征。自葛載。十一征而無敵於天下。東面而征、西夷怨。南面而征、北狄怨。曰、奚為後我。民之望之。若大旱之望雨也。歸市者不止。芸者不變。誅其君。弔其民。如時雨降。民大悅。書曰。徯我后。后來其無罰。

兩者相較。恐美湯者或非其實也。

唐虞以來。禮教最重秩敘。

書皋陶謨。天秩有禮。自我五禮有庸哉。鄭玄曰。五禮、天子也。諸侯也。卿大夫也。士也。庶民也。

庶民之去天子。階級甚遠。故雖有暴君昏主。人民亦敢怒而不敢言。非貴族强藩。躬冒不韙。無人能號召天下。然卽世有勳伐如湯者。亦必自白其非稱亂。此古人所謂名教之效。亦卽今人所謂階級之害也夫革命與稱亂近似，而實大不同。無論貴族平民，均當分別其鵠的。惡專制而倡革命可也，惡階級而獎稱亂不可也。湯之所以非稱亂者，以其非以己之私利、私害圖奪桀位，而力求有功於民也。

逸周書殷祝：湯放桀而復薄，三千諸侯大會。湯取天子之璽，置之天子之坐，左退而再拜，從諸侯之位。湯曰：此天子位，有道者可以處之。天下非一家之有也，有道者之有也。故天下者，唯有道者理之，唯有道者紀之，唯有道者宜久處之。湯以此三讓，三千諸侯莫敢即位，然後湯即天子之位。（太平御覽引此文，爲尚書大傳之語）

史記：既絀夏命，還亳，作湯誥。維三月，王自至於東郊，告諸侯羣后：毋不有功於民，勤力迺事，予乃大罰殛汝，毋予怨。

觀其有國之後，爲民請命，其爲壹意救民，益可知矣。

墨子兼愛下：湯曰：予小子履，敢用玄牡，告於上天后曰：今天大旱，即當朕身履，未知得罪於上下。有善不敢蔽，有罪不敢赦，簡在帝心。萬方有罪，即當朕身；朕身有罪，無及萬方。即此言湯貴爲天子，富有天下，然且不憚以身爲犧牲，以祠說於上帝鬼神。即此湯兼也。

湯之爲人民而革命，以伊尹爲主動之人。伊尹之爲湯用，古書說者不同。或謂伊自干湯。

墨子尙賢中：伊摯，有莘氏女之私臣，親爲庖人。湯得之，舉以爲己相，與接天下之政，治天下之民。

莊子庚桑楚：伊尹以胞人籠湯。

史記殷本紀：伊尹名阿衡。阿衡欲干湯而無由，乃爲有莘氏媵臣，負鼎俎，以滋味說湯，致於王道。（據孟子萬章之問，是戰國時有此說）

或謂湯先聘尹。

孟子伊尹耕於有莘之野。而樂堯舜之道。湯使人以幣聘之。囂囂然曰。我何以湯之聘幣爲哉。湯三使往聘之。既而幡然改。

史記或曰。伊尹處士。湯使人聘迎之。五反。然後肯往。

而呂覽則折衷二說。

呂氏春秋本味伊尹生空桑。長而賢。湯聞伊尹。使人請之有侁氏。有侁氏不可。伊尹亦欲歸湯。湯於是請取婦爲婚。有侁氏喜。以伊尹爲媵送。　湯得伊尹。祓之於廟。爝以爟火。釁以犧豭。明日設朝而見之。說湯以至味。

要之。伊尹之佐湯革命。實爲由平民崛起之偉人。故後世慕之。傳說其進身之由。各以己意增益之耳。

漢書藝文志道家有伊尹五十一篇。當亦出於僞託。非尹之自著。尹之學說。惟略見於史記。

史記湯曰。予有言。人視水見形。視民知治不。伊尹曰。明哉。言能師道。乃進君國子民爲善者皆在王官。勉哉勉哉。　從湯言素王及九主之事。

而孟子推言伊尹之志事獨詳。

孟子伊尹耕於有莘之野。而樂堯舜之道焉。非其義也。非其道也。祿之以天下。弗顧也。繫馬千駟。弗視也。非其義也。非其道也。一介不以與人。一介不以取諸人。　天之生斯民也。使先知覺後知。使先覺覺後覺者也。予將以斯道覺斯民也。非予覺之而誰也。　思天下之民。匹夫匹婦。有不被堯舜之澤者。若己推而內之溝中。其自任以天下之重如此。　何事非君。何使非民。治亦進。亂亦進。伊尹也。

蓋尹之志願，專在改進當時之社會，不但不爲一己之權利，不爲成湯之權利，並亦不必推翻夏之政府。苟夏之政府能用其言、行其志，亦可以出於和平之改革。

孟子：五就湯、五就桀者，伊尹也。

史記：伊尹去湯適夏。既醜有夏，復歸於亳。

夏既不能用之，始不得已而佐湯伐夏。然其對天下負責之心，則不以夏室既亡而自懈。此誠平民革命者之模範。彼徒知破壞、不務建設，或惟爭權力、不負責任者，正不能妄比於伊尹矣。

伊尹之建設，當見於咸有一德、伊訓諸書。今其文已亡，不可考。見惟逸周書載伊尹獻令，略可見其規畫。

逸周書伊尹朝獻：湯問伊尹曰：諸侯來獻，或無馬牛之所生，而獻遠方之物，事實相反不利。今吾欲因其地勢所有獻之，必易得而不貴。其爲四方獻令。伊尹受命，於是爲四方令曰：臣請正東符婁、仇州、伊慮、漚深、九夷、十蠻、越漚、鬋髮文身，請令以魚皮之鞞、鯸鰂之醬、鮫瞂、利劍爲獻。正南甌鄧、桂國、損子、產里、百濮、九菌，請令以珠璣、瑇瑁、象齒、文犀、翠羽、菌鶴、短狗爲獻。正西昆侖、狗國、鬼親、枳巳、闟耳、貫胸、雕題、離身、漆齒，請令以丹青、白旄、紕罽、江歷、龍角、神龜爲獻。正北空同、大夏、莎車、姑他、旦略、豹胡、代翟、匈奴、樓煩、月氏、孅犁、其龍、東胡，請令以橐駝、白玉、野馬、騊駼、駃騠、良弓爲獻。湯曰：善。

其後放太甲而代之行政。復歸政於太甲。尤爲人所難能。

史記：湯崩，太子太丁未立而卒。於是乃立太丁之弟外丙，是爲帝外丙。外丙即位二年崩，立外丙之弟中壬，是爲帝中壬。帝中壬即位四年。崩。伊尹乃立太丁之子太甲。帝太甲元年伊尹作伊訓。太甲既立三年。不明。暴虐。不遵湯法。亂德。於是伊尹放之於桐宮。三年。伊尹攝行政當國。以朝諸侯。帝太甲居桐宮三年。悔過自責。反善。於是伊尹乃迎帝太甲而授之政。帝太甲修德。諸侯同歸殷。百姓以寧。伊尹嘉之。作太甲訓三篇。褒帝太甲。

世或以竹書爲疑。

竹書紀年。太甲元年。伊尹放太甲於桐。乃自立。七年。王潛出自桐。殺伊尹。

然太甲思庸。咎單作訓。其書雖亡。而序猶可見。

書序。太甲既立。不明。伊尹放諸桐。三年。復歸於亳。思庸。（僞孔傳曰。念常道）伊尹。作太甲三篇。　沃丁既葬伊尹於亳。（漢書古今人表。沃丁太甲子）咎單遂訓伊尹事。作沃丁。

則伊尹事太甲。至沃丁時始卒。太甲何嘗殺之。卽劉知幾亦以爲事無左證。不信其說。

史通疑古篇。汲冢書云。太甲殺伊尹。　伊尹見戮。並於正書。猶無其證。

故論伊尹放太甲事。當以孟子之論爲歸。

孟子公孫丑曰。伊尹曰。予不狎於不順。放太甲於桐。民大悅。太甲賢。又反之。民大悅。賢者之爲人臣也。其君不賢。則固可放與。孟子曰。有伊尹之志。則可。無伊尹之志。則篡也。

惟尹有一介不取之志。故能行此非常之事。伊尹者。洵吾國自有歷史以來最奇之一人物也。

第十六章　殷商之文化

殷商傳世年數說者不同。

史記三代世表從湯至紂二十九世。

史記殷本紀集解譙周曰殷凡三十一世六百餘年。汲冢紀年曰。湯滅夏以至於受二十九王用歲四百九十六年。

要其自夏至周實經五六百年。政教風尙均大有改革。其傳於今之文字較夏爲多。書之存者七篇。

湯誓　盤庚三篇　高宗肜日　西伯戡黎　微子

其佚而猶知其所爲作者凡三十餘篇。

書序自契至於成湯八遷湯始居亳。從先王居作帝告釐沃。　湯征諸侯。葛伯不祀。湯始征之。作湯征。　伊尹去亳適夏既醜有夏復歸於亳。入自北門。乃遇女鳩女房。作女鳩女房。　湯既勝夏。欲遷其社。不可。作夏社疑至臣扈。　湯歸自夏至於大坰。仲虺作誥。　湯既黜夏命。復歸於亳。作湯誥。　伊尹作咸有一德。　夏師敗績湯遂伐三朡。俘厥寶玉。義伯仲伯作典寶。　咎單作明居。　成湯既歿。太甲元年。伊尹作伊訓肆命徂后。　伊尹作太甲三篇。　咎單訓伊尹事。作沃丁。　伊陟相大戊。亳有祥桑穀共生於朝。伊陟贊於巫咸。作咸乂四篇。大戊贊於伊陟。作伊陟原命。　仲丁遷於囂。作仲丁。　河亶甲居相。作河亶甲。祖乙圮耿。作祖乙。　高宗夢得說。使百工營求。得之傅巖。作說命三篇。　祖己作高宗訓。

詩之名頌十二篇。今之存者五篇。

鄭玄詩譜宋戴公時當宣王大夫正考父者校商之名頌十二篇於周太師以那為首歸以祀其先王孔子錄詩之時則得五篇而已。詩小序那祀成湯也。烈祖祀中宗也。玄鳥祀高宗也。長發大禘也。殷武祀高宗也。

其鐘鼎之文傳世至夥。

阮元積古齋鐘鼎彝器款識載商鐘三鼎二十三尊十七彝二十七卣十三壺六爵三十三觚四觶十四角七敦六甗二鬲四盉二匜二盤二戈三句兵四。阮錄以文字有甲子等字者為商器故箸錄最夥。吳大澂愙齋集古錄則以甲乙等字為祭器之數多不標商器然亦以商器文簡為言如亞形母癸敦。未標商器其跋語則謂商器文簡多象形文字。見愙齋集古錄第七冊若以吳錄所載敦鼎諸器分標商字其數當更多於阮錄也。

而近世發見之龜甲古文學者咸稱為殷商文字。

羅振玉殷商貞卜文字考光緒己亥聞河南之湯陰發見古龜甲獸骨其上皆有刻辭翌年傳至江南予一見詫為奇寶又從估人之來自中州者博觀龜甲獸骨數千枚選其尤殊者七百并詢知發見之地乃在安陽縣西五里之小屯而非湯陰其地為武乙之墟。又於刻辭中得殷帝王名謚十餘乃恍然悟此卜辭者實為殷室王朝之遺物其文字雖簡略然可正史家之違失考小學之源流。求古代之卜法。

故考殷之文化較愈於夏之無徵焉。

商之異於夏者敎尙敬。見前尙質。

禮含文嘉質以天德文以地德殷援天而王周據地而王

說苑修文篇商者常也常者質質主天。

色尚白。

檀弓殷人尚白大事斂用日中戎事乘翰牲用白。

以十二月爲正月。

尚書大傳殷以季冬月爲正。

歲曰祀。

爾雅夏曰歲商曰祀周曰年唐虞曰載。

其授田人七十畝。見前其工尚梓。

考工記殷人尚梓。

其廟制爲重屋。

考工記殷人重屋堂修七尋堂崇二尺四阿重屋。

其封爵以三等。

白虎通殷爵三等謂公侯伯也。

而其尤異者有三事。一曰遷國。二曰田獵。三曰祭祀。夏都安邑。未嘗遷居。（竹書紀年稱桀居斟鄩。遷於河南。魏源書古微力駁其非。）而商則自契至湯八遷。

史記殷本紀。自契至湯八遷。劉恕通鑑外紀注。契居商。昭明居砥石。相土居商邱。湯居亳。四遷事見經傳。而不見餘四遷。胡克家補注。契始封商。昭明再遷砥石。三遷商。相土四遷商邱。帝芒時五遷殷。帝孔甲時六遷商邱。湯七遷南亳。八遷西亳。（此蓋據竹書紀年）

湯所居之亳有三。

劉師培中國歷史敎科書。湯既勝夏。立景亳。（今偃師縣）於河南。建爲帝都。建東亳於商邱。西亳於商州。（據魏源書古微）皆曰商邑。

其後諸王復不常厥居。

史記殷本紀。帝仲丁遷於隞。（亦作囂。今河南滎澤縣西）河亶甲居相。（內黃縣東南）祖乙遷於邢。（邢臺縣）盤庚之時。殷已都河北。盤庚渡河南。復居成湯之故居。迺五遷無定處。帝武乙立。殷復去亳。遷河北。

魏源書古微。盤庚自邢遷亳。殷武丁又聳其德至於神明。以入於河。自河徂亳。（此數語本國語）武丁既沒。其孫武乙又去亳而遷於河北之朝歌。

殷商貞卜文字考。史記殷世家張守節正義。言竹書紀年自盤庚徙殷至紂之滅。二百七十五年。更不遷都。然考盤庚以後。尚遷都者再。史記殷本紀。武乙立。殷復去亳。徙河北。今本竹書紀年。武乙三年。自殷遷於河北。十五年。自河北遷於沬。此盤庚以後再遷之明證也。但史記及竹書均言武乙徙河北。而未明指其地。今者龜甲獸骨。實出於安陽縣城西五里之小屯。當洹水之陽。證以古籍。知其地爲殷墟。武乙所徙。蓋在此也。

其遷居之原因。多不可考。惟盤庚之遷殷。略述其故。

盤庚上。先王有服。恪謹天命。茲猶不常寧。不常厥居。於今五邦。

盤庚中。先王不懷厥攸作。視民利用遷。

盤庚下。古我先王。將多於前功。適於山。

視利而遷。且適於山。山之利殆即田獵之利。仲丁遷隞。其地多獸。詩車攻搏獸於敖。是周時敖猶多獸。武乙好獵。至爲雷震。

史記殷本紀。武乙獵於河渭之間。暴雷。武乙震死。

殷之多遷都。實含古代遊牧行國之性質。其謂諸帝因水患而徙者。未足爲據也。

書序鄭注。祖乙又去相居耿。而國爲水所毀。於是修德以禦之。不復徙。 又祖乙居耿後奢侈踰禮。土地迫近山水。嘗圮焉。至陽甲立。盤庚爲之臣。乃謀徙居湯舊都。治於亳之殷地。商家自此徙。而改號曰殷。

殷之王室。遷徙無常。其侯國亦遂效之。如周詩所載。太王遷岐。文王作豐。武王都鎬。皆殷事也。吾讀諸詩。想見其時曠土甚多。豐草長林。初無居人。待新遷國者經營開闢。

詩大雅緜。周原膴膴。堇荼如飴。 迺疆迺理。迺宣迺畝。 柞棫拔矣。行道兌矣。皇矣。作之屏之。其菑其翳。修之平之。其灌其栵。啟之辟之。其檉其椐。攘之剔之。其檿其柘。 柞棫斯拔。松柏斯兌。

則殷王室之遷徙。亦可由此而推知矣。

殷人之尚田獵。見於新出土之龜甲卜辭。

殷商貞卜文字考。卜辭中所貞之事。祀與田獵幾居其半。　戊午、王卜貞田盂。往來無災。　戊子、王卜貞田臺。往來無災。　壬申、卜貞王田奚。往來無災。　壬辰、王卜貞田孜。往來無災。　丁卯、卜貞王田大。往來無災。　癸未、卜王曰貞。有馬在行。其左射獲。　己未、卜以貞逐豕獲。　逐鹿獲。　貞其射鹿獲。（卜辭甚多摘錄數條）

其後世如紂之爲沙邱苑臺。廣聚鳥獸。殆亦本其國之習俗而加甚耳。

史記殷本紀。益收狗馬奇物。充仞宮室。益廣沙丘苑臺。多取野獸蜚鳥置其中。

周公稱文王不敢盤於游田。又戒成王毋淫於觀於逸於游於田。均見無逸書　卽由以殷爲鑑而動此反感也。

然詩之靈臺。尙誇鳥獸。

詩靈臺。王在靈囿。麀鹿攸伏。麀鹿濯濯。白鳥翯翯。

而逸周書載武王獵獸。其數之多。至可駭異。

逸周書世俘篇。武王狩。禽虎二十有二、貓二、麋五千二百三十五、犀十有二、氂七百二十有一、熊百五十有一、羆百一十有八、豕三百五十有二、貉十有八、麈十有六、麝五十、麋三十、鹿三千五百有八。

是皆夏商之際所未有也。

殷之尙獵蓋緣尙武之風自湯以來極重武力。

史記殷本紀湯曰吾甚武號曰武王。

詩商頌武王載旆有虔秉鉞如火烈烈則莫我敢曷。

故囿制始於湯。

淮南子泰族訓湯之初作囿也以奉宗廟鮮犞之具簡士卒習射御以戒不虞及至其衰也馳騁獵射以奪民時罷民之力。

其後武丁復張殷武。

商頌撻彼殷武。

伐鬼方。

易既濟高宗伐鬼方三年克之。

服章多用翟羽。

通鑑外紀武丁時編髮來朝者六國自是服章多用翟羽。胡注服章句見通典禮五引古今注今本無此文

至於武乙且仰而射天。

史記武乙爲革囊盛血仰而射之名曰射天。

其世尙彊禦可想矣。

詩大雅文王曰咨咨女殷商。曾是彊禦。又彊禦多懟。

殷人之尊神先鬼。孔子已言之。觀湯之征葛。以葛之不祀爲罪。

書序葛伯不祀。湯始征之。作湯征。

孟子湯居亳。與葛爲鄰。葛伯放而不祀。湯使人問曰。何爲不祀。曰。無以共犧牲也。湯使遺之牛羊。葛伯食之。又不以祀。湯又使人問之。曰。無以共粢盛也。湯使亳衆往爲之耕。老弱饋食。葛伯率其民。要其有酒食黍稻者奪之。不授者殺之。有童子以黍肉餉。殺而奪之。爲其殺是童子而征之。

殆由葛伯主張無鬼。不以祭祀祖先爲然。而湯則以祖先教號召天下。故因宗教不同而動兵戈。其後之以歲爲祀。亦以明其注重祀事。更甚於夏也。商頌五篇。皆祭祀之詩。讀那及烈祖諸篇。可推見其時祭祀之儀式。

詩那猗與那與。置我鞉鼓。奏鼓簡簡。衎我烈祖。湯孫奏假。綏我思成。鞉鼓淵淵。嘒嘒管聲。既和且平。依我磬聲。於赫湯孫。穆穆厥聲。庸鼓有斁。萬舞有奕。我有嘉客。亦不夷懌。自古在昔。先民有作。溫恭朝夕。執事有恪。顧予烝嘗。湯孫之將。

詩烈祖嗟嗟烈祖。有秩斯祜。申錫無疆。及爾斯所。既載清酤。賚我思成。亦有和羹。既戒既平。鬷假無言。時靡有爭。綏我眉壽。黃耇無疆。約軝錯衡。八鸞鶬鶬。以假以享。我受命溥將。自天降康。豐年穰穰。來假來享。降福無疆。顧予烝嘗。湯孫之將。

商書亦多言祭祀鬼神之事。

盤庚上茲予大享於先王爾祖其從與享之。

盤庚中我先后綏乃祖乃父。乃祖乃父乃斷棄汝不救乃死。 乃祖乃父丕乃告我高后曰。作丕刑於朕孫。迪高后丕乃崇降不祥。

高宗肜日典祀無豐於昵。

微子今殷民乃攘竊神祇之犧牷牲。用以容。將食無災。

周之伐殷且以弗祀爲紂之罪狀。

牧誓昏棄厥肆祀弗答。

蓋殷以崇祀而興。以不祀而亡。此尤殷商一朝之特點也。尙鬼故信巫。而巫氏世相殷室。

書君奭在大戊時。巫咸乂王家。在祖乙時。則有若巫賢。

史記殷本紀伊陟贊言於巫咸。巫咸治王家有成。作咸艾。 祖乙立。殷復興。巫賢任職。

史記封禪書伊陟贊巫咸。巫咸之興自此始。梁玉繩謂巫咸非巫。阮元謂巫咸巫賢世職爲巫。故以巫爲氏。

重祀故精治祭器。而鐘鼎尊彝之制大興。

阮元冊冊父乙鼎跋周器銘往往有王呼史冊命某某等語。商人尙質。但書冊字而已。子爲父作。則稱父。以十干爲名字。商人無貴賤皆同。不必定爲君也。○據此知商之鐘鼎獨多者。以其君臣上下多爲祭器以祀先也。

祭必擇日。故卜日之龜甲。猶流傳於今世。此皆事理之相因者也。

殷之風氣既如右述殊無以見其享國久長之故吾嘗反復諸書深思其時之情勢而得數義焉一則殷多賢君故其國迭衰迭興也史記之稱殷之興衰凡十見

史記殷本紀雍己立殷道衰 大戊立殷復興 河亶甲時殷復衰 祖乙立殷復興 帝陽甲之時殷衰 盤庚之時殷道復興 小辛立殷復衰 武丁立殷道復興 帝甲淫亂殷復衰 帝乙立殷益衰

與夏本紀之一稱夏后氏德衰者不同周公以無逸勉成王盛稱殷之三宗

書無逸昔在殷王中宗嚴恭寅畏天命自度治民祗懼不敢荒寧 其在高宗時舊勞於外爰暨小人作其即位不敢荒寧嘉靖殷邦至於小大無時或怨 其在祖甲不義惟王舊爲小人作其即位爰知小人之依能保惠於庶民

而孟子則謂其時賢聖之君六七作

孟子自成湯至於武丁賢聖之君六七作

足知殷之賢君多於夏代矣且商雖自湯以來世尚武功而其政術則任賢而執中

詩長發湯降不遲聖敬日躋（鄭箋湯之下士尊賢甚疾其聖敬之德日進） 不競不絿不剛不柔敷政優優百祿是遒

孟子湯執中立賢無方

非專偏於武力至箕子陳述皇極猶以剛柔互克爲言史記所謂殷道其在是歟

一則殷之興學盛於夏代也據王制殷有左右二學

王制殷人養國老於右學養庶老於左學

又有瞽宗。

明堂位瞽宗殷學也。

及庠序。

學記黨有庠。術有序。庾氏云。黨有庠、謂夏殷禮。蓋虞名庠而夏殷承之

孟子殷曰序。

至其末造。周有辟雝。疑必殷有其制而周仿之。

詩靈臺於論鼓鐘。於樂辟廱。○王制、天子曰辟廱。諸侯曰泮宮。是周之爲辟廱。實仿天子之制也。

雖其敎法不可詳考。以說命之遺文證之。知殷人之講求敎育及學術。遠有端緒。

文王世子引說命曰。念終始典於學。

學記引說命曰。惟斅學半。敬孫務時敏。厥修乃來。

風氣所被。私家之學亦興。

尙書大傳散宜生、閎夭、南宮适三子者。學於太公。太公見三子。知爲賢人。遂酌酒切脯。除爲師學之禮。約爲朋友。○此雖殷季之事。然私人從師受學。必不始於此。

商之多士。咸知典冊。

書多士。惟爾知。惟殷先人有典有冊。

粒食之民。昭然明視。

大戴禮少間篇。成湯服禹功以修舜緒。爲副於天。粒食之民。昭然明視。民明敎通於四海。殷德小破。乃有武丁。開先祖之府。取其明法。以爲君臣上下之節。殷民更服。粒食之民。昭然明視。

故其文化盛於夏代。而國家亦多歷年所焉。

一則殷之民德純厚至帝乙以後始敗壞也。殷之民風。略見於盤庚三篇。如

民不適有居。率籲衆慼出矢言。　相時憸民。猶胥顧於箴言。

蓋殷民質直。有不適其意者。則直言之。而顧恤箴規。初不敢放佚爲非也。說經者謂殷民奢淫成俗。然亦僅據盤庚所謂亂政同位。具乃貝玉。及無總於貨寶。生生自庸數語而言。未見其何等奢淫也。其後周公述殷代風俗。則自湯至帝乙時。官民無不勤勞敬愼。

書酒誥。在昔殷先哲王。迪畏天顯小民。經德秉哲。自成湯咸至於帝乙。成王畏相。惟御事厥棐有恭。不敢自暇自逸。矧曰其敢崇飲。越在外服。侯甸男衞邦伯。越在內服。百僚庶尹惟亞惟服宗工。越百姓里居。罔敢湎於酒。不惟不敢。亦不暇。惟助成王德顯。越尹人祗辟。

與商頌之言相合。

詩殷武稼穡匪解不敢怠遑。

至紂時酗酒亂德民俗大壞。

書微子殷罔不小大好草竊姦宄。小民方興相爲敵讎。

殷始由之而亡周既定鼎殷民猶思恢復周公憚之屢加誥誡惟願其安居田里。

書多士爾乃尚有爾土爾乃尚甯幹止。今爾惟時宅爾邑繼爾居。

書多方今爾尚宅爾宅畋爾田。

又時時遷徙其居分散其族。

書序成周既成遷殷頑民。江聲曰由周而言謂之頑民由商言之固不失爲誼士

左傳周封魯公以殷民六族條氏、徐氏、蕭氏、索氏、長勺氏、尾勺氏、使帥其宗氏。輯其分族。將其醜類。以法則周公用卽命於周。是使之職事於魯。封康叔以殷民七族陶氏、施氏、繁氏、錡氏、樊氏、饑氏、終葵氏。啟以商政。疆以周索。

蓋殷民悍直之氣。與其團結之力。固易代而不衰也。

第十七章　傳疑之制度

夏殷之禮。文獻無徵。無古書所言古代制度。多有莫知何屬者。漢晉諸儒解釋其制。往往託之於夏殷。謂

其與周代制度不合也。今以諸說合為一篇。標曰傳疑之制度。

(一)九州之界域　爾雅。九州。兩河間曰冀州。河南曰豫州。河西曰雍州。漢南曰荊州。江南曰揚州。濟河間曰兗州。濟東曰徐州。燕曰幽州。齊曰營州。　郭璞注。此蓋殷制。　郝懿行曰。郭云此蓋制殷者。釋文引李郭同。詩周南召南譜正義引孫炎曰。此蓋殷制。禹貢有梁青無幽營。周禮有幽幷無徐營。是孫炎以爾雅之文與禹貢周禮異。故疑為殷制。　又曰。逸周書大匡篇云。三州之侯咸率。程典篇云。文王合六州之侯奉勤於商。商頌云。奄有九有。毛傳、九有、九州也。又云。帝命式於九圍。毛傳、九圍、九州也。殷有九州。皆其證。

(二)封建之制　王制。天子之田方千里。公侯田方百里。伯七十里。子男五十里。不能五十里者不合於天子。附於諸侯曰附庸。　鄭玄注。此殷所因夏爵三等之制也。

(三)八州封國之數　王制。凡四海之內九州。州方千里。州建百里之國三十。七十里之國六十。五十里之國百有二十。凡二百一十國。名山大澤不以封。其餘以為附庸閒田。八州。州二百一十國。　鄭注。此殷制也。　孔穎達疏。此殷制也者。以夏時萬國則地餘三千里。周又中國方七千里。今大界三千。非夏非周。故云殷制也。

(四)王畿封國之數　王制。天子之縣內。方百里之國九。七十里之國二十有一。五十里之國六十有三。凡九十三國。名山大澤不以朌。其餘以祿士。以為閒田。　鄭玄注。縣內、夏時天子所居州界名也。殷曰畿。詩殷頌曰。邦畿千里。周亦曰畿內。

(五)九州封國之總數　王制。凡九州、千七百七十三國。天子之元士、諸侯之附庸、不與。　鄭注。春秋傳云。禹會諸侯於塗山。

執玉帛者萬國言執玉帛則是惟謂中國耳中國而言萬國則是諸侯之地有方百里有方七十里有方五十里者禹承堯舜而然矣要服之內地方七千里乃能容之夏末既衰夷狄內侵諸侯相幷土地減國數少殷湯承之更制中國方三千里之界亦分爲九州而建此千七百七十三國焉

（六）方伯連帥之制　王制千里之外設方伯五國以爲屬屬有長十國以爲連連有帥三十國以爲卒卒有正二百一十國以爲州州有伯八州八伯五十六正百六十八帥三百十六長八伯各以其屬屬於天子之老二人分天下以爲左右曰二伯　鄭注屬連卒州猶聚也伯帥正亦長也凡長皆因賢侯爲之殷之州司曰伯夏及周皆曰牧

（七）王室之官制　曲禮天子建天官先六太曰太宰太宗太史太祝太士太卜典司六典　天子之五官曰司徒司馬司空司士司寇典司五衆　天子之六府曰司土司木司水司草司器司貨典司六職　天子之六工曰土工金工石工木工獸工草工典制六材○鄭玄注皆謂此殷時制也

（八）冢宰制國用之法　王制冢宰制國用必於歲之杪五穀皆入然後制國用用地小大視年之豐耗以三十年之通制國用量入以爲出祭用數之仂喪用三年之仂喪祭用不足曰暴有餘曰浩祭豐年不奢凶年不儉國無九年之蓄曰不足無六年之蓄曰急無三年之蓄曰國非其國也三年耕必有一年之食九年耕必有三年之食以三十年之通雖有凶旱水溢民無菜色然後天子食日舉以樂　皮錫瑞王制箋案注疏不解冢宰當是卽以周官之冢宰解之證以白虎通則此經冢宰必非周官冢宰又引陳立白虎通疏證定此冢宰爲殷之太宰

（九）質成之法　王制天子齋戒受諫。司會以歲之成質於天子。冢宰齋戒受質。大樂正、大司寇、市、三官。以其成質於天子。大司徒、大司馬、大司空、齋戒受質。百官各以其成質於三官。大司徒、大司馬、大司空以百官之成質於天子。百官齋戒受質。然後休老勞農。成歲事。制國用。　黃以周禮書通故以尚書立政伏書夏傳戴記曲禮諸文參之。此蓋殷制也。夏重司空。以司空公領司空。而上兼百揆。其司馬公領司馬。而又兼司寇。司徒公領司徒。而又兼秩宗。五官之職、以三公統攝之。是謂三宅。成湯因之。故書立政曰。三有宅。克即宅。此所謂大司徒大司馬大司空者。即司徒公司馬公司空公也。殷重司徒。故以大司徒大司馬大司空爲次。大樂正爲殷之宗伯。大司徒領司徒。亦兼宗伯。故大樂正之質、從大司徒。大司馬領司馬。亦兼司寇。故大司寇之質、從大司馬。大司空領司空。亦兼市。故市之質、從大司空、曲禮記殷五官之制。曰司徒司馬司空司士司寇。司士左傳作司事。蓋即周之宗伯。此又謂之大樂正。於大司徒三官之外。又曰大樂正大司寇者。明五官之制也。市本小官。故不言大。特欲配下大司空舉之耳。大樂正大司寇市之質。必從於大司徒大司馬大司空者。明殷之五官亦如夏制。以三公統攝之也。司會爲冢宰之屬。冢宰即太宰。曲禮記殷官制。天官太宰。不與五官分職。故此司會之質。別受於冢宰。不從於大司徒三官。至周乃以太宰與五官同分職者。殷周制之別也。

（十）司空制地之法　王制司空執度度地。居民山川沮澤。時四時。量地遠近。興事任力。凡居民材。必因天地寒暖燥濕。廣谷大川異制。民生其間者異俗。剛柔輕重遲速異齊。五味異和。器械異制。衣服異宜。修其敎不異其俗。齊其政不易其宜。凡居民量地以制邑。度地以居民。地邑民居。必參相得也。無曠土。無游民。食節事時。民咸安其居。樂事勸功。尊君親上。然後興學。　皮錫瑞王制箋案。司空、依今文說。當爲三公之司空。不當爲六卿之司空。韓詩外傳曰。三公者何。曰司空司馬司徒也。司馬主天。司空主土。司徒主人。漢書百官公卿表同。白虎通封公侯篇曰。司馬主兵。司徒主人。司空主地。引別名記同。御覽引書大傳曰。溝瀆壅遏。水爲民害。則責之司空。論衡引書大傳曰。城郭不繕。溝池不修。水泉不降。水爲民害。則責於地公。蓋司空一曰地公。正掌度地量地之事。此夏殷官制與周官六卿不同者也。

(十一)司徒及樂正教民之法

王制。司徒修六禮以節民性。冠昏喪祭鄉相見 明七教以興民德。父子兄弟夫婦君臣長幼朋友賓客 齊八政以防淫。飲食衣服事爲異別度量數制 一道德以同俗。養耆老以致孝。恤孤獨以逮不足。上賢以崇德。簡不肖以絀惡。命鄉簡不帥教者以告。耆老皆朝於庠。元日。習射上功。習鄉上齒。大司徒帥國之俊士與執事焉。不變。命國之右鄉簡不帥教者移之左。命國之左鄉簡不帥教者移之右。如初禮。不變、移之郊。如初禮。不變、移之遂。如初禮。不變、屏之遠方。終身不齒。命鄉論秀士。升之司徒。曰選士。司徒論選士之秀者而升之學。曰俊士。升於司徒者、不征於鄉。升於學者、不征於司徒。曰造士。　樂正崇四術。立四教。順先王詩書禮樂以造士。春秋教以禮樂。冬夏教以詩書。王太子、王子、羣后之太子、卿大夫元士之適子、國之俊選。皆造焉。凡入學以齒。將出學。小胥、大胥、小樂正。簡不帥教者。以告於大樂正。大樂正以告於王。王命三公九卿大夫元士皆入。不變、王親視學。不變、王三日不舉。屏之遠方。西方曰棘。東方曰寄。終身不齒。大樂正論造士之秀者以告於王。而升諸司馬。曰進士。〇正義。熊氏以爲此中年舉者、爲殷禮。

又王制。天子命之教。然後爲學。小學在公宮南之左。大學在郊。天子曰辟廱。諸侯曰頖宮。　鄭玄曰。此小學大學。殷之制。

(十二)司馬官人之法

王制。司馬辨論官材。論進士之賢者以告於王。而定其論。論定、然後官之。任官。然後爵之。位定、然後祿之。有發、則命大司徒教士以車甲。凡執技論力。適四方。贏股肱。決射御。凡執技以事上者。祝史射御醫卜及百工。凡執技以事上者不貳事。不移官。　皮錫瑞王制箋案今文家說。司馬主天。謂之天官。其位最尊。故進退人才皆由司馬。周官司馬專主武事。與此不同也。

(十三)司寇正刑明辟之法　王制司寇正刑明辟。以聽獄訟。必三刺。有旨無簡不聽。附從輕。赦從重。凡制五刑。必卽天論。郵罰麗於事。凡聽五刑之訟。必原父子之親。立君臣之義。以權之。意論輕重之序。愼測淺深之量。以別之。悉其聰明。致其忠愛。以盡之。疑獄、汎與衆共之。衆疑、赦之。必察小大之比以成之。成獄辭。史以獄辭告於正。正聽之。正以獄成告於大司寇。大司寇聽之棘木之下。大司寇以獄之成告於王。王命三公參聽之。三公以獄之成告於王。王三又。然後制刑。凡作刑罰。輕無赦。析言破律、亂名改作、執左道以亂政、殺。作淫聲異服奇技奇器以疑衆、殺。行僞而堅、言僞而辯、學非而博、行非而澤、以疑衆、殺。假於鬼神時日卜筮以疑衆、殺。此四誅者。不以聽。凡執禁以齊衆。不赦過。

(十四)田里關市之法　王制古者公田籍而不稅。市廛而不稅。關譏而不征。林麓川澤以時入而不禁。夫圭田無征。　圭璧金璋、不粥於市。命服命車、不粥於市。宗廟之器、不粥於市。犧牲、不粥於市。戎器、不粥於市。用器不中度、不粥於市。兵車不中度、不粥於市。錦文珠玉成器、不粥於市。衣服飲食、不粥於市。五穀不時、果實未熟、不粥於市。木不中伐、不粥於市。禽獸魚鼈不中殺、不粥於市。關執禁以譏。禁異服。識異言。　鄭玄曰古者、謂殷時。　孔穎達曰此王制多是殷法。

右十四則見於爾雅者一。小戴記曲禮者一。王制者十二。其謂爲殷制者。皆以其與周制不合。故用反證之法。以爲殷制。夫商頌之九圍九有。旣未言其異於夏周。殷祝稱諸侯三千。何以九州僅容千八百國。其節謂制及名守與盧植謂王制爲漢文帝博士諸生所作鄭玄謂王制之作在周赧王之後其時距殷甚遠。固不待言。俞樾皮錫瑞謂王制爲孔氏之遺書。七十子後學者所記。當亦未必盡棄周制而遠法殷商。劉師培纂中國歷史教科書。直以王制所云。悉屬殷制。使學者據以爲說。不復究其由來。則襲謬沿訛。其誤匪淺矣。愚意王制之言。自屬周、秦、間、學、者、理、想、中、之、制、度。第此等理想。亦必有其由來。今文家所謂變周之文。從殷之質者。故非無見。茲列數證。以明其雖非完全殷制。亦可藉以推測殷代制度之梗概焉。

（一）諸侯國數　封建諸侯。自不能如布子於棋局。一一恰合其數。然殷、末、諸、侯、之、數、似、亦、有、一、千、七、八、百、國。史記殷本紀周武王之東伐至盟津。諸侯叛殷會周者八百。逸周書世俘篇武王遂征四方。凡憝國九十有九。凡服國六百五十有二。以此計之。已有一千五百餘國。其他豈無中立而不亡者。則謂殷之諸侯由三千而漸少至千八百國。亦理所宜有也。

（二）當時官制　史記殷本紀。紂以西伯昌九侯鄂侯爲三公。是殷之尊官爲三公也。牧誓周官司徒司馬司空下。卽稱亞旅師氏。以司徒司馬司空爲三公。與諸大夫有別也。當、時、周、室、之、制。必、與、殷、制、相、近。故解王制者謂司徒司馬司空爲殷之三公。非傅會也。

（三）殷之重刑　商人先罰而後賞。見前故刑、罰、最、嚴。多方曰。乃惟成湯克以爾多方簡代夏作民主。愼厥麗乃勸。厥民刑用勸。以至於帝乙。罔不明德愼罰。亦克用勸。要囚殄戮多罪。亦克用勸。開釋無辜。

亦克用勸。以此言衡王制。則司寇之正罰明辟。似亦本於殷。且墨子稱湯有官刑。（非樂篇）荀子言刑名從商。（正名篇）刑名之嚴。殆自商始。王制以析言破律亂名改作爲大罪。其以此歟。

（二）關市田賦之制　孟子殷人七十而助。助者藉也。與公田藉而不稅之說合。又稱文王治岐。耕者九一。關市譏而不征。澤梁無禁。亦殷末之事。逸周書大匡篇無粥熟。無室市。所謂粥熟。卽飲食之成熟者。所謂室市。卽室中各物皆取於市也。此殷之市禁。行之於周者。特不如王制之詳耳。

大抵人類之思想。不外吸集蛻化兩途。列國交通。則吸集於外者富。一國獨立。則蛻化於前者多。三代制度。雖有變遷。而後之承前。大都出於蛻化。卽降至秦漢。學者分別質文。要亦不過集合過去之思想。爲之整理。而引申。必不能謂從前絕無此等影響。而後之人突然建立一說。乃亦條理秩然。幻成一烏託邦之制度。故謂王制完全係述殷制。未免爲鄭孔所愚。而舉其說一概抹殺。謂其中絕無若干成分由殷之制度紬繹而生者。亦未免失之武斷也。

第十八章　周室之勃興

夏商以降。史料漸豐。周之文化。爛焉可觀。周書四十篇。今存者二十篇。

周書目　泰誓三篇（今存而不全）　牧誓（今存）　武成　鴻範（今存）　分器　旅獒　旅巢命　金縢（今存）　大誥（今存）　微子之命　歸禾　嘉禾　康誥（今存）　酒誥（今存）　梓材（今存）　召誥（今存）　洛誥（今存）　多士（今存）　無逸

(今存)　君奭(今存)　成王征　將蒲姑　多方(今存)　周官　立政(今存)　賄肅愼之命　亳姑　君陳　顧命(今存)　畢命　豐刑　君牙　冏命　蔡仲之命　費誓(今存)　呂刑(今存)　文侯之命(今存)　秦誓(今存)

其逸者、復存五十九篇。

漢書藝文志周書七十一篇。注周史記師古曰劉向云周時誥誓號令也蓋孔子所論百篇之餘也今之存者四十五篇矣

朱右曾逸周書集訓校釋序周書稱逸昉說文繫之汲冢自隋書經籍志隋志之失。先儒辨之。不逸而逸。無以別於逸尙書。故宜復漢志之舊題也。其書存者五十九篇。并序、爲六十篇。較漢志篇數亡其十有一焉。　師古云。其存者四十五篇。師古之後。又亡其三。然晉唐之世。書有二本。劉知幾史通云。周書七十一章。上自文武下終靈景。不言有所闕佚。與師古說殊。唐書藝文志、汲冢周書十卷。孔鼂注周書八卷。二本並列。尤明徵也。其合四十二篇之注於七十一篇之本而亡其十一篇者。未知何代。要在唐以後矣。

其詩之存者、三百篇。

史記孔子世家古者詩本三千餘篇。去其重。取其可施於禮義者。三百五篇。合商頌故曰三百五篇

而他書之相傳爲文王周公所作。以及史家所記、諸子所述者。尤夥。較之夏商之文獻無徵。不可同日而語也。

周室之興、基於農業。此可以詩之生民七月公劉思文諸詩見之。無俟深論。公劉居豳之時。僅有廬舘宮室及公堂。

詩篤公劉于時廬旅 于豳斯館。

詩七月上入執宮功。 入此室處。 躋彼公堂。

至太王遷岐。始大營城郭宮室。

詩緜古公亶父。陶復陶穴。未有家室。（據此知豳之廬館宮室多近於土穴）乃召司空。乃召司徒。俾立室家。捄之陾陾。度之薨薨。築之登登。削屢馮馮。百堵皆興。鼛鼓弗勝。迺立皐門。皐門有伉。乃立應門。應門將將。迺立冢土。戎醜攸行。

故周之開基。斷自太王。太王以前之世系。且不可深考。其事迹更茫昧矣。

周語自后稷之始基靖民。十五王而文始平之。

梁玉繩史記志疑契十三傳爲湯。稷十三傳爲王季。則湯與王季爲兄弟矣。而禹契稷三聖。共事堯舜。禹十七傳至桀。湯三十七傳至紂。二代凡千餘年。而稷至武王纔十六傳。歷盡夏商之世。武王竟以十四世祖伐十四世孫。其誰信之。

太王之遷岐。詩不言其何故。但述其走馬而來。

詩緜古公亶父。來朝走馬。率西水滸。至于岐下。爰及姜女。聿來胥宇。

疑殷商時多行國。故擇地而遷。行所無事。而諸書言古公避狄。其言至有理想。

通鑑外紀薰育狄人來攻。古公事之以皮幣犬馬珠玉菽粟財貨。不得免焉。狄人又欲土地。古公曰。與之。耆老曰。君不爲社稷乎。古公曰。社稷所以爲民也。不可以所爲亡民也。耆老曰。君不爲宗廟乎。公曰。宗廟吾私也。不可以私害民。夫有民立君。將以利之。與人之兄居而殺其弟。與人之父居而殺其子。以其所養害所養。吾不忍也。民之在我與在彼。爲吾臣與狄人臣奚以異哉。二三子何患乎無君。杖策而去。率其私屬出豳。渡漆沮。踰梁山。邑于岐山之陽。始改國曰周。豳人曰。仁人之君不可失也。舉國扶老携弱從之者二千乘。一止而成三千戶之邑。旁國聞其仁。亦多歸之。古公乃貶戎狄之俗。營築城郭室屋而邑別居之。作五官有司。民皆歌樂頌其德。（胡注此孟子淮南子道應訓莊子讓王尚書大傳史記周本紀詩大雅緜毛傳文）

以之較今之持國家主義、殺人流血、無所不至者。相去遠矣。

殷商之世。教育發達。（見前章）其人才多聚於周。而周遂勃興。

此如西漢之季、王莽興學。而其人才爲東漢之用之例。蓋殷商新漢、皆帝王家族之分別。而一國之人、不限於一時代也。

觀周書史記之言。周實多得商之人才。

君奭惟文王尚克修和我有夏。亦惟有若虢叔。有若閎夭。有若散宜生。有若泰顛。有若南宮括。武王惟茲四人。尚迪有祿。

史記周本紀文王禮下賢者。日中不暇食以待士。士以此多歸之。伯夷叔齊太顛閎夭散宜生鬻子辛甲大夫之徒。皆往歸之。

下至陶冶柯匠之徒。亦爲所用。

逸周書文酌篇十二來。一弓、矢歸射。三輪、四輿、歸御。五鮑、六魚、歸蓄。七陶、八冶、歸竈。九柯、十匠、歸林。十一竹。十二葦。歸時。

故周之士夫野人。咸有才德。

詩棫樸奉璋峨峨。髦士攸宜。

詩兔罝肅肅兔罝。椓之丁丁。赳赳武夫。公侯干城。

詩人但美歸於文王后妃之化。尚未推見其遠源也。且殷周之際。不獨男子多受教育。即女子、亦多、受教、育者。如周之三母。

列女傳周室三母者、太姜太任太姒。太姜者、王季之母。有台氏之女。太王娶以爲妃。貞訓率導。靡有過失。史記正義引此文作率導諸子至於成童靡有過失太王謀事遷徙。必與太姜。君子謂太姜廣於德教。太任者文王之母。摯任氏中女也。王季娶爲妃。太任之性。端一誠莊。惟德之行。及其有娠。目不視惡色。耳不聽淫聲。口不出敖言。能以胎教。溲于豕牢而生文王。文王生而明聖。太任教之以一而識百。太姒者、武王之母。禹後有莘姒氏之女。仁而明道。文王嘉之。親迎于渭。造舟爲梁。及入。太姒思媚太姜太任。旦夕勤勞。以進婦道。太姒號曰文母。文王治外。文母治內。教誨十子。自少及長。未嘗見邪僻之事。及其長。文王繼而教之。卒成武王周公之德。

史記周本紀太姜生少子季歷。季歷娶太任。皆賢婦人。

當皆受殷之侯國之教育。非受教於周者也。周之婦女。被后妃之化。亦能賦詩守禮。其時、女子、教育、之盛、可知。

詩汝墳遵彼汝墳。伐其條枚。未見君子。惄如調飢。遵彼汝墳。伐其條肄。既見君子。不我遐棄。魴魚赬尾。王室如燬。雖則如燬。父母孔邇。

小序汝墳、道化行也。文王之化。行乎汝墳之國。婦人能閔其君子。猶勉之以正也。

詩行露厭浥行露豈不夙夜謂行多露誰謂雀無角何以穿我屋誰謂女無家何以速我獄雖速我獄室家不足誰謂鼠無牙何以穿我墉誰謂女無家何以速我訟雖速我訟亦不女從　小序行露召伯聽訟也衰亂之俗微貞信之教興彊暴之男不能侵陵貞女也。

列女傳周南之妻者周南大夫之妻也大夫受命平治水土過時不來妻恐其懈於王事乃作詩曰魴魚赬尾王室如燬雖則如燬父母孔邇蓋不得已也　召南申女者申人之女也既許嫁於酆夫家禮不備而欲迎之女與其人言以爲夫婦者人倫之始也不可以不正夫家輕禮違制不可以行遂不肯往夫家訟之於理致之於獄女終以一物不具一禮不備守節持義必死不往而作詩曰雖速我獄室家不足言夫家之禮不備足也〇二南之詩多言婦人女子之事然不知其爲女子自作抑男子爲女子而作此二詩則毛詩魯詩（魯詩劉向治）皆以爲女子自作故引以證其時婦女能文。

男女貴賤皆有才德故其國俗不變虞芮質成相形而有慚色。

詩緜虞芮質厥成文王蹶厥生　毛傳虞芮之君相與爭田久而不平乃相謂曰西伯仁人也盍往質焉乃相與朝周入其境則耕者讓畔行者讓路入其邑男女異路班白不提挈入其朝士讓爲大夫大夫讓爲卿二國之君感而相謂曰我等小人不可履君子之庭乃相讓以其所爭田而退天下聞之而歸者四十餘國。

此周室代商最大之原因故知雖君主時代亦非徒恃一二聖君賢相即能崛起而日昌也。

雖然周之興固由民德之盛而文王周公繼世有才德亦其主因之一文王之德見於書者如

書康誥文王克明德愼罰。不敢侮鰥寡。庸庸祗祗威威顯民。

書無逸文王卑服。即康功田功。徽柔懿恭。懷保小民。惠鮮鰥寡。自朝至於日中昃。不遑暇食。用咸和萬民。文王不敢盤於遊田。以庶邦惟正之供。

見於詩者如

詩文王穆穆文王。於緝熙敬止。

詩大明維此文王。小心翼翼。昭事上帝。聿懷多福。厥德不回。以受方國。

皆可見其人立身處事處處敬愼之狀。周公之性質。殆最似文王。其戒成王康叔召公及殷之士民。無在不含有戒愼恐懼之意。合觀詩書諸文。其原因蓋有三端。

一則唐虞以來相傳之道德皆以敬愼爲主。如皐陶謨稱愼厥身修。兢兢業業。商頌稱温恭朝夕。聖敬日躋之類。皆從收斂抑制立論。似吾國國民性。自來以此爲尚。與西人之崇尚自由發展者。正相反對。文王周公受累世之教育。秉國民之同性。故其言行若此。

一則歷史事迹。多可鑑戒。陳古刺今。時時危悚。如召誥曰。我不可不監於有夏。亦不可不監於有殷。我不敢知曰有夏服天命。惟有歷年。我不敢知曰不其延。惟不敬厥德。乃早墜厥命。我不敢知曰有殷受天命。惟有歷年。我不敢知曰不其延。惟不敬厥德。乃早墜厥命。蕩曰。殷鑑不遠。在夏后之世。之類。

皆以前人之不德爲後人之鑑戒故文王周公之敬愼卽夏殷末造之君臣放恣縱肆之反感也。一則自古以來寅畏天命常以戒愼恐懼爲事天引年之法如商頌稱上帝是祗帝命式於九圍天命降監下民有嚴之類是商人之心理也文王周公承受此說益以天命不常爲懼故昭事上帝必矢之以小心後世儒家道家墨家畏天法天事天之說皆本於此　周之書詩言天言上帝者指不勝屈其淵源甚遠並非後世儒者假稱天命以恐嚇帝王蓋自古相承之說君相之賢者時時以此自勵自戒也綜觀詩書之文雖似含有宗敎之意而以天爲勉勵道德之用非以天爲惑世愚民之用亦與宗敎有別。

文王周公之學以易之卦爻爲最邃。

史記周本紀西伯蓋卽位五十年其囚羑里蓋益易之八卦爲六十四卦。

周易正義文王作卦辭周公作爻辭。

蓋伏羲畫卦之後累世相傳有占卜之書至文王時乃演其辭而名爲易。

繫辭易之興也其當殷之末世周之盛德耶當文王與紂之事耶（此可見從前不名易）

周禮太卜掌三易一曰連山二曰歸藏三曰周易。（是周之書名爲易以前之連山歸藏不名易也）

易一名而含三義。

鄭玄易贊易一名而含三義易簡一也變易二也不易三也。

有聖人之道四不專爲卜筮之用。

繫辭易有聖人之道四焉以言者尙其辭以動者尙其變以制器者尙其象以卜筮者尙其占。

故爲吾國哲學書之首夫以哲學家主持國政是實吾國之特色也。

謝无量中國哲學史希臘柏拉圖著新共和國謂當以哲學者宰制天下而出政教蓋僅出於想望非謂必可見諸實事也獨吾國自羲農以來以至堯舜皆以一世之大哲出任元首故在中國歷史中爲治化最隆之世後世靡得而幾焉○按伏羲僅畫卦象無文字堯舜僅修道德亦無著作以哲學家宰制天下者惟文王周公耳。

周公自稱多材多藝。

書金縢予仁若考能多材多藝。

尙書大傳稱其制禮作樂。

尙書大傳周公居攝三年制禮作樂　周公將作禮樂優游之三年不能作君子恥其言而不見從恥其行而不見隨將大作恐天下莫我知也將小作恐不能揚父祖功業德澤然後營洛以觀天下之心於是四方諸侯率其羣黨爲攻位於其庭周公曰示之以力役且猶至況導之以禮樂乎然後敢作禮樂書曰作新大邑于東國雒四方民大和會此之謂也。

其於詩有七月鴟鴞常棣時邁諸篇。

詩小序七月、陳王業也。周公遭變故。陳后稷先公風化之所由致王業之艱難也。鴟鴞、周公救亂也。成王未知周公之志。乃作詩以貽王。名之曰鴟鴞焉。

周語周文王之頌曰。載戢干戈。載櫜弓矢。周文公之詩曰。兄弟鬩於牆。外禦其侮。據此是常棣時邁二詩、爲周公之作。以時邁爲周文公之頌。度周頌諸篇多出於周公。特無質言之者耳。

他若春秋凡例。

杜預春秋左傳序其發凡以言例。皆經國之常制。周公之垂法。史書之舊章。正義言發凡五十、皆是周公舊法。

爾雅釋詁

劉歆西京雜記孔子教魯哀公學爾雅。爾雅之出遠矣。舊傳學者皆云周公所記也。張揖進廣雅表昔在周公。纘述唐虞。宗翼文武。克定四海。勤相成王。六年制禮。以導天下。著爾雅一篇。陸德明釋文釋詁一篇。蓋周公所作。

其著作之多。前此所未有也。

三教改易至周而尚文。（見前）蓋文王周公皆尚文德。故周之治以文爲主。其禮樂制度、具詳後篇。茲先述其尚文之意。周之伐商。既大用武力。

史記周本紀武王至於商郊。誓已。諸侯兵會者車四千乘。紂聞武王來。亦發兵七十萬人、距武王。

逸周書克殷篇周車三百五十乘。陳于牧野。王既誓。以虎賁戎車馳商師。商師大崩。

又伐諸國。征四方。

逸周書世俘篇。呂他伐越戲方侯。來伐靡集于陳。百弇伐衞。陳本伐磨。百韋伐宣方。新荒伐蜀。百韋伐厲。　武王遂征四方。凡憝國九十有九國。馘磨億有萬七千七百七十有九。俘人三億萬有二百三十。凡服國六百五十有二。

周非不尙武也。比天下大定。始以觀文匿武爲大政方針。

周語祭公謀父曰。先王耀德不觀兵。夫兵戢而時動。動則威。觀則玩。玩則無震。先王之於民也。懋正其德而厚其性。阜其財求而利其器用。明利害之鄉。以文修之。使務利而避害。懷德而畏威。故能保世以滋大。

又倉葛曰。武不可觀。文不可匿。觀武無烈。匿文不昭。

其文教以禮樂爲最重。樂記述其命意。略可推見當時之政術。

樂記。濟河而西。馬散之華山之陽。而弗復乘。牛散之桃林之野。而弗復服。車甲衅而藏之府庫。而弗復用。倒載干戈。包之以虎皮。將帥之士。使爲諸侯。名之曰建櫜。然後天下知武王之不復用兵也。散軍而郊射。左射貍首。右射騶虞。而貫革之射息也。稗冕搢笏。而虎賁之士說劍也。祀乎明堂。而民知孝。朝覲。然後諸侯知所以臣。耕藉。然後諸侯知所以敬。五者天下之大敎也。食三老五更於太學。天子袒而割牲。執醬而饋。執爵而酳。冕而總干。所以敎諸侯之弟也。

夫倒載干戈。衅藏車甲。似乎弭兵止戈矣。然散軍郊射。冕而總干。仍以武事寓於文事之中。蓋明示人以右文。而陰敎人以習武。卽所謂觀文而匿武也。周公敎成王立政。以詰爾戎兵爲言。

立政其克詰爾戎兵以陟禹之迹方行天下至於海表罔有不服以覲文王之耿光以揚武王之大烈而巡守告祭之頌則稱戢干戈櫜弓矢

詩時邁載戢干戈載櫜弓矢我求懿德肆於時夏允王保之　小序時邁巡守告祭柴望也

其心蓋深知武備國防之不可廢而開國之初提倡尚武主義則强藩列辟日日稱戈其禍將不可止不得已而爲折衷之法務以文化戢天下人之野心其旨深矣

中國文化史

第一編

第十九章　周之禮制

周之文化，以禮爲淵海，集前古之大成，開後來之政教。其著於典籍者，雖經秦火，所存猶夥。漢藝文志具存其目。

漢書藝文志：禮古經五十六卷，經十七篇。　周官經六篇。

後世以十七篇之經爲儀禮，六篇之周官爲周禮。

荀悅漢紀：劉歆奏請周官六篇列之於經，爲周禮。

陸德明經典釋文序錄：劉歆建立周官經，以爲周禮。

晉書荀崧傳：崧上疏請置鄭儀禮博士一人。（儀禮之名始見于此）

其古經五十六卷，自十七篇外，謂之逸禮。

孔穎達禮記正義：鄭云逸禮者，漢書藝文志云，漢始於魯淹中得古禮五十七篇。（案七字當係六之訛）其十七篇與今儀禮正同。其餘四十篇，（案當云三十九篇）藏在秘府，謂之逸禮。其投壺禮亦此類也。

而周官復亡一篇。

經典釋文序錄河間獻王開獻書之路時有李氏上周官五篇失事官一篇乃購千金不得取考工記以補之。

治周史者得周官五篇、禮經十七篇、及漢世大小戴所傳之逸經古記可以推見有周禮制、討論其國家、社會組織之法與掇拾夏商典制僅能髣象於萬一者迥乎不同矣。

雖然此諸書者自漢代流傳至於今日固爲至可寶貴之史料而其書爲何時何人之作則異說殊多或謂禮經周官皆周公所作。

賈公彥儀禮疏序周禮儀禮發源是一理有終始分爲二部並是周公攝政太平之書。又序周禮廢興周官孝武之時始出秘而不傳既出於山巖屋壁復入於秘府五家之儒莫得見焉至孝成皇帝達才通人劉向子歆校理秘書始得列序著於錄略時衆儒並出共排以爲非是惟歆獨識知周公致太平之迹具在於斯。

或謂儀禮爲孔子所作。

皮錫瑞三禮通論周禮儀禮說者以爲並出周公案以周禮爲周公作固非以儀禮爲周公作亦未是也禮十七篇蓋孔子所定檀弓云恤由之喪哀公使孺悲學士喪禮於孔子士喪禮於是乎書據此則士喪出於孔子其餘篇亦出於孔子可知。

或謂周官爲末世瀆亂不驗之書及六國陰謀之書。

賈公彥序周禮廢興林孝存以爲武帝知周官末世瀆亂不驗之書故作十論七難以排棄之何休亦以爲六國陰謀之書唯有鄭玄

徧覽羣經。知周禮者、乃周公致太平之迹。故能答林碩之論難。使周禮義得條通。

故近人以儀禮爲儒家所創。謂之爲種種怪現狀、種種極瑣細的儀文。而周禮之爲僞書。更不措意。按禮、非、制、於、孔、子。章氏駁皮氏書具言之。

章炳麟孔子制禮駁議：禮五十六篇、皆周公舊制。記言哀公使孺悲學士喪禮於孔子。士喪禮於是乎書者。謂舊禮崩壞。自此復著竹帛。故言書不言作。喪服禮兼上下。又非士喪之篇。文不相涉。記檀弓曰。魯人有朝祥而暮歌者。子路笑之。孔子曰。三年之喪。亦以久矣夫。言其久不行也。若自孔子始作者。當云三年之喪。創法自我。不可以責未聞者。何乃言久不行耶。記檀弓又曰。衰、與其不當物也、甯無衰。然則自斬衰三升、子至緦麻十五升抽其半。其爲精粗異度。繁碎亦甚矣。獨有制禮自上。民胥效法。故織任之家。素備其式。假自孔子制之者。縱令偏行魯國。且適士以至府史。胤族猶當萬數。倉卒制之。何由得布。若不自置邸店。親課女紅。布縷既不中程。則衰無以當物。唐爲文具。將安設施。此則自衞反魯。五年之中。專爲縫人賈販。猶懼不給。固無删述六經之暇矣。又若制禮防於孔氏。冠昏朝聘以及祭享。其事猶多。哀公不以問孔子。獨問士喪。孔子又本不　士喪禮待哀公問然後發之。君則失偏。臣則失缺。其違於事情遠矣。即若是者。禮記曾子問篇、孔子自說從老聃受禮。甯知今之禮經。非老聃制之耶。墨子節葬。非儒。以是專責儒者。此由喪禮廢缺。獨儒者猶依其法。故名實專歸之。古者刑書本無短喪之罰。故得人人自使。弗可禁止。非直晚周也。漢世鼂錯翟方進爲三公。遭喪猶不去官。若以周公時未有喪制。故晚周無三年服。漢世士禮既行。何以持服者寡乎。見晚周無持齊斬者。即云喪禮自孔氏制之。見漢世無持齊斬者。復可云喪禮自二戴制之邪。

其儀文度數之中所寓之精義則戴記冠婚喪祭諸義發揮最爲透闢。其坊民淑世非若希臘、敎倫、羅馬、鬬獸之野蠻也。今世縱不能行其法不當文致爲儒家之過而詆毀之觀韓愈之論則知所折衷矣。

> 韓愈讀儀禮余嘗苦儀禮難讀又其行於今者蓋寡沿襲不同復之無由考於今誠無所用云然文王周公之法制粗在於是孔子曰吾從周謂其文章之盛也古書之存者希矣百氏雜家尚有可取况聖人之制度耶。

周禮之制度多與他書不同故攻擊者尤衆然前人之攻擊之者亦多認爲周制。

> 毛奇齡周禮問周禮一書出自戰國斷斷非周公所作予豈不曉然周制全亡所賴以畧見大意祇此周禮儀禮禮記三經以其所見者雖不無參臆而其爲周制則尙居十七此在有心古學方護衞不暇而欲迸絕之則餼羊蓋亡矣。

> 皮錫瑞禮經通論孔子謂殷因夏禮周因殷禮皆有損益樂記云三王異世不相襲禮是一代之制度不必盡襲前代改制度易服色殊徽號禮有明徵非特後代之興必變易前代也即一代之制度亦歷久而必變周享國最久必無歷八百年而制度全無變易者。

> 三禮所載皆周禮也禮經十七篇爲孔子所定其餘蓋出孔子之後學者各記所聞而亦必當時實有此制度非能憑空撰造。

以其非有來歷斷不能冥思臆造創爲此等宏綱細目之書也。周秦西漢著書者多矣孔孟管墨商君荀卿以及董仲舒劉歆輩皆有意於創立法制今其書之存者或第言立法之意或粗舉治國之方無一書能包舉天下萬事萬物一一爲之區分條理而又貫串聯絡秩然不紊如周官者後世之六典會典等以有周官爲之模範故易於著手然猶不能及其精微學者試思爲周官者當具何等經驗思想學力而後能成此書乎古今中外政治家哲學家著書立說大都徒託空言不能見之於實行然學者稱舉其說猶許其代表一時代之文化故周官之說即令未嘗實行僅屬於一個人之理想然此一個人之理想產生於此時代已足令人驚詫矧其官守法意降至春秋戰國猶多遺迹可尋乎汪中作周官徵文以逸周書穆王作職方爲證。

汪中述學周官徵文或曰周官周公所定而言穆王作職方何也曰賦詩之義有造篇有述古夫作亦猶是也召穆公糾合宗族於成周而作常棣之詩則述古亦謂之作詳職方大司樂二條知周官之文各官皆分載其一以爲官法故每職之下皆繫曰掌而太宰建之以爲六典則合爲一書穆王作之特申其告誡俾舉其職爾

則此書實成康昭穆以來王官世守之舊典以之言西周之文化固非託古改制之比也儀禮十七篇所言者爲冠婚喪祭射鄉朝聘八目周官則經緯萬端茲擇其要者以次列舉於後。

第一節　國土之區畫

國土之區畫分左之四種。

(一)九州　九州之區畫自古已然而周之區畫兼研究其民物之事利其調查統計蓋較禹貢爲詳。

周官職方氏東南曰揚州其山鎭曰會稽其澤藪曰具區其川三江其浸五湖其利金錫竹箭其民二男五女其畜宜鳥獸其穀宜稻。正南曰荆州其山鎭曰衡山其澤藪曰雲夢其川江漢其浸潁湛其利丹銀齒革其民一男二女其畜宜鳥獸其穀宜稻河南曰豫州。其山鎭曰華山。其澤藪曰圃田。其川滎洛。其浸波溠。其利林漆絲枲。其民二男三女。其畜宜六擾。其穀宜五種。正東曰青州。其山鎭曰沂山。其澤藪曰望諸。其川淮泗。其浸沂沭。其利蒲魚。其民二男三女。其畜宜雞狗。其穀宜稻麥。河東曰兗州。其山鎭曰岱山。其澤藪曰大野。其川河泲。其浸廬維。其利蒲魚。其民二男三女。其畜宜六擾。其穀宜四種。正西曰雍州。其山鎭曰嶽山。其澤藪曰弦蒲。其川涇汭。其浸渭洛。其利玉石。其民三男二女。其畜宜牛馬。其穀宜黍稷。東北曰幽州。其山鎭曰醫無閭。其澤藪曰貕養。其川河泲。其浸菑時。其利魚鹽。其民一男三女。其畜宜四擾。其穀宜三種。河內曰冀州。其山鎭曰霍山。其澤藪曰揚紆。其川漳。其浸汾潞。其利松柏。其民五男三女。其畜宜牛羊。其穀宜黍稷。正北曰幷州。山鎭曰恆山。其澤藪曰昭餘祁。其川虖池嘔夷。其浸涞易。其利布帛。其民二男三女。其畜宜五擾。其穀宜五種。

禹貢專言貢物。猶專爲王侯立法。職方注重民利。則周代重民之證也。

(二)畿服　畿之制。亦沿於古。惟商時猶僅五服。(見於書者曰甸侯男采衞)至周而斥大之爲九畿。亦曰九服。

周官大司馬以九畿之籍施邦國之政。職方千里曰國畿。其外方五百里曰侯畿。又其外方五百里曰甸畿。又其外方五百里曰男畿。又其外方五百里曰采畿。其外方五百里曰衞畿。又其外方五百里曰蠻畿。又其外方五百里曰夷畿。又其外方五百里曰鎭畿。又其外方五百里曰蕃畿。　職方氏乃辨九服之邦國。方千里曰王畿。其外方五百里曰侯服。又其外方五百里曰甸服。又其外方五百里曰男服。又其外方五百里曰采服。又其外方五百里曰衞服。又其外方五百里曰蠻服。又其外方五百里曰夷服。又其外方五百里曰鎭服。又其外方五百里曰藩服。

其地之廣袤。參考劉師培古代要服荒服建國考（見丁未年國粹學報）章炳麟封建考可得其概。

（三）封國　周之封國。爲說經家聚訟之要點。然其國境大者不過後世之一府。小者乃等於州縣。無足異也。

周官大司徒凡建邦國。以土圭土其地、而制其域。諸公之地。封疆方五百里。其食者半。諸侯之地。封疆方四百里。其食者參之一。諸伯之地。封疆方三百里。其食者參之一。諸子之地。封疆方二百里。其食者四之一。諸男之地。封疆方百里。其食者四之一。　職方氏凡邦國千里。封公以方五百里、則四公。方四百里、則六侯。方三百里、則七伯。方二百里、則二十五子。方百里、則百男。以周知天下。凡邦國大小相維。

（四）王畿之區畫　王畿方千里。四面各五百里。節次分之。其名甚多。

周官載師以廛里任國中之地。以場圃任園地。以宅田士田賈田任近郊之地。以官田牛田賞田牧田任遠郊之地。以公邑之田任甸地。以家邑之田任稍地。以小都之田任縣地。以大都之田任疆地。　鄭注五十里爲近郊。百里爲遠郊。　賈疏自百里以至邦國分爲五等。二百里曰甸。三百里曰稍。四百里曰縣。五百里曰都。畿外邦國。

郊有六鄉。甸有六遂。其制詳後。

周官一書。雖不過官制官規之性質。然六官之開端。皆以治地爲言。

周官天官冢宰惟王建國。辨方正位。體國經野。設官分職。以爲民極。○地官春官夏官秋官皆同。　賈疏六官皆有此敘者。欲見六官所主雖異。以爲民極是同故也。

故觀周官可知其時所最重者實惟辨方正位體國經野之事。右列之區畫。散見於諸官者。似徒爲此繁複之名數而無益於政治。然觀其對於版圖。測量土壤民物。一一經畫研究。則知周之治地。非徒注意於名數而已也。周之版圖。大別有三。

（一）總圖　其圖蓋具全國之形勢。兼注明其民族物產者。雖其文未言圖中符號比例若何。然其有比例符號。殆無可疑。如

周官大司徒掌建邦之土地之圖。與其人民之數。以佐王安擾邦國。以天下土地之圖。周知九州之地域廣輪之數。辨其山林川澤丘陵墳衍原隰之名物。　土訓掌道地圖。以詔地事。道地慝。以辨地物。而原其生。以詔地求。　司險掌九州之圖。以周知其山林川澤之阻。而達其道路。　職方氏以天下之圖。掌天下之地。辨其邦國都鄙四夷八蠻七閩九貉五戎六狄之人民。與其財用九穀六畜之數要。周知其利害。　司書掌邦中之版土地之圖。以周知出入百物。以叙其財。

其圖有廣輪之數。且有九穀六畜之數。則不但有比例。兼似附有物產統計表矣。周之官吏。據此等圖表以經畫天下。其非空言可知。

（二）分圖　其圖殆如今之一縣一鄉之圖。可據以決獄訟。且可以定各地之形體。視總圖尤有實用。如

周官小宰以官府之八成經邦治。三曰聽閭里以版圖。　小司徒凡民訟以地比正之。地訟以圖正之。　遂人掌邦之野。以土地之圖

縣鄙形體。據圖以造則其規畫非徒理想而必按照各地毗連之形勢審慎出之又可知矣。

(三)專圖　其圖各以一事一地爲之不涉他地他事如

周官冢人掌公墓之地辨其兆域而爲之圖　墓大夫掌凡邦墓之地域爲之圖。　丱人掌金玉錫石之地若以時取之則物其圖而授之。

據此知周代官府地圖之多地治之精密實基於此然徒觀地圖無以知地之方位氣象則測量尤繪圖之先之所重矣周之諸官掌測量者如

周官大司徒以土圭之法測土深正日景以求地中日南則景短多暑日北則景長多寒日東則景夕多風日西則景朝多陰　土方氏掌土圭之法以致日景以土地相宅而建邦國都鄙以辨土宜土化之法而授任地者。

其法可與考工記參觀。

考工記匠人建國水地以縣置槷以縣眡以景爲規識日出之景與日入之景晝參諸日中之景夜考之極星。

朝夕測日夜則測星既辨方位兼籌土宜其建邦國都鄙之愼重若此於地事似已盡心爲之矣然司徒猶有土會土宜土均之法正不止土圭一法也。

周官大司徒以土會之法（鄭注會計也）辨五地之物生一曰山林其動物宜毛物其植物宜皁物其民毛而方二曰川澤其動物宜鱗物其

植物宜膏物。其民黑而津。三曰丘陵。其動物宜羽物。其植物宜覈物。其民專而長。四曰墳衍。其動物宜介物。其植物宜莢物。其民晳而瘠。五曰原隰。其動物宜贏物。其植物宜叢物。其民豐肉而庳。　以土宜之法。辨十有二土之名物。以相民宅而知其利害。以阜人民。以蕃鳥獸。以毓草木。以任土事。辨十有二壤之物而知其種。以敎稼穡樹藝。　以土均之法。辨五物九等。制天下之地征。以作民賦。以令地貢。以斂財賦。以均齊天下之政。

分析土壤、剖辨物種、而民生、國政、於是乎定。蓋人民猶建築物。土地則其基址。基址未能辨別。建築物無從著手。周之施政。注重地治。其條理精密若此。此固前古所無。抑亦漢唐迄今所未能逮也。世人謂吾國研究地學。始於裴秀賈耽等人。然觀晉唐諸史之言。其於周官之制。殆不過萬分之一。故吾國文明在周實已達最高之度。嗣又漸降而漸進。至今則古制澌滅殆盡。而後羣詫域外之文明。試即周代治地諸法思之。得謂其時無此事實。而一人撰造僞書。乃能穿穴諸官。使一一相應若此耶。

第二節　官吏之職掌

國家社會未達無治主義之時代。行政官吏在所必設。設之則必有階級等差。此天下萬國所同也。吾國歷代官制。雖時有變遷。而其源大都出於周官。故周之設官分職。亦爲治史者所必措意。周之官吏分朝命及辟除二途。

周官大宗伯以九儀之命正邦國之位。壹命受職。再命受服。三命受位。四命受器。五命賜冠。六命賜官。七命賜國。八命作牧。九命作伯。

大抵自一命爲正吏至六命賜官爲卿、中大夫、下大夫、上士、中士、下士六等。六命之上。則諸侯之等級。其辟除或給繇役者。曰府、曰史、曰胥、曰徒。

周官宰夫掌百官府之徵令。五曰府、掌官契以治藏。六曰史、掌官書以贊治。七曰胥、掌官敍以治敍。八曰徒、掌官令以徵令。

天官鄭注。府治藏、史掌書者。凡府史皆其官長所自辟除。胥徒皆民給繇役者。胥有才知爲什長。

官制之大綱。分爲六屬。

周官小宰以官府之六屬舉邦治。一曰天官。其屬六十。掌邦治。大事則從其長。小事則專達。二曰地官。其屬六十。掌邦敎。大事則從其長。小事則專達。三曰春官。其屬六十。掌邦禮。大事則從其長小事則專達四曰夏　。其屬六十。掌邦政。大事則從其長小事則專達。五曰秋官。其屬六十。掌邦刑。大事則從其長。小事則專達。六曰冬官。其屬六十。掌邦事。大事則從其長小事則專達。　以官府之六職辨邦治。一曰治職。以平邦國。以均萬民。以節財用。二曰敎職。以安邦國。以寧萬民。以懷賓客。三曰禮職。以和邦國。以諧萬民。以事鬼神。四曰政職。以服邦國。以正萬民。以聚百物。五曰刑職。以詰邦國。以糾萬民。以除盜賊。六曰事職。以富邦國。以養萬民。以生百物。

其官數凡五六萬人。

杜佑通典周內官二千六百四十三人。外諸侯國內六萬一千三十二人。

沈彤周官祿田考六官凡五萬九千三百餘人。

其治之咸以典法。

周官太宰之職。掌建邦之六典。以佐王治邦國。一曰治典。以經邦國。以治官府。以紀萬民。二曰教典。以安邦國。以教官府。以擾萬民。三曰禮典。以和邦國。以統百官。以諧萬民。四曰政典。以平邦國。以正百官。以均萬民。五曰刑典。以詰邦國。以刑百官。以糾萬民。六曰事典。以富邦國。以任百官。以生萬民。　以八法治官府。一曰官屬。以舉邦治。二曰官職。以辨邦治。三曰官聯。以會官治。四曰官常。以聽官治。五曰官成。以經邦治。六曰官法。以正邦治。七曰官刑。以經邦治。八曰官法。以正邦治。　以八則治都鄙。一曰祭祀。以馭其神。二曰法則。以馭其官。三曰廢置。以馭其吏。四曰祿位。以馭其士。五曰賦貢。以馭其用。六曰禮俗。以馭其民。七曰刑賞。以馭其威。八曰田役。以馭其衆。

典法施於太宰。而掌之者復有諸官。

周官太宰正月之吉。乃施典於邦國。施則於都鄙。施法於官府。　小宰掌邦之六典八法八則之貳。以逆邦國都鄙官府之治。　司會掌邦之六典八法八則之貳。以逆邦國都鄙官府之治。　小宰正歲率治官之屬。而觀治象之法。徇以木鐸。曰不用法者。國有常刑。　司書掌邦之六典八法八則。　太史掌邦之六典。以逆邦國之治。掌法以逆官府之治。掌則以逆都鄙之治。凡辨法者考焉。不信者刑之。　內史執國法及國令之貳。以考政事。以逆會計。　御史掌邦國都鄙及萬民之治令。以贊冢宰。凡治者受法令焉。　匡人掌達法則。匡邦國。　大行人十有一歲修法則。

據此。則周官所載。特其大綱。而所謂典法者。必更有詳密之條文。正者存於太宰。貳者散在諸官。其有不信。則考諸太史。非一二人所能以意爲出入高下也。諸法之中。不可殫舉。第就官聯一法觀之。卽可知其

立法之精密

周官小宰以官府之六聯合邦治。一曰祭祀之聯事。二曰賓客之聯事。三曰喪荒之聯事。四曰軍旅之聯事。五曰田役之聯事。六曰弛斂之聯事。凡小事皆有聯。

宋王與之周禮訂義王昭禹曰。古者軍將皆命卿。而師旅卒長之屬。皆下大夫士掌其事。大司徒大軍旅以旗致萬民。治其徒庶之政令。小司徒會萬民之卒伍而亦帥其衆庶。鄉師大軍旅正治其徒役與其輂輦。大司馬及戰巡陳眡事而賞罰。若此類皆軍旅之聯事。太宰掌九貢九賦。而大府司會司書之類亦掌之。所謂斂也。鄉大夫國中貴者之類皆舍征。而小司徒凡征役之施舍亦掌之。所謂弛也。凡此類皆斂弛之聯事。非祭祀賓客喪荒軍旅田役斂弛六者之大事。餘皆小事也。若膳夫之官有庖人亨人內外饔之類。通職聯事。司關掌國貨之節。以聯門市。皆小事也。

於組織之中寓互助之意。既以泯其畛域。且使互相監視。不使一機關獨斷一事。而遂其營私舞弊之謀。此研究法治者所最宜留意者也。

周之官府最重會計。

周官小宰以官府之八成經邦治。一曰聽政役以比居。二曰聽師田以簡稽。三曰聽閭里以版圖。四曰聽稱責以傅別。五曰聽祿位以禮命。六曰聽取予以書契。七曰聽買賣以質劑。八曰聽出入以要會。以官府之六計弊羣吏之治。一曰廉善。二曰廉能。三曰廉敬。四曰廉正。五曰廉法。六曰廉辨。月終則以官府之敘受羣吏之要。贊冢宰受歲會。歲終則令羣吏致事宰夫歲終則令羣吏正歲會月終則令正月要旬終則令正日成而以考其治治不以時舉者以告而誅之。

司會掌國之官府郊野縣都之百物財用凡在書契版圖者之貳以逆羣吏之治而聽其會計以參互考日成以月要考月成以歲會考歲成以周知四國之治以詔王及冢宰廢置。

職內掌邦之賦入辨其財用之物而執其總以貳官府都鄙之財入之數以逆邦國之賦用凡受財者受其貳令而書之及會以逆職歲與官府財用之出而敘其財以待邦之移用。

職歲掌邦之賦出以貳官府都鄙之財出賜之數以待會計而考之凡官府都鄙羣吏之出財用受式法若職歲凡上之賜予以敘與職幣授之及會以式法贊逆會。

周官司書三歲則大計羣吏之治。

日有成月有要歲有會三歲又有大計。其出入皆有式法四國之治無不周知故官吏皆知尙廉而畏法非若今之武人外吏橫攬財權中央莫敢誰何一任其貪黷恣肆而惟恃借債以塡其欲壑也。

第三節　鄉遂之自治

周官之精義莫邃於鄉遂之制鄉遂者直隸於天子而行自治之制之區域也王城爲中央政府王城之外郊甸之地卽自治之地方外此則爲公邑家邑小都大都又其外則諸侯之國故周代政治爲諸侯之

模範者惟鄉遂二區以鄉遂例天下則天下之大咸可以鄉遂之法施之孔子觀於鄉知王道以此也

禮運孔子曰我觀於鄉而知王道之易易也。

鄉遂之組織法同而名異。

周官大司徒五家爲比五比爲閭四閭爲族五族爲黨五黨爲州五州爲鄉。

周官遂人五家爲鄰五鄰爲里四里爲酇五酇爲鄙五鄙爲縣五縣爲遂。

其官多由民舉而受天子之命其職等於王官而爲地方自治之領袖。

周官鄉老二鄉則公一人鄉大夫每鄉卿一人州長每州中大夫一人黨正每黨下大夫一人族師每族上士一人閭胥每閭中士一人比長五家下士一人。遂大夫每遂中大夫一人縣正每縣下大夫一人鄙師每鄙上士一人酇長每酇中士一人里宰每里下士一人鄰長五家則一人。

總計其數六鄉萬五千比則爲比長者萬五千人六遂萬五千鄰則爲鄰長者萬五千人推而上之閭胥里宰各三千人族師鄙長各七百五十人黨正鄙師各百五十人州長縣正各三十人合鄉遂大夫十二人及鄉老三人凡三萬七千八百七十五人以方四百里之地十五萬家之民設三萬七千八百有奇之自治職此民治之極軌也。

周代鄉遂之官各有專職然周官之文有詳此略彼而可互相證者如

鄉大夫各掌其鄉之政教禁令。正月之吉受教法於司徒。退而頒之於其鄉吏。使各以教其所治。以考其德行。察其道藝。

遂大夫各掌其遂之政令。

遂大夫不言受法施教之事。似鄉大夫掌教育而遂大夫不掌教育者。實則遂鄉相等。鄉官之職所載者。遂官亦行之。遂官之職所載者。鄉官亦行之。特文有詳略。以避重複。故似職務不同。讀周禮者當知其互文見義也。

鄉遂之官所掌之事可分六項。

(一)曰校比　周有邦比之法。猶今所謂調查也。六鄉六遂人畜車輦旗鼓兵革以及田野稼器。無一不需調查。故有邦比之法。登載其多寡高下焉。

周官閭胥以歲時各數其閭之衆寡。辨其施舍。　里宰掌比其邑之衆寡。與其六畜兵器。

族師以邦比之法。帥四閭之吏。以時屬民而校登其族之夫家衆寡。辨其貴賤老幼廢疾可任者。及其六畜車輦。　酇長以時校登其夫家。比其衆寡。以治其喪紀祭祀之事。若歲時簡器。與有司數之。

黨正以歲時涖校比。　鄙師以歲時數其衆庶。察其媺惡而誅賞。

鄉大夫以歲時登其夫家之衆寡。辨其可任者。以歲時入其書。　遂大夫以歲時稽其夫家之衆寡六畜田野。辨其可任者。與其可施舍者。

州長三年大比則大考州里以贊鄉大夫廢興　縣正各掌其縣之政令徵比以頒田里以分職事縣正不言大比當與州長之職相同

蓋常時之比閭胥里宰掌之四時之比族師鄙長掌之黨正治之鄉大夫遂大夫登其數於書而入於司徒至三年大比則州長縣正掌之而鄉遂大夫與其賢能焉

鄉大夫三年則大比考其德行道藝而興賢者能者　遂大夫三歲大比則帥其吏而興甿

觀此則知鄉遂之官於其所治之地無一事一物不調查清析登錄詳明而凡百政治均由此而興矣

(二)曰法治　周代政治以法為本自王公至庶民無不囿於禮法之中故時時教民讀法全國之法歲首懸於象魏縱民觀覽十日

周官太宰正月之吉始和布治於邦國都鄙乃縣治象之法於象魏使萬民觀治象挾日而斂之

而鄉遂諸官則時時教民讀法

周官閭胥凡春秋之祭祀役征喪紀之數聚衆庶既比則讀法書其敬敏任恤者　族師月吉則屬民而讀邦法書其孝弟睦婣有學者春秋祭酺亦如之　黨正四時之孟月吉日則屬民而讀邦法以糾戒之春秋祭禜亦如之　州長正月之吉各屬其州之民而讀法以考其德行道藝而勸之以糾其過惡而戒之若以歲時祭祀州社則屬其民而讀法亦如之

大抵州長屬民讀法黨正以下率民讀之黨正屬民讀法族師以下率民讀之雖非各自為政要其一歲中讀法之時殆不下十五六次六遂之官不言讀法以鄉官例之當亦與鄉無異鄉遂之民無人不熟讀

法令自無干犯法紀之事此豈空言法制而一般人民尙不知現行之法爲何物者所能比哉

(三)曰教育　司徒爲教官所掌自治地外卽以教育爲專職其教育之目凡十有二

周官大司徒施十有二教一曰以祀禮教敬則民不苟二曰以陽禮教讓則民不爭三曰以陰禮教親則民不怨四曰以樂禮教和則民不乖五曰以儀辨等則民不越六曰以俗教安則民不偸七曰以刑教中則民不虣八曰以誓教恤則民不怠九曰以度教節則民知足十曰以世事教能則民不失職十有一曰以賢制爵則民愼德十有二曰以庸制祿則民興功

蓋無一事不含有教育之性質不專恃學校教育也然以鄉官所有學校推之其學校之數之多亦非後世所及鄉官所屬黨州皆有序

州長春秋以禮會民而射於州序

黨正國索鬼神而祭祀則以禮屬民而飮酒於序

六鄉百五十黨則百五十序三十州則三十序總計學校已百八十合六遂而計之則三百六十矣其鄉之學雖不見於周官以儀禮行鄉飮酒之禮於庠證之則州黨之外別有鄉庠也鄉學之教曰鄉三物

大司徒以鄉三物教萬民而賓興之一曰六德知仁聖義忠和二曰六行孝友睦婣任恤三曰六藝禮樂射御書數

遂大夫復兼教稼

遂大夫掌其遂之政令以教稼穡

則文化教育而兼職業教育矣。

(四)曰聯合　周代人民雖無社會之名而有聯合之法觀族師比長諸職之文知其人民之互相扶助決非獨居孑立各不相謀者之比。

族師五家爲比十家爲聯五人爲伍十伍爲聯四閭爲族八族爲聯使之相保相受刑罰慶賞相及相共以受邦職以役國事以相葬埋。　比長五家相受相和親有辠奇衺則相及　里宰以歲時合耦於耡以治稼穡趨其耕耨行其秩叙以待有司之政令　鄰長掌相糾相受凡邑中之政相贊。

受職待令既須聯合奇衺相及則並行爲容狀皆使一律而無所歧異而人民徒知束身自愛者亦必知勸戒他人以共勉其羣德此尤自治之精神所在非如此不能去社會之害而扶植善類也

(五)曰作民　周代人民對於國家之義務均須負擔其期日掌於均人

周官均人掌均地政均地守均地職均人民牛馬車輦之力政凡均力政以歲上下豐年則公旬用三日焉中年則公旬用二日焉無年則公旬用一日焉凶札則無力政無財賦

其年齡定於鄉大夫。

鄉大夫以歲時登其夫家之衆寡辨其可任者國中自七尺以及六十野自六尺以及六十有五皆征之其舍者國中貴者賢者能者服公事者老者疾者皆舍以歲時入其書。

而徵集之事。則鄉遂諸官任之。凡有徵集。名曰作民。

周官州長若國作民而師田行役之事則帥而致之。掌其戒令與其賞罰。　黨正凡作民、而師田行役。則以其法治其政事。　族師若作民、而師田行役。則合其卒伍。簡其兵器。以鼓鐸旗物帥而至。掌其治令戒禁刑罰。　縣正若將用野民師田行役移執事。則帥而至。治其政令。既役則稽功會事而誅賞。　鄙師凡作民、則掌其戒令。　鄰長若作其民而用之。則以旗鼓兵革帥而至。

師田行役。各歸部伍。蓋州黨酇鄙之長。最爲親民。平時服其教訓。有事聽其指揮。使之作而帥之。自無隱匿逃亡詐欺違犯之弊。古代無養兵之款。無工程之費。一切皆取於民。人民各甘盡其義務。初無推諉怨叛者。以鄉遂之制。至精且密也。故不行地方自治之制。不能徵兵。不能加賦。不能舉行地方一切工程。可以周制斷之矣。周之人民。不但各有義務。復有對於國家之權利。其時雖無所謂議院。然國有大事。必諮詢之。

周官小司寇掌外朝之政。以致萬民而詢焉。一曰詢國危。二曰詢國遷。三曰詢立君。其位王南鄉。三公及州長百姓北面。羣臣西面。羣吏東面。小司寇擯以敘進而問焉。以衆輔志而弊謀。

是人民對於國事。胥有發言之權矣。州長職文。僅稱作民帥致。不及大詢之事。而鄉大夫之職有之。

鄉大夫有大詢於衆庶。則各帥其鄉之衆寡而致於朝。

殆先徵求其意見而致其欲發言者於朝故衆寡之數不定也

(六)曰徵斂　周制鄉師掌六鄉之賦貢遂師掌六遂之賦貢皆王朝之官也然閭里之官亦自掌徵斂之事如

里宰待有司之政令而徵斂其財賦

是卽鄉官掌徵斂之證里宰職等閭胥里宰旣徵斂財賦閭胥當亦同此例也鄉師鄭注備言比閭族黨所共之器

周官鄉師正歲稽其鄉器比共吉凶二服閭共祭器族共喪器黨共射器州共賓器鄉共吉凶禮樂之器　鄭玄注吉服者祭服也凶服者弔服也比長主集爲之祭器者簠簋鼎俎之屬閭胥主集爲之喪祭者夷槃素俎揭豆輁軸之屬族師主集爲之此三者民所以相共也射器者弓矢楅中之屬黨正主集爲之賓器者尊俎笙瑟之屬州長主集爲之吉器若閭祭器凶器若族喪器禮樂之器若州黨賓射之器鄉大夫備集此四者爲州黨族閭有故而不共也

據此知州閭族黨凡有公共之事則爲師長者徵集其器用於所轄之民家以近事則比爲則所謂器用卽後世之自治經費也後世萬事非錢不行故未事而先籌經費周代雖行錢幣而鄉黨公事第徵器而不徵錢故無所謂經費學者能知此意則知古代人民擔負自治經費故亦甚重而爲之領袖者皆須任徵集措置之勞後世惟地保圖董等爲縣官徵租而一切公益之事皆不之顧浮慕西法者則謂西人能

自治而中國則否。解經者又不通此意。豈非厚誣古人哉。

六者之外。尚有祭祀喪祀昏冠飲酒諸事。鄉官詳言之。而遂官不言。以鄉比遂。殆亦同也。又如

鄉大夫歲終則令六鄉之吏皆會政致事。　州長歲終則會其州之政令。　黨正歲終則會其黨政帥其吏而致事。　族師歲終則會政致事。

而六遂復不詳言。惟遂大夫鄙師及之。

遂大夫令爲邑者歲終則會政致事。　鄙師歲終則會其鄙之政而致事。

蓋皆詳略互見也。人民之事既多。鄉遂諸官所掌。自必繁瑣而易於淆雜。一歲既終。使之層遞稽核。以備考績。則其人自不敢曠職而有所欺隱。今之提倡自治者。但知組織人民監督官吏。而人民集合之團體。其侵污欺隱。亦無以異於官吏。而立法者初不爲之防制。使如周之會政致事。事事以淸白昭示於衆。亦何至使人民藉口於自治之不如官治哉。

第四節　授田之制附兵制

周之田制。凡三種。一畫地爲井而無公田者。一畫地爲井而以其中百畝爲公田者。一不畫井而但制溝洫者。

（一）畫地爲井而無公田者

夫爲井四井爲邑四邑爲丘四丘爲甸四甸爲縣四縣爲都以任地事而令貢賦　注鄭司農云。井牧者。春秋傳所謂井衍沃、牧隰皋者也。玄謂隰皋之地。九夫爲牧。二牧而當一井。今造都鄙。授民田。有不易。有一易。有再易。通率二而當一。是之謂井牧。

按兩鄭注均依左傳襄公二十五年楚蔿掩書土田之法。以釋周禮。蔿掩之法曰。度山林。鳩藪澤。辨京陵。表淳鹵。數疆潦。規偃豬。町原防。牧隰皋。井衍沃。正義引賈逵說曰。山林之地。九夫爲度。九度而當一井。藪澤之地。九夫爲鳩。八鳩而當一井。京陵之地。九夫爲辨。七辨而當一井。淳鹵之地。九夫爲表。六表而當一井。疆潦之地。九夫爲數。五數而當一井。偃豬之地。九夫爲規。四規而當一井。原防之地。九夫爲町。三町而當一井。隰皋之地。九夫爲牧。二牧而當一井。沃衍之地。畝百爲夫。九夫爲井。據此、知古之井田。第施於沃衍之地。其餘分爲八等。各以井田爲標準。非謂遍地皆井田也。周官明云井牧。鄭氏明云通率二而當一。是其標準依井牧而定。而凡山林藪澤之類。初不盡區爲井也。　又按周官此文。僅云九夫爲井。未嘗言其中一百畝爲公田。

(二)畫地爲井而以其中百畝爲公田者

公田之制。周官未言。惟詩大雅大田曰。雨我公田。遂及我私。孟子據以爲周有公田之證。又申言其制曰。方里而井。井九百畝。其中爲公田。八家皆私百畝。同養公田。公事畢。然後敢治私事。

考工記注鄭玄曰。周制畿內用夏之貢法。稅夫無公田。邦國用殷之助法。制公田不稅夫。孫詒讓曰。鄭以孟子證邦國有公田。說未確。周之邦國亦稅夫。不制公田。與畿內同。公田雖爲助之正法。而據夏小正。則夏時或已有此制。蓋其由來甚久。九服之中。疆索不同。容有沿襲舊制而未能盡改者。先王以俗敎安。不必强更其區畛。故周詩有公田之文。此亦如左定四年傳所說康叔封衛啓以商政之類。非周邦國必制公田也。

(三)不畫井而但制溝洫者

周官遂人凡治野。夫間有遂。遂上有徑。十夫有溝。溝上有畛。百夫有洫。洫上有涂。千夫有澮。澮上有道。萬夫有川。川上有路。以達於畿。

○按此制與考工記不同。考工記匠人爲溝洫。耜廣五寸。二耜爲耦。一耦之伐。廣尺深尺謂之甽。田首倍之。廣二尺深二尺謂之遂。九夫爲井。井間廣四尺深四尺謂之溝。方十里爲成。成間廣八尺深八尺謂之洫。方百里爲同。同間廣二尋深二仞謂之澮。鄭注此畿內采地之制。采地制井田。異於鄉遂及公邑。

劉師培中國歷史教科書曰。按孟子有野九一而助。國中什一使自賦之說。其後鄭康成註周禮。以爲周家之制。鄉遂用貢法。十夫有溝是也。都鄙用助法。九夫爲井是也。自是兩法。朱子亦以爲遂人以十爲數。匠人以九爲數。決不可合。然嘗考之。所謂野九一者。乃授田之制。國中什一者。乃取民之制。蓋助有公田。故其數必拘于九。八居四旁之私。一居其中爲公。是爲九夫。多與少者不可行。若貢則無公田。孟子之什一。特言其取之之數。遂人之十夫。特姑舉成數言之耳。若九夫自有九夫之貢法。十一夫自有十一夫之貢法。初不必拘以十數。而後貢法可行也。蓋自遂達於溝。自溝達於洫。自洫達於澮。自澮達於川。此二法之所以同也。行助法之地必須以平地之田分畫作九夫中爲公田而八私環之列如井字整如棋局所謂溝洫者直欲限田之多寡而爲之疆界行貢法之地則無問高原下隰。截長補短每夫授之百畝所謂溝洫者。不過隨地之高下。而爲之蓄洩。此二法之所以異也。是以匠人言遂、必曰二尺。言溝、必曰四尺。言洫。言澮。必曰八尺、曰二尋。蓋以平原廣野之地。畫九夫之田以爲井。各自其九以至於同。其間所謂溝遂洫澮者。隘則不足以蓄水。而廣則又至於妨田。必有一定之尺寸者。遂人止言夫間有遂。十夫有溝。百夫有洫。千夫有澮。蓋是山谷藪澤之間。隨地爲田。橫斜廣狹。皆可墾闢。故溝洫川澮。亦不言尺寸。大意謂路之下。卽爲水溝。水溝之下爲田耳。非若匠人之田必拘以九夫而溝洫之。必拘以若干尺也。

論周制者。必先知周代之田、有此三種區別。而後知周制有因襲前代者。有因地制宜者。並非舉全國方萬里之地。限以一種法制。務令整齊畫一。不得稍有異同也。迂儒論古、第知有所謂井田、並不細心讀書。漫以爲周代普天之下皆爲井田。好爲新奇之說者。又據古書一二異點。傅以臆見。直謂古者初未嘗有井田。此皆一偏之論也。周官本文。不但田制有二種。卽授田亦有二法。

(一)大司徒。凡造都鄙。制其地域而封溝之。以其室數制之。不易之地、家百畝。一易之地、家二百畝。再易之地、家三百畝。

(二)遂人。辨其野之土、上地、中地、下地。以頒田里。上地夫一廛。田百畝。萊五十畝。餘夫亦如之。中地夫一廛。田百畝。萊百畝。餘夫亦如之。下地夫一廛。田百畝。萊二百畝。餘夫亦如之。　孫詒讓曰。大司徒上中下三等田制。與遂人六遂田制略同。此所謂易。卽彼所謂萊。但彼上地猶有萊五十畝。非全不易者。與此小異耳。

按其制。則自一家受田百畝至三百畝。凡四等。無論何國。上地極少。必限以八家皆受百畝。則必天下之田皆爲上地而後可。否則必有三家而居一井者矣。

周之授田。計口而食。以人之多少。就地之上下。

周官小司徒。乃均土地。以稽其人民而周知其數。上地家七人。可任也者家三人。中地家六人。可任也者二家五人。下地家五人可任也者家二人。　鄭注。一家男女七人以上。則授之以上地。所養者衆也。男女五人以下。則授之以下地。所養者寡也。　孫詒讓曰。三等授地。自是較略之制。其細別差率。隨宜損益。不能豫定。管子乘馬數篇云。上地之壤守之若干。間壤守之若干。下壤守之若干。相壤定籍。而民不移。亦以三等相壤。呂氏春秋上農篇云。上田夫食九人。下田夫食五人。可以益。不可以損。一人治之十人食之。六畜皆在其中矣。此大任地之道也。據呂覽說。是十人與九人數雖有益。而田不逾上等。足明三等授田制。約而無不賅矣。

民年三十有室者。授一夫之地。二十以上三十以下有室者爲餘夫。授二十五畝之地。皆至六十而歸田於官。

孫詒讓周禮正義載師疏。受田之年。經無明文。賈據鄭內則註義。謂三十受田。陳奐云。古者二十受餘夫之田。三十受一夫之田。六十歸田於公。大凡三十取室生子。子年三十。父年必六十。是父歸田。子乃受田矣。按陳說足證鄭義。蓋夫家之名。起於一夫一婦。則受田者無論正夫餘夫。年二十三十。必已取室而後謂之夫。男子年二十。或已授室。則受餘夫之田。至三十而丁衆成家。別自爲戶。則爲正夫。受田百畝。若二十以上。或未授室。則從父兄而耕。不得爲餘夫。其已授室受田之餘夫。雖年過三十。或尙從父兄。不自爲戶。

則仍爲餘夫古正夫餘夫受田之法蓋約略如是。遂人疏引王鳴盛云餘夫授田上地田二十五畝萊十二畝半中地田二十五畝萊亦二十五畝下地田二十五畝萊五十畝。

工商之家亦授田而殺於農夫。

漢書食貨志士工商家受田五口乃當農夫一人○案此文未質言周制惟周官載師有賈田江永引漢志以證之並謂在民間爲工者亦予以田如賈人之例。

其地稅則以遠近爲差而大致不過什一。

周官載師凡任地國宅無征園廛二十而一近郊十一遠郊二十而三甸稍縣都皆無過十二唯其漆林之征二十而五　俞樾曰周稅漆林獨重故經文用唯其二字見此不在常科之內若至國宅自甸稍縣都通率之適合十一之數何也園廛二十近郊十遠郊二十稍縣都十其數六十園廛稅一近郊稅一遠郊稅三甸稍縣都稅二其七數是爲六十而稅七稍浮於十一然去國宅一分無稅則適是十而稅一矣　孫詒讓曰周官司稼以年之上下出斂法是以年之上下爲賦法輕重之差也而載師任地則四郊甸稍縣都有十一至十二三等之法是又以地之遠近爲輕重之差矣周之徹法蓋當兼此二者徹之云者通乎地之遠近年之上下以爲斂取之法。

其民之游惰者則有罰。

周官載師凡宅不毛者有里布凡田不耕者出屋粟凡民無職事者出夫家之征。孫詒讓曰宅不毛田不耕者蓋兼惰民受田宅而蕪廢不治、及富貴家之廣占田宅以爲游燕者言之。凡惰民之不事事者。則令出征賦以示罰。

按周代畿內之地。依鄭玄之說。積百同九百萬夫之地。山陵林麓川澤溝瀆城郭宮室涂巷三分去一。餘六百萬夫。又以田不易一易上中下地相通。定受田者三百萬家。注載師則天子兆民。分受此三百萬夫之地。自無不足之慮。六鄉六遂。僅十五萬夫。尤不難於均給。故即周官論之。無論鄉、遂、都、鄙、田之井與不井、者。皆爲王官之所有。而均布於其民。其法實無不通。惟土地有限。人口日增。不能永久不變。後之人不能因其意而消息之。或徇私意而隳其制。或深慕前規而泥其迹。則皆後人之失。非當時立法者之過也。

周代授田之法。可參考莊存與周官記載師任地譜。

周代、授田之法。一以均貧富。一以通兵制。所謂寓兵於農也。鄉遂十五萬家。家出一人。各以七萬五千家爲六軍。

周官大司馬。凡制軍萬有二千五百人爲軍。王六軍。大國三軍。次國二軍。小國一軍。　小司徒。會萬民之卒伍。五人爲伍。五伍爲兩。四兩爲卒。五卒爲旅。五旅爲師。五師爲軍。以起軍旅。以作田役。以比追胥。以令貢賦。

其田與追胥則壯丁皆出。

小司徒。凡起徒役。毋過家一人。以其餘爲羨。唯田與追胥竭作。　賈疏。凡起徒役。毋過家一人者。謂起民役徒作之。毋過家一人。以其餘爲羨者。一家兄弟雖多。除一人爲正卒。正卒之外。其餘皆爲羨卒。田謂田獵。追謂逐寇。胥謂同捕盜賊。非唯正卒一人。羨卒盡行。

以其田與追胥之人多故也。

蓋民居以五爲起數。夫田以十爲起數。軍旅亦以五爲起數。三者皆一貫故無煩臨時編制也。鄉遂之外。丘甸皆井牧之地。其數不同。則別有編制。

周官小司徒鄭注引司馬法曰。六尺爲步。步百爲畮。畮百爲夫。夫三爲屋。屋三爲井。井十爲通。通爲匹馬。三十家。士一人。徒二人。通十爲成。成百井。三百家。革車一乘。士十人。徒二十人。十成爲終。終十井。三千家。革車十乘。士百人。徒二百人。十終爲同。同方百里。萬井三萬家。革車百乘。士千人。徒二千人。

假定司馬法爲周之制。則丘甸十家出一人。視鄉遂之家出一人者迥殊。蓋一以遠近區其多寡也。

按周制以師旅卒伍爲正。周官之外。證佐甚多。孔廣森曰。古者車戰。故賦輿之法。以乘爲主。而周禮萬二千五百人爲軍。不言其軍數。以詩考之。軍蓋五百乘。乘蓋二十五人。天子六軍。而采芑曰其車三千。魯僖公時二軍。而閟宮曰公車千乘。五百乘爲軍。是其明證。周法五人爲伍。五伍爲兩。兩之言輛也。二十五人而車一輛。百乘成師。則二千五百人。五百乘成軍。則萬二千五百人。然此唯六鄉制軍之數如是。其郊遂以外。井地制賦。所謂甸出長轂一乘者。與此不同。 孫詒讓曰。司馬法丘甸出車徒之法。雖與鄉遂不同。而出車則亦以二十五人爲一乘。與鄉遂無異。六鄉之士卒出於鄉里。而兵車大車馬牛出於官。六遂之士卒出於遂邑。車馬牛亦出於官。所謂出兵而不出車也。若都鄙則車徒馬牛及將重車者並出于丘甸。所謂出車而兼出兵也。蓋都鄙軍籍雖不豫定。至有事征調及之。則亦必以都鄙之卒配都鄙之車。其不能易伍兩之制可知矣。

漢書刑法志稱殷周立司馬之官。設六軍之衆。因井田而制軍賦。畿方千里。有稅有賦。稅以足食。賦以足兵。蓋就丘甸言之。未析言鄉遂之六軍與丘甸殊法。此亦猶今之學者誤認周之田制皆爲井田。不知其有井有不井也。然兵制之起於田制。則鄉遂丘甸之性質。固有相同之點。國養民而不養兵。民爲兵而不病國。此尤古制至要之義也。

第五節　市肆門關之政

周人生計。惟恃農田。賈人亦授賈田。則分業尚未甚嚴。農商可兼治也。然周禮地官。於市政亦設專官。貨賄之出入門關者。各有治禁。則其商業雖不若後世之繁盛。殆必盛於唐虞夏商。且其條教規制。多爲後世所本。則言吾國之商政者。不可不首稽周官也。周之掌市肆門關者有

司市　質人　廛人　泉府　司門　司關　掌節

諸官。其市官所自辟除者。有

胥師　賈師　司虣　司稽　胥　肆長

諸職。而立市則掌於內宰。

周官內宰凡建國佐后立市設其次置其叙正其肆陳其貨賄出其度量淳制

其市在王宮之北。

考工記匠人營國面朝後市。

蓋古人諱言財利。故置之在宮朝之後。以其近於後宮。故使內宰掌之。而君后貴官且禁不得遊觀。

周官司市國君過市、則刑人赦。夫人過市、罰一幕。世子過市、罰一帟。命夫過市、罰一蓋。命婦過場、罰一帷。 鄭注市者、人所交利而行刑之處。君子無故不游觀焉。若遊觀、則施惠以爲說。國君則赦其刑人。夫人世子命夫命婦、則使之出罰。異尊卑也。

皆所以示重、農、抑、商也。

周制市分爲三。中曰大市。東曰朝市。西曰夕市。各占一夫之地。

周官司市大市日昃而市。百族爲主。朝市朝時而市。商賈爲主。夕市夕時而市。販夫販婦爲主。

考工記匠人市朝一夫。 孫詒讓曰三市爲地。南北百步。東西三百步。共一里。

市官所居曰思次。曰介次。

周官鄭注思次若今市亭。介次、市亭之屬。

交易之時。則懸旌於思次。市官涖而治之。

周官司市凡市入則胥執鞭度守門。市之羣吏平肆展成奠賈。上旌於思次。以令市。市師涖焉。而聽大治大訟。胥師賈師涖於介次。而聽小治小訟。

其貨之陳列有法。

周官司市以敍分地而經市。以陳肆辨物而平市。　肆長各掌其肆之政令。陳其貨賄。名相近者相遠也。實相近者相爾也。而平正之。

賈值有恒。

周官賈師各掌其次之貨賄之治。辨其物而均平之。展其成而奠其賈。然後令市。凡天患、禁貴儥者。使有恒賈。四時之珍異亦如之。

利害有別。

周官司市凡治市之貨賄六畜珍異。亡者使有。利者使阜。害者使亡。靡者使微。

僞飾有禁。

司市凡市僞飾之禁。在民者十有二。在商者十有二。在賈者十有二。在工者十有二。　胥師各掌其次之政令。而平其貨賄。憲刑禁焉。

察其詐僞飾行儥慝者。而誅罰之。

成賈以度量。

司市以量度成賈而徵儥。　質人掌稽市之書契。同其度量。壹其淳制。（杜子春云淳當爲純純謂幅廣制謂匹長也皆當中度量）巡而考之。犯禁者舉而罰之。　胥各掌其所治之政。執鞭度而巡其前。

結信以質劑。

司市以質劑結信而止訟。質人掌成市之貨賄人民牛馬兵器珍異凡賣儥者質劑焉大市以質小市以劑凡治質劑者國中一旬郊二旬。野三旬。都三月。邦國期。期內聽。期外不聽。鄭注質劑者、爲之券藏之也。大市、人民牛馬之屬。用長券。小市、兵器珍異之物。用短券。

交易以泉布。

司市以商賈阜貨而行布。鄭注布謂泉也。

其稅斂有絘布、總布、質布、罰布、廛布諸目。

周官廛人掌斂市之絘布總布質布罰布廛布而入於泉府。肆長斂其總布。江永曰。潮布者、市之屋稅。總布者、貨賄之正稅。廛布者、市之地稅也。鄭注質布者、質人所罰犯質劑者之泉也。罰布者、犯市令者之泉也。

其握經濟之樞者、有泉府。

周官泉府掌以市之征布斂市之不售貨之滯於民用者。以其賈買之物揭而書之。以待不時而買者。買者各從其抵都鄙從其主國人郊人從其有司。然後予之。凡賒者祭祀無過旬日。喪紀無過三月。凡民之貸者與其有司辨而授之。以國服爲之息。凡國事之財用取具焉。歲終則會其出入而納其餘。孫詒讓曰。農民受田計所收者納稅。賈人貸泉計所得者出息。其息或以泉布或以貨物。輕重皆視田稅爲差。是謂以國服爲之息。鄭云。於國事受園廛之田而貸萬泉者。則期出息五百者。賈疏云。萬泉出息五百。計當二十而取一。若然。近郊十一者。萬泉期出息一千。遠郊二十而三者。萬泉期出息一千五百。甸稍縣都之民。萬泉期出息二千。鄭直云闤闠者。略舉以言之也。

其貨之出入門關者有節。

周官司市凡通貨賄以璽節出入之。　掌節門關用符節。貨賄用璽節。道路用旌節。皆有期以反節。　司關掌國貨之節以聯門市。凡所達貨賄者。則以節傳出之。　鄭注貨節謂商本所發司市之璽節也。自外來者。則按其節而書其貨之多少通之國門。國門通之司市。自內出者。司市爲之璽節。通之國門。國門通之關門。參相聯。以檢猾商。

市肆門關刑罰綦重。

司市以刑罰禁虣而去盜。市刑小刑憲罰。中刑徇罰。大刑扑罰。其附於刑者。歸於士。　司虣掌憲市之禁令。禁其鬭嚻者。與其虣亂者。出入相陵犯者。以屬遊飲食於市者。若不可禁。則搏而戮之。　司稽掌巡市而察其犯禁者與其不物者而搏之。掌執市之盜賊以徇且刑之。　胥掌其坐作出入之禁令。襲其不正者。凡有罪者。撻戮而罰之。　司門掌授管鍵以啟閉國門。幾出入不物者。正其貨賄。凡財物犯禁者舉之。　司關司貨賄之出入者。掌其治禁與其征廛。凡貨不出於關者。舉其貨。罰其人。國凶札。則無門關之征。猶幾。

綜觀周代治商之政。足知其時王朝與各國商貨交通。四方珍異。多萃於京師。而詐僞飾行。漏稅犯禁者。亦往往而有。設官之多。爲法之嚴。皆由於此。故雖農商未必盡分。而商賈阜通貨賄。亦列於太宰九職。當時之商業。故未可遽目爲幼稚矣。又當時商賈之事。雖專掌於地官。而秋官復有關於商賈之法。

周官朝士凡民同貨財者。令以國法行之。犯令者刑罰之。　鄭衆注同貨財者。謂合錢共賈者也。

同貨財之法。經未詳言。疑當別有專條。蓋商法之權輿也。

周代關市之財賦。用途有二。一則供王之膳服。

周官太府凡頒財。以式法授之。關市之賦。以待王之膳服。

一則養死政之老孤。

周官司門以其財養死政之老與其孤。

而泉府之共國用者。尚不與焉。司門所言。專指死政者之老孤。案遺人之職。則泛稱老孤。

周官遺人掌邦之委積。以待施惠。門關之委積。以養老孤。

古者養老必於學校。門關之財。既以養老。度即當時學校之經費。惟其詳不可考耳。

周之泉布。經亦不詳其制。自泉府外。司市與外府皆掌之。

周官司市國凶荒札喪。則市無征而作布。　外府掌邦布之入出。以共百物。而待邦之用。凡有法者。　鄭注布泉也。其藏曰泉。行曰布。

按漢書食貨志。則周有九府圜法。

漢書食貨志太公爲周立九府圜法。黃金方寸而重一斤。錢圜函方。輕重以銖。布帛廣二尺二寸爲幅。長四丈爲匹。故貨寶於金。利於刀。流於泉。布於布。束於帛。

今世猶多有周之錢布。布卽錢之本名。非專指布匹也。詩稱氓之蚩蚩。抱布貿絲。足證當時市易之通用布矣。

第六節　王朝之教育

周代教育。分鄉遂與王朝爲二途。猶今地方教育與國家教育之別也。王朝掌教育之官。曰師氏、保氏、樂師。則掌小學教育者也。

周官師氏凡國之貴遊子弟學焉。　保氏掌養國子以道。　樂師掌國學之政。

曰大司樂、大胥、小胥、諸子。則掌大學教育者也。

周官大司樂掌成均之法。以治建國之學政。而合國之子弟焉。　大胥掌學士之版。以待致諸子。　小胥掌學士之徵令。　諸子掌國子之倅。掌其戒令與其教治。

師氏之教。曰三德三行。

師氏以三德教國子。一曰至德。以爲道本。二曰敏德。以爲行本。三曰孝德。以知逆惡。教三行。一曰孝行。以親父母。二曰友行。以尊賢良。三曰順行。以事師長。

保氏之教。曰六藝六儀。

保氏教六藝。一曰五禮。二曰六樂。三曰五射。四曰五馭。五曰六書。六曰九數。教六儀。一曰祭祀之容。二曰賓客之容。三曰朝廷之容。四曰喪紀之容。五曰軍旅之容。六曰車馬之容。

大司樂之敎。曰樂德樂語樂舞。

大司樂以樂德敎國子。中和祇庸孝友。以樂語敎國子。興道諷誦言語。以樂舞敎國子。舞雲門大卷大咸大磬大夏大護大武。

樂師之敎。曰小舞。

樂師敎國子小舞。凡舞有帗舞。有羽舞。有皇舞。有旄舞。有干舞。有人舞。

觀其所敎與鄉遂之敎三物相近。而加詳焉。蓋鄉遂多平民。國學皆貴族。其時之階級。固有區別。而德行道藝科目。仍一貫也。

周官經無大學小學之明文。蓋古代別有學禮。詳載學校敎育之法。周官僅言官制。故其文不具。清代說經家博考諸書。證明周之小學大學所在。及學者之區別。均可補經文之闕。大抵周之小學在王宮南大門之左。

孫詒讓周禮正義。師氏敎國子於小學。在王宮南之左。而漢以來多以虎門爲小學所在。如蔡邕集明堂月令論。謂周官有門闈之學。師氏守王門。保氏守王闈。魏書劉芳傳引蔡氏勸學篇云。周之師氏居虎門左。敷陳六藝。以敎國子。與月令論說同。詩大雅靈臺孔疏引袁準正論云。周置師保之官。居虎門之側。然則學宮非一處也。大戴禮記保傅篇盧註云。小學謂虎門師保之學也。玉海學校引三禮義宗云。內則云。人君之子。十年出就外傅。謂就外室而受敎也。外室在虎門之左。師氏之旁。而築宮焉。廣韻二十三魂引周禮云。公卿大夫之子。入王端門之左。教以六藝。謂之門子。蓋諸說並因師氏朝位居虎門左。與王制小學在公宮左方位隅同。遂謂小學即在於彼。金鶚云。天子諸侯小學皆在宮南大門內之左。中門以內。路門之外。則有宗廟。不得爲學也。師氏掌小學之教。保氏副之。師氏又以媺詔王。故居虎門之左。司王朝。以治朝在虎門外也。或據此文。遂謂天子小學在虎門之左。不知經文但言師氏居虎門之左。未嘗謂小學在虎門左也。案金說是也。王國小學自當如王制說。在王宮南之左。即皋門內之左也。師保教小學。其宮雖不及大學之廣。然王太子王子及諸侯卿大夫之子咸在。其人數甚衆。則亦必不甚隘。路門之左。既有宗廟。必無更容小學之地。蔡盧諸說殆不可通。

大學有五。在國之南郊。

孫詒讓周禮正義。周大學之名。見此經者。唯成均。見於禮記者。則又有辟廱上庠東序瞽宗。東序亦曰東膠。與成均爲五學。皆大學也。其制度及所在之地。諸家之說。紛異殊甚。今通校諸經涉學之制文。知周制國中爲小學。在王宮之左。南郊爲五學。是爲大學。至五學方位。北上庠。東東序。西瞽宗。古無異說。唯成均辟雍。衆說不同。鄭鍔云。周五學中曰辟雍。環之以水。水南爲成均。水北爲上庠。水東爲東序。水西爲瞽宗。其義最確。

黃以周禮書通故。陸佃鄭鍔說天子立四學。幷其中學而五。直於一處。幷建周人辟雍。則辟雍最居中。其南爲成均。其北爲上庠。其東爲東序。其西爲瞽宗。以周按辟廱之制。中曰大學。其外四學環之。大學四達於四學。詩曰。鎬京辟廱。自西自東。自南自北。無思不服。誌其制也。其外四學。兼用四代之制。東學曰東膠。取夏學、謂之東序。西學曰西雝。周頌謂其在辟廱之西也 取殷學之制。謂之瞽宗。其北學、則取有虞上庠之制也。其南學、則周制謂之成均。無他名焉。

其學者則自天子。

大戴記保傅篇學禮曰、帝入東學。上親而貴仁。則親疏有序。而恩相及矣。帝入南學。上齒而貴信。則長幼有差。而民不誣矣。帝入西學。上賢而貴德。則聖智在位。而功不匱矣。帝入北學。上貴而尊爵。則貴賤有等。而下不踰矣。帝入太學。承師問道。退習而端於太傅。太傅罰其不則。而達其不及。則德智長而理道得矣。

太子

易傳太初篇。太子旦入東學。晝入南學。暮入西學。夕入北學。

公卿大夫之子弟

周官師氏鄭注。國子、公卿大夫之子弟。　大司樂注。國之子弟公卿大夫之子弟當學者謂之國子。　諸子注。國子、爲諸侯卿大夫士之子也。　孫詒讓曰。周禮有國子、有門子。二者不同。國子者、卽國之貴游子弟。此通乎適庶而言者也。小宗伯云。其正室謂之門子。則專指王族及公卿大夫之適子言之。此不兼庶子者也。古多世官。故入學者以適子爲尤重。實則官族支庶子弟、亦無不入學者。故此經通言國子弟。

鄉遂所興之賢能、及侯國之貢士。皆與焉。

孫詒讓曰。周制大學所敎有三。一爲國子。卽王太子以下至元士之子。由小學而升者也。二爲鄉遂大夫所興賢者能者。司徒論其秀者入大學是也。三爲侯國所貢士。此三者皆大司樂教之。經唯云合國子弟者。舉其貴者言之。文不具也。

國子等入學之年。周官無明文。而諸書所言。亦不同。大抵自八歲至二十歲。初入小學。而後入大學。其年之遲早。則視資稟之敏魯而定。

孫詒讓曰。師氏之國子、爲年十三以上者。大司樂之國子、爲年二十以上者。長幼不同。國子入學之年。禮經無文。內則云。十年出就外傅。朝夕學幼儀。請肄簡諒。十有三年學樂。誦詩。舞勺。成童。舞象。學射御。二十而冠。始學禮。舞大夏。鄭注云。成童、十五以上。大戴禮記保傅篇、則謂年八歲而出就外舍。束髮而就大學。盧注云。束髮、謂成童。白虎通曰。八歲入小學。十五入大學。是也。此太子之禮。尙書大傳曰。公卿之太子。大夫元士嫡子。年十三。始入小學。見小節而踐小義。年二十。入大學。見大節而踐大義。此世子入學之期也。又曰。十五年入小學。十八入大學者。謂諸子姓晚成者。至十五入小學。其早成者。十八入大學。內則曰。十年出就外傅。居宿於外。學書計者。謂公卿以下教子於家也。案依盧說。則保傅八歲入小學、十五入大學。爲王太子之禮。內則書傳說十三入小學、二十入大學。爲諸侯世子及卿大夫士嫡子之禮。其或遲三年。十五入小學。或早二年。十八入大學。爲世子以下晚成早成之別制。今考保傅上文。自據王太子言之。固當如盧說。然白虎通義辟雍篇、漢書食貨志說。並與彼同。而不云有貴賤之異。公羊僖十年何注則云。禮諸侯之子。八歲受之少傅。教之以小學。十五受太傅。教之以大學。是諸侯子入學之年。又與王太子同。至十三入小學、二十入大學。據御覽引書傳。自通王太子以下言之。王制孔疏引書傳略說又云。餘子十五入小學。十八入大學。則盧說皆非伏王之恉。賈子容經又謂古者年九歲入小學。視保傅內則。復遲早各較一年。衆說乖異。未能明定。要王侯之子。始就傅。卽入小學。自宜較早。公卿以下之子必先敎於家塾而後入小學自宜較遲此則揆之理而可信者耳。

其敎科則異地異時各有所重。

小戴記文王世子篇凡學世子及學士必時。春夏學干戈。秋冬學羽籥。皆於東序。小樂正學干。大胥贊之。籥師學戈。籥師丞贊之。胥鼓南。春誦。夏弦。大師詔之。瞽宗秋學禮。執禮者詔之。冬讀書。典書者詔之。禮在瞽宗。書在上庠。凡祭與養老乞言合語之禮。皆小樂正詔之於東序。大樂正學舞干戚。語說。命乞言。皆大樂正授數。大司成論說在東序。

黃以周禮書通故天子祀先聖先師出師受成。是謂承師問道之中學。又謂之大學。又謂之辟廱。此五學中之尊。學者不得居焉。天子養國老於學。是謂上親貴仁之東學。謂之東膠。又謂之東序。學干戈羽籥者居之。天子祀先賢於學。是謂上賢貴德之西學。謂之西學。又謂之瞽宗。學禮者居之。天子視學。太子入學以齒。是謂上齒貴信之南學。謂之成均。大司樂敎樂德樂語樂舞者居之。天子上貴尊爵。其所入者北學。謂之上庠。典書詔書者居之。

其大學畢業年限約九年。

小戴記學記一年視離經辨志。三年視敬業樂羣。五年視博習親師。七年視論學取友。謂之小成。九年知類通達。強立而不反。謂之大成。夫然後足以化民易俗。近者說服。而遠者懷之。此大學之道也。

按學記所言。雖未必卽指周之大學。然內則謂二十而冠始學禮舞大夏博學不敎。三十而有室始理男事博學無方孫友視志。則古者男子二十至三十。實皆在大學時代。故約計其畢業爲九年。周官大胥鄭注漢大樂律曰除吏二千石到六百石、及關內侯到五大夫子先取適子高七尺以上年二十到年三十、顏色和順、身體修治者以爲舞人與古用卿大夫子同義是古之卿大夫子弟隸大樂正之學籍者大抵自年二十到三十其敏者九年畢業甫二十八歲魯者或遲一二年亦不過三十至年滿三十則不隸於學籍矣。

此則研究周官者所當參考者也。

第七節　城郭道路宮室之制

周制邦國都鄙皆有封疆。

周官大司徒辨其邦國都鄙之數制其畿疆而溝封之。凡造都鄙制其地域而封溝之。形方氏掌制邦國之地域而正其封疆無有華離之地。掌固凡國都之竟、有溝樹之固郊亦如之民皆有職焉若有山川則因之。

其都邑則有城郭。

量人掌營國城郭。掌固掌修城郭溝池樹渠之固設其飾器若造都邑則治其固與其守法。

惟城郭之制未詳考工記略言城制。

考工記匠人營國方九里旁三門。王宮門阿之制、五雉宮隅之制七雉城隅之制九雉門阿之制、以爲都城之制宮隅之制、以爲諸侯之城制。鄭注雉長三丈高一丈。

解居官者卽據以爲說。賈公彥司門疏知王城有十二門者。案匠人云。營國九里。旁三門。四面各三門。是有十二門。司關疏王畿千里。王城在中。面有五百里。界首面置三關。則亦十二關。

道路之制。其別有五。

司險設國之五溝五涂而樹之林。鄭注五溝、遂溝洫澮川也。五涂、徑畛涂道路也。

據鄭注則廣狹有定數。

遂人鄭注徑容牛馬。畛容大車。涂容乘車一軌。道容二軌。路容三軌。賈疏鄭知徑容牛馬之等義如此者。此從川上有路差之。凡道皆有三涂。川上之路則容三軌。道容二軌。涂容一軌。軌皆廣八尺。其畛差小。可容大車一軌。軌廣六尺。自然徑不容車軌。而容牛馬及人之步。

而國都涂制。則見於考工記。

匠人國中九經九緯。經涂九軌。環涂七軌。野涂五軌。環涂以爲諸侯經涂。野涂以爲都經涂。鄭注軌凡八尺。

合而言之。則其時道路廣狹之差。凡有八等。而達之比之書之。各有專官。

司險掌九州之圖。以周知其山林川澤之阻。而達其道路。（鄭注達道路者山林之阻則開鑿之川澤之阻則橋梁之）合方氏掌達天下之道路。（鄭注津梁相湊不得陷絕）野廬氏掌達道路。至於四畿。比國郊及野之道路宿息井樹。（鄭注達謂巡行通之使不陷絕也比猶校也）量人邦國之地。與天下之涂數。皆書而藏之。鄭注

書地謂方國山川之廣狹書涂謂支湊之遠近

路必有樹。

國語周制有之曰。列樹以表道。此可與掌固司險野廬氏諸職文相證

以時修除。

周官野廬氏國之大事比修除道路者。邦之大師。則令埽道路。

禁令甚嚴。

司險國之五溝五涂。皆有守禁。國有故。則藩塞阻路而止行者。以其屬守之。唯有節者達之。　野廬氏若有賓客。則令守涂地之人聚欜之。有相翔者誅之。凡道路之舟車擊互者。敘而行之。凡有節者及有爵者至。則為之辟。禁野之橫行徑踰者。掌凡道禁。且以幾禁行作不時者不物者。　司寤氏禦晨行者。禁宵行者、夜遊者。

食宿有所。

遺人凡賓客會同師役。掌其道路之委積。凡國野之道。十里有廬。廬有飲食。三十里有宿。宿有路室。路室有委。五十里有市。市有候館。候館有積。

其路、政、詳、備、如、此、此、令、之、言、築、國、道、者、所、當、知、也。

宮室之制。經亦無明文。惟稱王有六宮六寢。

[illegible]殿一小殿五　[illegible]六宮宮後五前一

蓋冬官既亡。其文不具也。以考工記觀之。略可推見周代建築之法。

匠人周人明堂。度九尺之筵。東西九筵。南北七筵。堂崇一筵。五室、凡室二筵。室中度以几。堂上度以筵。宮中度以尋。野度以步。廟門容大扃七个。闈門容小扃三个。路門不容乘車之五个。應門一徹參个。內有九室。九嬪居之。外有九室。九卿朝焉。　葺屋參分。瓦屋四分。囷窌倉城。逆牆六分。堂涂十有二分。竇、其崇三尺。牆厚三尺。崇三之。

研究周代禮制者。必先知周之宮室制度。然後知其行禮之方位。自來說經者、考據甚多。吾輩欲知吾國宮室沿革。亦不可不於此究心。劉師培中國歷史教科書述西周宮室之制。擷羣書之要領。頗得周制之梗概。今附錄之於左。

(一)明堂　周初明堂沿殷故制。方一百一十二尺。高四尺。階廣六尺三寸。室居中。方百里。中方六十尺。（逸周書）厥後復稍改殷制。度以九尺之筵。東西九筵。南北七筵。（考工記）其中則分爲五室。（以祀五帝。以象五行之數）其宮周垣方三十步。在鎬京之近郊。（大戴禮）爲天子宗祀朝諸侯聽政之地。列於五宮之一。（逸周書）而洛邑亦有明堂。爲東都朝諸侯之地。而方岳之下。亦有明堂。

(二)宗廟　天子七廟。諸侯五廟。大夫三廟。士一廟。太祖廟在北。昭穆相次而南。廟後有寢。寢有東西房、東西夾、東西堂、東西序。亦列於五宮之一。（逸周書）遷主所藏曰祧。在宗廟之外。

(三)朝堂　天子諸侯均有三朝。一曰燕朝。即內朝也。在王寢門外、路門之內。一爲治朝。在應門之外。對內朝而言。則曰外朝。對外朝而言。則亦曰內朝。一爲外朝。在庫門之外。爲象魏所懸之地。亦爲嘉石肺石所置之地。（周禮及鄭注）蓋周代之宮有五門。在外者爲皋門。稍內則爲雉門。又稍內則爲庫門。又進則爲應門、路門。燕朝者、在路門內寢之間者也。治朝者、在路門應門之間者也。外朝者、在雉門庫門之間者也。庫門亦曰正門。府庫在焉。諸侯之宮門。略與天子制同。

（四）宮寢　天子六寢。一爲路寢。其五爲小寢。後有六宮。王后治之。諸侯三寢。一爲路寢。亦曰大寢。其二爲燕寢。亦曰小寢。後有三宮。夫人治之。餘爲側室。卿大夫士均二寢。正寢居前。燕寢居後。其妻二寢。亦如之。正寢亦曰外寢。其旁則曰側室。（禮記及禮記注）此貴顯者之居也。

（五）民居　凡民居。必有內室五所。室方一丈。所謂環堵之室也。東西室爲庫藏之室。中三室爲夫婦所居之室。中一室有門向南。中三室前爲庭院。院之東西各一室。東室西向。西室東向。謂之側室。爲妾婦所居之室。又前二步爲外室。則正寢也。亦平列五室。中三室爲男子所居之室。中爲大室。東爲東夾室。西爲西夾室。皆房也。東夾之東。爲藏祖考衣冠神主之室。西夾之西。爲五祀神主之室。中室之北爲梱。自梱而東。下階而北。卽內室前之庭院也。謂之曰背。中室之東爲牖。西爲戶。戶牖之間內爲中霤。外爲堂。堂方二步。東西有墉。堂下兩階。各高一級。階下有門。謂之中門。中門之外之門。謂之外門。自中門至外門。其上有屋。其東西各爲一室。東爲廚竈之室。西爲子弟肄業之所。或爲賓館。卽塾之類也。凡室有穴。如圭形。以達氣。或謂之曰竇。或謂之向。室之重層者曰臺。其狹而修曲者爲樓。由大夫以上。則有閣。閣者、置板於寢。以庋食物者也。由士以上。寢門之內。均有碑。樹石爲之。所以蔽外內也。大夫士之屋皆五梁爲之。中脊爲棟。棟北一架謂之楣。棟北第二架謂之庪。棟南一架爲前楣。楣前一架接檐者亦謂之庪。廟有東西廂。寢無東西廂室內必設一席。席上則設有几筵。而宮寢則有幃幕。此周代宮室制度之大略也。若夫平民之家。均有井。井分爲二。內外不共井。其室旁均有隙地。或以樹桑。或爲畜狗彘雞豚之所。（參用爾雅及莊氏周官指掌焦氏儀禮講習錄）

第八節　衣服飲食醫藥之制

周制庶人衣服相同。

周官大司徒以本俗六安萬民。六曰同衣服。　鄭注民雖有富者。衣服不得獨異。　賈疏士已上衣服皆有采章。庶人皆同。深衣而已。

其材料皆自給。

閭師凡庶民不蠶者不帛。不績者不衰。

其王后及公卿大夫之禮服則有專官掌之。

司裘掌爲大裘以共王祀天之服。中秋獻良裘。王乃行羽物。季秋獻功裘。以待頒賜。（鄭司農云功裘卿大夫所服）　內司服掌王后之六服。凡祭祀賓客。共后之衣服。及九嬪世婦凡命婦。共其衣服。共喪衰亦如之。　大宗伯再命受服。　司服掌王之吉凶衣服。辨其名物與其用事。凡大祭祀大賓客。共其衣服而奉之。

其冠服之材之自來。蓋有三種。一則諸侯所貢。

太宰以九貢致邦國之用。二曰嬪貢。七曰服貢。（鄭注嬪貢絲枲服貢絺紵也）　大行人甸服二歲壹見。其貢嬪物。采服四歲壹見。其貢服物。（鄭注嬪物絲枲也服物玄纁絺纊也）

一則國中嬪婦所貢。

太宰以九職任萬民。七曰嬪婦化治絲枲。　閭師任嬪以女事貢布帛。

一則徵斂所得。

掌皮掌秋斂皮。冬斂革。春獻之。　掌葛掌以時徵絺綌之材於山農。凡葛征。徵草貢之材於澤農。以當邦賦之政令。以權度受之。　掌染草掌以春秋斂染草之物。以權量度之。以待時而頒之。

其治之者有典絲典枲諸職。

典絲掌絲入而辨其物。以其賈揭之。掌其藏與其出。以待興功之時。頒絲於外內工。皆以物授之。及獻功。則受良功而藏之。辨其物而書其數。以待有司之政令。上之賜予。凡祭祀。共黼畫組就之物。喪紀。共其絲纊組文之物。凡飾邦器者。受文織絲組焉。歲終。則各以其物會之。　典枲掌布緦縷紵之麻草之物。以待時頒功而授齎。及獻功。受苦功。以其賈揭而藏之。以待時頒。頒衣服。授之。賜予。亦如之。歲終。則各以其物會之。　縫人掌王宮之縫線之事。以役女御。以縫王及后之衣服。　染人掌染絲帛。凡染春暴練。夏纁玄。秋染夏。冬獻功。掌凡染事。

冬官雖闕。亦可考見其時婦功之大概矣。

周之服制。等差甚多。上得兼下。下不得僭上。（此二語見司服賈疏）其大綱見於周官司服弁師二職。

司服掌王之吉服。祀昊天上帝。則服大裘而冕。祀五帝。亦如之。享先王。則袞冕。享先公饗射。則鷩冕。祀四望山川。則毳冕。祭社稷五祀。則希冕。祭羣小祀則玄冕。凡兵事、韋弁服。眡朝、則皮弁服。凡甸、冠弁服。凡凶事、服弁服。凡弔事、弁絰服。凡喪、爲天王斬衰。爲王后齊衰。王爲三公六卿錫衰。爲諸侯緦衰。爲大夫士疑衰。大札大荒大烖、素服。公之服、自衮冕而下。如王之服。侯伯之服、自鷩冕而下。如公之服。子男之服自毳冕而下。如侯伯之服。孤之服自希冕而下。如子男之服。卿大夫之服自玄冕而下。如孤之服。其凶服、加以大功小功。士之服、自皮弁而下。如大夫之服。其凶服、亦如之。其齊服、有玄端素端。

弁師掌王之五冕。皆玄冕朱裏延紐。五采繅十有二就。皆五采玉十有二。玉笄朱紘。諸侯之繅斿九就。瑉玉三采。其餘如王之事。繅斿皆就。玉瑱玉笄。王之皮弁會五采玉璂。象邸玉笄。王之弁絰。弁而加環絰。諸侯及孤卿大夫之冕、韋弁、皮弁、弁絰。各以其等爲之。

其散見於儀禮及戴記者事目煩猥。不可殫述。淸代經生研究周之服制。其書尤夥。劉師培約而述之。尙簡明易曉。並錄於左。

劉師培中國歷史教科書西周衣服之制。周代著衣之法。則行禮之時。必開服而袒其袖。凡吉凶之禮均左袒。覲禮則右袒。衣之近體者爲裼衣。裼衣亦名中服。裼衣以上之衣。名曰上服。袒上服亦謂之裼。不袒上服則謂之襲。禮記 又無論何服。均有緣飾。或謂之純。在冠則純其梁之兩方。曲禮疏 在衣則純領及袂口。禮記疏 在裳則純其幅及下。士喪禮注 深衣則又純其邊。禮記注 此西周服飾之大略也。惟古人之服飾分爲二類。一爲行禮之服。名曰公服。一爲私居所作之服。一名褻服。今試就公服分析之。 冕、冕以木爲之。廣八寸。長一尺六寸。有延、覆於冕上。上玄下纁。以布爲之。有紐、所以實笄。有衡、以玉爲之。束於冠之兩旁。有紘、從下屈而上屬於兩旁。天子用朱紘。諸侯青。大夫緇組纁邊。有笄、以玉爲之。長尺二寸。有武。有紞、所以懸瑱者。人君五色。臣三色。有瑱。天子諸侯皆以玉。大裘之冕無旒。

一命之大夫亦無旒。纁裳。前二幅。後四幅。辟積無數。服辟積無數。

周制、天子冕服六。大裘祀天。尙質。其衣無文。衮冕九章。衣五章。曰龍曰山曰華蟲曰火曰宗彝。裳四章。曰藻曰粉米曰黼曰黻。鷩冕七章。衣三章。曰華蟲曰火曰宗彝。裳四章。曰藻曰粉米曰黼曰黻。毳冕五章。衣三章。曰宗彝曰藻曰粉米。裳二章。曰黼曰黻。絺冕三章。衣一章。曰粉米。裳二章。曰黼曰黻。玄冕一章。衣無文。裳刺黻。大裘而冕。爲祀昊天上帝之服。又爲祀五帝之服。兗冕爲享先王之服。又爲會同賓客之齊服。又爲受覲之服。又爲大昏親迎之服。鷩冕爲享先公之服。又爲饗食賓客之服。又爲大射之服。賓射亦如之。又爲食三老五更於太學之服。毳冕爲祀四望山川之服。絺冕爲祭社稷五祀之服。玄冕爲祭羣小祀之服。又爲齋戒親迎之服。六冕服、冬裘皆用羔。冕服有裼襲之制。衮冕以下至玄冕。公侯卿大夫降服有差。皆謂之裨冕。（曾子問大祝裨冕） 上公自衮冕九章而下。其服五。衮冕有降龍。無升龍。公之衮冕衣五章。裳四章。爲將覲釋幣於禰之服。爲朝覲之服。爲從王大祭服。又爲魯祭文王周公之服。又爲二王之後自祭之服。又爲二王後與魯祭天子服。公之鷩冕、衣三章。裳四章。爲從王享先公饗射之服。公之毳冕、衣三章。裳二章。爲從王中祭祀之服。公之絺冕、衣一章。裳二章。爲從王祭社稷五祀之服。公之玄冕、衣無文。裳刺黻。爲從王羣小祀之服。又爲自祭宗廟之服。又爲親迎之服。侯伯自鷩冕七章而下。其服四。侯伯之鷩冕、爲朝天子之服。又爲將覲釋幣於禰之服。又爲從王鷩冕以上之服。侯伯之毳冕絺冕、從王服。玄冕、亦從王服。又爲自祭宗廟之服。又爲親迎之服。子男自毳冕五章而下。其服三。子男毳冕、爲朝天子之服。又爲將覲釋幣於禰之服。又爲從王毳冕以上之服。子男絺冕、從王服。子男玄冕、從王服。又爲自祭宗廟之服。又爲親迎之服。王之三公、服鷩冕而下。其服四。若加一等。得服衮冕。其鷩冕、爲助王祭之服。其毳冕、爲從王射之服。其絺冕、亦從王服。其玄冕、爲親迎之服。又爲從王聽朔之服。又爲郊勞諸侯之服。王之孤卿毳冕其服三。若加一等得服鷩冕。其毳冕絺冕皆從王服。其玄冕爲親迎之服。又爲從王聽朔之服。王之大夫、絺冕其服二。絺冕、爲從王助祭之服。玄冕、爲親迎之服。又爲從王聽朔之服。若加一等。則得服毳冕。諸侯入爲王官。仍服其服。公之孤、絺冕其服二。孤之絺冕、爲聘於王朝之服。又爲助祭之服。孤之玄冕、爲助君祭之服。又爲親迎之服。侯伯子男之卿、亦如之。公之卿大夫、服玄冕。爲聘於天子與助祭之服。又爲助祭於公之服。又爲親迎之服。侯伯大夫再命、亦如之。子男大夫一命、亦服玄冕而無旒。　冕服有韍。韍制與韠同。長三尺。下廣二尺。上廣一尺。天子直。公侯前後方。大夫前方後挫角。士前後正。天子之士則直。諸侯之士則方。其色、天子朱韍。諸侯黃朱。大夫素。若大夫助祭於君、則用玄冕赤韍。士無韍者助祭於君、服爵弁、則縕韍而靺韐也。韍色皆如其裳之色。　其帶、有大帶。天子素帶朱裏終辟。諸侯素帶終辟。大夫素帶辟垂。又有革帶。所以懸佩與韍。有佩。有笏。天子以球玉。抒上、終葵首。一曰珽。或謂之大圭。諸侯以象。前詘後直。大夫以魚須文竹。前詘後詘。凡笏、皆搢於帶間。臣於君前將有指畫。或書以記事。則執之。有偪。有舄。冕服皆赤舄。自天子至卿大夫同。

孫詒讓周禮正義。凡服尊卑之次。繫於冠。冕服爲上。弁服次之。冠服爲下。

劉氏所舉、惟冕服。以周制冕服最尊也。

其弁服冠服之差別。詳於弁服釋例。

任大椿弁服釋例。爵弁、爲天子卿大夫及諸侯之孤、祭於己之服。又爲士助祭齋服。又爲士助祭之服。又爲釋祭眡滌濯之服。又爲天子諸侯先祖爲士者之尸服。又爲釁廟遷廟祝宗人宰夫雍人及從者入廟之服。又爲士冠三加之服。又爲士親迎之服。又爲諸侯始命之服。又爲士之命服。又爲諸侯之復服。又爲士之復服。又爲公之襲服。又爲大夫之襲服。又爲士之襲服又爲公之襚服。又爲天子承天變及哭諸侯之服。爵弁重於皮弁。有爵韋弁。有素爵弁。有布爵弁。一曰冕。或曰韋弁爵弁無旒。與無旒之冕同。惟不俛爾。爵弁、以三十升布爲之。赤色而微黑。上古以布。中古以絲。廣八寸。長尺六寸。或曰高八寸。長尺二寸。純衣。纁裳。韎韐。天子諸侯爵弁之舄無明文。大夫士纁屨。黑絇繶純。中衣用素羔裘。　韋弁、爲聘禮卿歸賓饔餼之服。又爲下大夫聘禮歸介饔餼及介受禮之服。又爲聘禮夫人使下大夫歸禮之服。又爲天子諸侯大夫兵事之服。韋弁重於皮弁。形制似皮弁。廣狹之度、當似後世武弁。天子諸侯孤卿大夫韋弁。會皆有玉璂。璂數與玉采各以其等。朱裳。韠與爵弁同。天子諸侯舄無明文。大夫白屨。黑絇繶純。　皮弁、爲天子郊天聽祭報之服。又爲大學有司祭菜之服。又爲君巡狩之服。又爲君卜夫人世婦養蠶之服。又爲君蜡祭之服。又爲舞大夏之服。又爲士冠再加之服。又爲天子視朝之服。又爲天子常食之服。又爲諸侯在王朝之服。又爲諸侯視朝之服。又爲天子燕同姓之服。又爲天子賓射燕射及諸侯在竟賓射之服。又爲諸侯大射之服。又爲天子受朝宗之服。又爲覲禮勞侯氏之服。又爲諸侯相朝之服。又爲聘禮賓主人之服。又爲賓及上介受饔餼之服。又爲歸饔餼賓拜賜之服。又爲卿還玉及賓受玉之服。又爲諸侯田獵之服。又爲天子除喪之祭服。又爲諸侯之復服。又爲公之襲服。又爲大夫之襲服。又爲士之襲服。又爲公之襚服。又爲上大夫卜宅與葬日占者之服。又爲國君弔異國臣之服。及爲諸侯卿大夫士當事不當事之弔服。又爲既夕乘車所載之服。又爲公。公族變降之服。皮弁重於朝服。弁以鹿皮淺毛爲之。衣用十五升布。素積。素韠。大夫以上素帶。士緇帶。與爵弁同。天子諸侯白舄。青絇繶純。大夫士白屨。緇絇繶純。純博寸。一曰素積。或曰素端。中衣用布。朝服玄端同。天子視朝、三公及諸侯在王朝、服皮弁。用狐白裘。錦衣裼。諸侯在國視朔、及受聘享、服皮弁。則素衣麛裘。天子卿大夫及諸侯卿大夫在天子之朝、亦皮弁。狐白裘素衣裼。天子之士及諸侯之士在天子之朝、皮弁。麛裘。 朝服、爲釁廟禮成君聽反命之服。又爲大夫家祭筮日之服。又爲大夫家祭宗人請期之服。又爲大夫家祭視殺視濯之服。又爲大夫家祭尸服。又爲諸侯大夫及天子之士正祭之服。又爲士家祭賓及兄弟之服。又爲酺禜祉之服。又爲禓祭之服。又爲士冠筮日筮賓之服。又爲士冠宿賓及夕爲期之服。又爲諸侯視朝之服。又爲卿大夫莫夕於朝之服。又爲王朝卿士退朝治事之服。又爲天子諸侯養老及宴羣臣之服。又爲公食大夫公及賓之服。又爲公食大夫賓拜賜之服。又爲公食大夫不親食使大夫致侑幣及賓受賜拜賜之服。又爲大夫相食不親食致侑幣之服。又爲諸侯常食之服。又爲諸侯燕射之服。又爲諸侯在國賓射之服。又爲鄉飲酒戒賓速賓之服。又爲鄉飲酒賓主人之服。又爲鄉飲酒賓主人拜賜拜辱之服。又爲鄉射速賓之服。又爲鄉射賓主人之服。又爲鄉射賓主人拜賜拜辱之服。又爲士負世子之服。又爲君名世子之服。又爲命使於君之服。又爲乘路馬之服。又爲僕右之服。又爲聘禮使者夕幣之服。又爲聘禮君展幣之服。又爲聘禮賓及介釋幣於禰之服。又爲聘禮君進使者授圭璧之服。又爲聘禮肄儀之服。又爲聘禮入竟展幣之服。又爲聘禮請事請行郊勞之服。又爲聘禮宰夫設飧之服。又爲聘禮賓辭受饔飧之服。又爲聘禮宰夫致上介餼及上介受餼之服。又爲聘禮問卿賓主人之服。又爲聘禮上介問下大夫之服。又爲聘禮不親食使大夫致侑幣之服。又爲聘禮卿歸及郊請反命之服。又爲聘禮卿有私喪反命之服。又爲天子田獵之服。又爲君視疾有疾者見君之服。又爲養親疾之服。又爲將死者新加之服。又爲始死後者之服。又爲宰受含之服。又爲公之襲服。又爲公之襚服。又爲小斂前後弔者之服。又爲下大夫及士筮宅占者之服。又爲既夕道車所載之服。又爲大祥筮日筮尸視濯之服。又爲大祥夕期及祥祭之服。又爲既祥受贈賵之服。又爲踰月吉祭之服。朝服重於玄端。一曰玄衣。一曰緇衣。一曰玄端。一曰鄉服。朝服、玄端。冠皆玄冠。玄冠、一曰委貌。廣二寸。以繒爲之。衡縫。內畢。緣邊。居冠屬武。非燕居則冠與武別。冠武異材。冠纓異材。纓之有飾者曰緌。有纚。有總。有髦。一曰冠弁。有素委貌。衣用十五升緇布。素裳。緇帶。素韠。或緇韠。天子諸侯白舄。青絇繶純。大夫士白屨。黑絇繶純。凡朝服。君臣皆羔裘。臣則豹袖。　玄端、爲諸侯大夫士齋服。又爲士祭筮日筮尸視濯賓主人及子姓兄弟有司羣執事之服。又爲宿尸宿賓尸及賓主人之服。又爲大夫士之尸服。又爲士家祭視殺及正祭之服。又爲士祭祝佐食之服。又爲有司兇牲之服。又爲士冠初加之服。又爲士冠賓主人之服。又爲士冠兄弟之服。又爲士冠擯者贊者之服。又爲冠者見君及卿大夫鄉先生之服。又爲士昏納采賓主人之服。又爲親迎從者及主人之服。又爲天子諸侯燕居之服。又爲大夫士私朝之服。又爲士夕於君之服。又爲世子事親之服。又爲子事父母之服。又爲公食大夫戒賓賓拜辱之服。又爲鄉飲酒息司正之服。又爲鄉射戒賓之服。又爲鄉射息司正之服。又爲大夫去國之服。又爲世子親齋養疾之服。又爲疾者及養疾者之服。又爲公襲二稱之服。又爲公之襚服。又爲士喪卜日族長及宗人之服。又爲士虞尸服。又爲禫祭及繹祭後服。又爲踰月吉祭後燕居之服。又爲殤除喪祭之服。士玄端。大夫以上侈袂。士妻宵衣之袂、皆正方。與士玄端同。大夫命婦侈袂。亦與大夫同。玄端連衣裳、則曰緣衣。衣用十五升黑布。天子諸侯玄端朱裳。大夫素裳。士玄裳黃裳雜裳。天子諸侯朱韠、大夫素韠。士爵韠、或以緇韠。天子諸侯黑舄。赤絇繶純。大夫士黑屨。青絇繶純。玄端狐青裘。或曰羔裘。

而深衣之制。則詳於深衣釋例。

任大椿深衣釋例深衣、古養老及燕羣臣之服。又爲諸侯之夕服。又爲遊燕之服。又爲大夫士私朝夕服及居家之服。又爲道路之服。

及爲庶人之吉服。又爲親始死之服。又爲奔喪未成服之服。又爲親殯[illegible]之服。又爲殯後君弔及未殯之服。又爲既祥之服。又爲除喪受弔之服。又爲公子爲其母與妻之服。又爲親迎女在途聞父母死趨喪之服。又爲女在塗聞其父死奔喪之服。又爲女未至遭壻衰功之喪、男女易吉之服。又爲聘使聞私喪既反命之服。又爲庶人之弔服。又爲童子趨喪之服。深衣、用布十五升。衣與袂各二幅。皆二尺二寸。袪尺二寸。曲袷。屬於內外襟。兩襟交、則袷交而形自方。裳要縫七尺二寸。縫齊一丈四尺四寸。十裳二幅。前後各六幅。在旁者名曰衽。續衽鉤邊。衣裳皆有緣。裳之長及踝。帶當脅下。凡服、殊衣裳。法衣、不殊衣裳。深衣露著而素紕長袂者曰長衣。有表而長袂者曰中衣。中衣在裘及裼衣之內。布緣者曰麻衣。通曰禪衣。

欲研究周人衣服之差別。不可不熟復乎此也。

周人之食。以穀爲主。而於人民食品。尤以平、均、周、給、爲要。

周官司稼掌巡野之稼。而辨穜稑之種。周知其名與其所宜地。以爲法而縣於邑閭。巡野觀稼。以年之上下出斂法。掌均萬民之食而賙其急而平其興。

民數與食物之數。均有統計。年有上下。食亦有多寡。其凶年、則有預防及救濟之法。

廩人掌九穀之數。以歲之上下數邦用。以知足否。以詔穀用。以治年之凶豐。凡萬民之食食者人四鬴、上也。人三鬴、中也。人二鬴、下也。鄭注此皆謂一月食米也六斗四升曰鬴若食不能人二鬴。則令邦移民就穀。詔王殺邦用。

遺人掌邦之委積。以待施惠。鄉里之委積、以恤民之囏阨。縣都之委積、以待凶荒。

旅師掌聚野之耡粟屋粟閒粟而用之。以質劑致民。平頒其興積。施其惠。散其利。而均其政令。凡用粟、春頒而秋斂之。

而平居所用之牲穀。必責其出於自力。

閭師凡庶民不畜者、祭無牲。不耕者、祭無盛。

飲酒必謹而幾之。

萍氏掌國之水禁、幾酒、謹酒。

其注意於民之飲食如此。其貴族之飲食有六穀。

膳夫凡王之饋食用六穀。○鄭司農云。六穀、稌黍稷粱麥苽。

六牲

膳夫膳用六牲。　鄭注六牲、馬牛羊豕犬雞。

六獸、六禽

庖人掌共六畜六獸六禽。○鄭司農云。六獸、麋鹿熊麕野豕兔。六禽、鴈鶉鷃雉鳩鴿。　鄭玄謂六獸有狼無熊。六禽爲羔豚犢麛雉鴈。

六清

膳夫飲用六清。　漿人掌共王之六飲水漿醴涼醫酏。

膳夫羞用百二十品○其數不可備舉、據內則、有爵鷃蜩范芝栭蔆椇棗栗榛柿瓜桃李梅杏楂梨薑桂。及牛脩鹿脯田豕脯麋脯麕脯雉兔等。

八珍

膳夫珍用八物、 鄭注、珍謂淳熬、淳母、炮豚、炮牂、擣珍、漬、熬、肝膋也。

五齊、七醢、七菹、三臡等。

醢人王舉、則共醢六十罋。以五齊、七醢、七菹、三臡實之。 鄭注、五齊。昌本、脾析、蜃、豚拍、蒲也。七醢、醓蠃蠯蚳魚兔鴈醢。七菹、韭菁茆葵芹箈筍。三臡、麋鹿麇臡也。

其魚物互物腊物、均有長官掌之。

䱷人掌以時䱷爲梁。春獻王鮪。辨魚物。爲鱻薧。以共王膳羞。凡祭祀賓客喪紀。共其魚之鱻薧。凡䱷者、掌其政令。 鼈人掌取互物。以時簎魚鼈龜蜃。凡貍物。春獻鼈蜃。秋獻龜魚。掌凡邦之簎事。 腊人掌乾肉。凡田獸之脯腊膴胖之事。凡祭祀、共豆脯。薦脯膴胖。凡腊物。

其食以時。

食醫凡食齊眡春時。羹齊眡夏時。醬齊眡秋時。飲齊眡冬時。凡和、春多酸。夏多苦。秋多辛。冬多鹹。調以滑甘。

其會以宜。

食醫凡會膳食之宜。牛宜稌。羊宜黍。豕宜稷。犬宜粱。鴈宜麥。魚宜苽。凡君子之食恒放焉。

雖其分別等差。不能使平民皆受此等奉養。然取精用宏。養生有法。亦可見其時研究食物之進化矣。

周代之制。食物之衆寡。以爵位之貴賤爲差。天子燕食羞用百二十品。大夫燕食有膾則無脯。有脯則無膾。（內則）上大夫庶羞二十品。（內則注）羹食自諸侯以下至於庶人無等。士不貳羹胾。大夫無秩膳。七十而有閣。（均見禮記）士以下恒食黍稷。大夫以上加稻粱。（見詩疏及程瑤田通藝錄）故膏粱爲貴族子弟之稱。庶人自卿大夫爲肉食者。此階級之弊也。

周之飲食精備如此。而禮制卽寓於其中。所謂夫禮之初。始諸飲食也。飲食之禮。詳於儀禮。劉師培中國歷史教科書嘗約述之。

凡食禮初食三飯。卒食九飯。設饌以豆爲本。凡正饌先設黍稷。輔以俎豆。加饌以後則用稻粱庶羞。初食加饌之稻粱。以正饌之俎豆佐食。卒食正饌之黍稷。以加饌之庶羞佐食。凡食禮有豆無籩。飲酒之禮有豆有籩。其用牲也。士冠禮士昏禮用豚。鄉飲射鄉禮燕禮大射均用狗。聘禮用太牢少牢。公食大夫禮用太牢。士喪既夕士虞皆用特牲。凡牲皆用右胖。牲二十一體。謂之體解。牲七體謂之豚解。殺者曰饔。生者曰餼。烹牲及魚腊曰饔爨。炊黍稷曰饎爨。出脯醢謂之薦。此會食禮之大略也。食必於廟。燕必於寢。鄉飲必於庠。（用凌氏釋例及焦氏禮講習錄）

蓋周之尙文。卽一飲一食之微。亦必寓其意焉。後人但斥其繁瑣無謂。而不悉心研究其思想制度之所

以發生則用心蠱惑之過也欲知其意宜先讀樂記之言

樂記夫豢豕爲酒非以爲禍也而獄訟益繁則酒之流生禍也是故先王因爲酒禮壹獻之禮賓主百拜終日飲酒而不得醉焉此先王之所以備酒禍也。

則知周人之於飲食既求其美備復防其恣肆非徒詔人以口腹之欲亦非徒限人以階級之制也

周代飲食進化故於醫藥之法亦極注重凡醫皆屬於太宰而萬民皆得從而治之

疾醫掌養萬民之疾病四時皆有癘疾春時有痟首疾夏時有痒疥疾秋時有瘧寒疾冬時有嗽上氣疾以五味五穀五藥養其病以五氣五聲五色眡其死生兩之以九竅之變參之以九藏之動凡民之有疾病者分而治之死終則各書其所以而入於醫師 瘍醫掌腫瘍潰瘍金瘍折瘍之祝藥劀殺之齊凡療瘍以五毒攻之以五穀養之以五藥療之以五味節之凡藥以酸養骨以辛養筋以鹹養脈以苦養氣以甘養肉以滑養竅凡有瘍者受其藥焉 獸醫掌療獸病療獸瘍凡療獸病灌而行之以節之以動其氣觀其所發而養之凡療獸瘍灌而劀之以發其惡然後藥之養之食之凡獸之有病者有瘍者使療之死則計其數以進退之。

人獸之病皆有專醫祝藥劀殺備具諸法進退差次考核綦重

醫師掌醫之政令聚毒藥以共醫事凡邦之有疾病者疕瘍者造焉則使醫分而治之歲終則稽其醫事以制其食十全爲上十失一次之十失二次之十失三次之十失四爲下

其重視生命如此豈若今之縱中外醫士草菅人命無考校者哉

第九節　禮俗

周之政法。即謂之禮。前所舉之制度。皆禮也。此節所言之禮俗。則周代制度中之子目。而於周官中專禮之名者也。周官舉禮之目者有二官。一爲司徒所掌之禮目有四。

祀禮　陽禮　陰禮　樂禮（見第三節鄉遂之自治第三項敎育司徒之十二敎）

一爲宗伯所掌之禮目有五。

大宗伯之職。掌建邦天神人鬼地示之禮。以佐王建保邦國。以吉禮祀邦國之鬼神示。以凶禮哀邦國之憂。以賓禮親邦國。以軍禮同邦國。以嘉禮親萬民。

而此五者又各有子目。

(一)吉禮之別十有二

以禋祀祀昊天上帝。以實柴祀日月星辰。以槱燎祀司中司命飌師雨師。以血祭祭社稷五祀五嶽。以貍沈祭山林川澤。以疈辜祭四方百物。以肆獻祼享先王。以饋食享先王。以祠春享先王。以禴夏享先王。以嘗秋享先王。以烝冬享先王。

(二)凶禮之別五

以喪禮哀死亡。以荒禮哀凶札。以弔禮哀禍烖。以禬禮哀圍敗。以恤禮哀寇亂。

(三)賓禮之別八

春見曰朝。夏見曰宗。秋見曰覲。冬見曰遇。時見曰會。殷見曰同。時聘曰問。殷覜曰視。

(四)軍禮之別五

大師之禮用衆也。大均之禮恤衆也。大田之禮簡衆也。大役之禮任衆也。大封之禮合衆也。

(五)嘉禮之別六

以飲食之禮親宗族兄弟。以昏冠之禮親成男女。以賓射之禮親故舊朋友。以饗燕之禮親四方之賓客。以脤膰之禮親兄弟之國。以賀慶之禮親異姓之國。

此五目三十六項。卽賅於司徒所舉之四目中。而其儀、文、度、數、之繁密。殆不可勝舉。今其禮固不盡存。卽其存者言之。猶當別爲專書。始能詳述其制禮之義。本書不能盡述也。

近人謂儀禮爲全書。臚舉禮書篇目。合之戴記。其言頗有見。

邵懿辰禮經通論漢初魯高堂生傳禮經十七篇。五傳至戴德戴聖。分爲大戴小戴之學。皆不言其有闕也。言僅存十七篇者。後人據漢藝文志及劉歆七略。多因逸禮三十九而言耳。夫高堂后蒼二戴慶普不以十七篇爲不全者。非專己而守殘也。彼有所取證。證之所附之記焉耳。觀昏義曰。夫禮始於冠。本於昏。重於喪祭。尊於朝聘。和於鄉射。故有冠義以釋士冠。有昏義以釋昏禮。有問喪以釋士喪。有祭義祭統以釋特牲少牢有司徹。有鄉飲酒義以釋鄉飲。有射義以釋鄉射大射。有燕義以釋燕食。有聘義以釋聘禮。有朝事以釋覲禮。有四制以釋喪服。而無一篇之義出於十七篇之外者。是冠昏喪祭朝聘鄉射八者約十七篇言之也。更證之禮運。

禮運嘗兩舉八者以語子游。皆孔子之言也。特射鄉譌爲射御耳。一則曰、達於喪祭射鄉（今本作御）冠昏朝聘。再則曰、其行之以貨力辭讓飲食冠昏喪祭[illegible]鄉朝聘。貨力辭讓飲食六者、禮之緯也。冠昏喪祭射鄉朝聘八者、禮之經也。冠以明成人。昏以合男女。喪以仁父子。祭以嚴鬼神。鄉飲以合鄉里。燕射以成賓主。聘食以睦邦交。朝覲以辨上下。天下之人盡於此矣。天下之事亦盡於此矣。而其證之尤爲明確而可指者。適合於大戴十七篇之次序。大戴士冠禮一。昏禮二。士相見三。士喪四。既夕五。士虞六。特牲饋食七。少牢饋食八。有司徹九。鄉飲十。鄉射十一。燕十二。大射十三。聘十四。公食大夫十五。覲十六。喪服十七。是一二三篇、冠昏也。四五六七八九、喪祭也。十十一十二十三、射鄉也。十四十五十六、朝聘也。而喪服之通乎上下者附焉。

茲就此八者而舉之。以見周代禮俗之一斑。

（一）冠。　男子二十而行冠禮。未冠之前。必筮日、筮賓。及期。行禮於阼。賓以緇布冠、皮弁、爵弁、三加其首。復醮於客位。字之曰伯某甫。（或仲叔季）既冠者玄冠玄端以見君。並謁鄉大夫鄉先生。所以示其成人也。適子冠於阼。庶子冠於房。適子醮用醴。庶子則用酒。所以別適庶也。由士以上均行此禮。或曰天子十二而冠。

（二）昏。　周之昏禮。先使媒氏通言。女氏許之。乃使人納采。繼以問名、納吉、納徵、請期諸禮。納采用雁。納徵用緇布。由卿以上則加玄纁儷皮及珪璋。屆期父醮子而命之迎。子承命以往。執雁而入奠雁[illegible]。[illegible]以俟。[illegible]。與婦同車而歸。同牢而食。合巹而飲。次日婦見於舅姑。舅姑饗之三月而廟見凡女子許嫁笄而字祖廟未毀則就公宮教以婦德婦言婦容婦功祖廟已毀則教於宗室。

(三)喪•　周代喪禮凡始卒、必於室。小斂後、則奉尸於堂。大斂必於阼階上。既殯、則置於西階上。尸柩皆南首。惟朝祖及葬、北首。始卒及小斂大斂均朝夕哭。朔月薦新。及遷柩、遷祖、大遣、皆行奠禮。其行奠禮也。小斂以前、皆在尸東。大斂以後、皆在室中。遷祖以後、皆在柩西。既還車、則在柩東。行奠禮、必薦車馬。必行哭禮。丈夫踊降自西。婦人踊於東南。此奠禮之大略也。有喪必赴。既赴、則弔者至。君使人弔、則主人拜稽顙成踊。非君之弔、則拜而不踊。若君臨大斂、則主人拜稽顙成踊。此弔禮之大略也。至於送終之典、則斂尸以巾。布席於戶。大斂則加以公服。棺周於身。槨周於棺。天子棺槨九重。諸侯五重。大夫三重。士二重。庶人有棺而無槨。棺槨均用木。被之以革。置柩之地刊木爲重。冪之以布。復以旗爲明旌。以銘其生前之績。其葬期、天子七月。諸侯五月。大夫三月。士逾月。樹土爲冢。置棺其下。冢人掌之。此殯葬之大略也。其服制、親喪三年。哭踊均有常節。寢苫枕塊。既葬曰虞。期年而小祥。又期年而大祥。大祥更間一月、則爲禫祭。禫祭則除服。故三年之喪二十五月而畢。自天子至於庶人均行之。其他服制、則自三年遞降。凡七等。斬衰三年。疏衰三年。疏衰一年。大功九月。小功五月。疏衰三月、緦麻三月。其冠衰布縷皆有差。

(四)祭•　祭必卜日。先期齋戒。以所祭者之孫或同姓者爲尸。卜而宿之。並宿賓。祭前一日之夕。主人、及子姓兄弟衆賓視濯視牲。祭之日。主人主婦及執事者視殺、視饎爨、及陳設鼎俎。而後迎尸。尸入坐。主人一獻。主婦亞獻。賓三獻。天子之禮、禘十二獻。祫九獻。時享七獻。諸侯之禮、則七獻。事尸畢。祝告利成。尸出。佐食徹俎而餕。祭之明日。復享賓。天子諸侯曰繹。大夫曰賓尸。士曰宴尸。凡士祭、尸九飯。大夫祭、尸十一飯。尸未食前之祭。謂之墮祭。又謂之挼祭。凡正祭於室。儐尸則於堂。此祭之大略也。

(五)射。 射禮有三。大射、及賓射燕射也。天子大射、射於射宮。賓射、射於王朝。燕射、射於路寢庭。諸侯卿亦有大射之典。天子三侯。諸侯二侯。卿大夫一侯。士不大射。諸侯賓射亦二侯。卿以下一侯。大射之侯曰皮侯。以虎豹等皮飾側而棲鵠於中。賓射亦用虎豹熊麋之皮飾側。而中畫五采以爲正。曰五采之侯。燕射、則天子熊侯白質。諸侯麋侯赤質。大夫布侯、畫以虎豹。士布侯、畫以鹿豕。皆丹質。名曰獸侯。凡射、皆三次。初射、三耦射。再射、三耦與衆耦皆射。三射、則以樂節射。不勝者飲。

(六)鄉。 鄉飲之禮。以鄉大夫爲主人。處士賢者爲賓介。賓至、拜迎於門外。入門三揖三遜。自西階升。司正北面受命安賓。升歌、間歌、合樂。主拜賓至。賓拜主洗。凡賓六十者坐。五十者立。六十者三豆。七十者四豆。八十者五豆。九十者六豆。獻酬既畢。降說屨升堂。乃羞無算爵。無算樂。賓出奏陔。

(七)朝。 周之朝義有三。外朝之法。朝士掌之。左九棘、孤卿大夫位焉。羣士在其後。右九棘、公侯伯子男位焉。羣吏在其後。面三槐、三公位焉。州長衆庶在其後。治朝之位。司士正之。王南鄉。三公北面東上。孤東面北上。卿大夫西面北上。王族故士虎士在路門之右。南面東上。大僕大右大僕從者在路門之左。南面西上。司士擯。孤卿特揖。大夫以其等旅揖。士旁三揖。王還揖門左。揖門右。士先卽位。不待王揖。大夫以上。皆待王揖乃就位。燕朝之儀。大僕掌之。大夫坐於上。士立於下。王坐而聽政焉。諸侯朝覲。皆受舍於朝。同姓西面北上。異姓東面北上。天子袞冕負斧依。侯氏入門右。坐奠圭。再拜稽首。擯者謁。侯氏坐取圭。升致命。王受之玉。侯氏降階東北面。再拜稽首。擯者延之。升成拜。乃出。侯氏三享。奉束帛十馬。天子賜侯氏以車服。

（八）聘。　聘有使、有介。皆載旜受命於朝。過邦則假道。入竟肄儀。展幣。主君及夫人使使勞之。致館、設飧。明日、迎賓。設几筵於廟。賓執圭致聘。出、復入。奉束帛加璧享。庭實以皮、或以馬。聘於夫人用璋。享用琮。事畢。賓奉束錦以請覿。主君禮賓。—介衆介均私覿。賓卽館。主君使人勞之。歸饔餼焉。

此皆、當時、人事、所至重者也。傳稱國之大事。在祀與戎。周之祭禮迷信多神。自天地山川日星風雨戶竈門行貓虎厲鬼之類。皆有專祀。其言多無當於民治。故不臚舉。軍禮已亡。宗伯所言五目。都無所考。惟夏官司馬略言之。

大司馬、中春、敎振旅。司馬以旗致民。平列陳。如戰之陳。辨鼓鐸鐲鐃之用。王執路鼓。諸侯執賁鼓。軍將執晉鼓。師帥執提。旅帥執鼙。卒長執鐃。兩司馬執鐸。公司馬執鐲。以教坐作進退疾徐疏數之節。遂以苗田。　中夏、教茇舍。羣吏撰車徒。讀書契。辨號名之。帥以門名。縣鄙各以其名。家以號名。鄉以州名。野以邑名。百家各象其事。以辨軍之夜事。其他皆如振旅。遂以苗田。　中秋、教治兵。如振旅之陳。辨旗物之用。王載大常。諸侯載旂。軍吏載旗。師都載旜。鄉遂載物。郊野載旐。百官載旟。各書其事與其號焉。其他皆如振旅。遂以獮田。　中冬、教大閱。前期、羣吏戒衆庶。修戰法。虞人萊所田之野。爲表。百步則一。爲三表。又五十步爲一表。田之日、司馬建旗於後表之中。羣吏以旗物鼓鐸鐲鐃。各帥其民而致。質明、弊旗。誅後至者。乃陳車徒如戰之陳。皆坐。羣吏聽誓於陳前。斬牲。以左右徇陳。曰不用命者斬之。中軍以鼙令鼓。鼓人皆三鼓。司馬振鐸。羣吏作旗。車徒皆作。鼓行鳴鐲。車徒皆行。及表乃止。三鼓振鐸。羣吏弊旗。車徒皆坐。又三鼓、振鐸。作旗。車徒皆作。鼓進鳴鐲。車驟徒趨。及表乃止。坐作如初。乃鼓車馳徒走。及表乃止。鼓戒三闋。車三發。徒三刺。乃鼓退鳴鐃。且卻。及表乃止。坐作如初。遂以狩田。以旌爲左右和之門。羣吏各帥其車徒。以敘和出。左右陳車徒。有司平之。旗居卒間以分地。前後有屯百步。有司巡其前後。險野人爲主。易野車爲主。既陳、乃設驅逆之車。有司表貉於陳前。中軍以鼙令鼓。鼓人皆三鼓。羣司馬振鐸。車徒皆作。遂鼓行。徒銜枚而進。大獸公之。小禽私之。獲者取左耳。及所弊。鼓皆駴。車徒皆譟。徒乃弊。致禽饁獸於郊。

欲考周代狩獵及戰陳之概況者。亦可略推其意焉。

周之禮俗、有沿用於後世者。有與後世迥異者。考究、當時、風俗、及吾國、今日、習俗之、沿革。皆宜、於禮、求之。略舉數端。以見古今禮俗之異宜焉。

(一)飲食之俗　凡取飯於器中皆以匕而承之悉以手。其未食也。先盥其手、將食則仰其手而奉之。既食、則覆其手。以棄餘粒。而揚飯、摶飯、放飯、流歠、齧骨。皆其所戒。若賓主會食。則主人以酒進賓、謂之獻。賓報主人以酒、謂之酢。主人飲酒勸賓、謂之酬。正獻既畢之酒、謂之旅酬。旅酬既畢之酒、謂之無算爵。凡獻酒、必薦食。君之酒曰膳。臣之酒曰散。酌而無酬酢曰醮。執爵皆以左手。君臣男女不相襲爵。

(二)迎送揖讓授受之俗　凡迎賓。主人敵者於大門外。主人尊者於大門內。君與臣行禮。則不迎送。賓亦然。凡入門。賓入自左。主人入自右。皆主人先入。以臣禮見。則入門右。推手曰揖。引手曰厭。入門必三揖。升階皆三讓。賓主敵者、俱升俱降。不敵者、不俱升。升階、均連步。凡授受之禮。同面者謂之並授受。相向者謂之訝授受。敵者於楹間。不敵者不於楹間。卑者於尊者、皆奠而不授。尊者辭、乃授。凡一辭而許曰禮辭。再辭而許曰固辭。三辭不許曰終辭。

(三)拜跪之俗　周之拜禮有九。頭至地者爲稽首頓首拜。頭叩地者爲頓首拜。頭至手者爲空首拜。戰栗變動之拜爲振拜。拜而後稽顙者爲吉拜。稽顙而後拜者爲凶拜。先屈一膝者爲奇拜。再拜者爲褒拜。且俯下手者爲肅拜。大抵門外之拜、皆東西面。堂上之拜、均北面。室中房中之拜、則以西面爲敬。臣與君行禮。皆堂下再拜稽首。君辭則升成拜。拜必互答。凡爲人使者、不答拜。凡拜送之禮、送者拜。去者不答拜。丈夫坐而拜。婦人興而拜。其重拜則扱地。

(四)坐立行走之俗　古皆席地而坐。坐必正席。客至於門。則主人請入爲席。非飲食之客、則布席席間函丈。主人跪正席。客跪撫席而辭。客徹重席。主人固辭。客踐席乃坐。虛坐盡後。食坐盡前。堂上行禮之法。立則不脫屨。坐則脫屨。尊卑在室。則尊者脫屨於戶內。餘則脫屨於戶外。尊卑在堂。亦尊者一人脫屨於堂上。餘皆脫屨於堂下。爵位相均。則主賓皆脫屨於堂下。凡立必正方。不中門。以物相授受者。必立而不坐。其趨行之法有二。一爲徐趨。君趨接武。大夫繼武。士中武。其行皆足不離地。舉前曳踵。一爲疾趨。直身速行。屨頭屢起。而手足仍直正。不得邪低搖動。又依爾雅之說。則古之行步。視地而異名。室中謂之時。堂上謂之行。堂下謂之步。門外謂之趨。中庭謂之走。大路謂之奔。

(五)相見執摯之俗　凡與尊者相見。必有所執。以將其意。是謂之摯。天子用鬯。諸侯用圭。孤用皮帛。卿用羔。大夫用雁。士用雉。庶人用鶩。工商用雞。野外軍中無摯。則以纓拾矢。凡賓執摯以見主人、必辭。故士見士、及士見大夫、主人皆辭摯。兩士相見。則以賓向時所執者還之於賓。賓亦辭讓而後受。士見大夫、則主人俟賓既出。還其摯於門外。臣見於君、則不還摯。若此國之臣以摯見他國之君、君亦使擯還其摯。婦人之摯、棗栗腶修。無摯、則不能成禮。

凡此皆當時之習慣風俗。不必即謂之禮。而諸書載之甚詳。以爲周旋進退之節。無在不寓禮意焉。故中

國古代所謂禮者實無乎不包而未易以一語說明其定義也

第十節　樂舞

羲農以來。雖已有樂。而其詳不可考。古書之言樂者。殆莫詳於周禮。漢人以周官大宗伯之大司樂章。爲樂人之專書。

漢藝文志。六國之君。魏文侯最爲好古。孝文時、得其樂人竇公。獻其書。乃周官大宗伯之大司樂章也。

世遂以爲樂經。蓋古樂既亡。惟此猶可推見其概也。言樂必本律呂。世傳黃帝初命伶倫作律。

呂氏春秋古樂篇。昔黃帝令伶倫作爲律。制十二筒。以聽鳳凰之鳴。以別十二律。其雄鳴爲六。雌鳴亦六。以比黃鐘之宮適合。黃鐘之宮皆可以生之。故曰黃鐘之宮、律呂之本。

書亦有六律五聲八音之文。而未詳舉其目。至周官始備。言六律六同。

周官大師。掌六律六同。以合陰陽之聲。陽聲黃鐘、大蔟、姑洗、蕤賓、夷則、無射。陰聲大呂、應鐘、南呂、函鐘、小呂、夾鐘。

及五聲八音

大師。皆文之以五聲。宮商角徵羽。皆播之以八音。金石土革絲木匏竹。

辨聲和樂之法。

典同。掌六律六同之和。以辨天地四方陰陽之聲。以爲樂器。凡聲、高聲䃂。正聲緩。下聲肆。陂聲散。險聲斂。達聲贏。微聲韽。回聲衍。侈聲笮。弇聲鬱。薄聲甄。厚聲石。凡為樂器。以十有二律為之度數。以十有二聲為之齊量。凡和樂亦如之。

言律呂度數者。固無有先於此書者矣。

國語伶州鳩曰。律所以立均出度也。古之神瞽考中聲而量之以制。度律均鍾。百官軌儀。紀之以三。平之以六。成於十二。天之道也。〇

其人在景王時。已在春秋末世矣。

言樂必兼舞。古舞之目。亦備於周官。

大司樂以樂舞教國子。舞雲門、大卷、大咸、大磬、大夏、大濩、大武。以六律、六同、五聲、八音、六舞大合樂。（此可知兼樂必兼舞）奏黃鐘。歌大呂。舞雲門。以祀天神。奏大蔟。歌應鐘。舞咸池。以祭地示。奏姑洗。歌南呂。舞大磬。以祀四望。奏蕤賓。歌函鍾。舞大夏。以祭山川。奏夷則。歌小呂。舞大濩。以享先妣。奏無射。歌夾鍾。舞大武。以享先祖。　鄭注。咸池、大咸也。

雖大卷未知所本。而雲門咸池韶夏濩武之名。皆可信為累代相傳之樂舞。

樂緯稽耀嘉。黃帝樂曰雲門。　莊子天下篇。黃帝張咸池之樂、於洞庭之野。　墨子三辯篇。湯因先王之樂。又自作樂。命曰護。又修九招。　呂氏春秋古樂篇。黃帝命伶倫與榮將鑄十二鍾。以和五音。以施英韶。命之曰咸池。帝舜令質修九招六列六英。以明帝德。禹命皋陶作為夏籥九成。以昭其功。湯命伊尹作為大護。歌晨露。修九招六列。以見其善。武王伐殷克之。乃命周公為作大武。

大舞之外。復有小舞。

樂師教國子小舞。見前。

韎舞

韎師掌教韎樂祭祀則帥其屬而舞之。

籥舞

籥師掌教國子舞羽歛籥祭祀則鼓羽籥之舞。

燕樂之舞。

旄人掌教舞散樂舞夷樂凡四方之以舞仕者屬焉凡祭祀賓客舞其燕樂。

蓋樂之爲用。全在聲容兼備。有聲而無容。不得謂之樂。周之樂舞。上備先代。旁及夷野。於歷史相傳之功德。各地人民之習尙。罔不修舉。此其樂之所以盛也。

後世言樂者。多注重於律呂。研究黍尺。聚訟紛如。而於舞法罕言之。制氏所紀之鏗鏘鼓舞。後亦不傳。

漢書藝文志制氏以雅樂聲律。世在樂官。頗能紀其鏗鏘鼓舞。而不能言其義。

惟樂記略言其事。

樂記且夫武始而北出。再成而滅商。三成而南。四成而南國是疆。五成而分周公左召公右。六成復綴以崇天子。夾振之而駟伐。盛威於中國也。　孔穎達疏武始而北出者。謂初舞位最在於南頭。從第一位而北出者。次及第二位稍北出者。作樂一成而舞象武王北出觀兵也。再成而滅商者。謂作樂再成。舞者從第二位至第三位。象武王滅商。三成而南者。謂舞者從第三位至第四位。極北而南反。象武王克商而南還。四成而南國是疆者。謂武曲四成。舞者從北頭第一位。却至第二位。象武王伐紂之後。南方之國。於是疆理也。五成而分周公左召公右者。從第二位至第三位。分為左右。象周公居左。召公居右也。六成復綴以崇者。綴謂南頭初位。舞者從第三位南至本位。故言復綴以崇。崇、充也。而駟伐者。駟當為四。伐謂擊刺。作武樂之時。每一奏之中。而四度擊刺。象武王伐紂四伐也。

賈公彥釋周官。言樂之六變八變九變。亦以其法推之。

周官大司樂、凡樂圜鍾為宮。黃鍾為角。大蔟為徵。姑洗為羽。靁鼓靁鼗。孤竹之管。雲和之琴瑟。雲門之舞。冬日至於地上之圜丘奏之。若樂六變。則天神皆降。可得而禮矣。凡樂、函鍾為宮。大蔟為角。姑洗為徵。南呂為羽。靈鼓靈鼗。孫竹之管。空桑之琴瑟。咸池之舞。夏日至於澤中之方丘奏之。若樂八變。則地示皆出。可得而禮矣。凡樂、黃鍾為宮。大呂為角。大蔟為徵。應鍾為羽。路鼓路鼗。陰竹之管。龍門之琴瑟。九德之歌。九磬之舞。於宗廟之中奏之。若樂九變。則人鬼可得而禮矣。　賈公彥疏言六變八變九變者。謂在天地及廟庭而立四表。舞人從南表向第二表、為一成。一成則一變。從第二至第三、為二成。從第三至北頭第四表、為三成。舞人各轉身南向、於北表之北、還從第一至第二、為四成。第二至第三、為五成。從第三至南頭第一表、為六成。則天神皆降。若八變者。更從南頭北向第二、為七成。又從第二至第三、為八成。地祇皆出。若九變者。又從第三至北頭第一、為九變。人鬼可得而禮焉。此約周之大武。象武王伐紂。大護已上。雖無滅商之事。但舞人須有限約。亦應立四表。以與舞人為曲別也。　黃以周曰。大武立四表。昉諸大司馬田獵之法。田獵立表自南始。故以至北之表為後表。而田獵之行自北始。故鄭注以初鼓及表、自後表前至第二。又鼓及表、自第二前至第三三鼓及表、自第三前至前表。四鼓而退、及表自前表至後表。準鄭此注、則武始北出、自北表前出至第二表。再成、自第二至第三表。所謂再始以著往也。三成而南、自第三前至南表。所謂周德自北而南也。四成而南國是疆、自南表回至第三表。所謂復亂以飭歸也。至六成、又自第二表回至北表。復綴以崇、所謂樂終而德尊也。至圜丘奏樂六變、用雲門。方丘奏樂八變、用咸池。宗廟奏樂九變、用九磬。其舞之行列、未必同於大武。賈疏仍以大武約之。固未必然。又因九變欲至北表以象歸。遂謂武舞北出自南起。更屬難信。

雖其說未必盡然。然欲考古舞者之地位及節奏。亦可於此略見一斑焉。

古樂陳列之法、見於周官。謂之樂縣。

周官小胥正樂縣之位。王宮縣。諸侯軒縣。卿大夫判縣。士特縣。凡縣、鐘磬半爲堵。全爲肆。

其法不見於他書。惟儀禮大射儀陳列樂器之法。可證軒縣之制。而宮縣之類。亦可以此推之。

儀禮大射儀樂人宿縣於阼階東。笙磬西面。其南笙鐘。其南鑮。皆南陳。建鼓在阼階西。南鼓。應鼙在其東。南鼓。（江藩曰此阼階之一肆）西階之西。頌磬東面。其南鐘。其南鑮。皆南陳。一建鼓在其南。東鼓。朔鼙在其北。（江曰此西階之一肆也）一建鼓在西階之東。南面。（江曰此一縣僅設建鼓乃北面之一肆也）簜在建鼓之間。鼗倚於頌磬西紘。（江曰此二器倚而不縣者也）

江藩樂縣考曰、由此推之。宮縣四面皆縣。一肆鐘一堵、磬一堵。有鑮有建鼓有應鼙。西縣之制。同於東縣。惟笙磬笙鐘、頌磬頌鐘、應鼙朔鼙、異其名耳。據此、則南面一肆。北面一肆。亦必有鐘磬鑮、有鼓有鼙。而鐘磬之名不可考。

宮縣圖

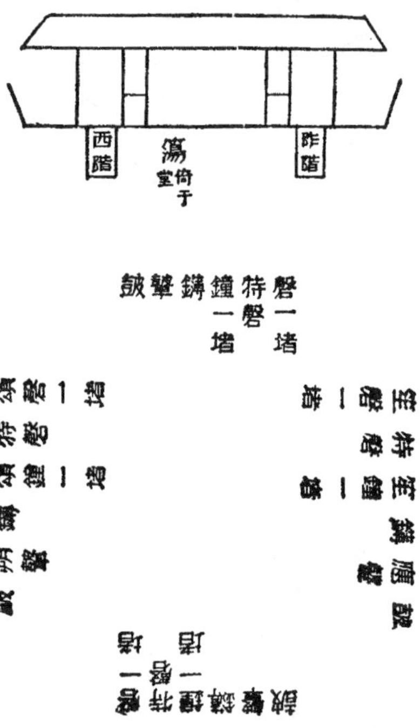

縣器之外。琴瑟在堂。節以搏拊。

尙書大傳古者帝王升歌淸廟大琴練弦達越大瑟朱弦達越。以韋爲鼓謂之搏拊。○黃以周曰周官大師小師兩職並云登歌擊拊周之搏拊亦在堂上。　又曰周之升歌亦當有琴。燕射諸禮堂上有瑟無琴。蓋諸侯待大夫禮殺而下就也。

塤敔之類。陳於縣外。

江藩樂縣考樂備八音見於儀禮者。鐘鑮金也。磬石也。鼓鼗鼙革也。琴瑟絲也。簫箎竹也。八音之內。所少者惟土與木耳。則宮縣之外。尙有土音之塤木音之敔。賈公彥曰自餘樂器陳於外也。

奏樂之次序。以器之上下爲先後。奏堂上之樂曰登歌。奏堂下之樂曰下管。

周官大師大祭祀。瞽帥登歌。令奏擊拊。（孫詒讓曰此奏堂上之樂也）下管播樂器。令奏鼓朄。（孫曰此奏堂下之樂）　小師大祭祀。登歌擊拊。下管擊應鼓。

次則笙入間歌。

儀禮鄉飲酒禮笙入堂下磬南北面立。樂南陔、白華、華黍。乃間歌魚麗、笙由庚。歌南有嘉魚、笙崇丘。歌南山有臺、笙由儀。　鄭注、笙吹笙者也。以笙吹此詩、以爲樂也。閒、代也。謂一歌則一吹。

次大合樂。

鄉飲酒禮、乃合樂周南關雎、葛覃、卷耳。召南鵲巢、采蘩、采蘋。　鄭注、合樂、謂歌樂與衆聲俱作。　賈疏、合樂、謂歌樂與衆聲俱作者、謂堂上有歌瑟。堂下有金磬。合奏此詩。故云衆聲俱作。

次興舞。

孫詒讓曰。凡舞在合樂之後。燕禮記云。遂合鄉樂。若舞則勺。注云。勺、頌篇。既合鄉樂。萬舞而奏之是也。

其天子諸侯之樂。又有金奏。

黃以周曰。樂有六節。一曰金奏。二曰升歌。三曰下管笙入。四曰間歌。五曰合樂。六曰無算樂。上得下就。下不得上取。　孫詒讓曰。凡天子諸侯之樂。以升歌爲第一節。下管爲第二節。間歌爲第三節。合樂爲第四節。每節皆三終。大夫士之樂。唯無下管。而以笙入爲管二節。餘三節並同。天子諸侯又有金奏。以迎尸送尸迎賓送賓、謂之先樂。

鍾師掌之而聽令於大司樂。

周官鍾師掌金奏。凡樂事以鍾鼓奏九夏。王夏、肆夏、昭夏、納夏、章夏、齊夏、族夏、祴夏、驁夏。　大司樂王出入則令奏王夏。尸出入則令奏肆夏。牲出入則令奏昭夏。　鄭注王出入奏王夏。尸出入奏肆夏。牲出入奏昭夏。四方賓來奏納夏。臣有功奏章夏。夫人祭奏齊夏。族人侍奏族夏。客醉而出奏陔夏。公出入奏驁夏。

古所謂樂者。大致如是。今人不惟不知律呂並舞器位次管絃終節都不深考。第習後世之樂器雜奏而漫舉之。便曰國樂。實至可怪之事也。海寧王氏有釋樂次篇。綜諸書而定其次。今附錄之。

王國維樂詩考略凡樂以金奏始。以金奏終。金奏者所以迎送賓。亦以優大子諸侯及賓客。以為行禮及步趨之節也。凡金奏之詩以九夏。大夫士有送賓之樂而無迎賓之樂。其送賓也以陔夏。諸侯迎以肆夏。送以陔夏。天子迎以肆夏。送以肆夏。而天子諸侯出入又自有樂。其樂天子以王夏。諸侯以驁夏。諸侯大射惟入用樂。金奏既闋獻酬習禮畢。則工升歌。升歌者所以樂賓也。升歌之詩以雅頌。大夫士用小雅。諸侯燕其臣及他國之臣亦用小雅。兩君相見則用大雅。或用頌。天子則用頌焉。升歌既畢。則笙入。笙之詩南陔白華華黍也。歌者在上。匏竹在下。於是有間有合。間之詩。歌則魚麗南有嘉魚南山有臺。笙則由庚崇邱由儀也。合之詩。周南關雎葛覃卷耳召南鵲巢采蘩采蘋也。自笙以下諸詩。大夫士至諸侯共之。諸侯以上禮之盛者。以管易笙。笙與歌異工。故有間歌有合樂。管與歌同工。故升而歌。下而管。無間歌合樂。下管之詩。諸侯新宮。天子象也。凡升歌用雅者。管與笙皆用雅。升歌用頌者。管亦用頌。凡有管則有舞。舞之詩。諸侯勺。天子大武大夏也。凡金奏之樂用鐘鼓。天子諸侯全用之。大夫士鼓而已。歌用瑟及搏拊。笙與管皆如其名。舞則大武用干戚。大夏用羽籥。

第十一節 王朝與諸侯之關繫

前所述之十節。周之政教大端粗具矣。要而論之。其體國經野設官分職之精意。雖兼王朝及侯國而言。

而其根本僅在天子都城及六鄉六遂之區域。雖推其功效。固足使諸侯仿行。合無數之鄉遂而成一大國。

書費誓魯人三郊三遂。卽仿天子之制。爲三鄉三遂也。

然以周代萬里之幅員。而政治之精神、僅見千方四百里之鄉遂。外此之五等諸侯。皆非天子號令之所及。則周天子不過一模範之侯封。不足爲四海共主也。吾人今日所當知者。周之制度。小則比閭族黨行政。皆民選之官。大則侯衞要荒。率土守王朝之法。其相維相繫之妙用。均散見於周官。故熟觀周官。則知周之封建。雖分權於各國。而中央政府之政令。固亦無不達於諸國之處。其組織各國。而成一大國。儼如今人所謂有機體。絕非後世苟且補苴之制所可比也。

周官所言王朝與諸侯之關繫。自封畿畫土外。其最要者六事。(一)曰命官。其官制定於太宰。

周官太宰施典於邦國。而建其牧。立其監。設其參。傅其伍。陳其殷。置其輔。

而典命掌其命數。

典命掌諸侯之五儀。諸臣之五等之命。上公九命爲伯。侯伯七命。子男五命。公之孤四命。其卿三命。其大夫再命。其士一命。侯伯之卿大夫士亦如之。子男之卿再命。其大夫一命。其士不命。

內史策命之。

內史凡命諸侯及孤卿大夫則策命之。

侯國之卿未受命於天子者則謂之小卿。其區別至嚴也。

儀禮大射儀小卿鄭注小卿命於其君者也。

(二)曰貢物。其別有二。一則每歲常貢。令春入之。

周官小行人令春入貢。 賈疏此云貢卽太宰九貢。是歲之常貢也。必使春入者其所貢之物。並諸侯之國出稅於民。民稅既得。乃大國貢半。次國三之一。小國四之一。皆市取美物。必經冬至春。乃可入王。是以令春入之也。

其目有九。

太宰以九貢致邦國之用。一曰祀貢。二曰嬪貢。三曰器貢。四曰幣貢。五曰材貢。六曰貨貢。七曰服貢。八曰斿貢。九曰物貢。

皆有定法。

司會以九貢之法致邦國之財用。

一則因朝而貢。各有年限。

大行人侯服歲壹見。其貢祀物。甸服二歲壹見。其貢嬪物。男服三歲壹見。其貢器物。采服四歲壹見。其貢服物。衞服五歲壹見。其貢材物。要服六歲壹見。其貢貨物。蕃國世壹見。各以其所貴寶爲摯。 賈疏此因朝而貢。與太宰九貢及小行人春入貢者別。彼是歲之其貢物皆入於太府以共王朝對於邦國之用。

太府掌九貢九賦九功之貳以受其貨賄之入凡邦國之貢以待弔用。

蓋王朝之財政自以萬民之貢充府庫初不利諸侯之貢而有所私也。(三)曰盟約自諸侯至萬民皆有焉。

司約掌邦國及萬民之約劑治神之約爲上治民之約次之治地之約次之治功之約次之治器之約次之治摯之約次之凡大約劑書於宗彝小約劑書於丹圖。　司盟掌盟載之法凡邦國有疑會同則掌其盟約之載及其禮儀北面詔明神既盟則貳之盟萬民之犯命者詛其不信者亦如之凡民之有約劑者其貳在司盟

其大者則登於天府。

大司寇凡邦之大盟約涖其盟書而登之於天府太史內史司會及六官皆受其貳而藏之。

蓋其時尙以神道設教故人事之不可信者恃盟約以堅之。然當時之王朝與諸侯萬民訂約或諸侯與諸侯或諸侯與萬民或此國之民與他國之民立約其事之多可由此推見矣。(四)曰朝聘其法甚多約之則有君臣二者之禮。

小行人朝覲宗遇會同君之禮也。在覜省聘問臣之禮也。

而行人之官掌之。

> 大行人掌大賓之禮及大客之儀。以親諸侯。春朝諸侯、而圖天下之事。秋覲、以比邦國之功。夏宗、以陳天下之謨。冬遇、以協諸侯之慮。時會、以發四方之禁。殷同、以施天下之政。時聘、以結諸侯之好。殷覜、以除邦國之慝。閒問、以諭諸侯之志。歸脤、以交諸侯之福。賀慶、以贊諸侯之喜。致禬、以補諸侯之烖。　王之所以撫邦國諸侯者。歲徧存。三歲徧覜。五歲徧省。七歲、屬象胥、諭言語、協辭命。九歲、屬瞽史、諭書名、聽聲音。十有一歲、達瑞節、同度量、成牢禮、同數器、修法則。十有二歲、王巡守殷國。

蓋君臣之禮、各有政治之關繫、非徒以聯情好、飾儀文也。(五)曰刑罰。邦國之獄訟。既有邦典。

> 大司寇凡諸侯之獄訟。以邦典定之。

其輕重、又各以性質爲區別。

> 大司寇掌建邦之三典。以佐王刑邦國。詰四方。一曰刑新國用輕典。二曰刑平國用中典。三曰刑亂國用重典。

布憲爲之布告。

> 布憲掌憲邦之刑禁。正月之吉。執旌節以宣布於四方。而憲邦之刑禁。以詰四方邦國及其都鄙。達於四海。

而訝士專掌折獄焉。

> 訝士掌四方之獄訟。諭罪刑於邦國。凡四方之有治於士者造焉。四方有亂獄、則往而成之。

至諸侯之大罪。則有九伐之法。

> 大司馬以九伐之法正邦國。馮弱犯寡則眚之。賊賢害民則伐之。暴內陵外則壇之。野荒民散則削之。負固不服則侵之。賊殺其親則

正之放弑其君則殘之犯令陵政則杜之外內亂鳥獸行則滅之。

蓋天子六軍倍於大國之軍數故不患其不服也（六）曰哀恤國有福事既有慶賀之禮其他不幸之事則行人往而哀恤之。

小行人若國札喪則令賻補之若國凶荒則令賙委之若國師役則令槁禬之若國有福事則令慶賀之若國有禍烖則令哀弔之。

掌客為之殺禮。

掌客凡禮賓客國新殺禮凶荒殺禮札喪殺禮禍烖殺。

蓋王朝與諸侯內外一體無論常變皆與有關繫也。

吾考周時王朝與諸侯國之組織固皆以政法為之樞而文字之功與宣傳之力尤有關於中外之維繫考之周官當時各國咸有方志小史外史誦訓諸官掌之。

小史掌邦國之志奠繫世辨昭穆。　外史掌四方之志。　誦訓掌道方志以詔觀事。

王朝之人既熟悉其歷史而各國特別之情況行人又時時調查而為專書。

小行人掌邦國賓客之禮籍及其萬民之利害為一書其禮俗政事教治刑禁之逆順為一書其悖逆暴亂作慝猶犯令者為一書其札喪凶荒厄貧為一書其康樂和親安平為一書凡此五物者每國辨異之以反命於王以周知天下之故。

訓方氏又為之誦道。

訓方氏掌道四方之政事與其上下之志。誦四方之傳道。正歲則布而訓四方。而觀新物。

故王國之人。能周知天下之故。而四方無隱情焉。王國統一四方之文字。既有行人諭之。外史又專掌其命令。並達書名。

外史掌書外令。掌達書名於四方。若以書使於四方。則書其令。

則王國之書之傳播於外。亦可見矣。

文字之宣傳。與口語之宣傳。相爲因也。周官有撢人及掌交等官。以口語宣傳爲專職。

撢人掌誦王志。道國之政事。以巡天下之邦國而語之。使萬民和說而正王面。　掌交掌以節與幣。巡邦國之諸侯。及其萬民之所聚者。道王之德意志慮。使咸知王之好惡。辟行之。使和諸侯之好。達萬民之說。掌邦國之通事。而結其交好。

而象胥之傳言語。且及於蠻夷閩貉戎狄之國。

象胥掌蠻夷閩貉戎狄之國使。掌傳王之言而諭說焉。以和親之。若以時入賓。則協禮與其辭言傳之。

故內外皆無隔閡。不但諸侯對於王朝。靡所隱蔽。即諸侯對於諸侯。及諸侯之民對於他國之民。亦可以無扞格齟齬之意。其立法之意深矣。

第十二節　結論

綜觀右舉十一節。而周禮儀禮二書之時代功效性質。乃可推論。蓋使西周時代。無此一種制度。純出於戰國或漢代儒家之僞造則春秋內外傳所紀詩書所稱一切皆無來歷例如國語紀陳靈公時事。

國語定王使單襄公聘於宋遂假道於陳以聘於楚火朝覿矣道茀不可行候不在疆司空不視塗澤不陂川不梁野不庾積場功未畢道無列樹墾田若蓺膳宰不致餼司里不授館國無寄寓縣無施舍。周之秩官有之曰。敵國賓至。關尹以告。行理以節逆之。候人爲導。卿出郊勞。門尹除門。宗祝執祀。司里授館。司徒具徒。司空視塗。司寇詰姦。虞人入材。甸人積薪。火師監燎。水師監濯。膳宰致饔。廩人獻餼。司馬陳芻。工人展車。百官以物至。賓入如歸。是故小大莫不懷愛。其貴國之賓至。則以班加一等。益虔。至於王吏。則皆官正涖事。上卿監之。若王巡守。則君親監之。

使非春秋以前周代固有若干典章列國皆奉行惟謹舉凡朝聘之儀官司之守道路之政田里之制皆有詳細條文則單襄公對於陳國之腐敗何必駭怪而僞造此等言論以譏刺之若謂列國各行其法可以因人事而進化則彼此朝聘爲何時所訂之公約不但春秋時之國家絕無此等人物卽詩書所載之諸侯如魯伯禽召穆公衞武公晉文侯秦非子等皆無此魄力也若謂周家立法隨時改進則夷厲以降王朝已衰更不能創立典章頒行各國矣周室盛時惟成康昭穆四代而左傳稱昭王南征而不反國語稱穆王征犬戎荒服者不至其時已遜於成康故謂穆王時紹述周公職方之文則可謂穆王作職方則不可也。

曰。然則官禮之文。其效亦可睹矣。成康在位五十餘年。

通鑑外紀成王在位三十年。通周公攝政三十七年。康王在位二十六年。

而王道遂微缺。

史記周本紀昭王之時。王道微缺。

周公制禮。復何足稱。曰、是當以孔子及朱子之言釋之。

中庸孔子曰。文武之政。布在方策。其人存。則其政舉。其人亡。則其政息。

此如共和政體、行之美國而治、行之墨西哥而亂、良法美意。待人而行。不得以世亂之因。全歸之於法制。也。

朱子語類卷八十六。大抵說制度之書。惟周禮儀禮可信。禮記便不可深信。周禮畢竟出於一家。謂是周公親筆做成。固不可。然大綱却是周公意思。某所疑者。但恐周公立下此法、却不曾行得盡。

其行者已致刑措之效。其不盡行者。遂開後世之衰。是亦無所用其諱飾也。

周之禮教。雖至衰亂之世。亦非全不奉行。觀賓之初筵之詩可見。

詩小雅甫田之什。賓之初筵。左右秩秩。籩豆有楚。殽核維旅。酒既和旨。飲酒孔偕。鐘鼓既設。舉醻逸逸。大侯既抗。弓矢斯張。射夫既同。獻爾發功。發彼有的。以祈爾爵。　籥舞笙鼓。樂既和奏。烝衎烈祖。以洽百禮。百禮既至。有壬有林。錫爾純嘏。子孫其湛。其湛曰樂。各奏爾能。賓載手仇。室人入又。酌彼康爵。以奏爾時。　賓之初筵。溫溫其恭。其未醉止。威儀反反。曰既醉止。威儀幡幡。舍其坐遷。屢無僊僊。其未醉止。威儀抑抑。曰既醉止。威儀怭怭。是曰既醉。不知其秩。　賓既醉止。載號載呶。亂我籩豆。屢舞僛僛。是曰既醉。不知其郵。側弁之俄。屢舞傞傞。既醉而出。並受其福。醉而不出。是謂伐德。飲酒孔嘉。維其令儀。　凡此飲酒。或醉或否。既立之監。或佐之史。彼醉不臧。不醉反恥。式勿從謂。無俾大怠。匪言勿由。匪由勿語。由醉之言。俾出童羖。三爵不識。矧敢多又。

此詩、小序以爲幽王時衞武公刺時之詩。卽謂小序不可信。不能確指其爲何時何人之作。以詩之次序論。在節南山谷風諸什之後、魚藻諸什之先。其爲西周衰亂之時之詩無疑也。觀其初筵。實卽燕射之禮。賓之威儀溫恭。頗守禮法。至於既醉之後。側弁屢舞。則爲衰世之風。然立監佐史。仍與燕禮鄉射禮之立司正相合。三爵獻酬。亦同於禮。足知昭穆以降。並非舉先代所制之禮。一概廢棄。惟行之不合於禮意。則詩人從而刺之。當時詩人嫻於禮教。又可因此而見矣。

近世西人多有研究周禮者。法人僤優 Edouard Constant Biot (1803—1850) 曾以法文譯之。(Le Tcheou-li, trad. du chinois) 一八五一年巴黎出版 德人夏德 Friedrich Hirth 一八四五年生。今存。所著、支那古代史 (The Ancient History of China) 多稱引其說。如曰。

周禮爲周代文化生活最重要的典據。亦爲後代之嚮導。對於爲政家之模範。永受世人之尊重。殆無可疑。其於國民之敎養。實居重大之位置。世界之書籍中。罕見其匹。儔且其關於公共生活及社會生活。詳細說明。於陶冶後代之國民。具有非常之勢力。因襲之久。世人因此詳細之規定。殊不能任意而行。社會萬般之生活。無論一言一行。無不依其儀式。僤優氏以爲此等詳細的規矩。其主要之目的惟在使人除去公私之生活上放縱粗野之行動使肉體與道德共具有一定不變之性格更於其上築成一不變易狀態之政府焉俾優氏此言不可謂非卓識支那王朝雖屢變更彼等支那人自周禮之時代至於現今對於此種儀式因襲的尊敬之結果至於使支那與支那人國家與國民均具有鞏固不變之性質云

雖其觀察吾國政教禮俗未能得其眞際而謂周禮爲陶冶後代國民性之具亦不可謂無見也

第一編

第二十章　文字與學術

西周文字可分爲二期。周初之古文爲一期。宣王以後之籀文爲一期。

說文。宣王太史籀作大篆十五篇。與古文或異。據此。則宣王以前之文爲古文。

周初之古文。與夏、商之文字。亦不同。

說文。五帝三王之世。改易殊體。封於泰山者。七十有二代。靡有同焉。　段玉裁曰。自黃帝而帝顓頊高陽、帝嚳高辛、帝堯、帝舜。爲五帝。夏禹、商湯、周文武爲三王。其間文字之體。更改非一。不可枚舉。傳於世者。概謂之倉頡古文。不皆倉頡所作也。

惟其時文字未有定名。僅可謂之古文耳。今以世傳殷商龜甲文字。與周初鐘鼎相較。則商代文字筆畫、簡約。至周初而變爲繁飾。且其結體。亦與商代不同。固由周代尚文。亦審美之念漸趨繁密之證也。說文所載籀文。尤多重疊。文飾之風。殆與世並進。而岐陽石鼓行列整齊。近於小篆。其別異於周初之古文。或卽在是歟。

世多謂古文簡而籀文繁。遂疑古文之重疊者爲籀文。如王菉友說文釋例謂牙之古文、某之古文、皆籀文。實未悟進化之理。凡一事一物之興。必皆有其漸。而後有人取而整齊之。使周初古文無重疊者。而太史籀一旦創爲筆畫繁多之字。何能使人通用乎。

文字有進步。教授文字亦隨而進步。周初教六書。

說文周禮八歲入小學。保氏教國子。先以六書。一曰指事。指事者、視而可識。察而見意。上下是也。二曰象形。象形者、化成其物。隨體詰詘。日月是也。三曰形聲。形聲者、以事爲名。取譬相成。江河是也。四曰會意。會意者、比類合誼。以見指撝。武信是也。五曰轉注。轉注者、建類一首。同意相受。考老是也。六曰假借。假借者、本無其字。依聲託事。令長是也。

殆僅教以方名。

內則六年教之數與方名。

至史籀而有史篇。附以說解。以教學僮。

漢書藝文志史籀篇者、周時史官教學僮書也。　段玉裁曰。許稱史篇者三。奭下云。此燕召公名。史篇名醜。匋下云、史篇讀與缶同。姚下云、史篇以爲姚易知。史篇不徒載篆形。亦有說解。

爲後世小學書之權輿。西漢時其書尚完好。東漢建武中猶存九篇。足知周秦漢人之教學者。率本此書矣。

周代文字。存於今者。有金有石。諸家著錄金文。定爲周器者。無慮數百種。若師旦鼎阮元定爲成王即政之元年。周公歸政於文武

之器。無專鼎器。阮元定爲周宣王時器。周寰卣王祭文王廟器。毛公鼎冊命毛叔鄭之器。盂鼎成王時南公

孫盂所作之鼎。等皆西周器也。石文有壇山刻石。文曰吉日癸巳。在今贊皇縣學。相傳爲周穆王時書。然其眞僞未定也。

惟岐陽石鼓。今在北京國子監大成門。自唐以來。認爲周代石刻。

韋應物詩周宣大獵岐之陽。刻石表功煒煌煌。石如鼓形數止十。風雨缺剝苔蘚澀。飛端委蛇相糾錯。乃是宣王之臣史籀作。

清代諸儒考訂石鼓者。雖多異說。然其爲吾國最古之石刻。則固無可疑也。

周之書籍。統曰方策。

中庸文武之政。布在方策。　聘禮記百名以上書於策。不及百名書於方。

策以竹爲之。一曰畢。

爾雅釋器簡謂之畢。郭注今簡札也。　學記呻其佔畢。鄭注呻吟誦其所視簡之文。

一曰牒。

說文簡牒也。

一曰篇。

書金縢啓籥見書。　說文籥書僮竹笘也。

大抵單執一札謂之簡。連編諸簡乃名爲策。故於文、策本作册。象其編簡之形。

釋名。簡閒也。編之篇篇有間也。是諸簡連編者、亦名爲簡。蓋對文則簡與策別。散文則簡與策通也。

方亦曰牘。以木爲之。

金鶚周代書冊制度考。方一曰牘。說文云。牘書版也。論衡量知篇云。截竹爲筒。以爲牒。加筆墨之跡。乃成文字。斷木爲槧。析之爲版。力加刮削。乃成奏牘。此簡策用竹、方版用木之證也。

方廣於策而較短。策長二尺四寸。一策祗書一行。其字數自二十至三十不等。字大不逾寸。

金鶚周代書冊制度考。簡策長短之度。說者不一。蔡邕獨斷云。策者簡也。其制長二尺。短者半之。孔沖遠春秋疏云。鄭玄注論語序以鉤命決云。春秋二尺四寸書之。孝經一尺二寸書之。故知六經之策。皆長二尺四寸。蔡邕言二尺者。謂漢世天子策書所用。與六經異也。士聘禮賈疏、鄭作論語序云。易書詩禮樂春秋策皆尺二寸。孝經謙、半之。論語八寸策者、三分居一。又謙焉。賈孔之言長短大異。竊謂孔疏是也。孔沖遠謂簡容一行字。鄭注尙書云。三十字一簡之文。漢書藝文志云。劉向以中古文校歐陽大小夏侯三家經文。率簡二十五字者、脫亦二十五字。簡二十二字、脫亦二十二字。是一簡容字有多少。然要自二十字以上。大約以三十字爲歸。周之一尺二寸、當今九寸六分。恐不容三十字。周之六寸、當今四寸八分。孝經之策。毋乃太短乎。且彼謂論語策三分居一、又謙焉。若六經策一尺二寸。論語三分居一。當爲四寸。四寸當今三寸二分。其短尤甚矣。論語一簡容八字。誠不以富。亦祗以異、錯簡可證。服虔注左氏云。古文篆書、一簡八字。又一證也。若三寸二分。豈能容八字乎。今觀賈疏論語策實是八寸。以二分居一推之。六經策當二尺四寸。孝經當一尺二寸。與孔疏合。二疏同引鄭君論語序。不應有異。然則賈疏尺二寸三字、必是二尺四寸之譌可知矣。論語策八寸容八字。六經策二尺四寸者容二十餘字至三十字。其制自合。大約一寸容一字。古用科斗大篆。其字體不宜小。又一簡止容一行。則字體更不宜小。故每一寸容一字也。古人書策。每行亦不拘字數。故或有二十五字。或有二十二字。推之或二十三字、或二十四字。皆未可定矣。此由字體有繁簡。繁者宜疏。簡者宜密。總欲其點畫之明析而已。方版之字長短未聞。然其所書自百字以下。或爲五行、每行二十字。或爲四行。每行二十餘字。則其長亦當有二尺餘。其廣大約五六寸。若二三行者。其廣不過三四寸。有長方形。故謂之方。非必正方也。

其書字、以筆墨。有不當、則以刀削去。更書他字。（亦據金說）其法至漢魏猶沿用之。吾人雖不能見西周之方策。然以近世發見之流沙墜簡推之。猶可得其髣髴也。

周之教育皆官掌之。其教人者曰師曰儒。

周官太宰以九兩繫邦國之民。三曰師以賢得民。四曰儒以道得民。　孫詒讓曰。此經之師儒於文王官人七屬當四曰學則任師、七曰先則任賢。所苞甚廣。劉台拱曰。師卽禮經所謂先生。鄭注云、古者年七十而致仕、老於鄉里、大夫名曰父師、士名曰少師、而教學焉是也。儒卽禮經所謂君子。鄭注云、有大德行不仕者是也。俞樾云。師者、其人有賢德者也。儒者、其人有伎術者也。說文人部、儒、柔也。術士之稱。是古謂術士爲儒。凡有一術可稱。皆名之曰儒。故有君子儒小人儒之別。此經所謂儒者。止是術士。以道得名者。道亦術也。說此經者。習於後世之言。視儒與道皆甚尊。於是始失其解矣。案劉俞說得之而未盡也。此經之師儒、卽大司徒本俗六之聯師儒。皆通乎上下之辭。師則泛指四民之有德行材藝足以教人者而言。上者國學。鄉遂州黨諸小學。以逮里巷家塾之師。固爲師而兼儒。下者如嬪婦有女師。巫醫農工。亦皆有師。蓋齊民曲藝。咸有傳授。則亦各有師弟之分。以賢得民。祇謂師賢於弟子耳。奚必德行純備之賢乎。儒則泛指誦說詩書通該術藝者而言。若荀子儒效篇所稱俗儒雅儒大儒。道有大小。而皆足以得民。亦不必皆有聖賢之道也。

而稽其學術。大抵出於官守。故淸人盛稱周代學術本於王官。

章學誠校讎通義。後世文字。必溯源於六藝。六藝非孔氏之書。乃周官之舊典也。易掌太卜。書掌外史。禮在宗伯。樂隸司樂。詩領於太師。春秋存乎國史。有官斯有法。故法具於官。有法斯有書。故官守其書。有書斯有學。故師傳其學。有學斯有業。故弟子習其業。官守學業皆出於一。而天下以同文爲治。故私門無著述文字。

諸學之中。尤以史學爲淵藪。周之史官。既有大史、小史、內史、外史、御史、女史諸職。其地方復有州史、閭史。

禮記內則。宰告閭史。閭史書爲二。其一藏諸閭府。其一獻諸州史。州史獻諸州伯。州伯命藏諸州府。

其各官所屬之史。專掌官書者。殆不下千餘人。

五官之史可數者。天官一百四十四人。地官一百九十二人。春官二百六十四人。夏官二百一十五人。秋官一百七十一人。冬官不可知。又如商肆之史。無數可稽。合之。殆不在千人以下也。

其書自三皇五帝之書。

周官外史掌三皇五帝之書。

至閻里生齒之册。無不備。故劉知幾謂史官備於周室。

史通外篇 周官禮記有太史小史內史外史左史右史之名。太史掌國之六典。小史掌邦國之志。內史掌書王命。外史掌書使乎四方。左史記言。右史記事。曲禮曰。史載筆。大事書之於策。小事簡牘而已。大戴禮曰。太子既冠成人。免於保傅。則有司過之史。韓詩外傳云。據法守職而不敢爲非者。太史令也。斯則史官之作。肇自黃帝。備於周室。名目既多。職務咸異。至於諸侯列國。亦各有史官。求其位號。一同王者。

亦可謂歷代之書。莫備於周史。史官所讀之書既多。故其學亦邃。周之史官最著者。首推史佚。

汪中墨子序 周太史尹佚實爲文王所訪。晉語 克商營洛。祝筴遷鼎。有勞於王室。周書克殷解 書洛誥 成王聽朝。與周召太公同爲四輔。賈誼新書保傅篇 數有論諫。淮南子主術訓 史記晉世家 身沒而言立。東遷以後。魯季文子 春秋傳成四年 惠伯 文十五年 晉荀偃 襄十四年 叔向 周語 秦子桑 僖十五年 后子 昭九年 及左邱明 宣十二年 並見引重。遺書二篇。劉向校書。列諸墨六家之首。說苑政理篇亦載其文。

其後世掌周史。

頌鼎 尹氏受王命書。王呼史虢生册命頌。 善夫克簋 王命尹氏友史趛册善夫克。均見愙齋集古錄

梁玉繩古今人表考 史佚亦曰尹逸。晉語稱文王訪於辛尹。尹蓋其氏。通志氏族略三云。少昊之子封於尹城。因以爲氏。子孫世爲周卿士。食采於尹。考左昭二十三年。王子朝入於尹。單劉伐尹。疏謂尹子食采於尹。世卿爲士。然則尹佚乃少昊之裔。而周尹氏乃史佚之後也。

尹吉甫尤著稱於宣王之朝。

詩六月文武吉甫萬邦爲憲。

詩常武王謂尹氏命程伯休父。　正義此時尹氏當是尹吉甫也。

史佚之外有左史戎夫作史記以警穆王。

逸周書史記維正月王在成周昧爽召三公左史戎夫曰今夕朕寤遂事驚予乃取遂事之要戒俾戎夫主之朔望以聞。

有伯陽父以史記決周之衰亡。

史記周本紀幽王二年西周三川皆震伯陽甫曰周將亡矣。

又幽王得褒姒愛之欲廢申后幷去太子宜臼以褒姒后伯服爲太子周太史伯陽讀史記曰周將亡矣。

有史伯碩父、史僕、史賓、史𠂤、史燕、史頌、史懋、史宅、史寏、史吳、史駒、史友等均著名於彝鼎。

積古齋鐘鼎彝器欵識有史伯碩父鼎、史僕壺、史賓鉼、史𠂤彝、史燕簋。　愙齋集古錄有史頌敦、史懋壺、史宅簋、史寏敦。又師奎父鼎王呼內史駒冊命師奎父。師虎敦王呼內史吳曰冊命虎。無專鼎王呼史友冊命無專。

他官之傳於今者未有若史官之衆也。

有史而後有法。故法、學、出、於、史、官。周官太史掌邦法。內史掌八枋。卽法律之學所從出也。

太史掌建邦之六典以逆邦國之治。掌法以逆官府之治。掌則以逆都鄙之治。凡辨法者考焉。不信者刑之。　內史掌王之八枋之法。

以詔王治一曰爵二曰祿三曰廢四曰置五曰殺六曰生七曰予八曰奪執國法及國令之貳以考政事以逆會計。

呂侯命穆王度作刑以詰四方而先敍蚩尤苗民顓頊帝堯三后之歷史。足知法學之根據於歷史。

書呂刑苗民弗用靈。制以刑。惟作五虐之刑曰法。

史頌聽法於蘇。尤其明徵也。

愙齋集古錄史頌敦。隹三年五月丁子。王在宗周。命史頌聽蘇法。友里君百生帥䢼盩於成周。休右成事。蘇賓章馬四匹。吉金用作䵼彝。吳大澂曰此史頌奉命往蘇聽頌。蘇人賂以章馬四匹吉金。頌因以作此䵼敦也。

有史而後有文。故文學亦出於史官。周之典冊皆史所爲。

如逸作祝冊之類。

而尹吉甫以史學世家。爲周室中葉之大詩家。其詩有孔碩肆好穆如清風之美。

詩崧高吉甫作誦。其詩孔碩。其風肆好。烝民吉甫作頌。穆如清風。

他詩人雖有自署其名者。未嘗若吉甫之自許也。

如節南山詩家父作誦。以究王訩。巷伯詩寺人孟子作爲此詩。凡百君子。敬而聽之。

史籀作大篆。以教學僮。實爲文字學之祖。然則周史實兼今之散文韻文及小學諸家之長矣。近世人論周代史官之學術者。以龔自珍之文爲最詳。

龔自珍古史鉤沈論、周之世官大者史。史之外、無有語言焉。史之外、無有文字焉。史之外、無人倫品目焉。史存而周存。史亡而周亡。是故儒者言六經。經之名、周之東有之。夫六經者、周史之宗子也。易也者、卜筮之史也。書也者、記言之史也。春秋也者、記動之史也。風也者、史所采於民而編之竹帛付之司樂者也。雅頌也者、史所采於士大夫者也。禮也者、一代之律令、史職藏之故府而時以詔王者也。小學也者、外史達之四方。瞽史諭之賓客之所為也。宗伯雖掌禮。禮不可以口舌存。儒者得之史。非得之宗伯。樂雖司樂掌之。樂不可以口耳存。儒者得之史。非得之司樂。故曰、五經者、周史之大宗也。諸子也者、周史之小宗也。故夫道家者流、言稱辛甲老聃。墨家者流、言稱尹佚辛甲。尹佚辛甲官皆史。聃實為柱下史。若道家、若農家、若雜家、若陰陽家、若兵、若術數、若方技、其言皆稱神農黃帝。神農黃帝之書、又周史所職藏。所謂三皇五帝之書者是也。劉向云、道家及術數家出於史。不云餘家出於史。此知五緯二十八宿異度。而不知其皆繫於天也。知江河異味。而不知皆麗於地也。故曰、諸子也者、周史之支孽小宗也。周之東也。孔子曰、天子失官。傷周之史亡也。滅人之國。必先去其史。隳人之枋。敗人之綱紀。必先去其史。絕人之材。湮塞人之教。必先去其史。夷人之祖宗。必先去其史。周之東、其史官大罪四。小罪四。其大功三。小功三。帝魁以前。書莫備焉。鄭之君知之。楚之左史知之。周史不能存之。故傳者不雅馴。而雅馴者不傳。謂之大罪一。正考父得商之名頌十二於周。百年之間、亡其七。太師亡其聲絃焉。太史又亡其簡編焉。謂之大罪二。周之雅頌、義逸而荒。人逸而名亡。瞽所獻。燕享所歌。大氏斷章。作者之指、初不在史。不能宣而明。謂之大罪三。有黃帝歷。有顓頊歷。有夏歷。有商歷。有周歷。有魯歷。有列國歷。七者、周天子不能同。歷敝不改。是以失禮。是失官之大者。謂之大罪四。古之王者、存三統。今連山歸藏亡矣。三易弗具。孔子卒得乾坤於宋。亦弗得於周史之、小罪一。列國小學不明。聲音混茫。各操其方。徵孔子之雅言古均其亡乎史之小罪二。史籀作大篆非爲廢倉頡也。周史不肯存古文文少而字乃多矣。象形指事十存三四。形聲相孳千萬並起古今困之史之小罪三。列國展禽觀射父之徒能言先王命祀而周史儋乃附萇弘爲神怪之言燕昭秦皇淫祀漸興儋弘階之妖孽是徵史之小罪四。帝魁以降百篇權輿孔子刪之十倍是儲雖頗闕不具資糧有餘史之大功一。孔子與左邱明乘以如周獲百二十國寶書夫而後春秋作也史之大功二。冠婚之殺喪祭之等大夫士之曲儀咸以爲數夫舍數而言義吾未之信也。故十七篇之完亦危而完者也史之大功三。周之時有推步之方有占譣之學其步疏其占密天官有書先臣是傳唐都甘公爰及談遷是蹟是宣史之小功一。史秩下大夫商高大夫官必史也自高以來疇人守之九章九數幸而完史之小功二。吾韙彼奠世繫者能奠能守有史譜牒有世本竹帛咸舊是故仲尼之徒亦著帝繫姓後千餘歲江介之都夸族始甚史之小功三。夫功罪之際存亡之會也絕續之交也天生孔子不後不先周史存亡絕續俾樞紐也。

劉師培又衍之曰六藝掌於史官九流出於史官術數方伎諸學亦出於史官且列爲表以明之。

- 司天事之史
  - 司祝之史——墨家
  - 司歷之史
    - 陰陽家
    - 術數家
- 憑虛之學
  - 五行學
  - 天文學
  - 蓍龜雜占學
  - 形法學

- 史
  - 司人事之史
    - 掌技藝之史
      - 徵實之學
        - 曆數學
        - 醫學
        - 農學
        - 兵學
        - 樂學
    - 掌道術之史
      - 儒所掌之業—六藝
        - 易
        - 詩
        - 書
        - 樂
        - 禮
        - 春秋
      - 師所掌之業—諸子
        - 小學
        - 儒家
        - 道家
        - 名家
        - 法家

其言雖有時有畢發。或過於甚行者。然亦可見學術之進化必由宗合而區分。以其宗合之中具有萌芽。

然後區分而各成一派別非必謂後世學術無一不爲古代所包含然孳乳寖多其淵源亦必有自苟不溯其濫觴則其後之突然而來者正不知其以何因緣矣

第二十一章　共和與民權

海通以來譯人以法美諸國民主立憲之制與中國歷代君主之制不同求其名而不得因以共和二字譯之蓋以周厲王宣王之間國家無天子者凡十四年其時號曰共和故以國家之無君主者比附於共和實則周之共和與近世民主立憲之制迥殊學者不察望文生義以此例彼貽誤匪淺然世人既襲用其名亦不可不知其名之所由來也

周之共和凡有二說一則謂周召二公共和行政

史記周本紀厲王出奔彘召公周公二相行政號曰共和

國語韋昭注曰彘之亂公卿相與和而修政事號曰共和凡十四年而宣王立

一則謂諸侯奉共伯和行天子事號曰共和

史記正義魯連子云衞州共城縣本周共伯之國也共伯名和好行仁義諸侯賢之周厲王無道國人作難王奔於彘諸侯奉和以行天子事號曰共和元年十四年厲王死於彘共伯使諸侯奉王子靖爲宣王而共伯復歸國於衞也

索隱汲冢紀年云共伯干王位共音恭共國伯爵言共伯攝王政故云干王位也

按共伯事又見呂氏春秋開春論。

呂覽開春論共伯和修其行。好賢仁而海內皆以來爲稽矣。周厲王之難。天子曠絕。而天下皆來謂矣。

及莊子讓王篇。

莊子讓王篇共伯得乎共首。釋文引司馬彪注云。共伯名和。修其行。好賢人。諸侯皆以爲賢。周厲王之難。天子曠絕。諸侯皆請以爲天子。共伯不聽。卽干王位。十四年。大旱。屋焚。卜於太陽。兆曰。厲王爲祟。召公乃立宣王。共伯復歸於宗。逍遙得意共山之首。共丘山在今河內共縣西。

羅泌及梁玉繩多主其說。

羅泌路史發揮共和辯說者曰。周室無君。周公召公共和王政。故號曰共和。自史遷至溫公。無異議也。予不敢以爲然。厲王之時。周公召公。非昔日之周召也。予聞厲王之後。有共伯和者。修行而好賢。以德利民。諸侯賢之。入爲王官。十有四年。天旱廬火。歸還於宗。逍遙共山之首。宣王乃立。是以王子朝告於諸侯。猶曰厲王戾虐。萬民弗忍。流王於彘。諸侯釋位。以間王政。宣王有志。而後效官。是宣王之前。諸侯有釋位間於天子之事者矣。然則所謂共和者。吾以爲政自共伯爾。若曰周召共和。吾弗信也。向秀郭象援古之說。以爲共和者周王之孫也。懷道抱德。食封於共。厲王之難。諸侯立之。宣王立。乃廢。立之不喜。廢之不怒。斯則得其情矣。

梁玉繩史記志疑案以共和爲周召行政之號。史公之單說也。而韋注國語。孔疏左傳。及史通。咸宗之。後儒並依斯解。其實不然。昭二十六年傳云。厲王戾虐。萬民弗忍。流王於彘。諸侯釋位。以間王政。宣王有志。而後效官。則知厲宣之間。諸侯有代王行政者矣。周召本王朝卿士儻果攝天子之事不可言釋位別立名稱若後世之年號古亦無此法故顏師古以史公之說爲無據也考竹書紀年莊子讓王篇呂氏春秋開春篇及索隱引世紀正義引魯連子並以共和爲共伯和共國伯爵和其名人表厲王後有共伯和共地近衞卽漢河內郡之共縣周時亦謂之共頭呂氏春秋誠廉篇武王使召公盟微子於共頭之下是巳古史從竹書路史有共和辨可互相證明蓋厲王流彘諸侯皆往宗共伯若霸主然其時宣王尚幼匿不敢出周召居守京師輔導太子及後王沒而民厭亂太子年亦加長共伯乃率諸侯會二相而立之參核情實必是如此凡有言共伯至周攝政者有言共伯干位篡立者有言共伯卽衞侯者盡屬不經之談爾

予謂史記三代世表自黃帝訖共和十二諸侯年表自共和訖孔子明共和以前之事多不可考而自共和元年以後諸侯譜牒咸有可稽詎有誤以共伯和之名爲大臣共和行政之號紀年之始卽成大錯者

史記十二諸侯年表共和元年以宣王少大臣共和行政十四年宣王卽位共和罷

故共和之解當以韋昭所謂公卿相與和而行政之說爲的然公卿相與和而行政仍是貴族執政與今之所謂民主者固截然有別也

周時雖無民主而有民權人民之鈐制帝王隱然具有一種偉大之勢力蓋周代相傳之訓以爲天降下民而後爲之作君作師

孟子書曰天降下民作之君作之師惟曰其助上帝寵之四方

故爲君者恆以畏天保民爲主。周召諸公於此義尤拳拳焉。

書康誥文王克明德愼罰。不敢侮鰥寡。庸庸。祗祗。威威。顯民。　民情大可見。小人難保。　若保赤子。惟民其康乂。

酒誥人無於水監。當於民監。

召誥予小臣敢以王之讎民百君子。越友民。保受王威命明德。其惟王勿以小民淫用非彝。

曰讐民者。明民與王相匹敵者。曰友民者。明民與上爲朋友也。禮之若匹敵。親之若朋友。是實君主對於人民最要之義。故周之立國。雖重禮而上文等威之辨。嚴若天澤。而百工士庶。咸可盡言於王。朝覲召公諫厲王之語。似庶人傳語於王。故有明文規定者。

國語厲王虐。國人謗王。召公告曰。民不堪命矣。王怒。得衞巫。使監謗者。以告。則殺之。國人莫敢言。道路以目。王喜。告召公曰。吾能弭謗矣。乃不敢言。召公曰。是障之也。防民之口。甚於防川。川壅而潰。傷人必多。民亦如之。是故爲川者決之使導。爲民者宣之使言。故天子聽政。使公卿至於列士獻詩。瞽獻曲。史獻書。師箴。瞍賦。矇誦。百工諫。庶人傳語。近臣盡規。親戚補察。瞽史教誨。耆艾修之。而後王斟酌焉。是以事行而不悖。民之有口。猶土之有山川也。財用於是乎出。猶其原隰之有衍沃也。衣食於是乎生。口之宣言也。善敗於是乎興。行善而備敗。所以阜財用衣食者也。夫民慮之於心。而宣之於口。成而行之。胡可壅也。若壅其口。其與能幾何。王不聽。於是國人莫敢言。三年。乃流王於彘。

雖以厲王之虐。甫及三年。民已羣起而推翻之。周民之有勢力可知矣。湯武革命。伊尹放太甲。均有主名之人而流厲王者不聞有誰何爲之魁帥雖其中經過之事實史書不詳然以此推之必爲全體人民之意非出於一二人之主使尤灼然矣。

君主與人民對待而公卿大夫則介乎二者之間周之盛時公卿大夫固恆以勤恤民隱詔其君主卽至衰世亦時時代表民意作爲詩歌以刺其上是厲行階級制度之時雖作貴族平民之區別而貴族之賢者率知爲民請命初非一律阿附君主奴隸其民也據毛詩小序大雅刺厲王詩凡五篇

毛詩小序民勞召穆公刺厲王也。　板凡伯刺厲王也。　蕩召穆公傷周室大壞也厲王無道天下蕩蕩無綱紀文章故作是詩也。
抑衛武公刺厲王亦以自警。　桑柔芮伯刺厲王也。

鄭箋且以小雅十月之交雨無正小旻小宛四篇爲刺厲王詩是民莫敢謗者公卿大夫固昌言刺之也。其後宣王爲中興之君而詩之變雅則美刺間作幽王使天下大壞而詩之刺之者殆四十篇作詩者無所忌諱采詩者著之簡編自君子大夫至於寺人下國其怨悱愁苦之言均能流傳於世是尤可見周家之忠厚矣使其時實行專制摧折輿論則當時譏刺厲幽之詩必將如後世之禁燬誅鋤不使傳於口耳又使其時公卿大夫皆無志節則雖暴如幽厲亦何嘗不可矯爲歌功頌德之文以淆亂人之視聽故吾輩讀史者當知西周之末世雖曰暴君代作讒佞迭興人民之窮困顛連已達極點而學士大夫直言無諱指陳民瘼大聲疾呼猶爲先世敎澤綿延未已之徵其言論之自由或尙過於後世民主之時代也。

周之重民。累世相傳。明哲之士。咸喻斯義。如師曠告晉悼公之言。卽召公告厲王之意也。

左傳襄公十四年。師曠曰。天生民而立之君。使司牧之。勿使失性。有君而爲之貳。使師保之。勿使過度。是故天子有公。諸侯有卿。卿置側室。大夫有貳宗。士有朋友。庶人工商皂隸牧圉。皆有親暱。以相輔佐也。善則賞之。過則匡之。患則救之。失則革之。自王以下。各有父兄子弟。以補察其政。史爲書。瞽爲詩。工誦箴諫。大夫規誨。士傳言。庶人謗。商旅於市。百工獻藝。天之愛民甚矣。豈其使一人肆於民上。以從其淫。而棄天地之性。必不然矣。

其他議論類此者甚夥。不可勝舉。總之。吾國先哲立國要義。以民爲主。其立等威。辨上下。亦以爲民。而非爲帝王一人或少數武人貴族縱欲肆虐而設。故雖未有民主立憲之制度。而實有民治之精神。惟其制禮旣密。施敎亦久。故遇暴虐之君。如厲王者。人民雖知羣起逐之。而仍必委政權於國之大臣素負民望者。初無剷除貴族。悉以平民執政之意。此則古今思想之殊。抑亦平民與貴族不甚懸絕。故不甚痛惡之之證也。

第二十二章　周代之變遷

周自平王至赧王之時。爲東周。東周之時。復分爲二。自平王之四十九年。至敬王之四十一年。是爲春秋之時。自元王至赧王。是爲戰國之時。春秋者。史書之名。而非時代之名。以相沿旣久。姑循用之。西周之政教。至春秋時。有自昔而未變者。有蛻化而迥殊者。史家著論。多以爲西周降至春秋。實爲世衰道微之數。

漢書貨殖傳序周室衰禮法隳諸侯刻桷丹楹大夫山節藻梲八佾舞於庭雍徹於堂陵夷至乎桓文之後禮誼大壞上下相冒國異政家殊俗耆欲不制僭差無極　游俠傳序周室既微禮樂征伐自諸侯出桓文之後大夫世權陪臣執命陵夷至於戰國合從連衡力政爭彊

然就一王定制而論誠有陵夷衰微之象就中國之全體而論未始非民智進步之時世無一成不變之局讀史者第當識其變遷以明人民進化之階段不必先立一成見也

春秋之風氣淵源於西周雖經多年之變亂而其蹤迹猶未盡泯者無過於尙禮一事觀春秋左氏傳所載當時士大夫覘國之興衰以禮

左傳閔公元年齊仲孫湫來省難歸曰不去慶父魯難未已公曰魯可取乎對曰不可猶秉周禮周禮所以本也臣聞之國將亡本必先顚而後枝葉從之魯不棄周禮未可動也

又襄公三十一年北宮文子相衛襄公以如楚過鄭事畢而出言於衛侯曰鄭有禮其數世之福也其無大國之討乎詩曰誰能執熱逝不以濯禮之於政如熱之有濯也濯以救熱何患之有

又昭公五年公如晉自郊勞至於贈賄無失禮晉侯謂女叔齊曰魯侯不亦善於禮乎對曰魯侯焉知禮公曰何爲自郊勞至於贈賄禮無違者何故不知對曰是儀也不可謂禮禮所以守其國行其政令無失其民者也今政令在家不能取也有子家羈弗能用也奸大國之盟陵虐小國利人之難不知其私公室四分民食於他思莫在公不圖其終爲國君難將及身不恤其所禮之本末將於

此乎在而屑屑焉習儀以亟言善於禮不亦遠乎。

決軍之勝敗以禮。

左傳僖公二十七年蔿賈曰。子玉剛而無禮。不可以治民。過三百乘。其不能以入矣。　子犯曰。民未知禮。未生其共。於是乎大蒐以示之禮。作執秩以正其官。一戰而霸。

又僖公二十八年晉侯登有莘之虛以觀師。曰。少長有禮。其可用也。

又僖公三十三年王孫滿曰。秦師輕而無禮。必敗。

又宣公十二年隨武子曰。會聞用師。觀釁而動。德刑政事典禮不易。不可敵也。

定人之吉凶之禮。

左傳僖公十一年天王使召武公內史過賜晉侯命。受玉惰。過歸告王曰。晉侯其無後乎。王賜之命。而惰於受瑞。先自棄也已。其何繼之有。禮、國之幹也。敬、禮之輿也。不敬則禮不行。禮不行則上下昏。何以長世。

又僖公二十三年楚子曰。晉公子廣而儉。文而有禮。

又文公十五年季文子曰。齊侯其不免乎。已則無禮。而討於有禮者。曰。汝何故行禮。禮以順天。天之道也。已則反天。而又以討人。難以免矣。

又成公十三年郤錡來聘。將事不敬。孟獻子曰。郤氏其亡乎。禮、身之幹也。敬、身之基也。郤子無基。

又襄公二十一年。會於商任。齊侯衞侯不敬。叔向曰。二君者必不免。會朝、禮之經也。禮、政之輿也。政、身之守也。怠禮、失政。失政、不立。是以亂也。

又襄公二十六年。公孫揮曰。子產其將知政矣。讓不失禮。

聘問則預求其禮。

左傳文公六年。季文子將聘於晉。使求遭喪之禮以行。其人曰。將焉用之。文子曰。備豫不虞。古之善教也。

會朝則宿戒其禮。

左傳昭公十六年。晉韓起聘於鄭。子產戒曰。苟有位於朝。無有不共恪。孔張後至。立於客間。執政禦之。適客後。又禦之。適縣間。客從而笑之。事畢。富子諫曰。夫大國之人。不可不愼也。幾爲之笑而不陵我。我皆有禮。夫猶鄙我。國而無禮。何以求榮。孔張失位。吾子之恥也。

卿士大夫以此相教授。

左傳文公十八年。季文子曰。先大夫臧文仲教行父事君之禮。行父奉以周旋。弗敢失隊。曰。見有禮於其君者。事之如孝子之養父母也。見無禮於其君者。誅之如鷹鸇之逐鳥雀也。

其不能者則以爲病而講學焉。

左傳昭公八年。公至自楚。孟僖子病不能相禮。乃講學之。苟能禮者從之。及其將死也。召其大夫曰。禮、人之幹也。無禮。無以立。

此等風氣至戰國時則絕無所見故知春秋諸人實以近於西周淵源有自故所持之見解所發之議論均以禮爲最要之事也管子者儒家所斥爲霸佐不足語於王道者也然其言之見於左傳者則曰招携以禮懷遠以德德禮不易無人不懷其所著之經言亦以禮爲四維之首

管子牧民國有四維一曰禮二曰義三曰廉四曰恥禮不踰節義不自進廉不蔽惡恥不從枉

使此諸書出於後人所僞造（左傳及管子世多有疑其僞者）何以後世之人對於春秋一時代獨造出此等言論而於其他時代不一律造爲此類言行乎故春秋者直接於禮教最盛之時代之後之一時代也又由禮教最盛而漸趨於衰落之一時代也觀諸人之不知禮不習禮及誤以儀爲禮卽可見其時之習此者已居少數惟其流風餘韻猶浸淫漸漬於人心故衡量人物往往以此爲斷耳

周制之變也首在列國之封域周初千八百國至春秋之初僅存百二十四國其數不逮十一則厲宣以降諸侯之互相吞併蓋已久矣春秋之時國之大者十魯兼九國之地（極項鄣邿根牟向須句鄟鄅）齊兼十國之地（紀郕譚遂鄣陽萊介根介牟）晉兼二十二國之地（韓耿霍魏虢虞荀賈楊焦邢滑梁沈姒蓐黃郇原樊冀溫）楚兼四十二國之地（權邢鄧穀鄾羅盧戎鄀鄖貳軫絞州蓼息鄀申呂弦黃夔江六蓼梁宗巢庸道柏房沈蔣舒蓼舒庸舒鳩賴唐頓胡蠻氏陳）宋兼六國之地（宿偪陽曹杞戴彭城）鄭兼三國之地（虢檜許）衛兼二國之地（邶鄘）秦有周地東界至河吳滅五國（州來鍾離巢徐鍾吾）北境及淮越又從而有之弱肉强食其禍酷矣而諸小國併爲大國其國家之組織社會之狀況人羣之思想胥因之而變易其胚胎於一國之文化亦有漸推漸廣之勢雜居之

異族爲之同化僻遠之新國由是崛興此皆互爲因果者也。

春秋諸國并吞小弱大抵以其國地爲縣。

史記秦本紀武公十年伐邽冀戎初縣之　十一年初縣杜鄭。

左傳宣公十一年楚子伐陳因縣陳　十二年楚圍鄭鄭伯逆楚子曰使改事君夷於九縣孤之願也。　昭公十一年叔向曰楚王奉孫吳以討於陳曰將定而國陳人聽命遂縣之。

其縣之區域大於周官所謂縣者殆不止倍蓰。周制鄙之地二千五百家爲縣。采邑所在地二千三百零四家。縣境懸遠則特使大夫守之。

左傳僖公二十六年晉使趙衰爲原大夫狐溱爲溫大夫。

其職重於內地之大夫故亦稱爲守。

左傳晉侯問原守於寺人勃鞮對曰昔趙衰以壺飧從徑餒而不食故使處原是原大夫亦稱原守也。

其後或稱爲命大夫。

左傳哀公四年楚師使謂陰地之命大夫士蔑曰晉楚有盟好惡同之。　杜註命大夫、別縣監尹。　正義曰陰地者河南山北東西橫長其間非一邑特命大夫使總監陰地。

而楚之屬地則特置縣尹或縣公以治之。

左傳莊公十八年。楚子克權。使鬭緍尹之。以叛。圍而殺之。遷權於那處。使閻敖尹之。襄公二十六年。穿封戌方城外之縣尹也。又宣公十一年。楚子曰。諸侯縣公皆慶寡人。

因滅國而特置縣。因置縣而特命官。封建之制。遂漸變爲郡縣之制。此政治變遷之至大者也。

顧炎武日知錄。漢書地理志言秦兼幷四海。以爲周制微弱。終爲諸侯所喪。故不立尺土之封。分天下爲郡縣。盪滅前聖之苗裔。靡有子遺。後之文人。祖述其說。以爲廢封建。立郡縣。皆始皇之所爲也。以余觀之。殆不然。左傳僖公三十三年。晉襄公以再命命先茅之縣賞胥臣。宣公十五年。晉侯賞士伯以瓜衍之縣。成公六年。韓獻子曰。成師以出而敗楚之二縣。襄公二十六年。蔡聲子曰。晉人將與之縣。以比叔向。三十年。絳縣人或年長矣。昭公三年。韓宣子曰。晉之別縣。不惟州。五年。薳啟彊曰。韓賦七邑。皆成縣也。又曰。因其十家九縣。其餘四十縣。二十八年。晉分祁氏之田。以爲七縣。分羊舌氏之田。以爲三縣。哀公十七年。子穀曰。彭仲爽。申俘也。文王以爲令尹。實縣申息。晏子春秋、昔我先君桓公與管仲狐與穀。其縣十七。說苑、景公令吏致千家之縣一於晏子。戰國策、智過言於智伯曰。破趙、則封二子者各萬家之縣一。史記吳世家、王餘祭三年。予慶封朱方之縣。則當春秋之世。滅人之國者。固已爲縣矣。原注。按昭二十九年傳。蔡墨言劉累遷於魯縣。則夏后氏已有縣之名。周禮小司徒、四甸爲縣。遂人五鄙爲縣。縣士注。距王城三百里以外。至四百里。曰縣。亦作寰。國語、管子制齊。三鄉爲寰。寰有帥。十寰爲屬。屬有大夫。史記、吳王發九郡兵伐齊。范蜎對楚王曰。楚南塞厲門而郡江東。甘茂謂秦王曰。宜陽大縣。名曰縣。其實郡也。春申君言於楚王曰。淮北地邊齊。其事急。請以爲郡便。匈奴傳言趙武靈王置雲中鴈門代郡。燕置上谷漁陽右北平遼西遼東郡。以拒胡。又言魏有河西上郡。以與戎界邊。則當七國之世。而固已有郡矣。原注。哀公二年傳。趙簡子誓曰。克敵者上大夫受縣。下大夫受郡。杜氏注引周書作雒篇。千里百縣。縣有四郡。古時縣大而郡小。說文周制天子地方千里。分為百縣。縣有四郡。至秦初置三十六郡。以監其縣。今按史記吳王及春申君之事。則郡之統縣。固不始於秦也。傳稱禹會諸侯。執玉帛者萬國。至周武王僅千八百國。春秋時見於經傳者百四十餘國。又幷為十二諸侯。又幷而為七國。此固其勢之所必至也。

姚鼐郡縣考。周法中原侯服。疆以周索。國近蠻夷者。乃疆以戎索。故齊魯衞鄭名同於周。而晉秦楚乃不同於周。不曰都鄙而曰縣。然始者有縣而已。尚無郡名。吾意郡之稱。蓋始於秦晉以所得戎翟地遠。使人守之。為戎翟民君長。故名曰郡。如所云陰地之命大夫。蓋即郡守之謂也。趙簡子之誓曰。上大夫受縣。下大夫受郡。郡遠而縣近。縣成聚富庶。而郡荒陋。故以美惡異等。而非郡與縣相統屬也。晉語夷吾謂公子縶曰。君實有郡縣。言晉地屬秦。異於秦之近縣。則謂之曰郡縣。亦非云郡與縣相統屬也。及三卿分范中行氏知氏之縣。其縣已與故縣隔絕。分人以守。略同昔者使人守遠地之體。故率以郡名。然而郡乃大矣。所統有屬縣矣。其後秦楚亦皆以得諸侯地名郡。惟齊無郡。齊用周制故也。

因列國之競爭。而田賦兵制。亦相因而變。

春秋宣公十五年。初稅畝。杜注。公田之法。十取其一。今又履其餘畝。復十取其一。故哀公曰。二吾猶不足。遂以為常。故曰初。

又成公元年。作丘甲。杜注。周禮四邑為丘。出戎馬一匹。牛三頭。四丘為甸。出戎馬四匹。牛十二頭。甲士三人。步卒七十二人。此甸所賦。今魯使丘出之。

左傳昭公四年。鄭子產作丘賦。杜注。丘。出馬一匹。牛三頭。今子產別賦其田。如魯之田賦。

又哀公十一年。季孫欲以田賦。使冉有訪諸仲尼。仲尼曰。君子之行也。斂從其薄。如是則丘亦足矣。若不度於禮。則貪冒無厭。則雖以田賦。將又不足。且子季孫若欲行而法。則周公之典在。若欲苟而行。又何訪焉。弗聽。十二年。用田賦。

齊桓之霸。尤重在變更軍制。

國語管子對桓公曰。作內政而寄軍令焉。桓公曰善。管子於是制國。五家爲軌。軌爲之長。十軌爲里。里有司。四里爲連。連爲之長。十連爲鄉。鄉有良人焉。以爲軍令。五家爲軌。故五人爲伍。軌長帥之。十軌爲里。故五十人爲小戎。里有司帥之。四里爲連。故二百人爲卒。連長帥之。十連爲鄉。故二千人爲旅。鄉良人帥之。五鄉一帥。故萬人爲一軍。五鄉之帥帥之。

晉文禦狄。則作五軍。成公賞功。則作六軍。

左傳僖公三十二年。晉蒐於淸原。作五軍以禦狄。　成公三年。晉作六軍。賞鞌之功也。

其後吳晉爭長。至以甲車四千乘自豪。

左傳昭公十三年。叔向曰。寡軍有甲車四千乘在。雖以無道行之。必可畏也。

案杜註。四千乘三十萬人。其數雖不確。卽以二十五人一乘計之。亦十萬人矣。

亦周制之變更之大者也。兵事既重。則兵爲專業。而工商之業以分。

國語管子制國以爲二十一鄉。工商之鄉六。士鄉十五。公帥五鄉焉。國子帥五鄉焉。高子帥五鄉焉。參國起案。以爲三官。臣立三宰。工立三族。市立三鄉。澤立三虞。山立三衡。　韋昭注。此士。軍士也。十五鄉合三萬人。是爲三軍。農野處而不暱。不在都邑之數。則下所云五鄙是也。

四民之名以立

國語、桓公曰、成民之事若何。管子對曰。四民者、勿使雜處。雜處則其言哤。其事易。公曰。處士農工商若何。管子對曰。昔聖王之處士也。使就閒燕。處工就官府。處商就市井。處農就田野。令夫士羣萃而州處。士之子恆爲士。工羣萃而州處。工之子恆爲工。商羣萃而州處。商之子恆爲商。農羣萃而州處。農之子恆爲農。

按周官太宰以九職任萬民。考工記稱國有六職。雖亦分農工商。而未嘗別立士之一職。逸周書程典曰。士大夫不雜於工商。商不厚。工不巧。農不力。不可成治。士之子不知義。不可以長幼。工不族居。不足以給官。族不鄉別。不可以入惠。雖以士大夫別於農工商。亦未名爲四民。四民之別、蓋在春秋之時。穀梁宣元年傳。古者立國家。百官具。農工皆有職以事上。古者有四民。有士民。有商民。有農民。有工民。雖所稱古者。與管子所謂昔聖王云者。皆若不始於春秋之時。然士皆授田。則與農無別。別立士之名。必爲授田之制已廢。故愚意春秋之時、授田之制漸廢。始有士農工商之分。否則無此區別也。

軍旅之事。苟非危急。專業者率可不與。

左傳、宣公十二年。士會論楚曰。荊尸而舉。商農工賈不敗其業。百官象物而動。軍政不戒而備。

按此是楚兵已皆常隸營伍。國雖舉兵。不取之於農商工賈也。

業分而專。故多能者。

管子山權數篇民之能明於農事者。置之黃金一斤。直食八石。民之能蕃育六畜者。置之黃金一斤。直食八石。民之能樹藝者。置之黃金一斤。直食八石。民之能樹瓜瓠葷菜百果使蕃裕者。置之黃金一斤。直食八石。民之能已民疾痛者。置之黃金一斤。直食八石。民之知時日歲豐且阸、曰某穀不登、曰某穀豐者。置之黃金一斤。直食八石。民之通於蠶桑不疾病者。置之黃金一斤。直食八石。謹聽其言而藏之官、使師旅之事民無所與。

又輕重甲篇萬乘之國、必有萬金之賈。千乘之國、必有千金之賈。百乘之國、必有百金之賈。

而國家且竭力保護之。

左傳昭公十六年子產謂韓宣子曰。昔我先君桓公與商人皆出自周。庸次比耦以艾殺此地。斬之蓬蒿藜藋而共處之。世有盟誓以相信也。曰爾無我叛。我無强賈。故能相保。以至於今。

按鄭有保商之法。故其商人如弦高者。能卻敵而衞國。蓋前此之所未有。

蓋國力澎漲。則各種職業皆因而發達。不獨兵事一端。爲立國所重也。

國家之興亡。影響於社會至鉅。愚者推求其故而不得。則歸之於運數。而星相卜筮之術昌。觀左氏傳所載。多前知之言。如懿氏卜妻敬仲。知其將育於姜。（莊公二十二年）畢萬筮仕於晉。決其子孫必復其始。（閔公元年）虢公之奔。兆之童謠。（僖公五年）曹社之亡。始以妖夢。（哀公七年）以及季友手文。（閔公二年）穀也豐下（文公元年）之類。一人一家之休咎均若有前定者蓋其時之人考索興衰之理不盡關於人事故廣求之於術數從而附會之也然社會心理雖多迷信而賢哲之士轉因之而知盡力於人事如季梁

左傳桓公六年季梁諫隨侯曰小之能敵大也小道大淫所謂道忠於民而信於神也　夫民神之主也是以聖王先成民而後致力於神。

史嚚

左傳莊公三十二年史嚚曰虢其亡乎吾聞之國將興、聽於民將亡、聽於神。神聰明正直而壹者也依人而行虢多涼德其何土之能得。

叔興

左傳僖公十六年隕石於宋五六鷁退飛過宋都周內史叔興聘於宋宋襄公問焉曰、是何祥也吉凶焉在退而告人曰君失問是陰陽之事非吉凶所生者吉凶由人。

臧文仲

左傳僖公二十一年夏大旱公欲焚巫尪臧文仲曰非旱備也修城郭貶食省用務穡勸分此其務也巫尪何爲天欲殺之則如勿生若能爲旱焚之滋甚。

子產諸人。

左傳昭公十七年。鄭裨竈言於子產曰。宋衛陳鄭將同日火。若我用瓘斝玉瓚。鄭必不火。子產弗與。十八年五月。宋衛陳鄭皆火。裨竈曰。不用吾言。鄭又將火。鄭人請用之。子產不可。曰、天道遠。人道邇。非所及也。何以知之。竈焉知天道。是亦多言矣。豈不或信。遂不與。亦不復火。　十九年。鄭大水。龍鬬於時門之外洧淵。國人請爲禜焉。子產弗許。曰。我鬬、龍不我覿也。龍鬬、我何覿焉。禳之則彼其室也。吾無求於龍。龍亦無求於我。乃止也。

皆以人事爲重。不以神怪之說爲然。蓋同時有深於迷信者。亦有破除迷信者。不得專執一端。以論春秋之風氣也。晉楚之興。皆尚勤勞。

左傳宣公十一年。郤成子求成於衆狄。曰。吾聞之。非德莫如勤。非勤何以求人。能勤有繼。其從之也。詩曰。文王既勤止。文王猶勤。況寡德乎。

又宣公十二年。楚自克庸以來。無日不討國人而訓之於民生之不易。禍至之無日。戒懼之不可以怠。訓之以若敖蚡冒篳路藍縷以啓山林。箴之曰。民生在勤。勤則不匱。

魯敬姜自勤紡績。訓其子以勤勞。

國語。公父文伯退朝。朝其母。其母方績。文伯曰。以歜之家而主猶績。懼干季孫之怒也。其以歜爲不能事主乎。其母歎曰。魯其亡乎。使僮子備官而未之聞耶。昔聖王之處民也。擇瘠土而處之。勞其民而用之。故長王天下。夫民勞則思。思則善心生。逸則淫。淫則忘善。

事師尹維旅牧相宣序民事少采夕月與太史司載糾虔天刑日入監九御使潔奉郊祀之粢盛而後即安諸侯朝修天子之業命晝考其國職夕省其典刑夜儆百工使無慆淫而後即安卿大夫朝考其職晝講其庶政夕序其業夜庀其家事而後即安士朝受業晝而講貫夕而習復夜而計過無憾而後即安自庶人以下明而動晦而休無日以怠王后親織玄紞公侯之夫人加之以紘綖卿之內子爲大帶命婦成祭服列士之妻加之以朝服自庶士以下皆衣其夫社而賦事蒸而獻功男女效績愆則有辟古之制也君子勞心小人勞力先王之訓也自上以下誰敢淫心舍力今我寡也爾又在下位朝夕處事猶恐忘先人之業況有怠惰其何以辟吾冀而朝夕修我日必無廢先人爾今曰胡不自安以是承君之官余懼穆伯之絕嗣也

以一人之勞逸即決一國之興亡非當時各國社會之變遷有以啟之不能體驗人事之因果深澈若斯也

春秋之時蠻夷戎狄雜處內地各爲風氣與周之侯國人民迥然不同

左傳襄公十四年戎子駒支曰我諸戎飲食衣服不與華同贄幣不通言語不達何惡之能爲

二百四十二年之中多爲諸大國所滅東夷之萊（今山東黃縣）滅於齊根牟（今山東沂水縣）滅於魯南蠻之盧戎（今湖北南漳縣）滅於楚西戎之蠻氏（今河南伊陽縣）滅於楚驪戎（今陝西新豐縣）滅於秦北狄之鄋瞞（今山東歷城縣）潞氏（今山西潞城縣）甲氏（今直隸雞澤縣）留吁（今山西屯留縣）鐸辰（同上）以及東山皋落氏（今山西垣曲縣）等咸滅於晉其種人之酋長既亡主權無屬必同化於吾族即存者亦多爲大國所用

顧棟高春秋大事表秦晉遷陸渾之戎於伊川以藩衛王室卒得其用楚莊欲窺覘王室而先伐陸渾荀吳欲滅陸渾而先有事三塗

居然爲王室之屏藩矣

此則春秋時文明漸推漸廣之徵也孔子修春秋以國家文教之差爲諸夏與夷狄之別觀公羊傳釋荊吳之稱卽見其義

公羊莊十年秋九月荊敗蔡師於莘以蔡侯獻舞歸荊者何州名也州不若國國不若氏氏不若人人不若名名不若字字不若子

二十三年荊人來聘荊何以稱人始能聘也

又成公十五年冬十有一月叔孫僑如會晉士燮齊高無咎宋華元衛孫林父鄭公子鰌邾婁人會吳於鍾離曷爲殊會吳外吳也曷爲外也春秋內其國而外諸夏內諸夏而外夷狄

又定公四年冬十有一月庚午蔡侯以吳子及楚人戰於柏舉楚師敗績吳何以稱子夷狄也而憂中國（言吳以夷狄能憂中國故春秋許之也）

蓋當時所謂蠻夷戎狄初非異種特其禮敎政術異於華夏故廣別其種類以示貶斥至於交通既久文化演進則亦不復別之此雖公羊一家之言然以之推測各地人民之進化亦未必出於穿鑿也

隱桓之世齊鄭最强鄭居中原齊則東方之大國也莊僖之世齊桓稱霸而晉楚秦三國相繼而興其勢漸趨於西南矣成哀而後吳越復興天下大勢偏重南服故春秋之時實爲文化自北而南之時楚之先出自顓頊固亦神明之冑然自初封於丹陽（今湖北秭歸縣）傳至熊渠已五葉六君而熊渠猶自居於蠻夷

史記楚本紀熊渠曰我蠻夷也不與中國之號謚

其文化之不逮北方諸國可知。至春秋而其國始大。

史記楚本紀文十一年。齊桓公始霸。楚亦始大。

設官分職。雖多殊於周制。（如令尹莫敖之類）而名法往往於諸夏相同。（如井牧田土之類）其人之深於學術者。如申叔之於教育。

國語莊王使士亹傅太子箴。問於申叔時。叔時曰。教之春秋、而為之聳善而抑惡焉。以戒勸其心。教之世、而為之昭明德而廢幽昏焉。以休懼其動。教之詩、而為之導廣顯德。以耀明其志。教之禮、使知上下之則。教之樂、以疏其穢而鎮其浮。教之令、使訪物官。教之語、使明其德。而知先王之務用明德於民也。教之故志、使知廢興者而戒懼焉。教之訓典、使知族類行比義焉。

左史倚相之於史學。

左傳昭公十二年。左史倚相趨過。王曰。是良史也。是能讀三墳五典八索九邱。

北方士大夫殆莫之過也。吳出太伯。固亦華裔。然至春秋。其民猶不知乘車及戰陳之術。

左傳成公七年。楚申公巫臣以兩之一卒適吳。舍偏兩之一焉。與其射御。教吳乘車。教之戰陳。教之叛楚。寘其子狐庸焉。使為行人於吳。吳始伐楚。蠻夷屬於楚者。吳盡取之。是以始大。通吳於上國。

待楚人啟之。始與諸夏交通。其初之晦塞。蓋可想見。然自成公至襄公時。僅四十年。而季札聘於魯。請觀

周樂於國風雅頌之精義言之無或爽者其進步之速又可駭焉以吳例越其文化當直接得之於吳而間接得之於楚范蠡文種皆楚人也

史記正義范蠡楚宛三戶人文種荊平王時爲宛令

得此二人而敎士三萬君子六千均見越世家勃然而興而稱蠡之文章至今炳然寰宇其地運之將開歟抑文明之由人而轉徙者適逢其會也所可疑者楚之文化東下而入吳越而其國固有之江南轉無所得

顧棟高曰春秋之世楚之經營中國先北向而後東圖其所吞滅諸國未嘗越洞庭湖以南一步蓋其時湖南與閩廣均爲荒遠之地惟羣蠻百濮居之無係於中國之利害故楚亦有所不爭也

湖湘靈氣遂不能發洩於春秋之時是則地勢之當衝要與否實文化之關鍵矣

第二十三章　學術之分裂

西周之學官師合一至春秋而天子失官

左傳昭公十七年仲尼曰天子失官學在四夷

學校不修

毛詩子衿序子衿刺學校廢也亂世則學校不修焉

民不說學及其大人

左傳昭公十八年秋葬曹平公往者見周原伯魯焉。與之語。不說學。歸以語閔子馬。閔子馬曰。周其亂乎。夫必多有是說。而後及其大人。大人患失而惑。又曰。可以無學。無學不害。不害而不學。於是乎下陵上替。能無亂乎。夫學殖也。不學將落。原氏其亡乎。

故官、師之學。分裂、而爲私家之學。其蹤迹見於莊子天下篇。

莊子天下篇天下之治方術者多矣。皆以其有爲不可加矣。古之所謂道術者、果惡乎在。曰。无乎不在。曰、神何由降。明何由出。聖有所生。王有所成。皆原於一。不離於宗、謂之天人。不離於精、謂之神人。不離於眞、謂之至人。以天爲宗。以德爲本。以道爲門。兆於變化。謂之聖人。以仁爲恩。以義爲理。以禮爲行。以樂爲和。薰然慈仁。謂之君子。以法爲分。以名爲表。以參爲驗。以稽爲決。其數一二三四是也。百官以此相齒。以事爲常。以衣食爲主。蕃息畜藏。老弱孤寡爲意。皆有以養民之理也。古之人其備乎。配神明。醇天地。育萬物。和天下。澤及百姓。明於本數。係於末度。六通四辟。小大精粗。其運无乎不在。其明而在數度者。舊法世傳之史。尚多有之。其在於詩書禮樂者。鄒魯之士。搢紳先生。多能明之。詩以道志。書以道事。禮以道行。樂以道和。易以道陰陽。春秋以道名分。其數散於天下而設於中國者。百家之學。時或稱而道之。天下大亂。賢聖不明。道德不一。天下多得一察焉。以自好。譬如耳目鼻口。皆有所明。不能相通。猶百家衆技也。皆有所長。時有所用。雖然不該不徧。一曲之士也。判天地之美。析萬物之理。察古人之全。寡能備天地之美。稱神明之容。是故內聖外王之道。闇而不明。鬱而不發。天下之人。各爲其所欲焉。以自爲方。悲夫。百家往而不反。必不合矣。後世之學者。不幸不見天地之純。古人之大體。道術將爲天下裂。

雖其所謂古者與後世者。未嘗確指其時代。然觀其下文、以古之道術與關尹老聃墨翟禽滑釐相對而言。

如曰古之道術有在於是者。墨翟禽滑釐聞其風而說之。古之道術有在於是者。關尹老聃聞其風而說之等語。

可見莊子之所謂古。必在春秋以前。而其所謂後者。卽指老聃墨翟等人。古時有聖有王。則學在百官。至春秋時。內聖外王之道。不明。則道術分爲百家。此非莊子崇拜古人太過。亦非假託古事以欺世人。其時之情事實是如此。由源及流。各有來歷。不得不約略敘述也。惟歷史事跡。視人之心理爲衡。歎爲道術分裂。則有退化之觀。詡爲百家競興。則有進化之象。故事實不異。而論斷可以迥殊。正不必以春秋時始有專家之術。遂謂從前毫無學術可言。一若學有來歷。便失其價值者。此則治史者所當知也。

莊子汎稱百家。而未指稱某氏之學爲某家。漢司馬談論六家要指。遂有法家名家道家之名。

史記太史公自序。太史公仕於建元元封之間。愍學者之不達其意而師悖。乃論六家之要指。六家兼舉陰陽儒墨名法道。而名法道三者稱家。餘則曰陰陽之術儒者墨者。

劉向別錄。劉歆七略。則分爲九流十家。而各溯其所出。

漢書藝文志。儒家者流。蓋出於司徒之官。道家者流。蓋出於史官。陰陽家者流。蓋出於羲和之官。法家者流。蓋出於理官。名家者流。蓋出於禮官。墨家者流。蓋出於淸廟之守。從橫家者流。蓋出於行人之官。雜家者流。蓋出於議官。農家者流。蓋出於農稷之官。小說家者流。蓋出於稗官。此皆班固所錄並謂其起於王道既微諸侯力政之時。

漢書藝文志諸子十家其可觀者九家而已皆起於王道既微諸侯力政時君世主好惡殊方是以九家之說蠭出並作各引一端

觀其所載諸家之書上起邃古下訖漢初率以戰國時之書爲多然古書多出依託

如農家神農二十篇注曰六國時諸子疾時怠於農業道耕農事託之神農道家黃帝君臣十篇注曰起六國時與老子相似雜家黃帝五十八篇注曰六國時賢者所作力牧二十二篇注曰六國時所作託之力牧小說家黃帝說四十篇注曰迂誕依託

卽西周之書亦多後人附會者。

如道家太公二百三十七篇注曰呂望爲周師尙父本有道者或有近世爲太公術者所增加也

大抵自春秋而私家之學始興至戰國而大盛耳。學術之分裂非一時之事始則由天子畿內分而之各國繼則由各國之學轉而爲私家史書亦多紀其事者如

史記太史公自序昔在顓頊命南正重以司天北正黎以司地唐虞之際紹重黎之後使復典之至於夏商故重黎氏世序天地其在周程伯休父其後也當周宣王時失其守而爲司馬氏司馬氏世典周史惠襄之間司馬氏去周適晉張晏曰。周惠王襄王有子穨叔帶之難。故司馬氏奔晉。自司馬氏去周適晉分散或在衞或在趙或在秦

此學者由天子畿內分而之各國之證也。

史記儒林傳。孔子閔王路廢而邪道興。於是論次詩書。修起禮樂。適齊聞韶。三月不知肉味。自衛返魯。然後樂正。雅頌各得其所。自孔子卒後。七十子之徒。散遊諸侯。大者爲師傅卿相。小者友教士大夫。或隱而不見。故子路居衛。子張居陳。澹台子羽居楚。子夏居西河。子貢終於齊。如田子方、段干木、吳起、禽滑釐之屬。皆受業於子夏之倫。

此各國之學、轉而入私家之證也。當春秋之初。諸侯之國。已各自爲教。

管子大匡篇。衛國之教、危傳以利。魯邑之教、好邇而訓於禮。楚國之教、巧文以利。

其風氣之不同。殆由所傳之學說不同之故。

如魯秉周禮。晉守唐叔所受法度之類。（左傳昭公三十年。晉國將守唐叔之所受法度。以經緯其民。卿大夫以序守之。）

國語晉語。悼公使張老爲卿。辭曰。臣不如魏絳。夫絳之智。能治大官。其學不廢其先人之職。

既而一國之中。又各自爲風氣。有守其先代之學而不廢者。

有數典而忘其祖者。

左傳昭公十五年。王謂籍談曰。昔而高祖孫伯黶。司晉之典籍。以爲大政。故曰籍氏。及辛有之二子董之晉。於是有董史。（杜注。辛有周人也。其二子適晉。爲太史。）女司典之後也。何故忘之。籍談不能對。賓出。王曰。籍父其無後乎。數典而忘其祖。

官學日微。而私家之師弟。則不分國界。（如孔子弟子。兼有各國之人。）故國學變爲師弟之家學焉。

官學衰而私家之學興。其所藏之書。亦多散布於人間。如孔子修春秋。得百二十國寶書。

公羊解詁閔因叙云昔孔子受端門之命制春秋之義使子夏等十四人求周史記得百二十國寶書。

墨子嘗見百國春秋

史通六家篇隋書李德林傳並引墨子云吾見百國春秋。

墨子明鬼篇著在周之春秋。 著在燕之春秋。 著在宋之春秋。 著在齊之春秋。

其書疑皆官書之散在民間者夫各國史記春秋藏之史官苟皆非徒師講授載筆傳寫不能得其書則求之至難無論一人不能遍歷百國卽十四人亦不能環學於諸國故吾意春秋時之書有藏之於官非親至其國求其人不能讀者

史記孔子世家孔子適周問禮蓋見老子云。

莊子天運篇孔子西藏書於周室子路謀曰由聞周之徵藏史有老聃者免而歸居夫子欲藏書則試往因焉。

有散佚於外好古之士可以展轉求乞者至於官書變爲私書則無書者固不知學而有書者轉得博學詳說軼於姝姝暖暖於一先生之言者此聖哲之所以勃興於春秋之末也

墨子貴義篇子墨子南遊使衞關中載書甚多弦唐子見而怪之曰吾夫子教公尙過曰揣曲直而已今夫子載書甚多何有也子墨子曰昔者周公旦朝讀書百篇夕見七十士故周公旦佐相天子其修至於今翟上無君上之事下無耕農之難吾安敢廢此

按此文則知春秋之季民不說學見載書者卽以爲怪而官師之書旣不全有學者非自載書無從

得書亦可推見。

說文序稱七國之時文字異形。言語異聲。按其、端、實、自、春、秋、時、開、之。如齊太宰歸父盤（見寶齋吉金錄）齊侯甗、楚公鐘、夜雨雷鐘、楚曾侯鐘、王子申盞蓋（均見積古齋鐘鼎款識）之類。其文多不類籀文。或取勢奇偉。或結體整齊而清剛瘦勁。漸開小篆之風。與周魯之文字渾樸圓和者殊科。

阮元楚公鐘跋。此鐘與夜雨雷鐘篆文相類。奇古雄深。與他國迥別。且俱在未稱王之時。年代相去當不遠也。　夜雨雷鐘跋。此鐘文字雄奇。不類齊魯。可覘荊南霸氣。　王子申盞盂跋。此篆文工秀。結體較長。同於楚曾侯鐘。曾侯鐘楚惠王器。子西歷相昭王惠王者。可直斷為子西器也。

此文字異形之證也。揚雄方言多載齊秦楚晉宋衞魯鄭諸國不同之語。大抵沿自春秋之時。

如方言三。南楚凡貧人衣被醜敝。謂之須捷。或謂之褸裂。或謂之襤褸。左傳曰篳路襤褸。以啓山林。殆謂此也。

三傳所載亦多異言。

左傳莊公二十年。楚令尹子元伐鄭。入自純門。及逵市。縣門不發。楚言而出。　宣公四年。楚人謂乳穀。謂虎於菟。

穀梁傳襄公五年。仲孫蔑衞孫林父會於善稻。吳謂善伊。謂稻緩。號從中國。名從主人。

公羊傳隱公五年。公曷為而遠觀魚。登來之也。（何注。登讀言得。得來之者。齊人註也。）　桓公六年。曷為謂之實來。慢之也。曷為慢之。化我也。（注。行過無禮謂之化。齊蓋自行人之官不修。書名聲音漸不齊。一學術之分。亦由於此。孔子講學。書必大篆。語必雅言。

說文序孔子書六經。皆以古文。段玉裁曰。此古文。彙大篆言之。

論語子所雅言。詩書執禮。皆雅言也。○孔安國注雅言正言也。鄭玄曰讀先王典法。必正言其音。然後義全。

蓋爲各國學者所守不同。欲教之於一堂。不能不出以典雅。猶今之教者必用通行之語言文字。不能用土語及別字也。莊子謂鄒魯之士。能明詩書禮樂。史記稱洙泗之間。斷斷如也。

史記魯世家太史公曰。余聞孔子稱曰。甚矣魯道之衰也。洙泗之間斷斷如也。

蓋他國之學者。傳授歧異。不如洙泗間讀音之正。故後世儒家傳授最廣。是則儒家獨盛之一因也。

周之教育。掌於樂官。周衰王官失業。即周之學校教育不修之證。

漢書禮樂志周衰。五官失業。雅頌相錯。

然魯國猶有其官。至哀公時。樂官復分散。

論語太師摯適齊。亞飯干適楚。三飯繚適蔡。四飯缺適秦。鼓方叔入於河。播鼗武入於漢。少師陽擊磬襄入於海。○此文有二說。孔安國曰。魯哀公時。禮壞樂崩。樂人皆去。是摯等皆魯官。漢書古今人表。列摯等於殷末周初。顏師古注曰。自師摯以下八人。皆紂時人。奔走分散而去。則以摯等爲殷官。劉寶楠論語正義。從顏說。梁玉繩人表考。則從孔說。

學校教育之衰。殆又甚於春秋之初。故春秋時魯有泮宮。鄭有鄉校。其風雖不及西周之盛。猶有官學之遺意。春秋以後。則官學泯絕矣。史記謂摯等之分散。在仲尼沒後。

史記禮書。仲尼沒後。受業之徒。沈湮而不舉。或適齊楚。或入河海。豈不痛哉。

世或謂八人嘗以雅樂受業孔子。

梁玉繩人表考引吳仁傑云。八人蓋以雅樂受業於孔子。

不知樂官學官。學與私學有別。論語志樂官之分散。正以明當時諸侯不重禮樂。亦不重教育。約計其時。當在春秋之末。不必定指為孔子弟子。且意其適齊楚。入河海。在孔子沒後也。

第二十四章　老子與管子

自周代官守不修。學術分裂。於是有九流十家之學。十家之中。以道家為最早。而儒家次之。以今所存道家之書論之。老子管子皆先於孔子。老子之書。實為春秋時代一大思想家。故依其時代論次其學。按漢書藝文志道家先列管子。次及老子。

漢書藝文志道三十七家。九百九十三篇。始伊尹太公辛甲鬻熊諸書。（諸書多出於依託不足據）次管子八十六篇。次老子鄰氏經傳四篇。老子傅氏經說三十七篇。老子徐氏經說六篇。

似老子當後於管子。然老子之年歲不可考。

史記老子列傳。蓋老子百有六十餘歲。或言二百餘歲。以其修道而養壽也。（史記之外。異說甚多。梁玉繩古今人表考詳舉之。玆不錄。）

而管子之書不純爲道家言。則道家固當首老子也。

老子之學。本以自隱無名爲務。

老子列傳老子修道德。其學以自隱無名爲務。

故其事迹亦不彰。史但稱其爲周守藏室之史。

老子列傳老子者。楚苦縣厲鄉曲仁里人也。姓李氏。名耳。字伯陽。謚曰聃。周守藏室之史也。

及爲關尹著書之事。

老子列傳居周久之。見周衰。迺遂去。至關。關令尹喜曰。子將隱矣。彊爲我著書。於是老子迺著書上下篇。言道德之意。五千餘言而去。

以莊子證之。關尹殆與老子學派相同。

莊子天下篇關尹曰。在己无居。形物自著。其動若水。其靜若鏡。其應若響。芴乎若亡。寂乎若清。同焉者和。得焉者失。

其彊老子以著書。第以同道相證明。非藉著書立說。創一學派。或宗教。以要名於世。此講老子之學者所當先知之義也。

老子生於陳。而仕於周。並非楚人。世之論者。以史記有楚苦縣人一語。遂以老子爲楚人。因以其文學思想。爲春秋時南方學者之首領。並謂與孔子之在北方者對峙。

其說倡於日本人。而梁啟超盛稱之。

實則苦縣故屬陳老子生時尚未屬楚史記索隱正義言之甚明。

史記索隱苦縣本屬陳春秋時楚滅陳而苦又屬楚故云楚苦縣至高帝十一年立淮陽國陳縣苦縣皆屬焉。正義按年表云淮陽國景帝三年廢至天漢修史之時楚節王純都彭城相近疑苦此時屬楚國故太史公書之據此是史記之稱楚者以苦縣在漢時屬楚並非謂老子時屬楚也按陳嘗再滅於楚陳哀公三十五年為楚所滅（魯昭公八年）後五年惠公復興（魯昭公十三年）閔公二十一年卒滅於楚（獲麟後三年）卽謂此楚字指春秋之楚亦通但老子與孔子同時且其年歲甚高其生時必為陳而非楚也。

藉令其地屬楚亦在淮水流域距中夏諸國甚邇未可以南北判之也。

老子旣自晦其迹故講老子之學者言人人殊儒家則重其習於禮。

小戴記曾子問篇記孔子問禮於老聃者凡三節。

法家則稱其生於術。

韓非子解老篇所謂有國之母母者道也道也者生於所以有國之術。

方士則目為神仙。

列仙傳神仙傳等書稱老子之神異甚多。

釋氏則謂同佛教。

後漢書襄楷傳桓帝時楷上書曰或言老子入夷狄為浮屠。

唐釋慧琳辯正論晉世雜錄云。道士王浮每與沙門帛遠挠論。王屢屈焉。遂改換西域傳爲化胡經。言喜與聃化胡作佛。佛起於此。老子

化胡經在元代已焚燬。清季發見敦煌石室內有化胡經殘本。

甚至傅會爲耶穌教。

嚴復評老子。前有德國哲學家。謂耶和華之號。即起於老子之夷希微。說見黑格兒哲學歷史。

傅會爲民主政治。

亦見嚴復評語。

傅會爲革命家。

見胡適中國哲學史大綱。

見知見仁。各以其意爲說。然即此亦可見老子之學無所不包。此莊子所以謂之爲博大眞人也。

莊子天下篇。關尹老聃乎。古之博大眞人哉。

老子之學。自有來歷。莊子稱其出於古之道術。

莊子天下篇。以本爲精。以物爲粗。以有積爲不足。澹然獨與神明居。古之道術、有在於是者。關尹老聃聞其風而悅之。

藝文志稱其出於史官。

漢書藝文志。道家者流、蓋出於史官。歷記成敗存亡禍福古今之道。然後知秉要執本。清虛以自守。卑弱以自持。

此二義、老子固自言之。

老子。執古之道。以御今之有。能知古始。是謂道紀。

惟其所謂古始者。非常久遠。不限於有文字以來之歷史。亦不限於羲農黃帝以來之有道術者。故常抉摘天地造化之根原。而不爲後世制度文物所囿。此老子之學所以推倒一切也。然東方人種、積習耕稼、偏於仁柔、往往以弱制強、而操最後之勝算。老子習見其事實、故反復申明此理、而後世之人、因亦不能出其範圍。實則老子之思想。由吾國人種性及事實所發生。非其學能造成後來之種性及事實也。

老子之書、專說對待之理。（如美惡。善不善。有無。難易。長短。高下。虛實。強弱。後先。得失。曲全。枉直。窪盈。敝新。多少。重輕。靜躁。雄雌。白黑。榮辱。壯老。張歙。廢興。與奪。貴賤。損益。堅柔。得亡。成缺。盈沖。辯訥。生死。禍福。大細。有餘不足之類。）其原、蓋出於易。惟易在孔子未繫辭之前。僅示陰陽消息奇偶對待之象。尚未明示二儀之先之太極。老子從對待之象、推究其發生此對待之故。得恍惚之一元、而反復言之。如曰。

視之不見。名曰夷。聽之不聞、名曰希。搏之不得、名曰微。此三者、不可致詰。故混而爲一。其上不皦。其下不昧。繩繩不可名。復歸於無物。是謂無狀之狀。無物之象。是謂恍惚。迎之不見其首。隨之不見其後。

又曰。

孔德之名、惟道是從。道之爲物、惟恍惟惚。惚兮恍兮、其中有象。恍兮惚兮、其中有物。窈兮冥兮、其中有精。其精甚眞、其中有信。自古及今、其名不去、以閱衆甫。吾何以知衆甫之狀哉。以此。

有物混成、先天地生。寂兮寥兮、獨立不改。周行而不殆。可以爲天下母。吾

不知其名字之曰道強爲之名曰大

蓋世人不知此物惟可以恍惚詔之老子則知之甚精甚眞甚信故能從此原理剖析衆甫之狀是則吾國形而上之哲學實自老子開之亦可曰一元哲學實自老子開之不知老子之形而上學徒就形而下之社會人生推究老子之學無當也

老子既知此原理見此眞境病世人之競爭於外而不反求於內也於是教人無爲其教人以無爲非謂絕無所爲也掃除一切人類後起之知識情欲然後可從本根用功故曰

爲學日益爲道日損損之又損以至於無爲

其下卽承之曰

無爲而無不爲

蓋世人日沈溺於後起之知識情欲不能見此甚精甚眞甚信之本原雖自覺無所不知無所不能實則如同夢囈胥天下而從事於此止有賊國病民而已故曰

古之善爲道者非以明民將以愚之民之難治以其智多故以智治國國之賊不以智治國國之福知此兩者亦稽常式知稽式是謂玄德玄德深矣遠矣與物反矣然後乃至大順

老子所謂愚民與後世所謂愚民之術不同蓋如秦皇之焚書坑儒以愚民祇爲固其子孫帝王之業起

見。非欲使天下之人。咸捐其小智私欲。而同見此甚精甚眞甚信之本原。老子之所謂愚民。則欲民愚於人。世之小智私欲。而智於此眞精之道。反本還原。以至大順。故以後世愚民之術、歸咎於老子者、固非但知老子、主張、破壞、一切。不知老子、欲人人、從根本上用功者。亦絕不知老子之學也。吾國之哲學。與西洋哲學不同者。在不言而躬行。徒執老子之言以講老子之學。無一是處。吾所言者。亦不能知老子之究竟也。惟今世學者喜言哲學。喜言老子哲學。且喜以老子之哲學與西洋哲學家比較。故亦不得不略述其管見。總之老子、非徒破壞。非徒消極。彼自有其眞知灼見。故覺舉世之人迷罔日久。而稍稍出其緒餘。爲此五千言。而其所不言者。正不可限量也。

史記管仲傳。不詳其學術所自。惟稱其牧民山高乘馬輕重九府諸篇。曰詳哉其言之。按仲爲潁上人。（桓寬鹽鐵論。謂管子爲越人。未知所本。）春秋之初。其地屬鄭。仲之所學。殆猶有周代官師之傳。觀其書於陰陽五行（有五行篇）天時（有五時篇）地理（有地員地數水地等篇）兵法（有兵法篇）財政（有輕重海王等篇）無所不賅。似未可以一家目之。然其學有與老子同原者。如曰

疑今者察之古。不知來者視之往。萬事之生也、異趣而同歸。古今一也。（山高篇）

是卽老子執古之道以御今之有之法也。封禪、國准、揆度諸篇。時時述古代帝王逸事。雖其書不盡管子自著。或出於後之治管子之學者所增益。然封禪篇之文。史記亦引之。

史記封禪書齊桓公既霸會諸侯於葵丘而欲封禪管仲曰古者封泰山禪梁父者七十二家而夷吾所記者十有二焉。

是管子固熟於史事。漢志列管子於道家。謂道家出於史官。其以此歟。

管子之學。異於道家者。在言政法。其佐齊桓創霸。既改革周制。而其論治。必以法為主。如曰

法者民之父母也。法法篇　法者、天下之至道也。聖君之實用也。任法篇　法之制民也。猶陶之於埴。冶之於金也。禁藏篇　君臣上下貴賤、皆從法。此之謂大治。任法篇　聖君任法而不任智。故身佚而天下治。任法篇

其言、實、戰、國、時、法、家、之祖。視老子之以德仁義禮為無足齒數者相去甚遠。此則事之至可疑者也。愚意老子之學、亦自有其作用。如曰

小國寡民、使有什伯之器、而不用。使民重死而不遠徙。

凡兩言使、則其使之之術、固有在矣。管子雖偏於法治主義。而其言亦多近於道家者。如曰

日益之而患少者惟忠。日損之而患多者、惟欲。吾畏事、不欲為事。吾畏言、不欲為言。故行年六十而老吃也。樞言篇

是管子晚年以寡欲省事為主。實道家之學也。心、術、白、心、諸篇。尤多微眇之論。大抵功名之士。不先有得於道。必以私智私欲而敗。管子、之、改、革、國、政、卓、然、能、有、所、成。未、始、不、由、於、其、湛、深、於、道、術、商、鞅、韓、非、之、敗。正以、其、徒、知、法、治、而、不、知、畏、事、畏、言、耳。

古無黃老之名。戰國時治道家之學者。始以黃帝與老子相傳會。

漢書藝文志黃帝君臣十篇。注曰。起六國時。與老子相似也。雜黃帝五十八篇。注曰。六國時賢者所作。

莊子亟稱黃帝。又極崇拜老聃。然亦未嘗以黃帝老子並舉。黃老並舉。殆在漢初。史記曹相國世家。膠西有蓋公。善治黃老言。儒林傳。竇太后好黃老之術。

其後凡一切不事事。及以陰柔處世。概託爲黃老之學。使知管子與老子學術相同。則一方面無爲。一方面有爲。正合於無爲而無不爲之說。而怠惰苟安者。將無所容其喙矣。

第二十五章　孔子

孔子者。中國文化之中心也。無孔子則無中國文化。自孔子以前數千年之文化。賴孔子而傳。自孔子以後數千年之文化。賴孔子而開。卽使自今以後。吾國國民同化於世界各國之新文化。然過去時代之與孔子之關繫。要爲歷史上不可磨滅之事實。故雖老子與孔子同生於春秋之時。同爲中國之大哲。而其影響於全國國民。則老猶遠遜於孔。其他諸子。更不可以並論。觀夏德(F. Hirth)支那古代史(The Ancient History of China)一九〇八年美國哥倫比亞大學出版 所引德人加擺倫貲 (G. von der Gabelentz) 之言。加氏所著書名見下。茲所引之一段。見支那古代史第二四二頁。 則知孔子之地位矣。

加擺倫貲孔子與其學說 (Confucius und Seine Lehre) 吾人欲測定史的人物之偉大之程度。其適當之法。卽觀其人物所及於人民者。感化之大小。存續之長短。及强弱之程度。三者之如何是也。以此方法測定孔子。彼實不可不謂爲人類中最大人物之一人蓋經過二千年以上之歲月。至於今日。使全人類三分之一、於道德的社會的及政治的生活之點、全然存續於孔子之精神感化之下也。（加氏之書。係德國 Leipzig 之 F. A. Blockhaus 書店出版。茲所引之一段。見原書第四第五頁。又 China Review 第二十七卷第六十三頁。有英文譯本。可參照。）

孔子之生年月日。說者不一。

春秋襄公二十有一年。公羊傳十有一月庚子。孔子生。

春秋襄公二十有一年。穀梁傳冬十月庚子。孔子生。

世本魯襄公二十二年。冬十月。庚子。孔子生。

史記十二諸侯年表魯襄公二十二年。孔子生。

孔廣牧先聖生卒年月日考謹案先聖之生年。從史記。月從穀梁。日從公羊穀梁。年從史記者。凡世本所述春秋卿大夫世系。悉與左傳合。龍門撰史記。於先聖生年、根據世本爲說。誠以其可信也。月從穀梁者。以穀梁與世本同。故日從公羊穀梁者。以經義駢枝據周歷三統歷及古四分歷推得也。

成蓉鏡經義駢枝世傳孔子生於魯哀公二十二年十月庚子。爲今之八月二十七日。然以古歷步之。實八月二十八日。

要其生卒灼然可見。

春秋哀公十六年續經夏四月己丑。孔丘卒。

成蓉鏡經義駢枝孔子卒日。集古今諸歷步之。十六年四月己卯朔。十一日己丑。

孔廣牧先聖生卒年月日考先聖卒於魯哀公十六年。由是歲上溯之襄公二十二年。實七十三歲。他書謂爲年七十四者。蓋從襄公二十一年起算。失之。

非若老子釋迦之生死無從稽考也。讖緯諸書。多言孔子生有異徵。

論語撰考讖叔梁紇與徵在禱於尼山。感黑龍精以生仲尼。

死有遺讖。

易緯通卦驗孔子表洛書。摘亡辟。曰亡秦者胡也。丘以推秦白精也。

春秋家又謂孔子受命制作。

公羊哀十四年注獲麟之後。天下血書魯端門。曰趨作法。孔聖沒。周姬亡。彗東出。秦政起。胡破術。書記散。孔不絕。子夏明日往視之。血書飛爲赤烏。化爲白書。署曰演孔圖。

自號素王。

鄭玄六藝論孔子既西狩獲麟。自號素王。爲後世受命之君。制明王之法。

賈逵春秋序孔子覽史記。就是非之說。立素王之法。

皆視孔子爲神奇不經之人。迄今日而稱述其說者不衰。欲比孔子於耶穌摩哈麥德。以孔敎爲標幟。是皆不知孔子者也。孔子不假宗教以惑世。而卓然立人之極。故爲生民以來所未有孟子述有若之言曰。聖人之於民、類也。出於其類。拔乎其萃。自生民以來。未有盛於孔子也。

學者欲知孔子。當自人事求之。不可神奇其說也。

孔子之學。有得之於家庭者。

左傳昭公七年。孟僖子曰。孔丘聖人之後也。而滅於宋。其祖弗父何。以有宋而授厲公。及正考父。佐戴武宣。三命茲益共。故其鼎銘云。一命而僂。再命而傴。三命而俯。循牆而走。亦莫余敢侮。饘於是。鬻於是。以餬余口。其共也如是。臧孫紇有言曰。聖人有明德者。若不當世。其後必有達人。今其將在孔丘乎。

有得之於社會者。

史記孔子世家。孔子為兒嬉戲。常陳俎豆。設禮容。　南宮敬叔言於魯君曰。請與孔子適周。魯君與之一乘車。兩馬。一豎子俱。適周問禮。蓋見老子云。　孔子學鼓琴師襄子。十日不進。師襄子曰。可以益矣。孔子曰。丘已習其曲矣。未得其數也。有間曰。已習其數。可以益矣。孔子曰。丘未得其志也。有間曰。已習其志。可以益矣。孔子曰。丘未得其為人也。有間曰。有所穆然深思焉。有所怡然高望而遠志焉。曰丘得其為人。黯然而黑。幾然而長。眼如望羊。心如王四國。非文王其誰能為此也。師襄子辟席再拜曰。師蓋云文王操也。

仲尼弟子列傳。孔子之所嚴事。於周則老子。於衛蘧伯玉。於齊晏平仲。於楚老萊子。於鄭子產。於魯孟公綽。數稱臧文仲、柳下惠、銅鞮伯華、介山子然。孔子皆後之。不並世。

蓋其時雖曰世衰道微。然必家庭社會。猶有前代禮教學說流傳。其國土之風氣。有特殊於他國者。如魯秉周禮之類其游蹤所至。多得賢士大夫之益。（如子貢謂君子居是邦。事其大夫之賢者。友其仁者之類。）然後可以鼓舞奮發而出一命世之大哲。不可徒謂春秋之時。社會紛亂。政法黑暗。民生痛苦。邪說橫行。始因此等反應。產生聖哲之思想也。然家庭之遺傳。社會之影響。雖亦有關於孔子。而孔子之所以成爲孔子者。仍在其自身之好學。故其自言曰。

吾十有五而志於學。三十而立。四十而不惑。五十而知天命。六十而耳順。七十而從心所欲不踰矩。　十室之邑。必有忠信如丘者焉。不如丘之好學也。

忠信之資。初不足以過人。惟好學爲所自信。自十五至七十。無一息不學。知行之功。與年俱進。是則非平生師友所可幾矣。前乎孔子者。雖有傳說始終典學之語。然未嘗有言之親切詳備如孔子者。則雖謂吾民知學自孔子始可也。

孔子自言其學之程序。且述其學之功效。然祇自明其身心所造之境地。未嘗及於身外。由此可知孔子爲學之目的。在先成己而後成物。其成己之法。在充滿其心性之本能。至於從心所欲不踰矩之境。而一切牖世覺民之方。乃從此中自然發見於外。既非徒受外界之反感。憤激悲憫。欲學一種方法或主義以救世。亦非徒慕古人。欲蹈襲其陳迹。冀自樹於功名。至於垂老無成。乃託教學著書。以期留名後世。及與當世講學者。爭持門戶。獨立一派別也。論語及大學中庸所言。十九皆明此義。不知孔子所學爲何事。務

以禦外之心。[illegible]孔子之學能窺見其淵深哉

孔子所學。首重者曰成己。曰成人。曰克己。曰修身。曰盡己。其語殆不可以僂舉。惟其以此爲重。故不暇及於外。而怨天尤人之意。自無自而生。

論語不怨天。不尤人。下學而上達。知我者其天乎。

中庸正己而不求於人。則無怨。上不怨天。下不尤人。

其遇雖窮。其心自樂。人世名利。視之淡然。

論語飯疏食。飲水。曲肱而枕之。樂亦在其中矣。不義而富且貴。於我如浮雲。

自孔子立此標準。於是人生正義之價值。乃超越於經濟勢力之上。服其教者。力爭人格。則不爲經濟勢力所屈。此孔子之學之最有功於人類者也。人之生活。固不能不依乎經濟。然社會組織不善。則經濟勢力往往足以錮蔽人之心理。使之屈伏而喪失其人格。其強悍者。蓄積怨尤。則公爲暴行。而生破壞改革之舉。今世之弊。皆坐此耳。孔子以爲人生最大之義務。在努力增進其人格。而不在外來之富貴利祿。卽使境遇極窮。人莫我知。而我胸中浩然自有坦坦蕩蕩之樂。無所歆羨。自亦無所怨尤。而堅強不屈之精神。乃足歷萬古而不可磨滅。儒教眞義。惟此而已。

雖然。孔子之學。亦非徒爲自了漢。不計身外之事也。成己必成物。立己必立人。

中庸誠者非自成己而已也所以成物也成己仁也成物知也性之德也合外內之道也

論語夫仁者己欲立而立人己欲達而達人

故修身之後卽推之於家國天下其於道國爲政理財治賦之法無一不講求而蘄致用於世論語所記孔門師弟問答之語時時以爲政爲言卽羣衆之經濟亦必使之富足

論語子適衛冉有僕子曰庶矣哉曰既庶矣又何加焉曰富之曰既富矣又何加焉曰敎之　子貢問政子曰足食足兵民信之矣

此則本末兼賅有體有用非若二氏之專言虛寂遺棄一切也孔子生於周故其政見多主用周法然用之亦有分別觀論語之言自見

論語顏淵問爲邦子曰行夏之時乘殷之輅服周之冕　子曰麻冕禮也今也純儉吾從衆

陸桴亭謂孔子從周後儒宜講當代之制

思辨錄孔子動稱周家法度雖周公制作之善亦從周故也予每怪後儒學子亦動稱周家法度而於昭代之制則廢而不講亦不善學孔子者矣

其實孔子之所主張亦不盡周法卽世俗所通行而協於人情者亦無不可從也

孔子之學固不以著述重然其著述之功關繫絕鉅史稱其時禮樂廢詩書缺傳自孔氏始可得述

史記孔子世家孔子之時周室微而禮樂廢詩書缺追迹三代之禮序書傳上紀唐虞之際下至秦繆編次其事曰夏禮吾能言之杞

不足徵也。殷禮吾能言之。宋不足徵也。足則吾能徵之矣。觀殷夏所損益。曰、後雖百世可知也。以一文一質。周監二代。郁郁乎文哉。吾從周。故書傳禮記自孔氏。孔子語魯太師樂。其可知也。始作翕如。縱之純如。皦如。繹如也。以成。吾自衛反魯。然後樂正。雅頌各得其所。古者詩三千餘篇。及至孔子。去其重。取可施於禮義。上采契后稷。中述殷周之盛。至幽厲之缺。始於衽席。故曰關雎之亂以爲風始。鹿鳴爲小雅始。文王爲大雅始。淸廟爲頌始。三百五篇。孔子皆弦歌之。以求合韶武雅頌之音。禮樂自此可得而述。

蓋其時如老子者。不以書籍所傳言語爲重。

史記老子傳。老子曰。子所言者。其人與骨皆已朽矣。獨其言在耳。

世復多不說學者。使任其放佚。則寖衰寖微。古代之文化。復何從考見乎。詩書禮樂皆述。易春秋則述而兼作。

漢書儒林傳。孔子晚而好易。讀之。韋編三絕而爲之傳。讀者。卦爻之詞。孔子所述也。傳者。十翼之文。孔子所作也。

史記儒林傳。西狩獲麟。曰、吾道窮矣。故因史記作春秋。

世謂孔子述而不作者。蓋未讀十翼及春秋也。

孟子即稱孔子作春秋。公羊明載未修春秋之原文。莊公七年。曷爲謂之如雨。不修春秋曰。雨星不及地尺而復。君子修之曰。星霣如雨。惟杜預稱春秋多用舊史。然亦謂有刋正處。杜預春秋左氏傳序。仲尼因魯史策書。成文。考其眞僞。而志其典禮。上以遵周公之遺制。下以明將來之法。其教之所存。文之所害。則刋而正之。以示勸戒。其餘則皆即用舊史。史有文質。辭有詳略。不必改也。

孔子傳易修史。而合之詩書禮樂。號爲六藝。亦名爲經。

史記孔子世家孔子以詩書禮樂敎弟子。蓋三千焉。身通六藝者七十有二人。

其爲敎亦各有得失。孔子嘗詳言之。

禮記經解孔子曰。入其國。其敎可知也。其爲人也、溫柔敦厚、詩敎也。疏通知遠、書敎也。廣博易良、樂敎也。絜靜精微、易敎也。恭儉莊敬、禮敎也。屬辭比事、春秋敎也。故詩之失愚。書之失誣。樂之失奢。易之失賊。禮之失煩。春秋之失亂。其爲人也、溫柔敦厚而不愚、則深於詩者也。疏通知遠而不誣、則深於書者也。廣博易良而不奢、則深於樂者也。絜靜精微而不賊、則深於易者也。恭儉莊敬而不煩、則深於禮者也。屬辭比事而不亂、則深於春秋者也。

孔子於易。由陰陽奇偶之對待。闡明太極之一元。

繫辭易有太極。是生兩儀。兩儀生四象。四象生八卦。八卦定吉凶。吉凶生大業。

謂神無方。易無體。而道在陰陽之相對。

繫辭神無方而易無體。一陰一陽之謂道。

其於形而上之原理。與老子所見正等。易之神妙、正賴孔子發明。

論語稱子不語怪力亂神。而易繫辭屢言神。如陰陽不測之謂神。蓍之德圓而神。 神以知來。 是興神物以前民用。 聖人以此齋戒以神明其德夫。 鼓之舞之以盡神之類。

而世乃謂孔子繫易專重人倫日用之事

某氏論易曰。近人謂伏羲畫卦。乃純包天地萬物萬事萬象有形無形諸凡共同之大原理而言。即純屬哲理的著作。以今之新名詞言之。即曰純正哲學。文王加彖象各辭。始由圖畫而附文字說明。然已由抽象的哲理。而喻以具體的事物。故可謂文王解易。即由純正哲學引入於倫理學範圍。以今之新名詞言之。即曰倫理哲學。孔子作文言繫辭。則更將易象移以解釋人生種種善惡行爲之報應。專在策人爲君子。勿爲小人。故孔子解易。實專以倫理的眼光看易象。幷非以宇宙人生萬象森羅之哲理眼光看易象。若以今之新名詞言之。易經中孔子所明。第可曰倫理學。或曰倫理的解釋。孔子聖人。決非不解易象之哲理。第孔子一生志嚮。專以對人宣明倫理一門。作入世法。至孔子之眞實本領。哲理一門之出世法。始終未欲與世人道之。此正是孔子之高大處。故至今儒家所知之孔子。第知孔子本領之半而已。

奚足以知孔子之用心哉。孔子所言神明之德。必須洗心齋戒。退藏於密。而後可見。非騰口說。騁文辭。所能指示也。至於孔子講易以明人倫日用之道者。則有二義焉。曰中。曰時。

如釋乾之九二曰。龍德而正中。九三九四。皆曰重剛而不中。坤六五。曰君子黃中通理。同人。曰中正而應。大有。曰大中而上下應之之類。皆以明中也。　釋蒙。曰蒙亨以亨行時中也。蹇。曰蹇之時用大矣哉。益。曰凡益之道與時偕行之類。皆以明時也。

中。以方位言。時。以後先言。必合此二者而義乃全。且其幾至微。稍過不及。即非所謂中。人心之執著膠滯。皆爲未喻此義也。自堯舜以來。以中爲立國之道。孔子祖述其說。而又加以時義。故孟子謂孔子爲聖之時者也。其實中之一字，已足賅括一切，加以時字，則所以衡其中否者益密耳。此語至平常而又至難。原其初須得喜怒哀樂未發前之氣象。

中庸：喜怒哀樂之未發謂之中。

推其極，則可以位天地育萬物。

中庸：致中和，天地位焉，萬物育焉。

故孔子於中道，繫之曰庸，而極言其不可能。

論語：中庸之爲德也，其至矣乎！民鮮久矣。

中庸：子曰：中庸其至矣乎！民鮮能久矣。　天下國家均可也，爵祿可辭也，白刃可蹈也，中庸不可能也。

賢智則過，愚不肖則不及，強爲貌似，則又成爲鄉原。三者皆病，乃取其微偏者而救正焉。

論語：子曰：不得中行而與之，必也狂狷乎！狂者進取，狷者有所不爲也。

世人徒執後世鄉原之儒者以病孔子，不知孔子固於此反覆明辯，不容僞儒之矯飾也。

論德之本曰中，論道之用曰恕，周書始言恕。

逸周書程典篇：慎德必躬恕，恕以明德。

[illegible]道。

論語子貢問曰有一言而可以終身行之者乎子曰其恕乎己所不欲勿施於人

對於子臣弟友上下左右一以恕待之。

中庸子曰、君子之道四。丘未能一焉。所求乎子、以事父未能也。所求乎臣、以事君未能也。所求乎弟、以事兄未能也。所求乎朋友、先施之未能也。

大學所惡於上、毋以使下。所惡於下、毋以事上。所惡於前、毋以先後。所惡於後、毋以從前。所惡於右、毋以交於左。所惡於左、毋以交於右。此之謂絜矩之道。

蓋人類之相處最難各得其平。處處以責人之心責己、則平心靜氣、於人毫無怨望、而人之對我亦必出於和平。充其功效、豈惟一人可行於世。使舉世行之、則舉世之戰爭奮鬭猜疑欺詐種種不德、皆可蠲除、而全體之人類咸相安而遂其生矣。曾子之告其門人、謂忠恕即一貫。

論語子曰、參乎、吾道一以貫之。曾子曰、唯。子出。門人問曰、何謂也。曾子曰、夫子之道、忠恕而已矣。

蓋孔子所知所行、無不本於此。故以而已矣三字決之、明忠恕之外無他道也。為人謀而不忠、亦由待人不恕。故曾子論一貫、猶兼言忠恕。孔子論終身可行之道、惟舉一恕字、以恕可以賅忠也。忠恕之事屬行、不屬知。子貢問行、而孔子答以施。行與施、皆指事為、非指一人獨居講學也。從來學者解釋恕字、未有以為屬於知識者。近人好為異論、乃以恕為推知。

章炳麟訂孔下、心能推度曰恕。周以察物曰忠。故夫聞一以知十。舉一隅而以三隅反者。恕之事也。夫彼是之辨。正處正色正味之位。其候度誠未可壹也。守恕者善比類。誠令比類可以徧知者。是絜榘可以審方圓。物情之紛。非若方圓可以量度也。故用榘者困。而務比類者疑。周以察物。舉其徵符。而辨其骨理者。忠之事也。故疏通知遠者恕。文理密察者忠。身觀焉忠也。方不障恕也。上者寂焉不動。感而遂通天下之故。無有遠近幽深。遂知來物。中之方人用法。察邇言也。下者至於原本山川。極命草木。合契比律。審曲面埶。莫不依是。三朝記哀公欲學小辨。孔子對以力忠信。云知忠必知中。知中必知恕。知恕必知外。內思畢心曰知中。中以應實曰知恕。內恕外度曰知外。此言以忠恕爲學、則無所不辨也。周以察物。疑其碎矣。物雖小別。非無會通。內思畢心者。由異而觀其同也。

夫聞一知十。舉一反三。屬於知識。己所不欲。勿施於人。屬於行爲。二者各有分際。不可混爲一談。大戴記小辨篇、雖言忠有九知。然其上文明言行爲。

小辨明忠信之備。而又能行之。則可立待也。君朝而行忠信。百官承事。忠滿於中。而發於外。刑於民。而放於四海。天下其孰能患之。丘言之。君發之於朝。行之於國。一國之人莫不知。何一之彊避。丘聞之。忠有九知。知忠必知中。知中必知恕。知恕必知外。知外必知德。知德必知政。知政必知官。知官必知事。知事必知患。知患必知備。若動而無備。患而弗知。安與知忠信。內思畢心曰知中。中以應實曰知恕。內恕外度曰知外。外內參意曰知德。德以柔政曰知政。正義辨方曰知官。官治物則曰知事。事戒不虞曰知備。毋患曰樂。樂義曰終。

所謂明忠信之備者、知也。而又能行之者、行也。朝而行忠信、發之於朝、行之於國者。皆行也。徒明忠信而……知德知政知官知事知患知備九者皆須實行故曰動而無備患而弗知安與知忠信試思備患恃知乎抑恃行乎章氏偏重知識匪惟誤解論語抑亦誤解戴記斷章取意貽誤後人匪淺鮮也

孔子論治之書以春秋爲主而春秋之學爲最難講當時門弟子已不能贊一辭

史記孔子世家至於爲春秋筆則筆削則削子夏之徒不能贊一辭弟子受春秋孔子曰後世知丘者以春秋而罪丘者亦以春秋

孟子則推其懼亂賊之功

孟子孔子成春秋而亂臣賊子懼

莊子則稱其爲先王之志

莊子齊物論春秋經世先王之志聖人議而不辯

班固則謂其書隱而不宣弟子退而異言

漢書藝文志仲尼與左丘明觀其史記據行事仍人道因興以立功敗以成罰假日月以定歷數藉朝聘以正禮樂有所褒諱貶損不可書見口授弟子退而異言丘明恐弟子各安其意以失其眞故論本事而作傳明夫子不以空言說經也春秋所貶損大人當世君臣有威權勢力其事皆形於傳是以隱其書而不宣所以免時難也及末世口說流行故有公羊穀梁鄒夾之傳

自漢以來三傳傳而鄒夾不傳

漢書藝文志四家之中。公羊穀梁立於學官。鄒氏無師。夾氏未有書。於是說春秋者。各依傳以爲說。訖無定論。

范甯春秋穀梁傳序。春秋之傳有三。而爲經之旨則一。臧否不同。襃貶殊致。蓋九流分而微言隱。異端作而大義乖。左氏以鬻拳兵諫爲愛君。文公納幣爲用禮。穀梁以衞輒拒父爲尊祖。不納子糾爲內惡。公羊以祭仲廢君爲行權。妾母稱夫人爲合正。以兵諫爲愛君。是人主可得而脅也。以納幣爲用禮。是居喪可得而婚也。以拒父爲尊祖。是爲子可得而叛也。以不納子糾爲內惡。是仇讎可得而害也。以廢君爲行權。是神器可得而闚也。以妾母爲夫人。是嫡庶可得而齊也。若此之類。傷敎惡義。不可强通者也。凡傳以通經爲主。經以必當爲理。夫至當無二。而三傳殊說。庸得不棄其所滯。擇善而從乎。既不俱當。則固容俱失。若至言幽絕。擇善靡從。庸得不並舍以求宗。據理以通經乎。而漢興以來。瓌望碩儒。各信所習。是非紛錯。準裁靡定。故有父子異同之論。石渠分爭之說。廢興由於好惡。盛衰繼之辯訥。斯蓋非通方之至理。誠君子之所歎息也。

大抵孔子當時屬辭比事。自有其詳細解釋。今所存之經文。特其辭之大綱。而其詳細解釋者。不可得見。三傳所傳。各有其微言大義。亦有各安其意。以成口說者。不能盡以爲得孔子之意。亦不能盡以爲非孔子之意也。

春秋之義。在正名分。寓襃貶。其影響所及。有非他書可比者。觀皮錫瑞之論可見。

皮錫瑞春秋通論。或曰。孟子言孔子成春秋而亂臣賊子懼。何以春秋之後。亂臣賊子不絕於世。然則孔子作春秋之功安在。孟子之言。殆不足信乎。曰。孔子成春秋。不能使後世無亂臣賊子。而能使亂臣賊子不能全無所懼。自春秋大義昭著。人人有一春秋之義在其胸中。眥知亂臣賊子人人得而誅之。雖極凶悖之徒。亦有魂夢不安之隱。雖極飾辭巧說。以爲塗人耳目之計。而耳目仍不能塗。邪說雖橫。不足以蔽春秋大義。亂賊既懼當時義士聲罪致討。又懼後世史官據事直書。如王莽者。多方掩飾。窮極詐僞。以蓋其篡弒者也。如曹丕司馬炎者。妄託禪讓。褒封先代。篡而未敢弒者也。如蕭衍者。已行篡弒。旋知愧憾。深悔爲人所誤者也。如朱溫者。公行篡弒。猶畏人言。歸罪於人。以自解者也。他如王敦桓溫。謀篡多年。而至死不敢。曹操司馬懿。及身不篡。而留待子孫。凡此等固由人有天良。未盡泯滅。亦由春秋之義。深入人心。故或遲之久而後發。或漏之又久而卒不敢發。即或冒然一逞。犯天下之不韙。終不能坦懷而自安。如蕭衍見吳均作史書。其助蕭道成篡逆。遂怒而擯吳均。燕王棣使方孝孺草詔。孝孺大書燕賊篡位。遂怒而族滅孝孺。其怒也。即其懼也。蓋雖不懼國法。而不能不懼公論也。

蓋春秋之義。亦至難言。後世所執者。僅得其半。而尤嚴於亂臣。若以左傳凡例論。則君臣相對。春秋未嘗不責無道之君。

左傳宣公四年。凡弒君稱君。君無道也。稱臣。臣之罪也。○杜預釋例曰。天生民而樹之君。使司牧之。羣物所以繫命。若高亢自肆。羣下絕望。情義圯隔。是謂路人。非君臣也。人心苟離。則位號雖有。無以自固。故傳例曰。凡弒君稱君。君無道。稱臣。臣之罪。稱君者。唯書君名。而稱國人以弒。衆之所共絕也。

孔子對齊景公以君臣並言。

論語齊景公問政於孔子。孔子對曰。君君、臣臣、父父、子子。公曰。善哉。信如君不君、臣不臣、父不父、子不子。雖有粟。吾得而食諸。

又以忠禮並舉。

論語君使臣以禮臣事君以忠。

初非專責人臣也又凡春秋褒貶之志止以當時之事爲斷而言外尙有微恉如公羊家張三世之說則借事明義正以寓其理想亦非專限於事實也。

公羊傳隱公元年解詁曰於所傳聞之世見治起於衰亂之中用心尙麤觕故內其國而外諸夏先詳內而後治外於所聞之世見治升平內諸夏而外夷狄至所見之世著治太平夷狄進至於爵天下遠近小大若一。

何氏之說雖止一家之言然與禮運之言大同者頗合。

禮運孔子曰大道之行也天下爲公選賢與能講信修睦故人不獨親其親不獨子其子使老有所終壯有所用幼有所長矜寡孤獨廢疾者皆有所養男有分女有歸貨惡其棄於地不必藏於己力惡其不出於身也不必爲己是故謀閉而不興盜竊亂賊而不作故外戶而不閉是謂大同今大道既隱天下爲家各親其親各子其子貨力爲己大人世及以爲禮以賢勇知以功爲己故謀用是作而兵由此起。

禮運正論歷史事實故由大同降而小康春秋懸想文明世界故由升平而至太平順逆雖殊其爲孔子所懷抱之宗旨一也若專限於事實則祿去公室政逮大夫陪臣執國命每況愈下尙何升平太平可言哉。

其二、理想之廣大隨在可見論語及易之言教育皆其不分族類不分疆域之證也

論語子曰。有教無類。

易臨卦象曰。君子以教思無窮容保民無疆。

而中庸之言化育則尤進於是。

中庸唯天下至誠。爲能盡其性。能盡其性。則能盡人之性。能盡人之性。則能盡物之性。能盡物之性。則可以贊天地之化育。可以贊天地之化育。則可以與天地參矣。

教育之功至於盡物性參天地則不獨爲一時一世之人羣謀矣。極鉅之效。由極簡之法而生。所謂宇宙內事皆性分內事也。吾國古代聖人之思想。常思以人力造天地。其功既見於此數千年之大國。而其義猶未罄萬一。後人準此而行。則所謂範圍天地曲成萬物者。無不可以實現。正不必以國家人類爲界。而區區於知識技能以爲教育之大事者。抑又不足深論矣。

古代學校各有祀典。

禮記文王世子。凡學春官釋奠於其先師。秋冬亦如之。凡始立學者。必釋奠於先聖先師。○鄭玄曰。先聖周公若孔子。

鄭氏舉孔子爲例。蓋就漢以後而言。漢以前未祀孔子也。歷代帝王之祀孔子者。自漢高祖始。

史記孔子世家。高皇帝過魯。以太牢祠焉。漢書高帝紀。十二年十一月。行自淮南還過魯。以太牢祠孔子。

而學校祀孔子。自明帝始。

後漢書明帝紀永平二年。養三老五更於辟雍。郡縣行鄉飲酒禮。學校皆祀聖師周公孔子。

然孔子與周公並祀。非特祀也。唐宋以降。漸次尊崇。禮等帝王。制亦數易。

文獻通考唐制。國子學立周公孔子廟各一所。四時致祭。其釋奠之禮。初以周公爲先聖。孔子配享。貞觀二年。停祭周公。升孔子爲先聖。以顏回配。開元二十年。追謚文宣王。改西坐像爲南面。詔曰。昔周公南面。夫子西坐。今位既有殊。豈宜依舊。其兩京國子監及天下諸州。夫子南面坐。十哲等東西行列侍。

續通考宋太宗追謚孔子曰先聖文宣王。眞宗時改謚至聖。元武宗加封大成至聖文宣王。明世宗嘉靖九年。改稱至聖先師。易塑像爲木主。

蓋自漢以來。雖已舉國崇奉孔子之教。而立廟奉祀。近於宗教性質者。乃由人心漸演漸深。踵事增華之故。初非孔子欲創立一教。亦非僅一二帝王或學者。假孔子之教以愚民也。

孔子後裔。代有封號。

漢曰褒成君。魏曰宗聖侯。晉宋曰奉聖侯。後魏曰崇聖大夫。唐初曰褒聖侯。開元中改文宣公。均見文獻通考

至宋始封孔子後爲衍聖公。

續通考宋仁宗至和二年。封孔子之後爲衍聖公。

迄今猶存其名此亦無足深異然自西周至今奕葉相傳七十餘世譜牒統系灼然無疑則世所僅見也自明以後府縣學皆祀孔子外國如琉球日本亦立文廟行釋奠禮高麗自宋時卽祀文宣王此雖不足爲孔子重而其爲東方文化之祖則舉世所共信也太史公立孔子世家而稱至聖有以哉

史記孔子世家天下君王至於賢人衆矣當時則榮沒則已焉孔子布衣傳十餘世學者宗之自天子王侯中國言六藝者折中於夫子可謂至聖矣。

第二十六章　孔門弟子

春秋大哲孔老並稱老子曰人之所敎我亦敎之而其敎育之法則以不言之敎爲主故其弟子不多今可考者惟文子

漢書藝文志文子九篇注老子弟子與孔子並時。

蜎子

漢書藝文志蜎子十三篇注名淵楚人老子弟子。

關尹子

漢書藝文志關尹子九篇注名喜爲關吏老子過關喜去吏而從之。

數人蓋老子固非敎育家也孔子自少卽敎授於魯

史記孔子世家孟釐子誡懿子曰。今孔丘年少學禮。其達者歟。吾卽沒。若必師之。及釐子卒。懿子與南宮敬叔往學禮焉。

自周反魯。弟子益進。其後弟子彌衆。

孔子世家孔子自周反於魯。弟子稍益進焉。　孔子不仕。退而修詩書禮樂。弟子彌衆。至自遠方。莫不受業焉。

委贄者三千人。達徒七十人。

呂氏春秋遇合篇孔子周流海內。再干世主。如齊至衞。所見八十餘君。委贄爲弟子者三千人。達徒七十人。七十人者。萬乘之主得一人用。可爲師。

史記孔子世家孔子以詩書禮樂敎弟子。蓋三千焉。身通六藝者七十有二人。

私家敎授徒衆之盛。自古以來。未有如孔子者也。

孔子自言有敎無類。故三千弟子中。流品亦不齊。互鄉童子。梁父大盜。

呂氏春秋尊師篇顏涿聚、梁父之大盜也。學於孔子。

陽貨佛肸之類。

墨子非儒篇其徒屬弟子。皆效孔丘。子貢季路輔孔悝亂乎衞。陽貨亂乎魯。佛肸以中牟叛。○據此則墨子以爲陽貨佛肸皆孔子弟子。孔叢子詰墨篇曰。如此言衞之亂。子貢季路爲之耶。斯不待言而了矣。陽虎欲見孔子。孔子不見。何弟子之有。佛肸以中牟叛。召孔子。則有之矣。爲孔子弟子。未之聞也。

傳者甚多。此正見孔子之大。初無損於孔子也。然三千之數。亦不可考。史記仲尼弟子列傳。僅載七十七人。清代朱彝尊梁玉繩等。廣採諸書。亦祇得一百九人。

梁玉繩史記志疑。孔子弟子之數。有作七十人者。孟子云七十子。呂氏春秋遇合篇。達徒七十人。淮南子泰族及要略訓。俱言七十。漢書藝文志序、楚元王傳、所稱七十子喪而大義乖是已。有作七十二人者。孔子世家、文翁禮殿圖、後漢書蔡邕傳、鴻都畫像、水經注八、漢魯峻冢壁象、魏書李平傳學堂圖、皆七十二人。顏氏家訓誡兵篇。所稱仲尼門徒升堂者七十二是已。有作七十七人者。此傳及漢地理志是已。孔子家語七十二弟子解。實七十七人。今本脫顏何。止七十六。其數無定。難以臆斷。漢書藝文志有孔子徒人法二卷。集解載鄭康成孔子弟子目錄。隋唐志云一卷。此二書久亡。漢書人表既疏略不備。而鴻都像李平圖俱失傳。魯峻石壁僅覩隸續殘碑。文翁圖在顯晦之間。不盡可憑。世儒據以考弟子者。惟史記家語。而古文家語已不得見。今家語幷非王肅舊本。則史記又較家語為確。史公從孔安國受學。親見安國撰集之古文家語。故曰弟子籍出孔氏古文者近是。雖然。弟子之數。豈止七十七人而已。若以陳亢、琴牢、牧皮、林放、仲孫何忌、仲孫說、孟武伯、孺子服何、孺悲、左邱明、公罔之裘、序點、賓牟賈、顏濁鄒、顏涿聚、孟成、适鞠語、季襄、惠叔蘭、常季、孔璇、闕黨、互鄉二童子、廉瑀、左子慮、襄子孺、襄子魚、公子虛、騆子言、顏子思、巫子苟、子三十二人。增入七十七弟子。通計一百九人。朱彝尊曝書亭集。有孔子弟子考。梁氏蓋據之而又加詳耳。

而此一百人中。有僅傳姓名。莫知其事實者。書闕有間。固無從懸測也。第以史記仲尼弟子列傳觀之。亦可得孔子學派所及之地。七十七人之中。魯人凡三十八。

顏回、閔損、冉耕、冉雍、冉求、仲由、宰予、曾參、澹台滅明、宓不齊、原憲、南宮括、曾蒧、顏無繇、商瞿、漆雕開、公伯僚、有若、公西赤、巫馬施、顏幸、冉孺、冉季、漆雕哆、公夏首、顏祖、申黨、顏之僕、縣成、左人郢、秦非、顏噲、樂欬、叔仲會、顏何、邽巽、孔忠、公西蒧。

衞國六人。

端木賜、高柴、奚容蒧、卜商、句井疆、廉絜。

齊國六人。

公冶長、公晳哀、樊須（鄭玄云齊人。家語云魯人。）梁鱣、后處、步叔乘。

楚國三人。

公孫龍（鄭玄云楚人。家語云衞人。）任不齊、秦商。（鄭玄云楚人。家語云魯人。）

秦國二人。

秦祖、壤駟赤。

陳國二人。

顓孫師、公良孺。

晉國二人。

公堅定、鄡單。

宋國一人　司馬耕

吳國一人。　言偃

其餘不著籍者。尙不知其屬於何國。觀其教化所被。南及江淮。西及山陝。在當時各國分立。而孔子之教。不分畛域如此。此豈其他諸子所可擬哉。墨子弟子可考者。不滿二十人。呂氏春秋稱其弟子充滿天下。與孔子等。然後所傳甚少。可見其學之未能廣被也。

孔子之先。已有儒名。孔子之時。多有妄命儒者。孔子嘗爲魯哀公力辯之。

小戴記儒行。魯哀公問於孔子曰。夫子之服。其儒服歟。孔子對曰。丘少居魯。衣逢掖之衣。長居宋。冠章甫之冠。丘聞之也。君子之學也博。其服也鄉。丘不知儒服。哀公曰。敢問儒行。孔子對曰。遽數之不能終其物。悉數之。乃留更僕未可終也。　儒有不隕穫於貧賤。不充詘於富貴。不慁君王。不累長上。不閔有司。故曰儒。今衆人之命儒也妄。常以儒相詬病。

且教其弟子分辨儒之性質。

論語子謂子夏曰。女爲君子儒。毋爲小人儒。

是孔子於儒之一字。有承認者。有不承認者。而其時人之毀儒者。更爲有意尋隙。未足爲儒之眞相也。

史記孔子世家晏嬰曰。夫儒者滑稽而不可軌法。倨傲自順。不可以爲下。崇喪遂哀。破產厚葬。不可以爲俗。游說乞貸。不可以爲國。

孔子之後。學派繁衍。論者統名爲儒。而又加以區別。如

荀子非十二子篇。弟佗其冠。衶禫其辭。禹行而舜趨。是子張氏之賤儒也。正其衣冠。齊其顏色。嗛然而終日不言。是子夏氏之賤儒也。偷儒憚事。無廉恥而嗜飲食。必曰君子固不用力。是子游氏之賤儒也。

韓非子顯學篇。孔子之死也。有子張之儒。有子思之儒。有顏氏之儒。有孟氏之儒。有漆雕氏之儒。有仲良氏之儒。有孫氏之儒。有樂正氏之儒。

大抵隨意舉示。不可卽據以爲孔子之學。只分爲此數派。韓非雖曰儒分爲八。似確只此八派。若合荀卿之言計之。當曰儒分爲十。子夏子游皆與子張異趣。且爲荀卿所擯。其別有宗派可知矣。又荀子非十二子以子思孟軻爲一派。

荀子非十二子篇。略法先王而不知其統。猶然而材劇志大。聞見雜博。案往舊造說。謂之五行。甚僻違而無類。幽隱而無說。閉約而無解。案飾其辭而祇敬之。曰此眞先君子之言也。子思唱之。孟軻和之。世俗之溝猶瞀儒。嚾嚾然不知其非也。遂受而傳之。以爲仲尼子游爲茲厚於後世。是則子思孟子之罪也。

韓非則以子思孟氏爲兩派。又未知韓非所指之孟氏。卽荀卿所指之孟軻否。（孔子弟子有孟懿子。則孟氏未必卽孟子。）故論孔門弟子之學。而據韓非之言。無當於事理也。

孔子之敎諸弟子。內以期其成德。外以期其從政。故論顏回之好學。惟以不遷怒不貳過爲言。

論語哀公問弟子孰爲好學孔子對曰有顏回者好學不遷怒不貳過不幸短命死矣今也則亡未聞好學者也

觀此可知孔子所謂學最重在修身克己不是專門讀書講學顏子雖稱夫子博我以文而孔子並不以博文許之論語載此文易繫辭又稱顏氏之子其殆庶幾乎有不善未嘗不知知之未嘗復行也蓋弟子之中雖多聰明才辯之士而即知即行篤志克己者無過於顏子故孔子屢稱之不知此義則雖讀破萬卷說盡天下道理無非爲人之學於自身了無益處非孔子之所謂學也

而於雍賜由求諸人皆許其能臨民從政

論語子曰雍也可使南面　季康子問仲由可使從政也與子曰由也果於從政乎何有曰賜也可使從政也與曰賜也達於從政乎何有曰求也可使從政也與曰求也藝於從政乎何有

蓋皆以當時實得其學之益爲主不徒期其傳述六藝以致後世也然德行一科既多潛修之士其他之從政者亦多未能大用於世故孔門弟子之有功於吾國者惟講學授經之人六藝之昌微諸弟子未能歷數千年而不絕也

仲尼弟子列傳述經師之傳惟商瞿最詳

史記仲尼弟子列傳商瞿魯人字子木小孔子二十九歲孔子傳易於瞿瞿傳楚人馯臂子弘弘傳江東人矯子庸疵疵傳燕人周子家豎豎傳淳于人光子乘羽羽傳齊人田子莊何何傳東武人王子中同同傳菑川人楊何何元朔中以治易爲漢中大夫

秦火未焚。統緒灼然。而施孟梁丘之書皆不傳。僅虞氏之說。略可窺其端緒耳。

漢書藝文志秦燔書。而易爲卜筮之事。傳者不絕。漢興。田何傳之。訖於宣元。有施孟梁丘京氏。列於學官。

皮錫瑞易經通論。史記儒林傳云。言詩於魯則申培公。於齊則轅固生。於燕則韓太傅。言尙書自濟南伏生。言禮自魯高堂生。言易自菑川田生。言春秋於齊魯自胡母生。於趙自董仲舒。是皆言漢初傳經諸人。而申公、轅固、韓嬰、伏生、高堂生等。皆不言其所授。蓋史公已不能明。惟於易之授受獨詳。蓋史公父談受易於楊何。故能詳易家授受之人。乃至於今不特王、同、周王孫、丁寬、服生之易傳數篇。無一字存。卽施孟梁丘。漢立博士。授生徒以千萬計。今其書亦無有存者。豈非事理之可怪。而經學之大可惜者乎。後惟虞翻注易。自謂五世傳孟氏易。其注見李鼎祚集解稍詳。近儒張惠言爲之發明。此則孟氏之學。支與流裔。猶有存者。而漢儒易學。幸得存什一於千百也。

史記稱子夏居西河。敎授爲魏文侯師。初未言其傳經。而子夏之傳獨廣。於易則有傳。

漢志無子夏易傳。隋書經籍志、唐書藝文志。均有周易卜商傳二卷。今其書亦不傳。惟唐李鼎祚周易集解中引之。據越縵堂日記。謂子夏易傳。爲漢之鄧子夏所作。

於詩則有序。

詩經正義沈重云。案鄭詩譜意。大序是子夏作。小序是子夏毛公合作。卜商意有不盡。毛更足成之。

毛公之學。相傳出於子夏。

漢書藝文志毛詩故訓傳三十卷。毛公之學。自謂子夏所傳。

陸德明經典釋文徐整曰。子夏授高行子。高行子授薛倉子。薛倉子授帛妙子。帛妙子授河間人大毛公。毛公爲詩故訓傳。以授趙人小毛公。小毛公爲河間獻王博士。 陸璣曰。子夏授曾申。申傳魏人李克。克傳魯人孟仲子。孟仲子傳根牟子。根牟子傳趙人孫卿子。孫卿子傳魯人大毛公。二說未知孰是。

書之傳授不詳。而五觀之義。見於尚書大傳。

尚書大傳子夏讀書畢。見夫子。夫子問焉。曰子何爲於書。子夏對曰。書之論事也。昭昭如日月之代明。離離若星辰之錯行。上有堯舜之道。下有三王之義。商所受於夫子。志之於心。弗敢忘也。子曰。堯典可以觀美。禹貢可以觀事。咎繇可以觀治。鴻範可以觀度。六誓可以觀義。五誥可以觀仁。甫刑可以觀戒。通斯七觀。書之大義舉矣。

是伏生之學。亦由子夏所傳也。禮有喪服傳。亦子夏作。

賈公彥儀禮疏。作傳之人。皆云孔子弟子卜商子夏所爲。其傳內更云傳者。是子夏引他舊傳。以證己義。

春秋雖莫贊一辭。而公穀二傳。皆有端緒可考。

徐彥公羊傳疏引戴宏序。曰子夏傳與公羊高。高傳與子平。平傳與子地。地傳與子敢。敢傳與子壽。至漢景帝時。壽乃與齊人胡毋子都著於竹帛。 應劭風俗通。穀梁子名赤。子夏弟子。

蓋今世所傳五經。皆出於子夏矣。子夏之於吾國文化之關繫。亦大矣哉。

後漢書徐防曰。詩書禮樂定自孔子。發明章句。始於子夏。章句雖依本書。未爲創作。然微言大義多賴以傳。

子夏之外。曾子所傳亦廣。其最著者爲孝經。

公羊傳哀公十四年疏。引孝經說。孔子曰。春秋屬商。孝經屬參。孝經序疏引鈎命決云。孔子曰。吾志在春秋。行在孝經。是孝經與春秋同爲孔子所定也。惟孝經首章有仲尼居曾子侍之語。宋儒疑非孔子所著。詳見困學紀聞。

曾子十八篇。漢志列儒家。今其書不傳。大戴禮記有立事、本孝、立孝、大孝、事父母、制言上中下、曾子疾病、天圓十篇。蓋即十八篇中之十篇也。

皮錫瑞經學歷史。十篇之義。皆極純正。天員篇尤足見大賢之學、無不通。云。案天圓篇、單居離問於曾子曰。天圓而地方者。誠有之乎。曾子曰。天之所生上首。地之所生下首。上首之謂圓。下首之謂方。如誠天圓而地方。則是四角之不揜也。據曾子說。圓方謂其道。非謂其形。方圓同積。圓者不能揜方之四角。今地爲天所揜。則地在天中。天體渾圓。地體亦渾圓。與地球之說合。

小戴記曾子問篇及檀弓篇。多記曾子問禮議禮之說。曾子之深於禮。殆過於子夏。而論語及學庸。皆出於曾子之門人。

柳宗元論語辯上篇。孔子弟子、曾參最少。少孔子四十六歲。曾子老而死。是書記曾子之死。則去孔子也遠矣。蓋樂正子春子思之徒與爲之爾。

史記孔子世家。子思作中庸。

鄭玄目錄名曰中庸者以其記中和之爲用也庸用也孔子之孫子思伋作之。

闕里述聞伋字子思從曾子與學。 嘗慮當世無可傳道之人乃以其聞於曾子者著大學一書。復以其體驗有得者著中庸一書。以垂教後世。

孔子之學。微此三書。殆無以見其集前聖之大成也。

孔子之學。兼賅文武。而不以勇力聞。

列子說符篇孔子之勁。能拓國門之關而不以力聞。

淮南子主術訓孔子之通。智過於萇宏。勇服於孟賁。足躡於郊菟。力招城關。能亦多矣。然而勇力不聞。伎巧不知。專行孝道。以成素王。

卽其弟子。亦多有勇於戰陳者。

左傳哀公十一年。齊伐魯冉求帥左師樊遲爲右。季孫曰。須也弱。冉求曰。就用命焉。季氏之甲七千。冉求以武城人三百爲己徒卒。戰於郊。師不踰溝。樊遲曰。非不能也。不信子也。請三刻而踰之。如之。衆從之。冉有用矛于齊師。故能入其軍。孔子曰。義也。

史記孔子世家冉有爲季氏將師。與齊戰於郎。克之。季康子曰。子之於軍旅。學之乎。性之乎。冉有曰。學之於孔子。

吾國兵家多稱孫吳。而吳起實曾子弟子。

史記吳起者衛人也。好用兵。嘗學於曾子。

故孔子弟子之學。不盡限於儒家。徒以儒家目孔子弟子。亦未能盡其學也。

儒有柔之訓。

鄭玄目錄儒之言優也。柔也。能安人。能服人。又儒者濡也。以先王之道能濡其身。

儒行儒有可親而不可刼也。可近而不可迫也。可殺而不可辱也。其居處不淫。其飲食不溽。其過失可微辨而不可面數也。其剛毅有如此者。

而孔子頗尚剛。

論語子曰。吾未見剛者。　又曰。剛毅木訥近仁。

中庸且盛言君子之強。

中庸故君子和而不流。強哉矯。中立而不倚。強哉矯。國有道。不變塞焉。強哉矯。國無道。至死不變。強哉矯。

又言化愚柔爲明強之法。

中庸博學之。審問之。愼思之。明辨之。篤行之。有弗學。學之弗能弗措也。有弗問。問之弗知弗措也。有弗思。思之弗得弗措也。有弗辨。辨之弗明弗措也。有弗行。行之弗篤弗措也。人一能之己百之。人十能之己千之。果能此道矣。雖愚必明。雖柔必強。

蓋孔門雖尚中庸。以世人多偏於柔懦。故恆思以剛強濟之。非若老子專偏於柔弱也。後世儒者。未得孔門眞傳。徒以鄉愿爲儒。而儒遂有優柔濡滯之訓。此自是漢人見解。非春秋戰國時之儒者也。近人習於非儒之言。詆毀儒家。無所不至。甚至有以曾子之戰戰兢兢爲萎縮氣象者。不知人之強毅。正由自反而縮得來無內省愼獨之功而矯爲强毅是則客氣用事未足以入道也卽論語所記曾子之言觀之臨大節而不可奪任重而道遠是何等氣象惡可詆爲萎縮

論語曾子曰可以託六尺之孤可以寄百里之命臨大節而不可奪君子人與君子人也　士不可以不弘毅任重而道遠仁以任不亦重乎死而後已不亦遠乎

蚍蜉撼樹是則至可笑者耳

第一編

第二十七章　周末之變遷

春秋之後。是爲戰國。太史公作六國表。始於元王元年。迄秦二世。凡二百七十年。實則春秋左傳終於元王八年。當自貞王元年始入戰國。（貞王介。史記作定王。誤。茲從黃式三周季編略。）而秦始皇二十七年以後。卽秦統一之時。亦未可附於戰國。要戰國之始末。自周貞王迄秦滅齊。凡二百四十八年。其曰戰國者。亦以國策記其時事。劉向定其名爲戰國策。故緣書而名其時也。此期史事頗多闕軼。顧亭林嘗論之。

日知錄春秋終於敬王三十九年庚申之歲。西狩獲麟。又十四年、爲貞定王元年癸酉之歲。魯哀公出奔。二年、卒於有山氏。左傳以是終焉。又六十五年、威烈王二十三年戊寅之歲。初命晉大夫魏斯趙籍韓虔爲諸侯。又一十七年、安王十六年乙未之歲。初命齊大夫田和爲諸侯。又五十二年、顯王三十五年丁亥之歲。六國以次稱王。蘇秦爲從長。自此之後。事乃可得而紀。自左傳之終、以至此凡一百三十三年。史文闕軼。考古者爲之茫昧。如春秋時猶尊禮重信。而七國則絕不言禮與信矣。春秋時猶宗周王。而七國則絕不言王矣。春秋時猶嚴祭祀、重聘享。而七國則無其事矣。春秋時猶論宗姓氏族。而七國則無一言及之矣。春秋時猶宴會賦詩。而七國則不聞矣。春秋時猶有赴告策書。而七國則無有矣。邦無定交。士無定主。此皆變於一百三十三年之間。史之闕文。而後人可以竟推者也。

按太史公作六國表。祇本秦記。未見周室史記。

史記六國表序秦既得意燒天下詩書諸侯史記尤甚。爲其有所刺譏也。詩書所以復見者。多藏人家。而史記獨藏周室。以故滅惜哉。

惜哉。獨有秦記。又不載日月。其文略不具。

其文之闕軼。當以此爲最大關繫。又當孟子時。諸侯已去周籍。

孟子北宮錡問曰。周室班爵祿也如之何。孟子曰其詳不可得聞也。諸侯惡其害己也。而皆去其籍。

則秦雖不燒諸侯史記。而周家典章制度之變遷。亦未必可考。晉之亡也。其太史抱圖法歸周。

呂氏春秋先識篇晉太史屠黍見晉公之驕而無德義也。以其圖法歸周。

周之衰也。太史儋西見秦伯。

史記周本紀烈王二年。周太史儋見秦獻公曰。始周與秦國合而別。別五百載復合。合十七歲。而霸王者出焉。

史官轉徙。圖籍隨之湮淪。則諸侯雖不去之。亦未必完全無缺也。僅就秦史所記。及其他殘缺不完之書。推論當時狀況。已難得其實際。而論者又多從退化方面著眼。如劉向戰國策序有曰。

仲尼既沒之後。田氏取齊。六卿分晉。道德大廢。上下失序。至秦孝公捐禮讓而貴戰爭。棄仁義而用詐譎。苟以取强而已矣。夫篡盜之人。列爲侯王。詐譎之國。興立爲强。是以轉相放效。後生師之。遂相吞滅。并大兼小。暴師經歲。流血滿野。父子不相親。兄弟不相安。

夫婦離散。莫保其命。湣然道德絕矣。

益使人覺此期之史事無足道。然就其變遷之大概言之。有退化者。有進化者。亦不可執一而概其餘也。

古代疆域之廣袤。頗難質言。以春秋戰國兩期較之。則戰國時拓地之廣。過於春秋遠甚。江西湖南之地大半爲楚越所闢。

史記越世家。龐長沙楚之粟也。竟陵澤楚之材也。越窺兵通無假之關。此四邑者不上貢事於郢矣。　正義。楚之四邑。龐長沙竟陵澤也。龐長沙出粟之地。竟陵澤出材木之地。此邑近長沙潭衡之境。越若窺兵西通無假之關。則四邑不得北上貢於楚之郢都矣。戰國時永郴衡潭岳鄂江洪饒並是東南境。屬楚也。袁吉虔撫歙宣並越西境。屬越也。

越則南及閩中。

史記越世家。楚威王伐越。越以此散。諸族子爭立。或爲王。或爲君。濱於江南海上。後七世至閩君搖。佐諸侯平秦。漢高帝復以搖爲越王。以奉越後。東越閩君皆其後也。

楚則西及巴蜀滇黔。

史記西南夷列傳。楚威王時。使將軍莊蹻將兵循江上。略巴蜀黔中以西。蹻至滇池。地方三百里。旁平地肥饒三千里。以兵威定屬楚。

秦伐楚蜀。其地益廣。

史記秦本紀。惠文君九年。司馬錯伐蜀。滅之。十三年。攻楚漢中。取地六百里。置漢中郡。十四年。伐楚。取召陵。丹犁臣蜀。正義。二戎號也。臣伏於蜀。

蜀相殺蜀侯。併丹犂二國降秦。在蜀西南姚府管內。本西南夷。戰國時蜀滇國。唐初置犂州丹州也。昭襄王二十年、蜀守若伐取巫郡及江南。為黔中郡。

西攻義渠。遂置隴西北地諸郡。

漢書匈奴傳魏有西河上郡。與戎界邊。其後義渠之戎築城郭以自守。而秦稍蠶食之。至於惠王。遂拔義渠二十五城。惠王伐魏。魏盡入西河及上郡於秦。秦昭王時伐滅義渠。於是秦有隴西北地上郡。

燕趙二國開拓北邊所置之郡。亦不下於秦。

漢書匈奴傳趙武靈王變胡服習騎射。北破林胡樓煩。自代並陰山下至高闕為塞。而置雲中雁門代郡。其後燕有賢將秦開。為質於胡。胡甚信之。歸而襲破東胡。東胡卻千餘里。燕亦築長城。自造陽至襄平。置上谷漁陽右北平遼西遼東郡以距胡。

三垂之闢。皆由國大力強所致。非封建諸侯。盡併而為此四五國者。未能攘斥裔夷若此之廣也。

春秋以來井田之制漸隳。

左傳襄公三十年。鄭子產為政。使田有封洫。鄭人誦之曰。取我田疇而伍之。據此知子產未為政時。鄭之田畝。殆已久無封洫。子產欲復舊制。而鄭人怨之。他國度亦如是。

戰國之初。猶有存者。故李悝作盡地力之教。猶以提封萬頃為言。

漢書食貨志李悝為魏文侯作盡地力之教。以為地方百里。提封九萬頃。除山澤邑居參分去一。為田六百萬畮。治田勤謹則畮益三斗。不勤則損亦如之。地方百里之增減。輒為粟百八十萬石矣。今一夫挾五口。治田百畮。歲收畮一石半。為粟百五十石。除十一之稅十五石。餘百三十五石。食人月一石半。五人終歲為粟九十石。餘有四十五石。石三十。為錢千三百五十。

祠用錢三百。餘千五十。衣人率用錢三百五人。終歲用千五百。不足四百五十。不幸疾病死喪之費。及上賦斂。又未與此。此農夫所以常困。有不勸耕之心。按悝之計地。既以提封爲言。又以一夫百畮十一之稅計算。皆周法尙存之證。惟以生計艱難。故舊法不得不變耳。

然自文侯至孟子時。不過數十年。

魏文侯在位三十八年。武侯十六年。惠王三十六年。

而各國已皆呈經界不正之象。則其變遷之速。可想矣。

孟子。夫仁政必自經界始。經界不正。井地不鈞。穀祿不平。是故暴君汚吏必慢其經界。經界既正。分田制祿。可坐而定也。

商鞅與孟子同時。獨尸開阡陌之名。

史記商君列傳。爲田開阡陌封疆。

通典。秦孝公任商鞅。鞅以三晉地狹人貧。秦地廣人寡。故草不盡墾。地利不盡出。於是誘三晉之人。利其田宅。復三代無知兵事。而務本於內。而使秦人應敵於外。故廢井田。制阡陌。任其所耕。不限多少。

朱子開阡陌辨。漢志言秦廢井田開阡陌。說者之意。皆以爲開置之開。言秦廢井田而始置阡陌也。按阡陌者。舊說以爲田間之道。蓋因田之疆畔。制其廣狹。辨其縱橫。以通人物之往來。商君以其急刻之心。行苟且之政。但見田爲阡陌所束。而耕者限於百畝。則病其人力之不盡。但見阡陌之占地太廣。而不得爲田者多。則病其地利之有遺。又當世衰法壞之時。則其歸授之際。不免有煩擾欺隱之姦。而陌阡之地。均近民田。又必有陰據以自私。而稅不入於公上者。是以一旦奮然不顧。盡開阡陌。悉除禁限。而聽民兼幷買賣。以盡人力。墾闢棄地。悉爲田疇。而不使其有尺寸之遺。以盡地利。使民有田卽爲永業。而不復歸授。以絕煩擾欺隱之姦。使地皆爲田。而田皆出稅。以覈陰據自私之幸。此其爲計。正與楊炎疾浮戶之弊。而遂破租庸以爲兩稅者同。蓋一時之害雖除。而千古聖賢傳授精微之意。於此盡矣。故秦紀鞅傳皆云爲田開阡陌封疆而賦稅平。蔡澤亦曰。決裂阡陌。以靜生民之業。而一其俗。詳味其言。則所謂開者。乃破壞剗削之意。而非創置建立之名。所謂阡陌。乃三代井田之舊。而非秦之所置矣。所謂賦稅平者。以無欺隱竊據之姦也。所謂靜民生之業者。以無歸授取予之煩也。以是數者合而證之。其理可見。

明董說七國考引水利拾遺云。李悝以溝洫爲墟。自謂過於周公。未知其說所本。若依此說。則魏之廢溝洫。必廢阡陌。其時尙早於商鞅矣。

度他國亦必仿行。而史文不具耳。

田制旣變。人民之生計。遂至貧富相懸甚遠。

漢書食貨志。及秦孝公用商君。壞井田。開阡陌。急耕戰之賞。王制遂滅。僭差亡度。庶人之富者累鉅萬。而貧者食糟糠。

又秦用商鞅之法。改帝王之制。除井田。民得賣買。富者田連仟佰。貧者亡立錐之地。又顓川澤之利。管山林之饒。荒淫越制。踰侈以相高。邑有人君之尊。里有公侯之富。小民安得不困。又加月爲更卒。已復爲正一歲。屯戍一歲。力役三十倍於古。田租口賦鹽鐵之利。二十倍於古。或耕豪民之田。見稅什五。故貧民常衣牛衣。而食犬彘之食。

國有之地。變爲民有。其害在生計不均。其利則在以競爭而促進人之智力。經濟之發展。當以此期爲最大之關鍵矣。

春秋之時。惟管子有黃金一斤直食若干之語。他書未有言金粟交易之價值者。蓋人皆有田。不須購粟。故亦無市價可言。至計然爲越王句踐謀國。始以穀價高下相較。

史記貨殖傳計然曰。夫糶二十病農。九十病末。末病則財不出。農病則草不辟矣。上不過八十。下減三十。則農末俱利。平糶齊物。關市不乏治國之道也。當時粟一石不過數十錢。李悝論粟價。亦曰粟三十。可互證。

粟石僅值二三十錢。較之今日。似爲極廉。然以家有餘粟之人。至於日日購米而食。亦可謂之鉅變矣。史稱秦幷天下。始用二等之幣。

漢書食貨志秦幷天下。幣爲二等。黃金以鎰爲名。銅錢質如周錢。文曰半兩。

實則戰國之時。已專用黃金。或以鎰計。

孟子於齊王餽兼金一百。宋餽七十鎰。薛餽五十鎰。

戰國策蘇秦爲趙相。白璧萬雙。黃金萬鎰。

或以斤計。

戰國策姚賈出使四國。資車百乘。金千斤。　孟嘗君予馮諼車五十乘。金五百斤。西游於梁。梁遣使者黃金千斤。車百乘。往聘孟嘗。

或不言斤鎰。而但稱金若干。

戰國策溫囿之利歲八十金。　唐睢載音樂予之五十金。此疑以斤計

史記貨殖傳朱公善治生能擇人而任時十九年之中三致千金。

虞夏商周雖有金幣未聞用金如是之多。戰國之時號爲亂世而各國用金動輒千百斤鎰者又經濟之大變也吾意春秋百數十國至戰國時僅餘數十國各國之府藏儲蓄悉數流衍此金多之一因也農夫變而爲商賈治生之術日精貨幣與實物交易之量驟增二因也僻遠之地以次開闢鑛產必多發見三因也。

史稱周顯王六年天雨金於秦之櫟陽。四月至八月。秦自以爲得金瑞作畦時於櫟陽祀白帝世無雨金之事。此必鑛產之溢出於外者。爲風雨鼓盪而飛於空。故以爲雨金耳。又稱蜀王與秦伯遇。秦以金一笥遺之。又作石牛五。朝寫金其後。曰牛便金。蜀使人請石牛。秦許之。乃遣五丁開道迎石牛。所謂金牛道也。此事雖近於小說。然亦可見其時秦國金多矣。

世道雖衰。物力進步。雖謂戰國爲黃金時代。非溢詞也。

春秋之時。列國交兵。其數之多不過數萬。至多亦不過十萬耳。見前 至戰國而競以衆勝。靡國不然。蘇張之徒。盛稱其數。

史記蘇秦傳說燕文侯曰。燕地方二千餘里。帶甲數十萬。車六百乘。騎六千匹。　說趙肅侯曰。趙地方二千餘里。帶甲數十萬。車千乘。

騎萬匹。粟支數年。　說韓宣惠王曰。韓地方九百餘里。帶甲數十萬。　說魏襄王曰。大王之卒。武士二十萬、蒼頭二十萬。奮擊二十萬。厮徒十萬。車六百乘。騎五千匹。　說齊宣王曰。齊地方二千餘里。帶甲數十萬。粟如邱山。臨菑之中七萬戶。臣竊度之。不下戶三男子。三七二十一萬。不待發於遠縣。而臨菑之卒。固已二十一萬矣。　說楚威王曰。楚地方五千餘里。帶甲百萬。車千乘。騎萬匹。粟支十年。（戰國策文同）

史記張儀傳。儀說魏王曰。魏地方不至千里。卒不過三十萬。（按此數可與蘇秦所說之數相參。一言其多。一言其少。度必不下三十五萬。）　又說楚王曰。秦地半天下。兵敵四國。被險帶河。四塞以爲固。虎賁之士百餘萬。車千乘。騎萬匹。　說韓王曰。料大王之卒。悉之不過三十萬。而厮徒負養在其中矣。除守徼亭障塞。見卒不過二十萬而已矣。

其言雖夸。然實數必去所言不遠。觀史表載秦斬首之數。尤可互證。

史記六國表。秦惠文王十三年、庶長章擊楚。斬首八萬。　武王四年、拔宜陽。斬首六萬。　昭王七年、擊楚。斬首五萬。　十四年、白起擊伊闕。斬首二十四萬。　二十七年、擊趙。斬首二萬。　三十三年、伐魏。拔四城。斬首四萬。　三十四年、白起擊魏華陽。斬首十三萬。沈其卒二萬人於河。　四十七年、白起破趙長平。殺卒四十五萬。

斬殺之多如是。所將之兵之多可知。即曰秦尚首功。或多虛報。然以十爲一計之。其多者亦有數萬。如白起擊伊闕。斬首二十四萬。以二萬四千計之。亦春秋時二軍之數矣。秦併六國。用兵尤多。攻楚一役。至六十萬。

史記王翦傳始皇問李信吾欲攻取荊於將軍度用幾何人而足李信曰不過用二十萬人問王翦翦曰非六十萬人不可王翦曰大王必不得已用臣非六十萬人不可始皇曰爲聽將軍計耳於是王翦將六十萬人

若合兩方計之則秦楚之戰其兵不下百餘萬矣吾人讀史不可徒譏其殘暴當知其平時養兵之費敎兵之法馭兵之方以及戰時指揮調度之才若何而後可以勝之非惟大將著名者如起翦頗牧之類非春秋時卿士將兵者所可及卽其偏裨將校度亦必有過人之能而後可與於戰事觀韓信論漢高將兵之才不過十萬則戰國時人才之多爲何如乎

春秋之時多世卿執政其由布衣崛起驟至卿相者不數數見也至戰國而風氣一變寠人下士抵掌游說往往取貴族世臣之權而代之而階級之制遂以漸泯蓋當戰國之初簒位奪國者皆强宗世族其人雖甘冒不韙恒懼他人之師其故智

孟子齊宣王問貴戚之卿曰君有大過則諫反覆之而不聽則易位王勃然變乎色曰王勿異也王問臣臣不敢不以正對此卽可以見當時國君之心理

故思以好賢禮士之名羅致疏賤之士畀以國政而陰削宗族大臣之權以爲其子孫地此一因也

戰國之初魏文侯最好士其事田子方段干木用李克吳起西門豹樂羊子皆以抑其宗族也史稱公子季成謂魏侯曰君與子方齊禮假有賢於子方者君又何以加之魏侯曰如子方者非成所得

議也。仁人也者國之寶也。智士也者國之器也。博通士也者國之尊也。子方仁人也。非成之所得議也。公子季成自退於郊。三日請罪。季成為文侯弟。且為魏相。而文侯抑之如此。可以窺其隱矣。

疏賤之士。既握政柄。必與貴戚世臣不相容。恃其言聽計從。則力排異己以為快。雖有因之失敗。如吳起商君之類者。

史記吳起傳。魏侯時。公叔為相。尚魏公主。而害吳起。吳起懼得罪。遂去之楚。楚悼王素聞起賢。至則相起。明法審令。捐不急之官。廢公族疏遠者。以撫養戰鬬之士。要在彊兵。故楚之貴戚盡欲害吳起。及悼王死。宗室大臣作亂而攻吳起。吳起走之王尸而伏之。擊起之徒。因射刺吳起。并中悼王。悼王既葬。太子立。乃使令尹盡誅射吳起而并中王尸者。坐射起而夷宗死者七十餘家。

又商鞅傳。商君相秦十年。宗室貴戚多怨望者。秦孝公卒。太子立。公子虔之徒告商君欲反。發吏捕商君。商君亡。秦發兵攻商君。殺之於鄭黽池。

又范雎傳。范雎請間說曰。臣居山東時。聞齊之有田文。不聞其有王也。聞秦之有太后穰侯華陽高陵涇陽。不聞其有王也。今自有秩以上至諸大吏。下及王左右。無非相國之人者。見王獨立於朝。臣竊為王恐。萬世之後。有秦國者非王子孫也。昭王聞之大懼。於是廢太后。逐穰侯高陵華陽涇陽君於關外。拜雎為相。君雎後用蔡澤之言。以商君等為鑑。故未為貴族所害。

而游士相踵。爭取高位。貴族不能一一傾之。而列國之風氣以之大變。此二因也。國家積弱。宗族大臣不能自振。則人主急於求士。士亦爭往歸之。此三因也。

史記秦本紀。孝公時。河山以東彊國六。秦僻在雍州。不與中國諸侯之會盟。夷翟遇之。孝公於是布惠振孤寡。招戰士。明功賞。下令曰。賓客羣臣有能出奇計彊秦者。吾且尊官。與之分土。

又樂毅傳。燕昭王以子之之亂。而齊大敗燕。昭王怨齊。未嘗一日而忘報齊也。燕國小僻遠。力不能制。於是屈身下士。先禮郭隗以招賢者。

數千年之貴族政治。以此三因。遂漸轉而入於平民之手。豈非至奇之事乎。

戰國之初。惟人君好士。如魏文侯齊宣王之類。皆其著者也。

史記田敬仲完世家。宣王喜文學游說之士。自如騶衍淳于髡田駢接予愼到環淵之徒七十六人。皆賜列第。爲上大夫。不治而議論。

是以齊稷下學士復盛。且數千人。

其後則大臣貴族。亦以養士爲高。士無賢不肖。麕聚而求食。遂成一時之風氣。

史記孟嘗君列傳。孟嘗君在薛。招致諸侯賓客及亡人有罪者。皆歸孟嘗君。孟嘗君舍業厚遇之。以故傾天下之士。食客數千人。無貴賤一與文等。

又平原君傳。平原君喜賓客。蓋至者數千人。

又魏公子傳。信陵君仁而下士。士無賢不肖。皆謙而禮交之。不敢以其富貴驕士。士以此方數千里爭往歸之。致食客三千人。

又春申君傳。春申君爲楚相。客三千餘人。其上客皆躡珠履。

又呂不韋傳呂不韋家僮萬人以信陵春申平原孟嘗皆下士喜賓客以相傾不韋羞不如亦招致士厚遇之至食客三千人。

蘇軾論此事至謂六國之所以久存秦之所以速亡蓋出於此。（見東坡志林）雖未必盡然然亦不可謂非一因也。戰國之君權勢之隆過於周之天子卽其公卿大臣亦不下於周之諸侯徒以養士之風陰弭貴賤之階級而王公貴人之權威轉有不敵匹夫之名譽者。

說苑尊賢篇魏擊遇田無擇于途下車趨謁無擇坐乘如故擊意不說因問曰不識富貴者驕人乎抑貧賤者驕人乎無擇曰亦貧賤者驕人耳富貴者安敢驕人諸侯驕人則失其國大夫驕人則失其家士貧賤行不合言不用則躡履而適秦楚耳安往而不得貧賤乎富貴者奈何能同之哉擊乃再拜而後退。

戰國策齊宣王見顏斶曰斶前斶亦曰王前宣王不悅左右曰王人君也斶人臣也王曰斶前斶亦曰王前可乎斶對曰夫斶前爲慕勢王前爲趨士與使斶爲慕勢不如使王爲趨士王忿然作色曰王者貴乎士貴乎對曰士貴耳王者不貴。

觀戰國時人之議論可想見其時士氣之盛故戰國雖爲極殘暴極混亂之時然亦可謂極平等極自由之時有挾策以干時者有隱居而遁跡者王公貴人不屈己以求士士不之附卽屈己以求之亦有終不可得而屈者而貴賤之位乃相反此亦他國史策所罕見者也。

戰國之時不獨重士且甚重民蓋當時有國者雖日事戰爭殘民以逞而國家常備之兵非有百萬或數十萬必不足以一戰兵出於民民多則兵多故恒以地狹民寡爲慮而於來民及養民之術不憚勤求而

民遂為有國者之所重矣。

商子算地篇凡世主之患。用兵者不量力。治草萊者不度地。故有地狹而民衆者。民勝其地。地廣而民少者。地勝其民。民勝其地。務開。地勝其民者事來。徠民篇秦之所與鄰者三晉也。所欲用兵者韓魏也。彼土狹而民衆。中略此其土之不足以生其民也。似有過秦民之不足以實其土也。今利其田宅而復之三世。然則山東之民無不西者矣。

秦既重民。三晉亦知重之。觀趙威后之言。尤為深識立國之本。

戰國策齊王使使者問趙威后。書未發。威后問使者曰。歲亦無恙耶。民亦無恙耶。王亦無恙耶。使者不悅曰。臣奉使使威后。今不問王。而先問歲與民。豈先賤而後尊貴者乎。威后曰。不然。苟無歲。何有民。苟無民。何有君。故有舍本而問末者耶。

正不獨孟子有民貴君輕。呂覽有順民心而立功名之說也。

孟子民為貴。社稷次之。君為輕。

呂氏春秋順民篇以德得民心。以立大功名者。上古多有之矣。失民心而立功名者。未之有也。

國家知對外之本於民力。又由民力之盛衰。推及於政法之良否。則政法因以革新。而吏治亦必整肅。此皆相緣而為因果者也。春秋之時。惟管仲知改革政法。其餘列國之卿大夫。大都因循舊制。圖補敝救偏之計。或因私利而更舊制。如魯之用田賦。作邱甲之類。止可以為民病。不能有利於國與民也。戰國時國家之形式。既與春秋時迥殊。故其立國之精神。亦不得不變。而凡有識之士。多致意於改革。新舊爭執。相因以生如商鞅申不害趙武靈王楚懷王皆力圖改革而秦趙二國新舊之鬬最烈。

周季編略：韓申不害既相。以韓地墽民險。介於大國之間。晉國之故禮未滅。韓國之新法重出。先君之令未收。後君之令又下。新故相反。前後相繆。百官皆亂。不知所用。於是更定其法。韓侯問曰。行法何其難乎。不害對曰。法者見功而與賞。因能而授官。今君設法而徇左右之請。此所以難行也。韓侯曰。吾自今知行法矣。

史記商君傳，孝公既用衞鞅。鞅欲變法。恐天下議己。衞鞅曰。疑行無名。疑事無功。且夫有高人之行者。固見非於世。有獨知之慮者。必見敖於民。愚者闇於成事。知者見於未萌。民不可與慮始。而可與樂成。論至德者不合於俗。成大功者不謀於衆。是以聖人苟可以強國。不法其故。苟可以利民。不循其禮。孝公曰。善。甘龍曰。不然。聖人不易民而敎。知者不變法而治。因民而敎。不勞而成功。緣法而治者。吏習而民安之。衞鞅曰。龍之所言。世俗之言也。常人安於故俗。學者溺於所聞。以此兩者居官守法可也。非所與論於法之外也。三代不同禮而王。五伯不同法而霸。智者作法。愚者制焉。賢者更禮。不肖者拘焉。杜摯曰。利不百不變法。功不十不易器。法古無過。循禮無邪。衞鞅曰。治世不一道。便國不法古。故湯武不循古而王。夏殷不易禮而亡。反古者不可非。而循禮者不足多。孝公曰。善。

又趙世家：趙武靈王曰。吾欲胡服。樓緩曰。善。羣臣皆不欲。於是肥義侍。王曰。夫有高世之功者。負遺俗之累。有獨智之慮者。任驁民之怨。今吾將胡服騎射以敎百姓。而世必議寡人。奈何。肥義曰。臣聞疑事無功。疑行無名。王既定負遺俗之慮。殆無顧天下之議矣。夫論至德者不和於俗。成大功者不謀於衆。愚者闇成事。智者睹未形。王何疑焉。王曰。吾不疑胡服也。吾恐天下笑我也。狂夫之樂。智者哀焉。愚者所笑。賢者察焉。世有順我者。胡服之功未可知也。雖驅世以笑我。胡地中山吾必有之。於是遂胡服。公子成曰。臣聞中國者。蓋聰明徇智之所居也。萬物財川之所聚也。賢聖之所敎也。仁義之所施也。詩書禮樂之所用也。異敏技能之所試也。遠方之所觀赴也。蠻夷之所義行也。今王舍此而襲遠方之服。變古之敎。易古之道。逆人之心。而拂學者。離中國。故臣願王之圖之也。王往公子成家。因自請之曰。夫服者所以便用也。禮者所以便事也。聖人觀鄉而順宜。因事而制禮。所以利其民而厚其國也。鄉異而用變。事異而禮易。是以聖人果可以利其國。不一其用。果可以便其事。不同其禮。儒者一師而俗異。中國同禮而敎離。況於山谷之便乎。今叔之所言者。俗也。吾所言者。所以制俗也。公子成聽命。於是始出胡服。命趙文趙造周袑趙俊皆諫王曰。先王不同俗。何古之法。帝王不相襲。何禮之循。諺曰。以書御者。不盡馬之情。以古制今者。不達事之變。循法之功。不足以高世。法古之學。不足以制今。遂胡服招騎射。

又屈原傳懷王使屈原造爲憲令。屈平屬草藁未定。上官大夫見而欲奪之。屈平不與。因讒之曰。王使屈平爲令。衆莫不知。每一令出。平伐其功曰。以爲非我莫能爲也。王怒而疏屈平。按原爲憲令。當亦因舊法未便。欲改定楚國法制。惜未成耳。

此等爭執。至韓非時猶然。

韓非子五蠹篇今有構木鑽燧於夏后氏之世者。必爲鯀禹笑矣。有決瀆於殷周之世者。必爲湯武笑矣。然則今有美堯舜禹湯武之道於當今之世者。必爲新聖笑矣。是以聖人不期修古。不法常可。論世之事。因爲之備。　故曰事異則備變。上古競於道德。中世逐於智謀。當今爭於氣力。　夫古今異俗。新故異備。如欲以寬緩之政。治急世之民。猶無轡策而御駻馬。此不知之患也。

大抵墨守故制者。不知社會變遷進化之理。其說常紕。識時知變者。又專務苟且偸薄。雖適於時。而其爲法亦不能以無弊。戰國之時代。蓋新黨競勝舊黨之時代也。後世新舊爭執之議論。多不能出其範圍。故備列之。以資學者考鏡焉。

胡服騎射。爲社會狀況變革之最大者。近海寧王氏研究胡服之源流。援據甚博。茲附錄之。以見古之所謂胡服者。今且視爲漢人之古制矣。

王國維古胡服考　胡服之入中國。始於趙武靈王。史記六國表。趙武靈王十九年。初胡服。其制、冠則惠文。司馬彪續漢書輿服志。武冠一曰武弁大冠。諸武官服之。侍中中常侍加黃金璫。附蟬。爲文。貂尾爲飾。謂之趙惠文冠。胡廣說曰。趙武靈王效胡服。以金貂飾首。前插貂尾。爲貴職。秦滅趙。以其君冠賜近臣。其帶具帶。趙策。趙武靈王賜周紹胡服衣冠具帶黃金師比以傅王子也。具帶者。黃金具帶之略。古大帶革帶皆無飾。有飾者。胡帶也。其履鞾。廣韻八戈引釋名鞾本胡服。趙武靈王所服。其服上褶下袴。史記趙世家正義。胡服謂今時服也。廢除裘裳也。案胡服之衣。趙策及趙世家皆無文。自來亦無質言之者。惟張守節正義。以唐之時服當之。唐之時服。有常服袴褶二種。今定以爲上褶下袴。即以後世所謂袴褶服者當之。由胡服之冠帶履知之也。戰國之季。他國已有效其服者。楚辭大招。小腰秀頸。若鮮卑只。漢書藝文志鶡冠子注。楚人居深山。以鶡爲冠。至漢而爲近臣及武士之服。或服其冠。或服其服。或并服焉。漢末軍旅數起。服之者多。於是始有袴褶之名。魏晉以後。至於江左。士庶服之。百官服之。天子亦服之。然但以爲戎服及行旅之服而已。北朝造自戎夷。此服尤盛。至施之於婦女。後魏之初。以爲常服及朝服。後雖復古衣冠。而此服不廢。隋則取其冠以爲天子之戎服。取其服爲天子田獵豫游之服。皇太子侍從田狩之服。上下公服。武官侍從之服。取其帶與履。以爲常服。唐亦如之。武弁之服。用其冠。平巾幘之服。用其服。常服用其帶與履。唐季褶服漸廢。專用常服。宋初議復之而未行。然儀衞中尚用之。又自六朝至唐。武官小吏流外多服袴褶。此胡服行於中國之大略也。

騎射之法。實不始於趙武靈王。顧氏日知錄嘗言之。

日知錄春秋之世。戎翟之雜居於中夏者。大抵皆在山谷之間。兵車之所不至。齊桓晉文僅攘而卻之。不能深入其地者。用車故也。中行穆子之敗狄於大鹵。得之毀車崇卒。而智伯欲伐仇猶。遺之大鐘以開其道。其不利於車可知矣。勢不得不變而爲騎。騎射所以便山谷也。胡服所以便騎射也。是以公子成之徒諫胡服而不諫騎射。意騎射之法。必有先武靈而用之者矣○惠棟曰。案韓非子秦穆公送重耳疇騎二千。則單騎不始於六國。

案蘇秦以周顯王三十五年說燕。三十六年說趙。趙肅侯之十七年也。距武靈王胡服凡二十六年。而其言已歷稱某國騎幾千匹。某國騎幾萬匹。是騎射之法。在武靈王未胡服之先。已盛行矣。惟其由車戰驟變而盛行騎兵之制。則未能質言其事也。

顧氏亦云六國之時。始有單騎。蘇秦所云車千乘騎萬匹是也。而未考蘇秦先於趙武靈王。吳起仕魏。臥不設席。行不騎乘。事在周威烈王二十三年。見通鑑卷一。亦先於蘇秦。

第二十八章　諸子之學

子者。男子之通稱。非書名也。

白虎通。子者。丈夫之通稱也。

以人之稱稱其書。殆始於申不害。

史記申不害傳申子之學本於黃老而主形名著書二篇號曰申子

按史記載諸子之書。或稱其篇。或稱其書。或稱其著書。如管晏傳論語讀管氏牧民山高乘馬輕重九府此稱其書之篇名及晏子春秋。此稱其書名詳哉其言之也。老子傳於是老子乃著書上下篇。言道德之意五千餘言而去。莊子傳其著書十餘萬言。大抵率寓言也此皆稱其著書之類。未嘗言其書號曰某子。惟申子傳稱其號曰申子。似申子著書之時。卽號曰申子。

至漢劉向校諸子。劉歆作諸子略。於是百家之學。專以子名。

漢書藝文志成帝時、詔光祿大夫劉向校經傳諸子詩賦。此卽以諸子爲諸書之稱。實則當曰諸子之書。向子歆卒父業。有諸子略。

至隋經籍志遂有子部之目。

隋書經籍志漢書有諸子兵書數術方伎之略。今合而敘之。爲十四種。謂之子部。

其名雖不當。今亦無以易之也。

七略所列諸子。始於神農黃帝。其書既多出於僞託。亦不稱子。稱子之書。最古者以鬻子爲首。次則管子晏子老子諸書。

漢書藝文志鬻子二十二篇。名熊。爲周師。自文王以下問焉。周封爲楚祖。鬻子說十九篇。後世所加

按小說家尚有務成子十一篇。似先於鬻子。然志已稱其非古語。故以鬻子爲稱子之書之首。

當皆後人追題。非當時卽稱爲某子也。自春秋以降。其書益多。且多稱某子。至秦漢而漸衰。則謂、諸子、之書。以戰、國、爲最盛、可、也。（其詳見後）

諸子之學。各有家法。主奴是非。言人人殊。以今所傳諸書考之。自戰國及西漢學者評論諸子之說甚夥。如

孟子楊朱墨翟之言盈天下。天下之言。不歸楊。則歸墨。楊氏爲我。是無君也。墨氏兼愛。是無父也。無父無君。是禽獸也。　楊子取爲我。拔一毛而利天下。不爲也。墨子兼愛。摩頂放踵利天下、爲之。

則專論楊子墨子者也。

莊子天下篇墨翟禽滑釐之意則是。其行則非也。雖然。墨子眞天下之好也。才士也夫。　宋鈃尹文周行天下。上說下敎。雖天下不取。強聒而不舍者也。雖然。其爲人太多。其自爲太少。　愼到之道。非生人之行。而至死人之理。適得怪焉。田駢亦然。學於彭蒙。得不敎焉。其所謂道非道。而所言之韙。不免於非。彭蒙田駢愼到不知道。雖然。概乎皆嘗有聞者也。　關尹老聃乎。古之博大眞人哉。　莊周以謬悠之說。荒唐之言。無端崖之辭。時恣縱而不儻。不以觭見之也。以天下爲沈濁。不可與莊語。以巵言爲曼衍。以重言爲眞。以寓言爲廣。獨與天地精神往來。而不敖倪於萬物。不譴是非。以與世俗處。其書雖瓌瑋。而連犿無傷也。其辭雖參差。而諔詭可觀。　惠施多方。其書五車。其道舛駁。其言也不中。　桓團公孫龍辯者之徒。飾人之心。易人之意。能勝人之口。不能服人之心。辯者之囿也。惠施日以其知、與人辯。特與天下之辯者爲怪。此其抵也。

則遍論墨翟、禽滑釐、宋鈃、尹文、愼到、田駢、彭蒙、關尹、老聃、惠施、桓團、公孫龍諸子。而兼述周之所獨得者也。

荀子非十二子篇縱情性安恣睢禽獸行。不足以合文通治。是它囂魏牟也。忍情性綦谿利跂。苟以分異人爲高。不足以合大衆明大分。是陳仲史鰌也。不知壹天下建國家之權稱。上功用大儉約而僈差等。曾不以容辨異縣君臣。是墨翟宋鈃也。尙法而無法。（從王念各說改）而好作。上則取聽於上。下則取從於俗。終日言成文典。反紃察之。則倜然無所歸宿。不可以經國定分。是愼到田駢也。不法先王。不是禮義。而好治怪說。玩琦辭。甚察而不惠。辯而無用。多事而寡功。不可以爲治綱紀。是惠施鄧析也。略法先王而不知其統。猶然而材劇志大。聞見雜博。案往舊造說。謂之五行。甚僻違而無類。幽隱而無說。閉約而無解。子思唱之。孟軻和之。解蔽篇墨子蔽於用而不知文。宋子蔽於欲而不知得。愼子蔽於法而不知賢。申子蔽於勢而不知知。惠子蔽於辭而不知實。莊子蔽於天而不知人。

則雜論它囂、魏牟、陳仲、史鰌、墨翟、宋鈃、愼到、田駢、惠施、鄧析、子思、孟軻、申不害、莊周諸家者也。（史鰌春秋時人。荀子斥其言之成理。欺惑愚衆。當是戰國時有爲史鰌之學之說者耳。）

韓非子顯學篇世之顯學。儒墨也。儒之所至。孔丘也。墨之所至。墨翟也。自孔子之死也。有子張之儒。有子思之儒。有顏氏之儒。有孟氏之儒。有漆雕之儒。有仲良氏之儒。有孫氏之儒。有樂正氏之儒。自墨子之死也。有相里氏之墨。有相夫氏之墨。有鄧陵氏之墨。故孔墨之後。儒分爲八。墨離爲三。取舍相反不同。而皆自謂眞孔墨。孔墨不可復生。將誰使定世之學乎。

則論孔墨二家。兼及其徒之傳其學者也。

呂氏春秋不二篇老聃貴柔。孔子貴仁。墨翟貴廉。關尹貴清。子列子貴虛。陳駢貴齊。（陳駢即田駢）陽生貴己。（陽生即楊朱）孫臏貴勢。王廖貴先。兒良貴後。（藝文志兵家有兒良一篇）

則論老聃、孔子、墨翟、關尹、列子、田駢、楊朱、孫臏、王廖、兒良諸子。而各以一字揭其主義者也。

淮南子要略孔子修成康之道。述周公之訓。以敎七十子。使復其衣冠。修其篇籍。故儒者之學生焉。　墨子學儒者之業。受孔子之術。以爲其禮煩擾而不說。厚葬靡財而貧民。服傷生而害事。故背周道而用夏政。　齊桓公憂中國之患。苦夷狄之亂。欲以存亡繼絕。崇天子之位。廣文武之業。故管子之書生焉。　齊景公內好聲色。外好狗馬。故晏子之諫生焉。　六國諸侯力征爭權。故縱橫修短生焉。　申子者。韓昭釐之佐。韓晉別國也。晉國之故禮未滅。韓國之新法重出。新故相反。前後相繆。百官背亂。不知所用。故刑名之書生焉。　秦國之俗。貪狠強力。寡義而趨利。可威以刑。而不可化以善。可勸以賞。而不可厲以名。故商鞅之法生焉。

則論孔子、墨子、管子、晏子、申子、商子及縱橫長短之學之發源也。綜而觀之。諸家所論。自孔老管晏史鰌關尹鄧析之外。皆戰國時之學者。按其學派。則子思孟軻儒家也。列子楊朱莊周道家也。墨翟禽滑釐墨家也。慎到申不害商鞅法家也。尹文惠施公孫龍名家也。孫臏兒良兵家也。其學派不明而可以其並舉之人推測者。如莊子以宋鈃尹文並舉。荀子以墨翟宋鈃並舉。則宋鈃之學。兼有墨家名家之性質矣。莊子以田駢彭蒙與慎到並舉。荀子亦以田駢與慎到並舉。則田駢彭蒙爲法家矣。（史記稱慎到田駢皆學黃老道德之術。則亦出道家。）

它囂魏牟不知爲何家。楊倞謂魏牟卽藝文志道家之公子牟。則它囂疑亦近於道家。桓團與惠施公孫龍並稱。亦名家也。王廖與兒良並稱。亦兵家也。惟陳仲子見於荀子。亦見於孟子。而其學派無可歸附耳。

諸子所論之外。則有史記諸子之傳。老莊申韓商君等既各有傳。而孟子荀卿列傳中。復雜舉騶衍、淳于髡、環淵、接子、騶奭、劇子、李悝、尸子、長盧、吁子等人。而謂世多有其書。

史記孟子荀卿列傳自騶衍與齊之稷下先生。如淳于髡愼到環淵接子田駢騶奭之徒。各著書言治亂之事。趙有公孫龍。爲堅白同異之辯。劇子之言。魏有李悝盡地力之敎。楚有尸子長盧阿之吁子焉。索隱別錄作芊子自如孟子至於吁子。世多有其書。故不論其傳云。

是又孟荀莊呂劉安所未論列。而其學皆能成家者也。然諸子所指斥及稱道者。既各挾己見。未足盡當時之學派。史公作傳。又以世有其書。略而不詳。欲知戰國諸子之學之大綱。及其源流派別。捨劉歆諸子略及班固所述爲藝文志者。蔑有更備焉。予嘗就藝文志所引諸書。國別而家析之。以期推見當時風氣之梗概。爲表如左。

家別／國別	【儒家】	【道家】	【陰陽家】	【法家】	【名家】	【墨家】	【縱橫家】	【雜家】	【小說家】
周	甯越一篇						蘇子三十一篇		

魯	曾子十八篇 子思子二十三篇 漆雕子十二篇 孟子十一篇 宓子十六篇					墨子七十一篇	闕子一篇	尸子二十一篇	
衞				商君二十九篇					
鄭		列子八篇 鄭長者一篇	馮促十三篇	申子六篇					
宋	徐子四十二篇	莊子五十二篇			惠子一篇				
韓			黃帝泰素二十篇 杜文公五篇	韓子五十五篇					
魏	魏文侯六篇 李克七篇	公子牟四篇	閭丘子十三篇	李子三十二篇			張子十篇	尉繚子二十九篇	
趙	孫卿子三十三篇 虞氏春秋十五篇			處子九篇 慎子四十二篇	公孫龍子十四篇 毛公九篇				
齊	羋子十八篇 公孫固一篇 魯仲連子十四篇	黔婁子四篇 田子二十五篇 捷子二篇	鄒子四十九篇 鄒子終始五十六篇 鄒奭子十二篇 周伯十一篇		尹文子一篇	田俅子二篇			
秦	羊子四篇				成公生五篇 黃公四篇		零陵令信一篇	呂氏春秋二十六篇	
楚	世子二十一篇（世子陳人其時陳已亡故屬於楚）	蜎子十三篇 長盧子九篇 鶡冠子一篇	南公三十一篇						
燕							龐煖二篇		

右皆確有國籍可考其僅知爲六國時人之書不能定爲何國何人者如

【儒家】景子三篇　公孫尼子二十八篇　王孫子一篇　李氏春秋二篇

【道家】黃帝君臣十篇　雜黃帝五十八篇　力牧二十二篇　孫子十六篇　王狄子一篇　宮孫子二篇

【陰陽家】公檮生終始十四篇　公孫發二十二篇（沈欽韓疑爲魯人）　乘丘子五篇　容成子十四篇　將鉅子五篇

【墨家】我子一篇　隨巢子一篇　胡非子三篇（葉德輝說爲陳人梁玉繩說爲齊人）

【農家】神農二十篇　野老十七篇

綜計諸家之書凡七十九家千二百四十三篇而屈原宋玉之詞賦孫臏吳起之兵法尚不與焉。（它囂魏牟陳仲子等。不知有無著述者尚不在內。）何戰國時人之著作若是之盛歟。以作者言則儒家爲多。以篇章言則陰陽家爲多。以國籍言則齊人爲多。而衞有商君韓有韓非子。作者雖少。已足爲其國光。宰權諸邦。惟燕最遜。龐煖之書合之兵家所載僅得五篇。今亦不傳。

藝文志兵權謀十二家中有龐煖三篇。

燕爲晚進之國其文化劣於中土。卽此可見矣。

莊子謂諸子之學出於古之道術。藝文志稱諸家皆出於官守。（皆見前）其言至當而不可易。其個人師授之源流。亦略可考見。墨子師史角之後。

呂氏春秋當染篇魯惠公使宰讓請郊廟之禮於天子。桓王使史角往。惠公止之。其後在於魯。墨子學焉。高誘注。其後史角之後也。

又有得於儒家。見前引淮南子要略禽滑釐受業於子夏。

史記儒林傳如田子方、段干木、吳起、禽滑釐之屬。皆受業於子夏之倫。爲王者師。

按史稱子夏之倫。未必卽爲子夏。孫詒讓墨子閒詁謂其與田子方段干木吳起受業於子夏。故仍之。若以吳起爲例。則當爲曾子弟子。非子夏弟子也。

後又學於墨子。

呂氏春秋當染篇禽滑釐學於墨子。

而爲墨家大師。孟子受業子思之門人。

史記孟子傳軻鄒人也。受業子思之門人。

其門人有孟仲子。兼學於李克。授詩於根牟子。遞傳至荀卿。見前孔子弟子篇史但稱荀卿游學於齊。

史記荀卿傳荀卿趙人。年五十。始來游學於齊。據胡元儀郇卿別傳。則五十當作十五。

而不言其所師何人。實則荀卿之學。遠承子夏。近承孟子。其非十二子篇之詆孟子子夏。及論性惡與孟子相反。猶之墨翟禽滑釐同出於儒家。而其後自立學派。反極詆孔子也。

荀卿之師。自根牟子之外。又有虞卿、穀梁俶、馯臂子弓諸人。劉向別錄左傳正義引左丘明授曾申。曾申授吳起。起授其子期。期授楚鐸椒。椒作鈔撮八卷授虞卿。卿作鈔撮九卷授孫卿。卿授張蒼。是荀卿、受左傳於虞卿也。楊士勳穀梁疏。穀梁子名俶。字元始。一名赤。魯人。受經於子夏。爲經作傳。授孫卿。卿傳魯人申公。是荀卿受穀梁傳於穀梁子也。荀卿書累稱仲尼子弓。自唐韓愈以爲子弓卽仲尼弟子列傳之馯臂子弓。

蘇秦張儀俱事鬼谷先生。

史記蘇秦傳。蘇秦者。東周雒陽人也。東事師於齊。而習之於鬼谷先生。史記張儀傳。張儀者。魏人也。始嘗與蘇秦俱事鬼谷先生。學術。蘇秦自以不及張儀。

鬼谷先生不知爲何人。據應劭說爲六國時縱橫家。

裴駰史記集解。駰按風俗通義。鬼谷先生。六國時縱橫家。

世多以從橫之術爲儀秦所倡。觀史記吳起傳及秦之言。則秦之先已有馳說縱橫者。

史記吳起傳。要在强兵。破馳說之言從橫者。（吳起死於楚悼王二十一年。卽周安王二十一年。在蘇秦說六國合縱之先。約四十八年。）史記蘇秦傳說趙肅侯曰。夫衡人者。皆欲合諸侯之地以予秦。又夫衡人日夜務以秦權恐愒諸侯。（此可見蘇秦未勸六國合從之時。已有衡人日夜游說。）

鬼谷先生之爲縱橫家。當非懸測之言也。商君師尸佼。

漢書藝文志尸子二十篇。注名佼。魯人。秦相商君師之。佼逃入蜀。○王應麟曰。史記楚有尸子。注引劉向別錄。疑謂其在蜀。今按尸子書。晉人也。名佼。秦相衛鞅客也。鞅謀事畫計。立法理民。未嘗不與佼規也。商君被刑。佼恐並誅。乃逃入蜀。造二十篇書。凡六萬餘言。

○王先謙曰。注魯乃晉之譌。按史記作楚有尸子。藝文志稱爲魯人。其言可通。春秋以降，魯地漸入於越。後又入於楚。故志稱爲魯人。而史稱爲楚人。若以魯爲晉之譌。則晉楚相去遠矣。

韓非師荀卿。

史記韓非傳非與李斯俱事荀卿。自以爲不如非。

而二人者皆不說學。

商子農戰篇境內之民皆化而好辯樂學。事商賈。爲技藝。避農戰。如此則不遠矣。　雖有詩書。鄉一束。家一員。獨無益於治也。　去強篇國有禮、有樂、有詩、有書、有善、有修、有孝、有悌、有廉、有辯。國有十者。上無使戰。必削至亡。國無十者。上有使戰。必興至王。

韓非子五蠹篇今境內之民皆言治。藏商管之法者。家有之。而國愈貧。言耕者衆。執耒者寡也。境內皆言兵。藏孫吳之書者。家有之。而兵愈弱。言戰者多。被甲者少也。　亂國之俗。其學者則稱先王之道。以籍仁義。盛容服而飾辯說。以疑當世之法。而貳人主之心。其言古者。爲設詐稱。借於外力。以成其私。而遺社稷之利。此邦之蠹也。　顯學篇藏書策。習談論。聚徒役。服文學而議說。世主必從而禮之。曰敬賢士。先王之道也。夫吏之稅耕者也。而上之所養學士也。耕者重稅。學士則多賞。而索民之疾作而少言談。不可得也。

故亦無弟子傳其學。楊朱師老聃。

列子黃帝篇楊朱南之沛。老聃西遊於秦。邀於郊。至梁而遇老子。老子中道仰天而歎曰。始以汝爲可敎。今不可敎也。楊朱不答。至舍。進涫漱巾櫛。脫履戶外。膝行而前曰。向者夫子仰天而歎曰。始以汝爲可敎。今不可敎。弟子欲請夫子。辭行不閒。是以不敢。今夫子閒矣。請問其過。老子曰。而睢睢。而盱盱。而誰與居。大白若辱。盛德若不足。楊朱蹴然變容曰。敬聞命矣。

列子師壺丘子。

列子黃帝篇。有神巫自齊來。處于鄭。命曰季咸。知人死生存亡禍福夭壽。期以歲月旬日如神。鄭人見之。皆避而走。列子見之而心醉。歸以告壺丘子曰。始吾以夫子之道爲至矣。則又有至焉者矣。　仲尼篇。子列子既師壺丘子林。

老商氏。

列子黃帝篇。列子師老商氏。友伯高子。進二子之道。乘風而歸。　仲尼篇。子列子學也。三年之後。心不敢念是非。口不敢言利害。始得老商一眄而已。五年之後。心更念是非。口更言利害。老商始一解顏而笑。七年之後。從心之所念。更無是非。從口之所言。更無利害。夫子始一引吾並席而坐。九年之後。橫心之所念。橫口之所言。亦不知我之是非利害歟。亦不知彼之是非利害歟。外內進矣。而後眼如耳。耳如鼻。鼻如口。口無不同。心凝形釋。骨肉都融。不覺形之所倚。足之所履。心之所念。言之所藏。如斯而已。

其弟子甚多。

列子仲尼篇。子列子與南郭子連牆二十年。不相謁請。門之徒役。以爲子列子與南郭子有敵不疑。有自楚來者。問子列子曰。先生與南郭子奚敵。子列子曰。南郭子貌充心虛。耳無聞。目無見。口無言。心無知。形無惕。往將奚爲。雖然。試與汝偕往。閱弟子四十人同行。

天瑞篇。子列子適衛。食於道。從者見百歲髑髏。攓蓬而指。顧謂弟子百豐曰。唯予與彼知而未嘗生未嘗死也。

然列子多寓言。亦未必可盡信。

列子黃帝篇楊朱南之沛遇老子。注楊朱不與老子同時。此皆寓言也。

要而論之。戰國時傳授學術者。猶以齊魯爲多。子思孟子尸佼之類。皆魯人也。蘇秦張儀荀卿俱至齊遊學。而荀卿在齊最爲老師。

史記荀卿傳齊襄王時。而荀卿最爲老師。齊尚修列大夫之缺。而荀卿三爲祭酒焉。

列子稱齊魯多機。明其時齊魯人材獨多矣。

列子仲尼篇伯豐子之從者曰。大夫不聞齊魯之多機乎。有善治土木者。有善治金革者。有善治聲樂者。有善治書數者。有善治軍旅者。有善治宗廟者。羣才備也。

諸子之學之影響及於當時者。其初以墨學爲最盛。南被楚越。

墨子魯問篇楚惠王將攻宋。墨子自魯至郢止之。　子墨子游公尚過于越。公尚過說越王。越王大說。謂公尚過曰。先生苟能使子墨子至于越而敎寡人。請裂故吳之地方五百里以封子墨子。

西及秦國。

呂氏春秋去宥篇東方之墨者謝子。將西見秦惠王。惠王問秦之墨者唐姑果。

故其時有東方之墨者。西方之墨者。南方之墨者。

莊子天下篇相里勤之弟子。五侯之徒。南方之墨者。苦獲已齒鄧陵子之屬。

世稱爲顯學。且曰其言盈天下。而其後遂日微。今之論者。謂由於儒家法家反對其說。及墨家詭辯太微妙之故。吾以爲別有三因焉。一則刻苦太過。不近人情。

莊子天下篇墨翟禽滑釐之意則是也。其行則非也。將使後世之墨者。必自苦以腓無胈。脛無毛。相進而已矣。亂之上也。治之下也。

一則互相猜忌。爭爲巨子。

莊子天下篇南方之墨者。倍譎不同。相謂別墨。以堅白同異之辯相訾。以觭偶不仵之辭相應。以巨子爲聖人。皆願爲之尸。冀得爲其後世。至今不決。

呂氏春秋去宥篇唐姑果恐王之親謝子賢於己也。對曰。謝子東方之辯士也。其爲人甚險。將奮於說以取少主也。王因藏怒以待之。謝子至。說王。王弗聽。謝子不說。遂辭而行。

一則驚外徇名。易爲世奪。

呂氏春秋上德篇墨者鉅子孟勝。善荆之陽城君。陽城君令守於國。毀璜以爲符。約曰。符合聽之。荆王薨。羣臣攻吳起兵於喪所。陽城君與焉。荆罪之。陽城君走。荆收其國。孟勝曰。受人之國。與之有符。今不見符。而力不能禁。不能死。不可。其弟子徐弱諫曰。死而有益陽城君。死之可矣。無益也。而絕墨者於世。不可。孟勝曰。不然。吾於陽城君也。非師則友也。非友則臣也。不死。自今以來。求嚴師必不於墨者矣。求賢友必不於墨者矣。求良臣必不於墨者矣。（此等見解。極卑陋可笑。皆驚外徇名之見也。）死之所以行墨者之義。而繼其業者也。我將屬鉅子於宋之田襄子。田襄子賢者也。何患墨者之絕世也。徐弱曰。若夫子之言。弱請先死以除路。還歿頭前於孟勝。因使二人傳鉅子於田襄子。孟勝死。弟子死之者八十三人。二人以致令於田襄子。欲反死孟勝於荆。田襄子止之曰。孟子已傳鉅子於我矣。不聽。遂反死之。

此皆其驟盛於一時而卒不能不同化於他派之故。不可專病異己者之排擊也。墨學衰、而法家、縱橫家、大盛。商君之威嚴殆有過於今之督軍。

史記商君傳。君之出也。後車十數。從車載甲。多力而駢脇者爲驂乘。持矛而操闟戟者旁車而趨。此一物不具。君固不出。

蘇秦之智術亦幾爲當時天下之泰斗。

史記蘇秦傳。蘇秦死。蘇代復重於燕。燕使約諸侯從親。如蘇秦時。或從或不。而天下由此宗蘇氏之從約。代厲皆以壽死。名顯諸侯。

太史公曰。蘇秦兄弟三人。皆游說諸侯以顯名。世言蘇秦多異。異時事有類之者。皆附之蘇秦。

三晉之士人人攘臂言縱橫矣。

史記張儀傳贊太史公曰。三晉多權變之士。夫言從橫彊秦者。大抵皆三晉之人也。

同時與法家、縱橫家、頡頏者則有陰陽家。

史記孟子荀卿列傳。騶衍睹有國者益淫侈。不能尙德。若大雅整之於身。施及黎庶矣。乃深觀陰陽消息。而作怪迂之變。終始大聖之篇十餘萬言。其語閎大不經。必先驗小物。推而大之。至於無垠。先序今以上至黃帝。學者所共術。大並世盛衰。因載其禨祥制度。推而遠之。至天地未生。窈冥不可考而原也。先列中國名山大川通谷禽獸。水土所殖。物類所珍。因而推之。及海外人之所不能睹。稱引天地剖判以來。五德轉移。治各有宜。而符應若茲。以爲儒者所謂中國者。於天下乃八十一分居其一分耳。中國名曰赤縣神州。赤縣神州內自有九州。禹之序九州是也。不得爲州數。中國外如赤縣神州者九。乃所謂九州也。於是有裨海環之。人民禽獸莫能相通者。如一區中者。乃爲一州。如此者九。乃有大瀛海環其外。天地之際焉。其術皆此類也。然要其歸。必止乎仁義節儉。君臣上下六親之施始也濫耳。王公大人初見其術。懼然顧化。其後不能行之。是以騶子重於齊。適梁。梁惠王郊迎。執賓主之禮。適趙。平原君側行襒席。如燕。昭王擁彗先驅。請列弟子之座而受業。築碣石宮。身親往師之。作五運。其游諸侯見尊禮如此。豈與仲尼菜色陳蔡。孟軻困於齊梁同乎哉。

迄漢代其學猶盛。而儒道二家。初未嘗得權。憑勢。而有所爲。與世枘鑿。王公大人不能器之。

史記孟子列傳。道既通。游事齊宣王。宣王不能用。適梁。梁惠王不果所言。則見以爲迂遠而闊於事情。當是之時。秦用商君富國強兵。楚魏用吳起戰勝弱敵。齊威王宣王用孫子田忌之徒。而諸侯東面朝齊。天下方務於合從連衡。以攻伐爲賢。而孟軻乃述唐虞三代之德。是以所如者不合。梁惠王謀欲攻趙。孟軻稱太王去邠。此豈有意阿世俗苟合而已哉。持方枘欲內圓鑿。其能入乎。

又莊子傳。周嘗爲漆園吏。與梁惠王齊宣王同時。其學無所不闚。然則要本歸於老子之言。其言洸洋自恣以適己。故自王公大人不能器之。

講學著書。皆無與於當時之風氣。而其及於後世之影響。乃轉過於諸家。是知公理自在人心。不可徒以一時之盛衰計也。

諸子之學。大都相因而生。有因前人之學而研之益深者。有因他人之說而攻之甚力者。如楊朱列禦寇之學。皆出於老聃。而其言天人性命之故。則進於老子。墨翟學說。既與楊列相反。

墨子攻擊儒家最甚。攻楊子者頗少。惟兼愛下篇別君之言曰。吾惡能爲吾萬民之身。若爲吾身。此泰非天下之情也。人之於地上之無幾何也。譬之猶駟馳而過隙也。云云。正是指斥楊家之言。又專攻孔子。而以先聖之學。別立一宗。孟子承孔子之學。言性言政。皆進於孔子。而力闢楊墨二家之說。然其痛恨當世窮兵黷武之風。則與墨子同。宋鈃尹文救民之鬭。禁攻寢兵。似與墨同矣。而其以心爲主與墨異。

莊子天下篇語心之容。命之曰心之行。以聏合驩。以調海內。請欲置之以爲主。是宋鈃尹文之主張。專以人心之不樂戰鬭爲主。不似墨之歸本於天志也。

以利爲言。與孟異。

孟子宋牼將之楚。孟子遇於石丘。曰。先生將何之。曰。吾聞秦楚搆兵。我將見楚王說而罷之。楚王不悅。我將見秦王說而罷之。二王我將有所遇焉。曰。軻也請無聞其詳。願聞其指。說之將何如。曰。我將言其不利也。曰。先生之志則大矣。先生之號則不可。先生以利說秦楚之王。秦楚之王悅於利。以罷三軍之師。是三軍之士樂罷而悅於利也。爲人臣者、懷利以事其君。爲人子者、懷利以事其父。爲人弟者、懷利以事其兄。是君臣父子兄弟。終去仁義。懷利以相接。然而不亡者。未之有也。

莊子之學又進於楊朱列禦寇亦稱述孔墨而以齊物論爲歸然與愼到等之齊萬物者又不同

愼到等齊萬物以爲首笑天下之尙賢非天下之大聖莊子斥爲非生人之行而至死人之理蓋莊子之齊物自有所謂內聖外王之道在愼到等惟持萬物平等之觀而於原始之道未有所見也

荀子宗孔而非墨而其言性惡與孟子相反其治名學又進於孔孟而於墨同原焉故諸子之學固皆角立不相下然綜合而觀之適可爲學術演進之證其所因於他人者有正有反正者固已究極其歸宿反者乃益搜集其賸餘而其爲進步乃正相等也

諸子之書家別人異欲究其全當別爲專書近人喜言諸子之學尤喜掇拾其破碎不完者以傅會西人之說

清季學者震於西人製造之學則盛稱墨子之格術如劉嶽雲墨子格術解曰日光具紅黃綠紫橙黃靛藍七色試以三棱透光鏡卽見若物盡受全日之光則爲白色若滅其入質之光綫則爲黑色照相之巧全在用其白黑二色以爲陰陽向背之別而數千年前之墨子已發其理（指墨經遠近臨正墨貌能黑白旨）

近人習於西人邏輯之學則又標舉墨子及惠施公孫龍等之名學如梁啓超墨學微曰墨子所謂名卽論理學所謂名辭墨子所謂辭卽論理學所謂命題墨子所謂說卽論理學所謂前提等

而於牖民覺世之大義或反棄置不講如孟子之辯義利

孟子時功利主義極盛。如商君曰。苟可以强國。不法其故。苟可以利民。不循於禮。以社會進化歷史變遷之理觀之。固亦可成一說。然專以强利爲目的。其流極必至於不顧人道。羣德易言之則曰苟可以强國。不顧公理。苟可以利民。不問人格。（商子靳令篇。六蝨。曰禮樂。曰詩書。曰修善。曰孝悌。曰誠信。曰貞廉。曰仁義。曰非兵。曰羞戰。有十二者。上無使農戰。必貧至削。十二者成羣。此謂君之治不勝其臣。舉孝悌誠信貞廉仁義諸德。一概抹摋。是即極端功利論所必至也。）今世强國侵略主義。即此耳。孟子生其時。力持正義如曰。行一不義。殺一不辜。而得天下。君子不爲也。又曰。枉尺而直尋者。以利言也。如以利則枉尋直尺而利。亦可爲歟。皆極端與功利論相反。當時雖不見從。而後世服習其說。凡士大夫之所主張。皆以重義輕利。爲立國根本。

墨子及孟子之非攻戰。

孟子墨子皆抱非兵主義。惟墨子尚欲以器械制善戰者。孟子則一律斥之。此其異也。孟子曰。爭地以戰。殺人盈野。爭城以戰。殺人盈城。此所謂率土地而食人肉。罪不容於死。其言痛切極矣。後世人君雖多有以武功立國者。而凡儒者之言論。史家之紀載。文人之歌詠。恆斥其非。而專以尙德恤民爲美。此亦可證之近事。而知吾民德之高尙。有自來矣。（近年有倡爲尙武之說者。謂吾國之弱。實文人不提倡尙武之精神。此亦持之有故。然洋史家盛稱亞力山大凱撒拿破侖諸人。而吾國人於秦始皇漢武帝苻堅隋煬金亮之類。皆致不滿。蓋中西人思想大相逕庭之處也。究之。立國尙武功。抑尙道德。讀史者可自下斷語。）近世西人之誤。在以國家與個人不同。日逞其弱肉强食之謀。而墨子則早見及之。其非攻篇曰。殺一人謂之不義。必有一死罪矣。殺十人十重不義。必有十死罪矣。殺百人百重不義。必有百死罪矣。今至大爲攻國不義。則不之非。從而譽之。謂之義。又曰今小爲非。則知而非之。大爲非攻國。則不知非。從而譽之。謂之義。可爲知義與不知義之辨乎。蓋墨子以國家與個人無別。悉當以義爲斷。其理至明。而當時謂攻國爲義者。殆亦必有如近世國家學者之說。歧國家道德與人民道德爲二也。吾國兵禍之烈。極於戰國。而其時之學者。卽大倡反對之論。此亦可見吾民覺悟之早。與其愛好和平之性之獨優矣。吾國之昌言兵禍者。不獨道家及儒墨二家然也。卽兵家之大師。亦以此義爲前提。如孫子曰。夫兵久而國利者。未之有也。故不盡知用兵之害者。則不能盡知用兵之利也。又曰。百戰百勝。非善之善者也。不戰而屈人之兵。善之善者也。此皆深以窮兵黷武爲戒者也。

子思孟子之論性。

子思作中庸。首揭天命之謂性。率性之謂道。卽示人以性善也。性如不善。則率之不得爲道矣。孟子、暢言性善之旨。其原實出於子思。然當舉世大亂之時。不因人類之殘賊凶惡。而懷憎惡厭棄之意。且極力推明人皆可以爲堯舜。尤有功於教育。蓋人心之觀念。每因環境而變。見環境之多善人。則以人性爲善。見環境之多惡人。則以人性爲不善。惟究極性道之原者。能不爲環境所囿。不就人心之現狀及結果而論。而就第一念指示人羣。使人憬然有以自勉。而絕去其自暴自棄之萌。其爲功於人類何如哉。荀子言性惡。已爲當世惡人所囿。不能免於憤激。而欲以禮義教化矯之。如曰人之性生而有好利焉。順是故爭奪生而辭讓亡焉。生而有疾惡焉。順是故殘賊生而忠信亡焉。生而有耳目之欲。有好聲色焉。順是故淫亂生而禮義文理亡焉。然則從人之性。順人之情。必出於爭奪。合於犯分亂理。而歸於暴。故必將有師法之化。禮義之道。然後出於辭讓。合於文理。而歸於治。用此觀之。然則人之性惡明矣。其善者僞也。蓋荀子之時。爭奪殘賊淫亂之人。殆又甚於孟子之時。荀子疾其所爲。因謂其性固如此。而不知是說已大悖於教育原理。使人之性本不具有辭讓合理之德。雖有師法。何能動之。郝蘭皐等解僞字作爲字。以爲荀子辯護。不知爲字亦是強勉矯飾。非出於自然也。

列子荀子之論學。

列子書中教人爲學之法最多。如壺丘子示季咸以未始出吾宗。然後列子自以爲未始學而歸。三年不出。又學於老商九年。然後心凝形釋。既自以其爲學詔人。又如湯問篇所述師文學琴。薛譚學謳。紀昌學射。造父學御等。皆示人以專心壹志。學道之功。非徒教人以虛無誕妄之說也。荀子言性雖異於孟子。以其注重於人爲。故力言積學之益。如曰。眞積力久則入。(勸學篇)積善而全盡謂之聖人(儒效篇)能積微者速成。(強國篇)自勸學篇以下。反復譬喻。一本此旨。積則一好。一好則通類。故曰。并一而不。所以成積也。(儒效篇)凡治氣養心之術。莫神一好。(修身篇)又曰。倫類不通。仁義不一。不足謂善學。(勸學)

篇又曰。以淺持博。以古持今。以一持萬。苟仁義之類也。雖在鳥獸之中。若別白黑。倚物怪變。所未嘗聞也。所未嘗見也。卒然起一方。則舉類統而應之。無所儗㤰。（儒效篇）爲學、之、法。殆、莫、有、外、此、者、也

列子莊子之言宇宙原理。

列、莊、之學。皆推、極、於無、始、以、前。如天瑞篇曰。有生不生。有化不化。不生者能生生。不化者能化化。生者不能不生。化者不能不化。故常生常化。常生常化者。無時不生。無時不化。陰陽爾。四時爾。不生者疑獨。（此當從楊仁山說一。獨尙不立。何有對待。）不化者往復。往復其際不可終。疑獨其道不可窮。蓋原始之道。不生不化。非一非多。降而至於生化。則人之所見。陰陽四時。有推遷變化之迹矣。然從往復。疑獨推之。仍自不可終。不可窮。世人徒以物質求之。終無是處也。齊物論曰。有始也者。有未始有始也者。有未始有夫未始有始也者。有有也者。有無也者。有未始有無也者。有未始有夫未始有無也者。俄而有無矣。而未知有無之果孰有孰無也。其言原始。既極之於未始有夫有無之時。然初非示人以無有無無也。故曰、若有眞宰。而特不得其眹。又曰、其有眞君存焉。（皆齊物論語）曰、夫道有情有信。無爲無形。可傳而不可受。可得而不可見。自本自根。未有天地。自古以固存。（大宗師篇）蓋確見天地之根本。在有無胥泯之時。而仍有情有信。惟陷溺於世俗知識者。不可見耳。列莊皆從此用功得力。故俯視一切。而自信其獨與天地精神往來。不知其道者。則目之爲消極。爲社會學術進步之阻力。不知人人皆消極於世俗之

榮辱得喪而積極於精神之稠適上遂（莊子天下篇。其於宗可謂稠適而上遂矣。稠即充實不可已之謂。適即與天地精神往來之謂。上遂即上與造物者游之謂。）則人類之進步何可限量。惟役役於世俗之榮辱得喪，自命進步，實則毫無進步可言，乃眞莊列之所悲耳。自魏晉以來崇拜莊列之說者，似亦專宗其消極主義，然眞能得其道者，和光同塵，泯然於言說迹象，世亦無從知之。姑就淺近立論，則列莊之說，卽無大功效，亦足使人開拓心胸，消除執滯。佛學未入中國之先，吾國有此等先覺，洵異事也。

皆大有功於人類，棄周鼎而寶康瓠，未足爲善言學也。

諸子之學既各有功於世，而其文之精美，又進於春秋之世，而各成爲後世文章之宗，是亦戰國之特色也。綜觀諸子之文，約分爲五：一曰紀事，二曰箋釋，（如墨子經說韓非解老之類。）三曰論辯，四曰寓言，五曰韻文。戰國以前之文，雖已有此五體，而發揮光大，至是始盛。其尤盛者，則後之三體也。孟墨論辯最工，設喩已近寓言，而杜撰事實，莊列爲多。晏嬰與管仲同時，

列子楊朱篇晏平仲問養生於管夷吾。

孔子與柳下季爲友。

莊子盜跖篇孔子與柳下季爲友。

以意爲之，羌無故實。甚至古代本無此人，隨意造一名字，如鴻蒙雲將副墨雒誦之類，尤前此之所無也。

後世賦家假設主客、小說家幻託人事、皆原於此。此則莊列以前、文多紀實、莊列以後、文字直分紀實與寓言爲兩宗矣。老子管子已有韻文、而未別名一體。荀子成相篇、既爲長短句之祖、賦雲賦蠶、又就詩之六藝、抽取其一而名篇。宋玉之徒、踵興於楚、賦乃代詩而興。是亦文章進化之關鍵也。漢書藝文志、孫卿子三十三篇、已著錄於儒家、而詩賦類又列孫卿子十篇、明賦之始於孫卿也。觀其序意、與屈原並重。

漢書藝文志、大儒孫卿與楚臣屈原、離讒憂國、皆作賦以諷、咸有惻隱古詩之義。

北荀南屈、相望於列强黷武之時、而文章光燄、騰焯千古、故知個人之力、不必爲當世權勢所屈矣。

第二十九章　秦之統一

春秋戰國之時、已漸由封建而變爲郡縣。周赧王二十七年、十月、秦昭王稱西帝、十二月、齊湣王稱東帝、雖皆復稱王、天下已非周有矣。當是時、東西二周、地小力微、不足當一諸侯。

史記趙成侯七年、與韓攻周、八年、與韓分周以爲兩。

按趙成侯八年、當周顯王八年、事在赧王之前。周本紀赧王時、東西周分治、蓋補紀之也。東西周之別有二。平王之後所謂西周者、豐鎬也、東周者、洛陽也。顯王之後所謂西周者、河南也、東周者、洛陽也。蓋河南在瀍水之西、卽周初所謂王城、洛陽在瀍水之東、卽周初所謂成周。赧王初居成周、後居王城、而東周則有東周君、故史稱爲東西二周。

至秦昭襄王五十一年而周赧王卒。莊襄王元年、而東周君卒。二周之地。盡入於秦。天下不復思周也。越二十年。秦先滅韓。以次滅魏、滅趙、滅楚、滅燕、滅齊。周之强侯盡矣。而中原有衞君角。江南有越君。西南夷有滇王。爲封建之制之僅存者。

日知錄。古封建之國。其未盡滅於秦始皇者。衞世家言二世元年、衞君角爲庶人。是始皇時衞未嘗亡也。（漢書地理志。始皇既幷天下。猶獨置衞君。二世時乃廢爲庶人。凡四十世九百年。最後絕。）越世家言越以此散。諸族子爭立。或爲王。或爲君。濱於江南海上。服朝於楚。秦始皇本紀言二十五年、王翦遂定荊江南地。降越君。漢興有東海王搖閩越王無諸之屬。是越未嘗亡也。西南夷傳又言秦滅諸侯。唯楚苗裔尚有滇王。然則謂秦滅五等而立郡縣。亦舉其大勢然耳。

秦楚之際。六國之裔復起。卒歸夷滅。漢又大封宗室。至景武之世。諸侯王始削弱焉。故封建之變爲郡縣自春秋至漢凡更五百四五十年。（自秦武公初縣冀。至吳楚七國亂後。約五百四十年。）始蛻化而臻固定。是可知論帝王之家譜可據一氏一代而言。論政俗之變遷。萬不可囿於朝代。周秦漢之相嬗。特元首之氏號不同耳。其全國各種社會消長盛衰之迹。固無截然之界域也。

雖然。周與秦之界域。亦有截然可指之一時。秦王政二十六年。王綰馮刼李斯等上尊號。議謂爲自上古以來未嘗有。

史記秦始皇本紀。丞相綰、御史大夫刼、廷尉斯等皆曰。昔者五帝地方千里。其外侯服夷服。諸侯或朝或否。天子不能制。今陛下興義兵誅殘賊平定天下海內爲郡縣法令由一統自上古以來未嘗有五帝所不及。

蓋嬴政稱皇帝之年。實前此二千數百年之結局。亦爲後此二千數百年之起點。不可謂非歷史一大關鍵。惟秦雖有經營統一之功。而未能盡行其規畫一統之策。凡秦之政。皆待漢行之。秦人啟其端。漢人竟其緒。亦有秦啟之而漢未竟之者。故吾論史以秦與漢相屬而不分焉。

秦與六國並立時。其內政已完善。見稱於孫卿。

荀子彊國篇應侯問孫卿子曰。入秦何見。孫卿子曰。入境。觀其風俗。其百姓樸。其聲樂不流汙。其服不挑。甚畏有司而順。古之民也。及都邑官府。其百吏肅然莫不恭儉敦敬忠信而不楛。古之吏也。入其國。觀其士大夫。出於其門。入於公門。出於公門。歸於其家。無有私事也。不比周。不朋黨。倜然莫不明通而公也。古之士大夫也。觀其朝廷。其間聽決百事不留。恬然如無治者。古之朝也。故四世（孝惠文武昭四王）有勝。非幸也。數也。（荀子儒者。而推重秦之政俗如此。知秦之興非偶然。）

至吞幷六國。規模益大。長駕遠馭。非有適應時勢之法。不足以爲治也。尉繚李斯之徒。諸嘗學帝王之術者。

史記李斯傳從荀卿學帝王之術。

爲秦立法。未嘗不善。二世之亡。罪在趙高。非法之罪也。世徒以秦祚短。遂病其法。實則始皇時代之法制。實具偉大之精神。以一政府而轄制方數千里之中國。是固國家形式之進化。抑亦其時思想之進化也。

秦之政策最大者。即以諸侯之地。分爲三十六郡之法。

　秦郡之數。異說甚多。據裴駰說。三十六郡者。三川、河東、南陽、南郡、九江、鄣郡、會稽、潁川、碭郡、泗水、薛郡、東郡、琅邪、齊郡、上谷、漁陽、右北平、遼西、遼東、代郡、鉅鹿、邯鄲、上黨、太原、雲中、雁門、九原、上郡、隴西、北地、漢中、巴郡、蜀郡、黔中、長沙、凡三十五郡。與內史爲三十六郡。此外又有閩中、南海、桂林、象郡。不在三十六郡之數。

蓋分地過小。則稽核太繁。過大。則控制不易。秦所置郡。雖多因各國舊制。

史記始皇本紀。政代立爲秦王時。秦地已幷巴蜀漢中。越宛有郢。置南郡矣。北收上郡以東。有河東太原上黨郡。東至滎陽。滅二周。置三川郡。　五年。攻魏。取二十城。初置東郡。　十七年。攻韓。得韓王安。盡納其地。以其地爲郡。命曰潁川。二十五年。定荊江南地。降越君。置會稽郡。

然分據險要。形勢釐然。非深諳地理之學者。不能規畫。史屢稱秦圖書。

史記蕭相國世家。蕭何入咸陽。收秦丞相御史律令圖書。具知天下阸塞戶口多少强弱之處。

漢書地理志代郡班氏縣注。秦地圖書。班氏。

是秦時丞相御史。規畫地域。必按地圖而定。非漫漫然爲因爲革也。西漢之初。當國者皆無學識。猥欲參用周秦之制。卒歸於徧用秦法。又以秦郡太大。稍復開置。而分郡太多。難於檢察。又併爲十三部。

漢書地理志秦分天下作三十六郡。漢興以其郡太大。稍復開置。又立諸侯王國。武帝開廣三邊。故自高祖增二十六。文景各六。武帝二十八。昭帝一。訖於孝平。凡郡國一百三。又至武帝攘卻胡越。開地斥境。南置交趾。北置朔方之郡。兼徐梁幽幷夏周之制。改雍曰涼。改梁曰益。凡十三部。置刺史。

蓋增郡既多。不得不求以簡馭繁之法。以此較之。則知秦制之精。後漢雖有增損。大致同於前漢。是亦仍秦之法也。

統一國家。不獨規畫區域之不易也。設官分職。亦有至大之關係。秦之官制。絕簡而綱舉目張。漢亦因之。特名目時有變遷耳。考秦之制。內官之要職凡三。丞相。和天子助理萬機。太尉。掌武事。御史大夫。掌副丞相。其屬丞。督外官。領侍御史。受公卿奏事。外官之要職凡三。郡守。掌治郡。尉。掌佐守典職甲卒。監。掌監郡。蓋內外官制同一系統。丞相與守。掌民事。太尉與尉。掌軍事。軍民分治。厥誼至精。而御史與監則糾察此治民治軍之官者也。

漢守治郡。亦兼治軍。其職權大於尉。王鳴盛十七史商榷曰。百官表雖言守治郡。尉典武職。而實守兼掌之。韓延壽爲潁川太守。傳中述其都試講武甚備。翟義爲東郡太守。以九月都試日勒車騎材官士起事。如淳曰。太守都尉令長丞尉會都試課殿最也。後書耿弇傳。弇見郡尉試騎士。建旗鼓。肄馳射。由是好將帥之事。注引漢官儀曰。歲終郡試之時。講武勒兵。因以校獵。簡其材力也。弇事雖當王莽時。其實沿漢舊制。故注引漢官儀以明之。又後書百官志五、李賢、注引漢官儀云。八月。太守都尉令長相丞尉會都試。課殿最。水家爲樓船。亦習戰射行船。邊郡太守。各將萬騎行鄣塞烽火追虜。或言八月。或九月。或歲終。大約總在秋冬。淮南王安傳、安欲發兵反。先令人作旁近郡太守都尉印。可見守尉互掌兵權也。

後世官制。變化繁賾。而其原理。不能出於治民、治軍、監察官吏三者之外。此亦可見秦之定制。非漫然而設矣。

分天下爲郡縣。則內外之隔閡殊甚。且地域遼闊。非如列國時方千里之地之易理也。於是有歲計之法。考戰國時各國外吏。已以期年上計。

韓非子、外儲說左下西門豹爲鄴令。清慤潔剋。秋毫之端無私利也。而甚簡左右。左右相與比周而惡之。居期年。上計。君收其璽。田嬰相齊。人有說王者曰。終歲之計。王不一以數日之間自聽之。則無以知吏之姦邪得失也。

蓋沿周歲會之法。而推及於地方長官也。秦以十月爲正。每歲九月。即定來歲之預算。

呂氏春秋九月紀。是月也。天子合諸侯。制百縣。爲來歲受朔日。與諸侯所稅於民輕重之法。貢職之數。以遠近土地所宜爲度。以給郊廟之事。無有所私。

而郡縣上計。亦斷以九月。其詳可以漢志參之。

續漢書百官志、凡郡國皆掌治民、進賢勸功、決訟檢姦。常以春行所主縣、勸民農桑、振救乏絕。秋冬遣無害吏、按訊諸囚、平其罪法、論課殿最。歲盡遣吏上計。○注引盧植禮注曰、計斷九月、因秦以十月爲正故。據此。是漢代上計之法。承循秦制也。

秦以各郡歲歲上計、故丞相御史府中所藏之書、備具天下阨塞戶口多少、漢初猶沿其法、計相之職最重。

漢書張蒼傳、蒼明習天下圖書計籍。高祖令以列侯居相府、領主郡國上計。

其後計相併於丞相、而人主猶時責爲相者考覈名實。

漢書萬石君傳、武帝責石慶曰、今流民愈多、計文不改、君不繩責長吏、朕失望焉。

漢書宣帝紀、黃龍元年詔曰、上計簿文具而已、務爲欺謾、以避其課、三公不以爲意、朕將何任。

蓋非計簿得實、不足以統計天下之盈虛得失也。

秦漢政體、雖爲君主專制、而其地方行政、猶有周代人民自治之遺意、觀其縣鄉官吏之制可見。

漢書百官表、縣令長皆秦官、掌治其縣、萬戶以上爲令、減萬戶爲長、皆有丞尉、是爲長吏、有斗食佐史之秩、是爲少吏。大率十里一亭、亭有長、十亭一鄉、鄉有三老、有秩、嗇夫、游徼、三老掌教化、嗇夫職聽訟、收賦稅、游徼徼循禁賊盜。縣大率方百里、其民稠則減、稀則曠。鄉亭亦如之、皆秦制也。

又高帝紀、二年二月、令舉民年五十以上、有修行、能率衆爲善、置以爲三老。鄉一人、擇鄉三老一人爲縣三老、與縣令丞尉以事相教。

復勿繇戍。

顧亭林論鄉亭之職。謂三代明王之治。亦不越乎此。

日知錄漢書百官表云云。此其制不始於秦漢也。自諸侯兼幷之始。而管仲爲敖子產之倫所以治其國者。莫不皆然。而周禮地官自州長以下。有黨正族師閭胥比長。自縣正以下。有鄙師酇長里宰鄰長。則三代明王之治。亦不越乎此也。夫惟於一鄉之中。官之備而法之詳。然後天下之治。若網之在綱。有條而不紊。柳宗元曰。有里胥而後有縣大夫。有縣大夫而後有諸侯。有諸侯而後有方伯連帥。有方伯連帥而後有天子。由此論之。則天下之治始於里胥。終於天子。其灼然者矣。故自古及今。小官多者其世盛。大官多者其世衰。興亡之塗。罔不由此。

夫三老出於選舉。而其權可與縣令丞尉以事相敎。是固無異於今之縣市鄉自治職員矣。而漢之三老。對於天子王侯。可直接言事。

史記高祖本紀。二年。漢王至雒陽新城。三老董公遮說漢王以義帝死故。

漢書高帝紀。三老董公遮說漢王曰。臣聞順德者昌。逆德者亡。兵出無名。事故不成。故曰明其爲賊。敵乃可服。項羽爲無道。放殺其主。天下之賊也。夫仁不以勇。義不以力。三軍之衆。爲之素服。以告之諸侯。爲此東伐。四海之內。莫不仰德。此三王之舉也。漢王曰。善。非夫子無所聞。

又武五子傳。太子兵敗。亡不得。上怒甚。羣下憂懼。不知所出。壺關三老茂（荀悅漢紀云令狐茂）上書云云。書奏。天子感悟。

其嗇夫亭長兼可自制科條役使游惰其善者至於上掩郡縣長吏之名。

後漢書爰延傳爲鄉嗇夫仁化大行但聞嗇夫不知郡縣。仇覽傳爲蒲亭長勸人生業爲制科令至於果菜爲限鷄豕有數農事既畢乃令子弟羣居還就黌學其剽輕游恣者皆役以田桑嚴設科罰躬助喪事賑恤窮寡期年稱大化。

可知秦漢之時人民言論甚自由而地方之事多由人民自主民治且盛於官治也。嗚呼秦以專制爲世詬病而其時人民轉有自治之權今雖號爲民國而地方自治之說乃若爲政府所駭聞其古之民德特隆歟抑今之執政者學識出王綰李斯下也。

秦時道路之政最重開通道路無有障塞著於月令。

呂氏春秋三月紀是月也命司空曰時雨將降下水上騰循行國邑周視原野修利隄防導達溝瀆開通道路無有障塞。

決通川防夷去險阻見於刻石。

史記秦始皇本紀墮壞城郭決通川防夷去險阻地邊既定黎庶無繇天下咸撫。

而其尤有功於統一者莫如開通四方之大道。

史記秦始皇本紀二十七年治馳道。三十五年除道道九原（今河套地）抵雲陽（今陝西淳化縣北）塹山堙谷直通之。

據賈山至言及蒙恬傳則二十七年所治之道爲東西之道三十五年之道爲南北之道。

賈山至言秦爲馳道於天下東窮燕齊南極吳楚江湖之上瀕海之觀畢至道廣五十步三丈而樹厚築其外隱以金椎樹以青松。

史記蒙恬傳始皇欲游天下道九原直抵甘泉乃使蒙恬通道自九原抵甘泉塹山堙谷千八百里道未就始皇崩。太史公曰吾適北邊自直道歸行觀蒙恬所爲秦築長城亭障塹山堙谷通直道固輕百姓力矣。據此。是秦之直道。至漢世猶可通行。當蒙恬時。必已成就。其曰未就者。殆雖通而未加修飾耳。

燕齊吳楚皆爲三十丈之廣道。沿途植松樹。其規模之大爲何如乎。方輿紀要謂秦馳道舊迹闊五丈餘。蓋經千數百年其道已堙耳。

顧祖禹方輿紀要湖廣永州府零陵縣有馳道。闊五丈餘。類大河道。史記秦始皇命天下修馳道以備游幸。此其舊迹也。據此可知秦之馳道。南抵零陵。

漢因秦制。亦有馳道。

史記滑稽列傳褚先生記西門豹事曰。到漢之立。而長史以爲十二渠橋絕馳道。相比近不可。欲合渠水且至馳道合三渠爲一橋。據此是漢時鄴郡有馳道也。

道側植樹。著於官守。

續漢書百官志將作大匠掌修作宗廟路寢宮室陵園木土之功。幷樹桐梓之類。列於道側。

而秦時道路所不通者。復隨時興作。如張卬、唐蒙、司馬相如、鄭弘等。皆以開通道路。著於史策。

史記河渠書人有上書欲通褒斜道。天子以爲然。拜張卬爲漢中守。發數萬人作褒斜道五百餘里。

又平準書唐蒙司馬相如開路西南夷。鑿山通道千餘里。以廣巴蜀。

後漢書鄭弘傳舊交阯七郡貢獻轉運皆從東冶汎海而至風波艱阻沈溺相係弘奏開零陵桂陽嶠道於是夷通至今遂爲常路。險遠之地以次交通其策無異於今之修鐵路開國道而勞費過之然一舉而闢數百里千餘里此可知古人任事之力矣。

第三十章　秦之文化

秦之文化自周宣王時始開。

詩車鄰小序車鄰美秦仲也秦仲始大有車馬禮樂侍御之好焉。鄭氏詩譜周孝王爲伯翳能知禽獸之言子孫不絕故封非子爲附庸邑之於秦谷至曾孫秦仲宣王又命作大夫始有車馬禮樂侍御之好國人美之秦之變風始作。

文公時始有史以紀事。

史記秦本紀襄公以兵送周平王平王封襄公爲諸侯賜之岐以西之地襄公於是始國與諸侯通使十二年卒生文公文公十三年初有史以紀事民多化者十六年文公以兵伐戎戎敗走於是文公遂收周餘民有地至岐。

足見秦民開化之遲蓋雖居周岐豐之地而其文敎實別爲一系統與周之故俗不相銜接。

如史記稱襄公用駵駒黃牛羝羊各三祠上帝西畤文公初爲鄜畤用三牢十九年得陳寶二十年法初有三族之罪之類皆非周之禮也。

其後之强率以用客卿之故。見李斯書秦固無傑出之人也商鞅韓非皆務愚民。

商子墾令篇民不貴學則愚。愚則無外交。無外交、則勉農而不偸。

韓非子五蠹篇事智者衆、則法敗。用力者寡、則國貧。此世之所以亂也。故明主之國。無書簡之文。以法爲敎。無先王之語。以吏爲師。

不用文士。惟呂不韋稍好士。尙文藝。

史記呂不韋傳是時諸侯多辯士。如荀卿之徒。著書布天下。呂不韋乃使其客人人著所聞。集論以爲八覽六論十二紀二十餘萬言。

以爲備天地萬物古今之事。號曰呂氏春秋。布咸陽市門。懸千金其上。延諸侯游士賓客有能增損一字者。予千金。

然其書固類書之體。不足爲一家言也。

秦既一統。始尙文敎。使天下文字皆同於秦文。

史記始皇本紀一法度衡石丈尺。車同軌。書同文。　琅邪刻石器械一量。同書文字。

而其時作者亦輩出。蒼頡爰歷博學諸篇。皆秦文也。

說文序七國田疇異畮。車涂異軌。律令異法。衣冠異制。言語異聲。文字異形。秦始皇帝初幷天下。丞相李斯乃奏同之。罷其不與秦文合者。斯作蒼頡篇。中車府令趙高作爰歷篇。太史令胡毋敬作博學篇。皆取史籀大篆。或頗省改。所謂小篆者也。

漢書藝文志蒼頡一篇上七章、秦丞相李斯作。爰歷六章、車府令趙高作。博學七章、太史令胡毋敬作。

雖小篆之字不多。似不敷用。

段玉裁說文注李之七章。趙之六章。胡毋之七章。各爲一篇。漢志最目合爲蒼頡一篇者。因漢時閭里書師合爲三篇。斷六十字以爲一章。凡五十五章并爲蒼頡篇故也。六十字爲一章者。凡五十五。然則自秦至司馬相如以前。小篆祇有三千三百字耳。

然當時書有八體。不僅用小篆一種。

說文序。秦書有八體。一曰大篆。二曰小篆。三曰刻符。四曰蟲書。五曰摹印。六曰署書。七曰殳書。八曰隸書。

而隸書尤約易。便於書寫。

說文序。是時秦燒滅經書。滌除舊典。大發吏卒。興戍役。官獄職務繁。初有隸書。以趣約易。而古文由此絕矣。 左書即秦隸書。秦始皇帝使下杜人程邈所作也。

其功不獨爲秦統一之用。且爲數千年來中國全境及四裔小國所通用。其體勢結搆。可獨立爲美術之一品。是亦至可紀念者也。

篆隸興而古文廢。猶不足爲秦重也。所奇者。金石文辭。光耀海內。文字之美。與其流傳之久。皆爲史記所僅見。是豈不尙文敎者所能乎。始皇紀載刻石凡六。

史記秦始皇本紀。二十八年。上鄒嶧山。立石。與諸儒生議刻石頌秦德。乃上泰山。禪梁父。刻所立石。 南登琅邪。大樂之。留三月。作琅邪臺。立石刻頌秦德。明德意。 二十九年。登之罘。刻石。其辭曰云云。其東觀曰云云。 三十二年。之碣石。刻碣石門。 三十七年。上會稽。祭大禹。望於南海。而立石刻頌秦德。

至今琅邪臺銘文。猶存十三行。泰山亦存十字。

葉昌熾語石。秦始皇帝東巡刻石凡六。始於鄒嶧。次泰山。次琅邪。次之罘。由碣石而會稽。遂有沙邱之變。今惟琅邪臺一刻尚存諸城海神祠內。通行拓本皆十行。惟段松苓所拓精本前後得十三行。翁阮孫三家著錄者皆是也。泰山二十九字。先在嶽頂玉女池上。後移置碧霞元君廟。乾隆五年。燬於火。今殘石僅存十字耳。之罘碣石會稽三刻久亡。嶧山唐時焚於野火。當時即有摹本。杜詩所謂棗木傳刻肥失眞者也。

而他石拓本鉤摹影印者。世尚有之。二千一百餘年之古刻。證據極確。非檀山石刻及石鼓之出於推測者可比。世人雖極斥秦。於此獨寶存之。知其。文。字。之。美。爲。千。載。所。共。推。矣。三代金文最多。至秦、始、尚、刻、石。亦可見秦之各事皆不蹈襲前人。大書深刻。悉李斯王綰等之意匠也。然秦以刻石著。亦非不善鏤金。其權量刻文。尤極精美。

陶齋吉金錄、載秦銅權十八。橢量四。方量一。

學小篆者。近且由秦石而進言秦金。是秦之、文、學、美、術、不、惟、不、遜、於、三、代、甚、且、過、之、矣。

顧亭林論秦刻石。謂其坊民正俗之意。未始異於三王。

日知錄。秦始皇刻石凡六。皆鋪張其滅六王幷天下之事。其言黔首風俗。在泰山則云。男女禮順。愼遵職事。昭隔內外。靡不清淨。在碣石門則云。男樂其疇。女修其業。如此而已。惟會稽一刻。其辭曰。飾省宣義。有子而嫁。倍死不貞。防隔內外。禁止淫泆。男女絜誠。夫爲寄豭。殺之無罪。男秉義誠。妻爲逃嫁。子不得母。咸化廉清。何其繁而不殺也。考之國語。自越王句踐棲於會稽之後。惟恐國人之不蕃。故令壯者無取老婦。老者無取壯妻。女子十七不嫁。其父母有罪。丈夫二十不取。其父母有罪。生丈夫。二壺酒、一犬。生女子。二壺酒、一豚。生三人。公與之母。生二人。公與之餼。內傳子胥之言亦曰。越十年生聚。吳越春秋至謂句踐以寡婦淫泆過犯者。輸山上。士有憂思者。令游山上。以喜其意。當其時。蓋欲民之多。而不復禁其淫泆。傳至六國之末。而其風猶在。故始皇爲之厲禁。而特著於刻石之文。以此與滅六王幷天下之事並提而論。且不著之於燕齊。而獨著之於越。然則秦之任刑雖過。而其坊民正俗之意。固未始異於三王也。漢興以來。承用秦法。以至今日者多矣。世之儒者。言及於秦。卽以爲亡國之法。亦未之深考乎。

觀其刻辭、固可見秦之注重民俗。而辭中所言。多男女並舉。尤爲秦俗男女平等之證。夫淫他室。殺者無罪。是秦人初不專責女子以節義也。責女子以節義、而視男子之淫泆若無睹。是鄙秦者乃眞未喻秦代法制之意也。古俗不禁女子改嫁。亦無旌表守節之事。考守節樹坊之始。蓋本於始皇之獎巴寡婦清。

史記貨殖列傳。巴蜀寡婦清。其先得丹穴。而擅其利數世。家亦不訾。清寡婦也。能守其業。用財自衞。不見侵犯。秦始皇帝以爲貞婦而客之。爲築女懷淸臺。

然其築臺而客之。以淸能用財經營事業。爲女子之傑出者。似不徒專以其爲貞婦也。

秦之爲世口實者。曰焚書坑儒。此文化史上最大之罪惡也。然劉海峯焚書辯。爲秦平反。最得事理之實。

劉大櫆焚書辯。六經之亡。非秦亡之。漢亡之也。何則。李斯恐天下學者道古以非今。於是禁天下私藏詩書百家之語。其法至於偶語詩書者棄市。而吏見知不舉。則與之同罪。噫、亦烈矣。然其所以若此者。將以愚民。而固不欲以之自愚也。故曰。非博士官所職。詣守尉雜燒之。然則博士之所藏具在。未嘗燒也。迨項羽入關。殺秦降王子嬰。收其貨寶婦女。燒秦宮室。火三月不滅。而後唐虞三代之法制。古先聖人之微言。乃始蕩爲灰燼。昔蕭何至咸陽。收秦丞相御史律令圖書。於秦博士所藏之書。獨不聞其收而寶之。設使蕭何能與其律令圖書並收而藏之。則項羽不能燒。項羽不燒。則聖人之全經猶在也。

且據漢志。秦於諸經。亦未盡燔。

漢書藝文志秦燔書。而易爲卜筮之事。傳者不絕。詩三百五篇。遭秦而全者。以其諷誦。不獨在竹帛故也。

秦之博士甚多。

漢書百官表博士。秦官。掌通古今。秩比六百石。員多至數十人。

其遺獻皆能優游論著。

章炳麟秦獻考秦博士七十人。掌通古今。識於太史公書者。叔孫通伏生最著。僕射周青臣用面諛顯。淳于越相與牴牾。釁成而秦燔書。其他說苑有鮑白令之斥始皇行桀紂之道。乃欲爲禪讓。比於五帝。（至公篇）其骨鯁次淳于。漢藝文志儒家有羊子四篇。凡書百章。名家四篇則黃公。黃公名疵。復作秦歌詩。二子皆秦博士也。京房稱趙高用事。有正先用非刺高死。（孟康曰。姓正名先。秦博士也。）最在古傳紀。略得八人。七十員者九一耳。青臣樸樕。不足齒。其七人或直言無撓辭。不卽能制作。造爲琦辭。遺令聞於來葉。其窮而在蒿艾與外吏無朝籍。爛然有文采論纂者。三川有成公生。與黃公同時。當李斯子由爲三川守。而成公生游談不仕。著書三篇。在名家。從橫家有零陵令信一篇。難丞相李斯。然秦雖鉗語燒詩書。然自內外薦紳之士。與褐衣游公卿者。皆抵禁無所懼。是豈無說哉。

按集韻引炅氏譜桂貞爲秦博士始皇坑儒改姓香宋濂桂氏家乘序亦述其事是秦博士尚有一桂貞。及孔鮒爲陳涉博士亦秦時人也。

史記孔子世家孔鮒年五十七爲陳王涉博士死於陳下。

第執焚書坑儒一語遽以爲秦之對於古代文化摧滅無餘是實不善讀史耳。

秦法民之欲學者以吏爲師。

史記始皇本紀若欲有學法令以吏爲師。

吏主行政師主敎育二者似不可兼且專以法令爲學學之途尤隘矣而章實齋盛稱其法謂爲三代舊典。

章學誠文史通義以吏爲師三代之舊法也秦人之悖於古者禁詩書而僅以法律爲師耳三代盛時天下之學無不以吏爲師周官三百六十天人之學備矣其守官擧職而不墜天工者皆天下之師資也東周以還君師政敎不合於一於是人之學術不盡出於官司之典守秦人以吏爲師始復古制而人乃狃於所習轉以秦人爲非耳秦之悖於古者多矣猶有合於古者以吏爲師耳

蓋以吏爲師猶能通知當世之務視專讀古書而不知時事者其爲敎猶近古而較善耳周代敎民最重讀法漢之學僮亦籀尉律。

說文序尉律學僮十七以上始試諷籀書九千字乃得爲吏。○段玉裁曰。諷謂能背誦尉律之文。籀書謂能取尉律之義推演發揮。卽繕寫至九千字之多。

漢書刑法志蕭何攈摭秦法取其宜於時者作律九章。

是周漢皆使人民學法令以吏爲師也。秦法雖亡。其遺文猶存於漢律。言法律者。溯其淵源。不能外乎秦律。雖謂秦吏所授止於法令。其關係亦至鉅矣。

吾國刑法見於書堯典呂刑及周官司寇職文者。均刑律之淵源。春秋時復有刑書。然不名律。言律實始於秦。按唐律疏。魏文侯師李悝集諸國刑典。造法經六篇。一盜法。二賊法。三囚法。四捕法。五雜法。六具法。（注。盜法、今賊盜律。賊法、今作僞律。囚法、今斷獄律。捕法、今捕亡律。雜法、今雜律。具法、今名例律是也。）商鞅傳授。改法爲律。（注。改法爲律者。謂盜律。賊律。囚律。捕律。雜律。具律也。）漢相蕭何更加悝所造戶興廄三篇。謂九章之律。（注。戶者、戶婚律。興者、擅興律。廄者、廄庫律。）魏因漢律爲一十八篇。改漢具律爲刑名第一。晉命賈充等增損漢魏律爲二十篇。於魏刑名律中分爲法例律。宋齊梁及後魏因而不改。爰至北齊併刑名法例爲名例。後周復爲刑名。隋因北齊更爲名例。唐因於隋相承不改。此吾國舊律傳授之源流。自宋迄清。亦多沿唐律。至清季始改定新刑律。因吾國之習慣。採歐洲之法意。然亦未能盡變舊法也。

政府立法。恃國民之推行。民力不充。雖有良政府亦無如之何。民能自立。政府雖强暴壓制。亦不能阻其

進取也吾觀秦史頗見秦民進取之迹如

漢書高帝紀詔曰粵人之俗好相攻擊前時秦徙中縣之民南方三郡使與百粵雜處會天下誅秦南海尉它居南方長治之甚有文理中縣人以故不耗減粵人相攻擊之俗益止

史記貨殖傳蜀卓氏之先趙人也用鐵冶富秦破趙遷卓氏卓氏見虜略獨夫妻推輦行詣遷處衆遷虜少有餘財爭與吏求近處處之葭萌唯卓氏曰此地狹薄吾聞汶山之下沃野下有蹲鴟至死不饑工於市易賈乃求遠遷致之臨邛大喜卽鐵山鼓鑄運籌策傾滇蜀之民

由此推之秦時南越、滇、蜀皆賴中夏之民爲之開化尉佗之文理卓氏之籌策特其著者耳吾國人民之優秀實冠絕於四裔雖爲政府强迫遷徙亦能自立於邊徼故秦代謫戍移民之法雖在當時爲暴虐而播華風於榛狉之地使野蠻之族皆同化於中縣其所成就正非當時政府意計所及也

第三十一章　漢代內外之開闢

秦室統一纔十二年而陳項起擾亂七年而天下爲劉氏一家所有自高祖至平帝凡二百零七年光武至獻帝凡百六十五年中隔新莽更始凡十九年槪略言之西漢之世實吾國行郡縣制以後統一最久之時故外人皆稱吾國人爲漢人而吾人自詡其政俗之美亦津津曰兩漢實則漢之政治多沿秦法間參以儒家之言

漢書元帝紀。元帝仁好儒。見宣帝所用多文法吏。以刑名繩下。嘗侍宴。從容言。陛下持刑太深。宜用儒生。宣帝作色曰。漢家自有制度。本以霸王道雜之。奈何純任德敎。用周政乎。

初無特別之建設。其風俗則各地不同。亦未可以概論。惟其時之人。有功於吾國最大者。實在外拓國家之範圍。內闢僻壤之文化。使吾民所處炎黃以來之境域。日擴充而日平實焉。是不可以無述也。

漢承戰國及秦之後。用民之力最重。民亦習於力役。不以爲苦也。其時人人習兵。爲正卒。

漢書高帝紀注。漢儀注云。民年二十三爲正。（景帝時改爲二十）一歲爲衞士。一歲爲材官騎士。習射御馳戰陳。年五十六衰老。乃得免爲庶民。就田里。

給役當地。兼須戍邊。不戍邊而納賦者。謂之過更。

漢書昭帝紀注。如淳曰。更有三品。有卒更。有踐更。有過更。古者正卒無常人。皆當迭爲之。一月一更。是謂卒更也。貧者欲得顧更錢者。次直者出錢顧之。月二千。是謂踐更也。天下人皆直戍邊三日。亦名爲更。律所謂繇戍也。雖丞相子亦在戍邊之調。不可人人自行三日戍。又行者當自戍三日。不可往便還。因便住一歲一更。諸不行者。出錢三百入官。官以給戍者。是謂過更也。

論者謂漢之力役。三十倍於古。（古者役民不過三日）實尚不止三十倍也。此外又有七科謫戍之法。

漢書武帝紀。天漢四年。發天下七科謫。注。張晏曰。吏有罪一。亡命二。贅壻三。賈人四。故有市籍五。父母有市籍六。大父母有市籍七。凡七科也。

時時徙民於邊。

漢書武帝紀元朔二年募民徙朔方十萬口。元狩五年徙天下姦猾吏民於邊。

而人民莫之怨畔。故吾謂漢代人民最能盡國民之義務。漢之國威澎漲。因亦迥絕古今。不可第歸美於一二帝王將相也。

漢時田租十五稅一。文景以後皆三十稅一。且有時全除其租。可謂輕矣。然其時人民有算賦。自十五至五十六出錢人百二十。又有口賦。自七歲至十四出錢人二十。又有貲算人貲萬錢取算百二十七。貧民亦以衣履釜鬵爲貲而算之。其往來徭戍者。道中衣裝悉自備。漢民負擔之重。蓋前此所未有也。

戰國時。燕趙秦楚皆務拓地。至秦統一。尤銳意爲之。而多未竟。至漢承其業。益猛進焉。今爲分述於左。

（一）東方之開拓　朝鮮自周初立國。已被商周之文化。然中間交通不盛。燕秦築塞至浿水。燕齊趙人往者益多。於是燕人衞滿逐箕準而自王。吾國民之力及於朝鮮者。視周代蓋已大進。至漢武帝元封三年。朝鮮相參殺其王右渠來降。以其地爲樂浪、臨屯、玄菟、眞番四郡。漢之疆域。遂奄有今日朝鮮京畿江原二道以北之地。昭帝時。罷臨屯眞番二郡。又置樂浪東部都尉。至東漢光武建武六年。始省都尉官。棄單單大嶺以東之地。然樂浪玄菟猶內屬也。史記貨殖傳稱燕民東綰穢貉朝鮮眞番之利。是漢之拓東境。大有益於商業也。後漢書東夷傳稱自武帝滅朝鮮。倭使驛通於漢者三十許國。建武中元二年。倭奴國奉貢朝賀。光武賜以印綬。是漢之聲敎。且由朝鮮而及於日本也。

(二)北方之開拓　古代北方諸族。曰匈奴。曰烏桓。曰鮮卑。秦漢時匈奴最强。烏桓鮮卑皆爲所屛。惟吾國人能抗匈奴。始則以長城爲界。繼且出塞築朔方郡。(漢武帝元朔二年。收河南地。置朔方五原郡。三年。城朔方城。)又收河西地。置酒泉武威張掖燉煌四郡。漢之北境。軼於秦二千餘里。而匈奴或降。或徙。烏桓亦爲漢用。(後漢書烏桓傳。武帝遣驃騎將軍霍去病擊匈奴左地。因徙烏桓于上谷漁陽右北平遼東五郡塞外。爲漢偵察匈奴動靜。)東漢時。匈奴分爲南北。南匈奴附漢入宅河南北匈奴爲漢所破。漠北以空。而烏桓鮮卑漸以彊盛。論者多謂異族侵入中土。爲漢族漸衰之端。然異族之人。實沐漢之文化。如匈奴古無文書。以言語爲約束。至東漢時。單于比使人奉地圖求內附。是匈奴亦如華夏有文字圖籍矣。

(三)西方之開拓　秦之西界。不過臨洮。漢武置四郡。始通西域。而張騫使大夏。見邛竹杖蜀布。知漢人之通西域久矣。漢之設官西域。自宣帝時始。天山南北。葱嶺東西諸國。悉屬漢之都護。治烏壘城。(今庫車縣)實今新疆省之中心也。自西漢神雀三年。至東漢永初元年。漢威遠播。凡百六十載。(中間絕不置都護者。凡六十五載。)其後猶設西域長史。屯柳中。(今新疆魯克沁回城。在土魯番之東。)轄葱嶺以東之地。雖各國自有君長。實與漢地無異。近年燉煌新出竹簡。有小學術數方技及屯戍文牘。意漢之文敎。必遠及於葱嶺內外。小學諸書卽其時學校課本。今所發見者。雖在燉煌。其行於燉煌以西。固可必也。

（四）西南及南方之開拓　秦漢之間。西南各地。氐羌蠻夷閩粵諸族。與漢族錯處。或闢爲郡縣。而其俗未化。或仍其國族。而時煩征伐。經營累世。始漸同於中夏。其事複雜。與西北二方不同。宜以今地區分而研究之。

（甲）兩廣及安南之地　秦闢楊粵。僅置三郡。趙佗自立。役屬駱越。其地始及於安南。佗傳國五世。至武帝元鼎五年、滅之。分置六郡。其珠崖儋耳二郡。至元帝初元三年。復罷之。後漢書曰。凡交趾所統。雖置郡縣。而言語各異。重譯乃通。人如禽獸。長幼無別。後頗徙中國罪人。使雜居其間。乃稍知言語。漸見禮化。光武中興。錫光爲交趾。任延守九眞。於是敎其耕稼。制爲冠履。初設媒娉。始知姻娶。建立學校。導之禮義。此漢人開化越南之功也。建武十八年。馬援平徵側之亂。隨山刊道千餘里。立銅柱。爲漢之極界。（馬援銅柱。在今安南新州港之南。蓋漢界直抵越南之南圻也。）後漢書稱援所過。輒爲郡縣。治城郭。穿渠灌漑。以利其民。條奏越律與漢律駁者十餘事。與越人申明舊制。以約束之。自後駱越奉行馬將軍故事。今其民號曰馬留人。以此也。

（乙）四川雲貴之地　秦漢之時。巴蜀雖已置郡。而其地猶有巴氐蠻、板楯蠻等。（今通江宜漢渠縣諸地。）不盡以漢法治之也。其西南。又有夜郎滇莋邛嶲昆明諸國。皆曰西南夷。漢武帝使唐蒙通道夜郎。置犍爲牂柯二郡。又以邛都爲越嶲郡。莋都爲沈黎郡。冉駹爲汶山郡。滇爲益州郡。天漢四年。并沈黎於蜀郡。地節三年。又并汶山於蜀郡。後漢明帝時。又以哀牢夷地置永昌郡。於是漢郡至今雲南保山縣瀾滄江之南而徼外之撣人亦歸化。與大秦時通商焉。三國志注。大秦既從海北陸道。又循海而行。與交趾七郡外夷市。又有水道。通益州永昌。故永昌出異物。丁謙謂水道通永昌以達益州者。即緬甸伊拉瓦諦江也。漢書稱景帝末文翁爲蜀郡守。見蜀地僻陋有蠻夷風。欲誘進之。乃選郡縣小吏遣詣京師受業博士。或學律令。數歲成就還歸。以爲右職。又修起學官於成都市中。招下縣子弟以爲學官弟子。蜀人由是大化。學於京師者。比齊魯焉。後漢書稱章帝時王追爲益州太守。始興起學校。漸遷其俗。桓帝時牂柯人尹珍自以生於荒裔。不知禮義。乃從汝南許愼應奉受經書圖緯。學成還鄉里敎授。於是南域始有學焉。此四川雲南貴州以次開化之證也。

(丙)湖北湖南之地　秦昭王始置黔中郡。漢改爲武陵。其地蠻族仍各自爲部落。至後漢時猶有澧中蠻零陽蠻充中蠻諸名。是今之澧縣及慈利永定等地。皆當時蠻夷之窟穴也。順帝時。武陵太守以蠻夷率服。可比漢人。增其租賦。然其後蠻人猶時反叛。屯結深山。蓋其開化反遲於川滇之地矣。建武中南郡蠻反。徙之置江夏。號曰沔中蠻。和帝時又徙巫縣蠻於江夏。於是江夏蠻數反。與廬江賊相接。是東漢時湖北黃州德安一帶之地。實多蠻族。後且蔓延至於安徽也。魏書稱蠻之種類。其來自久。部落滋蔓。布於數州。東連壽春。西通上洛。北接汝穎。往往有焉。是漢晉以後。發且雜處河洛也。後漢書度尙傳。抗徐守宣城長。移深林遠藪椎鬐鳥語之人置於縣下蓋其時安徽各地亦多未開化之民矣（三國時。丹楊郡多山越。時勞征伐。王鳴盛十七史商榷。詳考山越之事跡曰。山越者。自周秦以來。南蠻總稱百越。伏處深山。故名山越。丹楊山越頑抗。大約尤在與新都鄱陽鄰接處。今徽寧二府。與江西饒州界。萬山環繞。正山民負固不服地。）

（丁）浙江福建之地　漢初封無諸爲閩粵王都冶又立搖爲東海王都東甌其後東甌悉衆徙中國處江淮之間而閩粵分立東粵未幾又徙其民於江淮故西漢會稽郡雖廣而自今臨海黃巖以南殆虛無人居東漢時設章安永寧（章安今臨海。永寧今永嘉。）侯官（今縣）等縣海濱之地始漸開拓矣

由此觀之漢之南部雖立郡縣其文化遠遜於江淮以北經數百年始漸同於中土先民勞苦經營遂造成今日中華民國大半之地而南北風氣之睽隔亦由於開化之時有遲速之不同讀史者所最宜究心者也又其時陝甘之地亦未盡開化武帝以白馬氐地置武都郡即今武都寧羌等縣也宣帝時先零羌擾河湟趙充國以屯田之策制之至王莽時置西海郡則闢地至今之青海矣東漢之世氐羌諸族時服時叛或徙其人或置屯田皆勞漢族之力以鎮撫之故今日甘肅各地回族自爲風氣其來有自

後漢書湟中月氏胡。其先大月氏之別也。月氏分散來降。與漢人錯居。其被服飲食言語。略與羌同。依諸羌居止。遂與共婚姻。○按大月氏爲土耳其族。湟中月氏與羌人混合。實今日甘肅回人之祖。

而異族雜處仍無礙於吾國郡縣之制亦可以見漢族勢力之偉矣

雖然漢代治地之法亦有區別漢書百官志曰有蠻夷曰道西漢之道凡三十二至東漢時有改爲縣者

有仍爲道者比而觀之。亦可以見其進化之迹焉。

西漢縣道表

【地名】	【所屬】	【沿革】	【今地】
翟道	左馮翊	東漢無	中部縣西北
除道	北地	東漢無	未詳
義渠道	北地	東漢無	寧縣西北
戎邑道	天水	東漢無	清水西北
豲道	天水	東漢同	隴西東南
氐道	隴西	東漢無	秦縣東南
羌道	隴西	東漢同	岷縣東南
嚴道	蜀郡	東漢同	滎經
汶江道	蜀郡	東漢同	茂縣
剛氐道	廣漢	東漢同	平武
武都道	武都	東漢同	成縣東
狄道	隴西	東漢同	今縣
略畔道	北地	東漢無	今水慶陽
雕陰道	上郡	東漢縣	鄜縣北
略陽道	天水	東漢無	秦安東北
緜諸道	天水	東漢無	秦縣東
予道	隴西	東漢無	狄道西南
月氏道	安定	東漢無	鎮原東北
湔氐道	蜀郡	東漢同	松潘
甸氐道	廣漢	東漢同	文縣東北
陰平道	廣漢	東漢同	文縣
故道	武都	東漢同	鳳縣西北

平樂道	武都	東漢無	成縣西南
修成道	武都	東漢無	成縣南
僰道	犍爲	東漢同	宜賓
夷道	南郡	東漢縣	宜都
泠道	零陵	東漢縣	道縣
嘉陵道	武都	東漢無	禮縣
下辨道	武都	東漢縣	武都
靈關道	越巂	東漢同	蘆山西北
營道	零陵	東漢縣	寧遠西南
連道	長沙	東漢縣	湘鄉

第三十二章　兩漢之學術及文藝

周秦之學術思想至兩漢而結局。凡漢人之所從事、大抵爲古人作功臣、不能特別有所創造。然因古代文明之遞嬗、亦能於保存之中、演爲新製。而國基大定、疆域遼廓、又足以生國民宏大優美之思想、未可概以因襲鄙之也。又凡漢人之著作、與其所研究者、不盡傳於後。觀漢書藝文志及錢大昭補續漢書藝文志、其書之亡逸者夥矣。以今所存遽下定論、殊爲未安。姑就著於世者比而論之、其學術、文藝、猶有千門萬戶之觀。是可知漢人於吾國之文明、旣善繼往、兼能開來、非如後之言漢學者第以經義訓詁爲一朝之學也。

世多謂漢武帝絀諸子、崇儒學、爲束縛思想之主因。然古先聖哲思想之流傳、實武帝之功、以功爲罪、正與事實相反。觀藝文志、卽可知其說之不然。

漢書藝文志。漢興。改秦之敗。大收篇籍。廣開獻書之路。迄孝武世。書缺簡脫。禮壞樂崩。聖上喟然稱曰。朕甚閔焉。於是建藏書之策。置寫書之官。下及諸子傳說。皆充祕府。

漢書惠帝紀。四年、除挾書律。

蓋漢初猶存挾書之律。惠帝雖除之。其民間之收藏隱祕。猶未盡敢公布。至孝武而後諸子傳說與六藝之文。始並充於祕府。惡得以董仲舒衞綰之言。遽謂武帝罷黜百家乎。

漢書董仲舒傳。自武帝初立。魏其武安侯爲相。而隆儒矣。及仲舒對冊。推明孔氏。抑黜百家。立學校之官。州郡舉茂材孝廉。皆自仲舒發之。

又武帝紀。建元元年、冬十月。詔丞相御史列侯中二千石二千石諸侯相舉賢良方正直言極諫之士。丞相綰奏所舉賢良。或治申商韓非蘇秦張儀之言。亂國政。請皆奏罷。可。

武帝以後。學者猶兼治諸子百家之學。

漢書藝文志。成帝時。以書頗散亡。使謁者陳農求遺書於天下。詔光祿大夫劉向校經傳諸子詩賦。步兵校尉任宏。太史令尹咸校數術。侍醫李柱國校方技。每一書已。向輒條其篇目。撮其指意。錄而奏之。會向卒。哀帝復使向子侍中奉車都尉歆。卒父業。歆於是總羣書而奏其七略。故有輯略。有六藝略。有諸子略。有詩賦略。有兵書略。有術數略。有方技略。

使武帝時禁人攻習異端。則向歆父子何必校定諸書乎。

漢以經書立學官。亦沿古者官學之法。如王制所謂樂正崇四術立四教。春秋教以禮樂。冬夏教以詩書。非漢人之創制也。至平帝時。廣徵學者。

漢書平帝紀元始五年。徵天下通知逸經古記天文曆算鐘律小學史篇方術本草。及以五經論語孝經爾雅教授者。在所爲駕一封軺傳。遣詣京師。至者數千人。

復不限於經生。足知西漢末年。人之爲學。廣出諸途。不專以經學教授也。漢初已有博士。

漢書儒林傳。轅固。齊人也。以治詩。孝景時爲博士。　韓嬰。燕人也。孝文時爲博士。　胡毋生。字子都。齊人也。治公羊春秋。爲景帝博士。

後漢書翟酺傳。孝文皇帝始置一經博士。

武帝時。初置五經博士。至東漢時。凡十四家。

沈約宋書百官志。漢武建元五年。初置五經博士。宣成之世。五經家法稍增。經置博士一人。至東京凡十四人。

續漢書百官志。博士祭酒一人。六百石。本僕射。中興轉爲祭酒。博士十四人。皆六百石。本注曰。易四。施孟梁丘京氏。尚書三。歐陽大小夏侯氏。詩三。魯齊韓氏。禮二。大小戴氏。春秋二。公羊嚴顏氏。掌教弟子。國有疑事。掌承問對。本四百石。宣帝增秩。

其任用出於保舉。

後漢書朱浮傳注引漢官儀曰。博士。秦官也。武帝初置五經博士。後增至十四人。太常差選有聰明威重一人。爲祭酒。總領綱紀。其舉狀曰。生事愛敬。喪沒如禮。通易尚書孝經論語。兼綜載籍。窮微闡奧。隱居樂道。不求聞達。身無金痍痼疾。其六屬不與妖惡交通。王侯賞賜。行應四科。經任博士。下言某官某甲保舉。

然後策試。蓋重其選也。

後漢書朱浮傳。舊事策試博士。必廣求詳選。爰自畿夏。延及四方。是以博舉明經。唯賢是登。

學官弟子初置五十人。後以次增至數千人。

漢書儒林傳。爲博士官置弟子五十人。復其身。太常擇民年十八以上儀狀端正者。補博士弟子。郡國縣官有好文學、敬長上、肅政教、順鄉里、出入不悖所聞。令相長丞上屬所二千石。二千石謹察可者。常與計偕。詣太常。得受業如弟子。　昭帝時、增博士弟子員滿百人。宣帝末、增倍之。　元帝更爲設員千人。　成帝末、增弟子員三千人。　平帝時、王莽秉政。增元士之子得受業如弟子。勿以爲員。（三國志王朗傳注。稱西京學官博士七千餘人。蓋指西漢末年博士弟子也。）

後漢國學尤盛。順帝以降。太學至三萬餘生。

後漢書儒林傳。建武五年。修起太學。其後復爲功臣子孫四姓末屬。別立校舍。搜選高能。以受其業。　自安帝覽政。薄於藝文。博士倚席不講。朋徒相視怠散。學舍頹敝。鞠爲園蔬。　順帝更修黌宇。凡所搆造二百四十房。千八百五十室。　自是遊學增盛。至三萬餘生。

按東漢太學。有二百四十房。千八百五十室。是蓋、從古、未有之、大學、校也。以三萬餘學生。居千八百室。殆六室而居百人。就後漢書考之、其時太學生、所居之室、蓋甚寬大。如仇覽傳稱覽入太學時、諸生同郡符融、有高名。與覽比宇。賓客盈室。覽常自守。不與融言。融乃謂曰。與先生同郡壤鄰房牖。守之何固。覽不與言。融以告郭林宗。因與融齎刺就房謁之。遂請留宿。林宗嗟歎。下牀爲拜。是學生所居之室。日中可接賓客。夜可留賓止宿。必大於今日學校寄宿舍矣。又其時講舍、與宿舍、異處。如朱祐傳、祐初學長安。帝往候之。祐不時相勞苦。而先升講舍。後車駕幸其第。帝因笑曰。主人得無捨我講乎。是其學生宿舍。與講舍不連之證。宿舍中有客至。而學生升講舍聽講。不與賓相勞苦。殆講授有定時。不敢缺席之故歟。

學生之勢力。至於左右朝政。則興學之效也。

後漢書黨錮傳、太學諸生三萬餘人。更相褒重。危言深論。不隱豪強。公卿以下。莫不畏其貶議。屣履到門。

武帝以前。郡國未有學校。而閭里自有書師。（見漢書藝文志）自文翁在蜀立學堂。

漢書循吏傳、文翁廬江舒人也。景帝末、爲蜀郡守。見蜀地僻陋。有蠻夷風。文翁欲誘進之。乃選郡縣小吏、開敏有材者、張叔等十餘人。親自飭厲。遣詣京師。受業博士。或學律令。減省少府用度。買刀布蜀物。齎計吏以遺博士。（觀此。可知漢時各地學者受業博士者。須自出費。蜀中學生。由官遣派。故文翁以官款買蜀物齎計吏以遺博士。）顏師古曰。文翁學堂。在今益州城內。

水經注、文翁爲蜀守。立講堂。作石室於城南。永初後、學堂遇火。後守更增二石室。

武帝乃令天下郡國皆立學校官。王莽柄國。特尙學術。郡國鄉聚皆有學校。

漢書平帝紀。元始三年。立學官。郡國曰學。縣道邑侯國曰校。校學置經師一人。鄉曰庠。聚曰序。序庠置孝經師一人。

東漢開國君臣。大都其時學校所養成也。

後漢書光武本紀。王莽天鳳中。之長安受尙書。略通大義。　鄧禹傳。年十三。能誦詩。受業長安。時光武亦游學京師。　耿純傳。父艾爲王莽濟平尹。純學於長安。因除爲納言士。　景丹傳。少學長安。王莽時舉四科。　卓茂傳。茂元帝時。學於長安。事博士江生。習詩禮及歷算。究極師法。稱爲通儒。

東觀漢記。光武受尙書於中大夫廬江許子威。資用乏。與同舍生韓子合錢買驢。令從者僦。以給諸公費。

班固東都賦曰。四海之內。學校如林。庠序盈門。以後漢書諸傳證之。北至武威。

後漢書任延傳。延爲武威太守。造立校官。自掾吏子孫。皆令習業。

南至桂陽。

後漢書衞颯傳。爲桂陽太守。下車。修庠序之儀。

僻壤蠻陬。並有學校。

後漢書李忠傳。爲丹陽太守。以丹陽越俗不好學。乃爲起學校。習禮容。

王昶金石萃編。溧陽長潘乾校官碑。遠人聆聲景附。樂受一廛。旣來安之。復役三年。惟泮宮之教。反失俗之禮。構修學官。宗懿招德。令

碑尚在溧水縣學

信其語爲不誣矣。西漢大師。弟子之多。不過千餘人。

漢書儒林傳申公歸魯。退居家教。終身不出門。復謝賓客。獨王命召之乃往。弟子自遠方至受業者千餘人。

東漢諸儒。家居教授者。指不勝屈。其弟子之多。亦過於西漢之經師。

後漢書牟長傳諸生講學者。常有千餘人。著錄前後萬人。　宋登傳教授數千人。　杜撫傳弟子千餘人。　丁恭傳諸生自遠方至者。著錄數千人。　樓望傳諸生著錄九千餘人。　謝該傳門徒數百千人。　蔡玄傳門徒常千人。其著錄者萬六千人。

師各有錄。載其門徒。

後漢書李膺傳膺詣詔獄考死。妻子徙邊。門生故吏及其父兄。並被禁錮。時侍御史蜀郡景毅子顧爲膺門徒。而未有錄牒。故不及於譴。毅乃慨然曰。本謂膺賢。遣子師之。豈可以漏奪名籍。苟安而已。遂自表免歸。時人義之。

門徒多者。不能徧教。則使高業弟子以次相傳。

後漢書馬融傳融才高博洽。爲世通儒。教養諸生。常有千數。涿郡盧植。北海鄭玄。皆其徒也。弟子以次相傳。鮮有入其室者。　鄭玄傳造太學受業。師事京兆第五元。先始通京氏易、公羊春秋、三統歷、九章算術。又從東郡張恭祖受周官、禮記、左氏春秋、韓詩、古文尚書。以山東無足問者。乃西入關。因涿郡盧植。事扶風馬融。融門徒四百餘人。升堂進者五十餘生。融素驕貴。玄在門下。三年不得見。乃使高業弟子傳受於玄。玄日夜尋誦。未嘗怠倦。會融集諸生考論圖緯。聞玄善算。乃召見於樓上。玄因從質諸疑義。

私家傳授之盛。古所未有也。

漢人講學必從師者。以家無書籍。傳寫不易。非專家之師。授以章句。無由得師而成學也。

漢書儒林傳。孝文時。求能治尙書者。天下亡有。聞伏生治之。欲召。時伏生年九十餘。老不能行。於是詔太常使掌故朝錯往受之。衞宏定古文尙書序云。伏生老。不能正言。言不可曉也。使其女傳言教錯。齊人語多與潁川異。錯所不知者凡十二三。略以其意屬讀而已。孟喜好自稱譽。得易家候陰陽災變書。詐言師田生且死時。枕喜膝。獨傳喜。諸儒以此耀之。

後漢書荀悅傳。家貧無書。每之人間。所見篇牘。一覽多能誦記。

後漢時雖已有賣書於肆者。疑亦祇京師有之。而僻壤遐陬。仍苦無書。

後漢書王充傳。家貧無書。常游洛陽市肆。閱所賣書。一見輒能誦憶。

以此之故。從師受業者。往往不遠千里。或傭作執苦。以助讀書之資。其時書籍。尙多用簡帛。

沈欽韓漢書補注。劉向上晏子列子奏。並云以殺靑書可繕寫。然則其錄奏者。並先殺靑書簡也。御覽六百六引風俗通云。劉向別錄。殺靑者。直治竹作簡書之耳。新竹有汗。善朽蠹。凡作簡者。皆先火上炙乾之。陳楚間謂之汗。汗者去其汁也。吳越曰殺。殺亦治也。向爲孝成皇帝典校書籍二十餘年。皆先書竹。改易刋定。可繕寫者。以上素也。

後漢書吳祐傳。父恢爲南海太守。祐年十二。隨從到官。恢欲殺靑簡以寫經書。祐諫曰。此書若成。則載之兼兩。

後漢時。始有蔡侯紙。

後漢書蔡倫傳、自古書契多編以竹簡。其用縑帛者。謂之爲紙。縑貴而簡重。並不便於人。倫乃造意。用樹膚麻頭及敝布魚網以爲紙。元興元年。奏上之。帝善其能。自是莫不從用焉。故天下咸稱蔡侯紙。

是實吾國文化之一大利器也。（韓愈毛穎傳。以毛筆蒙恬所造。是亦文明利器之一。然恬傳未載。不若紙之始於蔡倫。明見史傳也。）顧傳寫雖便。而經籍未有定本。亦難免於譌誤。於是有石經之刻。

後漢書蔡邕傳、邕以經籍去聖久遠。文字多謬。俗儒穿鑿。疑誤後學。熹平四年。乃與五官中郎將堂谿典、光祿大夫楊賜、諫議大夫馬日磾、議郎張馴、韓說、太史令單颺等。奏求正定六經文字。靈帝許之。邕乃自書册於碑。使工鐫刻。立於太學門外。於是後儒晚學咸取正焉。及碑始立。其觀視及摹寫者。車乘日千餘兩。塡塞街陌。注引洛陽記曰。太學在洛陽城南開陽門外。講堂長十丈。廣二丈。堂前石經四部。本碑凡四十六枚。西行尚書周易公羊傳十六碑。存十二碑。毀。南行禮記十五碑。悉崩壞。東行論語三碑。二碑毀。禮記碑上有諫議大夫馬日磾、議郎蔡邕名。

其議倡於蔡邕。而成於李巡等。

金石萃編、邕傳稱同奏者五官中郎將堂谿典、光祿大夫楊賜、諫議大夫馬日磾、議郎張馴、韓說、太史令單颺等。而公羊傳後別有諫議大夫趙䶂、議郎劉宏、郎中張文、蘇陵、傅楨。論語後別有博士左立、郎中孫表。疑當時同與此事者尚多。而史略不載也。考盧植傳。植由廬江太守徵拜議郎。與諫議大夫馬日磾、議郎蔡邕、楊彪、韓說等。並在東觀校中書五經傳記。是楊彪盧植亦嘗同校五經。又呂強傳、稱汝陽李巡白帝。與諸儒共刻五經文於石。於是蔡邕等正定其文。則刻經之議。雖創於邕。而其得蒙詔許。實由李巡之功。

自熹平四年至光和六年。凡九年。始畢其工、之艱鉅、亦自古所未有也。迄今閱千七百餘年。而是經之殘字。猶存於世。是豈宋元板本所可及耶。

金石萃編。漢石經殘字共十二段。翁方綱彙摹其文。刻於南昌官舍。石經殘字存者止此。而讀其遺文。猶可以見鴻都之舊。

兩漢同重經學。而學術風氣不同。西漢多治今文。罕治古文。東漢則今古文並立。前漢今文說專尙微言大義。後漢治古文。多詳章句訓故。此兩漢經學之別也。

皮錫瑞經學歷史。今文者今所謂隸書。古文者今所謂籀書。隸書漢世通行。故當時謂之今文。籀書漢已不通行。故當時謂之古文。許愼謂孔子寫定六經。皆用古文。然則孔氏與伏生所藏書。亦必是古文。漢初發藏。以授生徒。必改爲通行之今文。乃便學者誦習。故漢立博士十四。皆今文家。而當古文未興之前。未嘗別立今文之名。史記儒林傳云。孔氏有古文尙書。安國以今文讀之。乃就尙書之今古文字而言。而魯齊韓詩。公羊春秋。史記不云今文家也。至劉歆始增置古文尙書毛詩周官左氏春秋。既立學官。必創說解。後漢衛宏賈逵馬融又遞爲增補。以行於世。遂與今文分道揚鑣。

近人以孟荀墨韓吳子司馬法諸書。多與今文家說合。並引爲今學。

廖平今古學考。今學書目表。（治今學者。祇許據此表書。不得雜古學。）王制　穀梁春秋　公羊春秋　儀禮記　戴記今學各篇。（王制千乘四代虞戴德冠義昏義鄉飲酒義射義燕義聘義聘禮祭統主言哀公問禮三本喪服四制）孟子　荀子　墨子　司馬法　韓非子　吳子　易緯　尙書大傳　春秋繁露　韓詩外傳　公羊何氏解詁皆今又古學書目表（治古學者。祇許據此表書。不得雜今學。）　周禮　左氏春秋　儀禮經　戴記古學各篇　逸周書　國語　說文（皆存今本）

則今古文之範圍。兼當包括諸子矣。西漢之人多專一經。東漢則多兼通。所著解說。動輒數十萬言。

後漢書周防傳撰尚書雜記三十二篇。四十萬言。伏恭傳爲齊詩章句二十萬言。景鸞傳著述凡五十餘萬言。

是亦學術進步之證。鄭玄兼治今古文家法。徧注羣經。凡百餘萬言。黃巾賊皆知其名。不犯其境。東漢人之知重學者。亦一最美之風氣也。

後漢書鄭玄傳凡玄所注周易、尚書、毛詩、儀禮、禮記、論語、孝經、尚書大傳、中候、乾象曆。又著天文七政論、魯禮禘祫義、六藝論、毛詩譜、駁許愼五經異義、答臨孝存周禮難。凡百餘萬言。建安元年。自徐州還高密。道遇黃巾賊數萬人。見玄皆拜。相約不敢入縣境。

漢人之學。不專治經也。周秦諸子之學。漢時實能綜括而章明之。七略所載諸子凡百八十九家。四千三百二十四篇。（據漢書藝文志）至魏晉以降。始次第淪佚。故有功於諸子者。莫漢若也。以兩漢書諸傳考之。有專治一家之學者。有以一家之學教授後生者。其風氣蓋與經學家無殊。如蓋公善治黃老。曹參請之言治。（見參傳）司馬談習道論於黃子。（司馬遷傳注。景帝時人也。儒林傳謂之黃生。）楊王孫學黃老之術。（本傳）耿況學老子於安丘先生。（耿弇傳）淳于恭善說老子。（本傳）范升習老子。教授後生。（本傳）矯愼少學黃老。（本傳）是皆道家之學。不獨竇太后好黃老。楚王英喜黃老也。（此純爲秦以前之道家。若燕秦西漢之方士。則出於陰陽家。與道家不同。後漢張陵及子衡孫魯等。造作道書。以惑百姓。則後世道家之祖。亦非秦以前道家之學。是宜分別考之。）鼂錯學申商刑名於軹張恢生所。（本傳）陽球好申韓之學。（本傳）是申商韓非之學。實綿延於兩漢。而漢世以法律名者尤夥。

雖不盡傳諸子之說。要當屬於法家。

西漢以法學著者。如路温舒學律令。杜延年明法律。鄭昌鄭弘皆通法律。于定國少學法於父。鄭崇父賓明法律。丙吉治律令。及文翁遣小吏詣京師學律令。皆見於漢書諸傳。東漢郭躬父弘。習小杜律。躬少傳父業。講授徒衆常數百人。自弘後數世皆傳法律。侯霸從鍾寧君受律。鍾皓善刑律。以律教授。皆見於後漢書。

主父偃學長短縱橫術。著書二十八篇。與蒯通、徐樂、嚴安、聊蒼等所著之書。皆著於藝文志。是皆漢之縱橫家也。田蚡學盤盂書。爲雜家。而淮南王、東方朔之書。亦著於志。其農家之董安國、尹都尉、氾勝之等。皆漢人也。小說家有虞初周說九百四十三篇。百家百三十九卷。張衡西京賦。至謂小說本自虞初。（虞初河南人。武帝時以方士侍中。號黃車使者。其說以周書爲本。）則其盛可想。通計漢之學術。遜於戰國者。惟名家及墨家。然漢人所見名家墨家之書猶夥。非若今之抱殘守缺。徒摭拾一二語。以斷定某家性質之比也。

漢之經師。多通陰陽之學。如董仲舒以春秋災異推陰陽所以錯行。高相專說陰陽災異。京房長於災變。翼奉好律歷陰陽之占。皆西漢之經學大師也。其後則由陰陽家而變爲讖緯。據後漢書樊英傳。則讖緯之學與京氏易同出於一原。

後漢書方術傳　樊英少受業三輔。習京氏易。又善風角。算河洛七緯。推步災異。　注七緯者。易緯稽覽圖、乾鑿度、坤靈圖、通卦驗、是類謀辨終備也書緯璇璣鈐攷靈曜刑德收帝命驗運期授也詩緯推度災異記歷樞含神霧也禮緯含文嘉稽命徵斗威儀也樂緯動聲儀、稽耀嘉、叶圖徵也。孝經緯援神契、鉤命決也。春秋緯演孔圖、元命苞、文耀鉤、運斗樞、感精符、合誠圖、考異郵、保乾圖、漢含孳、佐助期、握誠圖、潛譚巴、說題辭。

後漢學者大抵皆攻此學。

後漢書李通傳通好星歷讖記。蘇竟傳善圖緯能通百家之言。翟酺傳尤善圖讖。劉瑜傳善圖讖。魏朗傳學春秋圖緯　薛漢傳善說災異讖緯。廖扶傳尤明天文讖緯。韓說傳尤善圖緯之學。

或以漢書不載緯書疑之。然自史傳外。當代碑版稱述尤甚。

朱彝尊說緯緯讖之書。相傳始於西漢哀平之際。而小黃門譙敏碑、稱其先故國師譙贛深明典奧讖錄圖緯。能精徵天意。傳道與京君明。則是緯讖遠本於譙氏京氏也。東漢之世以通七緯者爲內學通五經者爲外學。其見於范史者無論。謝承後漢書稱姚浚尤明圖緯秘奧。又稱姜肱博通五經。兼明星緯。載稽之碑碣。於有道先生郭泰、則云考覽六經。探綜圖緯。於太傅胡廣、則云探孔子之房奧。於琅邪王傅蔡朗、則云包洞典籍刋摘沈秘。於中郎周勰、則云總六經之要。括河洛之機。於大鴻臚李休、則云既綜七籍。又精羣緯。於國三老袁良、則云親執經緯。隱括在手。於太尉楊震、則云明河洛緯度。窮神知變。於山陽太守祝睦、則云七典並立。又云該洞七典。探頤窮神。於成陽令唐扶、則云綜緯河洛。咀嚼七經。於酸棗令劉熊、則云效五經之緯圖。兼覈其妙。七業勃然而興。於高陽令楊著、則云窮七道之奧。於郃陽令曹全、則云甄極毖緯。靡文不綜。於藁長蔡湛、則云少耽七典。於從事武梁、則云兼通河洛。於冀州從事張表、則云該覽羣緯。靡不究窮。於廣漢屬國都尉丁魴、則云兼究秘緯。於廣漢屬國侯李翊、則云通經綜緯。蓋當時之論。咸以內學爲重。

兪氏謂緯在太史。不在秘書。說頗有理。

兪正燮癸巳類稿緯書論。漢書藝文志不載者。以緯在太史不在秘書也。後漢緯始入秘府。隋經籍志有緯八十一種。唐六典秘書郎甲部九曰圖緯。以紀六經讖候。注云河圖等十三部九十二卷。知東漢至唐皆在秘書。更魏隋焚緯。但書民間傳本。廷臣議禮。師儒說經。猶檢緯。則漢志不載緯。無可疑也。

欲知漢代學者之家法。不可不知緯學也。

漢人之學兼通天人。故定儒者之名義。以通天地人爲標準。

楊子法言通天地人爲儒。

漢志所載天文歷譜五行諸書。其學皆本於太古。而其書多出於漢。

漢書藝文志天文二十一家、四百四十五卷。　歷譜十八家、六百六卷。　五行三十一家、六百五十二卷。

漢之史官。又有世傳天文之書。不在藝文志引諸書之內。太史公著天官書。史家之專門學也。

史記索隱天文志皆甘氏星經文。而志文兼載石氏。石氏名申。甘氏名德。

後漢書天文志唐虞之時。羲仲和叔。夏有昆吾。湯則巫咸。周之史佚萇弘。宋之子韋。楚之唐蔑。魯之梓愼。鄭之裨竈。魏石申夫。齊國甘公皆掌天文之官。仰占俯視。以佐時政。秦燔詩書以愚百姓。六經典籍殘爲灰炭。星官之書。全而不毀。漢興。景武之際。司馬談之子遷。以世黎氏之後。爲太史令。遷著史記。作天官書。

元成之時。劉向專說災異。撰洪範五行傳。其說多穿鑿附會。東漢諸儒。精於天文星算者尤衆。

楊厚受天文推步之術於父統。　襄楷善天文陰陽之術。　薊瑜善天文歷算之學。　任文孫曉天官風星祕要。　廖扶尤明天文推步。（均見後漢書本傳）

而張衡之制作。尤爲漢代一大事。

後漢書張衡傳。衡善機巧。尤致思於天文陰陽歷算。爲太史令。妙盡璣衡之正。作渾天儀。著靈憲罔論。言甚詳明。陽嘉元年。復造候風地動儀。以精銅鑄成。員徑八尺。合蓋隆起。形似酒尊。飾以篆文山龜鳥獸之形。中有都柱。傍行八道。施關發機。外有八龍。首銜銅丸。下有蟾蜍。張口承之。其牙機巧制。皆隱在尊中。覆蓋周密無際。如有地動。尊則振。龍機發吐丸。而蟾蜍銜之。振聲激揚。伺者因此覺知。雖一龍發機。而七首不動。尋其方面。乃知震之所在。驗之以事。合契若神。同時崔瑗稱之曰。數術窮天地。制作侔造化。

蓋漢人之學。皆重實驗。積往古之學說。因當時之風氣。遂有發明製造之專家。惡得以其器之不傳。遂謂漢學無足稱哉。

吾國醫藥之學。其源甚遠。而本草素問等書。皆至漢始顯。

本草之名。見於漢書平帝紀。又樓護傳有誦醫經本草數十萬言之語。

玉海六十三引張仲景傷寒卒病論云撰用素問。

漢志詳載醫經經方等書。

漢書藝文志醫經七家二百一十六卷。經方十一家二百七十四卷。

太史公作扁鵲倉公傳。臚舉其方術。知漢人極重醫學矣。秦不焚醫藥之書。故古書至漢俱在

史記扁鵲倉公傳。意受陽慶禁方傳黃帝扁鵲之脈書。五色診病。

俞跗解剖之術。至漢末猶有能之者。

史記扁鵲倉公傳。上古之時。醫有俞跗。治病不以湯液醴灑。鑱石撟引。案杬毒熨。一撥見病之應。因五臟之輸。乃割皮解肌。訣脈結筋。搦髓腦。揲荒爪幕。湔浣腸胃。漱滌五臟。練精易形。

後漢書華佗傳。佗精於方藥。針藥所不能及者。乃令先以酒服麻沸散。既醉無所覺。因刳破腹背。割積聚。若在腸胃。則斷截湔洗。除去疾穢。既而縫合。傅以神膏。四五日創愈。一月之間皆平復。

蓋古人精於全體之學。剷殺剖割。初非異事。與今世西人之治病相同。王莽以獄囚解剖。亦此意也。

漢書王莽傳。捕得翟義黨王孫慶。使太醫尚方與巧屠共刳剝之。量度五臟。以竹筳導其脈。知所終始。云可以治病。

世稱難經出於黃帝。歷傳至華佗。以及黃公曹元。

王勃黃帝八十一難經序。岐伯以授黃帝。黃帝歷九師以授伊尹。伊尹以授湯。湯歷六師以授太公。太公以授文王。文王歷九師以授

醫和。醫和歷六師以授秦越人。秦越人始定立章句（宋崇文總目。即稱難經爲秦越人撰。）歷九師以授華佗。華佗歷六師以授黃公。黃公以授曹元

而漢史謂佗臨死燒其書。

後漢書華佗傳。佗臨死出一卷書與獄吏曰。此可以活人。吏畏法不敢受。佗亦不强索。火燒之。

豈所燒者止破腹斷腸之法。而難經則先已傳於人歟。後世醫家獨祖張機。於一切病。惟恃診脈處方之術。是漢代實古今醫法變遷之樞。張機之名。不見於史。疑漢時其名並不甚著。然依其法以治病。訖今獨有甚驗者。知漢人之於醫術。實積古代千萬年之經驗。而有專門之師授。初未可以厚非也。

四庫書目。金匱要略。漢張機撰。機字仲景。南陽人。嘗舉孝廉。建安中官至長沙太守。此書上卷論傷寒。中論雜病。下載其方。併療婦人。

自宋以來。醫家奉爲典型。與素問難經並重。得其一知半解。皆可以起死回生。則亦歧黃之正傳。和扁之嫡嗣矣。

漢時小學。兼重書算。

漢書律歷志。數者一十百千萬也。所以算數事物。順性命之理也。其法在算術。宣於天下。小學是則。職在太史。羲和掌之。

蓋仍周代保氏敎六書九數之法。故漢人多通算學。鄭玄通九章算術。著於史傳。

後漢書鄭玄傳。通九章算術。　注。九章算術。周公作也。凡有九篇。方田一。粟米二。差分三。少廣四。均輸五。方程六。旁要七。盈不足八。鉤股九。

而藝文志不載九章。其小學十家。四十五篇。但載講授文字之書。蓋九章算術。職在太史。非祕書所掌。故

向歆校書。不存其目。後世不知漢代官學之系統。僅據漢志曰。文字為小學。此學術名義所當改正者也。

漢代文字。隨時增益。其初教小學之書。僅三千餘字。後以次增至九千餘字。

說文序凡倉頡以下十四篇。凡五千三百四十字。羣書所載。略存之矣。　段玉裁注倉頡以下十四篇。謂自倉頡至於訓纂共十有四篇。篇之都數也。五千三百四十字。字之都數也。藝文志曰。漢時閭里書師。合倉頡爰歷博學三篇。斷六十字以為一章。凡五十五章。幷為倉頡篇者。謂漢初倉頡篇。祇有三千三百字也。志又曰。武帝時。司馬相如作凡將篇。無複字。元帝黃門令史游作急就篇。成帝時將作大匠李長作元尚篇。皆倉頡中正字。凡將則頗有出矣。此謂三家所作。惟凡將之字有出倉頡篇外者也。志又曰。元始中。徵天下通小學者以百數。各令記字於庭中。楊雄取其有用者。以作訓纂篇。順續倉頡。又易倉頡中重複之字。凡八十九章者。謂雄所作訓纂凡三十四章。二千四十字。合五十五章。三千三百字。凡八十九章。五千三百四十字也。　自楊雄作訓纂以後。班固作十三章。和帝永元中。郎中賈魴又作滂喜篇。懷素書斷云。倉頡訓纂八十九章。合賈廣班三十四章。凡百二十章。文字備矣。按八十九章。五千三百四十字。又增三十四章。二千四十字。凡七千三百八十字。　許書凡九千三百五十三文。蓋五千三百四十字之外。他采者四千十三字。

司馬相如揚雄班固賈魴許愼等所增之字。或出採輯。或出創造。未可斷定。然四百年間。人民通用之字增至六千五十有奇。文化之進步。可想矣。漢人小學文字之書。蓋有二體。一取便於記誦。凡將訓纂之類是也。一取詳於解說。許愼說文解字是也。後世童蒙讀本。以三字四字或七字為句。皆源於漢。而研究許

書者獨標漢學之名且自詡爲專門亦未得漢人教學之全也

段玉裁曰自倉頡至彥均章皆六十字凡十五句句皆四言許引幼子承詔郭注爾雅引考妣延年是也凡將七言如蜀都賦注引黄潤纖美宜制禪藝文類聚引鐘磬竽笙筑坎侯是也急就今尙存前多三言後多七言

秦人刻石頌始皇功德漢代不師其制武帝立石泰山無文字也近世所得石刻以魯孝王五鳳石刻爲西漢石刻之始

語石歐陽公集古錄石刻無西漢文字公於宋文帝神道碑跋云余家集古所錄三代以來鐘鼎彝銘刻備有至後漢以後始有碑文欲求前漢時碑碣卒不可得是則冢墓碑自後漢以來始有也趙明誠僅收建元二年鄭三益闕一種可知其尟矣然劉聰苻堅皆以建元紀未必爲漢石也魯孝王五鳳石刻、金明昌二年得於太子釣魚池側今尙存曲阜孔廟此外趙二十二年羣臣上壽刻石、出永年河平三年麃孝禹刻石、出肥城元鳳中廣陵王中題字、出甘泉皆歐趙所未見也至居攝墳壇二刻及萊子侯刻石已在新室篡漢後矣

而南越王胡墓木刻則在漢武帝時

東方雜誌十四第一號載譚鑣上朱省長保存漢初木刻字書台山商人黄夔石於廣州城東里許東山廟前購得官産龜岡地一段建築樓房掘土丈餘發見一南越貴人遺冢　冢堂鋪地各木端搜索得漢初隸書木刻字其可辨者尙有甫五甫六甫七甫九甫十甫十二甫十五甫十八甫二十等字甫爲鋪之古字其字畫方整間有參差不作俯仰姿勢純爲西漢隸法其五七九字尙沿

篆體。甫字亦有沿篆體作山頭者異於東漢諸碑。　冢中所得古錢。據工人言。合以錢譜。秦大半兩、約數十枚。漢呂后八銖之半兩、百餘。漢文帝四銖之小半兩、千餘。而漢武帝之五銖、不過數十。此外更無別式之錢。以此推想其營葬時代。必秦半兩錢未停廢而漢五銖錢已流布。其爲漢武未滅南越時、越之貴人遺冢。已無遺義。鄙意此冢當爲南越文王胡冢。

所未見。

則西漢、之特色。當以刻木、爲首、矣。東漢石刻極夥。門生故吏。爲其府主伐石頌德者。徧於郡邑。

語石東漢以後門生故吏爲其府主伐石頌德。徧於郡邑。然以歐趙諸家校酈道元水經注所引。僅十存四五而已。以蘭泉淵如諸家校歐趙著錄。及洪文惠隸釋隸續十僅存二三而已。古刻淪胥良可慨歎。然荒崖峭壁游屐摩挲梵刹幽宮耕犁發掘往往爲前賢所未見。

其書有篆有隸。（三公山開母廟石闕等皆篆書）而隸體爲多。或縱橫宕逸。或謹嚴流麗。後之碑、版、靡得、而、逾焉。惟其作文及書碑者。多不著名。而出錢立碑之人。往往附著碑陰。記其職掌及出錢多少。可以、見其、時、風氣。尙公、而重、義、矣。

漢之文章。初承戰國之習。有縱橫之餘風。文景以後。提倡經術。其文多爾雅深厚。

漢書儒林傳詔書律令下者。明天人分際。通古今之誼。文章爾雅。訓辭深厚。

而史學大家司馬遷生於武帝之世。萃尙書春秋國語世本諸書之體。創爲史記。立本紀世家表書列傳之目。遂爲文學、歷史、兩家、之祖。治文學、者、師、其、義法。

史記十二諸侯年表序約其辭文去其煩重以制義法。（此義法二字。本指春秋書法。後世治古文者。借以爲文章組織之目。故有義法之名。）

修史策者襲其體裁。

劉知幾史通史記家者其先出於司馬遷自是漢之史官所續至梁武帝撰成通史王暉業著科錄李延壽南北史諸作皆史記之流也。

是亦漢代之特色也。其後褚少孫楊雄劉歆等多踵爲之。而班彪及子固相繼爲漢書。遂爲斷代史之祖。

史通漢書家者其先出於班固自東漢以後作者相仍皆襲其名號無所變革惟東觀曰記三國曰志然稱謂雖別而體制皆同歷觀自古史之所載也尙書記周事終秦穆春秋述魯文止哀公紀年不逮於魏亡史記唯論於漢始如漢書者究西都之首末窮劉氏之廢興包舉一代撰成一書言皆精練事甚該密故學者尋討易爲其功自爾迄今無改斯道。

吾國立國數千年。而朝野上下之典章制度風俗文物。胥有可考。實賴歷朝史書之記載。其專崇君主。則時代爲之。不可以今日之眼光。病當時之作者也。

漢人所著子書。多沿周秦以來之學說。不能出其範圍。如淮南子雜出衆手。既不足成一家之書。論衡專事詆諆。僅足以供游談之助。

漢書淮南王安招致賓客方術之士數千人。作爲內書二十一篇。外書甚衆。

後漢書王充傳注袁山松書曰。充所作論衡。中土未有傳者。蔡邕入吳始得之。恒祕玩以爲談助。

其頌述老墨問刺孔孟途雖不同沿襲一也。惟漢人之詩文辭賦則多創爲新體。枚乘蘇武爲五言詩。武帝及諸臣爲七言詩。而樂府之三言四言詩體亦於三百篇之外別成一格。降及後漢詩人益多。而孔雀東南飛一篇爲焦仲卿妻作者凡千七百四十五字。實爲敍事詩之絕唱。雖不知作者之名。然可以見漢之詩人實多開創。無所謂定格成法也。詩之外創製之體如答客難封禪書七發之類亦多新格。而賦體之多尤爲漢人所獨擅。大之宮室都邑。小之一名一物。鋪陳刻畫窮形盡相。而其瑰偉宏麗之致實與漢之國勢相應。蓋人類之思想不用於此必注於彼。以兩周之經籍子家衡兩漢。誠覺漢人之思想迥不及古。而就其所獨至者觀之。則前人僅搆其萌芽至漢而始發榮滋長者亦未易僂數。故論史者貴觀其通而不可限於一曲之見也。

第三十三章　建築工藝之進步

春秋戰國以降。建築之進步以城爲最。周代城郭有定制。（見第十九章第七節）興築亦有定時。

左傳凡土功龍見而畢務戒事也火見而致用水昏正而栽日至而畢（莊二十九年）

春秋紀魯城築凡二十有三。率以示城築之時否。

左傳莊公二十九年冬十二月城諸及防書時也。文公十三年城諸及鄆時也。

然卽此亦可見當時各國都邑。初非皆有城郭。緜世歷年陸續營建而後重要之地始各有城耳。吳闔閭築城。已達周制。

吳越春秋闔閭曰。夫築城郭。立倉庫。因地制宜。豈有天氣之數以威鄰國者乎。子胥曰。有。闔閭曰。寡人委計於子。子胥乃使相土嘗水。象天法地。造築大城。周迴四十七里。陸門八、以象天八風。水門八、以象地八聰。築小城周十里。陵門三。不開東西者。欲以絕越明也。立閶門者。以象天門通閶闔風也。立蛇門者。以象地戶也。今蘇州城猶有閶門。此城門之名流傳最古者。

戰國時築城。則僅爲兵事計。不問城築之時矣。

史記六國表、書秦城南鄭。魏城少梁。有年而無時。蓋僅以其爲兵事而城。不計其時否。與春秋所書異趣。

當時用兵注重攻城。有一舉而得城數十者。

史記六國表楚頃襄王元年、秦取我十六城。　秦昭王十八年、客卿錯擊魏至軹。取城大小六十一。　秦莊襄王二年、蒙驁擊趙榆次新城狼孟得三十七城。

墨家學者所傳備城門諸法。凡敵之以臨衝鉤梯堙水穴突空洞蛾傅轒轀軒車相攻者。胥有以制之。則攻城守城。蓋爲兵家專科之學矣。

戰國時。內地戰事。無關於民族之存亡。其築城與攻守之法。皆不足稱述。惟當時各國備禦邊患。競築長城。則爲史策一大事。說文曰。城所以盛民也。是城之爲制。必周匝而無所缺。然至戰國時之城。則有二式。一則都邑之城。仍爲周匝之式。一則邊境之城。變爲廣長之式。或缺其一面。或空其三面。不必周匝如環。

蓋其城純爲對外而設綿亘千百里勞費已鉅其不設防之地可不必城也列國築長城之事詳於顧氏日知錄。

日知錄春秋之世田有封洫。故隨地可以設關。而阡陌之間。一縱一橫。亦非戎車之利也。至於戰國。井田始廢。而車變爲騎。於是寇鈔易而防守難。不得已而有長城之築。史記蘇代傳燕王曰。齊有長城鉅防。足以爲塞。竹書紀年梁惠成王二十年。齊閔王築防以爲長城。續漢志濟北國盧（今長清縣）有長城。至東海。泰山記泰山西有長城。緣河經泰山一千餘里。至琅邪臺入海。此齊之長城也。史記秦本紀魏築長城自鄭（今華州）濱洛以北有上郡。蘇秦傳說魏襄王曰。西有長城之界。竹書紀年惠成王十二年。龍賈帥師築長城於西邊。此魏之長城也。續漢志河南郡卷（在鄭州原武縣西北七里）有長城。經陽武到密。此韓之長城也。水經注盛弘之云。葉東界有故城。始犨縣東至瀙水。達泚陽。南北數百里。號爲方城。一謂之長城。郡國志曰。葉縣有長城曰方城。此楚之長城也。若趙世家成侯六年中山築長城。又言肅侯十七年築長城。則趙與中山亦有長城矣。以此言之。中國多有長城。不但北邊也。　其在北邊者。史記匈奴傳秦宣太后起兵伐殘義渠。於是秦有隴西北地上郡。築長城以拒胡。此秦之長城也。魏世家惠王十九年。築長城塞固陽。此魏之長城也。匈奴傳又言趙武靈王北破林胡樓煩。築長城自代並陰山下至高闕爲塞。而置雲中雁門代郡。此趙之長城也。燕將秦開襲破東胡。東胡卻千餘里。燕亦築長城。自造陽至襄平。置上谷漁陽右北平遼西遼東郡以拒胡。此燕之長城也。秦滅六國。而始皇帝使蒙恬將十萬之衆北擊胡。悉收河南地。因河爲塞。築四十四縣。東臨河。徙謫戍以充之。而通直道。自九原至雲陽。因邊山險塹谿谷可繕者治之。起臨洮至遼東萬餘里。又度河據陽山北假中。此秦幷天下之後所築之長城也。

世徒稱始皇築長城。不知此事之始末。故詳錄之。大抵七國分立時。燕趙魏秦各築長城。不相連續。秦旣統一。因前人之功而加廣焉。其中之不相屬者。則爲合之。故能起臨洮至遼東。袤延數千里。侈言之則曰萬里長城。實則此數千里之城。決非數年之功所可就也。（蒙恬城河上爲塞。始於始皇三十三年。至始皇崩。凡五年。）然卽曰諸國分築。經營百數十年之久。（自魏惠王十九年。至蒙恬築城時。凡一百四十三年。）而吾民能爲國家任此重役。成此宏功。亦世界所僅見矣。

自秦成長城。而漢族與北方諸族。遂以長城爲絕大之界域。

漢書孝文帝遺匈奴書曰。先帝制長城以北。引弓之國。受令於單于。長城以內。冠帶之室。朕制之。烏珠留單于上平帝書曰。孝宣皇帝哀憐。爲作約束。自長城以南。天子有之。長城以北。單于有之。

自漢以降。時加修繕。

日知錄漢武帝元朔二年。遣將軍衞青等擊匈奴。取河南地。築朔方。復繕故秦時蒙恬所爲塞。因河爲固。魏明帝泰常八年二月戊辰。築長城於長川之南。自赤城西至五原。延袤二千餘里。太武帝太平眞君七年五月丙戌。發司幽定冀四州十萬人築城上塞圍。起上谷西至河。廣袤皆千里。北齊文宣帝天保三年十月乙未。起長城。自黃櫨嶺北至社平戍。四百餘里。立三十六戍。六年。發民一百八十萬築長城。自幽州北夏口至恆州。九百餘里。先是自河西總秦戍築長城。東至於海。前後所築。東西凡三千餘里。率十里一戍。其要害置州鎭。凡二十五所。八年。於長城內築重城。自庫洛拔而東至於塢紇戍。凡四百餘里。而斛律羨傳云。羨以北鹵屢犯邊。須備不虞。自庫堆戍東距於海。隨山屈曲。二千餘里。其間二百里中。凡有險要。或斬山築城。或斷谷起障。幷立戍邏五十餘所。周宣帝大象元年六月。發山東諸州民修長城。立亭障。西自雁門。東至碣石。隋文帝開皇元年四月。發稽胡修築長城。五年使司農少卿崔仲方發丁三萬。於朔方靈武築長城。東距黃河。西至綏州。南至勃出嶺。綿歷七百里。六年二月丁亥。復令崔仲方發丁十五萬。於朔方以東。緣邊險要築數十城。七年發丁男十萬餘人修長城。大業三年七月。發丁男百餘萬築長城。西距榆林。東至紫河。四年七月辛巳。發丁男二十餘萬築長城。自榆林谷而東者。又後史所載繼築長城之事也。

周代宮室之制。前爲中堂。後爲房室。與今人居宅迥異。余歷考諸書。不知何時以堂後之房室移於堂之兩旁。爲三間五間之式。惟儒行有環堵之室之語。

儒行儒有一畝之宮。環堵之室。篳門圭窬。蓬戶甕牖。　注環堵面一堵也。

疑春秋戰國時貧民之居。四面皆有土牆。非如定制。虛其前爲堂也。環堵之室。有室而無堂。不可以別內外。故於其中隔爲三間。以中室爲堂。而名兩旁爲內。至漢時平民之居。多爲一堂二內之制。

漢書鼂錯傳古之徙遠方以實廣虛也。先爲築室。家有一堂二內。門戶之閉。　張晏曰二內二房也。

王氏鳴盛仍以古制釋之。疑未當也。

王鳴盛十七史商榷此論徙民。似指庶民居多。而容或有大夫士。蓋前爲堂。後爲室。而室之東旁爲一房。此大夫至庶人皆同者。張晏混言二房。非也。

古代帝王。以卑宮室爲儉。以峻宇雕牆爲戒。至春秋諸侯。爭爲僭侈。楚有章華之臺。

國語靈王爲章華之臺。與伍舉升焉。曰臺美矣夫。
賈誼新書翟王使使至楚。楚王誇使者以章華之臺。臺甚高。三休乃至。

吳爲姑蘇之臺。
吳越春秋闔廬治宮室。立射臺於安里。華池在平昌。南城宮在長樂。闔閭出入游臥。秋冬治於城中。春夏治於城外。治姑蘇之臺。旦食鉏山。晝游蘇臺。射於鷗陂。馳於游臺。興樂石城。走犬長洲。

崇高壯麗。非復昔之拘於制度。陳陳相因之式矣。戰國之時。諸侯宮室益盛。齊威王有瑤臺。（見說苑）梁惠王有范臺。（見戰國策）楚襄王有蘭臺及陽雲之臺。（均見宋玉賦）燕昭王有黃金臺。
水經注易水旁有金臺。臺上東西八十許步。南北加盛。北有小金臺。臺北有蘭馬臺。並悉高數丈。棟堵之盛。柱礎尙存。雕牆敗館。尙傳鐫刻之石。

而齊宣王爲大室三百戶。
呂氏春秋驕恣篇齊宣王爲大室。大益百畝。堂上三百戶。以齊之大。具之三年。而未能成。

足見其時之宮室。咸以高大相尙矣。七國既一。諸侯宮室之制。悉萃於秦。秦之宮殿。遂極從古未有之大觀。
史記秦始皇本紀秦每破諸侯。寫放其宮室。作之咸陽北阪上。南臨渭。自雍門以東至涇渭。殿屋複道周閣相屬。所得諸侯美人鐘鼓。

以充入之。

又營作朝宮渭南上林苑中。先作前殿阿房。東西五百步。南北五十丈。上可以坐萬人。下可以建五丈旗。周馳為閣道。自殿下直抵南山。表南山之顛以為闕。以為複道。自阿房渡渭。屬之咸陽。以象天極閣道絕漢抵營室也。阿房宮未成。成欲更擇令名名之。作宮阿房。故天下謂之阿房宮。隱宮徒刑者七十餘萬人。乃分作阿房宮。或作麗山。發北山石椁。乃寫蜀荊地材皆至。關中計宮三百。關外四百餘。

雖為項羽所燒。而慈石之門。至唐猶在。

元和郡縣志。秦慈石門。在咸陽縣東南十五里。東南有閣道。即阿房宮之北門也。累慈石為之。著鐵甲入者。慈石吸之不得過。羌胡以為神。

其建築之根於學理。經久不毀。亦可推見矣。漢代宮室之壯麗。亦不下於秦。始自蕭何。

漢書高帝本紀。蕭何治未央宮。立東闕北闕前殿武庫太倉。上見其壯麗。甚怒。謂何曰。天下匈匈。勞苦數歲。成敗未可知。是何治宮室過度也。何曰。天下方未定。故可因以就宮室。且夫天子以四海為家。非令壯麗亡以藏威。且亡令後世有以加也。

盛於武帝。其規制猶可考見。

三輔黃圖。未央宮周回二十八里。前殿東西四十丈。深十五丈。高三十五丈。　西京雜記。未央宮周回二十二里九十五步。五街道周回七十里。臺殿四十三。其三十二在外。其十一在後宮。池十三。山六。池一、山一、亦在後宮。門闥凡九十五。

水經注建章宮周二十餘里。千門萬戶。其東鳳闕高七丈五尺。中有神明臺。井幹樓咸高五十餘丈。北有太液池。池中有漸臺高三十丈。南有璧門三層。高三十餘丈。中殿十二間。階陛咸以玉爲之。鑄銅鳳五丈。飾以黃金。樓屋上椽首薄以玉璧。因曰璧玉門。　其長樂宮咸陽宮之間。有渭橋。廣六丈。南北三百八十步。六十八間。七百五十柱。百二十二梁。（其後董卓入關。焚渭橋。魏武帝修之。廣三丈六尺。蓋不能復西漢之工程矣。）

漢之宮吏皆有賜室。其大者謂之大第室。

漢書高帝紀爲列侯食邑者。皆佩之印。賜大第室。（孟康曰。有甲乙次第。故曰第也。）吏二千石徙之長安。受小第室。

而外戚權臣如王氏梁氏者。其宮室亦仿像帝王之居。

漢書元后傳五侯羣弟爭爲奢侈。大治第室。起土山漸臺。洞門高廊。閣道連屬彌望。　王根大治室第。第中起土山。立兩市。殿上赤墀青戶瑣。

後漢書梁冀傳冀乃大起第舍。而壽亦對街爲宅。殫極土木。互相誇競。堂寢皆有陰陽奧室。連房洞戶。柱壁雕鏤。加以銅漆。窗牖皆有綺疏青瑣。圖以雲氣仙靈。臺閣周通。更相臨望。飛梁石蹬。陵跨水道。金玉珠璣。異方珍怪。充積臧室。又廣開園囿。採土築山。十里九坂。以象二崤。深林絕澗。有若自然。奇禽馴獸。飛走其間。

新莽之篡。建立宗廟。尤極奇偉。

三輔黃圖王莽時博徵天下工匠。起九廟。太初祖廟東西南北各四十丈。高十七丈。餘廟半之。爲銅薄櫨。飾金銀雕文。窮極百工之巧。

是雖帝王僭竊之侈心。未足爲國民之範。然閎工鉅製。一一皆出於民力。非其時物力充盛。工巧精進。亦不能遂其侈心也。

古代建築多爲盜賊無賴所焚毀。秦毀於項羽。

史記項羽本紀燒秦宮室。火三月不絕。

西漢毀於長安兵衆及赤眉。

漢書王莽傳衆兵發掘莽妻子父祖冢。燒其棺槨及九廟明堂辟雍。火照城中。　城中少年趙護並和燒作室門。斧敬法闥。莽避火宣室前殿。火輒隨之。　更始都長安。居長樂宮。府藏完具。獨未央宮燒。　明年。赤眉樊崇等入關。攻更始。遂燒長安宮室市里。長安爲虛。城中無人行。宗廟園陵皆發掘。

東漢毀於董卓。

後漢書獻帝紀董卓焚洛陽宮廟及人家。　董卓傳注獻帝起居注、舊時宮殿悉壞。倉卒之際。拾摭故瓦材木。工匠無法度之制。所作並無足觀。

以懲帝王貴族之奢蕩。固當然。所毀之物力幾何。累代建築。皆天下之名材異產。非一時所能聚。又經無限之工作而後造成。非帝王貴族一人所能爲也。論者謂歐人多作石室。吾國率土木搆造。土木易毀。而石室難焚。故古代宮室存毀之多寡。以此而判。然吾國古代、亦、有、石室。觀水經注猶多載之。

水經注渭水篇磻溪旁有一石室。蓋太公所居也。　巨洋水篇壽光縣有孔子石室。中有孔子像弟子問經。全祖望曰。按于欽曰。水經之言非也。乃是倉頡墓中石室。 河水篇龍門崛谷有三石室。因阿結牖。連局接闥。似是棲遊隱學之所。昔子夏教授西河。疑即此也。又子夏陵北有子夏石室。南北有二石室。臨側河崖。

漢有石室藏書。

史記太史公自序紬史記石室金匱之書。 索隱曰。石室金匱。皆國家藏書之處。

蓋亦預防兵火。而爲保存文籍垂之久遠計也。

古代宮室。多爲圖畫。觀楚辭可見。

楚辭天問序屈原放逐。憂心愁悴。徬徨山澤。經歷陵陸。嗟號昊旻。仰天歎息。見楚有先王之廟。及公卿祠堂。圖畫天地山川神靈琦瑋僪佹。及古賢聖怪物行事。周流罷倦。休息其下。仰見圖畫。因書其壁。呵問之。

戰國諸子。恒紀畫家之事。雖屬寓言。亦足證其時畫事之盛。

莊子宋元君將畫圖。衆史皆至。受揖立。舐筆和墨。在外者半。有一史後至者。儃儃然不趨。受揖不立。因之舍。公使人視之。則解衣般礴臝。君曰。可矣。是眞畫者也。

韓非子客爲周君畫筴者。三年而成。觀之與髹筴者同狀。周君大怒。畫筴者曰。築十版之牆。鑿八尺之牖。而以日光出時加之其上而觀。周君爲之。望見其狀。盡成龍蛇禽獸車馬。萬物之狀備具。周君大悅。 客有爲齊王畫者。齊王問曰。畫孰最難者。曰。犬馬難。孰易。曰。鬼魅最易。夫犬馬人所知也。旦暮罄於前。不可類之。故難。鬼神無形者。不罄於前。故易之也。

漢時宮室。亦多有畫人物故事。善惡畢備。以昭鑑戒。

王逸魯靈光殿賦。圖畫天地。品類羣生。雜物奇怪。山海神靈。寫載其狀。託之丹青。千變萬化。事各繆形。隨色象類。曲得其情。上紀開闢。遂古之初。五龍比翼。人皇九頭。伏羲鱗身。女媧蛇軀。鴻荒朴略。厥狀睢盱。煥炳可觀。黃帝唐虞。軒冕以庸。衣裳有殊。下及三后。婬妃亂主。忠臣孝子。烈士貞女。賢愚成敗。靡不載敍。惡以誡世。善以示後。

或專畫一二人。

漢書廣川王去傳。其殿門有成慶畫。短衣大袴長劍。

又金日磾傳。日磾母教誨兩子。甚有法度。上聞而嘉之。病死。詔圖畫於甘泉宮。署曰休屠王閼氏。日磾每見畫。常拜。鄉之涕泣。然後迺去。

或雜畫多人。

漢書蘇武傳。甘露三年。單于始入朝。上思股肱之美。迺圖畫其人於麒麟閣。法其形貌。署其官爵姓名。凡十一人。

後漢書朱景王杜馬劉傅堅馬傳論。永平中。顯宗追感前世功臣。乃圖畫二十八將於南宮雲臺。

甚或畫猥褻之狀。

漢書廣川王海陽。坐畫屋為男女贏交接。置酒請諸姊妹飲。令仰視畫。廢徙房陵。

足知漢時之壁畫。多為人事。非若後世之寫仿山水也。由壁畫又進而有石刻畫像。水經注多記之。

水經注濟水篇荊州刺史李剛墓。有石闕祠堂。石室三間。椽架高丈餘。四壁隱起雕刻。爲君臣官屬龜龍麟鳳之文。飛禽走獸之像。作制工麗。

又漢司隸校尉魯峻冢前。有石祠石廟。四壁皆青石隱起。自書契以來。忠臣孝子貞婦孔子及七十二人形象。皆刻石記之。文字分明。

今世所傳。則有武梁祠石刻畫像。（在今嘉祥縣之紫雲山。）及孝堂山石室畫像。（在今肥城縣）古代車、馬、衣服、之制。胥可賴、以考見。又有李翕黽池五瑞圖（在今成縣）刻黃龍、白鹿、嘉禾、木連理、甘露、及承露人之象。則鐫於山崖。而非在石室者。近年山東時有漢畫石刻新發見者。

語石齊魯村落間。漢畫時時出土。

土人不知寶貴。恒爲東西洋嗜古者購去。大抵漢畫多簡拙。較印度希臘之石刻。遠不及其工細。然彼土。雕刻多重神教。吾國漢畫則重人事。雖美術有所不逮。而理想則迥不同矣。

春秋、戰國、以來。工學之、演進至可、驚詫。各國之專擅一技者。至於夫人能之。

考工記。粵無鎛。燕無函。秦無廬。胡無弓車。粵之無鎛也。非無鎛也。夫人而能爲鎛也。燕之無函也。非無函也。夫人而能爲函也。秦之無廬也。非無廬也。夫人而能爲廬也。胡之無弓車也。非無弓車也。夫人而能爲弓車也。

而記載工學之專書。如考工記者。卽成於其時。

周禮正義。引士冠禮疏。考工記、六國時所錄。又引江永云。考工記、東周後齊人所作也。其言秦無廬。鄭之刀。厲王封其子友。始有鄭。東遷後。以西周故地與秦。始有秦。故知爲東周時書。其言橘踰淮而北爲枳。鸜鵒不踰濟。貉踰汶則死。皆齊魯間水。而終古、戚速、椑蔆之類。鄭注皆以爲齊人語。故知齊人所作也。

蓋古者工皆世官。以業爲氏。

考工記賈疏曰。某氏者其義有二。一者、官有世功。則以官爲氏。若韋氏、裘氏、冶氏之類是也。二者、族有世業。以氏名官。若㫃氏、栗氏之等是也。

積其經驗。專其責成。又因地利天時人事之所重。而各地之特產以著。

考工記。鄭之刀。宋之斤。魯之削。吳粵之劍。遷乎其地而弗能爲良。地氣然也。燕之角。荊之幹。妢胡之笴。吳粵之金錫者。材之美者也。天有時以生。有時以殺。草木有時以生。有時以死。石有時以泐。水有時以凝。有時以澤者。天時也。

始則工必在官者。繼則人能爲工焉。

考工記所載之工。僅三十種。

考工記。攻木之工、輪輿弓廬匠車梓。攻金之工、築冶鳧栗段桃。攻皮之工、函鮑韗韋裘。設色之工、畫繢鍾筐㡛。刮摩之工、玉楖雕矢磬。摶埴之工、陶旊。

似未足以盡其時之工巧。觀諸子所言公輸墨翟之事。

墨子魯問篇。公輸子削竹木以爲鵲。成而飛之。三日不下。公輸子自以爲至巧。　公輸篇。公輸盤爲楚造雲梯之械。成。子墨子解帶爲城以牒為械。公輸盤九設攻城之機變。子墨子九距之。公輸盤之攻械盡。子墨子之守圉有餘。

韓非子外儲說墨子為木鳶。三年而成。蜚一日而敗。

則戰國時之機械工藝。異常發達。必不僅此日用之器具已也。然墨子雖精製器。仍以適用於人為貴。

墨子魯問篇子墨子謂公輸子曰。子之為鵲也。不如匠之為車轄。須臾劉三寸之木。而任五十石之重。故所為功。利於人謂之巧。不利於人謂之拙。

呂覽月令履以淫巧為戒。

呂氏春秋三月紀是月也。命工師令百工。審五庫之量。金鐵皮革筋角齒羽箭幹脂膠丹漆。無或不良。百工咸理。監工日號。無悖於時。無或作為淫巧。以蕩上心 十月紀是月也。工師效功。陳祭器。並按度程。無或作為淫巧。以蕩上心。必功致之上。物勒工名。以考其誠。工有不當。必行其罪。以窮其情。

故秦時雖猶有能為機械者。而學者弗道其法也。

史記秦始皇本紀始皇初即位。穿治酈山。及并天下。天下徒送詣七十餘萬人。穿三泉。下銅而致槨。宮觀百官奇器珍怪徙臧滿之。令匠作機弩矢。有所穿近者。輒射之。以水銀為百川江河大海。機相灌輸。上具天文。下具地理。以人魚膏為燭。度不滅者久之。

觀考工記所述古代工藝之術。可得四義。一曰分工之多。有一工而分數器者。

如梓人為飲器。梓人為侯。梓人為筍簴。車人為耒。車人為車之類。蓋雖同名一工。而為飲器之梓人。與為侯之梓人。實分工也。

有一器而分數工者。

如輪人爲輪、輪人爲蓋、輿人爲車、輈人爲輈、車人爲車之類。一車之事數工任之也。

分工逾多。則製器逾精。可以推知。一曰定名之密。古人精於起物。往往一器、而細別、爲多名。

如鳧氏爲鐘。兩欒謂之銑。銑間謂之于。于上謂之鼓。鼓上謂之鉦。鉦上謂之舞。舞上謂之甬。甬上謂之衡。鐘縣謂之旋。旋蟲謂之幹。鐘帶謂之篆。篆間謂之枚。枚謂之景。于上之攠謂之隧。

非若後世工人制物。隨意立名。而學者多不能別也。一曰度數之精。其制一器。所定、度數。皆有相連、之關、繫。

如轂人爲車。輪崇、車廣、衡長、參如一。謂之參稱。參分車廣。去一、以爲隧。參分其隧。一在前、二在後、以揉其式。以其廣之半、爲之式崇。以其隧之半、爲之較崇之類。

綜三十官之文言度數者居十之六七。故古器猶可考其製造之法。而秦漢以後之器物。雖有載於史傳者。反不能推明其度數。是亦可見古人之細心矣。一曰雕刻之美。雕刻各物。必窮極形似。

如梓人爲筍簴。凡攫閷援噬之類。必深其爪。出其目。作其鱗之而。深其爪、出其目、作其鱗之而。則於眡必撥爾而怒。且其匪色必似鳴矣之類。

觀其狀況、刻畫之得失。可知其不得率爾從事矣。又古人治器有六法。

爾雅釋器金謂之鏤。木謂之刻。骨謂之切。象謂之磋。玉謂之琢。石謂之磨。

竹木易朽。其所刻者不傳。骨象之器。亦罕見。玉器據吳氏古玉圖考所載玉敦琪角之類觀之。其刻文之精細。已爲難能可貴。而鏤金之法。尤爲後世所不及。

劉師培曰。古人之鐫金。其法有二。一爲陽文。鑄器既成。書之以漆。凡漆書所未加者。悉施鑱削之工。使所書之字。隆起於其間。其形爲凸。卽詩所謂追琢其章也。一爲陰文。鑄器既成。亦書之以漆。復於所書之文。鑿之使深。與近世刻石之法略同。其形爲凹。荀子所謂鍥而不舍。金石可鏤也。

觀今日所傳鐘鼎。其器之四周。咸縈以雲雷盤屈之文。皆鑄成之後。始加以刻鏤者。視後世鐫字於範鎔金模之。其難易迥殊矣。

金玉之器。惟漢與周相上下。阮氏（元）積古齋鐘鼎欵識載漢之鼎鑪壺洗鐙盤弩機戈劍符斗鉤鈴八十餘器。多記制作年月。及作器者之姓名。吳氏（大澂）古玉圖考。載漢玉鈁玉鐙玉印剛卯之類。亦數十器。所鐫文字。皆極精美。而新莽之時。制作尤精。觀積古齋所載新莽銅權欵識。及愙齋吉金錄所載新莽殘量之文。其鐫刻之精細。殆突過西漢矣。

王莽篡漢無足取。而其人極有思想。故各地人民。亦多新奇可喜之事。史稱莽訪有奇技術可以攻匈奴者。待以不次之位。言便宜者以萬數。或言能度水。不用舟楫。或言不持斗糧。服食藥物。三軍不鑱。或言能飛。一日千里。可窺匈奴。莽輒試之。取大鳥翮。爲兩翼。頭與身皆著毛。通引環紐。飛數百步墮。可見其時之人。多有奇想。飛者既能通引環紐。飛數百步。其中必有機巧。惜未能引申研究。如今日之製飛機耳。

蓋漢、代、崇、尚、工、藝。少府有考工室。各地有工官。

漢書地理志河內郡懷縣、南陽郡宛縣、濟南郡東平陵縣、泰山郡奉高縣、廣漢郡雒縣。均有工官。他若陳留郡襄邑縣、齊郡臨淄縣。有服官。南郡有發弩官。皆官工之類。而鐵官之布在各地者尤多。

史稱孝宣之世。政事文學法理之士。咸精其能。至於技巧工匠器械。自元成間。鮮能及之。足知漢人之重工。藝。恒。以。之。覘。政。俗。之。盛。衰。故雖非孝宣時所製者。傳至今日。猶覺其制作具有古法。且見進步焉。

中國文化史

第二編

第一章　中國文化中衰及印度文化東來之故

自太古至秦漢爲吾國人創造文化及繼續發達之時期自漢以降則爲吾國文化中衰之時期雖政治教育仍多沿古代之法而繼續演進且社會事物亦時有創造發明足以證人民之進化者然自全體觀之則政教大綱不能出古代之範圍種族衰弱時呈擾亂分割之狀雖吾民亦能以固有之文化使異族同化於吾要其發榮滋長之精神較之太古及三代秦漢相去遠矣於此時期有一大事足紀者卽印度之文化輸入於吾國而使吾國社會思想以及文藝美術建築等皆生種種之變化且吾民吸收之力能使印度文化變爲中國文化傳播發揚且盛於其發源之地是亦不可謂非吾民族之精神也

治此期之歷史所當致疑者二事吾國文化何以中衰乎印度文化何故東來乎欲解此二疑問當就種種方面推究其原因茲舉其大者數端以明之

(一)則壞於盜賊無賴也　秦以前創業開國者多聖哲秦以後起事革命者多盜賊盜賊無賴之徒成則爲帝王固不識治國御世之道敗則肆焚掠尤不解保護文化之誼故自漢以來增進文化之力恆不

及摧毀鑿削之力之强。觀隋牛弘論書之五厄。卽可推知其故。

隋書牛弘傳。弘以典籍遺逸。上表請開獻書之路。曰。堯稱至聖。猶考古道而言。舜其大智。尙觀古人之象。周外史官掌三皇五帝之書。及四方之志。武王問黃帝顓頊之道。太公曰。在丹書。是知握符御曆。有國有家者。曷嘗不以詩書而爲敎。因禮樂而成功也。周德既衰。秦皇馭寓。事不師古。始下焚書之令。行偶語之刑。先王墳籍。掃地皆盡。本既先亡。從而顚覆。此則書之一厄也。（此事須與第一編所引劉大櫆焚書辨參看。實則秦書之焚。仍是項羽等盜賊所爲也。）王莽之末。長安兵起。宮室圖書。並從焚燼。此則書之二厄也。孝獻移都。吏民擾亂。圖書縑帛。皆收爲帷囊。所收而西。裁七十餘乘。屬西京大亂。一時燔蕩。此則書之三厄也。劉石憑陵。京華覆滅。朝章闕典。從而失墜。此則書之四厄也。侯景渡江。破滅梁室。秘省經籍。雖從兵火。其文德殿內書史。宛然猶存。蕭繹平侯景。收文德之書及公私典籍。重本七萬餘卷。悉送荊州。江表圖書。盡萃於繹。周師入郢。繹悉焚之於外城。所收十纔一二。此則書之五厄也。

以官書例私家。以文籍例他事。則武人暴客。烈火利兵。實文化之大讎敵。民之憔悴呻吟於瘡痍水火者。非從容休養。不能增益其文敎。從容休養數百年或百數十年。卽加以一大刼。

又牛弘曰。仲尼以後。迄於當今。年踰千載。數遭五厄。（自項羽燒咸陽。至周師入魏。實七百一十年。（自西歷前二〇六至後五五四年）此七百年中。大劫五。小劫尙不可勝計。）

此其所以不但不能進步。而且日見退化之故也。

(二)則壞於科舉利祿也　科舉之制。爲此時期之產物。發源於漢而大備於唐。而其爲弊亦卽累積而不可返。史策所載當時之人論列其弊者夥矣。

後漢書左雄傳論漢初詔舉賢良方正。州郡察孝廉秀才。斯亦貢士之方也。中興以後。增敦朴有道賢能直言獨行高節質直淸白敦厚之屬。榮路既廣。觖望難裁。自是竊名僞服。浸以流競。權門貴仕。請謁繁興。

魏晉以降。多用九品中正舉人。然亦常舉行州郡孝秀之制。試以策問。梁沈約嘗論之曰。假使秀才對五問可稱。孝廉答一策能過者。乃雕蟲小道。非關理功得失。以此求才。徒虛語耳。

舊唐書薛登論舉人疏今之舉人。有乖事實。或明詔試令搜揚。則驅馳府寺。請謁權貴。陳詩奏記。希咳唾之澤。摩頂至足。冀提攜之恩。故俗號舉人爲覓舉。夫覓者自求之稱。非人知我之謂也。故選曹授職。諠囂於禮闈。州郡貢士。爭訟於陛闥。謗議紛紜。寖成風俗。

又趙匡舉選議國朝舉選。用隋氏之制。歲月既久。其法益訛。夫才智因習就。固然之理。進士者時共貴之。主司褒貶。實在詩賦。務求巧麗。以此爲賢。溺於所習。悉昧本原。欲以啟導性靈。獎成後進。斯亦難矣。故士林鮮體國之論。其弊一也。又人之心智。蓋有涯分。而九流七略。書籍無窮。主司徵問。不立程限。故修習之時。但務鈔略。比及就試。偶中是期。業無所成。固由於此。故當代寡人師之學。其弊二也。疏以釋經。蓋筌蹏耳。明經讀書。勤勞已甚。既口問義。又誦疏文。徒竭其精華。習不急之業。而當代禮法。無不面牆。及臨人決事。取辦胥吏之口而已。所謂所習非所用。所用非所習者也。故當官少稱職之吏。其弊三也。

雖科舉考試。可以泯貴族平民之階級。然以利祿誘人。獎競召僞。大損人格。實與古代教育之義相反。夫人民止知尙利祿而不尙道義。非獨科舉爲害也。卽行學校之制。亦足爲害。班固論漢代學校。已斥其祿利勸人。

漢書儒林傳贊自武帝立五經博士。開弟子員。設科射策。勸以官祿。訖於元始。百有餘年。傳業者寖盛。支葉蕃滋。一經說至百餘萬言。

大師衆至千餘人蓋祿利之路然也

宋代嘗有意於學校然亦無非以利祿誘之

文獻通考宋熙豐復立三舍之法不過試之以浮靡之文而誘之以利祿之途爲士者內恥於習業之未精外誘於榮途之可慕其坐學之日自不容不久

是學校科舉名二而實一也論者徒謂漢以後學校科舉一本儒術故以國家社會之不進步歸咎儒家實則教育之根本既歧無論崇尚何種學術皆不能免於腐敗也

(三)則宗教信仰之缺乏也　吾國國民脫離初民之迷信最早唐虞三代之聖哲專以人事言天道卽殷人尚鬼有似於宗教性質然其祭祀仍專重人鬼無宗教家荒誕之說也後之立國者於政治教育不能盡饜人望又無宗教以資其維繫則人心之饑渴乃甚於原有宗教之國家戰國以來神仙方士之說因之以盛

史記封禪書自齊威宣之時騶子之徒論著終始五德之運及秦帝而齊人奏之故始皇采用之而宋毋忌正伯僑充尚羨門子高最後皆燕人爲方僊道形解銷化依於鬼神之事騶衍以陰陽主運顯於諸侯而燕齊海上之方士傳其術不能通然則怪迂阿諛苟合之徒自此興不可勝數也自威宣燕昭使人入海求蓬萊方丈瀛洲此三神山者其傳在勃海中去人不遠患且至則船風引而去蓋嘗有至者諸僊人及不死之藥皆在焉其物禽獸盡白而黃金銀爲宮闕未至望之如雲及到三神山反居水下臨之風輒引

去。終莫能至云世主莫不甘心焉。

而其效不可睹。

史記封禪書方士之候伺神人入海求蓬萊終無有驗而公孫卿之候神者猶以大人之跡爲解無有效天子益怠厭方士之怪迂語矣。然羈縻不絕冀遇其眞自此之後方士之言神祠者彌衆然其效可睹矣。

東漢圖讖占候之學與神仙方技之說相混。

後漢書方術列傳所載有學星占圖讖者（如唐檀公沙穆董扶之類）有治神仙方技者（如費長房劉子訓之類）

而張角張陵張魯之徒出。

後漢書皇甫嵩傳鉅鹿張角自稱大賢良師奉事黃老道畜養弟子跪拜首過符水呪說以療病病者頗愈百姓信向之角因遣弟子八人使於四方以善道敎化天下相誑惑十餘年間衆徒數十萬連結郡國自青徐幽冀荊揚兗豫八州之人莫不畢應遂置三十六方大方萬餘人小方六七千各立渠帥訛言蒼天已死黃天當立歲在甲子天下大吉

三國志張魯傳魯祖父陵客蜀學道鵠鳴山中造作道書以惑百姓從受道者出五斗米故世號米賊陵死子衡行其道衡死魯復行之魯據漢中以鬼道敎民自號師君其來學道者初皆名鬼卒鬼卒受本道已信號祭酒各領部衆多者爲治頭大祭酒皆敎以誠信不欺詐有病自首其過大都與黃巾相似諸祭酒皆作義舍如今之亭傳又置義米肉懸於義舍行路者量腹取足若過多鬼輒病之犯法者三原然後乃行刑不率長吏皆以祭酒爲治夷民便樂之。

其流爲孫恩盧循等。

晉書孫恩傳世奉五斗米道。叔父泰。師事錢唐杜子恭。而子恭有秘術。嘗就人借瓜刀。其主求之。子恭曰。當卽相還耳。既而刀主行至嘉興。有魚躍入船中。破魚得瓜刀。其爲神效往往如此。子恭死。泰傳其術。浮狡有小才。誑誘百姓。愚者敬之如神。泰見天下兵起。以爲晉祚將終。乃扇動百姓。私集徒衆。三吳士庶多從之。會稽內史謝輶發其謀。道子誅之。恩逃於海。衆聞泰死。惑之。皆謂蟬蛻登仙。故就海中資給。恩聚合亡命。會稽吳郡等八郡、一時俱起。旬日之中。衆數十萬。於是恩據會稽。自號征東將軍。號其黨曰長生人。劉裕大破恩於扈瀆。恩遠迸海中。窮蹙赴海自沈。妖黨及妓妾謂之水仙。投水從死者百數。十餘衆復推恩妹夫盧循爲主。循亦爲劉裕所敗

要其爲術。足以惑下愚。而不足以啟上智。而佛教當此時流入中國。正合於中國人心渴仰宗教之潮流。其始雖僅以神異動顓愚。

晉書藝術傳佛圖澄。妙通玄術。常服氣自養。能積日不食。善誦神呪。能役使鬼神。腹旁有一孔。常以絮塞之。每夜讀書。則拔絮孔中出光。照於一室。又嘗齋時。平旦至流水側。從腹旁孔中引出五臟六腑洗之。訖還內腹中。又能聽鈴音以言吉凶。莫不懸驗。　鳩摩羅什博覽五明諸論。及陰陽星算。莫不必盡。妙達吉凶。言若符契。　姚興嘗謂羅什曰。大師聰明超悟。天下莫二。何可使法種少嗣。遂以使女十人。逼令受之。爾後不住僧舍。別立廨舍。諸生多效之。什乃聚針盈鉢。引諸僧謂之曰。若能見效食此者。乃可畜室耳。因舉匕進針。與常食不別。諸僧媿服乃止。

其繼則以譯籍開慧智。語上語下。胥可起人之信仰。此則吾國由無宗教而有宗教之故也。

(四)則東西交通之適合也　吾國東南皆濱海。以航海術之未精。往往求海上新地而不得。

三國志孫權黃龍二年。遣將軍衞溫諸葛直將甲士萬人浮海求夷洲及亶洲。亶洲在海中。長老傳言秦始皇帝遣方士徐福將童男童女數千人入海。求蓬萊神山及仙藥。止此洲不還。世相承有數萬家。其上人民時有至會稽貨布。會稽東縣人海行。亦有遭風流移至亶洲者。所在絕遠。卒不可得至。但得夷洲數千人還。史記言求三神山者。臨之。風輒引去。即緣航海術不精之故。

北方沙漠苦寒。人亦多不願往。惟西方大陸綿亘無際。城郭之國。與漢俗同。

漢書西域傳西域諸國。大率土著。有城郭田畜。與匈奴烏孫異。

雖有身熱頭痛繩行沙渡之險。

漢書西域傳皮山以南。國貧小。乞匄無所得。又歷大頭痛小頭痛之山。赤土身熱之阪。令人身熱無色。頭痛嘔吐。驢畜盡然。又有三池盤石阪道。陿者尺六七寸。長者徑三十里。臨峥嶸不測之深。行者騎步相持。繩索相引。二千餘里。乃到縣度。畜隊未半。阬谷盡靡碎。人墮。勢不得相收視。險阻危害。不可勝言。

然其行也有數道。

漢書西域傳自玉門陽關出西域。有兩道。從鄯善傍南山北。波河西行。至莎車。爲南道。南道西踰葱嶺。則出大月氏安息。自車師前王庭。隨北山波河西行。至疏勒。爲北道。北道西踰葱嶺。則出大宛康居奄蔡焉耆。按此惟指新疆一方而言。據史記西南夷傳。蜀布邛竹杖。從身毒國來。則川藏間西行之道。當時已有蹤跡矣。

故自漢以降交通不絕而佛教自西而東以大月氏罽賓爲轉輪之中心

後漢書西域傳大月氏初爲匈奴所滅遷於大夏分其國爲五翖侯後貴霜翖侯邱就卻攻滅四翖侯自立得王國號貴霜王侵安息取高附地又滅濮達罽賓悉有其國邱就卻年八十餘死子閻膏珍代爲王復滅天竺置將一人監領之。丁謙地理志考證曰印度史西曆紀元之初韃靼（即大月氏）在印度北境立一大國四鄰咸服其最出名之王名鉛尼希加（即迦膩色迦之異譯）以卡希米（即克什米爾）爲都屬國甚多南至亞格拉（中印度地）及沁特（西印度地）北至耶根德（當即濮達）可根德（當即高附）云云即指貴霜王父子。東洋史要（日本桑原隲藏著）漢明帝永平三年迦膩色迦王君大月氏雅嚮佛法會五百僧侶於罽賓爲四次集會（其先已有集會三次）佛教徒多來集於大月氏維時北印度爲佛教之中心自西北兩印度經中亞囊括葱嶺以東于闐疏勒諸國故天山南路未幾佛法遂昌會中國漢明帝出銳意闢疆與西域之關係滋密佛法於中國境寖獲東漸之機。

西僧之來中土者多月氏罽賓之人（詳後）而吾民之往彼者始則僅詣其傳播之區繼則直詣其發源之地有往還皆遵陸者有陸往而海還者其道孔多故所得於西方者爲他三方所莫及焉

第二章　佛教入中國之初期

印度無歷史佛書亦不以紀年爲要故佛之時世言人人殊

魏書釋老志所謂佛者本號釋迦文者譯言能仁謂德充道備堪濟萬物也。釋迦前有六佛。釋迦繼六佛而成道。釋迦即天竺迦維衞國王之子。天竺其總稱。迦維別名也。初釋迦於四月八日夜。從母右脅而生。既生。姿相超異者三十二種。天降嘉瑞以應之。亦三十二。其本起經說之備矣。釋迦生時。當周莊王九年。春秋魯莊公七年、夏四月、恒星不見。夜明是也。至魏武定八年。凡一千二百三十七年云。釋迦年三十成佛。導化羣生。四十九載。乃於拘尸那城娑羅雙樹間。以二月十五日而入般涅槃。涅槃譯云滅度。或言常樂我淨。明無遷謝及諸苦累也。

釋贊寧釋氏稽古略、稽夫如來之生也。當此周昭王九年甲寅之四月八日。其出家也。當昭王之二十七年壬申之二月八日。其成道也。當昭王三十三年之戊寅。其滅度也。當穆王三十六年壬申之二月十五日。（此引正宗記語）

東洋史要、佛教祖師名瞿曇悉達多。一作喬答摩悉達。或號爲釋迦牟尼。中印度迦維衛國（今印度哥爾克波爾附近）王子也。生於周靈王之十五年。約與孔子老聃同時。釋迦見人類不能離生老病死四者之苦。遂出家入山。求解脫法。新闢一宗教。力反婆羅門所爲。唱說平等主義。抉差別種姓之藩籬。謂一切衆生。不問其所自出。但能杜絕邪慾。脫離世網。即皆可於未來受無量福。以周敬王四十三年。入般涅槃。

吾國固有之佛字。惟以髣髴爲義。非以稱釋迦也。

說文、佛、仿佛也。从人、弗聲。

後世附會之說。謂孔子時已知西方有佛。

列子仲尼篇、商太宰見孔子。問三王五帝聖者歟。孔子皆答以不知。商太宰大駭曰。然則孰者爲聖。孔子動容有間曰。西方之人有聖者焉。不治而不亂。不言而自信。不化而自行。蕩蕩乎民無能名焉。丘疑其爲聖。弗知眞爲聖歟。眞不聖歟。

其言固不足爲據。即謂西漢獲休屠王祭天金人。爲佛道流通之漸。

魏書釋老志漢武元狩中。遣霍去病討匈奴。至皋蘭。過居延。斬首大獲。昆邪王殺休屠王。將其衆五萬來降。獲其金人。帝以爲大神。列於甘泉宮。金人率長丈餘。不祭祀。但燒香禮拜而已。此吾國祭祀神鬼。以燒香爲禮之始。此則佛道流通之漸也。及開西域。遣張騫使大夏。還傳其旁有身毒國。一名天竺。始聞有浮屠之教。

亦不足爲佛教入中國之證。

日本羽溪了諦休屠王金人考（史林第三卷第四號）霍去病獲金人時。當元狩二年。（西紀前一二一年）印度尚未有佛像之製作。印度史上有名之阿育王時代（西紀前二七二至三二年）所建佛陀伽耶之摩訶菩提寺。始有雕刻。至西紀前一二世紀製作之石垣石門。均無佛像。前者惟有佛座。後者只表佛足之形。緣其時學者以爲佛之形像神聖不可褻瀆也。其後至犍陀羅美術。始有佛像之製作。實當西紀後一二世紀頃。故知西紀前一世紀。無所謂金身佛像也。

佛教之入中國。蓋在西漢之末東漢之初。

魏書釋老志哀帝元壽元年。博士弟子秦景憲受大月氏王使伊存口授浮屠經。中土聞之未之信了也。

世或謂東漢明帝永平十年始得佛經。說亦未確。

釋氏稽古略佛教流通東土之始。永平七年。帝夢金人長大頂有白光。飛至殿庭。旦問羣臣。太學聞人傅毅奏曰。周昭王時。西域有佛出世。其形長一丈六尺。而黃金色。陛下所夢。將必是乎。博士王遵。推周書異記。佐之。帝遂遣中郎蔡愔、博士秦景等十八人使西域。求佛法。蔡愔等至天竺隣境月氏國。遇攝摩騰、竺法蘭二人。奉佛經像來震旦。遂同東還。（永平十年至京）

魏書釋老志。孝明帝夜夢金人。頂有白光。飛行殿庭。乃訪羣臣。傅毅始以佛對。帝遣郎中蔡愔、博士弟子秦景等使於天竺。寫浮屠遺範。愔仍與沙門攝摩騰、竺法蘭東還洛陽。中國有沙門及跪拜之法。自此始也。

蓋蔡愔等永平十年始還。

宋程輝佛敎西來玄化應運略錄。永平七年正月十五日。明帝夢金人。遣王遵等十八人西訪佛法。永平十年丁卯十二月。回洛陽。

而楚王英在永平八年。已祠浮屠。

後漢書楚王英傳。永平八年。英奉黃縑白紈贖罪。詔報曰。楚王誦黃老之微言。尙浮屠之仁祠。潔齋三月。與神爲誓。何嫌何疑。當有悔吝。其還贖。以助伊蒲塞桑門之盛饌。

足知佛法之來。決非始於愔等。惟譯經造寺。始此時耳。

魏書釋老志。愔得佛經四十二章及釋迦立像。明帝令畫工圖佛像。置清涼臺及顯節陵上。經緘於蘭臺石室。愔之還也。以白馬負經而至。漢因立白馬寺於洛城雍關西。摩騰、法蘭咸卒於此寺。

釋慧皎高僧傳。攝摩騰。本中天竺人。解大小乘經。冒涉流沙。至乎雒邑。明帝甚加賞接。於城西門外立精舍以處之。騰譯四十二章經一卷。初緘在蘭臺石室第十四間中。竺法蘭亦中天竺人。既達雒陽。與騰同止。少時便善漢言。愔於西域獲經。卽爲翻譯。所謂十地斷結、佛本生、法海藏、佛本行、四十二章等五部。移都寇亂。四部失本不傳。江左唯四十二章經今見在。可二千餘言。漢地見存諸經。唯此爲始也。

攝竺東來。旣受優遇。故月氏安息之高僧。接踵而至。

高僧傳：安清字世高。安息國太子也。諷持禪經。備盡其妙。遊方弘化。徧歷諸國。以漢桓之初。始到中夏。才悟機敏。一聞能達。至止未久。卽通習華言。於是宣譯要經。改梵爲漢。先後所出經論。凡三十九部。（釋道安經錄。安世高以漢桓帝建和二年。至靈帝建寧中。二十餘年。譯出凡三十餘部經。）支婁迦讖。亦直云支讖。月支人。漢靈帝時遊於雒陽。以光和中平之間。傳譯梵文。出般若道行、般舟、首楞嚴等三經。竺佛朔。天竺沙門。亦漢靈時齎道行經來適雒陽。卽轉梵爲漢。棄文存質。深得經意。安玄。安息國人。亦以漢靈之末。遊賞雒陽。以功號曰騎都尉。常以法事爲己任。漸解漢言。志宣經典。常與沙門講論道義。康僧會。康居人。世居天竺。其父因商賈移於交趾。會年十餘歲。二親並亡。出家。篤志好學。明解三藏。支謙。字恭明。月氏人。來遊漢境。桓靈之世。有支讖。（卽支婁迦讖）譯出衆經。有支亮字紀明。資學於讖。謙又受業於亮。博覽經籍。通六國語。謙以大敎雖行。而經多梵文。未盡翻譯。巳妙善方言。乃收集衆本。譯爲漢語。

翻譯佛典。凡數百部。

釋智昇開元釋敎錄：漢自永平年至建安末。緇素十二人。譯佛經律二百九十三部。計三百九十五卷。

然漢、魏之際。其敎猶未盛行。雖桓帝祠浮圖。歷見史傳。

後漢書桓帝紀論：設華蓋以祠浮圖老子。

又襄楷傳楷諫桓帝疏曰聞宮中立黃老浮屠之祠此道清虛貴尙無爲好生惡殺省慾去奢或言老子入夷狄爲浮屠浮屠者不三宿桑下不欲久生恩愛精之至也。

釋氏稽古略桓帝永興二年帝鑄黃金浮圖老子像覆以百寶蓋宮中身奉祠之世人以金銀作佛像自此而始也。

其視佛教殆與道家言相等未能區別其異同當時惟聽西域人出家禁漢人效之

高僧傳石虎時著作郎王度稱漢明感夢初傳其道惟聽西域人得立寺都邑以奉其神其漢人皆不得出家魏承漢制亦循前軌。

是漢時視佛教正如清代之視耶教禁止內地人民之信奉其後流傳漸廣始不以種族而分宗教耳

第三章 諸族並興及其同化

自漢獻帝建安元年至隋文帝開皇九年凡三百八十二年爲中國擾亂分裂之時視兩漢之統一歷年相若也以帝王篡竊之氏號別之則其中有魏蜀吳三國之六十年（漢獻建安元年。曹操遷帝於許。已爲曹氏之時代。惟自魏文受禪至晉武滅吳計之。凡六十年。）西晉統一之二十二年（晉惠帝太安二年。李特已建元。）東晉偏安之百有三年華夷雜糅之僭竊與晉對峙之百三十二年（自太安三年至北魏滅北涼。凡百三十二年。）而南北朝截然畫分南朝之宋五十八年齊二十三年梁五十五年陳三十二年北朝之魏統一九十四年（自世祖太平眞君元年。至孝武永熙二年。）其後爲西魏二十二年東魏十五年又爲北齊二十八年北周二十四年而南北始歸於一治史者以此時期爲最繁難實則政治主權者轉移與分裂雖爲若干界限而民族地方之發展不必拘拘於此界限欲考其時民族之強弱變化正當彙而觀其通耳此時期中謂爲異族蹂躪中夏之時期可謂爲異族同化於中夏之時期亦可蓋華夏之文化冠絕東方且夙具吸收異族灌輸文化之力如春秋戰國時所謂蠻夷戎狄之地後皆化於華夏武力雖或不逮而文教足使心折是固吾國歷史特著之現象也惟漢以前政治主權完全在夏族而他族則以被治者而同化漢以後政治主權不全在夏族而他族則以征服夏族者而同化蓋夏族自太古至漢經歷若干年已呈老大之象而他族以驍雄勁悍之種性漸被吾之文敎轉有新興之勢新陳代謝相磨相鏃而成兩晉南北朝之局其變化遷嬗之跡固可按史策而推知也

兩晉南北朝勃興之種族有五世謂之五胡其實氐羌之類不得謂之胡也史稱諸族之由來多出於古代之聖哲

史記匈奴列傳匈奴其先祖夏后氏之苗裔也曰淳維

後漢書西羌傳西羌之本出自三苗姜姓之別也

晉書載記慕容廆字弈洛瓌昌黎棘城鮮卑人也其先有熊氏之苗裔

又姚弋仲南安赤亭羌人也其先有虞氏之苗裔禹封舜少子於西戎世爲羌酋

魏書序紀昔黃帝有子二十五人或內列諸華或外分荒服昌意少子受封北土國有大鮮卑山因以爲號其後世爲君長統幽都之北廣漠之野畜牧遷徙射獵爲業淳朴爲俗簡易爲化不爲文字刻木紀契而已世事遠近人相傳授如史官之紀錄焉黃帝以土

德。王北俗謂土爲托。謂后爲跋。故以爲氏。其裔始均入仕堯世。逐女魃於弱水之北。民賴其勤。帝舜嘉之。命爲田祖。爰歷三代以及秦漢。獯鬻獫狁山戎匈奴之屬。累代殘暴。作害中州。而始均之裔。不交南夏。是以載籍無聞焉。

其爲附會無足深論。兩漢之世。諸族頗多雜亂。

後漢書鮮卑傳。和帝永元中。大將軍竇憲遣右校尉耿夔擊破匈奴。北單于逃走。鮮卑因此轉徙據其地。匈奴餘種留者尙有十餘萬落。皆自號鮮卑。鮮卑由此漸盛。據此。是漢以後之鮮卑。爲匈奴與鮮卑混合之種族矣。

晉書載記呂光字世明。略陽氐人也。其先呂文和。漢文帝初。自沛避難徙焉。世爲酋豪。據此。是晉時所謂氐。亦非純粹氐人。中間頗有漢族。

其後遷徙內地。益與漢族雜居。

晉書匈奴傳。前漢匈奴大亂。五單于爭立。而呼韓邪單于失其國。攜率部落。入臣於漢。漢嘉其意。割幷州北界以安之。於是匈奴五千餘落。入居朔方諸郡。與漢人雜處。呼韓邪感漢恩。來朝。漢因留之。賜其邸舍。猶因本號。聽稱單于。歲給緜絹錢穀。有如列侯。子孫傳襲。歷代不絕。其部落隨所居郡縣。使宰牧之。與編戶大同。而不輸貢賦。多歷年所。戶口漸滋。彌漫北朔。轉難禁制。後漢末、天下騷動。羣臣競言胡人猥多。懼必爲寇。宜先爲其防。建安中、魏武帝始分其衆爲五部。部立其中貴者爲帥。選漢人爲司馬以監督之。魏末、復改帥爲都尉。其左部都尉所統可萬餘落。居於太康故泫氏縣。右部都尉可六千餘落。居祁縣。南部都尉可三千落。居蒲子縣。北部都尉可四千餘落。居新興縣。中部都尉可六千餘落。居太陵縣。武帝踐阼後。塞外匈奴大水。塞泥黑難等二萬餘落歸化。帝復納之。使居河西故宜陽城下。後復與晉人雜居。由是平陽西河上黨樂平諸郡。靡不有焉。

後漢書西羌傳建武九年、班彪上言。今涼州部皆有降羌。羌胡被髮左衽。而與漢人雜處。十一年夏、先零種寇臨洮。隴西太守馬援破降之。後悉歸服。徙置天水隴西扶風三郡。

晉書載記李特巴西宕渠人。其先廩君之苗裔也。秦并天下。謂之賨人。漢末張魯居漢中。以鬼道教百姓。賨人敬信巫覡。多往奉之。值天下大亂。自巴西之宕渠遷於漢中楊車坂。抄掠行旅。百姓患之。號爲楊車巴。魏武帝剋漢中。特祖將五百餘家歸之。魏武帝拜爲將軍。遷於略陽北土。復號之爲巴氐。特父慕爲東羌獵將。特少仕州郡。見異當時。

晉書匈奴傳北狄以部落爲類。其入居塞者。有屠各種鮮支種寇頭種烏譚種赤勤種捍蛭種黑狼種赤沙種鬱鞞種萎莎種禿童種勃蔑種羌渠種賀賴種鍾企種大樓種雍屈種眞樹種力羯種。凡十九種。皆有部落。不相雜錯。

雖異族多仍故俗。猶以部落爲別。

且語言形貌。亦與華夏不同。

晉書載記石閔誅胡羯。時高鼻多鬚。至有濫死者。據此。是胡羯多高鼻多鬚。與漢人形貌不同。

隋書經籍志後魏初定中原。軍容號令。皆以夷語。後染華俗。多不能通。故錄其本言。相傳教習。謂之國語。據此。是鮮卑等族之語。入居中國後。仍沿用之。

然嚮慕華風、交通婚媾、冒姓、養子。譜諜不明者甚多。

晉書載記初漢高祖以宗女爲公主。以妻冒頓。約爲兄弟。故其子孫遂冒姓劉氏。

又冉閔字永曾。小字棘奴。季龍之養孫也。父瞻字弘武。本姓冉名良。魏郡內黃人也。其先漢黎陽騎都督。累世牙門。勒破陳午。獲瞻時年十二命季龍子之閔。幼而果銳。季龍撫之如孫。

魏書序紀。詰汾皇帝無婦家。力微皇帝無舅家。（史謂詰汾遇天女生力微。實傳會之說。蓋其初無譜諜。莫可稽考耳。）

故謂諸族皆出於夏族者。固非。謂其純粹為異族而排斥之。亦不盡然也。

兩漢之世。華戎雜居。所以徠遠示恩。彰其歸化之盛也。至魏武時。反倚羌胡。實邊助國。其勢漸成。反客為主。故至晉而益不可制。觀郭欽江統諸人之論可見。

通鑑卷八十一。漢魏以來。羌胡鮮卑降者。多處之塞內諸郡。其後數因忿恨殺害長吏。漸為民患。侍御史西河郭欽上疏曰。戎狄彊獷。歷古為患。魏初民少。西北諸郡。皆為戎居。內及京兆魏郡弘農。往往有之。今雖服從。若百年之後。有風塵之警。胡騎自平陽上黨不三日至孟津。北地西河太原馮翊安定上郡。盡為狄庭矣。宜及平吳之威。謀臣勇將之略。漸徙內郡雜胡於邊地。峻四夷出入之防。明先王荒服之制。此萬世長策也。帝不聽。

又卷八十三。太子洗馬陳留江統。以為戎狄亂華。宜絕其原。乃作徙戎論。以警朝廷曰。秦始皇并天下。兵威旁達。攘胡走越。當是時中國無復四夷也。漢建武中。馬援領隴西太守。討叛羌。徙其餘種於關中。居馮翊河東空地。數十歲之後。族類蕃息。既恃其肥彊。且苦漢人侵之。永初初元。羣羌叛亂。覆沒將守。屠破城邑。鄧騭敗北。侵及河內。十年之中。夷夏俱斃。任尚馬賢僅乃克之。自此之後。餘燼不盡。小有際會。輒復侵叛。中世之寇。惟此為大。魏興之初。與蜀分隔。疆場之戎。一彼一此。武帝徙武都氐於秦川。欲以弱寇彊國。捍禦蜀虜。此蓋權宜之計。非萬世之利也。今者當之。已受其敝矣。　當今之世。宜及兵威方盛。眾事未罷。徙馮翊北地新平安定界內諸羌。著先零罕幵析支之地。徙扶風始平京兆之氐。出還隴右。著陰平武都之界。　關中之人。百餘萬口。率其多少。戎狄居半。　幷州之胡。本實匈奴桀惡之寇也。建安中、使右賢王去卑誘質呼廚泉。聽其部落散居六郡。　今五部之衆。戶至數萬。人口之盛。過於西戎。其天性驍勇。弓馬便利。倍於氐羌。若有不虞風塵之慮。則幷州之域可爲寒心。　朝廷不能用。

近人論史者。專歸咎於漢人之失策。蓋僅知其遠因。而不見其近因也。

夏曾佑中國歷史。西北諸游牧族。本與中國雜居。至戰國之末。諸侯力政。諸戎乃爲中國所滅。餘類奔迸。逸出塞外。其後族類稍繁。又復出爲中國患。兩漢之世。竭天下之力。歷百戰之苦。僅乃克之。而後烏桓鮮卑匈奴氐羌西域之衆。悉稽首漢廷。稱臣僕。漢之勢可謂盛矣。然漢人之所以處置之者。其法甚異。往往於異族請降之後。卽遷之內地。宣帝時納呼韓邪。居之亭障。委以候望。趙充國擊西羌。徙之於金城郡。光武時亦以南庭數萬衆。徙入西河。亦轉至五原。連延七郡。而煎當之亂。馬援遷之三輔。在漢人之意。以爲遷地之後。卽不復爲患。不知其後之患。轉甚於未滅時。董卓之亂。汾晉蕭然。已顯大亂之象。故其時深識之士。頗能知之。

異族之禍。以永嘉末年爲最甚。石勒劉曜等所殺晉人。不下數十萬人。其被驅掠轉徙者。尙不可勝計。

通鑑卷八十七。永嘉五年夏四月。石勒率輕騎追太傅越之喪。及於苦縣寧平城。大敗晉兵。縱輕騎圍而射之。將士十餘萬人相踐如山。無一人得免者。　漢主聰使前軍大將軍呼延晏將兵二萬七千寇洛陽。比及河南。晉兵前後十二敗。死者三萬餘人。始安王曜王彌石勒等皆引兵會之。六月丁酉、王彌呼延晏克宣陽門。入南宮。升太極前殿。縱兵大掠。士民死者三萬餘人。遂發掘諸陵。焚宮廟官府皆盡。曜納惠帝羊皇后。遷帝及六璽於平陽。

其後冉閔之殺胡羯數亦相等。

晉書載記石鑒僭位。以石閔為大將軍。龍驤孫伏都等結羯士三千。欲誅閔等。閔攻斬伏都。自鳳陽至琨華。橫尸相枕。流血成渠。宣令內外六夷。敢稱兵杖者斬之。胡人或斬關。或踰城而出者。不可勝數。令城內曰。與官同心者住。不同心者各任所之。敕城門不復相禁。於是趙人百里內悉入城。胡羯去者塡門。閔知胡之不為己用也。班令內外趙人。斬一胡首送鳳陽門者。文官進位三等。武職悉拜牙門。一日之中。斬首數萬。閔躬率趙人誅諸胡羯。無貴賤男女少長皆斬之。死者二十餘萬。尸諸城外。悉為野犬豺狼所食。屯據四方者。所在承閔書誅之。時晉穆帝永和五年。距永嘉五年。僅三十九年。

四十年間。胡漢相殺。若循環然。事亦慘矣。而石虎苻生等。殺人尤極殘酷。無復人理。自晉以降之史策。殆血史耳。然自文化一方觀之。則諸族之布在中夏。亦多同化於中國之文敎。就其大者言之。約有數端。

(一)則諸族酋豪。多躬染中國之文學也。

晉書載記。劉淵幼好學。師事上黨崔游。習毛詩、京氏易、馬氏尚書。尤好春秋左氏傳、孫吳兵法。略皆誦之。史漢諸子。無不綜覽。嘗謂同門生朱紀范隆曰。吾每觀書傳。常鄙隨陸無武。絳灌無文。道由人弘。一物之不知者。固君子之所恥也。　劉和好學夙成。習毛詩、左氏傳、鄭氏易。　劉宣師事樂安孫炎。沈精積思。不舍晝夜。好毛詩、左氏傳。炎每歎曰。宣若遇漢武。當踰於金日磾也。學成而返。不出門閭蓋數年。每讀漢書至蕭何鄧禹傳。未曾不反覆詠之。曰。大丈夫若遭二祖。終不令兩公獨擅美於前矣。　劉聰幼而聰悟好學。博士朱紀大奇之。年十四。究通經史。兼綜百家之言。孫吳兵法。靡不誦。工草隸。善屬文。著述懷詩百餘篇。賦頌五十餘篇。　劉曜讀書志於廣覽不精思章句。善屬文。工草隸。尤好兵書。略皆闇誦。常輕侮吳鄧。而自比樂毅蕭曹。　石勒雅好文學。雖在軍旅。常令儒生讀史書而聽之。每以其意論古帝王善惡。朝賢儒士聽者。莫不歸美。嘗使人讀漢書。聞酈食其勸立六國後。大驚曰。此法當失。何得遂成天下。至留侯諫。乃曰。賴有此耳。其天資英達如此。　石弘幼受經於杜嘏。誦律於續咸。　石虎雖昏虐無道。而頗慕經學。　慕容皝尚經學。善天文。　慕容儁博觀圖書。有文武幹略。　苻堅八歲請師就家學。祖洪曰。汝戎狄異類。世知飲酒。今乃求學耶。欣而許之。堅性至孝。博學多才藝。　苻丕少而聰慧好學。博綜經史。　姚襄少有高名。好學博通。雅善談論。　姚興與舍人梁喜等講論經籍。不以兵難廢業。　姚泓博學善談論。尤好詩詠。　李流少好學。　李庠才兼文武。　慕容寶敦崇儒學。工談論。善屬文。　禿髮傉檀與尚書郎韋宗論六國縱橫之規。三家戰爭之略。機變無窮。辭致清辨。宗歎曰。命世大才。不必華宗夏士也。　慕容德博觀羣書。性清愼。多才藝。　沮渠蒙遜博涉羣史。頗曉天文。

魏書明元帝好覽史傳。撰新集三十篇。採經史該洽古傳。　景穆帝好讀經史。皆通大義。（孝文事詳後）

(二)則諸酋立國。亦多仿中國之敎學也。

晉書載記劉曜立太學於長樂宮東。小學於未央宮西。簡百姓年二十五以下。十三以上。神志可敎者千五百人。選朝賢宿儒明經篤學以敎之。　石勒立太學。簡明經善書吏。署爲文學掾。選將佐子弟三百人敎之。復又增置宣文、宣敎、崇儒、崇訓十餘小學於襄國四門。簡將佐豪右子弟百餘人以敎之。稱趙王後。立經學祭酒、律學祭酒、史學祭酒等官。親臨大小學。考諸生經義。尤高者賞帛有差。咸和六年。造明堂辟雍靈臺於襄國城西。命郡國立學官。每郡置博士祭酒二人。弟子百五十人。　石虎令諸郡國立五經博士。

復置國子博士助教又遣國子博士詣洛陽寫石經。慕容皝立東庠於舊宮以行鄉射之禮每月臨觀考試優劣學徒甚盛至千餘人。慕容儁立小學於顯賢里以教胄子。苻堅廣修學官召郡國學生通一經以上充之六卿以下子孫並遣受業堅親臨太學考學生經義優劣品而第之行禮於辟雍祀先師孔子其太子及公侯卿大夫士之元子皆束修釋奠焉以安車蒲輪徵隱士樂陵王勸爲國子祭酒禁老莊圖讖之學中外四禁二衞四軍長上將士皆令修學課後宮置典學立內司於掖庭選閹人及女隸有聰識者置博士以授經。姚萇令諸鎭各置學官勿有所廢考試優劣隨才擢敘。姚興時天水張龕、東平淳于岐、馮翊郭高等皆耆儒碩德經明行修各門徒數百教授長安諸生自遠而至者萬數千人興每於聽政之暇引龕等於東堂講論道藝錯綜名理涼州胡辯苻堅之末東徙洛陽講授弟子千有餘人關中後進多赴之請業興敕關尉曰諸生諮訪道藝修己厲身往來出入勿拘常限於是學者咸勸儒風盛焉。馮跋營建太學以長樂劉軒、營丘張熾、成周翟崇爲博士郎中簡二千石以下子弟年十三以上教之。禿髮利鹿孤以田玄冲、趙誕爲博士祭酒以教胄子。

(三)則諸國政事亦多倣中國之法意也

晉書載記石勒僞稱趙王依春秋列國漢初侯王、每世稱元改稱趙王元年始建社稷立宗廟營東西官署遣使循行州郡勸課農桑。朝會常以天子禮樂饗其羣下。威儀冠冕從容可觀又下書禁國人不聽報嫂及在喪婚娶其燒葬令如本俗始制軒懸之樂八佾之舞爲金銀大輅黃屋左纛天子車旗禮樂備矣。慕容廆移居大棘城教以農桑法制同於上國二京傾覆幽冀淪陷廆刑政修明虛懷引統路有頌聲。苻堅僭稱大秦天王修廢職繼絕世禮神祇課農桑立學校鰥寡孤獨、高年不自存者賜穀帛有差其殊才異行、孝友忠義、德業可稱者。令所在以聞。是秋大旱。堅減膳撤懸。金玉綺繡、皆散之戎士。後宮悉去羅綺。衣不曳地。開山澤之利。公私共之。堅起明堂。繕南北郊。祀其祖洪以配天。宗祀其伯健於明堂。以配上帝。親耕籍田。其妻苟氏親蠶於近郊。以王猛爲侍中中書令京兆尹。其中丞鄧羌性鯁直不撓。與猛協規齊志。數旬之間。貴戚强豪誅死者二十有餘人。於是百寮震肅。豪右屏氣。路不拾遺。風化大行。堅歎曰。吾今始知天下之有法也。天子之爲尊也。王猛整齊風俗。政理稱擧。學校漸興。關隴淸晏。百姓豐樂。自長安至於諸州。皆夾路樹槐柳。二十里一亭。四十里一驛。旅行者取給於途。工商貿販於道。當時諸國法制。大抵依做漢晉。其不然者。史輒著之。如李雄傳稱雄爲國。無威儀。官無祿秩。班序不別。君子小人服章不殊。行軍無號令。用兵無部對。戰勝不相讓。敗不相救。攻城破邑。動以虜獲爲先。此其所以失也。以此知他國之有秩序者。多做中國之制矣。

推其所以同化之故。亦有三因。（一）則雜居既久。習於中國之政敎也。（二）則中國政敎根柢深固。雖經三國兩晉之擾亂。其爲扶世翼俗之本。固天下所公認也。三國之時。公私學校。雖遜於兩漢。然亦未盡廢絕。魏黃初五年。立太學。制五經課試之法。太和青龍中。太學諸生有千數。吳孫休永安元年。詔按舊制。置學官。立五經博士。蜀亦有儒林校尉、典學校尉、勸學從事、典學從事等官。據蜀志、譙周爲勸學從事。從典學從事。晉書文立傳、立在蜀時。游太學。專毛詩三禮。師事譙周。是周嘗敎於蜀之太學也。西晉時。太學置博士十九人。太學生三千人。太始中。太學生至七千餘人。蓋統一之後。學校且漸盛矣。東晉元帝置博士八八。而不立學校。成帝始立國學。孝武增之。其房屋僅百五十間。而品課無章。世多譏之。此則學校敎育。因喪亂而衰替而亦未始廢絕之證也。（一）則諸侯割據。仍多用漢人爲政也。如石勒之張賓。苻堅之王猛等皆是。晉書載記備列其傳。而慕容廆傳言之尤詳。廆所用之裴嶷。既有傳。廆傳又稱曰推擧賢才。委以庶政。以河東裴嶷、代郡魯昌、北平陽耽爲謀主。北海逢羨、廣平游邃、北平西方虔、渤海封抽、西河宋奭、河東裴開爲股肱。渤海封弈、平原宋該、安定皇甫岌、蘭陵繆愷、以文章才俊。任居樞要。會稽朱左軍、太山胡毋翼、魯國孔纂、以舊德淸望。引爲賓友。平原劉讚、儒學該通。引爲東庠祭酒。其世子皝率國胄束修受業焉。可見鮮卑之同化。首由諸漢人矣。漢人之仕異族。不足爲訓。而於異族不爲無補。唐史臣稱石勒襪氈裘襲冠帶。釋介胄。開庠序。鄰敵懼威而獻款。絕域承風而納貢。古之爲國。曷以加諸。雖曰凶殘。亦一時傑也。殆未、知所以造成此時之豪傑之原因，徒美其人之姿稟耳。諸族之興，亦非僅同化於中夏也，其輸入印度文化，亦有力焉。漢季佛教東來，初未普及。三國時孫權、孫皓，皆致疑於佛教，崇信未深。

高僧傳康僧會以吳赤烏十年，初達建業，營建茅茨，設像行道。時吳國以初見沙門，覩形未及其道，疑爲矯異。有司奏曰，有胡人入境，自稱沙門，容服非恒，事應檢察。權卽召會詰問有何靈驗。會曰，如來遷迹，忽踰千載，遺骨舍利，神曜無方。昔阿育王起塔，乃八萬四千。夫塔寺之興，以表遺化也。權以爲誇誕，乃謂會曰，若能得舍利，當爲造塔；如其虛妄，國有常刑。會請期三七，果獲舍利。明旦呈權，舉朝集觀。權大嗟服，卽爲建塔，以始有佛寺，故號建初寺，因名其地爲佛陀里。由是江左大法遂興。至孫皓卽位，法令苛虐，廢棄淫祠，乃及佛寺，並欲毀壞。

釋氏稽古略，皓有疾，請會說法悔罪。會爲開示玄要，及授五戒，少頃疾愈。由是奉會爲師，崇飾寺塔。

至石勒、石虎、苻堅、姚興等，始敬禮佛圖澄、鳩摩羅什。

晉書藝術傳佛圖澄傳，石勒屯兵葛陂，專行殺戮，沙門遇害者甚衆。大將軍郭黑略稱澄智術非常，勒召澄，試以道術，信之。勒死，季龍僭位，傾心事澄，有重於勒。朝會之日，引之升殿，常侍以下，悉助舉輿，太子諸公，扶翼而上，主者唱大和尚，衆坐皆起，以彰其尊。又使司空李農旦夕親問，其太子諸公五日一朝，尊敬莫與爲比。

又鳩摩羅什傳，龜茲王迎之，廣說諸經。苻堅聞之，密有迎羅什之意，乃遣驍騎將軍呂光等率兵七萬，西伐龜茲，謂光曰，若獲羅什，卽馳驛送之。光破龜茲。獲羅什。還至涼州。堅已爲姚萇所害。於是竊號河右。羅什在涼州積年。呂光父子既不弘道。故蘊其深解。無所宣化。姚興遣姚碩德西伐。破呂隆。乃迎羅什。待以國師之禮。

而譯學始興。演說亦盛。

晉書鳩摩羅什傳。興使羅什入西明閣及逍遙園。譯出衆經。羅什多所諳誦。無不究其義旨。既覽舊經。多有紕繆。於是興使沙門僧叡僧肇等八百餘人。傳受其旨。更出經論。凡三百餘卷。

又姚興傳。興如逍遙園。引諸沙門於澄玄堂。聽鳩摩羅什演說佛經。羅什通辨夏言。尋覽舊經。多有乖謬。不與胡本相應。興與羅什及沙門僧略僧遷道樹僧叡道坦僧肇曇順等八百餘人。更出大品。羅什持胡本。興執舊經。以相考核。其新文異舊者。皆會於理義。續出諸經并諸論三百餘卷。今之新經。皆羅什所譯。

州郡化之。事佛者。十室而九。

晉書姚興傳。興既託意於佛道。公卿已下。莫不欽附。沙門自遠而至者五千餘人。起浮屠於永貴里。立波若臺於中宮。沙門坐禪者恒有千數。州郡化之。事佛者十室而九矣。

釋道安之傳佛教於南方。亦與澄什相表裏。

魏書釋老志。沙門常山衞道安。覃思構精。神悟妙賾。曾至鄴。候浮圖澄。澄見而異之。澄卒後。中國紛亂。道安乃率門徒南遊新野。欲令玄宗在所流布。分遣弟子。各趣諸方。法汰詣揚州。法和入蜀。道安與慧遠之襄陽。道安後入苻堅。堅宗以師禮。時西域有胡沙門鳩

摩羅什思通法門道安思與講譯每勸堅致羅什什亦承安令問謂之東方聖人

蓋異族之信宗教視夏人爲易故晉世諸族迭興一方爲吾國儒教所濡染一方又爲印度思想之媒介不獨混合各方之種族並且混合各方之文化焉是亦吾國自有歷史以來一特別之現象也

第四章　南北之對峙

吾國疆域遼闊國民胸襟廣大本無畛域之見雖中庸有南方之强北方之强之語然其所謂南北並無明確之界限自封建變爲郡縣四海之內統於一政府南方未開化之地日益開闢陝洛之人視楚越之風氣固有差異

史記貨殖傳楚越之地地廣人稀飯稻羹魚或火耕而水耨果隋蠃蛤不待賈而足地勢饒食無饑饉之患以故呰窳偸生無積聚而多貧是故江淮以南無凍餓之人亦無千金之家

漢書吳王濞傳上患吳會輕悍　地理志江南卑濕丈夫多夭其失巧而少信

然未嘗排斥南人也東漢以降分爲三國吳之與魏遂有南北對抗之勢

通鑑卷六十九黃初三年文帝自許昌南征曹休在洞口自陳願將銳卒虎步江南因敵取資事必克捷帝恐休便渡江驛馬止之侍中董昭侍側曰竊見陛下有憂色獨以休濟江故乎今者渡江人情所難就休有此志勢不獨行

又卷七十黃初六年帝如廣陵故城臨江觀兵戎卒十餘萬旌旗數百里有渡江之志吳人嚴兵固守時天寒冰舟不得入江帝見波

濤洶湧。歎曰。嗟乎固天所以限南北也。遂歸。

吳國人才多產南土。山越之地。迭經開闢。

吳志諸葛恪傳。恪以丹陽山險。民多果勁。出之、可得甲士四萬。衆議以丹陽與吳郡會稽新都鄱陽四郡鄰接。周旋數千里。山谷萬重。其幽邃人民。未嘗入城邑。後漢書劉寵傳。拜會稽太守。山民愿朴。乃有白首不入市井者。頗爲官吏所擾。寵簡除煩苛。禁察非法。郡中大化。徵爲將作大匠。山陰縣有五六老叟。龐眉皓髮。自若邪山谷間出。人齎百錢以送寵。寵勞之曰。父老何自苦。對曰。山谷鄙生。未嘗識郡朝。今聞當見棄去。故自扶奉送。可與此文相證、皆仗兵野逸。征伐爲難。權拜恪撫越將軍。領丹陽太守。恪移書屬城長吏。令各保界分。內諸將羅兵幽阻。不與交鋒。候其穀熟。縱兵芟刈。山民饑窮。漸出降首。人數皆如本規。

王鳴盛十七史商榷。山越事見恪傳。又見吳主孫權傳建安五年、嘉禾三年。又見太史慈、孫賁、吳主權徐夫人、周瑜、黃蓋、韓當、朱治、張溫、賀齊等傳中。或言鎮撫。或言討平。或言山越懷附云云。陳書三卷、世祖本紀。授會稽太守。山越深險。皆不賓附。新唐書百八十二卷、裴休傳。貞元時。浙東劇賊栗鍠。誘山越爲亂。蓋山越歷六朝至唐爲害未息。

南及交廣。物產饒衍。故立國江東。不滅於中土也。

晉室平吳。暫復統一。吳人入洛。頗爲北人所輕。

晉書周處傳。陳準曰。周處吳人。有怨無援。

又陸機傳。范陽盧志於衆中問機曰。陸遜陸抗於君遠近。機曰。如君於盧毓盧珽。志默然。既起。雲謂機曰。殊邦遐遠。容不相悉。何至於此。機曰。我父祖名播四海。寧不知耶。

通鑑卷八十五王彰諫成都王穎曰。陸機吳人。殿下用之太過。北土舊將皆疾之。

惠懷之際。海內大亂。獨江東差安。中國士民避亂。相率南徙。號曰渡江。元帝定都建康。而南方為漢族正統之國者。二百七十餘年。中州人士。僑寄不歸。

晉書地理志元帝渡江。建都揚州。是時司冀雍涼青幷兗豫幽平諸州皆淪沒。江南所得。但有揚荊江梁益交廣。其徐州則有過半。豫州惟得譙城而已。中原亂離。遺黎南渡。並僑置牧司在廣陵。丹徒南城。非舊土也。及胡寇南侵。淮南百姓皆渡江。成帝初。蘇峻祖約為亂於江淮。胡寇又大至。百姓南渡者轉多。乃於江南僑立淮南郡及諸縣。又於尋陽僑置松滋郡。遙隸揚州。咸康四年。僑置魏郡廣川高陽堂邑等諸郡。幷所統縣。幷寄居京邑。改陵陽為廣陵。孝武寧康二年。又分永嘉郡之永寧縣。置樂成縣。是時上黨百姓南渡。僑立上黨郡為四縣。寄居蕪湖。 永嘉之亂。臨淮淮陵並淪沒石氏。元帝渡江之後。徐州所得惟半。乃僑置淮陽陽平濟陰北濟陰四郡。又琅邪國人隨帝過江者。遂置懷德縣及琅邪郡以統之。是時幽冀青幷兗五州及徐州之淮北流人。相帥過江淮。帝並僑立郡縣。以司牧之。割吳郡之海虞北境。立郯朐利城祝其厚丘西隰襄賁七縣。寄居曲阿。以江乘置南東海南琅邪南東平南蘭陵等郡。分武進立臨淮淮陵南彭城等郡。屬南徐州。又置頓丘郡。屬北徐州。明帝又立南沛南清河南下邳南東莞南平昌南濟陰南濮陽南太平南泰山南濟陽南魯等郡。以屬徐兗二州。初或居江南。或居江北。或以兗州領州。郗鑒都督青兗二州諸軍事、兗州刺史、加領徐州刺史。鎮廣陵。蘇峻平。後自廣陵還鎮京口。又於漢故九江郡界置鍾離郡。屬南徐州。江北又僑立幽冀青幷四州。穆帝時移南東海七縣。出居京口。義熙七年。始分淮北為北徐州。淮南但為徐州。

始猶以貴族陵蔑南士。

晉書周玘傳玘宗族強盛。人情所歸。帝疑憚之。於是中州人士佐佑王業。而玘自以為不得調。內懷怨望。復為刁協輕之。恥恚愈甚。時鎮東將軍祭酒東萊王恢亦為周顗所侮。乃與玘陰謀誅諸執政。推玘及戴若思諸南士共奉帝以經緯世事。謀泄。玘憂憤發背而卒。將卒。謂子勰曰。殺我者諸傖子。能復之。乃吾子也。吳人謂中州人曰傖。故云耳。勰字彥和。常緘父言。時中土亡官失守之士避亂來者。多居顯位。駕御吳人。吳人頗怨。勰因之欲起兵。豪傑樂亂者翕然附之。元帝以周氏奕世豪望。吳人所宗。故不窮法。撫之如舊。

或以流人志圖振復。

晉書祖逖傳逖字士稚。范陽遒人也。世吏二千石。為北州舊姓。京師大亂。逖率親黨數百家避地淮泗。逖多權略。少長咸宗之。推逖為行主。達泗口。元年逆用為徐州刺史。尋徵軍諮祭酒。居丹徒之京口。逖以社稷傾覆。常懷振復之志。賓客義徒皆暴桀勇士。逖遇之如子弟。時揚土大饑。此輩多為盜竊。攻剽富室。逖撫慰問之曰。比復南塘一出不。或為吏所繩。逖輒擁護救解之。

又王導傳桓彝初過江。見朝廷微弱。謂周顗曰。我以中州多故。來此欲求全活。而寡弱如此。將何以濟。憂懼不樂。往見導。極談世事。還謂顗曰。得見管夷吾。無復憂矣。過江人士。每至暇日。相要出新亭飲宴。周顗中坐而歎曰。風景不殊。舉目有江山之異。皆相視流涕。惟導愀然變色曰。當共戮力王室。剋復神州。何至作楚囚相對泣耶。

洎久而相安。北人遂為南人。而留仕異族及羌胡諸種。乃為北人。學問、文章。禮尚、風俗。從此有南北之殊矣。

晉時北方紛亂，未有定名。至宋魏分立，畫淮而治。於是南人呼北人爲索虜，北人呼南人爲島夷。

晉書石虎傳：吾南擒劉岳，北走索頭。（索頭之名，晉時已有。蓋時人呼鮮卑之稱也。）

宋書索虜傳：索虜姓託跋氏，其先漢將李陵後也。匈奴有數百千種，各立名號，索頭亦其一也。晉初，索頭種有部落數萬家在雲中。（按託跋氏非李陵之後。李陵降匈奴，亦未辮髮。漢書李陵傳，衞律持牛酒勞漢使，博飲。兩人皆胡服椎結。又曰，陵墨不應，熟視而自循其髮，答曰，吾已胡服矣。是匈奴之俗椎結，鮮卑之俗辮髮，二種截然不同。）

魏書僭晉司馬叡傳：叡僭即大位，都於丹陽，因孫權之舊所，即禹貢揚州之地，去洛二千七百里。其地多山水，陽鳥攸居，厥土爲塗泥，厥田惟下下，所謂島夷卉服者也。

通鑑卷六十九司馬光曰：漢室顛覆，三國鼎峙，晉氏失馭，五胡雲擾，宋魏以降，南北分治，各有國史，互相排黜，南謂北爲索虜，北謂南爲島夷。（注，索虜者，以北人辮髮，謂之索頭也。島夷者，以東南際海，謂之島中也。）

雖或通使往來，猶時致其嘲弄。

楊衒之洛陽伽藍記：魏楊元愼嘲梁使陳慶之曰：吳人之鬼，住居建康，小作冠帽，矮製衣裳，自呼阿儂，語則阿傍，菰稗爲飯，茗飲作漿，呷啜蓴羹，唼嗍蟹黃，手把豆蔻，口嚼檳榔，乍至中土，思憶本鄉，急急速去，還爾丹陽。

北方之無恥者，至專以敎子弟學鮮卑語爲能事。

顏氏家訓：齊朝有一士大夫，嘗謂吾曰：我有一兒，年已十七，頗曉書疏，敎其鮮卑語及彈琵琶，稍欲通解，以此伏事公卿，無不寵愛，亦要事也。吾時俛而不答。異哉，此人之敎子也。若由此業自致卿相，亦不願汝曹爲之。

其文化之相懸可知。北史儒林文苑傳略述當時南北學派之別。

北史儒林傳大抵南北所為章句好尚。互有不同。江左周易則王輔嗣。尚書則孔安國。左傳則杜元凱。河洛左傳則服子慎。尚書周易則鄭康成。詩則並主於毛公。禮則同遵於鄭氏。南人約簡。得其英華。北學深蕪。窮其枝葉。考其終始。要其會歸。其立身成名。殊方同致矣。

又文苑傳自漢魏以來。迄乎晉宋。其體屢變。前哲論之詳矣。暨永明天監之際。太和天保之間。洛陽江左。文雅尤盛。彼此好尚。雅有異同。江左宮商發越。貴於清綺。河朔詞義貞剛。重乎氣質。氣質則理勝其詞。清綺則文過其意。理深者便於時用。文華者宜於詠歌。此其南北詞人得失之大較也。

顏氏家訓紀南北禮俗之異點尤多。

顏氏家訓後娶篇江左不諱庶孽。喪室之後。多以妾媵終家事。疥癬蚊虻。或未能免。限以大分。故稀鬬鬩之恥。河北鄙於側出。不預人流。是以必須重娶。至於三四。母年有少於子者。後母之弟。與前婦之兄。衣服飲食。爰及婚宦。至於士庶貴賤之隔。俗以為常。身沒之後。辭訟盈公門。謗辱彰道路。子誣母為妾。弟黜兄為傭。播揚先人之辭迹。暴露祖考之長短。以求直己者。往往而有。

又治家篇江東婦女。略無交遊。其婚姻之家。或十數年間。未相識者。唯以信命贈遺。致殷勤焉。鄴下風俗。專以姑持門戶。爭訟曲直。造請逢迎。車乘填街衢。綺羅盈府寺。代子求官。為夫訴屈。此乃恒代之遺風乎。南間貧素。皆事外飾。車乘衣服。必貴齊整。家人妻子。不免飢寒。河北人事。多由內政。綺羅金翠。不可廢闕。羸馬顇奴。僅充而已。唱和之禮。或爾汝之又風操篇別易會難。古人所重。江南餞送。下泣言離。北間風俗。不屑此事。岐路言離。歡笑分首。　凡家親世數有從父。有從祖。有族祖。江南風俗。自茲以往。高秩者通呼爲尊。同昭穆者。雖百世猶稱兄弟。若對他人稱之。皆云族人。河北士人。雖二三十世。猶呼爲從伯從叔。梁武帝嘗問一中士人云。卿北人。何故不知有族。答云。骨肉易疏。不忍言族耳。　江南喪哭。時有哀訴之言耳。山東重喪。則唯呼蒼天。朞功以下。則唯呼痛深。

又書證篇南方以晉渡江後。北間傳記。皆名爲僞書。不貴省讀。

又音辭篇南方水土和柔。其音清舉而切詣。失在浮淺。其辭多鄙俗。北方山川深厚。其音沉濁而訛鈍。得其質直。其辭多古語。然冠冕君子。南方爲優。閭里小人。北方爲愈。易服而與之談。南方庶士。數言可辨。隔垣而聽其語。北方朝野。終日難分。而南染吳越。北雜夷虜。皆有深弊。不可具論。

又雜藝篇晉宋以來。多能書者。故其時俗。遞相染尚。所有部帙。楷正可觀。不無俗字。非爲大損。至梁天監之間。斯風未變。大同之末。訛替滋生。蕭子雲改易字體。邵陵王頗行僞字。前上爲草。能傍作長之類是也。朝野翕然。以爲楷式。北朝喪亂之餘。書迹鄙陋。加以專輒造字。猥拙甚於江南。乃以百念爲憂。言反爲變。不用爲罷。追來爲歸。更生爲蘇。先人爲老。如此非一。徧滿經傳。　弧矢之利。以威天下。先王所以觀德擇賢。亦濟身之急務也。江南爲世之常射。以爲兵射。冠冕儒生。多不習者。別有博射。弱弓長箭。施於準的。揖讓昇降。以行禮焉。防禦寇難。了無所益。亂離之後。此術遂亡。河北文士。率曉兵射。非直葛洪一箭。已解追兵。三九讌集。常縻榮賜。雖然要輕禽。截狡獸。不願汝輩爲之。

以政權之不一致，文化亦分畛域，彌年歷禩，相去益遠，互事訾謷，各從習慣，致令後之人，雖在統一之時，亦受其影響，好分為南北兩派之言，是則異族陵轢中夏之害也。

第五章　清談與講學

東漢之季，由樸學而趨游談，士之善談論者，輒獲盛名。

後漢書郭太傳：博通墳籍，善談論，美音制，游於洛陽，始見河南尹李膺，膺大奇之，遂相友善，於是名震京師。

又謝甄傳：與陳留邊讓並善談論，俱有盛名。

又符融傳：游太學，師事少府李膺，膺夙性高簡，每見融，輒絕它賓客，聽其言論，融幅巾奮褎，談辭如雲，膺每捧手歎息。

或為美語相為題品。

後漢書黨錮傳：學中語曰：天下模楷李元禮，不畏彊禦陳仲舉，天下俊秀王叔茂。

又儒林傳：召馴博通書傳，鄉里號之曰：德行恂恂召伯春。（此在東漢初）許慎博學經籍，時人為之語曰：五經無雙許叔重。

或以覈論高下人物。

後漢書許劭傳：劭與靖俱有高名，好共覈論鄉黨人物，每月輒更其品題，故汝南俗有月旦評焉。

此一時之風氣也。漢魏之際，天下大亂，乘時趨勢者，不以道義為重。

魏志建安十九年十二月，令曰：夫有行之士，未必能進取，進取之士，未必能有行也。陳平豈篤行，蘇秦豈守信耶？而陳平定漢業，蘇秦

濟弱燕由此言之士有偏短庸可廢乎有司明思此義則士無遺滯官無廢業矣

又裴松之注建安二十二年八月令曰昔伊摯傅說出於賤人管仲桓公賊也皆用之以興蕭何曹參縣吏也韓信陳平負汚辱之名有見笑之恥卒能成就王業聲著千載吳起貪將殺妻自信散金求官母死不歸然在魏秦人不敢東向在楚則三晉不敢南謀今天下得無有至德之人放在民間及果勇不顧臨敵力戰若文俗之吏高才異質或堪爲將守負汚辱之名見笑之行或不仁不孝而有治國用兵之術其各舉所知勿有所遺

曠達之士目擊衰亂甘不隱避則託爲放逸

魏志阮瑀子籍才藻豔逸而倜儻放蕩行己寡欲以莊周爲模則時有樵郡嵇康文辭壯麗好言莊老 魏氏春秋籍以世多故祿仕而已聞步兵校尉缺廚多美酒營人善釀酒求爲校尉遂縱酒昏酣遺落世事

而何晏王弼等遂開清談之風

晉書王衍傳魏正始中何晏王弼等祖述老莊立論以爲天地萬物皆以無爲爲本無也者開物成務無往不存者也陰陽恃以化生萬物恃以成形賢者恃以成德不肖恃以免身故無之爲用無爵而貴矣

顧炎武日知錄魏明帝殂少帝即位改元正始凡九年其十年則太傅司馬懿殺大將軍曹爽而魏之大權移矣三國鼎立至此垂三十年一時名士風流盛於洛下乃其棄經典而尙老莊蔑禮法而崇放達視其主之顚危若路人然卽此諸賢爲之倡也自此以後競相祖述如晉書言王敦見衞玠謂長史謝鯤曰不意永嘉之末復聞正始之音沙門支遁以清談著名於時莫不崇敬以爲造微

之功足參諸正始。宋書言羊玄保有二子。太祖名賜曰咸曰粲。謂玄保曰。欲令卿二子有林下正始餘風。王微與何偃書曰。卿少陶玄風。淹雅修暢。自是正始中人。南齊書言袁粲言於帝曰。臣觀張緒有正始遺風。南史言、何尚之謂王球。正始之風尚在。其爲後人企慕如此。

晉室之興、世亂未已。向秀之徒。益尚玄風。

晉書向秀傳。好老莊之學。爲之隱解。發明奇趣。振起玄風。讀之者超然心悟。莫不自足一時也。惠帝之世。郭象又述而廣之。儒墨之迹見鄙。道家之言遂盛焉。

名士達官。翕然傾嚮。不治世務。祖尚浮虛。

晉書王衍傳。衍有盛才美貌。明悟若神。常自比子貢。兼聲名藉甚。傾動當世。妙善玄言。唯談老莊爲事。衍將死。顧而言曰。嗚呼。吾曹雖不如古人。向若不祖尚浮虛。戮力以匡天下。猶可不至今日。

又樂廣傳。廣性冲約。有遠識。寡嗜慾。與物無競。尤善談論。每以約言析理。以厭人之心。其所不知。默如也。尚書令衛瓘。朝之耆舊。逮與魏正始中諸名士談論。見廣而奇之。曰。自昔諸賢既沒。常恐微言將絕。而今乃復聞斯言於君矣。命諸子造焉。曰。此人如水鏡。見之瑩然。若披雲霧而覩青天也。王衍自言與人語甚簡至。及見廣。便覺已之煩。其爲識者所歎美如此。

故論者謂五胡之亂。由於清談焉。

日知錄。講明六藝。鄭王爲集漢之終。演說老莊。王何爲開晉之始。以至國亡於上。教淪於下。羌戎互僭。君臣屢易。非林下諸賢之咎而誰咎哉。

按魏晉人之性質。當分數種。有志世事。橫受誣污。以其清高目爲浮華一也。

何晏鄧颺等事曹爽。志在彊魏之宗室。司馬懿以詭謀殺爽等。而世論多集矢於何王。非確論也。

故作曠達。以免誅戮。不守禮法。近於佯狂二也。

晉書阮籍傳。籍本有濟世志。屬魏晉之際。天下多故。名士亦少有全者。籍由是不與世事。遂酣飲爲常。　籍嫂嘗歸寧。籍相見與別。或譏之。籍曰。禮豈爲我設耶。　籍著大人先生傳。其略曰。世之所謂君子。惟法是修。惟禮是克。手執圭璧。足履繩墨。行欲爲目前檢。言欲爲無窮則。少稱鄉黨。長聞鄰國。上欲圖三公。下不失九州牧。獨不見羣蝨之處褌中。逃乎深縫。匿乎壞絮。自以爲吉宅也。行不敢離縫際。動不敢出褌襠。自以爲得繩墨也。然炎丘火流。焦邑滅都。羣蝨處於褌中而不能出也。君子之處域內。何異夫蝨之處於褌中乎。

此亦籍之胸懷本趣也。

風氣既成。自矜領袖。一倡百和。以言取名三也。正始之風。未必卽肇永嘉之禍。求其因果。宜更推勘。其曲折變遷。不可以一概論也。

世說新語卷一德行類。晉文王稱阮嗣宗至愼。每與之言。言皆玄遠。未嘗臧否人物。劉孝標注引王隱晉書。魏末阮籍嗜酒荒放。露頭散髮。裸袒箕踞。其後貴游子弟阮瞻王澄謝鯤胡毋輔之之徒。皆祖述於籍。謂得大道之本。故去巾幘。脫衣服。露醜惡。同禽獸。甚者名之謂通。次者名之謂達。○據此是阮籍以佯狂爲謹愼。而晉代諸人則以狂蕩爲率眞。其跡同。其心實大異也。

清談者崇尚老莊，則以任天率眞爲貴。推之政治。遂有鮑生無君之論。

抱朴子外篇第四十八詰鮑篇鮑生敬言好老莊之書。治劇辯之言。以爲古之無君。勝於今世。故其著論云。儒者曰。天生烝民。而樹之君。豈其皇天諄諄言。亦將欲之者爲辭哉。夫强者凌弱。則弱者服矣。智者詐愚。則愚者事之矣。服之、故君臣之道起焉。事之、故力寡之民制焉。然則隸屬役御。由乎爭强弱而校愚智。彼蒼天果無事也。夫混茫以無名爲貴。羣生以得意爲歡。故剝桂刻漆。非木之願。拔鶡裂翠。非鳥所欲。促轡含鑣。非馬之性。荷軏運重。非牛之樂。詐巧之萌。任力違眞。伐生之根。以飾無用。捕飛禽以供華玩。穿本完之鼻。絆天放之脚。蓋非萬物並生之意。夫役彼黎烝。養此在官。貴者祿厚。而民亦困矣。夫死而得生。欣喜無量。則不如向無死也。讓爵辭祿。以釣虛名。則不如本無讓也。天下逆亂焉。而忠義顯矣。六親不和焉。而孝慈彰矣。曩古之世。無君無臣。穿井而飮。耕田而食。日出而作。日入而息。汎然不繫。恢然自得。不競不營。無榮無辱。山無蹊徑。澤無舟梁。川谷不通。則不相幷兼。士衆不聚。則不相攻伐。勢利不萌。亂禍不作。干戈不用。城池不設。萬物玄同。相忘於道。疫癘不流。民獲考終。純白在胸。機心不生。含餔而熙。鼓腹而遊。其言不華。其行不飾。安得聚斂以奪民財。安得嚴刑以爲坑穽。降及杪季。智用巧生。道德既衰。尊卑有序。繁升降損益之禮。飾紱冕玄黃之服。起土木於凌霄。搆丹綠於棼橑。傾峻搜寶。泳淵採珠。聚玉如林。不足以極其變。積金成山。不足以贍其費。澶漫於淫荒之域。而叛其大始之本。去宗日遠。背朴彌增。造剡利之器。長侵割之患。弩恐不勁。甲恐不堅。矛恐不利。盾恐不厚。若無凌暴。此皆可棄也。故曰。白玉不毀。孰爲珪璋。道德不廢。安取仁義。使夫桀紂之徒。得燔人辜諫者。脯諸侯。葅方伯。剖人心。破人脛。窮驕淫之惡。用炮烙之虐。若令斯人並爲匹夫。性雖凶奢。安得施之。使彼肆酷恣欲。屠割天下。由於爲君。故得縱意也。君臣既立。衆慝日滋。而欲攘臂乎桎梏之間。愁勞於塗炭之中。人主憂慄於廟堂之上。百姓煎擾乎困苦之中。閑之以禮度。整之以刑罰。是猶闢滔天之源。激不測之流。塞之以撮壤。障之以指掌也。抱朴子成於東晉成帝咸和五年。(西三三〇年)鮑生之文。成於其前。

反之者則又崇尙實務。勤於人事。

晉書卞壺傳。阮孚謂壺曰。卿恒無閒泰。常如含瓦石。亦不勞乎。壺曰。諸君以道德恢弘。風流相尙。執鄙吝者。非壺而誰。時貴游子弟多慕謝鯤王澄等之行。爲以爲通達。壺因怒曰。悖禮傷敎。罪莫斯甚。中朝傾覆。實由於此。

鄧粲晉陽秋。陶侃勤而整。自强不息。又好督勸於人。常云。民生在勤。大禹聖人。猶惜寸陰。至於凡俗。當惜分陰。豈可遊逸。生無閒於時。死無聞於後。是自棄也。又老莊浮華。非先王之法言。而不敢行。君子當正其衣冠。攝以威儀。何有亂頭養望。自謂宏達耶。侃嘗檢校佐吏。若得樗蒱博弈之具。投之曰。樗蒱、老子入胡所作。外國戲耳。圍棋、堯舜以敎愚子。博弈、紂所造。諸君國器。何以爲此。若王事之暇。患邑邑者。文士何不讀書。武士何不射弓。談者無以易也。

蓋時當大亂。人心不寧。或憤慨而流於虛無。或憂懼而趨於篤實。皆時會所造。各因其性而出之。而理想之高。事功之成。亦分途並進。不相揜也。

清談有尙簡括者。

晉書阮瞻傳。遇理而辯。辭不足而旨有餘。見司徒王戎。戎問曰。聖人貴名敎。老莊明自然。其旨同異。瞻曰。將無同。戎咨嗟良久。命辟之。時人謂之三語掾。

有尙博辯者。

世說新語謝鎭西少時聞殷浩能淸言。故往造之。殷爲謝標榜諸義。作數百語。旣有佳致。兼辭條豐蔚。甚足以動心駭聽。謝注神傾意。不覺流汗交面。

時人至以此爲南北之判。

世說新語褚季野語孫安國云北人學問淵綜廣博。孫答曰。南人學問淸通簡要。支道林聞之曰。聖賢固所忘言。自中人以還。北人看書如顯處視月。南人學問。如牖中窺日。

然自東晉以降。南方之人。實兼有南北各地之性質。不能以此斷之。趙翼論六朝淸談之習。謂梁時講經亦染談義之習。

趙翼廿二史箚記當時父兄師友之所講求。專推究老莊。以爲口舌之助。五經中惟崇易理。其他盡閣束也。至梁武帝始崇尙經學。儒術由之稍振。然談義之習已成。所謂經學者。亦皆以爲談辯之資。

此則淸談與講學。頗有連帶之關係。雖講經義與談老莊殊科。其爲言語之進化。則事屬一貫。研究三國六朝之風氣者。不可不於此注意焉。

漢代有講經之法。

漢書宣帝紀甘露三年三月。詔諸儒講五經同異。太子太傅蕭望之等平奏其議。上親稱制臨決焉。

後漢書章帝紀。建初四年。詔太常將大夫博士議郎郎官及諸生諸儒會白虎觀。講議五經同異。使五官中郎將魏應承制問。侍中淳于恭奏。帝親稱制臨決。如孝宣甘露石渠故事。作白虎議奏。

魏沿其制。人主亦嘗幸太學講經。

魏志高貴鄉公傳。帝幸太學講易畢。復命講尚書、講禮記。其詞甚長不錄

梁武之講孝經。沿其例也。

陳書岑之敬傳。梁武帝令之敬升講座。敕中書舍人朱異執孝經。唱士孝章。武帝親自論難。之敬剖釋縱橫。應對如響。左右莫不嗟服。

然後漢之時。師徒教授。有解說詳富者。

後漢書楊政傳。善說經書。京師爲之語曰。說經鏗鏗楊子行。

有倚席不講者。

後漢書儒林傳序。自安帝覽政。薄於藝文。博士倚席不講。注。倚席。言不施講席也。

魏晉人之談易。亦復不尙多言。

管輅別傳。鄧颺問輅。君善易而語初不及易中辭義。何也。輅曰。夫善易者不論易也。何晏含笑而讚之。可謂要言不煩也。

晉書阮修傳。王衍當時談宗。自以論易略盡。然有所未了。及與修談。言寡而旨暢。衍乃歎服焉。

南渡以後。私庭講習論難。猶病其多。

世說新語孝武將講孝經。謝公兄弟與諸人私庭講習。車武子難苦問謝。謂袁羊曰。不問則德音有遺。多問則重勞二謝。

南史伏曼容傳宋明帝好周易。帝常集朝臣於清暑殿講。詔曼容執經。曼容宅在瓦官寺東。施高坐於廳事。有賓客。輒升高坐爲講說。（古者講學皆席於地。伏之置高坐。特異於衆。故史著之。）生徒常數十百人。

其後聚徒講說者。乃盛見於史策。講說之法。亦多標著於史。

又嚴植之傳兼五經博士。館在潮溝。生徒常百數。講說有區段次第。析理分明。（此可見其時講書貴有條理）每當登講。五館生畢至。聽者千餘人。

又崔靈恩傳靈恩聚徒講授。聽者常數百人。性拙朴。無風采。及解析經理。甚有精致。都下舊儒。咸稱重之。

又盧廣傳爲國子博士。徧講五經。時北人有崔靈恩、孫詳、蔣顯。並聚徒講說。而音辭鄙拙。惟廣言論清雅。不類北人。

沈峻傳周官一書。實爲羣經源本。孫詳蔣顯亦經聽習。而音革楚夏。故學徒不至。惟峻特精此書。時開講肆。羣儒並執經下坐。北面受業。徐勉奏峻兼五經博士。於館講授。聽者常數百人。

又張譏傳梁武帝嘗於文德殿釋乾坤文言。譏整容而進。諮審循環。辭令溫雅。帝甚異之。陳天嘉中。爲國子助教。時周弘正在國學。發周易題。弘正第四弟弘直亦在講席。弘正屈於譏議。弘直危坐厲聲。助其申理。譏謂弘直曰。今日義集。辯正名理。不得有助。弘直曰。僕助君師。何爲不可。弘正嘗謂人曰。吾每登坐。見張譏在席。使人懍然。（此可見當時講經。聽者亦多問難。）

北史劉獻之傳獻之善春秋毛詩。每講左氏。盡隱公八年便止。云義例已了。不復講解。由是弟子不能究竟其說。（此可見當時講經。須畢全部。方爲究竟。）

又張吾貴傳曾在夏學。聚徒千數。而不講傳。生徒竊云。張生之於左氏似不能說。吾貴聞之曰。我今夏講暫罷。後當說傳。君等來日皆當持本。（此可見講經時學生皆持本。）生徒怪之。三旬之中。吾貴兼讀杜服。隱括兩家異同。悉舉諸生。復集。便爲講之。義例無窮。皆多新異。

又劉蘭傳張吾貴以聰辯過人。其所解說。不本先儒之旨。惟蘭推經傳之由。本注者之意。甚爲精悉。瀛州刺史裴植徵蘭講書於州南館。植爲學主。（此可見地方講學者有學主）生徒甚盛。海內稱焉。

又徐遵明傳教授門徒。每臨講坐。先持執疏。然後敷講。學徒至今。寖以成俗。（據此似遵明之前凡講書者不持疏解。至是始變耳。）

又權會傳性甚儒懦。似不能言。及臨機答難。酬報如響。由是爲諸儒所推。貴游子弟慕其德義者。或就其宅。或寄宿鄰家。晝夜承間受其學業。會欣然演說。未嘗懈怠。

又樊深傳深經學通贍。每解書。多引諸家義而說之。後生聽其言者。不能曉悟。背而譏之曰。樊生講書多門戶。

又熊安生傳尹公正使齊。問所疑。安生皆爲一一演說。咸究其根本。公正嗟服。

且南北風氣相同。均以敷陳義旨。演述周析爲尚。是亦學術之一大進步也。

清談所標。皆爲玄理。晉宋之際。遂有玄學之目。至立學校以相教授。

宋書何尚之傳上以尚之爲丹楊尹。立宅南郭外。置玄學。聚生徒。東海徐秀、廬江何曇、黃回、潁川荀子華、太原孫宗昌、王延秀、魯郡孔惠宣。並慕道來遊。謂之南學。

文獻通考宋文帝雅好藝文。使丹楊尹廬江何尚之立玄學。太子率更令何承天立史學。司徒參軍謝元立文學。散騎常侍雷次宗立儒學。爲四學。

談論者爲玄言著述者爲玄部。

南史張譏傳譏篤好玄言。講周易老莊而教授焉。吳郡陸元朗朱孟博、一乘寺沙門法才、法雲寺沙門慧拔、至眞觀道士姚綏。皆傳其業。譏所撰周易義三十卷。老子義十一卷。莊子內篇義十二卷。外篇義二十卷。雜篇義十卷。玄部通義十二卷。游玄桂林二十四卷。

欲精其學。亦至不易。

南齊書王僧虔傳僧虔戒子書曰。往年有意於史。取三國志聚置床頭。百日許。後業就玄。自當小差於史。猶未近彷彿。曼倩有云。談何容易。見諸玄、志爲之逸。腸爲之抽。專一書。轉通十數家注。自小至老。手不釋卷。尚未敢輕言。汝開老子卷頭五尺許。未知輔嗣何所道。平叔何所說。馬鄭何所異。指例何所明。而便盛於麈尾。自呼談士。此最險焉。

梁世盛加提倡。玄風遂爾廣播。

顏氏家訓勉學篇何晏王弼。祖述玄宗。遞相誇尚。景附草靡。皆以農黃之化。在乎己身。周孔之業。棄之度外。洎於梁世。茲風復闡。莊老、周易。總謂三玄。武皇簡文。躬自講論。周宏正奉贊大猷。化行都邑。學徒千餘。實爲盛美。

稽其理論。多與釋氏相通。故自晉以來。釋子盛治老莊。

世說新語支遁與許詢謝安共集王濛家。謝顧謂諸人。今日可謂彥會。時既不可留。此集固亦難常。當共言詠。以寫其懷。許乃問主人。有莊子不。正得漁父一篇。謝看題。便各使四座通。支道林先通。作七百許語。敍通精麗。才藻奇拔。衆咸稱善。

高僧傳釋慧遠博綜六經。尤善莊老。

清談者亦往往與釋子周旋。

世說新語僧意在瓦官寺中。王苟子來與共語。便使其唱理。意謂王曰。聖人有情不。王曰。無。重問曰。聖人如柱耶。王曰。如籌算。雖無情。運之者有之。僧意云。誰運聖人耶。苟子不得答而去。

佛敎之與吾國學說融合。由是也。梁陳講學。或在宮殿。或在僧寺。

南史張譏傳後主在東宮。令于溫文殿講莊老。宣帝幸宮臨聽。後主嘗幸鍾山開善寺。召從臣坐於寺西南松林下。敕譏豎義。

或以佛與儒道諸書並講。

陳書馬樞傳樞博極經史。尤善佛經及周易老子義。梁邵陵王綸爲南徐州刺史。素聞其名。引爲學士。綸時自講大品經。令樞講維摩老子周易。同日發題。道俗聽者二千人。數家學者各起問端。樞依次剖判。開其宗旨。然後枝分流別。轉變無窮。論者拱默聽受而已。

足知清談講學者。皆與佛敎溝通。當時盛流。咸受緇衣薰染矣。

第六章 選舉與世族

東漢之季。世重清議。而薄朝政。貴賤榮辱。朝野相反。故至魏晉有九品官人之法。

魏志陳羣傳九品官人之法。羣所建也。

文獻通考延康元年（魏文帝爲魏王。改建安二十五年爲延康元年。後又改爲黃初元年。）尚書陳羣以爲天朝選用。不盡人才。乃立九品官人之法。州郡皆置中正。

以定其選。擇州郡之賢有識鑒者。爲之區別人物。第其高下。又制郡口十萬以上。歲察一人。其有秀異。不拘戶口。其武官之選。俾護軍主之。　州郡縣俱置大小中正。各取本處人、在諸府公卿及各省郎吏、有德充才盛者爲之。區別所管人物。定爲九等。其言行修著。則升進之。或以五升四。以六升五。倘或道義虧缺。則降下之。或自五退六。自六退七。以吏部審定天下人才士庶。故委中正銓第等級。憑之授受。謂免乖失。

朝廷用人。率依中正品第。

文獻通考晉依魏氏九品之制。內官吏部尚書司徒左長史。外官州有大中正。郡國有小中正。皆掌選舉。凡吏部選用。必下中正。徵其人居及祖父官名。

廿二史劄記魏文帝初定九品中正之法。郡邑設小中正。州設大中正。由小中正品第人才。以上大中正。大中正核實。以上司徒。司徒再核。然後付尚書選用。

中正定品。三年一更。

晉書石虎傳魏立九品之制。三年一清定之

多設訪問。助之調查。並爲品狀。

晉書孫楚傳王濟爲太原大中正。訪問者論邑人品狀。至孫楚、則曰。此人非卿所能目。吾自爲之。乃狀曰。天才英博。亮拔不羣。

又劉卞傳卞初入太學。試經。當爲四品。臺吏訪問（趙翼曰。助中正采訪之人。）欲令寫黃紙一鹿車。卞不肯。訪問怨言於中正。乃退爲尚書令史。

小中正有失大中正當舉發之不得徇隱。

晉書卞壼傳淮南小中正王式。父沒其繼母終喪歸於前夫之子。後遂合葬於前夫壼劾之。以爲犯禮害義。幷劾司徒及揚州大中正、淮南大中正含容徇隱。詔以式付鄉邑清議廢終身。

雖中正所黜陟。政府亦得變更之。

晉書霍原傳燕國中正劉沈舉霍原爲二品。司徒不過。（卽不准也）沈上書、謂原隱居求志。行成名立。張華等又特奏之。乃爲上品。

又張軌傳張華素重張軌。安定中正蔽其善。（當是抑置下品）華爲延譽。得居二品。

然被糾彈付清議者。多致廢棄。

日知錄九品中正之設。雖多失實。凡被糾彈付清議者。卽廢棄終身。同之禁錮。至宋武帝篡位。乃詔有犯鄉論清議。贓汚淫盜。一皆蕩滌洗除。與之更始。自後凡遇非常之恩赦文。並有此語。（齊梁陳詔並云洗除先注。當日鄉論清議。必有記注之目。）

南北朝時。其風猶然。

文獻通考梁初無中正制。敬帝太平二年。復令諸州各置中正。仍舊放選舉。皆須中正押上。然後量授。不然則否。　後魏州郡皆有中正。掌選舉。每以季月與吏部銓擇可否。其秀才對策第居中上。表敍之。正始元年。乃罷諸郡中正。

又南朝至於梁陳。北朝至於周隋。選舉之法。雖互相損益。而九品及中正至開皇中方罷。

其制之得失。論者不一。舉其得、則曰重清議。

日知錄清議一篇言之甚詳。

斥其、失。則曰、徇、私情。

文獻通考于時雖風教穨失而無典制。然時有清議。尙能勸俗。陳壽居喪使女奴丸藥。積年沈廢。郄詵篤孝。以假葬違常降品一等。其爲懲勸如此。其後中正任久。愛憎由己。而九品之法漸弊。遂計官資以定品格。天下惟以居位者爲貴。尙書僕射劉毅以九品者始因魏初喪亂。是軍中權時之制。非經久之典也。宜用均斷復古鄉舉里選之法。上疏曰。夫九品有八損而官才有三難。皆興替之所由也。人物難知。一也。愛憎難防。二也。情僞難明。三也。今之中正。定九品高下任意。榮辱在手。操人主威福。奪天朝權勢。愛惡隨心。情僞由己。上品無寒門。下品無世族。公無考校之負。私無告訴之忌。損政之道一也。置州郡者本取州里清議。咸所歸服。將以鎭異同。一言議。不謂一人之身。了一州之才。一人不審。遂爲坐廢。使是非之論。橫於州里。嫌隙之讎。結於大臣。損政之道二也。本立格制。謂人倫有序。若貫魚成次。才德優劣。倫輩有首尾也。今之中正。坐徇其私。推貴異之器。使在九品之下。負載不肖。越在成人之首。損政之道三也。委以一國之重。而無賞罰之防。使得縱橫無所顧憚。諸受枉者。抱怨積久。獨不蒙天地無私之德。長壅蔽於邪人之銓。損政之道四也。一國之士。多者千數。或流徙異邦。或給事殊方。而中正知與不知。將定品狀。必采聲於台府。納毀於流言。任己則有不識之弊。聽受則有彼此之偏。所知以愛憎奪其平。所不知者以人事亂其度。損政之道五也。凡所以立品設狀者。求人才而論功報也。今於限當報雖職之高。還附卑品。無績於官。而獲高敍。是爲抑實功而崇虛名也。損政之道六也。凡官不同事。人不同能。今九品不狀才能之所宜。而以九等爲例。以品取人。或非才能之所長。以狀取人。則爲本品之所限。若狀得其實。猶品狀相妨。況不實者乎。

損政之道七也。前九品詔書善惡必書。以爲褒貶。今之九品所下不章其罪。所上不列其善。廢褒貶之義。任愛憎之斷。天下之人焉得不懈於德行而銳於人事乎。損政之道八也。職名中正。實爲姦府。事名九品。而有八損。臣以爲宜罷中正。除九品。棄魏氏之弊法。立一代之美制。

然其中猶有一義焉。則所謂紳士政治是也。魏晉以降。易君如舉棋。帝王朝代之號。如傳舍然。使人民一仰朝廷君主之所爲。其爲變易紊亂。蓋不可勝言矣。當時士大夫於無意中保守此制。以地方紳士操朝廷用人之權。於是朝代雖更。而社會之勢力仍固定而不爲搖動。豈惟可以激揚淸濁。抑亦所以抵抗君權也。

趙翼陔餘叢考論六朝忠臣無殉節者一篇。謂自漢魏易姓以來。勝國之臣。卽爲興朝佐命。久已習爲固然。其視國家禪代。一若無與於己。且轉藉爲遷官受賞之資云云。實則其時國家大權在紳士。不在君主。故紳士視國家禪代無與於己也。廿二史劄記論南朝多以寒人掌機要篇。謂魏正始晉永熙以來。皆大臣當國。晉元帝忌王氏之盛。欲政自己出。用刁協劉隗等爲私人。卽召王敦之禍。自後非幼君卽孱主。悉聽命於柄臣。八九十年。已成故事。其至宋齊梁陳諸君。無論賢否。皆威福自己。不肯假權於大臣。而其時高門大族。門戶已成。令僕三司。可安流平進。不屑竭智盡心。以邀恩寵。且風流相尙。罕以物務關懷。人主遂不能藉以集事。於是不得不用寒人云云。亦可見自晉以來紳士權力甚大。雖人君威福自己。而紳士自居高位。不屑爲人主私人也。

九品中正之弊。專論門第。則高位顯職。皆爲世族子弟所得。雖無世襲之制。實有階級之分。

南史謝弘微傳晉世名家身有國風者起家多拜員外散騎侍郎。

梁書張纘傳秘書郎有四員宋齊以來爲甲族起家之選待次入補其居職例數十百日、便遷任。

初學記秘書郎與著作郎江左以來多爲貴游起家之選故當時諺曰上車不落、爲著作體中何如、則秘書。

至於位宦高卑皆依家牒爲斷。

南史王僧孺傳入直西省知撰譜事先是尙書令沈約以爲晉咸和初蘇峻作亂文籍無遺後起咸和二年、以至於宋所書並皆詳實。在下省左戶曹前廂謂之晉籍有東西二庫此籍旣並精詳實可寶惜位宦高卑皆可依案宋元嘉二十七年始以七條徵發旣立此科人姦互起。（按宋書索虜傳元嘉二十七年軍旅大起兵力不足尙書左僕射何尙之參議發南兗州三五民丁父祖伯叔兄弟仕州居職從事及仕北徐兗州爲皇弟皇子從事庶姓主簿諸皇弟皇子府參軍督護國三令以上相府舍者不在發例其餘悉倩暫行疑卽所謂七條徵發之法）僞狀巧籍歲月滋廣以至於齊患其不實於是東堂校籍置郎令史以掌之競行姦貨以新換故昨日卑細今日便成士流宋齊二代士庶不分雜役減闕職由於此竊以晉籍所餘宜加寶愛武帝以是留意譜籍因詔僧孺改定百家譜。

又晉太元中員外散騎侍郎平陽賈弼篤好簿狀乃廣集衆家大搜羣族所撰十八州、一百一十六郡合七百一十二卷凡諸大品略無遺闕藏在秘閣副在左戶及弼子太宰參軍匪之、匪之子長水校尉深世傳其業太保王弘、領軍將軍劉湛並好其書弘日對千客不犯一人之諱湛爲選曹始撰百家以助銓序。

州郡屬吏亦須辟引著姓。

> 梁書楊公則傳。爲湘州刺史。保己廉愼。爲吏民所悅。湘俗單家以賂求州職。公則至。悉斷之。所辟引皆州郡著姓。高祖班下諸州以爲法。

南朝如此。北地亦然。

> 趙翼陔餘叢考。當時風尙。右豪宗而賤寒畯。南北皆然。牢不可破。高允請各郡立學。取郡中淸望人行修謹者爲學生。先儘高門。次及中等。魏孝文帝以貢舉猥濫。乃詔州郡愼所舉。亦曰門盡州郡之高才。極鄉閭之選。

甚至帝王雖寵其人。而不能躋之於士大夫之列。

> 陔餘叢考。習俗所趨。積重難返。雖帝王欲變易之而不能。宋文帝寵中書舍人宏興宗。謂曰。卿欲作士人。得就王球坐。乃當判爾。若往詣球。可稱旨就席。及至。宏將坐。球舉扇曰。卿不得爾。宏還奏。帝曰。我便無如此何。他日帝以語球。欲令與之相知。球辭曰。士庶區別。國之常也。臣不敢奉詔。（按宋書王球傳。時中書舍人徐爰有寵於上。嘗命球及殷景仁與之相知。球辭曰。士庶區別。國之章也。臣不敢奉詔。上改容謝焉。是球所拒者。爲徐爰。非宏也。）紀僧眞自寒官歷至尉軍府參軍主簿。宋孝武帝嘗目送之曰。人生何必計門戶。紀僧眞堂堂。貴人所不及也。其寵之如此。及僧眞啓帝曰。臣小人。出自本州武吏。他無所須。惟就陛下乞作士大夫。帝曰。此事由江斆謝瀹。我不得措意。可自詣之。僧眞承旨詣斆。登榻坐定。斆命左右移吾牀讓客。僧眞喪氣而退。告帝曰。士大夫固非天子所命。

其爲社會中一種特殊勢力。殆尤過於古代之世族。（春秋時代。世族專權。如魯三桓鄭七穆之類。雖亦具有特殊勢力。然發生於封建世祿之時代。無足異也。自秦以降。社會階級。已經鏟除。無所謂平民貴族之別。而漢魏以來。復造成此種階級之制。斯可異耳。）降至唐代。其風猶存。柳芳著論。至以此爲魏晉隋唐治亂興衰之

徵

新唐書柳冲傳初太宗命諸儒譔氏族志。甄差羣姓。其後門胄興替不常。冲請修改其書。帝詔魏元忠、張錫、蕭至忠、岑羲、崔湜、徐堅、劉憲、吳兢及冲共取德功時望國籍之家。等而次之。開元初。詔冲與薛南金復加刊竄。乃定。後柳芳著論甚詳。今删其要著之左方。

魏氏立九品。置中正。尊世胄。卑寒士。權歸右姓。其州大中正主簿、郡中正功曹。皆取著姓士族爲之。以定門胄品藻人物。晉宋因之。始尙姓已。然其別貴賤分士庶不可易也。於時有司選擧。必稽譜籍。而考其眞僞。故官有世胄。譜有世官。賈氏王氏譜學出焉。由是有譜局。令史職皆具。過江則爲僑姓。王謝袁蕭爲大。東南則爲吳姓。朱張顧陸爲大。山東則爲郡姓。王崔盧李鄭爲大。關中亦號郡姓。韋裴柳薛楊杜首之。代北則爲虜姓。元長孫宇文于陸源竇首之。郡姓者。以中國士人差第閥閱爲之制。凡三世有三公者曰膏粱。有令僕者曰華腴。尙書領護而上者爲甲姓。九卿若方伯者爲乙姓。散騎常侍大中大夫者爲丙姓。吏部正員郎爲丁姓。凡得入者。謂之四姓。北齊因仍。擧秀才、州主簿、郡功曹。非四姓不在選。故江左定氏族。凡郡上姓第一。則爲右姓。太和以郡四姓爲右姓。齊浮屠曇剛類例。凡甲門爲右姓。周建德氏族。以四海通望爲右姓。隋開皇氏族。以上品茂姓則爲右姓。唐貞觀氏族志。凡第一等則爲右姓。路氏著姓略。以盛門爲右姓。柳冲姓族系錄。凡四海望族則爲右姓。不通歷代之說。不可與言譜也。今流俗獨以崔盧李鄭爲四姓。加太原王氏號五姓。蓋不經也。夫文之弊、至於尙官。官之弊、至於尙姓。姓之弊、至於尙詐。隋承其弊。不知其所以弊。乃反古道。罷鄉擧。離地著。尊執事之吏。於是乎士無鄉里。里無衣冠。人無廉恥。士族亂而庶人僭矣。山東之人質。故尙婚婭。江左之人文。故尙人物。關中之人雄。故尙冠冕。代北之人武。故尙貴戚。管子曰。爲國之道。利出一孔者王。二孔者强。三孔者弱。四孔者亡。故冠婚者、人道大倫。周漢之官人。齊其政。一其門。使下知禁。此出一孔也。故王。魏晉官人。尊中正。立九品。鄉有異政。家有競心。此出二孔也。故强。江左代北諸姓。紛亂不一。其要無歸。此出三孔也。故弱。隋氏官人。以吏道治天下。人之行不本鄉黨。政煩於上。人亂於下。此出四孔也。故亡。唐承隋亂。宜救之以忠。忠厚則鄉黨之行修。鄉黨之行修則人物之道長。人物之道長則冠冕之緒崇。冠冕之緒崇則致化之風美。乃可與古參矣。

其力崇貴族。正與今日各國盛獎平民者相反。至唐末五代。種族混亂。不崇門閥。其風始衰替焉。

第七章　三國以降文物之進步

三國以降。學術風俗。均日衰替。

三國志董昭傳。竊見當今年少。不復以學問爲本。專更以交遊爲業。國士不以孝弟清修爲首。乃以趨勢游利爲先。

魚豢魏略。正始中。有詔議圜丘。普延學士。是時郎官及司徒領吏二萬餘人。而應書與議者略無幾人。又是時朝堂公卿以下四百餘人。其能操筆者未有十人。多皆飽食相從而退。嗟夫。學業沉隕。乃至於此。

干寶晉紀論曰。朝寡純德之人。鄉乏不貳之老。風俗淫僻。恥尙失所。學者以老莊爲宗。而黜六經。談者以虛蕩爲辯。而賤名檢。行身者以放濁爲通。而狹節信。進仕者以苟得爲貴。而鄙居正。當官者以望空爲高。而笑勤恪。由是毀譽亂於善惡之實。情慝奔於貨欲之塗。選者爲身擇官。官者爲身擇利。世族貴戚之子弟。陵邁超越。不拘資次。悠悠風塵。皆奔競之士。列官千百。無讓賢之舉。其婦女裝櫛織紝。皆取成於婢僕。未嘗知女工絲枲之業。中饋酒食之事也。先時而婚。任情而動。故皆不恥淫佚之過。不拘妬忌之惡。父兄不之罪也。天下莫知非也。又況責之聞四教於古。修貞順於今。以輔佐君子者哉。禮法刑政。於是大壞。

然治經之人。亦賡續不絕。

皮錫瑞經學歷史。世傳十三經注。孝經爲唐明皇御注。外漢人與魏晉人各居其半。鄭君箋毛詩、注周禮儀禮二記。何休注公羊傳。趙岐注孟子。凡六經、皆漢人注。孔安國尙書傳、王肅僞作。王弼易注。何晏論語集解。凡三經、皆魏人注。杜預左傳集解。范寧穀梁集解。郭璞爾雅注。凡三經、皆晉人注。　當漢學已往。唐學未來。絕續之交。諸儒倡爲義疏之學。有功於後世甚大。南如崔靈恩三禮義宗左氏經傳義、沈文阿春秋禮記孝經論語義疏、皇侃論語禮記義、戚袞禮記義、張譏周易尙書毛詩孝經論語義、顧越喪服毛詩孝經論語義、王元規春秋孝經義記。北如劉獻之三禮大義、徐遵明春秋義章、李鉉撰定孝經論語毛詩三禮義疏、沈重周禮儀禮二記毛詩喪服經義、熊安生周禮禮記義疏孝經義。皆見南北史儒林傳。今自皇熊二家、見采於禮記疏。外其餘書皆亡逸。然淵源有自。唐人五經之疏。未必無本於諸家者。論先河後海之義。亦豈可忘篳輅藍縷之功乎。

研究諸子者。亦時有之。

魏志杜恕疏。今之學者。師商韓而上法術。競以儒家爲迂闊。

蜀志先主遺詔曰。歷觀諸子及六韜商君書。益人意智。聞丞相爲寫申韓管子六韜一通已畢。

晉書魯勝傳。其著述爲世所稱。遭亂遺失。惟注墨辯存。其敍曰。名者所以別同異。明是非。道義之門。政化之準繩也。孔子曰。必也正名。名不正則事不成。墨子著書作辯經以立名本。惠施公孫龍祖述其學。以正刑名顯於世。孟子非墨子。其作辯言正辭。則與墨同。荀卿莊周等皆非毀名家而不能易其論也。名必有形。察形莫如別色。故有堅白之辯。名必有分明。分明莫如有無。故有無序之辯。是有不是。可有不可。是名兩可。同而有異。異而有同。是之謂辯同異。至同無不同。至異無不異。是謂辯同辯異。同異生是非。是非生吉凶。取辯於一物。而原極天下之汚隆。名之至也。自鄧析至秦時名家者。世有篇籍。率頗難知。後學莫復傳習。於今五百餘歲。遂亡絕。墨辯有上下經。經各有說。凡四篇。與其書衆篇連第。故獨存。今引說就經。各仍其章。疑者闕之。又采諸衆雜集為刑名一篇。略解指歸。以俟君子。

論者甚至謂江左有愈於漢。

章炳麟五朝學。魏晉者。俗本之漢。陂陀從迹。以至非能驟潰。濟江而東。民有甘節。清劭中倫。無曩時中原媮薄之德。乃度越漢時也。嘗試論之。漢之純德。在下吏諸生間。雖魏晉不獨失也。魏晉之侈德。下在都市。上即王侯貴人。雖漢不獨亡也。粤晉之東。下訖陳盡。五朝三百年。往惡日湔。而純美不忒。此為江左有愈於漢。

蓋歷史現象。變化繁賾。有退化者。有進化者。有蟬嫣不絕者。有中斷或突興者。固不可以一概論也。

天算之學。後盛於前。三國以降。算書特多。今世所傳算經十書。九章算術。魏劉徽所注也。

劉徽九章算術注序。徽幼習九章。長再詳覽。觀陰陽之割裂。總算術之根源。探賾之暇。遂悟其意。是以敢竭頑魯。采其所見。為之作注。

海島算經。徽所著也。

隋書經籍志。九章重差圖一卷。劉徽撰。　戴震海島算經跋。徽之書本名重差。初無海島之目。隋志九章十卷下云。劉徽撰。蓋以九章九卷合此爲十也。而隋志唐志皆有九章重差圖一卷。蓋圖本單出。故別著於錄。唐選舉志稱算學生九章海島共限習三年。試九章三條、海島一條。則改題海島。自唐初已然矣。

孫子算經亦漢以後人所輯。

四庫全書總目孫子算經三卷。朱彝尊曝書亭集有孫子算經跋。以爲出於孫武。今考書內設問有云長安洛陽相去九百里。又云佛書二十九章。章六十三字。則後漢明帝以後人。孫武春秋末人。安有是語乎。

晉有夏侯陽算經張邱建算經。

戴震夏侯陽算經跋隋經籍志有夏侯陽算經二卷。不言陽爲何代人。宋史禮志載算學祀典有云。封魏劉徽淄川男。晉姜岌成紀男。張邱建信成男。夏侯陽平陸男。後周甄鸞無極男。又張邱建算經序云、夏侯陽之方倉。則陽爲晉人。

四庫全書總目張邱建算經三卷。原本不題撰人時代。唐志載張邱建經算一卷、甄鸞注。則當在甄鸞之前。書首邱建自序引及夏侯陽孫子之術。則當在夏侯陽之後也。

北周甄鸞撰五經算術又注孫子算經及五曹算經。

四庫全書提要五經算術二卷、北周甄鸞撰。鸞精於步算。仕北周。爲司隸校尉漢中郡守。嘗釋周髀等算經。不聞其有是書。而隋書經籍志有五經算術一卷。五經算術錄遺一卷。皆不著撰人姓名。唐藝文志則有李淳風注五經算術二卷。亦不言其書爲誰人所撰。今考是書舉尚書孝經詩易論語三禮春秋之待算方明者列之。而推算之術。悉加甄鸞案三字於上。則是書當即鸞所撰。

則自周髀及唐王孝通所撰之緝古算經外，皆此時期之人所著也。（周髀注亦甄鸞重述。）所奇者，南北朝對峙，各出算學大家。北有甄鸞。南有祖冲之。先後相望。（祖先於甄約五十年）而祖氏所發明尤爲卓絕。

南齊書祖冲之傳。有機思。又特善算。注九章造綴述數十篇。

茅以昇中國圓周率略史（科學雜誌第三卷第四期第四一一至四一八頁）周三徑一之率。荒古已有其說。後漢有張衡率。魏有劉徽。吳有王蕃。各求新率。徽率之精約已無間言。至祖冲之圓率則精麗罕儔。千古獨絕。隋書律歷志曰。宋末南徐州從事史祖冲之。更開密率法。以圓徑一億爲一丈。圓周盈數三丈一尺四寸一分五釐九毫二秒七忽。朒數三丈一尺四寸一分五釐九毫二秒六忽。正數在盈朒二限之間。密率圓徑一百一十三。周三百五十五。約率圓徑七。周二十二。此第五世紀世界最精之圓率也。其時印度僅有三一四一六。歐人亦纔至三一四一五五二之率。視此自有愧色。祖率睥睨天下。九原有知。亦自豪矣。

孰謂南朝尚空談而無研究實學者乎。

算術與製造有密切之關係。漢魏時人多治算術。故新奇之製作亦相因而起。諸葛亮之作連弩木牛流馬。世已奇其術。

蜀志諸葛亮傳。亮性長於巧思。損益連弩。木牛流馬。皆出其意。　孫盛魏氏春秋。亮損益連弩。謂之元戎。以鐵爲矢。矢長八寸。一弩十矢俱發。　亮集載木牛流馬法曰。木牛者。方腹曲頭。一脚四足。頭入領中。舌著於腹。載多而行少。宜可大用。不可小使。特行者數十里。羣行者二十里也。曲者爲牛頭。雙者爲牛脚。橫者爲牛領。轉者爲牛足。覆者爲牛背。方者爲牛腹。垂者爲牛舌。曲者爲牛肋。刻者爲牛齒。立者爲牛角。細者爲牛鞅。攝者爲牛鞦。軸牛仰雙轅。人行六尺。牛行四步。載一歲糧。日行二十里。而人不大勞。流馬尺寸之數。肋長三尺五寸。廣三寸。厚二寸二分。左右同。前軸孔分墨去頭四寸。徑中二寸。前脚孔分墨二寸。去前軸孔四寸五分。廣一寸。前杠孔去前脚孔分墨二寸七分。孔長二寸。廣一寸。後軸孔去前杠分墨一尺五分。大小與前同。後脚孔分墨去後軸孔三寸五分。大小與前同。後杠孔去後脚孔分墨二寸七分。後載剋去後杠孔分墨四寸五分。前杠長一尺八寸。廣二寸。厚一寸五分。後杠與等板方囊二枚。厚八分。長二尺七寸。高一尺六寸五分。廣一尺六寸。每枚受米二斛三斗。從上杠孔去肋下七寸。前後同。上杠孔去下杠孔分墨一尺三寸。孔長一寸五分。廣七分。八孔同。前後四脚。廣二寸。厚一尺五分。形制如象。靬長四寸。徑面四寸三分。孔徑中三脚杠長二尺一寸。廣一寸五分。厚一寸四分。同杠耳。

而馬鈞之巧過之。

魏志杜夔傳注。時有扶風馬鈞。巧思絕世。傅玄序之曰。馬先生、天下之名巧也。爲博士。居貧。乃思綾機之變。舊綾機五十綜者五十躡。六十綜者六十躡。先生患其喪功費日。乃皆易以十二躡。其奇文異變。因感而作者。猶自然之成形。陰陽之無窮。居京都。城內有坡可爲圃。患無水以灌之。先生作翻車。令兒童轉之。而灌水自覆。更入更出。其巧百倍於常。其後人有上百戲者。能設而不能動也。先生受詔作之。以大木彫構。使其形若輪。平地施之。潛以水發焉。設爲歌樂舞象。至令木人擊鼓吹簫。作山嶽。使木人跳丸擲劍。緣絙倒立。出入自在。百官行署。舂磨鬬雞。變巧百端。先生見諸葛亮連弩。曰。巧則巧矣。未盡善也。言作之可令加五倍。又患發石車。敵人之於樓邊。懸濕牛皮。中之則墮。不能連屬而至。欲作一輪。懸大石數十。以機鼓輪。爲常則以斷懸石。飛擊敵城。使首尾電至。嘗試以車輪懸領斃數十飛之數百步矣。

祖冲之之巧又過之。

南齊書祖冲之傳。初宋武平關中。得姚興指南車。有外形而無機巧。每行使人於內轉之。昇明中。太祖輔政。使冲之追修古法。冲之改造銅機。圓轉不窮。而司方如一。馬鈞以來未有也。冲之以諸葛亮有木牛流馬。乃造一器。不因風水。施機自運。不勞人力。又造千里船於新亭江。試之日行百餘里。

此雖間世一出。未足爲普徧之徵。然即史策所傳觀之。亦可見吾國人創造之能。無論何時。皆有所表見也。

三國以來。學者之務實用。不獨精於算數、剏製奇器已也。其於規天、法地之事。亦時時推陳出新。以期致用。如王蕃陸績等之製渾天儀象。

晉書天文志。順帝時。張衡製渾天儀象。其後陸績亦造渾象。至吳時中常侍廬江王蕃善數術。傳劉洪乾象歷。依其法而制渾　古舊渾象。以二分爲一度。凡周七尺三寸半分。張衡更制。以四分爲一度。凡周一丈四尺六寸。蕃以古制局小。星辰稠穊。衡器傷大。難可轉移。更制渾象。以三分爲一度。凡周天一丈九寸五分分之三也。

隋書天文志。梁華林重雲殿前所置銅儀。其制則有雙環規相並。間相去三寸許。正豎當子午。其子午之間。應南北極之衡。各合而爲孔。以象南北樞。植楗於前後以屬焉。又有單橫規。高下正當渾之半。皆周匝分爲度數。署以維辰之位。以象地。又有單規斜帶南北之中。與春秋二分之日道相應。亦周匝分爲度數。而署以維辰。並相連著屬楗植而不動。其裏又有雙規相並。如外雙規。內徑八尺。周二丈四尺。而屬雙軸。軸兩頭出規外各二寸許。合兩爲一。內有孔圓徑二寸許。南頭入地下。注於外雙規南樞孔中。以象南極。北頭出地上。入於外雙規北樞孔中。以象北極。其運動得東西轉。以象天行。其雙軸之間。則置衡長八尺。通中有孔。圓徑一寸。當衡之半兩邊有關。各注著雙軸。衡既隨天象東西轉運。又自於雙軸間得南北低仰。所以準驗辰歷。分考次度。其於揆測。唯所欲爲之者也。檢其鐫題。是僞劉曜光初六年史官丞南陽孔挺所造。則古之渾儀之法者也。

又宋文帝以元嘉十三年、詔太史更造渾儀。太史令錢樂之依案舊說。采效儀象。鑄銅爲之。五分爲一度。徑六尺八分少。周一丈八尺二寸六分少。地在天內不動。立黃赤二道之規。定南北二極之規。布列二十八宿。北斗極星。置日月五星於黃道上。爲之杠軸。以象天運。昏明中星。與天相符。梁末置於文德殿前。　吳時又有葛衡。明達天官。能爲機巧。改作渾天。使地居乎天中。以機動之。天動而地上。以上應晷度。則樂之之所放述也。到元嘉十七年、又作小渾天。二分爲一度。徑二尺二寸。周六尺六寸。安二十八宿中外官宿備足。以白青黃等三色珠爲三家星。其日月五星。悉居黃道。亦象天運而地在其中。宋元嘉中所造儀象器。開皇九年平陳後並入長安。大業初、移於東都觀象殿。

裴秀謝莊等之製地圖。

晉書裴秀傳以禹貢山川地名。從來久遠。多有變易。於是甄擿舊文。隨事注列。作禹貢地域圖十八篇奏之。藏於祕府。其序曰。制圖之體有六焉。一曰分率。所以辨廣輪之度也。二曰準望。所以正彼此之體也。三曰道里。所以定所由之數也。四曰高下。五曰方邪。六曰迂直。此三者各因地而制宜。所以校夷險之異也。

宋書謝莊傳作左氏經傳方丈圖。隨國立篇。製木爲圖。山川土地。各有分理。離之則州郡殊別。合之則宇內爲一。皆注重實際。非徒尙空談也。雖有製或不精密。且其物亦都不傳。無由考其法度。然亦可見其時有一部分之人崇尙虛玄。猶有一部分之人殫精實學矣。

隋書經籍志載天文圖書。凡九十七部、六百七十五卷。其大宗皆三國六朝時人所製。中有婆羅門天文經二十一卷。婆羅門竭伽仙人天文說三十卷。婆羅門天文一卷。摩登伽經說星圖一卷。蓋六朝時、不但繼續秦漢以來天文家之言。兼採及印度測驗天文之書也。　地理類載漢以後地圖。有洛陽圖一卷。湘州圖記一卷。江圖三卷。周地圖記一百九卷。冀州圖經一卷。齊州圖經一卷。幽州圖經一卷。而摯虞陸澄等地理書。實爲研究地理之鉅製。隋代因之。有區宇圖志及諸州圖經等書焉。

志曰。晉世摯虞依禹貢周官作畿服經。其州郡、及縣、分野、封略、事業、國邑、山制、水泉、鄉亭城、道里、土田。民物風俗。先賢舊好靡不具悉。凡一百七十卷。今亡。而學者因其經歷。並有記載。然不能成一家之體。齊時陸澄聚一百六十家之說。依其前後遠近。編而爲部。謂之地理書。任昉又增陸澄之書八十四家。謂之地記。陳時顧野王抄撰衆家之言。作輿地志。隋大業中。普詔天下諸郡。條其風俗物產地圖上於尙書。故隋代有諸郡物產土俗記一百三十卷。區宇圖志一百二十九卷。諸州圖經集一百卷。其餘注記甚衆。

魏晉之世。有一最大之憾事。卽古樂亡於是時也。秦漢之際。古樂雖已失傳。然制氏猶能記其鏗鏘鼓舞。雅樂四曲。至魏猶存。永嘉之亂。始殄滅無餘焉。

隋書音樂志董卓之亂。正聲咸蕩。漢雅樂郎杜夔能曉樂事。八音七始。靡不兼該。魏武平荊州。得夔。使其刊定雅律。魏有先代古樂。自夔始也。自此迄晉。用相因循。元嘉之寇。盡淪胡羯。

晉書樂志杜夔傳舊雅樂四曲。一曰鹿鳴。二曰騶虞。三曰伐檀。四曰文王。皆古聲辭。及太和中。左延年改變騶虞伐檀文王三曲。更自作聲節。其名雖存。而聲實異。唯因變鹿鳴。全不改易。每正旦大會。太尉奉璧。羣后行禮。東廂雅樂常作者是也。　永嘉之亂。海內分崩。伶官樂器。皆沒於劉石。

魏得晉樂。不知採用。後平河西。雜以秦聲。

隋書音樂志道武帝皇始元年、破慕容寶於中山。獲晉樂器。不知采用。皆委棄之。　太武帝平河西。得沮渠蒙遜之伎。賓嘉大禮。皆雜用焉。此聲所興。蓋苻堅之末。呂光出平西域。得胡戎之樂。因又改變。雜以秦聲。所謂秦漢樂也。

降至周隋。禮崩樂壞。所用雅樂。皆胡聲也。

隋書音樂志開皇二年。齊黃門侍郎顏之推上言。禮崩樂壞。其來自久。今太常雅樂。並用胡聲。請憑梁國故事。考尋古典。高祖不從。俄而柱國沛公鄭譯奏上。請更修正。詔求知音之士。集尙書。參定音樂。譯云。考尋樂府鍾石律呂。皆有宮商角徵羽變宮變徵之名。七聲之內。三聲乖應。每恆求訪。終莫能通。先是周武帝時。有龜茲人曰蘇祇婆。從突厥皇后入國。善胡琵琶。聽其所奏。一均之中。間有七聲。因而問之。答云。父在西域稱爲知音。代相傳習。調有七種。以其七調。勘校七聲。冥若合符。一曰娑陁力。華言平聲。卽宮聲也。二曰雞識。華言長聲。卽南呂聲也。三曰沙識。華言質直聲。卽角聲也。四曰沙侯加濫。華言應聲。卽變徵聲也。五曰沙臘。華言應和聲。卽徵聲也。六曰般贍。華言五聲。卽羽聲也。七曰俟利箑。華言斛牛聲。卽變宮聲也。譯因習而彈之。始得七聲之正。

蓋樂之不傳。由律之不明。晉荀勖等校魏鐘律。已多不諧。

晉書律志。武帝泰始九年。中書監荀勖校大樂。八音不和。始知後漢至魏。尺長於古四分有餘。勖乃部著作郞劉恭。依周禮制尺。所謂古尺也。依古尺更鑄銅律呂。以調聲韻。時人稱其精密。惟陳留阮咸。譏其聲高。

梁武帝自製四通。與古法迥異。

隋書音樂志。武帝自制定禮樂。立爲四器。名之爲通。皆施三弦。一曰玄英通。二曰靑陽通。三曰朱明通。四曰白藏通。

蓋當時所謂知音者。僅知當時之音。不能深解古樂之本原矣。

古樂亡而音韻之學興。語言文字之用。因以益精。是亦三國以降。異於兩漢以前之一特點也。漢以前人不知反切。魏世反切始大行。

顏氏家訓。鄭玄注六經。高誘解呂覽淮南。許愼造說文。劉熙製釋名。始有譬況假借。以證音字。而古語與今殊別。其間輕重淸濁。猶未可曉。加以外言內言急言徐言讀若之類。益使人疑。孫叔然創爾雅音義。是漢末人獨知翻語。至於魏世。此事大行。高貴鄉公不解反語。以爲怪異。自茲厥後。音韻鋒出。

陸德明經典釋文。古人音書。止爲譬況之說。孫炎始爲翻語。魏朝以降漸繁。

旣乃分別五聲。

隋潘徽韻纂序。三蒼急就之流。微存章句。說文字林之作。唯別體形。至於尋聲推韻。良爲疑混。末有李登聲類。呂靜韻集。始別清濁。纔分宮羽。

封演封氏聞見記。魏時有李登者。撰聲類十卷。凡一萬一千五百二十字。以五聲命字。不立諸部。

又分平上去入四聲。

南史庾肩吾傳。齊永明中。王融謝朓沈約。文章始用四聲。 陸厥傳。時盛爲文章。吳興沈約、陳郡謝朓、琅邪王融。以氣類相推轂。汝南周顒善識聲韻。約等文皆用宮商。將平上去入四聲。以此制韻。有平頭上尾蠭腰鶴膝。五字之中。音韻悉異。兩句之內。角徵不同。不可增減。世呼爲永明體。 周顒傳。始著四聲切韻。行於時。 沈約傳。撰四聲譜。以爲在昔詞人。累千載而未悟。而獨得胸衿。窮其妙旨。自謂入神之作。

而音、韻、之學、興、矣。漢魏之際。文章已趨於排偶。至晉宋而益盛。至齊、梁、而駢、文之、式、大、成。五言、詩、亦、開、後、來、律、詩之端。是皆與聲、韻、之學、進、步、相、關、者、也。世謂吾國之有字母傳自西域。

鄭樵通志七音略。切韻之學。起自西域。舊所傳十四字。貫一切音。文省而音博。謂之婆羅門書。其後又得三十六字母。而音韻之道始備。

其法始於大般涅槃經。

錢大昕十駕齋養新錄。大般涅槃經、文字品。字音十四字。裒阿壹伊塢理釐黳藹污暗奧菴惡。比聲廿五字。迦呿伽暅俄、舌根聲。遮車闍膳若、舌齒聲。吒咃茶咤拏、上㗁聲。多他陀馱那、舌頭聲。婆頗婆婆摩、脣吻聲。虵邏羅縛奢沙婆呵、此八字超聲。此見於一切經音義者也。與今華嚴經四十二母殊不合。元應音義首載華嚴經。終於五十八卷。初無字母之說。今所傳八十一卷者。乃實叉難陀所譯。玄應未及見也。然涅槃所載比聲二十五字。與今所傳見溪羣疑之譜。小異而大同。前所引字音十四字。卽影喻來諸母。然則唐人所撰三十六字母。實采涅槃之文。參以中華音韻而去取之。謂出於華嚴則妄矣。

大藏目錄大般涅槃經四十卷。北涼曇無讖譯。　大般涅槃經三十六卷。宋慧嚴等依泥洹經加之。

則音、韻、之、學。亦、受、佛、教、東、來、之、影、響、也。

古無所謂文集。自東漢以降、始有之。於是有別集總集之目。

隋書經籍志別集、蓋漢東京之所創也。自靈均以降。屬文之士衆矣。然其志尚不同。風流殊別。後之君子。欲觀其體勢。而見其心靈。故別聚焉。名之爲集。辭人景慕。並自記載。以成書部。年代遷徙。亦頗遺散。其高唱絕俗者。略皆具存。總集者、以建安之後。辭賦轉繁。衆家之集。日以滋廣。晉代摯虞。苦覽者之勞倦。於是採擿孔翠。芟翦繁蕪。自詩賦下。各爲條貫。合而編之。謂之流別。是後文集總鈔。作者繼軌。屬辭之士。以爲覃奧。而取則焉。

蓋古之學者。以學爲文。未嘗以文爲學。漢魏而下。經子之學衰。而文章之術盛。作者如林。不可殫述。專就文學論。實以斯時爲進化之極。軌色澤、聲調、均由摸擬。而日趨於工麗。無間南北。翕然同聲。

北史稱永明天監之際。太和天保之間。洛陽江左。文雅尤盛。彼此好尚。雅有異同。江左宮商發越。貴於淸綺。河朔詞義貞剛。重乎氣質。蓋就文章氣骨細晰言之。南北固有區別。而一時風氣。亦未嘗大相懸絕。庾信南人。仕於北朝。駢儷之文。實集大成。亦可見南北好尙之同矣。

於是有評論文章之書。

梁書鍾嶸傳。嶸嘗品古今五言詩。論其優劣。名爲詩評。又劉勰傳。勰撰文心雕龍五十篇。論古今文體。引而次之。沈約取讀。大重之。謂爲深得文理。

有選錄文章之書。

梁書昭明太子統傳。撰古今典誥文言。爲正序十卷。五言詩之善者。爲文章英華二十卷。文選三十卷。

世且傳爲選學焉。

舊唐書曹憲傳。憲所撰文選音義。甚爲當時所重。初江淮間爲文選學者。本之於憲。又有許淹、李善、公孫羅。復相繼以文選教授。由是其學大興於代。

漢代、隸、草始興。

張懷瓘書斷。章艸、漢黃門史游所作也。王愔云。漢元帝時。史游作急就章。解散隸體。漢俗簡惰。遂以行之。

後漸變隸爲楷。

羅振玉流沙墜簡釋文。永和以降之竹簡。楷七隸三。魏景元四年簡。則全爲楷書。

而鍾繇王羲之等。遂以書名。觀晉書稱羲之善隸書。知晉唐時人猶呼楷字爲隸矣。

晉書王羲之傳羲之尤善隸書。爲古今之冠子獻之亦工草隸。獻之工草隸嘗書壁爲方丈大字羲之甚以爲能。

晉時石刻之字。筆畫多方整。及宋初猶然。

如任城太守孫夫人碑、齊太公呂望表、及寧州刺史爨龍顏碑、皆漢隸體也。爨碑間有楷法。

而閣帖所載晉人殘帖。則多圓美。碑帖之歧、自此始矣。齊梁碑版傳者不多。北魏周齊。石刻極夥。其字畫往往工妙。

歐陽修集古錄南朝士氣卑弱。書法以清媚爲佳。北朝碑誌之文。辭多淺陋。又多言浮屠。其字畫則往往工妙。

近世學書者、多宗北碑。論書法之進化。自秦漢來。當推北朝矣。北朝書家。著於史者有張景仁、冀儁、趙文深等。

北史張景仁傳幼以學書爲業。遂工草隸。選補內書生。及立文林館。總判館事。除侍中。封建安王。自倉頡以來八體取進。一人而已。

又冀儁傳善隸書。特工模寫。

又趙文深傳少學楷隸。雅有鍾王之則。筆勢可觀。當時碑牓。唯文深冀儁而已。

而不稱鄭道昭能書。

魏書及北史均有鄭道昭傳。僅稱其綜覽羣言。好爲詩賦。凡數十篇。

以今日碑刻言之。則北人之書。無過於道昭者。

葉昌熾語石。鄭道昭雲峯山上下碑及論經詩諸刻。上承分篆。其筆力之健。可以剸犀兕。搏龍蛇。而游刃於虛。全以神運。不獨北朝書家第一。自有眞書以來。一人而已。舉世瞰名。稱右軍爲書聖。其實右軍書碑無可見。余謂道昭書中之聖也。

千秋論定。不在史傳之贊否。可知史傳之不足憑。而人之自立。但有一才一藝。獨造其極。絕不患其湮沒無聞也。

第二編

第八章　元魏之制度

南北分治之時。後魏之境域。實廣於南朝。

顧祖禹讀史方輿紀要。後魏起自北荒。道武珪克幷州。下常山。拔中山。盡取慕容燕河北地。明元嗣時。漸有河南州。太武燾西克統萬。東平遼西。又西克姑臧。南臨瓜步。獻文之世。長淮以北。悉爲魏有。孝文都洛。復取南陽。宣武恪時。又得壽春。復取淮西。續收漢川至於劍閣。於是魏地北逾大磧。西至流沙。東接高麗。南臨江漢。

由破裂而漸趨統一。而其國之制度。亦遂煥然可觀。魏之制度。最善者首推均田。自秦以降。田皆民有。無復限制。議者多病之。

漢書食貨志董仲舒說上曰。秦用商鞅之法。改帝王之制。除井田。民得賣買。富者田連阡陌。貧者無立錐之地。漢興。循而未改。古井田法雖難猝行。宜少近古。限民名田。以贍不足。塞幷兼之路。然後可善治也。竟不能用。

王莽欲復古制。民皆不便。事竟不行。

漢書食貨志王莽簒位。下令更名天下田曰王田。奴婢曰私屬。皆不得買賣。其男口過八而田滿一井者。分餘田與九族鄉黨。犯令法至死。制度不定。吏緣爲姦。天下謷謷然陷刑者衆。後三歲。莽知民愁。詔諸食王田及私屬皆得賣。勿拘以法。

晉武平吳之後。計丁課田。粗有限制。然亦未有授受之法。

晉書食貨志。平吳之後。制戶調之式。丁男之戶。歲輸絹三匹。綿三斤。女及次丁男爲戶者半輸。其諸邊郡或三分之二。遠者三分之一。夷人輸賨布。戶一匹。遠者或一丈。男子一人占田七十畝。女子三十畝。其外丁男課田五十畝。丁女二十畝。次丁男半之。女則不課。男女年十六以上至六十。爲正丁。十五以下至十三。六十一以上至六十五。爲次丁。十二以下。六十六以上。爲老小。不事。遠夷不課田者。輸義米。戶三斛。遠者五斗。極遠者輸算錢。人二十八文。其官品第一至於第九。各以貴賤占田。品第一者。占田五十頃。第二品、四十五頃。第三品、四十頃。第四品、三十五頃。第五品、三十頃。第六品、二十五頃。第七品、二十頃。第八品、十五頃。第九品、十頃。而又各以品之高卑。蔭其親屬。多者及九族。少者三世。宗室國賓先賢之後及士人子孫亦如之。而又得蔭人以爲衣食客及佃客。品第六以上、得衣食客三人。第七第八品二人。第九品一人。其應有佃客者。官品第一第二者、佃客無過五十戶。第三品十戶。第四品七戶。第五品五戶。第六品三戶。第七品二戶。第八品第九品一戶。

南渡以後。軍國所須。臨時徵賦。乃無恒法定令。

隋書食貨志。自東晉寓居江左。歷宋齊梁陳。軍國所須雜物。隨土所出。臨時折課市取。乃無恒法定令。列州郡縣。制其任土所出。以爲徵賦。其無貫之人。不樂州縣編戶者。爲浮浪人。樂輸亦無定數。任量

而拓跋氏興於北荒。采入中原。值大亂之後。民廢農業。轉能計口授田。

魏書食貨志太祖定中原。接喪亂之敝。兵革並起。民廢農業。既定中山。分徙吏民及徒何種人工伎巧十萬餘家。以充京都。各給耕牛。計口授田。

蓋亂世田土無主。地多入官。復由民有之制。漸變爲國有之制。至孝文帝太和中。遂普行均田之法。

魏書食貨志太和九年。下詔均給天下民田。諸男夫十五以上。受露田四十畝。婦人二十畝。奴婢依良。丁牛一頭。受田三十畝。限四牛。所授之田率倍之。三易之田再倍之。以供耕作及還受之盈縮。諸民年及課則受田。老免及身沒則還田。奴婢牛隨有無以還受。諸桑田不在還受之限。但通入倍田分。於分雖盈。沒則還田。不得以充露田之數。不足者以露田充倍。諸初受田者。男夫一人給田二十畝。課蒔餘。種桑五十樹。棗五株。楡三根。非桑之土。夫給一畝。依法課蒔楡棗。奴婢依良。限三年種畢。不畢。奪其不畢之地。於桑楡地分。雜蒔餘果及種桑楡者不禁。諸應還之田。不得種桑楡棗果。種者以違令論。地入還分。諸桑田皆爲世業。身終不還。恒從見口。有盈者無受無還。不足者受種如法。盈者得賣其盈。不足者得買所不足。不得賣其分。亦不得買過所足。諸麻布之土。男夫及課。別給麻田十畝。婦人五畝。奴婢依良。皆從還受之法。諸有舉戶老小癃殘無授田者。年十一以上及癃者。各授以半夫田。年踰七十者。不還所受。寡婦守志者。雖免課亦授婦田。諸還受民田。恒以正月。若始受田而身亡。及賣買奴婢牛者。皆至明年正月。乃得還受。諸土廣民稀之處。隨力所及。官借民種蒔。役有土居者。依法封授。諸地狹之處。有進丁受田而不樂遷者。則以其家桑田爲正田分。又不足。不給倍田。又不足。家內人別減分。無桑之鄉準此爲法。樂遷者聽逐空荒。不限異州他郡。惟不聽避勞就逸。其地足之處。不得無故而移。諸民有新居者。三口給地一畝。以爲居室。奴婢五口給一畝。男女十五以上。因其地分口課種菜五分畝之一。諸一人之分。正從正倍從倍不得隔越他畔。進丁受田者。恒從所近。若同時俱受。先貧後富。再倍之田。放此爲法。諸遠流配謫無子孫及戶絕者。墟宅桑榆。盡爲公田。以供授受。授受之次。給其所親。未給之間。亦借其所親。諸宰民之官。各隨地給公田。刺史十五頃。太守十頃。治中別駕各八頃。縣令郡丞六頃。更代相付。賣者坐如律。

論者謂其法異於王莽。故能久行而無弊。

文獻通考或謂井田之廢已久。驟行均田。奪有餘以予不足。必致煩擾以興怨讟。不知後魏何以能行。然觀其立法。所受者露田。諸桑田不在還受之限。意桑田必是人戶世業。是以栽植桑榆其上。而露田不栽樹。則似所種者。皆荒閑無主之田。必諸遠流配謫無子孫及戶絕者。墟宅桑榆。盡爲公田。以供授受。則固非盡奪富者之田、以予貧人也。又令有盈者無受不還。不足者受種如法。盈者得賣其盈。不足者得買所不足。不得賣其分。亦不得買過所足。是令其從便賣買。以合均給之數。則又非强奪之以爲公田、而授無田之人。與王莽所行異矣。此所以稍久而無弊歟。

然推其原始。實由無主之田。爭訟不決。豪强兼並。乃爲均給。

魏書李安世傳時民困飢流散。豪右多有占奪。安世乃上疏曰。竊見州郡之民。或因年儉流移。棄賣田宅。漂居異鄉。事涉數世。三長既立。始返舊墟。廬井荒毀。桑榆改植。事已歷遠。易生假冒。彊宗豪族。肆其侵淩。遠認魏晉之家。近引親舊之驗。又年載稍久。鄉老所惑。羣證雖多。莫可取據。各附親知。互有長短。兩證徒具。聽者猶疑。爭訟遷延。連紀不判。良疇委而不開。柔桑枯而不採。僥倖之徒興繁多之獄作。欲令家豐歲儲。人給資用。其可得乎。愚謂今雖桑井難復。宜更均量。審其徑術。令分藝有準。力業相稱。細民獲資生之利。

豪右靡餘地之盈。則無私之澤。乃均播於兆庶矣。又所爭之田。宜限年斷事。久難明。悉屬今主。然後虛妄之民、絕望於覬覦。守分之士、永免於凌奪矣。高祖深納之。後均田之制起於此。

又立三長。確定戶籍。校比戶籍。遂得其實。

資治通鑑齊永明四年（即魏太和十年）魏無鄉黨之法。唯立宗主督護。民多隱冒。三五十家始爲一戶。內秘書令李沖上言。宜準古法。五家立鄰長。五鄰立里長。五里立黨長。取鄉人彊謹者爲之。鄰長復一夫。里長二夫。黨長三夫。三載無過則升一等。其民賦一夫一婦帛一匹。粟二石。大率十匹爲公調。二匹爲調外費。三匹爲百官俸。此外復有雜調。民年八十以上。聽一子不從役。孤獨癃老篤疾貧窮不能自存者。三長內迭養食之。書奏。詔百官通議。太尉丕曰。方有事之月。校比戶口。民必勞怨。請過今秋至冬。乃遣使者。於事爲宜。沖曰。民可使由之。不可使知之。若不因調時。民徒知立長校戶之勤。未見均徭省賦之益。心必生怨。宜及課調之月。令知賦稅之均。既識其事。又得其利。行之差易。羣臣多言。一旦改法。恐成擾亂。文明太后曰。立三長則課調有常準。苞蔭之戶可出。僥倖之人可止。何爲不可。甲戌、初立黨里鄰三長。定民戶籍。民始皆愁苦。豪彊者尤不願。既而課調省費十餘倍。上下安之。（按通鑑永明三年、載李安世疏。四年、載李沖之言。是三長之立。在安世上疏之後。然李疏明云。三長既立。始返舊墟。似三長立後。始行均田。魏書李安世傳未言其上疏年月。而食貨志明云九年下詔均田。十年李沖上言立三長。疑李安世之疏。非太和九年所上。）

且喪亂多年。戶口稀少。計口均給。不虞不足。

兩漢盛時。民戶皆千數百萬、口五千餘萬。（漢書地理志。元始二年。戶千二百二十三萬三千六十二。口五千九百五十九萬四千九百七十八。續漢郡國志。永壽二年。戶千六百七萬九百六。口五千六百四十八萬六千八百五十六。）然東漢戶口。猶非實數。（後漢書建武十五年。詔州郡檢覈墾田。帝以天下墾田多不以實自占。又戶口年紀。互相增減。乃下詔州郡檢覈。於是刺史太守多爲詐巧。或優饒豪右。侵刻羸弱。是東漢時戶口之數。多不實也。計其最盛之時。或尚不止於此。三國以降。戶口銳減。後魏雖較晉爲多。然亦不逮漢之盛。茲爲列表以明之。

魏	六六三四二三戶	四四三二八八一口	蜀	二八〇〇〇〇戶	一〇八二〇〇〇口
吳	五三〇〇〇〇戶	二三六七〇〇〇〇口	西晉	二四五九八〇〇戶	一六一六三八六三口
前燕	二四五八九六九戶	九九九八七九三五口	宋	九〇六八七〇戶	四六八五五〇一口
後魏	五〇〇〇〇〇〇戶	三〇〇〇〇〇〇〇口	北齊	三〇三二五二八戶	二〇〇〇六八八六口
北周	三五九〇〇〇〇戶	九〇〇九六〇四口	陳	五〇〇〇〇〇戶	三〇〇〇〇〇〇口

魏之戶口無確數。魏書地形志謂正光以前。時惟全盛。戶口之數。比夫晉之太康。倍而餘矣。文獻通考據此推算。謂其盛時戶至五百餘萬。故亦準此數。假定其人口爲三千餘萬。然以一戶五口計之。尚未必有此數也。

積此三因。遂能於周秦以後。實行均產之策。以弭生計之不平。沿及北周北齊。亦均仿之。

隋書食貨志北齊河清三年。定令人居十家爲比鄰。五十家爲閭里。百家爲族黨。男子十八以上六十五以下爲丁。十六以上十七以下爲中。六十六以上爲老。十五以下爲小。率以十八受田輸租調。二十充兵。六十免力役。六十六退田免租調。京城四面諸坊之外三十里內爲公田。受公田者三縣代遷。其方百里外及州人。一夫受露田八十畝。婦四十畝。奴婢依良人。丁牛一頭。受田六十畝。限止四牛。又每丁給永業二十畝爲桑田。其中種桑五十根。榆三根。棗五根。不在還受之限。非此田者。悉入還受之分。土不宜桑者給麻田如桑田法。率人一牀、調絹一匹。綿八兩。凡十斤綿中折一斤作絲。墾租二石。義租五斗。奴婢各准良人之半。牛調二尺。墾租一斗。義租五升。

又後周太祖作相。創制六官。司均掌田里之政令。凡人口十以上、宅五畝。口九以上、宅四畝。五口以下、宅二畝。有室者田百四十畝。丁者田百畝。司賦掌功賦之政令。凡人自十八以至六十有四、與輕癃者。皆賦之。其賦之法。有室者歲不過絹一疋。綿八兩。粟五斛。丁者半之。其非桑土。有室者、布一疋。麻十斤。丁者又半之。豐年則全賦。中年半之。下年三之。皆以時徵焉。若艱札凶。則不徵其賦。

而隋唐之制。亦淵源於魏周焉。

魏自道武帝時。已頗知學。

宋書索虜傳。什翼犍子開、字涉珪。王有中州。自稱曰魏。號年天賜。治代郡桑乾縣之平城。立學官。置尙書曹。開頗有學問。曉天文。

明元以降。多娶漢族女爲后妃。

魏書皇后傳。明元密皇后杜氏、魏郡鄴人。初以良家子選入太子宮。有寵。生世祖及太宗　文成元皇后李氏。梁國蒙縣人。生顯祖。獻文思皇后李氏。中山安喜人。生高祖。

故至孝文。醉心華夏之禮。致深厭其國俗。禁同姓爲婚。

魏書高祖紀。太和七年、詔曰。淳風行於上古。禮化用乎近葉。是以夏殷不嫌一族之婚。周世始絕同姓之娶。斯皆教隨時設。治因事改者也。皇運初基。中原未混。撥亂經綸。日不暇給。古風遺樸。未遑釐改。後遂因循。迄茲莫變。朕屬百年之期。當復仁之政。思易質舊式

昭維新。自今悉禁絕之。有犯以不道論。

罷一切淫祀。

魏書禮志太和四年、詔曰。國家自先朝以來。饗祀諸神。凡有一千二百餘處。今欲減省羣祀。務從簡約。神聰明正直。不待煩祀也。

建明堂太廟。

魏書禮志魏先之居幽都也。鑿石爲祖宗之廟。於烏洛侯國西北。自後南遷。其地隔遠。歲遣使詣石室告祭。太和四年。經始明堂。改營

太廟。

定車服禮樂。

魏書高祖紀太和十年四月。始制五等公服。甲子、帝初以法服御輦祀於西郊。十一年正月。詔定雅樂。非雅者除之。十三年正月。車駕

有事於圜丘。於是初備大駕。

祀孔子。

魏書高祖紀太和十三年七月。立孔子廟於京師。十六年二月。改諡宣尼曰文聖尼父。告諡孔廟。十九年四月。幸魯城。親祠孔子廟。

立史官。

魏書高祖紀太和十四年二月。初定起居注制。十五年正月。初置左右史官。

耕籍田。

魏書高祖紀太和十七年二月。始籍田於都南。

制律令。

魏書高祖紀，太和元年九月。詔羣臣定律令於太華殿。十五年八月。議律令。十六年四月。班新律令。十七年六月。詔作職員令十二卷、施行。

一切師法中土、古制、而猶以爲未足。由平城遷都洛陽。

魏書任城王澄傳，高祖謂澄曰。國家興自北土。徙居平城。雖富有四海。文軌未一。此間用武之地。非可文治。移風易俗。信爲甚難。崤函帝宅。河洛王里。因茲大舉。光宅中原。任城意以爲何如。澄曰。伊洛中區。均天下所據。陛下制御華夏。輯平九服。蒼生聞此。應當大慶。高祖曰。北人戀本。忽聞將移。不能不驚擾也。澄曰。此既非常之事。當非常人所知。惟須決之聖懷。此輩亦何能爲也。

通鑑卷百三十九。帝謂陸叡曰。北人每言北俗質魯。何由知書。朕聞深用憮然。今知書者甚衆。豈皆聖人。顧學與不學耳。朕修百官。興禮樂。其志固欲移風易俗。朕爲天子。何必居中原。正欲卿等子孫。漸染美俗。聞見廣博。若永居恆北。復値不好文之主。不免面牆耳。

禁其國人胡服胡語。

魏書高祖紀，太和十八年十二月、壬寅。革衣服之制。

通鑑卷百三十九，魏主欲變易舊風。壬寅、詔禁士民胡服。國人多不悅。

魏書高祖紀太和十九年六月己亥。詔不得以北俗之語言於朝廷。若有違者。免所居官。

又咸陽王禧傳高祖曰。自上古以來及諸經籍。焉有不先正名而得行禮乎。今欲斷諸北語。一從正音。年三十以上。習性已久。容或不可卒革。三十以下。見在朝廷之人。語音不聽仍舊。若有故爲。當降爵黜官。各宜深戒。如此漸習。風化可新。若仍舊俗。恐數世之後。伊洛之下。復成被髮之人。王公卿士。咸以然否。禧對曰。實如聖旨。宜應改易。高祖曰。朕嘗與李冲論此。冲言四方之語。竟知誰是。帝者言之。卽爲正矣。何必改舊從新。冲之此言。應合死罪。乃謂冲曰。卿實負社稷。合令御史牽下。冲免冠陳謝。

又改其姓氏與漢族通婚姻。

魏書高祖紀太和二十年正月。詔改姓爲元氏。

通鑑卷百四十。魏主下詔。以爲北人謂土爲拓、后爲跋。魏之先出於黃帝。以土德王。故爲拓跋氏。夫土者。黃中之色。萬物之元也。宜改姓元氏。諸功臣舊族、自代來者。姓或重複。皆改之。於是始改拓拔氏爲長孫氏。達奚氏爲奚氏。乙旃氏爲叔孫氏。丘穆陵氏爲穆氏。步六孤氏爲陸氏。賀賴氏爲賀氏。獨孤氏爲劉氏。賀樓氏爲樓氏。勿忸于氏爲于氏。尉遲氏爲尉氏。其餘所改。不可勝紀。魏主雅重門族。以范陽盧敏、清河崔宗伯、滎陽鄭羲、太原王瓊四姓。衣冠所推。咸納其女以充後宮。隴西李冲。以才識見任。當朝貴重。所結姻婣。莫非淸望。帝亦以其女爲夫人。詔黃門郎司徒左長史宋弁。定諸州士族。多所升降。又詔以代人先無姓族。雖功賢之胤。無異寒賤。故宦達者位極公卿。其功衰之親。仍居猥任。其穆陸賀劉樓于嵇尉八姓。自太祖已降。勳著當世。位盡王公。灼然可知者。且下司州吏部。勿充猥官。一同四姓。自此外應班淸流者。尋續別敕。其舊爲部落大人、而皇始以來、三世官在給事以上、及品登王公者、爲姓。若本非大人。而皇始以來三世官在尚書以上。及品登王公者。亦爲姓。其大人之後。而官不顯者。爲族。若本非大人而官顯者。亦爲族。凡此姓族。皆應審覈。勿容僞冒。魏舊制。王國舍人皆應娶八族及清修之門。咸陽王禧娶隸戶爲妃。帝深責之。因下詔爲六弟聘室。前者所納。可爲妾媵。咸陽王禧聘隴西李輔女。河南王幹聘代郡穆明樂女。廣陵王羽聘滎陽鄭平城女。潁川王雍聘范陽盧神寶女。始平王勰聘隴西李沖女。北海王詳聘滎陽鄭懿女。懿羲之子也。時趙郡諸李人物尤多。各盛家風。故世之言高華者。以五姓爲首。

於是胡、漢、混、淆。不復可辨。惡異族者。恒痛斥之。

王夫之讀通鑑論。拓跋宏之僞也。儒者之恥也。自馮后死。宏始親政。以後五年之間。作明堂。正祀典。定祧廟。祀圜丘。迎春東郊。定次五德。朝日。養老。修舜禹周孔之祀。耕籍田。行三載考績之典。禁胡服胡語。親祠闕里。求遺書。立國子大學、四門小學。定族姓。宴國老庶老。聽羣臣終三年之喪。諸儒爭豔稱之。以爲榮。凡此者。典謨之所不道。孔孟之所不言。立學終喪之外。皆漢儒依託附會。逐末舍本雜讖緯巫覡之言。塗飾耳目。是爲拓跋宏所行之王道而已。尉元爲三老。游明根爲五更。豈不辱名教而羞當世之士哉。故曰儒者之恥也。

然腥羶之族。國勢已彊。保其故俗。未始不可爲國。而孝文當强盛之時。汲汲然自同於華夏。卽所行者。未盡爲周孔之道。而出於漢之說經家附會之詞。亦可見文化之權威。足以折蠻野而使之同化矣。

第九章　佛教之盛興

漢魏以降。佛教盛與。西域僧徒之來華者。後先相望。茲依高僧傳略表於左。

維祇難	天竺人	吳黃武三年	來至武昌
竺律炎	同	同	同
曇柯迦羅	中天竺人	魏嘉平中	來至雒陽
康僧鎧	康居人	魏嘉平末	來至雒陽
曇帝	安息人	魏正元中	來遊雒陽
無羅叉	西域人	魏晉間	居河南
竺曇摩羅刹	月支人	晉武帝時	自燉煌至長安
帛尸梨蜜多羅	西域人	晉永嘉中	始到中國值亂過江
僧伽跋澄	罽賓人	苻堅建元十七年	來入關中
佛圖羅刹	不知	亦當苻世	久遊中土
曇摩難提	兜佉勒人	苻氏建元中	至長安
僧伽提婆	罽賓人	同	同（晉太元中渡江至廬山隆安元年來遊京師）
僧伽羅叉	罽賓人	晉隆安中	在晉京師

曇摩耶舍	罽賓人	晉隆安中	初達廣州至義熙中來長安
曇摩掘多	天竺人	晉義熙中	來關中
鳩摩羅什	天竺人	姚興弘始三年	至長安
弗若多羅	罽賓人	秦弘始中	入關
曇摩流支	西域人	弘始七年	達關中
卑摩羅叉	罽賓人	弘始八年	達關中後至壽春復適江陵
佛陀耶舍	罽賓人	姚興時	至長安
佛馱跋陀羅	迦維羅衛人	姚興時	至青州往長安復至廬山及江陵
曇無讖	中天竺人	北涼玄始中	至河西
佛馱什	罽賓人	宋景平元年	屆揚州
浮陀跋摩	西域人	宋元嘉中	達西涼
求那跋摩	罽賓人	宋元嘉中	至廣州達建業
僧伽跋摩	天竺人	宋元嘉十年	自流沙至京邑
曇摩蜜多	罽賓人	宋元嘉中	自流沙到燉煌展轉至蜀至荊州

畺良耶舍	西域人	宋元嘉初	遠冒沙河至於京邑
求那跋陀羅	中天竺人	元嘉十二年	自廣州至京都
僧伽達多	天竺人	元嘉中	來宋境
僧伽羅多哆	天竺人	元嘉中	來宋境
阿那摩低	康居人	孝建中	來京師
求那毗地	中天竺人	齊建元初	來京師
僧伽婆羅	扶南人	梁初	來京師
菩提流支	北天竺人	魏永平初	來游東夏處永寧寺
拘那羅陀	西天竺人	梁大同中	自南海屆京邑
月婆首那	中天竺人	元象中	遊化東魏後又南渡
求那跋陀	于闐僧	太淸二年	在梁國
須菩提	扶南人	陳初	在揚州
那連提黎耶舍	北天竺人	北齊天保中	屆于京鄴
闍那崛多	北天竺人	西魏後元中	由鄯州至長安

攘那跋陀羅	波頭摩國人	北周初年	在長安
達摩流支	摩勒國人	天和中	同上
闍那耶舍	摩伽陀國人	天和中	在長安

其他弘法之士。殆尚不止於此。隋書經籍志稱姚萇時。鳩摩羅什至長安。大譯經論。時胡僧至長安者數十輩。惟羅什才德最優。是僅姚秦一時。胡僧已數十輩。高僧傳所載。特其著者耳。稽其蹤迹。大抵自西域入關中。至洛陽鄴中者居多。其南來者。或抵青州。或居南海。隨緣所至。亦無定方焉。

當此之時。中土僧俗。亦多銳意西行求法。（其詳見「梁任公近著第一輯」中卷「千五百年前之中國留學生」篇。商務印書館出版。）自朱士行。

釋慧皎高僧傳：朱士行。潁陽人。少懷遠悟。脫落塵俗。出家已後。專務經典。昔漢靈之時。竺佛朔譯出道行經。文句簡略。意義未周。士行嘗於洛陽講道行經。覺文意隱質。諸未盡善。每歎曰。此經大乘之要。而譯理不盡。誓志捐身。遠求大本。遂以魏甘露五年。發迹雍州。西渡流沙。既至于闐。果得梵書正本。凡九十卷。遣弟子弗如檀。此言法饒。送經梵本。還歸洛陽。遂終於于闐。（弗如檀亦西來之一僧。惟前表所舉者。多大師。此則轉是中國西行僧徒之弟子耳。）

至宋雲。

楊衒之洛陽伽藍記：城北聞義里。有燉煌人宋雲宅。雲與惠生。向西域取經。得一百七十部。皆大乘妙典。

魏書嚈噠傳：熙平中。明帝遣王伏子統宋雲。沙門法力等。往西域求訪佛經。時有沙門慧生者。與偕行。正光中還。

寶暹等。殆不下六七十人。

釋道宣續高僧傳齊僧寶暹道邃僧曇等十人以武平六年相結同行。採經西域往返七載將事東歸。凡獲梵本二百六十部。

其最著者。爲江陵辛寺釋法顯。

高僧傳釋法顯、姓龔。平陽武陽人三歲便爲沙彌。及受大戒。志行明敏。常慨經律舛闕。誓志尋求。以晉隆安三年。與同學慧景道整慧應慧嵬等、發自長安。西度流沙。凡所經歷三十餘國。後至中天竺。于摩竭提波連弗邑阿育王塔南天王寺。得摩訶僧祇律。又得薩婆多律。抄雜阿毗曇心線經、方等泥洹經等。顯留三年。學梵經梵書。方躬自書寫。於是持經像寄附商客到師子國。同旅十餘。或留或亡。停二年。復得彌沙塞律長雜二含及雜藏。並漢土所無。旣而附商人大舶。循海而還。經十餘月。達耶婆提國。停五月。復隨他商東適廣州。舉帆二十餘日。夜忽大風。合舶震懼。任風隨流。忽至靑州長廣郡牢山南岸。遂南造京師。就外國禪師佛馱跋陀于道場寺。譯出摩訶僧祇律、方等泥洹經、雜阿毗曇心論。垂有百餘萬言。後至荊州。卒於辛寺。春秋八十有六。

而月支之僧。如竹曇摩羅刹者。先由吾國而西。旣乃還歸中夏。則兼兩方之事而一之焉。

高僧傳竺曇摩羅刹、此云法護。其先月支人。本姓支氏。世居燉煌郡。年八歲出家。事外國沙門竺高座爲師。是時晉武之世。寺廟圖像雖崇京邑。而方等深經。蘊在葱外。護乃慨然發憤。志弘大道。遂隨師至西域。遊歷諸國。外國異言三十六種。書亦如之。護皆遍學。貫綜詁訓。音義字體。無不備識。遂大齎梵經。還歸中夏。自燉煌至長安。沿路傳譯。寫爲晉文。所獲賢劫正法華光贊等一百六十五部。孜孜所務。惟以弘通爲業。終身寫譯。勞不告倦。經法所以廣流中華者。護之力也。

弘法之事莫重於翻譯。漢開其端而後累朝列國踵其事。譯業之盛殆無過於此時。茲據開元釋教錄表之如左。

魏	沙門五人	所出經戒羯磨	一二部	一八卷
吳	緇素五人	所出經幷失譯	一八九部	四一七卷
西晉	緇素十二人	所出經戒集等	三三三部	五九〇卷
東晉	緇素十六人	所譯經律論	一六八部	四六八卷
符秦	沙門六人	所譯經律論	一五部	一九七卷
後秦	沙門五人	所譯經律論	九四部	六二四卷
西秦	沙門一人	所譯經律論	五六部	一一〇卷
前涼	外國優婆塞一人	所譯經律論	四部	六卷
北涼	緇素九人	所譯經律論	八二部	三一一卷
宋	緇素廿二人	所譯經律論	四六五部	七一七卷
齊	沙門七人	所譯經律論	一二部	三三卷
梁	緇素八人	所譯經律論	四六部	二〇一卷

元魏　緇素十二人　所譯經律論　八三部　二七四卷

北齊　緇素二人　所譯經律論　八部　五二卷

共計　一一一人（其實不止此數當是但計主名）所譯經律論　一五六七部　四〇一八卷

翻譯之法。多據梵本間憑口誦。

近人謂初期譯業率無原本。但憑譯人背誦。按高僧傳、漢靈之時。天竺沙門竺佛朔齎道行經來適雒陽。即轉梵爲漢。　又沙門曇果、於迦維羅衛國得梵本。康孟詳與竺大力譯爲漢文。　又支謙以大教雖行。而經多梵文。未盡翻譯。已妙善方言。乃收集衆本。譯爲漢語。是漢魏時譯經。明有梵本之證。至朱士行等求經。則梵本輸入更多。

譯人之兼釋華梵者。衆共推之。

高僧傳、竺佛念涼州人。諷習衆經。麤洽外典。其蒼雅訓詁。尤所明達。少好遊方。備貫風俗。家世西河。洞曉方語。華梵音義。莫不兼釋。苻氏建元中。有僧伽跋澄曇摩難提等入長安。趙正請出諸經。當時名德。莫能傳譯。衆咸推念。於是澄執梵文。念譯爲晉。質疑斷義。音字方明。自苻姚二代。爲譯人之宗。故關中僧衆。咸共嘉焉。

至法顯法勇等。直詣西域。專學梵書梵語。

法顯學書見前。

高僧傳曇無竭、此云法勇。姓李。幽州黃龍人。以宋永初元年、招集同志沙門僧猛曇朗之徒二十五人。遠適西方。至罽賓國。禮拜佛鉢。停歲餘。學梵書梵語。　寶雲、涼州人。以晉隆安之初。遠適西域。與法顯智嚴先後相隨。遂歷于闐天竺諸國。雲在外域。徧學梵書。天竺諸國音字詁訓。悉皆備解。晚出諸經。多雲所治定。華梵兼通。音訓允正。雲之所定。衆咸信服。

則直接讀書。勝於僅憑展轉之迻譯矣。

魏黃初中。中國人始依佛戒。剃髮爲僧。

隋書經籍志。魏黃初中。中國人始依佛戒。剃髮爲僧。

高僧傳曇柯迦羅、以魏嘉平中。來至雒陽。於時魏境雖有佛法。而道風訛替。亦有衆僧未稟歸戒。正以剪落殊俗耳。（此可見嘉平以前。已以剪落當僧俗之別。）迦羅既至。立羯磨法。中夏戒律。始自乎此。

於是四民之外。別有出家之民。至道安時。復定以釋命氏。

高僧傳初魏晉沙門依師爲姓。故姓各不同。安以爲大師之本。莫尊釋迦。乃以釋命氏。復獲增一阿含。果稱四河入海。無復河名。四姓爲沙門。皆稱釋種。既懸與經符。遂爲永式。

姚興命僧䂮爲僧主。爰有僧正等秩。

高僧傳姚興下書曰。大法東遷。於今爲盛。僧尼已多。應須綱領。宣授遠規。以濟頹緒。僧䂮學優早年。德芳暮齒。可爲國內僧主。僧遷禪慧兼修。即爲悅衆。法欽慧斌共掌僧錄。給車輿吏力。䂮資侍中秩。傳詔羊車各二人。遷等並有厚給。僧正之興。䂮之始也。

魏道武帝以法果爲道人統。綰攝僧徒。

魏書釋老志皇始中有沙門法果誡行精至。太祖聞其名。以禮徵赴京師。後以爲道人統。綰攝僧徒。

後改爲沙門統。

魏書釋老志高宗時、京師沙門師賢爲道人統。和平初、師賢卒。曇曜代之。更名沙門統。

又立監福曹。以斷僧務。

魏書釋老志。先是立監福曹。又改爲昭玄。備有官屬。以斷僧務。

其寺宇則有維那都維那等職。

王昶金石萃編。孫秋生等造像記跋。魏書釋老志、若爲三寶巡民教化者。在外齊州鎮維那文移。在臺者、齊都維那等印牒。然後聽行。違者加罪。又翻譯名義、南山之聲論。翻爲次第。謂知僧事之次第。寄歸傳云。華梵兼舉也。維是綱維。華言也。那是梵語。刪去羯磨陀三字也。僧史略云。梵語羯磨陀那、譯爲知事。亦云悅衆。謂知其事、悅其衆也。音義指歸云。僧如網。假有總之人爲綱繩也。隋智琳、潤州刺史李海游命琳爲斷事綱維。爾後寺立三綱。上座、維那、典座也。此碑稱維那。因附詳於此。

則宗教而兼有政治之性質矣。

僧尼衣住均與俗殊。初服赤衣。後改雜色。

魏書釋老志漢世沙門皆衣赤布。後乃易以雜色。

袈裟梵服雖犯嘲譏不顧也。

高僧傳或嘲支孝龍（晉初人）曰大晉龍興天下爲至沙門何不全髮膚去袈裟釋梵服被綾羅龍曰剪髮毀容改服變形彼謂我辱我棄彼榮。

東漢之季已有浮圖至於晉世洛中益盛。

後漢書陶謙傳笮融聚衆數百往依于謙謙使督廣陵下邳彭城運糧遂斷三郡委輸大起浮圖寺上累金盤下爲重樓又堂閣周回可容三千許人作黃金塗像衣以錦綵每浴佛輒多設飲飯布席於路其有就食及觀者且萬餘人。

魏書釋老志自洛中搆白馬寺盛飾佛圖畫迹甚妙爲四方式凡宮塔制度猶依天竺舊狀而重搆之從一級至三五七九世人相承謂之浮圖或云佛圖晉世洛中佛圖有四十二所矣。

吾國建築之式遂增入印度制度南北相望競事營搆唐杜牧詩云南朝四百八十寺以金陵一地而論已有四百八十寺之多他可知矣近人輯南朝佛寺志博考諸書約有二百三十有一寺（吳一晉三十七宋六十齊二十六梁九十一陳十六）未能語其全也其立寺之類別有由僧尼營建者

如長干寺本吳時尼居宋熙寺爲天竺僧伽羅多哆所造之類。

有由帝王創造者。

如晉簡文帝造波提寺梁武帝立同泰寺等。

有由個人捨宅而成者。

如莊嚴寺爲謝尙捨宅所造。平陸寺爲宋平陸令許桑捨宅建剎。因以官名名之之類。

有由僧徒啓乞而立者。

如瓦官寺本陶瓦處。沙門慧力啓乞爲寺之類。

有專居一僧者。

如佛馱什至京。諸檀越立罽賓寺。求那跋陀羅譯經。特立天竺寺。摩訶至都。建外國寺以居之之類。

有爲人求福者。

如蕭惠開爲父思話造禪岡寺。宋孝武帝爲殷貴妃立新安寺之類。

有人民爲帝王而立者。

如宋泰始中。京師民爲孝武帝立天保寺之類。

有達官以寺爲家者。

如法輪寺爲何點家寺。點常居其中之類。

一時風尙。波起雲興。而魏之寺塔。尤盛於南。

魏書釋老志自興光至太和。京城內寺新舊且百所。僧尼二千餘人。四方諸寺六千四百七十八。僧尼七萬七千二百八。　延昌中。天下州郡僧尼等積有一萬三千七百二十七所。　神龜中寺至三萬有餘。

洛陽伽藍記載永寧寺之壯麗可見其時建築之宏大焉。

楊衒之洛陽伽藍記永寧寺、熙平元年靈太后胡氏所立。中有九層浮圖一所。架木爲之。高九十丈。有刹復高十丈。合去地一千尺。去京師百里遙已見之。刹上有金寶瓶。容二十五石。寶瓶下有承露金盤三十重。周匝皆垂金鐸。浮圖有九級。角角皆懸金鐸。合上下有一百二十鐸。浮圖有四面。面有三戶六窗。戶皆金漆扉上有五行金鈴。合有五千四百枚。僧房樓觀一千餘間。雕梁粉壁。青璅綺疏。難得而言。波斯國胡人言。此寺精麗。遍閻浮所無也。

佛教之興、首由翻譯、次卽講學、當時高僧旣聚徒衆。旦夕講貫。

高僧傳、康法朗在中山、門徒數百。講法相係。　竺法義、受業弟子常有百餘。　釋道安、住受都寺、徒衆數百。　竺僧朗、立精舍於金輿谷。聞風而造者百有餘人。朗孜孜訓誘。勞不告倦。　釋法遇、止江寧長沙寺。講說衆經。受業者四百餘人。　支遁於沃州小嶺立寺。行道僧衆百餘。常隨稟學。

復時開講席。兼教僧俗。

高僧傳竺法義、大開講席。王導孔敷並承風敬友。　竺法汰形解過人。流名四遠。開講之日。黑白觀聽。士庶成羣。及諸稟門徒。以次駢席。三吳負袠至者千數。　釋慧持、講法華毗曇。四方雲聚。千里遙集。

問難質疑。不憚往復。

高僧傳支遁晚出山陰。講維摩經。遁爲法師。許詢爲都講。遁通一義。衆人咸謂詢無以厝難。詢每設一難。亦謂遁不復能通。如此至竟。兩家不竭。凡在聽者。咸謂審得遁旨。迴令自說。得兩三反便亂。于法開每與支道林爭卽色空義。廬江何默申明開難。高平郄超宣述林解。並傳於世。開有弟子法威。嘗出都。經過山陰。支遁正講小品。開語威言。道林講比汝至。當至某品中。示語攻難數十番。云此中舊難通。威既至郡。正直遁講。果如開言。往復多番。遁遂屈。道安事佛圖澄爲師。澄講。安每覆述。衆未之愜。咸言須待後次。當難殺崑崙子。卽安後更覆講。疑難鋒起。安挫銳解紛。行有餘力。人語曰。漆道人驚四鄰。

每有勝義。講者恆爲歛服。

高僧傳沙門道恆頗有才力。常執心無義。大行荆土。竺法汰曰。此是邪說。應須破之。乃大集名僧。令弟子曇壹難之。據經引理。析駁紛紜。恒拔其口辯。不肯受屈。明日更集。慧遠就席。攻難數番。關責鋒起。恒自覺義途差異。神色微動。麈尾扣案。未卽有答。遠曰。不疾而速。杼柚何爲。坐者皆笑。心無之義。於此而息。僧苞東下京師。正值祇洹等發講。乘驢往看。衣服垢弊。貌有風塵。堂內既迮。坐驢韉於戶外。高座舉題適竟。苞致問數番。皆是先達思力所不逮。高座無以抗其辭。遂遜退而止。

故世族學子。聞而信奉。非徒以迷信也。

魏書釋老志載魏世造像、鑿石之鉅。

魏書釋老志興光元年。鑄釋迦之像五。各長一丈六尺。都用赤金二萬五千斤。曇曜白文成帝。於京城西武州塞。鑿石壁。開窟五所。鐫建佛像各一。高者七十尺。次六十尺。雕飾奇偉。冠於一世。顯祖於天宮寺、造釋迦立像。高四十三尺。用赤金十萬斤。黃金六百斤。景明初。世宗詔大長秋卿白整準代京靈巖寺石窟、於洛南伊闕山、為高祖文昭皇太后營石窟二所。初建之始。窟頂去地三百一十尺。至正始二年中。始出斬山二十三丈。永平中。中尹劉騰奏為世宗復造石窟一。凡為三所。從景明元年至正光四年六月已前。用功八十萬二千三百六十六。

及其度僧之多。

魏書釋老志、高宗制、諸州郡縣、於衆居之所。各聽建佛圖一區。任其財用。不制會限。其好樂道法。欲為沙門。不問長幼。出於良家。性行素篤。無諸嫌穢。鄉里所明者。聽其出家。率大州五十。小州四十人。其郡遙遠臺者十人。　太和十六年、詔。四月八日、七月十五日。聽大州度一百人為僧尼。中州五十人。下州二十人。以為常。　熙平二年、靈太后令曰。常度僧依限大州應百人者。州郡於前十日解送三百人。其中州二百人。小州百人。州統維那與官及精練簡取充數。　正光以後。僧尼大衆二百萬矣。

多本於宗教之信仰。而其推行佛教之普遍。亦至可驚。君后倡於上。士民應於下。以今日所存造像推之。其奉佛之風之盛可想。

王昶金石萃編、造像立碑。始於北魏。迄於唐之中葉。大抵所造者。釋迦彌陀彌勒及觀音勢至為多。或刻山崖。或刻碑石。或造石窟。或造佛堪。或造浮圖。其初不過刻石。其後或施以金塗綵繪。其形模之大小廣狹、製作之精粗不等。造像或稱一區。或稱一堪。其後乃稱一鋪。造像必有記。凡造像人自稱曰佛弟子、正信佛弟子、清信士、清信女、優婆塞、優婆夷。凡出資造像者曰像主。副像主、東西南北四面像主、發心主、都開光明主、光明主、天宮主、南面北面上堪中堪像主、檀越主、大像主、釋迦像主、開明像主、彌勒像主、彌勒開明主、觀世音像主、无量壽佛主、都大檀越都像主、像齋主、左右葙齋主。造塔者曰塔主。造鍾者曰鍾主。造浮圖者曰東面西面南面浮圖主。造燈者曰登主、登明主、世石主。勸化者曰化主、敎化主、東西南北面化主、左右葙化主、都化主、大都化主、大化主、都錄主、坐主、高坐主。邑中助緣者曰邑主、大都邑主、東西面邑主、邑子、邑師、邑正、左右葙邑正、邑老、邑胥、邑謂、邑政、邑義、邑日、都邑忠正、邑中正、邑長、鄉正、邑平正、鄉黨治律。其寺職之稱曰和上、比丘、比丘尼、都維那、維那、典錄、典坐、香火、沙彌、門師、都邑維那、邑維那、行維那、左右葙維那、左右葙香火。其名目之繁如此。

葉昌熾語石：造像莫先於元魏。道俗人等同心發願。余所見景明三年四人造象。其最少矣。遞增而有廿三人（神龜元年杜遷等）卅二人（景明三年高樹解伯都等）卅五人。（神龜三年趙阿歡等）又自四十（孝昌三年郡師僧達等）五十（武平三年四部道俗邑義等）六十（孝昌三年臨菑邑儀）七十、（正始元年高洛周等）以至二百（景明三年孫秋生等）三百餘人。（武定二年王武郎縮法義三百人造象　武平二年比丘僧道略三百餘人造象）

而佛經之刻石。亦相繼而興。若泰山金剛經、徂徠般若經、

語石：泰山有金剛經全部。徂徠山映佛巖有大般若經。錢竹汀謂皆齊武平中王子椿所刻。其字徑尺。

風峪華嚴經等。

語石：風峪華嚴經、亦北齊刻。其地在太原西三里。甎甃一穴方五丈。共石柱一百二十有六。

其寫刻之多。幾過於儒家之石經矣。

第十章　佛教之反動

佛教入中國。而士農工商之外。增一釋氏之民。無家族。無君臣。翕然奉他國之宗教。衣食居處。舉止聲容。悉與吾國禮教風俗乖異。此社會一大變化也。社會當變化之際。必不能無所抵觸。懷新者信其理想非吾所有。篤舊者詫其習慣爲吾所無。則以觀念之不同。而生事實之衝突。此勢所必至也。魏晉以來。佛教雖曰盛興。然社會中衝突之狀。亦往往見於史策。約舉之蓋有數端。

（一）則華夷之界也。　佛教初來。其勢微弱。故世不之異。至其寖盛。則排之者首在華夷之界。五胡之君。自以戎神爲本。而當時猶有以此爲言者。

高僧傳。佛圖澄道化既行。民多奉佛。皆營造寺廟。相競出家。眞僞混淆。多生愆過。虎下書問中書曰。佛號世尊。國家所奉。里閭小人無爵秩者。爲應得事佛與不。又沙門皆應高潔貞正。行能精進。然後可爲道士。今沙門甚衆。或有姦宄避役。多非其人。可料簡詳議眞僞。中書著作郎王度奏曰。夫王者郊祀天地。祭奉百神。載在祀典。禮有常饗。佛出西域。外國之神。功不施民。非天子諸華所應祀奉。（中述漢魏之制見前）今大趙受命。率由舊章。華戎異制。人神流別。外不同內。饗祭殊禮。華夏服禮。不宜雜錯。國家可斷趙人悉不聽詣寺燒香禮拜。以遵典禮。其百辟卿士。下逮衆隸。例皆禁之。其有犯者。與淫祀同罪。其趙人爲沙門者。還從四民之服。僞中書令王波同度所奏。虎下書曰。度議云。佛是外國國神。非天子諸華所可宜奉。朕生自邊壤。忝當期運。君臨諸夏。至於饗祀。應兼從本俗。佛是戎神。正所應奉。夫制由上行。永世作則。苟事允無虧。何拘前代。其夷趙百蠻。有捨於淫祀。樂事佛者。悉聽爲道。

比及南朝。學者亦抱此見。顧歡夷夏論。力斥中夏之人。効西戎之法。

南史顧歡傳歡著夷夏論。端委搢紳。諸華之容。剪髮曠衣。羣夷之服。擎跽磬折。侯甸之恭。狐蹲狗踞。荒流之肅。棺殯椁葬。中夏之風。火焚水沈。西戎之俗。全形守禮。繼善之教。毀貌易性。絕惡之學。今以中夏之性。効西戎之法。既不全同。又不全異。下棄妻孥。上絕宗祀。嗜欲之物。皆以禮伸。孝敬之典。獨以法屈。悖德犯順。曾莫之覺。

而信佛者、袁粲謝鎮之朱昭之朱廣之及僧愍等羣起駁之。（其論見南史及弘明集中）或謂從道不從俗。

南史袁粲託爲道人通公駁之曰。清信之士。容衣不改。息必之人。服貌必變。變本從道。不遵彼俗。俗風自殊。無患其亂。

或謂華夷一軌。

朱昭之難夷夏論又云。以國而覩。則夷虐夏溫。請問炮烙之苦、豈康竺之刑。流血之悲、詎齊晉之子。刳剔之苦、實非左衽之心。秋露含垢、匪海濱之士。推檢情性。華夷一軌。

或謂天竺卽中國。

僧愍戎華論君責以中夏之性、效西戎之法者。子自出自井坎之淵。未見江湖之望矣。如經曰。佛據大地之中、而清導十方。故知天竺之土是中國也。

可見顧之持論甚中要害。不與力辯。則不能免用夷變夏之譏也。

(二)則倫理之爭也。出世法與世法殊科。其於君臣父子夫婦兄弟之倫。皆所割捨。而吾國素重倫理者也。魏晉以來。雖多蔑棄禮法之士。而禮教之信條。深入人心。大多數之人。必不以背棄君父爲然。故佛教與儒教之衝突。卽因而生。晉世庾冰桓玄等。均謂沙門宜敬王者。慧遠著論釋之。意謂佛教無妨於忠孝。

慧遠沙門不敬王者論出家篇。凡在出家。皆遯世以求其志。變俗以達其道。變俗則服章不得與世典同禮。遯世則宜高尚其跡。夫然者。故能拯溺俗於沈流。拔幽根於重劫。　如令一夫全德。則道洽六親。澤流天下。雖不處王侯之位。亦已協契皇極。在宥生民矣。是故內乖天屬之重。而不違其孝。外闕奉主之恭。而不失其敬。

至梁世毀佛教者。造三破論。仍主倫理以破之。

劉勰滅惑論或造三破論。第一破曰。入國而破國者。誑言說僞。興造無費。苦剋百姓。使國空民窮。不助國生人減損。況人不蠶而衣。不田而食。國滅人絕。由此爲失。日用損費。無纖毫之益。五災之害。不復過此。第二破曰。入家而破家。使父子殊事。兄弟異法。遺棄二親。孝道頓絕。憂娛各異。歌哭不同。骨肉生讎。服屬永棄。悖化犯順。無昊天之報。五逆不孝。不復過此。第三破曰。入身而破身。人生之體。一有毀傷之疾。二有髡頭之苦。三有不孝之逆。四有絕種之罪。五有亡體從誡。唯學不孝。何故言哉。誡令不跪父母。便競從之。兒先作沙彌。其母復作阿尼。則跪其兒。不禮之教。中國絕之。何可得從。

唐宋諸儒。反對佛教。亦無非因此等根本不同。遂深惡而痛絕。比之夷夏之辨。爲尤重矣。

(三)則宗教之歧也。　老子本非宗教。而自漢以來。卽以黃老與浮屠並稱。且有老子入夷狄爲浮屠之說。

後漢書襄楷傳卽有或言老子入夷狄爲浮屠之語。見前

晉世信天師道者多。而其教理不敵佛教。於是道士作老子化胡經。謂其出於道教。

高僧傳法祖與祭酒王浮每爭邪正。浮屢屈。既瞋不自忍。乃作老子化胡經以誣謗佛法。

其後南北朝之學道者多。揚其波而事爭辯。

南史顧歡傳文惠太子竟陵王子良並好釋法。吳興孟景翼爲道士。太子召入玄圃。衆僧大會。子良使景翼禮佛。景翼不肯。子良送十地經與之。景翼造正一論。大略曰。寶積云佛以一音廣說法。老子云。聖人抱一以爲天下式。一之爲妙。空玄絕於有境。神化贍於無窮。爲萬物而無爲。處一數而無數。莫之能名。强號爲一。在佛曰實相。在道曰玄牝。道之大象。卽佛之法身。 曠刧諸聖。共遵斯一。老釋未始嘗分。迷者分之而未合。

又司徒從事中郎作門律云。道之與佛。遙極無二。吾見道士與道人戰儒墨。道人與道士辨是非。昔有鴻飛天首。積遠難亮。越人以爲鳧。楚人以爲乙。人自楚越。鴻常一耳。

續高僧傳曇無最傳元魏正光元年。明帝加朝服大赦。請釋李兩宗上殿。齋訖。侍中劉勝宣敕。請諸法師等與道士論義。時淸通觀道士姜斌與最對論。帝問佛與老子同時不。斌曰。老子西入化胡成佛。佛以爲侍者。文出老子開天經。據此明是同時。 帝遣尚書令元乂宣敕。令斌下席。又議開天經是誰所說。中書侍郎魏收尚書郎祖瑩就觀取經。太尉蕭綜等讀訖奏云。老子止著五千文。餘無言說。

此則因釋排道而道家欲援釋以爲重雖似溝通教理實則爭持門戶此吾國歷史上宗教之競爭也

佛教既盛愚智同歸游食之徒避役之氓皆可假託以爲生是亦社會之變相也晉世桓玄已主沙汰

僧祐弘明集桓玄與僚屬沙汰僧衆教　京師競其奢淫榮觀紛於朝市天府以之傾匱名器爲之穢瀆避役鍾於百里逋逃盈於寺廟乃至一縣數千猥成屯落邑聚游食之羣境積不羈之衆傷治害政塵滓佛教彼此俱弊實汚風軌使可嚴下在此諸沙門有能伸述經誥暢說義理者或禁行修整奉戒無虧恒爲阿練若者或山居養志不營流俗者皆足以宣寄大化亦所示物以道弘訓作範幸兼內外其有違於此者皆悉罷道所在領其戶籍嚴爲之制速申下之

義熙之季目爲五橫

弘明集釋駁論晉義熙之年江左袁何二賢商略治道諷刺時政發五橫之論　世有五橫而沙門處其一焉大設方便鼓動愚俗一則誘諭一則迫脅云行惡必有累劫之殃修善便有無窮之慶敦厲引導逼强切勸上減父母之養下損妻孥之分會同盡餚膳之甘寺廟極壯麗之美割生民之珍玩崇無用之虛費罄私家之年儲闕軍國之資實

而北魏太武因信道教兼惡沙門不法遂盛加誅戮

魏書釋老志世祖得寇謙之道以清淨無爲有仙化之證遂信行其術時司徒崔浩博學多聞帝每訪以大事浩奉謙之道尤不信佛與帝言數加非毀常謂虛誕爲世費害會蓋吳反杏城關中騷動帝西至長安先是長安沙門種麥寺內御騶牧馬於麥中帝入觀馬沙門飲從官酒從官入其便室見大有弓矢矛楯出以奏聞帝怒曰此非沙門所用命有司案誅一寺閱其財產大得釀酒具及

州郡牧守富人所寄藏物。蓋以萬計。又爲窟室。與貴室女私行淫亂。帝既忿沙門非法。浩時從行。因進其說。詔誅長安沙門。焚破佛像。勑留臺下四方。一依長安行事。自王公以下。有私養沙門者。皆送官曹。不得隱匿。限今年二月十五日。過期不出。沙門身死。容止者。誅一門。　又下詔曰。自今以後。敢有事胡神。及造形像泥人銅人者。門誅。雖言胡神。問今胡人。共云無有。皆是前世漢人無賴子弟劉元眞呂伯彊之徒。乞胡之誕言。用老莊之虛假。附而益之。皆非眞實。　有司宣告征鎮諸軍刺史。諸有佛圖形像及胡經。盡皆擊破焚燒。沙門無少長。悉坑之。是歲眞君七年三月也。

然宋魏對峙。宋不之禁。沙門多避難南來。

高僧傳僧導立寺於壽春。會虜滅佛法。沙門避難投之者數百。悉給衣食。其有死於虜者。皆設會行香。爲之流涕哀慟。

至魏文成帝時。復弛其禁。

魏書釋老志高宗踐極。詔諸州郡各聽建佛圖一區。往時所毀圖寺。仍還修矣。佛像經論。皆得復顯。

明帝正光初。釋李之辯。釋氏優勝。李宗遂屈焉。

齊周對峙之時。道釋之爭尤烈。齊尙佛教。令道士皆染鬀。

續高僧傳文宣受禪。齊祚大興。天保年中。釋李二門。交競優劣。會梁武啟運。天監三年。下勑捨道。道士陸修靜不勝其憤。遂與門人亡命叛入北齊。傾散金玉。贈諸貴遊。託以襟期。冀興道法。帝惑之。乃勑召諸沙門與道士對校道術。曇顯對之。帖然無驗。諸道士等相顧無顏。文宣處座。自驗臧否。其徒爾日皆捨邪從正。求哀濟度。未發心者。勑令染鬀。

中國文化史下册目錄

第二編　中古文化史（續）

第三編　近世文化史

中國文化史 下册

柳詒徵

第十一章 隋唐之統一及開拓

自隋文帝開皇九年至唐玄宗天寶十四年。爲中世史第一次統一之時。（中間雖有隋末之亂不過十年。）肅代以後。遂成藩鎭割據之局。唐祚雖仍延至百五十餘年。其實不得謂之統一也。然隋唐統一之時亦不過一百六十七年。比之漢室。則遠不逮。此亦可見幅員既廣。則破裂易而整理難。非有特殊之才德及適當之法制。而又値羣衆心理厭亂思治。能以向心力集中於一政府者。未易統治此泱泱大國也。吾國疆域至秦漢時已極廓大。然三國兩晉以降。未始不繼續開拓。如吳平山越。蜀定南蠻。

蜀志諸葛亮傳：建興三年。亮率衆南征。其秋悉平。軍資所出。國以富饒。李恢傳：先主以恢爲庲降都督。使持節領交州刺史。住平夷縣。（裴松之注：庲降地名。去蜀二千餘里。時未有寧州。號爲南中。立此職以總攝之。晉泰始中。始分爲寧州。）恢鉏盡惡類。徙其豪帥於成都。賦出叟濮耕牛戰馬金銀犀革。充繼軍實。於時費用不乏。

氐楊之闢仇池。

魏書氐傳：漢建安中。有楊騰者。爲部落大帥。勇健多計略。始徙居仇池。仇池方百頃。因以爲號。四面斗絕。高七里餘。羊腸蟠道三十六回。其上有豐水泉。煮土成鹽。騰後有名千萬者。魏拜爲百頃氐王。千萬孫名飛龍。漸彊盛。養外甥令狐茂搜爲子。晉惠帝元康中。茂搜自號輔國將軍右賢王羣氏推以爲主關中人士流移者多依之。

鮮卑之開青海。

隋書吐谷渾傳吐谷渾本遼西鮮卑徒何涉歸子也。涉歸死。吐谷渾與弟若洛廆不協遂西度隴。止於甘松之南洮水之西。南極白蘭山數千里地。其後遂以吐谷渾爲國氏焉。當魏周之際。始稱可汗。都伏俟城在青海西十五里。其器械衣服略與中國同。

纍氏之居曲靖龍和。

文獻通考西爨蠻自云本安邑人。七世祖晉南寧太守。中國亂。遂王蠻中。宋元帝時。南寧州刺史徐文盛召詣荊州。有爨瓚者、據其地。延袤二千餘里。土多駿馬犀象明珠。既死。子震翫分統其衆。隋開皇初遣使朝貢。

麴氏之王高昌焉耆。

隋書高昌傳高昌國者漢車師前王庭也。其地有漢時高昌壘。故以爲國號。初蠕蠕立闞伯周爲高昌王。伯周死。子義成立爲從兄首歸所殺。首歸自立爲高昌王。又爲高車阿伏至羅所殺。以敦煌人張孟明爲主。孟明爲國人所殺。更以馬儒爲主。以鞏顧麴嘉二人爲左右長史。儒又通使後魏。請內屬。人皆戀土。不願東遷。相與殺儒。立嘉爲王。嘉字靈鳳。金城榆中人。既立。屬焉耆爲挹怛所破。衆不能自統。請主於嘉。嘉遣其第二子爲焉耆王。由是始大。益爲國人所服。其風俗政令與華夏略同。

或前代所未經營。或昔時未隸疆索者。皆由華人或他族分途競進。以爲後來統一之預備。於是隋若唐。襲累世之成勞。集合其地。又加之以恢廓。而造成空前之版圖焉。據隋唐二志之言。似較之漢地有過有不及。

隋書地理志東西九千三百里。南北萬四千八百一十五里。東南皆至於海。西至且末。北至五原。隋氏之盛。極於此。

新唐書地理志太宗元年。因山川形便。分天下爲十道。一曰關內。二曰河南。三曰河東。四曰河北。五曰山南。六曰隴右。七曰淮南。八曰江南。九曰劍南。十曰嶺南。至十三年定簿。凡州府三百五十八。縣一千五百五十一。明年。平高昌。又增州二。縣六。其後北殄突厥頡利。西平高昌。北踰陰山。西抵大漠。其地東極海。西至焉耆。南盡林州南境。北接薛延陀界。東西九千五百一十一里。南北一萬六千九百一十八里。 舉唐之盛時。開元天寶之際。東至安東。西至安西。南至日南。北至單于府。蓋南北如漢之盛。東不及而西過之。然高宗時。高麗百濟皆屬唐。開元中。始以薩水以南地界新羅。則其東界亦軼於漢矣。

中國南北之分。以江河爲最大之界限。故欲通南北。必先通江淮。以爲之樞。春秋時吳將伐齊。先城邗溝。通江淮。

左傳哀公九年。秋。吳城邗溝。通江淮。

顧棟高春秋大事表春秋列國地形口號。連屬江淮沂濟波。積成今日轉漕河。夫差爭長黃池歲。邗巳功成半又過。哀九年。吳城邗溝。通江淮。杜注。通糧道也。今廣陵邗江是。又哀十三年。會於黃池。杜注。在封邱縣南。近濟水。國語。夫差起師北征。闕爲深溝於商魯之間。北屬之沂。西屬之濟。以會晉公午於黃池。案邗溝今日漕河。起於揚州府城東南二里。歷邵伯高郵寶應諸湖。北至黃浦。接淮安界。其合淮處曰末口。在淮安府北五里。自江達淮。南北共長三百餘里。又十三年。既溝通江淮。遂帥舟師。自淮入泗。自泗入沂。復穿魯宋之境。連屬水道。有不通者。鑿而通之。以達於封邱之濟。卽杜氏所云近濟水也。蓋吳人溝通之路。由今考城過杞縣北境。歷闞陽而至於封邱。今日漕河由淮而北。連合沂泗汶洸及山東諸泉。以濟運都。放其遺法。漕河沿革考曰。漕河之北段。卽元人之會通河。其南段。春秋吳子所闢之邗溝也。

歷秦漢至南北朝。其道漸湮。而迹猶存。故隋世屢開之。

隋書文帝紀。開皇七年夏四月。於揚州開山陽瀆以通運漕。（胡身之曰。春秋吳城邗溝。通江淮。山陽瀆通於廣陵尙矣。隋特開而深廣之。將以伐陳也。）煬帝開邗溝詳下。

而通濟永濟二渠。江南之河。皆與邗溝銜接。

通鑑。大業元年。營建東京。發河南淮北諸郡民前後百餘萬。開通濟渠。（杜佑曰。陳留郡城西有通濟渠。煬帝開以通江淮漕運。兼引汴水。卽莨蕩渠也。）自西苑引穀洛水達於河。復自板渚引河歷滎澤入於汴。又自大梁之東引汴水入泗。達於淮。又發淮南民十餘萬開邗溝。自山陽至揚子入江。渠廣四十步。渠旁皆築御道。樹以柳。自長安至江都。置離宮四十餘所。

又大業四年。發河北諸軍百餘萬穿永濟渠。引沁水南達於河。北通涿郡。

又大業六年。敕穿江南河。自京口至餘杭。八百餘里。廣十餘丈。

於是南至餘杭。北至涿郡。西至洛陽。胥可以舟航直達。此隋唐之所以能統一中國之一大主因也。

通鑑。大業七年。討高麗。詔總徵天下兵。無問遠近。俱會於涿。又發江淮以南水手一萬人。弩手三萬人。嶺南排鑹手三萬人。於是四遠奔赴如流。五月。敕河南淮南江南造戎車五萬乘送高陽。供載衣甲幔幕。令兵士自挽之。發河南北民夫以供軍須。秋七月。發江淮以南民夫及船運黎陽及洛口諸倉米至涿郡。舳艫相次千餘里。（此皆可見南北交通之便）

漢都長安。舊有運渠。與渭並行。東抵潼關。隋時修之。名爲廣通渠。

通鑑。陳至德二年。（開皇五年）隋主以渭水多沙。深淺不常。漕者苦之。詔太子左庶子宇文愷帥水工鑿渠引渭水。自大興城東至潼關三百餘里。名曰廣通渠。漕運通利。關內賴之。

唐天寶初、韋堅爲水陸運使。又開廣運潭。與渠通。而四方之舟。遂可畢萃於長安城下。

舊唐書韋堅傳天寶元年、爲水陸轉運使。自西漢及隋。有運渠自關門西抵長安。以通山東租賦。奏請於咸陽擁渭水作興成堰。截灞滻水。傍渭東注。至關西永豐倉下。與渭合。於長安城東九里長樂坡下、滻水之上。架苑牆。東面有望春樓。樓下穿廣運潭。以通舟楫。二年而成。堅預於東京汴水、取小斛底船三二百隻。置於潭側。其船皆署牌表之。若廣陵郡船、即于栿背上堆積廣陵所出錦鏡銅器海味。丹陽郡船、即京口綾衫段。晉陵郡船、即折造官端綾繡。會稽郡船、即銅器羅吳綾絳紗。南海郡船、即玳瑁眞珠象牙沈香。豫章郡船、即名瓷酒器茶釜茶鐺茶椀。宣城郡船、即空青石紙筆黃連。始安郡船、即蕉葛蚺蛇膽翡翠。船中皆有米。吳郡即三破糯米、方丈綾。凡數十郡。駕船人皆大笠子、寬袖衫、芒屨。如吳楚之制。

有唐一代、財賦悉仰給於東南。使非累世經營。通達江淮河渭之路。何能使舟航無阻乎。

新唐書食貨志唐都長安。而關中號稱沃野。然其土地狹。所出不足以給京師。備水旱。故常轉漕東南之粟。高祖太宗之時。用物有節。水陸漕運。歲不過二十萬石。故漕事簡。自高宗以後。歲益增多。而功利繁興。民亦罹其弊。○韋堅開廣運潭。歲漕山東粟四百萬石。

又劉晏爲鹽鐵使。吳越揚楚鹽廩至數千。歲得錢百餘萬緡。以當百餘州之賦。

又元和中、供歲賦者。浙西浙東宣歙淮南江西鄂岳福建湖南八道。戶百四十四萬。比天寶纔四之一。兵食於官者、八十三萬。加天寶三之一。通以二戶養一兵。京西北河北以屯兵廣。無上供。

國內統一。則其力足以外競。隋唐其明證也。煬帝之伐高麗。世多譏之。而發見流求。

隋書，大業三年、煬帝令羽騎尉朱寬入海訪求異俗。到流求國。　明年、帝遣武賁郎將陳稜朝請大夫張鎭州。率兵自義安浮海擊之。

通使倭國。

隋書大業三年、倭王思利北孤遣使朝貢。使者曰。聞海西菩薩天子重興佛法。故遣朝拜。兼沙門數十人來學佛法。　明年、遣文林郎裴清使於倭國。

南招赤土。

隋書煬帝即位。募能通絕域者。大業三年、屯田主事常駿、虞部主事王君政等請使赤土。帝大悅。賜駿等帛各百匹。時服一襲。而遣齎物五千段以賜赤土王。其年十月、駿等至赤土國。其王以船來迎。至王宮。駿等宣詔訖。王詔駿曰。今是大國中人。非復赤土國矣。請遣那邪迦隨駿貢方物。

西達波斯。

隋書煬帝遣雲騎尉李昱使通波斯。尋遣使隨昱貢方物。

皆其時事之可紀者也。裴矩之撰西域圖記。雖亦出於逢君之惡。然周知四國。招徠遠人。亦賢哲所當爲。正不可以閉關自守之見斥之也。

隋書裴矩傳。時西域諸蕃。多至張掖。與中國交市。帝令矩掌其事。矩知帝方勤遠略。諸商胡至者。矩誘令言其國俗山川險易。撰西域圖記三卷。奏之。其序曰。臣既因撫納。監知關市。尋討書傳。訪採胡人。或有所疑。卽譯衆口。依其本國服飾儀形。王及庶人。各顯容止。卽丹青摸寫。爲西域圖記。共成三卷。合四十四國。仍別造地圖。窮其要害。從西頃以去。北海之南。縱橫所亘。將二萬里。　帝令矩往張掖。引致西蕃。至者十餘國。　及帝西巡。次燕支山。高昌王伊吾設等。及西蕃胡二十七國。謁於道左。皆令佩金玉。被錦罽。焚香奏樂。歌儛諠譟。復令武威張掖士女。盛飾縱觀。騎乘塡咽。周亘數十里。以示中國之盛。　矩以蠻夷朝貢者多。諷帝令都下大戲。徵四方奇技異藝。陳於端門街。衣錦綺珥金翠者、以十數萬。又勒百官及民士女。列坐棚閣而縱觀焉。皆被服鮮麗。終月乃罷。又令三市店肆。皆設帷帳。盛列酒食。遣掌蕃率蠻夷與民貿易。所至之處。悉令邀延就坐。醉飽而散。蠻夷嗟歎。謂中國爲神仙。

唐太宗高宗時國威之隆尤無倫比。

桑原隲藏東洋史要。唐太宗高宗兩朝。國勢之盛。曠古無兩。雖力征經營。專屬東西北三面。於南徼或未暇及。而威聲所播。南方諸小國。先後朝貢稱藩。如占城（今中國交趾）眞臘（今東埔寨）扶南（今暹羅）婆利（今婆羅洲）闍婆（今爪哇）室利佛逝（今蘇門答剌）諸國。以及東謝（今四川涪陵縣）西趙（今雲南鳳儀縣）牂牁（今貴州思南縣）諸蠻。皆於其時來廷。於是唐威令所行。東綜遼海。北跨大磧。西被達曷水（今低格里河）。南極天竺暨海洋洲中諸小國。既擁此廣土。欲謀所以統理之者。乃卽其部落列置州縣。其大者爲都督府。以其首領爲都督刺史。皆得世襲。雖貢賦版籍。多不上戶部。然聲敎所暨。皆邊州都督都護所領。著於令式。其突厥回紇黨項吐谷渾、隸關內道者。凡府二十九、州九十。突厥別部及奚（東部鮮卑宇文之別種。據今內蒙喀喇沁部地。）契丹靺鞨降胡百濟高麗隸河北道者。凡府十四、州四十六。突厥回紇黨項吐谷渾之別部。及自于闐以西、波斯以東十六國。隸隴右道者。凡府五十一、州百九十八。羌蠻隸劍南道者。凡州二百六十一。蠻隸江南道者。凡州五十一。隸嶺南道者。

凡州九十三。又有黨項州二十四。不知其隸屬。大凡府州八百五十六。號爲羈縻云。都督府爲數較多。又分併置罷不常。茲不具載。都護府例置大都護一。副大都護各二。皆由唐廷特簡。其治所及所統列表如左。

（一）安西都護府　統西域天山南路至波斯以東　治西州今吐魯番　後徙龜茲今庫車

（二）燕然都護府　統漠北　治天德軍今吳喇忒西北黃河北岸

（三）單于都護府　統陰山之陽黃河之北　治振武軍今托克托西北

（四）瀚海都護府　統漠南　治雲中今大同

（五）崑陵都護府　統西突厥五咄陸部落　治碎葉川東

（六）濛池都護府　統西突厥五弩失畢部落　治碎葉川西

（七）安東都護府　統高麗百濟降戶　治平壤

（八）庭都護府　統金山以西及天山北路　治庭州今迪化　後徙新城

（九）安南都護府　統諸蠻　治交州今安南東京

（十）峯州都護府　統蜀蠻　治嘉寧今安南太原

突厥回紇之酋長並列於朝。

舊唐書突厥傳太宗用溫彥博計。於朔方之地。自幽州至靈州置順祐化長四州都督府。又分頡利之地六州。左置定襄都督府。右置雲中都督府。以統其部衆。其酋首至者。皆拜爲將軍中郎將等官。布列朝廷。五品以上百餘人。因而入居長安者數千家。　回紇傳顯慶元年、程知節等大破賀魯於陰山。盡收所據之地。執賀魯送洛陽。以賀魯種落分置州縣。西盡波斯。加婆閏右衞大將軍兼瀚海都督。婆閏故回紇酋長吐迷度之子初官右屯衞大將軍翊左郎將。

新羅日本之生徒駢羅於學。

舊唐書新羅傳貞觀二十二年、金春秋請詣國學觀釋奠及講論。太宗因賜以所製溫湯及晉祠碑、幷新撰晉書。將歸國。　開元十六年、其王興光上表。請令人就中國學問經教。上許之。

黃遵憲日本國志、謂唐高祖太宗時。並有日本學生詳東亞史。

碑版照耀於絕域。

葉昌熾語石。濟碑顯慶五年、賀遂亮文。權懷素書。廠估王某渡海精拓。並拓得劉仁願紀功碑。亦初唐之佳搆。此二碑皆在忠清道扶餘縣。

王昶金石萃編。姜行本紀功碑。今在哈密城北、天山之麓。土人名闘石圖。漢之碑嶺也。考唐書姜行本傳。高昌之役。磨去古刻。更刊頌陳國威靈。即此碑也。○案唐代紀功碑。東西相望。至今尚存。實爲國光。其尤可寶貴者。蒙古突厥故庭。亦有唐碑。葉昌熾語石曰。俄人於婆陵水上訪得回鶻故宮。又於鄂勒昆河、訪得突厥舊庭。又訪得唐碑三。一爲苾伽可汗碑。開元廿三年李融文。一爲闕特勤碑。開元廿年御製。一爲九姓回鶻可汗碑。斷爲五石。亦唐刻。此三碑雖非太宗高宗時所立。然亦可證唐代文教之遠。

詔書震動於殊方。

舊唐書天竺傳。貞觀十五年、尸羅逸多自稱摩伽佗王。遣使朝貢。太宗降璽書慰問。尸羅逸多大驚。問諸國人曰。自古曾有摩訶震旦使人至吾國乎。皆曰、未之有也。乃膜拜而受詔書。

觀太宗自誇之詞。

通鑑。太宗嘗謂侍臣曰。自古帝王雖平定中夏。不能服戎狄。朕才不逮古人。而成功過之。所以能及此者。自古皆貴中華。賤夷狄。朕獨愛之如一。故其種落皆依朕如父母。

趙翼陔餘叢考。唐初多用蕃將。史大奈本西突厥特勒。馮盎本高州土酋。阿史那社爾本突厥處羅可汗之子。阿史那忠本蘇尼失之子。契苾何力本鐵勒莫賀可汗之孫。黑齒常之本百濟西部人。泉男生本高麗蓋蘇文之子。李多祚本靺鞨酋長之後。論弓仁本吐蕃族。尉遲勝本于闐國王。尚可孤本鮮卑別種。他如李光弼渾瑊裴玢等。亦皆外蕃久居中國者。

及其時蕃將之盛。知唐時初非專恃强大。黷武開邊。其於撫綏夷落。懷柔遠人。實有一視同仁之概。故視隋爲尤盛焉。

第十二章　隋唐之制度

三國以降。世亂如棼絲。凡百政治。苟且補苴。無所謂經制也。北朝元魏頗有善制。孝文以後。復不能繼續進步。嬖倖擅國。以至於亡。北周繼魏。有志復古。蘇綽盧辯等。咸有制作。

北周書蘇綽傳。太祖召綽。拜大行臺右丞。參典機密。綽始制文案程式。朱出墨入。及計帳戶籍之法。又爲六條詔書。奏施行之。其一先治心。其二敦教化。其三盡地利。其四擢賢良。其五卹獄訟。其六均賦役。太祖令百司習誦之。其牧守令長。非通六條及計帳者。不得居官。

又盧辯傳。除太常卿太子少傅。孝武西遷。朝章禮度。湮墜咸盡。辯因時制宜。皆合軌度。初太祖欲行周官。命蘇綽專掌其事。未幾而綽卒。令辯成之。於是依周禮建六官。置公卿大夫士。并撰次朝儀。車服器用。多依古禮。革漢魏之法。事并施行。辯所述六官。太祖以魏恭帝三年始命行之。自茲厥後。世有損益。宣帝嗣位。事不師古。官員班品。隨意變革。　於時雖行周禮。其內外衆職。又兼用秦漢等官。

然徒務復古。而無古人之精神。又不能盡革時弊。未足語於善制也。惟隋承周而唐承隋。因革損益。亦當遠溯其源焉。

隋書經籍志史部。有舊事、官職、儀注、刑法四篇。皆六代之典制。惜其書多不傳。然其綱要則散見於五代史志中。

隋書考證。唐武德五年、起居舍人令狐德棻奏請修五代史。（五代謂梁陳齊周隋也）十二月、詔中書令封德彝、舍人顏師古、修隋史。綿歷數載。不就而罷。貞觀三年、續詔祕書監魏徵修隋史。十年正月、徵等詣闕上之。十五年、又詔左僕射於志寧、太史令李淳風、著作郎韋安仁、符璽郎李延壽、同修五代史志。凡勒成十志三十卷。顯慶元年、上進。詔藏祕閣。後又編第入隋書。其實別行。亦呼為五代史志。

蓋隋兼承南北。故南述梁陳。北紀齊周。以明其統系也。學者欲知自漢以來一切制度之變遷。當詳覽隋志。茲篇不能僂述。節錄百官志序以見一班。

隋書百官志序。漢高祖除暴寧亂。輕刑約法。而職官之制。因于嬴氏。光武中興。聿遵前緒。唯廢丞相與御史大夫。而以三司綜理衆務。洎於叔世。事歸臺閣。論道之官。備員而已。魏晉繼及。大抵略同。爰及宋齊。亦無改作。梁武受終。多循齊舊。然而定諸卿之位。各配四時。置戎秩之官。百有餘號。陳氏繼梁。不失舊物。高齊創業。亦遵後魏。臺省位號。與江右稍殊。有周創據關右。日不暇給。洎於克清江漢。爰議憲章。酌酆鎬之遺文。置六官以綜務。詳其典制。有可稱焉。高祖踐極。百度伊始。復廢周官。還依漢魏。唯以中書爲內史。侍中爲納言。自餘庶僚。頗有損益。煬帝嗣位。意存稽古。建官分職。率由舊章。大業三年。始行新令。於時三川定鼎。萬國朝宗。衣冠文物。足爲壯觀。既而以人從欲。待下若讎。號令日改。官名日易。尋而南征不復。朝廷播遷。圖籍注記。多從散佚。今之存錄者。不能詳備焉。

唐之制度。亦多變遷。綜其一代。未可概論。然欲考求有唐一代良法美意。莫若先治唐六典。蓋六典成於開元中。正唐室全盛之時。弘綱鉅旨。粲然明備。足與周官頡頏。而宋以後所行之法。亦多孕育於其中。

王鏊唐六典序。周之後。莫善於唐。唐有六典。可追倣周禮。　國家官制。則象周官。於唐制固若未暇。而亦未嘗遺之。蓋唐以中書門下尚書三省。參領天下之務。今六部雖分。顧猶尚書省之舊。而內閣則隱然中書。通政給事。則門下之遺也。其餘寺監府院。以分衆職。品爵勳階。以敍羣材。尚多唐舊。

雖書中所云。亦未盡施用。

四庫全書提要。唐六典卅卷。其書以三師三公三省九寺五監十二衞。列其職司官佐。敘其品秩。以擬周禮。書錄解題。引韋述集賢記注曰。開元十年。起居舍人陸堅被旨修是書。帝手寫白麻紙六條。曰理。敎。禮。政。刑。事。令以類相從　二十六年。奏草上。迄今在直院。亦不行用。程大昌雍錄。則曰。唐世制度。凡最皆在六典。　其制之官。每入院必首索六典。則時制盡在故也。二說截然不同。考呂溫集。請刪定六典狀。稱宣示中外。星紀六周。未有明詔施行云云。與韋述之言相合。唐人所說。當無譌誤。疑當時討論典章。亦相引據。而公私科律。則未嘗事事遵用。如明代之會典也。

然考求吾國人立國之法。自周官外。無逾是書者矣。

周官所重。體國經野。唐六典則惟重設官分職。而其體國經野之法。則具於戶部職中。

唐六典戶部尚書侍郎。掌天下戶口井田之政令。　郎中員外郎。掌領天下州縣戶口之事。凡天下十道。任土所出。而爲貢賦之差。分十道以總之。一曰關內道。凡二十有二州。東距河。西抵隴坂。南據終南之山。北邊沙漠。厥賦絹綿布麻。厥貢岱赭鹽山角弓龍鬚席蓯蓉野馬皮麝香。二曰河南道。凡二十有八州。東盡於海。西距函谷。南瀕於淮。北薄於河。厥賦絹絁綿布。厥貢紬絁文綾絲葛水葱熏心席瓷石之器。三曰河東道。凡十有九州。東距恒山。西據河。南抵首陽太行。北邊匈奴。厥賦布繭。厥貢麴扇龍鬚席墨蠟石英麝香漆人參。四曰河北道。凡二十有五州。東並於河。南迫於河。西距太行恒山。北通渝關薊門。厥賦絹綿及絲。厥貢羅綾平紬絲布絲紬鳳翮葦席墨。五曰山南道。凡三十有三州。東接荊。西抵隴蜀。南控大江。北據商華之山。厥賦絹布綿紬。厥貢金漆蜜蠟蠟燭鋼鐵芒硝麝香布交梭白縠紬紵綾葛綵綸蘭干。六曰隴右道。凡二十有一州。東接秦州。西逾流沙。南連蜀及吐蕃。北界朔漠。厥賦布麻。厥貢麩金礪石碁石蜜蠟蠟燭毛毼麝香白氎及鳥獸之角羽毛皮革。七曰淮南道。凡一十有四州。東臨淮海。西抵漢。南據江。北距淮。厥賦絁絹綿布。厥貢交梭紵絺孔雀熟絲布青銅鏡。八曰江南道。凡五十有一州。東臨海。西抵蜀。南極嶺。北帶江。厥賦麻紵。厥貢紗編綾綸蕉葛練麩金犀角鮫魚藤朱砂水銀零陵香。九曰劍南道。凡三十有三州。東連牂柯。西界吐蕃。南接羣蠻。北通劍閣。厥賦絹綿葛紵。厥貢麩金羅綾綿紬交梭彌牟布絲葛麝香羚羊犛牛角尾。十曰嶺南道。凡七十州。東南際海。西極羣蠻。北據五嶺。厥賦蕉紵落麻。厥貢金銀沈香甲香水馬翡翠孔雀象牙犀角龜殼鼊綵藤竹布。新唐書地理志。開元二十一年。又因十道。分山南江南爲東西道。增置黔中道及京畿都畿。

十五採訪使檢察。如漢刺史之職。

其地方分州縣兩級。其下有鄉里村坊之別。

唐六典。四萬戶以上爲上州。三萬戶以上爲中州。不滿爲下州。六千戶以上爲上縣。二千戶以上爲中縣。一千戶以上爲中下縣。不滿一千戶皆爲下縣。百戶爲里。五里爲鄉。兩京及州縣之郭內分爲坊。郊外爲村。里及村坊皆有正以司督察。四家爲鄰。五家爲保。保有長。以相禁約。

其民有計帳戶籍。

唐六典。凡男女始生爲黃。四歲爲小。十六爲中。二十有一爲丁。六十爲老。每一歲一造計帳。三年一造戶籍。縣以籍成於州。州成於省。戶部總而領焉。諸造籍起正月。畢三月。所須紙筆裝潢軸帙。皆出當戶內。口別一錢。計帳所須。戶別一錢。

分等而載之計年而比之。

唐六典。凡天下之戶。量其資產定爲九等。每定戶以中年。子卯午酉造籍以季年。丑辰未戌州縣之籍恆留五比。省籍留九比。

計口授田。度地之肥瘠寬狹而居之。

唐六典。凡天下之田。五尺爲步。二百有四十步爲畝。百畝爲頃。度其肥瘠寬狹。以居其人。凡給田之制有差。丁男中男以一頃。中男年十八以上者。亦依丁男給。老男篤疾廢疾以四十畝。寡妻妾以三十畝。若爲戶者則減丁之半。凡分田爲二等。一曰永業。一曰口分。丁之田。二爲永業。八爲口分。凡道士給田三十畝。女冠二十畝。僧尼亦如之。凡官戶受田。減百姓口分之半。凡天下百姓給園宅地者。良口三人以上給一畝。三口加一畝。賤口、五人給一畝。五口加一畝。其口分永業不與焉。凡給口分田皆從便近。居城之人。本縣無田者。則隔縣給受。凡應收授之田。皆起十月。畢十二月。凡授田、先課後不課。先貧後富。先無後少。凡州縣界內所部受田悉足者爲寬鄉。不足者爲狹鄉。

按其法蓋多沿魏周及隋之制而變通之也。

文獻通考隋代中男丁男永業露田。皆遵後齊之制。開皇九年、任墾田千九百四十四萬四千二百六十七頃。開皇十二年、文帝以天下戶口歲增。京輔及三河地少而人衆。衣食不給。議者咸欲徙就寬鄉。帝乃發使四出。均天下之田。其狹鄉每丁纔至二十畝。老少又少焉。至大業中、天下墾田五千五百八十五萬四千四十頃。

又隋文帝頒新令男女三歲以下爲黃。十歲爲小。十七歲以下爲中。十八歲以上爲丁。以從課役。六十爲老。乃免。開皇三年、乃令人以二十一成丁。煬帝即位。戶口益多。男子以二十二爲丁。高熲奏人間課稅。雖有定分。年恒徵納。除注常多。長吏肆情。文帳出沒。既無簿籍。難以推校。乃定輸籍之樣。請徧下諸州。每年正月五日縣令巡人各隨近五黨三黨共爲一團。依樣定戶上下。帝從之。自是姦無所容。

雖人戶之數。隋唐相等。

文獻通考煬帝大業二年。戶八百九十萬七千五百三十六。口四千六百一萬九千九百五十六。

通典天寶十四載、管戶總八百九十一萬九千三百九。口五千二百九十萬九千三百九。

尙未可以比於漢室。然論者頗稱其法焉。

文獻通考載蘇軾曰。自漢以來。丁口之蕃息。與倉廩府庫之盛。莫如隋。其貢賦輸籍之法。必有可觀者。然學者以其得天下不以道。又不過再世而亡。是以鄙之而無傳焉。

唐之設官。大抵皆沿隋故。

新唐書百官志。唐之官制。其名號爵秩。雖因時增損。而大抵皆沿隋故。其官司之別。曰省曰臺曰寺曰監曰衞曰府。各統其屬。以分職定位。其辨貴賤敍勞能。則有品有爵有勳有階。以時考覈而升降之。

其格令定於開元二十五年。

文獻通考。開元二十五年。刊定職次。著爲格令。尙書省以統會衆務。舉持繩目。門下省以侍從獻替。規駁非宜。中書省以獻納制冊。敷揚宣勞。祕書省以監錄圖書。殿中省以供修膳服。內侍省以承旨奉引。御史臺以肅清僚庶。九寺（太常。光祿。衞尉。宗正。太僕。大理。鴻臚。司農。太府。爲九寺。）五監（少府。將作。國子。軍器。都水。爲五監。）以分理羣司。六軍（左右羽林。左右龍武。左右神武。爲六軍。）十六衞（左右衞。左右驍衞。左右武衞。左右威衞。左右領軍。左右金吾。左右監門。左右千牛。爲十六衞。）以嚴其禁禦。一詹事府、二春坊、三寺（家令寺。率更寺。太僕寺。）十率（左右衞。左右司禦。左右清道。左右監門。左右內率。凡十率府。）俾乂儲宮。牧守督護。分臨畿服。設官以經之。置使以緯之。（按察採訪等使。以理州縣。節度團練等使。以督府軍事。租庸轉運鹽鐵青苗營田等使。以毓財貨。其餘細務。因事置使者。不可悉數。）自六品以下。率由選曹。居官者以五歲爲限。

論者謂門下省給事中之掌封駁。爲一代極善之制。

唐六典給事中侍奉左右。分制省事。凡百官奏鈔。侍中審定。則先讀而署之。以駁正違失。凡制敕宣行大事。則稱揚德澤。褒美功業。覆奏而請施行。小事則署而頒之。凡國之大獄。三司詳決。若刑名不當。輕重或失。則援法例退而裁之。凡文武六品已下授職。所司奏擬。則校其仕歷深淺。功狀殿最。訪其德行。量其材藝。官若非其人。理失其事。則白侍中而退量焉。凡天下冤滯未申。及官吏刻害者。必聽其訟。與御史及中書舍人、同計其事宜而申理之。

顧炎武日知錄卷九。人主之所患。莫大乎唯言而莫予違。漢哀帝封董賢。而丞相王嘉封還詔書。後漢鍾離意為尚書僕射。數封還詔書。自是封駁之事。多見於史。而未以為專職也。唐制、凡詔敕皆經門下省。事有不便。得以封還。而給事中駁正違失之掌。著於六典。如袁高崔植韋弘景狄兼謨鄭肅韓佽韋溫鄭公輿之輩。並以封還敕書。垂名史傳。亦有召對慰諭。如德宗之於許孟容。中使嘉勞。如憲宗之於薛存誠者。而元和中、給事中李藩在門下。制勅有不可者。即於黃紙後批之。吏請別連白紙。藩曰、別以白紙。是文狀也。何名批勅。宣宗以右金吾大將軍李燧為嶺南節度使。已命中使賜之節。給事中蕭倣封還制書。上方奏樂。不暇別召中使。使優人追之。節及燧門而返。人臣執法之正。人主聽言之明。可以並見。五代廢弛。宋太宗淳化四年、始復給事中封駁。而司馬池猶謂門下雖有封駁之名。而詔書一切自中書以下。非所以防過舉也。明代雖罷門下省長官。而獨存六科給事中。以掌封駁之任。旨必下科。其有不便。給事中駁正到部。謂之科參。六部之官無敢抗科。而自行者。故給事中之品卑而權特重。

蓋漢代人主及大臣之於政務多與羣僚會議自三國以降君主及大臣之權漫無限制故唐以門下省給事中掌封駁使糾正其違失沿及明清猶存其制之遺意孰謂君主之世皆專制哉

魏晉以來。國之人政。多總於中書。中書舍人。掌撰制誥。其職尤重。唐代因之。諸官莫比。

文獻通考。中書省自魏晉始。梁陳時凡國之政事。並由中書省。隋初改爲內史省。唐武德三年。復中書省。　隋內史舍人專掌詔誥。武德三年。改爲中書舍人。專掌詔誥。侍從署敕。宣旨勞問。授納訴訟。敷奏文表。分制省事。自永淳以來。天下文章道盛。臺閣髦彥。無不以文章達。故中書舍人爲文士之極任。朝廷之盛選。諸官莫比焉。

而尚書省奉行政令。分立六部。後世多因此以分職。迄清末始改。蓋自漢置五曹。至隋置六部。歷經研究。始定此政務之大綱。

隋置吏禮兵刑民工六部尚書。唐與之同。惟民部曰戶部。

而行政之法。遂詳備焉。六部行政。各有區別。就其總者言之。如官司之奏報文牘之施行。皆有定式。是亦可覘唐制之善矣。

唐六典。尚書都省掌舉諸司之綱紀。與其百僚之程式。以正邦理。凡內外百司所受之事。皆印其發日。爲之程限。一日受。二日報。小事五日。中事十日。大事二十日。獄案三十日。其急務者不與焉。小事句判經三人已下者給一日。四人以上給二日。中事每經一人給二日。大事各加一日。內外諸司咸率此。若諸州計奏達於京師。量事之大小多少以爲之節。二十條以上二日。倍之三日。又倍之四日。又倍之五日。雖多不是過焉。凡制敕施行。京師諸司有符移關牒。諸下州者必由於都省以遣之。凡文案既成。句司行朱訖。皆書其上端。記年月日。納諸庫。凡施行公文應印者。監印之官考其事目。無或差謬。而後印之。必書於歷。每月終納諸庫。　凡內外百僚。

日出而視事既午而退有事則直官省之。其務繁不在此例。

天下大政曰財曰兵。其制度之變遷。則以唐爲古今大判之樞。唐行授田之法。其賦役亦因以定制爲租調庸徭四目。

唐六典凡賦役之制有四。一曰租。二曰調。三曰役。四曰雜徭。課戶每丁租粟二石。其調隨鄉土所產綾絹絁各二丈。布加五分之一。輸綾絹絁者綿三兩。輸布者麻三斤。皆書印焉。凡丁歲役二旬。無事則收其庸。每日三尺。有事而加役者。旬有五日。免其調。三旬則租調俱免。凡庸調之物。仲秋而斂之。季秋發於州。租則準上收穫早晚。量事而斂之。仲秋起輸。孟春而納畢。

其取於民也均。開元以後。法度廢弊。又經大亂。版籍難定。於是有楊炎兩稅之法。

文獻通考租庸調法以人丁爲本。開元後久不爲版籍。法度廢弊。丁口轉死。田畝換易。貧富升降。悉非向時。而戶部歲以空文上之。天寶中王鉷爲戶口使。務聚斂。乃按舊籍。除當免者。積三十年。責其租庸。人苦無告。法遂大弊。至德後天下兵起。人口凋耗。版圖空虛。賦斂之司。莫相統攝。綱紀大壞。王賦所入無幾。科斂凡數百名。　德宗時楊炎爲相。遂作兩稅法。夏輸無過六月。秋輸無過十一月。置兩稅使以總之。凡百役之費。先度其數而賦之。於民量出制入。戶無主客。以見居爲簿。人無丁中。以貧富爲差。不居處而行商者。在所州縣稅三十之一。度所取與居者均。使無僥利。其租庸雜徭悉省。而丁額不廢。其田畝之稅。以大歷十四年墾田之數爲定。而均收之。

後世專重田賦。分爲夏秋兩稅。又不計土壤高下。沿各地所收舊數而高下之。皆本楊炎之法。而古者均地均賦之義亡矣。唐之兵制。亦因周隋設府兵。

文獻通考周太祖輔西魏時用蘇綽言。始仿周典置六軍。籍六等之民。擇魁健材力之士以爲之首。盡蠲租調。而刺史以農隙教之。合爲百府。每府一郎將主之。分屬二十四軍。開府各領一軍。

新唐書兵志府兵制起自西魏後周而備於隋。唐興因之。諸府總曰折衝府。凡天下十道。置府六百三十四。皆有名號。而關內二百六十有一。皆以隸衛。凡府三等。兵千二百人爲上。千人爲中。八百人爲下。　凡民年二十爲兵。六十而免。　其隸於衛也。左右衛皆領六十府。諸衛領五十至四十。　凡當宿衛者番上。兵部以遠近給番。五百里爲五番。千里爲七番。千五百里八番。二千里十番。外爲十二番。皆一月上。若簡留直衛者。五百里爲七番。千里八番。二千里十番。外爲十二番。六月上。

實卽今日所謂徵兵之制。亦卽古者兵農不分之意。

文獻通考府兵平日皆安居田畝。每府有折衝領之。折衝以農隙教習戰陳。國家有事徵發。則以符契下其州及府。參驗發之。

開元之後。改爲募兵。而從來徵兵之制不可復矣。

文獻通考自開元之末。張說始募長征兵。謂之彍騎。其後益爲六軍。及李林甫爲相。奏諸軍皆募人爲兵。兵不土著。又無宗族。不自重惜。忘身徇利。禍亂自生。

唐代京師學校。皆隸於國子監。沿隋制也。其學校有六。一曰國子。二曰太學。三曰四門。四曰律學。五曰書學。六曰算學。其學生以階級分之。

唐六典國子博士掌教文武官三品以上及國公子孫從二品以上曾孫之爲生者。太學博士掌教文武官五品以上及郡縣公子孫三品曾孫之爲生者。四門博士掌教文武官七品以上及侯伯子男子之爲生者、若庶人子爲俊士生者。律學博士書學博士算學博士掌教文武官八品以下及庶人子之爲生者。

各有定額及專業年限。

新唐書選舉志國子學生三百人。太學生五百人。四門學生千三百人。（內八百人。以庶人之俊異者爲之。）律學生五十人。書學生三十人。算學生三十人。凡生限年十四以上十九以下。律學十八以上二十五以下。

唐六典國子生五分其經以爲之業。習周禮儀禮禮記毛詩春秋左氏傳每經各六十人。餘經亦兼習之。習孝經論語限一年業成。尙書春秋穀梁公羊各一年半。周易毛詩周禮儀禮各二年。禮記左氏春秋各三年。其習經有暇者。命習隸書幷國語說文字林三倉爾雅。太學生五分其經以爲之業。每經各百人。四門分經同太學。律學生以律令爲專業。格式法例亦兼習之。書學生以石經說文字林爲專業。餘字書亦兼習之。石經三體書限三年業成。說文二年。字林一年。算學生二分其經以爲之業。習九章海島孫子五曹張邱建夏侯陽周髀十有五人。習綴術緝古十有五人。孫子五曹共限一年業成。九章海島共三年。張邱建夏侯陽各一年。周髀五經算共一年。綴術四年。緝古一年。

入學有束修每旬有考試。

唐六典其生初入置束帛一篚。酒一壺。脩一案。號爲束修之禮。每旬前一日則試其所習。

業成者上於監。無成者免。

唐六典凡六學生每歲有業成上於監者。丞以其業與司業祭酒試之。明經帖經口試策經義。進士帖一中經。試雜文策時務徵事。其明法明書算、亦各試所習業。登第者上於尚書。禮部主簿掌印句檢監事。凡六學生有不率師教者。則舉而免之。其頻三年下第九年在學及律生六年無成者亦如之。假違程限及作樂雜戲亦同。惟彈琴習射不禁。

其地方之學校學生。亦有定額。

新唐書選舉志京都學生八十人。大都督中都督府上州各六十人。下都督府中州各五十人。下州四十人。京縣五十人。上縣四十人。

中縣中下縣各三十五人。下縣二十人。

設博士助教等敎之。

唐六典京兆河南太原三府及各州。皆有經學博士一人。助敎二人或一人。魏晉以下。郡國並有文學。即博士助教之任。並皇朝置。

別有弘文崇文館學生。講習經業。兼學書法。

唐六典門下省宏文館學生三十人。置講經博士。考試經業。准試貢舉。兼學書法。

太子崇文館學生二十人。其課試舉送如弘文館。

當太宗時學風最盛。

新唐書選舉志自高祖入長安。開大丞相府。下令置生員。自京師至於州縣。皆有數。既即位。又詔祕書外省別立小學。以敎宗室子孫及功臣子弟。其後又詔諸州明經秀才俊士進士、明於理體爲鄉里稱者。縣考試。州長重覆。歲隨方物入貢。吏民子弟學藝者。皆送於京學、爲設考課之法。州縣鄉皆置學焉。及太宗即位。益崇儒術、乃於門下別置弘文館。又增置書律學進士。加讀經史一部。十三年東宮置崇文館。自天下初定增築學舍至千二百區。雖七營飛騎亦置生。遣博士爲授經。四夷若高麗百濟新羅高昌吐蕃相繼遣子弟入學。遂至八千餘人。

天寶後、學校遂衰。員額均減於舊。

新唐書選舉志自天寶後、學校益廢生徒流散。元和二年。定生員、西京國子館生八十人。太學七十人。四門三百人。廣文六十人。（天寶九載。始置廣文館於國學。）律館二人。書算館各十人。東都國子館十人。太學十五人。四門五十人。廣文十人。律館三人。書館三人。算館二人而已。

而學風之壞。亦頗爲時人所譏焉。

柳宗元與太學諸生書、僕少時嘗有意遊太學。受師說。以植志持身。當時說者咸曰。太學生聚爲朋曹。侮老慢賢。有墮窳敗業而利口食者。有崇飾惡言而肆鬭訟者。有凌傲長上而誶罵有司者。其退然自克、特殊於衆人者無幾耳。僕聞之。遂退託鄉閭家塾。考厲志業。過太學之門而不敢顧。

唐代、重科舉。其學校、亦科舉之一法。非專爲講學之地。天寶中、嘗令舉人專由國學及郡縣學。後又復鄉貢。

新唐書選舉志、舉人舊重兩監。後世祿者以京兆同華爲榮。而不入學。天寶十二載、敕天下罷鄉貢。舉人不由國子及郡縣學者勿舉送。十四載、復鄉貢。

故終唐之世人悉騖於科名而唐之科目亦特備。

新唐書選舉志唐制取士之科多因隋舊。然其大要有三。由學館者曰生徒。由州縣者曰鄉貢。皆升於有司而進退之。其科之目有秀才。有明經。有進士。有俊士。有明法。有明字。有明算。有一史。有三史。有開元禮。有道舉。有童子。而明經之別有五經。有三經。有二經。有學究一經。有三禮。有三傳。有史科。此歲舉之常選也。其天子自詔者曰制舉。所以待非常之才焉。

士皆懷牒自列於有司。

新唐書選舉志每歲仲冬州縣館監舉其成者送之尚書省。其不繇館選者謂之鄉貢。皆懷牒自列於州縣。試已。長吏以鄉飲酒禮會屬僚。設賓主。陳俎豆。備管弦。牲用少牢。歌鹿鳴之詩。因與耆艾敘長少焉。既至省。皆疏名列到。結款通保及所居。始由戶部集閱。而關於考功員外郎試之。

各科之試法不同。要以明經進士二科爲重。

新唐書選舉志凡秀才試方略策五道。以文理通粗爲上上、上中、上下、中上。凡四等爲及等。凡明經先帖文。然後口試經問大義十條。答時務策三道。亦爲四等。凡開元禮通大義百條。策三道者超資與官。義通七十。策通二者及第。散試官能通者依正員。凡三傳科左氏傳問大義五十條。公羊穀梁傳三十條。策皆三道。義通七以上。策通二以上爲第。白身視五經。有出身及前資官視學究一經。凡史科每史問大義百條。策三道。義通七。策通二以上爲第。能通一史者。白身視五經三傳。有出身及前資官視學究一經。三史皆通者獎擢之。凡童子科十歲以下能通一經及孝經論語。卷誦文十。通者予官。通七予出身。凡進士試時務策五道。

帖一大經經策全通者爲甲第。策通四帖過四以上爲乙第。 凡明法試律七條令三條全通爲甲第。通八爲乙第。凡書學先口試。通乃墨試說文字林二十條通十八爲第。 凡算學錄大義本條爲問答明數造術。詳明術理。然後爲通。試九章三條海島孫子五曹張邱建夏侯陽周髀 經算術各一條十通六。記遺三等數帖讀十得九爲第。試綴術緝古錄大義爲問答者明數造術詳明術理。無注者合數造術。不失義理。然後爲通。綴術七條、緝古三條、十通六。記遺三等數帖讀十得九爲第。落經者雖通六不第。又開元二十九年、始置崇玄學。習老子莊子文子列子。亦曰道舉。其生京都各百人。諸州無常員。官秩蔭第同國子。舉送課試如明經。

其得第者。大抵百分之一。

文獻通考開元以後。四海晏清。士恥不以文章達。其應詔而舉者。多則二千人。少不減千人。所收百纔有一。

世多病其法之不善。然九品中正之弊。致成貴族政治。矯之以科舉。而平民與貴族乃得均享政權。是亦未始無關於國家社會之進化也。

隋都長安。以洛陽爲東都。唐室因之。以長安爲西京。洛陽爲東京。兩京城坊之壯麗。軼於前世。兩京城坊考詳述之。

徐松兩京城坊考唐西京初曰京城。隋之新都也。開皇二年所築。原注。按周漢皆都長安。而皆非隋唐之都城。文王作豐。在今西安府鄠縣。武王宅鎬。在今咸陽縣西南。漢都城在唐城西北十三里。自劉聰劉曜石勒苻健苻堅姚萇所據。皆漢城也。隋開皇二年。始移於龍首原。 唐天寶元年曰西京。 宮城東西四里。南北二里二百七十步。周十三里一百八十步。其崇三丈五尺。南卽皇城。隋時規建。先築宮城。次築皇城。次築外郭城。 傅宮城之南面曰皇城。亦曰子城。東西五里一百一十五步。南北三里一百四十步。周十七里一百五十步。城中南北七街。東西五街。左宗廟。右社稷。百寮廨署。列於其間。自兩漢以後。至於晉齊梁陳。並有人家在宮闕之間。隋文帝以爲不便於事。於是皇城之內。惟列府寺。不使雜居。公私有辨。　外郭城。隋曰大興城。唐曰長安城。亦曰京師城。前直子午谷。後枕龍首山。左臨灞岸。右抵灃水。東西一十八里一百一十五步。南北一十五里一百七十五步。周六十七里。其崇一丈八尺。面各三門。郭中南北十四街。東西十一街。其間列置諸坊。有京兆府萬年長安二縣所治。寺觀邸第。編戶錯居焉。當皇城南面朱雀門。有南北大街。曰朱雀門街。東西廣百步。萬年長安二縣以此街爲界。萬年領街東五十四坊及東市。長安領街西五十四坊及西市。

又東京一名東都。始築於隋大業元年。謂之新都。唐顯慶二年。曰東都。　宮城在皇城北。東西四里一百八十八步。南北二里八十五步。周一十三里二百四十一步。其崇四丈八尺。　皇城傳宮城南。東西五里一十七步。南北三里二百九十八步。周一十三里二百五十步。高三丈七尺。城中南北四街。東西四街。　東京城。隋大業元年築。曰羅郭城。唐長壽二年。李昭德增築。改曰金城。前直伊闕。後倚邙山。東出瀍水之東。西出澗水之西。雒水貫都。有河漢之象焉。周五十二里。南東各三門。北二門。城內縱橫各十街。凡坊一百十三。市三。

日本之平安京。卽仿唐之長安城。彼國至今猶盛稱之。考史者所宜資以比較者也。唐之都會。民居與市廛不雜。故商店悉聚於兩市。

徐松兩京城坊考。西京東市。隋曰都會市。東西南北各六百步。四面各開二門。四面街各廣百步。北街當皇城南之大街。東出春明門。廣狹不易於舊。東西及南面三街向內開。北廣於舊。街市內貨財二百二十四行。四面立邸。四方珍奇。皆所積集。　西市。隋曰利人市南北盡兩坊之地。市內店肆。如東市之制。長安縣所領四萬餘戶。比萬年爲多。浮寄流寓。不可勝計。又東都南市。隋曰豐都市。唐以其在雒水南。故曰南市。東西南北居二坊之地。其內一百二十行。三千餘肆。四壁有四百餘店。貨賄山積。○其西市北市之制。未言。當亦等於南市。

而掌以市令。

唐六典。京都諸市令、掌百族交易之事。丞爲之貳。以二物平市。（秤以格。斗以概。）以三賈均市。（精爲上賈。次爲中賈。粗爲下賈。）凡與官交易、及懸平贓物。並用中賈。其造弓矢長刀。官爲立樣。仍題工人姓名。然後聽鬻。諸器物亦如之。以僞濫之物交易者沒官。短狹不中量者還主。凡賣買奴婢牛馬。用本司本部公驗以立券。凡賣買不和而權固。及更出開閉。共限一價。若參市而規自入者。並禁之。凡市以日午擊鼓三百聲、而衆以會。日入前七刻、擊鉦三百聲、而衆以散。

其地方亦各有市令焉。

唐六典。漢代諸郡國、皆有市長。晉宋以來、皆因之。隋氏始有市令。皇朝初、又加市丞。戶四萬以上者省補市令。州市令不得用本市內人。縣市令不得用當縣人。

唐人之居室。以貴賤、爲差等。其制掌於左校令。

唐六典。左校令掌供差構梓匠之事。致其雜材。差其曲直。制其器用。程其功巧。丞爲之貳。凡宮室之制。自天子至於士庶。各有差等。（天子之宮殿。皆施重拱藻井。王六諸臣三品以上九架。五品以上七架。並廳厦兩頭。六品以下五架。其門舍三品以上五架。三間。五品以上三間兩厦。六品以下及庶人一間兩厦。五品以上得制烏頭門。若官修者。左校爲之。私家自修者制度準此。

後世民居。多則五間。少則三間。沿唐、制也。衣服之制。別之以色。則起於隋。

通鑑卷一百八十一。大業六年十二月、上以百官從駕皆服袴褶。於軍旅間不便。是歲始詔從駕涉遠者。文武官皆戎衣。五品以上、通著紫袍。六品以下、兼用緋綠。胥吏以青。庶人以白。屠商以皂。士卒以黃。

其禮服兼用歷代之制。

唐六典乘輿之服。則有大裘冕袞冕（王公第一品服之）鷩冕（二品服之）毳冕（三品）絺冕（四品）玄冕（五品）通天冠武弁弁服白黑幘白紗幘平巾幘翼善冠之服。（六品至九品服爵弁）百官有朝服公服弁服平巾幘服袴褶之服。

常服則用袍。

唐六典凡常服（親）王三品以上二王後服用紫。飾以玉。五品以上服用朱。飾以金。七品以上服用綠。飾以銀。九品以上服用青。飾以鍮石。流外庶人服用黃。飾以銅鐵。

其闊、狹、長、短。均有、定例。

王溥唐會要袍襖衫等曳地不得長二寸以上。衣袖不得廣一尺三寸以上。婦人襇裙。不得闊五幅以上。裙條曳地不得長三寸以上。襦袖等不得廣一尺五寸以上。

然各地風氣。亦有變遷。奢侈者往往流於長闊焉唐會要開成四年淮南觀察使李德裕奏管內婦人袖先闊四尺。今令闊一尺五寸。裙先曳地四五寸。今令減五寸。

唐人之飲食。亦有階級。觀其膳部所掌官吏食料。可以考見唐人飲食之材料及其節日之所尚。

唐六典膳部郎中掌邦之牲豆酒膳。辨其品數。凡親王以下常食料各有差。每日細白米二升。粳米粱米各一斗五升。粉一升。油五升。鹽一升。醋二升。蜜三合。粟一斗。梨七顆。酥一合。乾棗一升。木橦十根。炭十斤。葱韭豉蒜薑椒之類各有差。每月給羊二十口。豬肉六十斤。魚三十頭。各一尺。酒九斗。三品以上食料九盤。每日細米二升二合。粳米八合。麵二升四合。酒一升半。羊肉四分。醬四合。醋四合。瓜三顆。鹽豉葱薑葵韭之類各有差。木橦春二分。冬三分五釐。炭春三斤。冬五斤。四品五品常食料七盤。每日細米二升。麵二升三合。酒一升半。羊肉三分。瓜兩顆。餘並同三品。若斷屠及決囚日停肉。給油一合。小豆三合。三品以上亦同此。六品以下九品以上常食料五盤。每日白米二升。麵一升一合。油三勺。小豆一合。醬三合。醋三合。豉鹽葵韭之類各有差。木橦春二分。冬三分。凡諸王以下。皆有小食料。午時粥料各有差。復有設食料設會料。每事皆有常食料。又有節日食料。謂寒食麥粥。正月七日三月三日煎餅。正月十五日並晦日膏糜。五月五日粽䊦。七月七日斫餅。九月九日麻葛糕。十月一日黍臛。皆有等差。各有配食料。

六典載珍羞署有餳匠。良醞署有酒匠。皆唐所特置。此可見唐人之嗜餳與酒矣。

唐六典珍羞署餳匠五人。皇朝置 良醞署酒匠三十人。皇朝置〇郢州出美酒。張去奢爲刺史。進其法。今則取郢州人爲酒匠以供御及時燕賜。

唐之交通。均有定法。按驛程定其遲速。

唐六典駕部郎中掌邦國之輿輦車乘。及天下之傳驛廄牧官私馬牛雜畜之簿籍。司其名數。凡三十里一驛。天下凡一千六百三十有九所。二百六十所水驛。一千二百九十七所陸驛。八十六所水陸相兼。又度支郎中掌水陸道路之利。凡陸行之程。馬日七十里。步及驢五十里。車三十里。水行之程。泝河日三十里。江四十里。沿流之舟。河日一百五十里。江百里。餘水七十里。

其運價亦有定數。

唐六典河南河北河東關內等四道諸州運租庸雜物等腳每馱一百斤一百里一百文山阪處一百二十文車載一千斤九百文黃河及江水并從幽州運至平州上水十六文下水六文餘水上十五文下五文從澧荊等州至揚州四文其山陵險難驢少處不得過一百五十文平易處不得下八十文。

各地長官皆置進奏院於京師以通文報。

徐松兩京城坊考崇仁坊有東都、河南、商汝、汴、淄青、淮南、兗州、太原、幽州、冀州、豐州、滄州、天德、荊南、宣歙、江西、福建、廣桂、安南、邕、黔南進奏院。

京師之事亦有日報達於四方。

孫樵讀開元雜報樵曩於襄漢間得數十幅書繫日條事不立首末其略曰某日皇帝親耕籍田某日百僚行大射禮於安福樓南某日安北諸蕃長請扈從封禪某日宣政門宰相與百僚廷爭十刻罷如此凡數十百條樵當時未知何等書有知者曰此開元政事。及來長安日見條報朝廷事者徒曰今日除某官明日授某官今日幸于某明日幸于某。樵為此文在大中五年是唐自開元至大中日日有朝報也世以新聞紙創自泰西實則吾國早有此制特朝報祇載朝廷之事不紀民間社會之狀況且不著議論與今之報紙不同然其性質之為傳播消息使人易於周知則一也。

故其疆域雖廣而內外貫通無隔閡之虞也。

自漢時創常平倉。

漢書食貨志、五鳳中、歲數豐穰。大司農中丞耿壽昌奏令邊郡皆築倉。以穀賤時增其價而糴。以利農。穀貴時減價而糶。名曰常平倉。

歷代因之。藉以利民。

文獻通考、後漢明帝永平五年、作常平倉。　晉武帝泰始二年、立常平倉。

至隋又立社倉。由軍民共立。

文獻通考、開皇五年、工部尚書長孫平、奏請令諸州百姓及軍人勸課當社共立義倉。收穫之日。隨其所得。勸課出粟及麥於當社。造倉窖貯之。卽委社司執帳檢校。每年收積。勿使損敗。若時或不熟。當社有饑饉者。卽以此穀賑給。由是諸州儲峙委積。　十六年、詔社倉準上中下三等稅。上戶不過一石。中戶不過七斗。下戶不過四斗。

唐代並置常平倉及義倉。常平積穀或錢。而義倉惟積穀。畝別徵之。以備荒年。

唐六典、凡王公以下。每年戶別據已受田及借荒等具所種苗頃畝。造青苗簿。諸州以七月以前申尚書省。至徵收時。畝別納粟二升。以爲義倉。凡義倉之粟。唯荒年給糧。不得雜用。

文獻通考、太宗詔畝稅二升。粟麥秔稻土地所宜。寬鄉斂以所種。狹鄉據靑苗簿而督之。田耗十四者免其半。耗十七者皆免。商賈無田者、以其戶爲九等。出粟自五石至五斗爲差。下下戶及夷獠不取。歲不登則以賑民。或貸爲種。至秋而償。其後洛相幽徐齊并秦蒲州。又置常平倉。粟藏九年。米藏五年。下濕之地。粟藏五年。米藏三年。皆著於令。

又開元七年、敕關內隴右河南河北五道及荊揚襄夔緜益彭蜀資漢劍茂等州。並置常平倉。其本上州三千貫。中州二千貫。下州一千貫每羅具本利與正倉帳同申。

維持民食、調節經濟、使穀價常平、而人民知思患預防、且食互助之益、一善制也。天寶中、天下諸色米積九千六百餘萬石。而義倉得六千三百餘萬石、可見人民合力之所積、愈於官吏之所儲矣。

第十三章　隋唐之學術文藝

吾國文化。自漢以來。雖迭因兵燹而遭摧毀。然治亂相間、亦時時有人整理而紹述之。即以書籍而論。牛弘所舉五厄。自破壞方面言之也。而與此五厄相錯者。則自荀勖著中經新簿。始分四部。至隋唐而分析益密。目錄之學。遠紹劉略班志之緒。

隋書經籍志魏氏代漢。采掇遺亡。藏在祕書中外三閣。魏祕書郎鄭默始制中經。祕書監荀勖又因中經更著新簿。分為四部。總括羣書。一曰甲部。紀六藝及小學等書。二曰乙部。有古諸子家近世子家兵書兵家術數。三曰丙部。有史記舊事皇覽簿雜事。四曰丁部。有詩賦圖讚汲冢書。大凡四部合二萬九千九百四十五卷。但錄題及言。盛以縹囊。書用緗素。至於作者之意。無所論辯。惠懷之亂。京華蕩覆。渠閣文籍。靡有孑遺。東晉之初。漸更鳩聚。著作郎李充以勖舊簿校之。其見存者。但有三千一十四卷。充遂總沒衆篇之名。但以甲乙為次。自爾因循。無所變革。其後中朝遺書。稍流江左。宋元嘉八年、祕書監謝靈運造四部目錄。大凡六萬四千五百八十一卷。元徽元年、祕書丞王儉又造目錄。大凡一萬五千七百四卷。儉又別撰七志。一曰經典志。紀六藝小學史記雜傳。二曰諸子志。紀今古諸子。三曰文翰志。紀詩賦。四曰軍書志。紀兵書。五曰陰陽志。紀陰陽圖緯。六曰術藝志。紀方技。七曰圖譜志。紀地域及圖書。其道佛附見。合九條。然亦不述作者之意。但於書名之下。每立一傳。而又作九篇條例於首卷之中。　齊永明中。祕書丞王亮監謝朏又造四部書目。大凡一萬八千一十卷。齊末兵火延燒祕閣。經籍遺散。梁初、祕書監任昉躬加部集。又於文德殿內、列藏衆書。華林園中、總集釋典。大凡二萬三千一百六卷。而釋氏不預焉。梁有祕書監任昉殷鈞四部目錄。又文德殿目錄。其術數之書。更爲一部。使奉朝請祖暅撰其名。故梁有五部目錄。普通中、有處士阮孝緒。沈靜寡慾。篤好墳史。博采宋齊以來王公之家凡有書記。參校官簿。更爲七錄。一曰經典錄。紀六藝。二曰記傳錄。紀史傳。三曰子兵錄。紀子書兵書。四曰文集錄。紀詩賦。五曰技術錄。紀數術。六曰佛錄。七曰道錄。其分部題目。頗有次序。

計其都數。隋唐最盛。

隋書經籍志中原文敎之盛。苻姚而已。宋武入關。收其圖籍。府藏所有纔四千卷。　後魏始都燕代。南略中原。粗收經史。未能全具。孝文徙都洛邑。借書於齊。祕府之中。稍以充實。暨於爾朱之亂。散落人間。　後周始基關右。外逼彊鄰。戎馬生郊。日不暇給。保定之始。書止八千。後稍加增。方盈萬卷。周武平齊。先封書府。所加舊本。纔止五千。　隋開皇三年。祕書監牛弘表請分遣使人。搜訪異本。每書一卷。賞絹一匹。校寫既定。本卽歸主。於是民間異書。往往間出。及平陳以後。經籍漸備。內外之閣。凡三萬餘卷。　唐武德五年、克平僞鄭。盡收其圖書及古跡。命司農少卿宋遵貴載之以船。泝河而上。將致京師。行經底柱。多被漂沒。其所存者。十不一二。其目錄亦爲所漸濡。時有殘缺。今考見存。分爲四部。合條爲一萬四千四百六十六部。有八萬九千六百六十卷。

新唐書藝文志自漢以來。史官列其名氏爲第。以爲六藝九種七略。至唐始分爲四類。曰經史子集。而藏書之盛。莫盛於開元。其著錄者五萬三千九百一十五卷。而唐之學者自爲之書。又二萬八千四百六十九卷。初隋嘉則殿書三十七萬卷。至武德初有書八萬卷。重複相糅。王世充平得隋舊書八千餘卷。太府卿宋遵貴監運東都。漂舟泝河。西致京師。經砥柱舟覆。盡亡其書。兩都各聚書四部。以甲乙丙丁爲次。列經史子集四庫。其本有正有副。軸帶帙籤。皆異色以別之。而安祿山之亂。尺簡不藏。元載爲宰相。奏以千錢購書一卷。至文宗時。四庫之書復完。分藏於十二庫。按歷代政府藏書之富。以隋爲最多。唐似不之及。然所謂嘉則殿書三十七萬卷。蓋合正副本言之。若每書專舉一部。亦不過八萬餘卷。隋書成於貞觀中。謂其書見存者八萬九千餘卷。而唐書稱開元之盛。自唐人所著者外。僅五萬餘卷。疑自貞觀至開元時。亦有亡失者。故其總數與隋書不合也。

分寫副本尤極精美。

隋書經籍志。平陳所得多太建時書。紙墨不精。書亦拙惡。於是總集編次。存爲古本。召天下工書之士。京兆韋霈、南陽杜頵等於秘書內補續殘缺。爲正副二本。藏於宮中。其餘以實秘書。煬帝即位。秘閣之書。限寫五十副本。分爲三品。上品紅瑠璃軸。中品紺瑠璃軸。下品漆軸。於東都觀文殿東西構廂屋以貯之。東屋藏甲乙。西屋藏丙丁。

新唐書藝文志。貞觀中。魏徵、虞世南、顏師古繼秘書監。請購天下書。選五品以上子孫工書者爲書手。繕寫藏於內庫。以宮人掌之。玄宗命左散騎常侍昭文館學士馬懷素爲修圖書使。與右散騎常侍崇文館學士褚无量整比。會幸東都。乃就乾元殿東序檢校。无量建議。借民間異本傳錄。及還京師。遷書東宮麗正殿。置修書院於著作院。其後大明宮光順門外。東都明福門外。皆創集賢書院。學士通籍出入。太府月給蜀郡麻紙五千番。季給上谷墨三百三十六丸。歲給河間景城清河博平四郡兔千五百皮爲筆材。

唐六典。四庫之書。兩京各二本。共三萬五千九百六十一卷。皆以益州麻紙寫。其經庫書鈿白牙軸。黃帶紅牙籤。史庫書鈿青牙軸縹帶綠牙籤。子庫書雕紫檀軸紫帶碧牙籤。集庫書綠牙軸朱帶白牙籤。以爲分別。

典校裝寫並設專官。

唐六典。祕書省監一人。從三品。掌邦國經籍圖書之事。少監二人。從四品上。祕書郎四人。從六品上。掌四部之圖籍。分庫以藏之。以甲乙丙丁爲之部目。校書郎八人。正九品上。正字四人。正九品下。掌讎校典籍。刊正文字。皆辨其紕繆。以正四庫之圖史。令史四人。書令史九人。典書八人。楷書手八十人。熟紙裝潢匠各十人。筆匠六人。

又宏文館學士無員數。掌詳正圖籍。校書郎二人。掌校理典籍。刊正錯繆。典書二人。搨書手三人。筆匠三人。熟紙裝潢匠九人。

又集賢殿學士掌刊緝古今之經籍。知書官八人。書直及寫御書一百人。搨書手六人。裝書直十四人。造筆直四人。

所貯副本並以賜人。

唐六典。凡四部之書。必立三本。曰正本副本貯本。以供進內及賜人。凡敕賜人書。祕書無本。皆別寫給之。如武后賜新羅吉凶禮。幷文辭五十篇等。皆祕書所寫也。

此帝王之以國力保存文化者也。其士大夫之藏書者。自晉以來。多著稱於史策。

晉書張華雅愛書籍。身死之日。家無餘財。惟有文史溢於几篋。嘗徙居。載書三十乘。祕書監摯虞撰定官書。皆資華之本以取正焉。天下奇祕。世所希有者。悉在華所。

南史張纘好學。兄緬有書萬餘卷。晝夜披讀。殆不輟手。沈約聰明過人。好墳籍。聚書至二萬卷。都下無比。任昉博學。於書無所不見家雖貧。藂書至萬餘。卷率多異本。及卒。後武帝使學士賀縱共沈約勘其書目。官無者就其家取之。　王僧孺好墳籍。聚書至萬餘卷。率多異本。與沈約任昉家書埒。

至唐而藏書者尤多。

舊唐書吳兢傳。兢家聚書頗多。嘗自錄其卷帙。號吳氏西齋書目。（淵鑑類函引鴻書吳兢西齋書一萬三千四百餘卷）　韋述少聰敏。篤志文學。家有書二千卷。述爲兒童時。記覽皆徧。人駭異之。述澹于勢利。家聚書二萬卷。皆自校定鉛槧。雖御府不逮也。兼古今朝臣圖。歷代知名人畫。魏晉以來草隸眞迹數百卷。古研古器藥方格式錢譜璽譜之類。當代名公品題。無不畢備。　蔣乂代爲名儒。而乂史官吳兢之外孫。以外舍富墳史。幼便記覽不倦。手不釋卷。老而彌篤。旁通百家。尤精歷代沿革。家藏書一萬五千卷。　田弘正於府舍起書樓。聚書萬餘卷。　李磎聚書至多。手不釋卷。時人號曰李書樓。　韋處厚聚書踰萬卷。多手自刊校。　蘇弁聚書至二萬卷。皆手自刊校。至今言蘇氏書。次於集賢秘閣焉。

韓愈送諸葛亮往隨州讀書詩。鄴侯家多書。插架三萬軸。一一題牙籤。新若手未觸。爲人强記覽。過眼不再觸。

柳宗元寄許孟容書。家有賜書三千卷。尙在善和里舊宅。宅今已三易主。書存亡不可知。

好學者率手自鈔錄。

舊唐書柳仲郢傳。無名馬。衣不熏香。退公布卷。不捨晝夜。九經三史一鈔。魏晉以來南北史再鈔。手鈔分門三十卷。號柳氏自備。又精釋典。瑜伽智度大論皆再鈔。自餘佛書。多手記要義。小楷精謹。無一字肆筆。

此隋唐所以能賡續前緒使文教翼進而不墜者也。

有唐一代為文學美術最盛之時而其他學術亦時有樹立其於經有經典釋文五經正義等書而南北之學以之統一。

皮錫瑞經學歷史學術隨世運為轉移亦不盡隨世運為轉移隋平陳而天下統一南北之學亦歸統一此隨世運為轉移者也天下統一南併於北而經學統一北學反併於南此不隨世運為轉移者也 經學統一之後有南學無北學南學北學以所學之宗主分之非以其人之居址分之也隋書經籍志於易云梁陳鄭玄王弼二注列於國學齊代唯傳鄭義至隋王註盛行鄭學浸微于書云梁陳所講有鄭孔二家齊代唯傳鄭義至隋孔鄭並行而鄭氏甚微於春秋云左氏唯傳服義至隋杜氏盛行服義浸微是僞孔王杜之盛行鄭服之浸微皆在隋時故天下統一之後經學亦統一而北學從此絕矣 唐太宗以儒學多門章句繁雜詔國子祭酒孔穎達與諸儒撰定五經義疏凡一百七十卷名曰五經正義穎達既卒博士馬嘉運駁其所定義疏之失有詔更定未就永徽二年詔諸臣復考證之就加增損永徽四年頒孔穎達五經正義於天下每年明經依此考試自唐至宋明經取士皆遵此本其所定五經疏易主王注書主孔傳左氏主杜解鄭注易書服注左氏皆置不取其時同修正義者周易則馬嘉運趙乾叶尚書則王德韶李子雲毛詩則王德韶齊威春秋則谷那律楊士勳禮記則朱子奢李善信賈公彥柳士宣范義頵張權標題孔穎達一人之名者以年輩在先名位獨重耳。按周易正義十六卷。尚書正義二十卷。毛詩正義四十卷。禮記正義七十卷。春秋正義三十六卷。是為五經正義。此外賈公彥有周禮疏五十卷。儀禮疏五十卷。楊士勳有春秋穀梁傳疏十三卷。皆成於唐初。惟徐彥公羊傳疏二十八卷。不詳其時代。 前乎唐人義疏為經學家所寶貴者有陸德明經典釋文。三十卷 經典釋文亦是南學其書創始於陳後主元年。成書在未入隋以前。而易主王氏。書主僞孔。左主杜氏。爲唐人義疏之先聲。

于史有晉梁陳周齊隋諸書及南北二史。而五朝之事得無失墜。

舊唐書藝文志晉書一百三十卷。許敬宗等撰。梁書五十卷。姚思廉撰。實五十六卷。陳書三十六卷。姚思廉撰。後周書五十卷。令狐德棻撰。北齊書五十卷。李百藥撰。隋書八十卷。魏徵等撰。南史八十卷。李延壽撰。北史一百卷。李延壽撰。

外此如李鼎祚周易集解、司馬貞史記索隱、張守節史記正義、顏師古漢書注等。皆有考證輯錄之功。其見於唐志而不傳者。尙多。無俟具論。比而觀之。唐之史學。盛於經學。如劉子玄著史通。譏評古今。

劉知幾史通自序三爲史臣。再入東觀。其所載削。皆與俗浮沈。雖自謂依違苟從。然猶大爲史官所嫉。退而私撰史通。以見其志。史通之爲書也。蓋傷當時載筆之士。其義不純。思欲辨其指歸。殫其體統。夫其書雖以史爲主。而餘波所及。上窮王道。下掞人倫。總括萬殊。包吞千有。其爲義也。有與奪焉。有褒貶焉。有鑒誡焉。有諷刺焉。其爲貫穿者深矣。其爲網羅者密矣。其所商略者遠矣。其所發明者多矣。

杜佑撰通典。條貫事類。

李翰通典序京兆杜公君卿。雅有遠度。志於邦典。探五經羣史。上自黃帝。至於有唐天寶之末。每事以類相從。舉其始終。歷代沿革廢置。及當時羣士論議得失。靡不條載。附之於事。如人支脈散綴於體。凡有八門。號曰通典。

皆史家之創製。迄今人猶誦法之。其讀經者。多務速成。罕治大經。

唐會要開元八年。國子司業李元瓘言。今明經所習。務在出身。禮記文。　人皆競讀。周禮儀禮公羊穀梁歷代宗習。今兩監及州縣以獨學無友。四經殆絕。事資訓說。不可因循。開元十六年、國子祭酒楊瑒言今明經習左氏者十無二三。又周禮儀禮公羊穀梁殆將絕廢。請量加優奬。

雖有壁書五經。石刻九經。而名儒不窺。譌誤甚多。世盛譏之焉。

唐會要代宗大歷十年、國子司業張參書五經於太學論堂東西廂。文宗太和七年、國子祭酒鄭覃。於國子監論堂兩廊。創立石九經幷孝經論語爾雅共百五十九卷。開成二年始成。自漢立石經後。魏正始中。有三字石經。晉及後魏。皆有石經。惟唐刻較完。

隋承南朝之緒。注重天、文、曆、算、之學。其曆天文漏刻視祲各有博士及生員。

隋書百官志秘書省領著作太史二曹。太史曹置令丞各二人。司曆二人。監候四人。其曆天文漏刻視祲各有博士及生員。

又天文志高祖平陳。得善天官者周墳。以爲太史令。墳博考經書。勤於教習。自此太史觀生。始能識天官。

唐因其制。設官益多。

唐六典太史局令二人從五品下。掌觀察天文。稽定歷數。凡日月星辰之變。風雲氣色之異。率其屬而占候焉。丞二人從七品下。司歷二人。從九品上。保章正一人。從八品上。曆生三十六人。裝書曆生五人。監候五人。從九品下。天文觀生九十人。雲臺郎二人。正八品下。天文生六十人。挈壺正二人。從八品下。司辰十九人。正九品下。漏刻典事十六人。漏刻博士六人。漏刻生三百六十人。典鐘二百八十人。典鼓一百六十人。

故精於測算製作者、不乏其人。王孝通著緝古算經。爲後世立天元術所本。

阮元疇人傳王孝通武德九年爲算術博士。復爲通直郎太史丞。著緝古算經一卷。並自爲之注。李銳曰。算書以緝古爲最深。學之未易通曉。惟以立天元術御之。則其中條理秩然。阮元曰。孝通緝古。實後來立天元術之所本也。

李淳風、梁令瓚等製儀象。史稱其精博。後世不能過。

新唐書天文志星經歷法。皆出於數術之學。唐興。太史李淳風浮圖一行。尤稱精博。後世未能過也。貞觀初。太宗詔淳風爲渾儀。七年儀成。表裏三重。下據準基。狀如十字。末樹鼇足。以張四表。一曰六合儀。有天經雙規。金渾緯規。金常規。相結於四極之內。列二十八宿十日十二辰經緯三百六十五度。二曰三辰儀。圓徑八尺。有璿璣規。月游規。列宿距度。七曜所行。轉于六合之內。三曰四游儀。玄樞爲軸。以連結玉衡游筩。而貫約矩規。又玄樞北樹北辰。南矩地軸。傍轉於內。玉衡在玄樞之間而南北游。仰以觀天之辰宿。下以識器之晷度。皆用銅。開元九年、一行受詔改治新曆。率府兵曹參軍梁令瓚以木爲游儀。一行是之。請更鑄以銅鐵。十一年儀成。玄宗又詔一行與令瓚等更鑄渾天儀。圓天之象。具列宿赤道及周天度數。注水激輪。令其自轉。一晝夜而天運周。外絡二輪。綴以日月。令得運行。每天西旋一周。日東行一度。月行十三度十九分度之七。二十九轉有餘而日月會。三百六十五轉而日周天。以木櫃爲地平。令儀半在地下。晦明朔望遲速有準。立木人二於地平上。其一前置鼓以候刻。至一刻則自擊之。其一前置鐘以候辰。至一辰亦自撞之。皆於櫃中各施輪軸。鉤鍵關鎖。交錯相持。

而瞿曇羅、瞿曇悉達等。以西域人制曆譯書。

阮元疇人傳瞿曇羅官太史令。神功二年甲子南至。改元聖曆。命瞿曇作光宅曆。將頒用。三年罷之。

又瞿曇悉達開元六年官太史監。受詔譯九執術。上言、臣等謹案九執術法。梵天所造。五通仙人承習傳授。肇自上古。臣等謹凭天旨。專精鑽仰。凡在隱祕。咸得解通。其算法用字乘除。一舉札而成。凡至十進入前位。每空位處恆安一點。

世謂即今西法所自出。是尤唐代曆算學之特色矣。

阮元曰。九執術即今西法之所自出。名數雖殊。理則無異。惟九執譯於唐時。其法尚疏。後人精益求精。故今之西法爲更密合耳。

唐人於地理之學、亦甚注、重。州府三年一造地圖。鴻臚有外國山川風土圖。

唐六典職方郎中員外郎、掌天下之地圖及城隍鎮戍烽候之數。辨其邦國都鄙之遠邇及四夷之歸化者。凡地圖委州府三年一造。與板籍偕上省。其外夷每有番客到來。委鴻臚訊其人本國山川風土爲圖以奏焉。副上於省。其五方之區域。都鄙之廢置。疆場之爭訟者。舉而正之。

唐書經籍志載長安十道圖、開元十道圖等。當即其時州府所上。惜其後不傳耳。

舊唐書經籍志長安四年十道圖十三卷。開元三年十道圖十卷。

高宗時、許敬宗等譔西域圖志。按其卷數。當更詳於裴矩之西域圖記。

新唐書藝文志西域圖志六十卷。高宗遣使分往康國吐火。訪其風俗物產。畫圖以聞。詔史官譔次。許敬宗領之。顯慶三年上。

而製作之法未聞。德宗時、賈耽畫隴右山南圖及海內華夷圖。史載其折算及題色之法。

舊唐書賈耽傳耽好地理學。凡四夷之使及使四夷還者。必與之從容訊其山川土地之終始。是以九州之夷險。百蠻之土俗。區分指畫。備究源流。自吐蕃陷隴右積年。國家守於內地。舊時鎮戍。不可復知。就乃畫隴右山南圖、兼黃河經界遠近。聚其說、爲書十卷。表獻。曰。隴右一隅。久淪蕃寇。職乃失其圖記。境土難以區分。輒扣課虛。倣採掇輿議。書關中隴右及山南九州等圖一軸。 諸州諸軍須論里數人額。諸山諸水須言首尾源流。圖上不可備書。憑據必資記注。謹譔別錄六卷。又黃河爲四瀆之宗。西戎乃羣羌之帥。臣並研尋史牒。參所聞知。編爲四卷。通錄都成十卷。 貞元十七年、又譔成海內華夷圖及古今郡國縣道四夷述四十卷。表獻之曰。興元元年、伏奉進止。令臣修撰國圖。間以衆務。不遂專門。近乃力竭衰病。思殫所聞見。聚於丹青。謹令工人畫海內華夷圖一軸。廣三丈。從三丈三尺。率以一寸。折成百里。別章甫左衽。奠高山大川。縮四極於纖縞。分百郡於作績。 幷撰古今郡國縣道四夷述四十卷。中國以禹貢爲首。外夷以班史發源。凡諸疏舛。悉從釐正。其古郡國題以墨。今州縣題以朱。今古殊文。執習簡易。

後世圖書分別朱墨。所由昉也。就之圖世猶傳其橅本。而書亦不傳。今所存唐人地理書。惟李吉甫元和郡縣圖志。爲後世地志之祖。

李吉甫元和郡縣圖志序、前上元和國計簿。審戶口之豐耗。續撰元和郡縣圖志。辨州域之疆理。 起京兆府。盡隴右道。凡四十七鎮。成四十卷。每鎮皆圖在篇首。冠於序事之前。幷目錄兩卷。總四十二卷。（宋時圖已亡。獨志存。）

其書詳載四至八到。及開元元和戶數鄉數之比較。不獨資當時之實用。且可供後世之考證焉。

唐人、尚文學。學者、必精熟文選。

王應麟困學紀聞。李善精於文選。爲注解。因以講授。謂之文選學。少陵有詩云。續兒誦文選。又訓其子熟精文選理。蓋選學自成一家。

然唐人能變選文之文而自開風氣由橅仿而創造備極文章之能事故論文與詩莫盛於唐雖其風氣迭變作者代出未可以一概論

新唐書文藝傳唐有天下三百年文章無慮三變高祖太宗大難始夷沿江左餘風絺句繪章揣合低卬故王楊爲之伯玄宗好經術羣臣稍厭雕琢索理致崇雅黜浮氣益雄渾則燕許擅其宗是時唐已百年諸儒爭自名家大歷貞元間美才輩出擩嚌道眞涵泳聖涯於是韓愈倡之柳宗元李翱皇甫湜等和之排逐百家法度森嚴抵轢魏晉上軋漢周唐之文完然爲一王法此其極也若侍從酬奉則李嶠宋之問沈佺期王維制冊則常袞楊炎陸贄權德輿王仲舒李德裕言詩則杜甫李白元稹白居易劉禹錫譎怪則李賀杜牧李商隱皆卓然以所長爲一世冠其可尚已

要以杜甫李白之詩韓愈柳宗元之文極雄奇深秀之致前無古人後無來者足爲有唐一代之特色至其體製由排偶而單行由浮華而質樸而律詩絕詩諸體又以諧協聲律擅長雖齊梁人之講聲律者尚不之逮則進化之表見於文藝者也

隋唐之世書法亦益進化世稱隋碑爲古今書學大關鍵

葉昌熾語石隋碑上承六代下啟三唐由小篆八分趨於隸楷至是而巧力兼至神明變化而不離於規矩誠古今書學大關鍵也

唐初書家歐虞皆嘗仕隋則隋唐之書法亦難畫分界域也按隋始置書學博士唐代因之

唐六典隋置書學博士一人從九品下皇朝加置二人

以書爲教。故善書者特多。不但著名之書家卓然各成家法。卽尋常流傳文字。亦皆雅健渾厚。近世發見敦煌石室之經卷。多唐人書。雖其不經意之作。今人亦鮮能及焉。唐太宗好書法。躬撰晉書王羲之傳論。自謂心慕手追。

晉書王羲之傳制曰。詳察古今。研精篆素。盡善盡美。其惟王逸少乎。觀其點曳之工。裁成之妙。煙霏露結。狀若斷而還連。鳳翥龍蟠。勢如斜而反正。翫之不覺爲倦。覽之莫識其端。心慕手追。此人而已。其餘區區之類。何足論哉。

臨終至以蘭亭序殉葬。

法書要錄貞觀二十三年。聖躬不豫。臨崩謂高宗曰。吾欲從汝求一物。高宗流涕聽受制命。太宗曰。吾所欲得蘭亭。可與我將去。後隨仙駕入玄宮矣。

唐書以二王等書載之小學類。

新唐書藝文志二王張芝張昶等書一千五百一十卷。太宗出御府金帛。購天下古本。命魏徵虞世南褚遂良定眞僞。凡得羲之眞行二百九十紙。爲七十卷。又得獻之張芝等書。以貞觀字爲印章跡。命遂良楷書小字以影之。其古本多梁隋官書。梁則滿騫徐僧權沈熾文朱異。隋則江總姚察署記。帝命魏褚卷尾各署名。開元五年。敕陸玄悌魏哲劉懷信檢校。分益卷帙。玄宗自書開元自爲印。

故知唐人之工書。不第由學校教授。且經貞觀開元之提倡。視其他藝術爲獨尊也。古碑無行書。至唐始有之。

葉昌熾語石。隋以前碑無行書。以行書寫碑。自唐太宗晉祠銘始。開元以後。李北海蘇靈芝皆以此體擅長。

草書亦至唐而盛。張旭懷素並稱草聖。顏眞卿傳旭筆法。

唐書張旭傳後人論書。歐虞褚陸皆有異論。至旭無非短者。傳其法惟崔邈顏眞卿云。

眞書行草。集篆籀分隸之大成。

宣和書譜論者謂顏眞卿書點如墜石。畫如夏雨。鈎如屈金。戈如發弩。篆籀分隸而下同爲一律。號爲大雅。豈不宜哉。

自宋及清。學書者無不師顏。亦可證張旭之所詣矣。

與書學並進者。又有繪事。隋置寶蹟臺以藏畫。與妙楷臺之藏書並重。

隋書經籍志煬帝聚魏以來古蹟名畫。於觀文殿後起二臺。東曰妙楷臺。藏古法書。（按楷書之名當始於此。隋祕書省有楷書員二十人。唐亦有楷書手。）西曰寶蹟臺。收古名畫。

至唐而集賢殿書院有畫直。

唐六典畫直八人。（開元七年敕緣修雜圖訪取二人。八年又加六人。十九年院奏定爲直院。）

畫直之畫。且志之於史籍。

新唐書藝文志楊昇畫望賢宮圖、安祿山眞。張萱畫伎女圖、乳母將嬰兒圖、按羯鼓圖、鞦韆圖。並開元館畫直。（前史不志圖畫。唐志始載之子部藝術類。）

自漢王元昌畫漢賢王圖。至周昉畫撲蝶圖。凡四十餘種。亦可見唐之重畫矣。

是皆可爲隋、唐、注重繪事之證。前代繪畫多重人物。如晉之顧愷之、梁之張僧繇等。皆以畫人物擅名。宋之宗炳、始畫山水於壁。以供臥遊。

名畫錄　宋宗炳字少文。善書畫。好山水。西涉荊巫。南登衡嶽。因結宇衡山。以疾還江陵。歎曰、老疾俱至。名山恐難遍遊。當澄懷觀道。臥以遊之。凡所遊歷。皆圖於壁。坐臥向之。

至唐而王維、李思訓、吳道子等、始以畫山水著名。

唐畫斷　王右丞維。畫山水松石。風標特出。今京都千福寺西塔院有掩障。一畫楓成。一圖輞川。山谷鬱盤。雲水飛動。意出塵外。怪生筆端。又曰。山水松石。妙上上品。

又　開元中、諸衛將軍李思訓子昭道爲中舍。俱得山水之妙。時人云大李將軍小李將軍是也。思訓格品高奇。山川妙絕。鳥獸草木皆極其能。中舍之圖。山水鳥獸甚多。繁巧智思。筆力不及也。天寶中、玄宗召思訓畫大同殿壁兼掩障。異日因奏。斷詔云。卿所畫掩障。夜聞水聲。通神之佳手。國朝山水第一。思訓神品。昭道妙上品。

又　吳道玄字道子。年未弱冠。窮丹青之妙。玄宗天寶中、忽思蜀中嘉陵江山水。遂假吳生驛遞。令往寫貌。及迴日。帝問其狀。奏云臣無粉本。並記在心。遣於大同殿圖之。嘉陵江三百里山水。一日而畢。時有李將軍山水擅名。亦畫大同殿壁。數月方畢。玄宗云。李思訓數月之功。吳道玄一日之跡。皆極其妙也。

然亦兼工人物。不專畫山水。

唐畫斷　吳道子畫人物佛象鬼神禽獸山水臺殿草木皆神妙也。國朝第一。

若閻立本韓幹等、尤專以人物著。唐志所載皆人物圖也。

新唐書藝文志閻立本畫秦府十八學士圖、凌煙閣功臣二十四人圖。韓幹畫龍朔功臣圖、姚宋及安祿山圖相馬圖、玄宗試馬圖、寧王調馬打球圖。

近年燉煌石室發見唐畫。皆極工細之人物。

石室祕寶載唐畫五。一畫壁彌陀法會圖。一藻井畫佛堂內諸佛圖。一畫壁千佛岩圖。一畫壁明王象。一畫壁太子求佛舍利圖。

故知唐畫專以工細象形為主。非若後世之寫意畫潦草簡率。謂得神似矣。

唐人學藝之精者。自詩文書畫外。復有二事。曰音樂。曰醫藥。觀其制度。蓋皆以為專門之學。廣置師弟以教之。教樂則有太樂署。

唐六典太樂令掌教樂人調合鍾律。以供邦國之祭祀饗燕。丞為之貳。 凡習樂立師以教。每歲考其師之課業。為上中下三等。申禮部。十年大校之。若未成則又五年而校之。量其優劣而黜陟焉。若職事之為師者。則進退其考。習業者亦為之限。既成得進為師。凡樂人及音聲人應教習。皆著簿籍。核其名數。而分番上下。（短番散樂一千人。諸州有定額。長上散樂一百人。太常自訪召。關外諸州者分為六番。關內五番。京兆府四番。並一月上。一千五百里外兩番併上。六番者上日教至申時。四番者上番日至午時。）皆教習檢察以供其事。

教醫則有太醫署。

唐六典太醫令掌諸醫療之法。丞為之貳。其屬有四。曰醫師、鍼師、按摩師、呪禁師。皆有博士以教之。其考試登用。如國子監之法。 醫博士掌以醫術敎授諸生習本草甲乙脈經分而爲業。一曰體療。二曰瘡腫。三曰少小。四曰耳目口齒。五曰角法。　鍼博士掌敎鍼生以經脈孔穴使識浮沉澁滑之候。又以九鍼爲補瀉之法。凡鍼疾、先察五臟有餘不足而補瀉之。凡鍼生習業者敎之、如醫生之法。　按摩博士掌敎按摩生以消息導引之法以除人八疾。一曰風。二曰寒。三曰暑。四曰濕。五曰飢。六曰絕。七曰勞。八曰逸。凡人支節府藏積而疾生。導而宣之。使內疾不留。外邪不入。若損傷折跌者。以法正之。　呪禁博士掌敎呪禁生以呪禁拔除邪魅之爲厲者。其京兆府各大都督府各州。皆有醫學博士及助敎學生等。諸州每年任土所藥物可用者、隨時收採。以給人之疾患。

故唐之精於音樂者特多。上自帝王卿相。如玄宗汝陽王璡宋璟杜鴻漸等。下至優伶工人。如李龜年黃幡綽等。皆有特殊之藝。雖其所工與古之雅樂異趣。而言梨園者必始於唐。

舊唐書音樂志玄宗於聽政之暇。敎太常樂工子弟三百人爲絲竹之戲。音響齊發。有一聲誤。玄宗必覺而正之。號爲皇帝弟子。　梨園弟子以置院近於禁苑之梨園。太常又有別敎院。敎供奉新曲。太常每凌晨鼓笛亂發。於太樂別署敎院。廩食常千人。

至醫藥專家。則有甄權孫思邈等。

舊唐書方伎傳甄權撰脈經針方明堂人形圖各一卷。　孫思邈撰千金方三十卷。

世雖屬之方伎。然與袁天綱觀相、李虛中之推命。固有學術之殊焉。

第十四章　工商進步之特徵

唐代工商進步之特徵有四。其一曰飛錢。飛錢者。紙幣及匯兌之濫觴也。欲知其制之發生。當先知唐以前貨幣行使之沿革。秦漢幣制。黃金與銅錢并用。漢武新莽廣爲貨幣。率未盡行。（其詳見漢書食貨志）東漢以降。谷地自爲風氣。不盡用錢。

王莽亂後。貨幣雜用布帛金粟。至建武十六年。始行五銖錢。三國時、吳蜀均用錢。而魏文帝罷五銖錢。使百姓以穀帛爲市。晉太始中。河西荒廢不用錢。裂匹以爲貨。安帝元興中、桓玄輔政。議欲廢錢用穀帛。朝議以爲不可。乃止。宋齊兩代。皆嘗鑄錢。梁初惟京師及三吳荊郢江襄梁益用錢。其餘州郡則雜以穀帛交易。交廣之域。則全以金銀爲貨。後魏孝文帝時。始詔天下用錢。而河北諸州猶以他物交易。錢略不入市。（參諸史及文獻通考）

蓋執政者率不知錢幣之原理。隨時補苴而已。隋唐之時。天下統一。悉行當時官鑄之錢。而人口日增。商業日盛。行鑄之錢。往往不周於用。唐開元中、屢敕禁民用錢。

王溥唐會要。開元十三年、敕綾羅絹布雜貨等。皆令通用。如聞市肆。必須見錢。深非通理。自今後與錢貨並用。違者準法罪之。又開元廿二年敕。貨物兼通。將以利用。自今以後。所有莊宅交易。並先用絹布綾羅絲綿等。其餘市價至一千以上。亦令錢物兼用。違者科罪。

德宗憲宗時。迭申錢禁。而飛錢之制以興。

舊唐書食貨志。貞元初。駱谷散關禁行人以一錢出者。 民間錢益少。繒帛價輕。州縣禁錢不出境。商賈皆絕。浙西觀察使李若初請通絕往來。而京師商賈齎錢四方貿易者。不可勝計。詔復禁之。二十年、命市井交易以綾羅絹布雜貨與錢兼用。

又憲宗以錢少。復禁用銅器。時商賈至京師。委錢諸道進奏院及諸軍諸使富家。以輕裝趨四方。合券乃取之。號飛錢。京兆尹裴武請禁與商賈飛錢者。廋索諸坊。十人爲保。

嗣因商民之利。遂准其於官府飛錢。

舊唐書食貨志 自京師廢飛錢。家有滯藏。物價寖輕。判度支盧坦、兵部尙書判戶部事王紹、鹽鐵使王播、請許商人於戶部度支鹽鐵三司飛錢。每千錢增給百錢。然商人無至者。復許與商人敵貫而易之。然錢重帛輕如故。憲宗爲之出內庫錢市布帛。而富家錢過五千貫者死。王公重貶。沒入於官。以五之一賞告者。

蓋錢幣專重流通。流通則其數雖少而若多。不通則雖多而若少。然苟明於匯兌之理。則一紙卽可代錢。視挾貲以遠行爲便。當時政府、不知研究錢幣與商業之關係。創立新法。而商賈獨能發明此理。則唐時商賈之智、高於政府中人、多矣。

其二曰瓷器。唐虞之時。卽有陶器。不過今之盆盎之類。無細瓷也。日用飲食之物。大都用竹木。後又進而用銅。至唐禁銅器。而陶瓷之業以盛。

新唐書食貨志 開元十一年、詔禁賣銅錫及造銅器者。以錢少之故 文宗病幣輕錢重。詔方鎭縱錢穀交易。時雖禁銅爲器。而江淮嶺南列肆鬻之。鑄千錢爲器。售利數倍。宰相李珏請加鑪鑄錢。於是禁銅器官一切爲市之。

瓷之興。蓋自晉至北魏而漸多。

景德鎮陶錄東甌陶　甌、越也。昔屬閩地。今爲浙之溫州府。自晉已陶。其瓷青。當時著尙。杜毓荈賦所謂器擇陶揀。出自東甌者也。

又關中窰　元魏時所燒。出關中。卽今西安府咸陽等處。陶以供御。

又洛京陶　亦元魏燒造。卽今河南洛陽縣也。初都雲中。後遷都此。故亦曰洛京所陶。皆供御物。

其見於史策者。則自隋之何稠始。

隋書何稠傳　稠性絕巧。有智思。覽博古圖。多識舊物。時中國久絕琉璃之作。匠人無敢厝意。稠以綠瓷爲之。與眞不異。

唐時製瓷之地。如河南、邢州、豫章等處。既見於史志。

新唐書地理志　河南府貢埏埴盎缶。　邢州貢瓷器。

唐六典　河南府貢瓷器。　邢州貢瓷器。

新唐書韋堅傳　豫章瓷飲器茗鐺釜。

而壽州、洪州、越州、鼎州、婺州、岳州、邛州、均產名陶。

景德鎮陶錄　壽窰、洪州窰、越窰、鼎窰、婺窰、岳窰、蜀窰、均唐代所燒造。

其品第見於陸羽茶經。

陸羽茶經　盌、越州爲上。其瓷類玉類冰。青而益茶。茶色綠。邢瓷不如也。鼎州瓷盌次於越器。婺器次於鼎。岳器次於婺。壽瓷色黃。最下。

洪州瓷褐令茶色黑品更次壽州

其昌南鎭之瓷則今之景德鎭瓷器之祖也

景德鎭陶錄陶窰唐初器也土惟白壤體稍薄色素潤鎭鍾秀里人陶氏所燒造邑誌云唐武德中鎭民陶玉者載瓷入關中稱爲假玉器且貢於朝於是昌南鎭瓷名天下

綜歷代之用器觀之竹籩木豆瓦簋銅槃漸變而爲瓷盌瓷盂而精美輕細不止於適用而已此非化學工藝之進步乎迄今世界各國猶推吾國之瓷爲首故自隋唐迄今直可謂之瓷器時代

其三曰茶鹽茶之興後於鹽而言唐之征商者多以茶鹽並舉是二者皆唐之大商業也古無茶字故孟子稱冬日則飲湯夏日則飲水未嘗言飲茶也茶茗之稱始於三國

吳志孫皓傳韋曜飲酒不過二升禮異時或密賜茶茗以當酒

至晉而飲者猶少

世說新語王濛好飲茶人至輒飲之士大夫每往必云今日有水厄

唐書陸羽傳稱其時尚茶成風且以之與外國市易

新唐書陸羽傳羽嗜茶著茶經三篇言茶之原茶之法茶之具尤備天下益知飲茶矣時鬻茶者至陶羽形置煬突間祀爲茶神其後尚茶成風回紇入朝始驅馬市茶

知飲茶之風至唐始盛。而茶可爲商品。則產地之多可知矣。白居易琵琶行稱茶商重利。而唐書載其時茶稅特重。

新唐書食貨志初德宗納戶部侍郎趙贊議。稅天下茶漆竹木。十取一。以爲常平本錢。及出奉天。乃下詔罷之。貞元八年。以水災減稅。明年。諸道鹽鐵使張滂。奏出茶州縣若山及商人要路。以三等定估。十稅其一。自是歲得錢四十萬緡。穆宗即位。鹽鐵使王播圖寵以自幸。乃增天下茶稅。率百錢增五十。江淮浙東西嶺南福建荊襄茶。播自領之。兩川以戶部領之。天下茶加斤至二十兩。播又奏加取焉。其後王涯判二使。置榷茶使。徙民茶樹於官場。焚其舊積者。天下大怨。武宗即位。鹽鐵轉運使崔珙又增江淮茶稅。是時茶商所過州縣有重稅。或掠奪舟車。露積雨中。諸道置邸以收稅。謂之搨地錢。故私販益起。大中初。鹽鐵轉運使裴休著條約。私鬻三犯皆三百斤。乃論死。長行羣旅茶雖少皆死。雇載三犯至五百斤。居舍儈保四犯至千斤者皆死。園戶私鬻百斤以上杖背。三犯加重徭。伐園失業者。刺史縣令以縱私鹽論。廬壽淮南皆加半稅。私商給自首之帖。天下稅茶增倍貞元。江淮茶爲大摸一斤至五十兩。諸道鹽鐵使于悰每斤增稅錢五。謂之剩茶錢。自是斤兩復舊。

官稅愈嚴。私販愈夥。知茶之爲利博矣。今日國貨之消於域外者。尚以茶爲大宗。溯其權輿。固當詳稽唐之茶法也。

吾國自唐虞以來。久知食鹽之利。其後太公管子及漢之劉濞孔僅等。多以鹽爲富國之本。

史記齊太公世家太公至國。通商工之業。便魚鹽之利。而人民多歸齊。齊爲大國。

管子海王篇海王之國。謹正鹽筴。十口之家十人食鹽。百口之家百人食鹽。終月大男食鹽五升少半。大女食鹽三升少半。吾子食鹽二升少半。此其大歷也。鹽百升而釜。令鹽之重升加分強。釜五十也。升加一強。釜百也。升加二彊。釜二百也。鍾二千。十鍾二萬。百鍾二十萬。千鍾二百萬。萬乘之國。人數開口千萬也。禺筴之商日二百萬。十日二千萬。一月六千萬。萬乘之正九百萬也。月人三十錢之籍。為三千萬。今吾非籍之諸君吾子。而有二國之籍者六千萬。

漢書吳王濞傳吳有豫章銅山。即招致天下亡命盜鑄錢。東煮海水為鹽。以故無賦。國用饒足。

漢書食貨志東郭咸陽孔僅為大農丞。領鹽鐵事。元狩五年。僅咸陽言山海天地之藏。宜屬少府。陛下弗私。以屬大農佐賦。願募民自給費。因官器作鬻鹽。官與牢盆。浮食奇民。欲擅斡山海之貨。以致富羨。役利細民。其阻事之議。不可勝聽。敢私鑄鐵器鬻鹽者。鈦左趾。沒入其器物。使僅咸陽乘傳舉行天下鹽鐵。作官府。除故鹽鐵家富者為吏。吏益多賈人矣。

而言鹽法者。多推劉晏。

新唐書食貨志乾元元年。鹽鐵鑄錢使第五琦初變鹽法。就山海井竈近利之地置監院。游民業鹽者為亭戶。免雜徭。盜鬻者以法論。及琦為諸州榷鹽鐵使。盡榷天下鹽。斗加時價百錢而出之。為錢一百一十。自兵起。流庸未復。稅賦不足供費。鹽鐵使劉晏以為因民所急而稅之。則國用足。於是上鹽法輕重之宜。以鹽吏多則州縣擾。出鹽鄉因舊監置吏。亭戶糶商人。縱其所之。江嶺去鹽遠者。有常平鹽。每商人不至。則減價以糶民。官收厚利而人不知貴。

蓋管子孔僅及第五琦等。皆用官專賣法。而晏則用就場征稅之法。視鹽與其他商貨相等。糶之商人。聽

其所之故鹽商之業甚盛天下之賦鹽利居半

新唐書食貨志晏之始至也鹽利歲纔四十萬緡至大歷末六百餘萬緡天下之賦鹽利居半宮闈服御軍饟百官祿俸皆仰給焉

而淮浙之鹽利迄今遠過於齊魯晉蜀者亦自晏開之焉

新唐書食貨志晏隨時爲令遣吏曉導倍於勸農吳越揚楚鹽廪至數千積鹽二萬餘石有漣水湖州越州杭州四場嘉興海陵鹽城新亭臨平蘭亭永嘉大昌侯官富都十監歲至錢百餘萬緡以當百餘州之賦

其四曰互市自漢以降久與外國通商

漢書地理志自日南障塞徐聞合浦船行可五月有都元國又船行可四月有邑盧沒國又船行可二十餘日有諶離國步行可十餘日有夫甘都盧國自夫甘都盧國船行可二月餘有黃支國民俗略與珠崖相類其州廣大戶口多多異物自武帝以來皆獻見有譯長屬黃門與應募者俱入海市明珠璧流離奇石異物齎黃金雜繒而往所至國皆稟食爲耦蠻夷賈船轉送致之

後漢書西域傳大秦王常欲通使於漢而安息欲以漢繒綵與之交市故遮閡不得自達至桓帝延熹九年大秦王安敦遣使自日南徼外獻象牙犀角瑇瑁始一通焉

梁書諸夷傳孫權黃武五年大秦賈人字秦倫來交趾太守吳邈遣使詣權權差吏會稽劉咸送倫咸於道物故倫乃逕返本國

交廣諸州最稱富饒者以有互市之利也然其商市率掌於地方官吏未有專官司其事者至隋始有互市專官

唐六典漢魏以降緣邊郡國皆有互市。與諸蕃交易。致其物產也。並郡縣主之。而不別置官吏。至隋諸緣邊州置交市監。

隋書職官志四夷使者各一。掌其方國及互市事。其屬有監置互市監。參軍事等。監置掌安置其駞馬車船。並糾察非違。互市監掌互市。參軍事掌出入交易。

唐亦設互市監。掌諸蕃交易。

唐六典諸互市監各掌諸蕃交易之事。丞為之貳。凡互市所得馬駞驢牛等。各別其色。具齒歲膚第。以言於所隸州府。

而廣州復有市舶使。

李肇國史補南海舶外國船也。每歲至安南廣州。師子國舶最大。梯上下數丈。皆積寶貨。至則本道奏報。郡邑為之喧闐。有蕃長為主。領市舶使籍其各物。納舶價。禁珍異。

文獻通考唐有市舶使。以右威衛中郎將周澤為之。(見柳澤劾立慶疏)唐代宗廣德元年、有廣州市舶使呂太一。

知嶺南商業、尤盛於諸邊矣。西歷九世紀、阿刺伯人伊賓戈爾他特賓 Ibn Khordabeh 著一書、曰道程及郡國志。中述唐代商港凡四。

桑原隲藏伊賓戈爾他特賓所述支那貿易港考唐時支那與大食之間。海上之交通。極其繁盛。當時模哈麥特教徒之來航於支那之貿易港者尤多。西歷九世紀之半頃。阿刺伯地理學者伊賓戈爾他特賓嘗記之於道程及郡國志。此書之著作年代。頗多異說。英國學者認為西歷八百六十四年頃之作。德國學者認為西歷八百四十六年之作。法人認為西歷八百四十四年乃至四十八年之作要之必在西歷九世期之半頃也。其書之關於支那之貿易港者略曰、支那之最初貿易港曰龍編。（即安南之河內）有支那上等之鐵器瓷器及米穀等。次則廣府。距龍編海程約四日。陸行約二十日。此地所產果實及野菜小麥大麥米及甘蔗等甚夥。自廣府行八日而達膠府。（此譯音尚不知何地）其地之物產。亦同於廣府。自膠府行六日至揚州。其產物亦與前兩地相同。此等支那之貿易港。外人皆得航行。其城市皆臨大河之口。而河水通流。亦不受潮水漲落之影響。河中多鵝鴨及他之鳥類云。

今人所擬定者、曰廣州。曰揚州。於廣州、則知其地有猶太波斯人等十餘萬。

梁啟超中國歷史研究法九世紀時。阿剌伯人所著中國見聞錄。（即桑原氏所譯道程及郡國志）中一節云有廣府 Gonfu 者。爲商舶薈萃地。紀元二百六十四年（此回教歷）叛賊黃巢 Punzo 陷廣府。殺回耶教徒及猶太波斯人等十二萬。其後有五朝爭立之亂。貿易中絕。

於揚州、則以文宗德音證之。知南海蕃舶。可直達揚州也。

全唐文卷七十五。文宗太和八年、疾愈德音。南海蕃舶。本以恭化而來。固在接以恩仁。使其感悅。其嶺南福建及揚州蕃客。宜委節度觀察使常加存問。除舶脚收市進奉外。任其往來通流。自爲交易。不得重加率稅。

然唐書稱邊境走集最要者七。

新唐書地理志入四夷之路與關戍走集最要者七。一曰營州入安東道。二曰登州海行入高麗渤海。三曰夏州塞外通大同雲中道。四曰中受降城入回鶻道。五曰安西入西域道。六曰安南通天竺道。七曰廣州通海夷道。

則中、外、之、商、業。亦不、僅、廣、東、番、舶、一、途。唐之京師。賈胡薈萃。

通鑑大歷十四年、詔回紇諸胡在京師者、各服其服。無得效華人。先是回紇留京師者常千人。商胡僞服而雜居者又倍之。縣官日給饔餼。殖産貲開第舍市肆美利皆歸之日縱貪横吏不敢問或衣華服誘取妻妾故禁之。

懷柔遠人至給饔餼使殖貲産不徒官吏存問僅收市脚而已蓋當時之政見以天朝上國自居不屑與外夷較利害故待之極寬大不似今之講國際商業者以國家爲商賈之行爲而外商遂輻輳於吾國之通都大市迄今猶稱中國人曰唐人知唐人所以來遠人者感之深矣。

第二編

第十五章　隋唐之佛教

佛教之入中國，蟬嫣五六百年，至于隋唐之時，遂成爲極盛時代。隋雖短祚，特崇譯學，西來大德，中土僧俗，飆起雲興，齎經譯梵。

釋道宣續高僧傳：那連提黎耶舍，此言尊稱，北天竺烏場國人。天保七年，屆于京鄴。文宣禮遇隆重，安置天平寺中，請爲翻經三藏。殿內梵本千有餘夾，敕送于寺。又敕昭玄大統沙門法上等二十餘人，監掌翻譯。沙門法智居士萬天懿傳語，初翻衆經五十餘卷。有隋御宇，重隆三寶，開皇之始，梵經遙應，爰降璽書，請來弘譯。二年七月，住大興善寺。敕昭玄統沙門曇延等三十餘人，令對翻傳。凡前後所譯經論一十五部八十許卷，即菩薩見實、月藏、日藏、法勝毗曇等是也。並沙門僧琛明芬給事李道寶等度語筆受，昭玄統沙門曇延、昭玄都沙門靈藏等二十餘僧，監護始末。　時又有同國沙門毗尼多流支，此言滅喜，開皇二年，于大興善譯象頭精舍、大乘總持經二部，給事李道寶傳語，沙門法纂筆受。

又闍那崛多，此言德志，北賢豆犍陀囉國人，以周明帝武成年，初屆長安，漸通華語。　有齊僧寶暹道邃僧曇等十人，以武平六年，採經西域，往返七載，凡獲梵本二百六十部。　大隋受禪，暹等齎經來，開皇元年季冬，屆止京邑。　開皇五年，大興善寺沙門曇延等三十餘人。請敕延崛多來還京闕。尋敕敷譯新至梵本。或經或書。且內且外。諸有翻傳。必以崛多爲主。　爾時耶舍已亡。專當元匠。于大興善。更召婆羅門僧達摩笈多。幷敕居士高天奴高和仁兄弟等同傳梵語。又置十大德沙門僧休法粲法經慧藏洪遵慧遠法纂僧暉明穆曇遷等監掌翻事。銓定宗旨。沙門明穆彥琮重對梵本。再審覆勘。　循歷翻譯。合三十七部、一百七十六卷。　高祖又敕崛多共西域沙門若那竭多、開府高恭恭息、都督天奴和仁、及婆羅門毗舍達等。于內史內省、翻梵古書及乾文。至開皇十二年、書度翻訖。合二百餘卷。　時又有達摩般若。此言法智。本中天竺國人。妙善方言。執本自傳。不勞度語。譯業報差別經等。

又達摩笈多。此言法密。本南賢豆羅囉國人。開皇十年、入京。奉敕翻經。處之興善。所翻經論七部。合三十二卷。

煬帝置翻經館及翻經學士。

續高僧傳。煬帝定鼎東都。敕于洛水南濱、上林園內置翻經館。撰舉翹秀。永鎮傳法。

又大業二年、東都新治。彥琮與諸沙門詣闕朝賀。因即下敕于洛陽上林園、立翻經館。以處之。　新平林邑所獲佛經。合五百六十四夾。一千三百五十餘部。並崑崙書。多黎樹葉。有敕送館。付琮披覽。幷使編敘目錄。以次漸翻。

又時有翻經學士成都費長房。妙精玄理。撰三寶錄一十五卷。始于周莊之初。上編甲子。下錄年號。幷諸代所翻經部卷目。　又有翻經學士涇陽劉馮。撰內外旁通比校數法一卷。

沙門彥琮尤精譯事。

續高僧傳。釋彥琮。俗緣李氏。趙郡柏人人也。周武平齊。延談玄籍。敕預通道觀學士。　開皇三年、西域經至。敕琮翻譯。住大興善。　琮專尋葉典。日誦萬言。大品法華維摩楞伽攝論十地等。皆親傳梵書。受持讀誦。每日闇閱。要周乃止。 仁壽二年、敕撰衆經目錄。乃分為五例。謂單譯重翻別生疑僞。隨卷有位。 尋又敕令撰西域傳。前後譯經合二十三部、一百許卷。妙體梵文。以垂譯式。所舉八備。世多稱之焉。

續高僧傳琮晚以所誦梵經四千餘偈、十三萬言。七日一遍。用為常業。 著辯正論。以垂翻譯之式。 經不容易。理藉名賢。常思品藻。終慚水鏡。兼而取之。所備者八。誠心愛法。志願益人。不憚久時。其備一也。將踐覺場。先牢戒足。不染譏惡。其備二也。筌曉三藏。義貫兩乘。不苦闇滯。其備三也。旁涉墳史。工綴典詞。不過魯拙。其備四也。襟抱平恕。器量虛融。不好專執。其備五也。耽于道術。澹于名利。不欲高衒。其備六也。要識梵言。乃閑正譯。不墜彼學。其備七也。薄閱蒼雅。粗諳篆隸。不昧此文。其備八也。八者備矣。方是得人。

唐代譯業。尤盛于隋。道宣續高僧傳、贊寧高僧傳三集。譯經篇中所載西來高僧。不下數十人。

波羅頗迦羅蜜多羅	中天竺人	武德九年	由突厥入京
那提三藏	中印度人	永徽六年	由南海來
伽梵達磨	西印度人	永徽中	
阿地瞿多	中印度人	永徽三年	自西印度屆長安
佛陀波利	罽賓國人	儀鳳元年	涉流沙來華
釋地婆訶羅	中印度人	儀鳳初	

那跋陀羅	波淩國人	儀鳳三年	由交州入唐
菩提流志	南天竺人	永淳二年	
釋提雲般若	于闐國人	永昌元年	
阿你眞那	迦濕彌羅人	長壽二年	
實叉難陀	于闐人	證聖元年	由于闐來
般剌蜜帝	中印度人	神龍中	由南海來
彌陀山	覩貨邏人	天后時	
輸波迦羅(善無畏)	中印度人	開元四年	自北印至長安
阿目佉跋折羅(不空)	北天竺人		幼隨叔父來華
釋跋日羅菩提(金剛智)	摩賴耶國人	開元七年	由師子國來
般剌若	北天竺人	貞元二年	由師子國來
牟尼寶利	北　度人	貞元十六年	
佛陀多羅	罽賓人		
釋勿提提犀魚	龜茲人		

尸羅達摩	于闐人	貞元中
釋蓮華	中印度人	興元元年
般若	罽賓人	憲宗時
滿月	西域人	開成中

右皆有專傳者。外此如義淨傳、有吐火羅沙門達磨末磨、中印度沙門拔弩。罽賓沙門達磨難陀。居士東印度首領伊舍羅。居士中印度李釋迦度頗多。居士東印度瞿曇金剛等。釋無極高傳、有中印度大菩提。阿難律、木乂師、迦葉師等。釋極量傳、有烏萇國沙門彌伽釋迦。日照傳、有沙門戰陀般若提婆。菩提流志傳、有天竺沙門波若屈多。亦皆有功于譯業者也。他若神策軍正將羅好心、爲般剌若之表兄。金滿郡公尉遲智嚴、爲于闐國質子。以及迦濕彌羅國王子阿順、爲義淨證譯。均可見唐時西域僧俗來居中國者之多矣。

其西行求經者有玄奘。

僧玄奘傳（舊唐書）僧玄奘、姓陳氏。洛州偃師人。大業末、出家。博涉經論。嘗謂翻譯者多有訛謬。故就西域廣求異本、以參驗之。貞觀初、隨商人往遊西域。玄奘既辯博出羣。所在必爲講釋論難。蕃人遠近咸尊伏之。在西域十七年。經百餘國。悉解其國之語。仍採其山川謠俗土地所有。撰西域記十二卷。貞觀十九年、歸至京師。太宗見之大悅。與之談論。于是詔將梵本六百五十七部、于弘福寺翻譯。

釋慧立彥琮慈恩傳法師于西域所得大乘經二百二十四部。大乘論一百九十二部。上座部經律論一十五部。三彌底部經律論一十五部。彌沙塞部經律論二十二部。迦葉臂耶部經律論一十七部。法密部經律論四十二部。說一切有部經律論六十七部。因明論三十六部。聲論一十三部。凡五百二十夾、六百五十七部。

義淨。

釋道宣續高僧傳二集。義淨姓張氏。范陽人也。慕玄奘之風。欲游西域。咸亨二年。年三十有七。方遂發足。初至番禺。得同志數十人。及將登舶。餘皆罷退。淨奮勵孤行。備歷艱險。所至之境。皆洞言音。　經二十五年。歷三十餘國。以天后證聖元年乙未仲夏、還至河洛。得梵本經律論近四百部。合五十萬頌。

不空。

續高僧傳三集。釋不空、梵名阿目佉跋折羅。華言不空金剛。幼失所天。隨叔父觀光南國。開元二十九年、附崑崙舶。離南海至訶陵國界。達師子國。廣求密藏及諸經論五百餘部。次遊五印度境。至天寶五載還京。

及會甯。

釋道宣續高僧傳二集。麟德年中。成都沙門會甯泛舶西遊。路經波淩國。與智賢同譯涅槃後分二卷。寄達交州。甯方之西域。

悟空等。

續高僧傳二集。釋悟空、京兆雲陽人。姓車氏。天寶十年、隨使臣西去。留健陀羅。投舍利越摩落髮。後巡歷數年。迴及龜茲。翻成十地迴向輪經。以貞元五年己巳達京師。

僧玄奘傳。舊唐書。玄奘于弘福寺翻譯。勅右僕房玄齡、太子左庶子許敬宗、廣召碩學沙門五十餘人。相助整比。高宗在東宮。爲文德太后追福。造慈恩寺及翻經院。內出大幡。敕九部樂及京城諸寺幡蓋衆伎。送玄奘及所翻經像。諸高僧等入住慈恩寺。顯慶元年。高宗又令左僕射于志甯、侍中許敬宗、中書令來濟、李義府、杜正倫、黃門侍郎薛元超等。共潤色玄奘所定之經。國子博士范義碩、太子洗馬郭瑜、弘文館學士高若思等。助知翻譯。凡成七十五部。後移于宜君山故玉華宮。六年卒。

其翻譯、之規模、遠軼、前代。

續高僧傳二集。貞觀十九年五月、奘師于弘福寺創開翻譯。召沙門慧明靈潤等以爲證義。沙門行友玄賾等以爲綴緝。沙門智證辯機等以爲錄文。沙門玄模以證梵語。沙門玄應以定字僞。自前代以來。所譯經教。初從梵語倒寫本文。次乃迴之。順同此俗。然後筆人觀理文句。中間增損。多墜全言。今所翻傳。都由奘旨。意思獨斷。出語成章。詞人隨寫。卽可披翫。

慈恩傳。麟德元年、法師屬纊。嘉尙法師具錄所翻經論。合七十四部。總一千三百三十五卷。

續高僧傳三集。義淨自天后久視、迄睿宗景雲。都翻出五十六部、二百三十卷。又出說一切有部跋窣堵約七十八卷。

又不空譯經。起于天寶、迄大曆六年。凡一百二十餘卷。七十七部。

而玄奘之論勝異邦。

續高僧傳二集。戒日王于曲女城大會沙門婆羅門一切異道。請奘昇座。標舉論宗。命衆徵覈。竟十八日無敢問者。王大嗟賞。施銀錢三萬、金錢一萬、上氎衣一百具。仍令大臣執奘袈裟巡衆唱言支那法師論勝。十八日來、無敢問者。並宜知之。

譯華為梵。尤前此所未有也。

續高僧傳二集。敕令翻老子五千文為梵言。以遺西域。奘乃召諸黃巾。述其玄奧。領疊詞旨。方為翻述。彥琮傳、有王舍城沙門。遠來謁帝。將還本國。請舍利瑞圖經及國家祥瑞錄。敕令琮翻隋為梵。合成十卷。賜諸西域。此譯華為梵之始。然琮所譯。為當世之文。玄奘所譯。為古哲之說。其難易當有別。

自晉至唐。中土之講佛學者。各有宗派。近人綜為十宗。諸宗有至唐而已微者。有至唐而始盛者。三論成實、則至唐而已微者。

楊文會十宗略說。成實論譯於姚秦羅什三藏。六朝名德專習者衆。別為一宗。至唐而漸衰。後世則無聞焉。又中論、百論、十二門論。是為三論。亦在性空宗。文殊師利實為初祖。馬鳴龍樹清辨等菩薩繼之。鳩摩羅什至秦盛弘此道。一時學者宗之。生肇融叡。並肩相承。生公門下曇濟大師輾轉傳持。以至唐之吉藏。專以此宗提振學徒。三論之旨。于斯為盛。天台亦提中論其教廣行于世。而習三論者鮮矣。

俱舍、賢首、慈恩、律、密、諸宗、皆盛于唐。

楊文會十宗略說。世親菩薩造俱舍論。陳眞諦三藏譯出、併作疏釋。之唐玄奘法師重譯三十卷。門人普光作記。法寶作疏。大為闡揚。當時傳習有專門名家者。遂立為一宗焉。

又華嚴爲經中之王。秘于龍宮。龍樹菩薩乘神通力、誦出略本。流傳人間。有唐杜順和尙者。文殊師利化身也。依經立觀。是爲初祖。繼其道者。雲華、智儼、賢首、法藏。以至淸涼、澄觀。而綱目備舉。

又天竺有性相二宗。性宗卽是前之三論。相宗則從楞伽深密密嚴等經流出。有瑜伽顯揚諸論。而其文約義豐。莫妙于成唯識論。以彌勒爲初祖。無著天親護法等菩薩、相繼弘揚。唐之玄奘。至中印度。就學于戒賢論師。精通其法。歸國譯述。是爲慈恩宗。窺基、慧沼、智周、次第相承。

梁漱溟印度哲學概論：律宗從所主律藏得名。遠祖爲優波離尊者。此方開宗者、唐道宣。律有大小乘。宣公以小乘律釋通大乘。立爲圓宗戒體。所弘通者爲四分律。著述甚多。其行事鈔等稱五大部。宋有元照。復作資持記等釋之。中興律宗。

又眞言宗一曰密宗。以秘密眞言爲宗。故名。奉大日經等爲本。大日如來傳金剛薩埵。再傳龍樹。龍樹授之龍智。再授之金剛智。金剛智唐時來中國。偕者有不空。不空能漢語。共譯經論。既受其傳。更還天竺。親接龍智。密宗之弘在此師也。善無畏先來。未開宗。

淨土則始于晉而盛于唐。世或分爲二流。

謝无量佛學大綱：淨土宗持念佛法門。實三根普被之要路也。念佛緣因。出于起信論。繼則龍樹天親、亦間論念佛。而震旦開宗、實雁于東晉慧遠。慧遠姓賈氏。雁門樓煩人。博極羣書。尤善老莊。爲道安法師之高弟。專倡淨土法門。道俗皈依。共結蓮社。 魏曇鸞、詩門人。家近五臺。歷觀聖迹。發心出家。逢天竺三藏菩提流支。以觀無量壽經授之。鸞遂作往生論注二卷。蓮宗著述。推爲巨擘。 唐道綽姓衛。幷州汶水人。十四歲出家。講大涅槃經二十四徧。欣慕曇鸞淨土之業。繼其後。塵住玄中寺。道俗赴者彌衆。講觀無量壽經將二百徧。瑞應甚多。著有安樂集二卷。　善導者、不知何處人。見禪師九品道場講論觀經。大喜曰。此眞入佛之津要也。人見其念佛一聲。有一光明從口中出。百聲千聲。亦復如是。著有觀經疏及各種淨土典籍傳世。

梁漱溟印度哲學概論淨土宗從其歸依淨土得名。以無量壽經、觀無量壽經、阿彌陀經爲本。在天竺則馬鳴造起信論、勸修淨土。龍樹造十住論、而宏念佛。世親造淨土論、而樂往生。中土則有二流。一爲晉之遠公。結蓮社于匡廬。一爲唐之善導。化俗衆于長安。中間曇鸞道綽。製作最宏。

天台則倡于齊而繼于唐。說復分爲三部。

印度哲學概論天台宗從智者大師所棲天台山得名。此宗法華經爲本。而以智度論爲指趣。以涅槃經爲輔翼。以大品經爲觀法。專習禪定。先是北齊惠文悟一心三觀。以授南岳惠思。惠思傳智顗。卽大師。大師以爲道有傳行。亦必有說。于是由一法華、說爲三部。一玄義以判敎相。二文句以解名義。三止觀以示觀行。中唐有荊溪作釋籤疏記輔行。如次第以釋三部。大振其宗。

而禪宗六祖唐居其二。

謝无量佛學大綱佛之心印。卽是般若波羅密。五祖令人誦金剛般若經。六祖稱爲學般若菩薩。皆以般若爲心印也。後人名爲禪宗。是出世間上上禪。世尊在靈山會上拈花示衆。是時衆皆默然。唯迦葉尊者破顏微笑。世尊曰。吾有正法眼藏、涅槃妙心。實相無相、微妙法門。不立文字。敎外別傳。付囑摩訶迦葉。故迦葉爲禪宗第一祖。　二十八祖菩提達摩尊者。爲中華初祖。尊者本南天竺國香至王第三子。得法于般若多羅尊者。承師遺命。泛海達廣州。在梁普通元年。廣州刺史蕭昂館之。表聞于朝。武帝迎至金陵。尊者知機不契。遂渡江屆洛陽。止于嵩山少林寺。面壁坐九年。人莫能測。終爲東土禪宗之初祖。 二祖慧可。武牢姬氏子。參初祖于少林。勤懇備至。後付袈裟以表傳法。並爲說偈。又付楞伽四卷。令諸衆生開示悟入。 三祖僧璨。住舒州皖公山。往來于太湖縣司空山。作信心銘六百言。流傳于世。 四祖名道信、蘄州人。姓司馬氏。三祖付以衣法。後住蘄春破頭山。 五祖名宏忍。黃梅人。前生爲破頭山栽松道者。再來爲浣衣女子棄子。四祖識其法器。令出家。付以衣法。住破頭山。後遷黃梅東山。宗風大振。 六祖名慧能。姓盧。嶺南新州人。家貧。鬻薪供母。聞人誦金剛經。問所由來。遂往黃梅參五祖。祖令入碓坊舂米。人稱盧行者。經八月、述一偈曰。菩提本無樹。明鏡亦非臺。本來無一物。何處惹塵埃。五祖卽付囑心傳。幷授袈裟。且曰、衣止汝身。不復傳。六祖至嶺南。經十五載。一日至廣州法性寺。昇座說法。聞者傾心。別傳之道。由此大行。

南嶽青原分開五派。今之佛寺禪宗。皆傳自唐者也。

釋覺岸**釋氏稽古略** 六祖弟子最著者。衡州懷讓。吉州行思。是爲南嶽青原二宗。唐末、南嶽復分爲潙仰、靈佑。福州長谿人。居潭州潙山。傳慧寂。韶州懷化人。居袁州仰山。是爲潙仰宗。臨濟義玄。曹州人。居鎮州臨濟寺。是爲臨濟宗。二派。青原又分爲曹洞良价。越州會稽人。居豫章高安之洞山。其弟子本寂。泉州莆田人。改山名曰曹。是爲曹洞宗。雲門文偃。浙西秀水人。居韶州雲門山。是爲雲門宗。法眼文益。餘杭人。居金陵清涼寺。諡法眼禪師。是爲法眼宗。三派。

有唐一代。自詩文書畫而外。其宗派林立。超軼前世者。殆無過于宗教哲學矣。

唐之佛教寺廟。掌于禮部。據唐六典。開元中天下寺總五千三百五十八所。

唐六典 凡天下寺總五千三百五十八所。三千二百四十五所僧。二千一百一十三所尼。每寺上坐一人。寺主一人。都維那一人。共綱統衆事。而僧持行有三品。一曰禪。二曰法。三曰律。大抵皆以清淨慈悲爲宗。凡僧尼之簿籍。三年一造。其籍一本送祠部。一本送鴻臚。一本留于州縣。

至武宗時。增至四萬餘所。

通鑑會昌五年。祠部奏括天下寺四千六百。蘭若四萬。僧尼二十六萬五百。

以道士之毀。遂大汰僧尼。

通鑑會昌五年。上惡僧尼耗蠹天下。欲去之。道士趙歸眞等復勸之。乃先毀山野招提蘭若。敕上都東都兩街各留二寺。每寺留僧三十人。天下節度觀察使治所及同華商汝州各留一寺。分爲三等。上等留僧二十人。中等留十人。下等五人。餘僧及尼幷大秦穆護祅僧。皆勒歸俗。寺非應留者。立期令所在毀撤。仍遣御史分道督之。財貨田產並沒官。寺材以葺公廨驛舍。銅像鐘磬以鑄錢。

世謂北魏太武帝周武帝及唐武宗爲三武。皆反對佛教最力者也。然不數年。所毀者盡復。

通鑑大中元年閏月。敕應會昌五年所廢寺。有僧能營葺者。聽自居之。有司毋得禁止。是時君相務反會昌之政。故僧尼之弊皆復其舊。

故至唐末。禪宗之盛。轉軼于前焉。

唐代之于佛教。不獨譯經求法。分宗立寺。爲最盛也。卽整理佛教經籍。亦以唐爲最。大藏經之確定。卽緣于開元釋教之目錄。

常盤大定大藏經雕印考。自後漢之末葉至元之初期。佛典傳譯之時期。前後通計千三百有餘年。當時及其後之多數學者。整理此極紛雜之典籍。調撰目錄。達六十次以上。今其存者二十餘部。此皆調查大藏經內容之變遷所不可或缺之材料也。　多數目錄中、尤可貴重者。前有隋錄。中有開元錄。後有至元錄。此三種者。諸目錄中之尤最也。而三錄又以開元錄為中心。自漢以至五代。僅有繕寫之藏經。至宋初雕印大藏。於是為大藏經劃一時期。而為宋初雕印之基礎者、開元錄也。故大藏經有種種之經過。至唐有開元錄。而後完全。因之自目錄上研究大藏。亦遂可謂至開元錄而結束矣。

開元目錄。釋智昇撰。體例最善。

常磐大定大藏經雕印考。開元錄者。自後漢永平十年、至開元十八年。六百六十四年間之傳譯者百七十六人所出大小二乘之三藏及集傳並失譯。總計二二七八部、七〇四六卷。至是而大藏經之本體。始確定不動矣。　智昇之分類法定大乘經為般若、寶積、大集、華嚴、涅槃、五大部。其外開重譯單譯各門。大乘論中。開釋經集義二門。小乘經中開根本四阿含、四阿含中別譯、及四阿含外重譯單譯各門。小乘律中開正及眷屬二門。小乘論中。開有部根本身足支派二門。賢聖集中開梵本翻譯、此方撰述二門。秩序整然。殆達于目錄完成之域。

貞元間雖有新定釋教目錄。實不逮其整備也。

大藏經雕印考。後世刻經。不據新定貞元錄而仰範開元錄。以成宋之刻藏。故此錄有左右大藏之力。

唐代譯經。文義之美。既極其盛。而禪宗語錄。又別開一俗語釋典之例。觀六祖壇經所載問答之語。

壇經。懷讓禪師至曹溪禮拜。師曰、甚處來。曰、嵩山。師曰、什麼物恁麼來。

又一僧問師云黃梅意旨甚麼人得師云會佛法人得僧云和尚還得否師云我不會佛法。

爲宋代儒家語錄之祖亦爲今之倡語體文者所稱道也大抵諸宗學派皆尚文言惟禪宗六祖徒恃慧力不用功于文字故其後別成一種風氣而佛典之修美與語錄之鄙俚實不可以一律視之也

唐代宗教之盛自佛教外首推道教蓋唐出李氏崇拜老子故盛倡道教

舊唐書禮儀志開元二十年正月己丑詔兩京及諸州各置玄元皇帝廟一所並置崇玄學其生徒令習道德經及莊子列子文子等。每年準明經例舉送　天寶元年詔史記古今人表玄元皇帝昇入上聖莊子號南華眞人文子號通玄眞人列子號沖虛眞人庚桑子號洞虛眞人改莊子爲南華眞經文子爲通玄眞經列子爲沖虛眞經庚桑子爲洞虛眞經兩京崇玄學各置博士助教又置學生一百員。

其道觀亦掌于祠部。

唐六典凡天下觀總一千六百八十七所（一千一百三十七所道士。五百五十所女道士。）每觀觀主一人上座一人監齋一人共綱統衆事而道士修行有三號其一曰法師其二曰威儀師其三曰律師（其德高思精謂之鍊師）而齋有七名其一曰金籙大齋其二曰黃籙齋其三曰明眞齋其四曰三元齋其五曰八節齋其六曰塗炭齋其七曰自然齋而禳謝役三事其一曰章其二曰醮其三曰理沙大抵以虛寂自然無爲爲宗。　凡道士女道士之簿籍亦三年一造。

外此則有祆教摩尼教景教等。（景教詳第三編）

通典職官門視流內有正五品薩寶、從七品薩寶府祆正。又視流外有勳品薩寶府祓祝、四品薩寶府率、薩寶府史。（杜佑自注。祆者、西域天神。佛經所謂摩醯首羅也。武德四年、置祆祠及官。）

舊唐書憲宗紀元和六年正月、回紇請于河南府太原府置摩尼寺。許之。八年十二月二日、宴歸國回鶻摩尼八人。長慶元年五月、回鶻宰相都督公主摩尼等五百七十三人入朝。

又回鶻傳元和初、以摩尼至其法日晏食、飲水茹葷、屏湩酪。可汗常與其國摩尼至京師。歲往來西市。商賈頗與囊橐為姦。武宗初年、

命有司收摩尼書若象。燒于道。產貲入之官。

武宗之排佛也。大秦寺（即景教寺）摩尼寺皆廢。罷京城女摩尼七十人皆流回紇。于道死者大半。景教僧祆僧二千餘人並放還俗。（詳見唐會要）故惟道、佛二教流衍、至宋焉。

第十六章　唐宋間社會之變遷

自唐迄宋。變遷孔多。其大者、則藩鎮之禍、諸族之興、皆于政治文教有種種之變化。其細者、則女子之纏足、貴族之高坐。亦可以見體質風俗之不同。而雕板、印刷之術之勃興。尤于文化有大關係。故自唐室中晚。以降為吾國中世紀變化最大之時期。前此猶多古風。後則別成一種社會。綜而觀之。無往不見其蛻化之迹焉。

唐之藩鎮之禍。自安史始。

新唐書藩鎮傳安史亂天下。至肅宗大難略平。君臣皆幸安。故瓜分河北地付授叛將。護養孽萌。以成禍根。亂人乘之。遂擅署吏。以賦稅自私。不獻于朝廷。效戰國肱髀相依。以土地傳子孫。脅百姓。加鋸其頸。利怵逆汚。遂使其人自視猶羌狄然。一寇死。一賊生。訖唐亡百餘年。卒不爲王土。

論者謂由于節度使之制之不善。

趙翼二十二史箚記唐之官制。莫不善于節度使。其始察刺史善惡者有都督。後以其權重。改置十道按察使。開元中、或加采訪觀察處置黜陟等號。此文官之統州郡者也。其武臣掌兵。有事出征。則設大總管。無事時、鎮守邊要者、曰大都督。自高宗永徽以後。都督帶使持節者、謂之節度使。然猶未以名官。景雲二年。以賀拔延嗣爲涼州都督河西節度使。節度使之官由此始。然猶第統兵。而州郡自有按察等使、司其殿最。至開元中。朔方隴右河東河西諸鎮。皆置節度使。每以數州爲一鎮。節度使卽統此數州。州刺史盡爲其所屬。故節度使多有兼按察使安撫使支度使者。旣有其土地。又有其人民。又有其甲兵。又有其財賦。于是方鎮之勢日强。安祿山以節度使起兵。幾覆天下。及安史旣平。武夫戰將。以功起行陣爲侯王者。皆除節度使。大者連州十數。小者猶兼三四。所屬文武官、悉得署置。未嘗請命于朝。遂成尾大不掉之勢。或父死子握其兵。而不肯代。或取舍由于士卒。往往自擇將吏。號爲留後。以邀命于朝。天子力不能制。則含羞忍恥。因而撫之。姑息愈盛。方鎮愈驕。其始爲朝廷患者、祇河朔三鎮。其後淄靑淮蔡無不據地倔强。甚至同華逼近京邑。而周智光以之反。澤潞亦連畿甸。而盧從史劉稹等以之叛。迨至末年。天下盡分裂于方鎮。而朱全忠遂以梁兵移唐祚矣。推原禍始。皆由于節度使掌兵民之權故也。

然立國之道初非一端或困于法或刼于勢或歉于德或緣于才其爲因果蓋亦多矣大抵秦漢以來幅地太廣民治旣湮惟恃中央一政府其力實有所不及故非君主有梟雄過人之才其所屬之地必易于分裂無論唐法之蔽釀成五代之亂

> 趙翼二十二史劄記五代諸鎭節度使未有不用勳臣武將者徧檢薛歐二史文臣爲節度使者惟馮道暫鎭同州桑維翰暫鎭相州及泰寧而已兜鍪積功恃勳驕恣酷刑暴斂荼毒生民固已比比皆是乃至不隸藩鎭之州郡自朝廷除刺史者亦多以武人爲之歐史郭延魯傳謂刺史皆以軍功拜論者謂天下多事民力困敝之時不宜以刺史任武夫恃功縱下爲害不細薛史安重榮傳亦云自梁唐以來郡牧多以勳授不明治道左右例爲羣小所惑賣官鬻獄割剝蒸民誠有慨乎其言之也

卽宋之改制亦僅能救一時之弊而于經營全國之法初未能盡善

> 陳邦瞻宋史紀事本末乾德元年春正月初以文臣知州事五代諸侯强盛朝廷不能制每移鎭受代先命近臣諭旨且發兵備之尙有不奉詔者帝卽位初異姓王及帶相印者不下數十人至是用趙普謀漸削其權或因其卒或因遷徙致仕或以遙領他職皆以文臣代之　夏四月詔設通判于諸州凡軍民之政皆統治之事得專達與長吏均禮大州或置二員又令節鎭所領支郡皆直隸京師得自奏事不屬諸藩于是節度使之權始輕　三年三月初置諸路轉運使自唐天寶以來藩鎭屯重兵租稅所入皆以自贍名曰留使留州其上供者甚少五代藩鎭益强率領部曲主場務厚斂以入己而輸貢有數帝素知其弊趙普乞命諸州度支經費外凡金帛悉送汴都無得占留每藩鎭帥缺卽令文臣權知所在場務凡一路之財置轉運使掌之雖節度防禦團練觀察諸使及

刺史皆不預簽書金穀之籍。于是財利盡歸于上矣。八月、選諸道兵入補禁衛。先是帝詔殿前侍衛二司各閱所掌兵。揀其驍勇者。升爲上軍。至是命諸州長吏擇本道兵驍勇者。送都下。以補禁旅之闕。又選强壯卒。定爲兵樣。分送諸道。召募教習。俟其精練。卽送闕下。復立更戍法。分遣禁旅。戍守邊城。使往來道路。以習勤苦。均勞佚。自是將不得專其兵。而士卒不至于驕惰。皆趙普之謀也。

故對內則財權兵權悉操自上。而對外則力多不競。遼夏迭興。無以制之。其中因果得失。蓋難言矣。

唐室中葉。漢族勢力日衰。沙陀契丹黨項諸族並興。

劉師培中國民族志沙陀爲突厥別種。居天山東北。服屬吐蕃。後東徙代邊。款關內附。爲唐平亂。立功中原。據汾晉之疆。擁甲兵以自固。而沙陀勢力日盛。契丹處潢河附近。殘食鄰封。其屬土包滿洲蒙古。唐末率衆南侵。營平之州。旣淪榆關之險。遂失。而契丹勢力日盛。黨項處西川邊徼。服屬唐廷。以苦吐蕃之侵。徙居靈夏。部族漸蕃。其酋長拓跋思恭助唐討亂。據夏銀綏宥靜五州。稱靖難節度使。而黨項勢力日盛。

五代之君。旣多西戎雜種。

新五代史唐本紀其先本號朱邪。蓋出于西突厥。明宗本夷狄。無姓氏。太祖養以爲子。賜名嗣源。晉本紀高祖父臬捩雞本出于西夷。自朱邪歸唐。從朱邪入居陰山。臬捩雞生敬瑭。其姓石氏。不知其得姓之始。漢本紀高祖姓劉氏。名知遠。其先沙陀部人也。

契丹、女眞之南侵、摧殘中國之文化、尤甚于劉、石之亂華。

通鑑開運二年、契丹連歲入寇。中國疲于奔命。邊民塗地。三年、契丹主大舉入寇。至洛陽。趙延壽請給上國兵廩食。契丹主曰。吾國無此法。乃縱胡騎四出。以牧馬為名。分番剽掠。謂之打草穀。丁壯斃於鋒刃。老弱委於溝壑。自東西兩畿及鄭滑曹濮數百里間。財畜殆盡。契丹入汴。縱胡騎打草穀。又多以其子弟及親信左右為節度使、刺史。不通政事。華人之狡獪者。多往依其麾下。教之妄作禍福。掊斂貨財。民不堪命。契丹主發大梁。晉文武諸司從者數千人。諸軍吏卒又數千人。宮女宦官又數百人。盡載府庫之實以行。所留樂器儀仗而已。

遼史太宗紀大同元年三月壬寅、晉諸司僚吏嬪御宦寺方伎百工圖籍歷象石經銅人明堂刻漏太常樂譜諸宮懸鹵簿法物及鎧仗。悉送上京。所歸順凡七十六處。得戶一百九萬百一十八。

宋史欽宗紀靖康二年夏四月庚申朔。金人以帝及皇后太子北歸。凡法駕鹵簿皇后以下。車輅、鹵簿、冠服、禮器、法物、大樂、教坊樂器、祭器、八寶、九鼎、圭璧、渾天儀、銅人刻漏、古器、景靈宮供器、太清樓秘閣三館書、天下州府圖。及官吏、內人、內侍、技藝、工匠、娼優、府庫畜積。為之一空。

辛棄疾南燼紀聞靖康元年十一月二十五日、京城陷。北兵入城。十二月初五日、遣兵搬運書籍、及國子監三省六部司式官制、天下戶口圖籍賦役及宗室玉牒。初九日、又運車輅鹵簿太常樂器及鐘鼓刻漏。因是朝廷儀注法物。取之無遺。

而漢族之混亂遷流亦為從前所未有。

劉師培中國民族志遼金南下以來。其影響及漢族者有三。一曰、漢族之北徙也。自契丹南征。朔方淪陷。漢民陷虜。實繁有徒。或歸化於虜廷。許元宗奉使行程錄。言幽民苦劉守光暴虐。逃入契丹。契丹建灤州而處之。其證也。或見俘於異域。金地理志。言遼以所俘望都民置海山縣。以所俘安喜民置遷安縣。以所俘定州民置昌黎縣。皆漢族爲契丹所俘之證。又宋人儒林公議云。太宗征契丹後。河朔之民。數被其毒。驅掠善民入國中。分諸部落。鞭笞凌辱。酷不忍聞。亦漢族見俘之證。而契丹民族遂向華風。契丹用漢族之民。爲漢族所化。觀金人以契丹人爲漢人。而以宋人爲南人。可以知漢族多與契丹族相合矣。及金人南伐。漢民罹禍尤深。大金國志。言盧益奉使時。言國主自入燕以後。所虜中原士大夫家子姝姬。凡二三千北歸。此實漢族遷徙之一大關鍵也。加以漢族不振。浸染夷風。祖國山川。棄之如遺。甚至偷息苟生。右虜下漢。儒林公議云。始石晉時。關南山後初沒虜。民既不樂附。又爲虜所侵辱日久。企思中國。常若偷息苟生。周世宗止平關南。功不克就。歲月既久。漢民宿齒盡逝。新少者漸便習不怪。居常右虜下漢。其間士人及有識者。亦常憤然。無可奈何。影響及漢族者此其一。二曰異族之雜處也。金皇統五年。創屯田軍。凡女眞契丹之民。皆自本部徙中土。計戶受田。與民雜處。號明安穆昆。自燕南至淮隴以北。皆有之。凡數萬人。金曹望之論便宜疏云。山東河北。明安穆昆。與百姓雜處。民多失業。此明安穆昆害民之證。驅游牧之蠻民。適中華之樂土。是直以中國爲牧場矣。金史天會六年。禁民漢服。令民削髮。漢族之禮俗。無一不變于夷矣。影響及漢族者。此其二。第三段漢族排外思想。略之。

義兒養子胡漢雜糅。

五代史義兒傳。世道衰。人倫壞。而親疏之理反其常。干戈起于骨肉。異類合爲父子。開平顯德五十年間。天下五代。而實八姓。其三出于丐養。　李嗣昭本姓韓氏。汾州大谷縣民家子也。太祖取之。命弟克柔養之爲子。　嗣本本姓張氏。雁門人也。世爲銅冶鎭將。嗣本少事太祖。太祖愛之。賜以姓名。養爲子。　嗣恩本姓駱。吐谷渾部人也。少事太祖。能騎射。賜姓名以爲子。　存信本姓張氏。其父君政。回鶻李思忠之部人也。存信少善騎射。能四夷語。通六蕃書。從太祖起代北。遂賜姓名以爲子。　存進振武人也。本姓孫。名重進。太祖攻破朔州。得之。賜以姓名。養爲子。　存賢許州人也。本姓王。名賢。少爲軍卒。太祖擊黃巢于陳州。得之。賜以姓名。養爲子。

巨室世家沒爲奴隸。

洪邁容齋三筆靖康之後。陷于金虜者帝子王孫。宦門仕族之家。盡沒爲奴婢。使供作務。每人一月支稗十五斗。令自舂爲米。得一斗八升。用爲餱糧。歲支麻五把。令緝爲裘。此外更無一錢一帛之入。男子不能緝者。則終歲裸體。虜或哀之。則使執爨。雖時負火得煖氣。然纔出外取柴。歸再坐火邊。皮肉脫落。不日輒死。惟喜有手藝。如醫人繡工之類。尋常只團坐地上。以敗席或蘆藉襯之。遇客至開筵。引能樂者使奏技。酒闌客散。各復其初。依舊環坐刺繡。任其生死。視如草芥。

而昔之標舉門第、崇尚族望之風、由茲而隳。南北文化、亦以迥殊焉。

劉師培中國民族志。江淮大河以北。古稱膏腴之區。文物之國者。何今北省諸地。人才湮沒。文化陵夷。等于未開化之壤耶。則以與蠻族同化之故也。

按陔餘叢考、宋南渡時。凡世家之官于朝者。多從行。如韓侂胄、皆琦之曾孫也。王倫、旦之裔孫也。呂本中、祖謙、祖儉、祖泰、皆公著後也。常同、安民之子也。晏敦復、殊之後也。曹友聞、彬之後也。葉石林記南渡後詔隨駕官員携眷屬者。聽于寺廟居住。又李心傳朝野雜紀、渡江後將帥。韓世忠、綏德軍人。曲端、鎮戎軍人。吳玠吳璘、郭浩、德順軍人。張俊、劉琦、王燮、秦州人。楊惟忠、李顯忠、環州人。王淵、階州人。馬廣、熙州人。楊政、涇州人。皆西北人也。劉光世、保大軍人。楊存中、代州人。趙密、太原人。苗傅、隆德人。岳飛、相州人。王彥、懷州人。皆北人也。據此、知宋室南渡。不惟文人學者從之而南。即將帥武人之生長西北者。亦多居于南方。舉名地優秀之人。皆居江淮以南。宜江淮以北之民族。逐漸退化也。

自唐以降。漢族不振。固有各種原因。而婦女之纏足、亦其一也。按俞正燮癸巳類稿、趙翼陔餘叢考。皆以弓足盛于五代及宋元之時。

俞正燮癸巳類稿書舊唐書輿服志後。劉昫等作志。時言婦人貴賤履舄及靴。略本開元禮序例下及唐六典內官尚服注、皇后太子妃青韈舄。加金飾。開元初或著丈夫靴。迨後婦人足弓。于南唐漸成風俗。南唐裹足。亦僅聞窅娘。道山新聞言之最詳。弓足之事。宋以後則實有可徵。鶴林玉露云。建炎四年、柔福帝姬至。以足大疑之。顰蹙曰。金人驅迫跣行萬里。豈復故態。上爲惻然。徐積睢陽蔡張氏詩云。手自植松柏。身亦委塵泥。何暇裹兩足。但知勤四支。已以足大不裹爲異。老學庵筆記云。宣和末、婦人鞵底尖以二色合成。名曰錯到底。元時亦有之。張翥多麗詞云、一尖生色合歡鞵是也。　輟耕錄云。元豐以前。猶少裹足。宋末遂以大足爲恥、此南宋時事。而嶺外代答云。安南國婦人足加鞋韈。遊于衢路。與吾人無異。所謂吾人、今廣西人。是宋時嶺外皆不弓足。輟耕錄云。程鵬舉宋末被擄。配一宦家女。以所穿鞋易程一履。是其時宦家亦有不弓足者。至金元之制。楓窗小牘云。汴京閨閣。宣和以後。花靴弓履。窮極金翠。今虜中閨飾復爾。瘦金蓮方、瑩面丸、偏體香、皆自北傳南者。是金循舊俗。而元時南人亦有不弓足者。湛淵靜語云。伊川先生後人居池陽。其族婦人不纏足。蓋言其族女子不肯隨流俗纏足也。野獲編則云。明浙東丐戶。男不許讀書。女不許裹足。是反以裹足爲貴。今徽州寧國小戶亦然。積習所以難反。

趙翼陔餘叢考。婦女弓足。不知起于何時。有謂起于五代者。道山新聞謂李後主令宮嬪窅娘以帛繞脚。令纖小作新月狀。由是人皆效之。　杜牧詩、鈿尺裁量減四分。纖纖玉筍裹輕雲。周達觀引之、以爲唐人亦裹足之證。尺減四分。尚未纖小。第詩家已詠其長短。則是時俗尚、已漸以纖小爲貴可知。至于五代。乃盛行扎脚耳。湛淵靜語謂程伊川六代孫淮居池陽。婦人不裹足、不貫耳。至今守之。陶九成輟耕錄、謂扎脚五代以來方爲之。熙寧元豐之間。爲之者猶少。此二說皆在宋元之間。去五代猶未遠。必有所見聞。固非臆說。也今俗裹足已遍天下。而兩廣之民。惟省會效之。鄉村則皆不裹。滇黔猺苗僰夷亦然。蘇州城中女子以足小爲貴。而城外鄉婦皆赤脚種田。尚不纏裹。蓋各隨其風土、不可以一律論也。

女子纏足。則身體孱弱。所生子女。必不強壯。此正漢族不及他族之弱點。而後世反以此爲中國特別之風俗。取其與他族婦女有別。或且嚴禁而不能實行。斯則事之至可怪者也。

趙翼陔餘叢考。康熙二年。詔禁裹足。王大臣等議。元年以後所生女子。不得裹足。違者枷責流徙。十家長及該管官皆有罪。事見蜩庵瑣語

康熙七年。禮部奏罷其禁。事見地北偶談

中國古人皆席地而坐。其坐或與跪相近。

趙翼陔餘叢考。朱子跪坐拜說。謂古者坐與跪相類。漢文帝不覺膝之前于席。管寧坐不箕股。榻當膝處皆穿。諸所謂坐。皆跪也。蓋以膝隱地。伸腰及股。危而不安者。跪也。以膝隱地。以尻著蹠。而體便安者。坐也。今成都學所存文翁禮殿刻石諸像。皆膝地危坐。兩蹠隱然見于坐後帷裳之下。尤足證云。又後漢書。向栩坐板牀。積久。板乃有膝踝足指之處。據此。則古人之坐與跪。皆是以膝著地。但分尻著蹠與不著蹠耳。其有偃蹇伸脚而坐者。則謂之箕踞。漢書陸賈傳。尉佗箕踞。顏師古註。伸其兩脚如箕形。佛家盤膝而坐。則謂之趺坐。皆非古人常坐之法也。

雖戰國時。已有高坐者。然尚未爲普通之俗。唐宋以來。始有繩牀椅子杌子墩子諸物。是亦俗尚之大異于古者也。

趙翼陔餘叢考。古人席地而坐。其憑則有几。詩所謂授几有緝御也。寢則有牀。詩所謂載寢之牀也。應劭風俗通。趙武靈王好胡服。作胡牀。此爲後世高坐 始。然漢時猶皆席地。文帝聽賈誼語。不覺膝之前于席。暴勝之登堂坐定。雋不疑據地以示尊敬是也。至東

漢末、始斲木爲坐具。其名仍謂之牀。又謂之榻。如向栩管寧所坐可見。又三國魏志蘇則傳、文帝擲牀拔刀。晉書桓伊據胡牀、取笛作三弄。南史紀僧眞詣江斅登榻坐。斅令左右移吾牀讓客。狄當周赳詣張敷就席。敷亦令左右移牀遠客。此皆高坐之證。然侯景升殿踞胡牀垂脚而坐。梁書特記之。以爲殊俗駭觀。則其時坐牀榻、大概皆盤膝無垂脚者。至唐又改木榻而穿以繩。名曰繩牀。程大昌演繁露云、穆宗長慶二年十二月、見羣臣于紫宸殿。御大繩牀是也。而尚無椅子之名。其名之曰椅子。則自宋初始。丁晉公談錄、竇儀雕起花椅子二。以備右丞及太夫人同坐。王銍默記、李後主入宋後。徐鉉往見。李卒取椅子相待。鉉曰、但正衙一椅足矣。李主出具賓主禮。鉉辭。引椅偏坐。張端貫耳錄、交椅卽胡牀也。向來只有栲栳樣。秦太師偶仰背墜巾。吳淵乃製荷葉託首以媚之。遂號曰太師樣。此又近日太師椅子所由起也。然諸書椅子。猶或作倚字。近代乃改從椅。蓋取桐椅字假借用之。至杌子墩子之名。亦起于宋。見宋史丁謂傳、及周益公玉堂雜記。

古人行路多乘車。以馬牛曳之。自晉以來。始有肩輿。

晉書王羲之傳子敬乘平肩輿入顧氏園

梁書蕭淵藻傳在益州乘平肩輿巡行賊壘。

唐宋大臣年老或有疾者。始乘肩輿。餘多乘馬。

唐書崔祐甫傳祐病。詔肩輿至中書。

宋史輿服志神宗優待宗室。老病不能騎者。聽肩輿出入。

宋室南渡。仕宦皆乘輿。無復騎馬者。

兪正燮癸巳類稿引丁特起靖康紀聞云。靖康元年十二月初五日、籍馬與金人。自是士大夫出入止跨驢乘轎。至有徒步者。都城之馬。搜括無遺矣。靖康二年正月二十九日、送戚里權貴女子金。搜求肩輿賃轎之家。悉取無遺。張端義貴耳集云。渡江以前。無今之轎。却掃編云。汴京皆乘馬。建炎初、駐蹕揚州。特詔百官悉用肩輿出入。東南紀聞云。思陵在揚州。傳旨百官。許乘肩輿。朝野雜記、紹事百官乘馬。建炎初、以維揚磚滑。詔特許乘轎。演繁露云。廣京乘轎自揚州始。其後不復乘馬。

居處、行、動。皆求安適。人之文弱。蓋緣、于、此矣。

第十七章　雕板印書之盛興

吾國書籍。代有進化。由竹木而帛楮。由傳寫而石刻。便民垂遠。其法夥矣。降及隋唐。著作益富。卷軸益多。讀書者亦益衆。于是雕板印書之法。卽萌芽于是時焉。

孫毓修中國雕板源流考。陸深河汾燕閒錄。隋文帝開皇十三年十二月、八日。敕廢像遺經。悉令雕造。燉煌石室書錄。大隋永陀羅尼本經上面左有施主李和順一行。右有王文沼雕板一行。宋太平興國五年翻雕隋本。柳玭訓序。中和三年、在蜀閱書肆。所鬻書率雕本。國史志。唐末益州始有墨版。多術數小學字書。朱昱猗覺寮雜記。唐末益州始有墨版。

然隋唐之時。雕板之法。僅屬萌芽。尚未大行。故唐人之書。率皆寫爲卷軸。而印刷成册者。流傳甚希。雕板、大、興、蓋在、五、代。官書家刻。同時並作。

舊五代史後唐明宗長興三年、宰相馮道李愚、請令判國子監田敏校正九經刻板印賣。

王溥五代會要長興三年二月、中書門下奏請依石經文字刻九經印板。敕令國子監集博士生徒。收西京石經本。各以所業本經。廣爲鈔寫。子細看讀。然後雇召能雕字匠人。各部隨帙刻印。廣頒天下。如諸色人要寫經書。並須依所印敕本。不得更使雜本交錯。其年四月。敕差太子賓客馬縞、太常丞陳觀、太常博士段顒、路航、尚書屯田員外郎田敏、充詳勘官。兼委國子監于諸色選人中。召能書人端楷寫出。旋付匠雕刻。每日五紙。與減一選。　周廣順三年六月。尚書左丞兼判國子監事田敏、進印板九經書五經字樣各二部。一百三十冊。又和凝傳、凝長于短歌艷曲。尤好聲譽。有集百卷。自篆于板。模印數百帙。分惠于人焉。

王明清揮麈錄、蜀相毋公。蒲津人。先爲布衣。常從人借文選初學記。多有難色。公歎曰。恨余貧不能力致。他日稍達。願刻板印之。庶及天下學者。後公果貴顯于蜀。乃命工日夜雕板。印成二書。復雕九經諸史。西蜀文字。由此大興。

度其情勢、似以蜀中刻板爲早。自唐季及五代時時有雕板印書者。故毋昭裔必就蜀中刻之。而唐周官板所刻既多。費時亦鉅。自長興至廣順。歷四朝七主二十四年乃成。可知創始之不易矣。

北宋之初。雕印書籍。先佛藏而後儒書。

常磐大定大藏經雕印考、引南宋僧志盤佛祖統紀曰。宋太祖開寶四年、敕高品張從信往益州雕大藏經板。至太宗太平興國六年、板成進上。凡四百八十一函、五千四十八卷。

以其所刻藏經之數。與五代所刻儒書之數校之。則九經一百三十冊、歷二十四年始成。佛藏五千餘卷、僅十二年而成。可以見雕印之法之進步矣。嗣是賡續刻書。經史注疏皆備。

王應麟玉海太宗端拱元年、勑司業孔維等校勘孔穎達五經正義。詔國子監鏤板行之。眞宗景德二年、幸國子監。閱庫書。觀書漆板。問祭酒邢昺曰。板數幾何。昺曰、國初印板止及四千。今至十萬。經史義疏悉備。帝褒之。因益書庫十步。以廣所藏。

後世官書。多雕印于國子監。號稱監本。亦歷史上相沿之例也。

刻板之法既興。視鈔寫爲便矣。然猶必按書雕之。不能以簡馭繁也。于是又有活字排印之法。

江少虞皇朝事實類苑。慶歷中、有布衣畢昇爲活板。其法用膠泥刻字。薄如錢脣。每字爲一印。火燒令堅。先設一鐵板。其上以松脂蠟和紙灰之類冒之。欲印則以一鐵範置鐵板上。乃密布字印。滿鐵範爲一板。持就火煬之。藥稍鎔。則以一平板按其面。則字平如砥。若止印三二本。未爲簡易。若印數十百千本。則極爲神速。常作二鐵板。一板印刷。一板已自布字。此印者纔畢。則第二板已具。更互用之。瞬息可就。每一字皆有數印。如之也等字、每字有一十餘印。以備一板內有重複者。不用則以紙貼之。每韻爲一貼。木格貯之。有奇字素無備者。旋刻之。以草火燒。瞬息可成。

慶歷當西歷紀元後一千〇四十餘年。距西洋人之發明。蓋先四百餘年。

西洋通史關于活板之發明。荷蘭人謂始于可斯特。Coster 德國人則謂始于葛登堡。Gutenburg(1397–1468) 其他異說尚多。要以可斯特發明刻板於一四二〇年之說爲近。明永樂十八年 葛登堡則由訪問可斯特 Coster 之工場。見其木板。後于一四三八年明正統三年始改良而爲木製活字。其後更與佛奧斯忒 (Johan Fust) 等共製金屬活字板。時在一四五二年。明景泰三年西人多稱其印刷術得自中國。殆卽畢昇之法。惜昇之生平無可考耳。

古書多作卷軸。後始變爲單葉。宋人之書。多作蝴蝶裝。卽今西書式也。

孫毓修中國雕板源流考引張萱疑耀曰。祕閣中所藏宋板書。皆如今制鄉會進呈試錄。謂之蝴蝶裝。其糊經數百年不脫落。　孫毓修曰。按清季發內閣藏書。宋本多作蝴蝶裝。直立架中。如西書式。糊漿極堅牢。

惟其書甚長大。不便繙閱。故宋時又別有巾箱本。以今日所傳宋本書考之。其小者板心高不過三寸許。寬二寸半。一頁刋三百二十四字。幾如今之石印縮本。而字畫淸朗。不費目力。此可見宋時刻工之精矣。刻書多而書肆興。不第售官印之本。且自刻而自售焉。是爲坊本。宋時書肆有名者。如

王氏梅溪精舍　魏氏仁實書堂　秀巖書堂　瞿源蔡潛道宅墨堂　廣都裴宅　稚川世家傳授堂　建安劉日省三桂堂

建邑王氏世翰堂　建安王懋甫桂堂　建安鄭氏宗文堂　建甯王八郎書舖　建安愼獨齋　建安劉叔剛宅

皆有書傳于今。爲硏究宋板者所稱。而建安余氏。自唐已設書肆。至宋益盛。有勤有堂、雙桂堂、三峯書舍、廣勤堂、萬卷堂、勤德書堂等名。蓋刻書、售書之世家也。建安書肆。皆聚于麻沙崇化二坊。其板本書籍行四方者。無遠不至。惟校勘不精。故世稱書板之惡劣者曰麻沙板。

天祿琳瑯書目續編儀禮圖。是刋序後刻余志安刋于勤有堂。按宋板列女傳。載建安余氏靖安刻于勤有堂。乃南北朝余祖煥始居閩中。號勤有居士。蓋建安自唐爲書肆所萃。余氏世業之。仁仲最著。岳珂所稱建安余氏本也。　孫毓修曰。按余氏勤有堂之外。別

有雙桂堂三峯書舍廣勤堂萬卷堂勤德書堂等名。平津館鑑藏記、千家集注分類杜工部集及分類李太白集。皆有建安勤有堂刊篆書木記。

福建省志物產門。書籍出建陽麻沙崇化二坊。麻沙書坊元季燬。今書籍之行四方者。皆崇化書坊所刻者也。

陸游老學庵筆記。三舍法行時。有教官出易義題云。乾爲金、坤又爲金。何也。諸生乃懷監本至簾前。請曰。先生恐是看了麻沙板。若監本則坤爲釜也。

印售之書旣多。藏書者亦因之而多。考宋初崇文院著錄及宣和館閣嘉定書目。其數雖不迨隋唐。

馬端臨文獻通考。祖宗藏書之所、曰三館祕閣。在左昇龍門北。是爲崇文院。自建隆至大中祥符、著錄總三萬六千二百八十卷。景祐三年、詔購求逸書。倣開元四部錄、爲崇文總目。慶曆初、成書凡三萬六百六十九卷。淳熙四年、祕書少監陳騤等言。中興館閣藏書。前後搜訪。部帙漸廣。乞倣崇文總目類次。五年、書目成。計見在書四萬四千四百八十六卷。較崇文所載、實多一萬三千八百一十七卷。後參三朝所志、多八千二百九十卷。兩朝所志、多三萬五千九百九十二卷。嘉定十三年、以四庫之外書復充斥。詔祕書丞張攀等續書目。又得一萬四千九百四十三卷。而太常博士之藏、諸郡諸路刻板而未及獻者、不預焉。

宋史藝文志。徽宗時、更崇文總目之號爲祕書總目。詔購求士民藏書。其有所祕未見之書、足備觀采者。仍命以官。且以三館書多逸遺。命建局以補全校正爲名。設官總理。募工繕寫。一置宣和殿。一置太淸樓。一置祕閣。自熙寧以來。搜訪補輯。至是爲盛矣。嘗歷考之。始太祖太宗眞宗三朝。三千三百二十七部、三萬九千一百四十二卷。次仁英兩朝。一千四百七十二部、八千四百四十六卷。次神哲徽欽四朝。一千九百六部、二萬六千二百八十九卷。最其當時之目。爲部六千七百有五。爲卷七萬三千八百七十有七焉。

而士大夫家以藏書名者。所在多有。其逾萬卷者。如

榮王宗綽　高似孫史略。濮安懿王之子榮王宗綽。聚書七萬卷。

王欽臣　柯維騏宋史新編。王洙、字原叔。汎覽傳記。無所不通。子欽臣、字仲至。性嗜古。藏書數萬卷。手自讎正。　徐度卻掃編。王仲至家書目四萬三千卷。而類書之卷帙浩博。如太平廣記之類。皆不在其間。

宋敏求　柯維騏宋史新編。宋敏求、字次道。家藏書三萬卷。皆略誦習。

李淑　晁公武郡齋讀書志。李淑撰邯鄲圖書志。載其家所藏圖書二萬三千一百八十六卷。

田偉　晁公武郡齋讀書志。田偉居荊南。家藏書幾三萬卷。　荊州府志。宋田偉、燕人。爲江陵尉。因家焉。作博古堂。藏書五萬七千卷。

蘇頌　羅憲嘉定鎮江志。蘇丞相頌、家藏書萬卷。

李常　宋史李常傳。李常、字公擇。少讀書廬山僧舍。留所鈔書七千卷。名曰李氏山房。　周密齊東野語。李氏山房藏書之富。二萬卷。

晁公武　陳振孫直齋書錄解題。晁氏讀書志二十卷。晁公武撰。　晁公武郡齋讀書志。吾家舊藏。除其重複。得二萬四千五百卷。

蔡致君　蘇轍夷門蔡氏藏書目序。蔡致君喜收古今之書。手校而積藏之。凡五十年。今二萬卷矣。

葉夢得　王明清揮麈錄葉少蘊平生好收書逾十萬卷。

鄭寅　郁承璞澹生堂藏書訓莆田鄭子敬藏書卷帙不減李獻臣。李淑字獻臣

陳振孫　周密齊東野語陳直齋藏舊書至五萬一千一百八十餘卷。且倣讀書志作解題極其精詳。

周密　杭州府志周密字公謹。官義烏令著有齊東野語。　周密齊東野語吾家三世積累凡有書四萬二千餘卷。

皆以藏書爲世所稱。其最富者。至逾十萬卷。蓋超過于宋之館閣矣。得書易、則讀書者不甚愛惜。其學力轉不逮印刷未興之先。宋人之文多有論之者。

蘇軾李氏山房藏書記余猶及見老儒先生。自言其少時欲求史記漢書而不可得。幸而得之。皆手自書。日夜誦讀。惟恐不及。近歲市人轉相摹刻。諸子百家之書日傳萬紙。學者之于書多且易致如此。而後生科舉之士。皆束書不觀。游談無根。

馬端臨文獻通考葉夢得曰。唐以前。凡書籍皆寫本。未有摹印之法。人以藏書爲貴。人不多有。而藏者精于讎對。故往往皆有善本。學者以傳錄之難。故其誦讀亦精詳。五代時。馮道始奏請官鏤板印行。國朝淳化中。復以史記前後漢付有司摹印。自是書籍刊鏤者益多。士大夫不復以藏書爲意。學者易于得書。其誦讀亦因滅裂。

然宋時、博聞強記之士、甚多。皆由刻書、藏書者之衆所致。未可以束書不觀及誦讀滅裂。概全體之學者、也。

有宋一代，武功不競，而學術特昌，上承漢唐，下啟明清，紹述創造，靡所不備。言小學則二徐之于說文，

陳振孫直齋書錄解題：說文解字三十卷，漢許慎撰。凡十四篇，幷序目一篇，各分上下卷，凡五百四十部，九千三百五十三文，重一千一百六十三。雍熙中，右散騎常侍徐鉉奉詔校定，以唐李陽冰排斥許氏爲臆說。　說文解字繫傳四十卷，南唐校書郎廣陵徐鍇楚金撰，爲通釋三十篇，部敍二篇，通論三篇，祛妄、類聚、錯綜、疑義、系述各一篇。鍇與兄鉉齊名，或且過之。此書援引精博，小學家未有能及之者。

邢昺之于爾雅。

陳振孫直齋書錄解題：爾雅疏十卷，邢昺等撰。共其事者，杜鎬而下八人。　陳傅良跋曰：國初諸儒獨追古，依郭氏注爲之疏，爾雅稍稍出。

吳棫之于古音。

謝啓昆小學考：吳氏棫毛詩補音十卷，佚。棫字才老，本武夷人，後家同安。　詩考：古音自才老始。

司馬光之于切韻。

謝啓昆小學考：司馬光切韻指掌圖三卷，存。　王行書後曰：華音之有翻切，未審昉于何時。世所大行，惟陸法言之五卷。至于圖列音母，以簡御煩，則又自司馬公始也。大中祥符初，敕增修唐韻爲廣韻；昭陵又敕增爲集韻。是圖之作，實羽翼夫韻書也。

實開後來漢學家之涂徑。言史學則溫公之通鑑。

馬端臨文獻通考資治通鑑二百九十四卷目錄三十卷考異三十卷。晁氏曰。治平中。司馬光奉詔編集歷代君臣事迹。許自辟官屬。以館閣書。在外聽以書局自隨。至元豐七年。凡十七年始奏御。上起戰國。下終五代。凡一千三百六十二年。又略舉事目。年經國緯。以備檢閱。別爲目錄。參考同異。俾歸一塗。別爲考異。各一編。公自謂精力盡于此書。

夾漈之通志。

文獻通考通志略。莆田鄭樵漁仲撰。淳熙間經進。自序略曰。臣今總天下之大學術而條其綱目。名之曰略。凡二十略。百代之憲章。學者之能事。盡于此矣。 中興四朝藝文志。別史類。載通志二百卷。其後敍述云。中興初。鄭樵採歷代史及他書。自三皇迄隋。爲書曰通志。仿遷固爲紀傳。而改表爲譜。志爲略。

袁樞之紀事本末。

文獻通考通鑑紀事本末四十二卷。陳氏曰。工部侍郎袁樞機仲撰。

馬端臨之文獻通考。

王壽衍進文獻通考表。饒州路樂平州儒人馬端臨。乃故宋丞相廷鸞之子。嘗著述文獻通考三百四十八卷。總二十四類。其書與唐杜佑通典相爲出入。

並爲奕世著作家所宗仰。他若考證金石。羣推歐趙。

陳振孫直齋書錄解題集古錄跋尾十卷。歐陽修撰。集古目錄二十卷。公子禮部郎棐叔弼撰。

又金石錄三十卷、東武趙明誠撰。蓋仿歐陽集古錄。而數則倍之。

研求目錄尤重晁陳。

直齋書錄解題晁氏讀書志二十卷、昭德晁公武撰。其所發明有足觀者。

四庫全書提要直齋書錄解題、宋吳興陳振孫撰。以歷代典籍分爲五十三類。各詳其卷帙多少、撰人名氏。且爲品題其得失。古書之不傳于今者。得藉是以資徵信。而其校核精詳。議論醇正。于考古亦有助焉。

推之地志年譜鐘鼎款識泉貨文字之類、皆惟宋人考訂、述作、爲多。而宋人之治經學者派別尤夥。有專主復古者。

陳振孫直齋書錄解題古周易八卷。中書舍人清豐晁說之以道所録。卦爻一。彖二。象三。文言四。繫辭五。說卦六。序卦七。雜卦八。其說曰。以彖象文言雜入卦中。自費氏始。孔穎達又謂輔嗣之意。彖象本釋經、宜相附近。分爻之象辭、各附逐爻。則費氏初變古制時。猶若今乾坤二卦各存舊本歟。古經始變于費氏。而卒大亂于王弼。奈何後之儒者尤而效之。杜預分左氏傳于經。宋衷范望取太玄測贊于八十一首之下。是其明比也。

顧炎武日知錄周易自漢以來、爲費直鄭玄王弼所亂。取孔子之言。逐條附于卦爻之下。程正叔傳因之。及朱元晦本義、始依古文。故于周易上經條下云。中間頗爲諸儒所亂。近世晁氏始正其失。而未能盡合古文。呂氏又更定著爲經二卷、傳十卷。乃復孔氏之舊云。

有勇于疑古者。

歐陽修易童子問曰、繫辭非聖人之作乎。曰、何獨繫辭焉。文王說卦而下、皆非聖人之作。而衆說淆亂、亦非一人之言也。　若余者、可謂不量力矣。邈然遠出諸儒之後。而學無師授之傳。其勇于敢爲而決于不疑者。以聖人之經尙在。可以質也。

閻若璩尙書古文疏證、書古文出魏晉間。距東晉建武元年、凡五十三四年。始上獻于朝。立學官。建武元年、下到宋南渡初、八百一十有一年。有吳棫字才老者出。始以此書爲疑。眞可謂天啓其衷矣。　其言曰、伏生傳于旣耄之時。而安國爲隸古。又特定其所可知者。而一篇之中。一簡之內。其不可知者。蓋不無矣。乃欲以是盡求作書之本意。與夫本末先後之義。其亦可謂難矣。而安國所增多之書。今書目具在。皆文從字順。非若伏生之書屈曲聱牙。至有不可讀者。夫四代之書。作者不一。乃至二人之手而定爲一體乎。其亦難言矣。

朱子語類、問林少穎說盤誥之類。皆出伏生。如何。曰、此亦可疑。蓋書有古文。有今文。今文乃伏生口傳。古文乃壁中之書。禹謨說命高宗肜日西伯戡黎泰誓等篇。凡易讀者。皆古文。况又是科斗書。以伏生書字文考之。方讀得。豈有數百年壁中之物。安得不訛損一字。又卻是伏生記得者難讀。此尤可疑。今人作全書解。必不是。

又尙書注幷序、某疑非孔安國所作。蓋文字善困。不類西漢人文章。亦非後漢之文。　尙書決非孔安國所註。　尙書孔安國傳。此恐是魏晉間人所作。託安國爲名。與毛公詩傳大段不同。

又詩大序亦只是後人作。其間有病句。　詩序東漢儒林傳分明說道是衞宏作。後來經意不明。都是被他壞了。某又看得亦不是衞宏一手作。多是兩三手合成一序。愈說愈疏。

王應麟困學紀聞王介甫答韓求仁問春秋曰。此經比他經尤難。蓋三傳不足信也。尹和靖云、介甫不解春秋。以其難之也。廢春秋非其本意。朱文公亦曰春秋義例。時亦窺其一二大者。而終不能自信于心。故未嘗敢措一辭。

有各持所見不爲苟同者。

王應麟困學紀聞歐陽公以河圖洛書爲怪妄。東坡云、著于易。見于論語。不可誣也。南豐云、以非所習見。則果于以爲不然。是以天地萬物之變。爲可盡于耳目之所及。亦可謂過矣。蘇曾皆歐陽公門人。而論議不苟同如此。

朱子語類。邵浩云。蘇子由却不取小序。曰、他雖不取下面言語。留了上一句。便是病根。伯恭專信序。又不免牽合。伯恭凡百長厚。不肯非毀前輩。要出脫回護。不知道只爲得個解經人。却不曾爲得聖人本意。是便道是。不是便道不是。方得。

有貫串羣書務極精博者。

四庫全書目錄提要儀禮釋宮一卷、宋李如圭撰。如圭既爲儀禮集釋。又爲是書。以考論古人宮室之制。仿爾雅釋宮。條分臚序。各引經記注疏。參考證明。深得經義。非空言說禮者所能也。

又禮記集說一百六十卷、宋衞湜撰。其書作于開禧嘉定間。自序言日編月削。幾二十餘載而後成。採摭羣言。最爲賅博。去取亦最爲精審。自鄭注而下。所取凡一百四十四家。其他之涉于禮記者。所採錄不在此數焉。朱彝尊經義考採摭最爲繁富。而不知書其書與不知其人者。凡四十九家。皆賴此書以傳。亦可云禮家之淵海矣。

故謂宋人空疏不學較之後世若遠不逮者實目論也然而宋儒之學雖已有此種種特色而猶未足爲宋儒之學之主體其爲宋儒之學之主體者卽宋史特立一傳之道學而世所稱爲理學者也

道學之名不見于古宋史已言之而其特立此傳者以宋儒講求此學者獨盛也

宋史道學傳道學之名古無是也三代盛時天子以是道爲政教大臣百官有司以是道爲職業黨庠術序師弟子以是道爲講習四方百姓日用是道而不知于斯時也道學之名何自而立哉 宋中葉周敦頤出于舂陵乃得聖賢不傳之學作太極圖說通書推明陰陽五行之理命于天而性于人者瞭若指掌張載作西銘又極言理一分殊之情然後道之大原出于天者灼然而無疑焉仁宗明道初年程顥及弟頤實生及長受業周氏已乃擴大其所聞表章大學中庸二篇與語孟並行于是上自帝王傳心之奧下至初學入德之門融會貫通無復餘蘊迄宋南渡新安朱熹得程氏正傳其學加親切焉大抵以格物致知爲先明善誠身爲要詩書六藝之文與夫孔孟之遺言顚錯于秦火支離于漢儒幽沈于魏晉六朝者至是皆煥然大明秩然而各得其所此宋儒之學所以度越諸子而上接孟氏者歟

道學傳以周程張邵朱張爲主程朱門人亦以類從

宋史道學傳邵雍高明英悟程氏實推重之舊史列之隱逸未當今置張載後張栻之學亦出程氏既見朱熹相與博約又大進焉其他程朱門人考其源委各以類從

而呂祖謙蔡元定陸九齡九淵等則列之儒林傳其意蓋嚴于統系而未能備見宋儒之學派近代黃宗

義全祖望編宋元學案自胡瑗孫復至王安石蘇軾等皆編爲學案標舉其學術宗旨而宋儒之學囊括無遺蓋周程諸儒固擅道學之正統而自安定泰山以下乃至荆蜀之學雖有淺深純駁之差而其講求修身爲人之道則同一鵠的上下千古求其學者派別孔多而無不講求修身爲人之道者殆無過于趙宋一朝故謂有宋爲中國學術最盛之時代實無不可今就宋元學案所列諸儒之學臚列其派別之大者于左。朱子(晦庵)陸子(象山)像。均見本期插畫。

宋儒學派表

- 安定胡瑗翼之——伊川程頤正叔(見後)
- 泰山孫復明復
  - 徂徠石介守道
  - 樂圃朱長文伯原——武夷胡安國康侯
- 濂溪周敦頤茂叔
  - 明道程顥伯淳
  - 伊川程頤正叔
- 高平范仲淹希文
  - 文忠富弼彥國
  - 橫渠張載子厚
- 廬陵歐陽修永叔
  - 南豐曾鞏子固
  - 臨川王安石介甫
  - 眉山蘇軾子瞻
  - 潁川焦千之伯強——滎陽呂希哲原明(見後)
- 康節邵雍堯夫——(子)邵伯溫子文

- 涑水司馬光君實
  - 元城劉安世器之
  - 華陽范祖禹淳夫
  - 景迂晁說之以道
- 明道程顥伯淳
  - 上蔡謝良佐顯道
    - 漢上朱震子發
  - 廌山游酢定夫
  - 龜山楊時中立
    - 紫微呂本中居仁（見後）
    - 默堂陳淵知默
    - 豫章羅從彥仲素
      - 延平李侗愿仲
        - 晦庵朱熹元晦
    - 橫浦張九成子韶
- 武夷胡安國康侯（二程私淑）
  - 致堂胡寅明仲
  - 五峰胡宏仁仲
    - 南軒張栻敬夫
  - 永嘉薛徵言德老
    - 艮齋薛季宣士龍
- 伊川程頤正叔
  - 和靖尹焞彥明
    - 紫微呂本中居仁
  - 震澤王蘋信伯
    - 艾軒林光朝謙之
  - 浮沚周行己恭叔
    - 海寧陸景端子正
    - 文肅鄭伯熊景望
      - 止齋陳傅良君舉
      - 水心葉適正則
      - 龍川陳亮同甫
  - 兼山郭忠孝立之
    - （私淑）白雲郭雍至和
- 橫渠張載子厚
  - 正字呂大臨與叔
  - 三水范育巽之
  - 武功游師雄景叔
- 正獻呂公著晦叔
  - （子）滎陽呂希哲原明
    - （子）呂好問舜徒
      - （子）紫微呂本中居仁
        - （從子）倉部呂大器治先
          - （子）東萊呂祖謙伯恭
          - 大愚呂祖儉子約
- 晦庵朱熹元晦
  - 西山蔡元定季通
    - （子）九峰蔡沈仲默

勉齋黃幹直卿
- 北山何基子恭 — 魯齋王柏會之（元人）— 仁山金履祥吉父
- 雙峯饒魯伯輿
  - 東齋陳大猷文獻 —（子）雲莊陳澔可大
  - 徽庵程若庸逢原 — 草廬吳澄幼清

北溪陳諒安卿

潛庵輔廣漢卿 — 訥庵余端臣正君 — 王文貫貫道 — 於越黃震東發

詹體仁元善 — 西山眞德秀景元 — 江漢趙復仁甫
- 魯齋許衡仲平
- 靜修劉因夢吉

鶴山魏了翁華父（南軒晦庵私淑）

梭山陸九韶子美

復齋陸九齡子壽 — 定川沈煥叔晦

象山陸九淵子靜
- 慈湖楊簡敬仲
- 絜齋袁燮和叔
- 廣平舒璘元質

秦以降。學術衰。漢以降。世風敝。乘其隙而入者惟佛學。發人天之祕。拯盜殺之迷。而吾國思想高尚之人。遂多入于彼教。披六朝隋唐歷史。凡墨守儒教者。殆無大思想家。以此也。隋唐外競雖力。而風俗日即于奢淫。士習日趨于卑陋。皇綱一墜。藩鎮朋興。悍將驕兵。宦官盜賊。充塞于唐季五代之史籍。人羣棼亂。極矣。物極則反。有宋諸帝。崇尚文治。而研窮心性。篤于踐履之諸儒。乃勃興于是時。推諸儒所以勃興之原。約有數端。（一）則鑒于已往之社會之墮落。而思以道義矯之也。（如司馬光歐陽修等。皆熟習唐五代之史事。且深痛其時之人不知禮義廉恥。以致亡國。）（一）則鑒于從來之學者。專治訓詁詞章。不足以淑人羣也。（一）則韓李之學。已開其緒。至宋而益盛。行古文。遂以文而見道也。（唐韓愈作原道。排佛老。李翺作復性書。述大學中庸之說。皆宋儒之先聲。近人謂程子始提倡學庸之說。不知本出于翺。）（一）則書籍之流通盛于前代。其傳授鼓吹極易廣被也。而其尤大之原因。則溝通佛老以治儒書。發前人之所未發。遂別成爲一時代之學術。雖其中有力求與佛說異者。要皆先嘗涉獵而後專治儒書。是固不必爲之諱也。

朱子語類卷一百二十六。近看石林過庭錄載上蔡說伊川參某僧後有得。遂反之。偷其說來做已使。是爲洛學。某也嘗疑如石林之說固不足信。卻不知上蔡也恁地說。時怎生地。後見某僧與伊川帖。乃載山谷集中。其差謬類如此。但當初佛學只是說。無存養底工夫。至唐六祖始教人存養工夫。當初學者亦只是說。不曾就身上做工夫。至伊川方教人就身上做工夫。所以謂伊川偷佛說爲已使。

按此可見洛學之近于禪。朱子雖辨之。而謂其就身上做工夫與六祖相同。此可以見唐以降佛學惟禪宗最盛。及儒學惟理學家最盛之消息矣。就身上做工夫一語最妙。文周孔孟皆是在身上做工夫者。自漢以來。惟解釋其文學。考訂其制度。轉忽略其根本。其高者亦不過謹于言行。自勉爲善。于原理無大發明。至宋儒始相率從身上做工夫。實證出一種道理。不知者則以是爲虛誕空疏之學。反以考據訓詁爲實學。不知腹中雖貯書萬卷。而不能實行一句。仍是虛而不實也。

宋儒之學。派衍支分。不可殫述。有講術數者。（如邵康節之皇極經世。司馬光之潛虛之類。）有務事功者。（如薛季宣陳傅良葉適陳亮之類。世所稱永嘉永康學派者是也。）有以禮制爲主者。（如張橫渠之類）有兼治樂律者。（如蔡元定之類）而朱陸之分。尤爲灼然共見。故汎稱宋學。必無一

定義以賅之也吾觀于諸儒之學擇其可以表示文化之進步軼于前代而爲後人所祖述者大要有四

(一)則修養之法之畢備也　躬行實踐不專事空談此宋儒共同之點雖其途術各有不同要皆以實行有得人人能確指修養之法以示學者如

周子之主一　通書曰聖可學乎曰可曰有要乎曰有請問焉曰一爲要一者無欲也無欲則靜虛動直靜虛則明明則通動直則公公則溥明通公溥庶矣乎

張子之變化氣質　橫渠理窟曰爲學大益在自能變化氣質不爾卒無所發明不得見聖人之奧

明道之識仁　程子識仁篇曰學者先須識仁識得此理以誠敬存之不須防檢不須窮索

伊川之用敬致知　伊川語錄曰涵養須用敬進學則在致知

上蔡之去矜　近思錄曰謝子與伊川別一年往見之伊川曰相別一年做得甚工夫謝曰也只去得個矜字曰何故曰予細檢點得來病痛盡在這裏

延平之觀喜怒哀樂未發前氣象　延平問答曰羅先生令靜中看喜怒哀樂未發時作何氣象此意不惟于進學有方兼得養心之要

南軒之辨義利　朱子張南軒行狀後述曰公之教人必先使之有以察乎義利之間而後明理居敬以造其極　象山語錄亦曰凡欲爲學當先識義利公私之辨

朱子之格物致知。朱子補大學格物致知傳。大學之敎。必使學者卽凡天下之物。莫不因其已知之理而益窮之。以求至乎其極。至于用力之久。而一旦豁然貫通。則衆物之表裏精粗無不到。而吾心之全體大用無不明矣。

象山之先立乎大。象山語錄曰。大凡爲學須要有所立。論語云。已欲立而立人。卓然有不爲流俗所移。乃爲有立。須思量天之所以與我者是甚底。爲還是要做人否。理會得這個明白。然後方可謂之學問。

皆諸儒以其生平得力之處。示學者以正鵠。學者可由之以證入之法也。

（二）則敎育之復興也。自漢以後。學校敎育。皆利祿之途。無所謂人格敎育也。宋仁宗時。胡瑗倡敎于蘇州湖州及太學。以經義治事分齋。而以身敎人之風始盛。周張二程。皆于私家講學。而師道大興。濂洛之學。遂成統系。朱陸諸子。亦隨在講學。或設書院。或于家塾。雖爲世所詆毁。而師生相從講習不倦。觀諸宋史朱熹傳。劉德秀爲諫官。首論留正引僞學之罪。右諫議大夫姚愈論道學權臣結爲死黨。窺伺神器。乃命直學士院高文虎草詔諭天下。於是攻僞學日急。而熹日與諸生講學不休。或勸其謝遣生徒者。笑而不答。儒之敎人。或隨事指示。

朱子近思錄。程明道曰。昔受學于周茂叔。每令尋仲尼顏子樂處。所樂何事。又曰。吾年十六七時。好田獵。旣見茂叔。則自謂已無此好矣。茂叔曰。何言之易也。但此心潛隱未發。一日萌動。復如初矣。後十二年。復見獵者。不覺有喜心。乃知果未也。

宋元學案。明道先生與門人講論有不合者。則曰更有商量。明道見謝子記問甚博。曰賢卻記得許多。謝子不覺面赤身汗。先生曰。只此便是惻隱之心。

又陸九淵始至行者。從游者甚衆。先生能知其心術之微。言中其情。多至汗下。一生飯次交足。飯旣。先生謂之曰。汝適有過。知之乎。生曰已省。其規矩之嚴又如此。

或訂爲敎條學則。

朱子白鹿洞書院敎條曰。竊觀古昔聖賢所以敎人爲學之意。莫非使之講明義理。以修其身。然後推以及人。非徒欲其務記覽爲詞章。以釣聲名取祿利而已也。今人之爲學者。旣反是矣。然聖賢所以敎人之法。具存于經。有志之士。固當熟讀深思而問辨之。苟知其理之當然。而責其身以必然。則夫規矩禁防之具。豈待他人設之而後有所持循哉。（此可見宋儒敎人。專望人之自覺自動。並不取干涉主義。）近世于學有規。其待學者爲已淺矣。而其爲法。又未必古人之意也。故今不復以施于此堂。而特取凡聖賢所以敎人爲學之大端。條列如右。而揭之楣間。諸君其相與講明遵守。而責之于身焉。則夫思慮云爲之際。其所以戒謹而恐懼者。必有嚴于彼者矣。其有不然。而或出于禁防之外。此言之所棄。則彼所謂規者。必將取之。固不得而略也。

程董學則（程端蒙。董銖。皆朱子弟子。二人所定學則。世稱程董學則。）凡學于此者。必嚴朔望之儀。謹晨昏之令。居處必恭。步立必正。視聽必端。言語必謹。容貌必莊。衣冠必飭。飮食必節。出入必謹。省書必專一。寫字必楷敬。几案必整齊。堂室必潔淨。相呼必以齒。接見必有定。修業有餘功。游藝有適性。使人莊以恕。而必專所聽。（此與白鹿洞敎條。似有初學與成人之分。白鹿洞敎條示成人也。程董學則示初學也。兩者皆從積極方面言。不專事消極也。）

其所感化。自門弟子以至鄉人異端。皆有徵驗。

宋史侯師聖學于程頤。未悟。訪周敦頤。敦頤曰。吾老矣。說不可不詳。留對榻夜談。越三日。乃還。頤驚異之曰。非從周茂叔來耶。其善開發人類此。又司馬光兄事邵雍。而二人純德。尤爲鄉里所慕嚮。父子昆弟每相飭曰。毋爲不善。恐爲司馬端明邵先生知。

宋元學案尹彥明先生窮居講論不肯少自貶屈。拱手斂足。卽醉後未嘗別移一處。在平江累年。所用止有一扇。用畢置架上。凡百嚴整有常。一僧見之曰。吾不知儒家所謂周孔如何。恐亦只如此也。

第取朱子語類觀之。當時學子對于其師之一話一言。皆謹錄之。以爲世法。錄者九十九人。成書至一百四十卷。亦自古所未有也。所惜者古代教育。必兼禮樂。莊敬和樂。內外兼之。宋時禮樂均失傳。故惟恃敎者之躬行示之模範。而以口語輔之。學者或有執滯于語言。

宋元學案上蔡曰。昔伯淳先生敎予。只管看他言語。伯淳曰。與賢說話。却是扶醉漢。救得一邊。倒了一邊。只怕人執著一邊。

及病其拘苦者。

宋元學案二程隨侍太中知漢州。宿一僧寺。明道入門而右。從者皆隨之。伊川入門而左。獨行至法堂上相會。伊川自謂此是某不及家兄處。蓋明道和易。人皆親近。先生嚴重。人不敢近也。

陳邦瞻宋史紀事本末胡紘未達時。嘗謁朱熹于建安。熹待學士惟脫粟飯。遇紘不能異也。紘不悅。語人曰。此非人情。隻鷄斗酒。山中未爲乏也。及爲監察御史。乃銳然以擊熹自任。

要之人師之多。人格之高。蔑有過于宋者也。

(三)則哲學之大昌也。宋儒之哲學。大抵本于周易鴻範。而各加以推闡之功。司馬光作潛虛。立原發本廿基之名象。邵雍作皇極經世。立太陰太陽少陰少陽太剛太柔少剛少柔之名象。蓋一則出于五行。一則出于八卦也。周敦頤作太極圖及說。首曰無極而太極。其說更進于繫辭。而儒家爲此斷斷爭辨。累世不休。

陸象山與朱子書曰。梭山兄謂太極圖說與通書不類。疑非周子所爲。不然。或是其學未成時所作。不然。則或是傳他人之文。後人不辨也。易大傳曰。易有太極。聖人言有。今乃言無。何也。朱子發謂濂溪得太極圖于穆伯長。伯長之傳出于陳希夷。其必有考。希夷之學。老氏之學也。無極二字。出于老子知其雄章。吾聖人之書所無有也。

朱子答書曰。伏羲作易。自一畫以下。文王演易。自乾元以下。皆未嘗言太極也。而孔子言之。孔子贊易。自太極以下。未嘗言無極也。而周子言之。夫先聖後聖。豈不同條而共貫哉。若論無極二字。乃是周子灼見道體。迥出常情。不顧旁人是非。不計自己得失。勇往直前。說出人不敢說底道理。令後之學者曉然見得太極之妙。不屬有無。不落方體。若于此看得破。方見此老眞得千聖以來不傳之祕。前書所謂不言無極。則太極同于一物。而不足爲萬化根本。不言太極。則無極淪于空寂。而不能爲萬化根本。乃是推本周子之意。以爲當時若不如此兩下說破。則讀者錯認語意。必有偏見之病。老子復歸于無極。無極乃無窮之義。如莊生入無窮之門。以遊無極之野云爾。非若周子所言之意也。

其實。無極二字。卽出于道家。亦無礙于學理。太極之先。自必有無極。周朱皆見及此。而陸似執著于學派家法。而未求之于太極之先也。然諸儒公認太極以下諸說。而力爭太極以上有無無極之義。其不囿于人生觀而必欲窮宇宙之原理，亦爲前此儒家所未有矣。張子及二程子雖不言無極太極之理，而張子推本于太和。

張子正蒙曰：太和所謂道，中涵浮沈升降動靜相感之性。此所謂太和，當即易所謂太極。

明道推本于乾元一氣。

二程全書：凡人類禽獸草木，莫非乾元一氣所生。此義亦是本于太極。

亦皆有意說明人物之本源。而程子謂冲穆無朕，萬象森然已具，尤有契于此旨。

二程全書：冲穆無朕，萬象森然已具，未應不是先，已應不是後。如百尺之木，自根本至枝葉，皆是一貫。不可道上面一段是無形無兆，卻待人旋安排引出來教入塗轍。既是塗轍，卻只是一個塗轍。

蓋宋之大儒，皆嘗從靜養中作工夫，故其所見所證，確然有以見萬物一體，而有無朕無形萬化自具之妙。故或說性卽理，

二程全書：性卽理也，所謂理性是也。朱子中庸注：性卽理也。

或說天卽理。

朱子論語注：天卽理也。

其名義儘自分立，其理性無不貫澈。大抵周秦經子之書，已蘊其端，至宋始發揮透闢。世或斥其說爲

古人所未有。或謂其涉于異端。

戴震曰。大學開卷說虛靈不昧。便涉異學。以具衆理而應萬事。非心字之詣。論語開卷說可以明善而復其初。出莊子。全非孟子擴充言學之意。中庸開卷說性卽理也。如何說性卽是理。

要皆未嘗親證宋儒所造之境。惟就文字訓詁測之耳。

(四)則本末之一貫也。　自宋以前。儒者之學。僅注重于人倫日用之間。而不甚講求玄遠高深之原理。道釋二氏。則又外于倫紀。而爲絕人出世之想。惟宋之諸儒。言心言性。務極其精微。而于人事。復各求其至當。所謂明體達用。本末兼賅。此尤宋儒之特色也。雖其中亦有偏于虛寂。頗近禪學者。而程、朱、諸儒、則皆一、天人、合內外、而無所、不備。

宋元學案。唐一庵曰。明道之學。嫡衍周派。一天人。合內外。立于敬。而行之以恕。明于庶物。而察于人倫。務于窮神知化。而能開物成務。

又伊川曰。學者不可不通世務。天下事譬如一家。非我爲。則彼爲。非甲爲。則乙爲。　人惡多事。或人憫之。世事雖多。盡是人事。人事不敎人做。更責誰做。

又朱子曰。今也須如僧家行脚。接四方之賢士。察四方之事情。覽山川之形勢。觀古今興亡治亂得失之迹。這道理方見得周徧。士而懷居。不足以爲士。又不是塊然守定這物事。在一室閉戶獨坐。便了。便可以爲聖賢。自古無不曉事情底聖賢。亦無不通變底聖賢。亦無關門獨坐底聖賢。聖賢無所不通。無所不能。那個事理會不得。如中庸天下國家有九經。便要理會許多事物。如武王訪箕子。

陳洪範。自身之貌言視聽思。極至于天人之際。以人事則有八政。以天時則有五紀。稽之于卜筮。驗之于庶徵。無所不備。如周禮一部書。載周公許多經國制度。便有國家當自家做。只是古聖賢許多規模大體也。要識得這道理無所不該。無所不在。且如禮樂射御書數。許多周旋升降。文章品節之繁。豈有妙道精義在。只是也要理會。理會得熟時。道理便在上面。又如律歷刑法天文地理軍旅職官之類。都要理會。雖未能洞究其精微。然也要識個規模大概。道理方浹洽通透。若只守個些子。捉定在這裏。把許多都做閒事。便都無事了。如此只理會得門內事。門外事便了不得。

卽象山之學。亦以宇宙內事爲己分內事。

宋元學案陸九淵讀古書至宇宙二字。解者曰。四方上下曰宇。往古來今曰宙。忽大省曰。宇宙內事乃己分內事。己分內事乃宇宙內事。

故其服官治政。治效卓然。亦非徒事玄虛不務人事也。近人病宋學者。往往以爲宋學虛而不實。或病其無用。或病其迂腐。要皆未知宋儒之實際也。觀張子西銘

張子西銘。乾稱父。坤稱母。予茲藐焉。乃渾然中處。故天地之塞。吾其體。天地之帥。吾其性。民吾同胞。物吾與也。大君者。吾父母宗子。其大臣。宗子家相也。尊高年。所以長其長。慈孤弱。所以幼其幼。聖其合德。賢其秀也。凡天下疲癃殘疾惸獨鰥寡。皆吾兄弟之顚連而無告者也。

及論語說。

橫渠論語說爲天地立心爲生民立命爲往聖繼絕學爲萬世開太平。

其心量之廣遠迴非區區囿于一個人一家族一社會一國家一時代者所可及。蓋宋儒眞知灼見人之心性與天地同流。故所言所行。多徹上徹下。不以事功爲止境。亦不以禪寂爲指歸。此其所以獨成爲中國唐五代以後勃興之學術也。

第十九章 政黨政治

自漢以來。君主政體無所變革。然政治之中心。往往不在君主本身。而旁及于女主外戚宦寺嬖倖宗王強藩之手。有宋盡革其弊。雖間有女主垂簾宦者得勢之時。要皆視兩漢晉唐爲不侔。

宋史后妃傳慈聖光獻曹后擁佑兩朝。宣仁聖烈高后垂簾聽政。而有元祐之治。 宋三百餘年。外無漢王氏之患。內無唐武韋之禍。豈不卓然而可尙哉。

又宦者傳宋世待宦者甚嚴。太祖初定天下。掖庭給事不過五十人。宦寺中年方許養子爲後。又詔臣僚家毋私蓄閹人。民間有閹童孺爲貨鬻者論死。去唐末遠。有所懲也。厥後太宗却宰相之請。不授王繼恩宣徽。眞宗欲以劉承規爲節度使。宰相持不可而止。中更主幼母后聽政者凡三朝。在于前代。豈非宦者用事之秋乎。祖宗之法嚴。宰相之權重。貂璫有懷姦慝。旋踵屏除。君臣相與防微杜漸之慮深矣。然而宣政間童貫梁師成之禍。亦豈細哉。南渡苗劉之逆。亦宦者所激也。

蓋宋之政治。士大夫之政治也。政治之純出于士大夫之手者。惟宋爲然。故惟宋無女主外戚宗王強藩。

之禍。宦寺雖爲禍而亦不多。而政黨政治之風。亦開于宋。

論語曰君子羣而不黨。以黨爲不良之名詞。故世多以黨爲戒。後漢始有黨禁。

後漢書靈帝紀建寧二年冬十月丁亥。中常侍侯覽諷有司奏前司空虞放、太僕杜密、長樂少府李膺、司隸校尉朱寓、穎川太守巴肅、沛相荀翌、河內太守魏朗、山陽太守翟超、皆爲鉤黨。下獄死者百餘人。妻子徙邊。諸附從者錮及五屬。制詔州郡大舉鉤黨。于是天下豪傑及儒學行誼者、一切結爲黨人。 熹平五年閏月。永昌太守曹鸞坐訟黨人棄市。詔黨人門生故吏父兄子弟在位者、皆免官禁錮。 光和二年四月丁酉。大赦天下、諸黨人禁錮小功以下皆除之。 中平元年三月壬子。大赦天下黨人。還諸徙者。

唐代亦有牛李之黨。

通鑑目錄穆宗長慶元年、李德裕李宗閔始爲朋黨。

通鑑長慶三年三月、以牛僧孺爲中書侍郎。同平章事。時僧孺與李德裕皆有入相之望。德裕出爲浙西觀察使。八年不遷。以爲李逢吉排己。引僧孺爲相。由是牛李之怨愈深。 太和七年二月、以兵部尚書李德裕同平章事。德裕入謝。上與之論朋黨事。對曰。方今朝士三分之一爲朋黨。 八年十一月、李宗閔言李德裕制命已行。不宜自便。乙亥。復以德裕爲鎮海節度使。不復兼平章事。時德裕宗閔各有朋黨。互相擠援。上患之。每歎曰。去河北賊易。去朝中朋黨難。

其事雖不同。要皆不可目爲政黨。蓋漢之黨人。徒以反對宦官、自樹名節爲目的。固無政策之關係。其與之爲難之宦官。更不成爲敵黨。唐之牛僧孺、李德裕、雖似兩黨之魁。然所爭者官位。所報者私怨。亦無政策、可言。故雖號爲黨、而皆非政黨也。

宋仁宗時始有朋黨之議

陳邦瞻宋史紀事本末慶歷黨議篇　仁宗景祐三年、禮部員外郎天章閣待制判國子監范仲淹、以呂夷簡執政、進用多出其門、上百官圖、指其次第、又爲四論以獻、大抵譏切時敝。夷簡訴仲淹越職言事、離間君臣、引用朋黨。仲淹對益切、由是落職知饒州。集賢校理余靖請改前命、坐落職監筠州酒稅。館閣校勘尹洙上疏自承是仲淹之黨、夷簡怒、斥監郢州酒稅。館閣校勘歐陽修責司諫高若訥不能諫、若訥怒、上其書、修坐貶夷陵令。館閣校勘蔡襄作四賢一不肖詩、以譽仲淹靖洙修而譏若訥、都人士相傳寫、鬻書者市之得厚利。　御史韓縝希夷簡旨、請以仲淹朋黨牓朝堂、戒百官越職言事者、從之。　寶元元年冬十月丙寅、詔戒百官朋黨。

歐陽修著論謂惟君子有朋

陳邦瞻宋史紀事本末　慶歷三年三月、以歐陽修王素蔡襄知諫院。　自范仲淹貶饒州、修及尹洙余靖、皆以直仲淹見逐、羣邪目之曰黨人、于是朋黨之議遂起。修乃爲朋黨論以進、曰、臣聞朋黨之說、自古有之、惟幸人君辨其君子小人而已。大凡君子與君子以同道爲朋、小人與小人以同利爲朋、此自然之理也。然臣謂小人無朋、惟君子則有之。　故爲人君者、但當退小人之僞朋、用君子之眞朋。

蓋已明于君子執政、必多集同志以行其政策、不必以朋黨爲諱矣。然慶歷中雖有黨論、而並無兩黨相對峙之形式。范仲淹歐陽修等爲黨、而反對范歐等之呂夷簡夏竦等、並不能爲黨。呂雖反對范、後轉爲之書策明與夏非黨。

陳邦瞻宋史紀事本末夏竦怨石介斥己欲因以傾富弼等乃使女奴陰習介書僞作介爲富弼撰廢立詔草飛語上聞帝雖不信而弼與仲淹恐懼不自安于朝皆請出按西北邊不許適契丹伐夏仲淹固請行乃獨允之仲淹將赴陝過鄭州時呂夷簡已老居鄭仲淹往見之夷簡問何事遽出仲淹對以暫往經撫兩路事畢即還夷簡曰此行正蹈危機豈復再入若欲經制西事莫如在朝廷爲便仲淹愕然。

范之無憾于呂尤能分別公私之界。

宋史范仲淹傳夷簡再入相帝諭仲淹使釋前憾仲淹頓首謝曰臣鄉論蓋國家事于夷簡無憾也。

故仁宗時之黨議不得謂之政黨而君子之風有足多者。

中國之有政黨殆自宋神宗時之新舊兩黨始其後兩黨反復互爭政權訖北宋被滅于金始已。

北宋新舊黨政爭表

【元首】	【年號】	【黨派】	【首領】	【執政年間】
神宗	熙寧 元豐	新	王安石 呂惠卿 章惇 蔡確	一六
哲宗 高太后	元祐	舊	司馬光 范純仁 呂大防	九
哲宗 親政	紹聖	新	章惇 曾布 蔡卞	六

徽宗	向太后	建中靖國	舊	韓忠彥	二
	親政	崇寧以後	新	曾布 蔡京	二〇

論史者恆以宋之黨禍比于漢唐。實則其性質大不相同。新舊兩黨各有政見。皆主于救國而行其道。特以方法不同。主張各異。遂致各走極端。縱其末流不免于傾軋報復。未可純以政爭目之。而其黨派分立之始。則因純潔爲國。初無私憾及利祿之見羼雜其間。此則士大夫與士大夫分黨派以爭政權。實吾國歷史上僅有之事也。

自唐五代以降。因仍苟且。政法大敝。宋室區區僅能謀政權之統一。圖皇位之世襲。而于民生國計之要。初未能有大經大法。起積弊而垂之于無窮。故有識之士。咸思奮發有爲。范仲淹歐陽修等。皆嘗持改革之論。

宋史范仲淹傳。帝方銳意太平。數問當世事。仲淹語人曰。上用我至矣。事有先後。久安之弊。非朝夕可革也。帝再賜手詔。又爲之開天章閣。召二府條對。仲淹退而上十事。一曰明黜陟。二曰抑僥倖。三曰精貢舉。四曰擇長官。五曰均公田。六曰厚農桑。七曰修武備。八曰推恩信。九曰重命令。十曰減徭役。仲淹以天下爲己任。裁削倖濫。考覈官吏。日夜謀慮。興致太平。然更張無漸。規模闊大。論者以爲不可行。據此是范文正實首倡改革者。然以其知久安之弊。非朝夕可革。故持論尚取其近而易行者。而當時之人。已以爲更張無漸。規模闊大。而不可行矣。

歐陽修本論：今之務衆矣，所當先者五也。其二者有司之所知，其三者則未之思也。足天下之用，莫先乎財；繫天下之安危，莫先乎兵。此有司之所知也。然財豐矣，取之無限而用之無度，則下益屈而上益勞；兵强矣，而不知所以用之，則兵驕而生禍。所以節財用兵者，莫先乎立制。制已具備，兵已可使，財已足用，所以共守之者，莫先乎任人。天下之勢，方若敝廬，補其奥則隅壞，整其桷則棟傾，枝撑扶持，苟存而已。是以兵無制，用無節，國家法度，一切苟且而已。今宋之爲宋，八十年矣。天下爲一，海內晏然，爲國不爲不久，天下不爲不廣也。然而財不足用于上而下已敝，兵不足威于外而敢驕于內，制度不可爲萬世法而日益叢雜，一切苟且，不異五代之時，此甚可歎也。

至神宗時，積弊愈甚，而王安石、呂惠卿等，以學者見信于神宗，遂力主改革舊弊，創立新法。十餘年間，于理財、講武、恤民、救災、興學、育才、建官、明法之要政，粗有圖議，尙未能大樹規模。而當時之守舊者，若司馬光、富弼、韓琦、文彥博、范純仁等，羣起反對，致王、呂之志事，未能展其六七。蓋以其施行太驟，陳義太高，蚩蚩之民，相率咨怨，而奉行之官吏，又不能盡如立法者之意，有以貽反對者之口實也。今觀其施行次第。

宋史神宗紀：熙寧二年二月己亥，以王安石參知政事。甲子，陳升之、王安石創置三司條例，議行新法。三月乙酉，詔漕運鹽鐵等官各具財用利害以聞。丁巳，遣使諸路察農田水利賦役。七月辛巳，立淮、浙、江、湖六路均輸法。九月丁卯，立常平給斂法。十一月乙丑，命韓絳制置三司條例。丙子，頒農田水利約束。閏月，差官提舉諸路常平廣惠倉，兼管句農田水利差役事。三年正月乙卯，詔諸路散靑苗錢，禁抑配。十二月己未，立諸路更戍法，舊以他路兵雜戍者遣還。乙丑，立保甲法。丁卯，以韓絳王安石非同中書門下平章事。丁丑、初行免役法。四年正月壬辰、王安石請鬻天下廣惠倉田、爲三路及京東常平倉本。從之。二月丁巳朔、罷詩賦及明經諸科。以經義論策試進士。置京東西陝西河東河北路學官。使之教導。辛酉、詔治吏沮青苗法者。三月庚寅、詔給諸路學田。增教官員。辛卯、遣使察奉行新法不職者。十月壬子朔、罷差役法。使民出錢募役。戊辰、立太學生內外上舍法。五年三月丙午、以內藏庫錢置市易務。四月己未、括閑田。置弓箭手。六月乙亥、置武學。八月甲辰、頒方田均稅法。六年三月庚戌、置經局。命王安石提舉。己未、置諸路學官。丁卯、詔進士諸科、並試明法注官。四月甲戌、置律學。戊戌、裁定在京吏祿。八月戊戌、復比閭族黨之法。九月壬寅、置兩浙和糴倉。立斂散法。戊申、詔興水利。七年三月己未、行方田法。四月丙戌、王安石罷知江寧府。以韓絳同中書門下平章事。監修國史。翰林學士呂惠卿參知政事。十月庚辰、置三司會計司。以韓絳提舉。八年二月癸酉、以王安石同中書門下平章事。六月己酉、頒王安石詩書周禮義于學官。辛亥、以安石爲尚書左僕射兼門下侍郎。九月壬寅、罷手實法。九年十月丙午、王安石罷知江寧府。十年五月癸[illegible]、王安石以使相爲集禧觀使。九月癸酉、立義倉。元豐元年正月乙卯、以王安石爲尚書左僕射、舒國公、集禧觀使。二年五月戊子、御史中丞蔡確參知政事。三年二月丙午、以翰林學士章惇參知政事。六月丙午、詔中書詳定官制。九月乙亥、正官名。乙酉、以王安石爲特進改封荊國公。五年四月癸酉、官制成。以王珪爲尚書左僕射兼門下侍郎。蔡確爲尚書右僕射兼中書侍郎。甲戌、以太中大夫章惇爲門下侍郎。五月辛巳朔、行官制。

則安石初執政時。改革最銳。至再執政。僅頒行三經新義及罷手實法而已。元豐初政。惟改官制。餘多循熙寧之法行之，則以反對者之烈，未能舉舊制一一研索，掃地而更張也。

神宗崩，高太后聽政，元祐諸賢力反王呂章蔡所爲。

陳邦瞻宋史紀事本末元祐更化篇：元豐八年五月，詔起司馬光知陳州，光過闕入見，留爲門下侍郎。七月，罷保甲法。十一月丙戌，罷方田。十二月壬戌，罷市易法。罷保馬法。元祐元年三月，司馬光請悉罷免役錢，復差役法，諸色役人皆如舊制。光居政府，凡王安石呂惠卿所建新法，剗革略盡。八月辛卯，詔復常平舊法，罷青苗錢。

其勢似頗專于守舊，然其于學校貢舉，亦思多立新制以袪舊弊。

陳邦瞻宋史紀事本末學校科舉之制篇：元祐元年四月辛亥，司馬光請立經明行修科。五月戊辰，命程頤等修定學制。頤以爲學校禮義相先之地，而月使之爭，殊非教養之道，請改試爲課，有所未至，則學官召而教之，更不考定高下，置尊賢堂以延天下道德之士，鐫解額以去利誘，及置待賓吏師齋，立觀光法，如是者亦數十條。七月癸酉，立十科舉士法：一曰行義純固可爲師表，二曰節操方正可備獻納，三曰智勇過人可備將帥，四曰公正聰明可爲監司，五曰經術精通可備講讀，六曰學問該博可備顧問，七曰文章典麗可備著述，八曰善聽獄訟盡公得實，九曰善治財賦公私俱便，十曰練習法令能斷請讞。

使溫公等執政稍久，未必不別有所建設，惟其建設之法，必有鑒于王呂等，不期急進而務得民心，且即王呂之所創置，亦未嘗不可採用，如差役之法，蘇軾、范純仁等皆以爲不如免役，足證守舊者未必不知新法之孰長孰短，即溫公一概抹摋，而蘇范且抗顏力爭矣。

宋之新黨近于管商舊黨近于黃老其根本觀念不同故政策亦各有所蔽第以司馬溫公與王荊公辯論之書觀之卽可知其政策之原本

司馬光與王介甫書　竊見介甫獨負天下大名三十餘年才高而學富難進而易退遠近之士識與不識咸謂介甫不起則已起則太平可立致生民咸被其澤矣天子用此起介甫于不可起之中引參大政豈非欲望衆人之所望于介甫邪今介甫從政始期年而士大夫在朝廷及自四方來者莫不非議介甫如出一口下至閭閻細民小吏走卒亦切切怨歎人人歸咎于介甫不知介甫亦嘗聞其言而知其故乎　今天下之人惡介甫之甚者詆毀無所不至光獨知其不然介甫固大賢其失在于用心太過自信太厚而已何以言之自古聖賢所以治國者不過使百官各稱其職委任而責成功也其所以養民者不過輕租稅薄賦斂已逋責也介甫以爲此皆腐儒之常談不足爲思得古人所未嘗爲者而爲之于是財利不以委三司而自治之更立制置三司條例司聚文章之士及曉財利之人使之講利　又置提舉句當常平廣惠倉使者四十餘人使行新法于四方先散青苗錢次欲使比戶出助役錢次又欲更搜求農田水利而行之　所遣者雖皆選擇才俊然其中亦有輕佻狂躁之人陵轢州縣騷擾百姓者于是士大夫不服農商喪業故謗議沸騰怨嗟盈路迹其本原或以此也　夫侵官者亂政也介甫更以爲治術而先施之貸息錢鄙事也介甫更以爲王政而力行之繇役自古皆從民出介甫更欲斂民錢雇市傭而使之此三者常人皆知其不可而介甫獨以爲可非介甫之智不及常人也直欲求非常之功而忽常人之所知耳　介甫素剛直每議事于人主前如與朋友爭辨于私室不少降辭氣視斧鉞鼎鑊無如也及賓客僚屬謁見論事則唯希意迎合曲從如流者親而禮之或所見小異微言新令之不便者介甫輒艴然加怒

或詬罵以辱之。或言于上而逐之。不待其辭之畢也。明主寬容如此。而介甫拒諫乃爾。無乃不足于恕乎。　光昔從介甫遊。于諸書無不觀。而特好孟子與老子之言。今得君得位而行其道。是宜先其所美。必不先其所不美也。孟子曰、仁義而已矣。何必曰利。又曰、為民父母。使民盼盼然。將終歲勤動。不得以養其父母。又稱貸而益之。惡在其為民父母也。今介甫為政。首制置條例。大講財利之事。又命薛向行均輸法于江淮。欲盡奪商賈之利。又分遣使者散青苗錢于天下而收其息。使人人愁痛。父子不相見。兄弟妻子離散。此豈孟子之志乎。老子曰、天下神器不可為也。為者敗之。執者失之。又曰、我無為而民自化。我好靜而民自正。我無事而民自富。我無欲而民自樸。又曰、治大國若烹小鮮。今介甫為政。盡變更祖宗舊法。先者後之。上者下之。右者左之。成者毀之。棄者取之。矻矻焉窮日力、繼之以夜而不得息。使上自朝廷。下及田野。內起京師。外周四海。士吏兵農工商僧道無一人得襲故而守常者。紛紛擾亂。莫安其居者。豈老氏之志乎。何介甫總角讀書。白頭秉政。乃盡棄其所學而從今世淺丈夫之謀乎。　觀介甫之意。必欲力戰天下之人。與之一決勝負。不復顧義理之是非。生民之憂樂。國家之安危。光竊為介甫不取也。　光今所言。正逆介甫之意。明知其不合也。然光與介甫趣嚮雖殊。大歸則同。介甫方欲得位以行我道。澤天下之民。光方欲辭位以行其志。救天下之民。此所謂和而不同者也。故敢一陳其志。以自達于介甫。以終益友之義。其捨之取之。則在介甫矣。

王安石答司馬諫議書某啟。昨日蒙教。竊以為與君實游處相好之日久。而議事每不合。所操之術多異故也。雖欲強聒。終必不蒙見察。故略上報。不復一一自辨。重念蒙君實視遇、厚于反覆。不宜鹵莽。故今具道所以。冀君實或見恕也。蓋儒者所爭、尤在于名實。名實已明者。天下之理得矣。今君實所以見教者。以為侵官生事。征利拒諫。以致天下怨謗也。某則以謂受命于人主。議法度而修之于朝廷以授之于有司。不爲侵官。舉先王之政。以興利除弊。不爲生事。爲天下理財。不爲征利。闢邪說。難壬人。不爲拒諫。至于怨誹之多。則固前知其如此也。人習于苟且非一日。士大夫多以不恤國事同俗自媚于衆爲善。上乃欲變此。而某不量敵之衆寡。欲出力助上以抗之。則衆何爲而不洶洶？。盤庚之遷。胥怨者民也。非特朝廷士大夫而已。盤庚不爲怨者故改其度。度義而後動。是而不見可悔故也。如君實責我以在位久。未能助上大有爲。以膏澤斯民。則某知罪矣。如曰今日當一切不事事。守前所爲而已。則非某之所敢知。無由會晤。不任區區向往之至。

惟舊者偏徇俗見。新者間雜意氣。則皆不免爲賢者之累。其後新黨爲衆論所排。不得不用政見相同之人。而小人乃乘而爲利。舊黨當元祐中雖暫得勢。尋復分裂。而有洛蜀朔黨之別。而兩方始不以政策爲重。而以黨派爲爭矣。

陳邦瞻宋史紀事本末元祐二年。呂公著獨當國。羣賢咸在朝。不能不以類相從。遂有洛黨蜀黨朔黨之語。洛黨以程頤爲首。而朱光庭賈易爲輔。蜀黨以蘇軾爲首。而呂陶等爲輔。朔黨以劉摯梁燾王巖叟劉安世爲首。而輔之者尤衆。

熙豐元祐之分黨。最爲純潔。其於異黨之人。雖亦排斥。然未嘗明著黨籍。誣加罪狀也。其後紹述調停。翻覆不已。而蔡京當國。遂至仇異黨而刻石示衆。

陳邦瞻宋史紀事本末蔡京當國篇崇寧元年秋七月戊子。以蔡京爲尙書右僕射兼中書侍郎。 九月己亥。立黨人碑于端禮門。籍元符末上書人分邪正等黜陟之時。元祐元符末羣賢貶竄死徙者略盡。蔡京猶未悵意。乃與其客强浚明葉夢得籍宰執司馬光、文彥博、呂公著、呂公亮、呂大防、劉摯、范純仁、韓忠彥、王珪、梁燾、王巖叟、王存、鄭雍、傅堯俞、趙瞻、韓維、孫固、范百祿、胡宗愈、李清臣、蘇轍、劉奉世、范純禮、安燾、陸佃。曾任待制以上官蘇軾、范祖禹、王欽臣、姚勔、顧臨、趙君錫、馬默、王汾、孔文仲、孔武仲、朱光庭、孫覺、吳安持、錢勰、李之純、趙彥若、趙卨、孫升、李周、劉安世、韓川、呂希純、曾肇、王覿、范純粹、楊畏、呂陶、王古、陳次升、豐稷、謝文瓘、鮮于侁、賈易、鄒浩、張舜民。餘官程頤、謝良佐、呂希哲、呂希績、晁補之、黃庭堅、畢仲游、常安民、孔平仲、司馬康、吳安詩、張耒、歐陽棐、陳瓘、鄭俠、秦觀、徐常、湯馘、杜純、宋保國、劉唐老、黃隱、王鞏、張保源、汪衍、余爽、常立、唐義問、余卞、李格非、商倚、張廷堅、李祉、陳佑、任伯雨、朱光裔、陳郛、蘇嘉、龔夬、歐陽中立、吳儔、呂仲甫、劉當時、馬琮、陳彥、劉昱、魯君貺、韓跋。內臣張士良、曾燾、趙約、譚扆、王偁、陳詢、張琳、裴彥臣。武臣王獻可、張巽、李備、胡田。凡百二十人。等其罪狀。謂之姦黨。請御書刻石于端禮門。京等復請下詔籍元符末日食求言章疏及熙寧紹聖之政者。付中書定爲正上正中正下三等。邪上邪中邪下三等。于是鍾世美以下四十一人爲正等。悉加旌擢。范柔中以下五百餘人爲邪等。降責有差。

王昶金石萃編。元祐黨籍碑碑有二本。一是裝本。正書隸額。有饒跋。在靜江府。一碑高六尺。廣三尺一寸五分。行字多寡不等。正書。額題元祐黨籍碑五字。亦正書。有沈跋。在融縣。 元祐黨籍碑。徽宗朝、元有兩本。崇寧元年九月己亥、御書刻石于端禮門者。初本也。三年六月戊午、重定一籍。通三百九人。御書刊石置文德殿門東壁。又詔蔡京書之頒之州縣。令皆刻石。者再刻本也。五年正月、以星變除毀朝堂石刻。如外處有石刻亦令除毀。而元刻無有存者。今世所傳乃南宋人所翻三百九人之本。 玩碑文先立於宮學。次及太學辟雍。又次及天下郡邑。則宮學在太學之上矣。此碑今存者。山左較多。河南次之。

此則政黨史之汚點也。蔡京與王安石有連。然當王呂時。未嘗得志。元祐初。且以復差役為司馬光所賞。

陳邦瞻宋史紀事本末初差役之復。爲期五日。同列病其太迫。知開封府蔡京獨如約。悉改畿縣雇役。無一違者。詣政事堂白光。光喜曰。使人人奉法如君。何不可行之有。

則徽宗時之斥逐姦黨。直元祐叛黨所爲。而無與于熙豐之黨也。

熙豐元祐　政黨敗壞于蔡京。經宣和靖康之變。而新黨無所容喙。觀崔鶠之疏。可知當日羣議之歸向。

陳邦瞻宋史紀事本末羣奸之竄篇。宣和七年十二月。右正言崔鶠上疏曰。數十年來。王公卿相。皆自蔡京出。要使一門生死。則一門生用。一故吏逐。則一故吏來。更持政柄。無一人害己者。　王安石除異己之人。著三經之說以取士。天下靡然雷同。陵夷至于大亂。京又以學校之法馭士人。如軍法之馭卒伍。一有異論。累及學官。若蘇軾黃庭堅之文章。范鎮沈括之雜說。悉以嚴刑重賞。禁其收藏。其苛錮多士。亦已密矣。　仁宗英宗選敦樸敢言之士。以遺子孫。安石目爲流俗。一切逐去。司馬光復起而用之。元祐之治。天下安於泰山。及章惇蔡京倡爲紹述之論。以欺人主。紹述一道德。而天下一於諂佞。紹述同風俗。而天下同于欺罔。紹述理財。而公私竭。紹述造士。而人才衰。紹述開邊。而塞塵犯闕矣。　京奸邪之計。大類王莽。而朋黨之衆。則又過之。願斬之以謝天下。累章極論。時議歸重焉。

建炎倉猝之際。首詔停散青苗錢。及還元祐黨籍及上書人恩數。

宋史高宗本紀建炎元年五月庚寅朔。帝即位。改元建炎。　詔天下神霄宮住散青苗錢。　六月辛未。還元祐黨籍及上書人恩數。

而洛蜀諸人之學術。復重于世。荆公之新說衰矣。然朱子所訂社倉事目。實本熙甯青苗之法。

梁啟超史傳今義後此有陰竊青苗法之實而陽避其名者。則朱子之社倉是也。其法取息十二。夏放而冬收之。此與青苗何異。朱子行之于崇安而效。而欲以施之天下。亦猶荆公行之于鄞而效。而欲以施之天下。然朱子平日痛詆荆公。謂其汲汲財利。使天下囂然喪其樂生之心。及倡社倉議。有詰之者。則奮然曰。介甫獨散青苗一事是耳。俱見朱子語類

社倉事目見朱子集卷十五。

是洛黨學者亦未嘗不用新法之善者也。

宋代黨論。歷時最久。元祐黨案甫衰。慶元黨案復起。

宋元學案有元祐黨案慶元黨案兩表。

然僞學之禁。雖亦由執政者之分黨相攻。而韓侂胄京鏜等初無政策可言。趙留朱蔡等亦未嘗標榜政策。反對異黨。其事止類于後漢之黨錮。與北宋之黨爭不同也。自是而後。惟學有黨。而政無黨。明之東林黨議。雖亦以政權相傾軋。歷時至五十年。

明史紀事本末東林黨議篇。顧憲成謫歸。講學于東林。故楊時書院也。孫丕揚鄒元標趙南星之流。謇諤自負。與政府每相持。附閣臣沈一貫者。科道亦有人。而憲成講學。天下趨之。一貫持權求勝。受黜者身去而名益高。此東林浙黨所自始也。其後更相傾軋垂五十年。

然又對東林者。亦復不足齒數。上下數千年。惟北宋卓然有政黨。豈不異哉。

第二編

第二十章　遼夏金之文化

自後梁開平元年遼太祖安巴堅稱帝而契丹立國于吾國之東北傳九世二百一十九年宋仁宗寶元元年（遼興宗重熙七年）夏景宗曩霄稱帝而西夏立國于吾國之西北傳十世百九十年宋徽宗政和五年（遼天祚帝天慶五年）金太祖阿古達稱帝而女眞遂滅遼而與宋平分中夏傳九世百二十年宋寧宗開禧二年（金章宗泰和六年夏襄宗應天元年）蒙古太祖鐵木眞稱成吉思汗而其後遂滅夏金入主中國國號曰元傳十四世一百六十二年故自五代迄元末爲漢族式微西北諸族崛興之時（凡四百六十一年）其禍且甚于晉隋之際觀于宋人之衰弱幾疑中國之文化實足爲國家種族之害反不若野蠻人種之尙武可以凌駕文明國人之上然試考諸國之歷史則其事殊不盡然凡異族之以武力興者率多同化於漢人之文教即其文字有特創者亦多出於華文此則文化不以種族而分之證也蒙古之事具於後篇茲先述遼夏及金之梗概

契丹雖與于元魏之時而進化甚遲至唐季始有城邑

遼史太祖本紀贊懿祖生勻德實始教民稼穡善畜牧國以殷富是爲玄祖玄祖生撒剌的仁民愛物始置鐵冶教民鼓鑄是爲德祖

卽太祖之父也。世爲契丹遙輦氏之夷離菫。執其政柄。德祖之弟述瀾。北征于厥、室韋。南略易、定、奚、習。始興板築。置城邑。敎民種桑麻。習織組。已有廣土衆民之志。而太祖受可汗之禪。遂建國。

太祖之立實本漢人之教。

新五代史四夷附錄　丹部族之大者曰大賀氏。後分爲八部。部之長號大人。而常推一大人建旗鼓以統八部。至其歲久。或其國有災疾而畜牧衰。則八部聚議。以旗鼓立其次而代之。某部大人遙輦次立。時八部之人以爲遙輦不任事。選于其衆。以阿保機代之。是時劉守光暴虐。幽涿之人多亡入契丹。阿保機乘間入塞。攻陷城邑。俘其人民。依唐州縣置城以居之。漢人教阿保機曰。中國之王無代立者。由是阿保機益以威制諸部而不肯代。其立九年、諸部以其久不代。共責誚之。阿保機不得已。傳其旗鼓而謂諸部曰。吾立九年、所得漢人多矣。吾欲自爲一部。以治漢城。可乎。漢城在炭山東南灤河上。有鹽鐵之利。其地可植五穀。阿保機率漢人耕種。爲治城郭邑屋廛市。如幽州制度。漢人安之。不復思歸。

用兵四方恒用漢字刻石紀功。

遼史太祖紀　三年夏四月乙卯、詔左僕射韓知古建碑龍化州大廣寺。以紀功德。五年三月、次灤州。刻石紀功。神冊元年八月、拔朔州。擒節度使李嗣本。勒石紀功于奇塚南。（按此時契丹字尚未創製。所云刻石紀功。當係用漢字。）

且自矜其能漢語。

新五代史　阿保機謂姚坤曰。吾能漢語。然絕口不道于部人。懼其效漢而怯弱也。

則其變智識倫序以能彈壓諸部者自有吾國文教之關係矣。據遼史本紀當時三教並崇。

遼史太祖紀神冊三年五月乙亥詔建孔子廟佛寺道觀。

然以義宗傳證之則太祖實獨尊孔教。

遼史義宗列傳太祖嘗問侍臣曰。受命之君當事天敬神。有大功德者。朕欲祀之。何先。皆以佛對。太祖曰。佛非中國教。倍曰。孔子大聖。萬世所尊。宜先。太祖大悅。卽建孔子廟。命倍春秋釋奠。

義宗既好漢籍。

五代史突欲好飲酒。工畫。頗知書。其自契丹歸中國。載書數千卷。樞密使趙延壽每假其異書醫經。皆中國所無者。

其立國東丹。一用漢法。

遼史義宗傳太祖改渤海國曰東丹。以倍為人皇王主之。仍賜天子冠服。建元甘露。稱制。置左右大次四相及百官。一用漢法。 太宗既立。以東平為南京。徙倍居之。倍既歸國。起書樓于西宮。

自後遼室諸帝。皆通漢學。

遼史聖宗紀帝幼喜書翰。十歲能詩。既長。精射法。曉音律。好繪畫。 興宗紀善騎射。好儒術。通音律。 道宗紀咸雍八年十月丁丑詔有司頒行史記漢書。 大安二年正月癸丑召權翰林學士趙孝嚴知制誥王師儒等講五經大義。 四年四月癸卯召樞密直學士耶律儼講尚書洪範。五月辛亥命燕國王延禧寫五子之歌。

不獨太宗置官立制皆依中國也。

五代史契丹以幽州爲燕京。改天顯十一年爲會同元年。更其國號大遼。置百官。皆依中國。參用中國之人。

五代之時中國多有契丹人。

五代史四夷附錄德光遣禿餒蕑剌等、以五千騎救王都。又遣惕隱赫邈、益禿餒以騎七千。　明宗斬禿餒等六百餘人。而赦赫邈。選其壯健者五千餘人。爲契丹直。　長興元年、突欲自扶餘泛海奔于唐。明宗因賜其姓爲東丹。而更其名曰慕華。　其部曲五人皆賜姓名。罕只曰罕友通。穆葛曰穆順義。撒羅曰羅賓德。易密曰易師仁。蓋禮曰蓋來賓。以爲歸化歸德將軍郎將。又賜前所獲赫邈姓名曰狄懷惠。揑列曰列知恩。蕑剌曰原知感。福郎曰服懷造。竭失訖曰訖懷宥。其餘爲契丹直者。皆賜姓名。

而契丹尤喜用中國人。

五代史當阿保機時。有韓延徽者。幽州人也。爲劉守光參軍。守光遣延徽聘于契丹。阿保機奇之。遂用以爲謀主。阿保機攻黨項室韋。服諸小國。皆延徽謀也。　阿保機僭號。以延徽爲相。號政事令。契丹謂之崇文令公。　張礪、明宗時翰林學士。德光重其文學。仍以爲翰林學士。礪常思歸。逃至境上。爲追者所得。德光責之。礪曰、臣本漢人。衣服飲食言語不同。今思歸而不得。生不如死。德光顧其通事高唐英曰。吾戒爾輩善待此人。致其逃去。過在爾也。因笞唐英一百。而待礪如故。

太宗之入晉。尤樂晉之儀制。

五代史德光胡服視朝于廣政殿。　被中國冠服。百官常參起居如晉儀。

又德光服靴袍御崇元殿百官入閤德光大悅顧其左右曰漢家儀物其盛如此我得于此殿坐豈非眞天子耶。

故遼之制度有國制漢制之別。

遼史百官志太祖神冊六年詔正班爵至于太宗兼制中國官分南北以國制治契丹以漢制待漢人國制簡朴漢制則沿名之風固存也。

用以招徠中國之人。

遼史百官志遼有北面朝官矣既得燕代十有六州乃用唐制復設南面三省六部臺院寺監諸衛東宮之官誠有志帝王之盛制。亦以招徠中國之人也。

甚至以漢人漢兒名其職務。

遼史百官志漢人樞密院本兵部之職 太祖初有漢兒司韓知古總知漢兒司事太宗入汴因晉置樞密院掌漢人兵馬之政。

又漢兒行宮都部署院亦曰南面行宮都部署司聖宗開泰九年改左僕射。 又其宮漢人行宮都部署 某宮同知漢人都部署。

其南面軍官大抵用宋人。

遼史百官志南面軍官 傳曰雖楚有材晉實用之遼自太祖以來攻掠五代宋境得其人則就用東北二部以農以工有事則從軍政計之善者也。

蓋純用契丹之人契丹之法決不足以爲國也遼史諸志備詳漢制。

遼史禮志。太宗克晉。稍用漢禮。今國史院有金陳大任遼禮儀志。皆其國俗之故。又有遼朝雜禮。漢儀爲多。

又樂志。遼有國樂。猶先王之風。其諸國樂。猶諸侯之風。故志其略。　自漢以後。相承雅樂。有古頌焉。有古大雅焉。遼闕郊廟禮。無頌樂。大同元年、太宗自汴將還。得晉太常樂譜。宮懸樂架。委所司先赴中京。　自漢以來。因秦楚之聲。置樂府。至隋得西域七聲。由是雅俗之樂皆用之。晉高祖使馮道劉煦冊應天太后太宗皇帝。其聲器工官與法駕。同歸于遼。　今之散樂。俳優歌舞雜進。往往漢樂府之遺聲。晉天福三年、遣劉煦以伶官來歸。遼有散樂。蓋由此矣。

又儀衛志。遼國自太宗入晉之後。皇帝與南班漢官用漢服。太后與北班契丹臣僚用國服。其漢服、卽五代晉之遺制也。　太宗皇帝會同元年、晉使馮道劉煦等備車輅法物。上皇帝皇太后尊號冊禮。自此天子車服。昉見于遼。太平中行漢冊禮。乘黃令陳車輅。尚輦奉御陳輿輦。盛唐輦輅。盡在遼廷矣。

予謂遼之所重。以漢仗爲大端。

遼史儀衛志。金吾黃麾六軍之仗。遼受之晉。晉受之後唐。後唐受之梁唐。其來也有自。　大賀失活入朝于唐。娑固兄弟繼之。尙主封王。飫觀上國。開元東封。邵固扈從。又覽太平之盛。自是朝貢歲至于唐。遼始祖涅里立。遙輦氏世爲國相。目見耳聞。歆企帝王之容輝有年矣。遙輦致鼓纛于太祖帳前。曾何足以厭其雄心霸氣之所睥睨哉。厥後交梁聘唐。不憚勞勩。至于太宗立晉。以要冊禮。入汴而收法物。然後累世之所願欲者。一舉而得之。太原擅命。力非不敵。席卷法物。先致中京。蹝棄山河。不少顧慮。志可知矣。于是秦漢以來帝王文物。盡入于遼。周宋按圖更製。乃非故物。遼之所重。此其大端。故特著焉。

中原文物為榛狉陋族所歆羡如此。非惟可以覘遼國之風化。抑亦可以見元代修遼史者之心理焉。

契丹太祖時嘗製契丹大字。

遼史太祖紀神冊五年正月乙丑始製契丹大字。九月壬寅大字成。詔頒行之。

突呂不實贊其事。

遼史列傳第五突呂不字鐸袞。幼聰敏嗜學。事太祖見器重。及製契丹大字。突呂不贊成爲多。

字體亦本漢文。

陶宗儀書史會要遼太祖用漢人。以隸書之半增損之。制契丹字數千。以代刻木之約。

字數雖不多。然已敷繙譯漢籍之用。且自成其爲遼文。

遼史義宗傳工遼漢文章。嘗譯陰符經。

又蕭韓家奴傳欲帝知古今成敗。譯通歷貞觀政要五代史。

是契丹亦能食中國之文化而自成其文化矣。第遼族以文學著者。多以工漢文得名。

趙翼廿二史劄記遼太祖起朔漠。而長子人皇王貝已工詩善畫。藏書于醫巫閭山絕頂。其浮海適唐也。刻詩海上曰。小山壓大山。大山全無力。羞見故鄉人。從此投外國。情詞悽惋。言短意長。已深有合于風人之旨矣。平王隆先亦博學能詩。有閬苑集行世。其他宗室內亦多以文學著稱。如耶律國留善屬文。坐罪在獄。賦寤寐歌。世競稱之。其弟資忠亦能詩。使高麗被留。有所著號西亭集。耶律庶成、善遼漢文。尤工詩。耶律富魯、爲牌印郎君。應詔賦詩。立成以進。其父庶箴、嘗寄戒諭詩。富魯答以賦。時稱典雅。耶律韓留、工詩。重熙中、詔進述懷詩。帝嘉歎。耶律辰嘉努、遇太后生辰進詩。太后嘉奬。耶律良、重熙中、從獵秋山。進秋獵賦。清寧中、上幸鴨子河。良作捕魚賦。嘗請編御製詩文曰清寧集。上亦命良詩爲慶會集。親製序賜之。耶律孟簡、六歲能賦曉天星月詩。後以太子濬無辜被害。以詩傷之。無意仕進。作放懷詩二十首。耶律古裕、工文章。興宗命爲詩友。此皆宗室之能文者。按道宗長子濬、幼而能言。好學知書。鐸盧斡、好學。喜屬文。嘗作古詩三章見志。當時名士。稱其高情雅韻、不減古人。蕭韓家奴、博覽經史。通遼漢文字。耶律昭、博學善屬文。蕭文、篤志力學。喜慍不形。皆遼人之以文學著者。若耶律儼、好學。有詩名。則漢人之入遼賜國姓者也。

其以工遼文著者。僅義宗、及蕭韓家奴、耶律庶成三數人耳。

遼史無藝文志。清盧文弨補遼金元三史藝文志。載遼人著作。寥寥無幾。

盧文弨補遼金元藝文志所載遼人著作。僅僧行均、龍龕手鏡四卷。耶律儼、皇朝實錄七十卷、蕭韓家奴耶律庶成同撰、遙輦可汗至重熙以來事迹二十卷。王鼎、焚椒錄一卷。耶律庶成蕭韓家奴禮書。遼朝雜禮。無卷數。無名氏、七賢傳。王白、百中歌。亦無卷數。耶律純、星命秘訣五卷。按興宗清寧集。耶律良慶會集。均未著錄。

葉氏語石、統計遼碑不過數十通。且謂其絕無佳迹。

葉昌熾語石、遼碑文字、皆出自釋子及村學究。絕無佳迹。余箸錄遼幢五十餘通中。多唐梵兩體。惟劉李河白氏兩幢。結搆尚可觀。此外行列整齊者、如今刻書之宋體字。潦草者、如市中計簿。滿幅題名。皆某兒某郎婦之類。北傖喬野之風。于此可見。

則契丹所得于中國之文化之成績。亦至尠矣。惟涿州刻經。遠續隋唐之緒。

王昶金石萃編涿州白帶山雲居寺東峯續鐫成四大部經記。幽州沙門釋靜琬精有學識于隋大業中發心造石經一藏以備法滅。逐于幽州西南白帶山上鑿爲石室。以石勒經藏諸室內。滿即用石塞戶。以鐵錮之。其後雖成其志。未滿其願。以唐貞觀十三年奄化歸眞。門人導公繼焉。導公歿有儀公繼焉。儀公歿有暹公繼焉。暹公歿有法公繼焉。自琬至法凡五代焉不絕其志。 聖宗皇帝委故瑜伽大師法諱可元提點鐫修。勘訛刊謬。補缺續新。興宗皇帝重熙七年出御府錢。委官吏佇之歲析輕利。俾供書經鐫碑之價。自太平七年至清寧三年中間續鐫造到大般若經八十卷。計碑二百四十條。以全其部也。又鐫寫到大寶積經一部合一百二十卷。計碑三百六十條。以成四大部數也。都總合經碑二千七百三十條。

雖非創造。亦不可謂非文字之鉅工也。

西夏出于拓跋氏。世爲唐宋官。故亦通漢文。元昊之興。尤以兼通內外典籍。始能翻製物始。

宋史西夏傳曩霄本名元昊 性雄毅多大略善繪畫能翻製物始曉浮屠學通蕃漢文字。 案上置法律常携野戰歌太乙金鑑訣。

設官置吏。亦多本于唐宋。

宋史西夏傳其官分文武班曰中書曰樞密曰三司曰御史臺曰開封府曰翊衛司曰官計司曰受納司曰農田司曰羣牧司曰飛龍院曰磨勘司曰文思院曰蕃學曰漢學自中書令宰相樞密使大夫侍中太尉已下皆分命蕃漢人爲之。

諒祚繼世。慕嚮中國。易服求書。益重文治。

宋史西夏傳諒祚景宗長子也。嘉祐六年上書自言慕中國衣冠明年當以此迎使者詔許之。表求太宗御製草詩隸書石本且進馬五十匹求九經唐史册府元龜及宋正至朝儀詔賜九經還所獻馬。

乾順以降興學養賢崇祀孔子弈世不衰

宋史西夏傳建中靖國元年乾順始建國學設弟子員三百立養賢務以廩食之。紹興十三年夏改元人慶始建學校于國中立小學于禁中親爲訓導。十五年八月夏重大漢太學親釋奠弟子員賜予有差十六年尊孔子爲文宣帝十七年改元天盛策舉人始立唱名法十八年復建內學選名儒主之增修律成賜名鼎新

蓋夏雖以武力背宋其于文化未嘗背宋也即其剏製之文字形式雖殊仍不出漢字系統

宋史西夏傳元昊自製蕃書命野利仁榮演繹之成十二卷字形體方整 八分而書頗重複數國人紀事用蕃書而譯孝經爾雅四言雜字爲蕃語。

以今世所傳西夏書考之其字之分行楷篆各體亦猶漢字之有行隸篆諸種也

羅福萇西夏國書略說西夏國書有楷書有行書有篆書 宋史蕃書字體方整類八分而畫頗重複此謂楷書也今傳世石刻及掌中珠佛經等皆是。西夏之有行書前籍所未載日本西本願寺所得西夏人書佛經數紙書迹至草率與石刻及他寫經不同以漢字之名定之則爲行書無可疑也。宋史但言元昊制蕃書方整類八分不言有篆書金史西夏傳與宋史同而云又若符篆隆平集亦稱元昊自爲番書十二卷文類符篆均似謂西夏蕃字既若隸書又若符篆者惟遼史西夏傳則言之頗明析曰李繼遷子

德明。（此元昊之說）製番書十二卷。又製字如符篆。蓋如隸書者謂楷書。如符篆者謂篆書也。今其傳世篆書。有感通塔記碑額。蓋就其楷書略變爲婉曲。可以其楷書推知。惟又有傳世西夏銅印。其文則填委屈疊。與其楷書甚遠。與感通塔記之額亦迥殊。是西夏篆書。亦有二種。殆猶篆書中有繆印諸體之別歟。

契丹文字傳世者少。西夏亦然。然近人因東西學者之考訂。乃知西夏遺文傳世者尚十餘種。

羅福萇西夏國書略說 西夏文字傳世者。曩但有金石刻而已。近十餘年。歐人始于我西陲得各種經文等。茲就所知者錄之。(一)重修護國寺感應塔碑。(二)黑水河建橋祭神敕。(三)莫高窟造象記。(四)居庸關六體刻經。(五)西夏官印。(六)西夏國書銅牌。(七)西夏國錢。(八)陁羅尼鏡。(九)添品妙法蓮華經。(十)娀佛經。(十一)掌中珠字書。

且于蕃漢對譯之法。亦有所得。以塵薶七百年之文字。迺復爲中外學者所重。亦非野利仁榮等所及料矣。

羅福萇西夏國書略說 西歷一千九百十年。俄大佐柯智洛夫氏 Kozlov 于張掖掘得西夏國書刻本經冊十數箱。中有漢語及夏國語對譯字書一冊。約五十葉。名掌中珠。夏國書傍皆注漢字音。漢語傍亦注西夏字音。每字均兩對譯語。及兩國字音。兩言駢列。殆即宋史夏國傳所謂四言雜字者歟。又其所得西夏畫像不少。像之下方多有銘贊。均以其國書書之。並藏于俄都大學附屬人種博物館。

金之先。出于靺鞨。當唐時。粟末靺鞨嘗建渤海國。有文字禮樂官府制度。

金史世紀金之先出靺鞨氏靺鞨本號勿吉勿吉古肅愼地也元魏時勿吉有七部曰粟末部曰伯咄部曰安車骨部曰拂涅部曰號室部曰黑水部曰白山部隋稱靺鞨爲七部並同唐初有黑水靺鞨粟末靺鞨其五部無聞粟末靺鞨始附高麗姓大氏李勣破高麗粟末靺鞨保東牟山復爲渤海稱王傳十餘世有文字禮樂官府制度

五代時渤海亡而黑水靺鞨之生女眞代之而興觀其初起之情狀若未受渤海文化之影響然黑水粟末實同一種粟末先進既能吸受中國之文教則女眞後起者雖專以武力勝故亦易于濡染華風矣

石晉文物入于遼遼亡而金受之

金史太祖收國五年十一月命杲昱宗輔宗翰宗望等伐遼詔曰若克中京所得禮樂儀仗圖書文籍並先次津發赴闕

北宋文物萃于汴汴破而金得之故遼所得者止于石晉及唐之遺金所得者兼有遼宋南北兩方之積

北宋文物經八帝百八十餘年之儲蓄創造迥非石晉可比雖以女眞之虓暴未必能一一研索而得其用然其所承受之豐自必影響于民族且契丹未嘗南下國都僻在東北金則自燕而汴都邑屢遷兵力所及遠至江浙其爲宋患者滋深即其受宋教者亦滋鉅金史文藝傳謂金之制作非遼所及宜矣

金史文藝傳金初未有文字世祖以來漸立條教太祖既興得遼舊人用之使介往復其言已文太宗繼統乃行選舉之法及伐宋取汴經籍圖書宋士多歸之熙宗款謁先聖北面如弟子禮世宗章宗之世儒風丕變庠序日盛士繇科第位至宰輔者接踵當時儒者雖無專門名家之學然而朝廷典策鄰國書命粲然有可觀者矣金用武得國無以異于遼而一代制作能自樹立唐宋之間有非

遼世所及。以文而不以武也。

金自熙宗讀書講學。尊崇孔教。效法中國之帝王。已足爲同化于漢族之標準。

金史熙宗本紀天眷二年六月己未。上從容謂侍臣曰。朕每閱貞觀政要。見其君臣議論。大可規法。翰林學士韓昉對。皆由太宗選顏訪問。房杜輩竭忠盡誠。其書雖簡。足以爲法。上曰。太宗固一代賢君。明皇何如。昉曰。唐自太宗以來。惟明皇憲宗可數。明皇所謂有始而無終者。初以艱危得位。用姚崇宋璟。惟正是行。故能成開元之治。末年怠于萬機。委政李林甫。奸諛是用。以致天寶之亂。苟能慎終如始。則貞觀之風不難追矣。上稱善。又曰。周成王何如主。昉對曰。古之賢君。上曰。成王雖賢。亦周公輔佐之力。後世疑周公殺其兄。以朕觀之。爲社稷大計。亦不當非也。

又皇統元年二月戊午。上親祭孔子廟。北面再拜。退謂侍臣曰。朕幼年游佚。不知志學。歲月逾邁。深以爲悔。孔子雖無位。其道可尊。使萬世景仰。大凡爲善。不可不勉。自是頗讀尚書論語及五代遼史諸書。或以夜繼焉。

世宗嗜讀史籍。尤尚儒風。

金史世宗本紀大定二十年十月壬寅。上謂宰臣曰。近覽資治通鑑。編次累代廢興。甚有鑒戒。司馬光用心如此。古之良史。無以加也。

校書郎毛麾。朕屢問以事。善于應對。眞該博老儒。可除太常職事。以備討論。

又二十六年十一月丙寅。上謂侍臣曰。朕于聖經不能深解。至于史傳。開卷輒有所益。每見善人不忘忠孝。檢身廉潔。皆出天性。至于常人。多喜爲非。有天下者苟無以徵。何以致治。孔子爲政。七日而誅少正卯。聖人尚爾。況餘人乎。

欲以五經譯本偏化女眞種人。

金史世宗本紀二十二年九月、譯經所進所譯易、書、論語、孟子、老子、楊子、文中子、劉子、及新唐書。上謂宰臣曰、朕所以令譯五經者、正欲女眞人知仁義道德所在耳。命頒行之。

猛安謀克皆須通知古今。

金史世宗本紀二十五年三月丁酉、以親軍完顏乞奴言。制猛安謀克皆先讀女眞字經史。然後承襲。因曰、但令稍通古今。則不肯爲非。爾一親軍粗人。乃能言此。審其有益。何憚而不從。

氈裘毳幕之俗。至是蓋不變矣。然世宗雖慕華夏文教。仍欲葆其種族舊風。諄諄訓誡。屢見于史。

金史世宗本紀十三年三月乙卯、上謂宰臣曰。會寧乃國家興王之地。自海陵遷都永安。女眞人寖忘舊風。朕時嘗見女眞風俗。迄今不忘。今之燕飲音樂。皆習漢風。蓋以備禮也。非朕心所好。東宮不知女眞風俗。第以朕故。猶尚存之。恐異時一變此風。非常久之計。甚欲一至會寧。使子孫得見舊俗。庶幾習效之。　四月乙亥、上御睿思殿。命歌者歌女眞詞。顧謂皇太子及諸王曰、朕思先朝所行之事。未嘗暫忘。故時聽此詞。亦欲令汝輩知之。汝輩自幼惟習漢人風俗。不知女眞純實之風。至于文字語言。或不通曉。是忘本也。汝輩當體朕意。至于子孫。亦當遵朕教誡也。　五月戊戌、禁女眞人毋得譯爲漢姓。

又十六年正月丙寅、上與親王宰執從官從容論古今興廢事。曰、經籍之興。其來久矣。垂敎後世。無不盡善。今之學者。既能誦之。必須行之。然知而不能行者多矣。苟不能行。誦之何益。女眞舊風。最爲純直。雖不知書。然其祭天地。敬親戚。尊耆老。接賓客。信朋友。禮意款曲皆出自然。其善與古書所載無異。汝輩當習學之。舊風不可忘也。

又二十五年十二月丙子。上問宰臣曰。聞原王見事甚明。予奪皆不失當。又聞有女眞人訴事。以女眞語問之。漢人訴事。漢語問之。大抵習本朝語爲善。不習則淳風將棄。

種族之念未融。同化之效亦僅矣。按金時所謂漢人。實係遼地雜種。與宋之純粹夏族者有別。

趙翼二十二史劄記。金元取中原後。俱有漢人南人之別。金則以先取遼地人爲漢人。繼取宋河南山東人爲南人。元則以先取金地人爲漢人。繼取南宋人爲南人。金史完顏勳傳。女眞無文字。及破遼。獲契丹漢人。始通契丹漢字。此以遼地爲漢人也。賀揚庭傳。世宗謂揚庭曰。南人獷直敢爲。漢人性姦。臨事多避。異時南人不習詩賦。故中第者少。近年河南山東人中第者多。殆勝漢人。此以河南山東人爲南人也。元史百官志序。諸官職皆以蒙古人爲之長。而漢人南人貳焉。文宗詔各道廉訪司官用蒙古二人。畏兀河西回回漢人南人各一人。是漢人南人亦各分名目。程鉅夫傳。世祖命鉅夫爲御史中丞。臺臣言鉅夫南人。不宜用。帝曰。汝未用南人。何以知南人不可用。自今省部臺院。必參用南人。按鉅夫由南宋人入附。故稱南人。此以南宋人爲南人也。

世宗慮其族之染漢俗。蓋以遼宋雜種多亡國敗家之民。未足以勝女眞。故寧保其舊風。無汚惡習。而于中國聖賢之文化。仍力主導揚。正不可謂其無見。其後淸代諸帝。恒引世宗之言以訓其族。則其所指之漢人。爲全中國之人。與金之所謂漢人。實不相同。是又讀史者所不可不析也。

金之暴主曰海陵庶人亮。其荒淫無道極矣。然金之有國學。實始于海陵之時。

金史海陵本紀天德三年正月甲午、初置國子監。

續文獻通考遼太祖時、上京置國子監祭酒司業監丞主簿等官。太宗時、置南京太學。聖宗統和九年八月、以南京太學生員寖廣、特賜水磑莊一區。道宗淸寧六年六月、中京置國子監。所紀止此。可見簡略。

世宗章宗迭加增益。文教之盛。實軼于遼。

又金海陵天德三年、始置國子監。後定制、詞賦經義生百人。小學生百人。以宗室及外戚皇后大功以上親、諸功臣及三品以上官兄弟子孫年十五以上者、入學。不及十五者入小學。世宗大定六年、置太學。初養士百六十人。後定五品以上官兄弟子孫百五十人。曾得府薦及終場人二百五十人。通四百人。章宗明昌二年四月、增太學博士助教員。承安四年二月、詔建太學于京城之南。總為屋七十五區。西序置古今文籍。祕省新所賜書。東序置三代鼎彝俎豆敦槃尊罍及春秋釋奠合用祭器。泰和元年九月、更定贍學養士法。生員給民佃官田人六十畝。歲支粟三十石。國子生人百八畝。歲給以所入。

遼時州府雖亦有學校。其制不詳。

續通考遼道宗淸寧二年十二月、詔設學養士。頒五經傳疏。置博士助教各一員。時五京黃龍興中二府及諸州縣皆有學。其設官並同。咸雍時、太公鼎為良鄉令。省徭役。務農桑。建孔子廟學。部民服化。太康時、耶律孟簡為高州觀察使。修學校。招生徒。以循吏著。

金則京府節鎭各處設學。定額數千。雖至衰世。不廢廩給。

續通考世宗大定十六年四月、詔京府設學養士。凡十七處。共千人。

又二十九年。時章宗已即位 詔計州府戶口。增養士之數。時上封事者、乞興學校。下尚書省集百官議。戶部尚書鄧儼等、謂唐太宗養士至八千人。亡宋兩學五千人。今策論詞賦經義三科取士。而太學所養止百六十人。外京府或止十人。天下僅及千人。今若每州設學。專除教授。月加考試。每舉所取數多者。賞其學官。月試定爲三等籍之。一歲中頻在上等者、優復之。不率教行惡者、黜之。庶幾得人之道也。帝從其議。遂計州府戶口。于舊制京府十七處千人之外。置節鎮防禦刺史州學六十處。增養千人。各設教授一員。選五舉終場或進士年五十以上者爲之。府學二十有四。學生九百五人。節鎮學三十九。六百一十五人。防禦州學二十一。二百三十五人。凡千八百人。其長貳官各以進士提控其事。至承安四年八月、詔諸路學校生徒少者罷教官。止以本州府文資官提控。

又宣宗興定元年二月、尚書省請能州府學生廩給。不許。 自章宗泰和元年九月、定贍學養士法。生員給民佃官田人六十畝。歲支粟三十石。至是省臣以軍儲不足。請罷之。帝曰。自古文武並用。向在中都。設學養士。猶未嘗廢。況今日乎。其令仍舊給之。

其國學印行書籍。亦不下于宋監。

續通考。凡經、易用王弼、韓康伯注。書用孔安國注。詩用毛萇注、鄭康成箋。春秋左氏傳用杜預注。禮記用孔穎達疏。周禮用鄭康成注、賈公彥疏。論語用何晏注、邢昺疏。孟子用趙岐注、孫奭疏。孝經用唐明皇注。史記用裴駰注。前漢書用顏師古注。後漢書用李賢注。三國志用裴松之注。及唐太宗晉書。沈約宋書。蕭子顯齊書。姚思廉梁書、陳書。魏收後魏書。李百藥北齊書。令狐德棻周書。魏徵隋書。新舊唐書。新舊五代史。老子用唐明皇注疏。荀子用楊倞注。揚子用李軌、宋咸、柳宗元、吳祕注。皆自國子監印之。授諸學校。

世傳金刊經籍。雕鏤極工。雖南宋精槧不能及。雖未知爲金之監本與否。然亦可見金之朝野、極重文事、矣。

鐵琴銅劍樓藏書目　尙書注疏二十卷。金刊本。蠅頭小楷。雕鏤極工。雖南宋精槧不能及也。

女眞初興無文字。完顏希尹始製女眞字。其法蓋由漢人楷字及契丹字中脫化而出。

金史完顏希尹傳　金人初無文字。國勢日強。與鄰國交好。乃用契丹字。太祖命希尹撰本國字。備制度。希尹乃依倣漢人楷字、因契丹字制度、合本國語。製女眞字。天輔三年八月、字書成。太祖大悅。命頒行之。賜希尹馬一匹。衣一襲。其後熙宗亦製女眞字。與希尹所製字俱行用。希尹所撰、謂之女眞大字。熙宗所撰、謂之小字。

按女眞字之傳于今者。有皇弟都統經略郎君行記及國書碑。

王昶金石萃編卷一百五十四。皇弟都統經略郎君行記。　碑高一丈八尺。廣八尺三寸。記在碑之中。女眞書五行。譯正書六行。行二十三字。額題大金皇弟都統郎君行記十二字。篆書。在乾州。

又卷一百五十九。國書碑。　碑連額高七尺。廣二尺五寸。二十三行。字數多寡不等。連額並國書。

孰爲大字小字、不可考。皇弟都統經略郎君行記、字多集合體。筆畫重疊。國書碑則較簡單。疑前爲大字。後則小字也。金用其字敎女眞人。號爲女眞學。其敎學選舉與用漢文者相等。

續通考　金世宗大定十三年、置女眞國子學。　自大定四年、以女眞大小字譯尙書頒行。諸路擇明安穆昆內良家子弟爲學生。至三千人。九年、取其尤俊秀者百人。至京師。以編修官溫特赫吉達敎之。至是始設國子學。定策論生百人、小學生百人。凡取國子學生

之制皆與詞賦經義生同。又定制每穆昆取二人。若宗室每二十戶內無願學者。則取有物力人家子弟年十三以上二十以下者

充。凡會課三日作策論一道。季月私試如漢生制。

其通女眞字者均著于史。

金史宗憲傳。頒行女眞字書年十六。選入學。太宗幸學。宗憲與諸生俱謁。宗憲進止恂雅。太宗召至前。令誦所習。語音清亮。善應對。侍臣奏曰。此左副元帥宗翰弟也。上嗟賞久之。兼通契丹漢字。

又仲傳。仲本名石古乃。體貌魁偉。通女眞契丹漢字。

又阿鄰傳。穎悟辯敏。通女眞契丹大小字及漢字。

徒單鎰等且以譯書敎學廣播女眞文字。

金史徒單鎰傳。鎰穎悟絕倫。甫七歲。習女眞字。大定四年、詔以女眞字譯書籍。五年、翰林侍講學士徒單子溫進所譯貞觀政要、白氏策林等書。六年、復進史記西漢書。詔頒行之。選諸路學生三十餘人。令編修官溫迪罕締達敎以古書。習作詩策。鎰在選中。最精詣。遂通契丹大小字及漢字。該習經史。久之、樞密使完顏思敬請敎女眞人擧進士。下尚書省議。奏曰、初立女眞科進士。且免鄉府兩試。其禮部試廷試。止對策一道。限字五百以上。在都設國子學。諸路設府學。並以新進士充敎授。士民子弟願學者聽。歲久學者當自衆。即同漢人進士。三年一試。從之。九年八月、詔策女眞進士、問以求賢爲治之道。侍御史完顏蒲涅、太常博士李晏、應奉翰林文字阿不罕德甫、移剌傑、中都路都轉運副使奚頤考試。鎰等二十七人及第。鎰授兩官。餘授一官。上三人爲中都路敎授。四名以下、

除爲各路教授。十五年詔譯諸經。著作佐郎溫迪罕締達、編修官宗璧、尙書省譯史阿魯、吏部令史楊克忠譯解。翰林修撰移剌傑、應奉翰林文字移剌履講究其義。錙自中都路教授選爲國子助教。

不得謂剃頭辮髮者無創造文化之力也。

大金國志。金俗好衣白。編髮垂肩。與契丹異。垂金環。留顱後髮。繫以色絲。富人用珠金飾。婦人辮髮盤髻。亦無冠。天會七年六月、行下禁民漢服及削髮不如式者死。

俞樾曲園雜纂。剃頭髮辮。金人已然。宋湯璹建炎德安守禦錄、建炎二年十二月二十八日。有北來一項羣賊數萬人。皆剃頭辮髮。作金人裝束。

第二十一章　蒙古之文化

遼夏及金。以殊族而同化于漢族。固不能出中國之範圍也。至于蒙古、則不然。成吉斯汗之興。先用兵于西北。至于太宗憲宗之世。其疆域已據有今之內外蒙古、天山南北路、中國之西北部、阿富汗波斯之北部、俄羅斯之南部。而分爲四大汗國（欽察汗國、東自吉利吉思荒原。西至歐洲匈牙利國境。及高加索以北地。察合台汗國、據錫爾河東天山附近一帶之地。伊兒汗國、據阿母河外西亞一帶之地。窩闊台汗國、據阿爾泰山附近一帶之地。後窩闊台歸爲大汗。）至世祖時、始滅宋而全有華夏。故蒙古所吸收之文化。蓋兼中國印度大食及歐洲四種。性質未可專屬于中國之系統。是亦吾國歷史上特殊之事也。

蒙古之興。初無文字。太祖之滅乃蠻。始用畏兀字教授子弟。並以記言。

元史塔塔統阿傳塔塔統阿、畏兀人也。性聰慧。善言論。深通本國文字。乃蠻太陽汗尊之爲傅。掌其金印及錢穀。太祖西征。乃蠻國亡。塔塔統阿懷印逃去。俄就擒。帝詰之曰。太陽人民疆土悉歸于我矣。汝負印何之。對曰、臣職也。將以死守。欲求故主授之耳。安敢有他。帝曰、忠孝人也。問是印何用。對曰、出納錢穀。委任人材。一切事皆用之。以爲信驗耳。帝善之。命居左右。是後凡有制旨。始用印章。仍命掌之。帝曰、汝深知本國文字乎。塔塔統阿悉以所蘊對。稱旨。遂命敎太子諸王以畏兀字書國言。

畏兀卽回紇。其文字之起原不可考。

洪鈞元史譯文證補元之畏吾兒。爲回紇衰後分國。　回紇文字。至今猶存。所謂托忒字體是也。與西里亞文字相仿。故秦西人謂唐時天主敎人自西里亞東來傳敎。唐人稱爲景敎。陝西之景敎碑。碑旁字兩行。卽西里亞字。此其確證。回紇之有文字。實由天主敎人授以西里亞文字之故。此一說也。回紇人自元以後。大率盡入天方敎。而天方文字、本于西里亞。故信敎之回人。謂蒙古文字出于回紇。回紇文出于天方。以歸功于謨罕默德。此又一說也。

當南宋時。中亞各國。多奉回敎。其文字通行于西域。故蒙古襲用之。至世祖時、始命八思巴作蒙古新字。

元史釋老傳帝師八思巴者、吐蕃薩斯嘉人。相傳自其祖多爾濟、以其法佐國主霸西海者十餘世。八思巴生七歲。誦經數十萬言。能約通大義。國人號聖童。年十五。謁世祖于潛邸。與語大悅。日見親禮。中統元年、世祖卽位。尊爲國師。授以玉印。命製蒙古新字。字成、上之。其字僅千餘。其母凡四十有一。其相關紐而成字者。則有韻關之法。其以二合三合四合而成字者。則有語韻之法。而大要則以諧聲爲宗也。至元六年、詔頒行于天下。詔曰、朕惟字以書言。言以紀事。此古今之通制。我國家肇基朔方。俗尙簡古。未遑制作。凡施用文字。因用漢楷及畏吾兒字、以達本朝之言。考諸遼金及遐方諸國。例各有字。今文治寖興。而字書有闕。于制爲未備。故特命國師八思巴創爲蒙古新字。譯寫一切文字。期于順言達事而已。今後凡有璽書頒降者。並用蒙古新字。仍各以其國字副之。

據至元詔書。則蒙古字未興之先。已以漢楷與畏吾兒字並用。蒙古字既頒之後。各國之字。仍副之而行。則蒙古、未代宋之時。固亦通用、漢文。然蒙古、新字。實、原本、西蕃之、字。應屬、梵文、一支系。非若、遼、金、夏之、文字。仍本于、漢、文也。

趙翼二十二史劄記。有元諸帝多不習漢文。一條。稱元史本紀、至元二十三年、翰林承旨撒里蠻言國史纂修太祖累朝實錄。請先以畏吾字繙譯進讀。再付纂定。元貞二年、兀都帶等進所譯太宗憲宗世祖實錄。是皆以國書進呈也。其散見于他傳者。世祖問徐世隆以堯舜禹湯爲君之道。世隆取書傳以對。帝喜曰、汝爲朕直解進讀。書成。令翰林承旨安藏譯寫以進。曹元用奉旨譯唐貞觀政要爲國語。元明善奉武宗詔、節尚書經文。譯其關于政事者。乃舉文陞同譯。每進一篇。必稱善。虞集在經筵。取經史中有益于治道者。用國語漢文兩進讀。譯潤之際。務爲明白。數日乃成一篇。馬祖常亦譯皇圖大訓以進。（皆見各本傳）是凡進呈文字。必皆譯以國書。可知諸帝皆不習漢文也。○按歷代北方種族入居中夏。多通漢文。惟元不然。是一異點。

蒙古部族複雜。又以兵力戡定西北各地。所撫馭之部族益多。故在元世有蒙古、色目、漢人、南人之別。輟耕錄稱元代蒙古有七十二種、色目三十一種、漢人八種。據近人所考定。則蒙古支派有蒙古及黑塔塔兒、白塔塔兒、野塔塔兒四大系。

柯劭忞新元史氏族表上蒙古氏族、凡阿蘭豁阿夢與神遇生三子之後。爲尼而倫派。曰哈特斤氏、薩而助特氏、泰亦兀赤氏、哀而狄干氏、西族特氏、起訥氏、奴牙特氏、兀魯特氏、忙兀特氏、巴鄰氏、蘇哈奴特氏、貝魯剌思氏、黑特而斤氏、札只剌忒氏、都黑拉特氏、貝亦速特氏、蘇嘎特氏、烏而訥兀特氏、亨力希牙特氏。其餘爲都而魯斤派。亦稱塔立斤派。曰都而斤氏、烏梁黑特氏、鴻火拉特氏、亦乞列思氏、呼愼氏、蘇而徒思氏、伊而都而斤氏、巴牙烏特氏、斤特吉氏。皆爲黑塔塔兒。非蒙古人、而歸于蒙古者。曰札剌兒氏、蘇畏亦忒氏、塔塔兒氏、蔑兒乞氏、郭而路烏忒氏、衞拉特氏、貝格林氏、布而古忒氏、忽里氏、土斡剌斯氏、禿馬特氏、布而嘎勒氏、格而謨勒氏、忽而罕氏、賽哈亦忒氏。皆爲白塔塔兒。曰烏拉特氏、帖楞格特氏、客斯的迷氏、林木中烏梁黑氏、皆爲野塔塔兒。蓋拉施特所述蒙古支派如此。今列而序之。參以祕史。證其差別。爲蒙古氏族表。至色目氏族。則以見于史傳者爲據。陶宗儀所稱蒙古七十二種、色目三十一種。舛訛重複。不爲典要。故弗取焉。(拉施特Fadl Allah Rashid Eddin 波斯人其書以波斯文著成名 Djami Ut. Tewarikh 譯言世界史)

色目人凡二十三族。

新元史氏族表色目人曰畏吾氏、唐兀氏、康里氏、乃蠻氏、雍古氏、欽察氏、伯牙吾氏、阿速氏、乞失迷兒氏、賽夷氏、烏思藏掇族氏、回回氏、于闐氏、阿里馬氏、昔里馬氏、古速魯氏、也里可溫氏、木速蠻氏、哈剌魯氏、答失蠻哈喇魯氏、今魯氏、阿魯渾氏、尼波羅氏。見于史傳者、凡二十有三族。

外此則漢人中、尙有契丹高麗女眞渤海等族。

陶宗儀輟耕錄漢人八種。契丹、高麗、女眞、竹因歹、朮里闊歹、竹溫、竹亦歹、渤海。

以與宋之南人混合。故蒙古入中國。實爲異族與漢族大混合之時期。當時女眞之人多改漢姓。

輟耕錄金人姓氏。完顏、漢姓曰王。烏古論曰商。乞石烈曰高。徒單曰杜。女奚烈曰郎。兀顏曰朱。蒲察曰李。顏盞曰張。溫迪罕曰溫。石抹曰蕭。奧屯曰曹。孛朮魯曰魯。移剌曰劉。斡勒曰石。納剌曰康。夾谷曰仝。裴滿曰麻。尼忙古曰魚。斡准曰趙。阿典曰雷。阿里侃曰何。溫敦曰空。吾魯曰惠。抹顏曰孟。都烈曰強。散答曰駱。阿不哈曰田。烏林答曰蔡。僕散曰林。朮虎曰董。古里甲曰汪。

蒙古、色目人、與漢族、又互相仿效、更易名姓。氏族淆惑。乃不可辨。

趙翼陔餘叢考元時蒙古色目人有同漢人姓名者。如察罕帖木兒、系出北庭。以祖父家于穎州。遂姓李。字庭瑞。丁鶴年、本西域人。以其父職馬祿丁爲武昌達魯花赤。遂以丁爲姓。而名鶴年。又有內地人作蒙古名者。如賀勝、鄠縣人。字伯顏。楊朵耳只及來阿八赤、皆寧夏人。劉哈喇不花、本江西人。褚不華、本隰州人。昂吉兒、本張掖人。朵兒赤、本寧州人。楊傑只哥、本寶坻人。李忽蘭吉、本隴西人。抄兒、本汴梁陽武人。謝仲溫、本豐州人。而其孫名孛完。綦公直、益都人。而其子名忙古台。事俱見元史。亦一時風尚也。

又其時蒙古、色目人、皆散處各地。且有與內地人、聯姻者。血統之雜。益可見矣。

陔餘叢考元時蒙古色目人聽就便散居內地。如貫雲石、乃功臣阿里海牙之孫。而居江南。葛邏祿迺顏、隨其兄宦遊。而居浙之鄞縣。薩都剌、本答失乃蠻氏。而爲鴈門人。泰不華、本伯牙吾氏。其父塔不台始家台州。余闕、本唐兀氏。其父始居廬州。肖乃台、本禿伯怯烈氏。而家東平。忽都鐵木祿、本赤合魯氏。而家南陽。徹里、本燕只吉台氏。以曾祖太赤封徐邳二州。遂家徐州。怯烈、本西域人。而家太原。察罕、本西域人。鐵連、本乃蠻人。而皆居絳州、孟昉、本西域人。而居北平。紇石烈希元、本契丹人。而居成都。伯顏師聖、本哈剌魯氏。而居濮陽。石抹宜孫、以其父鎮台州。遂家于台明。史道同、河間人。其先蒙古族也。又趙榮、其先本西域人。元時入中國。家閩縣。遂爲閩人。如此類者甚多。顧嗣立元詩選、所謂元時漠北諸部仕于朝者。多散處內地是也。按元史世祖至元二十三年、以從官南方者多不歸。遣使盡徙北還。可見自元初色目人已多散處他邑。不寧惟是。更有與內地人聯姻者。如伯顏不花之母鮮于氏。乃鮮于樞之女。見元史松江人俞俊、娶也先普化之姪女。見輟耕錄。按遼史太宗會同三年、詔契丹人授漢官者。聽與漢人婚姻。則遼時已有此例。元史大德七年、以行省官久任。多與所部人聯姻。乃詔互選其久任者。

蒙古之興。僅奉初民所迷信之神教。其後軍鋒所及。蹂躪回耶各教。教堂教士。恆極殘虐。

洪鈞元史譯文證補太祖攻圍布哈爾城。城中伊瑪姆教士之稱暨文士等出降。帝入城。見教堂、疑是王宮。駐馬問民以教堂。對。帝下馬入堂。論馬飢、速飼馬。因取經箱爲馬槽。令教士守馬。又以酒囊置堂中。天方教戒酒。故特記受辱之事。傳集謳者歌舞。蒙兀兵亦歌呼爲樂。又拔都傳。破物拉的迷爾城。二守王戰沒。嬪御官紳皆入禮拜堂拒守。焚以火。薰灼盡死。

然轄地既廣。宗教各別。勢亦不能取而一之。故各、教之民。咸仍其舊。而蒙古之人。反多同化于他族。

洪鈞元史譯文證補伯勒克傳。伯勒克信天方教。常集教士于鄂爾多。講論教律教理。太祖後裔入天方教者。自伯勒克始。埃及王比拔而斯、與旭烈兀有兵怨。知伯勒克同教。思引爲援。發使贈以哈里發家乘。當埃及使人北行時。伯勒克使亦至埃及。貽書謂我兄弟四人皆入教。願合約以攻旭烈兀。比拔而斯優禮款接。復書致幣、並可蘭經纏頭布一方。由麥喀禮拜堂中取至。以伯勒克不能親往禮拜。故遣人代行。得此以贈。

馬哥博羅遊記。撒馬爾罕、大城也。居民耶回雜處。其王即大可汗之姪。據土人言、當年城中有一異事。數年前、國王曰察哈台。蒙古大可汗之胞弟也。王改奉基督教。教徒勢力倍增。時教徒欲建一寺。供奉施洗約翰。寺之頂爲圓形。中支一柱。柱下盤石。係教徒請于王得之于某回教寺中。時回人以王右耶而左回。不敢與爭。察哈台死。繼其位者不直耶教徒。回人因得請于王。索還奠柱之石。耶教徒許酬以金。回教徒不允。耶教徒無術。哭訴于施洗約翰之靈。至約定移石之日。柱忽自起。離石可三掌。石移去後。柱仍懸立空際。至今尚然。

至其撫有中國。亦各教並立。有木速兒蠻、答失蠻、也里可溫、斡脫、和尚、先生等名。據元史譯文證補、木速兒蠻即天方教。答失蠻亦木速兒蠻教中別派。也里可溫爲天主教。（詳見第三編）斡脫即猶太教。和尚先生、則釋道二教也。

元史譯文證補、有元世各教名考甚詳。

元之崇奉佛教。自帝師八思巴始。

陳邦瞻元史紀事本末、世祖號八思巴曰大寶法王。至元十六年、八思巴死。詔贈皇天之下一人之上宣文輔治大聖至德普覺眞智佑國如意大寶法王西天佛子大元帝師。其弟亦憐眞嗣。凡六歲死。復以答兒麻八剌乞列嗣位。自是每帝師一人死。必自西域取一人爲嗣。終元世無改。

其徒所奉之教。即西藏之喇嘛教。

魏源聖武記西藏古吐蕃。元明爲烏斯藏。在五天竺之東。非古佛國也。而距天竺較近。故經教至多。持陀羅尼尤驗。多僧。無城郭。僧居土臺者、皆持戒律。不持戒者、居土臺外。自唐太宗以文成公主下嫁吐番贊普。好佛、立寺廟。西藏始通于中國。元世祖封西番高僧八思巴爲帝師大寶法王。以領其地。後嗣世襲其號。而西藏始爲釋教宗主。

與漢魏以來、中土佛教迴異。元之諸帝崇奉之。徒以害民病國而已。道教雖在唐宋已盛。而元之派別特多。

元史釋老志丘處機、登州棲霞人。自號長春子。太祖稱之曰神仙。其徒尹志平等世奉璽書。襲掌其教。　正一天師者、始自漢張道陵。其後四代曰盛。來居信之龍虎山。相傳至三十六代宗演。當至元十三年。世祖召之。待以客禮。子孫襲領江南道教。主領三山符籙。　眞大道教者、始自金季道士劉德仁之所立。其教以苦節危行爲要。五傳而至酈希誠。居燕城天寶宮。見知憲宗。始名其教曰眞大道。授希誠太玄眞人。領教事。　太一教者、始金天眷中道士蕭抱珍。傳太一三元法籙之術。因名其教曰太一。

據元史百官志、宣政院專掌釋教僧徒。

元史百官志宣政院秩從一品。掌釋教僧徒及吐蕃之境而隸治之。　其用人則自爲選。其爲選則軍民通攝。僧俗並用。

而武宗紀載宣政院奏免僧道也里可温答失蠻租稅。則各教之人。皆轄于宣政院矣。

蒙古風俗之陋。最爲漢族所鄙。鄭所南心史言之歷歷。

鄭思肖心史大義略序。舊韃靼所居。並無屋宇。氈帳爲家。得水草卽住。獸皮爲衣。無號令。以合同出入。不識四時節候。以見草青爲一年。人問歲數。但以幾度草青爲答。自忒沒眞驅金酋入南。嘉定癸酉歲、據古幽州爲巢穴。卽亡金僭稱燕京大興府也。漸學居屋。亦荒陋。逮咸淳間。韃僭取大宋開封府大內式、增大新掇。始略華潔。虜民咸可造穹廬。與韃主通說。韃法人凡相見。來不揖。去不辭。卑求尊。跪而語。韃禮止于一跪而已。雙足跪爲重。單足跪次之。忽必烈篡江南後。一應漸習。僭行大宋制度。猶禽獸而加衣裳。終非其本心。故辮髮囚首。地坐無別。逆心惡行。滅裂禮法。卒不能改也。　韃人甚耐寒暑雨雪饑渴。深雪中可張幕露宿。今皆不懼熱。且慣于乘舟。高山窮谷。馬皆可到。裹糧以肉爲麨。乾貯爲備。饑則水和而食。甚漲。飽可一二日。攪馬乳爲酒。味腥酸。飲亦醉。羣虜會飲、殺牛馬曰大茶飯。但飲酒曰把盞。雜坐喧閙。上下同食。舉杯互飲。不恥殘穢。飲酒必囚首。氈藉地坐。以小刀刺肉授人。人卽開口接食。爲相愛。卑者跪坐受賜。行坐尙右爲尊。久不相見。彼此兩手相抱。肩背交頸。搖首齧肉。跪膝摩𦞦。爲極慇懃。韃主剃三搭辮髮頂笠穿靴。衣以出袖海青衣爲至禮。其衣于前臂肩間開縫。卻于縫間出內兩手衣裳袖、然後虛出海青兩袖。反雙懸紐背縫間。儼如四臂。諛虜者妄謂郎主爲天蓬後身。衣曰海青者。海東青本鳥名。取其鳥飛迅速之義。曰海青使臣之義亦然。虜主虜吏虜民僧道男女上下尊卑禮節服色一體無別云。三搭者、環剃去頂上一彎頭髮。留當前髮。剪短散垂。卻析兩旁髮。垂綰兩髻。懸加左右肩衣襖上。曰不狼兒。言左右垂髻。礙于回視。不能狼顧。或合辮爲一。直拖垂衣背。男子俱戴耳墜。

而馬哥博羅遊記（馬哥博羅像見本期插畫第二幅）述元代都城之壯麗。則極口稱歎。

馬哥博羅遊記卷一。第五十七章。自章哈淖爾（Changanor）向東北行三日。至一城。名曰上都（Xanadu）。此城爲今日御極之大可汗忽必烈所造。上部今日已毀圮。其故址在科爾沁旗。以雲母大理華貴之石爲宮殿。搆製宏壯華麗無比。殿中悉施金藻。其宮一面內向。一面向城垣宮牆周圍十六英里。

又卷二第六章大可汗每歲于陽曆十二正二等三月、皆居汗巴路大城中。城之位置在契丹(Cathay)之極東北。城之南、宮殿在焉。宮之制。劃地築垣。圍以巨濠。垣爲方形。每面長八英里。于兩端之中闢一門。以便行人出入。垣以內沿牆凡寬一英里之地。皆屬廣場。羽林之軍駐焉。過此又有一垣。垣內之地。縱橫皆六英里。南北兩垣。闢門凡三。其中央者稍大。常時關閉。非大可汗出入、不啟也。其兩旁之門則以通行人焉。通計南北六門、東西二門。每門之內。有武庫一所。各庫所儲武器。各有不同。如韁轡足鐙之類、屬于騎兵者、爲一庫。弓矢弦韜之類、屬于弓兵者、又爲一庫。甲冑盔鎧又爲一庫。餘倣此。此城之內。更有一城。牆垣至厚。高二十五尺。雉堞甕城皆塗白堊。此城方四英里。每面長一英里。共闢六門。此城內始爲宮殿。城內亦有八庫。內儲大可汗御用之物。沿城徧栽樹木。間以草地。蓄麋鹿麞麝無數。草場遼廣。有石砌之道。以通往來。道上不染纖塵。中凸。天雨則水自兩旁流下。藉以灌溉草地。大可汗之宮。正建其中。此宮之華麗宏大。實爲天下之冠。宮起城北。直達城南。除天井外、餘無隙地。其中惟貴官及司宿衛之兵往來而已。宮殿均一層。無有樓者。然殿頂崇高無比。殿基爲石臺。高數丈。四圍皆白石之欄。無論何人。非經君問。不得過石欄一步。殿牆繪龍鳳鳥獸。亦有繪兩軍鏖戰狀者。仰牆亦施藻繪金漆。殿之四面。均有石級。自平地直接殿基石臺。大殿既深且廣。當大可汗賜宴羣臣時。容人至夥。宮之全部。零落星散。故觸眼多勝景。殿頂覆以五彩之瓦。搆造極堅。能歷久不壞。窗門之上。嵌以明瓦。通透若琉璃。宮殿之最後。有寶庫。凡珍珠寶石金銀及他貴重之物、皆儲焉。

又卷二第七章汗巴路城建于契丹省內大河之旁自古稱爲雄都汗巴路(Cambaluc)之義卽皇都也大可汗于河之對岸另建新都名之曰大都兩都之間中隔以河大都爲方形周圍長二十四英里每面長六英里城垣以土爲之牆基寬十尺漸漸向上峻削至牆頂僅寬三步而已城垛皆作白色城形既方其街衢均尙直故人登南城遠望能見北城之樓通衢兩旁商肆林立各家區地建屋亦成正方無參差先後之不齊每家之長各得地若干建屋其中世世居之自高處下視全城極類棋盤有城門十二每面三門四角各有角門門上建危樓一座樓中皆儲軍械每門撥兵一千守之城之中央有鐘樓一所每晚鐘鳴至第三次則街上禁止行人其因延醫或接產婆必須外出者必須提燈否則仍以犯夜論罪城外商店居民更多市場遠出三四英里以外以戶口論城外尙多于城內也商店居民之外尙有旅館多處各路客商咸有專門旅館例如回民有回民之旅館蠻子有蠻子之旅館也城內外之樂戶約計有妓二萬五千人公家設專官取締之

蓋鄭氏所識者蒙古草昧之風而歐人所覩者元代極盛之世當時漢族文敎制度遠軼韃靼故深惡其野蠻歐洲文敎制度不及中國故大驚其宏偉參兩者而觀之則蒙古之由遊牧民族席遼金及宋之遺產而成城郭之國之規模其進步之速亦可稱矣

元代統馭東亞鞭笞萬里典章制作必有遠軼前代者顧其傳世諸書若元祕史聖武親征錄等皆祇述戰勝攻取之事

那珂通世成吉思汗實錄序論忙豁侖紐察脫卜赤顏元太祖時撰續集太宗十二年撰元朝祕史十卷續集二卷明洪武十五年

譯。元朝祕史十五卷、永樂大典十二先元字韻中所收。錢大昕鈔出本、張穆連筠簃刻本、李文田注刻本。

又修正紐察脫卜赤顏（元史察罕傳稱脫必赤顏、虞集傳稱脫卜赤顏。）聖武開天記（仁宗時、察罕譯脫必赤顏以成。）聖武親征記（邵遠平元史類編所引。）皇元聖武親征錄（兩淮鹽政採進本。四庫全書提要存目。）

經世大典則僅存序錄。

倪燦補三史藝文志經世大典八百八十卷目錄十二卷。公牘一卷。纂修通議一卷。天歷二年、命趙世延虞集等撰。悉取諸有司掌故修之。

元文類卷四十至四十二。載經世大典序錄。

至元新格、風憲宏綱、大元通制、並散佚無存。

補三史藝文志風憲宏綱、趙世延撰。世延所較定律令。至元新格、何榮祖撰。

陳邦瞻元史紀事本末英宗至治三年二月、命完顏納丹曹伯啟等、纂集累朝格例而損益之。凡為條二千五百三十有九。名曰大元通制。

沈家本元典章跋元代掌故之編。如至元新格、風憲宏綱、大元通制。並亡失不可復。

今可考見元代制度者。自元史紀志外。僅元典章及典章新集二書。

錢大昕元典章跋此書題云大元聖政國朝典章。凡六十卷。首詔令。次聖政。次朝綱。次臺綱。次六部。書成于至治之初。故稱英宗為今上皇帝也。其後又有至治二年新集條例、三百餘頁。仍冠以大元聖政典章之名。

彙集案牘俚俗無文。

沈家本元典章跋。此書乃彙集之書。而非修纂之書。故所錄皆條畫原文。未加刪潤。頗似今日官署通行之案牘。大都備錄全文。以資參考。總目議其所載皆案牘之文。兼雜方言俗語。浮詞妨要者十之七八。又體例瞀亂。漫無端緒。乃吏胥鈔記之條格。不可以資考證。

蓋元制百官、皆蒙古人為之長、雖省部臺院、參用南人、多無實權。

趙翼廿二史劄記。元世祖定制。總政務者曰中書省。秉兵柄者曰樞密院。司黜陟者曰御史臺。其次在內者、有寺、有監、有衛、有府。在外者、有行省、行臺、宣慰司、廉訪使。其牧民者、曰路、曰府、曰州、曰縣。官有常職。位有常員。其長皆以蒙古人為之。而漢人南人貳焉。（元史百官志序）故一代之制。未有漢人南人為正官者。中書省為政本之地。太祖太宗時、以契丹人耶律楚材為中書令。宏州人楊惟中繼之。楚材子鑄亦為左丞相。（元制尚右）此在未定制以前。至世祖時。惟史天澤以元勳宿望、為中書右丞相。仁宗時、欲以回回人哈散為相。哈散以故事丞相必用蒙古勳舊。故力辭。帝乃以伯答沙為右丞相。哈散為左丞相。太平本姓賀。名惟一。順帝欲以為御史大夫。故事、臺端非國姓不授。惟一固辭。帝乃改其姓名曰太平。後仕至中書省左丞相。終元之世。非蒙古而為丞相者、止此三人。哈散尚係回回人。其漢人止史天澤賀惟一耳。丞相之下。有平章政事。有左右丞。有參知政事。則漢人亦得為之。其時亦稱宰執。然中葉後。漢人為之者亦少。順帝紀、至正十三年、始詔南人有才學者。依世祖舊制。中書省樞密院御史臺皆用之。是時江淮兵起。故以是收拾八心。然亦可見久不用南人。至是始特下詔。也鄭鼎傳、鼎子制宜為樞密院判官。車駕幸上都。舊制樞府官從行。歲留一人司本院事。漢人不得與。至是以屬制宜。制宜力辭。帝曰、汝豈漢人比耶。竟留之。可見樞密屬僚掌權之處。漢人亦不得與也。御史大夫非國姓不授。既見太平傳。而世祖初命程鉅夫為御史中丞。臺臣言、鉅夫南人。不宜用。帝曰、汝未用南人。何以知南人不可用。自今省部臺院必參用南人。鉅夫傳 可見未下詔以前。御史中丞之職。漢人亦不得居也。中書省分設于外者曰行省。初本不設丞相。後以和林等處多勳戚。行省官輕。不足以鎮之。乃設丞相。而他處行省遂皆設焉。董文用傳、行省長官素貴。同列莫敢仰視。跪起稟白如小吏。文用至則坐堂上。侃侃與論。可見行省中蒙古人之為長官者。雖同列不敢與講鈞禮也。成宗本紀、各道廉訪司必擇蒙古人為使。或缺、則以色目世臣子孫為之。其次始參以色目及漢人。文宗本紀、詔御史臺凡各道廉訪司官用蒙古二人。畏兀、河西、回回、漢人、南人各一人。是漢人南人廁于廉訪司者。僅五之一也。其各路達嚕噶齊、亦以蒙古人為之。至元二年、詔以蒙古人充各路達嚕噶齊。漢人充總管。回回人為同知。永為定制。其諸王駙馬分地。並令自用達嚕噶齊。仁宗始命以流官為之。而諸王駙馬所用者為副。未幾仍復舊制。文宗詔諸王封邑所用達嚕噶齊。擇本部識治體者為之。或有冒濫罪及王相。然亦未聞有以漢人為之者。此有元一代中外百官偏重國姓之制也。

故其經國之法。亦鮮可稱。據鄭介夫之言。則當時法令雜亂。家自為政。實極無法之弊。

陳邦瞻元史紀事本末成宗大德三年、鄭介夫上言。今天下所奉以行者。有例可援。無法可守。官吏因得以並緣為欺。如甲乙互訟。甲有力、則援此之例。乙有力、則援彼之例。甲乙之力俱到。則無所可否。遷調歲月。名曰撒放。使天下黔首。蚩蚩然狼顧鹿駭。無所持循。

內而省部。外而郡守。抄寫格例至數十冊。遇事爲難決。則檢尋舊例。或中無所載。則旋行議擬。是百官莫知所守也。民間自以耳目所得之勑旨條令。雜採類編。刊行成帙。曰斷例條章。曰仕民要覽。各家收置一本。以爲準繩。試閱二十年間之例。較之三十年前。半不可用矣。更以十年間之例。較之二十年前。又半不可用矣。是百姓莫知避也。　今者號令不常。有同兒戲。或一年二年前後不同。或綸音初降、隨即泯沒。遂致民間有一緊二慢三休之謠。上無道揆。下無法守。不聞如是可以立國者。　衙門紛雜。事不歸一。十羊九牧。莫之適從。普天率土。皆爲王民。豈可家自爲政。人自爲國。今正宮位下自立中政院。匠人自隸金玉府。校尉自歸拱衛司。軍人自屬樞密院。諸王位下自有宗正府內史府。僧則宣政院。道則道教所。又有宣徽院徽政院都護府白雲宗所管戶計諸司頭目、布滿天下。各自管領。不相統攝。凡有公訟。並須約會。或事涉三四衙門。動是半年。虛調文移。不得一會。或指日對問。則各司所管。互相隱庇。至一年二年、事無杜絕。遂至于強凌弱。衆暴寡。貴抑賤。無法之弊。莫此爲甚。

然詳觀元代史事。則民治與封建。實爲元之立國根本。民治之法。詳見元典章戶部立社門。

元典章戶部立社　勸農立社事理十五款。　至元二十八年、尚書省奏奉聖旨節該。將行司農司勸農司衙門罷了。勸課農桑事理、併入按察司。除遵依外。照得中書省先于至元二十三年六月十二日奏過事內一件。奏立大司農司的聖旨奏呵。與者麼道聖旨有來。又仲謙那的每行來的條畫。在先他省官人每的印信文字行來。如今條畫根底省家文字裏交行呵。怎生麼道奏呵。那般者麼道聖旨了也。欽此。聖旨定到條畫開坐前去。仰依上勸課行。

元史食貨志約舉其法。詡爲用心周悉。

元史食貨志農桑之制十四條。當是十五條條多不能盡載。載其所可法者。縣邑所屬村疃、凡五十家立一社。擇高年曉農事者一人為之長。增至百家者。別設長一員。不及五十家、與近村合為一社。地遠人稀、不能相合、各自為社者、聽。其合為社者。仍擇數村之中立社。長官司長。以教督農桑為事。凡種田者。立牌橛于田側。書某社某人于其上。社長以時點視勸誡。不率教者。籍其姓名、以授提點官責之。其有不敬父兄及兇惡者亦然。仍大書其所犯于門。俟其改過自新。乃毀。如終歲不改。罰其代充本社夫役。社中有疾病凶喪之家、不能耕種者。衆為合力助之。一社之中、災病多者。兩社助之。凡為長者復其身。郡縣官不得以社長與科差事。農桑之術。以備旱暵為先。凡河渠之利。委本處正官一員。以時濬治。或民力不足者。提舉河渠官相其輕重。官為導之。地高、水不能上者。命造水車。貧不能造者。官具材木給之。俟秋成之後。驗使水之家。俾均輸其直。田無水者鑿井。井深不能得水者。聽種區田。其有水田者。不必區種。仍以區田之法。散諸農。民種植之制。每丁歲種桑棗二十株。區土性不宜者。聽種榆柳等。其數亦如之。種雜果者。每丁十株。皆以生成為數。願多種者聽。其無地及有疾者不與。所在官司申報不實者罪之。仍令各社布種苜蓿。以防饑年。近水之家。又許鑿池養魚、并鵝鴨之屬。及種蒔蓮藕雞頭菱芡蒲葦等。以助衣食。凡荒閑之地。悉以付民。先給貧者。次及餘戶。每年十月、令州縣正官一員巡視境內。有蟲蝗遺子之地。多方設法除之。其用心周悉若此。亦仁矣哉。

尋其法意。蓋舉農田水利樹藝漁畜教育勸懲。一寓于立社之中。此實漢族先哲研求民治培植國本之法。而蒙古遊牧之族入主中國。乃能施行此制。是亦一奇事也。按北宋關中呂氏鄉約有約正及同約之人。以德業相勸過失相規禮俗相交患難相恤為約。而于勸農興學之事未之及也。

宋元學案呂范諸儒學案呂大鈞字和叔于橫渠爲同年友心悅而好之遂執弟子禮于是學者靡然知所趨向橫渠之教以禮爲先

先生條爲鄉約關中風俗爲之一變

朱子社倉事目有社首保正副等名亦止及積穀一事

朱子集卷十五社倉事目每十人結爲一保遞相保委　逐年十二月分委諸部社首保正副將舊簿重行編排　某里第某都社首

某人今同本都大保長隊長編排到都內人口數下項

元之社長職務綦繁所立規程亦極周密蓋承兩宋地方制度而又加以研究此必非蒙古人所能爲然漢族賢者爲立此制（按元史食貨志世祖中統二年立勸農司以陳邃崔斌等八人爲使至元七年立司農司以左丞張文謙爲卿則立社之法殆即陳邃張文謙等所建白）而彼族能用之則元之能承中國國統亦匪無故矣

封建之制殊無定法惟擁立大汗必由諸王宗室集會推舉則封建之關係有可稱者

屠寄蒙兀兒史記斡歌歹可汗本紀歲丁亥秋七月成吉思汗殂于靈州會葬禮畢汗與諸皇子諸王各還本封蒙兀俗大位繼承必經忽里勒塔之定策忽里勒塔者華言大會議也汗雖有成吉思前命大位猶未定故戊子年拖雷監國其秋拖雷即遣使召集左右手諸王駙馬萬戶千戶官人期以明年夏會議立君

又其統轄諸國全恃驛站之交通諸書稱元之所以強盛多紀其制

元史兵志元制站赤者驛傳之譯名也蓋以通達邊情布宣號令古人所謂置郵而傳命未有重于此者焉凡站陸則以馬以牛或以

驢。或以車。而水則以舟。其給驛傳璽書謂之鋪馬聖旨。遇軍務之急。則可以金字圓符爲信。銀字者次之。內則掌之天府。外則國人之爲長官者主之。其官有驛令。有統領。又置脫脫禾孫于關會之地。以司辨詰。皆總之于通政院及中書兵部。而站戶闕乏逃亡。則可以時令補。且加賑恤焉。于是四方往來之使。止則有館舍。頓則有供帳。饑渴則有飲食。而梯航畢達。海宇會同。元之天下、視前代所以爲極盛也。

馬哥博羅遊記汗巴路爲大可汗之所居。故皆有大道。以通各省及諸藩屬。大道之上。每隔二十五英里。或三十英里。必設驛站一所。以便官員或公差在此歇宿。此等驛站。名之曰雅伯木站。屋極寬大。每站必有修潔之屋數間。陳設極其華麗。雖王公貴人之尊。亦不以爲簡陋也。其中飲饌一切。均自左近大城中購置。尚有數站。爲貴人所常至。此其供應。均由內廷發給。每站蓄良馬四百匹。以便外國使臣或官府往來之用。蓋長途陸行。馬易困乏。故一至前站。則以疲馬委之站員。而易馬以行。沿途無濡滯之患。即高山大漠之中。去城絕遠。四無居人。而驛站仍續續不斷。飲饌馬匹、供應周至。大可汗每以內地無業之民。遣送荒僻之地。充站役。賜之耕種之地。不數年間其左近自成村落矣。因有此項制度。故各國貢使。以及大可汗派赴各國各省之專使。長途均無缺乏之苦。可謂周至極矣。驛站之間。每隔三英里。必有一小村落。約有居民四五十家。此亦公家所設。其居戶大都均爲郵卒。其人腰際縛鞋。上繫以銜。疾行道上。聲聞甚遠。每遇投遞公文。甲站之人、負之疾行三英里。以之交付乙站。乙站之人、再以交付丙站。故人不疲而遞信極速。其所以腰間繫鈴者。使前站之人。預知將有公文遞至。有所準備。以期不誤時間也。大可汗所轄版圖綿亙。非如此不足以寄號令于邊遠。往往邊界有警。不數日即可達于大可汗。有時大可汗居上都。汗巴路早間摘佳果。令郵卒遞呈大可汗。至明日午後、已達上都若尋常旅行自汗巴路至上都須十日之程也每村之中設書記一員專記某件公文何日何時到站發出尚有巡查各站之官每月稽查站吏郵卒之勤惰一次記其功過郵卒除不納丁稅外每月尚可支領工食驛站馬匹均由左近城市人民供其喂養之費每年由各城官吏調查戶口一次計其歲入之多寡責令每人納費若干以供驛站經費此項捐納仍併入地丁錢糧一同赴櫃交納官吏但于錢糧解京之時扣留若干以充驛站經費前言每站有馬四百匹其實常川在廐者僅二百匹耳蓋馬居廐中時常應差則易消瘦故分馬四百匹爲兩班甲班供差時則乙班放牧每班一月一輪故馬亦得休息之時途中遇有河流阻梗則近處城鎭或村落必須時備渡船數艘待于河岸設遇沙漠之地中無人居者其最近城鎭亦有供應馬匹糧食飲水之義務惟此等城鎭每年仍受俸給以補償其所失耳　如遇重要軍情須加緊遞送者則每日必行二百或二百五十英里背插飛鷹標識以示緊急之意此等重要軍情往往必以二人遞送人各急裝纏布于首策快馬同時並行至第二站必有二駿馬鞍轡以待于此並不休息立卽換馬遄行如是者逢站更馬一日之中可行二百五十英里如係最要公文卽夜間亦加班遞送如遇月在上下弦黑暗不便夜行則站吏供給人役令執炬前導惟夜行時不似白晝之迅耳

蓋元之疆域亙古無匹使非有特殊制度以便利交通則其國家必不能搏結爲一諸書所言較之前代驛傳實有緩急之殊故欲考元代所以能合亞洲全境及歐洲東北部爲一大國者不可不注意于此也

然此特其制度之一端他事殊未能稱此定宗薨後諸王已有意見

詳元史譯文證補定宗憲宗本紀補異

世祖立而海都抗命諸王叛者相屬。詳元史譯文證補海都補傳。故當極盛之時已有分裂之兆。其後元室淪亡。而蒙古支裔猶緜延歷世。論者謂為封建之效。柯劭忞新元史宗室世表序太祖分封子弟塡服荒遠其後乃顏海都雖有鬩牆之釁然昭宗北走和林不失舊物歷二三百年。成吉思汗之族雄長北邊至今日猶為中國之藩服然後知先王封建之制為不可易也。然使其族能精研法制。無使渙散。其勢豈止于是哉。

第二十二章　宋元之學校及書院

自唐以降。取士皆以科舉。學校之制大抵具文不足語于教育也。然有宋諸儒恒思興起國學。其州郡之學。亦至宋始盛。是亦有足稱者。書院之名起于唐。至五代而有講學之書院。宋元間儒者多于書院講學。其風殆盛于國庠及州郡之學。迄明清猶然。故欲知中國近代教育學術之變遷。不可不知書院之原起。及其規制也。茲先略述宋元學校制度。而次及書院。

唐末學校積廢。五季區區莫之能振。經用不足。則命官吏及監生輸錢。名為光學。馬端臨文獻通考、咸通中劉元章為禮部侍郎。建言羣臣輸光學錢治庠序。宰相五萬。節度使四萬。刺史萬。詔可。　梁開平三年、國子監奏修建文宣王廟。請率在朝及天下見任官俸錢。每貫尅留一十五文。　後唐天成五年、國子監奏當監舊例。初補監生。有束脩錢二千。及第後光學錢一千。當監諸色舉人及第後。多不于監司出給光學文鈔。及不納光學錢。

其窘迫之狀可想矣。宋室初興。增修學舍。而國子監僅容釋奠齋庖。太學未嘗營建。止假錫慶院廊廡爲之。勸學之風。殆亦未盛。

文獻通考。宋初增修國子監學舍。　熙寧四年、侍御史鄧綰言國家治平百餘年。雖有國子監。僅容釋奠齋庖。而生員無所容。至于太學。未嘗營建。止假錫慶院廊廡數十間。生員纔三百人。

雖有胡瑗孫覺等、樹立師道。稍復古風。而學校規模。猶在漢唐之下。

文獻通考。皇祐末以胡瑗爲國子監講書。專管句太學。數年、進天章閣侍講。猶兼學正。其初人未甚信服。乃使其徒之已仕者、盛僑顧臨輩、分治其事。又令孫覺說孟子。中都人士稍稍從之。一日、升堂講易。音韻高朗。指意明白。衆方大服。然在列者不喜。謗議蜂起。瑗不顧。强力不倦。卒以有立。　瑗在學時。每公私試罷。掌儀率諸生會于首善。令雅樂歌詩。乙夜乃散。諸齋亦自歌詩奏琴瑟之聲。徹于外。瑗在湖學。教法最備。始建太學。有司請下湖學。取瑗之法。以爲太學法。至今爲著令。

熙寧元豐。厲行新法。太學三舍規制始宏。

陳邦瞻宋史紀事本末。熙寧四年十月、立太學生三舍法。釐生員爲三等。始入太學。爲外舍。定額爲七百人。外舍升內舍。員三百。內舍升上舍。員一百。各執一經。從所講官受學。月考試其業。優等以次升舍。上舍免發解及禮部試。召試賜策。其正錄學諭、以上舍生爲之。經各二員。學行卓異者。主判直講復薦之于中書除官。其後增置八十齋。齋三十人。外舍生至二千人。歲一試、補內舍生。間歲一試、補上舍生。彌封謄錄。如貢舉法。

文獻通考元豐二年、頒學令。太學置八十齋。齋容三十人。外舍生二千人。內舍生三百人。上舍生百人。總二千四百。

宋史職官志凡諸生之隸于太學者、分三舍。始入學。驗所隸州公據、以試補。中者充外舍。齋長諭月書其行藝于籍。行謂率教不戾規矩。藝謂治經程文季終、考于學諭。次學錄。次學正。次博士。然後考于長貳。歲終校定。具注于籍。以俟覆試。視其校定之數。參驗而序進之。凡私試、孟月經義。仲月論。季月策。公試、初場以經義。次場以論策。試上舍如省試法。凡內舍行藝與所試之等俱優者、爲上舍上等。取旨命官。一優一平爲中。以俟殿試。一優一否或俱平爲下。以俟省試。唯國子生不預考選。

又祭酒掌國子太學武學律學小學之政令。司業爲之貳。丞參領監事。　博士十人。舊係國子監直講。元豐三年、詔改爲太學博士。每經二人。掌分經講授。考校程文。以德行道藝訓導學者。　正錄各五人。掌舉行學規。凡諸生之戾規矩者。待以五等之罰。　職事學錄五人。掌與正錄通掌學規。學諭二十人。掌以所授經傳諭諸生。直學四人。掌諸生之籍。及幾察出入。凡八十齋。齋置長諭各一人。掌表率齋生。凡戾規矩者。糾以齋規五等之罰。仍月考齋生行藝。著于籍。

崇寧中、罷科舉取士。一出于學。而太學生至三千八百人。

宋史紀事本末徽宗崇寧元年八月甲戌、蔡京請興學貢士。縣學生選考升諸州學。州學生每三年貢太學。考分三等。上等補上舍。中等補中舍。下等補內舍。餘居外舍。諸州軍解額各以三分之一充貢士。京又請建外學。乃詔卽京城南門外營建。賜名辟雍。外圓內方。爲屋千八百七十二楹。太學專處上舍內舍生。而外學則處外舍生。士初貢至。皆入外學。經試補入上舍內舍。始得進處太學。太學外舍亦令出居外學。于是上舍至二百人。內舍六百人。外舍三千人。

又三年九月、罷科舉法。時雖設辟雍太學。以待士之升貢者。然州縣猶以科舉貢士。蔡京以爲言。遂詔天下取士。悉由學校升貢。其州郡發解凡試禮部法皆罷。　四年五月、行三舍法于天下。按宋史選舉志、宣和三年、詔罷天下三舍法。開封府及諸路。並以科舉取士。惟太學仍存三舍。以甄序課試。遇科舉仍自發解。蓋科舉之罷。爲時未久也。

雖其法出于新黨。論者多不謂然。

朱子學校貢舉私議。熙寧以來。所謂太學者。但爲聲利之場。而掌其教事者。不過取其善爲科舉之文。師生相視。漠然如行路之人。月書季考。祇以促其嗜利苟得、冒昧無恥之心。殊非立學教人之本意。

葉適論學校曰。崇觀間、以俊秀聞于學者。旋爲大官。宣和靖康所用誤國之臣。大抵學校之名士也。

然陳東等請誅六賊。用李綱。

宋史陳東傳。東字少陽。鎮江丹陽人。蚤有儁聲。以貢入太學。欽宗卽位。率其徒伏闕上書論事。請誅蔡京、梁師成、李彥、朱勔、王黼、童貫六賊。明年、金人迫京師。李邦彥議與金和。李綱主戰。邦彥因少失利。罷綱而割三鎮。東復率諸生、伏宣德門下上書。請用綱、斥邦彥。軍民從者數萬。書聞。傳旨慰諭。衆莫肯去。舁登聞鼓撾壞之。喧呼震地。于是亟召綱入。復領行營。遣使撫諭。乃稍引去。高宗卽位五日。相李綱。又五日、召東至。未得對。會綱去。乃上書乞留綱而罷黃潛善汪伯彥。潛善激怒高宗殺之。

與漢之太學生救鮑宣、褒李膺者。後先相映。亦不可謂非養士之效也。

漢書鮑宣傳。宣坐距閉使者。亡人臣禮。大不敬不道。下廷尉獄。博士弟子濟南王盛、舉幡太學下曰。欲救鮑司隸者會此下。諸生會者千餘人。朝日遮丞相孔光自言。丞相車不得行。又守闕上書。上遂抵宣罪。減死一等。髡鉗。

後漢書黨錮傳。太學諸生三萬餘人。郭林宗、賈偉節爲其冠。並與李膺、陳蕃、王暢、更相褒重。

宋代太學之外。有律算書畫醫諸學。

馬端臨文獻通考。律學、熙寧六年置。教授四員。凡命官學人。皆得自占入學。舉人須命官二員任其平素。先入學聽讀。而後試補。習斷案人、試案一道。習律令人、試大義五道。月一公試。三私試。　需用古今刑書、許于所屬索取。凡朝廷新頒條令。刑部畫日關送。

又算學、崇寧三年立。其業以九章周髀及假設疑數爲算問。仍兼海島孫子五曹張邱建夏侯陽算法。幷曆算三式天文書爲本科。本科外人、占一小經。願占大經者聽。公私試三舍法。略如太學。上舍三等推恩。以通仕登仕將仕郎爲次。

又書學、篆隸草三體。字說文字說爾雅博雅方言五書。仍兼通論語孟子義。願占大經者聽。三舍試補升降、略同算學。法推恩差降一等。

又畫學、曰佛道人物山水鳥獸花竹屋木。以說文爾雅方言釋名。教授說文則令篆字著音訓。餘書皆設答。以所解義、觀其能通畫意與否。仍分士流雜流。別其齋以居之。士流兼習一大經一小經。雜流則誦小經。或讀律。考畫文等、以不倣前人、而物之情態形色俱若自然、筆韻高簡爲工。三舍試補升降以及推恩、略同書學。惟雜流授官。止自三班借職以下三等。

又醫學、初隸太常寺。神宗時、置提舉判局。始不隸太常。亦置教授一員。翰林醫官以下。與上等學生及在外良醫爲之。學生常以春試。

取三百人爲額。三學生願預者聽。倣三學之制立三舍法、爲三科。以教諸生。有方脈科、鍼科、瘍科。方脈以素問難經脈經爲大經。病源千金翼方爲小經。考察升補等略如諸學之法。其選用最高者爲尚藥醫師。以次醫職。餘各以等補官。爲本學博士正錄、及外州醫學教授云。

又有武學以兵書弓馬武藝訓誘學者。

宋史職官志。武學慶曆三年、詔置武學于武成王廟。以阮逸爲教授。八月、罷武學。以議者言古名將如諸葛亮羊祜杜預等、豈專學孫吳故也。熙寧五年、樞密院言古者出師受成于學。文武弛張。其道一也。乞復置武學。詔于武成王廟置學。元豐官制行、改教授爲博士。紹興十六年、詔修建武學。武博武諭。以兵書弓馬武藝誘誨學者。

而慶曆以後、州郡無不有學。

宋史職官志。景祐四年、詔藩鎭始立學。他州勿聽。慶曆四年、詔諸路州軍監各令立學。學者二百人以上。許更置縣學。自是州郡無不有學。始置教授。以經術行義訓導諸生。掌其課試之事。而糾正不如規者。委運司及長吏于幕職州縣內薦或本處舉人有德藝者充。熙寧六年、詔諸路學官委中書門下選差。至是始命于朝廷。元豐元年、州府學官共五十三員。諸路惟大郡有之。軍監未盡置。元祐元年、詔齊盧宿常等州各置教授一員。自是列郡各置教官。建炎三年、教授並罷。紹興三年、復置四十二州。十二年、詔無教授官州軍令吏部申尙書省選差。二十六年、詔並不許兼他職。令提舉司常切遵守。

宋儒文集。多有州郡建學碑記。可見一代風氣。金石萃編載永興軍牒及中書劄子。

王昶金石萃編永興軍牒戶部侍郎知永興軍范雍奏、國家剗甲敦儒、宅中闡緒云云。臣伏見本府城中。見有係官隙地。欲立學舍五十間。乞于國子監請經典史籍一監。仍撥係官莊田一十頃。以供其費。訪經明行修者爲之師範。召篤學不倦者補以諸生。候勅旨。牒奉敕依奏。許建立府學。仍勘會于係官荒閑土地內量撥伍頃充府學支用及令國子監賜與九經書籍。不得假借出外、及有損汚散失。仍令本軍常切選差官一員管句。

又永興軍中書劄子。戶部侍郎知河陽軍范雍奏、臣昨知永興軍。體量得前資寄任官員頗多。子弟輩不預肯構。唯恣嘲謔輕薄。鬬諜詞訟。目來累有條約。與諸處不同。有過犯情理重者。並奏聽敕裁。然終難悛革。蓋由別無學校勵業之所。是致輕悍成風。臣到任後。奏乞建置府學。兼賜得九經書。差官主掌。每日講授。據本府分析。即今見有本府及諸州修業進士一百三十八人在學。關中風俗稍變。頗益文理。見是權節度掌書記陳諭管句。欲乞特降勅命。指揮下本府管句官員。令常切遵守所立規繩。不得隳廢。候敕旨。右奉聖旨依奏。劄付永興軍准此者。

知宋初各地立學。尚須特奏。關中爲自古都會。而學校久廢。待范雍而後興。則自北宋中葉以降。無論路。府州軍皆立學校。教授不得謂非文化之鉅典也。

雖然宋代學校、究不逮科舉之盛。宋之君主多注重取士。臨軒試士。待之極渥。

馬端臨文獻通考、太祖開寶八年、親試舉人。得王嗣宗等三十六人。　按殿前試士。始于唐武后。然唐制以考功郎中任取士之責。后不過下行其事。以取士。舉非于考功已試之後再試之也。　開寶六年、李昉知舉。放進士後。下第人徐士廉等打鼓論榜。上遂于講武殿命題重試御試自此始。然是年雖別試。而共爲一榜。亦未嘗有省試殿試之分。至八年、覆試禮部貢院合格舉人王式等于講武殿。內出試題得進士三十六人。而以王嗣宗爲首。王式者、禮部所定合格第一人。則居其四。蓋自是年御試始別爲升降。始有省試殿試之分。省元狀元之別云。

而糊名考校。解衣閱視之令又極嚴。

文獻通考淳化三年、諸道舉人凡萬七千餘人。蘇易簡知舉。殿試始令糊名考校。景德四年、令禮部糊名考校。又大中祥符五年、上聞貢院監門官以諸科舉人挾書爲私。悉解衣閱視。失取士之體。亟令止之。又令貢院錄諸州發解試題以聞。以將廷試。慮或重複。自是用以爲例。

其舉也限以年。

文獻通考英宗治平三年、詔曰。先帝以士久不貢。怠于學。而豪傑者不時舉。故下間歲之令。而自更法以來。其弊浸長。里選之牒仍故。而郡國之取減半。計偕之籍屢上。而道塗之勞良苦。朕甚閔焉。其令禮部三歲一貢舉。

其取也判以甲。

文獻通考太平興國八年、試進士始分三甲。第一甲並知縣。

定其解額先以秋試。

文獻通考紹興十一年、始就諸路秋試。每五人解一名。省試七人取一名。

于是天下學者悉萃精力于考試。反視學校進身不如科舉之捷。雖以王安石之提倡經術。

宋史選舉志王安石曰今人材乏少。且其學術不一。異論紛然不能一道德故也。一道德則修學校。欲修學校。則貢舉法不可不變。者謂此科嘗多得人自緣仕進別無他路其間不容無賢若謂科法已善則未也。今以少壯時正當講求天下正理。乃閉門學作詩賦。及其入官世事皆所不習此科法敗壞人才。致不如古。既而中書門下言古之取士。皆本學校。道德一于上。習俗成于下。其人才皆足以有爲于世。今欲追復古制。則患于無漸。宜先除去聲病對偶之文。使學者得專意經術。以俟朝廷興建學校。然後講求三代所以教育選舉之法。施于天下。則庶幾可以復古矣。于是改法。罷詩賦帖經墨義。士各占治易詩書周禮禮記一經。兼論語孟子。每試四場初大經次兼經大義凡十道。（後改論語孟子義各三道）次論一首。次策三道。禮部試即增二道。中書撰大義式。頒行。試義者。須通經有文采乃爲中格。不但如明經墨義。粗解章句而已。

蔡京之主廢科舉。

見前。

其弊卒不能革。蓋利祿之途既開。奔競之心日甚。亦勢之無可如何者也。

南宋學制。亦沿三舍之法。太學初僅養士七百人。

宋史選舉志紹興八年葉琳上書請建學。而廷臣皆以兵興餽運爲辭。十三年兵事稍寧。始建太學。置祭酒司業各一員。博士三員。正錄各一員。養士七百人。上舍生三十員。內舍生百員。外舍生五百七十員。

慶元嘉定中增外舍生至千四百員。申嚴積分之法。

續文獻通考。慶元嘉定中。增外舍生至千四百員。內舍校定。不繫上舍試年分。以八分爲優等。外舍生晏泰亨以七分三釐乞理爲三優。朝命不許。遂申嚴學法。今後及八分者。方許歲校三名。如八分者止有一人。而援次優三優之例者。亦須止少二三釐。方可陳乞特放。

其學規有關暇、遷齋、夏楚、屏斥諸目。

續文獻通考。學規五等。輕者關暇幾月。不許出入。此前廊所制也。重則前廊關暇。監中所行也。又重則遷齋。或其人果不肯。則所遷之齋亦不受。又遷別齋。必須委曲人情。方可直須本齋同舍力告公堂。方許放還本齋。此則比之徒罪。又重則下自訟齋。比之黥罪。自宿自處。同舍亦不敢過而問焉。又重則夏楚屏斥。比之死罪。自此不與士齒矣。

吳自牧夢粱錄詳載臨安學校規制。觀之可以見南宋國學及府縣學校之概。

吳自牧夢粱錄。太學有二十齋。扁曰服膺、禔身、習是、守約、存心、允蹈、養正、持志、節性、率履、明善、經德、循理、時中、篤信、果行、務本、貫道、觀化、立禮十七齋。扁俱米友仁書。餘節性、經德、立禮齋扁。張孝祥書。各齋有樓。揭題名于東西壁。廳之左右爲東西序。對列位。後爲爐亭。又有亭宇。揭以嘉名甚夥。紹興年間。太學生員額三百人。後增置一千員。今爲額一千七百一十有六員。以上舍額三十人。內舍額二百單六人。外舍額一千四百人。國子生員八十八人。諸生衫帽出入。規矩森嚴。朝家所給學廩。動以萬計。日供飲膳。爲禮甚豐。宗學在睦親坊。按國朝宗子分爲六宅。宅各有學。學各有訓導之官。中興後。惟睦親一宅。置諸王宮大小學教授。專以訓迪南班子弟。

嘉定歲、始改宮學爲宗學凡有籍之宗子。以三歲一試補入爲生員。如太學法。置敎授博士宗諭。立講課。隸宗正寺。掌之學。立大成殿。御書閣。明倫堂。立敎堂。汲古堂。齋舍有六。扁曰貴仁、立愛、大雅、明賢、懷德、升俊。　杭州府學在凌家橋西。士夫嫌其湫隘。故帥臣累增闢規模。廣其齋舍。總爲十齋。扁曰進德、興能、登俊、賓賢、持正、崇禮、致道、尙志、率性、養心。又有小學齋舍。在登俊後。以東西二敎、掌其敎訓之職。次有前廊錄正等生員。各齋有長諭。月書季考。供膳亦厚。學廩不下數千。出納學正領其職。仁和錢塘二縣學、在縣左。建廟學養士。仁和學有齋舍四。扁曰敎文、敎行、敎忠、敎信。錢塘學齋舍六。曰友善、辨志、敎行、敎信、敎文、敎忠。諸縣學亦如之。各縣有學官。次有學職生員。日供飲膳。月修課考。悉如州縣學。各州縣學廩不下數百。以爲養士之供。醫學在通江橋北。又名太醫局。建殿扁曰神應。奉醫師神應王。以岐伯善濟公配祀。講堂扁曰正紀。朝家以御診長聽充判局職。本學以醫官充敎授四員。領齋生二百五十人。月季敎課。出入冠帶如上學禮。學廩飲膳豐厚不苟。大約視學校規式嚴肅。局有齋舍者八。扁曰守一、全沖、精微、立本、慈和、致用、深明、稽疾。

癸辛雜識痛詆當時學者。

周密癸辛雜識。三學之橫。盛于淳祐景定之際。凡其所欲出者。雖宰相臺諫、亦直攻之。使必去。權乃與人主抗衡。或少見施行。則必借秦爲諭。動以坑儒惡聲加之。時君時相。略不過而問焉。其所以招權受賂。豪奪庇姦。動搖國法。作爲無名之謗。扣閽上書。經臺投卷。人畏之如狼虎。若市井商賈。無不被害。而無所赴愬。非京尹不敢過問。雖一時權相如史嵩之、丁大全、亦末如之何也。大全時極力與之爲敵。重修丙辰監令。榜之三學。時則方大猷實有力焉。其後諸生竭力合黨以攻大全。大全終于得罪而去。至于大猷、實有題名之石。磨去以爲敗羣之罰。自此之後。恣橫益甚。至賈似道作相。度其不可以力勝。遂以術籠絡。每重其恩數。豐其餽給。增撥學田。

種種加厚。于是諸生啖其利而畏其威。雖目擊似道之罪。而噤不敢發一語。

然太學諸生。能直攻宰相臺諫而使之去。其權至與人主抗衡。則正宋室養士之效。以賈似道之姦而不敢得罪學生。僅思以術籠絡其賢、過于今之政府多矣。元代京師有國子學及蒙古國子學、回回國子學。蓋其文字不專用一國也。蒙古國子學以教蒙文。

續文獻通考。世祖至元八年正月、立京師蒙古國子學。命于隨朝蒙古漢人百官及集賽臺官員、選子弟俊秀者入學。幷令好學者兼習算學。以通鑑節要用蒙古語言譯寫教之。俟生員學習成效。出題試問。觀其所對精通者量授官職、十四年、又立蒙古國子監。至成宗大德十年二月、增生員廩膳爲六十員。　仁宗延祐二年、生員百人。蒙古五十人、色目二十人、漢人三十人。而百官子弟之就學者。常不下二三百人。

回回國子學以教回文。

續文獻通考。至元二十六年八月、置回回國子學。尚書省臣言。亦思替非文字宜施于用。今翰林院伊普迪哈魯鼎能通其字學。乞授以學士之職。凡公卿大夫與夫富民之子。皆依漢人入學之制。日肄習之。帝可其奏。遂置回回學。　泰定二年閏正月、以入學者衆。其學官及生員五十餘人。已給飲膳者二十七人。外助教一人。生員二十四人。廩膳並令給之。學之建置。在于國都。凡百司庶府所謂譯史。皆從本學以取充焉。

于吾國之文化無大關係。其國子學之教漢文者。則沿宋代之制。建孔子廟。分齋舍。行積分法。

吳澄賈侯修廟學頌序、世祖皇帝至元二十四年、設國子學。命立孔子廟。暨順德忠獻王哈喇哈孫相成宗。始克繼先志。成其事。而工部郎中賈侯董其役。廟在東北緯塗之南。北東經塗之東。殿四阿。崇十有七仞。南北五尋。東西十筵者三。左右翼之廣亦如之。衡達于兩廡。兩廡自北而南七十步。中門崇九仞有四尺。修半之。廣十有一步。門東門西之廡。各廣五十有二步。外門左右。爲齋宿之室。以間計、各十有五。神廚神庫。南直殿之左右翼。以間計各七。殿而廡。廡而門。外至于外門。內至于廚庫。凡四百七十有八楹。肇謀于大德三年之春。訖功于大德十年之秋。于是設官教國子已二十年矣。寄廩官舍、不正其名。乃營國學于廟之西。中之堂爲監。前以公聚。後以燕處。旁有東西夾。夾之東西各一堂。以居博士。東堂之東、西堂之西、有室。東室之東、西室之西、有庫。庫之前爲六館。東西嚮。以居第生員。一館七室。助教居中以涖之。館南而東而西爲兩塾、以屬于門。門屋四周。通百間。踰年而成。

元史選舉志仁宗延祐二年、用集賢學士趙孟頫、禮部尚書元明善等所議。國子學貢試之法更定之。一曰陞齋等第。六齋東西相向。下兩齋、左曰游藝。右曰依仁。凡誦書講說小學屬對者。隸焉。中兩齋、左曰據德。右曰志道。講說四書課肄詩律者。隸焉。上兩齋、左曰時習。右曰日新。講說易書詩春秋科習明經義等樣文者隸焉。每齋員數不等。每季考其所習經書課業及不違規矩者。以次遞陞。二曰私試規矩。漢人驗日新時習兩齋。蒙古色目取志道據德兩齋。本學舉實歷坐齋二周歲以上未嘗犯過者。許令充試。限實歷坐齋三周歲以上。以充貢舉。漢人私試、孟月試經疑一道。仲月試經義。一道。季月試策問表章詔誥科一道。蒙古色目人、孟仲月各試明經一道。季月試策問一道。辭理俱優者、爲上等。準一分。理優辭平者。爲中等。準半分。每歲通計其年積分。至八分以上者。陞充高等生員以四十名爲額。內蒙古色目各十名。漢人二十名。歲終試貢員不必備。惟取實才。有分同闕少者。以坐齋月日先後多少爲定。其未及等幷雖及等無闕未補者。其年積分並不爲用。下年再行積算。每月初二日蚤旦圓揖後。本學博士助敎公座面引應試生員。各給印紙。依式出題考試。不許懷挾代筆。各用印紙眞楷書寫。本學正錄彌封謄錄。餘並依科舉式。助敎博士以次考定。次日監官覆考。于名簿內籍記各得分數。本學收掌。以俟歲終通考。三日點罰科條。應私試積分生員。其有不事課業、及一切違戾規矩者。初犯罰一分。再犯罰二分。三犯除名。從學正錄糾舉。正錄知見而不糾舉者。從本監議罰之。應已補高等生員。其有違戾規矩者。初犯殿試一年。再犯除名。從學正錄糾舉。正錄知見而不糾舉者。亦從本監議罰之。應在學生員。歲終實歷坐齋不滿半歲者。並行除名。除月假外。其餘告假。並不準算。學正錄歲終通行考校。應在學生員。除蒙古色目別議外。其餘漢人生員。三年不能通一經及不肯勤學者。勒令出學。

要亦科舉之變相。不足以言敎育。其府州縣學校。則見于史籍者、爲數頗多。

元史世祖本紀。至元二十三年、大司農司上諸路學校之數。凡二萬一百六十六所。二十五年、二萬四千四百餘所。二十八年、二萬一千三百餘所。

蓋合社學而言。或沿宋金之制。惟雲南創建學校。于推廣文化。有可紀焉。

續通考。至元十九年四月、命雲南諸路皆建學。祀先聖。　雲南俗無禮義。子弟不能讀書。且未知尊孔子。祀王逸少爲師。至元三年、賽音謂德齊沙木斯鼎爲雲南行省平章。創建孔子廟、明倫堂。購經史。授學田。十五年、張立道爲忠慶路總管。亦首建孔子廟。置學舍。

勸士人子弟以學。擇蜀士之賢者。迎以爲弟子師。歲時率諸生行釋菜禮。人習禮讓。風俗稍變。至是復有是命。二十九年四月、設雲南諸路學校。其教官以蜀士充。

書院之名。昉于唐而盛于宋元。

唐六典。開元十三年、改集賢殿修書所爲集賢殿書院。　有學士、直學士、侍講學士、修撰官、校理官、知書官等。　集賢院學士掌刊緝古今之經籍。以辨明邦國之大典。而備顧問應對。凡天下圖書之遺逸、賢才之隱滯。則承旨而徵求焉。其有籌策之可施于時。著述之可行于代者。較其才藝。考其學術。而申表之。凡承旨撰集文章。校理經籍。月終則進課于內。歲終則考最于外。

宋初有四大書院。曰白鹿洞。曰嶽麓。曰應天。曰嵩陽。其建置實先于各州之學。

馬端臨文獻通考。宋初有四書院。廬山白鹿洞、嵩陽書院、嶽麓書院、應天府書院。未建州學也。

王應麟玉海。述四書院之歷史甚詳。今節錄之。

白鹿洞書院

唐李渤與兄涉、俱隱白鹿洞。後爲江州刺史。即洞創臺榭。南唐昇元中、因洞建學館。置田以給諸生。學者大集。以李善道爲洞主。掌教授。當時謂之白鹿洞國庠。宋太平興國三年、知江州周述言廬山白鹿洞學徒數千百人。請賜九經書肄習之。詔從之。皇祐五年、孫琛即故址爲學館十間。榜曰白鹿洞之書堂。俾子弟居而學焉。淳熙六年、南康守朱熹重建。八年、賜國子監經書。

嶽麓書院

開寶九年、潭州守朱洞、始于嶽麓山抱黃洞下。以待四方學者。作講堂五間、齋序五十二間。咸平二年、潭守李允則、益崇大其規模。中開講堂。揭以書樓。塑先師十哲之象。畫七十二賢。請下國子監賜諸經釋文義疏史記玉篇唐韻。從之。祥符五年、山長周式請于太守劉師道。廣其居。山長之名始此八年、拜式爲國子主簿。仍增給中祕書。于是書院之稱聞天下。

應天府書院

祥符二年、詔應天府新建書院。以曹誠爲助教。國初有戚同文者。通五經業。聚徒百餘人。于是誠卽同文舊居建學舍百五十間。聚書千五百餘卷。願以學舍入官。令同文孫舜賓主之。故有是命。景祐二年、以書院爲府學。給田十頃。

嵩陽書院

至道二年七月甲辰、賜院額及印本九經書疏。祥符三年、賜太室書院九經。景祐二年、西京重修太室書院。詔以嵩陽書院爲額。按續通考、嵩陽書院在河南登封縣太室山下。五代時建。

此外則衡州石鼓書院建置亦甚久。

文獻通考石鼓書院唐元和間衡州李寬所建。國初賜額。

故言宋初四大書院者。或舉石鼓而不及嵩陽。蓋嵩陽後來無聞。而石鼓則南宋時猶存也。

北宋諸儒、多講學于私家。南宋諸儒、多講學于書院。故南宋時、書院最盛。

續通考宋自白鹿、石鼓、應天、嶽麓四書院後。日增月益。書院之建。所在有之。寧宗開禧中、則衡山有南嶽書院。掌教有官。育士有田。略做四書院之制。嘉定中、則涪州有北巖書院。至理宗時尤夥。其得請于朝、或賜額、或賜御書、及間有設官者。應天有明道書院。蘇州有鶴山書院。丹陽有丹陽書院。太平有天門書院。徽州有紫陽書院。建陽有考亭書院。廬峯書院。崇安有武夷書院。金華有麗澤書院。寧波有甬東書院。衢州有柯山書院。紹興有稽山書院。黃州有河東書院。丹徒有淮海書院。道州有濂溪書院。興化有涵江書院。桂州有宣成書院。全州有清湘書院。度宗朝、則淳安有石峽書院。衢州有清獻書院。其他名賢戾止士大夫講學之所自爲建置者。不與焉。

其法亦有仿三舍制者。

續通考理宗淳祐六年、敕湖廣善化縣別建湘西書院。 潭州故有嶽麓書院。至是御書其額賜之。復于湘水西別建書院。州學生月試積分高等升湘西嶽麓書院生。又積分高等升嶽麓精舍生。潭人謂爲三學生。

按宋時書院、性質殆有官立、私立兩種。官立者如白鹿、嶽麓等是。私立者如泰山書院、浮沚書院等是。

石介泰山書院記曰、泰山先生(即孫復)于泰山之陽起學舍講堂。聚先聖之書滿屋。與羣弟子居之。

宋元學案周行巳字恭叔。永嘉人。大觀中、築浮沚書院以講學。

其由私立改爲官立者、如戚同文講學之所、復改爲應天書院是。

宋元學案戚同文字同文。晉末衰亂、絕意祿仕。將軍趙直爲築室聚徒。請益之人、不遠千里而至。

李祖望答張徵士問四大書院帖子。戚同文講學睢陽。生徒即其居爲肄業之地。祥符三年、賜額。晏元獻公延范希文掌教焉。

續通考所未載者。尚有傳貽書院
宋元學案輔廣字漢卿崇德人築傳貽書院敎授學者稱傳貽先生。

石坡書院
宋元學案桂萬榮字夢協慈溪人嘗築石坡書院講學。

杜洲書院
宋元學案童居易字行簡慈溪人累世講學其孫金築杜洲書院。

同人書院
宋元學案高定字瞻叔知夾江縣作同人書院。

石洞書院
宋元學案饒魯字伯輿餘干人于家作石洞書院前有兩峯因號雙峯。

象山書院等。
宋元學案彭世昌傳陸象山奉祠歸家登應天山樂之因爲建一精舍卽所謂象山書院也。

其規模大小亦不等。如白鹿書院不過小屋四五間。
朱熹申修白鹿洞書院小貼子云所立書院不過小屋四五間不敢妄有破費官錢傷耗民力。

杜洲書院則有禮殿講堂等。

全祖望杜洲書院記有先聖碑亭。有禮殿。有講堂。有六齋曰志道、曰尙德、曰復禮、曰守約、曰愼獨、曰養浩。有書庫。有祭器。門廊庖湢纖悉畢備。

學生膏火、有取之田租者。

全祖望杜洲書院記有田租以資學者。

有取之官費者。

朱熹措置潭州嶽麓書院牒游學之士。依州學則例。日破米一升四合。錢六十文。其排備齋舍几案床榻之屬。幷帖錢糧官于本州贍學料次錢及書院學糧內。通融支給。

講學之法、或官吏延師。或主者自敎。或別請大儒。

宋元學案陸象山至白鹿洞書院。朱子率僚友請其講義。以警學者。象山爲講君子喻于義、小人喻于利一章。

或代以高第弟子。蓋亦無一定之規則也。

宋元學案陸象山在應天山精舍。學者坐以齒。傅子雲居末席。象山令設一席于旁。時令代講。或疑之。象山曰。子雲天下英才也。及出守荊門。盡以書院事付之。

元代書院、視宋尤盛。書院山長亦爲定員。

元史選舉志。至元二十八年、令江南諸路學及各縣學內。設立小學。選老成之士教之。或自願招師。或自受家學于父兄者。亦從其便。其他先儒過化之地。名賢經行之所。與好事之家。出錢粟贍學者。並立爲書院。　凡師儒之命于朝廷者、曰教授。路府上中州置之。命于禮部及行省及宣慰司者、曰學正山長學錄教諭。路州縣及書院置之。路設教授學正學錄各一員。散府上中州設教授一員。下州設學正一員。縣設教諭一員。書院設山長一員。

書院之著者不下百數。

續通考。自太宗八年、行中書省事楊惟中、從皇子庫春伐宋。收集伊洛諸書、送燕京。立宋儒周敦頤祠。建太極書院。延儒士趙復王粹等講授其間。此元建書院之始。其後昌平有諫議書院。河間有毛公書院。景州有董子書院。京兆有魯齋書院。開州有崇義書院。宣府有景賢書院。蘇州有甫里書院、文正書院、文學書院。松江有石洞書院。常州有龜山書院。池州有齊山書院。婺源有明經書院。太原有冠山書院。濟南有閔子書院。曲阜有洙泗書院、尼山書院。東阿有野齋書院。鳳翔有岐陽書院。郿縣有橫渠書院。湖州有安定書院、東湖書院。慈谿有慈湖書院。寧波有鄮山書院。處州有美化書院。台州有上蔡書院。南昌有宗濂書院。豐城有貞文書院。餘干有南溪書院。安仁有錦江書院。永豐有陽興書院。武昌有南湖書院、龍川書院。長沙有東岡書院、喬岡書院。益陽有慶州書院。常德有沅陽書院。福州有勉齋書院。同安有大同書院。瓊州有東坡書院。凡此蓋約略舉之。不能盡載也。

觀其書院之多。足知元雖以蒙古入主中國。而教育之權。仍操之吾族儒者之手。而宋儒講學之風。雖易代不衰。亦可見矣。

宋元之世。自有國學及府縣之學。而此外又有書院者。蓋學校多近于科舉。不足以饜學者之望。師弟子不能自由講學。故必于學校之外。別闢一種講學機關。其官立者雖有按年積分之制。而私家所設。或地方官吏自以其意延師講授者。初無此等拘束。故淡于榮利志在講求修身治人之法者。多樂趨于書院。此實當時學校與書院之大區別也。宋時州縣學校皆有田產。以贍學者。然以屬于官吏。亦可爲强權所奪。

續通考。至元二十三年。詔江南學校舊有學田。復給之以養士。時江南行省理財方急。賣所在學田。以價輸官。利用監徹爾奉使至。見之。謂曰。學有田所以供祭祀育人才也。安可鬻。遽止之。還朝以聞。帝嘉納焉。至二十九年正月。詔江南州縣學田。其歲入聽其自掌。春秋釋奠外。以廩給師生及士之無告者。貢士莊田則令覈數入官

若書院之剏自私人者。其田產當然屬于書院。不至爲政府沒收。第須規制完善。經理得人。其事反視官立學校爲可恃。故當時定令各地雖皆有學校。而士大夫仍于學校之外。增設書院。不以並行爲病。是亦書院與學校異趣者也。嗚呼。講學自由。經濟獨立。非今日學者所渴望者乎。稽之史策。固有前規。凡今人之所慮。何莫非昔人所見及者乎。

第二十三章　宋元間之文物

歷史進化之迹。隨在可見。而民族之能力。亦不必隨國運之盛衰爲消長。兩宋之時。漢族對外之力固甚

薄弱。至于元世。則全體受制于蒙古。益似無發展之餘地矣。然詳考其時之文物。則仍繼續進步。纚纚不休。文學。工藝。美術。製造。無不各有所新創。綜其全體論之。宋代民族審美之風。實又進于唐代。任就何事觀察。皆可見其高尚優美之概。不得謂宋人講理學。偏于迂腐鄙樸。而薄文藝不屑爲也。

宋元之詩文家極夥。稽其數量。倍蓰于唐。

舊唐書經籍志集部凡八百九十二部。一萬二千二十八卷。連前代總計

宋史藝文志凡集類二千三百六十九部。三萬四千九百六十五卷。據此、是有宋一代集部。較之戰國至唐之集部。增加二倍有奇也。

補遼金元藝文志凡集部六百六家七千二百三十一卷。遼金集部不多。大宗皆元代之作。舊唐書記唐代僅一百一十二家。則元代較之約多五倍矣。

而其作品又多別開戶牖。能發唐人之所未發。宋之散文大家。三倍于唐之大家。世稱唐宋八家。歐曾王蘇占八分之六。詩與四六又皆有特造之境。而經義之別爲一體者無論矣。

經義始于宋。宋藝文志不別爲類。補遼金元藝文志則有制舉類七家、三十二卷。

其他詩話文評。尤多作者。論其性質。則近世所謂修辭學也。

宋元文學之特產。尤有三焉。曰詞。曰曲。曰小說。詞起于唐。

全唐詩注。唐人樂府、原用律絕等詩。雜和聲歌之。其並和聲作實字、長短其句以就曲折者。爲塡詞。開元天寶肇其端。元和太和衍其流。大中咸通以後。迄于南唐二蜀。尤家工戶習。以盡其變。凡有五音二十八調。各有分屬。今皆失傳。

漸盛于五代。論者謂南唐二主之詞。等于書家之羲獻。其時代皆在宋初。故謂二主詞亦宋詞可也。北宋之工詞者。有晏殊、歐陽修、柳永、張先、蘇軾、秦觀、周邦彥等。南宋之工詞者。有辛棄疾、陳亮、陸游、姜夔、吳文英等。前掩唐而後無元明。蓋倚聲極盛之時也。詞之妙、在聲韻。至于有井水處。皆能歌之。

葉夢得避暑錄話。嘗見一西夏歸朝官云。凡有井水飲處。卽能歌柳詞。

陳郁藏一話腴。周美成樂府獨步。貴人學士市儈妓女皆知其詞可愛。

蓋詞尙協律。便于弦歌。由詩而進于詞。其體愈美。而其用愈普。是亦可徵人事之進化也。

小說家著于漢志。後世藝文志鮮及之。而小說之作。實亦日新不已。宋李昉等所集太平廣記。大都採自唐以前及唐人之小說。

談愷太平廣記跋。宋太平興國間。既得諸國圖籍。而降王諸臣。皆海內名士。或宣怨言。盡收用之。寘之館閣。厚其廩餼。使修羣書。以修文御覽、藝文類聚、文思博要、經史子集一千六百九十餘種。編成一千卷。賜名太平御覽。又以野史傳記小說諸家。編成五百卷。分五十五部。賜名太平廣記。

宋時小說。尤爲發達。有演述史事者。

高承事物紀原。宋仁宗時、市人有能談三國事者。或採其說。加緣飾。作影人。（此卽後世三國演義之始）

有直陳時事者。

郎瑛七修類稿。小說起宋仁宗時。國家閒暇。日欲進一奇怪之事以娛之。故小說得勝頭迴之後。即曰話說趙宋某年云云。

其書以說爲主。故多用當時語言。與文章家用古文法紀事者有別。

吳自牧夢粱錄小說講經史一則云。說話者謂之舌辯。雖有四家數。各有門庭。　談經者、謂演說佛書。說參請者、謂賓主參禪悟道等事。有寶庵管庵喜然和尚等。又有說諢經者戴忻庵。講史書者、謂講說通鑑漢唐歷代書史文傳興廢爭戰之事。有戴書生周進士張小娘子宋小娘子邱機山徐宣教。又有王六大夫。元係御前供話。爲幕士請給。講諸史俱通。于咸淳年間。敷演復華篇及中興名將傳。聽者紛紛。蓋講得字眞不俗。記問淵源甚廣耳。

又其述說不限時日。故必多分章回。以便使人聽而忘倦。今世所傳宣和遺事。即章回小說之最古者也。合詞與小說而爲戲曲。亦始于宋時。然宋時雜劇。今多不傳。傳于世者。惟元人之傳奇。傳奇之體。皆代當時之人立言。或用俗語演述。或用韻文申敍。其韻文則謂之曲。

王國維宋元戲曲史。唐代僅有歌舞劇及滑稽劇。至宋金二代。始有純粹演故事之劇。故謂眞正之戲劇。起于宋代。無不可也。然宋金演劇之結搆。雖略如上述。而其本則無一存。故當日已有代言體之戲曲否。已不可知。而論眞正之戲曲。不能不從元雜劇始。

曲出于詞而較長。各按宮商而爲調。元時又有南曲北曲之分。

臧晉叔元曲選序。世稱宋詞元曲。夫詞在唐李白陳後主。皆已優爲之。何必稱宋。惟曲自元始。有南北各十七宮調。

北曲字多而聲調緩。南曲字少而聲調繁。蓋因南北習尚。而各爲風氣者也。元劇至多。今傳于世者。尚有百十六種。

宋元戲曲史今日確在之元劇。爲吾輩所能見者。實得一百十六種。

其著名之作者。有關漢卿、馬致遠、白樸、鄭光祖、王實甫等。其詞多雜俚語。而表情述事。眞摯秀傑。實可稱爲白話文學。推其所以特盛之故。則由出于考試。

元曲選序或謂元取士有塡詞科。若今帖括。然取給風簷寸晷之下。故一時名士。雖馬致遠、喬孟符輩。至第四折。往往强弩之末矣。或又謂主司所定題目外。止曲名及韻耳。其賓白則演劇時伶人自爲之。故多鄙俚蹈襲之語。

而蒙古以野蠻之族。初通中土語文。故亦不克講求典雅。近世英法諸國。翻譯元曲。殆不下一二三十種。（見宋元戲曲史）蓋其文與西洋文學性質相近也。

宋之書家。多由唐人變化而出。未足爲一代之特色。而法帖則以宋爲盛。集古今名人書札、摹勒上石。名曰法帖。始于南唐。

陶宗儀輟耕錄江南李後主命徐鉉以所藏古今法帖入石。名昇元帖者。則在淳化之前。當爲法帖之祖。

至宋太宗時。命侍書王著以棗木仿刻。仍題曰勒石。

輟耕錄宋太宗留意翰墨。淳化中出御府所藏。命侍書王著臨搨。以棗木鏤刻。釐爲一十卷。于每卷末篆題云。淳化三年壬辰歲十一月六日奉聖旨模勒上石。

仁宗時、又詔僧希白刻石于祕閣。

輟耕錄仁宗嘗詔僧希白刻石于祕閣。前有目錄。卷尾無篆書題字。

徽宗時、又刻續法帖及大觀帖。

輟耕錄徽宗建中靖國間、出內府續所收書、令刻石。卽今續法帖也。大觀中、又奉旨摹搨歷代眞迹、刻石于太淸樓。字行稍高。而先後之次、與淳化則少異。其間數帖、多寡不同。各卷末題云、大觀三年正月一日奉聖旨摹勒上石者、蔡京書也。而以建中靖國續帖十卷、易去歲月名銜、以爲後帖。又刻孫過庭書譜及貞觀十七帖。總爲二十二卷。謂之大觀太淸樓帖。

自是學書者多取法于帖。而法帖亦孳乳浸多。有絳帖潭帖諸本。

輟耕錄絳帖者、尙書郎潘師旦以官帖摹刻于家。爲石本。而傳寫字多譌舛。世稱爲潘駙馬帖。二十卷。其次序卷帖、雖與淳化官帖不同。而實則祖之。特有所增益耳。單炳文曰、淳化官本法帖、今不復多見。其次絳帖最佳。而舊本亦已艱得。

又潭帖者、慶歷中、劉丞相帥潭日、以淳化官帖、命慧照大師希白模刻于石。寘之郡齋。增入傷寒十七日王濛顏眞卿諸帖。而字行頗高。與淳化閣本差不同。

考證批評、亦因以盛。是固一時之風氣也。

馬端臨文獻通考法帖釋文十卷。鼂氏曰、淳化法帖、既以焚板。元祐中、有劉次莊者、模刻之石。復取帖中草書所病讀者、爲釋文、行於世。

又法帖刊誤二卷。陳氏曰。黃伯思長睿撰。淳化帖出于待詔王著去取時祕府墨迹。眞贋雜居。著不能辨也。但欲備晉宋間名迹。遂至以江南人一手僞帖。竄入其間。鄙惡之甚。米南宮辨之十已得七八。至長睿益精詳矣。

又絳帖評二十卷。陳氏曰。鄱陽姜夔堯章撰。山谷黃氏跋絳本法帖。心能轉腕。手能轉筆。書字便如人意。古人工書無他異。但能用筆耳。

又自唐代推崇王羲之所書蘭亭序。至于宋季。遂有一百一十七刻。

陶宗儀輟耕錄。蘭亭一百一十七刻。裝褫作十冊。乃宋理宗內府所藏。每版有內府圖書鈐縫玉池上。後歸賈平章。

至于偏傍點畫亦一一有所考證。識者譏爲玩物喪志。蓋審美之極。辨析毫芒。遂至是耳。

文獻通考。蘭亭博議十五卷、淮海桑世昌撰。　此書累十餘卷。不過爲晉人一遺帖。作自是無益玩物喪志。

唐代繪事已甚發達。至宋元而尤爲進步。黃筌之花卉。李公麟之人物。米芾及子友仁之山水。皆卓絕于世。徽宗嗜書畫。嘗設書畫學及書藝畫圖等局。

宋史徽宗本紀。建中靖國三年六月壬子、置書畫算學。　大觀四年三月庚子、詔醫學生倂入太醫局。算入太史局。書入翰林書藝局。畫入翰林畫圖局。學官等幷罷。

有書畫學博士。

宋史米芾傳。召爲書畫學博士。

故繪事幾成專家之學。據宣和畫譜錄畫凡十門。

四庫全書總目宣和畫譜二十卷。所載共二百三十一人。計六千三百九十六軸。分為十門。一道釋。二人物。三宮室。四番族。五龍魚。六山水。七鳥獸。八花木。九墨竹。十蔬果。

有御前書畫所諸名家所審定。

蔡絛鐵圍山叢談。崇寧初命宋喬年值御前書畫所。喬年後罷去。繼以米芾翟。迨至末年。上方所藏。率至千計。

提倡美術。殆莫盛于宣和。降及南渡。仍仿宣和故事。置御前畫院。當時待詔。有四大家之稱。

四庫全書總目。南宋仿宣和故事。置御前畫院。有待詔祗候諸官品。其所作即名為院畫。當時如李唐劉松年馬遠夏珪等。有四大家之稱。

其餘知名者。殆不下百數。

厲鶚南宋院畫錄。載南宋畫家凡九十六人。

陶宗儀輟耕錄。自高宗建炎初至幼主德祐乙亥。能畫者一百五十一人。

所謂上有好者。下必有甚焉者也。元承宋緒。畫手益多。九十年間。著名者至二百餘人。

輟耕錄。夏文彥品藻名蹟。自至元丙子至今九十餘年間。二百餘人。

蓋元文宗能畫。

輟耕錄文宗居金陵潛邸時。命臣房大年畫京都萬歲山。大年辭以未嘗至其地。上索紙爲運筆布畫位置。令按稿圖上。

當時有鑒畫博士。

四庫全書總目柯九思在元文宗時。爲鑒畫博士。

故畫學蟬嫣不衰。輟耕錄稱畫家有十三科。

輟耕錄畫學十三科。佛菩薩相。玉帝君王道相。金剛鬼神羅漢聖僧。風雲龍虎。宿世人物。全境山林。花竹翎毛。野騾走獸。人間動物。界畫樓台。一切傍生。耕種機織。雕青嵌綠。

其分目視宣和畫譜爲多。如宣和祗有道釋一門。而元則分佛道鬼神等三類。雖其性質相近。知必各有專精矣。

近人論畫者、謂宋氏集古之大成。爲西十五世紀前大地萬國之最。

康有爲萬木草堂書目畫至于五代有唐之朴厚。而新開精深華妙之體。至宋人出而集其成。無體不備。無美不臻。且其時院體爭奇競新。甚且以之試士。此則雖歐美之重物質。尚未之及。吾徧游歐美各國。頻觀于其畫院。考其十五世紀前之畫。皆爲神畫。無少變化。若印度突厥波斯之畫。尤板滯無味。自檜以下矣。故論大地萬國之畫。當西十五世紀前。無有我中國若。卽吾中國動尊張陸王吳。大概亦出于尊古過甚。鄙意以爲中國之畫。亦到宋而後變化至極。非六朝唐所能及。如周之文監二代而郁郁。非夏殷所能比也。故敢謂宋人畫爲西十五紀前大地萬國之最。後有知者。當能證明之。

又謂歐人油畫出于吾國。

萬木草堂畫目易元吉寒梅雀兔圖立軸絹本。　油畫逼眞奕奕有神。　宋澥山水册幅一絹本。　油畫與歐畫全同。乃知油畫出自吾中國。吾意馬哥波羅得中國油畫傳至歐洲。而後基多(Giotto)璉膩(Leonardo da Vinci)拉非爾(Raphael)乃發之。觀歐人畫院之畫。十五世紀前無油畫可據。此吾創論。後人當可證明之。　趙永年雪犬册幅一絹本。油畫奕奕如生。　龔吉兔册幅一絹本。　油畫。　陳公儲畫龍册幅一絹本。　油畫。　公儲固以龍名。而此爲油畫。尤足資考證。

其說之然否。尚待考訂。惟謂中國畫學之衰。始于元四家。則實爲評畫至論。

萬木草堂畫目中國自宋前畫皆象形。雖貴氣韻生動。而未嘗不極尙逼眞。院畫稱界畫。實爲必然無可議者。今歐人尤尙之。自東坡謬發高論。以禪品畫。謂作畫必須似見與兒童鄰。則畫馬必須在牝牡驪黃之外。于是元四家大癡雲林叔明仲圭出。以其高士逸筆大發寫意之論。而攻院體。尤攻界畫。遠祖荆關董巨。近取營邱華原。盡掃漢晉六朝唐宋之畫。而以寫胸中邱壑爲尙。于是明淸從之。　惟是模山範水梅蘭竹菊蕭條之數筆。則大號曰名家。　蓋中國畫學之衰。至今爲極矣。則不能不追源作俑。以歸罪于元四家也。

畫必形神兼至。徒得神而遺形。已失畫之本意矣。

美術與工藝至有關繫。宋代繪畫極精。故其工藝亦冠絕古今。世所傳李誠營造法式。詳載當時宮殿戶牖柱階簷井建築雕刻彩畫塗堲之法。

江寧圖書館書目、營造法式三十六卷。宋李誡奉敕撰。

兪紀琦影印營造法式跋、宋李誡營造法式三十六卷。內分總例釋例二卷。制度十二卷。工限十卷。料例並工作等三卷。圖様六卷。

至今猶詫爲精絕。若僧懷丙眘成等絕技。世雖不傳。要必由普通工藝之精。然後有特殊之人物也。

宋史方技傳、僧懷丙眞定人。巧思出天性。眞定搆木爲浮圖十三級。勢尤孤絕。既久而中級大柱壞。欲西北傾。他匠莫能爲。懷丙度短長。別作柱。命衆工維而上。已而卻衆工。以一介自從。閉戶良久。易柱下。不聞斧鑿聲、

陶宗儀輟耕錄、眘成者宋高宗朝匠人。雕刻精妙無比。嘗見所造鳥籠。四面花版。皆于竹片上刻成宮室人物山水花木禽鳥。纖悉俱備。其細若縷。而且玲瓏活動。求之二百餘年。無復此一人矣。

元代亦重工藝。經世大典、工典凡列二十二目。

經世大典序錄工典總敍、一曰宮苑。二曰官府。三曰倉庫。四曰城郭。五曰橋梁。六曰河渠。七曰郊廟。八曰僧寺。九曰道宮。十曰廬帳。十一曰兵器。十二曰鹵簿。十三曰玉工。十四曰金工。十五曰木工。十六曰摶埴之工。十七曰石工。十八曰絲枲之工。十九曰皮工。二十曰氈罽之工。二十一曰畫塑之工。二十二曰諸匠。

諸匠之中。畫塑尤精。繪塑佛象。特設專官提舉。

元史職官志工部。梵像提舉司、董繪畫佛像及土木刻削之工。

畫塑之象。並可以絲織之。

元代畫塑記成宗大德十一年十一月二十七日、勑丞相脫脫、平章禿堅帖木兒等。成宗皇帝貞慈靜懿皇后御影。依大天壽萬寧寺內御容織之。南木罕太子及妃、晉王及妃。依帳殿內所畫小影織之。

塑像之藝之精者曰阿爾尼格。

元史阿爾尼格、尼博囉國人也。同學有爲繪畫粧塑業者。讀尺寸經。阿爾尼格一聞卽記。長善畫塑及鑄金爲像。從帝師帕克斯巴入朝。帝命取明堂針灸銅像示之曰、此安撫王檝使宋時所進。歲久闕壞。無能修完之者。汝能新之乎。對曰、臣雖未嘗爲此。請試之。至元二年、新像成。關鬲脈絡皆備。金工歎其天巧。莫不愧服。凡兩京寺觀之像。多出其手。爲七寶鑌鐵法輪。車駕行幸。用以前導。原廟列聖御容。織錦爲之。圖畫弗及也。

元代畫塑記大德三年、命阿你哥塑三清殿神像。八年、又命阿你哥塑城隍廟三清神像。（阿你哥卽阿爾尼格之異譯。）

其弟子曰劉元亦稱絕藝。

元史有劉元者。嘗從阿爾尼格學西天梵相。亦稱絕藝。至元中、凡兩都名刹。塑範金摶換爲佛像。出元手者。神思妙合。天下稱之。摶換者。漫帛土偶上而髹之。已而去其土。髹帛儼然成像云。

至今燕京寺刹尚有劉元所塑像。此元代之特色也。

宋人之精于天算者。以沈括蘇頌爲最。括有渾儀浮漏景表三議。見宋史天文志。其景表議尤爲世所稱。

阮元疇人傳沈括于步算之學。深造自得。所上三議。並得要領。其景表一議。尤有特見。所謂煙氣塵氛。出濁入濁之節。日日不同。卽西人蒙氣差所自出也。

頌于元祐間、與韓公廉創製儀象。著新儀象法要三卷。史稱其所製儀象。脗合躔度。最爲奇巧。

宋史天文志蘇頌更作儀象。上置渾儀。中設渾象。旁設昏曉更籌。激水以運之。三器一機。脗合躔度。最爲奇巧。

而秦九韶著數學九章。發明立天元一法。尤爲有功于算術。

阮元疇人傳秦九韶字道古。秦鳳間人也。寓居湖州。少爲縣尉。淳祐四年、以通直郎通判建康府。著數學九章九卷。

四庫全書總目數學九章十八卷。宋秦九韶撰。是書分爲九類。一曰大衍。以奇零求總數。爲九類之綱。二曰天時。以步氣朔晷影及五星伏見。三曰田域。以推方圓冪積。四曰測望。以推高深廣遠。五曰賦役。以均租稅力役。六曰錢穀。以權輕重出入。七曰營建。以度土功。八曰軍旅。以定行陣。九曰市易。以治交易。雖以九章爲名。而與古九章門目迥別。蓋古法設其術。九韶則別其用耳。 此書大衍術中所載立天元一法。能舉立法之意而言之。其用雖僅一端。而以零數推總數。足以盡奇偶和較之變。至爲精妙。苟得其意而用之。凡諸法所不能得者。皆隨所用而無不通。後元郭守敬用之于弧矢。李冶用之于句股方圓。歐邏巴新法易其名曰借根方。用之于九章八線。其源實開自九韶。亦可謂有功于算術者矣。

蓋宋重算學。設校教士。故古算書多出于是時。學者因之研究精微。以故名家輩出也。

阮元疇人傳楊輝著續古摘奇算法。言古今算書。元豐七年、刊入祕書省。又刻于汀州學校者十書。曰黃帝九章、周髀算經、五經算法、海島算經、孫子算法、張邱建算法、五曹算法、緝古算法、夏侯陽算法、算術記遺、元豐紹興淳熙以來刊刻者有議古根原、益古算法、證古算法、明古算法、辨古算法、明源算法、金科算法、指南算法、應用算法、曹康算法、賈憲九章、通微集、通機集、盤珠集、走盤集、（據此知珠算作于宋時）三元化零歌、鈐經、鈐釋十八種。嘉定咸淳德祐等年所刊。　輝所稱算書十書而外今無一存者。

元之李冶著測圓海鏡、益古演段二書演繹立天元法益精。

疇人傳李冶字仁卿。號敬齋。眞定欒城人。晚家元氏。登金進士第。至元二年、召爲翰林學士。知制誥。同修國史。著測圓海鏡十二卷。益古演段三卷。

四庫全書總目測圓海鏡十二卷。元李冶撰。　其書以句股容圓爲題。自圓心圓外、縱橫取之。得大小十五形。皆無奇零。次列識別雜記數百條。以窮其理。次設問一百七十則。以盡其用。探賾索隱。參伍錯綜。雖習其法者不能驟解。而其草則多言立天元一。按立天元一法見于宋秦九韶九章大衍數中。厥後授時草及四元玉鑑等書皆屢見之。而此書言之獨詳。其關乎數學者甚大。　歐邏巴人始以借根方進呈聖祖仁皇帝。授蒙養齋諸臣習之。梅瑴成乃悟卽古立天元一法。于赤水遺珍中詳解之。且載西名阿爾熱巴拉(Algebra)　卽華言東來法。知卽冶之遺書。流入西域。又轉而還入中原也。

而郭守敬之學。尤爲集古今天算之大成。

元史郭守敬傳守敬字若思。順德邢臺人。巧思絕人。　至元十三年、帝以守敬與王恂率南北日官分掌測驗。　守敬首言曆之本在于測驗。而測驗之器莫先儀表。今司天渾儀宋皇祐中汴京所造。不與此處天度相符。比量南北二極約差四度。表石年深亦復欹側。守敬乃盡考其失而移置之。既又別圖高爽地。以木爲重棚。創作簡儀高表。用相比覆。又以爲天樞附極而動。昔人嘗展管望之。

未得其的。作候極儀。極辰既位。天體斯正。作渾天象。象雖形似。莫適所用。作玲瓏儀。以表之矩方。測天之正圜。莫若以圜求圜。作仰儀。古有經緯。結而不動。守敬易之。作立運儀。日有中道。月有九行。守敬一之。作證理儀。表高景虛。罔象非眞。作景符。月雖有明。察景則難。作闚几。歷法之驗。在于交會。作日月食儀。天有赤道。輪以當之。兩極低昂。標以指之。作星晷定時儀。又作正方案。九表懸正儀座正儀。爲四方行測者所用。又作仰規覆矩圖。異方渾蓋圖。日出入永短圖。與上諸儀互相參考。（元史天文志詳載守敬所製簡儀仰儀正方案圭表景符闚几諸器制度）

守敬奏唐一行開元間。令南宮說天下測景。書中見者凡十三處。今疆宇比唐尤大。若不遠方測驗。日月交食分數時刻不同。晝夜長短不同。日月星辰去天高下不同。卽目測驗人少。可先南北立表。取直測景。帝可其奏。遂設監候官一十四員。分道而出。東至高麗。西極滇池。南踰朱崖。北盡鐵勒。四海測驗。凡二十七所。（元史天文志載四海測驗處。曰南海、衡嶽、嶽臺、和林、鐵勒、北海、大都、上都、益都、高麗、太原、興元、涼州、大名、河南府、鄂州、雷州、北京、登州、西京、安西府、成都、東平、南京、揚州、吉州、瓊州。）十七年、新歷告成。守敬與諸臣同上奏。自漢造三統歷。至姚舜輔造紀元歷。計千一百八十二年。歷經七十改。其創法者十有三家。臣等用創造簡儀高表。憑其測實數所考正者凡七事。

阮元疇人傳郭守敬傳論。推步之要。測與算二者而已。簡儀仰儀景符闚几之製。前此言測候者未之及也。垜疊招差句股弧矢之法。前此言算造者弗能用也。先之以精測。繼之以密算。上考下求。若應準繩。施行于世。垂四百年。可謂集古法之大成。爲將來之典要者矣。自三統以來。爲術者七十餘家。莫之倫比也。

其時回回之法東來。儀器算書。皆可補中土所未備。

元史天文志、西域儀象。世祖至元四年、札馬魯丁造西域儀象。咱秃哈剌吉、漢言渾天儀也。咱秃朔八台、漢言測驗周天星曜之器也。魯哈麻亦渺凹只、漢言春秋分晷影堂。魯哈麻亦木思塔餘、漢言冬夏至晷影堂。苦來亦撒麻、漢言渾天圖。苦來亦阿兒子、漢言地理志也。（案志稱其制以木爲圓球。七分爲水。其色綠。三分爲土地。其色白。畫江河湖海。脈絡貫串于其中。畫作小方井。以計幅員之廣袤。道里之遠近。是即今日地球儀。非地理志書也）兀速都兒剌不定、漢言晝夜時刻之器。

王士點商企翁元祕書監志至元十年十月、北司天臺申本臺合用文書。兀忽列的四擘算法段數十五部。罕里速窟允解算法段目三部。撒唯那罕答昔牙諸般算法段目幷儀式十七部。麥者思的造司天儀式十五部。海牙剔窮歷法段數七部。呵些必牙諸般算法八部。積尺諸家歷四十八部。速瓦里可瓦乙必星纂四部。撒那的阿剌忒造渾儀香漏八部。撒非那諸般法度纂要十二部。黑牙里造香漏幷諸般機巧二部。兀速剌八个窟勒小渾天圖。阿剌的殺密剌測太陽晷影一個。牙秃魯小渾儀一個。拍兒可兒潭定方圓尺一個。

疑守敬所製。必有參取回回之法。而又加以新意者。惜其器之不盡傳也。

宋代地志極夥。今所傳者。如太平寰宇記、元豐九域志、輿地廣記等。固爲總志之要書。

四庫全書總目太平寰宇記、一百九十三卷。宋樂史撰。史進書序譏賈耽李吉甫爲漏闕。故其書採摭繁富。惟取賅博。于列朝人物。一一並登。至于題詠古蹟。若張祜金山詩之類。亦皆並錄。後來方志必列人物藝文者。其體皆始于史。蓋地理之書記載至是書而始詳。體例亦自是而大變。

又元豐九域志、十卷。宋王存等撰。輿地廣記、三十八卷。宋歐陽忞撰。

而郡邑地志。賡續修葺。冠以年號。前後相踵。若乾道臨安志、咸淳臨安志之類。亦始于宋。

四庫全書總目、乾道臨安志三卷。宋周淙撰。乾道五年以右文殿修撰知臨安府。創爲此志。于南宋地志中爲最古之本。考武林掌故者。必以是書爲稱首。

又咸淳臨安志九十三卷。潛說友撰。

後世志乘之廣遠軼前代。以備史料。以覘文化。信而有徵。不得謂非宋人啓之也。宋人志地者。既多附圖。或曰圖經。或曰圖志。（如朱長文吳郡圖經、王招燕湖圖志之類。）而各種地圖著于史籍者尤夥。

宋史藝文志載地理圖一卷者二。皆不知作者。又有南北對鏡圖、混一圖、指掌圖、西南蠻夷朝貢圖、契丹疆宇圖、契丹地理圖、交廣圖、福建地理圖、益州地理圖等。

以今所傳契丹國志之圖觀之。道里準望。殊未正確。不足稱重。然齊劉豫時所刻禹跡華夷二圖。迄今猶爲中外人所稱道。

王昶金石萃編、禹蹟圖高廣各三尺四寸二分。在西安府。 圖劉豫時刻。考豫以宋紹興元年爲金所立。則是年當丁巳。亦金天會之十五年也。每折地方百里。所載山川。多與古合。唐宋以來地圖之存。惟此而已。（關中金石記）

又華夷圖高廣各三尺四寸二分。在西安府。 有華夷圖不著刻人名氏。題云阜昌七年十月朔岐學上石。蓋劉豫時所刻。其年十一月。豫爲金人所廢。阜昌之號。終于此矣。唐貞元中賈耽圖海內華夷。廣三丈。縱三丈三尺。以寸爲百里。斯圖蓋仿其製而方幅縮其

什之九。其府州軍之名。皆用宋制。潛研堂金石文跋尾

葉昌熾語石齊阜昌之禹迹圖、華夷圖。開方記里雖簡。實輿圖之鼻祖也。山西稷山縣有摹本。在保眞觀。石橫二尺五寸。爲方七十一。竪三尺。爲方八十一。共方五千七百五十一。每方折地百里。誌禹貢山川古今州郡山水地名極精。阜昌圖方廣各三尺。餘此石旁泐。非得墨本不能別其同異。

英倫皇家地理學會地理月刊稱西元十一二世紀頃。中國測繪之術有卓越之進步。其地圖現存于西安府之石碑者。精緻遠過于西洋後出之圖。即指阜昌禹蹟華夷二圖而言。

則宋人在地理上之成績。亦非無歷史上之價值也。元有大一統志。

補遼金元藝文志元大一統志一千卷。集賢大學士孛蘭肹、昭文館大學士岳鉉等進本。

四庫全書總目輿志之書出自官撰者。自唐元和郡縣志、宋元豐九域志外。惟元岳璘等所修大元一統志最稱繁博。國史經籍志載其目共爲一千卷。今已散佚無傳。雖永樂大典中各韻中頗見其文。而割裂叢碎。又多漏脫。不復能排比成帙。惟浙江汪氏所獻書內尚存原刊本二卷。頗可以考見其體製。明代修一統志。其義例一仍元志之舊。故書名亦沿用之。

其纂修原委。具見于祕書志。

元祕書志卷四至元乙酉。欲實著作之職。乃命大集萬方圖志而一之。以表皇元疆理無外之大。詔大臣近侍提其綱。聘鴻生碩士立局置屬。庀其事。凡九年而成書。續得雲南遼陽等書。又纂修九年而始就。今祕府所藏大一統志是也。

其中有中國各地之圖兼有回回等地圖。

元秘書志至元二十三年、秘書監札馬剌丁奏過下項事理。一奏在先漢兒田地些小有來。那地理的文字冊子四五十冊有來。如今日頭出來處、日頭沒處、都是咱每的。有的圖子有也者。那遠的他每怎生般理會的。回回圖子我根底有。都總做一箇圖子呵。怎生麽道奏呵。那般者麽道聖旨了也。

每路卷首必有地理小圖。

元秘書志至元三十一年八月、本監移準中書兵部關編寫至元大一統志。每路卷首必用地理小圖。

各地至上都大都里數一一詳載。

元秘書志元貞二年十一月初二日、著作郎呈黏連到大一統志凡例。(一)某路。 所轄幾州、開。 本路親管幾縣、開。(一)建置沿革。 禹貢州域、天象分野、歷代廢置周秦漢後漢晉南北朝隋唐五代宋金大元。(一)各州縣建置沿革。 依上開。(一)本路親管坊郭鄉鎮。 依上開。(一)本路至上都大都幷里至。(一)各縣至上都大都幷里至。(一)名山大川。(一)土山。(一)風俗形勢。(一)古蹟。(一)寺觀祠廟。(一)宦蹟。(一)人物。

其書凡六百冊一千三百卷。

元秘書監志大德七年五月初二日。集賢大學士卜蘭禧、昭文館大學士秘書監岳鉉等奏。秘書監修撰大一統志。元領奉世祖皇帝聖旨編集。始自至元二十三年。至今才方成書。以是繕寫總計六百冊。一千三百卷。

實地志之鉅觀。惜乎其不存也。

宋代有一最著之美術工藝。爲歷朝所不及者。曰磁器。江西景德鎭之磁器。雖源于唐。而大著宋眞宗之世。

藍浦景德鎭陶錄、景德窰、宋景德年間燒造。土白壤而埴。質薄膩。色滋潤。眞宗命進御瓷器。底書景德年製四字。其器尤光緻茂美。當時則效著行海內。于是天下咸稱景德鎭瓷器。而南昌之名遂微。

然宋代陶瓷之美者。尙不數景鎭。而以定汝官哥爲最有名。

藍浦景德鎭陶錄、定窰、宋時所燒。出直隸定州。有南定器北定器。土脈細膩。質薄。有光素凸花劃花印花繡花諸種。多牡丹萱草飛鳳花式。以白色而滋潤爲正。白骨而加以泑水有如淚痕者佳。俗呼粉定。又稱白定。其質粗而微黃者低。俗呼土定。東坡試院煎茶詩云、定州花瓷琢紅玉。蔣記云、景德鎭陶器有饒玉之稱。視眞定紅瓷。足相競。則定器又有紅者。間造紫黑定。然惟紅白二種當時尙之。唐氏肆考云。古定器以政和宣和間窰爲最好。色有竹絲刷紋。其出南渡後者爲南定。北貴于南。

又汝窰、汝亦汴京所轄。宋以定州白器有芒不堪用。遂命汝州建青器窰。土細潤如銅。體有厚薄。色近雨過天青。汁水瑩厚若堆脂。有銅骨無紋、銅骨釉子紋二種。

又官窰、宋大觀政和間、汴京自置窰燒造。命曰官窰。土脈細潤。體薄。色靑帶粉紅。濃淡不一。有蟹爪紋。紫口鐵足。大觀中、釉尙月白粉靑大綠三種。政和以後。惟靑分濃淡耳又龍泉窯、宋初處州府龍泉縣琉田市所燒。土細墡。質頗粗。厚色甚葱翠。亦分淺深。無紋片。 哥窯、宋代所燒。本龍泉琉田窯。處州人章姓兄弟分造。兄名生一。當時別其所陶曰哥窯。土脈細紫。質頗薄。色青濃淡不一。有紫口鐵足。多斷紋。隱裂如魚子。釉惟米色粉青二種。汁純粹者貴。 章龍泉窯、卽生一之弟章生二所陶者。仍龍泉之舊。又號章窯。或曰處器青器。土脈細膩。質薄。亦有粉青色翠青色。深淺不一。足亦鐵色。但少紋片。

外此復有吉州、均州、磁州諸窯。及象窯、東窯、建窯、湘湖窯、碎器窯等。蓋自唐以來。陶瓷之業。日見發達。五代時、柴窯已爲古來諸窯之冠。

陶錄、柴窯。五代周顯德所燒。出北地河南之鄭州。其地本宜于陶。以世宗姓柴。故名。然當時亦稱御窯。入宋始以柴窯別之。其瓷青如天。明如鏡。薄如紙。聲如磬。滋潤細媚。有細紋。製精色異。爲古來諸窯之冠。但足多粗黃土耳。 唐氏肆考云。柴窯起于汴。相傳當日請器式。世宗批其狀曰。雨過天青雲破處。者般顏色作將來。

至于北宋。諸帝皆精研美術。士大夫復提倡品茶繪畫諸事。故陶瓷工藝、因之盡美極妍。世稱宋代爲陶業完成而大放光彩之時代。非虛譽也。

大西林五郎支那陶磁全書。霍布孫氏（R. L. Hobson 著 "Chinese Pottery and Porcelain"）目宋代爲支那陶業之成功時代。蓋通計支那古今陶瓷隆盛之時代。惟宋明兩代。就中宋承唐代勃興之機運。集其大成。更加一段之創意與發明。有華有實。可爲陶磁史上特筆大書之時代。 又唐代陶工者之品位。已漸增高。出其佳品。良作受王室及貴紳之待遇。然尚未達于十全之域。及入宋代。陶業咸受王室之保護。彼之定汝官哥諸窯。皆在敕命之下而經營者。于是陶工遂占享受世人崇敬之地步。此宋代陶磁業發達之因由也。

元有浮梁磁局。（見元史百官志）專掌景德鎭磁器。世稱爲樞府窯。而民間所造者。則有宣州臨川南豐諸窯。（均見景德鎭陶錄）然其成績不能超過兩宋也。

西人之知有火器。始于一三五四年。（元順帝至正十四年）相傳其法得自東方。蓋吾國久有火藥。

清陳元龍格致鏡原引物原。軒轅作礮。呂望作銃。魏馬鈞製爆仗。隋煬帝益以火藥雜戲。（按古所謂礮。僅用機發石。非後世之火礮。所謂馬鈞製爆仗。隋煬帝益以火藥。殆尚可信。）

至宋而以火藥製礮爲戰具。

楊萬里海鰌船賦序。紹興辛巳。逆亮至江北。掠民船。欲濟。虞允文伏舟七寶山後。舟中發一霹靂礮。蓋以紙爲之。而實以石灰硫黃。礮自空而下。墜水中。硫黃得水而火自跳出。其聲如雷。紙裂而石灰散爲煙霧。眯其人馬之目。遂壓虜舟。人馬皆溺。大敗之。

趙翼陔餘叢考。宋史虞允文采石之戰。發霹靂礮。以紙爲之。實以石灰硫磺。投水中而火自水跳出。紙裂而石灰散爲煙霧。眯其人馬。遂敗之。又魏勝創礮車。施火石可二百步。其火藥用硝石硫磺柳炭爲之。此近代用火具之始。（按允文之礮。不過今日爆竹之類。魏勝之礮車。則鉛礮之始。勝字彥威。宿遷人。其礮車之製。嘗上于朝。孝宗詔諸軍遵其式製造。孝宗當西歷十一世紀。距西人之製火藥。殆一百三十餘年矣。）

蒙古得回回人製造大礮。其法益精。

元史工藝傳阿喇卜丹、回回氏。西域茂薩里人也。至元八年、世祖遣使徵礮匠于宗王額呼布林。王以阿喇卜丹、伊斯瑪音應詔。二人舉家馳驛至京師。給以官舍。首造大礮。豎于五門前。帝命試之。賜衣段。十一年、國兵渡江。平章阿爾哈雅遣使求礮手匠。命阿喇卜丹往。破潭州靜江等郡。悉賴其力。十五年、授宣武將軍管軍總管。二十二年、改元帥府爲回回礮手軍匠上萬戶府。以阿喇卜丹爲副萬戶。

又伊斯瑪音、回回氏。西域賓喇人也。善造礮。至元八年、與阿喇卜丹至京師。十年、從國兵攻襄陽未下。伊斯瑪音相地勢。置礮于城東南隅。重一百五十斤。機發。聲震天地。所擊無不摧陷。入地七尺。宋安撫呂文煥懼。以城降。十一年、以疾卒。子本布襲職。時國兵渡江。宋兵陳于南岸。擁舟師迎戰。本布于北岸豎礮以擊之。舟悉沈沒。後每戰用之。皆有功。

元代與歐洲常通使命。故其法流傳彼土。而開後來世界火器大興之局。故論利用礮火以爲戰爭利器者。不得不首推吾國也。

西人之製航海磁針盤。始于一三〇二年。（元成宗大德六年）其法尤後于我國。我國歷史相傳。自古已有指南車。

宋書禮志指南車、其始周公所作。以送荒外遠使。地域平漫。迷于東西。造立此車。使常知南北。鬼谷子云、鄭人取玉。必載司南。爲其不惑也。至于秦漢。其制無聞。後漢張衡始復創造。漢末喪亂。其器不存。魏高堂隆秦朗皆博聞之士。爭論于朝。云無指南車。記者虛說。明帝青龍中、令博士馬鈞更造之。而車成。晉亂復亡。石虎使解飛、姚興使令狐生又造焉。安帝義熙十三年、宋武帝平長安。始得此車。其制如鼓車。設木人于車上。舉手指南。車雖回轉。所指不移。大駕鹵簿。最先啓行。范陽人祖沖之有巧思。常謂宜更搆造。宋順帝升明末、齊王爲相。命造之。焉車成。使撫軍丹陽尹王僧虔、御史中丞劉休試之。其制甚精。百屈千回。未嘗移變。晉代又有指南舟。索虜拓跋燾使工人郭善明造指南車。彌年不就。扶風人馬岳又造。垂成。善明酖殺之。（宋史輿服志。亦載指南車爲仁宗天聖五年工部郎中燕肅造。）

其用磁針與否。雖未能定。惟宋人著述。恒稱磁石指南之事。

沈括夢溪筆談。方家以磁石磨針鋒。則能指南。然常偏東。不全南也。水浮多蕩搖。指爪及盌唇上皆可爲之。運轉尤速。但堅滑易墜。不若縷懸爲最善。其法取新纊中獨繭縷。以芥子許蠟綴于針腰。無風處懸之。則針常指南。其中有磨而指北者。予家指南北者皆有之。磁石之指南。猶柏之指西。莫可原其理。

其時海商多用指南針以定方向。

朱彧萍洲可談。海舶大者數百人。小者百餘人。以巨商爲綱首雜事。市舶司給朱記。許用笞治其徒。有死亡者籍其財。舶船去以十一月十二月就北風。來以五月六月就南風。船方正若一木斛。非風不能動。其檣植立而帆側掛。以一頭就檣柱。如門扇。謂之加突。方言也。海中不惟使順風。開岸就岸風皆可使。惟風逆則倒退。須用矴石使不行。舟師識地理。夜則觀星。晝則觀日。陰晦觀指南針。（此即宋時海商用磁針盤之確證。）或以十丈繩鈎取海底泥嗅之。便知所至。海中無雨。凡有雨則近山矣。（宋時舟師具知天文地理。其航海之術。不專恃磁針。惟陰晦始觀磁針。而西人以發明指南針爲一大事。其智豈不出宋代舟師之下哉。）

固自早于歐人也。夏德（F. Hirth）支那太古代史考我國用指南針之事甚詳。謂中國之知有磁針、固在最古時代。其用以航海、則由阿刺伯商人之發見。然其所舉例證。第以沈括爲杭州人推之。

夏德支那古代史沈括、杭州人。杭州爲當時阿剌伯及波斯之商賈盛行通商之處。其人不惟能知悉磁針。且當時一般之方士。爲卜方角。恒使用之。故支那人由此而得其製法。進而應用于航海。

括之祖籍在杭州。然括固常居鎭江。未可以此爲斷也。

宋元之間。工商發達。而以木棉織布。亦以其時始盛行于各地。

邱濬大學衍義補、漢唐之世。木棉雖入貢中國。未有其種。民未以爲服。宋元間傳其種。關陝閩廣首得其利。蓋閩廣海船通商。關陝接壤西域故也。

元代特設專官。提舉木棉。

元史世祖紀至元二十六年、置浙東江東江西湖廣福建木棉提舉司。責民歲輸木棉十萬匹。以都提舉司總之。

觀其地域。當以浙東江東江西湖廣福建爲產棉最多之區。或其地初未有棉。惟以氣燠宜種。故設官以敎民耳。輟耕錄載黃道婆、自崖州來松江。始敎民以紡織。知元初江蘇各地織棉之業。尚未大盛矣。

陶宗儀輟耕錄松江烏泥涇、土田磽瘠。謀食不給。乃覓木棉種于閩廣。初無踏車椎弓之制。率用手去其子。線弦竹弧按掉而成其功甚艱。有黃道婆自崖州來。敎以紡織。人遂大獲其利。未幾道婆卒。乃立祠祀之。三十年。祠毀。鄉人趙愚軒重立云。

唐人之創飛錢。雖爲紙幣之權輿。而其性質。尚非完全之紙幣也。完全之紙幣、實始于宋初蜀中之交子。

宋會要蜀人以鐵錢重。始爲券。謂之交子。以便貿易。諸豪富以時聚首。同用一色紙印造。印文用屋木人物。鋪戶押字。各自隱密題號。

朱墨間錯。以爲私記。塡貫不限多少。收入人戶見錢便給交子。無遠近行用。動及萬百貫。其後富人貲稍衰。不能償所負。爭訟數起。寇瑊守蜀。乞禁之。轉運使薛田議廢交子則貿易不便。請官爲置務。禁民造。詔從其請。置交子務于益州。

其後又有錢引會子關子等名。皆紙幣也。

馬端臨文獻通考。大觀元年、改四川交子爲錢引。　紹興三十年、戶部侍郎錢端禮被旨造會子。樁見錢于城內外流轉。其合發官錢。幷許兌會子。赴左藏庫送納。　會子初止行于兩浙。後又詔通行于淮浙湖北京西。除亭戶鹽本並用見錢外。其不通水路去處。上供等錢。許盡用會子解發。其沿流州軍錢會中半。民間典賣田宅牛畜車船等如之。或全用會子者聽。　隆興元年、詔官印會子。以隆興尙書戶部官印會子之印爲文。更造五百文會。又造二百三百文會。

又紹興二十九年、印給公據關子。赴三路總領所。淮西湖廣各關子八十萬緡。淮東公據四十萬緡。自十千至百千。凡五等。內關子作三年行使。公據二年。許錢銀中半入納。

金入宋後。置局于汴京。造官會。謂之交鈔。與錢並行。

續文獻通考。海陵貞元二年五月、始置交鈔庫。　戶部尙書蔡松年請行鈔引法。遂設印造鈔引庫及交鈔庫。印一貫二貫三貫五貫十貫五等。謂之大鈔。一百二百三百五百七百五等。謂之小鈔。與錢並行。以七年爲限。

章宗時。鑄造銀鋌。而以生銀造爲元寶之制以興。

續文獻通考。章宗承安二年十一月、鑄承安寶貨。　尙書省議。官俸軍需皆以銀鈔兼給。舊例、銀每鋌五十兩。其直百貫。民間或有截鑿之者。其價亦隨低昂。遂改鑄鈔。名承安寶貨。一兩至十兩、分五等。每兩折錢二貫。公私同見錢用。 按元寶每錠五十兩之數。始見于此。其後則元初所命也。

降及元代。遂銀鈔並用。

續文獻通考。至元三年。始鑄元寶。 陶宗儀輟耕錄。銀錠上字號揚州元寶。乃至元十三年平宋回至揚州。丞相巴延令搜檢將士行李所得撒花銀子。銷鑄作錠。每重五十兩。歸朝獻納。世祖宴會。從而頒賜。或用貨買。所以民間有此錠也。後朝廷亦自鑄。至元十四年者。重四十九兩。十五年者。重四十八兩。遼陽元寶。乃至元二十三四年征遼東所得銀子鑄者。

元史世祖中統元年、始造交鈔。以絲爲本。每銀五十兩、易絲鈔一千兩。諸物之直。並從絲例。是年十月、又造中統元寶鈔。其文以十計者四。曰一十文、二十文、三十文、五十文。以百計者三。曰一百文、二百文、五百文。以貫計者二。曰一貫文、二貫文。每一貫同交鈔一兩。兩貫同白銀一兩。又至元十二年添造釐鈔。其例有三。曰二文、三文、五文。 初鈔印用木爲板。十三年鑄銅易之。 二十四年、改造至元鈔。自二貫至五文。凡十有一等。與中統鈔通行。每一貫當中統鈔五貫文。 至大二年、武宗復以物重鈔輕。改造至大銀鈔。自二兩至二釐。定爲一十三等。每一兩準至元鈔五貫。白銀一兩。赤金一錢。元之鈔法。至是蓋三變矣。

然鈔法不善。價值與所定者恒不相合。故其時仍多用銀。觀元史所載用銀之多。幾可稱元爲專用生銀時代。

元史世祖本紀中統元年七月、以史天澤屢從先帝有功。賜銀萬五千兩。 十二月、賜親王穆哥銀二千五百兩。諸王按只帶、忽剌忽兒、令丹忽剌出、勝納合兒、銀各五千兩。 以後逐年均有賜銀。不備載。

蓋宋元之人。祇知鈔可代錢。而不知儲積準備。及操縱維持之法。故屢用紙幣。而屢致失敗。雖別定價值。改立名目。行之不久。其法即斂。仍不得不用現貨也。中國各地習用錢鈔。而元代雲南尚用貝爲錢。不識鈔法。

續文獻通考至元十三年正月、雲南行交會䝰子。 雲南民以貝代錢。時初行鈔法。民不便之。行省賽音謂德齊言雲南不諳鈔法。莫若以交會䝰子公私通行爲便。從之。至十九年九月、定雲南稅賦用金爲則。以貝子折納。每金一錢。直貝子二十索。 王圻曰。雲南䝰以一爲莊。四莊爲手。四手爲苗。四苗爲索。

降及明代猶然。

朱國禎湧幢小品南人用貝一枚曰莊。四莊曰手。四手曰苗。五苗曰索。貝之爲索。猶錢之爲緡也。

是則最古之風之流行于近世者矣。

宋代風俗。具見于吳自牧夢粱錄。如社會

吳自牧夢粱錄社會 文士有西湖詩社。此乃行都搢紳之士、及四方流寓儒人。寄興適情賦詠。膾炙人口。流傳四方。非其他社集之比。武士有射弓踏弩社。皆能攀弓射弩。武藝精熟。射放嫻習。方可入此社耳。更有蹴鞠打球射水弩社。則非仕宦者爲之。蓋一等富室郎君風流子弟與閒人所習也。奉道者有靈寶會。 諸寨建立聖殿者。俱有社會。諸行亦有獻供之社。 諸行市戶俱有社會。迎獻不一。如府第內官以馬爲社。七寶行獻七寶玩具爲社。又有錦繡社、臺閣社。最富賭錢社。遏雲社。女童清音社。蘇家巷傀儡社。青果行獻時果社。東西馬塍獻異松怪檜奇花社。魚兒活行以異樣龜魚呈獻豪富子弟緋綠清音社。十閒等社。奉佛者、有上天竺寺光明會。又有善女人。皆府室宅舍內司之府第娘子夫人等。建庚申會誦圓覺經。俱帶珠翠珍寶首飾赴會。人呼曰鬪寶會。更有城東城北善友道者。建茶湯會。遇諸山寺院建會設齋。又神聖誕日助緣設茶湯供衆。宋史程顥傳、鄉民爲社會。爲立條旌別善惡。使有勸有恥。知北宋時已有各種社會。今人稱地方團體爲社會。蓋本于此。

團行等。

夢粱錄市肆謂之團行者。蓋因官府回買而立此名。不以物之大小。皆置爲團行。雖醫卜工役亦有差使。則與當行同也。其中亦有不當行者。如酒行、食飯行。面借此名。有名爲團者。如城西花團、泥路青菓團、後市街柑子團、渾水閘鮝團。又有名爲行者。如官巷方梳行、銷金行、冠子行、城北魚行、城東蟹行、薑行、菱行、北猪行、候潮門外南猪行、南上北土門菜行、壩子橋鮮魚行、橫河頭布行、雞鵝行。更有名爲市者。如炭橋藥市、官巷花市、融和市、南坊珠子市、修義坊肉市、城北米市。 或名爲作分者。如碾玉作、鑽捲作、篦刀作、腰帶作、金銀打鈒作、裹貼作、鋪翠作、裱褙作、裝鑾作、油作、木作、甎瓦作、泥水作、石作、竹作、漆作、釘鉸作、箍桶作、裁縫作、修香澆燭作、打紙作、冥器等作分。又有異名行者。如買賣七寶者謂之骨董行。鑽珠子者名曰散兒行。做靴鞋者名雙線行。開浴堂者名曰香水行。皆可考見其時士農工商集合團體共同生活之狀況。其慈善事業。如米場、柴場、藥局、及慈幼局、養濟院之類。亦詳記其施行之法。

夢粱錄。或年歲荒歉。米價頓窮。官司置立米場。以官米賑濟。或量收價錢。務在實惠及民。更因熒惑爲災。延燒民屋。官司差官吏于火場上具抄被災之家。各家老小。隨口數分大小。給散錢米。官置柴場。城內外共設二十一場。許百司官廳及百姓從便收買。價錢官司量收。與市價大有饒潤。民有疾病。州府置施藥局于戒子橋西。委官監督。依方修製丸散㕮咀。來者診視。詳其病源。給藥醫治。朝家撥錢一十萬貫下局。令帥府多方措置。行以賞罰。課督醫員。月以其數上于州家。備申朝省。或民以病狀投局。則畀之藥。必奏更生之效。局側有局名慈幼。官給錢典顧乳婦。養在局中。如陋巷貧窮之家。或男女幼而失母。或無力撫養。拋棄于街坊。官收歸局養之。月給錢米絹布。使其飽暖。養育成人。聽其自便生理。官無所拘。若民間之人願收養者。聽。官仍月給錢一貫。米三斗。以三年住支。更有老疾孤寡貧乏不能自存及丐者等人。州縣陳請于朝。即委錢塘仁和縣官。以病坊改作養濟院。籍家姓名。每名官給錢米贍之。

蓋北宋時、已有安濟坊居養院等。以濟貧病無告之人。

續通鑑。崇寧元年八月辛未、置安濟坊、養民之貧病者。仍令諸州縣並置。

又九月戊子、京師置居養院。以處鰥寡孤獨。仍以戶絕財產給養。

至南宋又推廣之。後世相承。自政府及平民。靡不認慈善事業爲公共事業之最要者。其風實自宋啓之。是亦宜著之史策。以明吾國人非徒致重于貴族之文藝美術。其于救濟社會扶助貧弱之法。亦遠有淵源也。

第二編

第二十四章　河流漕運及水利

吾國各地河流自禹貢以來多有遷徙而黃河之潰決遷徙爲最劇。自周漢以迄元明。黃河決溢之事。無慮百數。

葉方恒全河備考周定王五年、河徙砱礫。始失故道。漢文帝時、決酸棗。東潰金隄。在河南延津滎陽諸縣至大名淸豐一帶延亘千里。武帝時、溢平原。屬德州。徙頓邱。今淸豐縣。又決濮陽。瓠子口開州界。注鉅野。即大野。屬濟寧州。通淮泗。蓋河始與淮通。尙未入淮也。元帝時、決館陶。屬臨淸。漢靈鳴犢口。今高唐州。成帝時、決東郡金隄。決平原。溢渤海淸河高唐州一帶。唐玄宗時、決博州。今東昌。溢魏州。今大名。冀州。五代時、決鄆州。今鄆城縣。博之楊劉。今東平之東阿縣楊劉鎭。滑之魚池。宋太祖時、決東平之竹村。開封之陽武。大名之靈河。澶淵。太宗時、決溫縣滎澤頓邱。泛于澶濮曹濟諸州。東南流至彭城界。即今徐州。入于淮。自此爲河入淮之始。眞宗時、決鄆及武定州。尋溢滑澶濮曹鄆諸州邑。浮于徐濟而東入淮。仁宗時、決開州館陶。神宗時、決冀州棗強大名州邑。一合南淸河以入淮。一合北淸河以入海。南渡後。河上流諸郡爲金所據。獨受河患。其亡也。始自開封北衞州決而入渦河。南直壽亳蒙城懷遠之間。元初、決衞輝之新鄉。開封之陽武。杞縣之蒲口。滎澤之塔海莊。歸德封邱諸界。其時專議疏塞而已。自至元二十六年、開會通河以通運道而河遂與運相終始。

要其大者。周定王五年一徙。王莽始建國三年再徙。宋仁宗慶歷八年三徙。金章宗明昌五年四徙。元世祖至元二十六年五徙。自宋以前。其患疏。自宋以降。其患數。

胡渭禹貢錐指周定王五年。河徙。初大禹導河自積石孟津過洛汭及至大伾。乃釃二渠。北過降水。至于大陸。又北播爲九河。同爲逆河。入于海。帝堯八十載。告厥成功。至是凡一千六百七十六年。河始決宿胥口。東徙漯川。遝長壽津。與漯別行。東北至成平。復合于禹故河。此黃河大徙之始。　自定王五年己未。下逮王莽始建國三年辛未。而北瀆遂空。凡六百七十二歲。自王莽始建國三年辛未。河徙由千乘入海。復五十九歲。爲後漢明帝永平十三年庚午。　王景治河功成。下逮宋仁宗景祐元年甲戌。有橫隴之決。又十四歲。爲慶歷八年戊子。復決于商胡。而漢唐之河遂廢。凡九百七十七歲。　自仁宗慶歷八年戊子。逮金章宗明昌五年甲寅。實宋光宗之紹熙五年。而河決陽武。出胙城南。南北分流入海。凡一百四十六歲。自金明昌甲寅之徙。河水大半入淮。而北清河之流猶未絕也。下逮元世祖至元二十六年己丑。會通河成。于是始以一淮受全河之水。凡九十五歲。

降及明代。全河注于一淮。

禹貢錐指。元末河復北徙。自東明曹濮下及濟寧。而運道壞。明洪武初。命徐達自曹州東引河自魚臺入泗以通運。永樂九年。又命宋禮自黃疏河經濮州東北入會通河。是北流猶未絕也。迨遷都之後。仰給于會通者重。始畏河之北。北卽塞之。弘治中兩決金龍口。直衝張秋議者爲漕計。遂築斷黃陵岡支渠。而北流于是永絕。始以清口一綫受萬里長河之水。

而河淮間之工程，幾爲全國之一大事。治河之法，惟以堰閘爲務。

禹貢錐指：黃淮既合，則惟以堰閘爲務。堰者高家堰，閘者淮南諸湖閘口也。堰閘以時修固，則淮不南分，助河衝刷黃沙，使海口無壅。

東南之人，受其害者數百年。至清咸豐五年，河決銅瓦廂（蘭儀縣），由大清河入海，東南始無河患。

宋都大梁，恃汴河爲運道，以黃河、惠民河、廣濟河輔之。

宋史食貨志：宋都大梁，有四河以通漕運，曰汴河，曰黃河，曰惠民河，曰廣濟河，而汴河所漕爲多。

靖康以後，南北分立，河淮之間，墟爲戰場，故無取其交通也。元明都燕，以北方控制東南，聚南方之金帛粟米，供給北方之政府，而漕運乃爲國之大事。至元二十六年，開會通河。

陳邦瞻元史紀事本末：至元二十六年，開會通河。從壽張縣尹韓仲暉等言，開河以通運道，起項城縣安山渠西南，由壽張西北至東昌，又西北至臨清，引汶水以達御河，長二百五十餘里，中建閘三十有一，以時蓄洩。河成，渠官張禮孫等言，開魏博之渠，通江淮之運，古所未聞。詔賜名會通河。

二十九年，開通惠河，而江淮之粟，直達燕都。

元史紀事本末：至元二十九年，開通惠河。以郭守敬領都水監事，導昌平縣白浮村神山泉，過雙塔榆河，引一畝玉泉諸水，入城滙于積水潭。逾年畢工，自是都民免陸輓之勞，公私便之。

明代復修會通河，運道益便。

邱濬大學衍義補會通河初開岸狹水淺不能負重每歲之運不過數十萬石洪武二十四年河決原武漫過安山湖而會通河遂淤。往來者悉由陸以至德州下河。永樂初運糧由江入淮由淮入黃河運至陽武發山西河南二處丁夫由陸運至衞輝下御河水運至北京。厥後濟寧州同知潘叔正因州夫遞運之難請開會通舊河朝廷命工部尚書宋禮發丁夫十餘萬疏鑿以復故道又命刑部侍郎金純自汴城北金龍口開黃河故道分水下達魚臺縣塌場口以益漕河十年宋尚書請從會通河通運十三年始罷海運。而專事河運。明年平江伯陳瑄又請復淮安莊牐一帶沙河自淮以北沿河立淺鋪築牽路樹柳木穿井泉自是漕法通便。

蓋自隋煬開通濟永濟二渠雖已使南北之舟可以直達然其運道迂遠自修武至館陶皆偏于西方而臨清東昌以南之路未通也自元明開此一途而南北之運河始聯絡而成一綫論者徒謂隋煬開掘運河蓋未詳其始末也。

漕運之道即通商之路運河開通商業自因之發達觀元代商賈多造大船以運貨物即可推見其概。

陳邦瞻元史紀事本末仁宗延祐二年二月省臣言江南行省起運諸物由會通河以達于都多踰期不至詰其故皆言始開河時止許行百五十料船近來權勢之人幷富商大賈貪嗜貨利造三四百料或五百料船于此河行駕以致阻滯往來舟楫今宜于沽頭臨清二處各置小石牐一禁約二百料以上之船不許入河違者罪之。

由明迄清運漕之卒又多帶貨物以供給南北人之需要。

明史食貨志自英宗後漕政日弛軍以耗米易私物道售稽程比至反買倉米補納多不足數。

清姚文田漕弊議從前運道深通。督漕諸臣。只求重運如期到通。一切並不苛察。各丁于開運時。多帶南物。至通售賣。復易北貨。沿途銷售。卽水手人等携帶梨棗蔬菜之類。亦爲歸幫時餬口之用。 又如從前商力充裕。軍船回空過淮時。往往私帶鹽斤。衆意以每年不過一次。不甚窮搜。

蓋商業興而關征重。商民所運之貨。必有因捐稅而增加價値者。而漕卒則夾帶私貨。無捐稅之累。其價廉而利厚。執政者亦姑息而不問。故始則以爲私弊者。繼則公然承認之矣。

明史食貨志宣德四年。設鈔關。稅商船。于是有漷縣濟寧徐州淮安揚州上新河滸墅九江金沙洲臨清北新諸鈔關。量舟大小修廣而差其額。謂之船料。不稅其貨。惟臨清北新則兼收貨稅。各差御史及戶部主事監收。自南京至通州。經淮安濟寧徐州臨清。每船百料。納鈔百貫。（淮安臨清等處。皆因運河開通。商旅輻輳。故設關也。）

吾國東南濱海。故自陸路交通外。多有海上往來者。

顧炎武日知錄海道用師。古人蓋屢行之矣。吳徐承率舟師自海入齊。此蘇州下海至山東之路。越王句踐命范蠡舌庸率師沿海泝淮以絕吳路。此浙東下海至淮上之路。唐太宗遣强偉于劍南伐木造舟船。自巫峽抵江揚趨萊州。此廣陵下海至山東之路。漢武帝遣樓船將軍楊僕從齊浮渤海擊朝鮮。魏明帝遣海南太守田豫督青州諸軍自海道討公孫淵。秦苻堅遣石越率騎一萬自東萊出右逕襲和龍。唐太宗伐高麗。命張亮率舟師自東萊渡海趨平壤。薛萬徹率甲士三萬自東萊渡海入鴨綠水。此山東下海至遼東之路。漢武帝遣中大夫嚴助發會稽兵浮海救東甌。橫海將軍韓說自句章浮海擊東越。此浙江下海至福建之路。劉裕遣孫處沈出子自海道襲番禺。此京口下海至廣東之路。隋伐陳。吳州刺史蕭瓛遣燕榮以舟師自東海至吳。此又淮北下海至蘇州也。公孫度越海攻東萊諸縣。侯希逸自平盧浮海據青州。此又遼東下海而至山東也。宋李寶自江陰率舟師敗金兵于膠西之石臼島。此又江南下海而至山東也。

戰時藉海道以運兵。平時亦資海舟以轉餉。

日知錄。唐時海運之事不詳于史。蓋柳城陷沒之後。至開元之初。新立治所。乃轉東南之粟以餉之耳。及其樹藝已成。則不復資于轉運。非若元時以此爲恆制也。　舊唐書懿宗紀、咸通三年。南蠻陷交趾。徵諸道兵赴嶺南。時湘灕泝運。功役艱難。軍屯廣州乏食。潤州人陳磻石詣闕上書。言江西湖南泝流運糧不濟。軍師士卒食盡則散。此宜深慮。臣有奇計。以饋南軍。天子召見。磻石因奏臣弟聽思曾任雷州刺史。家人隨海船至福建。往來大船一隻。可致千石。自福建裝船。不一月至廣州。得船數十艘。便可致三萬石至廣府。又引劉裕海路破盧循故事。執政是之。以磻石爲鹽鐵巡官。往揚子院專督海運。于是康承訓之軍皆不闕供。

然其事不恆。至元始以海運爲常事。

陳邦瞻元史紀事本末、至元十九年十二月。始海運。初朝廷糧運、仰給江南者。或自浙西涉江入淮。由黃河逆流至中灤。陸運至淇門。入御河。以至京師。又或自利津河。或由膠萊河入海。勞費無成。初宋季有海盜朱清者。嘗爲富家傭。殺人亡命入海島。與其徒張瑄乘舟抄掠海上。備知海道曲折。尋就招爲防海義民。伯顏平宋時。遣清等載宋庫藏等物、從海道入京師。授金符千戶。二人遂言海運可通。乃命總管羅璧暨瑄等造平底船二十艘。運糧四萬六千餘石。由海道入京。然創行海洋。沿山求嶼。風信失時。逾年始至朝

廷未知其利。仍舊河運。立京畿江淮都漕運二司。各置分司以督綱運。二十年、復海運。二十四年、立行泉府司。專掌海運。成宗

大德八年、定海運米爲百四十五萬石。

其歲運糧數。詳載元史及大元海運記。其漕運水程。亦具見海運記中。

大元海運記至元十九年、創開海運。每歲糧船于平江路劉家港等處聚粽。經由揚州路通州海門縣、黃連沙頭萬里長灘開洋。沿山捉嶼。使于淮安路鹽城縣歷西海州海寧府東海縣、密州膠州界放雲山洋。投東北取成山路。多有淺沙。行月餘才抵成山。羅壁朱清張瑄講究水程。自上海等處開洋。至楊村馬頭下卸處。經過地名山川經直多少迂回。計一萬三千三百五十里。

此在今日視之。固至平常之事。然元時則詫爲盛舉。固前此歷代之所無也。明初猶行海運。至會通河通利始罷。

邱濬大學衍義補洪武三十年、海運糧七十萬石。給遼東軍餉。永樂初海運七十萬石至北京。至十三年、會通河通利。始罷海運。

隆慶中復試行之。

沈德符野獲編隆慶五年、山東巡撫梁夢龍等上海運議曰。今漕河多故。言者爭獻開膠河之說。此非臣等所敢任。第考海道南自淮安至膠州。北自天津至海倉。各有商販往來。中間自膠州至海倉一帶。亦有島人商賈出入其間。臣等因遣官自淮安運米二千石。自膠州運麥一千五百石。各入海。出天津。以試海道。無不利。此其淮安至天津以道計三千三百里。風便兩旬可達。況舟皆由近洋。洋中島嶼聯絡。遇風可依。非如橫海而渡。風波難測。事下部覆、海運法廢已久。難以盡復。乞勅漕司量撥漕糧十二萬自淮入海。

工部卽發節省銀萬五千兩。雇募海舟。淮揚局稅亦許暫支萬五千兩。充備召水手。詔從之。

然明、清運道。專主于河。雖知海運之利。終憚行之。至清道光中。始復用海運。

詳見魏源道光丙戌海運記。

初用帆船。至通商後。乃改輪運焉。

三代之時。田有溝洫。無所謂水利。戰國以降。溝洫之制廢。則視地方官吏治水之善否。以爲農業興廢之徵。觀胡渭論關中土質。卽知昔之膏腴復爲瘠土之故。

胡渭禹貢錐指或問。漢書云。自鄭渠成。溉舄鹵之地四萬餘頃。關中始爲沃野。無凶年。然則前此未有渠時。渭北之地皆舄鹵也。雍田何以稱上上乎。曰。此地之爲舄鹵。以溝洫廢也。溝洫之制廢。則水泉瀉去。其地爲鹹鹵。五穀不殖。秦人患之。此鄭國之策所以行也。然渠成之後。舄鹵仍不少。兒寬所謂鄭國旁高卬之田。嚴熊所謂重泉以東故惡地是也。故又有輔渠、白渠、龍首渠之役。及後漢都雒。諸渠漸廢。杜佑云。秦漢時鄭渠溉田四萬頃。白渠溉田四千五百餘頃。唐永徽中。所溉惟萬許頃。洎大歷初。又減至六千頃。則兩渠之利。至唐而益微矣。宋人以鄭渠久廢。不可復興。惟修三白渠。其所溉者。涇陽、富平等六縣田三千八百餘頃而已。熙寧中。于仲山旁更穿豐利渠。溉田二萬五千餘頃。元至正初。以新渠堰壞。乃復治舊渠口。溉田四萬五千餘頃。其數不減于漢。然未幾亦廢。

大抵宋以前。西北各地。農田水利。尙多修舉。故富力不偏于南方。

顧炎武日知錄。歐陽永叔作唐書地理志。凡一渠之開。一堰之立。無不記之其縣之下。實兼河渠一志。亦可謂詳而有體矣。蓋唐時爲今者。猶得以用一方之財。興期月之役。而志之所書。大抵在天寶以前者。居什之七。至于河朔用兵之後。則以催科爲急。而農功水道。有不暇講求者歟。

自宋以降。西北水利不修。而南方圩田大興。于是南北之饒瘠迥殊。

宋史食貨志大抵南渡後水田之利。富于中原。故水利大興。

馬端臨文獻通考。江東水鄉。隄河兩涯。田其中。謂之圩。農家云圩者圍也。內以圍田。外以圍水。蓋河高而田在水下。沿隄通斗門。每門疏港以溉田。故有豐年而無水患。

論者雖謂圍湖爲田。易致水旱。

文獻通考。圩田湖田多起于政和以來。其在浙間者。隸應奉局。其在江東者。蔡京秦檜相繼得之。大概今之田。昔之湖。徒知湖中之水可涸以墾田。而不知湖外之田將胥而爲水也。

然其利究過于害。此研究宋元以來經濟變遷者所當知也。

自宋熙寧中。遣使察農田水利。議興修塘堰圩隄。

文獻通考。神宗熙寧元年。遣使察農田水利。程顥等八人充使。王明言保州塘濼以西。可築隄植木。凡十九里。隄內可引水處。即種稻。水不及處。並爲方田。又因出土作溝。以限戎馬。從之。中書言。諸州縣古跡陂塘。異時皆蓄水溉田。民利數倍。近歲多所湮廢。詔諸路監司訪尋州縣可興復水利。如能設法勸誘興修塘堰圩隄。功利有實。當議旌寵。

元亦置都水庸田使司。掌種植稻田之事。

元史百官志。都水庸田使司。至元二年置。至正十二年、因海運不通。詔河南窪下水泊之地。置屯田八處。于汴梁添立都水庸田使司。正三品。掌種植稻田之事。

明初復廣遣國子生集吏民修治水利。

顧炎武日知錄。洪武末、遣國子生人才。分詣天下郡縣。集吏民。乘農隙修治水利。二十八年、奏開天下郡縣塘堰凡四萬九百八十七處。河四千一百六十二處。陂渠堤岸五千四十八處。

似歷代政府皆注意于水利。各地之水利、宜皆隨時修舉而無所歧異矣。然觀明周用理河事宜疏。則山東河南之困于水旱。殊非他省之比。

周用理河事宜疏。臣竊見河南府州縣、密邇黃河地方。歷年親被衝決之患。民間田地決裂破壞。不成隴畝。耕者不得種。種者不得收。徒費工力。無裨飢餓。加以額辦稅糧。催科如故。中土之民。困于河患。實不聊生。至于運河以東。山東濟南東昌兗州三府州縣地方。雖有汶沂洸泗等河。然與民間田地支節脈絡不相貫通。每年泰山徂徠諸山水發之時。漫爲巨浸。潰決城郭。漂沒廬舍。耕種失業。亦與河南河患相同。或不幸而值旱暵。又並無自來修繕陂塘渠堰蓄水以待雨澤。遂致齊魯之間。一望赤地。于時蝗蝻四起。草穀俱盡。東西南北。橫亙千里。天災流行。往往有之。

蓋黃河之患。至宋而劇。綿歷元明。不時潰決。民無久計。官無經圖。故其現象若此也。其後徐貞明著潞水客談。亦曰西北之地旱則赤地千里。潦則洪流萬頃。惟雨暘時若。庶樂歲無飢。則明季西北諸省水利亦均不修。不獨河南山東爲然矣。

明史徐貞明傳貞明爲給事中。上水利議。謂神京雄據上游。兵食宜取之畿甸。今皆仰給東南。豈西北古稱富强地。不足以實廩而練卒乎。夫賦稅所括。皆民脂膏。而軍船夫役之費。常以數石致一石。東南之力竭矣。又河流多變。運道多梗。竊有隱憂。聞陝西河南故渠廢堰。在在有之。山東諸泉。引之率可成田。而畿輔諸郡。或支河所經。或澗泉自出。皆足以資灌溉。北人未習水利。惟苦水害。不知水害未除。正由水利未興也。　元虞集欲于京東濱海地築塘捍水以成稻田。若倣集意招徠南人。俾之耕藝。北起遼海。南濱靑齊。皆良田也。

又貞明被謫至潞河。著潞水客談。以畢其說。其略曰。西北之地。旱則赤千地里。潦則洪流萬頃。惟雨暘時若。庶幾樂此無饑。此可常恃哉。惟水利興而後旱潦有備。　譚綸見而美之。曰。我歷塞上久。知其必可行也。

貞明小試其說而未竟其功。

明史徐貞明傳。戶部尙書畢鏘等採貞明疏議爲六事。請郡縣有司以墾田勤惰爲殿最。聽貞明舉劾。地宜稻者。以漸勸率。宜黍宜粟者。如故。不遽責其成。召募南人。給衣食農具。俾以一教十。能墾百畝以上者。卽爲世業。子弟得寄籍入學。其卓有明效者。倣古孝弟力田科。量授鄉遂都鄙之長。墾荒無力者。貸以穀。秋成還官。旱潦則免。郡縣民壯。役止三月。使疏河芟草。而墾田則募專工。帝悉從之。貞明領墾田使。已墾至三萬九千餘畝。　御史王之棟。畿輔人也。言水田必不可行。帝乃諭令停役。　貞明識敏才練。慨然有經世志。京東水田實百世利。事初興而即爲浮議所撓。論者惜之。

清雍正中。設營田水利府。經營京畿水田。亦僅成數千頃而罷。

詳清通考田賦考。

迄今河淮以北之水利。仍不及江南之修備焉。

第二十五章　明儒之學

宋儒學派最多。元承其緒。光燄漸衰。許衡劉因吳澄諸儒之學。不能出南宋朱陸之範圍。故論學術者。以元儒附于宋儒學案。明其僅爲宋之餘波而已。有明一代。或謂理學極盛。

黃宗羲明儒學案發凡。嘗謂有明文章事功。皆不及前代。獨于理學。前代之所不及也。牛毛繭絲。無不辨晰。眞能發先儒之所未發。程朱之闢釋氏。其說雖繁。總是只在迹上。其彌近理而亂眞者。總是指他不出。明儒于毫釐之際。使無遁影。

或謂儒術式微。

明史儒林傳序。有明諸儒。衍伊雒之緒言。探性命之奧旨。錙銖或爽。遂啓岐趨。襲謬承訛。指歸彌遠。至專門經訓授受源流。則二百七十餘年。未聞以此名家者。經學非漢唐之精專。性理襲宋元之糟粕。論者謂科舉盛而儒術微。殆其然乎。

平心論之。明儒風氣。亦自成爲一派。固與漢唐不同。亦與宋元有別。蓋合唐宋以來禪學理學而別開一種心性之學。分茅設蕝。與國相終。此論史者所宜注意者也。

明人之崇心性之學。始于帝王之提倡。及科舉之統一。蓋自宋儒尊崇四書。代有闡釋。然于學術尙未能統一也。自元仁宗皇慶中定制。專以宋儒四書注及經注試士。

元史選舉志仁宗皇慶三年考試程式。蒙古色目人第一場經問五條。大學論語孟子中庸內設問。用朱氏章句集注。其義理精明。文辭典雅者爲中選。漢人南人第一場明經經疑二問。大學論語孟子中庸內出題。並用朱氏章句集注。復以己意結之。限三百字以上。經義一道。各治一經。詩以朱氏爲主。尙書以蔡氏爲主。周易以程氏朱氏爲主。已上三經。兼用古注疏。春秋許用三傳及胡氏傳。禮記用古注疏。限五百字以上。不拘格律。

宋儒之說。始奪漢唐諸儒之席而代之。明以制義試士。亦專主宋儒之書。

明史選舉志科目者。沿唐宋之舊。而稍變其試士之法。專取四子書及易書詩春秋禮記五經命題試士。蓋太祖與劉基所定。其文略仿宋經義。然代古人語氣爲之。體用排偶。謂之八股。通謂之制義。　科舉定式。初場試四書義三道。經義四道。四書主朱子集注。易主程傳朱子本義。書主蔡氏傳及古注疏。詩主朱子集傳。春秋主左氏公羊穀梁三傳及胡安國張洽傳。禮記主古注疏。永樂間。頒四書五經大全。廢注疏不用。其後春秋亦不用張洽傳。禮記止用陳澔集說。

而永樂所定之三大全。尤爲造成一代學術思想之根柢。

四庫全書總目周易大全二十四卷。明胡廣等奉敕撰。考明成祖實錄。永樂十二年十一月甲寅。命行在翰林院學士胡廣。侍講楊榮金幼孜修五經四書大全。十三年九月。告成。成祖親製序。弁之卷首。命禮部刊賜天下。賜胡廣等鈔幣有差。仍賜宴于禮部。同時預纂修者自廣棨幼孜外。尚有翰林編修葉時中等三十九人。此其五經之首也。朱彝尊經義考、謂廣等就前儒成編。雜爲鈔錄。而去其姓名。二百餘年以此取士。一代之令甲在焉。錄存其書。見有明儒者之經學。其初之不敢放軼者、由于此。其後之不逮固陋者、亦由于此。鄭曉今言曰。洪武開科。五經皆主古注疏。及宋儒易程朱、書蔡、詩朱、春秋左公羊穀梁程胡張、禮記陳。後乃盡棄注疏。不知始于何時。或曰始于頒五經大全時。以爲諸家說優者采入故耳。

又四書大全三十六卷。明永樂十三年、翰林學士胡廣等奉敕撰。成祖御製序文。頒行天下。二百餘年尊爲取士之制者也。初與五經大全並頒。然當時程式以四書義爲重。故五經率皆庋閣。所研究者惟四書。所辨訂者亦惟四書。後來四書講章浩如烟海。皆是編爲之濫觴。蓋由漢至宋之經術。于是始盡變矣。特錄存之。以著有明一代士大夫學問根柢。具在于斯。亦足以資考鏡焉。

又性理大全七十卷。明胡廣奉敕撰。是書與五經四書大全同以永樂十三年九月告成奏進。故成祖御製序文、稱二百二十九卷。統七部而計之也。廣等所採宋儒之說。凡一百二十家。其中自爲卷帙者。爲周子太極圖說一卷。通書二卷。張子西銘一卷。正蒙二卷。邵子皇極經世書七卷。朱子易學啟蒙四卷。家禮四卷。蔡元定律呂新書二卷。蔡沈洪範皇極內篇二卷。共二十六卷。自二十七卷以下。撫拾羣言。分爲十三目。曰理氣。曰鬼神。曰性理。曰道統。曰聖賢。曰諸儒。曰學。曰諸子。曰歷代。曰君道。曰治道。曰詩。曰文。

以帝王之尊崇。及科舉之需要。故凡嚮風慕化者。無不濡染浸漬于身心性命之說。而其蔚然成爲儒宗者。則由科舉之學。進而表示人格。創造學說。而超出于八股之生活者也。

然而以帝王科舉之力。造成一世之風氣。固亦有絕大之關係。而人心之演進。常無一成不變之局。故其趨勢。絕不爲最初提倡者所囿。明儒之學之墨守程朱之傳者。固出于科舉及三大全之影響。而其後學派一變有顯與朱子背馳者。則非科舉及三大全所預必也。

明史儒林傳序。原夫明初諸儒皆朱子門人之支流餘裔。師承有自。矩矱秩然。曹端胡居仁篤踐履。謹繩墨。守儒先之正傳。無敢改錯。學術之分。則自陳獻章王守仁始。宗獻章者曰江門之學。孤行獨詣。其傳不遠。宗守仁者曰姚江之學。別立宗旨。顯與朱子背馳。門徒徧天下。流傳逾百年。其教大行。其弊滋甚。嘉隆而後。篤信程朱。不遷異說者。無復幾人矣。

明儒之謹守程朱學派者。以吳與弼薛瑄爲最。

黃宗羲明儒學案。吳與弼字子傳。號康齋。撫州之崇仁人。從洗馬楊溥學。讀伊洛淵源錄。慨然有志于道。 身體力驗。只在走趨語默之間。出作入息。刻刻不忘。久之自成片段。所謂敬義夾持。誠明兩進者也。一切玄遠之言。絕口不道。學者依之。眞有途轍可循。又薛瑄字德溫。號敬軒。山西河津人。 講習濂洛諸書。歎曰。此問學正路也。前輩論一代理學之儒。惟先生無間言。 閱先生讀書錄。兢兢檢點言行間。所謂學貴踐履。意蓋如此。

黃宗羲特標之爲崇仁河東學案。而于其他謹守篤信之儒。則彙立爲諸儒學案。明其不足獨成一派也。與弼傳婁諒。諒傳王守仁。而開陽明學派。陳獻章亦受業于與弼。而別開白沙學派。（王陽明像及陳白沙像。見本期插畫。）湛若水受業于獻章。而別開甘泉學派。三派之學。皆與吳氏不同。而以陽明之派爲最廣。

明儒學案。婁諒字克貞。別號一齋。廣信上饒人。少有志于聖學。聞康齋在臨川。乃往從之。 凡康齋不以語門人者。于先生無所不盡。

又王守仁字伯安。學者稱爲陽明先生。餘姚人也。十八歲過廣信。謁婁一齋。慨然以聖人可學而至。登弘治己未進士第。授刑部主事。改兵部。劉瑾矯旨逮南京科道官。先生抗疏救之。下詔獄。廷杖四十。謫貴州龍場驛丞。瑾誅。知廬陵縣。歷吏部主事、員外郎、郎中。陞南京太僕寺少卿、鴻臚寺卿。以左僉都御史巡撫南贛。平漳南橫水桶岡大帽浰頭諸寇。聞宸濠反。遂還吉安起兵討之。遇于樵舍。三戰俘濠。陞南京兵部尚書。封新建伯。嘉靖丁亥征思田。以歸師襲八寨斷藤峽。破之。卒年五十七。

又陳獻章字公甫。新會之白沙里人。　至崇仁受學于康齋先生。歸卽絕意科舉。築春陽臺。靜坐其中。屢薦不起。

又湛若水字元明。號甘泉。廣東增城人。從學于白沙。

語其派別。則有浙中之王學。

明儒學案姚江之教。自近而遠。其最初學者。不過郡邑之士耳。龍場而後。四方弟子始益進焉。郡邑之以學鳴者。亦僅僅緒山（錢德洪字）龍溪。（王畿字）此外則椎輪積水耳。然一時之盛。吾越尙講誦習禮樂。弦歌之音不絕。

有南中之王學。

明儒學案南中之名王氏學者。陽明在時。王心齋、黃五岳、朱得之、戚南玄、周道通、馮南江其著也。陽明沒後。緒山龍溪所在講學。于是涇縣有水西會。寧國有同善會。江陰有君山會。貴池有光岳會。太平有九龍會。廣德有復初會。江北有南譙精舍。新安有程氏世廟會。泰州復有心齋講堂。幾乎比戶可封矣。

有楚中之王學。

明儒學案楚學之盛惟耿天臺一派自泰州流入。

有北方之王學。

明儒學案北方之爲王學者獨少。　張復覺字志仁號弘山山東茌平人早歲受業顏中溪徐波石深思力踐洞朗無礙猶以取友未廣南結會于香山西結會于丁塊北結會于大雲東結會于王遇齊魯間遂多學者。

有粵閩之王學。

明儒學案嶺海之士學于文成者自方西樵始及文成開府贛州從學者甚衆文成言潮在南海之涯一郡耳一郡之中有薛氏之兄弟子姪既足盛矣而又有楊氏之昆季其餘聰明特達毅然任道之器以數十。

其別出者又有李材王艮諸派。

明儒學案李材字孟誠別號見羅豐城人初學致良知之學已稍變其說

又王艮字汝止號心齋泰州之安豐場人。　聞陽明講學江西以古服進見陽明出迎于門外始入先生據上坐辯難久之稍心折移其坐于側論畢乃歎曰簡易直截艮不及也下拜自稱弟子　陽明卒于師先生迎哭至桐廬經紀其家而後反開門授徒遠近皆至同門會講者必請先生主席。

最後之東林蕺山亦皆出于王學而求濟其末流之弊。

明儒學案有東林蕺山二學案東林者顧憲成高攀龍等講學之書院蕺山者劉宗周講學之書院也。

故明儒之學。一王陽明之學而已。

宋元諸儒。多務闡明經子。不專提倡數字以爲講學宗旨。明儒則一家有一家之宗旨。各標數字以爲的。

白沙之宗旨曰靜中養出端倪。

明史陳獻章傳獻章之學。以靜爲主。其敎學者但令端坐澄心。于靜中養出端倪。

甘泉之宗旨曰隨處體驗天理。

明史湛若水傳若水初與守仁同講學。後各立宗旨。守仁以致良知爲宗。若水以隨處體驗天理爲宗。守仁言若水之學爲求之于外。若水亦謂守仁格知之說不可信者四。又曰陽明與吾之心不同。陽明所謂心。指方寸而言。吾之所謂心者。體萬物而不遺者也。故以吾之說爲非。一時學者。遂分王湛之學。

陽明之宗旨曰致良知。

黃宗羲明儒學案陽明先生之學。始泛濫于詞章。繼而徧讀考亭之書。循序格物。顧物理吾心終判爲二。無所得入。于是出入于佛老者久之。及至居夷處困。動心忍性。因念聖人處此。更有何道。忽悟格物致知之旨。聖人之道。吾性自足。不假外求。其學凡三變而始得其門。自此以後。盡去枝葉。一意本原。以默坐澄心爲學的。江右以後。專提致良知三字。默不假坐。心不待澄。不習不慮。出之自有天則。

又曰知行合一。

明儒學案先生以聖人之學心學也。心卽理也。故于致知格物之訓。不得不言致吾心良知之天理于事事物物。則事事物物皆得其理。夫以知識爲知。則輕浮而不實。故必以力行爲功。夫良知感應神速。無有等待。本心之明。卽知。不欺本心之明。卽行也。不得不言知行合一。此其立言之大旨。不出于是。

其後鄒守益主戒懼愼獨。

明史鄒守益傳穆孔暉自名王氏學。浸淫入于釋氏。而守益于戒懼愼獨。蓋兢兢焉。

黃宗羲明儒學案東廓以獨知爲良知。以戒懼愼獨爲致良知之功。此是師門本旨。

羅洪先生主靜無欲。

明儒學案王門惟心齋氏盛傳其說。從不學不慮之旨。轉而標之。曰自然。曰學樂。末流衍蔓。浸爲小人之無忌憚。羅先生復起。有憂之。特拈收攝保聚四字爲致良知符訣。故其學專求之未發一機。以主靜無欲爲宗旨。

李材主止修。

明儒學案文成而後。李先生又自出手眼。諄諄以止修二字。壓倒良知。

王畿周汝登主無善無惡。

明儒學案王畿天泉證道記謂師門敎法。每提四句。無善無惡心之體。有善有惡意之動。知善知惡是良知。爲善去惡是格物。

明史許孚遠傳官南京。與尚寶司卿周汝登並主講席。汝登以無善無惡爲宗。孚遠作九諦以難之。

高攀龍主靜坐。

明史高攀龍與顧憲成同講學東林書院以靜爲主。

明儒學案載高攀龍說靜坐之語甚多。

劉宗周主愼獨。

黃宗羲明儒學案蕺山先生以愼獨爲宗儒者人人言愼獨惟先生始得其眞。

紛然如禪宗之傳授衣缽標舉宗風者然謂爲由宋元以來講求理學漸從由書册直指人心可謂爲墮入禪學遁于虛無亦可要之明儒之學與宋元之學固大不同也

陽明之學之最有益于世道者卽在主張知行合一之一語自宋以來書册日多著述日富講求討論雖進于前而人之立身行事反與書册所言分而爲二充其弊必有學術日昌人心日壞之象陽明著眼此點故勸人卽知卽行使知不但徒騰口說無益卽冥心妙悟而不驗之實事亦無益此正當時科舉中人口孔孟而心跖蹻之對證妙藥抑亦吾國從古以來聖哲眞傳蓋吾國自古相傳之法惟注重于實行苟不實行卽讀書萬卷著作等身亦不過販賣衒鬻之徒于己于人毫無實益卽不得謂之學問使後之學者咸準陽明之說而行無知愚賢不肖行事一本良心則舉世可以無一壞人而政治風俗亦無一不可以臻于盡善盡美之域無如人心痼蔽惟喜求知而憚實行談玄說妙者務出新說以相勝安于卑近者

轉執其流弊以相訾謷。甚至在爲人行己之外。別求一種學問以爲能。研究此等文字者。方足爲學。而其他皆空談。是豈陽明所及料哉。

傳習錄古人所以既說一個知又說一箇行者。只爲世間有一種人。懵懵懂懂的任意去做。全不解思惟省察。也只是箇冥行妄作。所以必說箇知。方纔行得是。又有一種人。茫茫蕩蕩懸空去思索。全不肯著實躬行。也只是個揣摸影響。所以必說一箇行。方纔知得眞。此是古人不得已補偏救弊的說話。若見得這箇意時。卽一言爲足。今人却就將知行分作兩件去做。以爲必先知了。然後能行。我如今且去講習討論做知的工夫。待知得眞了。方去做行的工夫。故遂終身不行。亦遂終身不知。此不是小病痛。其來已非一日矣。某今說箇知行合一。正是對病的藥。又不是某鑿空杜撰。知行本體原是如此。今若知得宗旨時。卽說兩箇亦不妨。亦只是一箇。若不會宗旨。便說一箇。亦濟得甚事。只是閒說話。

第二十五章　明之文物

歷代史書所志藝文經籍。大抵兼舉前代及當時所有之書籍。惟明史不志前代之書。第述有明一代之著作。

明史藝文志四部之目。昉自荀勖。晉宋以來因之。前史兼錄古今載籍。以爲皆其時柱下之所有也。明萬歷中修撰焦竑修國史。輯經籍志。號稱詳博。然延閣廣內之藏。竑亦無從徧覽。則前代陳編。何憑記錄。今第就二百七十年各家著述。稍爲釐次。勒成一書。凡卷數莫考。疑信未定者。寧闕而不詳云。

其都數爲十萬零四千四百六十九卷。觀其一朝之人著作之富。則其當時之文化可以推想。史稱北京文淵閣貯書近百萬卷。

明史藝文志。明太祖定元都。大將軍收圖籍致之南京。復詔求四方遺書。設祕書監丞。尋改翰林典籍以掌之。永樂四年、帝御便殿閱書史。問文淵閣藏書。解縉對以尙多闕略。帝曰、士庶家稍有餘資。尙欲積書。況朝廷乎。遂命禮部尙書鄭賜遣使訪購。惟其所欲與之。勿較値。北京既建。詔修撰陳循取文淵閣書一部至百部。各擇其一。得百櫃運致北京。宣宗嘗臨視文淵閣。親披閱經史。與少傅楊士奇等討論。 是時祕閣貯書約二萬餘部。近百萬卷。刻本十三。抄本十七。

蓋宋遼金元之書。悉萃其中。故卷數之富。爲歷代館閣所未有也。祕閣之外。行人司藏書亦富。

王夫之識小錄。翰林名讀中祕書。而實無一書之可讀。惟行人司每一員出使。則先索書目以行。購書目中所無者。多至數册。少亦必一册。納之司署。專設司吏一人收貯簡曬。故行人司藏書最富。

蓋古者太史采風陳詩之遺也。其他貴族縉紳儒流士庶藏書之家。尤指不勝屈。若朱睦㮮

明史諸王傳。鎭國中尉睦㮮。字灌甫。鎭平王諸孫。被服儒素。覃精經學。 睦㮮萬卷堂書目跋。余宅西游息之所。建堂五楹。以所儲書環列其中。倣唐人法。分經史子集。用各色牙籤識別。經類凡十一。易詩書春秋禮樂孝經論語孟子經解小學。凡六百八十部。六千一百二十卷。史類凡十二。正史編年雜史制書傳記職官儀注刑法譜牒目錄地志雜志。凡九百三十部。一萬八千卷。子類凡十。儒道釋農兵醫卜藝小說五行家。凡一千二百部。六千零七十卷。集類凡三。楚詞別集總集。凡一千五百部。一萬二千五百六十卷。編

爲四部。

葉盛

習雋乾隆蘇州府志崑山葉文莊公盛宅在東城橋西。公生平嗜書。手自讎錄。至數萬卷。

朱彝尊靜志居詩話文莊儲藏之目爲卷止二萬餘。然奇祕者多。亞于冊府。

楊循吉

祁承㸁澹生堂藏書訓楊儀部君謙（名循吉。吳人。）性最嗜書。家本素封。以購書故。晚歲赤貧。所藏書十餘萬卷。

何良俊

列朝詩傳何良俊字元朗。少而篤學。 每喟然歎曰。吾有清森閣在東海上。藏書四萬卷。

王世貞

胡應麟少室山房筆叢王長公（即世貞。太倉人。）小酉館在弇州園涼風堂後。凡三萬卷。二典不與。構藏經閣貯焉。

胡應麟

澹生堂藏書訓婺州胡元瑞以一孝廉。集書至四萬二千三百八十四卷。

黃虞稷

錢謙益黃氏千頃齋藏書記虞稷之先人。少好讀書。老而彌篤。自爲舉子。以迄學官。修脯所入。衣食所餘。未嘗不以市書也。藏書千頃齋中約六萬餘卷。余小子（此據虞稷自稱）裒聚而附益之。又不下數千卷。

徐𤊹

徐𤊹紅雨樓家藏書目序合先君子先伯兄所儲。可盈五萬三千餘卷。

毛晉

同治蘇州府志毛晉世居迎春門外七星橋。少爲諸生。性嗜卷軸。湖州書舶雲集于門。邑中爲之諺曰。三百六十行生意。不如鬻書于毛氏。前後積至八萬四千冊。構汲古閣目耕樓以庋之。

謝兆申等。

徐𤊹筆精邵武謝兆申好書。盡罄家貲而買墳籍。藏蓄淺盈五六萬卷。

皆收藏至二三萬卷以上。其范氏之天一閣。

阮葵生茶餘客話范欽號東明。喜購舊本。兩浙藏書以天一閣爲第一。

錢氏之絳雲樓。

曹溶絳雲樓書目題詞虞山宗伯所積。幾埒內府。視葉文莊吳文定及西亭王孫或過之。晚歲居紅豆山莊。出所藏書。重加繕治。區分類聚。栖絳雲樓上大櫝七十有三。

尤爲目錄家所豔稱。士大夫咸以嗜書殖學爲務。故能上紹唐宋。而下開有清之文治焉。

官書之風以明爲盛。

袁怙書隱叢說官書之風至明極盛內而南北兩京。外而道學兩署。無不盛行雕造。官司至任、數卷新書、與土儀並充餽品。稱爲書帕本。孫毓修曰。明時官司衙署刊本周弘祖古今書刻、略載之。明祖分封諸王。各賜宋板書帖。諸王亦能于養尊處優之餘。校刊古籍。模印精審。至今見稱。如瀋唐潞晉徽益諸藩。皆有傳刻。

南北兩監藏板至夥。歷代正史。一再雕印。

梅鷟南雍志梓刻書本金陵新志所載集慶路儒學史書梓數正與今同。則本監所藏諸梓。多自舊國子學而來。按元代刻史、多分路雕刻。若建昌路刊南北史。瑞州路刊隋書之類。不能舉十七史而同在一處刊刻。至明彙集其板。始有彙刻全史之舉。自後四方多以書板送入。洪武永樂時、兩經修補。板既叢亂。旋補旋亡。成化初。祭酒王倎會計之。已逾二萬篇。宏治初、始作庫。供儲藏。嘉靖七年、錦衣衛間住千戶沈麟奏准校刊史書。禮部議以祭酒張邦奇司業江汝璧學博才裕。使將原板刊補。其廣東原刻宋史差取付監。遼金二史原無板者。購求善本翻刻。以成全史。後邦奇汝璧遷去。祭酒林文俊司業張星繼之。方克進呈。

丁丙善本書室藏書志北監二十一史。奉勅重修者。祭酒吳士元司業黃錦也。自萬歷二十四年開雕。閱十有一載。至三十四年竣事。皆從南監本繕寫刊刻。

書坊之多以燕京江浙爲盛。

胡應麟經籍會通今海內書凡聚之地有四。燕市也。金陵也。閶闔也。臨安也。閩楚滇黔則余間得其梓。秦晉川洛則余時友其人。輩下所雕者，每一當浙中三。紙貴故也。越中刻本亦希。而其地適當東南之會。文獻之衷。三吳七閩典籍萃焉。吳會金陵擅名文獻。刻本至多。鉅冊類書。咸會萃焉。自本方所梓外。他省至者絕寡。燕中書肆，多在大明門之右。及禮部門之外。及拱宸門之西。武林書肆，多在鎮海樓之外。及涌金門之內。及弼教坊清和坊。皆四達衢也。金陵書肆，多在三山街及太學前。姑蘇書肆，多在閶門內外及吳縣前。書多精整。率其地梓。　凡刻之地有三。吳也。越也。閩也。蜀本宋稱最善。近世甚希。燕粵秦楚。今皆有刻。類自可觀。而不若三方之盛。其精，吳為最。其多，閩為最。越皆次之。其直重，吳為最。其直輕，閩為最。越皆次之。

工匠刻書價值亦廉。

俞樾茶香室續鈔，明劉若愚酌中志云。刻字匠徐承惠供，本犯與刻字工銀每字一百。時價四分。因本犯要承惠僻靜處刻。勿令人見。每百字加銀五釐。約工銀三錢四分。今算妖書八百餘字。與工銀費相同。按此知明時刻書價值至廉。今日奚翅倍之也。

然如永樂大典之鉅書。當國家財力全盛之時。亦未能付諸雕板。是亦至可惜之事也。

明代儒臣奉敕編輯之書至夥。而卷冊最富者。無過于永樂大典。

明史藝文志類書類。永樂大典二萬二千九百卷。　原注，永樂初，解縉等奉敕編文獻大成。既竣。帝以為未備。復敕姚廣孝等重修。四歷寒暑而成。更定是名。成祖製序。復以卷帙太繁。不及刊布。嘉靖中，復加繕寫。

其書以韻為綱。而以古書字句排列于下。以便檢尋。而體例不一。至有舉全部大書悉納于一韻之一字中者。與前此類書割裂原文以事相次者有別。故元以前，佚文，祕典，世，所不傳者。轉賴，其全部，全篇，收入。

得以復見于世。

四庫全書總目明實錄載成祖諭解縉等嘗觀韻府回溪二書。事雖有統。而採摘不廣。紀載太略。爾等其如朕意。凡書契以來經史子集百家之書。至于天文地志陰陽醫卜僧道技藝之言。備輯爲一書。無厭浩繁云云。故此書以洪武正韻爲綱。全如韻府之體。其每字之下。詳列各種書體。亦用顏眞卿韻海鏡原之例。惟其書割裂龐雜。漫無條理。或以一字一句分韻。或析取一篇以篇名分韻。或全錄一書。以書名分韻。與卷首凡例多不相應。殊乖編纂之體。然元以前佚文祕典世所不傳者轉賴其全部全篇收入。得以排纂校訂。復見于世。

當明之世。南北二京。僅有寫本三部。

四庫全書總目永樂大典二萬二千八百七十七卷。目錄六十卷。明永樂元年七月奉敕撰。二年十一月奏進。賜名文獻大成。總其事者、爲翰林院學士兼右春坊大學士解縉。與其事者、凡一百四十七人。既而以所纂尙多未備。復命太子少保姚廣孝、刑部侍郎劉季箎、與縉同監修。與其事者、凡二千一百六十九人。于永樂五年十一月奏進。改賜名曰永樂大典。以上俱見明實錄併命復寫一部。鋟諸梓。以永樂七年十月訖工。事見明趙友同存軒集後以工費浩繁而罷。見舊京詞林志定都北京以後。移貯文樓。文樓即今之宏義閣嘉靖四十一年、選禮部儒士程道南等一百人。重錄正副二本。命高拱張居正校理。事見明實錄至隆慶初告成。仍歸原本于南京。見舊京詞林志其正本貯文淵閣。副本別貯皇史宬。事見春明夢餘錄明祚既傾。南京原本與皇史宬副本並燬。今貯翰林院庫者。即文淵閣正本。僅殘闕二千四百二十二卷。顧炎武日知錄以爲全部皆佚。蓋傳聞不確之說。書及目錄共二萬二千九百三十七卷。與原序原表並合。明實錄作二萬二千二百一十一卷。明史藝文志作二萬二千九百卷。亦字畫之誤也。

議者雖請鐫印頒發國學。訖未實行。

沈德符野獲編甲午春、南祭酒陸可敎有刻書一疏。謂文皇帝所修永樂大典。人間未見。宜分頒巡方御史各任一種校刊。彙成分貯兩雍。以成一代盛事。上卽允行。至今未聞頒發也。按此書至二萬餘卷。卽大內止寫本一部。至世宗重錄。以備不虞。亦至穆宗朝始告竣。效勞諸臣俱敍功優陞。若付梨棗。更豈易言。

至清僅存殘本一部。修四庫書時。曾就其中輯錄古書數百種。

四庫全書總目今裒輯成編者。凡經部六十六種。史部四十一種。子部一百三種。集部一百七十五種。共四千九百二十六卷。

然其可採者尚多。翰林之嗜古者。往往從而鈔輯。至庚子之亂。燬于兵燹。今祇存六十四冊。

京師圖書館善本書目永樂大典六十冊（清翰林院書）　明解縉等撰。嘉靖重錄正本。存二支、九眞、十八陽、十九庚、二十尤、六姥、四霽、五御、一屋、二質等韻。　此書尚有四冊。留敎育部。

尚有零冊散入外國。頗爲外人珍視。美之圖書館。曾以珂羅版影印一冊焉。

京師圖書館藏有美國圖書館長勃特蘭博士所贈珂羅版印永樂大典一冊。　自一萬九千七百八十五卷至一萬九千七百八十六卷。　僅一服字韻中綸衣服圖甚多。　（參閱學衡二十六期及圖書館協會月報各期袁同禮撰永樂大典考續考敍現時永樂大典各殘本所在甚詳）

明代取士。專重科舉。試以制義。至清猶沿其法。此世所詬病也。

明史選舉志科目者、沿唐宋之舊。而稍變其試士之法。專取四子書及易詩書春秋禮記五經命題試士。　三年大比。以諸生試之直省、曰鄉試。中式者為舉人。次年以舉人試之京師、曰會試。中式者天子親策于廷、曰廷試。亦曰殿試。分一二三甲、以為名第之次。一甲止三人曰狀元、榜眼、探花。賜進士及第。二甲若干人、賜進士出身。三甲若干人、賜同進士出身。狀元榜眼探花之名、制所定也。而士大夫又通以鄉試第一為解元。會試第一為會元。二三甲第一為傳臚云。子午卯酉年鄉試。辰戌丑未年會試。鄉試以八月。會試以二月。皆初九日為第一場。又三日為第二場。又三日為第三場。初設科舉時。初場試經義二道、四書義一道。二場論一道。三場策一道。中式後十日。復以騎射書算律五事試之。後頒科舉定式。初場試四書義三道、經義四道。二場試論一道、制五道、詔誥表內科一道。三場試經史時務策五道。廷試以三月朔。鄉試直隸于京府。各省于布政司。會試于禮部。主考鄉會試俱二人。同考、鄉試四人。會試八人。提調一人。在內京官、在外布政司官。會試禮部官。監試二人。在內御史、在外按察司官。會試御史。供給收掌試卷彌封謄錄對讀受卷及巡綽監門、搜檢懷挾、俱有定員。各執其事。舉子則國子生及府州縣學生員之學成者。儒士之未仕者。官之未入流者。皆由有司申舉性資敦厚文行可稱者應之。其學校訓導專教學生。及罷閒官吏倡優之家。與居父母喪者。俱不許入試。試卷之首書三代姓名及其籍貫年甲所習本經所司印記。試日入場講問代冒者有禁。晚未納卷給燭三枝。文字中迴避御名廟號。及不許自序門地。彌縫編號作三合字。考試者用墨。謂之墨卷。謄錄用硃。謂之硃卷。試士之所。謂之貢院。諸生席舍。謂之號房。人一軍守之。謂之號軍。試官入院。輒封鑰內外門戶。在外提調監試等。謂之外簾官。在內主考同考。謂之內簾官。廷試用翰林及朝臣文學之優者。爲讀卷官共閱對策。擬定名次。候臨軒。或如所擬。或有所定。傳制唱第。狀元授修撰。榜眼探花授編修。二三甲考選庶吉士者。皆爲翰林官。其他或授給事、御史、主事、中書、行人、評事、太常、國子博士。或授府推官、知州、知縣等官。舉人貢生不第。入監而選者。或授小京職。或授府佐及州縣正官。或授敎職。此明一代取士之大略也。

然明初立法。實非專尚時文。

顧炎武日知錄、太祖實錄、洪武三年八月、京師及各行省開鄉試。初場四書疑問本經義及四書義各一道。（原注。洪武三年開科。以大學古之欲明明德于天下者二節。孟子道在邇而求諸遠一節。合爲一題。問二書所言平天下大指同異。此即宋時之法。）第二場論一道。第三場策一道。中式者後十日。復以五事試之。曰騎射書算律。騎觀其馳驅便捷。射觀其中之多寡。書通于六義。算通于九法。律觀其決斷。此眞所謂求實用之士者矣。至十七年、命禮部頒行科舉成式。文辭增而實事廢。蓋與初詔求賢之法。稍有不同。而行之二百餘年。非所以善述祖宗之意也。

其後展轉流變。士蓋不務實學。至有八股盛而六經微。十八房興而廿一史廢之歎。

日知錄。十八房之刻。自萬歷壬辰鉤玄錄始。旁有批點。自王房仲選程墨始。至乙卯以後。而坊刻有四種。曰程墨。則三場主司及士子之文。曰房稿。則十八房進士之作。曰行卷。則舉人之作。曰社稿。則諸生會課之作。至一科房稿之刻。有數百部。皆出于蘇杭。而中原北方之賈人。市買以去。天下之人。惟知此物可以取科名享富貴。此之謂學問。此之謂士人。而他書一切不觀。昔邱文莊當天順成化之盛。去宋元未遠。已謂士子有登名前列。不知史冊名目朝代先後字書偏旁者。舉天下而惟十八房之讀。讀之三五年、而一幸登第。則無知之童子。儼然與公卿相揖讓。而文武之道。棄如弁髦。嗟乎。八股盛而六經微。十八房興而廿一史廢。昔閔子馬以原伯咎之不說學而卜周之衰。余少時見有一二好學者。欲通旁經而涉古書。則父師交相譙呵。以爲必不得顓業于帖括。而將爲坎軻不利之人。豈非所謂大人患失而惑者歟。

蓋人心嗜利苟得。有可以簡陋而得虛榮者。則相率從之。而目務實用者爲迂遠。雖有善法。不時時爲之改良。其歸宿亦猶是耳。

明初最重學校。以學校爲科舉之本。而出身學校者。可不必由科舉。

明史選舉志。科舉必由學校。而學校起家。可不由科舉。

觀明初國學之制及國子生之盛。殆遠軼于唐宋。

明史選舉志。國子學之設自明初乙巳始。洪武元年、令品官子弟及民俊秀通文義者並充學生。　天下既定。詔擇府州縣學諸生入國子學。　初改應天府學爲國子學。後改建于雞鳴山下。既而改學爲監。設祭酒司業及監丞博士助教學正學錄典籍掌饌典簿等官。分六堂以館諸生。曰率性、修道、誠心、正義、崇志、廣業。學旁以宿諸生。謂之號房。厚給廩餼。歲時賜布帛文綺襲衣巾韡。正旦元宵諸令節。俱賞節錢。孝慈皇后積糧監中、置紅倉二十餘舍。養諸生之妻子。歷事生未娶者賜錢婚聘。及女衣二襲、月米二石。諸生在京師歲久、父母存、或父母亡、而大父母伯叔父母存。皆遣歸省。人賜衣一襲、鈔五錠。爲道里費。其優恤之如此。而其教之之法。每旦祭酒司業坐堂上。屬官自監丞以下首領則典簿以次序立。諸生揖畢。質問經史。拱立聽命。惟朔望給假。餘日升堂會饌。乃會講復講背書。輪課以爲常。所習自四子本經外。兼及劉向說苑及律令書數御製大誥。每月試經書義各一道、詔誥表策論判內科二道。每日習書二百餘字。以二王智永歐虞顏柳諸帖爲法。每班選一人充齋長。督諸生工課。衣冠步履飲食。必嚴飭中節。夜必宿監。有故而出。必告本班教官。令齋長帥之。以白祭酒監丞。置集愆簿。有不遵者書之。再三犯者決責。四犯者至發遣安置。其學規條目。屢次更定。寬嚴得其中。堂宇宿舍飲饌澡浴。俱有禁例。司教之官。必選耆宿。

各地土官及日本琉球暹羅諸國。皆有官生入監讀書。

明史選舉志直省諸士子雲集輦下。雲南四川皆有土官生。日本琉球暹羅諸國亦皆有官生入監讀書。輒加厚賜。幷給其從人。永宣間先後絡繹。至成化正德時、琉球生猶有至者。

續文獻通考學校考洪武三年、高麗遣其國金濤等四人來學。次年濤成進士歸。自是日本琉球暹羅諸國皆有官生入監讀書。朝廷輒加厚賜。幷給其從人。雲南四川等土官時遣子弟民生入監者甚衆。給賜與日本諸國同。監前別造房百間居之。 蔣一葵長安客話曰國初高麗遣金濤等入太學。其後各國及土官亦皆遣子入監。監前別造房居之。名王子書房。今太學前有交阯號舍。蓋成祖設北監以聚、所以處交阯官生者。

其學生最盛之時。幾及萬人。

梅鷟南雍志儲養考永樂十八年、監生九千五百五十二人。 十九年、九千八百八十四人。 二十年、九千九百七十二人。 二十一年、九千八百六十一人。 二十二年、九千五百三十三人。

而整理田賦、清查黃册、興修水利等事。皆命監生爲之。

南雍志洪武二十年春二月戊子、魚鱗圖冊成。先是上命戶部覈實天下土田。而蘇松富民畏避徭役。以田產詭寄親鄰佃僕。相習成風。奸弊百出。于是富者愈富。貧者愈貧。上聞之。遣國子生武淳等往。隨糧多寡。定爲幾區。每區設糧長四人。使集里甲耆民。躬履田畝、以量度之。量其方圓。次其字號。悉書主名及丈尺四至。編類爲冊。狀若魚鱗然。故名。至是浙江布政使司及直隸蘇州等府縣冊成進呈。上喜。賜淳等鈔錠有差。

又二十四年八月乙卯朔、初令監生往後湖清査黃冊。　戶部所貯天下黃冊。俱送後湖收架。委監察御史二員、戶科給事中一員、監生一千二百名。以舊冊比對清査。如有戶口田糧埋沒差錯等項。造冊徑奏。其官員監生合用飲饌器皿等項。幷膳夫俱于國子監取用。如不敷。于都稅司幷上元江寧縣等衙門支撥。其後奏準本監惟供給監生。凡官員監生吏卒人匠等。每五日一次過湖曬晾。

又二十七年八月乙亥、遣監生及人材分詣天下郡縣。督吏民修治水利。給道里費而行。

或繕寫書籍。或學習翻譯。

南雍志永樂二年十月丁巳、翰林院進所纂錄韻書。賜名文獻大成。上以其未備。遂命重修。以祭酒胡儼兼翰林院侍講及學生王景等爲總裁。開館于文淵閣。禮部簡能書監生繕寫。

又五年三月癸酉、命禮部選監生胡敬蔣禮等三十八人隸翰林院習譯書。人月給米一石。遇開科令就試。仍譯所作文字。合格準出身。置館于長安右門之外處之。以四夷字學。分爲四齋。命都指揮李賢以錦衣衛軍守門。務令成業。

或以特事遣使。或以巡狩從行。

南雍志永樂元年四月、頒敕二萬道令監生馬宗誠等齎之賜道里費。

又二年正月丁未、遣監生劉源等三十三人分行郡縣訪求高皇帝御製詩文。

又七年二月壬午、巡狩北京。車駕發京師。擇吏部歷事監生四十八人、譯寫四夷文字監生十三人以從。

而分部歷事。

南雍志洪武二十九年六月壬寅、初令監生年長者分撥諸司歷練政事。　建文二年十月、定監生歷事考覈法。歷事各衙門者、一年為滿。從本衙門考覈分上中下三等引奏。上等不拘選用。中等下等仍歷一年。再考。上等者依上等用。中等者不拘品級隨材任用。

下等者回監讀書。

隨時任官尤為重視。

續通考洪武二十六年十月、擢監生六十四人為布政使等官。先是天下初定。北方喪亂之餘。人鮮知學。嘗遣國子生林伯雲等三百六十六人分教各郡。既而推及他省。擇其壯歲能文者、為教諭等官。至是乃盡擢劉政龍鐸等六十四人為行省布政按察兩使及參政參議副使僉事等官。李擴等自文華武英擢御史。按明史選舉志。洪武初。擇年少舉人趙惟一等及貢生董昶等入學讀書。賜以衣帳。命于諸司先習吏事。謂之歷事監生。取其中尤英敏者李擴等。入文華武英堂說書。謂之小秀才。其才學優贍聰明俊偉之士。使之博極羣書。講明道德經濟之學。以期大用。謂之老秀才。故續考舉李擴等爲言。　擴尋改給事中兼齊相府錄事。蓋臺諫之選。亦出于太學。其常調者乃為府州縣六品以下官。時雖復行科舉。而監生與薦舉人才參用者居多。故其時布列中外者、太學生最盛。

蓋明之國學，第為儲才之地，並無畢業之期。以師儒督其學，以世務練其才，隨時選任，不拘資限。斯實從古以來惟一重用學校人才之時代。世徒以明祖定八股試士之制，遂謂其欲使天下英雄腐心于無用之空文，豈知當時事實並不如是。第其後偏重科舉，而學校又有納粟之例。流品日雜，學生始不為天下所重耳。

> 續通考：宣宗以後，進士日益重，薦舉寖廢，舉貢日益輕。迨開納粟之例，流品漸淆。且庶民亦得援生員之例入監，謂之民生，亦謂之俊秀，而監生益輕。

明代國學有南北兩監。

> 續通考：成祖永樂元年二月，設北京國子監。在城東北隅，即元國學遺址，明初為北平府學，至是改焉。十八年遷都，乃以京師國子監為南京國子監，而太學生有南北之分矣。

此外府州縣衛無不有學，教養之法甚備。

> 明史選舉志：郡縣之學，與太學相維，創立自唐始。宋置諸路州學官，元頗因之，其法皆未具。迄明，天下府州縣衛所皆建儒學，教官四千二百餘員，弟子無算，教養之法備矣。洪武二年，太祖初建國學，諭中書省臣曰：學校之教，至元其弊極矣。上下之間，波頹風靡，學校雖設，名存實亡。兵變以來，人習戰爭，惟知干戈，莫識俎豆。朕惟治國以教化為先，教化以學校為本。京師雖有太學，而天下學校未興，宜令郡縣皆立學校，延師儒，授生徒，講論聖道，使人日漸月化，以復先王之舊。于是大建學校，府設教授，州設學正，縣設教諭，

各一。俱設訓導。府四、州三、縣二。生員之數。府學四十人。州縣以次減十。師生月廩食米人六斗。有司給以魚肉。學官月俸有差。生員專治一經。以禮樂射御書數設科分教。務求實才。頑不率者黜之。

學有額田。

續通考洪武十五年四月、賜學糧。增師生廩膳。　初制、師生月廩食米人六斗。有司給以魚肉。學官月俸有差。至是命凡府州縣田租入官者。悉歸于學。俾供祭祀及師生廩膳。仍定爲三等。府學一千石。州學八百石。縣學六百石。應天府學一千六百石。各設吏一人以司出納。學生月給廩膳米一石。

敎有定規。

續通考洪武二十五年、定禮射書數之法。(一)須行經史律誥禮儀等書。生員皆須熟讀精通。以備科貢考試。(一)朔望習射于學校外。置射位。初三十步。加至九十步。每耦二人。各挾四矢。以次相繼。長官涖射。射畢。中的飲三爵。中鵠飲二爵。(一)習書依名人法帖。日五百字。(一)數學務精通九章之法。

戴望顏氏學記、祁州學碑、刻洪武八年頒學校格式。六藝以律易御。禮律書爲一科。訓導二員敎之。樂射算爲一科。訓導二員敎之。守令每月考試。三月學不進。訓導罰俸半月。監察御史按察司巡歷考試。府生員十二名。州八名。縣六名。學不進者、守令敎授訓導罰俸有差。甚多則敎官革職。守令笞四十。三代後無此學政。亦無此嚴法。誰實壞之。　王源曰、三代以後開創帝王可與言三代治道者。明太祖一人而已。

學生名額。復迭有增加。

明史選舉志、生員雖定數于國初。未幾即命增廣。不拘額數。宣德中、定增廣之額。京府學六十人。在外府學四十人。州縣以次減十。成化中、定衞學之例。四衞以上軍生八十人。三衞以上軍生六十人。二衞一衞軍生四十人。有司儒學軍生二十人。士官子弟許入附近儒學無定額。增廣既多。于是謂初食廩者謂之廩膳生員。增廣者謂之增廣生員。及其既久。人才愈多。又于額外增取。附于諸生之末。謂之附學生。士子未入學者。通謂之童生。

惜其後學生僅務考試。而埋首于時文。明初善制、以漸而廢。提學者亦祗分諸生等第。不復問六藝之科目耳。

明史選舉志、提學官在任三歲兩試諸生。先以六等試諸生優劣。謂之歲考。一等前列者。視廩膳生有缺依次充補。其次補增廣生。一二等皆給賞。三等如常。四等撻責。五等則廩增遞降一等。附生降爲青衣。六等黜革。繼取一二等爲科舉生員。俾應鄉試。謂之科考。其充補廩增給賞。悉如歲試。其等第仍分爲六。而大抵多置三等。三等不得應鄉試。撻黜者僅百一。亦可絕無也。

府州縣學之外。又有社學。

續通考、洪武八年正月、詔天下立社學。詔曰、今京師及郡縣皆有學。而鄉社之民未睹教化。有司其更置社學。延師儒以教民間子弟。導民善俗。稱朕意焉。于是鄉社皆置學。令民間子弟兼讀御製大誥及本朝律令。二十年、令社學子弟讀誥律者。赴京禮部較其所誦多寡。次第給賞。英宗正統元年、詔有俊秀向學者。許補儒學生員。弘治十七年、令各府州縣訪保明師。民間幼童年十五以下者。送社讀書。講習冠婚喪祭之法。

官吏之留心民事者。恒以興舉社學爲務。

王文成全書興舉社學牌看得贛州社學鄉館教讀賢否尙多淆雜。是以詩禮之教久已施行。而淳厚之俗未見興起。爲此牌仰嶺北道督同府縣官吏、即將各館教讀。通行訪擇。務使學術明正、行止端方者。乃與茲選。官府仍籍記姓名。量行支給薪米。以資勤苦。優其禮待。以示崇勸。其各童生之家。亦各通飭。戒務在隆師重道。教訓子弟。毋得因仍舊染。習爲偷薄。自取愆咎。

社學教讀且與有地方風化之責。

王文成全書頒行社學教條先該本院據嶺北道選送教讀劉伯頌等。頗已得人。但多係客寓。日給爲難。今欲望以開導訓誨。亦須量資勤苦。已經案仰該道通加禮貌。優待給以薪米紙筆之資。各官仍要不時勸勵敦勉。令各教讀務遵本院原定教條。盡心訓導。視童蒙如己子。以啟迪爲家事。不但訓飭其子弟。亦復化喻其父兄。不但勤勞于詩禮章句之間。尤在致力于德行心術之本。務使禮讓日新。風俗日美。庶不負有司作興之意。與士民趨向之心。

觀王文成訓蒙大意。亦可見當時教讀、督責、幼兒之法、及儒者、研究、教育、之學說焉。

錢德洪王文成年譜訓蒙大意示教讀劉伯頌等曰。今教童子者。當以孝弟忠信禮義廉恥爲專務。其培植涵養之方。則宜誘之歌詩、以發其志意。導之習禮、以肅其威儀。諷之讀書、以開其知覺。今人往往以歌詩習禮爲不切時務。此皆末俗庸鄙之見。烏足以知古人立教之意哉。大抵童子之情。樂嬉戲而憚拘檢。如草木之始萌芽。舒暢之則條達。摧撓之則衰痿。故凡誘之歌詩者、非但發其志意而已。亦所以洩其跳號呼嘯於咏歌。宣其幽抑結滯于音節也。導之習禮者。非但肅其威儀而已。亦所以周旋揖讓而動盪其血脈。拜起屈伸而固束其筋骸也。諷之讀書者、非但開其知覺而已。亦所以沈潛反復而存其心。抑揚諷頌以宣其志也。若責其檢束而不知導之以禮。求其聰明而不知養之以善。彼視學舍如囹獄而不肯入。視師長如寇讎而不欲見。矣求其爲善也得乎。

宋元之間。書院最盛。至明、而寖衰。蓋國學網羅人才。士之散處書院者。皆聚之于兩雍。雖有書院。其風不盛。

續通考。初太祖因元之舊。洪武元年立洙泗尼山二書院。各設山長一人。憲宗成化十二年、命江西貴溪縣重建象山書院。孝宗弘治元年、以吏部郎中周本言。修江南常熟縣學道書院。武宗正德元年、江西按察司副使邵寶奏修德化縣濂溪書院。其時各省皆有書院。弗禁也。

其後國學之制漸隳。科舉之弊孔熾。士大夫復倡講學之法。而書院又因之以興。王陽明講學之所。若龍岡書院。

錢德洪王文成年譜。正德三年在龍場。夷人日來親狎。以所居湫濕。乃伐木搆龍岡書院以居之。

若貴陽書院。

王文成年譜。正德四年在貴陽。提學副使席書聘主貴陽書院。

若濂溪書院。

王文成年譜正德十三年在贛。九月修濂溪書院。四方學者輻輳。始寓射圃。至不能容。乃修濂溪書院居之。

若稽山書院。

王文成年譜嘉靖三年在越。闢稽山書院。聚八邑彥士。身率講習以督之。于是蕭璆楊汝榮楊紹芳等來自湖廣。楊仕鳴薛宗鎧黃夢星等來自廣東。王艮孟源周衡等來自直隸。何秦黃弘綱等來自南贛。劉邦采劉文敏等來自安福。魏良政魏良器等來自新建。曾忭來自泰和。宮刹卑隘。至不能容。蓋環坐而聽者三百餘人。

若敷文書院。

王文成年譜嘉靖七年、巡撫兩廣。興南寧學校。委原任監察御史降揭陽縣主簿季本主教敷文書院。

既皆隨處經營。隱然以復古學校爲己任。而同時如鄒守益之築復古書院

王文成年譜鄒守益謫判廣德州。築復古書院以集生徒。刻諭俗禮要以風民俗。

湛若水之建白沙書院。

明史湛若水傳若水生平所至。必建書院以祀獻章。

又與陽明相應和。比陽明歿而建書院以祀之者尤夥。

錢德洪王文成年譜嘉靖四年十月、立陽明書院于越城。門人爲之也。在越城西郭門內光相橋之東。後十二年丁酉、巡按御史門人周汝貞建祠于樓前。匾曰陽明先生祠。

又嘉靖九年、門人薛侃建精舍于天眞山祀先生。十三年、鄒守益建復古書院于安福祀先生。按復古書院之建已見前。此時特祀之耳。十六年、僉事沈謐建書院于文湖祀先生。十九年、周桐應典等建書院于壽巖祀先生。二十一年、范引年建混元書院于靑田祀先生。二十三年、徐珊建虎溪精舍于辰州祀先生。二十七年、萬安同志建雲興書院祀先生。陳大倫建明經書院于韶祀先生。二十九年、史際建嘉義書院于溧陽祀先生。三十三年、劉起宗建水西書院祀先生。三十五年、趙鏜修復初書院祀先生。沈寵建仰止祠于崇正書院祀先生。四十二年、耿定羅汝芳建志學書院于宣城祀先生。

學校性質、幾變而爲宗教性質。世宗因言者請毀書院而嚴禁之。殆以此故。

續通考世宗嘉靖十七年四月、吏部尚書許讚請毀書院。從之。十六年二月、御史游居敬疏斥南京吏部尚書湛若水倡其邪學。廣收無賴私刱書院。乞戒諭以正人心。帝慰留若水而令所司毀其書院。至是讚復言撫按司府多建書院。聚生徒供億科擾。亟宜撤毀。詔從其言。

然一方面撤毀。而一方面依然建設。如混元雲興等書院、皆建于嘉靖十七年以後。是其時社會勢力固不下于政府也。萬曆間、張居正當國再申嚴禁。亦未盡革。迄居正敗。其事復興。

沈德符野獲編。書院之設。昉于宋之金山徂徠及白鹿洞。本朝舊無額設明例。自武宗朝王新建以良知之學、行江浙兩廣間。而羅念庵唐荊川諸公繼之。于是東南景附。書院頓盛。雖世宗力禁。而終不能止。嘉靖末年、徐華亭以首揆爲主盟。一時趨騖者、人人自託吾道。凡撫臺涖鎮。必立書院、以鳩集生徒。冀當路見知。其後間有他故。駐節其中。于時三吳間竟呼書院爲中丞行臺矣。今上初政。

江陵公痛恨講學。立意翦抑。適常州知州施觀民以造書院科斂見糾。遂徧行天下拆毀。其威令之行。峻于世廟。江陵敗而建白者力攻。亦以此爲權相大罪之一。請盡行修復。當事者以祖制所無。折之。其議不果行。近年理學再盛。爭以皋比相高。書院聿興。不減往日。李見羅在鄖陽。遂拆參將衙門改造。幾爲武夫所殺。于是人稍有戒心矣。至于林下諸君子相與切磋講明。各立塾舍名書院者。又不入此例也。

明末書院之著者。曰首善。曰東林。以講學者忤魏閹。遂并天下書院毀之。

續通考。神宗萬歷十年、閣臣張居正以言官之請。槩行京省查革。然不能盡撤。後復稍稍建。其最著者。京師曰首善書院。江南曰東林書院。燕都游覽志。首善書院在宣武門內左方。天啟初、都御史鄒元標副都御史馮從吾爲都人士講學之所。大學士葉向高撰碑。禮部尚書董其昌書。黨禍起。魏忠賢矯旨毀天下書院。搥碎碑。嗣即其地開局修歷。　孫登澤春明夢餘錄。東林、無錫書院名也。宋儒楊時建。後廢爲僧寺。萬歷中、吏部考功郎顧憲成罷歸。卽其地建龜山祠。同志者爲搆精舍居焉。乃與行人高攀龍等開講其中。及攀龍起爲總憲。疏發御史崔呈秀之贓。呈秀遂父事魏忠賢。日嗾忠賢曰。東林欲殺我父子。旣而楊漣左光斗交章劾忠賢。益信呈秀之言不虛也。于是遂首毀京師書院。而天下之書院俱毀矣。

魏閹敗。儒者復立書院講學。劉宗周之證人書院。其尤著者也。

明史劉宗周傳。宗周始受業于許孚遠。已入東林書院。與高攀龍輩講習。馮從吾首善書院之會。宗周亦與焉。越中自王守仁後。一傳爲王畿。再傳爲周汝登陶望齡。三傳爲陶奭齡。皆雜于禪。奭齡講學白馬山。爲因果說。去守仁益遠。宗周憂之。築證人書院。集同志講肄。且死。謂門人曰、學之要。誠而已。主敬其功也。

明儒講學之所。自書院之外。復有寺觀祠宇之集會。月有定期。以相砥礪。

錢德洪王文成年譜、嘉靖四年先生歸姚江。定會于龍泉寺之中天閣。每月以朔望初八廿三爲期。書壁以勉諸生曰。雖有天下易生之物。一日暴之。十日寒之。未有能生者也。承諸君之不鄙。每予來歸。咸集于此。問學爲事。甚盛意也。然不能旬日之留。而旬日之間。又不過三四會。一別之後。輒復離羣索居。不相見者。動經年歲。然則豈惟十日之寒而已乎。若是而求萌蘖之暢茂條達。不可得矣。故予切望諸君勿以予之去留爲聚散。或五六日。或八九日。雖有俗事相妨。亦須破冗一會于此。務在誘掖獎勵。砥礪切磋。使道德仁義之習、日親日近。則勢利紛華之染、亦日遠日疏。所謂相觀爲善。百工居肆。以成其事者也。相會之時。尤須虛心遜志。相親相敬。大抵朋友之交。以相下爲益。或議論未合。要在從容涵育。相感以成。不得動氣求勝。長傲遂非。務在默而成之。不言而信。

陽明門人集會尤盛。

王文成年譜、嘉靖十一年正月、門人方獻夫合同志會于京師。歐陽德方獻夫等四十餘人。始定日會之期。聚于慶壽山房。

又十二年、門人歐陽德合同志會于南畿。遠方志士。四集類萃。羣趨或講于城南諸刹。或講于國子雞鳴。倡和相稽。疑辯相繹。

徐階靈濟宮之會。聽者至數千人。

明史羅汝芳傳、汝芳爲太湖知縣。召諸生論學。公事多決于講座。遷刑部主事。歷寧國知府。民兄弟爭產。汝芳對之泣。民亦泣。訟乃已。剏開元會。罪囚亦令聽講。入覲。勸徐階聚四方計吏講學。階遂大會于靈濟宮。聽者數千人。

黃宗羲明儒學案徐階傳先生受業聶雙江。又得名王氏學。及任政府。爲講會于靈濟宮。使南野雙江松溪分主之。學徒雲集至千人。其時癸丑甲寅爲自來未有之盛。丙辰以後。諸公或歿或去。講壇爲之一空。戊午何吉陽自南京來。復推先生爲主盟。仍爲靈濟之會。然不能及前矣。

當時講學之鉅子。所至集會開講。至老不衰。

明史錢德洪傳德洪既廢。遂周遊四方。講良知學。時士大夫率務講學爲名。而德洪王畿以守仁高第弟子。尤爲人所宗。

又陳時芳傳年八十餘。猶徒步赴五峯講會。

又王畿傳畿既廢。益務講學。足跡遍東南吳楚閩越。皆有講舍。年八十餘。不肯已。善談說。能動人。所至聽者雲集。每講雜以禪機。亦不自諱也。

隨事舉示。亦無定法。

黃宗羲明儒學案耿定理傳京師大會。舉中義相質。在會各呈所見。先生默不語。忽從座中崛起拱立曰。請諸君觀中。因歎曰。舍當下言中。沾沾于書本上覓中。終身罔矣。在會中因有省者。其機鋒迅利如此。

樵夫陶匠農工商賈。無人不可聽講。無人不可講學。

明儒學案樵夫朱恕泰州草堰場人。聽王心齋講。浸浸有味。每樵必造階下聽之。飢則向都養乞漿解裹飯以食。聽畢則浩歌負薪而去。　陶匠韓樂吾興化人。以陶瓦爲業。慕朱樵而從之學。久之覺有所得。遂以化俗爲任。隨機指點。農工商賈從之遊者千餘。秋成農隙則聚徒談學。一村既畢。又之一村。前歌後答。絃誦之聲。洋洋然也。

斯實前世之所未有也。

明人之集會講學。蓋本于文士之以詩文結社。自元季以來。東南士大夫盛聯詩社。

明史張簡傳當元季浙東西士大夫以文墨相尚。每歲必聯詩社。聘一二文章鉅公主之。四方名士畢至。讌賞窮日夜。詩勝者輒有厚贈。

至明而其風不衰。

明史林鴻傳閩中善詩者稱十才子。鴻爲之冠。閩人言詩者率本于鴻。　無錫浦源慕鴻名。踰嶺訪之。造其門。鴻弟子周元王元請誦所作。曰吾家詩也。鴻延之入社。

又謝榛傳李攀龍王世貞輩結詩社。榛爲長。攀龍次之。

又李攀龍傳攀龍之始官刑曹也。與濮州李先芳臨淸謝榛孝豐吳維岳輩倡詩社。王世貞初釋褐。先芳引入社。遂與攀龍定交。明年先芳出爲外吏。又二年。宗臣梁有譽入。是爲五子。未幾。徐中行吳國倫亦至。乃改稱七子。諸人多少年。才高氣銳。互相標榜。視當世無人。七才子之名播天下。

又王世貞傳世貞好爲詩古文。官京師。入王宗沐李先芳吳維岳等詩社。

明史袁宏道傳宏道年十六。爲諸生。卽結社城南。爲之長。

達官爲之倡而山人名士附之。

沈德符野獲編山人之名本重如李鄴侯僅得此稱。不意數十年來出遊無籍輩以詩卷遍贄達官。亦謂之山人。始于嘉靖初年。盛於今上之近歲。吳中人遂有作三人歌曲者。而情狀著矣。

明史王穉登傳嘉隆萬曆間布衣山人以詩名者十數。俞見文王叔承沈明臣輩尤爲世所稱。然聲華烜赫。穉登爲最。

始則標榜風雅。交通聲氣。繼則聯結黨朋。干預政事。至其季世之復社。且以嗣東林爲幟。故文人之社與儒者之會實有相互之關係焉。

明史張溥傳溥集郡中名士相與復古學。名其文社曰復社。　四方噉名者爭走其門。盡名爲復社。溥亦傾身結納。交游日廣。聲氣通朝右。所品題甲乙頗能爲榮辱。諸奔走附麗者輒自矜曰吾以嗣東林也。執政大僚由此惡之。里人陸文聲者輸貲爲監生。求入社。不許。文聲詣闕言風俗之弊皆原于士子。溥采爲盟主。倡復社亂天下。（張采溥同里人。號婁東二張。）

明代詩文字畫均有名家。然無特創之體。其特創者惟八股文。以王鏊唐順之歸有光胡友信爲最。

明史歸有光傳有光制舉義湛深經術。卓然成大家。後德清胡友信與齊名。世並稱歸胡　明代舉子業最擅名者。前則王鏊唐順之。後則震川思泉。思泉友信別號也。

順之有光皆能爲古文。然其古文亦有八股文氣息。八股文既盛行。于是有彙選評點之本。而學者之治古書。往往亦用此法。故明代批評經史子集之書最多。是亦一時之風氣也。

曾國藩經史百家簡編序。自六籍燔于秦火。漢世掇拾殘遺。徵諸儒能通其讀者。支分節解。于是有章句之學。劉向父子勘書秘閣。刊正脫誤。稽合同異。于是有校讎之學。梁世劉勰鍾嶸之徒。品藻詩文。褒貶前哲。其後或以丹黃識別高下。于是有評點之學。三者皆文人所有事也。前明以四書經義取士。我朝因之。科場有句股點句之例。蓋猶古者章句之遺意。試官評定甲乙。用朱墨旌別其旁。名曰圈點。後人不察。輒仿其法以塗抹古書。大圈密點。狼藉行間。故章句者。古人治經之盛業也。而今專以施之時文。圈點者。科場時文之陋習也。而今反以施之古書。末流之遷變。何可勝道。

按宋呂祖謙選文章關鍵。謝枋得選文章軌範。始創評點選本。然于古人全書未有評點者。明代選本之加評點者不可勝紀。而古書如尚書左傳史記莊子等皆有詳圈密點之本。歸有光鍾惺等皆可稱評文家。

時文之外。小說戲曲頗有創製。今世所傳三國演義、水滸傳、西遊記、金瓶梅等。皆明人所著。

交翠軒筆記稱三國演義爲明人作。郎潛紀聞稱三國志爲羅貫中所作。水滸傳相傳爲元施耐庵著。而七修類稿謂係羅貫中作。茶香室續鈔亦稱水滸傳爲洪武初越人羅貫中作。冷廬雜志稱西游記爲嘉靖中淮安吳承恩作。金瓶梅則相傳爲王世貞作以毒唐順之者也。

今人以小說爲純文學。則明代小說之盛。當軼于古文之價值矣。元代傳奇以質樸勝。即最有名之西廂琵琶諸記。亦多質過于文。至明之湯顯祖阮大鋮等所編傳奇。則綜各種文體。皆入于詞曲中。尤可見文藝之進化。至魏良輔等以崑曲著。則又因傳奇之盛興。而自製新調也。

吳偉業琵琶行。百餘年來操南風。竹枝水調謳吳儂。里人度曲魏良輔。高士塡詞梁伯龍。注引陳僖客窗偶筆。崑有魏良輔者造曲律世所謂崑腔者自良輔始。

朱彝尊靜志居詩話梁辰魚字伯龍崑山人。雅善詞曲所撰江東白苧妙絕時人。時邑人魏良輔能喉囀音聲始變弋陽海鹽故調爲崑腔伯龍塡浣紗記付之。

明太祖以僧爲帝其立國極重釋教明之諸儒講心學者又多出入于釋氏然禪門如溈仰雲門法眼三宗俱已失傳惟臨濟曹洞蟬聯不絕。

黃宗羲答汪魏美問濟洞兩宗爭端書今溈仰雲門法眼三宗俱絕存者惟曹洞臨濟耳。

而隋唐諸宗更無論矣。明僧之著者。僅萬歷間紫柏雪浪蓮池憨山諸僧

錢謙益列朝詩集閏集有憨山大師德清紫柏大師眞可蓮池大師袾宏雪浪法師洪恩等傳。

大抵以禪宗參淨土未能特創一宗也。明之佛教。較之歷代當以刻經之多爲其時之特色。考佛藏雖自北宋以來已有官私諸本。

常磐大定大藏經雕印考藏經種類(一)宋朝官板蜀本。(二)宋朝私板福州本。(三)南宋私板思溪本。(四)元代私版普甯寺本。(五)元代官本。

而明代所刻最多。官刻者既有南北兩藏及石藏。

幻輪續釋氏稽古略永樂十八年肯刻大藏經板二副。南京一藏六行十七字。北京一藏五行十五字。(按常磐大定大藏經雕印考南藏爲太祖時所刻

又旨石刻一藏。安置大石洞。聖旨、向後木的壞了。有石的正。

又有武林徑山二本。

常磐大定大藏經雕印考南北兩藏刋刻之後。浙之武林。仰承德風。更造方冊。歷歲既久。其刻遂湮。 緣山目錄稱法珍尼為欲刻宏通簡便的方冊本。決意自斷其臂。激發四方。北是海內感動。或破產鬻子以應之。至三十餘年始告成功。此則方冊之創制也。舊刻藏經皆梵夾本。故方冊本為創制。

又緣山目錄稱萬歷十四年、有密藏禪師者。追悼珍尼藏板之歸于烏有。欲繼與方冊藏板。化緣時熟。經五六十年。藏板方成。 縮藏目錄序稱比時緇素。如響之應。紫柏憨山等等碩德羽翼之。陸光祖袁了凡馮開之等贊成之。始刻于五臺山。未幾藏師沒。幻余禪師代之。亦遷化。其初與藏師共事者四十人。至萬歷二十九年存沒各半。其半之繼續刋刻者。不知告終于何年。其辛苦勤勞。可謂至矣。爾來海內緇素。得以繙閱大藏。皆密藏師之賜也。

徑山改梵夾為方冊。于嘉興楞嚴寺發售。無論僧俗。皆可按價購買。其功尤盛于從前之刻藏。

大藏經雕印考宋元諸藏與明本所異者。實在根本目的。宋元之刻藏。以藏經為法寶。欲藏之于名山大刹而崇拜之。明本則以普及于天下為事。

明末諸儒。多通內典。卽緣佛藏流通之影響也。

世譏明人之學多空疏。實亦不、可、概、論。明之研究詩文心學者。固亦多博洽之士。他如李時珍之著本草綱目。明史方技傳李時珍字東璧。蘄州人。好讀醫書。醫家本草。自神農所傳、止三百六十五種。梁陶弘景所增亦如之。唐蘇恭增一百一十四種。宋劉翰又增一百二十種。至掌禹錫唐愼微輩。先後增補合一千五百五十八種。時稱大備。然品類既繁。名稱多雜。或一物而析爲二三。或二物而混爲一品。時珍病之。乃窮搜博採。芟煩補闕。歷三十年。閱書八百餘家。稿三易而成。書曰本草綱目。增藥三百七十四種。釐爲一十六部。合成五十二卷。首標正名爲綱。餘各附釋爲目。次以集解詳其出產形色。又次以氣味主治附方。書成。將上之朝。時珍遽卒。未幾、神宗詔修國史。購四方書籍。其子建元以父遺表及是書來獻。天子嘉之。命刊行天下。自是士大夫家有其書。

宋應星之著天工開物。丁文江重印天工開物記、宋應星、字長庚。江西奉新縣北鄉人。萬曆四十三年乙卯舉人。崇禎七年、任分宜教諭。著天工開物。十年、刊行。書計十八卷九冊。凡食物被服用器以及冶金製器丹青珠玉之原料工作。無不具備。說明之外。各附以圖。三百年前言工業天產之書。如此其詳且明者。世界之中。無與比倫。

方以智之著物理小識。錢嘉淦明末理學闡微、當有明末造。愛新覺羅氏興于滿洲。國家運命。危于旦夕。山林隱逸者流。抱殘守闕。從事著述。而理學亦起于此時。至崇禎十六年。即西曆千六百四十三年。適彼理學界之雙明星。意人卡利利 Galileo 逝、而英人奈端 Newton 生之翌年。

有密山愚者方以智著物理小識六卷分諸世大別為十五門（天歷、風雷、雨暘、地、占候、人身、醫藥、飲食、衣服、金石、器用、草木、鳥獸、鬼神、方術、異事）搜羅綦廣。時有精義。今中國若後于現世界文明數世紀。而當奈氏之前。已有此著。誠可引以自豪者矣。

今之講博物及物理者。多盛稱其書。正不得以空疏二字該明之一切學者也。又明之儒者、多究心于武事。如王守仁唐順之等之兼資文武。既見于史傳。

錢德洪王文成年譜、先生留情武事。凡兵家祕書。莫不精究。

明史唐順之傳、順之于學無所不窺。自天文、樂律、地理、兵法、弧矢、句股、壬奇、禽乙。莫不究極原委。

至其末年尚有陳元贇者。以拳術開日本之柔道。

下川潮陳元贇與柔道始祖、陳元贇字義都。明之虎林人。寬永十五年（崇禎十年）避亂來我國。以支那之拳法、傳福野七郎右衛門等。

此明之風氣與清不同者也。

明代工藝之盛有軼于前代者數事。一曰陶器。江西景德鎮之磁器。莫盛于明。以諸帝之年號名其窰。而一朝有一朝之特色。

南村隨筆、景德鎮所造。永樂尚厚。成化尚薄。宣德青尚濃。嘉靖青尚濃。成青未若宣青。宣彩未若成彩。宣德祭紅以西紅寶石末入泑。凸起瑩厚如堆脂。

朱琰陶說宣德窰選料製料畫器題款無一不精此明窰極盛時也。

宜興陶器亦始于明。

吳騫陽羨名陶錄今吳中較茶者壺必言宜興瓷云始萬曆間大朝山（當是金沙寺）寺僧傳供春供春者吳氏小史也至時大彬以盛。

雅淡質素與景德磁以濃彩勝者不同蓋明人講求服用務極風雅故工藝因之以興也一曰漆器亦多古所未有。

方以智物理小識漆器永樂果園廠製最精有剔紅塡漆戧金倭漆螺鈿諸種近徽吳氏漆絹胎鹿角灰磨者螺鈿用金銀粒雜蚌片成花者皆絕古未有此。

一曰銅器宣德中以銅鑄鼎彝爐鬲等是爲宣德爐其材料多選各國各地絕精之物爲之

如暹羅國風磨銅天方國硇砂三佛齊國紫石渤泥國臙脂石琉球國安瀾砂及辰州珠砂雲南棋子等

每銅一斤煉十二次僅存銅精四兩光色煥發又以赤金水銀等物塗而熏之故與尋常銅器迥異

詳見宣德鼎彝譜。

是皆明代工藝美術之特色也至若南京報恩寺塔九級八面咸覆以五色琉璃瓦建築經二十九年始成。（自永樂十年至宣德六年）爲中外人士所豔稱。

張岱陶庵夢憶中國之大古董永樂之大窰器則報恩塔是也報恩塔成于永樂初年。（此說誤。據江甯府志。永樂十年敕工部造九級琉璃塔。至宣德六年。凡二十九年始成。非成祖開國之精神。開國之物力。開國之功令。其膽智才略足以吞吐此塔者。不能成焉。塔上下金剛佛象千百億金身一金身琉璃磚十數塊湊成之。其衣摺不爽分。其面目不爽毫。其鬚眉不爽忽。鬬筍合縫信屬鬼工。聞燒成時具三塔相成。其一埋其二編號識之。今塔上損甎一塊。以字號報工部發一甎補之。如生成焉。夜必燈。歲費油若干斛。天日高霽。霏霏靄靄。搖搖曳曳。有光怪出其上。如香煙繚繞。半日方散。永樂時海外夷蠻重譯至者百有餘國。見報恩塔必頂禮讚歎而去。謂四大部洲所無也。

北京宮殿。及曲阜孔顏諸廟。雕刻石柱。咸精深華美。至今猶存。可以推見明之注重工藝矣。

元以蒙古入主中夏。其冠服車輿。雜用宋金之製。並存其族之舊俗。故天子有冕服。儒士有唐巾。皆沿中夏之法。惟常服之質孫。則爲胡服。

元史輿服志。質孫。漢言一色服也。天子質孫。冬服十有一等。夏服十有五等。百官質孫。冬服九等。夏服十四等。　按其制有暖帽鈸笠比肩等。暖帽鈸笠大致如滿清之暖帽涼帽。比肩則今所謂背心也。

明祖崛起濠上。驅逐胡人。爰詔衣冠悉如唐制。

明史太祖本紀。洪武元年二月壬子。詔衣冠如唐制。

此實漢族戰勝異族之標識。而明史輿服志僅稱其車服尚質。酌古通今。合乎禮意。

明史輿服志。太祖甫有天下。考定邦禮。車服尚質。酌古通今。合乎禮意。

不言其取別胡元之意。蓋諱之也。明之服制。雖與古禮亦不盡同。然上自袞冕。下至深衣。大抵皆周漢以來相承之式自滿清入關辮髮胡服而明人多抵死不從者實亦文野之教殊也。

明代階級之制甚嚴。宮室服用。均有等差。

明史輿服志明初禁官民房屋不許雕刻古帝后聖賢人物及日月龍鳳狻猊麒麟犀象之形。凡官員任滿致仕與見任同。其父祖有官身歿子孫許居父祖房舍。洪武二十六年定制。公侯前廳七間兩廂九架。中堂七間九架。後堂七間七架。門三間五架用金漆及獸面錫環。家廟三間五架覆以黑板瓦脊用花樣瓦獸。梁棟斗拱簷桷綵繪飾。門窗枋柱金漆飾。廊廡庖從屋不得過五間七架。一品二品廳堂五間九架。屋脊用瓦獸。梁棟斗拱簷桷青碧繪飾。門三間五架。綠油獸面錫環。三品至五品廳堂五間七架屋脊用瓦獸梁棟簷桷青碧繪飾。門三間三架黑油錫環。六品至九品廳堂三間七架。梁棟飾以土黃。門一間三架黑門鐵環。品官房舍門窗戶牖不得用丹漆。功臣宅舍之後留空地十丈左右皆五丈。不許那移軍民居止。更不許于宅前後左右多占地、構亭館、開池塘、以資游眺。庶民廬舍洪武二十六年定制不過三間五架。不許用斗拱飾綵色。三十五年復申禁飭。不許造九五間數。房屋雖至一二十所隨其物力。但不許過三間。正統十二年令稍變通之。庶民房屋架多而間少者不在禁限。

又器用之禁洪武二十六年定公侯一品二品酒注酒盞金。餘用銀。三品至五品酒注銀。酒盞金。六品至九品酒注酒盞銀。餘皆甆漆。木器不許用硃紅及抹金描金雕琢龍鳳文。庶民酒注錫。酒盞銀。餘用甆漆。百官牀面屏風槅子雜色漆飾。不許雕刻龍文並金飾朱漆。建文四年申飭官民不許僭用金酒爵。其椅棹木器亦不許朱紅金飾。正德十六年定一品二品器皿不用玉。止許用金。商賈技藝家器皿不許用銀。餘與庶民同。

又明初庶人婚。許假用九品服。洪武三年、庶人初戴四帶巾。改四方平定巾。雜色盤領衣。不許用黃。又令男女衣服、不得僭用金繡錦綺紵絲綾羅。止許紬絹素紗。其靴不得裁製花樣金線裝。首飾釵鐲、不許用金玉珠翠。止用銀。六年、令庶人巾環不得用金玉瑪瑙珊瑚琥珀。未入流品者同庶人。帽不得用頂。帽珠止許水晶香木。十四年、令農衣紬紗絹布。商賈止衣絹布。農家有一人為商賈者。亦不得衣紬紗。二十三年、令耆民衣制袖長過手。復回不及肘三寸。庶人衣長去地五寸。袖長過手六寸。袖椿廣一尺。袖口五寸。正德元年、禁商販僕役倡優下賤不許服用貂裘。

卽平居相見。官民亦有分別。

明史禮志洪武五年、令凡鄉黨序齒。民間士農工商人等平居相見。及歲時宴會謁拜之禮。幼者先施。坐次之列。長者居上。十二年、令內外官致仕居鄉。惟于宗族及外祖妻家序尊卑。如家人禮。若筵宴則設別席。不許坐于無官者之下。與同致仕官會。則序爵。爵同序齒。其與異姓無官者相見。不須答禮。庶民則以官禮謁見。淩侮者論如律。凡民間子孫弟姪甥婿見尊長。生徒見其師。奴婢見家長。久別行四拜禮。近別則行揖禮。其餘親戚長幼悉依等第。久別行兩拜禮。近別行揖禮。平交同。

然明初甚重耆民。其糧長至京者得朝見。其老人得聽斷鄉閭獄訟。

顧炎武日知錄明初以大戶為糧長。掌其鄉之賦稅。或多至十餘萬。運糧至京。得朝見天子。洪武中或以人材授官。

又洪熙元年、巡按四川監察御史何文淵言。太祖令天下州縣設立老人。必選年高有德衆所信服者。使勸民為善。鄉閭爭訟。亦使理斷。

又太祖實錄洪武二十七年四月壬午、命有司擇民間年高老人公正可任事者。理其鄉之詞訟。若戶婚田宅鬬毆者。則會里胥決之。
事涉重者。始白于官。若不由里老處、分而徑訴縣官。謂之越訴。

其儒者涖官。亦有以鄉約輔官治者。

王文成全書南贛鄉約。同約中推年高有德為眾所敬服者一人為約長。二人為約副。又推公直果斷者四人為約正。通達明察者四人為約史。精健廉幹者四人為知約。禮儀習熟者二人為約贊。置文簿三扇。其一扇備寫同約姓名。及日逐出入所為。知約司之。其二扇一書彰善。一書糾過。約長司之。同約之人。每一會。人出銀三分。送知約。具飲食。會期以月之望。立約所于道里平均之處。擇寺觀寬大者為之。彰善者其辭顯決。糾過者其辭隱而婉。不能改者、糾而書之。又不能改。然後白之官。又不能改。同約之人執送之官。明正其罪。勢不能執、戮力協謀官府請兵滅之。通約之人。凡有危疑難處之事。皆須約長會同約之人。與之裁處區畫。必當于理、濟于事而後已。不得坐視推託。陷人于惡。罪坐約長約正諸人。親族鄉里。一應鬬毆不平之事。鳴之約長等。公論是非。

蓋雖官治極盛之時。亦時時思以民治為基本。第未能一切決于民治。而使之蕩然平等耳。

中國文化史

第三編　近世史

第一章　元明時海上之交通

中國近世之歷史與上世中世之區別有三（一）則東方之文化無特殊之進步僅能維持繼續爲保守之事業而西方之宗教學術物質思想逐漸輸入別開一新局面也（二）則從前之國家雖與四裔交往頻繁而中國常屹立於諸國之上其歷史雖兼及各國純爲一國家之歷史自元明以來始與西方諸國有對等之交際而中國歷史亦植身於世界各國之列也（三）則因前二種之關係而大陸之歷史變而爲海洋之歷史也三者之中以海洋之交通爲最大之關鍵故欲知晚明以降西方宗教學術輸入之漸當先觀察元明時海上之交通焉。

海上交通爲東西兩方之共業而其性質又分爲君主與羣衆之兩動機當元世祖時專務遠略已屢遣使招諭海外諸番。

元史馬八兒等國傳世祖至元間行中書省左丞索多等奉璽書十通招諭諸番。十六年遣廣東招討司達嚕噶齊楊庭璧招俱藍。二十三年海外諸番國以楊庭璧奉詔招諭皆來降諸國凡十曰馬八兒曰須門那曰僧急里曰南無力曰馬蘭丹曰那旺曰丁呵兒。曰來來。曰急蘭亦觧。曰蘇木都剌。丁謙元史外夷傳考證。馬八兒在今南印度馬部剌部地。俱藍在其北賁索爾國境。須門那即蘇門答剌僧急里即丁機宜。南無力即明史之南渤利。馬蘭丹乃婆羅洲西北海中小島。丁呵兒即丁噶奴。來來地未詳。急蘭亦觧。即吉蘭丹。蘇木都剌亦即蘇門答剌。

馬哥博羅奉庫噶丁公主至印度遂經黑海赴君士但丁而返威尼斯。

馬哥博羅遊記卷首大可汗遣庫噶丁 Kogatin 公主嫁印度藩王阿爾貢。Arghun 派馬哥父子等三人爲駕駛使造樓船十四艘。貯二年之糧行三閱月至爪哇。又經十八月之久。始抵阿爾貢王之境。尼古羅等聞大可汗薨逝。從此絕東返之念。先至達拉布松 Trebizond 在黑海之濱 由此再赴君士但丁。經希臘而至威尼斯。時千二百九十五年也。元成宗元年

其時航海雖未能直至歐洲。然航行之利已爲時人所公認矣。

馬哥博羅遊記卷首印使偕公主入西大可汗備陳舟行之利費用既省歷時尤迅。

明初恆遣使海外。

明史外國傳洪武二年、遣官諭占城。三年、遣使臣郭徵等諭眞臘。呂宗俊等諭暹羅。行人趙述諭三佛齊。御史張敬之福建行省都事沈秩使渤泥。永樂元年、中官尹慶諭古里及柯枝。

鄭和奉使尤傳爲盛事。

明史宦官傳鄭和雲南人世所謂三保太監者也。成祖欲耀兵異域。示中國富強永樂三年六月、命和及其儕王景弘等通使西洋。將士卒二萬七千八百餘人。多齎金幣。造大船。修四十四丈、廣十八丈者、六十二。自蘇州劉家河泛海至福建。復自福建五虎門揚帆。

首達占城。以次遍歷諸番國。宣天子詔。因給賜其君長。不服則以武懾之。　和經事三朝。先後七奉使。所歷占城、爪哇、眞臘、舊港、暹羅、古里（印度之古耶拉大省）滿剌加、渤泥、蘇門答剌、阿魯（滿剌加西北海峽亞羅亞羣島）柯枝（孟買科坎傍海一帶地）大葛蘭、小葛蘭（卞力暖至可陳等第）西洋瑣里、瑣里（蘇門達剌中間錫里部地）加異勒、阿撥把丹（未詳）南巫里（南渤利）甘把里（未詳）錫蘭山、喃勃利、彭亨、急蘭丹、忽魯謨斯（波斯南境小島）比剌、溜山、孫剌（溜山即民大威羣島在蘇門答剌西南。比利孫剌皆相近島名。）木骨都束（非洲東北海濱）麻林（非洲東索馬拉部南界海濱）剌撒（阿剌伯東北）祖法兒（阿剌伯哈達拉毛部之薩法爾城）沙里灣泥（未詳）竹步（錫蘭西南商埠）榜葛剌（印孟拉加）天方、黎伐、那孤兒（未詳）凡三十餘國。所取無名寶物。不可勝計。自和後、凡將命海表者。莫不盛稱和以夸外番。故俗傳三保太監下西洋爲明初盛事云。

東南海島幾無在無明人之足跡焉。

宋代置市舶司於廣杭明泉諸州。

宋史食貨志開寶四年置市舶司於廣州。後又於杭明州置司。凡大食、古邏、闍婆、占城、勃泥、麻逸、三佛齊諸蕃並通貿易。以金銀緡錢鉛錫雜色帛瓷器。市香藥犀象珊瑚琥珀珠琲鑌鐵鼊皮瑇瑁瑪瑙車渠水精蕃布烏橘蘇木等物。

而禁人民私與蕃人貿易。

宋史食貨志太平興國初。私與蕃國人貿易者。計直滿百錢以上、論罪。　元豐中、禁人私販。然不能絕。

元明因之官置市舶。

元史食貨志至元十四年、立市舶司一於泉州。令孟古岱領之。立市舶司三於慶元、上海、澉浦。令福建安撫司楊發督之。每歲招集舶

商於番邦博易珠翠香貨等物。及次年回帆依例抽分。然後聽其貨賣，

明史食貨志太祖洪武初設市舶司於太倉黃渡。尋罷之。設市舶司於寧波泉州廣州。寧波通日本。泉州通琉球。廣州通占城暹羅西洋諸國。

中雖數有廢置。要皆官營商業也。而閩廣各省人稠地狹田園不足於耕以海洋為謀生之所。

清藍鼎元論南洋事宜書閩廣人稠地狹。田園不足於耕。望海謀生。十居五六。內地賤菲無足重輕之物。載至番境。皆同珍貝。

時時有冒禁下海者。

東西洋考萬歷二十一年倭寇朝鮮。閩以震鄰。禁止通販。海上人輒違禁私下海。或假借縣給買穀捕魚之引。竟走遠夷。

良者則為海商。黠者則為海寇。

東西洋考海濱一帶。田盡斥鹵。耕者無所望歲。只有視淵若陵。久成習慣。富家徵貨。固得稛載歸來。貧者為傭。亦博升米自給。一旦戒嚴不得下水。斷其生活。若輩悉健有力。勢不肯搏手困窮。於是所在連結為亂。潰裂以出。其久潛縱於外者。既觸網不敢歸。又連結遠夷。鄉導以入。

明史所載林道乾梁道明陳祖義張璉等。皆國人之富於冒險性。為羣衆開拓海上航業商業者也。

林梁等事蹟見明史外國傳。

使其時西人不垂涎東亞。相繼遠航。吾華民族亦必日趨於海上生活。而與歐人接觸。適會是時。西人忽

起尋覓新地之慾，而東西之接觸，乃若電氣之相引矣。

歐人之至中國行蹤可考者，當首推馬哥博羅家三人。

馬哥博羅遊記序：當達達爾諸王之治亞細亞內地也，各君其土，而受節制於蒙古大帝，故威令行而道路不梗，商旅稱便。歐洲客商聯袂而往，或謀什百之利，或圖仕祿於諸王之朝。意大利威尼斯人馬非倭 Maffeo 尼古羅 Nicolo 兄弟因購珍寶，渡黑海，達巴爾喀 (Barka) 朝之都。居一載，獲利甚厚，展轉至布哈爾 Bokhara。適巴爾喀之從兄弟呼拉古 Hulagu 遣使赴忽必烈，道經布哈爾，與馬非倭兄弟邂逅，之談甚歡，約共朝忽必烈。歷一年而達帝都。可汗廷見馬非倭兄弟，命偕蒙古大員一人往使羅馬，見教皇。馬非倭等於是西行。比抵威尼斯，則尼古羅之妻已亡，遺一子名馬哥 Marco。馬非倭遂偕弟及姪赴阿克爾 Acre。阿克爾之教皇格里哥烈十世 (Gregory X) 授之敕書，餽贈蒙古帝以珍物。馬非倭等既取道東北，經由大亞米尼阿波斯屬之伊拉克庫拉桑巴爾克巴達克商等處，入唐古特境，經沙州肅州而至於山西之太原。馬非倭等見蒙古帝，呈教皇敕書，帝甚嘉其忠信。見尼古羅旁侍一少年，問知為尼古羅之子，命留侍左右，派為皇室職員。馬哥自居宮禁以後，習學東方禮節語文，更得帝之優遇，常遣之查辦事件。一日江南道副使出缺，帝即命馬哥署理，在任凡三載。馬哥之父及叔亦同邀恩遇。初到時，尼古羅等建議能造戰時利器，便於射遠，蒙帝試之而佳，即命監工製造。後此蒙兵攻克襄陽城，即利用此火器也。博羅氏父子兄弟至中國後十七年，方請於帝護送公主歸國。

然其來也，遵陸而行，僅歸時由海道至印度波斯耳。歐亞之直接通航，始於葡萄牙人華斯哥德噶馬。東西之周迴通航始於葡萄牙人馬基倫。自此兩航路開闢。而亞洲若重造一新天地焉。

有明初年葡萄牙王子奄利及約翰二世富於野心。獎勵航海術。

> 東邦近世史一四一五年（明永樂十三年）葡萄牙王子亨利攻回敎徒於摩洛哥北岸。時俘囚中有通亞非利加之地理、盛說印度之殷富者。王子聞之。雄心勃起。乃毅然欲探險阿非利加之地。遂設商船學校。建測候所。刻意研究星學數學。以全力獎勵航海術。一四六〇年（明天順四年）亨利死時。綜計新發見之海岸、共一千八百哩。舊傳亨利在當時有舟子之號。信不誣也。葡王約翰二世。紹舟子亨利之遺志。派遣遠征隊。一四八六年（明成化二十二年）巴沙洛矛地阿治 Bartholomew Diaz 遂至亞非利加南端。名其地曰荒崎 Cada Tormentoso 約翰二世嫌其名不雅馴。改曰喜望峯 Cado Daboa Esperany 無幾、哥倫布復發見西方新世界。歐洲諸國咸屬耳目焉。及約翰二世殂。馬諾耶 Manoel 爾繼之。華斯哥德噶馬 Vasco da Gama 遂發見印度航路。

而南歐之人。以商業之關係。尤熱心於開闢新航路。

> 東邦近世史西一四五三年（明景泰四年）回敎信徒土耳其人種攻陷東羅馬首府君士但丁堡。黑海地方之東洋貿易頓至萎靡不振。其欲發見達於東亞之航路。實南歐有志者之一大宗旨也。

弘治十一年（西一四九八年）華斯哥德噶馬至印度之加爾各達。葡人因之殖民於印度。以臥亞爲根據地。

> 西力東侵史華斯哥德噶馬於一四九七年七月八日、發國都利斯本。巡航非洲南端。至一四九八年五月二十日。達印度馬拉巴海岸之加爾各達。是實東西洋海路交通之始。東西交通史中當大書特書者也。哥倫布之發見美洲。前乎此者僅六年。故西大陸之

發見。東洋航路之開始。同爲十五世紀末十年間之大紀念也。葡萄牙人雖發見馬拉巴海岸。尚難以爲貿易之地。蓋不徒土人所在排斥葡人。埃及人亦恐葡人廢其舊路。而與威斯尼人共援印度土人以抗葡師。及達爾麥達率大軍來印度。一五〇九年明正德四年大破埃及海軍於堤湖。葡人在東洋之勢力乃稍定。後塔爾波嚇爾喀 D' A'buquerque 爲總督。日圖侵略土地。一五一〇年明正德五年取臥亞。翌年取麻剌甲。一五一五年正德十年取忽魯謨斯。自是而後葡人勢力益臻隆盛。西自阿剌伯海岸。東至麻剌甲。俱有其貿易地。餘若錫蘭、蘇門答剌、爪哇、麻剌甲諸島。亦無不有葡人之車轍馬迹。

正德十六年西一五二一年**馬基倫至斐律賓羣島。西班牙人因之殖民於斐律賓。以呂宋爲根據地。**

章起渭編譯西洋通史。一五一九年正德十四年葡人馬基倫 Magellan 受西班牙國之命。率船五隻。發航大西洋。從巴他哥尼亞之沿岸南進。通航於南亞美利加最南之海峽。出外洋。見海上波靜風穩。命名爲太平洋。進航西北。凡數月。遂以一五二一年發見斐律賓羣島。馬基倫不幸爲土人所殺害。然其所率之船。更橫行印度洋。迂回阿非利加而歸航於本國。

東邦近世史。一五七〇年明隆慶四年西班牙將列加斯秘 Legaspi 入馬尼拉。以該市爲羣島首府。

萬歷三十年西一六〇二年**荷蘭創立東印度公司。通商於爪哇蘇門答臘諸島。以巴達維亞 Batavia 爲根據地。**

西力東漸史。荷蘭人華恩食斯考敦 Jan Huigen Van Linsikoten 嘗爲臥亞大僧正。久居印度。歸國後。公其記錄於世。俾國人周知東洋諸國之情事。又有考納遼斯霍脫曼 Cornelius Houtman 者。結船隊。從事遠征。力抗葡人於海上。視察蘇門答臘爪哇諸島而歸。於是荷人競派遠征船隊至東洋。從事探險。一六〇二年二月二十日、設立荷蘭東印度公司。合二千一百五十三股而成。握喜望峯與馬基倫海峽間之貿易權。一六二一年（明天啟元年）建巴達維亞府於噶羅巴。

英法諸國亦相繼設立東印度公司、

東邦近世史：一五九九年（明萬歷二十七年）倫敦商人會議組織公司。與印度貿易。女王伊利沙白亦遣使至莫臥兒帝之朝。求許特權於英國公司。千六百年（萬歷二十八年）十二月三十一日、英國東印度公司。遂得王室之准。憑組織公司。通商東印度。一六一四年（萬歷四十二年）設居留地於蘇拉特。

又一六〇四年（萬歷三十二年）法國亨利四世即位。始下許可設立東印度公司之諭。其中屢經停辦。一六四二年（崇禎十五年）第四次設立東印度公司。翌年、遂設居留地於麻打拉薩。

侵尋及於中國。而租地、通商之事起矣。

葡萄牙人之至中國。當明武宗時。

東邦近世史：滿剌加占領後五年。有葡人拉斐爾伯斯德羅 Raffael Perestrelio 者。乘篷船至中國。時在一五一六年（明正德十一年）。船舶之揭有歐洲國旗而至中國者、以是爲嚆矢。翌年、費爾諾比勒司又以葡船四艘、馬來船四艘至廣東。爲地方官所歡迎。得許可。碇泊三竈島。未幾葡人之航中國者歲益衆。漸至寧波。設商會於其地。又與廈門通商。

明史外國傳：佛郎機（即葡萄牙。修明史者不知其名。誤以爲佛郎機。）近滿剌加。正德中、據滿剌加地。逐其王。十三年、遣使臣加必丹末等貢方物。請封。始知其名。詔給方物之直、遣還。其人久留不去。剽刧行旅。至掠小兒爲食。已而夤緣鎮守中貴。許入兵。武宗南巡。其使火者亞三因江彬侍帝左右。帝時學其語以爲戲。亞三侍帝驕甚。從駕入都。居會同館。見提督主事梁焯不屈膝。焯怒撻之、明年武宗崩。亞三下吏。自言本華人。爲番人所使。乃伏法。絕其朝貢。

至嘉靖中。遂租壕鏡爲居留地。

明史外國傳壕鏡在香山縣南虎跳門外、先是暹羅占城爪哇琉球浡泥諸國互市、俱在廣州。設市舶司領之。正德時、移於高州之電白縣。嘉靖十四年、指揮使黃慶納賄。請於上官。移之壕鏡。歲輸課二萬金。佛郎機遂得混入。高棟飛甍。櫛比相望。閩粵商人趨之若鶩。久之、其來益衆。諸國人畏而避之。遂專爲所據。其人長身高鼻。貓睛鷹嘴。拳髮赤鬚。好經商。恃強陵轢諸國。無所不往。後又稱干系臘國。所產多犀象珠貝。衣服華潔。貴者冠。賤者笠。見尊長輒去之。初奉佛教。後奉天主教。市易但伸指示數。雖給千金。不立約契。有事指天爲誓。不相負。

東邦近世史一五三七年（嘉靖十六年）廣東附近有葡人居留地三所。即三竈島電白縣及壕港是也。壕港據澳門紀略所載。則謂嘉靖十四年（一五三五年）有都指揮黃慶者。受葡人鉅賄。代請上官。以澳門爲通商地。使年貢地租二萬金。至一五五三年（嘉靖三十年）葡船遭風。水漬貢物。乞與暴之之地。海道副使汪柏許之。由是來者益衆。而考諸池哈爾之中國史。則言嘉靖海賊張希洛據澳門。地方官藉歐人之援討滅之。因以是地酬歐洲人云。

荷蘭人涎其利。亦欲市於澳。澳人拒之。遂去而據澎湖臺灣。

明史外國傳荷蘭又名紅毛番。其人深目長鼻。髮眉鬚皆赤。足長尺二寸。頎偉倍常。萬歷中、福建商人歲給引往販大泥呂宋及咬𠺕吧者。和蘭人就諸國轉販。未敢窺中國也。自佛郎機市香山。和蘭人聞而慕之。二十九年、駕大艦薄香山澳。澳中人數詰問。言欲通貢市。當事難之。稅使李道卽召其酋入城。遊處一月。乃遣還。澳中人慮其登陸。謹防禦。始引去。海澄人李錦及奸商潘秀郭震久居大泥。與和蘭人習。語及中國事。錦曰。若欲通貢市。無若漳州者。漳南有澎湖嶼。去海遠。誠奪而守之。貢市不難成也。酋卽駕二大艦。直抵澎湖。時三十二年之七月。汛兵已撤。如入無人之墟。遂伐木築舍。爲久居計。當事屢遣使諭之。嚴禁奸民下海。犯者必誅。由是接濟路窮。無所得食。十月末、揚帆去。後又侵奪臺灣地。築室耕田。久留不去。

斯時、西人之市於吾國海疆、與華人之市於滿剌加、呂宋、及南洋、諸島者。已可、爲東、西、文化、之媒介、矣。然商人、徒知、貿遷。未足、以語、文化。至利、瑪竇、等遠、來傳、敎而天文、歷算、地理、格致、諸學、乃大、興焉。

第二章　西敎之東來

西敎之入中國也久矣。在唐爲景敎。

唐僧景淨大秦景敎流行中國碑三一妙身、旡元眞主阿羅訶。判十字以定四方。鼓元風而生二氣。　神天宣慶。室女誕聖於大秦。景宿告祥。波斯覩耀以來貢。　大秦國有上德曰阿羅本。貞觀九祀、至於長安。帝使宰臣房玄齡賓迎入內。翻經書殿。問道禁闈。深知正眞。特令傳授。貞觀十有二年秋七月、詔曰。大秦國大德阿羅本。遠將經像。來獻上京。詳其敎旨。玄妙無爲。濟物利人。宜行天下。所司卽於京義寧坊造大秦寺一所。度僧二十一人。　高宗大帝、於諸州各置景寺。仍崇阿羅本爲鎭國大法主。　玄宗天寶三載、大秦國有僧佶和瞻星向化望日朝尊詔僧羅含僧普論等一七人與佶和於興慶宮修功德。肅宗皇帝於靈武等郡重立景寺。

大唐建中二年歲在作噩太蔟月七日大耀森文日建立。時法主僧寧恕知東方之景衆也。（參觀本期插畫第二幅）

葉奕苞金石錄補右碑下及東西三面皆列彼國字式字皆左轉弗能譯也。此卽天主教始入中國自唐迄今其教遍天下矣。

林侗來齋金石考明崇禎間西安守晉陵鄒靜長卜葬幼子於長安崇仁寺之南掘數尺得一石乃景教流行碑也今在西安城西金勝寺內。（按此碑今已移至西安城中文廟碑林內。頗漫滅。）

錢大昕景教考萬歷間長安民鋤地得唐建中二年景教碑。士大夫習西學者相矜謂有唐之世其教已流行中國。

在宋爲一賜樂業教。

開封重建清眞寺記夫一賜樂業立教祖師阿無羅漢。迺盤古阿躭十九代孫也。教道相傳授受有自來矣。出自天竺。奉命而來有李俺艾高穆趙金周張石黃李聶金張左白七十姓等。進貢西洋布於宋帝曰歸我中夏遵守祖風。留遺汴梁。宋孝宗隆興元年癸未列輸五思達領掌其教。俺都剌始建寺焉。元至元十六年己卯五思達重建古剎清眞寺。大明太祖以是寺不可無典守者。惟李誠李實俺平徒艾端李貴李節李昇李綱艾敬周安李榮李良李智張浩等。正經曉熟勸人爲善。呼爲滿喇。弘治二年。清眞後人寧夏金瑛祥符金禮並立。

陳垣開封一賜樂業教考一賜樂業或翻以色列 Israel 猶太民族也。清眞寺與回教寺同名。乃猶太教而非回教。道經摩西五經也。七十姓或疑爲十七姓之譌。因碑中所列適十七姓。而教衆之知名者又無在十七姓之外也。咸豐初有教士購得開封猶太人譜牒一本。中有希伯來名。亦有漢名。弘治碑謂李俺艾等姓進西洋布於宋。俺都剌始建寺者。必譜牒所傳。故能言之鑿鑿。當其始至。尚沿猶太民族。歷元迄明。乃改漢姓。

在元爲也里可溫教。

元史世祖紀至元七年九月、敕僧道也里可溫有家室不持戒律者占籍爲民。　泰定紀泰定元年二月、宣諭也里可溫各如其教具戒。

又世祖紀至元十九年九月、楊廷璧招撫海外南番。寓俱藍國也里可溫主兀咱兒撒里馬、亦遣使奉表進七寶項牌一、藥物二瓶。

至順鎮江志大興國寺在夾道巷。至元十八年、本路副達魯化赤薛里吉思建。儒學教授梁相記。其略曰。薛迷思賢在中原西北十萬餘里。乃也里可溫行教之地。愚問其所教者。云天地有十字寺十二。內一寺佛殿四柱。高四十尺。皆巨木。一柱懸空尺餘。祖師麻兒也里牙靈迹千五百餘歲。今馬薛里吉思是其徒也。教以禮東方爲主。與天竺寂滅之教不同。

劉文淇至順鎮江志校勘記曰。此志述僑寓之戶口。所謂也里可溫者、西洋人也。卷九大興國寺條、載梁相記云云。據此則薛迷思賢乃西洋之地。而也里可溫卽天主教矣。

洪鈞元史譯文證補元世各教名考曰。也里可溫之爲天主教。有鎮江北固山下殘碑可證。自唐時景教入中國。支裔流傳。歷久未絕。也里可溫當卽景教之遺緒。陳垣曰。唐景教爲聶斯托爾派。Nestorian非羅馬派。近今東西學者久有定評。也里可溫者元時基督教之通稱也。其所以混稱之由。則因教派大致相同。其不同者。或在學說之微。或在儀文之末。均爲教外人所不辨。

是皆在中國書籍碑版信而可徵者。外史載元代耶教人之入中國者尤多。

黃伯祿正教奉褒、定宗時、宗室廷臣多有奉教者。定宗之母昭慈太后信教甚誠。殿前建有聖堂。每值教中禮期。昭慈太后暨奉教王公大臣。詣堂瞻禮。教士柏朗嘉賓（日爾曼國人）回西朝覲教宗。太后賜狐皮緞袍以壯行色。憲宗六年（宋理宗寶祐四年）法蘭西國王類思、遣教士羅柏魯（法蘭西國人）奉國書東來通問。齎贈錦幬一頂。幬上綵繡教中聖像。羅柏魯駐京敷教。釋氏羣起攻訐。帝令僧徒與教士各述其過。互相辯駁。派大臣監之。僧理窮辭遁。世祖至元八年（宋度宗咸淳七年）遣使臣齎禮物、遄往西國覲教宗。請派教士東來傳教。偉立爾、莫尼各老等。奉派同使臣來華。構堂傳教。至元十三年（宋端宗景炎元年）復遣大臣赴西國謁覲教宗。至元二十七年、若望高未諾（意大利國人）等奉派來華。抵京。帝禮之加厚。京內有大堂三座。一與宮殿毗連。成宗朝、西國教士踵至。大德十一年、教宗敕授若望高未諾為北京大主教。隸屬各省主教七員。士庶感化入教者三萬餘人。

稻葉君山清朝全史十三世紀末。佛蘭結司哥會（Franciscan）教士伊大利人若望高未諾。受羅馬教皇尼古拉司第四之命經印度來支那。得世祖忽必烈許可。建加特力克（Catholic）教堂四所於北京。受洗者達六千人。學希臘羅馬語者達百五十人。

然其教在中國無大關繫。僅如摩尼祆教等、得一部分之信從耳。景教經文傳入中國。雖有譯本。亦未傳播。

敦煌石室祕寶載大秦景教三威蒙度讚一卷。末附諸經名。曰敬禮常明皇樂經　宣元至本經　志元安樂經　天寶藏經　多惠聖王經　阿思瞿利容經　渾元經　通眞經　寶明經　傳化經　罄遺經　原靈經　述略經　三際經　徵詰經　寧思

經　宣義經　師利海經　寶路法王經　删河律經　藝利月思經　寧耶頤經　儀則律經　毗遏啟經　三威讚經　牟世法王經　伊利耶經　遏弗林經　報信法王經　彌施訶自在天地經　四門經　啟眞經　摩薩吉斯經　慈利波經　烏沙那經。跋曰。謹案諸經目錄大秦本教經、都五百三十部。並是貝葉梵音。唐太宗皇帝貞觀九年。西域大德僧阿羅本屆於中夏。並奏上本音。房玄齡魏徵宣譯奏言。復召本教大德僧景淨譯得已上三十部。卷餘大數具在貝皮夾。猶未繙譯。（羅振玉曰。景教古經。傳世絕少。數年前。上海徐家匯天主教堂。於開封回民家。得猶太教羊皮古經。乃如德亞文。已寄羅馬教皇。今此讚首尾完好。復附景教經目三十種。足資彼教之考證。）

賜樂業教經僅藏於寺。其數更不迨景教之多。教外之人初不受其影響。其存者、惟可供考古者之研索耳。

陳垣開封一賜樂業教考弘治碑言正經一部五十三卷。當是摩西五經。五經者。創世記、出埃及記、利未記、民數記、申命記也。明天順以前。開封本寺祇得道經一部。天順間石斌、李榮、高鑑、張瑄往寧波取經一部。寧波趙應又賫來一部。正德間維揚金溥又請來一部。正德以後。其教浸盛。百年之間。道經由四部增至一十三部。據貝教士所見有一卷字大而清晰。其字體半似比國安懷士城之希伯來文聖經。半似一五三一年（嘉靖十年）在波蘭韋敦堡所印之希伯來、迦勒底語辭典。其字下端無點。上端則有多點。今已有十部爲歐美人所購去。康熙碑稱寺中有方經散經數十册。大別言之。則教律教規禮儀祈禱文書、及猶太年表日曆節令、開封猶太民族譜牒之屬。正經散經均用羊革書寫。爲上古式。兩端有軸。上下有柄。以便卷舒。方經則用厚紙編訂。如今書本式。

中國、耶教、之盛。實由、於歐、洲之、改革、宗教。

東邦近世史西一五一七年(明正德十二年)德國神學教習馬丁路德草其意見九十五條。張於威敦堡教堂。嗣後歐洲各國反抗羅馬教皇。至釀改革宗教之大亂。教皇權勢日衰。西班牙人路拉 Loyala 蹶起。欲自內部改良舊教。而組織耶穌會。西一五四零年(嘉靖十九年)受教皇認可。益大事運動。不惟侵略新教盛行之北歐諸國。且傳基督教於五十年前所發見之各地。而其傳教東洋也。以西一五四一年爲嚆矢。其徒賽維兒 Xavier 自里斯本起程。翌年五月六日至印度臥亞。專盡力於振興東洋耶穌會之事業。一五七七年(萬歷四年)臥亞遂爲大僧正之任地。

由印度滿剌加而漸及於中國。

東邦近世史賽維兒以一五五二年(嘉靖三十一年)自臥亞赴支那。既抵滿剌加。使節被留。乃單身赴支那。死於澳門西南三十里之三竈島。

自利瑪竇等來華而文士信從者衆。

明史外國傳大都歐羅巴諸國。悉奉天主耶穌教。耶穌生於如德亞 Judea 其國在亞細亞洲之中。西行教於歐羅巴。其始生在漢哀帝元壽二年庚申。閱一千五百八十一年。至萬歷九年。利瑪竇始汎海九萬里。抵廣州之香山澳。其教遂沾染中土。至二十九年、入京師。中官馬堂以其方物進獻。自稱大西洋人。帝嘉其遠來。假館授粲。給賜優厚。公卿以下重其人。咸與晉接。利瑪竇安之。遂留居不去。以三十八年四月卒於京。賜葬西郊外。　自瑪竇入中國後。其徒來益衆。有王豐肅者。居南京。專以天主教惑衆。士大夫暨里巷小民。間爲所誘。　其國人東來者。大都聰明特達之士。意專行教。不求祿利。其所著書。多華人所未道。故一時好異者咸尚之。而士大夫如徐光啓、李之藻輩。首好其說。且爲潤色其文詞。故其教驟興。時著聲中土者。更有龍華民、畢方濟、艾如略、鄧玉函諸人。

華民方濟如略及熊三拔、皆意大利亞國人。玉函、熱而瑪尼國人。龐迪我、依西把尼亞國人。陽瑪諾、波而都瓦爾國人。皆歐羅巴洲之國也。

至明之季年。奉教者達數千人。

黃伯祿正教奉褒統計明季奉教者、有數千人。其中宗室百有十四人。內官四十。顯宦四。貢士十。舉子十一。秀士三百有奇。其文定公徐光啟、少京兆楊廷筠、太僕卿李之藻、大學士葉益蕃、左參議瞿汝說、忠宣公瞿式耜、爲奉教中尤著者。

比明之亡。永歷太妃且致書羅馬教皇及耶穌會總統。祈保其國中興。

永歷太妃致耶穌會總統書大明寧聖慈肅皇太后烈納、敕諭耶穌會大尊總師神父。予處宮中、遠聞天主之教。傾心既久。幸遇尊會之士瞿紗微。領聖洗。使皇太后瑪利亞、中宮皇后亞納、及皇太子當定。並入聖教。領聖水閱三年矣。今祈尊師神父、並尊會之友。在天主前、祈保我國中興太平。俾我大明第十八帝太祖十二世孫主臣等。悉知敬眞主耶穌。更求尊會相通功勞之分。再多送老師來我國中行教。待太平之後。即著欽差官來到聖祖總師意納爵座前。致儀行禮。今有尊會士卜彌格、儘知我國情事。即使回國代傳其意。諒能備悉。可諭予懷。欽哉。特敕。永歷四年十月十一日。

高勞永歷太妃遺使於羅馬教皇考。順治五年。即桂王由榔稱號永歷之二年。提督李成棟以廣東附於桂王由榔。由榔由桂林移居肇慶。其太監龐天壽、以天主教理陳說於太妃。（太妃之稱。本通鑑輯覽。）太妃王氏、湖廣人。故明桂王常瀛之繼室。由榔之嫡母也。太妃既奉天主教。令由榔生母馬氏及妃王氏皆入教。受洗禮於司鐸瞿紗微。由榔亦於祭臺前行跪叩禮。以多蓄姬妾。不能受洗。是年由榔生子慈烜。亦受洗。太妃乃遣使至澳門。求司鐸行彌撒大祭。太妃以大蟠龍銀香爐一對、鏤花銀瓶二對、鏤花銀燭奴二對、獻於祭臺上。另贈三銀瓶於耶穌會三會長。遂於陽歷十月三十一日、舉大禮彌撒。禮畢。澳門葡總督設盛筵款使者。並贈火槍百枝以佐其行。順治七年、即永歷四年。清兵克韶州。由榔奔梧州。太妃欲遣使至羅馬、見敎皇。爲明祈福。司禮太監龐天壽願奉使。以其年老任重。不許。天壽遂薦神父卜彌格充使。齎書二通。一爲太妃肅敎皇箋。一爲太妃致耶穌會總統書。卜彌格至澳門。以事留一年。始西渡。至印度臥亞上陸。西行。經波斯、西里亞等國。入地中海。二年後始至意大利之威尼斯。及至羅馬。適新敎皇亞立山第七即位。驗明使節。乃蒙召見。覆書。即由卜彌格攜回。到中國。時約在順治十二三年之間。然卜彌格奉使後、未數月。而由榔已由梧州奔南寧。太妃亦於次年卒於田州。覆書達否。不可知矣。卜彌格所齎太妃肅敎皇箋、致耶穌會總統書、及龐天壽奉敎皇書。今均存羅馬耶穌會藏書樓內。（見東方雜誌第八卷第五號）

而清廷亦尊崇敎士。至予以漢人之封職。

稻葉君山清朝全史睿親王之占領北京也。欲舉城而充滿蒙八旗之住宅。限三日內、漢民一律退出。湯若望呈書於睿親王。宣武門內之聖堂邸第。及阜城門外之塋域。得以保存。順治帝賞湯若望以欽崇天道之匾額。順治三年、加以太常寺少卿銜。八年、敍通議大夫。父祖父則追封通奉大夫。母祖母則追封二品夫人。十五年、更有恩命。晉敍光祿大夫。祖先三代則追賜一品封典。相傳世祖對彼之隆遇。逾於恆格。召對不呼其名。用瑪法（貴叟之意）之滿語代之。得隨意出入內廷。蓋滿人與西人皆以夷種見薄於中國。遂鑑於漢人之偏見。力持公平之態度。奪漢人之官爵。加於西夷之首。而湯若望等亦藉此以爲正敎發達之捷徑焉。

康熙中各省信耶教者至達十數萬人焉。

稻葉君山清朝全史十七紀世之末教士所到之各省信徒大增當其最盛之時屬於教會之教堂廣東有七所江南有百餘所一六六三年康熙二年十二省信徒達十二萬人六省信徒其數未詳然亦決非少數一六九六年康熙三十五年在北京受洗者六百三十人。

教士之入中國也習華言易華服讀儒書從儒教以博中國人之信用其教始能推行。

利瑪竇上明神宗疏臣本國極遠從來貢獻所不通逖聞天朝聲教文物竊欲霑被其餘終身爲氓庶不虛生用是辭離本國航海而來時歷三年路經八萬餘里始達廣東緣音譯未通有同暗啞僦居學習語言文字淹留肇慶韶州二府十五年頗知中國古先聖人之學於凡經籍亦略誦記粗得其旨。

艾儒略大西利先生行蹟其居端州十載初時言語文字未達苦心學習按圖畫人物倩人指點漸曉語言旁通文字至於六經子史等編無不盡暢其意義。　姑蘇瞿太素聞利子名因訪焉談論間深相契合遂願從遊勸利子服儒服。　利子嘗將中國四書譯以西文寄回本國之人讀之知中國古書能識眞原不迷於主奴者皆利子之力也。　汝南李公素以道學稱崇奉釋氏多有從之者一日與諸公論道多揚釋氏抑孔孟時劉公斗墟在座矍然曰吾子素學孔孟也今以佞佛故駕孔孟之上何也不如大西利子奉天主眞教航海東來其言多與孔孟合。

稻葉君山清朝全史明末清初時代宣教師不獨富於殉教之精神且審察支那之風俗習慣自將支那所嘲笑爲蠻夷風之洋裝易而爲中國士人之服裝起居飮食全與支那人同句支那人並自稱爲支那人。此殆指若瑟改姓名而言且恐社會攻擊基督教思有以辯護之。

遂自受支那士人之教育。肄習其言語文字。對於下等社會。則以淺易演說講明基督教之福音。對於士人社會。則用流暢醇雅之漢文。從科學上立論。漸次說及基督教之精神。使之自然感化。此等方法。蓋彼等特所注意者也。 當時之宣教師。除直接反背教旨。違逆聖訓外。務為保全支那人固有之信仰習慣。其信徒亦能得崇拜祖先之許可。然當未許可以前。幾經躊躇。幾經學者士人上下議論。卒以支那人之拜孔子。在尊仰其人格。非因祈福祐聰明利祿而然。祭祀祖先。則出於親愛之義。孝思之念。所謂報本反始之禮。而非以求福祐。謂立祖先牌。非謂祖先之魂在上。不過子孫追遠。稍抒如在之懷。至於郊天之典禮。非祀蒼蒼有形之天。乃敬天地萬物之原。此孔子所謂郊祀之禮。以事上帝也。因此宣教師等知支那人之祖先崇拜。無論如何形式。亦非迷信之教義。故遂予以許可也。

其所譯述之經籍。雖未能如釋氏之學之深博。而歷算格致之學。實足以開近世之風氣。（其詳見後） 他所著書。如七克等。詞旨淵粹。頗似儒家之言。（龐迪我著七克。分伏傲、解貪、坊淫、熄忿、釋饕、平妬、策怠七篇。）非若後世之教士。凶獷粗鄙。與中國文教大相逕庭也。故自萬歷以來。雖迭經排斥。（明史外國傳意大里亞。禮部郎中徐如珂惡之。與侍郎沈漼、給事中晏文輝等合疏斥其邪說惑衆。乞急行驅逐。禮科給事中余懋孳亦言。天主教煽惑羣衆。夜聚曉散。一如白蓮無為諸教。且往來壕鏡。與澳中諸番通謀。而所司不為遣斥。國家禁令安在。帝納其言。令俱遣赴廣東。聽還本國。）

而爲之辯護者。且謂其獨合於儒家。

黃伯祿正教奉褒萬歷四十四年七月、徐光啟奏彼國教人。皆務修身以事天主。聞中國聖賢之教。亦皆修身事天。理相符合。是以辛苦艱難。來相印證。欲使人人爲善。以稱上天愛人之意。其說以昭事上帝爲宗本。以保救身靈爲切要。以忠孝慈愛爲工夫。以遷善改惡爲入門。以懺悔滌除爲進修。以先天眞福爲作善之榮賞。　諸陪臣之言。與儒家相合。與釋老相左。僧道之流。咸共憤嫉。是以謗害中傷。乞命諸陪臣與有名僧道。互相辨駁。推勘窮盡。務求歸一。仍令儒學之臣、共論定之。

其後羅馬教皇嚴禁基督教徒、不得行祖先崇拜之儀式。始與中國禮教抵觸。而遭清廷之禁止焉。

稻葉君山清朝全史一七零四年（康熙四十三年）羅馬教皇克列門第十。使安吉阿其何教長次魯囊爲代表。至北京。予以教書。謂對於基督教之神、不許用天之稱號。對於支那之基督教信徒、嚴禁祖先崇拜之儀式。康熙帝爲詳細說明支那崇拜祖先之趣意。次魯囊訖未發表教皇之教書。僅以己之名義摘要公布。排斥帝對於神學之意見。凡不從教皇教令者。卽行退去。於是帝命捕之。遣送於澳門。使葡萄牙人監視之。次魯囊遂於一七一零年（康熙四十九年）死於獄中。一七四二年（乾隆七年）教皇伯納其克特第十四、發表教書。不從教皇教書之宣教師。處以破門之罰。由是支那之基督教徒不得行祖先崇拜之儀式。於是後之宣教師問題。遂生非常之影響。清國以羅馬教皇擅干涉國內事。以其命令行於國內。則爲侵害國家之獨立。故於一七零七年（康熙四十六年）清政府定一限制。非有內務部印票之宣教師。概令退去澳門。各地方之天主教堂。概行禁止。一七一七年（康熙五十六年）依廣東碣石鎮總兵陳昴之奏。禁止一切外人留住內地。違者決不得歸本國云。此後百數十年間。清廷政府對於基督教徒之態度。非無寬嚴之別。然卒未撤回其禁止之命令也。

第三章　明季之腐敗及滿淸之勃興

朱明之亡。亡於流賊及滿淸。此盡人所知也。然流賊及滿淸所以能亡明者。實由於明室朝野上下之腐敗。不此之責。第歸咎於流賊及滿淸。無當也。當明之中葉。士氣已壞。觀宗臣報劉一丈書。卽可知其時士大夫之無恥。

宗臣報劉一丈書。今之所謂孚者何哉。日夕策馬候權者之門。門者故不入。則甘言媚詞作婦人狀。袖金以私之。卽門者持刺入。而主人又不卽出見。立廐中僕馬之間。惡氣襲衣袖。卽饑寒毒熱不可忍。不去也。抵暮。則前所受贈金者出報客曰。相公倦。謝客矣。客請明日來。卽明日。又不敢不來。夜披衣坐。聞雞鳴卽起。盥櫛。走馬抵門。門者怒曰。爲誰。則曰。昨日之客來。則又怒曰。何客之勤也。豈有相公此時出見客乎。客心恥之。强忍而與言曰。亡奈何矣。姑容我入。門者又得所贈金。則起而入之。又立向所立廐中。幸主者出。南面召見。卽驚走匍匐階下。主者曰進。則再拜。故遲不起。起則上所壽金。主者故不受。則固請。主者故固不受。則又固請。然後命吏納之。則又再拜。又故遲不起。起則五六揖。始出。出揖門者曰。官人幸顧我。他日來。幸無阻我也。門者答揖。大喜奔出。馬上遇所交識。卽揚鞭語曰。適自相公家來。相公厚我。厚我。且虛言狀。卽所交識。亦心畏相公厚之矣。

至其末造。腐敗益甚。官府壞於吏胥。

黃宗羲明夷待訪錄。吏胥之害天下。不可枚舉。而大要有四。其一。今之吏胥。以徒隸爲之。所謂皇皇求利者。而當可以爲利之處。則亦何所不至。創為文網。以濟其私。凡今之所設施之科條。皆出於吏。是以天下有吏之法。無朝廷之法。其二、天下吏既為無賴子所據。而佐貳又為吏之出身。士人目為異途。羞與為伍也。其三、各衙門之佐貳。不自其長辟召。一一銓之吏部。即其名姓且不能徧知。況其人之賢不肖乎。故銓部化為簽部。貽笑千古。其四、京師權要之吏。頂首皆數千金。父傳之子。兄傳之弟。其一人麗於法。後而繼一人焉。則其子若弟也。不然則其傳衣鉢者也。是以今天下無封建之國。有封建之吏。

地方壞於鄉紳。

明代紳權最重。趙翼二十二史箚記、明鄉官虐民之害一則。已詳言之。觀虞陽說苑載張漢儒攻訐錢謙益瞿式耜之疏可見晚明風氣一斑。其略曰。謙益以賣舉人錢千秋事露。廷鞫問杖回籍矣。式耜以受賄濫薦胡平表冒功陞廕。奉旨削奪為民矣。無奈兩人性同虎狼。行若禽獸。平日暗布私書。潛託神棍。久住京師。探聽朝廷舉動。不時飛報。鑽謀起廢。及至居鄉。儼然以原官自待。倚恃撫按有司、或門生、或故舊、或同年、或相知。每遇歲科兩考。說入學科舉遺才。幫補數十餘名。不得四五千金不止。遇有富豪假命。不詐三四千金不厭。更有同類縉紳。或勢衰。或物故。毋論宗黨。毋論姻親。乘機挾詐。不得萬餘金不止。一遇撫按復命。揮金賄囑。呈縣呈學。巧砌黷語。朦朧引薦。　又錢謙益瞿式耜兩人。主使腹僕腹幹如鄒日升、安如磐、周憲昌、劉時升、張永祚等。充糧吏庫吏。出放在手。侵沒惟命。一遇派兌。先將官戶名下、積勺成合。積合成升。通計合縣四十八萬之倉糧一筆勾銷矣。至於解放錢糧。則又貪婪加二加三之解頭。囑託縣官。先將應緩錢糧放出。而京邊金花兵餉、積侵至崇禎七八九年數萬餘兩不顧也。甚至一班奸胥狐朋狗黨。包婦買娼。晝夜呼盧。或假印。或假牌。或以千計。或以萬計。起批掛號。瓜分浪用。現今侵欺事露。拚賄賂主。雖經憲提憲捉。究竟免責兇比。

兵不教練而肆擄掠。

趙吉士寄園寄所寄引憶記永樂既都北京。令山東河南江北諸郡衞所各軍。春秋兩班、赴京部科點驗。發京營一體操練。以習軍士之勞。省徵調之煩。壯京師之衞。備邊隘之防。法甚善也。其後分發近邊築工。折其半納班價矣。又其後皇親駙馬侯伯有墳工。輒乞恩請班軍以數千計。皆折價入橐矣。領班官歲斂軍士金錢入京。募人應點。本軍遂不赴京。大失祖宗之意。

又御史王孫蕃疏曰。臣聞賊破張秋。止住二日。劉元斌兵住三十七日。掘地拆牆。細細搜掠。凡民間埋藏之物。盡數獲之。東省有賊如梳、兵如篦之謠。一家有銀錢、卽擄殺一家。一村有富室、則擄殺一村。玉石俱焚。慘烈於賊。

將無學術而務欺詐。

黃宗羲明夷待訪錄毅宗專任大帥。不使文臣節制。不二三年。武臣擁衆。與賊相望。同事鹵略。李賊入京師。三輔至於靑齊。諸鎭犄比而營。天子封公侯。結其歡心。終莫肯以一矢入援。是故與毅宗從死者、皆文臣也。建義於郡縣者、皆文臣及儒生也。彼武人之爲大帥者。方且飈浮雲起。以其衆幸富貴矣。

又萬歷以來之將。掩敗飾功。所以欺其君父者。何所不至。乃只能施之君父。不能施之寇敵。

貪鄙奢淫者相望於社會。

顧炎武日知錄自萬歷季年。搢紳之士。不知以禮飭躬。而聲氣及於宵人。詩字頒於輿皂。至於公卿上壽。宰執稱兒。而神州陸沉。中原塗炭。夫亦有以致之矣。

又今日士大夫。纔任一官。卽以飲戲唱曲爲事。官方民隱。置之不講。國安得不亡。身安得不敗。

趙翼廿二史劄記。嘉隆以後。吏部考察之法。徒爲具文。而人皆不自顧惜。撫按之權太重。舉劾惟賄是視。而人皆貪墨以奉上司。於是吏治日媮。民生日蹙。而國亦以亡矣。此是約舉明史循吏傳序語而文與史序不同。

而所謂清流名士者。亦惟是樹黨相攻。各立門戶。至國亡而不已。

明史呂大器等傳贊。明自神宗而後。寖微寖滅。不可復振。揆厥所由。國是紛呶。朝端水火。寧坐視社稷之淪胥。而不能破除門戶之角立。故至桂林播越。旦夕不支。而吳楚之樹黨相傾。猶仍南都翻案之故態也。

趙翼廿二史劄記。萬曆末年。廷臣務爲危言激論。以自標異。於是部黨各立。另成一門戶攻擊之局。高攀龍顧憲成講學東林書院。士大夫多附之。既而梃擊紅丸移宮三案。紛如聚訟。與東林忤者。衆共指爲邪黨。天啟初。趙南星等柄政。廢斥殆盡。及魏忠賢勢盛。被斥者咸欲倚之以傾東林。於是如蛾赴火。如蟻赴羶。而科道轉爲其鷹犬。周志建謂汪直劉瑾時。言路清明。故不久卽敗。今則權璫反藉言官爲報復。言官又借權璫爲聲勢。此言路之又一變。而風斯下矣。崇禎帝登極。閹黨雖盡除。而各立門戶。互攻爭勝之習。則已牢不可破。是非蜂起。叫呶噂沓。以至於亡。

此毫無文化之滿洲人所由乘其隙而入主中國也。

滿洲之興。固無所謂盛德大業。徒以部落褊小。上下一心。事多公開。不得欺隱。

清開國方略太祖以議政王大臣參決機密。以理事十大臣分任庶務。國人有訴訟。先由理事大臣聽斷。仍告之議政大臣、覆加案問。然後言於諸貝勒。衆議既定。猶恐或有寃抑。令訟者跪上前。更詳問之。明核是非。故臣下不敢欺隱。民情皆得上達。國內大治。姦宄不生。遺物於道。無或隱匿。必歸其主。求其主、不得。則懸之公署。俾識而取之。刈穫既畢。始縱牧畜於山野。毋敢竊害者。每行軍、隊伍整肅。節制嚴明。克城破敵之後。察核將士功罪。當罰者雖親不貸。當賞者雖疏不遺。是以將士効命奮勇。所向無敵。

又太祖諭貝勒大臣曰。凡事不可一人獨斷。如一人獨斷。必致生亂。國人有事。當訴於公所。毋得訴於諸臣之家。前以大臣額亦都有私訴於家者不執送。已論討。茲播告國中。自貝勒大臣以下。有罪、當靜聽公斷。執拗不服者、加等治罪。凡事俱五日一聽斷於公所。其私訴於家者、即當執送。不執送而私斷者、治罪弗貸。

無明人之腐敗氣習。故能乘明之弊。力征經營。不三十年。遂竊神器。觀其初興之時。尚無文字。第藉蒙古字以創滿文。

清開國方略己亥年（明萬曆二十七年）二月。創制國書。時國中文移往來。皆習蒙古字。譯蒙古語。太祖命巴克什額爾德尼噶蓋。以蒙古字改制國書。二臣辭曰。蒙古字臣等習而知之。相傳久矣。未能改制也。太祖曰。漢人讀漢文。凡習漢字與未習漢字者皆知之。蒙古人讀蒙古文。雖未習蒙古字者亦知之。今我國之語。必譯爲蒙古語讀之。則未習蒙古語者不能知也。如何以我國之語制字爲難。反以習他國之語爲易耶。二臣對曰。以我國語制字最善。但臣等未明其法。故難耳。太祖曰。無難也。但以蒙古字合我國之語音。聯綴成句。即可因文見義矣。太祖遂以蒙古字合之國語。創立滿文。頒行國中。

雖經達海之增益。亦未能造成一國之學術。謹可藉以翻譯漢籍。

盛京通志達海姓覺爾察。隸正藍旗滿洲。九歲卽通滿漢文義。（按達海以天聰六年卒。年三十八歲。則其九歲為明萬歷三十一年。時滿字甫造成四年也。）弱冠。賜居內院。司文翰。正訂國書。更為對音切字。諧聲文義。周密詳明。會典素書三略諸書。莫不稱善。天聰四年。譯書成。授三等輕車都尉世職。命曰巴克什。六年。詳定國書字體。酌加圈點。六月。病卒。

清通志太宗命達海巴克什等翻譯書籍。庫爾纏等記注政事。諭達海增加圈點。　四庫提要太祖命巴克什額爾德尼以蒙古字聯綴國語成句。尚未別為書體。太宗始命巴克什庫爾纏拟造國書。以十二字頭貫一切音。因音而立字。合字而成語。今內閣所貯舊籍。卽其初體。厥後增加圈點。音義益詳。（按二書所言不同。據康熙八年聖祖諭達海巴克什通滿漢文字。於滿書加圈點。俾得分明。又照漢字增造字樣。於今賴之。是造字體加圈點者皆達海。非庫爾纏）也。

其人之鄙塞可知。憑藉運會及得漢人之指導。始知所謂官制朝儀。

清開國方略天聰五年七月。始設六部。（時吏部有李延庚。戶部有吳守進。禮部有金玉和。兵部有金礪。刑部有高鴻中孟喬芳。工部有祝世蔭等。均為漢承政。）六年。集分掌六部貝勒諭曰國家初設六部。承政參政等官。卽定有班次。近見朝會之時。坐立無序。尊卑紊越。將何以肅體統。爾等宜傳令滿漢蒙古諸臣。按次就班。各加警飭。

又天聰六年正月。行新定朝儀。　自太宗卽位以來。凡朝會行禮。大貝勒代善、三貝勒莽古爾泰。並隨上南面坐。受諸貝勒率大臣朝見。不論旗分。惟以年齒為序。五年十二月。禮部參政李伯龍奏。朝賀時每有踰越班次。不辨官職大小。隨意排列者。請酌定儀制。諸貝勒因言莽古爾泰不當與上並坐。太宗曰。曩與並坐。今不與坐。恐他國聞之不知彼過。反疑前後互異。以可否仍令並坐。及李伯龍所奏、命大貝勒代善與衆共議。大貝勒代善曰。我等並奉上居大位。又與上並列而坐。甚非此心所安。自今以後。上南面中坐。我與莽古爾泰侍坐於側。外國諸蒙古坐於我等之下。方爲允協。據此知滿洲初興。並無所謂君臣上下。一切禮制。皆由漢人指導而後仿行耳。

入關以後。惟以兵力刑力劫制漢人。使不得逞。他無所建設也。

清代官制。滿漢之人並用。漢官率無實權。滿官又無知識。故其立國。仍沿明弊而任胥吏。觀清季陳壁請除各衙門積弊疏。可知胥吏之弊。自明至清末之革除。

光緒政要載陳壁請除各衙門積弊事宜疏(光緒二十七年)國家定制。以六曹總理庶務。若網在綱。天下大政。咸受成於是法。非不盡善。然行之既久而百弊叢生者何也。官不親其事。而吏乃攘臂縱橫而出於其間也。夫所謂大政者。銓選也。處分也。財賦也。典禮也。人命也。訟獄也。工程也。以吏爲之。銓選可疾可滯。處分可輕可重。財賦可侵可蝕。典禮可舉可廢。人命可出可入。訟獄可上可下。工程可增可減。使費既贏。則援案以准之。求貸不遂。則援案以駁之。人人憤怨而不能指其非。天下之亂。恆必由之。然而公卿大夫不惟不能擯除。且倚若左右手。而聽其指揮者何也。官非不欲親其事。而例案太繁。不肖者與吏分肥。任其弄法舞文。無所不至。二百餘年以來。名臣魁儒慷慨憂時之士。痛心扼腕。大聲疾呼。以求去其積弊。而不能勝。

凡清之政治。皆胥吏之政治也。至於兵制。則以猜忌漢人。故列置滿蒙之兵。以守各地。名曰駐防。

清會典兵部　駐防則受治於將軍、都統、副都統、城守尉、防守尉。而以達於部。皆專城各綏其同城駐防官。以飭旗務。凡將軍十有三人。盛京、吉林、黑龍江、綏遠城、江寧、福州、杭州、荊州、西安、寧夏、伊犁、成都、廣州。都統二人。張家口、熱河。副都統三十有三人。副都統專城者、密雲、山海關、興京、金州、錦州、寧古塔、伯都訥、阿勒楚喀、琿春、三姓、墨爾根城、黑龍江城、呼蘭城、青州、京口、涼州、各一人。其與將軍同城者、盛京、吉林、齊齊哈爾、江寧、福州、杭州、乍浦、成都、寧夏、各一人。荊州、西安、伊犁、廣州、各二人。城守尉十有六人。協領一百五十有六人。防守尉十有八人。佐領七百五十有五人。防禦六百二十有五人。驍騎校九百一十有二人。

而漢人之兵、別爲綠營、任其窳敗、以免叛亂。

王慶雲石渠餘紀、康熙四十二年、以各省營員藉親丁食糧之名、任意虛冒、多寡不等。令廷臣集議、提督以下、千把以上、各定親丁名糧數目、以爲養育家口僕從之需。五十一年、左都御史趙申喬奏虛名冒餉、疏言冊上有兵、伍內無兵、紙上有餉、軍中無餉、其咎固在於侵餉之官、其弊總起於頂名之兵。蓋自召募悉用舊名、於是新收開除、無從稽核、凡入侵餉之囊者、雖查點摘發、亦不可究詰矣。

當其盛時、征伐四裔、率恃旗兵。及其衰也、旗綠俱敝。無以禦侮。乃恃所謂團練勇丁焉。故清代兵將之腐敗、自駐防練勇外、亦無異於明也。

清之所異於明者、在摧挫士氣、抑制紳權。自明之亡、學士大夫起兵死義者、相望於東南、經數十年始定。故清之治術、一而誘以名位利祿、一面脅以刑罰殺戮、而後各地帖伏、無復明代紳士囂張之勢矣。清之入關、既以圈地薙髮等事肆毒。

王慶雲石渠餘紀紀圈地、順治元年、諭戶部、凡近京各州縣無主荒田、爾部清釐分給東來諸王勳臣兵丁人等。於是巡按御史柳寅東、條上滿漢分居五便。二年。令民地爲旗人指圈者。速以他處補給。美惡務令均平。十年。停止圈撥。然旗下退出荒地與游牧投來人丁。皆復行圈補。又有因圈補而並圈接壤民地者。

東華錄順治元年五月庚寅。攝政睿親王諭兵部。各處城堡。著遣人持檄招撫。檄文到日。薙髮歸順者。地方官各升一級。軍民免其遷徙。有雖稱歸順。而不薙髮者。定行問罪。 戊戌。諭故明官員軍民人等。諭到俱即薙髮。改行安業。毋怙前非。倘有故違。即行誅剿。辛亥。諭兵部前因歸順之民無所分別。故令其薙髮以別順逆。今聞甚拂民願。自茲以後。天下臣民照舊蓄髮。 二年六月丙辰。諭豫親王多鐸等。各郡邑投誠官員。俱開明履歷。分別註冊。各處文武軍民。盡令薙髮。儻有不從。以軍法從事。 丙寅。諭禮部。向來薙髮之制。不即畫一。姑聽自便者。欲俟天下大定。始行此制耳。今中外一家。豈可違異。若不畫一。終屬二心。自今布告之後。京城內外。限旬日。直隸各省地方。自部文到日。亦限旬日。盡令薙髮。遵依者爲我國之民。遲疑者同逆命之寇。必寘重罪。若規避惜髮。巧辭爭辯。決不輕貸。該地方文武各官。皆當嚴行察驗。若有復爲此事。瀆進章奏。欲將已定地方人民。仍存明制。不隨本朝制度者。殺無赦。其衣帽裝束。許從容更易。悉從本朝制度。不得違異。該部即行傳諭京城內外並直隸各省府州縣衛所城堡等處。俾文武衙門官吏師生。一應軍民人等。一體遵行。

而懲治紳士尤嚴。

東華錄順治三年四月壬寅。諭戶部。運屬鼎新。法當革故。前朝宗姓。已比齊民。舊日鄉紳。豈容冒濫。聞直隸及各省地方在籍文武未經本朝錄用者。仍以向來品級名色。擅用新頒帽頂束帶。交結官府。武斷鄉曲。冒免徭賦。累害小民。甚至貲郎粟監。動以見朝赴監爲名。妄言復用。藐玩有司。不當差役。且有閩廣蜀滇等處地方、見任僞官。阻兵抗順。而父子兄弟仍依恃紳衿。肆行無忌。種種不法。蠹國殃民。深爲可恨。自今諭示之後。將前代鄉官監生名色。盡行革去。一應地丁錢糧雜泛差役。與民一體均當。豪混冒免者。治以重罪。

如江南奏銷之禍。

董含三岡識略。江南賦役。百倍他省。而蘇松尤重。邇來役外之征。有兌役、里役、該年、催辦、捆頭等名。雜派有鑽夫、水夫、牛稅、馬荳、馬草、大樹、釘、蔴、油、鐵、箭、竹、鉛彈、火藥、造倉等項。又有黃冊、人丁、三捆、軍田、壯丁、逃兵等冊。大約舊賦未清。新餉已近。積逋常數十萬。時司農告匱、始十年並征。民力已竭。而逋欠如故。巡撫朱國治強愎自用。造欠冊達部。悉列江南紳衿一萬三千餘人。號曰抗糧。既而盡行褫革。發本處枷責。鞭扑紛紜。衣冠掃地。如某探花欠一錢。亦被黜。民間有探花不值一文錢之謠。

研堂見聞雜記。吳下錢糧拖欠。莫如練川。一青衿寄籍其間。即終身無半鏹入縣官者。至甲科孝廉之屬。其所飽更不可勝計。以故數郡之內。聞風蠁至。大僚以及諸生。紛紛寄冒。正供之欠數十萬。天子震怒。特差滿官一員至練川勘實。取其名籍。造冊以報。奉旨按籍追擒。凡欠百金以上者一百七十餘人。紳衿俱在其中。其百金以下者。則千計。

以及各省科場之獄。

孟森心史叢刊。明一代迷信八股、迷信科舉。至亡國時爲極盛。餘毒所蘊。假清代而盡洩之。蓋滿人旁觀極清。籠絡中國之秀民。莫妙於中其所迷信。始入關。則連歲開科。以慰蹭蹬者之心。繼而嚴刑峻法。俾忮求之士稱快。丁酉之獄。主司房考及中式之士子。誅戮及遣戍者無數。其時發難者漢人。受禍者亦漢人。陷溺於科舉、至深且酷。不惜假滿人屠戮同胞。以洩多數僥倖未遂之人年年被擯之憤。此所謂天下英雄入我彀中者也。丁酉獄蔓延。及全國。以順天江南兩省爲鉅。次則河南。又次則山東山西。共五闈。明時、江南與順天俱有國子監。俱爲全國士子所萃。非一省之關係而已也。清兵下江南。雖已改應天府爲江寧。廢去南雍。然士子耳目。尙以順天江南爲觀瞻所係。是年科場大獄。卽以此兩闈爲最慘。同時並舉。以聳動迷信科舉之漢兒。用意至爲明顯。

研堂見聞雜記科場之事。明季卽有以關節進者。每科五六月之間。分房就聘之期。則先爲道地。或伏謁。或爲之行金。購於諸上臺使得棘闈之聘。後分房驗取。如握券而得也。每榜發。不下數十人。至本朝而益甚。順治丁酉壬子間。營求者蝟集。各分房之所許。兩座師之心約。以及京中貴人之所密屬。如麻如粟。已及千百人。闈中無以爲計。各開張姓名。擇其必不可已者登之。而間取一二孤貧。以塞人口。然晨星稀點而已。至北闈尤甚。北闈分房諸公及兩座主大率皆輦下貴人。未入場。已得按圖挨次知某人必入。故營求者先期定券。萬不失一。不若各省分房。必司理邑宰。茫然不可知。暗中摸索也。甲午一榜。無不以關節得倖。於是陰躁者走北如鶩。各入成均。若傾江南而去之矣。至丁酉、輦金載寶。輻輳都下。而若京堂三品以上子弟。則不名一錢。無不獲也。若善爲聲名游公卿者。亦然。惟富人子。或以金不及額、或以價忽驟溢、遂去。蓋榜發。無此中人矣。於是蜚語上聞。天子赫怒。逮繫諸房官舉子。株及者亦皆嚴刑榜掠。三木囊頭。南闈發榜後。衆大譁。於是連逮十八房官及兩主司。凡南北舉子。皆另覆試。兵番雜沓。以旁邏之。如是者三試而後已。是役也。師生牽連就逮。或立就械。或於數千里外鋃鐺提鎖。家業化爲灰塵。妻子流離。更波及二三大臣。皆居間者。血肉狼藉。長流萬里。

皆明之積弊至淸而始發者。雖以懲創貪猾、抑制豪强、而士氣、熸然矣。淸之學者、有謹守臥碑之語。臥碑者。順治朝所頒以誥誡學校生員者也。

淸會典明倫堂之左。刊立世祖章皇帝欽定臥碑。曉示生員。其文曰。朝廷建立學校。選取生員。免其丁糧。厚以廩膳。設學院學道學官以敎之。各衙門官以禮相待。全要養成賢才。以供朝廷之用。諸生皆當上報國恩。下立人品。所有敎條。開列於後。(一)生員之家。父母賢智者。子當受敎。父母愚魯、或有非爲者。子既讀書明理。當再三懇告。使父母不陷於危亡。(一)生員立志。當學爲忠臣淸官。書史所載忠淸事蹟。務須互相講究。凡利國愛民之事。更宜留心。(一)生員居心忠厚正直。讀書方有實用。出仕必作良吏。若心術邪刻。讀書必無成就。爲官必取禍患。行害人之事者。往往自殺其身。常宜思省。(一)生員不可干求官長。交結勢要。希圖進身。若果心善德全。上天知之。必加以福。(一)生員當愛身忍性。凡有官司衙門。不可輕入。即有切己之事。止許家人代告。不許干與他人詞訟。亦不許牽連生員作證。(一)爲學當尊敬先生。若講說。皆須誠心聽受。如有未明。從容再問。毋妄行辯難。爲師者亦當盡心敎訓。勿致怠惰。(一)軍民一切利病。不許生員上書陳言。如有一言建白。以違制論。黜革治罪。(一)生員不許糾黨多人。立盟結社。把持官府。武斷鄉曲。所作文字。不許妄行刊刻。違者聽提調官治罪。

臥碑之制。始於明。明史選舉志、洪武十五年。頒禁例十二條於天下。鐫立臥碑。置明倫堂之左。其不遵者。以違制論。正統以後。敎官之黜降。生員之充發。皆廢格不行。即臥碑亦具文矣。續通考、洪武十五年五月。頒禁例於天下學校。鐫勒臥碑。置明倫堂左。不遵者以違制論。臥碑禁例(一)府州縣生員。有大事干己者。許父兄弟陳訴。非大事毋輕出門。(二)生員父母欲行非爲。必再三懇告。不陷父母於危亡。(二)一切軍民利病。農工商賈皆可言之。惟生員不許建言。(二)生員學優才贍。年及三十。願出仕者。提調正官奏聞。考試錄用。(二)生員聽師講說。毋恃己長。妄行辯難。或置之不問。(二)師長當竭誠訓導愚蒙。毋致懈惰。(二)提調正官務常加考校。敦厚勤敏者進之。懈怠頑詐者斥之。(二)在野賢人。有練達治體。敢陳王道者。許所在有司給引赴京陳奏。不許在家實封入遞。觀其條文。並不禁止立盟結社。此明淸之別也。

蓋明季學校中人，結社立盟，其權勢往往足以劫制官吏。清初以臥碑禁之，而後官權日尊，惟所欲爲。爲士者一言建白，卽以違制論，無知小民，更不敢自陳其利病矣。故吾國國無民治，自清始；清之摧挫民治，自士始。今日束身自好之士，漠視地方利病，不敢一謀公益之事者，其風皆臥碑養成。論者不察，動以學者不知社會國家之事，歸咎於古代之聖賢，豈知言哉。

第四章　西方學術之輸入

利瑪竇等之來也，一以傳西方之宗教，一以傳西方之學術。旣貢地誌時鐘，兼自述其製器觀象之能，明其不徒恃傳敎爲生也。

利瑪竇上神宗疏：謹以原攜本國土物，所有天主圖像一幅，天主母圖像二幅，天主經一本，珍珠鑲嵌十字架一座，報時自鳴鐘二架，萬國圖誌一冊，西琴一張等物，敬獻御前。又臣於本國忝與科名，已叨祿位。天地圖及度數，深測其祕，製器觀象，考驗日晷，並與中國古法脗合。倘蒙不棄疏微，令臣得竭其愚，披露於至尊之前，斯又區區之大願。

稻葉君山清朝全史：利瑪竇入北京後，不四五年，信徒至二百餘。觀李之藻、楊廷筠、徐光啓等名士之歸依，則加特力克敎之成功，可概見矣。然彼等名士之入敎，非絕對信仰敎宗，要皆利瑪竇誘引法，與中國固有思想不甚背馳，當時士人對於西洋科學需要頗急，致使然也。利瑪竇旣譯幾何學（卽幾何原本），又著多種科學書，公布於世。

然利氏譯書敎學，初未大用。洎明季因歷法之舛，召用其徒，而歷算之學始興。

明史歷志。黃帝迄秦。歷凡六改。漢凡四改。魏迄隋十五改。唐迄五代十五改。宋十七改。金迄元五改。惟明之大統歷。實卽元之授時。承用二百七十餘年。未嘗改憲。成化以後。交食往往不驗。議改歷者紛紛。崇禎中、議用西洋新法。命閣臣徐光啟、光祿卿李天經、先後董其事。成歷書一百三十餘卷。多發古人所未發。時布衣魏文魁上疏排之。詔立兩局推驗。累年校測。新法獨密。然亦未及頒行。又萬歷三十八年、欽天監推十一月壬寅朔日食分秒及虧圓之候。職方郎范守已疏駁其誤。禮官因請博求知歷學者。令與監官晝夜推測。庶幾歷法靡差。於是五官正周子愚言。大西洋歸化遠臣龐迪峨、熊三拔等。攜有彼國歷法。多中國典籍所未備者。乞視洪武中譯西域歷法例。取知歷儒臣。率同監官。將諸書盡譯。以補典籍之缺。先是大西洋人利瑪竇進貢土物。而迪峨三拔及龍華民、鄧玉函、湯若望等。先後至。俱精究天文歷法。禮部因奏精通歷法如邢雲路、范守己。爲時所推。請授京卿。共理歷事。翰林院檢討徐光啟、南京工部員外郎李之藻、亦皆精心歷理。可與迪峨三拔等同譯西洋法。俾雲路等參訂擬改。然歷法疏密、莫顯於交食。欲議修歷。必重測驗。乞敕所司修治儀器。以便復事。疏入、留中。未幾雲路之藻皆召至京。參預歷事。雲路據其所學。之藻則以西法爲宗。四十一年、之藻已改銜南京太僕少卿。奏上西洋歷法。略言臺監推算日月交食時刻虧分之謬。而力薦廸峨三拔及華民陽瑪諾等。言其所論天文歷數。有中國昔賢所未及者。不徒論其度數。又能明其所以然之理。其所製窺天窺日之器。種種精絕。乞敕禮部開局。取其歷法。譯出成書。禮科姚永濟亦以爲言。時庶務因循。未暇開局也。　崇禎二年五月乙酉朔日食。禮部侍郎徐光啟依西法預推順天府見食二分有奇、瓊州食既、大寧以北不食。大統回回所推順天食時刻。與光啟互異。已而光啟法驗。餘皆疏。帝切責監官。於是禮部奏開局修改。乃以光啟督修歷法。光啟舉南京太僕少卿李之藻、西洋人龍華民、鄧玉函。報可。九月癸卯、開歷局。三年、玉函卒。又徵西洋人湯若望羅雅谷譯書演纂。光啟進本部尚書。仍督修歷法。四年正月、光啟進歷書二十四卷。四月、又進歷書二十一卷。是年又進歷書三十卷。明年冬十月、光啟以病辭歷務。以山東參政李天經代之。逾月而光啟卒。七年、天經繕進歷書。凡二十九卷。並星屏一具。俱光啟督率西人所造也。天經又進歷書三十二卷。並日晷星晷窺筩諸儀器。八年四月。又上乙亥丙子七政行度歷及參訂歷法條議二十六則。是時新法書器俱完。屢測交食淩犯、俱密合。但魏文魁等多方阻撓。內官實左右之。以故帝意不能決。十一年正月、進天經光祿寺卿。仍管歷務。十六年八月、詔西法果密。即改為大統歷法。通行天下。未幾國變。竟未施行。

滿清因之。遂用新法所製之歷。曰時憲歷。

東華錄。順治元年六月、修正歷法西洋人湯若望啟言。臣於明崇禎二年來京。曾用西洋新法釐正舊歷。製有測量日月星晷定時考驗諸器。盡進內廷。以推測屢屢密合。近聞諸器盡遭賊毀。臣擬另製進呈。今先將本年八月初一日日食。照西洋新法推步京師所有日食限分秒並起復方法圖象。與各省所見日食多寡先後不同諸數。開列呈覽。乞敕該部屆期公同測驗。攝政睿親王諭、舊歷歲久差謬。西洋新法屢屢密合。知道了。此本內日食分秒時刻起復方位。並直省見食有多寡先後不同。具見推算詳審。俟先期二日來說。以便遣官公同測驗。其窺測諸器。速造進覽。 七月丁亥、禮部啟言。定鼎燕京。應頒寶歷。據欽天監咨稱新法推註已成。請易新名。伏候欽定。以便頒行。攝政睿親王諭、治歷明時。帝王首重。今用新法正歷。以迓天休。誠為大典。宜名為時憲歷。用稱朝廷憲天乂民至意。自明歲順治二年為始。即用新歷頒行天下。

而湯若望、南懷仁等。均授官掌歷。

阮元疇人傳湯若望字道未。明崇禎二年入中國。次年五月、徵若望供事曆局。順治二年十一月、以若望掌欽天監事。管欽天監印信。
累加太僕太常寺卿。敕賜通微教師。康熙十七年卒。
又南懷仁字勳卿。一字敦伯。康熙初年入中國。九年爲欽天監副。十二年擢監正。南懷仁後官至通政使。加工部侍郎銜。賜謚勤敏。傳未載。

雖經吳明烜楊光先等攻訐。嘗罷西法。仍用大統歷。然其推測至精。中法及回回法均所不及。故其後仍用時憲歷。一依西法行之。迄於清末焉。

阮元疇人傳順治十四年四月、回回科秋官正吳明烜疏言若望舛謬三事。命大臣等公同測驗。議明烜詐妄之罪。康熙四年、徽州新安衞官生楊光先上言若望新法十謬及選擇不用正五行之誤。下王大臣等集議。若望及所屬各員俱罷黜治罪。於是廢西法。仍用大統歷。至康熙九年。復用新法。
又康熙初年、吳明烜楊光先等以舊法點竄新歷。以致天道勿協。康熙七年十二月、命大臣召南懷仁與監官質辨。越明年丁酉正月、諸大臣同赴觀象臺測驗立春雨水太陰火星木星。懷仁預推度數與所測皆符。明烜所指不實。大臣等請將康熙九年時憲書交南懷仁推算。從之。遂以懷仁爲監副。

測候天象。必資儀器。明代欽天監所用儀器。多沿元舊。

江寧府志觀象臺、元至正元年建。明改爲欽天臺。劉樹聲云幼時猶見有小方銅架。中插方柱近丈。爲量世尺。又有大方銅架。懸渾球。又有矮銅架。鎖斷足銅龍。

南京天文臺記 一二八〇年十一月、元世祖詔修正歷法。欽天監諸臣具奏。開封府先朝遺留天文儀器甚多。然無一足裨實用。帝於是重造渾天儀日規及其他儀器。（按元史天文志、宋自靖康之亂。儀象之器盡歸於金。元興。定鼎於燕。其初襲用金舊。而規環不協。難復施用。於是太史郭守敬者。出其所創簡儀仰儀及諸儀表。皆臻於精妙。即此文所稱重造渾天儀之事也。） 並命每器一式製十三分。分賜各行省。南京天文臺之建築。蓋即規畫於是時。其地發見之儀器。亦即此十三分之一。 使南京官書之紀載為可信。則南京天文臺之建築動議。雖在於一二八〇年世祖之朝。而實施則直在百年以後。即一三八一年也。（明洪武十四年） 臺之遺址。在山巔之平原。地形長方。廣約廿五粎至三十粎。長稍過之。其間有平房一所。門南向。為古星者居室。又有稍高之臺。形四方。則所以陳列儀器。其器皆置於露天之臺上。 儀器凡四事。利瑪竇及其弟子輩嘗考察此四儀器。有所傳述。頗足為後人所利賴。 第一儀器為一銅製球。徑長約一粎又二分之一。球面止刻子午線及平行線。無他標記。其下安一銅製之立方體。立方體之頂、有一圓穴。球半陷其中。其旁有一小門。人得入其內。以旋轉球。 第二儀器為渾天儀。其質及直徑、皆與第一儀器同。上有緯線及極線。緯線凡三百六十五度又若干分。下支一金屬之管。形如鎗。可以自由撥動。以示星之高距。 第三儀器為日規。約高三粎。安於一長方大理石之南端。石之四周、鑿以溝。所以驗水平也。石上亦刻有分數。 第四儀器最大且最備。亦測量之器。有三大環。製以銅。直徑各長一粎又五十粉。所以象赤道黃道子午線。又有一環可活動。附一管。蓋用以示星之位置。器之安放、在一平面大理石桌上。四周亦繞以溝。 據利氏所述。此種儀器、製作皆極精妙。所用材料皆甚耐久。利氏見此器時、在一六〇〇年。距製作之時、已二百五十年。而其器猶煥然若新。其作工之巧可以想見。惟在科學上之價值則殊遜。其所分三百六十五度又若干分。無論於天象不相干。即其所分亦殊不平均。是足以見當日天文家智識之陋矣。

徐光啓修厤首請造器。

黃伯祿正教奉褒崇禎二年。徐光啓奏請造象限儀六、紀限儀三、平懸渾儀三、交食儀一、列宿經緯天球一、萬國經緯地球一、平面日晷三、轉盤星球三、候時鐘三、望遠鏡三。報允。

湯若望續成之。旋毀於流賊。

黃伯祿正教奉褒崇禎七年。湯若望進呈曆書星屏。其時日晷星晷窺筩諸儀器、俱已製成。奏聞。上命太監盧維寧、魏國徵至局驗此用法。旋令若望將儀器親齎進呈。督工築臺。陳設宮廷。（賊毀之事見前）

清初、復命南懷仁製之。

清通考康熙八年六月、令改造觀象臺儀器。先是七年七月、欽天監副吳明烜言。推歷以黃道爲驗。黃道以渾儀爲準。今觀象臺渾儀損壞。亟宜修整。下禮部議。尋以取到元郭守敬儀器子江南。（即南京觀象臺之儀器。移于北京。）不果行。至是南懷仁爲監副。疏請改造。從之。十三年正月、掌欽天監事南懷仁。以新製天體儀、黃道經緯儀、赤道經緯儀、地平經儀、地平緯儀、紀限儀告成。將製法用法。繪圖列說。名新製靈臺儀象志。疏呈御覽。得旨。儀象告成。製造精密。南懷仁勤勞可嘉。下部優敘。

清之製歷。所以測驗精密、而分秒無差、恃此也。其後又製有儀器多種。

清通考康熙二十年二月、製簡平儀地平半圓日晷儀。三十二年四月、製三辰簡平地平合璧儀。五十二年二月、命監臣紀利安製地平經緯儀。五十三年二月、製星晷儀。製四游表半圓儀。製方矩象限儀。乾隆九年二月、製三辰公晷儀。製看朔望入交儀。

製六合驗時儀製方月晷儀。十九年三辰公晷儀成命名璣衡撫辰儀。

蓋清代諸帝飫聞西人之學說亦究心於歷算天文之學故奕世製作不厭求詳其爲德國掠取而復送回者卽觀象臺所陳南懷仁等所製諸器也。光緒庚子年八國聯軍入京德國掠取渾天儀二具天象球一具紀限儀一晝夜儀一及巴黎和約議將所得之儀器交還中國始復歸於北京。報載其裝載此項儀器共五十六箱。重三萬六千啟羅格蘭姆。

元與西域交通已知所謂地球。

元史天文志世祖至元四年扎馬魯丁造西域儀象。苦來亦阿兒子漢言地理志也。其制以木爲圓球七分爲水其色綠三分爲土地其色白。畫江河湖海脈絡貫串於其中。畫作小方井以計幅員之廣袤道里之遠近。

而元明間人猶未究心於地理。至利瑪竇等來而後知有五大洲。

明史外國傳意大利亞居大西洋中自古不通中國萬曆時其國人利瑪竇至京師爲萬國全圖。言天下有五大洲第一曰亞細亞洲。中凡百餘國而中國居其一。第二曰歐羅巴洲。中凡七十餘國而意大里亞居其一第三曰利未亞洲亦百餘國第四曰亞墨利加洲。地更大以境土相連分爲南北二洲。最後得墨瓦臘泥加洲爲第五而域中大地盡矣。

及地球居於天中之說。

阮元疇人傳利瑪竇著乾坤體義三卷。言地與海合爲一球。居天球之中。其度與天相應。但天甚大。其度廣地甚小。其度狹差異耳。直行北方者每二百五十里北極高一度南極低一度。直行南方者每二百五十里北極低一度南極高一度。每一度廣二百五十里。

則地之東西南北各一周。有九萬里。厚二萬八千六百二十六里零三十六丈。上下四旁皆生齒所居。予自太西浮海入中國。至晝夜平綫。已見南北二極。皆在平地。略無高低。道轉而南。過大浪峯。已見南極出地三十六度。則大浪峯與中國上下相爲對待。故謂地形圓而週圍皆生齒者、信然矣。

艾儒略著職方外紀。繪圖立說。是爲吾國之有五洲萬國地誌之始。

艾儒略職方外紀序昔神皇盛際。聖化翔洽。無遠弗賓。吾友利氏齎進萬國圖誌。已而吾友龐氏又奉翻譯西刻地圖之命。據所聞見。譯爲圖說以獻。都人士多樂道之者。但未經刻本以傳。迨至今上御極。儒畧不敏。幸厠觀光。慨慕前庥。誠不忍其久而湮滅也。偶從蠹簡。得覩所遺舊稿。乃更竊取西來所攜手輯方域梗概。爲增補以成一編。名曰職方外紀。

四庫全書提要。職方外紀。五卷。明西洋人艾儒略撰。其書成於天啓癸亥。蓋因利瑪竇龐迪我舊本潤色之。不盡儒略自作也。所紀皆絕域風土。爲自古輿圖所不載。分天下爲五大洲。一曰亞細亞洲。二曰歐邏巴洲。三曰利未亞洲。四曰亞墨利加。五曰墨瓦蠟尼加。前冠以萬國全圖。後附以四海總說。

而清康熙中、各教士測繪全國輿圖。尤有功於吾國焉。

黃伯祿正敎奉褒康熙四十七年。諭傳教士分赴蒙古各部、中國各省。遍覽山水城郭。用西學量法。繪畫地圖。是年派日爾曼人白進、費隱、法蘭西人雷孝思、杜德美等、往蒙古及直隸。四十九年、費隱等往黑龍江。五十年、雷孝思等往山東。費隱等往山西陝西甘肅。五十一年、法蘭西人馮秉正、德瑪諾等、往河南江南浙江福建。五十二年、法蘭西人湯尚賢、葡萄牙人麥大成等、往江西廣東廣西。

費隱、潘如(法人)往四川。五十四年、雷孝思等往雲南貴州湖南湖北測圖。五十六年、各省地圖繪畢。白進等彙成總圖一幅。並分圖進呈。聖祖命名皇輿全覽圖。即世所稱康熙內府輿圖也。

明季、西教士、攜至中國、書籍、至多。所譯、述、亦至、夥。鄧玉函所述奇器圖說。則力藝學之權輿也。

王徵遠西奇器圖說錄最奇器圖說、乃遠西諸儒攜來彼中圖書。此其七千餘部中之一支。就一支中、此特其百之什一耳。

四庫全書提要。奇器圖說三卷。明西洋人鄧玉函撰。諸器圖說、明王徵撰。徵、涇陽人。天啓壬戌進士。官揚州府推官。嘗詢西洋奇器之法於玉函。玉函因以其國所傳文字口授。徵譯爲是書。其術能以小力運大。故名曰重。又謂之力藝。大旨謂天地生物、有數有度有重。數爲算法。度爲測量。重則即此力藝之學。皆相資而成。故先論重之本體。以明立法之所以然。凡六十一條。次論各色器具之法。凡九十二條。次起重引重等圖。圖皆有說。而於農器水法尤爲詳備。　諸器圖說凡圖十一。各爲之說。而附以銘贊。乃徵所作。亦具有思致。

徐光啓嘗欲因其法以興農田水利。

四庫全書提要。農政全書六十卷。明徐光啓撰。總括農家諸書。裒爲一集。備錄南北形勢。兼及灌溉器用諸圖譜。後六卷則爲泰西水法。

又泰西水法六卷。明萬曆壬子、西洋熊三拔撰。是書皆記取水蓄水之法。一卷曰龍尾車。用挈江河之水。二卷曰玉衡車。附以專筩車。曰恆升車。附以雙升車。用挈井泉之水。三卷曰水庫記。用蓄雨雪之水。四卷曰水法附餘。皆尋泉作井之法。而附以療病之水。五卷曰水法或問備言水性六卷則諸器之圖式也西洋之學以測量步算爲第一而奇器次之奇器之中水法尤切於民用視他器之徒務工巧爲耳目之玩者又殊固講水利者所必資也

丁世之亂亦無人推演其緒以利民生惟製造火器一事小試於明後遂爲滿淸屠殺漢人之具亦可慨矣明初得交趾礮法始創神機營

明史兵志明成祖平交趾得神機鎗礮法特置神機營肄習

比葡荷二國人東來遂有所謂佛郎機紅夷等

明史兵志嘉靖八年始從右都御史汪鋐言造佛郎機礮謂之大將軍發諸邊鎭佛郎機者國名也正德末其國舶至廣東白沙巡檢何儒得其制以銅爲之長五六尺大者重千餘斤小者百五十斤巨腹長頸腹有修孔以子銃五枚貯藥置腹中發及百餘丈最利水戰駕以蜈蚣船所擊輒糜碎　其後大西洋船至復得巨礮曰紅夷長二丈餘重者至三千斤能洞裂石城震數十里天啓中錫以大將軍號遣官祀之

啓禎間屢命教士製造銃礮

黃伯祿正敎奉褒天啓二年上依部議敕羅如望陽瑪諾龍華民等製造銃礮以資戎行　崇禎三年先是天啓元年部臣議招寓居澳門精明火礮之西洋人來內地協助攻禦至是龍華民畢方濟奉旨前往招勸殷商等集資捐助火礮敎士陸若漢紳士公沙的西勞率領本國人多名攜帶銃礮前來效力寧遠涿州等處屢次退敵後登萊之役公沙的西勞及同伴多人陣亡陸若漢亦受傷

九年、兵部疏稱羅雅各等指授開放銃礮諸法頗為得力。降旨優給田房。十三年、兵部傳旨著湯若望指樣監造戰礮。若望先鑄鋼礮二十位。帝派大臣驗放。驗得精堅利用。奏聞。詔再鑄五百位。

而用之不得其人。轉以資敵。

明史兵志崇禎時、大學士徐光啓請令西洋人製造大礮。發各鎮。然將帥多不得人。城守不固。有委而去之者。及流寇犯闕。三大營兵不戰而潰。鎗礮皆為賊有。反用以攻城。城上亦發礮擊賊。時中官已多異志。皆空器貯藥。取聲震而已。

清之興也。以礮之力。其製法蓋傳自明人。

清通考太宗天聰五年紅衣大礮成。按紅衣當即明史之紅夷。清人諱夷。故稱紅衣。欽定名鐫曰天祐助威大將軍。天聰五年孟春吉旦造。督造官總兵官額駙佟養性。監造官遊擊丁啓明、備禦祝世隆。鑄匠王天相、竇守位、鐵匠劉計平。先是未備火器。造礮自此始。其年征明。久圍大凌河而功以成。用大將軍力也。自後師行必攜之。

及康熙中、迭命南懷仁製造大礮。遂布各地。

清通考康熙十三年、諭兵部。大軍進剿。須用火器。著治理歷法南懷仁鑄造大礮。輕利以便涉

黃伯祿正教奉褒康熙十九年十一月初四日、南懷仁奉旨鑄造戰礮三百二十位。二十年八月十一日、礮位告成。上釋御服貂裘、賜南懷仁。並獎慰曰。爾向年製造各礮。陝西湖廣江西等省已有功效。今之新礮較為更好。

又南懷仁自康熙十三年迄十五年、共製大小礮一百二十位。至二十一年四月、吏部題稱工部疏稱欽天監治理歷法加通政使司

通政使南懷仁先鑄礮一百三十二位。又神威礮二百四十位。指樣製造精堅。應交吏部議敘等語。查南懷仁指樣製造礮位精堅。應加工部右侍郎職銜。

以敬天信道之人而專造利器以助滿人之兵力亦可謂不善用其學矣其後清人專以算數製造爲西人之特長遺學譯書首重此事而不知仿行其學以謀民利亦淸初之歷史有以囿其思想也嗚呼。

明末淸初在中國之耶穌會士及著書一覽表

錄稻葉君山淸朝全史（原表有遺漏及失誤處今爲增改編者識）

【原名】	【漢名】	【本國】	【到中國年代 命終年代及地點】	【所著書】
Aleni (Giulio)	艾儒略	意大利	西紀一六一三（萬歷四十一年）西紀一六四九年八月三日（順治六年）福州	彌撒祭義 天主降生言行紀略 出像經解 耶穌言行紀略 性靈篇 景敎碑頌 聖體禱文 坤輿圖說 十五端圖象 熙朝崇正集 楊淇園行略 張彌克遺蹟 萬物眞源 滌罪正規 三山論學紀 聖體要理 聖夢歌 聖敎四字敎文 悔罪要旨 幾何要法 口鐸日鈔 五十言餘 西方答問 西學凡 職方外紀 性學犅述 天主降生引義 大西利西泰子傳 大西利西泰先生行跡 艾先生行述 思及先生行蹟 泰西思及艾先生行述 西海艾先生行略 泰西思及先生語錄
Benevente (Alvare)	白亞維	西班牙	西紀一六八〇（康熙九年）未詳	要經略解

Bouvet (Jaochin)	白晉	法蘭西	西紀一六八七(康熙二十六年) 西紀一七三〇(雍正八年)北京	天學本義　古今敬天鑒
Brancati (Francesco)	潘國光	意大利	西紀一六三七(崇禎十年) 西紀一六七一年四月二十五日(康熙十年)上海	十誡勸論　聖體規儀　聖教四規　聖安德助宗徒瞻禮　天階　瞻禮口鐸　天神規課　天神會課
Brollo (Basilio)	葉宗賢		西紀一六八四(康熙二十三年) 西紀一七〇四年七‧十六日(康熙四十三年)西安	宗元直指
Buglio (Luigi)	利類思	意大利	西紀一六三七(崇禎十年) 西紀一六八四年十月七日(康熙二十三年)北京	天主正教約徵　主教要旨　超性學要　獅子說　司鐸要典　性靈說　不得已辨　御覽西方要紀(與南懷仁安文思合撰)　聖母小日課典　已亡者日課經　聖教簡要　善終瘞塋禮　彌撒經典　日課概要　聖事禮典　安先生行述　天主聖體　三位一體　萬物原始　天神形物之造　靈魂　首人受造　昭祀經典　進呈鷹論　聖事體典
Castner (Gaspar)	龐嘉賓	日耳曼	西紀一六七九(熙康十八年) 西紀一七〇九年二月九日(康熙四十八年)北京	
Cattaneo (Lazzane)	郭居靜	瑞士	西紀一五九七(萬歷二十五年) 西紀一六四〇(崇禎十三年)杭州	性靈詣主
Chavagnac (Emeric de)	沙守眞		西紀一七〇〇(康熙四十一年) 西紀一七一七年九月十四日(康熙五十六年)饒州(未確)	眞道自證
Costa (Ignacio da)	郭納爵	葡萄牙	西紀一六三四(崇禎七年) 西紀一六六六(康熙五年)廣東	原染虧益　身後編　老人妙處　敎要
Couplet (Philippe)	柏應理	比利時	西紀一六五九(順治十六年) 西紀一六九三年五月十六日(康熙三十二年)臥亞	天主聖教永瞻禮單　天主聖教百問答　四末眞論　聖坡而日亞行實　聖若瑟禱文　周歲聖人行略

Cunha (Simon da)	瞿西滿	葡萄牙	西紀一六二九（崇禎二年）西紀一六六〇年九月（康熙元年）澳門	經要直指
Dentrechlles (Frdncois Zavier)	殷宏緒	法蘭西	西紀一六九八（康熙三十七年）西紀一七四一（乾隆六年）	主經體味 逆耳忠言 莫居凶惡勸 訓慰神編
Diaz (Emmanuel jeu-ne)	陽瑪諾	葡萄牙	西紀一六一〇（萬歷三十八年）西紀一六五九年三月四日（順治六年）杭州	聖若瑟行實 天問略 十誡眞詮 聖經直解 天學舉要 唐景教碑頌正詮 代疑論 袖珍日課 經世全書 經世全書句解 避罪指南 天神禱文
Duarte (Jean)	聶若望	葡萄牙	西紀一七〇〇（康熙三十九年）未詳	八天避靜神書
Ferraü (Andre)	郎安德	葡菊牙	西紀一六五八（順治十六年）西紀一六六一（順治十八年）福州	
Ferreira (Gaspar)	費奇規	葡萄牙	西紀一六〇四（萬歷三十二年）西紀一六四九（順治六年）	振心諸經 周年主保聖人單 玫瑰經十五編
Figueredo (Roderic de)	費樂德	西班牙	西紀一六二二（天啓二年）西紀一六四二年十月九日（崇禎十五年）開封	念經總牘 聖教源流 念經勸
Fraes (Joas)	伏若望	葡萄牙	西紀一六二四（天啓四年）西紀一六三八年七月二日（崇禎十一年）杭州	五傷經禮規程 善終助功 苦難禱文
Furtado (Francisco)	傅汎際	葡萄牙	西紀一六二一（天啓元年）西紀一六五三年二月一日（順治十年）澳門	名理探 寰有詮
Goıvea (Antonio de)	何大化	葡萄牙	西紀一六三六（崇禎九年）西紀一六七七年二月十四日（康熙十六年）福州	蒙引要覽
Gravina (Gerommo de)	賈宜睦	意大利	西紀一六三七（崇禎十年）西紀一六六二年九月四日（康熙元年）漳州	提正編 辨惑論

Greslon (Adrien)	聶仲遷	法蘭西	西紀一六七五（康熙十四年）西紀一六九七年三月（康熙十八年）贛州	古聖行實
Hinderer (Romain)	德瑪諾	法蘭西	西紀一七〇七（康熙十六年）西紀一七四四年八月四日（乾隆九年）南京	與彌撒功程
Intorcetta (Prospero)	殷鐸澤	意大利	西紀一六五九（順治十六年）西紀一六九六年十月三日（康熙十七年）杭州	耶穌會例　西文四書直解　泰西殷覺斯先生行述
Kogler (Ignace)	戴進賢	日耳曼	西紀一七一六（康熙五十五年）西紀一七四六年三月二十九日（乾隆十一年）北京	歷象考成後編　儀象考成　璣衡撫辰儀記
Lobelli (Giovani-Andrea)	陸安德		西紀一六五九（順治十六年）西紀一六八三（康熙二十二年）澳門	聖教略說　眞福直指　善生福終正路　聖教問答　聖教撮言　聖教要理　默想大全　默想規矩　萬民四末圖
Longobardi (Nicolao)	龍華民	意大利	西紀一五九七（萬歷二十五年）西紀一六五四年九月一日（順治十年）北京	死說　念珠規程　靈魂道體　聖教日課　聖若撒法始末　地震解　急救事宜　聖人禱文
Magarhaens (Gabriel de)	安文思	葡萄牙	西紀一六四〇（崇禎十三年）西紀一六七七年五月六日（康熙十六年）北京	復活論
Mailla (Joseph Marie Anne de Moyria de)	馮秉正	法蘭西	西紀一七〇三（康熙四十二年）西紀一七四八年六月二十八日（乾隆十二年）北京	明來集說　聖心規程　聖體仁愛經規條　聖經廣益　盛世芻蕘　聖年廣益　避靜彙鈔
Martini (Martino)	衞匡國	匈牙利	西紀一六四三（崇禎十六年）西紀一六六一（順治十八年）杭州	眞主靈性理證　逑反篇
Mendez (Manoel)	孟由義	葡萄牙	西紀一六八四（康熙二十三年）西紀一七四三年十二月（乾隆八年）澳門	
Monteiro (Joao)	孟儒望	葡萄牙	西紀一六三七（崇禎十年）西紀一六四八（順治五年）印度	天學略義　天學辨敬錄　炤迷鏡

Motel (Jacques)	穆迪我	荷蘭	西紀一六五七（順治十四年）西紀一六九二年六月二日（康熙三十一年）武昌	聖洗規儀　同
Noel (Francois)	衞方濟	比利時	西紀一六八七（康熙二十六年）西紀一七二九年九月十七日（雍正七年）Lille	人罪至重
Ortiz (Hortis)	白多瑪	西班牙	西紀一六九五（康熙三十五年）未詳	聖敎功要　四絡略意
Pantoja (Diego de)	龐迪我	西班牙	西紀一五九九（萬歷二十七年）西紀一六一八年一月一日（萬歷四十六年）澳門	耶穌苦難禱文　未來辯論　天主實義續編　龐子遺詮　七克　大全　天神魔魂說　人類　原始　受難始末　辯揭奏疏
Parrenin (Dominque)	巴多明	法蘭西	西紀一六八九（康熙二十八年）西紀一七四一年九月二日（乾隆六年）北京	濟美篇　德行譜
Pereyra (Thomaz)	徐日昇	西班牙	西紀一六七三（康熙十二年）西紀一七〇八年十二月二十四日（康熙四十七年）北京	南先生行述　律呂正義續篇
Pinuela (Pedoro)	賓紐拉	墨西哥	西紀一六七六（康熙十五年）西紀一七〇四年七月三十日（康熙四十三年）漳州	初會問答　永暫定衡　大赦解略　默想神功　哀矜煉靈略說
Premare (JosephMarie de)	馬若瑟	葡萄牙	西紀一六九八（康熙三十八年）西紀一七三八年九月十七日（乾隆三年）澳門	聖若瑟傳　楊淇園行蹟
Rho (Giacomo)	羅雅各	意大利	西紀一六二四（天啓四年）西紀一七三八年九月十七日（乾隆三年）澳門	聖若瑟傳　楊淇園行蹟　天主經解　天主聖敎啓蒙　齋克　哀矜行詮　求說　聖記百言　聖母經解　周歲警言　測量全義　比例規解　五緯表　五緯歷緯　月離歷指　月離表　月躔歷指　日躔表　赤黃正球　籌算　歷引　日躔考　晝夜刻分

Ricci (Matteo)	利瑪竇	意大利	西紀一五八三(萬歷十一年) 西紀一六一〇年五月二日（萬歷三十八年）北京	天主實義 幾何原本 交友論 同文算指通篇 西國記法 勾股義 二十五言 圜容較義 畸人十篇 徐光啓行畧 辨學遺牘 乾坤體義 經天該 奏疏 齋旨 測量法義 西字奇蹟 渾蓋通憲圖說 萬國輿圖 西琴曲意
Rocha (Joao da)	羅如望	葡萄牙	西紀一五九八(萬歷十六年) 西紀一六二三年三月（天啓三年）杭州	天主聖教啓蒙 啓蒙 天主聖像略說
Rougemont (Francois)	盧日滿	荷蘭	西紀一六五九(順治十六年) 西紀一六七六年二月四日（康熙十五年）漳州	要理六端 天主聖教要理 問世編
Rudomina (Andre)	盧安德	利查尼	西紀一六二六(天啓六年) 西紀一六三二年九月五日（崇禎五年）福州	
Ruggieri (M chaele)	羅明堅	意大利	西紀一五八一(萬歷九年) 西紀一六六七年五月二日（康熙六年）	天主聖教實錄
Sambiaso (Francesco)	畢方濟	意大利	西紀一六一四(萬歷四十二年) 西紀一六四九(順治六年)廣東	畫答 睡畫二答 靈言蠡勺 奏摺 皇帝御製詩
San Juan Bautista (Manuel de)	利安寧	西班牙	西紀一六八五(康熙二十四年) 西紀一七一〇年三月十日（康熙四十九年）北京	破迷集 聖文都竦聖母日課
San Poscual (Augustin de)	利安定	西班牙	西紀一六七〇(康熙九年) 西紀一六九五(康熙三十四年) 未詳何地	永福天衢 天成人要集
Santa Maria (Antonio de)	利奧圖	西班牙	西紀一六三三(崇禎六年) 西紀一六六九年五月十三日（康熙八年）廣東	正學鏐石

Sande (Eduard da)	孟三德	葡萄牙	西紀一五八五(萬歷十三年) 西紀一六〇〇年六月二十二日(萬歷二十八年)澳門	崇禎歷書(預修) 長歷補註解惑 主制羣徵 主教緣起 進呈圖像 渾天儀說
Schall von Bell (Johannes Adam)	湯若望	日耳曼	西紀一六二二(天啓二年) 西紀一六六六年又一六六九年八月十五日北京	眞福訓詮 古今交日考 西洋測日歷 星圖 交食歷指 交食表 恆星歷測 恆星表 共譯各圖 八線表 恆星出沒 學歷小辨 測食略 測天略說 大測 奏疏 新歷曉惑 新法歷引 歷法 西傳 新法表異 勅諭禱文 遠鏡說 火攻揭要
Semedo (Alvaro)	魯德照	葡萄牙	西紀一六一三(萬歷四十一年) 西紀一六五八年五月六日(順治十五年)澳門	字考
Silva (Antonio de)	林安多	葡萄牙	西紀一六九五(康熙三十四年) 未詳	崇修精蘊
Soerio (Joao)	蘇如漢	葡萄牙	西紀一五九五(萬歷二十三年) 西紀一六〇七年八月(萬歷三十五年)澳門	聖教約言
Tellez (Monoel)	德瑪諾	葡萄牙	西紀一七〇四(康熙四十三年) 西紀一七三三(雍正元年)饒州	顯像十五端玫瑰經
Terenz (Jean)	鄧玉函	日耳曼	西紀一六二一(天啓元年) 西紀一六三〇(崇禎三年)北京	遠西器奇圖說 人身說概 測天約說 黃赤距度表 正球升度表 大測
Trigault (Nicolas)	金尼閣	法蘭西	西紀一六一六年(萬歷四十四年) 西紀一六二八年二月十四日(崇禎元年)杭州	宗徒禱文 西儒耳目資 況義(甘索寓言選集) 意拾諭言(同上) 推歷年瞻禮法
Tudeschini (Augustin)	杜奧定	日奴	西紀一五九八(萬歷二十六年) 西紀一六四三(崇禎十六年)福州	渡海苦蹟記 杜奧定先生東來渡海苦跡

Ursis (Sabatthinus de)	熊三拔	意大利	西紀一六〇六（萬歷三十四年）西紀一六二〇年五月三日（泰昌元年）澳門	泰西水法　表度說　簡平儀說
Vagnoni (Alfonso)	高一志 王豐肅	意大利	西紀一六〇五（萬歷三十五年）西紀一六四〇年四月十九日（崇禎十三年）漳州	則聖十篇　齋家西學　天主聖教聖人行實　達道紀言　四末論　修身西學　譬學　勵學古言　教要解略　寰宇始末　聖母行實　神鬼眞紀　十慰　童幼教育　空際格致　西學治平　斐錄彙答　推驗正道論
Varo (Francisco)	萬濟谷		西紀一六五四（順治十一年）未詳	聖教明證
Verbiest (Ferdinand)	南懷仁	比利時	西紀一六五九（順治十六年）西紀一六八八年一月二十九日（康熙二十七年）北京	安推吉凶辯　熙朝定案　驗氣圖說　坤輿圖說　告解原義　善惡報略說　教要序論　不得已辯　靈臺儀象志　儀象圖　康熙永年表　測念記略　坤輿全圖　簡平規總星圖　赤道南北星圖　安占辯　預推紀驗　形性理推　光向異驗理推　理辨之引答　目司總圖　理推各國說　御覽簡平新儀式用法　坤輿外紀　七奇圖說　進呈窮理學　盛京推算表　神武圖說
Xavier (Saint Francois de)	方濟各	西班牙	未詳 西紀一五五二年三月二日（嘉靖三十一年）上川島	

第五章　清代之開拓

元代疆域最廣。然其藩部與治理中國之法。迥殊。元史地理志僅載中書省及行中書省所屬之路府州縣。西北諸藩、則附錄其地名。不能詳其建置道里也。

元史西北地附錄駕來、帖木兒、月祖伯、不賽因三藩所轄之地。及吉利吉思、撼合納、謙州、益蘭州等處。清代考求元史者。據經世大典圖、推究其方位。證以今地。十九可信。學者須讀洪鈞元史譯文證補、屠寄蒙兀兒史記、丁謙經世大典圖考等書。

明之疆域。殆僅得元之半。爲直隸者二。爲布政使司者十三。西北各地。仍爲蒙古所有。交趾布政司立而復廢。故亦無足稱述。惟元明兩朝、開闢雲貴等省。及置川廣等土司。於中國本部、亦有開拓之功。欲知清代之開拓者。不可不考其由來也。

顧祖禹讀史方輿紀要。自開元之季、南詔漸强。天寶九載、遂有雲南之地。僭國號曰大蒙。貞元十年、改國號曰南詔。大中十三年、改稱大禮。光化四年、國亂。改稱大長和。後唐天成三年、國號大天興。明年、稱大義寧。石晉天福二年、屬於大理。宋初因之。自熙寧八年以後。段氏衰。元祐元年、高氏代立。號大中國。元符二年、段氏復興。號後理國。淳祐十二年（蒙古憲宗蒙哥二年）蒙古忽必烈滅大理。（前後凡二十二傳。歷三百五十年。段氏雖滅。元人復設大理路軍民總管府。以段氏子孫世守其職。）元至元十三年、立雲南等處行中書省。元亡。其梁王把匝剌瓦爾密及段明分據其地。洪武十五年、討平之。始置雲南等處承宣布政使司。

又貴州。禹貢荆梁二州荒裔。自春秋以來、皆爲蠻夷地。漢時亦爲牂柯南境。三國時、相傳諸葛武侯封牂柯蠻酋濟火爲羅甸王國於此。唐時、羅羅鬼主居之。宋時、爲羅施鬼國地。元於此置八番順元等處軍民宣慰使司都元帥府。隸四川行省。至元二十八年、改隸湖廣行省。明初、以其地分隸四川湖廣雲南三布政司。洪武十五年、設貴州都指揮使司。永樂十一年、始建貴州等處承宣布政使司。

明史土司列傳。西南諸蠻。有虞氏之苗。商之鬼方。西南之夜郎、靡莫、邛、筰、僰、爨之屬皆是也。自巴夔以東及湖湘嶺嶠。盤踞數千里。種類殊別。歷代以來。自相君長。迨明踵元故事。大爲恢拓。分別司郡州縣。額以賦役。聽我驅調。而法始備。洪武初。西南夷來歸者。卽用原官授之。其土官銜號曰宣慰司、曰宣撫司、曰招討司、曰安撫司、曰長官司。以勞績之多寡。分尊卑之等差。而府州縣之名亦往往有之。

清起滿洲。撫有東胡及內蒙諸部。入關後。奄有明代兩直隸十三布政司之地。（康熙元年設安徽巡撫。六年設江蘇安徽兩布政使司。始分明之南直隸爲江蘇安徽二省。又分明之湖廣爲湖北湖南兩省。各設布政使司治之。陝西甘肅亦於康熙元年分治。）康熙二十二年。收臺灣。三十六年。平外蒙古。乾隆二十二年。平準部。二十四年。平回部。遂合爲新疆省。而青海、蒙古、西藏、喇嘛亦於康雍間先後用兵平之。其幅員之遼廓。遠非宋明所及。故清代諸帝恆以此自詡。然屬地既多。治理匪易。或以宗教之異。或因種族之殊。雖同屬一主權。而文化之相去甚遠。雖及今日。亦尚未能齊一焉。

清之十八省。號曰中國本部。以大致言之。固可謂爲漢族世居之地。其文化遠過於各屬部。然卽此十八省中。人種錯雜。文言歧異。殆亦不可勝舉。西南各省之種人。曰苗、曰猺、曰蠻、曰猓玀、曰犵狫、曰夷、曰土人。每種復分數種至數十種。而其單種如黎人峒人之類。復有數十種。語言文字。往往與漢人殊。風俗習慣。亦都截然不同。是固不可以一概論也。

姚明煇地理講義。我國南境居民。華夏而外。種類紛繁。色目衆多。不勝縷述。近人括之以苗族。古人號之曰南蠻。今由滇蜀而東、歷黔楚兩粵迤及閩浙山谷中最盛。或襲土職。或已歸流。或守舊習。或同華化。總計苗之種二十有八。猺之種十有一。蠻之種十有四。猓玀之種十有八。犵狫之種五。夷之種三。土人之種三。而單種則如㺐人、如白人、如蒲人、如沙人、如莽人、如峒人、如黎人、如皿人、如狭人、如狑人、如犽人、如狠人、如獞人、如獛人、如狆人、如猔人、如怒人、如蠻人、如木狫、如犵兜、如土獠、如㱔些、如八番、如六額子。雜種則如𤞤㺊狑狪猺獞。此皆皇清職貢圖所載。而尚有職貢圖所不載者也。

元征大理。而順寧騰越之地以通。明討思南而石阡黎平諸府以闢。有清一代開拓土司。改爲漢官者尤多。而至清季。猶存土司五百六十有奇。（據清會典。甘肅土司二十四。青海三十九。四川二百六十九。西藏三十九。廣西四十六。雲南五十七。貴州八十一。共計五百六十六土司。）其未開化者多矣。

【省】	【府】	【州縣】	【某年置】	【原爲某土司】
湖北	宜昌	鶴峰	雍正十三年	容美土司
湖北	施南	宣恩	雍正十三年	施南土司
湖北	施南	咸豐	雍正十三年	大田土司
湖南	辰州	乾州	康熙四十三年	筸邊紅苗
湖南	辰州	永綏	雍正八年	六里紅苗
湖南	永順	龍山	雍正七年	白崖洞土司
湖北	宜昌	長樂	雍正十三年	五峰石寶土司
湖北	施南	來鳳	雍正十三年	散毛土司
湖北	施南	利川	雍正十三年	施南土司
湖南	辰州	鳳凰	康熙四十三年	筸邊紅苗
湖南	永順	永順	雍正七年	永順土司
湖南	永順	保靖	雍正七年	保靖土司

湖南	永順	桑植	雍正七年	桑植土司
四川	雅州	天全	雍正八年	天全土司
四川	雅州	懋功	乾隆四十年	金川土司
廣西	慶遠	東蘭	雍正七年	那地土司
廣西	鎮安	歸順	雍正七年	思恩土司
雲南	廣南	寶寧	順治十六年	廣南土司
雲南	東川	會澤	康熙三十八年	東川土司
雲南	昭通	永善	雍正六年	烏蒙土司
雲南	普洱	寧洱	雍正七年	車里土司
雲南	楚雄	姚州	清初	姚安土司
雲南	元江	新平	順治六年	元江土司
雲南	鎮沅	蒙化	康熙四年	蒙化土司
雲南	鎮沅	威遠	雍正三年	威遠土司
貴州	黎平	古州	雍正七年	生苗

四川	敍州	雷波	雍正六年	雷波土司
四川	雅州	清溪	雍正八年	黎州土司
四川	酉陽	秀山	乾隆元年	酉陽土司
廣西	太平	寧明	康熙五十八年	思明土司
廣西	泗城	西隆	雍正五年	思恩土司
雲南	開化	文山	康熙六年	敎化三部土司
雲南	昭通	恩安	雍正六年	烏蒙土司
雲南	昭通	鎮雄	雍正六年	鎮雄土司
雲南	普洱	思茅	雍正七年	車里土司
雲南	順寧	緬寧	乾隆十二年	宣猛土司
雲南	鎮沅	思樂	雍正五年	鎮沅土司
雲南	鎮沅	景東	康熙四年	景東土司
貴州	貴陽	長寨	雍正四年	狆苗
貴州	銅仁	松桃	雍正八年	紅苗

貴州	鎮遠	台拱	雍正十一年	九股苗
貴州	都匀	丹江	雍正六年	生苗
貴州	安順	郎岱	康熙五年	郎岱土司
貴州	南籠	永豐	雍正五年	安籠土司
貴州	大定	平遠	康熙三年	水西土司
貴州	大定	威寧	康熙三年	水西土司
川邊	巴安	巴安	光緒三十一年	巴塘土司
川邊	巴安	三壩	光緒三十二年	巴塘土司
川邊	巴安	定鄉	光緒三十二年	裏塘土司
川邊	康定	貢嶺	光緒三十二年	裏塘土司
川邊	康定	康定	光緒三十四年	明正土司兼遁土司
川邊	登科	德化	宣統元年	德格土司
川邊	登科	石渠	宣統元年	德格土司
川邊	登科	白玉	宣統元年	德格土司
貴州	都匀	八寨	雍正六年	天壩土司
貴州	都匀	都江	雍正六年	生苗
貴州	安順	歸化	雍正十二年	康佐土司
貴州	南籠	普安	順治十八年	馬乃夷地
貴州	大定	黔西	康熙三年	水西土司
貴州	大定	水城	康熙三年	水西土司
川邊	巴安	鹽井	光緒三十一年	巴塘土司
川邊	康定	裏化	光緒三十二年	裏塘土司
川邊	康定	稻成	光緒三十二年	裏塘土司
川邊	康定	河口	光緒三十二年	裏塘土司
川邊	登科	鄧柯	宣統元年	德格土司春科土司高日土司靈蔥土司
川邊	登科	同普	宣統元年	德格土司
川邊	昌都	乍丫	宣統三年	乍丫呼圖克圖

川邊　昌都　昌都　宣統三年　察木多

清季經營西康始末記西康委員有得榮（巴塘）江卡（康地）貢覺（康地）桑昂（康地）雜瑜（康地）三巖（番地）甘孜（麻書孔撒兩土司地）章谷（章谷土司）道塢（麻書孔撒兩土司及丹東魚科明正倬斯等土司與下羅科番地）瞻對（瞻對土司）鑪定橋（俄里沈邊冷邊三土司）等委員。皆未設縣治。姑先設征糧委員者。其奏設流官之時。均在宣統中。

各地種人、雖與漢人迥殊。然漸、摩、禮俗。間亦、與、漢、人、同化。淸代諸書多有紀述之者。

李宗昉黔記宋家苗、在貴陽安順二屬。多讀書者。水犵狫、在施秉餘慶等屬。俱循漢禮。知法畏官。狆狫苗、在淸平都匀者。衣服與漢人同。遵師教。多有入泮者。紫薑苗、在平越州者。讀書應試。見之者多不識爲苗。狪家苗、在荔波縣。雖通漢語。不識文字。以木刻爲信。

林溥古州雜記苗人素不識字、無文券。卽貨賣田產。惟鋸一木刻。各執其半。以爲符信。今則附郭苗民悉敦絃誦。入郡庠者接踵而起。

（此書成於嘉慶中）

趙翼粵滇雜記仲家苗、已有讀書發科第者。而婦女猶不著袴。某作吏、致書其妻。謂到任須袴而入。妻以素所未服。寧不赴任。

檀萃說蠻諸苗中惟狆家聰慧。能讀書。頗有仕宦官詞臣者。姓字衣飾多與漢同。不盡用苗飾也。狆本作仲。宋家苗、通漢語。識文字。勤耕織。峒人衣冠如漢俗者久。子弟多讀書。補諸生。連山八排猺最獷悍。臀微有肉尾。脚皮厚寸。太平日久。其人向化深。新興猺童亦能文字。

嚴如熤苗疆風俗考苗民不知文字。父子遞傳、以鼠牛虎馬記年月。暗與歷書合。有所控告。必倩士人代書。性善記。懼有遺忘。則結於

繩爲契券刻木以爲信近設苗學（嚴書亦當嘉慶中）間亦有知命童子入學日負雜糧數升就師傳授句讀默記而歸中亦有甚聰俊者

犵狫中童子聰秀者讀書識字略解文義書狀能自作

右皆記乾嘉間各種人開化之狀也而陳鼎滇黔土司婚禮記謂龍氏爲禮樂之鄉

陳鼎滇黔土司婚禮記滇之東土司稱文物者以龍氏爲最蓋其先於周漢上諸姬也其族通漢書漢語者十九而一秉周制彬然風雅駸駸乎禮樂之鄉

則土司之中亦有文化高於清代者蓋中國聖賢之裔淪於荒徼不可以他地未開化之人例之也

清初東北疆域遼廓東有庫頁島北踰興安嶺南有俄之沿海州顧以地廣而荒不甚愛惜自康熙迄光緒迭爲俄人日人所侵占遂至僅以黑龍江烏蘇里江圖們江鴨綠江爲界然一考其內部之開化則清之忽視東三省殆不止於損失邊地也蓋遼東之地久屬中國而自遼金以降其文化轉日晦塞清之入關務保守其舊俗凡東三省悉以將軍都統治之與內地政體迥異至光緒末年始仿內地行省之例設立道府州縣文化之不進實由於此又清初禁例極嚴出入山海關必憑文票

楊賓柳邊紀略凡出關者旗人須本旗固山額眞送牌子至兵部起滿文票漢人則呈請兵部或印官衙門起漢文票至關旗人赴和敦大北衙記檔驗放漢人赴通判南衙記檔驗放進關者如出時記有檔案搜檢參貂之後查銷放進否則漢人赴附關衙門起票從南衙驗進旗人赴北衙記檔即進

故漢人多不樂至其地。惟謫戍者居焉。其地之荒陋。有極可笑者。

楊賓柳邊紀略陳敬尹於順治十二年流寧古塔。尙無漢人。滿洲富者。緝麻爲寒衣。擣麻爲絮。貧者衣麅鹿皮。不知有布帛。有撥什庫某得一白布縫衣。元旦服之。見者羨焉。

方拱乾絕域紀略寧古塔無陶器。有一瓷碗。如重寶然。凡器皆木爲之。大率出土人手。有餅餌。無定名。但可入口。卽曰佳也。

方式濟龍沙紀略東北諸部落。未隸版圖以前。無釜甑罌瓿之屬。熟物刳木貯水。灼小石淬水中數十次。瀹而食之。商賈初通時。以貂易釜。實令滿一釜常數千貂。後漸以貂蒙口易之。

西淸黑龍江外紀黑龍江滿州漢軍有在奉天入學之例。鄉試屆期。京師必行文給咨取生監。不過奉行故事。其實曾應童試者無。士人習漢書者。三字經、千字文外。例讀百家姓、名賢集。然於論孟學庸略能上口。卽止。間有治一經、誦古文數首者。又皆從事佔畢。不求甚解。是以通者絕少。第能句讀部檄。得其大旨。則羣起而指目爲不凡。　漢軍知習漢書。然能執筆爲文者絕少。流人通文者、例以教書自給。土人無知醫者。醫多來自內地。

此皆東三省鄙陋之實狀也。夫寧古塔等地。爲淸朝發祥之所。淸既奄有天下。當先開化其祖宗故地。顧轉放棄不問。且惟恐漢人私赴其地。深閉固拒。任其自爲風氣。雖其後之漸次進化。亦由漢人流徙者漸多使然。然淸代諸帝。固不欲其同化於漢人也。

淸於蒙古。亦取閉塞主義。因其游牧之俗。而以喇嘛教愚之。蒙古諸部雖久奉喇嘛教。初未統屬於喇嘛也。淸初喀爾喀衆議投俄羅斯時。喇嘛呼圖克圖勸之蒙漢市易鈐制。事清。故清人德之。特封爲大喇嘛。使掌黃教。雍正五年。發帑金十萬兩。建慶寧寺於庫倫。以居活佛。使如達賴喇嘛治西藏故事。於是喇嘛之權始盛。其詳見松筠綏服紀略圖詩注。及高宗慶寧寺碑記。綦嚴。

清會典理藩院　凡互市商給以院票。所至令將軍若大臣若扎薩克稽察之。頒其商禁。注曰。票商定限一年。催回。不準潛留各部落娶妻立產。止准支搭帳房。不准苫蓋房屋。不准取蒙古名字。無票者即屬私商。查出照例治罪。逐回貨物一半入官。科布多所屬。除土爾扈特和碩特向不與商民交易。杜爾伯特明阿特額魯特扎哈沁准與商民交易外。其烏梁海一部。止准來科布多城交易。不准商民私赴烏里雅蘇臺。北邊九站。不准商民通市。

故蒙古雖屬清二百數十年。而實未開化。

李德喀爾喀風土記　少販於蒙古諸愛瑪克。嘗至外喀爾喀。其人騎獸似鹿而非。有語言。無文字。無機械。如游循蜚因提之世。

驍柴蒙古考略　蒙古地雖遼闊。半係沙礫不毛。戶口稀若晨星。五穀不植。草萊不闢。曠野無垠。北鄙華民。徙居其地。從事稼穡。始漸有振興氣象。

俄人婆貧德奈夜夫蒙古及蒙古人（書名）（此書著於一八九二年）　由那彥烏拉稍北。爲準莫多之荒地。有中國人之廣漠耕田。此地農業之發達。近十年內事耳。

蓋清以蒙古爲屏藩。既欲其愚昧無知。受中朝之籠絡。又懼漢人煽誘。謀爲不軌。以圖報復。故任其地廣人稀。絕不輕議開放。至其季年。始弛禁例。而補救已遲。雖有漢人入蒙古。從事於農商者。亦未能大著功效也。

清於青海西藏。亦皆以舊俗羈縻。惟開拓新疆。以郡縣之法統治之。自乾隆中葉迄光緒末。雖漸蹙地千餘里。而天山南北兩路。實日漸開化。

新疆紀略。烏魯木齊、亦準噶爾故地。及平定伊犂。額魯特人種皆剿絕。千里空虛。渺無人煙。　遷來甘省民戶、移駐數千家。及內地發遣人犯數千。皆散處於昌吉、瑪納斯等處。開墾草萊。充斥其地。爲四達之區。以故字號店舖。鱗次櫛比。市衢寬敞。人民雜輳。茶寮酒肆、優伶歌童、工藝伎巧之人。無一不備。繁華富庶、甲於關外。　迪化州、屬阜康昌吉兩縣。建立黌宮及文武二廟。州學縣學歲取諸生十餘名。彬彬乎玉帛鼓鐘、覃敷其地矣。

又葉爾羌回疆一大城也。中國商賈、山陝江浙之人。不辭險遠。貨販其地。而外藩之人。如安集延、克什米爾等處、皆來貿易。每當會期。貨若雲屯。人如蜂聚。奇珍異寶。往往有之。

王樹枏新疆建置志。迪化府、西北路一大都會也。華戎商賈。良細挾資斧往來。聚族列闠而錯居。以萬數。而學士大夫之遣戍者。往往出於其間。軍興以來。湘楚人爲多。庚子後津沽商旅。挈累重者踵係。大都楚人多仕宦。津人多大賈。秦人多負販。　鎮西廳及迪化府有學額。黌校生徒數十人。　鎮西之民、皆來自秦隴。厚重多君子。黌序之士。祁祁如也。

蓋新疆、不禁漢人移殖。視東三省、蒙古之爲禁地者、不同。故其結果、亦異。以此知開拓新地。惟吾族擅有推廣文化之力。滿人無所知也。

清代土地、爲前代所未開闢者曰臺灣。而臺灣、亦漢、人、所闢、也。鄭氏據臺灣。設府縣。立學校。興種穀製糖煮鹽煉瓦之業。清之郡縣臺灣。因鄭氏之制耳。然防禁綦嚴。渡臺者至不許攜眷口。

臺灣志康熙六十年、有朱一貴之亂。禁官吏攜眷渡臺。雍正十二年、定例官吏四十無子者、始準攜眷往臺灣。乾隆十年、許渡臺民攜家。二十年、再禁之。二十五年、始開禁。

其教化番社者。仍多漢人之功。

六十七番社采風圖考臺灣番社、不知所自昉。考四明沈文開筆記。言自海舶飄來、及宋零丁洋師敗遁此。南北諸社熟番。於雍正十二年、始立社師。擇漢人之通文理者教之。其後歲科試童子、亦知文理。有背誦詩易經無訛字者。作字亦有楷法。冠履衣帛如漢人。

嘉慶中、姚瑩官臺灣同知。始開闢噶瑪蘭。（後爲宜蘭縣）光緒中、劉銘傳爲巡撫。始改爲行省。開闢利源。駸駸爲國之外府。

東方兵事紀略光緒乙酉、中法和議成。建臺灣行省。經營鐵路商輪屯墾。開煤礦。歲入三百萬。

而不十年、棄之於日本。惜哉。

第三編

第六章　滿淸之制度

淸之制度一切皆沿朱明之舊其異者特因事立制久而相沿隨時補敝救偏無大規模之建設也就中特異之點莫甚於雜用滿蒙之人而定其額

淸會典內閣大學士滿洲二人漢二人六部尙書滿洲一人漢一人左右侍郞均滿洲一人漢一人

又凡內外官之缺有宗室缺有滿洲缺有蒙古缺有漢軍缺有內務府包衣缺有漢缺凡宗室京堂而上得用滿洲缺蒙古亦如之內務府包衣亦如之漢軍司官而上得用漢缺京堂而上兼得用滿洲缺凡外官蒙古得用滿洲缺滿洲蒙古漢軍包衣皆得用漢缺

滿洲蒙古無微員宗室無外任

其不定額者亦時時用滿人爲之其人多不學無術驕奢淫佚又時與漢官爭權其能延國祚至數百年亦云幸矣乾隆時嘗欲盡用旗人爲知縣賴劉文正一言而止否則民事之受滿人荼毒者更不知若何焉

李元度淸先正事略劉統勳傳戶部奏天下州縣府庫多空闕高宗震怒欲盡罷州縣之不職者而以筆帖式等官代之召公對諭以

此事且曰。朕思之三日矣。汝意云何。公默然不言。上變色詰責。公徐曰。聖聰思至三日。臣昏耄。誠不敢遽對。容退而熟審之。異日入對。頓首言曰。州縣、治百姓者也。當使身爲百姓者爲之。語未竟。上霽顏。事遂寢。

清沿明制。以大學士掌國政。明制之不善。已爲學者所訾。

明史職官志。太祖承前制。設中書省。置左右丞相。洪武十三年正月、誅丞相胡惟庸。遂罷中書省。二十八年、敕諭羣臣。國家罷丞相、設府部院寺以分理庶務。立法至爲詳善。以後嗣君其毋得議置丞相。臣下有奏請設立者、論以極刑。當是時。以翰林春坊詳看諸司奏啟。兼司平駮。大學士特侍左右、備顧問而已。建文中、改大學士爲學士。成祖卽位。特簡解縉胡廣楊榮等直文淵閣。參預機務。閣臣之預務、自此始。仁宗以楊士奇爲禮部侍郎、兼華蓋殿大學士。楊榮爲太常卿、兼謹身殿大學士。閣職漸崇。景泰中、王文以左都御史進吏部尙書、入內閣。自後六部承奉意旨。靡所不領。而閣權益重。

黃宗羲明夷待訪錄。有明之無善治。自高帝罷丞相始也。　古者君之待臣也。臣拜、君必答拜。秦漢以後。廢而不講。然丞相進、天子御座爲起。在輿爲下。宰相既罷。天子更無與爲禮者矣。遂謂百官之設。所以事我者。我賢之。不能事我者。我否之。設官之意既訛。尙能得作君之意乎。　入閣辦事者、職在批答。猶開府之書記也。其事既輕。而批答之意、又必自內授之。而後擬之。可謂有其實乎。

清自雍正後。又移內閣之權於軍機處。而大政皆出於軍機。

趙翼簷曝雜記。軍機處本內閣之分局。國初承前明舊制。機務出納悉關內閣。其軍事付議政王大臣議奏。雍正年間、用兵西北兩路。以內閣在太和門外。儤直者多。慮漏泄事機。始設軍需房于隆宗門內。後名軍機處。地近宮廷。便于宣召。爲軍機大臣者、皆親臣重臣。於是承旨出政、皆出於是矣。

觀其職掌。凡非軍機者亦皆屬焉。

清會典、軍機大臣掌書諭旨。綜軍國之要。以贊上治機務。凡諭旨明降者。既述、則下於內閣。諭軍機大臣行者。既述、則封寄焉。凡有旨存記者。皆書於册而藏之。屆時、則提奏。議大政。讞大獄。得旨則與。軍旅則考其山川道里與兵馬錢糧之數。以備顧問。

一國之政、皆曰軍機。是可知滿人之治吾國。惟以軍事爲重。不知有所謂國政也。

明代地方之官。以布政使爲主。

明史職官志、布政使掌一省之政。凡僚屬滿秩。廉其稱職不稱職。上下其考。報撫按以達於吏部察院。三年、率其府州縣正官朝覲京師。以聽察典。十年、會戶版。以登民數田數。賓興貢省合之士而提調之。宗室官吏師生軍伍、以時班其祿俸廩糧。祀典神祇、謹其時祀。民鰥寡孤獨者養之。孝弟貞烈者表揚之。水旱疾疫災祲、則請於上蠲賑之。凡貢賦役。視府州縣土地人民豐瘠多寡而均其數。凡大興革及諸政務。會都按議。經畫定而請於撫按若總督。

其巡按總督巡撫諸官。皆屬朝官之出使者。非地方之長官也。

明史職官志、巡撫之名。起於懿文太子巡撫陝西。永樂十九年、遣尙書蹇義等二十六人、巡行天下。安撫軍民。以後不拘尙書侍郎都御史少卿等官。事畢復命。即或停遣。初名巡撫。或名鎭守。後以鎭守侍郎與巡按御史不相統屬。文移窒礙。定爲都御史巡撫。兼軍務者加提督。有總兵地方、加贊理或參贊。所轄多事重者加總督。他如整飭撫治巡治總理等項、皆因事特設。其以尙書侍郎任總督軍務者、皆兼都御史以便行事。

清以總督巡撫爲地方長官、而名實淆矣。

清會典吏部、乃頒職于天下。凡京畿盛京吉林黑龍江及十九省之屬。皆受治于將軍與尹與總督巡撫。而以達於部。將軍與尹、分其治於道府州縣。總督巡撫分其治於布政司、於按察司、於分守分巡道。司道分其治於府、於直隸廳、於直隸州。府分其治於廳州縣。直隸廳直隸州復分其治於縣。而治其吏戶禮兵刑工之事。

滿族盛時。各省大吏皆其族。漢人僅能至兩司而已。

徐珂清稗類鈔。世祖入關時。初議各省督撫盡用滿人。時柏鄉魏文毅公裔介方爲給事中。獨抗疏力爭。謂當宏立賢無方之治。不當專用遼左舊人。議遂寢。康熙時、三藩既平。僅議定山西陝西兩撫不用漢人而已。當時漢大臣之爲督撫者本多於滿人。故議用滿人巡方以監察之。雍正一朝。督撫十之七八皆漢軍。硃批諭旨、常有斥漢軍卑鄙下賤之語。至乾隆朝。則直省督撫、滿人爲多。漢人仕外官者。能洊至兩司。則已爲極品矣。及季年、各省督撫凡二十有六缺。漢人僅畢沅、孫士毅、秦承恩三人耳。

咸同軍興。漢人始握地方之政柄。然猶常招滿人之猜忌。種族之關係、甚哉。

徐珂清稗類鈔。自定鼎以來。至咸豐初。滿人爲督撫者十之六七。粵寇倡亂。滿督撫有殉節者。然無敢與抗。文宗崩。孝貞孝欽二后垂簾。恭親王輔政。乃汰滿用漢。同治初。官文恭公文總督湖廣。自官罷而滿人絕迹者三年。僅英翰擢至安徽巡撫耳。當同治己巳庚午間。各省督撫提鎮、湘淮軍功臣占其大半。及恭王去位。滿人勢復盛。光緒甲午後、滿督撫又遍各省。遂訖於宣統遜位。

明有行取之制。在外之推官知縣。可以入任科道。

王慶雲石渠餘紀行取之制、始于明明初科道用人。其途甚廣。厥後定制、在內用主事中行評博。而在外取三年考滿之推官知縣。謂之行取。惟特薦者不以資限。

清初猶沿其法。乾隆中、停止之。而內外官之制始嚴。

王慶雲石渠餘紀康熙元年、令科道專用部員。行取官但升主事。 乾隆十六年諭。行取知縣、此制始于前明。其時專重資格。按俸升轉。不得不以部用一途疏通壅滯。今州縣升途甚廣。才能傑出之員、無不保題擢用。旣無壅滯之歎。向來沿襲具文。著永行停止。

清之六科給事中。雖亦沿明之職掌。

明史職官志六科給事中、掌侍從規諫補闕拾遺稽察六部百司之事。凡制敕行宣大事覆奏。小事署而頒之。有失、封還執奏。 凡大事廷議、大臣廷推、大獄廷鞫。六掌科皆預焉。

清會典六科給事中、掌發科鈔。稽察在京各衙門之政事。而注銷其文卷。皆任以言事。 朝會、則糾其儀。凡科鈔、給事中親接本于內閣。各分其正鈔外鈔。而下于部。應封駁、則以聞。（部院督撫本章。已經奉旨。如確有未便施行之處。許該科封還執奏。如內閣票籤批本錯誤。及部院督撫本內事理未協。並聽駁正。） 歲終則彙其本以納于內閣。

然雍乾以來。惟例行之本章、始歸內閣。其重要之摺奏、出入于軍機處。

趙翼簷曝雜記雍正以來、本章歸內閣。機務及用兵、皆軍機大臣承旨。天子無日不與大臣相見。無論宦寺不得參。即承旨諸大臣、亦祗供傳述繕撰。而不能稍有贊畫。

故封駁之名雖存。亦無所用之焉。清人盛稱清代廷寄之法之善。然獨夫專制。而無人能監督之。自清始也。

趙翼簷曝雜記　軍機處有廷寄諭旨。凡機事慮漏泄。不便發抄者。則軍機大臣面承後。撰擬進呈。發出即封入紙函。用辦理軍機處銀印鈐之。交兵部加封。發驛馳遞。其遲速皆由軍機司員判明于函外。曰馬上飛遞者。不過日行三百里。有緊急。則另判日行里數。或四五百里。或六百里。並有六百里加快者。即此一事。已爲前代所未有。機事必須發而後由部行文。則已傳播人口。且驛遞遲緩。探事者可雇捷足先驛遞而到。自有廷寄之例。始密且速矣。此例自雍正年間始。其格式乃張文和所奏定也。

帝王威權之重。惟清爲甚。如明代朝儀。臣僚四拜或五拜耳。

明史禮志　大朝儀。贊禮唱鞠躬。大樂作。贊四拜興。　常朝儀。朔望御奉天殿常朝。官一拜三叩頭。謝恩見辭官。于奉天門外五拜三叩頭。

清始有三跪九叩首之制。

清會典　大朝。王公百官行三跪九叩禮。其他朝儀亦如之。

明代大臣得侍坐。

明史禮志　早朝行禮畢。四品以上官入侍殿內。　凡百官于御前侍坐。有官奏事。必起立。奏畢復坐。

清則奏對無不跪于地者。蓋滿人惟恐漢人之不尊之故，因前代帝王之制而益重耳。明代六曹答詔皆稱卿。

沈德符野獲編：從來六尙書與左右都御史，一切謝恩乞休之類，旨下皆稱卿，以示重，不論南北也。嘉靖之末，以至今上初年，（此書成于萬歷時）凡南六卿一切叱名，識者以爲非禮。萬歷己亥大計，南六卿自陳，旨下有得稱卿者，一時以爲榮遇，自後漸復舊制。

清則率斥爲爾，而滿蒙大吏之于摺奏，咸自稱奴才。以奴才而爲大吏，其國之政治可知矣。

清代有一事爲淸人所極口稱誦者，曰丁賦攤入地糧，自康熙五十年以後，永不加賦是也。

王慶雲石渠餘紀：我朝初撫方夏，丁徭之法，悉沿明舊。有丁則有賦，時除其逃缺者，以戶口消長定州縣吏之殿最。順治十八年編審直省人丁二千一百六萬有奇，至康熙五十年編審二千四百六十二萬有奇。嘗疑聖祖深仁厚澤，休養五十年間，滋生不過十分之二，蓋各省未以加增之丁盡數造報也。先是巡幸所至，詢民疾苦，或言戶有五六丁，止納一丁；或言戶有九丁十丁，止納二三丁。於是五十一年定丁額，諭曰：海宇承平日久，戶口日增，地畝並未加廣，應將現今丁數勿增勿減，永爲定額。自後所生人丁，不必徵收錢糧，編審時止將實數察明造報。廷議五十年以後，謂之盛世滋生人丁，永不加賦，惟五年一編審如故。雍正初，定丁隨地起之法，直省丁賦以次攤入地糧。（康熙末年，廣東、四川兩省丁隨地起。雍正元年以後，通行各省。惟奉天及山西陽曲等十九州縣、廣西之融縣、貴州貴陽等四十三處，仍另編丁銀。又山西平定等二十五州縣，有編丁之鄉。）于是丁徭口賦，取之田畝，而編審之法愈寬。

乾隆以降，編審雖停，而戶日增。

王慶雲石渠餘紀。明初因賦定役。丁夫出于田畝。迨黃冊成、而役出于丁。凡役三等。曰甲里。曰均徭。曰雜派。其間累經更制。有銀差、力差、十段錦、一條鞭之法。厥後工役繁興。加派無藝。編審輕重無法。里甲之弊、遂與有明一代相終始。國初革里正加派諸弊。賦役之法。載在全書。悉沿萬歷條鞭舊制。初定三年一編審。後改爲五年。（順治十三年）凡里百有十戶。推丁多者十人爲長。餘百戶爲十甲。屆期、坊廂里長（城中曰坊。近城曰廂。在鄉曰里。）造冊送州縣。由是而府而司、達于部。皆有冊。凡載籍之丁、六十以上開除。十六以上添注。丁增而賦隨之。有市民鄉民富民佃民客民之分。丁之外、有軍匠竈屯站土丁名。凡丁賦、均合徭里甲言之。曰徭里銀。凡徵丁賦。有分三等九則者。有一條編者。有丁隨丁起者。有丁隨地派者。率因其地之舊。不必盡同。都直省徭里銀三百餘萬兩。間徵米豆。其科則輕自每丁一分數釐。重則山西之丁有四兩者。鞏昌有八九兩者。自康熙五十年、定丁額。于是戶部議缺額人丁、以本戶新添者抵補。不足、以親戚丁多者抵補。又不足、以同甲糧多者頂補。編審時所謂撥除撥補者、大略如此。顧有司于民、非能家室而日見。科則既不可强齊。除補且易滋流弊。于是雍正間以次攤入地糧。爲均徭銀。自丁歸地糧。乾隆五年、遂併停編審。以保甲丁額造報。三十七年上諭、李瀚奏請停編審造冊。所見甚是。舊例原恐漏戶逃差。是以五年編造。今丁既攤入地糧。滋生人丁、又不加賦。則編審不過虛文。況各省民穀數、俱經督撫年終奏報。更無藉五年查造。嗣後停止。自是惟有漕衛所軍丁四年一編審而已。

又乾隆十四年、總計直省人丁一萬七千七百四十九萬有奇。距定額方三十餘年。所增七八倍。蓋自丁隨地起。無編審之擾。自無減匿之弊。一男三女、皆樂以其數上聞。又是時更定保甲之法。奉行者惟謹。戶口之數、大致得其實矣。又三十餘歲、爲乾隆四十八年。其數二萬八千四百有三萬有奇。又十歲、五十八年。各省奏報民數三萬七百四十六萬。又二十歲嘉慶十七年。會典載各省冊報丁口三萬六千一百六十九萬有奇。而京師滿蒙漢丁檔、掌於八旗俸餉處。外藩札薩克丁檔、掌於理藩院者。尚不在此數云。

是固歷代所無之盛事。然無地之人丁不納國賦。遂不復知人民對於國家之義務。且執、永、不、加、賦、之說。而國、用、恆、苦、不、足。遂不得不開捐納。

徐珂清稗類鈔捐輸粃政也。開國卽行之。順治己丑、戶部奏軍旅繁興。歲入不給。議開監生吏典等援納。並給僧道度牒。准徒杖折贖。康熙丁巳、侍郎宋德宜奏稱。捐輸三載所入二百餘萬。知縣最多。計五百餘人。與吏治有礙。請停。未幾、噶爾丹戰事起。又開。且加捐免保舉各例。御史陳菁奏請刪捐免保舉一條。增捐應升先用。陸隴其亦以爲言。部議不允。乾隆丙辰、下詔停止。又留戶部捐監一條。壬辰、川督文綬奏請暫開。奉旨申飭。嘉道以後。接踵又開。始而軍務。甚而河工振務。亦藉口開捐。一若舍此無以生利者。貪官墨吏。投貲一倍而來。挾貲百倍而去。吏治愈不可問矣。 捐納一途。至同光之際。流品益雜。朝入縉錢。暮膺章服。與臺厮養。無擇也。小康子弟。不事詩書。則積資捐職。以爲將來噉飯計。至若富商巨室。擁有多金者。襁褓中乳臭物。莫不紅頂翠翎。捐候選道。加二品頂戴並花翎也。

徵釐金。

徐珂清稗類鈔。釐金之起。由副都御史雷以諴幫辦揚州軍務。時江北大營部統琦善爲欽差大臣。所支軍餉、皆部解省協。雷部分撥甚寡。無計請益。乃立釐捐局。抽收百貨。奏明專供本軍之用。行數月。較大營支餉爲優。運使金安清繼之。總理江北籌餉局。爲法益密。各省亦起而仿之。然上不在軍。下不在民。利歸中飽。 行之既久。官吏待缺者、視爲利藪。設局日多。立法日密。胥吏僕役、一局數十八。大者官侵。小者吏蝕。甚至石米束布。搜括無遺。

又不足、則借洋債。

徐珂清稗類鈔、光緒初年、新疆用兵。左文襄公倡議借用洋債。此爲政府募集外債之始。

至今爲國之大害。而國民猶以加賦爲戒。但願政府間接騙取。而不肯直接任賦役之責。此則淸之制度所造成也。

自元明以來。以生銀爲貨幣。後雖用銅錢。納稅仍以銀計。而銀有火耗焉。又自明都燕。歲運東南之糧以漕于京師。而兌運有耗米焉。明之官俸最薄。

趙翼二十二史箚記、明初百官之俸、皆取給于江南官田。其後令還田給祿。洪武十三年、已定文武官祿。正一品月俸米八十七石。從一品至正三、遞減十三石。從三品十六石、正四品二十四石。從四品二十一石。正五品十六石。從五品十四石。正六品十石。從六品八石。正七品至從九、遞減五斗。至五石而止。自後爲永制。洪武時官全給米。間以錢鈔兼給。錢一千、鈔一貫、抵一石。官高者支米十之四五。卑者支米十之七八。九品以下全支米。後折鈔者每米一石給鈔十貫。（時以鈔賤。故十貫抵一石。）又凡折色俸、上半年給鈔、下半年給蘇木胡椒。成化七年、戶部鈔少。乃以布估給。布一匹、當鈔二百貫。是時鈔一貫僅值錢二三文。而米一石折鈔十貫。是一石米僅值二三十錢也。布一匹亦僅值二三百錢。而折米二十石。是一石米僅值十四五錢也。明史食貨志謂自古官俸之薄、未有若此者。

淸代因之。雖兼支錢米。亦不敷生活。

清會典文職官一品、歲支銀一百八十兩。二品、一百五十兩。三品、一百三十兩。四品、一百五兩。五品、八十兩。六品、六十兩。七品、四十五兩。八品四十兩。正九品、三十三兩有奇。從九品未入流、三十一兩有奇。京員例支雙俸。以所列各數爲正俸。復照數添給恩俸。又每正俸錢一兩兼支米一斛。大學士六部尙書侍郞俸米復加倍支給。

故官吏、皆須得非分之財而養成、貪汚之習。京官則恃外官之餽送。外官則取之于耗羨。自雍正間耗羨歸公。而耗羨之外、仍有額外之收。所謂耗羨之外更添耗羨也。

徐珂清稗類鈔雍正間耗羨歸公。定直省各官養廉。其端則發於山西巡撫諾岷、布政司高成齡。蓋先是州縣徵收火耗。藉資日用。上司所需取給州縣。不無貪吏藉口、上司容隱之弊。雍正甲辰諾岷請將山西一年所得耗銀。提解司庫除抵補無著虧空外。分給各官養廉。而成齡復請倣山西例。通行直省。上以剔除弊竇、必更良法。耗羨必宜歸公。養廉須有定額。詔王大臣九卿會議。會各省皆望風奏請。議遂定。

又沈端恪公近思嘗爭耗羨。力言今日正項之外、更添正項。他日必于耗羨之外、更添耗羨。他人或不知。臣起家縣令。故知其必不可行。世宗曰。汝爲令亦私耗羨乎。沈曰。非私也。非是且無以養妻子。

當時不知、改革、幣制。清釐、賦法。徒沿、積弊。而興一、加、賦之、方。而官吏之、貪墨。初不、因之、而、改也。

第七章　清初諸儒之思想

明清之交。士習之壞。前已言之。然其間亦未嘗無殊尤卓絕之士。不爲科舉利祿所惑。而以道德經濟氣節學術爲士倡者如黃宗羲、顧炎武、王夫之、李顒、顏元等。（黃梨洲像、顧亭林像、王船山像、顏習齋像、均見本期插畫。）皆以明之遺民、爲清之大儒。其思想議論。皆有影響于後世。而世之論者。或多其反對明儒。或矜其昌明古學。且若其所就不迨乾嘉諸子之盛者。實則清初諸儒之所詣。遠非乾嘉間人所可及。乾嘉間人。僅得其考據之一部分而于躬行及用世之術。皆遠不迨。其風氣實截然爲二。不可併爲一談也。

諸儒之學。其功夫皆在博學。

全祖望梨洲先生神道碑。忠端之被逮也。謂公曰。學者不可不通知史事。可讀獻徵錄。公遂自明十三朝實錄、上遡二十一史。靡不究心。而歸宿于諸經。既治經。則旁求之九流百家。于書無所不窺者。　公謂明人講學。襲語錄之糟粕。不以六經爲根柢。束書而從事于游談。故受業者必先窮經。經術所以經世。方不爲迂儒之學。故兼令讀史。又謂讀書不多。無以證斯理之變化。多而不求于心。則爲俗學。故凡受公之教者。不墮講學之流弊。

又亭林先生神道表。於書無所不窺。　晚益篤志六經。謂古今安得別有所謂理學者。經學卽理學也。自有舍經學以言理學者。而邪說以起。不知舍經學。則其所謂理學者。禪學也。　凡先生之遊。以二馬二騾載書自隨。所至阨塞。卽呼老兵退卒。詢其曲折。或以平日所聞不合。則卽坊肆中發書而對勘之。或徑行平原大野。無足留意。則于鞍上嘿誦諸經注疏。偶有遺忘。則卽坊肆中發書而熟復之。

又二曲先生窆石文。家無書。俱從人借之。其自經史子集、以至二氏之書。無不觀。然非以資博覽。其所自得。不滯于訓故文義。曠然見其會通。年四十以前。嘗著十三經糾繆、二十一史糾繆諸書。以及象數之學。無不有述。其學極博。既而以爲近于口耳之學。無于身心。不復示人。

戴望顏氏學記先生幼讀書。二三過不忘。年二十。餘好陸王書。未幾從事程朱學。信之甚篤。 帥門弟子行孝弟存忠信。日習禮習射習書數。究兵農水火諸學。堂上琴竽弓矢籌管森列。 先生自幼學兵法技擊馳射陰陽象緯。無不精。

余廷燦王先生夫之傳自明統絕。祀先生著書凡四十年。其學深博無涯涘。

而學必見之躬行。

全祖望梨洲先生神道碑公晚年益好聚書。所抄自鄞之天一閣范氏、歙之叢桂堂鄭氏、禾中倦圃曹氏。最後則吳之傳是樓徐氏。然嘗戒學者曰。當以書明心。無玩物喪志也。當事之豫于聽講者。即曰諸公愛民盡職。即時習之學也。

顧炎武與友人論學書愚所謂聖人之道者如之何。曰博學于文。曰行己有恥。自一身以至于天下國家。皆學之事也。自子臣弟友以至出入往來辭受取與之間。皆有恥之事也。恥之于人大矣。不恥惡衣惡食。而恥匹夫匹婦之不被其澤。故曰萬物皆備于我矣。反身而誠。嗚呼。士而不先言恥。則爲無本之人。非好古而多聞。則爲空虛之學。以無本之人。而講空虛之學。吾見其日從事于聖人而去之彌遠也。

全祖望二曲先生窆石文其論學曰。天下之大根本、人心而已矣。天下之大肯綮、提醒天下之人心而已矣。是故天下之治亂、由人心之邪正。人心之邪正。由學術之晦明。嘗曰。古今名儒倡道者。或以主敬窮理爲宗旨。或以先立乎大爲宗旨。或以心之精神。或以自然或以復性或以致良知或以隨處體認或以止修悉則以悔過自新爲宗旨蓋下愚之與聖人本無以異但氣質蔽之物欲誘之積而爲過此其道在悔知悔必改改之必盡夫盡則吾之本原已復復則聖矣曷言乎日新復其本原之謂也悔過者不于其身于其心則必于其念之動者求之故易曰知幾其神　其論朱陸二家之學曰學者當先觀象山慈湖陽明白沙之書闡明心性直指本初熟讀之則可以洞斯道之大源然後取二程朱子以及康齋敬軒涇野整庵之書玩索以盡踐履之功收攝保任由功夫以合本體下學上達內外本末一以貫之

戴望顏氏學記先生之學確守聖門舊章與後儒新說別者大致有三其一謂古人學習六藝以成其德行而六藝不外一禮猶四德之該乎仁禮必習行而後見非專恃書冊誦讀也孔子不得已而周流大不得已而刪訂著書立說乃聖賢之大不得已奈何以章句爲儒舉聖人參贊化育經綸天地之實事一歸于章句而徒以讀書纂注爲功乎

王夫之船山遺書俟解讀史亦博文之事而程子斥謝上蔡爲玩物喪志所惡于喪志者玩也玩者喜而弄之之謂如史記項羽本紀及竇嬰灌夫傳之類淋漓痛快讀者流連不舍則有代爲悲喜神飛魂蕩而不自持于斯時也其素所志尚者不知何往此之謂喪志以其志氣橫發無益于身心也豈獨讀史爲然哉經亦有可玩者玩之亦有所喪如玩七月之詩則且沈溺于婦子生計米鹽布帛之中玩東山之詩則且淫泆于室家嚅唲寒溫拊摩之內春秋傳此類尤衆故必約之以禮皆以肅然之心臨之一節一目一字一句皆引歸身心求合于志之大者則博可弗畔而禮無不在矣

蓋諸儒之學雖不必同而其以讀書講學爲立身行已之基則一其專務讀書不知治身者且以玩物喪

志識之不似乾嘉間人不顧行檢但事博涉也亭林反對明人之空談最力。

顧炎武日知錄劉石亂華本于清談之流禍人人知之孰知今日之清談有甚于前代者昔之清談談老莊今之清談談孔孟未得其精而已遺其粗未究其本而先辭其末不習六藝之文不考百王之典不綜當代之務舉夫子論學論政之大端一切不問而曰一貫曰無言以明心見性之空言代修己治人之實學股肱惰而萬事荒爪牙亡而四國亂神州蕩覆宗社丘墟昔王衍將死云吾曹向若不祖尚浮虛戮力以匡天下猶可不至今日今之君子得不有媿乎其言。

然其言博學于文必兼行己有恥言之非謂反對空談即不講品節也觀其與人書注重在人心風俗。

顧炎武亭林文集與人書九目擊世趨方知治亂之關必在人心風俗而所以轉移人心整頓風俗則敎化綱紀爲不可闕矣百年千世養之而不足一朝一夕敗之而有餘。

日知錄中世風一卷尤反復言之甚至謂務正人心急于抑洪水。

顧炎武日知錄彼都人士爲人說一事置一物未有不索其酬者百官有司受朝廷一職事一差遣未有不計其獲者自府史胥徒上而至于公卿大夫眞可謂之同心同德者矣苟非返普天率土之人心使之先義而後利終不可以致太平故愚以爲今日之務正人心急于抑洪水也。

此則清初諸大儒共有之精神抑亦承宋明諸儒之敎有見于人之本原不隨流俗爲轉移者而不圖其以反對空談使後之學者但騖于語言文字之末也。

清初漢族諸儒皆反對清室。不得已而姑認滿人居位。亦思立一王之法、以待後世之興。故船山有黃書。亭林有郡縣論。皆極注意于法制。而梨洲之明夷待訪錄則並專制之君主亦極力反對。不徒爲種族所囿也。

黃宗羲明夷待訪錄原君篇有生之初。人各自私也。人各自利也。天下有公利而莫或興之。有公害而莫或除之。有人者出。不以一己之利爲利。而使天下受其利。不以一己之害爲害。而使天下釋其害。此其人之勤勞、必千萬于天下之人。夫以千萬倍之勤勞。而己又不享其利。必非天下之人情所欲居也。故古之人君。量而不欲入者、許由務光是也。入而又去之者、堯舜是也。初不欲入而不得去者、禹是也。豈古之人有所異哉。好逸惡勞。亦猶夫人之情也。後之爲人君者、不然。以爲天下利害之權皆出于我。我以天下之利盡歸于己。以天下之害盡歸于人。亦無不可。使天下之人不敢自私、不敢自利。以我之大私、爲天下之公。始而慙焉。久而安焉。視天下爲莫大之產業。傳之子孫。受享無窮。漢高帝所謂某業所就、孰與仲多者。其逐利之情不覺溢之于辭矣。此無他。古者以天下爲主。君爲客。凡君之所畢世而經營者。爲天下也。今也、以君爲主。天下爲客。凡天下之無地而得安寧者。爲君也。是以其未得之也。屠毒天下之肝腦。離散天下之子女。以博我一人之產業。曾不慘然。曰、我固爲子孫創業也。其既得之也。敲剝天下之骨髓。離散天下之子女。以奉我一人之淫樂。視爲當然。曰、此我產業之花息也。然則爲天下之大害者、君而已矣。向使無君。人各得自私也。人各得自利也。嗚呼。豈設君之道固如是乎。古者、天下之人愛戴其君。比之如父。擬之如天。誠不爲過也。今也、天下之人怨惡其君。視之如寇讎。名之爲獨夫。固其所也。而小儒規規焉以君臣之義無所逃于天地之間。至桀紂之暴。猶謂湯武不當誅之。而妄傳伯夷叔齊無稽之事。乃兆人萬姓崩潰之血肉曾不異夫腐鼠。豈天地之大。于兆人萬姓之中。獨私其一人一姓乎。是故武王、聖人也。孟子之言、聖人之言也。後世之君。均以如父如天之空名禁人之窺伺者。皆不便于其言。至廢孟子而不立。非導源于小儒乎。雖然，使後之爲君者。果能保此產業。傳之無窮。亦無怪乎其私之也。既以產業視之。人之欲得產業。誰不如我。攝緘縢固扃鐍。一人之智力、不能勝天下欲得之者之衆。遠者數世。近者及身。其血肉之崩潰、在其子孫矣。昔人願世世無生帝王家。而毅宗之語公主、亦曰、若何爲生我家。痛哉斯言。回思創業時。其欲得天下之心。有不廢然摧阻者乎。是故明乎爲君之職分。則唐虞之世、人人能讓。許由務光非絕塵也。不明乎爲君之職分。則市井之間、人人可欲。許由務光所以曠後世而不聞也。然君之職分難明。以俄頃淫樂。不易無窮之悲。雖愚者亦明之矣。

習齋二曲、皆以用世爲的。

戴望顏氏學記嘗曰。必有事焉。學之要也。心有事則存。身有事則修。家之齊。國之治。皆有事也。無事則道與治俱廢。故正德利用厚生曰事。不見諸事。非德非用非生也。德行藝曰物。不徵諸物。非德非行非藝也。先生之學。以事物爲歸。而生平未嘗以空言立教。又議書院規模。建正廳三間。曰習講堂。東第一齋、西向。榜曰文事。課禮樂書數天文地理等科。西第一齋、東向。榜曰武備。課黃帝及太公孫吳諸子兵法攻守營陣水陸諸戰法。並射御技藝等科。東第二齋、西向。曰經史。課十三經歷代史誥制章奏詩文等科。西二齋、東向。曰藝能。課水學火學工學象數等科。門內直東曰理學齋。課主靜持敬程朱陸王之學。直西曰帖括齋。課八比舉業。皆北向。以應時制。且漸引之也。北空二齋。左處儐介。右宿來學。門外左房六間、榻行賓。右廈六間、容車騎。東爲更衣亭。西爲步馬射圃。堂東北隅爲倉庫廚竈西北隅積柴炭。

李顒二曲集體用全學　經世之法。莫難于用兵。俄頃之間。勝敗分焉。非可以漫嘗試也。今學者無志于當世。固無論矣。卽有志當世。往往于兵機多不致意。以爲兵非儒者所事。然則武侯之偉略。陽明之武功。非耶。學者于此。苟能深討細究。而有得焉。異日當機應變。作用必有可觀。　自大學衍義。至歷代名臣奏議等書。皆適用之書也。道不虛談。學貴實效。學而不足以開物成務。康濟時艱。眞擁衾之婦女耳。亦可羞已。　律令最爲知今之要。而今之學者。至有終其身未聞者。讀書萬卷不讀律。致君堯舜終無術。夫豈無謂云然乎。　農政全書。水利全書。泰西水法。地理備要等書。咸經濟所關。宜一一潛心。然讀書易。變通難。趙括能讀父書。究竟何補實際。神而明之。存乎其人。夫豈古板書生所能辦乎。

李顒答王天如書　今時非同古時。今人不比古人。須明古今法度。通之於當今而無不宜。然後爲全儒。而可以語治平事業。須運用酬酢。如探囊中而不匱。然後爲資之深。取之左右逢其原。而眞爲己物。若懼蹈誦詩三百之失。而謂至誠自能動物。體立自然用行。則空疏杜撰。猶無星之戥。無寸之尺。臨時應物。又安能中窾中會。動協機宜乎。茲以呂新吾諭士說一篇寄覽。亦足以知空軀殼餓肚腸。究無補於實用分毫也。

雖其途術不同。要皆明於學問之非專爲學問。必有益於社會國家。徒以清代專任滿人及胥吏爲治。雖時復徵聘諸儒。僅欲以名位羈之。使不己畔。亦無實行其學之志。故其學不昌。惟亭林之講音韻。考金石。於世道無與。其學派轉盛於東南焉。

與黃顧顏李諸儒相望者。有陸世儀、張履祥、孫奇逢、陳瑚、張爾岐、劉獻廷等。皆以博學篤志砥節勵俗。爲當時所宗仰。

全祖望陸先生世儀傳嘗謂學者曰。世有大儒。決不別立宗旨。譬之大醫國手。無科不精。無方不備。無藥不用。豈有執一海上方而沾沾語人曰。舍此更無科無方無藥也。近之談宗旨者。皆海上方也。凡先生思辨錄所述。上自周漢諸儒以迄於今。仰而象緯律歷。下而禮樂政事異同。旁及異端。其所疏證剖析。蓋數百萬言。無不粹且醇。

李元度張楊園先生事略。先生嘗曰。學者舍稼穡別無治生之道。能稼穡、則無求于人而廉恥立。知稼穡艱難、則不敢妄取于人而禮讓興。廉恥立。禮讓興。而世道可以復古矣。故其所補農書。皆得之身試者。

方苞孫徵君傳。少倜儻好奇節。而內行篤修。負經世之略。常欲赫然著功烈。而不可強以仕。國朝定鼎。率子弟躬耕。四方來學。願留者、亦授田使耕。所居遂成聚。 人無賢愚。苟問學。必開以性之所近。使自力於庸行。

王鎏陳先生瑚傳。二十一、補諸生。館陸桴亭家。兩人憂天下多故。乃講求天文地理兵農禮樂之書。旁及奇門六壬之術。時復彎弓橫槊、弄刀舞劍。將以爲用世具也。 順治乙酉大兵渡江。奉父遷徙無常。丁亥、與諸子講學。著蓮社約法。敎以人倫相戒。以不妄言、不訐私、不謀利、不作無益。又以端心術、廣氣類、崇儉素、均勞逸爲蔚村講規。以孝弟、力田、行善爲蔚村三約。又有五柳堂學規。曰德行、曰經學、曰治事。曰文藝。其小學之規曰習禮、曰受書、曰作課、曰講書、曰歌詩。蓋先生知道不行。而隨處爲世道人心之計。故立敎周詳如此。

錢載張處士爾岐墓表先生之學。深於漢儒之經、而不沿訓故。邃於宋儒之理、而不襲語錄。其答論學書云。士生今日。欲倡正學於天下。不必多所著述。當以篤志力行爲先。蓋闇然君子之自得者也。

王源劉處士獻廷墓表嘗謂學者曰。人苟不能斡旋氣運。徒以其知能、爲一身家之謀。則不得謂之人。何足爲天地之心哉。故處士生平志在利濟天下後世。造就人才。而身家非所計。處士於禮樂象緯醫藥書數法律農桑火攻器製、旁通博考。浩浩無涯涘。

全祖望劉繼莊傳繼莊之學。主於經世。自象緯律歷、以及邊塞關要財賦軍器之屬。旁而岐黃者流、以及釋道之言。無不留心。深惡雕蟲之技。其生平自謂於聲音之道、別有所窺。足窮造化之奧。百世而不惑。嘗作新韻譜。其悟自華嚴字母入。而參之以天竺陀羅尼、泰西蠟頂話、小西天梵書、暨天方蒙古女眞等音。囊括浩博。學者驟見而或未能通也。

而李塨王源、尤顏學中之錚錚者。

戴望顏氏學記恕谷編先生年二十餘。爲諸生。既承習齋教。自治甚嚴。仿習齋爲日譜。記身心言行得失。不爲文飾。而於田賦郊社禘祫宗廟諸禮。及諸史志所載經世諸務。與古帝王治績可爲法者。考校甚備。錄其語曰瘳忘編。三藩平後。四方名士競集京師。共爲學會。先生與焉。因歷及古今升降、民物安危、學術明晦之所以然。以及太極河洛圖書之辨。屯田水利天官地理兵農禮樂之措置。諸公悚聽相顧謂曰。乾坤賴此不毀也。

又或庵編先生於儕輩中、獨與劉處士獻廷善。日討論天地陰陽之變、伯王大略、兵法文章典制、古今興亡之故。恕谷爲極言顏先生明親之道。遂介恕谷往博野。執贄顏先生門。著平書十卷。一曰分民。二曰分土。三曰建官。四曰取士。五曰制田。六曰武備。七曰財用。

八曰河淮。九曰刑罰。十曰禮樂。

雖二人皆爲清之舉人。非諸儒之爲明遺民比。然亦不仕清室。

戴望顏氏學記李塨以康熙二十九年庚午舉於鄉。 王源中式康熙三十二年舉人。或勸更應禮部試。謝曰。吾寄焉爲謀生計。使無詬厲已耳。

視其他之試鴻博者爲不同矣。要之、清代學術與宋明異者。有一要點。卽宋明諸儒專講爲人之道。而清代諸儒則只講讀書之法。（此指乾嘉學派而言）惟明末清初之學者則兼講爲人與讀書。矯明人之空疏而濟之以實學。凡諸魁傑皆欲以其學大有造于世。故其風氣與明異。亦與清異。其後文網日密。士無敢談法制經濟。惟可講求古書。盡萃其才力聰明於校勘訓詁。雖歸本於清初諸儒。實非諸儒之本意也。

第八章　康乾諸帝之于文化

滿清之盛。惟康熙雍正乾隆三朝。嘉道而下。國祚衰矣。漢人既主中夏。爲帝王者。自必習中國之文學。康熙諸帝。尤精力過人而事博涉。

曾國藩清先正事略序。聖祖嘗自言年十七八時。讀書過勞。至於咯血。而不肯少休。老耄而手不釋卷。臨摹名家手卷。多至萬餘。寫寺廟匾榜。多至千餘。蓋雖寒暍不能方其專。而天象地輿曆算音樂考禮行師刑律農政。下至射御醫藥奇門壬遁滿蒙西域外洋之文書字母。殆無一而不通。

稻葉君山清朝全史乾隆帝甚耽漢人之文化。御製詩至十餘萬首。所作之多、爲陸放翁所不及。又好鑒別書畫。嘗獲宋刻後漢書及九家杜注。甚愛惜之。命畫苑之供奉畫其像于書上。帝于書法酷愛董其昌。與康熙帝相似。惟帝之異于康熙者。在西洋科學知識之缺乏是也。

頌美清室者且謂其家法軼於前代。

趙翼簷曝雜記本朝家法之嚴。卽皇子讀書一事。已迥絕千古。余內直時。屆早班之期。率以五鼓入。時部院百官未有至者。惟內府蘇喇數人往來。黑暗中。然已隱隱望見有白紗燈一點入隆宗門。則王子進書房也。天家金玉之體。日日如是。既入書房。作詩文。每日皆有程課。未刻畢。則又有滿洲師傅教國書。習國語及騎射等事。薄暮始休。

然清帝詩文字畫。大都南書房翰林代筆。未必盡出己手。聖祖之學。多李光地梅瑴成等承其意而演述之。所謂御纂諸書。率託名耳。

章炳麟檢論李光地。字晉卿。安谿人。治漳浦黃道周之術。善占卦。會康熙朝尊朱學。故以朱學名。其習業因時轉移。聞時貴律歷。卽爲章算幾何。貴訓詁。卽稍稍理故書。貴文言幽眇。卽皮傅周易與中庸篇。爲無端厓之辭。然惟算術爲通明。卒以是傅會得人主意。稱爲名相。　自光地在朝。君臣相顧驩甚。累官至文淵閣大學士。玄曄自言通八線諸術。又數假稱閩學。而光地能料量讎對。故玄曄命錄札記進御。又時時令參訂朱熹書。常曰。知光地者莫如朕。知朕者亦莫光地若也。

阮元疇人傳乙酉二月、南巡狩。李光地以撫臣扈從。上問宣城處士梅文鼎者、今焉在。光地以在署對。歸時召對御舟中。從容垂問。至于移時。如是者三日。臨辭、特賜積學參微四大字。越明年、命其孫瑴成內廷學習。瑴成肄業蒙養齋。以故數學日進。御製數理精蘊、歷象考成諸書。皆與分纂。

康乾間、武英殿雕刻御製欽定之書。凡經類二十六部、史類六十五部、子類三十六部、集類二十部。論者謂歷代政府刻書之多、未有若清朝者。然清代纂集之書。以圖書集成爲最鉅。其體例蓋創自陳夢雷。

東華錄雍正一。康熙六十一年十二月癸亥。諭、陳夢雷原係叛附耿精忠之人。（章炳麟論、耿精忠據福建。李光地詣精忠不用。時編修陳夢雷亦爲精忠迫脅。常託病支吾。以其形勢阨塞密示光地。光地遣使間道入京。以蠟丸上封事。光地以功高蒙殊遇。而陳夢雷方以降賊坐斬。光地微白之得不死。夢雷以光地欲攘己功。令己下獄。發憤作書絕交。天下稱光地賣友。）皇考寬仁免戮。發往關東。後東巡時。以其平日稍知學問。帶回京師。交誠親王處行走。累年以來。招搖無忌。不法甚多。京師斷不可留。著將陳夢雷父子發遣邊外。陳夢雷處所存圖書集成一書。皆皇考指示訓誨。欽定條例。費數十年聖心。故能貫穿今古。彙合經史天文地理、皆有圖記。下至山川草木、百工製造、海西秘法。靡不備具。洵爲典籍之大觀。此書工猶未竣。著九卿公舉一二學問淵通之人。令其編纂竣事。原稿內有訛錯未當者。即加潤色增刪。

經始于康熙中。至雍正三年始成。

李之鼎叢書舉要。圖書集成共六彙編。三十二典。六千一百九部。都一萬卷。五百七十六函。五千冊。又目錄二十冊。此書初爲陳夢雷侍皇三子誠親王所編。時在康熙三十九年也。四十五年四月、書成。名曰彙編。凡爲彙編者六。爲志三十有二。爲部六千有奇。越十年、進呈。賜名古今圖書集成。命儒臣重加編校。十年未就。世宗復命蔣廷錫督在事諸臣成之。編仍其舊。志易爲典。殿本以聚珍銅字。其圖鏤銅爲之者最佳。

其書雖不逮永樂大典之博。卷數亦僅及其半。然永樂大典成而未刊。則類書之印行于世者。無過于此書矣。

康雍兩朝。經營圖書集成。至乾隆朝。則編訂四庫全書。乾隆三十七年。詔求海內遺書。大興朱筠請將永樂大典擇取繕寫。各自爲書。三十八年。遂命諸臣校核永樂大典。定名四庫全書。

四庫全書提要。乾隆三十八年二月二十一日。大學士劉統勳等議奏。校辦永樂大典條例一摺。奉旨依議。將來辦理成編時。著名四庫全書。

至四十七年告竣。計文淵閣著錄者。三千四百五十七部。七萬九千七十卷。其附于存目者。六千七百六十六部。九萬三千五百五十六卷。

稻葉君山清朝全史。自乾隆三十八年。開設四庫全書館。任皇室郡王及大學士爲總裁。六部尚書及侍郞爲副總裁。然實際任編纂者。乃爲總纂官孫士毅、陸錫熊、紀昀三人。而紀昀之力尤多。分任編纂之事者。不少著名學者。如校勘永樂大典纂修官。有戴震、邵晉涵。校辦各省送到遺書纂修官。有姚鼐、朱筠。篆隸分校官。有王念孫。總目協勘官。有任大椿。副總裁以下。無慮三百餘名。該書至乾隆四十七年告竣。總計存書三千四百五十七部。七萬九千七十卷。存目六千七百六十六部。九萬三千五百五十六卷。所謂存書。乃著錄于四庫者。存目。乃僅錄其書目者已。

其內容凡分六種。

稻葉君山淸朝全史四庫館編纂之主旨。採六種方法。第一爲敕撰本。自淸初以至乾隆時、依敕旨所編纂者。第二內府本。乃康熙以來自宮廷收藏者。凡經史子集存書約三百二十六部。存目、凡三百六十七部。第三永樂大典本。存書存目、凡五百餘種。其著名于當時者。如舊五代史、續資治通鑑長編、建炎以來繫年要錄、嶺外代答、諸蕃志、宋朝事實等。第四爲各省採進本。命總督巡撫等進獻其地方遺書。採書最多者爲浙江。最少者爲廣東湖北湖南。山西陝西次之。據浙江採集遺書總錄、總數四千五百二十三種。五萬六千九百五十五卷。別分卷者二千九十二冊。第五私人進獻本。係當時著名之藏書家所進獻。知名于淸初者。如浙江寧波范氏之天一閣、慈谿鄭氏之二老閣、杭州趙氏之小山堂、嘉興項氏之天籟閣、朱氏之曝書亭、江蘇常熟錢氏之述古樓、崑山徐氏之傳是樓等。四庫館令此等藏書家之子孫進獻之。約以進獻之書、謄寫後卽付還。因之地方藏書家進獻頗多。一人送到五百餘種以上者、朝廷各賞圖書集成一部。百種以上者、賜以初印之佩文韻府一部。第六通行本。乃世間流行之書籍。約以上各端。乾隆之編纂四庫全書。在支那書籍之蒐集史上。實爲空前之偉觀。

同時繕錄七部。分貯于文淵、文源、文溯、文津、文滙、文宗、文瀾七閣。淵源津溯、稱內廷四閣。滙宗瀾、稱江浙三閣。嗜奇好學之士。准其赴閣檢視鈔錄。

稻葉君山淸朝全史。乾隆帝編纂四庫全書。造文淵閣于北京紫禁城內。造文源閣于圓明園。文溯閣于奉天。文津閣于塞外之熱河。爲貯藏之所。此稱內廷四閣。文淵閣建造式、仿浙江范氏天一閣爲之。當全書告成之後。又命起文滙閣于江蘇揚州之大觀堂。文宗閣于鎮江金山寺。文瀾閣于浙江杭州聖因寺之行宮。亦各藏四庫全書一部。此稱江浙三閣。凡七閣。閣既成。帝曰。我國荷承休命。重熙累洽。同軌同文。所謂禮樂百年而後興。此其時也。又謂朕蒐集四庫之書。非徒博右文之名。以示其得意焉。內廷四閣、非特別之資格與得許可者不准閱覽。江浙三閣、聽學者皆得閱覽抄錄。七閣之中。今日尚儼然存者。惟文津文淵文溯三閣。他如文宗文匯二閣、亡于太平之兵亂。圓明園文源閣燬于火。文瀾閣亦多有散亡云。

此則滿清高宗對于中國文化之偉業也。

然而清高宗之修四庫全書。同時有保存文化及摧殘文化之兩方面。古書、之、湮、佚、者。固、賴、此、舉、而、復、彰。而名、人、著、述、之、極、有、關、係、者。又、因、茲、舉、而、銷、毀、焉。此世之所以不滿于高宗也。

章炳麟檢論哀焚書。滿洲乾隆三十九年、既開四庫館。下詔求書。命有觸忌諱者毀之。四十一年、江西巡撫海成獻應毀禁書八千餘通。傳旨褒美。督他省摧燒益急。自爾獻媚者蜂起。初下詔時。切齒于明季野史。其後四庫館議。雖宋人言遼金元。明人言元。其議論偏繆尤甚者。一切擬毀。及明隆慶以後諸將相獻臣所著奏議文錄。若高拱（邊略）張居正（太岳集）申時行（綸扉簡牘）葉向高（四夷考、遼編、蒼霞草、蒼霞餘草、蒼霞續草、蒼霞奏草、蒼霞尺牘、）高攀龍（高子遺書）鄒元標（鄒忠介奏疏）楊漣（楊忠烈文集）左光斗（左忠毅集）繆昌期（從野堂存稿）熊廷弼（按遼疏稿書牘、熊芝岡詩稿、）孫承宗（孫高陽集）倪元璐（倪文正遺稿奏牘）盧象昇（宣雲奏議）孫傳庭（省罪錄）姚希孟（清閟全集、沆瀣集、文遠集、公槐集。公槐集中有建夷授官始末一篇。）馬世奇（澹寧居集）諸家絲袞寸札。靡不然燬。雖茅元儀武備志不免于火。（武備志今存者。終以詆斥尚少。故弛之耳。）厥在晚明。當弘光隆武、則袁繼咸（六柳堂集）黃道周（廣百將傳注）金聲。（金太史集）當永歷及魯王監國、則錢肅樂（偶吟）張肯堂（寓農初識）國維（撫吳疏草）煌言。（北征紀略）自明之亡。一二大儒。孫氏則夏峯集。顧氏則亭林集、日知錄。黃氏則行朝錄、南雷文定及諸文士侯魏邱彭所撰述。皆以詆觸見燼。其後紀昀等作提要。孫顧諸家稍復入錄。而頗去其貶文。或曰。朱邵數君子實左右之。然隆慶以後、至于晚明將相獻臣所著僅有孑遺矣。其他遺聞軼事。皆逋臣所錄。非得于口耳傳述。而被焚毀者。不可勝數也。由是觀之。夷德之戾。雖五胡金元、抑猶有可以末減者耶。

徐珂清朝全史在編纂四庫全書諭旨前後。又布一禁書令。甚可注意。禁書者、即明代關于滿洲祖先之著述。據帝之諭旨。此等違背不合于本朝一統之旨。勿使行于世。蓋文弱之漢人被北人驅逐時。藉文學以發抒不平之氣。爲唯一之武器。其著述之數極多。當此時不僅欲一掃此種明末之紀錄。並思將其正史一切付諸銷毀。其處置殊不公允。此種命令始于乾隆三十九年。至四十三年、再加二年之期限。至四十六年、又展限一年。據兵部報告。當時銷毀之次數、二十四回。書五百三十八種。共一萬三千八百六十二部。云然猶以爲未足。至乾隆五十三年、尚嚴諭遵行。從大體而言。在北方諸省較完全遵行。其東南各省、未能禁絕。

當康熙初年已有莊氏史案。

徐珂清稗類鈔明相國烏程朱文恪公國楨嘗作明史。舉大經大法者筆之。刊行于世。謂之史概。未刊者爲列朝諸臣傳。明亡。後朱氏家中落。以稿本質千金于莊廷鑨。廷鑨家故富。因竄名于中。攘爲己作。刻之。補崇禎一朝事。中多指斥本朝語。康熙癸卯。歸安知縣吳之榮罷官。謀以告訐爲功。藉作起復地。白其事于杭州將軍松魁。魁咨巡撫朱昌祚。昌祚牒督學胡尚衡。廷鑨並納重賂以免。乃稍易指斥語重刊之。之榮計不行。特購初刊本、上之法司。事聞。遣刑部侍郎出讞獄。時廷鑨已死。戮其尸。誅其弟廷鉞。舊禮部侍郎李令晳嘗作序。亦伏法。並及其四子。 序中稱舊史朱氏者、指文恪也。之榮素怨南潯富人朱佑明。遂嫁禍。且指其姓名以證。並誅其五子。魁及幕客程維藩械赴京師。魁以八議僅削官。維藩戮于燕市。昌祚尚衡贖讞獄者。委過于初申覆之學官。歸安烏程兩學官、並坐斬。而昌祚尚衡乃幸免。湖州太守譚希閔、涖官甫半月。事發。與推官李煥、皆以隱匿罪至絞。滸墅關榷貨主事李希白、聞閶門書坊有是書。遣役購之。適書賈他出。役坐于其鄰朱家少待之。及書賈返。朱爲判其價。時希白已入京。以購逆書罪立斬。書賈及役斬于杭。鄰朱某者、因年踰七十。免死。偕其妻發極邊。歸安茅元錫、方爲朝邑令。與吳之鏞之銘兄弟嘗預參校。悉被戮。時江楚諸名士列名書中者皆死。刻工及鬻書者同日刑。惟海寧查繼璜、仁和陸圻當獄初起時、先首告。謂廷鑨慕其名。列之參校中。得脫罪。是獄也、死者七十餘人。婦女並給邊。或曰死者二百二十一人。

後又有南山集案。

徐珂清稗類鈔。桐城方孝標。嘗以科第起官至學士。後因族人方猷主順治丁酉江南試。與之有私。並去官。遣戍。遇赦。歸。入滇受吳三桂僞翰林承旨。吳敗、孝標先迎降。得免死。因著鈍齋文集、滇黔紀聞。戴名世見而善之。所著南山集中、多采錄孝標所紀事。尤雲鍔方正玉爲之捐貲刊行。雲鶚正玉及同官汪灝朱書劉巖王源皆有序。板藏于方苞家。又與其弟子余生一書。論修史之例。謂本朝當以康熙壬寅爲定鼎之始。世祖雖入關十八年。時明祀未絕。若循蜀漢之例。則順治不得爲正統云。時趙申喬爲都諫。奏其事。九卿會鞫。中戴名世大逆法。至寸磔。族皆棄市。未及冠笄者、發邊。朱書王源已故。免議。尤雲鍔方正玉汪灝劉巖余生方苞以謗論罪絞。時孝標已死。以名世之罪罪之。子登嶧雲旅、孫世樵、並斬。方氏有服者皆坐死。且剉孝標尸。尚書韓菼侍郎趙士麟、御史劉灝淮揚道王英謨、庶吉士汪份等三十二人。並別議降謫。疏奏。後凡議絞者。改戍邊。灝以曾效力書局。赦出獄。苞編管旗下。雲鍔正玉免死、徙其家。方氏族屬謫黑龍江。焱以下平日與名世論文牽連者、俱免議。此康熙辛卯壬辰間事也。

死徙者不必論。即就方苞所記當時獄中狀況。已可謂之黯無天日矣。

方苞望溪集外文。獄中雜記。康熙五十一年三月、余在刑部獄。見死而由竇出者、日三四人。有洪洞令杜君者、作而言曰。此疫作也。今天時順正。死者尙希。往歲多至日數十人。余叩所以。杜君曰。是疾易傳染。遘者雖戚屬不敢同臥起。而獄中爲老監者四。監五室。禁卒居中央。牖其前以通明。屋極有窗以達氣。旁四室則無之。而繫囚常二百餘。每薄暮、下管鍵。矢溺皆閉其中。與飲食之氣相薄。又隆冬、貧者席地而臥。春氣動、鮮不疫矣。獄中成法。質明、啟鑰。方夜中、生人與死者並踵頂而臥。無可旋避。此所以染者衆也。又可怪者、大盜積賊、殺人重囚。氣傑旺。染此者十不一二。或隨有瘳。其駢死。皆輕繫及牽連佐證、治所不及者。余曰。京師有京兆獄。有五城御史司坊。何故刑部繫囚之多至此。杜君曰。邇年獄訟。情稍重、京兆五城即不敢專決。又九門提督所訪緝糾詰、皆歸刑部。而十四司正副郎好事者。及書吏獄官禁卒。皆利繫者之多。少有連、必多方鉤致。苟入獄、不問罪之有無。必械手足、置老監。俾困苦不可忍。然後導以取保、出居于外。量其家之所有以爲劑。而官與吏剖分焉。中家以上、皆竭資取保。其次求脫械居監外板屋、費亦數十金。惟極貧者無依、則械繫不稍寬。爲標準以警其餘。或同繫情罪重者、反出在外。而輕者無罪者、罹其毒。積憂憤。寢食違節。及病。又無醫藥。故往往至死。　凡死刑獄上者、先俟于門外。使其黨入索財物。名曰斯羅。富者就其戚屬。貧則面語之。其極刑、曰順我即先刺心。否則四肢解盡、心猶不死。其絞縊、曰順我始縊即氣絕。否則三縊加別械、然後得死。惟大辟無可要。然猶質其首。用此富者賂數十百金。貧亦罄衣裝。絕無有者、則治之如所言。主縛者亦然。不如所欲。則縛時即先折筋骨。每歲大決。句者十三四。留者十六七。皆縛至西市待命。其傷于縛者。即幸留。病數月乃瘳。或竟成痼疾。 余同逮以木訊者三人。一人予二十金。骨微傷。病間月。一人倍之。傷膚。兼旬愈。一人六倍。即夕行步如常。

而雍乾間文字之獄尤夥。若查嗣庭、呂留良、胡中藻、王錫侯、徐述夔等之案。不可勝數。

徐珂清稗類鈔。雍正丙午。查嗣庭典江西試。以君子不以言擧人二句。山徑之蹊間一節。命題。其時方行保擧。廷旨謂其有意譏刺。三題茅塞于心。廷旨謂其不知何指。其居心不可問。因查其筆札詩草。語多悖逆。遂伏誅。並其兄愼行嗣瑮。遣戍有差。浙人因之停丁未科會試。或曰。查所出題。爲維民所止。忌者謂維止二字。意在去雍正二字之首也。世宗以爲大不敬。命搜行篋。中有日記二本。乃按條搜求。謂其揑造怨誹語。難枚擧。遂下嚴旨拏問。

又呂留良字莊生。又名光綸。字用晦。號晚村。石門人。自以爲淮府儀賓之後。追念明代。以發抒種族思想。著爲書。誓不仕。郡守以隱逸薦之。乃削髮爲僧。康熙辛酉卒。雍正時。以曾靜文字獄之牽涉。戮尸。著述均燬。 先是湖南人曾靜。遣其徒張熙。投書川陝總督岳鍾琪。勸以同謀擧事。鍾琪以聞。詔刑部侍郎杭奕祿、副里統海蘭。至湖南會同巡撫王國棟。提曾靜質訊。靜供稱因應試州城。得見留良評選時文。內有論夷夏之防及井田封建等語。又與留良之徒嚴鴻逵沈在寬等往來投契等語。于是將靜熙提解來京。並命浙江總督李衛。查留良鴻逵在寬家藏書籍所獲日記等書。並案內人犯。一併拏解赴部。命內閣九卿等硏訊。世宗以留良之罪。倘在靜之上。諭九卿科道會議具奏。旋將留良、鴻逵、及留良之子葆中。皆剉尸梟示。子孫遣戍。婦女入官。在寬凌遲處死。而靜熙免罪釋放。

又湖南學政胡中藻著堅磨生詩中多謗訕語經人告發乾隆乙亥三月十三日大學士九卿等奉上諭我朝撫有天下于今百有餘年凡爲臣子自乃祖乃父食毛踐土宜其胥識尊親大義乃尙有出身科目名列淸華而鬼蜮爲心于語言吟詠之間肆其悖逆詆訕怨望如胡中藻者實非人類之所應有其所刻詩題曰堅磨生詩鈔堅磨出自魯論孔子所稱磨涅乃指佛肸而言胡中藻以此自號是誠何心從前查嗣庭汪景祺呂留良等詩文日記謗訕譸張大逆不道蒙皇考申明大義嚴加懲創以正倫紀而維世道數十年來以爲中外臣民咸知警惕而不意尙有此等鴟張狺吠之胡中藻即檢閱查嗣庭等舊案其悖逆之詞亦未有連篇累牘至于如此之甚者。　甲寅大學士等奏稱胡中藻違天叛道覆載不容合依大逆凌遲處死該犯的屬男十六歲以上皆斬立決諭胡中藻免其凌遲著即行處斬爲天下後世炯戒其案內一應干涉之人除鄂昌另行審結外其餘一概免其查究。

又乾隆丁酉十一月新昌王瀧南呈首舉人王錫侯刪改康熙字典另刻字貫高宗閱其進呈之書第一本序文凡例將聖祖世宗廟諱及御名字樣開列實爲大逆不法命鎖押解京交刑部審訊錫侯及其子孫並處重刑燬其板且禁售賣緣坐者亦分起解京治罪。

又東臺舉人徐述夔著一柱樓詩多詠明末時事乾隆戊戌東臺令上其事廷旨謂語多悖逆實爲罪大惡極時述夔已卒命剖棺戮尸其子懷祖以刊刻遺詩及孫食田等提解至京命廷臣集訊定以大逆不道正法詩集悉銷燬江蘇藩司陶易揚州府知府謝啟昆等亦悉置重典。

前代文人受禍之酷殆未有若淸代之甚者故雍、乾、以來志節之士蕩然無存有思想才力者無所發洩惟寄之于考古。庶不干當時之禁忌。其時所傳之詩文。亦惟頌諛獻媚。或徜徉山水。消遣時序。及尋常應酬之作。稍一不愼。禍且不測。而淸之文化可知矣。

第九章　學校教育

淸代學校教育。率沿明制。在淸季未興學堂以前。其所謂學校。即科舉之初基。固無當于教育。然其學分大中小。官有教授教諭等。亦近世學校名義之所沿也。

淸會典凡學皆設學官。以課士。府曰教授。州曰學正。縣曰教諭。皆以訓導副之。　凡生員有廩膳生。有增廣生。有附生。各視其大學中學小學以爲額。（順治四年、定直省儒學。視人文多寡優絀。分大中小學。取進童生。大學四十名。中學三十名。小學二十名。直省各學廩繕生增廣生、府學各四十名。州學各三十名。縣學各二十名。衞學各十名。直省取進童生、大府二十名。大州縣十五名。小縣四五名。）　奉恩詔、則廣額。巡幸亦如之。其永廣之額、則視其事以爲差。　簡學政以董教事。及按試、嚴以關防。歲試各別其文之等第。以賞罰而勸懲之。取其童生之優者以入學。　凡試生員。令學官册而送于院試。童生令地方官册而送于院。鄉試則錄科。各申以禁令。三年報滿。各列所剔之弊。題而下于部以考覈。　凡教學必習其禮事。明其經訓。示其程式。敎其士習。正其文體。　凡生員食餼久者。各以其歲之額而貢于太學。曰歲貢。有恩詔則加貢焉。曰恩貢。學官舉其生員之優者。三歲學政會巡撫試而貢之。曰優貢。十有二歲乃各拔其學之尤者而貢之。曰拔貢。

明惟府教授秩從九品。餘俱無官品。

明史儒學府教授一人、（從九品）訓省四人。州學正一人、訓導三人。縣教諭一人、訓導二人。教諭掌教誨所屬生員。訓導佐之。

清高宗始加其品級。

清文獻通考先是直省教職未入流品。雍正十三年九月（時高宗初即位）奉諭各省教職。乃師儒之官。所以訓迪約束。爲多士之表率也。若不賞給品秩。則與雜職無異。恐本人遂以冗散自居不知殫心課士以盡職任。著加給品級以示鼓舞責成之意。尋吏部議准。京府教授四氏學教授各府衞儒學教授、爲正七品官。各州學正各縣教諭、爲正八品官。各府州縣衞訓導、爲從八品官。

然師儒地位本不以官品爲尊卑。清之定爲職官。似屬尊師。亦未得尊之之法也。其國學曰國子監。亦沿前代之制。有師儒之官。

清會典國子監管理監事大臣一人。祭酒、滿洲一人。漢一人。司業、滿洲一人。蒙古一人。漢一人。掌國學之政令。凡貢生監生學生及舉人之入監者、皆教焉。　凡貢生之別有六。曰恩貢生。曰拔貢生。曰副貢生。曰歲貢生。曰優貢生。曰例貢生。監生之別四。曰恩監生。曰廕監生。曰優監生。曰例監生。學生之別二。曰八旗官學生。曰算學生。貢生監生教于堂。學生教于學。凡入貢入監非以俊秀者、曰正途。　凡教有月課。有季考。皆第其優劣。歲終則甄別。各視學之成否而咨焉。察其經明事治者以聞而備用。　六堂。率性堂、助教漢一人。學正漢一人。修道堂、助教漢一人。學正漢一人。誠心堂、助教漢一人。學正漢一人。正義堂、助教漢一人。學正漢一人。崇志堂、助教漢一人。學錄漢一人。廣業堂、助教漢一人。學錄漢一人。掌分教肄業之士。凡肄業、按其內外班之額而分撥焉。各率以班長。南學則董以學官。率以齋長。皆月課以時講貫其義。　算學、管理大臣滿洲一人。助教漢一人。教習漢二人。掌教算法

其監生多援例捐納者。世多卑視之。

清之學校最重流品。一切賤籍不得應試。

清通考定例娼優隸卒之家、不准考試。其皁隸馬快小馬禁卒之子孫、有朦混捐納者。俱照例斥革。至門子長隨。湖南省有濫行報捐者。均予斥革。惟民壯一班。雍正年間先後議准與兵丁一律拔補。非賤役可比。不便阻其進身之階。但各省俱有皁快民壯三班、隨時改撥者。應令地方官查明。除未經改撥之民壯子孫、准其報捐應試外。其由民壯改充皁快。及其先曾充當皁快者。仍不准報捐應試。以杜冒濫。

童生應試。必有保結。

清會典童生考試。以同考五人互結。廩生認保出結。府州縣試、令童生親塡年貌籍貫三代。認保姓名。並各結狀。黏送府州縣。試畢造册申送學政。

其有違誤。保者連坐。

清會典童生考試。有冒籍頂替倩代匿喪假捏姓名身遭刑犯及出身不正。如門子長隨番役小馬皁隸馬快步快禁卒仵作弓兵之子孫、倡優奴隸樂戶丐戶蜒戶吹手、凡不應應試者、混入。認保派保互結之五童、互相覺察。容隱者五人連坐。廩保黜革治罪。

而舉貢生員並免差徭。視一切平民、顯有階級之別焉。

清通考乾隆元年命免舉貢生員雜色差徭。是時各省有令生員充當總甲圖書之役者。奉諭嗣後舉貢生員等。著概行免派雜差。俾得專心肄業。倘于本戶之外、別將族人借名濫充。仍將本生按律治罪。

學校之外、有書院。亦沿宋明之制。

清會典。京師設立金臺書院。每年動撥直隸正項銀兩。以爲師生膏火。由布政司詳請總督報銷。直省省城設立書院。直隸曰蓮池。山東曰濼源。山西曰晉陽。河南曰大梁。江蘇曰鍾山。江西曰豫章。浙江曰敷文。福建曰鼇峯。湖北曰江漢。湖南曰嶽麓、曰城南。陝西曰關中。甘肅曰蘭山。四川曰錦江。廣東曰端溪、曰粤秀。廣西曰秀峯、曰宣城。雲南曰五華。貴州曰貴山。皆奉旨賜帑贍給師生膏火。奉天曰瀋陽。酌撥每學學田租銀爲膏火。令有志嚮上無力就師各生、入院肄業。書院師長由督撫學臣、不分本省鄰省已仕未仕、擇經明行修足爲多士模範者。以禮聘請。

而其性質蓋有區別。清初各地方之書院。猶尙講學。如二曲之于關中。

二曲集歷年紀略。康熙十二年、總督鄂善修復關中書院。肅幣聘先生講學。先生登座。公與撫軍藩臬以下、抱關擊柝以上、及德紳名賢進士舉貢文學子衿之衆。環階席而侍聽者。幾千人。先生立有學規會約。約束禮儀。整肅身心。三月之內。一再舉行。鼓蕩摩厲。士習丕變。

習齋之于漳南。

戴望顏氏學記。肥南有漳南書院。邑人郝文燦請先生往設教。三聘始往。爲立規制甚宏。從遊者數十人。遠近翕然。

張蔡之于鼇峯。

李元度先正事略儀封張清恪公伯行、嘗建請見書院。與鄉人士講明正學。　所至必修建書院學舍。閩士肖公象祀于鼇峯。

方苞蔡公世遠墓誌銘儀封張淸恪公撫閩延公父璧主鼇峯書院而招公入使院共訂先儒遺書　公丁父艱歸大府復以鼇峯屬公公尙氣節敦行孝弟好語經濟而一本于誠信由是閩士慨然盛興于正學而知記誦辭章之爲末也

沈史之于姚江

姚江書院志姚江講學之盛前稱徐錢後稱沈史　沈求如先生國模字叔則餘姚人崇正末與念臺劉子會講證人社劉子死節哭之慟自謂後死作人明道之意益篤使門人重繕義學月旦臨講曰陵谷變遷惟學庶留人心不死　史拙修先生孝咸衣冠言動一準儒者醇潔之士多歸之沈先生卒拙修先生主書院和平光霽以名敎爲宗主家貧日食一粥泊如也

皆明代講學之書院之法也雍正中直省皆建書院

淸通考雍正十一年命直省省城設立書院各賜帑金千兩爲營建之費諭內閣各省學政之外地方大吏每有設立書院聚衆生徒講誦肄業者但實有裨益者少浮慕虛名者多近見各省大吏漸知崇尙實政不事沽名邀譽之爲而讀書應舉者亦頗能屛去囂浮奔競之習則建立書院擇一省文行兼優之士讀書其中使之朝夕講誦整躬勵行有所成就俾遠近士子觀感奮發亦興賢育才之一道也督撫駐劄之所爲省會之地著該督撫商酌奉行各賜帑金一千兩將來士子羣聚讀書須預爲籌畫資其膏火以垂永久其不足者在于存公銀內支用封疆大臣等並有化導士子之職各宜殫心奉行黜浮崇實以廣國家菁莪棫樸之化則書院之設于士習文風有裨益而無流弊乃朕之所厚望也

以屛去浮囂杜絕流弊爲宗旨故主之者不復講學第以考試帖括頒布膏火而已袁枚書院議謂上之

人、挾區區稟假、以震動黜陟之。謂能教士。實中當時之弊。

袁枚書院議民之秀者、已升之學矣。民之尤秀者、又升之書院。升之學者、歲有餼。升之書院者、月有餼。此育才者甚盛意也。然士貧者多。富者少。于是求名賒而謀食殷。上之人探其然也。則又挾區區之稟假、以震動黜陟之。而自謂能教士。噫過矣。

然如鄂爾泰教滇士以讀書、亦未始無勸學之用。

鄂爾泰徵滇士入書院敕滇舊有書院。使者分爲三舍。課其優絀、以高下其廩餼。然使者竊憂之。慮其應上者之鮮實心、而操之無具。故奇才異能之士。未嘗數數覯也。 使者先已置二十一史諸書於院中。學者尚未及讀。至是復取架上十三經及周秦以來之書若干部。各用圖書印記、注之簡冊、貯之書院。掌之學官。傳之永久。又將招致四方之善讀書而能好古者、以充學舍。厚其廩餼。而以時親課讀之。 讀書之法。經爲主。史副之。四書本經孝經、此童而習之者、外此則先之以五經。其次如左傳之淹博。公穀之精微。儀禮之謹嚴。周禮之廣大。爾雅辨晰毫芒。大至無外而細入無間。此十三經者。闕其一。即如手足之不備。而不可以成人者也。至於史。則先史記。次前漢書。次後漢書。此三史者、亦闕一不可。讀本紀、可以知一代興亡盛衰之由。讀年表世家、可以知大臣創業立功之所自。讀列傳、可以知人臣邪正公私。即以關係國家得失利害之分。讀忠孝節義隱逸儒林文學方伎等傳、可以知各成其德各精其業。以各造其極。而得其或顯當時或傳後世之故。讀匈奴大宛南夷西域諸傳、可以知安內攘外柔遠綏邊恩威各得之用。讀天官曆律五行諸書志、可以觀天。而並可以知天人相感之原。讀河渠地理溝洫郡國諸書志、可以察地。而並可以知險要之機。讀禮樂郊祀儀衛輿服等書志、可以知與禮掌故之因革。而有所參訂。讀藝文經籍等志、可以知七略九種四部六庫著作之源流。而有所考稽。讀平準食貨諸書志、可以知出入取予制節謹度之大要。而有所規鑒。讀刑法兵營等志、可以知賞罰征伐懲惡勸善討罪立功之大法、而有所折衷。此讀史之大要也。　讀左傳、以史記副之。讀公羊穀梁儀禮周官爾雅、而以前後兩漢副之。十三經與三史既讀。此外如家語國語國策離騷文選老莊荀列管韓。以及漢唐宋元人之文集。與三國志晉書以下諸史、參讀參看。擇其尤精粹者讀之。其餘則分日記覽。　如借有院爲納交聲氣之地。觴酒酬酢。慶賀往還。遊蕩門外。招搖市中。是尤不肖之甚。貽羞書院。恥笑士林。此使者之所深惡。毋過吾門也。

其後如阮元之創詁經精舍及學海堂。

劉毓崧阮文達公傳、所至必以興學敎士爲急。在浙江則立詁經精舍。在廣東則立學海堂。選諸生知務實學者肄業其中。士習蒸蒸日上。至今官兩省者皆奉爲矩矱。

李元度先正事略、阮元爲浙江巡撫時、立詁經精舍。祀許叔重鄭康成兩先生。延王述庵孫淵如主講席。選高材生讀書其中。課以經史疑義及小學天文地理算法。許各搜討書傳條對。不用扃試糊名法。刻其文尤雅者曰詁經精舍集。不十年上舍士致身通顯、及撰述成一家言者。不可殫數。東南人才稱極盛焉。　調兩廣總督。立學海堂。以經古學課士。如在浙江時。

黃體芳之建南菁書院。

繆荃孫黃先生以周墓志銘、黃漱蘭侍郞視學江蘇。建南菁講舍。延先生主講。先生敎以博文約禮、實事求是。　宗湘文觀察、建辨志精舍于寧波。請先生定其名義規制。而專課經學。著錄弟子千餘人。

以及俞樾、劉熙載、朱一新等之掌教各書院。

繆荃孫俞先生樾行狀先生歷主講蘇州紫陽上海求志德清清溪歸安龍湖等書院。而主杭州詁經精舍至三十一年。爲歷來所未有其課諸生一稟阮文達公成法王侍郎昶、孫觀察星衍兩先生之緒。至先生復起而振之。兩浙知名之士。承聞訓迪、蔚爲通材者。不可勝數。

蕭穆劉融齋中允別傳其主講龍門書院。與諸生講習。終日不倦。每五日。必一一問其所讀何書、所學何事。黜華崇實。祛惑存眞。嘗午夜周覽諸生寢室。其嚴密如是。

金武祥朱君一新別傳粵督張香濤尚書延爲肇慶府端溪書院山長。復延入廣州、爲廣雅書院山長。廣雅規模宏大。張公所新建者。儲書甚富。山長專課諸生以經訓性理及史事詞章有用之學。兩廣東西高才生咸請業。

皆以博習經、史、詞、章爲主。與專試時文之書院固不同。亦與講求理學之書院異趣焉。書院之外。有社學義學等。則爲教育幼童及孤貧者而設。

清通考康熙九年、令各直省置社學社師。凡府州縣每鄉置社學一。選擇文藝通曉行誼謹厚者、考充社師。免其徭役。給餼廩優贍。學政按臨日。造姓名冊。申報考察。

又五十四年、諭直隸巡撫趙宏燮。畿輔之地。乃王化所先。宜于窮鄉僻鄉皆立義學。延師教讀。以勉厲孝弟。可望成人矣。

清會典京師暨各省府州縣、俱設義學。京師由順天府尹愼選文行兼優之士、延爲館師。諸生中貧乏無力者、酌給薪水。各生由府州縣董理、酌給膏火。每年仍將師生姓名、册報學政。直省府州縣大鄉巨堡、各置社學。擇學優行端之生員爲師、免其差役。由地方官量給廩餼。仍報學政查覈。

其教課不過童蒙識字之書。間授以珠算。取足謀生而已。通常士商之子弟。則多學于家塾、或就師塾聚讀。敏異者則授以經書及史鑑之類。愚鈍者則學尺牘習珠算。至年十四五。爲商賈之徒弟焉。塾師之教。最重記誦。

張爾岐、蒿庵閒話。邢懋循嘗言、其師教之讀書。用連號法。初日誦一紙。次日又誦一紙。並初日所誦誦之。三日又並初日次日所誦誦之。如是漸增引至十一日。乃除去初日所誦。每日皆連誦十號。誦至一週。遂成十週。人卽中下。已無不爛熟矣。又擬目若干道。書簽上。貯之筒。每日食後拈十簽。講說思維。令有條貫。逮作文時。遂可不勞餘力。

編者按昔美國佛蘭克林練習作文亦用此法。見其自傳。Franklin "Autobiography"

然亦、有注、重啟、發者。觀王筠教童子法。雖專爲學生作文應試計。而其、用心。未嘗、不與、今之、教育、家言、相近焉。

王筠教童子法。蒙養之時。識字爲先。不必遽讀書。先取象形指事之純體教之。識日月字、卽以天上日月告之。識上下字、卽以在上在下之物告之。乃爲切實。純體字既識。乃教以合體字。又須先易講者、而後及難講者。講文不必盡說正義。但須說入童子之耳。不可出之我口。便算了事。如弟子鈍。則識千餘字後、乃爲之講。能識二千字、乃可讀書。讀亦必講。然所識之二千字、前已能解。則此時合爲一句講之。若尙未解。或並未曾講。只可逐字講之。八九歲時。神智漸開。則四聲虛實韻部雙聲疊韻事事都須教。兼當教之屬對。

且每日教一典故。才高者全經及國語國策文選盡讀之。即才鈍、亦五經周禮左傳全讀之。儀禮公穀摘鈔讀之。才高、十六歲可以學文。鈍者二十歲不晚。初學文。先令讀唐宋古文之淺顯者。即令作論。以寫書爲主。不許說空話。以放爲主。越多越好。但于其虛字不順者少改易之。以圈爲主。等他知道文法。而後使讀隆萬文。不難成就也。　學生是人。不是豬狗。讀書而不講。是念藏經也。嚼木柤也。鈍者或俯首受驅使。敏者必不甘心。人皆尋樂。誰肯尋苦。讀書雖不如嬉戲樂。然書中得有樂趣。亦相從矣。　凡每日屬對。必相其本日所讀、有可對者。而后出之。可以驗其敏鈍。即或忘之。亦致責之而無詞也。　小兒無長精神。必須使有空間。空間即告以典故。但典故有死有活。死典故日日告之。如十三經何名、某經作註者誰、作疏者誰。二十四史何名、作之者姓名。日告一事。一年即有三百六十事。間三四日。必須告以活典故。如問之曰。兩鄰爭一雞。爾能知確是某家物否。能知者即大才矣。不能知而后告以南史。先問兩家飼雞各用何物。而后剖嗉驗之。弟子大喜者、亦有用人也。自心思長進矣。　教弟子如植木。但培養澆灌之。令其參天蔽日。其大本可爲棟梁。即其小枝亦可爲小器具。今之教者。欲其爲几也。即曲折其木以爲几。不知器是做成的。不是生成底。迫其生機不遂而夭閼以至枯槁。乃猶執夏楚而命之。曰是棄材也。非教之罪也。嗚乎。其果無罪耶。　沂州張先生筠之父執李刑原名映彰先生師也。嘗言從學時。每日早飯後輒曰各自理會去。弟子皆出。各就隴畔畦間。比反。各道其所理者何經何文。有何疑。録張先生即解說之。吾安邱劉川南先生名其旋十餘歲時。師爲之講書數行。輒請曰。如此則與某章反背。師令退思之而復講。如是者每日必有之。半年後師遂不窮于答問。是謂教學相長。然此等高足那可多得。故爲弟子講授。必時時詰問之。令其善疑。誘以審問。則其作文時、必能標新領異矣。

第十章　考證學派

滿淸中葉、考據之學大興。當時號爲漢學。

劉師培近代漢學變遷論古無漢學之名。漢學之名、始于近代。或以篤信好古、該漢學之範圍。然治漢學者、未必盡用漢儒之說。卽用漢儒之說、亦未必用以治漢儒所治之書。是則所謂漢學者。不過用漢儒之訓故以說經。及用漢儒注書之條例以治羣書耳。

江藩著漢學師承記。自康雍至嘉慶間、學者略備。而道咸以來之學者。其學派亦多演自乾嘉。迄今猶有盛稱漢學者。其淵源不可不考也。劉師培著近儒學術統系論。先舉淸國初之理學。後述雍乾以降之經學。于各地方之風氣。條分縷析。頗簡而要。茲分錄之。以見淸代學術變遷之概。蓋淸初諸大儒、學行兼崇。固不分所謂漢宋。

劉師培近儒學術統系論明淸之交。以浙學爲最盛。黃宗羲授學蕺山。而象數之學兼宗漳浦。文獻之學遠溯金華先哲之傳。復兼言禮制。以矯空疏。傳其學者數十人。以四明二萬爲最著。而象數之學則傳于查愼行。又沈昀、張履祥亦授學蕺山。沈昀與應撝謙相切磋。黜王崇朱。刻苦自厲。而履祥之傳較遠。其別派則爲向璿、呂留良。從宗羲履祥遊。所學略與履祥近。排斥餘姚若放淫辭。傳其學者。浙有嚴鴻逵。湘人有曾靜。再傳而至張熙及文獄誕興。而其學遂泯。別有沈國模、錢德洪、史孝咸。承海門石梁之緒。以覺悟爲宗。略近禪學。宗羲雖力排其語。然沈氏弟子有韓孔當、邵曾可、勞史。邵氏世傳其學。至于廷采。其學不衰。時東林之學。有高愈、高世泰、顧培。上承涇陽梁谿之傳。講學錫山。寶應朱澤澐。從東林子弟遊。兼承鄉賢劉靜之之學。亦確宗紫陽。王茂竑繼之。其學益趨于徵實。又與人朱用純、張夏彭瓏。歙人施璜、吳愼。亦篤守高顧之學。順康以降。其學亦衰。　孫奇逢講學百泉。持朱陸之平。弟子尤衆。以耿介張沐爲最著。湯斌之學、亦出于奇逢。然所志則與奇逢異。　李顒講學關中。指心立教。然關中之士。若王山史、李天生。皆敦崇實學。及顧炎武流寓華陰。以躬行禮教之說、倡導其民。故受學于顒者、若王爾緝之流。均改宗紫陽、顒曾施敎江南、然南人鮮宗其學。故其學亦失傳。　博野顏元、以實學爲倡。精研禮樂兵農。蠡縣李塨、初受學毛大可。繼從元說。故所學較元尤博。大興王源、初喜談兵與魏禧劉繼莊友善。好爲縱橫之談。繼亦受學于元。故持論尤高。及元游豫省、而顏學被于南。洪寓秦中、而顏學播于西。及江浙之士、亦間宗其學。然一傳以後。其學驟衰。惟江寧程廷祚、私淑顏李。近人德清戴望、亦表彰顏李之書。舍是、傳其學者鮮矣。太倉陸世儀、幼聞幾社諸賢之論。頗留心經世之術。繼受學馬負圖。兼好程朱理學。陳言夏亦言經世。與世儀同。世儀講學蘇松間。當時鮮知其學。厥後吳江陸燿、宜興儲大文、武進李兆洛。蓋皆聞世儀之風而興起者。故精熟民生利病。而辭無迂遠。　贛省之間。南宋以降學風漸衰。然道原之博聞。陸王之學術。歐曾王氏之古文。猶有存者。故易堂九子均好古文。三魏從王源劉繼莊游。兼喜論兵。而文辭亦縱橫。惟謝秋水學宗紫陽。與陸王異派。及雍乾之間。李紱起于臨川。確宗陸學。兼侈博聞。喜爲古文詞。蓋合贛學三派爲一途。粵西謝濟世、黨于李紱。亦崇陸黜朱。然咸植躬嚴正。不屈于威武。瑞金羅臺山、早言經世。亦工詞章。及伊鬱莫伸。乃移治陸王之學。兼信釋典。合淨土禪宗爲一。吳人彭尺木、薛湘文、汪大紳、從臺山游。即所學亦相近。惟羅學近心齋卓吾。彭汪以下、多宅心清淨。由是吳中學派、多合儒佛爲一談。至嘉道之際。猶有江沅。實則贛學之支派也。　閩中之學。自漳浦以象數施教。李光地襲其唾餘。兼通律呂音韻。又說經近宋明。析理宗朱子。卒以致身貴顯。光地之弟光坡、作禮記述注。其子鍾倫、亦作周禮訓纂。蓋承四明萬氏之學。楊名時受學光地。略師其旨以說經。而律呂音韻之奥、惟傳于王蘭生。又閩人蔡世遠、喜言朱學。亦自謂出于光地。雷鋐受業于世遠。兼從方苞問禮。然所學稍實。不欲曲學媚世。以直聲著聞。　自此以外。則湘有王夫之、論學確宗橫渠。兼信紫陽。與餘姚爲敵。亦雜治經史百家。蜀有唐甄、論學確宗陸王。尤喜陽明。論政以便民爲本。嫉政教禮制之失平均。然躬自植晦。不以所學授于鄉。故當時鮮宗其學。別有劉原淥、姜國霖、講學山左。李闇章、范鎬鼎、講學河汾。均以宗朱標其幟。弟子雖衆。然不再傳其學亦晦。此皆明末國初諸儒理學宗傳也。

其後雖亦有祖述而私淑之者。然由理學而趨于考據。乾嘉之際。漢學之幟遂風靡一時。講求修身行己治國成人者之風。遠不如研究音韻文字校勘金石目錄之學者之盛。雖經學家有古文今文西漢東漢之區別。然亦承乾嘉之風而演進。仍以漢學相高。一涉宋明心性之談。則相率而嗤之矣。

劉師培近儒學術統系論理學而外。則詩文之學、在順康雍乾之間。亦各成派別。然雕蟲小技。其宗派不足言。其有派別可言者。則宋學之外。惟漢學。漢學以治經爲主。考經學之興。始于顧炎武、張爾岐。顧張二公。均以壯志未伸。假說經以自遣。毛大可解易說禮。多述仲兄錫齡之言。閻若璩少從詞人游。繼治地學。與顧祖禹、黃儀、胡渭相切磋。胡渭治易、多本黃宗羲。張弨與炎武友善。吳玉搢與弨同里。故均通小學。吳江陳啟源與朱鶴齡偕隱。並治毛詩三傳。厥後大可毛詩之學、傳于范家相。鶴齡三傳之學、傳于張尚瑗。若璩尚書之學、傳于馮景。又吳江王錫闡、潘檉章。雜治史事。尤工歷學。檉章弟耒、受歷學于錫闡。兼從炎武受經。秀水朱彝尊、亦從炎武問故。然所得均淺狹。　別有宣城梅文鼎、殫精數學。鄂人劉湘煃、閩人陳萬策、均受業其門。文鼎之孫瑴成、世其家學。泰州陳厚燿、亦得梅氏之傳。而歷數之學漸顯。武進臧琳、閉門窮經。研覃奥義。根究故訓。是爲漢學之始。東吳惠周惕、作詩說易傳。其子士奇繼之。作易說、春秋傳。棟承祖父之業。始確宗漢詁。所學以掇拾爲主。扶植微學。篤信而不疑。厥後掇拾之學、傳于余蕭客。尚書之學、則江聲得其傳。故余江之書、言必稱師。江藩受業于蕭客。作周易述補。以續惠棟之書。藩居揚州。由是鍾懷、李宗泗徐復之流。均聞風興起。

先是徽歙之地。有汪紱、江永。上承施璜、吳慎之緒。精研理學。兼尚躬行。然即物窮理。師考亭格物之說。又精于三禮。永學尤博。于聲律音韻歷數之學。均深思獨造。長于比勘。金榜、從永受學。獲窺禮堂論贊之緒。學特長于禮。戴震之學亦出于永。然發揮光大。曲證旁通。以小學爲基。以典章爲輔。而歷數音韻水地之學。咸實事求是。以求其原。于宋學之誤民者。亦排擊防閑不少懈。徽歙之士。或游其門。或私淑其學。各得其性之所近。以實學自鳴。由是治數學者、前有汪萊。後有洪梧。治韻學者、前有洪榜。後有汪有誥。治三禮者、則有凌廷堪及三胡。程瑤田亦深三禮。兼通數學。辨物正名。不愧博物之君子。此皆守戴氏之傳者也。及戴氏施教燕京。而其學益遠。被聲音訓故之學、傳于金壇段玉裁。而高郵王念孫所得尤精。典章制度之學、傳于興化任大椿。而李惇、劉臺拱、汪中、均與念孫同里。臺拱治宋學。上探朱王之傳。中兼治詞章。雜治史籍。及從念孫游。始專意說經。顧九苞與大椿同里。備聞其學。以授其子鳳毛。焦循少從鳳毛游。時凌廷堪亦居揚州。與循友善。繼治數學。與汪萊切磋。尤深。阮元之學、亦得之焦循凌廷堪。繼從戴門弟子游。故所學均宗戴氏。以知新爲主。不惑于陳言。然兼治校勘金石。黃承吉亦友焦循。移焦氏說易之詞、以治小學。故以聲爲綱之說、寖以大昌。時山左經生。有孔繼涵、孔巽軒。均問學戴震。巽軒于學尤精。兼工儷詞。嗣棲霞郝懿行、出阮元門。曲阜桂馥、亦從元游。故均治小學。懿行治爾雅。承阮氏之例。明于聲轉。故遠邁邢疏。又大興二朱、河間紀昀。均篤信戴震之說。後膺高位。汲引漢學之士。故戴學愈興。別有大興翁方綱。與阮元友善。篤嗜金石。河南之儒、以武億爲最。喜億從朱門諸客游。兼識方綱。故說經之餘。亦兼肆金石。而金石之學。遂昌時。江浙之間。學者亦爭治考證。先是錫山顧棟高、從李紱方苞問故。與任啓運陳亦韓友善。其學均雜糅漢宋。言淆雅俗。而吳人何焯、以博覽著名。所學與浙西學士近。吳江沈彤、承其學。漸以說經。嘉定錢大昕于惠戴之學。左右采獲。不名一師。所學界精博之間。王鳴盛與錢同里。所學略與錢近。惟博而不精。大昕兼治史乘。旁及小學天算地輿。其弟大昭、傳其史學。族子塘、坫。一精天算。一專地輿。坫兼治典章訓故。塘坫之弟有錢侗錢繹。兼得大昕小學之傳。而錢氏之學。萃于一門。繼其後者。則有元和李銳、受數學于大昕。武進臧庸、傳其遠祖臧琳之學。元和顧千里、略得錢段之傳。均以工于校勘。爲阮元所羅致。嗣有長洲陳奐、所學兼出于段王。朱駿聲與奐並時。亦執贄段氏之門。故均通訓故。若夫鈕樹王袁廷檮之流。亦確宗錢段。惟所學未精。

常州之學、復別成宗派。自孫星衍、洪亮吉。初喜詞華。繼治掇拾校勘之學。其說經篤信漢說。近于惠棟王鳴盛。洪氏之子飴孫、傳其史學。武進張惠言久游徽歙。主金榜家。故兼言禮制。惟說易則同惠棟。確信讖緯。兼工文詞。莊存與與張同里。喜言公羊。侈言微言大義。兄子綬甲傳之。復昌言鐘鼎古文。綬甲之甥。有武進劉逢祿、長洲宋翔鳳。均治公羊。黜兩漢古文之說。翔鳳後從惠言游。得其文學。而常州學派以成。

皖北之學、莫盛于桐城。方苞幼治歸氏古文。託宋學以自飾。繼聞四明萬氏之論。亦兼言三禮。惟姚範校覈羣籍。不惑于空談。及姚鼐興。亦挾其古文宋學。與漢學之儒競名。繼慕戴震之學。欲執贄于其門。爲震所却。乃飾漢學以自固。然篤信宋學之心不衰。江寧梅曾亮、管同。均傳其古文。惟里人方東樹、作阮元幕賓。略窺漢學門徑。乃挾其相傳之宋學。以與漢學爲仇。作漢學商兌。故桐城之學。自爲風氣。疏于考古。工于呼應頓挫之文。篤信程朱。有如帝天。至于今不衰。惟馬宗璉馬瑞辰間宗漢學。 浙中之士。初承朱彝尊之風。以詩詞博聞相尙。于宋代以前之書。耤束而勿觀。杭世駿興。始稍治史學。趙一淸、齊召南興。始兼治地理。惟餘姚四明之間。則士宗黃萬之學。于典章文獻。探討尤勤。鄞縣全祖望、熟于鄉邦佚史。繼游李紱之門。又從詞科諸公游。故所聞尤博。餘姚邵晉涵、初治宋明史乘。所學與祖望近。繼游朱珪錢大昕門。故兼治小學。會稽章學誠、亦熟于文獻。旣乃雜治史例。上追劉子玄鄭樵之傳。區別古籍。因流溯源。以窮其派別。雖游朱珪之門。然所學則與戴震立異。及阮元秉鉞越省。越人趨其風尙。乃轉治金石校勘。樹漢學以爲幟。臨海金鶚、尤善言禮。湖州之士、亦雜治說文古均。此漢學輸入浙江之始。厥後仁和龔麗正、壻于段玉裁之門。其子自珍。少聞段氏六書之學。繼從劉申受游。亦喜言公羊。而校讎古、耤又出于章學誠。矜言鐘鼎古文、又略與常州學派近。特所得均淺狹。惟以奇文聳衆聽。仁和曹籀、譚獻。均篤信龔學。惟德淸戴望、受毛詩于陳奐。受公羊于宋翔鳳。又篤嗜顏李之學。而搜輯明季佚事、又與全邵相同。雖以公羊說論語。然所學不流于披猖。近人俞樾、孫詒讓。則又確守王阮之學。于訓故尤精。定海黃氏父子。學糅漢宋。尤工說禮。所言亦近阮氏。然迥與龔氏之學異矣。 江北淮南之士。則繼焦黃而起者。有江都凌曙。曙問故張惠言。又游洪榜之門。故精于言禮。兼治公羊。惟以說禮爲本。時阮元亦鄉居。故漢學益昌。先大父受經凌氏。改治左氏。寶應劉寶楠、兼承族父端臨之學。專治論語。別有薛傳均、治說文。梅植之、治穀梁。時句容陳立、丹徒汪芷柳興宗、旌德姚佩中、涇縣包世榮包愼言。均寓揚州。山陽丁晏、海州許桂林。亦往來邗水之間。立受學凌氏。專治公羊。芷治毛詩。興宗通穀梁。佩中治漢易。世榮治禮。兼以禮釋詩。愼言初治詩禮。繼改治公羊。桂林亦治穀梁。尤長歷數。晏偏說羣經。略近惠棟。然均互相觀摩。互相討論。故與株守之學不同。甘泉羅士琳、受歷數之學于桂林。尤精數學。時魏源包世臣。亦縱游江淮間。士承其風。間言經世。然仍以治經爲本。

燕京爲學士所薈萃。先是大興徐松、治西北地理。壽陽祁韻士、兼考外藩史乘。及道光中葉。寖成風會。而韻士之子嶲藻、兼治說文。驛臚高位。由是平定張穆、光澤何秋濤。均治地學。以小學爲輔。尤熟外藩佚事。魏源龔自珍亦然。故考域外地理者、必溯源張何。至王筠、許瀚、苗夔。則專攻六書。咸互相師友。然斯時宋學亦漸興。　先是贛省陳用光、傳姚鼐古文之學派。衍于閩中粵西。故粵西朱琦龍翰臣、均以古文名。而仁和邵懿辰、山陽潘德輿。均治古文理學。略與桐城學派相近。粵東自阮氏提倡後。曾釗、侯康、林伯桐、均治漢學。守阮氏之傳。至陳澧遂雜治宋學。朱次琦崛起。漢宋兼采。學蘄有用。曾國藩出。合古文理學爲一。兼治漢學。由是學風驟易。黔中有鄭珍、莫友芝。倡六書之學。兼治校勘。至于黎庶昌。遂兼治桐城古文。閩中陳壽祺、確宗阮氏之學。其子喬樅。雜治今文說。至于陳捷南、則亦兼言宋學。湘中有鄧顯鶴。喜言文獻。至于王先謙之流。雖治訓故。然亦喜言古文。是皆隨曾氏學派爲轉移者也。

惟湘中前有魏源。後有王闓運。均言公羊。故今文學派。亦昌。傳于西蜀東粵。

漢學家之弊。方東樹漢學商兌言之詳矣。要其人所自稱許者、無過于徵實。

劉師培近代漢學變遷論江戴之學。興于徽歙。所學長于比勘。博徵其材。約守其例。悉以心得爲憑。且觀其治學之次第。莫不先立科條。使綱舉目張。同條共貫。可謂無徵不信者矣。即嘉定三錢。于地輿天算。各擅專長。博極羣書。于一言一事。必求其徵。而段王之學。溯源戴君。尤長訓故。于史書諸子。轉相證明。或觸類而長。所到冰釋。即凌陳三胡。或條列典章。或詮釋物類。亦復根據分明。條理融貫。恥于輕信。而篤于深求。徵實之學、蓋至是而達于極端矣。

近人尤盛稱其治學之法。謂合于西洋之科學方法。實則搜集證佐。定爲條例。明代學者已開其端。非清人所得專美。

明陳第毛詩古音考序曰列本證旁證二條。本證者詩自相證也。旁證者采之他書也。二者俱無。則宛轉以審其音。參錯以諧其韻。

焦竑毛詩古音考序李立作古音考一書。取詩之同韻者臚列之爲本證。已取老易太玄騷賦參同急就古詩謠之類臚列之爲旁證。

雖科條精密。後勝于前。然其能成爲科學者。自文字音韻外。初不多覯也。高郵王氏校訂羣書。最稱精善。然其法大抵先取宋人所輯類書。如太平御覽、册府元龜、玉海等書。比其異同。卽據爲己意。先立一說。而後引類書以證之。如

王念孫讀書雜志逸周書第二闕開修道。念孫案。闕開修道。文不成義。開本作闕。闕闕修道。皆所以來遠人。故下文言遠旅來至。關人易資也。俗書闕字作開。開字作闕。二形相似而誤。玉海二十四六十引此並作闕闕。據此文、似先定爲闕字。然後檢玉海得其證者。其實是先以玉海校此書。見玉海作闕字。遂據以爲說。而後引玉海爲證。下均仿此。

又水性歸下農民歸利。念孫案、此本作水性歸下、民性歸利。民性與水性對文。民字總承上文士農商賈而言。非專指農民而言。今本作農民者。卽涉上農民歸之而誤。玉海六十引此、正作民性歸利。

又世俘篇凡武王俘商舊玉億有百萬。念孫案、此文本作凡武王俘商得舊寶玉萬四千、佩玉億有八萬。億有八萬乃佩玉之數。非舊寶玉之數。鈔本北堂書鈔衣冠部二引此、正作武王俘商得舊寶玉萬四千佩玉億有八萬。藝文類聚寶部上、太平御覽珍寶部三、並同。

又周月篇凡四時成歲有春夏秋冬念孫案歲下吏有歲字而今脫之太平御覽時序部二引此正作歲有春夏秋冬。

此類甚多。不可勝舉。恃宋人之類書以講漢學。謂是即超過宋人。不知在宋時其書本不誤。自亦不必有校勘之學矣。漢學家所尙者考證。然其考證亦時有疏漏。觀魏源譏紀昀之言可見。

魏源古微堂集書宋名臣言行錄後。乾隆中修四庫書。紀文達公以侍讀學士總纂。文達故不喜宋儒。其總目多所發揮。然未有如宋名臣言行錄之甚者也。曰茲錄于安石惠卿皆節取。而劉安世氣節凜然。徒以嘗劾程子。遂不登一字。以私滅公。是用深濾。是說也。于茲錄發之。于元城語錄發之。于盡言集發之。又于宋如珪名臣琬琰錄發之。于淸江三孔集發之。于唐仲友經世圖譜發之。昌言抨擊。訖再訖四。昭昭國門可懸。南山不易矣。雖然。吾不知文達所見何本也。茲錄前集起宋初。後集起元祐。而劉公二十餘事在焉。宋本今本五百年未有改也。吾未知文達所見何本也。

未觀原書。遽以己意妄下論斷。是豈得爲考證之法乎。蓋漢學家所考證者。局部之考證。于唐以下之書。率不屑讀。尤鄙夷宋人好事。詆斥此皆其所短也。

世尊乾嘉諸儒者。以其以漢儒之家法治經學也。然吾謂乾嘉諸儒所獨到者。實非經學。而爲考史之學。考史之學。不獨趙翼二十二史劄記。王鳴盛十七史商榷。或章學誠文史通義之類。爲有益于史學也。諸儒治經。實皆考史。或輯一代之學說（如惠棟易漢學之類）。或明一師之家法（如張惠言周易虞氏義之類）。于經義亦未有大發明。特區分畛域。可以使學者知此時代此經師之學若此耳。其于三禮。尤屬古史之制度。諸儒反覆研究。或著通例。如江永儀禮釋例、凌廷堪禮經釋例之類、或著專例。如任大椿弁服釋例之類。或爲總圖。如張惠言儀禮圖之類。或爲專圖。如戴震考工記圖、阮元車制圖考之類。或專釋一事。如沈彤周官祿田考、王鳴盛周禮軍賦說。胡匡衷儀禮釋官之類。或博考諸制。如金鶚求古錄禮說、程瑤田通藝錄之類。皆可謂研究古史之專書。即今文學家標舉公羊義例。如劉逢祿公羊何氏釋例、凌曙公羊禮說之類。亦不過說明孔子之史法。與公羊家所講明孔子之史法耳。其他之治古音、治六書、治輿地、治金石。皆爲古史學。尤不待言。惟限于三代語言文字制度名物。尚未能舉歷代之典籍。一一如其法以治之。是則尚有待於後來者耳。

第十一章　國際貿易與鴉片之禍

清初沿明例。許澳門葡人至廣東市易。

> 王之春柔遠記。順治四年八月、佛郎機時尚沿明之誤來廣東互市。廣督佟養甲疏言佛郎機國人寓居濠鏡澳門。與粵商互市。于明季已有歷年。後每歲通市不絕。惟禁入省會。遂飭禁止。請嗣後仍准番舶通市。自後每歲通市不絕。惟禁入省會。

及平臺灣。開海禁。設榷關。而西洋諸國商舶來者益衆。

> 王之春柔遠記。康熙二十二年夏六月、開海禁。時沿海居民雖復業。尚禁商舶出洋互市。施琅等屢以爲言。又荷蘭以曾助剿鄭氏。首請通市。許之。而大西洋諸國因荷蘭得請。于是凡明以前未通中國、勤貿易而操海舶爲生涯者、皆爭趨疆臣。因請開海禁。設粵海、閩海、浙海、江海榷關四。于廣州之澳門、福建之漳州、浙江之寧波府、江南之雲臺山。署吏以涖之。

康雍閒、英人屢來互市。

王之春柔遠記。康熙三十七年。置定海權關。英吉利來互市。浙海關在寧波。商船出入海港。往返百四十里。中多礁石。每回帆遲去。英吉利貨船時往來澳門廈門。復北泊舟山。寧波海關監督屢請移關定海縣。部議未許。至是監督張聖詔。以定海港澳闊深。水勢平緩。堪容番舶。亦通各省貿易。請捐建衙署移關以便商船。詔可。乃于定海城外道頭街西。建紅毛館一區。以安置夾板船水梢人等。此英吉利商船來定海之始。然時雖通市。亦不能每歲來華也。

又雍正七年。英吉利復來通市。英吉利自康熙間通市後。亦不常來。至是始互市不絕。

然未嘗立約通商。其立約通商者惟俄羅斯。中俄之立條約。始于康熙二十八年尼布楚之約。

何秋濤俄羅斯互市始末。俄羅斯國于順治十二年。始遣使入貢。康熙十五年。貿易商人尼果賴等至。聖祖召見之。賜察罕汗書。諭邊界事。時其國所屬羅刹滋擾黑龍江境。出沒于尼布楚雅克薩諸地。屢經大兵剿撫。而盤踞如故。康熙二十一年。大臣馬喇奏言。雅克薩城恃田禾爲食。尼布楚城與車臣汗部所屬巴爾呼接壤。時以牲畜易貂皮。宜刈田禾。絕互市。以困之。乃詔車臣汗諾爾部。飭所屬與絕市。迨二十七年。命以屢諭情由。作書付荷蘭及西洋國。轉達俄羅斯察罕處。察罕汗尋上疏。乞撤雅克薩城之圍。于二十八年。經內大臣索額圖等赴尼布楚議定疆界。立約曰。和好既定以後。一切行旅。有準令往來文票者。許其貿易不禁。三十二年定例。俄羅斯國準其隔三年來京貿易一次。不得過二百人。在路自備馬駝盤費。一應貨物不令納稅。犯禁之物。不准交易。到京時。安置俄羅斯館。不支廩給。限八十日起程還國。此在京互市著令之始也。

約章大全。俄羅斯部。黑龍江俄約六款。係康熙二十八年。領侍衛內大臣索額圖等。與俄國使臣費岳多額里克謝在尼布楚議定。是爲我國入本朝以來因界務而與他國立約之始。其時國勢正盛。所定界綫。尙以大興安嶺爲限。厥後漸移而南。以黑龍江爲限矣。

至雍正五年有恰克圖之約。

約章大全恰克圖界約凡十一款。立于雍正五年。

何秋濤俄羅斯互市始末恰克圖名初不著。以互市故始大顯。先是俄羅斯人祇准隔三年來京一次。而喀爾喀土謝圖汗部與俄羅斯接壤。其邊界之民互相貿易。向惟土謝圖汗自爲經理。初未設官彈壓。亦未著于功令也。康熙五十九年。理藩院議准哲布尊丹巴呼圖克圖庫倫地方。俄羅斯與喀爾喀互相貿易。民人叢集。難以稽察。嗣後內地民人有往喀爾喀圖庫倫貿易者。令該管官出具印文。將貨物人數開明報院。給與執照。出何邊口。令守口官弁驗明院照放行。如帶軍器禁物。立即查拏送院。交該部從重治罪。由院委監視官一人。前往會合喀爾喀土謝圖汗等彈壓稽查。二年一次更代。是爲庫倫准互市之始。雍正五年八月。遣郡王策凌、內大臣伯四格、侍郎圖理琛等。與俄羅斯使臣薩瓦議定楚庫河等處邊界。安設卡倫。以恰克圖爲常互市所。人數不得過二百。設監視官一員。由理藩院司官內揀選。二年一代。是爲恰克圖准互市駐部員之始。詔非市斯毋許俄羅斯踰楚庫河界。

中數因事停止貿易。

何秋濤俄羅斯互市始末乾隆二十九年、停止恰克圖互市。三十三年、准市易如初。四十四年、又停恰克圖互市。五十六年冬。奉旨、著理藩院檄行俄羅斯。准其所請、開關市易。

乾隆五十五年、復立恰克圖市約五條。觀其約文、可以見清室是時之國威焉。

約章大全恰克圖市約凡五款。立于乾隆五十七年。（一）恰克圖互市。于中國初無利益。因你薩那特衙門籲請。是以開市。（一）中國與你國貨物。原係兩邊商人自相定價。你國商人、應由你國嚴加管束。彼此貨物交易後。各令不爽約期。即時歸結。勿令負欠。致起爭端。（一）今你國守邊官、皆恭順知禮。我游牧官羣相稱好。你從前守邊官皆能視此。又何致兩次失和。嗣後你守邊官、當慎選賢能。與我游牧官遜順相接。（一）恰克圖以西十數卡倫。你之布里雅特、哈里雅特不法。故致有烏呼勒咱之事。今你國宜嚴加禁束。杜其盜竊。（一）此次通市。一切仍照舊章。已頒行你薩那特衙門矣。兩邊民人交涉事件。如盜賊人命。各就查驗緝獲罪犯。會同邊界員審訊。明確後。本處屬下人由本處治罪。你處屬下人由你處治罪。各行文知照示衆。其盜竊之物。或一倍、或幾倍、罰賠。一切皆照舊例辦理。

清初與俄國交涉。恆用西洋教士。以其通兩國之文字也。

黃伯祿正教奉褒、康熙二十五年、上遣閔明我執兵部文。泛海由歐羅巴洲往俄羅斯京。會商交涉事宜。二十八年、徐日昇張誠奉命。隨同內大臣索額圖等、往塞外。與俄國會議兩國邊疆。二十八年、徐日昇張誠奉命隨內大臣索額圖等往尼布楚會晤俄國使臣。勘議兩國疆界。議定約章七條。書滿、漢、拉提諾、蒙古俄羅斯五體文字。兩國使臣相會。日昇將約章當場宣讀。畢兩國使臣俱畫押蓋印。各執一分。三十三年、閔明我回華復命。奏陳遵旨會商各情。

其後雖因俄事、命翰林等習外國文字。然亦未聞精于俄文者。

王之春柔遠記、康熙四十四年、大學士等以俄羅斯貿易來使齎至原文繙譯進呈。上閱之曰。此乃拉提諾拉丁託多烏祖克蒙古俄羅斯三種文也。此後翰林院宜學習外國文字。

而俄國與中國通商。乃特遣子弟來學滿漢語言文字。

魏源俄羅斯盟聘記、俄羅斯國在大西洋、崇天主教。其南境近哈薩克者、崇回教。其東境近蒙古者、崇佛教。故嘗遣人至中國、學剌麻經典。以綏東方之衆。並遣子弟入國子監、習滿漢語言文字。居于舊會同館。十年更代爲例。柔遠記、雍正五年。定俄人來學剌麻者額數六人。學生額數四人。十年更代爲例。派滿洲助教一人、漢助教一人、教習之。

且以其書籍與中國交換佛經。

魏源俄羅斯盟聘記、道光二十五年、汗上表言。丹珠爾經、佛教所重。而本國無之。奏求頒賜。上命發雍和宮藏奉八百餘冊賜之。越數月。其汗因肄業換班學生進京。乃盡繕其國所有書籍來獻。凡三百五十七號。有書有圖。通體皆俄羅斯字。當事奏請存于理藩院。以俟繙譯焉。

蓋其時清之國勢強于俄。故文字隨之而有輕重也。又其時海上航行未若後來之利便。俄之所需茶葉大黃。皆藉陸地輸出。閉關停市、亦足以控制之。

趙翼簷曝雜記、中國隨地產茶。無足異也。而西北游牧諸部。則恃以爲命。其所食羶酪甚肥膩。非此無以清榮衞也。自前明已設茶馬御史。以茶易馬。外番多款塞。我朝尤以是爲撫馭之資。喀爾略及蒙古回部、無不仰給焉。大西洋距中國十萬里。其番舶來。所需中國之物。亦惟茶是急。滿船載歸。則其用且極于西海以外夷。俄羅斯則又以中國之大黃爲上藥。病者非此不治。舊嘗通貿。使許其市易其入口處曰恰克圖。後有數事渝約。上命絕其互市。禁大黃勿出口。俄羅斯遂懼而不敢生事。

道咸以降。輪船大通。其形勢始變焉。

雍正中、西南洋諸國多來互市。

王之春柔遠記雍正七年、西南洋諸國來互市。先是康熙中雖設海關與大西洋互市。尙嚴南洋諸國商販之禁。自安南外。並禁止內地人民往販。比因粵閩浙各疆臣、以弛禁奏請。是年遂大開洋禁。凡南洋之廣南、港口、柬埔寨。及西南之𠲜仔、六坤、大哖、吉蘭丹、丁噶奴、單咀、彭亨諸國。咸來互市。

瑞典亦以此時始通中國。

王之春柔遠記雍正十年、瑞丁來互市。 瑞丁國卽瑞典。粵中呼爲藍旗國。

乾隆中、蘇祿欲以土地編入版圖。

王之春柔遠記乾隆十九年、蘇祿入貢。禁閩民充外洋正副使。 時蘇祿國蘇老丹嘛喊味安柔律噒遣使附閩人楊大成船入貢。福建巡撫陳宏謀以聞。部議該國王遣使嘮獨萬喳喇等、齎捧表文方物來閩。應給夫馬。勘合委員伴送來京。所帶土產貨物。聽照例貿易。免徵關稅。惟該國以楊大成列爲副使。楊大成卽武舉楊廷魁。緣事被斥。復藉出洋貿易。冒充該國副使。若不嚴加懲儆。恐內地民人習以爲常。出洋滋事。應請照例發黑龍江充當苦差。並行文該督撫。知照該國王。嗣後凡內地在洋貿易之人。不得令承充正副使。至該國王願以地土丁戶、編入天朝圖籍。伏思我朝統御中外。荒夷向化。該國土地人民。久在薄海臣服之內。該國王懇請來年專使齎送圖籍之處應毋庸議從之。

美利堅亦來市茶。

王之春柔遠記乾隆四十九年、米利堅來購茶。 米利堅、粵東俗稱花旗。北亞墨利加洲大國也。 華盛頓甫立新國。即于是年遣船至中國購茶。是爲米利堅來粵互市之始。

清之國勢之隆。正如日之方中。故于英使馬加尼之來。痛挫折之。英人亦無如之何。

王慶雲石渠餘紀乾隆五十七年冬十月。廣東巡撫郭世勳奏稱英吉利國夷人至粵。譯言國王以前年大皇帝八旬萬壽。遣使臣馬戛爾尼 George, Earl of Macartney 航海至京修貢。約明年二三月可抵天津。 次年五月十二日、貢船始過澳門。二十七日泊定海。六月十三日過登州廟島。船中夷官五十餘人。從人水手八百餘名。各疆吏次第以聞。時車駕駐熱河。命鹽政瑞徵護送以來。 督臣梁肯堂宣旨。貢使但免冠竦立。瑞徵爲言連日學習跪叩。乃使欽天監副索德超賀清泰等至熱河帶領。以皆西洋人、便肄習也。八月、貢使至山莊。上諭、使臣禮節多未諳悉。朕心深爲不愜。前此沿途款接過優。以致妄自驕矜。將來應由內河水路、前抵江南。由長江度梅嶺。再由水路至廣東。供頓不可過豐。經過營汛墩臺、務須完整嚴肅。以昭威重。尋軍機大臣以訓戒夷使、頗知悔懼。聞時外藩咸集山莊慶賀。上連日御萬樹園大幄次及澹泊敬誠殿。馬戛爾尼偕副使斯當東 George Staunton 等。卒隨緬甸諸陪臣舞蹈跪叩。宴賚成禮而退。于是許令由寧波乘船回國。 及譯出表文。則有派人留京照料買賣學習教化之請。有寧波天津收泊交易之請。有照俄羅斯在京設立貨行之請。有給珠山相近小海島居住之請。有給廣東省城小地方一處之請。有澳門居住夷人出入自便之請。有廣東下澳門由內河且減稅之請。又使臣謾言請准夷人傳教。上震怒。既責夷使以所請皆不可行。又于答給國王敕書之外。別爲敕諭一道。前後二千六百餘言。反覆開諭。　乃定以九月三日、令侍郎松筠押帶、由定海上船回國。馬戛爾尼請改由內地至粵。松筠許之。

然後、來割地、租地、傳教、通商、以及最惠條例、利益均霑之事、均萌芽于是時矣。

嘉慶中、禁英人傳教。

王之春柔遠記。嘉慶十九年冬十一月。禁英人傳教。先是乾隆間、英人司當東隨貢使至京。後貢使歸。司當東留住澳門。誘惑奸民甚衆。至是降旨、聞有英吉利夷人司當東留住澳門、已二十年。通曉漢語。夷人來粵者、大率聽其教誘。日久恐至滋生事端。著蔣攸銛等查明妥辦。

又却其貢使。

王之春柔遠記。嘉慶二十一年六月。英吉利貢使羅爾美都 Lord Amherst 副貢使馬禮遜 Robert Morrison 乘貢舟五。達天津。上命戶部尚書和世泰、工部尚書蘇楞額、往天津。率長蘆鹽政廣惠、料理貢使來京。一晝夜間、馳至圓明園。詰朝、上升殿受朝會。時正使已病。副使言衣車未至。無朝服。何以成禮。和世泰懼獲譴。遂飾奏貢兩使皆病。上怒、却其貢不納。遣廣惠伴押使臣回粵。

而其測我內情益熟。至道光中、遂有鴉片之戰。

鴉片產于印度。唐代譯籍、已載吸烟之事。

兪正燮癸巳類稿鴉片煙事述唐譯毗耶那雜事律云。在王城嬰病吸藥煙瘳損。苾芻白佛。有病者聽吸煙。佛言、以兩椀相合。底上穿孔。中著火。置藥。以鐵管長十二指置孔吸之。用了、用小袋盛挂杙竿上。復用時、置火中燒以取淨。不應用竹。不應水洗。此則西域古有之。

明代南洋諸國多以之入貢。

兪正燮癸巳類稿明四譯館同文堂外國來文八冊。有譯出暹羅國來文云。那侃備辦金葉表文。差握坤大通事衆頭目、到廣東布政使司給文赴北京叩頭皇帝。那侃進皇帝蘇木二千斤、樹香二千斤、馬前二百斤、鴉片二百斤。進皇后蘇木一千斤、樹香一千斤、馬前三百斤、鴉片一百斤。大明會典九十七九十八。各國貢物。暹羅、爪哇、榜葛剌三國俱有烏香。卽鴉片。繙文與會同館冊合。知三國明時已有鴉片。且入貢品。蓋藥物也。

其價與黃金等。

兪正燮癸巳類稿明徐伯齡蟫精雋云。成化癸卯、令中貴收買鴉片。其價與黃金等。其國自名合浦融。是成化時、市廛已有貨賣者。

而其以商品輸入則自澳門之葡人始。

稻葉君山清朝全史外國鴉片初入中國。由通商之葡人始。雍正七年、上諭發布之輸入數。一年大約不出二百箱。此輸入至乾隆三十八年、專在葡人手中。　蓋十八世紀時、外國輸入鴉片僅爲醫藥用品。已經許可。明萬歷十七年、對於鴉片沒藥乳香阿魏等商品之輸入。課取關稅。萬歷四十三年、及康熙二十七年、雍正十一年、制定稅則。鴉片亦照樣處置。乾隆十八年、廣東稅關之紀錄中。

鴉片一擔、取三兩。自雍正七年起。外國鴉片輸入、不受中國政府之關涉。至乾隆三十八年止。每年約加增二十箱。

清乾隆中英之印度公司專賣鴉片。輸入日增。始爲禍于中國。

王之春柔遠記。鴉片煙、一曰波畢。Poppy 一曰阿芙蓉。一曰阿片。本罌粟殼所造。產印度之孟加拉、及麻打拉薩、孟買諸處。有公班白皮紅皮大小土之分。明中葉始入中國。（見李時珍本草綱目及龔雲林醫鑑）康熙初以藥材入口。每擔稅銀三兩、又每包加稅二兩四分五釐。時尚無吸食者。其入內地。附西洋諸商船。歲不過二百箱。自英吉利在孟加拉牌片土立市埔。至乾隆二十年、因搆釁翦滅孟加拉。乘勝蠶食吾印度諸部。其中東南三部、則全爲所役屬。地產棉花。又產鴉片。英人倍徵其稅。遂專擅印度鴉片之利。其運載亦附英人船旂。船名格拉巴約。載三百甍（千六百八十斤爲一甍）十。每箱載兩滿。每滿各重六十七棒。（十三兩爲一棒）其價自一千三百至千五百魯卑不等。（二魯卑值一番銀）以分售各處。乾隆季年、閩粵吸食漸多。粵督奏禁入口。然官吏奉行有名無實。

稻葉君山清朝全史。乾隆三十八年。英國東印度會社。獲取由孟加拉彼哇及俄利薩產出鴉片之專賣。（稱）而英國商人最初輸入鴉片卽在乾隆三十八年。由加爾格達 Calcutta 送于廣東。乾隆五十四年。由印度輸出、漸次增加至四千零五十四箱。由是中國國內到處皆有鴉片。惟廣東爲最。因外國鴉片皆由此地進入。供給他處。

其後英雖廢公司專賣之權。而其國家仍許商人運售鴉片。輸入之數、更盛于前。

王之春柔遠記。道光十三年。英商公司罷。十四年、英國王遣領事律勞卑 Load Napier 來粵。十六年、繼遣義律 Captain Charles Elliot 來粵。設審判衙門。專理各洋商交涉訟事。其貿易仍聽散商自理。

又道光十八年、鴻臚寺卿黃爵滋奏。自鴉片流入中國。道光三年以前。每歲漏銀數百萬兩。其初不過紈袴子弟。習爲浮靡。嗣後上自官府搢紳。下至工商優隸。以及婦女僧尼道士。隨在吸食。粵省奸商。勾通兵弁。用扒龍快蟹等船。運銀出洋。運煙入口。故自道光三年至十一年、歲漏銀一千七百萬兩。十一年至十四年、歲漏銀二千餘萬兩。十四年至今、漸漏至三千萬兩之多。福建浙江山東天津各海口。合之亦數千萬兩。以中土有用之財。塡海外無窮之壑。爲此害人之物。漸成病國之憂。日復一日。不知伊于胡底。查鴉片煙製自英吉利。嚴禁本國人勿食。專以誘他國之人。使其輭弱。旣以此取葛留巴。又欲誘安南。爲安南嚴禁始絕。今則蔓延中國。槁人形骸。蠱人心志。喪人身家。實生民未有之大患。其禍烈于洪水猛獸。

是實國際史上最大之汚點也。

粵之通商。以洋行爲之介。輸出輸入。悉由洋行。所謂官商也。

李調元南越筆記、廣州城南設有十三行。　按十三行、今實止八行。爲豐進、泰和、同文、而益、逢源、源泉、廣順、裕元云。

稻葉君山淸朝全史、自十七世紀末年以前。在中國通商之外人。皆集中于廣東。　當時有所謂官商者。其性質實指定一人爲經手人。外國人等購買茶絹。皆出于其手。又其時外貨銷入內地者。由彼購買。少數以限制之。

又康熙五十九年。廣東商人等組織一種機關。名曰公行。其目的專爲劃定價格而設。卽販賣于歐人之貨物。彼等定以正當之價格。不論賣者爲何人。總之對于貨物應得若干之純利益。　乾隆三十六年、公行解散。四十七年、又設立公行。對于外國通商、爲唯一之經理者。又對于政府命令、保證其適當之服從。成爲政府與外商之傳遞機關。又可作爲介紹者。　此後六十年間。公行所有特權及組織毫無改變。

而官吏因緣爲奸所損于外商者至鉅。

王之春柔遠記嘉慶十五年、英商請減行用銀不許。行用者、每價銀一兩。奏抽三分。以給洋行商人之辛工也。繼而軍需出其中。貢項出其中。各商攤還洋行貨亦出其中。遂分內用外用名目。此外尙有官吏之需求、與閒遊之款接。亦皆出于入口出口長落之貨價。以故洋利漸薄。是年大班喇咈等訴于廣東巡撫韓崶。略曰。始時洋商行用少。與夷無大損益。今行用日夥。致壞遠人貿遷。如棉花一項、每石價銀八兩。行用二錢四分。連稅銀約四錢耳。茲棉花進口、三倍于前。行用亦多至三倍。每石約銀二兩。卽二十倍矣。他貨物稱是。洋商其何以堪。伏懇酌量裁減。韓崶與總督監督及屬僚核議。僉謂洋人無利可獲、或可杜其僭求。遂不許。

又倚國勢之盛時時凌辱之。

道光二十年澳門新聞紙三十三年以來。我等所受之凌辱欺負。眞係難以比較。中國人不獨不准我等與中國官府相交。乃除洋商之外。亦不准我等與中國之人民有一些往來。卽各洋商因係與我等貿易往來。所以亦被中國人之輕忽鄙賤。卽在中國人之示諭上。亦以紅毛夷人番鬼等名號、輕賤我等。

鴉片之利旣可償行用之損失。而內地之人復與外商勾結。視爲利藪。

江上蹇叟中西紀事道光元年、申煙禁。二年、廷寄交廣督阮元密查。奏請暫事羈縻。徐圖禁絕。而其時鴉片躉船泊急水門金星門等處。勾結內地奸民。往來傳送。包買則有窯口。說合則有行商。私受土規、則有關汛爲之奥援。包攬運載、則有快蟹艇資其護送。于是躉船之來。每歲驟增至數萬箱。

包世臣致姚亮甫中丞書。煙禁實行。則粵閩之富人失業。而洋商尤不便此。勢必慫慂英夷出頭恫喝。又聞粵中水師皆食土規。一日有事。情必外向。內地既有謀主。沿海復多脅從。英夷亦難保其不生歹心。

官吏欲禁而有所不能。又其時內治之疏敝已多。為外人所窺破。

道光二十一年澳門新聞紙。當林（此指林文忠公則徐）親身看守消燬鴉片之時。亦有人將其鴉片成箱偷出。每箱賣銀七百至一千元不等。林掌如此大權。尚有人膽敢違犯皇帝諭旨。若林一去以後。鴉片必定復興。　中國人若可以倚靠北京皇宮內亦不致有鴉片之汚穢。

又中國之兵。說有七十萬之衆。若有事之時。未必有一千合用。餘皆係聚集下等之輩。其礮臺卻似花園之圍牆。周圍有窗在海岸遠望。亦是破壞。礮架亦不能轉動。卻似蜂巢。其師船之樣。若待一隻我等（當是英人自稱）或咪唎㗎之兵船。在一點鐘之久。即可趕散各師船。

中國敵外國人。不過以紙上言語。眞可謂之紙王諭國。

雖以林則徐之公誠。焚燬煙土。罷英互市。卒不能申其志。

王之春柔遠記。道光十九年春正月。欽差大臣林則徐至廣東。查禁鴉片煙。夏四月。燬鴉片煙土。（通查躉船所存煙土。實數呈出。凡一萬二百八十三箱。即在虎門外銷燬。每箱償茶葉五斤。）十一月。罷英吉利互市。　二十二年八月。英義律來天津要撫。以琦善為欽差大臣赴粵。罷兩廣總督林則徐。

卒劫于英之武力。割香港。賠煙款。立五口通商之約焉。

王之春柔遠記道光二十一年春正月、琦善以香港許英。二月、英人寇虎門。四月、犯廣州城。七月、陷厦門。八月、陷定海鎭海。進據寧波府。二十二年二月、攻慈谿。四月、犯乍浦。五月、陷寶山上海犯松江府。六月、陷鎭江。七月、犯江寧。耆英、伊里布、牛鑑與英人成和。

約章大全中英江寧條約十三款。（一）嗣後大清大皇帝、大英國君王永存平和。所屬華英人民彼此友睦。各住他國者。必受該國保佑身家安全。（一）自今以後。大皇帝恩准英國人民帶同所屬家眷寄居沿海之廣州、福州、厦門、寧波、上海等五處港口。貿易通商無礙。英國君主派設領事管事等官住該五處城邑。專理商賈事宜。與各該地方官公文往來。令英人按照下條開敍之例。清楚交納貨稅鈔餉等費。（一）因英國商船遠路涉洋。往往有損壞須修補者。自應給予沿海一處。以便修船及存守所用物料。今大皇帝准將香港一島給予英國君主暨嗣後世襲主位者。常遠主掌。任便立法治理。（一）因欽差大臣等于道光十九年二月間將英國領事官及民人等强留粤省。嚇以死罪。索出鴉片以爲贖命。今大皇帝准以洋銀六百萬元。補償原價。（一）凡英國商民在粤貿易。向例全歸額設行商、亦稱公行者承辦。今大皇帝准其嗣後不必仍照向例。凡有英商等赴各該口貿易者。勿論與何商交易。均聽其便。且向例額設行商等內有累欠英商甚多無措清還者。今酌定洋銀三百萬圓。作爲商欠之數。由中國官爲償還。（一）欽差大臣等向英國官民人等不公强辦。致須撥發軍士討求伸理。今酌定水陸軍費洋銀一千二百萬圓。大皇帝准爲償補。惟自道光二十一年六月十五日以後。英國在各城收過銀兩之數。按數扣除。（一）以上酌定銀數共二千一百萬圓。此時交銀六百萬圓。癸卯年六月間、交銀三百萬圓。十二月間、交銀三百萬圓。共銀六百萬圓。甲辰年六月間、交銀二百五十萬圓。十二月間、交銀二百五十萬圓。共銀五百萬圓。乙巳年六月間、交銀二百萬圓。十二月間、交銀二百萬圓。共銀四百萬圓。自壬寅年起至乙

巳年止。四年共交銀二千一百萬圓。儻按期未能交足。則酌定每年每百圓應加息五圓。（一）凡係英國人。無論本國屬國軍民
等。今在中國所管轄各地方被禁者。大皇帝准卽釋放。（一）凡係中國人。前在英人所據之邑居住者。或與英人有來往者。或有
跟隨及伺候英國官人者。均由大皇帝俯降諭旨。謄錄天下。恩准免罪。凡係中國人爲英國事被拏監禁者。亦加恩釋放。（一）前
第二條內言明開關、俾英國商民居住通商之廣州等五處。應納進口出口貨稅餉費。均宜秉公議定則例。由部頒發曉示。以便英
商按例交納。今又議定、英國貨物自在某港按例納稅後。卽准由中國商人徧運天下。而路所經過稅關、不得加重稅例。只可照估
價則例若干、每兩加稅不過某分。（一）議定英國住中國之總管大員。與中國大臣、無論京內京外者。有文書來往。用照會字樣。
英國屬員、用申陳字樣。大臣批覆、用劄行字樣。兩國屬員往來、必當平行照會。若兩國商賈上達官憲。不在議內。仍用奏明字樣。
（一）俟奉大皇帝允准和約各條施行。並以此時准交之六百萬圓交清。英國水陸軍士當卽退出江寧京口等處江面。並不再行
攔阻中國各省商賈貿易。至鎭海之招寶山亦將退讓。惟有定海縣之舟山海島、廈門廳之鼓浪嶼小島。仍歸英兵暫爲駐守。迨及
所議洋銀全數交清。而前議各海口均已開關。俾英人通商後。卽將駐守二處軍士退出。不復占據。（一）以上各條。均關議和要
約。應俟大臣等分別奏明大清大皇帝、大英君主。各用親硃筆批准後。卽速行相交。俾兩國分執一冊。以昭信守。

第三編

第十二章　內治之腐敗及教匪髮捻之亂

自乾隆中葉至道咸間清代內治之腐敗達于極度雖無外患亦不足以自保蓋高宗習于汏侈務爲誇大金川緬甸安南諸役俱以苟且蒇事而朝野莫敢直言相尙以欺詐蒙蔽積之既久如癰決疣潰所在皆患而繼起者復皆庸碌無能之輩浸淫醞釀愈引愈鉅清之祚幾斬焉藉非漢族出死力以維之清之亡久矣然當時政治之腐敗不盡由于滿人大小官吏貪墨狠藉十九皆漢人也要亦以劫于滿人之威勢有明知其不可而不得不爲之者觀當時諸人之言論可見

魏源聖武記國朝軍需固皆發帑無加賦而州縣吏私派之弊實不能免邊省尤甚乾隆征緬之役調滿洲索倫兵各五千朝廷軫念民艱每站夫馬倍給雇價然多供有司侵潤未必寬差徭以實惠也其見于趙氏翼簷曝雜記者曰鎭安府應兵夫馬皆民間按田均派每糧銀一兩科至六兩餘因藩庫不先發令有司墊辦有司亦令民墊辦俟差事畢始給及差畢而給否莫敢過問矣至黔苗應徭役一家出夫則數家助之故夫役尤多云云此皆令典所無甚有軍需告竣而已加之賦吏不肯減遂沿爲成例者

此僅指邊地言也實則其時州縣侵蝕貪冒所在皆是洪亮吉征邪教疏言之

洪亮吉征邪教疏今日州縣之惡。百倍于十年二十年以前。上敢蹶天子之法。下敢竭百姓之貲。以臣所聞湖北之宜昌。四川之達州。雖稍有邪教。然民皆保身家。戀妻子。不敢犯法也。州縣官既不能消弭化導于前。及事有萌蘖。卽借邪教之名。把持之。誅求之。不逼至于爲賊不止。臣請凡邪教所起之地。必究其激變與否、與起釁之由。而分別懲治之。或以爲事當從緩。然此實實不可一日姑容。明示創懲。旣可舒萬姓之冤。亦可塞邪民之口。蓋今日州縣。其罪有三。凡朝廷捐賑撫卹之項。中飽于有司。皆聲言塡補虧空。是上恩不逮下。一也。無事則餽糧冒餉。有事則避罪就功。府縣以蒙其道府。道府以蒙其督撫。甚至督撫卽以蒙皇上。是使下情不上達。二也。有功則長隨幕友皆得冒之。失事則掩取遷流顛踣于道之良民以塞責。然此實不止州縣。封疆之大吏、統率之將弁。皆公然行之。安怪州縣之效尤乎。三也。

章學誠上執政論時務書言之。

章學誠上執政論時務書。近年以來。內患莫甚于蒙蔽。外患莫大于教匪。事雖二致。理實相因。　賊揚言官逼民反。九重既知之矣。夫由官逼民反觀之。則吏治一日不淸、逆賊一日得藉口以惑衆也。以良民脅從推之。則吏治之壞、恐亦有類于脅從者也。蓋事有必至。理有固然。天下之患。莫患于知其不可、而羣趨于不得不然之勢。今之州縣是也。　夫賊之反、以官逼爲辭。而吏治之壞、又有不得不然之說。則吏治與寇患相爲呼吸。必當切究其故而急去之。斯非一切庶事可以從容待次第者比也。州縣倉庫空虛。緩急俱不可恃。此根本之說也。州縣典守皆不可信。一切留存預備之項。多提貯于司庫。此救弊而不揣其本者也。此猶未見寇患相與呼吸。其最與寇患相呼吸者。情知虧空爲患。而上下相與講求彌補。謂之設法。天下未有盈千百萬已虧之項。祗此有無出納之數。而可爲彌補之法者也。設法者、巧取于民之別名耳。蓋既講設法。上下不能不講通融。州縣有千金之通融、則胥役得乘而牟萬金之利。督撫有萬金之通融、州縣得乘而牟十萬之利。章布書生。初膺民社。趨謁大吏。首請指。詳即令肩承前官累萬盈千虧項。責以分卯限年、設法彌補。強者欲矯名節而無從。弱者欲退初服而無路。惟有俯就覊勒。馳驅于習俗之中。久且心與之化。而不肖者之因以爲利。又無論矣。側聞所設之法。有通扣養廉、而不問有無虧項者矣。有因一州縣所虧之大、而分累數州縣者矣。有人地本屬相宜。特因不善設法。上司委員代署。而勒本員閒坐會城。或令代攝佐貳者矣。有貪劣有據。勒令繳出贓金。而掩覆其事者矣。有聲名向屬狠藉。幸未破案。而丁故回籍。或陞調別省。勒令罰金若干、免其查究者矣。有膴腴之缺。不問人地宜否。但能擔任彌補。許買陞調者矣。種種意料難測、筆墨難罄之弊。皆由設法而生。

而洪以直言被罪。章言之亦不見聽。

李元度清先正事略洪稚存先生初第時。大臣掌翰林院者。網羅人才。以傾動聲譽。先生知其無成。欲早自異。遂于御試征邪教疏內。力陳中外弊政。發其所忌。又先生上書成親王暨當事大僚、言事。成親王以聞。即日落職。交刑部治罪。奏上。免死。戍伊犂。

蓋清自和珅用事以來。上下相蒙。公私交困。非一日也。

章學誠上執政言時務書自乾隆四十五年以來。訖于嘉慶三年而往。和珅用事幾三十年。上下相蒙。惟事婪贓瀆貨。始則蠶食。漸至鯨吞。初以千百計者。俄而非萬不交注矣。俄而萬且以數計矣。俄以數十萬計、百萬計矣。一時不能猝辦。由藩庫代支。州縣徐括民財歸款。貪墨大吏。胸臆習爲寬侈。視萬金呈納。不過同于壺簞餽問。屬吏迎合。非倍往日之搜羅剔括。不能博其一歡。官場如此。日甚。一日則今之盈千百萬所以乾而竭者。其流溢所注、必有在矣。道府州縣、向以狼藉著者。詢于舊治可知。而奸胥鉅魁。如東南戶漕。西北兵驛。盈千累萬。助虐肥家。亦必可知。督撫兩司、向以貪墨聞者。詢于廷臣可知。聖主神明洞鑒。亦必有知其概者。此蠹國殃民。今之寇患、皆其所釀。今之虧空、皆其所開。其罪浮于川陝教匪。駢誅未足蔽辜。

由嘉慶至道光。雖經教匪及英人之禍、而其弊依然不改。且加甚焉。劉蓉致某官書曾痛言之。

劉蓉致某官書今天下之吏亦衆矣。未聞有以安民爲事者。而賦斂之橫。刑罰之濫。朘民膏而殃民命者。天下皆是。　國家牧民之吏。其始取之也、以記誦詞章。而不必有德行道藝之實。其職之也、以科條律令。而不必有慈祥仁愛之施。其課之也、以錢穀刑名。而不必有撫字教化之效。是固已失出治安民之本矣。況夫科目之外。又雜以捐納之途。是驅之使責償于民。而肆其貪婪之志也。法律之外。又加以條例之煩。是借之使挾以爲奸。而制其死生之命也。考成之外。又責以苞苴之私。是教之使斂怨于下。而快其谿壑之欲也。是以才者既盡其所欲爲。而不顧斯民之疾苦。不才者又茫然不省。一聽猾胥之所欲爲。而因以便其私計。　又有甚者。府史胥徒之屬。不名一藝。而坐食于州縣之間者。以千計。而各家之中。不耕織而享鮮美者。不下萬焉。鄉里小民。偶有睚眦之故。相與把持愚弄。不破其家不止。　今之大吏。以苞苴之多寡、爲課績之重輕。而黜陟之典亂。今之小吏。以貨賄之盈虛、決訟事之曲直。而刑賞之權乖。　州縣之中。稍有潔己自好者。不惟白首下僚。無望夫官階之轉。而參劾且隨之。而貪污者流。既以肥身家、樂妻子。而升擢之榮。歲且數至。彼此相形。利害懸絕。彼廉吏者。名既無成。利亦弗就。而獨舍天下之所甚利。犯當世之所甚忌。此豈其情也哉。宜乎競通私賄。煽起貪風。雖或負初心。虧素守。然猶每顧而不悔者也。

歹民之黠者、既巧爲規避。而非法律所得制。富者、又得以獻納罰免。雖羅禁網而不刑。是以法之所及。止于愚魯貧民。而桀猾者流。且寢饋于法禁之中。而常逍遙于文網之外。于是法律之施。不惟不足以整齊夫風俗。又且驅天下之風俗而益敗壞之。　今天下僻遠之邑。綠林深密之地。盜賊羣聚而據焉。大者以千計。小者亦以百計。造柵置寨。屠狗椎牛。晝則羣飲于市肆賭博叫囂。夜則劫掠于鄉村。縱橫騷擾。而鄉里莫之敢發。州縣莫　敢問。隸卒莫之敢攖者。誠畏其勢而無可如何也。夫國家治盜之法亦嚴矣。然而令行而禁不止。此其弊有二。一則縱賊以爲利。一則諱盜以爲功。今穿窬小賊。每流鄉里。惟强有力者乃能自捕而解之縣。縣得民之賫、而後繫之。旋納盜之賄、而又出之。是故盜以囹圄爲逆旅。而吏視盜賊猶客商。此所謂縱賊以爲利之弊也。至其大者。則又修好于鄉里之民、以固其巢穴。締交于豪强之吏、以廣其羽翼。而勢焰既張。有司者熟視而莫敢發。苟發而不能捕。捕而不能獲。則參罰且隨其後。今一諱之。苟不至于劫財害命。則固可以幸旦夕之安。而不病于考成之法。此所謂諱盜以爲功者也。

又往歲洋烟之禁。初下、詔旨嚴切。有犯者、大則誅辟。小則流配。不三數日。而決遣已定。蓋國家立法之嚴。大吏奉法之亟。未有捷于此者。然當時吏胥役之徒。邊遠偏僻之邑。肆然犯禁。莫敢過而問焉。不數日而法禁漸弛。糾察漸惰。則城市都會間、蓋已有之。年年之後。上下相忘。而價值且廉于舊者。不知此之爲禁者。則夫國家政令之不行。與其他良法美意之不克施于下。亦可見矣。　今時弊之積于下者。不必盡聞于上。其聞于上者。又必再四詳慎。不甚關于忌諱。然後敢入告焉。公卿大臣。又必再三審慮。不甚戾于成法。然後勉而行焉。則夫弊所及除之端。蓋無幾耳。而禁令之不行。抑又如此。則是天下之弊、終無釐革之日也。曾紀澤注、此蓋作于道光辛丑壬寅年間。

故教匪髮捻之迭起爲果而官吏貪墨舞弊實爲之因此清室中葉以降之眞相也。

教匪者、白蓮教也。

稻葉君山清朝全史白蓮教非始于清朝元有欒城韓山童者以其祖父所創之白蓮教煽惑人民焚香誘衆倡言彌勒佛降生白蓮教之名自此始 明天啓五年、白蓮會又蔓延于山東直隸河南山西陝西四川等省。 清之白蓮教教義以禱告及念咒可以治病號召黨徒與前明不異 白蓮教之是否邪教殊未易言。支那民間信仰頗雜必非出于儒釋道三教之一途指人民之信仰即以爲邪教未得爲當究其眞意謂此種信仰稍帶有政治意味未始不可然事多出于變亂之結果不能歸罪于人民信仰而在上者反卸其責而不問也。

其端起于乾隆四十年至嘉慶九年而始定。

魏源聖武記乾隆四十年、安徽劉松以河南鹿邑邪教事發被捕遣戍甘肅復分遣其黨劉之協宋之淸授教傳徒徧川陝湖北日久黨益衆遂謀不靖倡言刧運將至以同教鹿邑王氏子曰發生者詭明裔朱姓以煽惑流俗乾隆五十八年、事覺復捕獲各伏辜嘉慶元年、湖北四川教匪起蔓延河南陝西甘肅乘新政之宵旰與五省環攻之兵力且撫且剿猶七載而後定靖餘孽者又二載先後糜餉逾萬萬金。

後又舉事于淸宮。

稻葉君山清朝全史嘉慶十八年、有極大膽之陰謀破裂于北京宮廷陰謀作于天理教徒其時因政府對于白蓮教之法律過嚴也乃其變夕。實則仍爲白蓮教也。

是亦可見其時人民仇滿之思想。而滿清之兵力。亦由剿辦教匪。而顯其不足恃。漢人之團練。因之勃興。是則滿漢勢力消長之關鍵。實在嘉慶初年矣。

稻葉君山清朝全史。嘉慶二年。德楞泰條呈堅壁清野之法。又有著名之合州知州龔景瀚條呈。謂八旗官兵不可恃。其軍紀廢弛。所過地方受害甚于盜賊。嘉慶四年。嘗詔徵黑龍江之兵。往返數千里。供應浩繁。水土不服。不熟賊情。計調一黑龍江之兵。可以募數十鄉勇。且可衛身家。免虜掠。當使嗣後鄉勇有功者。如八旗官兵保奏議卹。以收敵愾同仇之效。可知清廷意在節省經費。募集鄉勇。行德楞泰之策。自嘉慶元年至二年。四川一省鄉勇之數。已越三十萬人。總之。無論爲堅壁清野。或募集鄉勇。皆可證明滿洲常備軍不足以保障國家。維持社會也。

道光末年。各地土匪蜂起。而洪秀全所部。復明制。蓄髮以示敵清。清人謂之髮逆。洪起兵四年。遂都江寧。建號太平天國。至同治三年六月。清兵克江寧。其黨始漸平。

曾國藩克復江寧摺。洪逆倡亂粵西。于今十有五年。竊據金陵者十二年。其蹂躪竟及十六省。淪陷至六百餘城之多。

而其後復有捻匪。

王定安湘軍記。捻之患。不知其所自始。或曰。鄉民行儺逐疫。裹紙然膏。爲龍戲。謂之捻。其後報讎嚇財。掠人勒贖。浸淫爲寇盜。或數人爲一捻。或數十百人爲一捻。白晝行劫。名曰定釘。山東之兗沂曹。河南之南汝光歸。江蘇之徐淮。直隸之大名。安徽之廬鳳潁壽。承平時在在有之。咸豐三年、洪秀全陷安慶。踞金陵。遣黨徇臨淮鳳陽。出歸德。以擾河朔。于是皖豫捻患益熾。

又越數年始平。捻爲流寇。無宗旨。與髮殊。然其爲清室政治不良。造成禍亂之現象。則一也。

太平軍之起。以推翻清室。倡行耶教爲宗旨。

王定安湘軍記。洪秀全者。廣東花縣人。少飲博無賴。敢爲大言。粗知書。賣卜爲活。聞妖人朱九濤倡上帝會。與同邑馮雲山往師之。以其術游廣西。桂平曾玉珩延爲塾師。武宣蕭朝貴。與貴縣石達開秦日綱。皆師事秀全。秀全詐死七日。復甦。謬衆云。上帝召我。有大劫。拜天則免。遂託泰西人所稱耶穌教者。造眞言寶誥。謂天曰耶和華。耶穌爲長子。秀全次子。其咒辭贊美上帝。以誑衆斂錢。男婦多信事之。

稻葉君山清朝全史。洪秀全以嘉慶十八年生于廣東花縣。彼族實由嘉應州移來之客民也。身幹長大。有雄姿。略識文。與其父名國游。母早死。頗信基督教。其後得香港美國宣教師羅把茲之教訓。然尙未受洗禮。未幾。彼忽組織上帝會。其黨與爲洪雲山與洪仁玕。彼主張神聖之三位一體。卽第一位爲天父。第二位爲基督。卽天兄。而己則爲天弟。咸豐元年正月、在大黃江自號太平王。閏八月、陷永安州。在此建立太平天國之國號。自稱天王。

世多稱其制度。

稻葉君山清朝全史。太平軍之軍制。其初甚爲完備。洪王右手握劍。左手捧耶穌教之信條。專鼓吹全軍之勇氣。在一八五八年之末期。置籍太平軍者。有五十萬乃至六十萬之男子。其女子在五十萬以上。兵之訓練。就定營規條。觀之陣營中之教訓。並不懈怠。

恪遵天命。熟讀天條讚美。男女兩營有別。禁吸阿片飲酒。約法極嚴。 太平軍初頒之規條如左。 (一)恪遵天令。 (二)熟識天條讚美。早晚禮拜。以感謝頒布之規矩及詔諭。 (三)因欲練成好心腸。不得吸烟飲酒。宜公正和平。毋得弄弊徇情、順下逆上。 (四)同心合力。各遵有司。不得隱藏兵數及收匿金銀器飾。 (五)男營與女營有別。不得授受相親。 (六)宜熟諳日夜點兵鳴鑼吹角擂鼓之號令。 (七)無事勿得過他營行別軍以荒誤公事。 (八)宜學習爲官之稱呼問答禮制。 (九)各整軍裝鎗礮。以備急用。 (十)不許謊言國法王章。訛錯軍機將令。

且謂其能行共產主義。

稻葉君山清朝全史。統治軍政。天京分設男館女館。分前後左右中五軍。女館分八軍。軍有女軍師一人。下有女百長數十。此館之創置。一面預防逃亡。一面便于布教。咸豐三四年、收容此館者共計二十四五萬人。對于城南之一般住民行門牌制。凡男子自十六歲至五十歲者爲牌面。其餘曰牌尾。以便戶口稽查。而土地分給之制、則彼等所創造者也。癸卯三年（西一八五三年）頒行之天朝田畝制度。分田爲九等。每田一畝。以早晚二季出千二百斤者爲上上田。出千一百斤者爲上中田。以下遞減。出四百斤者爲下下田。上上田一畝。當下下田三畝。照人口分給受田之標準。男婦一人、每十六歲以上、受田十五歲以下、給其半。若一家六人。三人受好田。三人受劣田。以一年爲定。關于此制之精神、確有所在。彼云天下之田、天下之人同耕之。此處不足、遷移彼處。彼處不足、遷移此處。又曰、凡天下之田。豐荒相通。此處若荒。移彼豐處、以賑此荒處。彼處若荒。移此豐處、以賑彼荒處。務使天下共享天父上主皇上帝之天福。有田同耕。有飯同食。有衣同穿。使地無不均勻。使人無不飽暖。此等理想之下。土地田畝不爲私有。金錢不許私藏。故貯藏銀十兩金一兩者爲私藏犯法須處罰云。

然其理想單簡務破壞中國從來一切制度而又未能得他國完美之法以爲之導故其法制可稱者止此其後據地廣袤日事兵爭救死不暇亦無復建設之力矣。

由太平軍之反動而滿洲之勢力益衰湘軍崛起以書生農夫奮死與洪楊角逐而後滿洲之兵權幾完全歸于漢人之手。

王定安湘軍記自洪楊倡亂大吏久不習兵綠營呰窳驕惰聞征調則驚號比至前敵秦越楚燕之士雜糅並進勝則相妬敗不相救號令歧出各分畛域迄不得一兵之用于是諸路將帥頗厭征調勞費稍事招募潮勇川勇萌蘗漸起然其人多游民劇盜剽悍釋騷民尤患苦之江忠源初創楚軍劉長佑助之挈其鄉人子弟慷慨赴敵始講節制禁騷擾義聲日起其時草昧締搆實爲湘軍濫觴迨曾國藩以儒臣治軍長沙羅澤南王鑫皆起諸生講學敦氣誼乃選士人領山農滑弁遊卒及市井無賴擯斥不用初立三百六十人爲一營已而改五百人爲一營營分四哨哨官四人統以營官自兩營迄數十營視材之大小而設統領焉　一營之中指臂相聯弁勇視營哨官營哨官視統領統領視大帥皆如子弟之事其父兄焉　其後湘軍戰功徧天下從戎者日益衆迨左宗棠劉錦棠平秦隴率師出關所部百數十營雖號老湘營間用他省人錯雜其間然其營制薪糧猶遵循未改也。

淮軍繼之參以西法遂開近數十年軍閥之統系焉。

周世澄淮軍平捻記淮軍之始也于同治元年其營制一准楚勇　淮軍之精于礮火也以李公之屢募英法弁兵敎練洋槍隊始李

公初至上海。屢募英法弁兵通習軍器者。仿照製辦。並令參將韓殿甲督率中國工匠。盡心學習。

稻葉君山清朝全史。當時上海富商組織一愛國會。各出軍資。使歐人助之。以防太平軍。美國人華爾及白齊文。受愛國會之囑託。于一八六〇年六月。募集歐人一百、馬尼亞人二百。攻擊松江。　華爾轉戰浙江慈谿陣亡。白齊文後以不服從清吏而解職。英國陸軍少將戈登代之。統率常勝軍。

世謂湘軍之精神、在維持名教。

稻葉君山清朝全史。咸豐四年、曾國藩頒布討粵匪檄。　自唐虞三代以來。歷世聖人扶持名教。敦敘人倫。君臣父子。上下尊卑。秩然如冠履之不可倒置。粵匪竊外夷之緒。崇天主之教。自其僞君僞相。下逮兵卒賤役。皆以兄弟稱之。謂惟天可稱父。此外凡民之父皆兄弟也。凡民之母。皆姊妹也。農不能自耕以納賦。謂田皆天主之田也。商不能自買以取息。謂貨皆天主之貨也。士不能誦孔子之經。而別有所謂耶穌之說、新約之書。舉中國數千年禮義人倫詩書典則。一旦掃地蕩盡。此豈獨我大清之變。乃開闢以來、名教之奇變。我孔子孟子之所痛哭于九泉。凡讀書識字者。又焉能袖手坐觀。不思一爲之所也。自古生有功德。沒則爲神。王道治明。神道治幽。雖亂臣賊子。窮凶極醜。亦往往敬畏神祇。李自成至曲阜。不犯聖廟。張獻忠至梓潼。亦祭文昌。粵匪焚郴州之學宮。毀宣聖之木主。十哲兩廡。狼藉滿地。所過州縣。先毀廟宇。卽忠臣義士。如關帝岳王之凜凜。亦汚其宮室。殘其身首。以至佛寺道院、城隍社壇。無廟不焚。無像不滅。此又鬼神所共憤怒。欲一雪此憾于冥冥之中者也。

又湘中主將。皆係書生。祇知中國固有之學問名教。曾之檄文。實湘軍之精神。彼指摘洪軍焚郴州之學宮、孔子之木主及十哲之兩廡。等謂孔子孟子當痛哭于九原。此語最爲緊要。後日洪軍之政策。亦許讀孔孟書。以冀人心之和緩矣。　湘軍非勤王主義。亦非雷同性之侵略。意在維持名教。其最終之目的。卽恢復異宗教之南京是也。是故湘軍可稱爲一種宗教軍。

觀彭玉麟之宗旨。固可以見湘軍之動機。

稻葉君山清朝全史。彭玉麟爲長江水師之指揮者。三十餘年之久。當從軍之初。立二誓約。其一曰不私財。其二曰不受朝廷之官。咸豐十一年。授安徽巡撫。彼辭不受。同治三年。克復南京。賞一等輕車都尉世爵。加太子少保銜。續任爲漕運總督。朝賞頻至。彼亦不受。彼上痛切之辭表曰。臣本寒儒。傭書養母。咸豐三年。母物故。曾國藩謬用虛名。強之入營。初次臣見國藩。誓必不受朝廷之官職。國藩見臣語誠實。許之。顧十餘年來。任知府。擢巡撫。由提督補侍郎。未嘗一日居其任。應領收之俸給及一切銀兩。從未領納絲毫。誠以朝恩實受。官猶虛也。又曰。臣素無室家之樂。安逸之志。治軍十餘年。未嘗營一瓦之覆。一畝之殖。受傷積勞。未嘗請一日之假。終年于風濤矢石之中。未嘗移居岸上。以求一人之安。誠以親喪未終。出從戎旅也。既難免不孝之罪。又豈敢爲一己之圖乎。臣嘗聞士大夫之出處進退。關于風俗之盛衰。臣既從軍。志在滅賊。賊既滅而不歸。近于貪位。夫天下之亂。不徒在盜賊之未平。而在士大夫之進無禮。退無義。中興大業。宜扶樹名教。振起人心云。　彼擴張長江水師。使至一萬餘人。一切兵餉。以鹽稅及長江釐金稅充之。不煩戶部。亂平後。尙餘六十餘萬。報告兩江總督。寄託于鹽道之手。取其利息。加水師公費。彼曰。予以寒士來。願以寒士歸也。觀以上之事實。湘軍組織之動機。非對于朝廷之義務。又不爲賞爵所激動。全由自衛之必要而起。然則洪軍之平。其樞紐于湘軍。與朝廷無涉。而朝廷之設施。直隔靴搔癢而已。

然亦足徵吾國人之能力，雖以滿清之壓制，亦能崛起而大有爲，惜乎後來之淮軍無此風氣也。

第十三章　外患與變法

清代之外患，雖自鴉片之戰始，然壬寅立約後，朝野上下，一切如故，初未因外患而有所變革也。因外患而有所變革，自咸豐庚申始，而其事尤極可笑。初則以禁洋人入廣東省城啟釁，而有天津和約；繼則以禁洋人入北京啟釁，而有北京和約，而增開口岸。

> 咸豐八年中英續約第十款：長江一帶各口，英商船隻俱可通商。惟現在長江上下游均有賊匪，除鎮江一年後立口通商外，其餘俟地方平靖，大英欽差大臣與大清特派之大學士尚書會議，准將自漢口溯流至海各地，選擇不逾三口，准爲英船出進貨物通商之區。第十一款：廣州、福州、廈門、寧波、上海五處，已有江寧條約舊准通商外，即在牛莊、登州、臺灣、潮州、瓊州等府城口，嗣後皆准英商亦可任意與無論何人買賣，船貨隨時往來。至于聽便居住賃房買屋租地起造禮拜堂醫院墳塋等事，並另有取益防損諸節，悉照已通商五口無異。

> 又中法條約第六款：中國多添數港，准令通商，屢試屢驗，實爲近時切要。因此議定將廣東之瓊州、潮州，福建之臺灣、淡水，山東之登州，江南之江寧六口，與通商之廣東、福州、廈門、寧波、上海五口，准令通市無異。

> 咸豐十年中英續增條約第四款：大清大皇帝允以天津郡城海口作爲通商之埠。凡有英國民人等至此居住貿易，均照經准各條所開各口章程比例，畫一無別。

又中法續約第七款從兩國大臣畫押蓋印之日起。直隸省之天津府、尅日通商。與別口無異

協定稅率。

中英續約第二十六款。前在江寧立約第十條內定進出口各貨稅。彼時欲綜算稅餉多寡。均以價值爲率。每價百兩、征稅五兩。大概核計以爲公當。旋因條內載列各貨種式。多有價值漸減。而稅餉定額不改。以致原定公平稅則、今已較重。擬將舊則重修。允定此項立約。如有印信之後。奏明請派戶部大員。卽日前赴上海。會同英員迅速商奪。俾俟本約奉到硃批。可卽按照新章迅行措辦。第二十七款。此次新定稅則、並通商各款。日後彼此兩國再欲重修。以十年爲限。期滿、須于六個月之前。先行知照。酌量更改。若彼此未曾先期聲明更改。稅則稅課仍照前章完納。復俟十年。再行更改。以後均照此限此式辦理。永行弗替。

中法條約大法國人在通商各口貿易。凡入口出口。均照兩國欽差大臣所定印押而附章程之稅則。輸納鈔餉。但因兩國貨物或土產或工藝、一時不同。而價值有低昂之殊。其稅則有增減之別。每七年較訂一次。以資允協。七年之內。已定稅銀。將來並不得加增。亦不得有別項規費。

劉彥中國近時外交史。獨立國家由主權發動。有制定稅率之權。外國商人不可不服從之。以前俄英商人不過哀求我國減稅。朝廷以澤及遠人之意。特從寬減。至此以外人之强制。由主客二國協定稅率。是獨立國大傷體面之事。且此協定稅率並非用互惠條款。彼可得之于我。我不能求償于彼。其損害及于我國財政上經濟上尤甚大。

領事有裁判之權。

中英續約第十六款。英國民人有犯事者。皆由英國懲辦。中國人欺凌擾害英民。皆由中國地方官自行懲辦，兩國交涉事件。彼此均須會同公平審斷。以昭允當。　第十七款。凡英國民人控告中國民人事件。應先赴領事官衙門投稟。領事官卽當查明根由。先行勸息。使不成訟。中國民人有赴領事官告英國民人者。領事官亦應一體勸息。間有不能勸息者。卽由中國地方官與領事官會同審辦。公平訊斷。

劉彥，中國近時外交史。凡國家對于領土內行使主權。雖外國人不可不服從之。卽國家獨立權所在也。故外國人入領土內、必服從其法律。領事裁判權許與。則外人入我領土之內、不服從我國法律。卽國際法上國家之獨立權受制限是也。

利益有均霑之例。

中英續約第五十四款。上年立約所有英國官民、理應取益防損各事。今仍存之、勿失。倘若他國今後別有潤及之處。英國無不同獲其美。

咸豐八年中美條約第三十款。現經兩國議定。嗣後大清國有何惠政恩典利益施及他國或其商民。無論關涉船隻海面通商貿易政事交往等事情。爲該國並其商民從來未沾抑爲此條約所無者。亦當立准大合衆國官民一體均沾。

以及傳敎游歷。

中英續約第八款。耶穌聖敎暨天主敎。原係爲善之道。待人如己。自後凡有傳授習學者。一體保護。其安分無過。中國官毫不得刻待禁阻。

中法條約第十三款天主教原以勸人行善爲本。凡奉教之人。皆全獲保佑身家。其會同禮拜誦經等事。概聽其便。凡按第八款備有蓋印執照、安然入內地傳教之人。地方官務必厚待保護。凡中國人願信崇天主教而循規蹈矩者。毫無查禁。皆免懲治。向來所有或寫或刻奉禁天主教各明文。無論何處。概行寬免。

中美條約耶穌基督聖教、又分天主教。原爲勸人行善。凡欲人施諸己者、亦如是施于人。嗣後所有安分傳教習教之人。當一體矜恤保護。不可欺侮凌虐。凡有遵照教規、安分傳習者。他人毋得騷擾。

中英條約第九款。英國民人准聽持照前往內地各處游歷通商。執照由領事官發給。由地方官蓋印。經過地方。如飭交出執照。應即隨時呈驗。無訛放行。雇人裝運行李貨物。不得攔阻。如其無照。其中或有訛誤。以及有不法情事。就近送交領事官懲辦。沿途止可拘禁。不可凌虐。如通商各口、有出外遊玩者。地在百里。期在三五日內。毋庸請照。惟水手船上人等不在此列。應由地方官會同領事官另定章程。妥爲彈壓。

中法條約第八款。凡大法國人欲至內地及船隻不准進之各埠頭遊行。皆准前往。然務必與本國欽差大臣或領事等官。預領中法合寫蓋印執照。其執照上仍應有中華地方官鈐印以爲憑。如遇執照有遺失者。大法國人無以繳送。而地方官員無憑查驗。不肯存留。以便再與領事等官復領一件。聽憑中國官員護送進口。領事官收管。均不得毆打傷害虐待所獲大法國人。凡照舊約在通商各口地方。大法國人或長住。或往來。聽其在附近處所散步動作。毋庸領照。一如內地民人無異。惟不得越領事官與地方官議定界址。其駐箚中國大法國官員。如給執照之時。惟不准前往暫有匪徒各省分。其執照惟准給予體面有身家之人爲憑。

售賣洋藥。

中英通商章程第五款向來洋藥銅錢米穀豆石硝磺白鉛等物例皆不准通商。現定稍寬其禁。聽商遵行納稅貿易。洋藥准其進口。議定每百斤納稅銀三十兩。惟該商祇准在口銷賣。一經離口。即屬中國貨物。祇准華商運入內地。外國商人不得護送。即天津條約第九條所載英民持照前往內地通商並二十八條所載內地關稅之例。與洋藥無涉。其如何徵稅。聽憑中國辦理。嗣後遇修改稅則。仍不得按照別貨定稅。

江上蹇叟中西紀事壬寅約內。絕不提煙土一字。自通商議行。鴉片弛禁。于是利權操之于外洋。而煙土遂爲各行之首業。此豈特漏巵之患而已哉。壬寅通商之後。鴉片之禁大開。直至咸豐八年、始定稅則。是法窮則變也。

禁書夷字、

中英續約第五十一。款嗣後各式公文。無論京外內。敘大英國官民。自不得提書夷字。

自由建造等事。

咸豐十年中法續約第六款應如道光二十六年正月二十五日上諭。卽頒示天下黎民任各處軍民人等傳習天主教。會合講道。建堂禮拜。且將濫行查拏者。予以應得處分。又將前謀害奉天主教者之時所充之天主堂學堂塋墳田土房廊等件應賠還交法國駐紮京師之欽差大臣。轉交該處奉教之人。並任法國傳教士、在各省租買田地。建造自便。

無往、而不、允其、所請。正不獨賠款割地之爲國恥也。

咸豐八年、賠英商損害銀二百萬兩英國軍費二百萬兩。賠法國損害費與軍費共銀二百萬兩。咸豐十年、改賠英款爲八百萬兩。法款亦八百萬兩。咸豐十年、中英續增條約第六款允以廣東九龍司地方一區付與大英君主。

清廷受此鉅創始漸有改革政法之意首建總理各國通商事務衙門。

王之春柔遠記咸豐十年冬十月、建總理各國通商事務衙門。時各國交涉紛繁軍機處難以兼理因議建總理衙門。奉諭恭親王等奏辦理通商善後章程一摺。即照原議辦理。京師設立總理各國通商事務衙門。著即派恭親王奕訢大學士桂良戶部左侍郎文祥管理。並著禮部頒給欽命總理各國通商事務關防。應設司員即于內閣部院軍機處各司員內滿漢挑取八員。即作爲定額。毋庸並兼軍機處行走輪班辦理。侍郎銜候補京堂崇厚、著作爲辦理三口通商大臣。駐紮天津管理牛莊天津登州三口通商事務。會同各該將軍督撫府尹辦理。並頒給辦理三口通商大臣關防。其廣州福州廈門寧波上海及內江三口、潮州瓊州臺灣淡水各口、商事務。著江蘇巡撫薛煥辦理。新立口岸惟牛莊一口、歸山海關監督經管。其餘登州各口、著該督撫會同崇厚薛煥派員管理。所有各國照會隨時奏報。並將原照一併呈覽。一面咨禮部轉咨總理衙門。並著各該將軍督撫互相知照。其吉林黑龍江中外邊界事件。並著該將軍等據實奏報。不准稍有隱飾。

清會典總理各國事務衙門。親郡王貝勒大臣大臣上行走。掌各國盟約昭布朝廷德信。凡水陸出入之賦舟車互市之制書幣聘饗之宜中外疆域之限文譯傳達之事民教交涉之端。王大臣率屬定議大事上之。小事則行。每日集公廨以治庶務。奏事、日則直朝房以待召見。凡各國使臣入覲。先奏請覲所定期。皇帝御殿閣。則導其使臣入。使臣行禮。如見其國君。使臣呈遞國書。代陳御案。

使臣陳詞。皇帝宣慰畢。則節以退。 凡各國使臣以事期會。則集公廨。接以賓禮。紀問答要事。則錄備進呈。往會亦如之。 凡使臣來賀元旦令節。于歲首約期。部院堂官咸集。接以賓禮。往賀亦如之。凡有約之國十有六。曰俄羅斯俄國通商之始。自康熙二十八年議定黑龍江約六條。咸豐八年議定愛琿城約三條。又立天津約十二條。皆在衙門未設以前。 曰英吉利。道光二十二年、在江寧立約十三條。曰瑞典那威。道光二十七年、在廣東立約三十三條。 曰米利堅。道光二十四年、在廣東立約三十四款。 曰法蘭西。咸豐八年、在天津立約四十二款。 曰德意志。咸豐十一年、立通商條約四十二款。曰丹麻爾。同治二年、立約五十五款。曰荷蘭。同治二年、立約十六款。曰日斯巴尼亞。同治三年、立約五十二款。曰比利時。同治四年、立約四十七款。曰意大利亞。同治五年、立約五十五款。曰奧斯馬加。同治八年、立約四十五款。曰日本。同治十年、立約十八款。 曰祕魯。同治十三年、立約十九款。曰巴西。光緒七年、立約十七款。 曰葡萄牙。光緒十三年、立約五十四款。 分五股以理各國交涉事務。曰俄國股。日本附焉。曰英國股。奧斯馬加附焉。曰美國股。德意志祕魯意大利亞瑞典那威比利時丹麻爾葡萄牙附焉。曰法國股。荷蘭日斯巴尼亞巴西附焉。曰海防股。按會典成書律、續訂條約各國。曰剛果。則在光緒二十四年。曰墨西哥。曰韓國。則在光緒二十五年。其交涉之事。亦兼附各股。

及同文館。

王之春柔遠記。同治六年春三月、設同文館于京師。 時京師有洋館。乃議設同文館。並招集士子學習推算及泰西文字語言。而屢西人教習。廷臣諫疏皆留中。

清會典。同文館管理大臣。掌通五大洲之學。以佐朝廷一聲教。 考選八旗子弟與民籍之俊秀者。記名入冊。以次傳館。 設四國語言文字之館。天文、化學、算學、格致、醫學。共八館。 曰英文前館。曰法文前館。曰俄文前館。曰德文前館。曰英文後館。曰法文後館。曰俄文後館。曰德文後館。

其議蓋發于文祥。

匡輔之文文忠公別傳咸豐十年、擬善後章程六條。(一)京師立總理各國事務衙門。(一)分設南北口岸大臣。(一)新立稅關派員專理。(一)各省辦理外國事件將軍督撫互相知照以免歧誤。(一)廣東上海各擇通外國語言文字者二人來京仿俄羅斯館敎習例選八旗子弟年十三四以下者學習兩年後、考其勤惰有成者優奬。(一)各海口內外商情並外國新聞紙按月咨報總理各國事務衙門備覈。

而其時號爲理學者、頗非之。

匡輔之倭文端公別傳同治六年正月、同文館招考天文算學由滿漢之正途出身五品以下京外各官考試錄取延聘西人在館敎習。公奏言、立國之道。尙禮義不尙權謀。根本之圖。在人心不在技藝。今求諸一藝之末。又奉夷人爲師。無論所學未必果精、即使敎者誠敎。學者誠學。其所成就。不過術數之士。未聞有恃術數而能起衰振靡者也。自耶穌之敎盛行。無識愚民半爲所惑。所恃讀書明理之儒。或可維持人心。今復舉聰明雋秀、國家所培養而儲以有用者。使之奉夷人爲師。恐所習未必能精。而讀書人已爲所惑。夫術爲六藝之一。本儒者所當知。非歧途可比。然天文算學。爲益甚微。西人敎習正途。所損甚大。伏望立罷前議。以維大局而彌隱患。事遂止。旋命公在總理各國事務衙門行走、公懇請收回成命。上不允。尋上疏固辭。

比遣使出洋。稍識外情。

王之春柔遠記同治七年六月、遣使出洋。與美國增訂條約。　時外洋諸國公使領事等交錯來華。周知內地虛實。而中國于外洋情事。僅得傳聞。未親歷目覩。有以彼能來、我亦能往爲言者。于是特派欽差爲重任大臣。二品頂戴志剛孫家穀均充辦理中外交涉事務大臣。赴大東洋。抵華盛頓。與美國總理各國事務大臣增訂條約八款。

滿洲宜厚初使泰西記大清同治六年丁卯十二月初二日。總理各國事務衙門、以軍功花翎記名海關道總辦章京志剛篤實懇摯器識宏通保奏。奉旨、派充使臣。與本衙門章京候選知府孫家穀並賞給二品頂戴。偕同美國欽使蒲安臣、英國協理柏卓安、法國協理德善等。恭齎國書。前往西洋有約各國、辦理中外交涉事件。 初十日、使者與孫家穀詣乾清門。預備召見。御前大臣帶領進養心殿。皇太后問由何路行走。奏對、由陸路到上海。上火輪船。經日本。過大東洋。到米里堅、由米利堅渡大西洋。到英吉利。過海。到法蘭西。往北順路到比里時、荷蘭、丹麻爾、瑞典、俄羅斯。往南、回路到布路斯。再南。仍經法蘭西。到西班牙、意大利。由地中海。經大南洋。順廣東福建江浙中國海面。自天津回京。諭、隨從人務須管束。不可被外國人笑話。奏對、謹當嚴加管束。不准其在外滋事。

張德彝隨使日記中國既與海外諸國通商。于是各遣使臣來華駐箚。修和好。保商民。以期辦事確切、通信迅速。光緒元年、皇上以華民出洋日衆、非有重臣旬宣。不足以資鎮撫。特准齋詔前往各國。以通和好。適值英人馬嘉理在滇被戕一案。乃奉旨派花翎兵部右侍郎郭嵩燾爲正使。花翎三品銜候補五品京堂劉錫鴻爲副使。蒞英吉利國。按同治七年志剛等之出使。僅爲修交立約。初非駐使。同治四年侍郎崇厚使法國。專爲陳述天津焚教堂殺領事案情而往。而至郭嵩燾之使。始爲常駐使臣之始。

始知西洋立國自有本末。

郭嵩燾使西紀程西洋立國自有本末。誠得其道。則相輔以致富强。由此而保國千年可也。不得其道。其禍亦反是。

欲洗國中積弊而更張之。然其時國人猶蔽于故見。以不談洋務為高。即有倡議改革者。率為羣議所阻。觀李鴻章答郭嵩燾書可知其時之風氣矣。

李文忠朋僚函稿卷十七光緒三年復郭筠僊星使書。西洋政教規模。弟雖未至其地。留心諮訪考究幾二十年。亦略聞梗概。自同治十三年海防議起。鴻章即瀝陳煤鐵礦必須開挖。電綫鐵路必應仿設。各海口必應添設洋學格致書館。以造就人才。其時文相目笑存之。廷臣會議皆不置可否。是年冬。晤恭邸。極陳鐵路利益。請先試造清江至京。以便南北轉輸。邸意亦以為然。謂無人敢主持。復謂其乘間為兩宮言之。渠謂兩宮亦不能定此大計。從此遂絕口不談矣。 人才風氣之固結不解。積重難返。鄙論由于崇尚時文小楷之誤。世重科目。時文小楷。即其根本。來示萬事皆無其本。即傾國考求西法。亦無裨益。洵破的之論。而中國上下。果眞傾國考求。未必遂無轉機。但考求者僅執事與雨生鴻章三數人。庸有濟耶。

光緒初年。外患之來。相續不絕。日奪琉球。俄割伊犂。法奪安南。英取緬甸。清之國勢。已岌岌不可保。而清人猶泰然安之。雖時時仿傚西法。以塗飾耳目。而根本實未嘗變。

嚴復原强。中國知西法之當師。不自甲午有事敗衄之後始也。海禁大開以還。所興發者亦不少矣。譯署一也。同文館二也。船政三也。出洋肄業四也。輪船招商五也。製造六也。海軍七也。海署八也。洋操九也。學堂十也。出使十一也。礦務十二也。電郵十三也。鐵路十四也。拉雜數之。蓋不止一二十事。此中大半。皆西洋以富以强之基。而自吾人行之。則淮橘為枳。若存若亡。不能實收其效。

及甲午之役。海軍幾盡。遼東幾亡。韓國獨立。臺灣割讓。償金二億。開埠四處。內江自由通航。內地從事製造。皆爲從前軍事所未有、交涉所未有。

劉彥中國近時外交史光緒二十一年、馬關媾和條約二十一款。其主要如左。（一）中國確認韓國爲完全獨立自主國。所有該國向中國修貢獻典禮等。自後全行廢絕。（二）中國將左開之地域。及在該地域之城壘兵器工廠及一切官有物。永遠割讓與日本國。（甲）奉天省南部。即自鴨綠江口溯江至安平河口。從該河口北線至鳳凰城海城及營口而止。所有北線以南地方、及遼東灣東海黃岸北岸屬于奉天省諸島嶼。概爲割讓地。（乙）臺灣全島及其附屬諸島嶼。（丙）澎湖列島。即英國格林尼址東經百九十度起至百二十度、及北緯二十三度起至二十四度間之諸島嶼。右割讓地方之中國人民。願遷居割讓地方以外者。准于二年內任便變賣產業。遷居界外。但二年期滿後、尚未遷徙者。即認爲日本臣民。（三）中國賠償日本軍費庫平銀二萬萬兩。內一萬萬兩自本條約批准後十二個月內、分二期交還。餘一萬萬兩、自本條約批准後七年內、分六次交還。未納銀每年付五釐利息。（四）兩國從前之條約、一概作廢。中國以與歐洲各國現行約章爲基礎。速與日本結通商航海及陸路交通貿易新條約。又遵行以下諸項。中國現今已通商口岸之外。爲日本國臣民新開沙市重慶蘇州杭州爲通商口岸。日本得置領事官且享有中國已開市場之特典與便宜。自宜昌至重慶。自上海入吳淞江入運河至蘇州杭州間之航路。准日本汽船自由通航。日本臣民在中國內地購置貨品及生產物。又向中國內地輸入之運送品。皆有租棧房存貨之權。免除稅鈔及一切派徵諸費。日本臣民在中國各通商口岸。得自由從事各種製造業。又各種機器僅納進口稅。便得自由裝運進口。日本臣民在中國內地製造之貨物。其一切稅課及租借棧房之利益。均照日本臣民輸入貨物之例辦理。並享受一切之優例豁免。

清之朝野上下。始覺感受非常之痛苦而病舊制之不適矣。未幾而英俄德法諸國踵起。強迫立約割我土地。定彼範圍。

劉彥中國近時外交史光緒二十四年列國對中國形勢一變。英結揚子江不割讓與他國之約。德結租借膠州灣之約。俄租旅順大連。日本約福建不割讓與他國。法亦租借廣州。

于是康有爲等上書德宗。力請變法。

康有爲上皇帝第一書所欲言者三。曰變成法。通下情。愼左右而已。第三書乞及時變法。富國養民。敎士治兵。求人材而愼左右。通下情而圖自強。　富國之法有六。曰鈔法。曰鐵路。曰機器。曰輪舟。曰開礦。曰鑄銀。曰郵政。　養民之法。一曰務農。二曰勸工。三曰惠商。四曰恤衆。　敎有及于士。有逮于民。有明其理。有廣其智。　治兵之法。一曰汰冗兵而合營勇。二曰起民兵而立團練。三曰練旗兵而振滿蒙。四曰募新製。以精器械。五曰廣學堂而練將才。六曰厚海軍以威海外。　凡此富國養民敎士練兵之策。所以審端致力者。則在于求人才而擢不次。愼左右而廣其選。通下情而合其力而已。　第四書今當以開創治天下。不當以守成治天下。當以列國並爭治天下。不當以一統無爲治天下。

又請開制度局疏。立制度局以總其綱。十二局以分其事。一曰法律局。二曰度支局。三曰學校局。四曰農局。五曰工局。六曰商局。七曰鐵路局。八曰郵政局。九曰礦務局。十曰游會局。十一曰陸軍局。十二曰海軍局。

德宗遂詔定國是。廢八股。取士舊制。諭立學堂。譯新書。奮然欲大革積弊。

光緒政要光緒二十四年四月、詔定國是。數年以來。中外臣工。講求時務。多主變法自强。邇者詔書數下。如開特科、裁冗兵、改武科、創立大小學堂。皆經再三審度。籌之至熟。始定議施行。惟是風氣尙未大開。論說莫衷一是。或狃于老成憂國。以爲舊章應行墨守。新法必當擯除。衆喙嘵嘵。空言無補。至今日時局如此。國勢如此。若仍以不練之兵。有限之餉。士無實學。工無良師。强弱相形。貧富懸絕。豈眞能制梃以撻堅甲利兵乎。朕惟國是不定、則號令不行。極其流弊。必至門戶紛爭。互相水火。徒蹈宋明積習。于實政毫無禆益。卽以中國大經大法而論。五帝三王。不相沿襲。譬之冬裘夏葛。勢不兩存。用是明白宣示。爾中外大小諸臣。自王公以及士庶。各宜努力向上。憤然爲雄。佩聖賢義理之學。植其根本。又須博采西學之切于時務者。實力講求。以救空疏迂謬之弊。五月、詔改八股取士舊制。總理衙門會同軍機處奏籌辦京師大學堂事宜。諭各省府廳州縣設立學校。六月、諭派康有爲督辦官報。

飭各衙門删改則例。派梁啓超辦理譯書局。七月、宣示變法之意。並准藩臬道府專摺奏事。

爲孝欽后及諸守舊者所沮。不久咸復其舊。而維新者多誅竄焉。

光緒政要光緒二十四年八月、御史楊深秀軍機章京譚嗣同林旭楊銳劉光第康廣仁正法。並宣示康有爲罪狀、諭復一切舊制。

由戊戌變法之反動。而有庚子拳匪之禍。

劉彥中國近時外交史光緒二十四年春、帝與師傅翁同龢謀。決計變法。適恭王以四月十日薨。帝遂于四月二十三日下更新國是之詔。五日後、召見康有爲于頤和園仁壽殿。諮詢革新政略。五月五日、廢八股取士制。天下耳目一新。先是康有爲于召見之前。開保國會于北京。士大夫熱心集合者數百人。其時御史潘慶瀾黃桂鋆李盛鐸等屢加彈劾。召見之後。彈者益多。帝不爲動。且擢康有爲同志楊銳林旭劉光第譚嗣同四人爲四品京卿。參與新政。凡奏章皆經四人閱覽。上諭皆依四人起稿。維新詔敕日如雨下。又許天下士民皆得上封奏。維新政論日益增勢。而各省督撫熱心改革者。以湖南巡撫陳寶箴爲首。一時治績大有可觀。且帝欲效康熙乾隆之例。御懋勤殿選英才。聘外國人。共議興革制度。先草一詔。求太后諭允。乃事變莫測。未幾遂有太后垂簾窮治黨人之事。蓋改革過急。其主意與利益皆相反對之守舊派王大臣等。厭帝之所爲。竭全力妨礙之。勸皇太后訓政。先以榮祿易王文韶爲直隸總督。次黜翁同龢職。八月七日、太后垂簾訓政。十三日、捕楊銳林旭劉光第譚嗣同楊深秀康廣仁六人。戮于市。政府實權全歸守舊派之手。詔天下萬事皆復舊。康有爲梁啓超逃海外。自是守舊派以帝在位恐與己不利益。陰有所謀。八月十一日、詔天下名醫診帝疾。　二十五年十一月二十五日、忽下謹遵慈訓立端郡王載漪之子溥儁爲穆宗毅皇帝之子以繼皇緒之諭。　斯時端郡王以皇太子生父之故。勢力增大。且性剛愎有胆略。素富排外精神。而軍機大臣剛毅徐桐榮祿等皆與之深相結託。端郡王遂隱然爲北京排外派之大首領。適義和團起自山東。東撫毓賢極言義和團忠君愛國。有驅逐洋人能力。端王與剛毅等迷信之。奏請保護。于是政府有與義和團一體之勢。

八國聯軍入京。清皇室遁之陝西。賴李鴻章與各國訂辛丑年和約。賠款四百五十兆兩。

劉彥中國近時外交史。光緒二十七年七月二十五日、北京和議成。　其條約第六項中國皇帝允付諸國償款海關銀四百五十兆兩。

而守舊者奪氣。不敢反對新政。于是劉坤一張之洞等上變法之摺。其言多見于施行。二十年來。舊制之

日趨消滅新法之日有增益基于此也

光緒政要二十七年五月兩江總督劉坤一湖廣總督張之洞第一次會奏變法事宜疏中國不貧於財而貧於人才不弱於兵而弱於志氣人才之貧由於見聞不廣學問不實志氣之弱由於苟安者無履危救亡之遠謀自足者無發憤好學之果力保邦致治非人無由謹先就育才興學之大端參考古今會通文武籌議四條一曰設文武學堂二曰酌改文科三曰停罷武科四曰獎勵游學敬為聖主陳之(一)設文武學堂取士之法自漢至隋為一類自唐至明為一類無論或用選舉或憑考試立法雖有短長而大意實不相遠也要之皆就已有之人才而甄拔之未嘗就未成之人才而教成之故家塾則有課程官學但憑考校此皆與三代學校之制不合現行科舉章程本是沿襲前明舊制承平之世其人才尚足以佐治安民今日國蹙患深才乏文敝若非改絃易轍何以拯此艱危考周官司徒之職小戴禮學記之文大率皆以德行道藝兼教並學學成而後用之此外見於經傳者鄉國之學皆兼六藝大夫之職必備九能書禮干戈司成並教寄象鞮譯王制分官海外圖經伯益所傳潤色專對論語所重又按三代之制庠序之稱曰士卒伍之稱亦曰士實為文武合一文武並重之明徵若孔子兼通文武學於四夷尤聖人躬行垂教之彰彰者今泰西各國學校之法猶有三代遺意禮失求野或尚非誣臣等謹參酌中外情形酌擬今日設學堂辦法擬令州縣設小學校童子八歲以上入蒙學習識字正語音讀蒙學歌訣諸書除四書必讀外五經可擇讀一二部家塾義塾悉聽其使由紳董自辦官勸導而稽其數每年報聞上司可也十二歲以上入小學校習普通學兼習五經先講解後記誦但解經書淺顯義理兼看中外簡略地圖學粗淺算法至開立方止學粗淺繪圖法至畫出地面平形止習中國歷代史事大略本朝制度大略習柔軟體操三年而畢業紳董司之

官考察之。十五歲以上、入高等小學校。解經書較深之義理。學行文法。學策論詞章。看中外詳細地圖。學較深算法、至代數幾何止。學較深繪圖法、至畫出地上平剖面立剖面水底平剖面止。習中國歷史大事、外國政治學術大略。習器具體操。兼習外國一國語言文字之較淺者。此學必設兵隊操場。三年而畢業。官司之紳董佐之。府設中學校、十八歲高等小學畢業者、入中學校。習普通學。此學溫習經史地理。仍兼習策論詞章。並習公牘書記文字。學精深算法、至弧三角航海駛船法止。學精深繪圖法、至測算經緯度行軍圖目揣遠近斜度止。習中國歷史兵事。習外國歷史法律格致等學。外國政治條約、即附於律法之內。並講明農工商等學之大略。習兵式體操。兼習外國一國語言文字之較深者。詞章一門。亦設教習。學生願習與否。均聽其便。此學亦必設兵隊操場。三年而畢業。學政考之。給予憑照。送入省城高等學校。省城應設高等學校一區。大省容二三百人。中小省容百餘人。屋舍不便者。分設兩三處亦可。但敎法必須一律。非由中學校普通學畢業者不能收入。擬參酌中西學制。分爲七專門。一經學。中國經學文學皆屬焉。二史學。中外史學中外地理學皆屬焉。三格致學。中外天文學外國物理學化學電學力學光學皆屬焉。四政治學。中外政治學外國律法學財政學交涉學皆屬焉。五兵學。外國戰法學軍械學經理學軍醫學皆屬焉。六農學。七工學。凡測算學繪圖學道路河渠營壘製造軍械火藥等事皆屬焉。共七門。各認習一門。惟人人皆須兼習一國語言文字。此學亦必設兵隊操場。至醫學一門。以衛生爲義。本爲養民强國之一大端。然西醫不習風土。中醫又鮮眞傳。止可從緩。惟軍醫必不可緩。故附於兵學之內。並另設農工商礦四專門學校各一區。專以考驗實事爲主。機器藥料試驗所皆備。亦三年而畢業。其普通學、成願入此四學者。聽入此四學者。中國政學文學皆令溫習。無論何學。皆有兵隊操場。其習武者。專設一武備學校。擇普通畢業之廩生願習武者。送入。四書義中國歷史策論、人人兼習。其餘悉依外國教課之法。並專習一國語言文字。或仿日本並設一礮工學校。專學製造槍礮之法。均三年而畢業。文學生高等學校畢業後。除農工商礦專門四學、另爲章程外。此七門學生。學律法者。派入交涉局學習實事。名曰練習學生。其餘六門學生。均隨其所願。派入農工商礦等局。兼習實事。名曰兼習學生。均以實在局在營一年爲度。農工商礦四專門學生、三年畢業後。農學派赴本省外縣山鄉水縣考驗農業。工學派赴本省外省華洋工廠考驗製造。商學派赴南北繁盛口岸考驗商務。礦學派赴本省外省開礦之山煉礦之廠考驗采煉。均名曰練習學生。亦均以實在出外遊歷練習一年爲度。其武學生武備學校畢業後。令入營學習操練一年。半年充兵。半年充弁。以實在營一年爲度。合計在學肄業及出外練習文武各門。均四年學成。先由督撫學政考之。再由主考考之。取中者、除送入京師大學校外。或即授以官職。令其效用。大學校學業又益加精。門目與省城所設高等專門學校同。三年學成。會試總裁考之。取中者授以官。此大中小學教法門目等級年限之大略也。(一)酌改文科。擬即照光緒二十四年臣張之洞奏變通科舉奉旨允准之案酌辦。大約係三場先後互易。分場發榜。各有去取。以期場場核實。頭場取博學。二場取通才。三場歸純正。以期由粗入精。頭場試中國政治史書。二場試各國政治地理武備農工算法之類。三場試四書五經經義。經義即論說考辨之類也。頭場十倍中額。原奏經禮部通行。陝西有案可查。惟聲光化電等學。場內不能試驗。擬請刪去。此係原本朱子救弊須兼他科目取人之意。歐陽修隨意去留鄙惡乖誕以次先去之法。而又略仿現行府縣覆試童生學政會考優貢之章。似乎有益無弊。簡要易行。(一)停罷武科。武科硬弓刀石之拙。固無益於戰征。弧矢之利。亦遠遜於火器。至於默寫武經。大率皆係代倩。文字且不知。何論韜略。以故軍興以來。以武科立功者、概乎其未有聞。凡武生武舉武進士之流。不過恃符豪霸健訟佐鬬。

抗官擾民。既於國家無益。實於治理有害。近年自故督臣沈葆楨以後。中外大臣、言武科改章者甚多。蓋人已共知其弊。臣等擬之今日時勢。武科無益有損。擬請宸斷奮然徑將武科小考鄉會試等場一切停罷。此誠自强講武之一大關鍵也。(一)獎勵游學。查外國學堂。法整肅而不苦。教知要而有序。爲教師者。類皆實有專長。其教人亦有專書定法。教法尤以日本爲最善。文字較近。課程較速。其盼望學生成就之心、至爲懇切。傳習易。經費省。回華速。較之學於歐洲各國者。其經費可省三分之二。其學成及往返日期、可速一倍。江鄂等省學生、在日本學堂者多。故臣等知之甚確。此時宜令各省分遣學生出洋遊學。文武兩途。及農工商學專門之學。均須分門認習。亘須擇其志定文通者。乃可派往。學成後。得有憑照。回華加以覆試。如學業與憑照相符。即按其等第。作爲進士舉貢。以輔各省學堂之不足。最爲善策。此時日本人才已多。然現在歐洲學堂附學者。尙數百人。此舉之有益可知。並宜專派若干人。入其師範學堂。專習師範。以備回華充小學中學普通教習。尤爲要著。再官籌學費。究屬有限。擬請明諭各省士人。如有自備資斧。出洋遊學。得有優等憑照者。回華後覆試相符。亦按其等第。作爲進士舉貢。如此則遊學者衆。而經費不必盡由官籌。蓋遊學外國者。但籌給經費。而可省無數之心力。得無數之人才。可謂善策矣。若自備資斧遊學者。准給憑照錄用。則經費並不必多籌。尤善之善者矣。此四條爲求才圖治之首務。其間事理皆互相貫通補益。故先以此四條上陳。

光緒二十七年六月兩江總督劉坤一兩湖總督張之洞第二次會奏變法事宜疏云。立國之道。大要有三。一曰治。二曰富。三曰强。國既治。則貧弱者可以力求富强。國不治。則富强者亦必轉爲貧弱。整頓中法者、所以爲治之具也。采用西法者。所以爲富强之謀也。謹將中法之必應整頓變通者、酌擬十二條。一曰崇節儉。二曰破常格。三曰停捐納。四曰課官重祿。五曰去書吏。六曰去差役。七曰恤刑獄。八曰改選法。九曰籌八旗生計。十曰裁屯衞。十一曰裁綠營。十二曰簡文法。敬備朝廷采擇。臚陳於左。（一）崇節儉今京畿凋殘。秦晉飢饉。賠款浩大。民生困窮。以後更不知如何景象。此時若欲挽回天意、激勵人心。非貶損、寅畏力行節儉不可。擬請明降諭旨。力行節儉。始自宮廷。所有不急之務、一切停罷。無益之費、一切裁減。即不能不舉之工。務從儉省。核實。內務府諸臣。再有營私糜費者。必重懲之。並請諭飭內外大小臣工。務從節儉。力禁奢華。所有宮室輿服、力求樸素。應酬讌會、勿得浮糜。上官歲時之供億、一概禁絕。督撫巡閱。學政按試。以及一切馳騁過境之貴官要差。所有舟車館舍、廚傳供張。嚴禁華侈。不准需索騷擾。寬於商民。嚴於職官。有違旨者。上司立予糾參。此不惟愛惜物力之心。乃所以昭不忘憂患之意也。（二）破常格竊謂此時朝廷一切舉動。宜視爲草昧締造之時。視爲與民同患之時。將一切承平安樂之繁文縟節。量爲簡省變通。中外大小臣工。尤以除官氣、達下情爲主。應行破除常格之處甚多。茲先約舉最要者三事。一曰、敷奏。奏對之際。天威咫尺。往往戰栗矜持。不能盡言。至於上疏陳言。每以不盡能稱旨爲慮。導之使言。猶多顧忌。若以折檻批鱗爲戒。則雖至於顚覆、而無人爲朝廷言之矣。擬請明諭中外。凡臣工奏疏召對。務以直言正諫、指陳利害爲主。不必稍存忌諱。言事過於戇直者。體式稍有未合者。亦望朝廷曲予優容。以收從善納規之益。一曰、儀文。今日文武官員。官氣最重。實爲失人心、害政事之根。故大學士曾國藩、故巡撫胡林翼、常切言之。文官賤視其民。罕與民接。炫之以儀從。威之以鞭扑。故罕通民隱。武將賤視其兵。罕與兵親。驅爲賤役。視爲利藪。故罕識兵情。夫不得民心而能治。不得兵心而能勝。未之有也。應請切戒文武各官。務須屏除官氣。不尙虛文。必其誠意咸孚。然後兵民皆可用矣。一曰、用人。承平用人。多計資格。所以抑躁進。時危用人。必取英俊。所以濟時艱。今之仕途。不必其皆下劣也。同一才具。而依流平進者。多騎牆。精力漸衰者。憚改作。資序已深者恥下問。平日論吏才者、患更事之不多。今當變政之際、則惟患更事之太多。蓋其所謂更事者。不過痼習空文。於中外時局素未講求。安有閱歷。而迂談謬論。成見塞胸。不惟西法之長、不能采取學步。即中法之弊、亦必不肯銳意掃除。古人有言。老者謀之。壯者行之。施之今日。似爲有當。（一）停捐納。捐納有害吏治。有妨正途。人人能言之。戶部徒以每年可收捐三百萬。遂致不肯停罷。查常捐若銜封翎枝貢監等項。本不可停。若將常捐量爲推廣。但係虛與榮名、無關實政者。皆可擴充。擬請敕下戶部博采衆議。量爲推擴。必可抵補損數大半。即或不敷百餘萬。然今日須籌賠款數千萬。斷不宜惜此區區。以致牽紲有妨自强要政。擬請俟此次秦晉賑捐完竣後。即行永遠停罷。以作士氣而淸治源。（二）課官重祿。方今事變日多。京外各衙門。斷非僅通時文、綴查成例者所能勝任。欲濟世用。非學無由。擬請京城設仕學院。外省設校吏館。仕學院校吏館中。多備中外各種政治之書。凡中外輿圖公法條約學制武備天算地理農工商礦各學之書。咸萃其中。選派端正博通之員爲教習。令候備各員均入其中。分門講習。嚴定課程。切實考核。進功者給予憑照。量材任用。昏惰者懲儆。留學不可教者、勒令回籍。其實缺各官、願入館討論求益者。亦聽其便。惟善教以培其材。尤須重祿以養其廉。查京職俸銀俸米。爲數無多。加以銀賤物貴。實不足以自給。而科道爲風憲之官。翰詹爲儲才之地。俸銀尤宜從優。光緒八年戶部奏定、令各省關籌解京官津貼銀廿六萬兩。乃行之一年。旋將此項撥充餉需。且原定數目較少。大小各官不能徧及。其分給者、爲數亦不敷用度。今日亟宜另籌辦理。至三品以上大員。用度較繁。關係甚重。必應一併籌及。其名目即稱爲養廉。勿庸再稱津貼。方爲名正言順。大約必須籌款百萬。方足敷各衙門辦公之需。杜乞貸苞苴之習。至外省各府縣等官。甘苦亦不一致。州縣有民社之寄。知府有表率之責。斷不可令其苦累。州縣瘠區則科派罰獄而病民。衝繁則虧挪庫款而病國。不得已而爲調劑調署之策。則傳舍無常、而國與民交病。其號稱優缺者。不過隱匿稅契雜稅、減削驛站經費。甚至揑報例災。蓋州縣官卑事繁。科場考棚之攤捐。解役緝捕之繁費。驛路大差之供億。委員例差之應酬。其養廉萬不足以給用。不得不迫而出此。故州縣多一分之繁費。則國帑暗傷一分之進款。知府公費、無非取給州縣。然公費多少不一。往往藉端挑剔。格外誅求。故府州縣皆須令其辦公有資。然後能盡心於國事。應請飭下各省。體察本省情形。省州縣之繁費。禁上司之需索。州縣既無累可言。則可令其久任。責以實政。設遇地方有重要難辦之事、只可因擇人而量移。不准因恤累而更調。一切公款。責令切實報解。不得藉口侵欺。知府辦公竭蹶者。亦爲籌增公費。至增加養廉公費以後。京外各官。如再有貪墨敗檢者。除參革外。仍行追罰充公。果使賢才無北門貧窶之憂。當官有公而忘私之志。則爲國家所省者多矣。(一)去書吏。蠹吏害政、相沿已二千年。臣等歷年來所見部文。不過查敍舊案、核算數目。從未論及事理。下等司官皆優爲之。其准者不過曰與某案尙屬相符、尙屬實在情形。其駁者不過曰與舊案不合、窒礙難行。間有援據古今、發爲議論、指陳事理、語有斷制者。則必係司官秉筆。或經堂官改定。一望而知決非經承稿書所能爲。然則此輩一無所長。但工作弊索賄。至外省各衙門書吏。弊竇亦多。若督撫衙門之兵房。藩司之吏房。戶房。州縣之戶糧房。稅契房。皆所不免。而州縣爲尤甚。緣兵燹以後。魚鱗冊多已無存。催徵底冊、皆在書吏之手。緩欠飛灑。弊混極多。把持州縣。盤剝鄉民。稅契一項。包攬隱匿。官無如何。其實無論大小衙門。書吏伎倆皆極庸劣。凡緊要奏牘咨札詳稟。或本官親自屬稿。或委員幕友擬稿。從無書吏能動筆者。所能爲者。不過例行公事。依樣壺盧而已。若各局文件。多非循例之事。則皆係委員辦稿。至親書則滿紙俗別。謬說脫落。尤爲惡劣。實於公事有妨。茲擬將各省書吏一律汰除。改用委員。其額設辦稿經承、督撫司道知府直隸州衙門用本省候補佐貳雜職爲之。稱爲稿委。繕寫清書、用本省生員爲之。稱爲寫生。督撫司道衙門書吏。向有飯食津貼各項銀兩。即以撥充稿委寫生薪水之用。州縣等衙門應就地籌款。惟各州縣戶房糧房。藏匿收徵底冊。以爲居奇。最爲藐法可惡。擬請將各省州縣戶房糧房應分爲數年裁汰。由督撫體察情形。一年先辦六七縣。或十餘縣。擇其易於清理者辦起。如該吏有敢抗匿銷毀糧冊者。即行奏請正法。俟辦有規模。即可一律推行。永除要官朘民之弊矣。(一)去差役。差役之爲民害。各省皆同。必鄉里無賴。始充此業。傳案之株連、過堂之勒索、看管之陵虐。並相驗之科派、緝捕之淫擄、白役之助虐。其害不可殫述。民見差役。無有不疾首蹙額。視如虎狼蛇蠍者。差役擾民之事。其報官者不過什之一。其報官而懲辦者不過什之五。師徒相承。專習爲惡之事。良由換官不換差役。故根株蟠結。黨羽繁滋。斥革旋復。雖有良吏。只能遇事懲儆。稍戢其暴而已。而終不能令種種擾民害民之弊一概杜絕。蓋官署事事需差。州縣不皆久於其任。勢不能鋤而去之。別籌良法。今欽奉明諭。令將差役白役分別裁汰。此誠恤民圖治之要端也。此事自當轉飭有司、欽遵實辦。惟州縣之聽訊理刑、催科緝捕等事。不能不需人以供驅使。若繁劇州縣。人少亦不敷用。例定役食無多。不足以資雇募。擬令州縣自行募勇。以供驅遣。大縣百餘名。小縣數十名。以供上項各種驅使。此勇既由官選募。必自擇妥實可信之人。去留在官。自然不能把持。習氣未深。作弊不能甚巧。但使本官約束嚴明。即可不爲民害。各國清查保甲巡街查夜禁暴戢奸。皆係巡捕兵之責。其人並非下流猥賤之人。其頭目即係武弁。日本名爲警察。其頭目名爲警察長。而統之以警察部。其章程用意。大要以安民防患爲主。與保甲局及營兵堆卡略同。然警察係出於學堂。故章程甚嚴。而用意甚厚。凡一切查戶口、清道路、防火患、別良莠、詰盜賊。皆此警察爲之。聞京城現擬設立巡捕。將來自可仿辦。茲擬州縣用勇。即與用巡捕兵之意相近。嘗於繁盛城鎮。采取外國成法。並參酌本地情形。先行試辦。以次推行。警察若設。則差役之害可以永遠革除。此尤爲吏治之根基。除莠安良之良策矣。（一）恤刑獄。州縣有司。政事過繁。文法過密。經費過絀。而實心愛民者不多。於是濫刑株累之酷。囹圄凌虐之弊。往往而有。雖有良吏。不過隨時消息。終不能盡挽頹風。外國人來華者。往往親入州縣之監獄。旁觀州縣之問案。疾首蹙額。譏爲賤視人類。驅民入教。職此之由。今酌擬九條。一曰、、禁訟累。每有訴訟。差役家丁必索訟費。視其家道以爲多少。至少者制錢四千。薄有田產者任意誅求。不滿其欲者、則詭曰案未傳齊。致官不能過堂。卽恤民之官。爲之酌減定數。不准多索。然一官所禁。後任復然。差役不革。此弊不除。至傳案株累。最爲民害。其中有原告誣攀者。亦有吏役慫恿本官者。亦必須裁去吏役。方能杜絕。二曰、、省文字。承審之例限處分太嚴。而命盜案之報少。必俟犯已認供而後詳報。盜案之例限開參太嚴。且必獲犯過半、兼獲盜首。方予免議。而諱盜之事多。諱有爲無。諱劫爲竊。諱多爲少。各省從無一實報人數者。命案罕報罕結。則多私和人命及拖斃證人之事。民冤所以不伸也。盜案不早報。不實報。則萑苻已起而上官不知。寇亂所以潛伏也。此事關係甚大。非寬減例處。斷無禁絕拖延命案諱飾盜案之法。至於上控之案。其官吏偏私實有冤抑者。自應澈底嚴懲。乃近來上控者。往往有訟棍主持。意圖攀累訛索。圖准而不圖審。以致被告羈縶日久。而原告不到案。雖有原告兩月不到、將案註銷之例。而兩月之久。拖累已多。卽由省押發。或已經逃匿。或中途潛逃。誣累害人。情尤可惡。應請明定例章。如上控案已經批發而兩月後並不到案者。除照例註銷外。並將上控之人通緝治罪。以後再將此案上控者。亦卽駁斥治罪。究出架訟之人。一律嚴辦。並請將上控承審遲延之處分。分別情節辦理。此亦省拖累之一端也。三曰、、省刑責。敲扑呼號。血肉橫飛。最爲傷和害理。有悖民牧之義。地方官相沿已久。漠不動心。擬請以後除盜案命案證據已確而不肯供認者、准其刑嚇外。凡初次訊供時。及牽連人證。斷不准輕加刑責。其笞杖等罪。應由地方官體察情形。酌量改為羈禁。或數日。或數旬。不得凌虐久繫。四曰、重衆證。外國問案。專憑證人。衆證既確。即無須本犯之供。查例載衆證明白、即同獄成。不須對問。然照此斷擬者。往往翻控非誣問官受賄。即誣證人得贓。以故非有確供、不敢詳辦。於是反覆刑求。則有拷虐之慘。多人拖累。則有瘐斃之冤。擬請以後斷案。除死罪必須有輸服供詞外。其軍流以下罪名。若本犯狡供、拖延至半年外者。果係衆證確鑿。其證人皆係公正可信。上司層遞親遞覆訊皆無疑義者。即按律定擬。奏咨立案。如再京控上控。均不准理。此即省酷刑拖累之大端也。五曰、修監羈。州縣監獄之外。又有羈所。又有交差押等名目。狹隘汚穢。凌虐多端。暑疫傳染。多致瘐斃。仁人不忍覩聞。等之於地獄。外人尤為痛詆。比之以番蠻。夫監獄不能無。而酷虐不可有。宜令各省設法籌款。將臬司府廳州縣各衙門內監外監。大加修改。地面務須寬敞。屋宇務須整潔。併給口糧及冬夏調理各費。禁卒凌虐。隨時嚴懲。至羈所一項。所以管押竊賊地痞。及案情干涉甚重、而供情未確、罪名未定、保人未到者。定例雖無明文。而各省州縣無處無之。蓋此等案犯。若取保則什九潛逃。斷不能行。若令還住客店。交差看守。則勒虐更甚。無從稽考。故羈所一項。其勢不能不設。擬請明定章程。各處羈所。務須寬潔整淨。不准虐待。亦不准多押。至傳質者歸入候審所。各省多已設立。其餘差帶官店等事。務須禁絕。此事之實辦與否。有房屋可驗。不能掩飾。六曰、教工藝。近年各省多有設立遷善所改過所者。亦間教以工藝等事。然行之不廣。且教之亦不認眞。應令天下各州縣有獄地方。均於內監中。必留一寬大空院。修工藝房一區。令其學習。將來釋放者。可以謀生改行。禁繫者亦可自給衣履。七曰、恤相驗。凡有命案應相驗者。驗屍棚廠官吏夫馬之費甚多。均取之被告家。不足則派之族鄰。小村單戶、則派之一半里外之遠鄰。間有恤民之吏。自備夫馬帳棚。嚴禁差役科派。然亦不過百之一二。

終無禁絕之法。查四川有三費局。由紳民糧戶捐出。一爲招解費。一爲相驗費。一爲夫馬費。民甚便之。行已三十年。此事似宜令各州縣就地籌款。務以辦成爲度。仍責令州縣輕騎簡從。不准縱擾。違者嚴參。八曰、改、罰、鍰。贖罰之刑。古經今律皆同有之。惟其途尙隘。查命案盜案。應按律治罪。竊賊地痞惡棍傷人詐騙訟棍、宜量予扑責監禁。藉以儆其悍暴。曉示良民。此數項應不准罰贖。此外如戶婚田土家務錢債等類之案。其中多係紳衿。且兩造必係親族鄉鄰。不宜苦辱過甚。致本人有礙上進。並使兩造子孫永爲仇隙。除按其曲直審斷外。其曲者按其罪名輕重。酌令罰繳贖罪銀若干。以爲修理監獄經費。舉貢生監職員封職犯事罪不致軍遣者。除褫革外。並罰繳修理監獄經費。看管數月。免其刑責。似於化民善俗之義。有合。罰繳之數。令其詳報上司。私罪及入己者罪之。九曰、派、專、官。監羈一事。固須屋宇廣潔。尤須隨時體恤。禁絕凌虐。必有專官司之。方有實濟。吏目典史。卑於州縣。不能考察。查各府皆有同知通判。所司清軍鹽捕水利等事。久成具文。一無事事。按今之通判。宋亦名通判。或名簽判。明曰推官。皆兼管獄囚訴訟。故文人稱爲司李。俗人稱爲刑廳。擬請著爲定章。每府即派實缺同知。專司稽察各屬監獄之事。同知不同城者。派同城通判。每兩月徧赴所屬外縣稽察一次。同城兼有同通者。兩員分任。一月稽察一次。同城縣監、十日稽察一次。監獄不善、凌虐未禁者。准其據實稟明督撫臬司。比照濫刑例。參處。稽察府監、責成本道司監。由督撫隨時委員稽察。要之、事事皆有確實辦法。庶可以仰裨聖朝尙德緩刑之治。而驅民入教之患。可漸除矣。(一)改。選。法。明季以來。部選之官。皆係按班依次選用。查冊之外。輔以掣籤。並無考核賢否之法。候選人員。多係遣人投供。必託部吏查探。選期已近。始行親自人都。選缺到省。必令赴任。間有留省學習。不過一年數月。其中多有紈袴子弟、鄉僻寒儒。罕能通曉吏事。至本省情形。則更茫然。每出一缺。或應外補。或應內選。或一咨一留。或兩咨一留。班次糾紛。章程繁細。各官但算計得缺之遲早、班次之通塞。心思識解。日趨鄙俗。竊擬略爲變通。以後州縣同通、統歸外補。無論正途保舉捐納。皆令分發到省。補用試用。令其學習政治。上官亦得以考核其才識之短長。遇有缺出。按照部章。應補何班。卽於本班內統加酌量擬補。不必拘定名次。惟到省未滿一年者。除本班無人外。不得請補。(一)籌八旗生計。京外八旗生齒日繁。餉額有定。且銀價漸低。物價日貴。國家雖費鉅款。而旗兵旗丁仍不免拮据之憂。殊鮮飽騰之樂。擬請將京外八旗餉項、仍照舊額開支。惟照舊法略爲變通。寬其約束。凡京城及駐防旗人。有願至各省隨宦遊幕、投親訪友、以及農工商賈各業。悉聽其便。僑寓地方、願寄籍應小考鄉試者。亦聽其便。准附入所寄居地方之籍。一律取中。但註明寄居某旗人而已。有駐防省分。或卽附入駐防之額。其自願歸入民卷者。必其自揣文藝。可與衆人爭衡。卽不爲之區別。寄籍者卽歸地方官。與民人一體約束看待。惟出京寄籍自謀生理之人。其錢糧卽行開除。不必另補。但將馬步甲兵、豫定一至少減至若干之額。省出餉銀餉米。卽以專充八旗廣設學堂之費。士農工商兵五門。隨所願習。惟習武備、須擇年在二十歲以下者。如係當兵者。既入學堂。則尋常舊例操演。勿庸再到。以免分其學堂之日力。其習武備者。留以供禁旅之用。習他項者。令其爲謀生之資。所學未成、不能營生之時。餉項照舊給發。五年以後。省餉日鉅。學堂日增。十年以後。充兵者可以禦侮。則不患弱。改業者各有所長。則亦不患貧矣。(一)裁屯衛漕運一事。種種有名無實。亟應設法變通。查有漕各省。屯田本爲贍運軍而設。各衛所守備千總。本爲徵屯餉押漕運而設。今日無論折漕與否。運漕皆係輪船民船。運軍久無其人。衛官一無所事。而屯田屯餉。弊竇尤多。一衛所屬屯田。有隔在別府者。有跨在別省者。衛官並不知其田在何處。數有若干。其冊皆在該衛數書吏之手。至於荒熟豐歉。更無影響可尋。衛官但向書吏索取年例陋規而已。此等積弊。各省皆同。臣等查之甚悉。計十年之中。江南湖北各衙官。以爭利謀缺訐訟滋鬧之案甚多。謬妄離奇。直不知官場爲何事。不文不武。形同贅疣。若屯田屯餉改歸所隸州縣徵收。則每年豐歉完欠皆有可考矣。(一)裁綠營。綠營之無用。自嘉慶初年川楚教匪之亂而已著。自髮捻之亂而大著。調派出征。則聞風推諉。其不能當大敵禦外侮。固不待言。卽土匪鹽梟亦且不能剿捕。三十年來。以裁汰綠營爲言者。不止數十百人。自光緒十一年、奉懿旨令裁汰綠營。光緒二十二年、又奉上諭、裁汰綠營。各省雖已分別裁汰。然現存者尚復不少。合計各省原營額餉挑練加餉歲費餉銀餉米馬乾。照光緒十一年八月二十二日懿旨綠營兵餉一千五百萬兩之數核算。此時尚需銀一千萬兩以外。物力艱難。年年巨耗。眞不知何所底止也。裁汰之要義有二。一則宜籌從容消散之方。一則宜籌抵補彈壓地方之具。擬請將各省綠營。不論挑練之兵。原營之兵。分馬步戰守。限每年裁二十分之一。計百人裁五。統限二十年裁竣。應裁者每名發給恩餉一年。責成各省督撫藩司。每年餉銀餉米。就現在應發之數。於二十成中扣發一成。其何營應開除幾名。令各該營自行按數開除。惟是此項省出之餉。祇能改爲養緝勇設警察之費。不能指爲充裕庫儲之計。蓋精練備戰之營。只可屯紮省城及要隘重鎭兩三處。斷不宜各處分紮。又蹈營汛之失。省外府縣。亦未便聽其空虛。可卽以此項省出之餉。酌營緝捕勇營。派赴外府。擇要分防。並設警察之勇。歸州縣調度。不過改募勇丁。則整頓去留。其權在地方官。勇可隨時裁募。兵可隨時更換。於弭亂安民旣有實際。而經費可免另籌。此卽與新增巨款無異矣。(一)簡文法。約有三端。一曰省虛文。凡部院文移外省公牘。多有陳陳相因。無益實政者。有冊籍浩繁。無關利弊者。有末節細故。往返駁查。稽延時日者。有循舊具報出結。並無實事者。此類不可殫述。擬請敕下京外各衙門、通行澈查。酌量省罷。至於無謂儀節。徒致廢務妨要者。亦請查核、酌改從簡。一曰省題本。查題本乃前明舊制。旣有副本。又有貼黃。兼須繕寫宋字。繁複遲緩。我朝雍正年間。諭令臣工將要事改爲摺奏。簡速易覽。遠勝題本。五十年來各省已多改題爲奏之案。上年冬間。曾經行在部臣、奏請將題本暫緩辦理。此後擬請查核詳議。永遠省除。分別改爲奏咨。一曰寬、例、處。范仲淹之言曰。士大夫公罪不可無。私罪不可有。洵爲名論。方今吏議繁密。京外各官、殆無一人無一日不干吏議者。而州縣爲尤甚。治民之本。全在州縣。救過不暇。何暇論及敎養乎。牽纏既多。於是遇事諉卸。多方彌縫。上官亦知其情多爲難。不肯苛求。姑從掩覆。既明知爲無益勸懲之事。何必存此虛文。應請敕下吏部兵部都察院。查核處分舊例。分別公私輕重。量加寬減刪除。如此則臣下之於朝廷。僚屬之如上官。可以進實言、辦實事矣。以上十二條。皆中國積弱不振之故。而尤爲外國指摘詬病之端。臣等所擬辦法。或養民力。或澄官方。或作士氣。前人論及此者多矣。特以誤於弊去太甚之言。怵於諸事更張之謗。律令文告。都成具文。小有設施。不規久遠。今日外患日深。其樂因循、務欺飾者。動以民心固結爲言。不知近日民情、已非三十年前之舊。羨外國之富、而鄙中土之貧。見外兵之、強、而疾官軍之懦。樂海關之平允、而怨釐局之刁難。誇租界之整肅、而苦吏胥之騷擾。於是民從洋敎。商掛洋旗。士入洋籍。始由否隔。寖成渙散。亂民漸起。邪說乘之。邦基所關。不勝憂懼。必先將以上諸弊一律剗除。方可冀民心固結。永遠然後親上死長禦侮捍患。可得而言矣。

光緒二十七年兩江總督劉坤一兩湖總督張之洞第三次會奏變法事宜疏云。西法綱要。更僕難終。情形固自有異同。行之亦必有次第。臣等謹就切要易行者。臚舉十一條。一曰廣派遊歷。二曰練外國操。三曰廣軍實。四曰修農政。五曰勸工藝。六曰定礦律路律商律交涉刑律。七曰用銀圓。八曰行印花稅。九曰推行郵政。十曰官收洋藥。十一曰多譯東西各國書。大要皆以變而不失其正爲主。

第三編

第十四章　譯書與游學

譯書之事。盛於明季清初。譯者、漸少。穆尼閣之天步眞原。蔣友仁之地球圖說。無大影響於學者也。

阮元疇人傳穆尼閣順治中寄寓江寧。喜與人談算術。而不招人入會。在彼教中、號爲篤實君子。青州薛鳳祚嘗從之游。所譯新西法曰天步眞原。穆尼閣新西法、與湯羅諸人所說互異。當時既未行用。而薛鳳祚所譯、又言之不詳。以故知其術者絕少。又錢大昕官贊善時。適西洋人蔣友仁以所著之地球圖說。進奉旨繙譯。並詔大昕與閣學何國宗同潤色。

道光中、海疆事棘。學者欲通知四裔之事。始競、編、譯。地志若海國圖志、瀛環志略、朔方備乘等書。皆雜採諸書爲之。非專譯也。

魏源海國圖志序。海國圖志六十卷。何所據。一據前兩廣總督林尚書所譯西夷之四洲志。再據歷代史志及明以來島志及近日夷圖夷語。鉤稽貫串。創榛闢莽。前驅先路。大都東南洋西南洋增於原書者十之八。大小西洋北洋外大西洋增於原書者十之六。又圖以經之。表以緯之。博參羣議以發揮之。何以異於昔人海圖之書。曰、彼皆以中土人談西洋。此則以西洋人談西洋也。　原刻僅五十卷。嗣增補爲六十卷。道光二十七載、增爲百卷。重刻於揚州。仍其原叙。不復追改。

山西通志徐繼畬傳。繼畬官福建巡撫。入覲。宣宗詢以各國風土形勢。奏對甚悉。爰命采輯爲書。書成曰瀛環志略。

張星鑑何秋濤傳。嘗考東北邊疆之要。成書百卷。尙書某公爲進呈。賜名朔方備乘。

咸豐中、海寧李善蘭客上海。與英人艾約瑟、偉烈亞力等游。譯述重學幾何微積等書。於是譯事復興。

阮元疇人傳。李善蘭字壬叔。號秋紉。海寧人。咸豐初。客上海。識英吉利文士偉烈亞力、艾約瑟、韋廉臣三人。從譯諸書。　幾何原本後九卷續譯序云。泰西歐几里得（Euclid）撰幾何原本十三卷。後人續增二卷。共十五卷。明徐利二公所譯。其前六卷也。未譯者九卷。　自明萬歷迄今。中國天算家。願見全書久矣。道光壬寅。國家許息兵。與泰西各國定約。此後西士願習中國經史。中士願習西國天文算法者。聽聞之心竊喜。歲壬子、來上海。與西士偉烈君亞力約。續徐利二公未完之業。偉烈君無書不覽。尤精天算。且熟習華言。遂以六月朔爲始。日譯一題。中間因應試避兵諸役。屢作屢輟。凡四歷寒暑。始卒業。是書泰西各國皆有譯本。顧第十卷闡理幽玄。非深思力索。不能驟解。西士通之者亦尠。故各國俗本。掣去七八九十四卷。六卷後卽繼以十一卷。又有前六卷單行本。俱與足本並行。各國言語文字不同。傳錄譯述。既難免參錯。又以讀全書者少。翻刻譌奪。是正無人。故夏五三豕。層見疊出。當筆受時。輒以意匡補。偉烈君言。異日西士欲求是書善本。當反訪諸中國矣。　重學二十卷附曲綫說三卷序云。艾君約瑟語余曰。西國言重學者。其書充棟。而以胡君威立所著者爲最善。約而該也。先生亦有意譯之乎。余曰諾。於是朝譯幾何。暮譯重學。閱二年、同卒業。　代微積拾級十八卷序云。羅君密士、合衆之天算名家也。取代數微分積分三術。合爲一書。分類設題。較若列眉。嘉惠後學之功甚大。偉烈君亞力聞而善之。亟購求其書。請余共事。譯行中國。譯既竣。卽名之曰代微積拾級。時幾何原本刊行之後一年也。　談天十八卷序云。余與偉烈君所譯談天一書。皆主地動及橢圜立說。又京卿所譯西書。尚有植物一種。凡八卷。論曰。李京卿邃於數理。專門名家。用算學爲郎。王公交辟。居譯署者幾二十年。

同治初、總理衙門設同文館。並設印書處。以印譯籍。吳人馮桂芬倡議、上海廣東均應仿設。

馮桂芬顯志堂稿。上海設立同文館議。互市二十年來。彼酋類多能習我語言文字之人。其尤者、能讀我經史。於朝章國政吏治民情、言之歷歷。而我官員紳士中、絕無其人。宋聾鄭昭。固已相形見絀。且一有交涉。不得不寄耳目於所謂通事者。而其人遂爲洋務之大害。上海通事人數甚多。獲利甚厚。遂於士農工商之外、別成一業。廣州寧波人居多。其人不外兩種。一爲無業商賈。凡市井中游閒跅弛不齒鄉里。無復轉移執事之路者。以學習通事爲逋逃藪。一爲義學生徒。英法兩國設立義學。廣招貧苦童稚。與以衣食而教督之。市兒村豎。流品甚雜。不特易於漸染洋涇習氣。且多傳習天主教。更出無業商賈之下。此兩種人者。聲色貨利之外、不知其他。惟藉洋人勢力。狐假虎威。欺壓平民。蔑視官長。以求其所欲。又其人質性中下。識見淺陋。叩其所能。僅通洋語者十之八九。兼識洋字者十之一二。所識洋字。亦不過貨名銀數與俚淺文理。不特於彼中政治張弛之故、瞢焉無知。即間有小事交涉。一言一字。輕重緩亟。展轉傳述。往往影響附會。失其本指。幾何不以小嫌釀大釁。夫通習西語西文。例所不能禁。亦勢所不可少。與其使市井無賴獨能之。不若使讀書明理之人共能之。前見總理衙門文。新設同文館。招八旗學生。聘西人教習諸國語言文字。與漢教習相輔而行。此舉最爲善法。行之既久。能之者必多。必有端人正士奇尤異敏之資、出於其中。然後得西人之要領而馭之。綏靖邊陲之原本。實在於是。惟是洋人總匯之地。以上海廣州二口爲最。種類較多。書籍較富。聞見較廣。凡語言文字之淺者。一教習已足。其深者。務在博采周資。集思廣益。則非上海廣州二口不可。　思以爲莫如推廣同文館之法。令上海廣州仿照辦理。各爲一館。選近郡年十五歲以下之穎悟誠實文童。聘西人如法教習。仍兼聘品學兼優之舉貢生監。兼課經史文藝。不礙其上進之路。三年爲期。學習有成。調京考試。量予錄用。遇中外交涉事件。有此一種讀書明理之人。可以咨訪。可以介紹。卽從前通事無所施其伎倆。而洋務之大害去矣。至西人之擅長者。歷算之學。格物之理。制器尙象之法。皆有成書。經譯者十之一二耳。必能盡見其未譯之書。方能探賾索隱。由粗迹而入精微。

蘇撫李鴻章從其議。遂就上海敬業書院地址。建廣方言館。敎西語西學。以譯書爲學者畢業之證。

墨餘錄。同治建元歲次壬戌。蘇撫李鴻章題准就上邑設立廣方言館。時新移敬業書院於學宮舊址。乃卽院西隙地起造房廊。制極宏敞。官紳馮桂芬等擬定章程十二條。稟准頒行。　肄業生額設四十名。延英士中之有學問者二人。爲西敎習。以近郡品學兼優紳士一人。爲總敎習。舉貢生員四人。爲分敎習。分敎經學史學算學詞章爲四類。　諸生於三年期滿後。有能一手繙譯西書全帙。而文理亦斐然成章者。由中西敎習移道咨送通商衙門考驗。照奏定章程。關會學政。作爲附生。以後通商各衙門應添設繙譯官。承辦洋務。督撫卽可遴選承充。不願就者聽。其能繙譯而非全帙者。作佾生。一體出館。

後又移併於製造局。

瀛壖雜志。廣方言館向設於舊學宮之西偏。同治己巳。應敏齋方伯於南門外製造局。大拓基地。以建書院。庚午春間。廣方言館移附之。

而製造局的繙譯館。尤專以譯述爲事。

江南製造局編江南製造局記繙譯館、同治六年設翻譯格致化學製造各書。提調一人。口譯二人。筆述三人。校對畫圖四人。

瀛壖雜志廣方言館、後爲繙譯館。人各一室。日事撰述。旁爲刻書處。乃創闢者所居。口譯之西士。則有傅蘭雅、林樂知、金楷理諸人。筆受者則爲華若汀、徐雪村諸人。自象緯輿圖格致器藝兵法醫術。罔不搜羅畢備。誠爲集西學之大觀。

清稗類鈔無錫徐雪村壽、精理化學。於造船造槍礮彈藥等事。多所發明。並自製鏹水棉花藥汞爆藥。我國軍械既賴以利用。不受西人之居奇抑勒。顧猶不自滿。進求其船堅礮利工藝精良之原。始知悉本於專門之學。乃創議繙譯泰西有用之書。以探索根柢。曾文正公深韙其言。於是聘訂西士偉力亞利、傅蘭雅、林樂知、金楷理等。復集同志華蘅芳李鳳苞王德均趙元益諸人。以研究之。閱數年。書成數百種。

西人之來華傳教行醫。亦恆以圖書爲鼓吹之具。雖其譯筆不佳。要亦可以新當時之耳目。然論者恆病之。

西學書目表序例曾文正開府江南。創製造局。首以繙譯西書爲第一要義。數年之間。成者百種。而同時同文館及西士之設會教於中國者。相繼譯錄。至今二十餘年。可讀之書。約三百種。　譯出各書。都爲三類。一曰學。二曰政。三曰教。今除教類之書不錄外。自餘諸書。分爲三卷。上卷爲西學諸書。其目曰算學、曰重學、曰電學、曰化學、曰聲學、曰光學、曰汽學、曰天學、曰地學、曰全體學、曰動植物學、曰醫學、曰圖學。　中卷爲西政諸學。其目曰史志、曰官制、曰學制、曰法律、曰農政、曰礦政、曰工政、曰商政、曰兵政、曰船政。下卷爲雜類之書。其目曰游記、曰報章、曰格致、曰西人議論之書、曰無可歸類之書。　官局所譯者、兵政類爲最多。蓋昔人之論。以爲中國一切皆勝西人。所不如者、兵而已。西人教會所譯者、醫學類爲多。蓋教士多業醫也。製造局首重工藝。而工藝必本格致。故格致諸書。雖非大備。而崖略可見。惟西政各籍。譯者寥寥。官制學制農政諸門。竟無完帙。

集瀚論譯書之弊，自中外通商以來。譯事始起。京師有同文館。江南有製造局。廣州有醫士所譯各書。登州有文會館所譯學堂使用各書。上海益智書會又譯印各種圖說。總稅務司赫德譯有西學啓蒙十六種。傅蘭雅譯有格致彙編格致須知各種。館譯之書、政學爲多。製局所譯、初以算學地學化學醫學爲優。兵學法學皆非專家。不得綱領。書會稅司各學館之書。皆師弟專習。口說明暢。條理秩然。講學之書。斷推善本。然綜論其弊。皆未合也。（一）曰不、合、師、授、次、第。統觀所譯各書。大多類編專門。無次第。無層級。無全具文學卷帙。無譯印次第章程。一也。（一）曰不、合、政、學、綱、要。其總綱則有天然理數測驗要法。師授先造通才。後講專家。我國譯書。不明授學次第。餘則或祇零種。爲報章摘錄之作。爲教門傅翼之書。讀者不能觀厥會通。且罔識其門逕。政學則以史志爲據。法律爲綱。條約章程案據爲具。而尤以哲學理法爲本。我國尤不達其大本所在。隨用逐名。實有名而無用。二也。（一）曰文、義、難、精。泰西無論政學。有新造之字。有沿古之字。非專門不能通習。又西文切音。可由意拼造。孳乳日多。漢字尚形。不能改造。僅能借用切音。則字多詰屈。閱者生厭。譯義則見功各異。心志難齊。此字法之難也。泰西文法。如古詞例。語有定法。法各不同。皆是擬造。不如我國古文駢文之虛橅砌用。故照常行文法。必至扞格不通。倘仿子史文法。於西文例固相合。又恐初學難解。此文法之難也。三也。（一）曰書、既、不、純。讀、法、難、定。我國所譯。有成法可遵者。有新理瑣事可取者。有專門深純著作、前、尚有數層功夫。越級而進、萬難心解者。取材一書則嫌不備。合觀各書、又病難通。起例發凡。蓋甚難焉。四也。坐此四弊。則用少而功費。讀之甚難、欲讀之而標明大要、以便未讀之人。又難之難也。

馬建忠嘗議設繙譯書院。其言亦未能實行。

馬建忠擬設繙譯書院議　(一)書院之設、專以造就譯才為主。入院者分兩班。一選已曉英文或法文、年近二十、而資性在中人以上者、十餘名。入院校其所造英法文之淺深。酌量補讀。而日譯新事數篇。以為功課。加讀漢文。如唐宋諸家之文。而上及周秦漢諸子。日課論說。務求其辭之達而理之舉。如是者一年。卽可從事繙譯、一選長於漢文、年近二十、而天姿絕人者、二十餘名。每日限時課讀英法文字。上及辣丁希臘語言。不過二年。洋文卽可通曉。蓋先通漢文。後讀洋文、事半功倍。為其文理無間中外。所異者事物之稱名耳。　(一)請一兼通漢文之人。為書院監理。并充洋文教習。　(一)請長於古文詞者四五人。專為潤色已譯之書。並充漢文教習。　(一)應譯之書。擬分三類。其一為各國之時政。外洋各國內治之政。如上下議院之立言。各國交涉之件、如各國外部往來信札、新議條款、信使公會之議。其原文皆有專報。此須隨到隨譯。按旬印報。書院初設。卽應舉辦者也、其二為居官者考訂之書。如行政治軍生財交鄰諸大端所必需者也。為書甚繁。今姑舉其尤當譯者數種。如羅瑪律要、為諸國定律之祖。諸國律例異同。諸國商律考異。民主與君主經國之經。山林漁澤之政。郵電鐵軌之政。公法例案、備載一切交涉原委。條約集成、自古迄今宇下各國凡有條約。無不具載。其為卷甚富。譯成約可三四百卷。東方領事便覽。生財經權之學。國債消長。銀行體用。方輿集成、凡五洲險要皆有詳圖。為圖三千餘幅。乃輿圖中最為詳備之書。羅瑪總王貴撒爾 (Julius cæsar) 行軍日記。法王那波倫第一行軍日記。

此兩王者。西人稱爲古今絕無僅有之將材。所載攻守之法。至爲詳備。他書應譯者。不可勝記。

甲午以後。學者多學日語。以譯日本所譯著之書。其淺劣殆更甚於官局及敎會之譯籍焉。

近世譯才。以侯官嚴復爲稱首。其譯赫胥黎天演論。標舉譯例。最中肯綮。

嚴復天演論譯例言　(一)譯事三難。信達雅。求其信。已大難矣。顧信矣不達。雖譯猶不譯也。則達尚焉。海通已來。象寄之才。隨地多有。而任取一書。責其能與於斯二者。則已寡矣。其故在淺嘗一也。偏至二也。辨之者少三也。　(一)西文句中名物字。多隨舉隨釋。如中文之旁支。後乃遙接前文。足意成句。故西文句法。少者二三字。多者數十百言。假令仿此爲譯。則恐必不可通。而删削取徑。又恐意義有漏。此在譯者將全文神理融會於心。則下筆抒詞。自然互備。至原文詞理本深。難於共喻。則當前後引襯。以顯其意。凡此經營。皆以爲達。爲達。卽所以爲信也。　(一)信達而外。求其爾雅。此不僅期以行遠已耳。實則精理微言。用漢以前字法句法。則爲達易。用近世利俗文字。則求達難。往往抑義就詞。毫釐千里。審擇於斯二者之間。夫固有所不得已也。　又原書論說。多本名數格致。及一切畸人之學。倘於之數者。向未問津。雖作者同國之人。言語相通。仍多未喻。矧夫出以重譯耶。

嗣譯斯密亞丹之原富。穆勒約翰之名學。斯賓塞爾之羣學肄言。孟德斯鳩之法意。甄克思之社會通詮等書。悉本信達雅三例。以求與晉隋唐明諸譯書者相頡頏。於是華人始知西方哲學計學名學羣學法學之深邃。非徒製造技術之軼於吾土。是爲近世文化之大關鍵。然隋唐譯經。規模宏大。主譯者外襄助孔多。嚴氏則惟憑一人之力。售稿於賈豎。作輟不恆。故所出者亦至有限。此則近世翻譯事業之遠遜前人者也。嚴復之外。若林紓之譯拿破侖本紀布匿第二次戰紀。（按即迦太基與羅馬之第二次戰爭。布匿即Punic也。）特史部之簡本。雖文筆雅潔。實不足與復相比。惟舌人口授。紓筆述之法。頗近古。又其屬文與速。所出小說不下數百種。亦能使華人知西方文學家之思想結構焉。

與譯事並興者。爲印刷術。鉛印石印之類。皆興於同光間。

瀛壖雜志。西人設有印書局數處。墨海其最著者。以鐵製印書車牀。長一丈數尺。廣三尺許。旁置有齒重輪二。一旁以二人司理印事。用牛旋轉推送出入。懸大空軸二。以皮條爲之經。用以遞紙。每轉一過。則兩面皆印。甚簡而速。一日可印四萬餘紙。字用活板。以鉛澆製。墨用明膠煤油合攪煎成。印牀西頭有墨槽。以鐵軸轉之。運墨於平板。旁則聯以數墨軸。相間排列。又揩平板之墨。運之字板。自無濃淡之異。墨勻則字迹清楚。乃非麻沙之本。印書車牀。重約一牛之力。墨海後廢。而美士江君別設美華書館於南門外。造字製板。悉以化學。實爲近今之新法。按西國印書之器。有大小二種。大以牛運。小以人挽。人挽者亦殊便捷。不過百金可得一具云。

淞南夢影錄。石印書籍。用西國石版。磨平如鏡。以電鏡映像之法。攝字迹於石上。然後傅以膠水。刷以油墨。千百萬頁之書。不難竟日而就。細若牛毛。明如犀角。剞劂氏二子。可不煩磨厲以須矣。英人所設點石齋。獨擅其利者。已四五年。（是書作於光緒癸未之歲。則點石齋之創立。當在光緒初年。）近則寧人之拜石山房。粵人之同文書館。與之鼎足而立。

中國舊籍。亦資以廣爲傳播。又進而有銅版玻璃版之類。影印書畫。不下眞迹。實爲文化之利器焉。又其藉印刷之速。而日出不窮者。有新聞紙及雜誌。

瀛壖雜志西人於近事日必刊刻傳播遐邇謂之新聞紙有似京師按日頒行之邸報特此官辦彼則民自爲之耳滬上設有專局非止一家亦聚鉛字成版皆係英文排印尤速同治初年字林印字館始設華文日報嗣後繼起者一曰申報倡於同治十一年英人美查主之一曰彙報倡於同治十三年美人葛理主之皆筆墨雅飭議宏通而字林遂廢

滬游雜記申報美查洋行所售也館主爲西人美查秉筆則中華文士始於壬申三月除禮拜按日出報每紙十文京報新聞各種告白一一備載各省碼頭風行甚廣先有上海字林洋行之上海新報繼有粤人之匯報彙報益報等館皆早閉歇

又萬國公報出林華書院摘錄京報及各國近事逢禮拜六出書一卷（此爲週報之始）本名中西新報周年五十本售洋一元

又格致彙編秉筆者爲英國傅蘭雅 John Fryer 編內詳論格致工夫及製造機器諸法繪圖焦解月出一卷周年價值半元在格致書院印售

清稗類鈔江海關道譯英國藍皮書送之總署及通商大臣各督撫藉以略通洋情然人民多不得見曰西國近事彙編月出一册此我國報章之最古者是爲月報之始

始則僅通消息繼則討論政治表示民意提倡學術指導社會之法一寓於其間

清稗類鈔申報創行於同治時是爲日報之始蓋英人美查耶松二人相友善來華貿易美查創辦申報延山陰何桂笙上海黃夢畹主筆政時所載猥瑣每逢試年必載解元闈藝與外報之能開通智識昌明學術者相去霄壤時天南遯叟王紫詮韜頗有時名間撰時務論說弁之報首銷數遂以漸推廣獲利亦不貲耶松設一船廠開創之始連年折閱美查遂以申報所獲補助耶松船廠得

以維持永久。而申報館因之大受影響。光緒中葉改組。添招商股。由吳縣席裕福經理之，旋由江海關道蔡乃煌出資收買。後又展轉售與滬人。是報為吾國之首創者。至於今滬市賣報人於所賣各報。必大聲呼曰賣申報。是申報二字。在滬已成為新聞紙之普通名詞。繼申報而起者。在南洋叻埠曰叻報。在上海曰字林滬報。癸巳冬、電報滬局總辦上虞經元善糾股設一報館曰新聞報。往往用二等官電傳遞緊要新聞。消息較靈捷。甲午之役。痛詆當局失計。直言不諱。一時風行滬上。以其消數之多。廣告雲集。至今商家廣告仍以新聞報為最。　若夫預聞政事之報。當以時務日報為首。是報為光緒戊戌汪康年梁啓超所經營者。旋改為中外日報。始終有官費補助。所謂半官報者也。中外日報、紀載中外大事。評論時事得失。凡政治學術風俗人心之應匡正、應輔翼者。無不據理直陳。頗為士大夫所重視。　至於反對政府、鼓吹革命者。前惟蘇報、後惟民呼民吁二報。宣統辛亥秋。則各報一律排滿。而民立報聲價尤高。販賣居奇。較原價昂至十倍。

又光緒戊戌之變。康有為梁啓超既出走。乃設清議報於日本之橫濱。詆毀孝欽后黨。不遺餘力。是時唐才常亦設置亞東時報於上海。以翼清議。庚子唐死。梁之同志復創辦新民叢報。以言論自效。當是時。京朝士夫及草野志士。咸思變法圖強。喜得新民叢報之為指導也。故其消數乃達十萬以上。　戊戌以後。內地革命思潮既已流轉各地。而東瀛留學界。尤為狂熱。乃各集鄉人。刊行雜誌。於是湖北有湖北學生界。浙江有浙江潮。湖南有湖南。以及游學譯編、民報之類。殆皆以鼓吹革命為宗旨。為文者務極痛快淋漓。以刺激人之心目。又欲充實篇幅。不憚冗長。而近世文字之體格。乃大變。其以覺世牖民為主者。則用通俗之語。述淺近事理。期略識文字之人。亦能閱覽。而白話文學。遂萌芽焉。

近世輸入西方之文明，自譯書外，以游學爲一大導線。初各國訂約，未有及游學者。同治七年，志剛、孫家穀等使美，訂中美續約，始立專款。

中美續約第七款：嗣後中國人欲入美國大小官學學習各等文藝，須照相待最優國之人民一體優待。美國人可以在中國按約指準外國人居住地方設立學堂，中國人亦可在美國一體照辦。

曾國藩、李鴻章等，遂議遣幼童出洋肄業。

李文忠譯署函稿卷一論幼童出洋肄業函：擬派員在滬設局，訪選各省聰穎幼童，每年以三十名爲率，四年計一百二十名，分年搭船赴洋，在外國肄習，十五年後，按年分起挨次回華。計回華之日，各幼童不過三十歲上下，年力方強，正可及時報效。通計費用，首尾二十年需銀百二十萬兩，然此款不必一時湊撥，分析計之，每年接濟六萬兩，尚不覺其過難。英國威使來京告以此事，亦頗欣許，謂英國大書院極多，將來亦可隨便派往。（同治十年五月）

初次率領學生赴美者，爲刑部主事陳蘭彬、江蘇同知容閎。學生抵美，多在哈佛（Hartford, Conn.）各校肄業。

梁啓超新大陸游記：哈佛者，中國初次所派出洋學生留學地也。中國初次出洋學生，除歸國者外，其餘尚留美者約十八人，內惟一鄭蘭生者，於工學心得甚多，有名於紐約，眞成就者此一人也。次則容揆，在使館爲翻譯，文學甚優，亦一人也。其餘或在領事署爲譯員，或在銀行爲買辦，人人皆有一西婦。

留美中國學生會小史同治末年。湘鄉曾國藩奏請派幼童出洋留學。議成於一八七〇年。使豐順丁日昌募集學生。翌年、適吳川陳蘭彬出使美國。遂命香山容閎率學生同來。以高州區諤良為監督。新會容增祥副之。學生即唐紹儀、梁誠、梁敦彥、容揆、歐陽庚、侯良登、詹天佑、鄭蘭生等。此為中國學生留美第一期。各生初到時。清政府在干拿得傑省（Connecticut）之哈佛埠（Hartford）購置一室。為留學生寄宿舍。

其後沈葆楨督辦福州船政局。又請選派生徒出洋肄業。

沈文肅公政書（同治十二年十月十八日）船工將竣謹籌善後事宜摺。臣竊以為欲日起而有功。在循序而漸進。將窺其精微之奧。宜置之莊嶽之間。前學堂、習法國語言文字者也。當選其學生之天資穎異、學有根柢者。仍赴法國深究其造船之方。及其推陳出新之理。後學堂、習英國語言文字者也。當選其學生之天資穎異、學有根柢者。仍赴英國深究其駛船之方。及其練兵制勝之理。速則三年。遲則五年。必事半而功倍。〇按此議至光緒二年、文肅始與李文忠會奏實行。當時所定章程。選派製造學生十四名、製造藝徒四名、赴法國學製造。選派駕駛學生十二名、赴英國學駕駛兵船。均以三年為限。

此游學之第一時期也。赴美幼童、先後都百五十人。嗣遂停止。

留美中國學生會小史光緒六年、南豐吳惠善為監督。其人好示威一如往日之學司。接任之後。即招各生到華盛頓使署中致訓。各生謁見時均不行拜跪禮。監督僚友金某大怒。謂各生適異忘本。目無師長。固無論其學難期成材。即成亦不能為中國用。具奏請將留學生裁撤。署中各員均竊非之。但無敢言者。獨容閎力爭無效。卒至光緒七年、遂將留生學一律撤回。

光緒十六年。總理衙門奏請出使英法俄德美五國大臣、每屆酌帶學生兩名。後又各增兩名。爲數既少。功效亦未大彰。甲午以後。游學之風復盛。人取速化。不求深造。官私學生、多往日本游學。

據光緒二十五年總理衙門奏摺。光緒二十一年、南北洋及鄂省派赴日本學校學生各二十名。又浙江四名。費由各省籌給。

辛丑變法。各省創辦學校。赴日本學師範者尤夥。其議實張之洞倡之。日本高等師範學校校長嘉納治五郎爲之特設速成師範班於弘文學院。有數月畢業者。有一年畢業者。略講教授管理之者。卽歸國創辦學校。而陸軍學生亦多。光緒末年。提倡教育、改革軍制者。大抵皆日本留學生也。光緒三十一年、考試出洋學生。予以進士舉人出身。並授以檢討主事等官。

光緒政要光緒二十九年八月、湖廣總督張之洞奏陳約束鼓勵出洋游學章程疏。查日本學生、年少無識、惑於邪說、言動囂張者、固屬不少。潛心向學者、亦頗不乏人。自應明定章程各一通。計擬定約束章程十款鼓勵章程十款。三十一年六月予出洋學生出身諭云。本日引見之出洋學生金邦平唐寶鍔、均著給予進士出身。賞給翰林院檢討。張鍈緒曹汝霖錢承鋕胡宗瀛戢翼翬、均著給予進士出身。按照所習科學。以主事分部學習行走。陸宗輿、著給予舉人出身。以內閣中書用。王守善陸世芬王宰善高淑琦沈琨林棨、均著給予舉人出身。以知縣分省補用。

利祿之途大開。人人以出洋爲獵官之捷徑。而日本之中國學生多至數萬。是爲游學之第二時期。

當赴日學生極盛時。留學於歐美者亦不乏人。有由官吏派送者。有由敎會資給者。有由自費而遠遊者。

觀於游日者之足以得官。亦爭歸而應考試。故光緒三十二年考試出洋學生、其予出身而授官者。大都留學於歐美各國者也。

光緒政要光緒三十二年九月賜游學生畢業出身諭云本日學部帶領引見之考驗游學畢業生陳錦濤著賞給法政科進士。顏惠慶賞給譯科進士。謝天保賞給醫科進士。顏德慶賞給工科進士。施肇基賞給法政科進士。徐景文賞給醫科進士。張煜全賞給法政科進士。田書年賞給法政科舉人。施肇祥賞給工科舉人。陳仲篪賞給醫科醫士。王季點賞給工科舉人。麥世綸賞給工科舉人。曹志沂賞給醫科舉人。黎淵給賞法政科舉人。李應泌賞給醫科醫士。王鴻年賞給法政科舉人。胡振平賞給法政科舉人。王榮樹賞給農科舉人。路孝植賞給法政科舉人。薛錫成賞給法政科舉人。王宏業賞給法政科舉人。陳威賞給法政科舉人。權量賞給商科舉人。董鴻禕賞給法政科舉人。嵇鏡賞給法政科舉人。富士英賞給法政科舉人。陳耀典賞給農科舉人。羅會坦賞給農科舉人。傅汝勤賞給醫科醫士。陳爾賞給商科舉人。

然其人數究不逮在日本者之多。故其灌輸西洋文化。較之由日本間接而得者。勢反有所不敵。光緒三十四年、美國國會議決退還庚子賠款。（美金一千三百六十五萬四百九十圓。）清廷議以其款按年派學生百人往美留學。（以四年為限。第五年後。在認解賠款期內。二十九年、每年派學生至少五十人。）逾年、遂設游美學務處於北京。並建游美學生肄業館於清華園。於是游美之學生日多。

留美中國學生會小史光緒季年國家多難。於是設立學堂、派遣學生之議再起。是時盛杏蓀選北洋學堂畢業生九人。派來美國留學。以傅蘭雅爲監督。此時學生卽王寵惠王寵祐張煜全陳錦濤嚴錦鎔胡棟朝吳桂齡陸耀廷等。同時有游學會派出數名。如譚天池王建祖等。多留西美之加拿寬省。自一九〇九年(宣統元年)一九一〇年之後。中美之密西根、芝加谷、威士干臣、衣里內等大學。中國學生漸多。自一九一一年留美中國學生會成立。後各埠中國學生多隸會籍。當時會員約八百餘名。翌年、清華派百人來。而自備資斧者亦日多。民國成立後。中央政府及各省選派者亦日來日衆。至一九一四年夏間。會員數將達千三百名。今則千五百以外。(此文作於民國六年) 按留學生數已達千五百餘名。若照官費生經費每人每年九百六十圓美金爲例。則我國每年共輸出美金一百四十四萬圓。合華幣將及三百萬圓。倘能以此在國內興辦大中小學。事半而工倍。況造就人材、爲數十倍於千五百名耶。

女學生亦踵武遠遊。不限於日本一國。

留學生中國學生會小史。前清晚季。我國女子渡東洋求學者。盛極一時。但來美者尚無其人。留學美國畢業於大學者。殆自江西康女士及湖北石女士二人始。然繼兩女士而來者、實繁有徒。去年留美學生名錄中、已有一百五十九人。今數將及二百矣。

民國以來。學術思想。多採美國之風。尙以此也。

美國之廣收吾國學生。始於國務卿海約翰之建議。美人見其成績之佳。輒歎其用心之善。

紐約星期報論華人留學美洲之今昔。(見東方雜誌十四卷十二號) 華人之最初來美留學者。爲已故之容閎博士。容君於一八五九年返華。力勸當局派學生來美。竟費十二年之游說。始能動心量較大者之聽。卒奏聞清廷。得俞允派生赴美肄業。然當日華人不知外國教育之價值。多躊躇不願報名。歷一年之久。始招集學生三十名。於一八七二年來美國。其後三年間。又續派數批。每批各三十名。諸生在美受監督極嚴。須穿華服。保存辮髮。守祀孔之古禮。然雖有此等禁令。後仍嫌諸生中有違背古訓、效法美俗、就近外人者。而尤惡其接近美國女子、信仰耶教。遂一概命之歸國。　至一九〇八年。始復派學生來美。蓋從當日美國國務卿海約翰之建議。美國以中國應付之庚子賠款給還一半。即作中國學生來美留學之經費焉。　是年招考此幫學生。投考者六百餘人。錄取四十七名。翌年一九〇九。派送來美。先入中學。旋升入著名各大學。如哈佛、耶魯、康耐爾、里海、波杜及麥塞邱塞工業學校。諸生學業皆優良。尤以麥塞邱塞工校爲最。　綜計現分佈於由大西洋至太平洋間美國各校之中國學生。共一千一百七十人。凡被派來美之學生。均經競爭試驗錄取者。亦有政府未經錄取而由親友私費資送來美者。是可見中國人留學外國之熱忱矣。分別計之。由賠款供給之留美學生。計三百七十人。由各省官費供給約二百人。其餘私費生近六百人。　綜而論之。海約翰氏之主張。其識見之遠。關係之大。不止一端。第一、此法拯救中國。不至破產。第二、以中國之款。供給一種新用途。有裨於中國政府與人民之進步。夫美國退還中國之款。固仍以補助美國學校。然此區區利益。與中美二國將來之親密聯結較之。又何足比數耶。學成歸國之中國少年。一日在中國教育商政諸界具有勢力、即美國之勢力。一日將在中國歷史上爲操縱一切之元素。此在今日尤有特別意味。蓋日本自前正執亞洲之牛耳。然不得謂日本將永執此牛耳也。就近事觀之。中國終非容易受人指揮者。眞正之指揮。或有一日轉操之於中國。誠未可知。而此中國、乃一部分受訓練於美國之中國也。

然近年美人對於中國學生頗致不滿。

民國十一年五月十一日。時報。世界週刊。歐美特約通信。美國自由思想派新聞記者班佛先生。近應中國的留美學生月報記者之請。著爲歸國留學生一篇。以眞誠懇切之詞。發爲憤慨惋惜之調。對於中國留美學生之已往成績。多所抱憾。

華人之激烈者。責備之詞尤嚴焉。

馬素論留學生（亦見時報世界週刊）曰。本期留美學生月報載班佛先生論文。頗惹余之注意。余亦學生之一。未敢議論留學生。但余觀西人之歸自東方者。往時多說救中國者惟有留學生。而今則改變其辭曰。禍中國者。官僚之外。卽留學生。前後結斷。截然不同。余從實際觀察。不得不佩班佛先生之眼光過人。今請稍舉淺鮮事實。以明班佛先生之未嘗過誣我留學生。留學生敗德之不可掩塞者。一曰虛浮。歸國留學生。往往妄自高大。不屑以碩士學士之資格。與未出國門者同列。未先嘗試。卽求大用。寧爲高等游民。不肯屈就卑職微俸。外國學生。於大學畢業後。皆從小事練起。而中國留學生。則多數好高誇大。豈非誤於虛浮。　官費學生。多數來自清華。自費學生。大半出身敎會學校。清華與敎會學校。向來偏重英文。對於中國學術。漠不關心。故留美學生。大半國文不通。國情不懂。不作中國文章。不看中國報紙。見有新從中國來者。輒向探聽消息。偶聞一二。則轉相傳述。正誤不辨。新舊不分。　去年留美學生內鬨。有所謂某聯合會長者。投函紐約華字報紙。不能自寫中文信。余聞而異之。後見美國書肆刋一巨册。卽出此人手筆。英文非常可觀。此等學生。從外國人皮相觀察。能不視爲中國之救星。然由我國人自視。則何如。此等喪失民族固有文明之怪象。實不能全歸咎於留學生。蓋中國敎育當局。於選派毫無根蔕之青年出洋時。卽種惡因也。　留美學生因犯虛浮與蔑視國學之病。當然缺乏深沈的思慮與獨立的精神。模擬而不創造。依人而不自主。故治國則主親美。經商則爲買辦。服務社會。則投降敎會機關。辦理教育。則傳播拜金主義。怠惰苟且。甚少建白。辛亥革命。無留美學生之流血。五四運動。無留美學生之犧牲。人家吃盡辛苦。而留美學生安享其成。彼不明華事之美國人。動輒稱許留美學生爲改造中國之發動機。其實此等浮誇之諛詞。適足消摩留美學生之志氣而已。

第十五章　機械之興

中國近世之事變。原因非一。其最大之一因。則歐美之發明機械也。自西歷一七六九年（清乾隆三十四年）蘇格蘭人瓦特 James Watt 發明蒸汽機關。而世界之變更。卽肇於是。一八〇七年（嘉慶十二年）美人富爾登 Robert Fulton 發明汽船。一八二五年（道光五年）英人史蒂芬 George Stephenson 發明汽車。一八三七年（道光十七年）美人摩爾斯 H. B. Morse 發明電報。皆若與吾國邈不相涉也。而其後鴉片之戰。天津北京聯軍之役。胥此等機械成之。咸同之交。吾國深識之士。知世局既變。吾國不可墨守故技而不之變。故以仿製機械、爲立國之要圖。而五千年閉關自守之國。乃崛起而與世界日新焉。

仿造機械始於曾國藩。

曾文正公奏議同治七年輪船工竣並陳機器局情形疏。中國試造輪船之議。臣於咸豐十一年七月覆奏購買船礮摺內。卽有此說。同治元二年間。駐紮安慶。設局試造洋器。全用漢人。未雇洋匠。造成一小輪。而行駛遲鈍。不甚得法。

清稗類鈔。無錫徐壽。專究格物致知之學。曾文正公檄委創機器局於安慶。同治丙寅三月、造成木質輪船一艘。長五十餘尺。每小時能行二十餘里。文正錫名黃鵠。

李鴻章繼之創建江南製造總局於上海。

李文忠公奏稿同治四年八月置辦外國鐵廠機器摺御史陳廷經奏夷情叵測特有戰艦機器之精利逞其貪縱然彼機巧之器非不可以購求學習以成中國之長技請於廣東等處海口設局行取西洋工匠置造船礮等語與臣所籌議不謀而合茲經收買上海虹口地方洋人機器鐵廠一座改爲江南製造總局此項鐵廠所有係製器之器無論何種機器逐漸依法仿製卽用以製造何種之物生生不窮目前未能兼及仍以鑄造槍礮藉充軍用爲主。

曾文正公奏議輪船工竣並陳機器局情形疏同治二年冬間派令候補同知容閎出洋購買機器漸有擴充之意四年五月在滬購買機器一座派委知府馮焌光沈保靖等開設鐵廠適容閎所購之器亦於是時運到歸併一局　六年四月奏請撥洋稅二成以一成爲專造輪船之用仰蒙允准於是撥款漸裕購料漸多蘇松太道應寶時及馮焌光沈保靖等朝夕討論期於必成從前上海洋廠自製輪船其汽鑪機器均係購自外洋帶至內地裝配船殼從未有自搆式樣造成重大機器汽爐全具者此次創辦之始考究圖說自出機杼本年七月初旬第一號告竣命名曰惠吉輪船其汽爐船殼兩項均係廠中自造船身長十八丈五尺闊二丈七尺二寸先在吳淞口外試行由銅沙直出大洋至浙江舟山而旋復於八月十三日駛至江寧臣親自登舟試行至采石磯每一時上水行七十餘里尙屬堅緻靈便可以涉歷重洋原議擬造四號今第一號係屬明輪此後卽續造暗輪將來漸推漸精卽二十餘丈之大艦可伸可縮之煙囱可高可低之輪軸或亦可苦思而得之　又曰該局向在上海虹口暫租洋廠諸多不便六年夏間乃於上海城南興建新廠購地七十餘畝（據墨餘錄、機器局基廣二百餘畝。蓋同治七年以後逐漸擴充者。）修造公所其已成者曰汽爐廠曰機器廠曰熟鐵廠曰洋槍樓。曰木工廠。曰鑄銅鐵廠。

江南製造局記同治四年創辦之初。廠中機器均未全備。先就原有機器推。廣造成大小機器三十餘座。用以鑄造槍礮炸彈。六年始造輪船。十三年仿製黑色火藥。光緒四年仿造九磅子四十磅子前膛快礮。五年更造前膛四十磅八十磅各種開花實心彈。七年造箭式一百磅藥、碰電、熱鐵浮雷、及生鐵沈雷。十年造林明敦中針槍。十一年停造輪船。專修理南北洋各省兵輪船隻。十六年仿造新式全鋼後膛快礮。十七年改造快利新槍。試煉鋼料。又造各種新式後膛快礮。及五十二噸四十七噸大礮。十九年仿製栗色火藥。二十一年試造無煙火藥。二十四年造七密里九口徑新毛瑟槍。三十年添造銅元。旋歸江寧。合辦。三十一年將船塢及輪船鍋爐機器三廠、劃歸海軍商廠辦理。

同時南京天津亦設立機器局。

續纂江寧府志機器製造總局在南門外掃帚巷東首。同治四年興工。五年七月告竣。

李文忠公奏稿奏報機器局經費摺。天津機器局自同治六年四月開局。前任三口通商大臣崇厚等創辦。　津門雜記機器局製造局一在城南三里海光寺。以機器製造洋槍礮架等物。兼製小大輪船。一在城東八里直沽東北。人稱東局。專製火藥及各種軍械水雷水師電報各學堂。併附於東機器局。

福建則設立船政局。

東方雜誌第十四卷馬江船塢之歷史。船政之設在同治五年。湘鄉左宗棠總制閩浙。實創是局。相地之宜。以馬尾爲最。議既定。宗棠移督陝甘。舉侯官沈葆楨以代。聘訂法員日意格、德克碑爲正副監督。並法員匠數十人以爲導。同治八年第一號萬年清輪船告成。十二年華匠徒於製造之技漸能悟會。遂於是年遣散洋員匠回國。計九年之間。成大小兵商輪船十五號。洋人所經理全成者十二號。餘三號則皆華人完全成之。後此續製各船。截至光緒三十三年。共成船四十號。

雖多以製造船械爲主。偏重於海陸軍之用。然始意未嘗不爲生利計也。

李文忠公奏稿籌辦鐵廠機器摺。洋機器於耕織印刷陶埴諸器皆能製造。有裨民生日用。原不專爲軍火而設。惟其先華洋隔絕。雖中土機巧之士。莫由鑿空而談。逮其久風氣漸開。凡人心智慧之同。且將自發其覆。臣料數十年後。中國富農大賈。必有仿造洋機器製作以自求利益者。

其時學者如徐壽、華蘅芳及壽子建寅等。皆殫心研究。具有成效。

淸稗類鈔。文正設江南製造局。令雪村（徐壽字）總理局務。時百事草創。雪村於製造船槍礮彈等事。多所發明。建寅字仲虎。壽之仲子也。從壽精研理化製造之學。壽與華蘅芳謀造黃鵠輪船。時苦無法程。日夕凝想。仲虎累出奇思以佐之。黃鵠遂成。旋於上海製造局助成惠吉、操江、測海、澄慶、馭遠等船。光緒庚子春。在漢陽藥廠配合棉質無煙藥轟斃。

光緒初。山東設立機器局。建寅實主其事。

光緒政要。光緒元年。山東巡撫丁寶楨奏設機器局。咨調徐建寅來東商辦。就省城外濼口地方買民地設局。先造子藥。次造槍礮。

朝鮮之變法。且遣人至天津學造器械焉。

李文忠公奏稿光緒六年妥籌朝鮮製器練兵摺具載其事。

迨通商之始。各國輪船麕至吾國。航業之利。幾盡爲所奪。於是議者思倡行商船。

李文忠公奏稿同治十一年試辦招商輪船摺同治六七年間曾國藩丁日昌在江蘇督撫任內疊據道員許道身同知容閎創議華商置造洋船章程。分運漕米。兼攬客貨。經總理衙門核准。飭由江海關道曉諭各口試辦。

同治十一年。始設局招股購置輪船。

李文忠公奏稿試辦輪船招商摺購集堅捷輪船三隻。 光緒元年輪船招商請獎摺計有自置輪船並承領閩廠輪船八號現又添招股分向英國續購兩號。分往南北洋各海口及外洋日本呂宋新嘉坡等處貿易。

郵傳部第一次統計表。該局資本先後撥用直隸江蘇江西湖北東海關等處官款計一百九十萬八千兩。自光緒六年起分期繳還。迄今並無官款。惟商股四百萬兩。

光緒二年。收買美國旗昌公司船隻。其業始盛。

郵傳部第一次統計表光緒二年兩江總督沈葆楨奏撥浙江等省官款買併旗昌公司。增大小輪船十八號。而外洋船舶盡力排擠。

李文忠於光緒三年二月奏明沿江沿海各省遇有海運官物統歸商船經理。並請蘇浙海運漕米分四五成撥給該局承運。以顧商本。免爲外人傾軋。賴此扶助。局基鞏定矣。

迄今數十年。招商局船凡三十一艘。載重六萬六千餘噸。資本八百四十萬。爲吾國航業公司之巨擘。其內河商輪亦年有增設民國五年統計各省內河商輪凡一千零七十七艘載重七萬餘噸較之咸同以前航行江海專恃帆船者其敏鈍霄壤矣然外人在華之航業實遠過於吾國民國五年夏季江海關進出之航海汽船凡一千八百三十餘艘三百一十七萬餘噸日本船七百二十八艘一百二十二萬餘噸英國船五百四十九艘一百零七萬餘噸中國船則僅有四百一十九艘五十三萬餘噸是則相形而見絀者也歐戰以來各國商船缺乏製造亦有所不及美國航務部乃向吾國船廠定造四艘其大者至一萬四千餘噸製造家詫爲未有焉

東方雜誌十七卷十二號戰時美國航務部因商船缺乏特向我國上海江南造船廠定造商船四艘其最大者爲官府號計重一萬四千七百五十噸排水量一萬噸速率每小時十海里半於民國九年六月三日下水美國公使克蘭夫人行命名典禮計中國所建商船以此船最大矣

次於船舶者爲電機同治十三年日本覬覦臺灣沈葆楨奏請設立電報以利軍備事寢不行光緒五年李鴻章於大沽北塘海口礮臺設線以達天津極言其便翌年遂試設南北兩洋電線

李文忠公奏稿光緒六年請設南北洋電報片俄國海線可達上海旱線可達恰克圖其消息靈捷極矣即如曾紀澤由俄國電報到上海祇須一日而由上海至京城現係輪船附寄尚須六七日到京如遇海道不通內驛必以十日爲期是上海至京僅二千數百里較之俄國至上海數萬里消息反遲十倍　同治十三年日本犯臺灣沈葆楨等屢言其利而因循迄無成就臣上年曾於大沽

北塘海口礮臺試設電報以達天津。號令各營。頃刻響應。現自北洋以至南洋。調兵饋餉。在在俱關緊要。亟宜設立電報。以通氣脈。

初由官辦。光緒八年、改歸商辦。陸續展設水陸各線。遍及南北各省。以逮新疆蒙古。綜計線路十餘萬里。光緒二十八年、清廷議收電報爲國有。嗣因商情不協。允各股商悉仍其舊。（其時官商股本合計二百二十萬元）而爲商股官辦之局。

郵傳部第一次統計表。南北洋電報既成。由盛宣懷招集商股。於八年三月、起接歸商辦。自時厥後。行之二十年。歷辦無異。二十八年改歸官辦。特設電政大臣以督之。三十九年設立郵傳部。歸部直轄。中國新政完全屬於中國主權。無外人權力羼雜其中者。惟電報一事耳。

舊傳江愼修能爲傳聲機。而其法不傳。

清稗類鈔。江愼修永嘗置一竹筒。中用玻璃爲蓋。有鑰開之。開則向筒說數千言。言畢即閉。傳千里內。人開筒側耳。其音宛在。如面談也。過千里、則音漸澌散不全。愼修乾隆壬午年卒。則其法發明之時、尙在留聲機電話之前也。

通商以後。海上始有電話機。

淞南夢影錄。上海之有德律風。始於壬午季夏。其法、沿途豎立木桿。上繫鉛綫。綫條與電報無異。惟其中機括不同。傳遞之法。只須向綫端傳語。無異一室晤言。 其初有英人皮曉浦、在租界試行。分設南北二局。嗣以經費不敷。不久遂廢。癸未春。經天主敎司鐸能慕谷重設。由徐家匯達英法各界。聞此法由歐人名德律風者所創。故卽以其名名之。

光緒末年、各省競設電話局。

郵傳部第一次統計表、上海電話局、係光緒三十二年十二月分開辦。　太原電話局、係光緒三十二年十月分開辦。　北京天津廣東奉天河南各地電話局、表不載剏辦年月。

民國初年、設京津長途電話。近又議設寧滬長途電話。傳達消息。日捷於前矣。

電之爲用極廣。電報電話之外。電燈電車之屬、皆興於光緒中。

清稗類鈔　電燈始於光緒中葉。創辦者爲西人德里。創議之初。華人聞者以爲奇事。一時謠諑紛傳。謂將遭雷擊。人心洶洶不可抑制。當道患其滋事。函請西官禁止。後以試辦無害。其禁乃開。

又滬上通行電車。始於光緒戊申。　上海電車乃西人所經營。華人雖亦投資。而實權皆爲彼所握。初開時。華人慮或觸電。多望而卻步。西人廣爲招徠。不及一年。其營業日益發達。

始自上海。繼則及於各地。電氣事業。殆有方興未艾之勢。然自外人觀之。則其程度較日本。猶遠遜焉。

善生承助最近支那經濟（大正六年出版）　據最近調查。支那電氣事業經營之現在數。凡八十有七。其所在地。則支那本部二十二。滿洲二十五。　依其性質分類。則業電力供給等八十。製造電氣機械者三。供給電力與電氣鐵道合併經營者四。　支那本部開設電氣鐵道之市街。僅上海三。香港天津各一。北京則屢議敷設而未成。（按北京已於民國十三年開行電車）　其大連撫順之電氣鐵路。則日本滿鐵會社之所經營也。　支那全體動力用之電力。使用高現僅三萬三千馬力。比之日本北海道之三萬五千馬力。尙有不逮。又電燈全部之燭力亦不過百二十七萬五千燭光。比之日本東京市電氣局與東京電燈株式會社所有設備之百九十萬燭光。亦遠不及云。

近年海陸軍多用無線電機。

世界年鑑北京南苑天津保定陸軍用無綫電乙巳年設立。北京南京海軍用無線電、辛亥年設立。

且擬設西安至喀什噶爾之無線電。

據東方雜誌民國七年交通部與馬可尼無線電報公司訂立合同。政府爲設西安喀什噶爾間安全之通信。擬購買幷建設三臺無線電報機器。向該公司訂購馬可尼弧光最新式無線電板機三臺。

上海交通大學亦設無線電機。以供試驗而通消息。異時無線電信當代有線者而日興矣。

按民國十三年北京交通日報載中國境內無線電臺。爲中國自辦者凡十三所。卽北京張家口、武昌吳淞、福州、廣州、崇明、上海、南苑、保定、天津、煙臺、大沽等處。又爲外國所經營者凡二十處。計日本八、法國五、美國四、英國二、俄國一。大抵皆在使館及領事館兵營中。

光緒二年、英商自上海租界造鐵路達吳淞。行駛火車。是爲外人、侵我路權之始。江督沈葆楨購其路而毀之。蓋其時輿論不僅以爲損失主權。且於鐵路火車特具一深惡痛絕之意。故不惜重資以求消毀其萌櫱也。

袁德宜中國鐵路史同治五年七月、英怡和洋行創設上海江灣間鐵路。光緒二年、上海江灣間鐵路延長至吳淞口。長三十里。名淞滬鐵路。時風氣未開。國人視爲異物。兩江總督沈葆楨以銀二十八萬五千兩購回淞滬鐵道。毀拆棄諸河。

其後以外患日亟。思造鐵路以助軍用。

光緒政要光緒六年、劉銘傳請開鐵路以圖自強疏。俄自歐洲造鐵路。漸近浩罕。又將由海參崴鐵路以達琿春。不出十年。禍將不測。日本一彈丸國耳。師西洋之長技。恃有鐵路。藐視中華。亦遇事與我爲難。臣每私憂竊歎。以爲失今不圖自強。後雖欲圖。恐無及矣。練兵造器。固宜次第舉行。然其機括則在於急造鐵路。鐵路之利。於漕務賑務商務礦務釐捐行旅者、不可殫述。而於用兵一道尤爲急不可緩之圖。中國要道。南路宜開二條。一條由清江經山東。一條由漢口經河南。俱達京師。北路宜由京師東通盛京。西通甘肅。惟工費浩繁。急切未能並舉。擬請先修清江至京一路。與本年議修之電線相表裏。

而開平煤礦之鐵路。遂爲全國鐵路之嚆矢。

中國鐵路史光緒四年、美國留學生唐景聲請於直督李鴻章。創辦唐山開平煤礦。聘英人金達爲技師。長築鐵路以便運輸。初用馬車。繼改用小機關車。光緒十二年。改築軌廣四尺八寸半。爲中國鐵路軌道定例。

光緒十五年、張之洞奏辦蘆漢鐵路。

光緒東華錄張之洞奏、鐵路之用。以開通土貨爲急。中國物產之盛。甲於五洲。然腹地奧區。工艱運貴。其生不蕃。其流不廣。且土貨率皆質粗價廉。非用機器化學。不能變粗賤爲精良。化無用爲有用。苟有鐵路。則機器可入。笨貨可出。本輕費省。山鄉邊郡之產。悉可致諸江岸海壖。而流行於九洲四瀛之外。民之利既見。而國之利因之。臣愚以爲宜自京城外之蘆溝橋起。經行河南。達於湖北之漢口鎭。自保定正定磁州、歷彰衛懷等府。在淸化鎭以南、滎澤口以上。作橋以渡黃河。自河以南。則由許鄭信陽驛路以抵漢口。

雖定議而未實行。總計甲午以前、中國鐵路僅成榆關內外七百零五里。

中國鐵路史光緒十三年、直督李鴻章募集股本。敷設由天津經大沽至灤州之古冶線。長三百十一里。謂之商路。光緒十六年、又延長古冶至關外之中後線。長三百九十四里。謂之官路。共長七百零五里。

中日戰後。朝野上下。始知築造鐵路爲不容緩之事。遂設鐵路總公司於上海。先造蘆漢幹路。次及蘇滬粵漢等。

光緒政要光緒二十年。直督王文韶、鄂督張之洞、會陳蘆漢鐵路辦法。並保津海關道盛宣懷督辦。宣懷請設鐵路總公司。先造蘆漢幹路。其餘蘇滬粵漢等處、亦准公司次第展造。

於是借款購料。一切仰給於外人。而各國爭我路權者蠭起。

約章大全光緒二十三年。蘆漢鐵路商訂比國借款合同。第一條除總公司已有成本銀一千三百萬外。並准總公司向比國銀行工廠合股公司借款四百五十萬金鎊。二十四年續訂比國借款詳細合同章程。第二十五款。全路所需材料。除漢陽各廠所能造者先儘購辦外。皆歸比公司承辦。

中國鐵路史時各國鐵路政策。懷抱已久。一聞募外債之議。無不踴躍爭先。首請者爲美公司。次爲英德兩公司。惟比利時公司以輕便條約商定於政府。比利時者。受俄法之指使而來者也。俄法勢力潛伏於比公司之下。比營之、卽俄法營之也。英聞之。恐礙其揚子江一帶勢力遂扼掄營鐵路監督權遮斷東淸鐵路弗與京漢聯絡德聞之又與英協商握津鎭鐵路敷設權沿運河出揚子江以與京漢頡頏。

光緒二十九年商部奏定鐵路簡章以獎勵華商抑制洋股爲主各省紳民乃議自辦鐵路潮汕滇川常辰江西江蘇福建浙江安徽分省自築之路同時均見於奏報而粵漢京漢亦次第借款贖回然各省自辦鐵路多鮮實力其成者僅潮汕新寧滬浙數路而其材料機器仍須購之國外無完全自辦之路也辛亥革命起於鐵路國有之議而民國成立以後商辦鐵路次第收爲國有蓋民力不充仍不能不資外力也。

鐵路附設之學校以唐山工業專門學校爲最著。

民國行政統計彙報交通類唐山工業專門學校創始於前淸光緒三十一年原由津榆鐵路籌資設立民國元年改爲唐山鐵路學校三年改名爲工藝專門學校其學科專以鐵路工程爲主。

而製造廠亦以唐山爲巨。

鐵路協會報京奉路線始末記唐山有極大極完備之工廠工人約三千名該廠從前或裝配車輛或建造客貨車及裝配機車現在該廠能自行建造機車及車輛但特別之部分仍須購自外洋溝幫子地方有一修理車輛廠從前機車均向英國北方機車公司購買其餘或向美國之保魯敦或比國購買然該廠近年亦能製造機車。

據民國三年京奉鐵路報告。唐山廠自造機車轉車盤車頂灣樑汽機起重機等。並代道清京張吉長各路造車輛汽筒鍋爐等。凡數千具。是則機械、工、學、進、步、之、徵、也。

吾國採礦。多恃人工。其用機械開採化鍊。亦自同光間始。

李文忠公奏議。光緒七年直境開辦礦務摺。從前江西之樂平及山西湖南等省。皆以土法開采煤鐵等礦。近來如臺灣之基隆、湖北之荆門、安徽之池州。經營煤礦。漸用洋法、然或因創辦伊始。或因經費未敷。尚難驟得大效。光緒元年、聞灤州所屬之開平鎮煤鐵礦產頗旺。飭候選道唐廷樞馳往察勘。唐廷樞勘得灤州所屬距開平西南十八里之唐山山南舊煤穴甚多。光緒四年、鑽地探試。深六十丈。得有高煙煤六層。計所得之煤。足供六十年之用。旋於五年購辦機器。按西法開提煤貫風抽水水井。開深六十丈。就所得之煤論之。可與東洋頭號煙煤相較。將來愈深愈美。尤勝東洋。開煤既旺。則鍊鐵可以漸圖。

開平之煤漠河之金。

光緒政要。光緒十二年黑龍江將軍恭鏜招集商股開辦漠河金廠。

大冶之鐵萍鄉之煤。

漢冶萍公司紀略。光緒十六年、張文襄公督鄂。創辦漢陽鐵廠。採鍊大冶之鐵。大冶鐵礦。據英倫鋼鐵會史戴德化驗之報告。為世界不多覯之佳礦。就浮面之鐵。測算年採一百萬噸。足供百年。光緒二十二年、盛宣懷接辦。於萍鄉發現一大煤田。其面積長三十里、寬十里。技師賴倫言。每年採取百萬噸。可繼五百餘年。

中國工藝沿革史略漢陽鐵政局爲中國最大之製鐵所。其鐵路在湖北武昌大冶縣屬之鐵山舖。其坑之重要者在下陸雌雄獅子山鐵山等處。其地產鐵自古有名。光緒十六年、兩湖總督張之洞、派德國技師至大冶縣採礦。十八年、乃創立漢陽鐵政局。一切機械均由比利時購入。本年始開始製鍊。初以管理非人。財政困難。改聘比國人爲管理。至二十二年。乃讓於盛宣懷盛氏大招股本。改爲股本公司。現今之漢冶萍煤鐵礦廠有限公司。卽是物也。其礦石之種類(一)爲磁鐵礦及赤鐵礦床。(二)爲褐鐵床。光緒二十八年、每月磁鐵礦產二千七百噸。褐鐵礦六百噸。其產出礦石。除供給漢陽鐵廠外。每年尙有千餘萬噸、輸出於日本之八幡製鐵所。其製成鐵料。自光緒二十六年、與日本有輸出之特約。每年不下六萬餘噸。

爲世所豔稱。而山西河南之煤鐵。四川雲南之銅錫。湖南之銻。延長之石油。亦相繼而以西法開採。

約章大全光緒二十五年。總署。奏。湘。省。嚴。禁。私。運。銻。沙。摺。湘省各屬所在多銻。足供製造機器之用。因招粤商大成公司來湘就近提煉。光緒二十八年、豫撫錫良奏開河南礦務。並派豫豐公司總辦。光緒二十九年、晉撫趙爾巽奏請山西礦務先儘豐公司辦理。光緒三十三年、度支部奏與復雲南舊礦。均可考見各省礦產之歷史。賴繼光中華礦產調查記四川彭縣礦銅礦於清光緒三十一年歸礦政局撥款開採。中國工藝沿革史略光緒三十二年。有湖南洪某者。服官陝西。頗識新學。請之當道。籌資千餘萬。購買機器。並聘日本技師。在延長開採石油。凡鑿四井。內二井出油甚旺。陝西省城各機關所有燈油。皆此礦所出。因此延安石油漸爲世人所注意。

其沿鐵道之礦。爲外人攫取。若撫順淄川各地之煤。更無論矣。

清代貨幣。兼用銅銀。銅曰制錢。銀曰元寶。而廣東與外人互市。多用墨西哥銀元。光緒十六年、張之洞督粵。設銀元局。自鑄銀幣。其後各省亦相繼仿鑄。

約章大全光緒三十一年財政處奏整頓圜法摺中國鑄造銀圓。始於廣東。嗣後湖北江南直隸浙江安徽奉天吉林等省。亦陸續購機製造。

而銅元之制。亦倡於廣東福建。繼之。辛丑以後。各省競鑄銅元。制錢之用遂微。光緒三十一年、戶部設造幣廠於天津。兼鑄銅銀各幣。民國因之。雖未能統一中國錢幣。而其規制特宏焉。

財政月刊天津造幣總廠報告書北洋銀圓局。暨機器局而成立。總廠既建。購機美廠。不足。調於寧鄂各省。民國肇興。魯豫閩各省奮設銅圓局。相繼停辦。其機械亦先後運致。動機改用電力。以期利用。

甲午以前。官辦局廠之用機械者雖多。而商民之創辦公司、經營製造者、尚未大盛。自中日條約明訂裝運機器進口、任便從事各項工藝製造之條。於是土貨、益爲洋貨、所制。而商民、始知、自奮

約章大全中日馬關條約第六款第四項。日本臣民。得在中國通商口岸城邑。任便從事各項工藝製造。又得將各項機器任便裝運進口。日本臣民在中國製造一切貨物。其於內地運送稅內地鈔課雜派以及在中國內地沾及寄存棧房之益。即照日本臣民運入中國之貨物一體辦理。

紡織印刷釀造陶瓷紙革茶糖澱粉玻璃肥皂火柴之類。靡不購機設廠。競師西法。以民國三年農商統

計表觀之。各省工廠用原動力者凡三百五十九廠。蒸汽機三百五十七具。電機三百三十二具。其他機關四百七十六具。雖較之他國。尚屬幼稚。而二十年間由手工而日趨於機械工業。是實文化之一大進步也。

機械工業之興。不過數十年耳。論者謂其歷史可分爲四時期。

東亞同文會編纂支那之工業曰。自支那固有之工場進一步而洋式機械工業之發生者。同治初年。即距今約五十年以前之事也。是書大正六年出版爾來經幾多之變遷。漸次舉支那工業界革命之實以及今日。試回顧其歷史。可分爲左之時期。(一)官督商辦時代此時代爲洋式工業萌芽期。自同治初年。至光緒二十年。約三十年間。(二)外人企業時代此時代自日清媾和條約締結後。至商部設立。約九年間。(三)利權收回時代自光緒二十九年。至民國元年。約八年間。即支那因日露戰爭之影響。奮然自覺。以獎勵實業振興工藝爲目的。頻行官制之改廢。法令之制定。一方則民間利權收回熱爆發。對於外人既得之權利。苟有隙可乘。無不思收回其權利。而自當其經營。此等企業熱之勃興。以光緒三十年爲最旺盛。(四)國貨維持時代自民國元年至現在國民運動正在進行中。

其變遷蓋亦多矣。顧自歐戰以來。西人鑒於機械工業之害。乃轉以吾國之工業未開發爲幸。蓋機械工業之害。在以人爲機械。較之手工之時代。其違反人道殊甚。

楊端六記羅素未開發國之工業演說文。所痛恨於工業主義者。乃以其逼迫老幼男女。使之違反其本性。從事於不自然的不自發的人爲的生活。果使工業發達至極。則人類將不復見有青草之地。新雨之後。不復嗅得泥土之氣。惟促處於數尺之地方。四圍叢而塵上。不得不竭一日多數時間之力。以營單一無趣之機械工作。婦女則大率不得不於工廠中謀生。舍其子女。求他人顧兒童苟不入工廠。則留作學校之中。十分督責其功課。聰穎子弟。受害尤大。凡此違反本性之生活。足使從事工業之人民日爲社會所輕蔑。而激動殺人戰爭之事。將不絕於人間矣。

然以經濟競爭之所驅迫。目前之狀況。仍不能不隨歐美之軌轍以進行也。

第十六章　種族革命與政治革命

滿清之主中國。二百數十年。而種族之界甚嚴。漢族隱忍銜恨。雖不能恢復明室。而祕密集會。陰圖顚覆滿清者。所在多有。

> 清稗類鈔。三合會之成立。在康熙甲寅。相傳其原起之目的。以少林寺僧被官焚殺。志在復讎。自乾隆至嘉道間。臺灣兩廣江西南方一帶。三合會至跋扈。而以福建爲醞釀之所。雖官吏下嚴令痛制之。卒無效。世多以洪秀全爲三合會首領。呼粵寇曰三合賊。實大謬也。秀全僅容納三合會之一部分耳。非自爲三合會員也。雖其復明逐滿。兩者俱同。蓄髮易服。不背三合會之主旨。然三合會所奉爲道教佛教。上帝敎所奉爲基督敎。其根原實大相剌謬。
>
> 又哥老會一稱哥弟會。祕密會黨也。或謂其成立於乾隆時。同治朝以粵寇平而撤湘軍。其人窮於衣食。多入此會。哥老會之宗旨。與三合會無異。亦以復明爲言。

道咸以來。外患日棘。滿人之無能力。爲漢族所共喩。而歐美之思想。又漸次輸入。於是官僚學者。思以新法扶翼清室。而反之者。則以推翻清室。恢復主權爲職志。孫文等之倡興中會。卽由清室之不足恃。以禦外侮而起。

孫文學說予自乙酉中法戰敗之年始決傾覆清廷創建民國之志。

清稗類鈔興中會之起在光緒壬辰倡首者爲孫逸仙陸皓東楊鴻飛等人。

庚子拳匪之亂以滿人仇外貽漢族無窮之禍。

國債輯要庚子賠款自一九〇一年至一九四十年合計一萬四千二百八十六萬三千六百一十一鎊。

漢人之怨讟益深唐才常欲起事於漢口不成、

清稗類鈔庚子七月瀏陽拔貢唐才常等謀起事於漢口結合江湖會黨設自立軍散放富有票議起自立軍事洩被誅。

而研求國故之士如章炳麟鄒容劉師培等時時刺舉宋明遺老之言論行誼以鼓吹革命故革命之分子實合祕密社會下流無賴之徒及經生學子能爲文章之士兩者而成焉

鄒容之革命軍革命之原動力也。

孫文學說章太炎吳稚暉鄒容等借蘇報以鼓吹革命爲清廷所控太炎鄒容被拘囚租界監獄吳亡命歐洲此案涉及清帝個人爲朝廷與人民聚訟之始清朝以來所未有也清廷雖訟勝而章鄒不過僅得囚禁兩年而已於是民氣爲之大壯鄒容著有革命軍一書爲排滿最激之言論華僑極爲歡迎其開導華僑風氣爲力甚大。

析其性質蓋有四因(一)則根於歷史。

鄒容革命軍自秦以來。狐鳴篝中。王在掌上。卯金伏誅。魏氏當塗。黠盜姦雄。覬覦神器者。史不絕書。於是石勒、成吉思汗等類。以游牧腥氈之胡兒。亦得乘機竊命。君臨我禹域。臣妾我神種。

又吾讀揚州十日記、嘉定屠城記。吾未盡。吾幾不知流涕之自出也。吾爲言以告我同胞曰。揚州十日。嘉定三屠。是又豈當日賊滿人殘戮漢人一州一縣之代表哉。夫二書之記事。不過略舉一二耳。想當日既縱焚掠之軍。又嚴薙髮之令。賊滿人鐵騎所至。屠殺虜掠。必有十倍於二地者也。有一有名之揚州嘉定。有千百無名之揚州嘉定。

(二)則動於譯籍。

鄒容革命軍吾幸夫吾同胞之得盧梭民約論、孟得斯鳩萬法精理、彌勒約翰自由之理、法國革命史、美國獨立檄文等書。譯而讀之也。

(三)則憾權利之不平。

鄒容革命軍滿洲人之在中國。不過十八行省中之一最小部分耳。而其官於朝野者。則以一最小部分、敵十八行省而有餘。今試以京官滿漢缺觀之。自大學士尚書侍郎、滿漢二缺平列外。如內閣衙門則滿學士六、漢學士四。滿蒙侍讀學士六、漢軍漢侍讀學士二。滿侍讀十二、漢侍讀二。滿蒙中書九十四、漢中書三十。又如六部衙門則滿郎中員外主事缺額約四百名。吏部三十餘、戶部百餘、禮部三十餘、兵部四十、刑部七十餘、工部八十餘。其餘各部堂主事皆滿人。無一漢人。而漢郎中員外主事缺額不過一百六十二名。

(四)則憾戰禍之獨受

鄒容革命軍。禍至則漢人受之。福至則滿人享之。太平天國之立也。以漢攻漢。山屍海血。所保者滿人。甲午戰爭之起也。以漢攻倭。償款二百兆。割地一行省。所保者滿人。團匪之亂也。以漢攻洋。血流近京。所保者滿人。故今日強也、亦滿人強耳。於我漢人無與焉。今日富也、亦滿人富耳。於我漢人無與焉。

故竭力提倡革命。以推翻滿族爲的。然其所受革命之因。已不全爲種族之爭。而含有政體之異。故其主張之條件。實欲舉舊民族舊國家。改造爲一新民族新國家。

鄒容革命軍。革命要義。(一)當知中國者、中國人之中國也。(一)人人當知平等自由之大義。(一)當有政治法律之觀念。　由斯三義。更生四種。(一)曰養成上天下地、惟我自尊、獨立不羈之精神。(一)曰養成冒險進取、赴湯蹈火、樂死不辭之氣概。(一)曰養成相親相愛、愛羣愛己、盡瘁義務之公德。(一)曰養成個人自治、團體自治、以進人格之人羣。

又、革命獨立之大義。(一)中國人爲中國人之中國。我同胞皆須自認爲自己的漢種中國人之中國。(一)不許異種人沾染我中國絲毫權利。(一)所有服從滿洲人之義務。一律銷滅。(一)先推倒滿洲人所立北京之野蠻政府。(一)驅逐居住中國中之滿洲人。或殺以報仇。(一)誅殺滿洲人所立之皇帝。以儆萬世不復有專制之君主。(一)對敵干預我中國革命獨立之外國人及本國人。(一)建立中央政府。爲全國辦事之總機關。(一)區分省分。于各省中投票公舉一總議長。由各省總議員中投票公舉一人、爲暫行大總統。爲全國之代表人。又舉一人爲副總統。各府州縣又舉議員若干。(一)全國無論男女皆爲國民。(一)全國男子有軍國民之義務。（一）人人有致忠于此所新建國家之義務。（一）人人有承擔國稅之義務。（一）凡爲國人男女一律平等無上下貴賤之分。（一）各人不可奪之權利。皆由天授。（一）生命自由及一切利益之事。皆屬天付之權利。（一）不得侵人自由如言論思想出版等事。（一）各人權利必需保護。須經人民公許建設政府。而各假以權專掌保護人民權利之事。（一）無論何時。政府爲有干犯人民權利之事。人民卽可革命。推倒舊日之政府。而求遂其安全康樂之心。迨其既得安全康樂之後。經承公議整頓權利更立新政府。亦爲人民應有之權利。（一）定名中華共和國。（一）中華共和國爲自由獨立之國。（一）自由獨立國中所有宣戰議和訂盟通商及獨立國一切應爲之事。俱有十分權利與各大國平等。（一）立憲法。悉照美國憲法參照中國性質立定。（一）自治之法律。悉照美國自治法律。（一）凡關全體個人之事及交涉之事、及設官分職國家上之事。悉準美國辦理。

觀其次項所列之二十五條。惟前七條爲對於滿洲而發。（亦含有對他國之意）餘則純採美國獨立之制度。而爲政治之革命。故清末之革命。與前史之朱明。推翻胡元迥殊。彼則純乎種族之爭。此則借種族之爭。以引起政治之改革耳。章炳麟革命軍序。亦分析此二義。以光復革命互舉。

章炳麟革命軍序。吾聞之同族相代。謂之革命。異族攘竊。謂之滅亡。改制同族。謂之革命。驅除異族。謂之光復。今中國既滅亡于逆胡。所當謀者光復也。非革命云爾。容之署斯名何哉。諒以其所規畫。不止驅除異族而已。雖政教學術禮俗材性。猶有當革者焉。故大言之曰革命也。

故徒謂推翻滿族爲蕆革命之志事者。實非首事諸人之初意也。

鄒容死於獄。章炳麟走日本。孫文亦至日。乃開支那亡國二百四十二年紀念會。組織同盟會。

淸稗類鈔。拳亂以後。通國大興教育。留日學生亦驟衆。孫文乃乘此注入其主義于留學生。會章炳麟游日本。更鼓吹民族革命主義。秦力山亦創開支那亡國二百四十二年紀念會以激勵之。其會爲駐日公使蔡鈞借日警力所阻。時留學生提倡革命者益多。人數亦益衆。幾逾萬人。而內地革命失敗之徒。復紛然來集。各交換意見。上下議論。而湖南黃興、直隸張繼、隱執牛耳。會孫文由歐美游歷至日。因開歡迎會。是爲革命黨統一之權輿。乃組織中國同盟會。舉孫爲首領。復發刊民報。以爲革命黨之機關。揭載六大綱。（一）顚覆現今之惡劣政府。（二）建設共和政黨。（三）維持世界眞正之平和。（四）土地國有。（五）主張中日兩國之國民連合。（六）要求世界各國、贊成中國革新事業。

刋行民報。而擁護淸室者。則以君主立憲爲平和之改革。

谷鍾秀中華民國開國史。孫文在日本開會演講。留學生服膺其說者。月異而歲不同。于是設同盟會于東京。漸擴充及于內地各省。刋行民報。汪兆銘主其事。標示推倒滿淸政府、建設中華民國之大旨。適值梁啓超于新民叢報大倡開明專制之議。違反人心之傾向。民報痛駁其非。遂風行一世。是時楊度等刋行新中國報。亦深斥開明專制之議。惟恐因革命以召外禍。主張君主立憲。速開國會。爲平和之改革。是說亦頗犂然有當於人心。

淸廷派載澤、戴鴻慈、端方、尙其亨、李盛鐸等。赴各國考察政治。歸而宣布預備立憲。

光緖政要。光緖三十二年正月、考察政治大臣載澤尙其亨李盛鐸等奏請宣布立憲。七月。宣布預備立憲事宜。諭曰。載澤等回國陳奏。皆以國勢不振。實由於上下相蒙。內外隔閡。官不知所以保民。民不知所以衞國。而各國之所以富強者。實由於行憲法。取決公論。軍民一體。呼吸相通。博采衆長。明定權限。以及籌備財用。經畫政務。無不由仿行憲政。公之於黎庶。又兼各國相師。變通盡利。政通民和。有由來矣。時處今日。惟有及時詳晰甄核。大權統於朝廷。庶政公諸輿論。以立國家萬年有道之基。但目前規制未備。民智未開。若操切從事。徒布空文。何以對國民而昭大信。故廓清積弊。明定責成。必從官制入手。亟應先將官制分別議定。次第更張。並將各項法律。詳愼釐訂。而又廣興敎育。清理財政。整頓武備。普設巡警。使紳民明晰國政。以備立憲基礎。

宣統元年。遂設各省諮議局及資政院。以爲議院之先導。憲政編查館、則採擇德日憲法。編制憲法大綱。預定立憲期限。然滿人用事。政治益趨腐敗。各省諮議局聯合會。請願速開國會。及另組責任內閣。皆不獲。遂平和而文明之人民、亦大失望。

谷鍾秀中華民國開國史。袁世凱坐鎮北洋。參與朝政。銳意圖改革。於是有派遣五大臣出洋考察政治之舉。歸而有預備立憲之詔。然第一次中央官制改革案。竟爲鐵良等所扼。而爲有名無實之更張。後雖有資政院之設。定期召集國會之明文。而滿族內閣與皇族內閣相遞嬗。其首領之奕劻。以貪庸著聞於天下。載澤因其妻與隆裕爲姊妹。握財政管鑰。其勢與奕劻抗。載洵載濤皆以其兄載灃監國之故。分掌海陸軍大權。藉以殖其私財。賣官鬻缺。苞苴競進。

又各省請願國會者。接踵而至京師。甚至有割指斷臂。誓期成功者。雖激於一時之感情。然人民希望立憲之意、亦云至矣。乃政府始終冥頑如故。最後竟以軍警驅逐請願代表回籍。而人民立憲之希望遂絕。

黨人之謀革命也。或以個人行暗殺之策。或以團體爲起義之舉。乙巳九月、吳樾圖炸燬出洋考察憲政之五大臣未中。丁未五月、徐錫麟殺安徽巡撫恩銘。辛亥三月、溫生才殺廣州將軍孚琦。而起兵者亦相踵。丁未七月、黃興起於廣州。十月、孫文起於鎭南關。戊申三月、黃又起於河口。七月、熊成基起於安慶。庚戌正月、倪映典起於廣州。辛亥三月、黃興趙聲等復起於廣州。雖皆不成。而革命之機日迫。清廷又以鐵路國有之策。大失民心。辛亥八月十九日、民軍遂起於武昌。

谷鍾秀中華民國開國史　辛亥八月十九日。卽陽曆十月初十日。民軍起義於武昌。擁黎元洪爲都督。稱中華民國軍政府。以黃帝紀元。宣布宗旨。　所有文告皆用中華民國軍政府鄂都督名義。末署黃帝紀元四千六百零九年某月日。藉種族問題激動軍民之感情。蓋共和意義。一般軍民驟難索解。一觸其感情。則大多數靡然向風。而清亡矣。

各省聞風響應。清以袁世凱爲內閣總理。督兵討民軍。而袁亦不慊於清廷。首鼠兩端。十月、遂停戰議和。十七省代表公舉孫文爲中華民國臨時大總統。設臨時政府於南京。爲南北對峙之局。袁命唐紹儀爲代表。與南軍代表伍廷芳議開國會。而陰迫清帝退位。是年十二月二十五日。（卽中華民國元年二月十二日）清頒退位詔。而四千餘年帝制之國。遂一變而爲民主之國。

中華民國之基礎。以民國元年各省代表所組織之參議院制定之約法爲主。茲錄其全文於左。

（一）中華民國由中華人民組織之。

（一）中華民國之主權屬於國民全體。
（二）中華民國領土、爲二十二行省內外蒙古西藏青海。
（四）中華民國以參議院臨時大總統國務員法院、行使其統治權。
（五）中華民國人民一律平等。無種族階級宗教之區別。
（六）人民得享左列各項之自由權。（1）人民之身體。非依法律。不得逮捕拘禁審問處罰。（2）人民之家宅。非依法律。不得侵入或搜索。（3）人民有保有財產及營業之自由。（4）人民有言論著作刋行及集會結社之自由。（5）人民有書信秘密之自由。（6）人民有居住遷徙之自由。（7）人民有信教之自由。
（七）人民有請願於議會之權。
（八）人民有陳訴於行政官署之權。
（九）人民有訴訟於法院受其審判之權。
（十）人民對於官吏違法損害權利之行爲。有陳訴於行政院之權。
（十一）人民有應任官考試之權。
（十二）人民有選舉及被選舉之權。
（十三）人民依法律有納稅之義務。

(十四)人民依法律有服兵之義務。

(十五)本章所載人民之權利。有認爲增進公益、維持治安。或非常緊急必要時得依法律限制之。

(十六)中華民國之立法權。以參議院行之。

(十七)參議院以第十八條所定各地方所選之參議員組織之。

(十八)參議員每行省內蒙古外蒙古西藏各選派五人。青海選派一人。其選派方法由各地方自定。參議院會議時每參議員有一表決權。

(十九)參議院之職權如左。(1)議決一切法律案。(2)議決臨時政府之預算決算。(3)議決全國之稅法幣制及度量衡之準則。(4)議決公債之募集及國庫有負擔之契約。(5)承議第三十四條三十五條四十條事件。(6)答覆臨時政府諮詢事件。(7)受理人民之請願。(8)得以關於法律及其他事件之意見、建議於政府。(9)得提出質問書於國務員。並要求其出席答復。(10)得咨請臨時政府查辦官吏納賄違法事件。(11)參議院對於臨時大總統認爲有謀叛行爲時。得以總員五分四以上之出席、出席員四分三以上之可決、彈劾之。(12)參議院對於國務員認爲失職或違法時。得以總員四分三以上之出席、出席員三分二以上之可決、彈劾之。

(二十)參議院得自行集會開會閉會。

(二十一)參議院之會議、須公開之。但有國務員之要求、或出席議員過半數之可決、者得秘密之。

(二十二)參議院議決事件。咨由臨時大總統公布施行。

(二十三)臨時大總統對於參議院議決事件、如否認時。得於咨達後十日內、聲明理由、咨院覆議。但參議院對於覆議事件。如有到會員三分二以上、仍前執議時。仍照第二十二條辦理。

(二十四)參議院議長。由參議員用記名投票法互選之、以得票滿投票總數之半者、為當選。

(二十五)參議院議員於院內之言論及表決。對於院外不負責任。

(二十六)參議院參議員。除現行犯及關於內亂外患之犯罪外。會期中非得本院許可。不得逮捕。

(二十七)參議院法。由參議院自定之。

(二十八)參議院以國會成立之日解散。其職權由國會行之。

(二十九)臨時大總統副總統。由參議院選舉之、以總員四分三以上出席、得票滿投票總數三分二以上者、為當選。

(三十)臨時大總統代表臨時政府。總攬政務。公布法律。

(三十一)臨時大總統為執行法律、或基於法律之委任。得發布命令。並得使發布之。

(三十二)臨時大總統統帥全國海陸軍隊。

(三十三)臨時大總統得制定官制官規、但須提交參議院議決。

(三十四)臨時大總統得任免文武職員。但任命國務員及外交大使公使、須得參議院同意。

(三十五)臨時大總統經參議院之同意得宣戰媾和及締結條約。
(三十六)臨時大總統得依法律宣告戒嚴。
(三十七)臨時大總統代表全國接受外國之大使公使。
(三十八)臨時大總統得提出法律案於參議院。
(三十九)臨時大總統得頒給勳章及其他榮典。
(四十)臨時大總統得宣告大赦特赦減刑復權但大赦須經參議院之同意。
(四十一)臨時大總統受參議院彈劾後由最高法院全院審判官互選九人組織特別法庭審判之。
(四十二)臨時副總統於臨時大總統因故去職或不能視事時得代行其職權。
(四十三)國務總理及各部總長均稱為國務員。
(四十四)國務員輔佐臨時大總統負其責任。
(四十五)國務員於臨時大總統提出法律案公布法律及發布命令時須副署之。
(四十六)國務員及其委員得於參議院出席及發言。
(四十七)國務員受參議院彈劾後臨時大總統應免其職但得交參議院覆議一次。
(四十八)法院以臨時大總統及司法總長分別任命之法官組織之法院之編制法及法官之資格以法律定之。

(四十九)法院依法律審判民事訴訟及刑事訴訟。但關於行政訴訟及其他特別訴訟、則以法律定之。

(五十)法院之審判須公開之。但有認爲擾害安寧秩序者、得秘密之。

(五十一)法官獨立審判。不受上級官廳之干涉。

(五十二)法官在任中不得減俸或轉職。非依法律受刑罰宣告或應免職之懲戒處分、不得解職。懲戒條規以法律定之。

(五十三)本約法施行後。限十個月內由臨時大總統召集國會。其國會之組織及選舉法。由參議院定之。

(五十四)中華民國之憲法。由國會制定。憲法未施行以前本約法之效力與憲法等。

(五十五)本約法由參議院參議員三分二以上或臨時大總統之提議。經參議員五分四以上之出席、出席員四分三之可決。得增修之。

(五十六 本約法自公布之日施行。臨時政府組織大綱、於本約法施行之日廢止。

吾國、由人治國、變爲法治國、由民意規定國家組織、有成文之法律明定人民之權利義務、實始於此。而行政之人極苦其不便。三年三月、第一任大總統袁世凱召集約法會議。五月、公布新約法。凡元年約法束縛總統國務院之權力之文。悉刪改之。五年、袁世凱叛國而死。黎元洪執行大總統職權。復令憲法未定以前、仍遵用元年三月十一日公布之臨時約法。至憲法成立時爲止。六年五月、舊國會二次解散。元年約法復失效力。南方各省起兵力爭。擾攘多年。事變百出。訖今尙無成文之憲法。曹錕爲總統時。有賄選議員所制之憲法。世亦未行。故元年約法。猶有憲法之效焉。

種族革命至辛亥十二月已告成功。而政治革命迄今尚未成事實。蓋國民習於帝制者久。不知履行國民之權利義務於代議政治非所素諳。又不知政黨之性質與選舉之重要。元年以臨時參議院議決之國會組織法。召集國會。而國民黨與進步黨勢成水火。二年十月。袁世凱被舉爲正式大總統。十一月。即解散國民黨。取消國民黨籍之議員。三年一月。國會停止職權。而袁世凱遂以新約法所定之參政院議決變更國體。改行君主立憲。建元洪憲。不百日而罷。五年八月。舊國會復開。至六年。又爲各省督軍所迫而解散。七年二月。段祺瑞所召集之參議院。修改國會組織法。重選國會議員。舊國會議員之暴橫者。仍麕集於南方。而同時遂有新舊兩國會。十年。南北政府均有劇變。黎元洪復職。而廣州之國會復移於北京。十二年。曹錕賄選爲總統。國會復分裂。十三年。江浙奉直之戰。段祺瑞起而執政。國會復解散。十五年。段祺瑞復被逐。法統之說。泯焉莫知所從。雖懸一中華民國之幟。而實則僅造成武人專制。强藩割據之局。是又革命之始所不及料者矣。

第三編

第十七章　法制之變遷

清季迄今。變遷之大。無過於法制。綜其大本。則由德治而趨法治。由官治而趨民治。漩澓激盪。日在蛻變之中。而世界潮流。亦以此十數年中。變動爲最劇。吾民竭蹶以趨。既棄吾之舊法。以從歐美之舊法。又欲棄歐美之舊法。而從彼之新法。思想之劇變。正日進而未有艾。雖其功效之若何。及其歸宿之若何。目前未易預測。而過去之事跡。固亦有可述也。

清季變法。首在司法制度。其起原則以修政商約。外人不慊於吾國法律。不得已而變通法律。以期從同。

> 光緒政要。光緒三十年伍廷芳沈家本奏疏。光緒二十八年四月初六日。奉上諭。現在通商交涉。事益繁多。著派沈家本伍廷芳。將一切現行律例。按照交涉情形。參酌各國法律。悉心考訂。妥爲擬議。務期中外通行。有裨治理等因。當經臣等酌擬大概辦法。並遴選諳習中西律例司員。分任纂輯。延聘東西各國精通法律之博士律師。以備顧問。復調取留學外國卒業生。從事翻譯。請撥專款。以資辦公等因在案。計自光緒三十年四月初一日開館以來。各國法律之譯成者。德意志曰刑法。曰裁判法。俄羅斯曰刑法。日本曰現行刑法。曰改正刑法。曰陸軍刑法。曰海軍刑法。曰刑事訴訟法。曰監獄法。曰裁判所搆成法。曰刑法義釋。校正者曰法蘭西刑法。

至英美各國刑法。臣廷芳從前游學英國。夙所研究。該二國刑法雖無專書。然散見他籍者不少。飭員依類輯譯。不日亦可告成。復令該員等比較異同。分門列表。展卷瞭然。各國之法律已可得其大略。臣等以中國法律與各國參互考證。各國法律之精意。固不能出中律之範圍。第刑制不盡相同。罪名之等差亦異。綜而論之。中重而西輕者爲多。蓋西國從前刑法。較中國尤爲慘酷。近百數十年來。經律學家幾經討論。逐漸改而從輕。政治日稱美善。中國之重法。西人每訾爲不仁。其旅居中國者。皆藉口於此不受中國之約束。夫西國首重法權。隨一國之疆域爲界限。中國之人僑寓乙國。即受乙國之裁判。乃獨於中國不受裁判。轉予我以不仁之名。此亟當幡然變計者也。方今改訂商約。英美日葡四國。均允中國修訂法律。首先收回治外法權。實變法自強之樞紐。臣等奉命考訂法律。恭譯諭旨。原以墨守舊章。授外人以口實。不如酌加甄採。可默收長駕遠馭之效。現在各國法律既已得其大凡。即應分類編纂。以期尅日成書。

始設法律館起草。繼經憲政編查館核訂。資政院第一期議會議決。而刑律遂逐漸變遷。

秦瑞玠大清新刑律釋義。我國自有歷史以來。向崇道德宗教禮儀政治。而不言法律。故一般法制。幾無歷史沿革之可言。惟刑名則與禮制相出入。與政術同作用。又與兵事類列。較之一般法制史。其沿革起原爲最早。始自唐虞。迄於前明。以至今日。就刑法上沿革論之。略可分爲兩大時期。　第一期自虞夏至前明。此時期可分之爲二。(甲)自虞夏至隋唐。(乙)自唐以後至前明。　第二期自國初以至今日。其間又可細分爲三時代。(甲)舊律時代。自國初至光緒二十八九年間爲止。所奉行者爲原有之大清律例。實悉本唐律及明律之舊。分吏戶禮兵刑工等總目而爲六。又分名例職制公式至斷獄營造河防等門目爲三十。更分子目爲四百三十有六。以律爲本。例各隨之。(乙)現律時代。自光緒二十九年後、至宣統三年爲止。所奉行者。爲大清律例已修改之現行律例。蓋舊律承自前明。實始有唐。歷千餘年。多不合於現時之應用。如流囚家屬、私出外境、違禁下海、封禁礦山、朝見留難、文官不許封公侯等條。均成虛設。官制既改。又不得不廢六律之名。而廢凌遲梟首戮屍等慘酷之刑。及免緣坐。除刺字。尤爲仁政所暨。笞杖改爲罰金。徒流均免實發。改爲工作。廢死罪之虛擬。改併律定之笞杖徒流死及例定之軍遣、而爲死遣流徒罰之五種。禁人口賣買。廢關於奴婢奴僕之條例。改減蒙古例。訂滿漢通行刑律。删除旗籍與民人輕重互異之條。變通秋審之制。又另增私鑄銀行、竊毀鐵路物件、及揭損郵票等各專律。均爲此數年間刑法上沿革之大略。(丙)新律時代。自豫定宣統四年實行以後、至於將來均屬之。新刑律草案。由修訂法律館起草。自光緒三十三年八月告成。經各部及各省簽注。加以修正。復經憲政編查館核訂。經資政院第一期議會議決通過總則。而分則不及議畢。於宣統二年十二月一併奉旨頒布。雖聲明仍可提議修正。而大致無甚變更。其調查考訂之事。雖出於日本岡田朝太郎者爲多。而歸安沈公實始終主持其事。溝合新舊。貫通中外。爲現時最新最完備之法典。

迄於民國。仍行援用。

民國元年三月十日臨時大總統令。現在民國法律未經議定頒布。所有從前施行之法律及新刑律。除與民國國體抵觸各條、應失效力外。餘均暫行援用。以資遵守。

當資政院議決刑律草案時。嘗發生極大之爭執。後卒從新黨之議。

秦瑞玠大清新刑律釋義序曰。新刑律草案出。而禮教之爭議生。主進化者、謂新刑律與禮教並不相妨。主國粹者、謂新刑律於禮教顯有違背。彼此相持。爭議甚劇。議者一則曰、全棄中律。概從外邦。再則曰、專摹外人。置本國風俗於不顧。三則曰、不爲本國數萬萬人計。專爲外國流寓之數千人計。憲政編查館核訂刑律原奏有云。刑律之是非。但論收效之治亂爲何如。不必以中外而區畛域。且必上折衷於唐虞夏商刑措之盛。而不容指秦漢以後之刑律。爲周孔之教所存。

其於官制、則改刑部爲法部。民國曰司法部 大理寺爲大理院。定四級三審之制。於京外次第設立各級審判廳。民國仍之。時以司法獨立爲言。

支那年鑑民國之司法制度。襲用前清之法院編制法。爲四級三審制。京師設大理院及總檢察廳。爲全國上訴最高機關。又設高等以下各級廳。管理京兆屬縣及京師地方之訴訟。各省省城設高等廳。縣鄉鎮設地方及初級廳

然未設審檢各廳之處。縣知事仍得審理訴訟。

現行法令全書民國三年四月五日、頒行縣知事審理訴訟暫行章程。

未能盡行獨立。而華盛頓會議。我國提議取消治外法權。各國復以調查爲口實。於清季改法律以保國權之目的。尚未達焉。

黃惟志華盛頓會議記事治外法權案。由代表王寵惠提出。遠東委員會議定。八國政府各派代表。調查中國現行治外法權之現狀。此項委員會於大會閉幕後之三月完全成立。一年內繕具報告。各國有自由接受或拒絕建議全部或一部分之權。惟無論如何。不得藉中國許諾任何利益特權而接受之。此案吾國亦願派委員一人加入治外法權委員會。且亦有接受拒絕之權。在第四次

大會正式通過

清季修改刑律同時議訂民律及商律。

光緒政要光緒三十三年民政部奏請釐訂民律疏東西各國法律。有公法私法之分。公法者、定國與人民之關繫。卽刑法之類是也。私法者、定人民與人民之關繫。卽民法之類是也。二者相因不可偏廢。而刑法所以糾匪僻於已然之後。民法所以防爭僞於未然之先。治忽所關。尤爲切要。各國民法編制各殊。而要旨宏綱。大略相似。舉其犖犖大者。如物權法、定財產之主權。債權法、堅交際之信義。親族法、明倫類之關係。相續法、杜繼承之紛爭。靡不縷析條分。著爲定律。 中國律例。民刑不分。而民刑之稱。見於尙書孔傳。歷代律文戶婚諸條。實近民法。然皆缺焉不完。李悝六篇不載戶律、漢興增廄戶爲三。北齊析戶婚爲二。國家損益明制。戶例分列七目。共八十二條。較爲完密。然第散見雜出於刑律之中。以視各國列爲法典之一者。猶有輕重之殊。因時制宜。折衷至當。非增刪舊律。別著專條。不足以昭畫一。

又光緒二十九年三月諭派載振袁世凱伍廷芳先訂商律。作爲則例。俟商律編成奏定後。卽行特簡大員開辦商部。

民律訖未編定僅有民事訴訟法一種。

光緒政要光緒三十二年修律大臣伍廷芳沈家本奏呈刑事民事訴訟法疏中國舊制。刑部專理刑名。戶部專理錢債田產。微有分析刑事民事之意。若外省州縣。俱係以一身兼行政司法之權。官制攸關。未能驟改。然民事刑事性質各異。雖同一法庭。而辦法要宜有區別。臣等從事編輯。悉心比絜。考歐美之規制。款目繁多。於中國之情形。未能盡合。謹就中國現時之程度。公同商定簡明訴訟程序分別刑事民事探討日久始克告成。綜計全編分爲五章凡二百六十條。是疏並陳各國通例亟應取法者二端。一設陪審員。一用律師。

民國十年、修訂法律館復加修正、僅以期其應用耳。

現行法令全書民事訴訟法草案十年七月二十二日公布。　凡七百五十五條。

商律則清季已定商人通例公司律破產律等。

光緒政要光緒二十九年十二月、商部疏稱訂立商人通例九條。公司律一百三十一條。　三十二年、商部疏稱訂立破產律六十九條。

民國初年、張謇任農商總長首以乞靈法律爲政見。

農商公報張謇政見宣言(一)當乞靈於法律。　世界以大企業立國。而中國以公司法破產法不備之故。遂敗壞不可收拾。　故農林工商部第一計畫卽在立法擬提出關於農工商法案。若耕地整理法、森林保護法、工場法。及商人通則、公司法、破產法、運輸保險等規則。

陸續頒行權度法、森林法、商會法。及商人通例、公司條例、公司保息條例、礦業條例等。均詳見農商公報　視民法較詳備。然其影響於商業者、亦未大見進步也。

清季、行政、制度自辛丑議和後。陸續改變首改總理各國事務衙門爲外務部。光緒二十七年六月　次設商部二十八年七月　學部。三十一年九月　嗣議行憲政。明定行政之權。以爲預備立憲之基。遂定內閣及各部官制。

光緒政要光緒三十二年九月慶親王等奏改內閣部院官制疏。行政之事。專屬之內閣各部大臣。內閣有總理大臣。各部尚書亦為內閣政務大臣。故分之為各部。合之皆為政府。而情無隔閡。入則參閣議。出則各治部務。而司事貫通。司法之權。則專屬之法部。以大理院任審判。而法部監督之。此外有資政院以持公論。有都察院以任糾彈。有審計院以查濫費。亦皆獨立。不為內閣節制。分職之法。首外務部。次吏部。次民政部。次度支部。次禮部。次學部。次陸軍部。次法部。次農工商部。次郵傳部。次理藩部。專任之法。內閣各大臣同負責任。除外務部載在公約。其餘均不得兼充繁重差缺。各部尚書祇設一人。侍郎祇設二人。皆歸一律。部設承政廳。使左右丞任一部總匯之事。設參議廳。使左右參議任一部謀議之事。其郎中員外郎主事以下。視事之繁簡。定員缺之多寡。要使責有專歸。官無濫設。

其外省地方官制。亦以次遞改。

光緒政要光緒三十二年編制館擬定外省官制疏。我朝承明制。管官官多。管民官少。州縣以上。府道司院。層層鈐制。而以州縣一人。萃地方百務於其身。又無分曹為佐。遂致假手幕賓。寄權胥役。壞吏治。釀禍亂。皆由於此。今擬仿漢唐縣分數級之制。分地方為三等。甲等曰府。乙等曰州。丙等曰縣。每府州縣各設六品至九品官。分掌財賦巡警教育監獄農工商及庶務。同集一署辦公。每省以督撫經管外務軍政。兼監督一切行政司法。以布政司專管民政。兼管農工商。以按察使專管司法上之行政。監督高等審判廳。另設一財政司。專管一省之財政。兼管交通事務。秩視運司。均酌設屬官。佐理一切。此外學鹽糧關河各司道。仍舊制。光緒三十三年五月諭改各省按察使為提法使。並增設巡警勸業道缺。裁撤分守分巡各道。由東三省先行開辦。直隸江蘇兩省亦先為試辦。

宣統三年四月、頒行內閣官制。內閣設總理大臣、協理大臣、及外務民政度支學務陸軍海軍司法農工商郵傳理藩十大臣。號稱責任內閣。蓋仿日本之制。而變通滿清舊制以就之。民國肇建。官制官規。時有改變。其實、大體、亦、循、清季、官、制。第變大臣之名爲總理。總長。變內閣爲國務院耳。農工商皆分農林工商二部。尋合併。理藩部改爲蒙藏院。不在國務員之列。國務總理嘗改稱國務卿。要其大致實循清季內閣制度。

民國初年、地方官制僅存兩級。卽一縣之長官及一省之長官。其名稱亦時有變更。自民國三年以來。設置道尹。地方行政官復爲三級制。然行政實權仍在一縣及一省。省長道尹幾等駢枝。又以軍閥暴橫。司民政者恆仰司軍政者之鼻息。近方爭議廢督。其制故無足述也。

清代財政。素不公布。甲午以後。劉嶽雲輯光緒會計表。李希聖輯光緒會計錄。世始稍知其出入之概。然學者所纂錄。固非法定之案牘也。光緒末葉。趙炳麟請定預算決算表、整理財政。光緒政要光緒三十二年十二月、度支部議覆御史趙炳麟奏製定預算決算表事宜。至宣統中。始由政府及地方官吏編製預算。交資政院及諮議局議決歲出歲入。乃由黑暗而漸趨於光明。民國之法。國家行政費由國會議決。地方行政費由省議會議決。逐年預算。亦有可稽。然國會屢散。政局不定。訖未議及決算。卽預算亦多等於具文。其審計院雖專司決算。而鉤稽瑣碎。逐年積壓。於大宗用費之不當者。反多不能審核。第存其法而已。

現行法令全書審計院編制法　審計院直隸於大總統。依審計法。審定國家歲出歲入之決算。審計院於每會計年度之終。須以審計成績呈報於大總統。審計院對於各官署職官於出納事項、有違背法令或不正當之情事者。須呈報於大總統。審計院對於預算及財政事項。得依其審計之經驗。陳述意見於大總統。

光緒末葉。憲政編查館設立統計局。並請立各省調查局。以爲編制法規統計政要之助。是爲統計初桄。

光緒政要光緒三十三年憲政編查館請令各省設立調查局疏。臣館職司編制統計二局。亟當預籌京外通力合作之辦法。以期推行盡利。倣東西各國成法。令各省分設調查局。以爲編制法規統計政要之助。開辦之始。必須事事先求其簡明確實。斷不可參以虛飾之詞。敷衍之見。乃可望由疏而至密。祛僞以存眞。

宣統初頒定表式。郵傳部之路電郵航四政。學部之各學校。遂均製成統計表。而他部闕然。

宣統新法令宣統元年二月憲政編查館奏擬定民政財政統計表式疏。臣館遵旨設立統計局。奏定辦事章程。並由各部院分設統計處。各省分設調查局。搜集各種事項。彙齊辦理。以備刊行統計年鑑。謹督館員參考中西。斟酌義類。擬訂統計總例十有四條。又爲民政統計部表七十有六、省表七十有二。財政統計部表九十、省表八十有八。並將所以立表之意、填表之法。各於表後繫以解說。請飭下內外各衙門。自此項奉文到日起。統限半年內務各查照表式例要。逐一確實迅速填報。

民國之制。國務院有統計局。各官署亦有專司統計之職。

現行法令全書各部官制通則。各部設總務廳。所掌事務。二編製統計及報告。

所製統計表。較清季之形式頗爲進步。然各部亦僅內務司法農商教育交通之統計。逐年編布。其軍財二宗。訖未編訂。而農商戶口之統計。亦多嚮壁虛造。不可遽據之以覘國勢也。

民國草創。百度更新。官有一制。事有一法。規程條例。日出不窮。有經國會議決者。有未經國會議決。但以命令頒布者。雖曰法制萬能。實多軼出法制之外。吾書亦不能爲之毛舉。第有一事。爲前清之所無者。即行政訴訟法及平政院之制。較之他事爲可稱述。從前官吏損害人民權利。雖亦有京控叩閽等事。然無明定條文以爲保障。民國特定行政訴訟法。及設立平政院以司之。是亦抑制官權伸張民權之要點也。

現行法令全書行政訴訟人民對於左列各類之事件。除法令別有規定外。得提起行政訴訟於平政院。(一)中央或地方最高級行政官署之違法處分致損害人民權利者。(二)中央或地方行政官署之違法處分。致損害人民權利。經人民依訴願法之規定訴願至最高級行政官署。不服其決定者。

袁氏當國。欲復前清御史之制。於平政院設肅政廳。置肅政使。其意似在整頓吏治。實則誤解清代法制及民國法制之原則。前代之有御史。非專治官吏。實在監督君主。民國以國會監督總統。其中央及地方之官吏。亦有國會及地方議會以監督之。可以隨時彈劾。

現行法令全書平政院編制令。平政院肅政史。於人民未陳訴之事件。得依行政訴訟條例之規定。對於平政院提起行政訴訟。平政院肅政使。依糾彈條例。糾彈行政官吏之違反憲法。行賄受賄。濫用威權。玩視民瘼事件。平政院之裁決。由肅政使監視執行。肅政廳對於平政院獨立。行其職務。

袁氏敗而肅政廳亦廢。惟平政院如故。裁決行政訴訟。亦時有可紀焉。

吾國立國之法。自來惟有封建郡縣二制。雖有時藩鎮跋扈。外重內輕。或叛臣自立。脫離關繫。要皆聽事勢之自然。非有法制以爲之解說也。民國既立。研究憲法。求之域外學說。孔多。有單一制。有聯合制。有總統制。有內閣制。有中央集權制。有地方分權制。有職業代議制。有全民與政制。有政治的民主政治。有社會的民主政治。黨派紛歧。主張各異。二年國會憲法起草委員會所制之憲法草案。與民國十一年國是會議所擬之憲法草案。其根本卽大相逕庭。

天壇憲法草案第一章國體第一條、中華民國永遠爲統一民主國。

國是會議憲法草案甲種第一章總則第一條、中華民國爲聯省共和國。第二章聯省及各省權限之劃分第五條、凡事之關於全國者由聯省機關立法或執行之。茲列舉如下。(一)外交(二)陸海軍(三)幣制銀行(四)度量權衡(五)海關稅其他國稅(六)國債(七)郵政(八)電報(九)鐵路及國道(十)航業(十一)兩省以上之水利(十二)沿海漁業(十三)民法(十四)刑法(十五)商法(十六)民事刑事訴訟法(十七)全國法院編制法(十八)國籍法(十九)發明及專利法(二十)礦法(二十一)移民法(二十二)土地收用法(二十三)聯省官制官規(二十四)聯省監獄(二十五)全國戶口調查及統計(二十六)勞動法(二十七)產業公有法。第六條、各省得自定憲法。凡事之關於一地方者。由各省或地方機關立法或執行之。茲列舉如下。(一)省之官制官規(二)省之稅法(三)省以內之實業(四)省之民團(五)省債之募集(六)省之公產處分(七)省之學制之規定(八)省以下之地方制度。(九)省以內之水利。(十)省道或其他省內交通。(十一)省以內之電話。(十二)省之警察。(十三)違犯省法之罰則。(十四)衛生及慈善事項。(十五)省監獄。第七條、各省憲法應規定以下各項。(一)各省應設省議會代表民意。(二)省之行政首長或爲一人。或爲數人之委員會。由省之人民或議會選舉。但不得以退職未滿三年之軍人充選。(三)凡非省內官吏仕居省內二年以上者。依其省之憲法或法律。享有選舉及被選舉權利。(四)各省各設民團。其額數由各省省議會議定之。(五)省議會應詳訂關於一切選舉之舞弊法。(六)各省行政機關中之文官。應定考試任用及保障之法。不因一省內政治狀況而更動。第八條、聯省法律之效力。在省法律效力之上。第九條、聯省政府應保證各省之民主政治。如一省內政體變動。有違反本憲法或各該省憲法者。聯省政府應干涉之。各省有不能履行本憲法上之義務者。聯省政府應督促之。甲省有以武力侵犯乙省者。聯省政府應阻止之。第十條、中華民國之國體發生變動。各省得互相聯合。維持憲法上規定之組織。至原狀恢復時。各省之行動應即停止。

蓋一則屬於單一制。一則屬於聯合制。一則徒取法於歐洲舊式之憲法。一則兼採取歐洲最近之新憲法也。天壇憲法草案。近亦經國會修改。而爲曹錕時代之憲法。國是會議所擬之草案。則已有數省採取實行。如湖南省憲法及浙江省憲法。皆採聯合制。以省爲全國中一自治區域。而各自編定憲法者也。湖南省憲法與浙江省憲法。有同有異。如省議員由全省公民直接選舉。其同者也。

湖南省憲法第四章、省議會。第二十八條、省議會以全省公民直接選出之議員組織之。

浙江省憲法第四章、省議院。第三十八條、省議院以全省人民直接選出之議員組織之。

省長之選舉法律之表決其異者也

湖南省憲法第五章省長及省務院第四十七條省長由省議會選出四人交由全省公民總投票決選以得票最多數者爲當選

浙江省憲法第五章省長及省政院第五十三條省長由全省選民分區組織選舉會選舉之其選舉程序另以法律定之

湖南省憲法第六章立法第六十四條法律案由省議會議員或省務院以省長之名義提出之第六十五條法定之省教育會農會工會商會律師公會及其他依法律組織之各職業團體得提出關於各該團體範圍內之法律案省議會必須以之付議第六十六條全省公民百分之一以上連署動議或全省縣議會及一等市議會三分之一以上連署動議得提出法律案呈請省長咨省議會議決省議會對於此項議案如擱置不議或議而否決時省長應將該案及否決之理由付全省公民總投票表決可決時即成爲法律第六十八條凡本法所規定得由公民提案及須公民總投票表決之事項其提案及投票之方法以省法律定之

浙江省憲法第九章立法第九十四條法律案由省議院議員或省政院提出之第九十七條有三分之一以上之縣每縣選民一千人以上之連署得提出法律案於省議院請其議決省議院對於所提全案不同意時應交付全省縣議會特別市議會投票表決如得半數以上可決時由省長公布之

世界日新吾國人理想中之法律亦隨之而日新然理想進步事實殊不能與之相應有全民表決之制而全民之不知者殆十八九是則不能不有待於教育之普及也

省之自治既已成爲最新之趨勢而省以下之自治區域亦有新舊法律之不同清季以來談國是者咸

以地方自治爲立國之基礎。

光緒政要光緒三十三年正月民政部奏飭各省查報鄉社情形以重治本疏地方自治一時未能驟行而各省鄉社辦法之善否即爲地方治忽民生休戚所關欲興民政自以考求各省鄉社情形爲入手辦法查會典保正甲長鄉約等本縣之功令自咸豐同治以來地方多事舉凡辦防集捐供支兵差清理奸宄諸事各牧令又無不藉鄉社之力於是邊腹各地名目紛立推擇各殊有曰鄉正鄉耆里正者有曰寨長圩長者有曰團總練總者有曰公正公直者有曰鎮董村董者有曰社首會首者龐雜離奇不可勝舉近年推行警政如奉天等省則各鄉社又多稱巡長等名此名目之不同也其經理之地有僅止一村者有多至數村十村者邊遠州縣鄉保且有管至百十里者此地勢廣狹之不同也其更代之法有一年一易者有數年一易者有輪流充當者有由地方官飭諭派委者而以公衆推舉者爲多所遴用者或爲生貢或爲職銜軍功人員或爲平人地方官待遇之者或貴之如搢紳或賤之如皁隸而要之官民相通又皆以鄉社爲樞紐是以細故之裁判公用之科攤案證之傳質護田防盜之計畫新政舊章之頒布多賴以鄉社司之且有牧令倚以收賦稅集團練者大約如古之王烈田疇者固不乏人而猾貪虎冠爲地方之患者亦在所不免幾有爲者不善善者不爲之勢近年海口通商之處亦多有研究自治組織會所者較之相沿鄉社辦法已有進步然當棉蕞之初尤宜詳爲調查以期整齊而免流弊。

第頒行城鎮鄉地方自治章程而未實行民國初年各省競行自治旋爲袁氏所廢。

民國三年二月三日停辦各地方自治會令近據甘肅山東山西湖北湖南河南直隸安徽等省民政長電呈各屬自治會良莠不齊。

平時把持財政、抵抗稅捐、干預詞訟、妨礙行政。請取消改組等語。 著各省民政長、通令各屬。將各地方現設之各級自治會、立予停辦。

民國八年九月、復公布縣自治法。十年七月、公布市自治制及鄉自治制。大致亦根據清季城鎮鄉自治章程。縣爲官民合治之制。市鄉則屬於縣而純任民治。湖南省憲法、憲制大綱、市鄉自治制大綱則與之迥異。如縣長由議會公舉、及一等市直接受省政府之監督等條。皆較政府所制之法不同。

湖南省憲法第十章縣制大綱第一百零三條、縣長由縣議會選舉六人交由全縣公民決選二人呈請省長擇一任命。第十一章、市鄉自治大綱。第一百十一條、省以內之都會商埠、人口滿二十萬以上者。爲一等市。人口滿五萬以上、不及二十萬者。爲二等市。人口滿五千以下、不及五萬人者。爲三等市。不及五千人者。屬於鄉。第一百十二條、一等市直接受省政府之監督。

廣東縣自治條例、縣長亦由民選。其選舉及被選資格。以服工役三日、或繳納免工費六毫爲條件。是亦可以覘法制思想之進步者也。

清季之倡地方自治者。首推江蘇之南通。以實業爲之基。以教育啟其知。而其他道路工程、慈善事業。皆緣之而經營發展。不遺餘力。

南通指南。南通實業。以大生紡織公司爲母。墾牧公司、大生第二廠、大生第三廠、廣生油廠、復興麵廠、資生鐵廠、大達外江輪船公司、大達內河小輪公司、通明電燈公司、通燧火柴廠、大聰電話公司、阜生蠶業公司、繡織局、頤生酒廠等。皆其後起。 通海墾牧公司、又爲各鹽墾公司之母。其他繼起者有大有晉鹽墾公司、大豫鹽墾公司、大賚鹽墾公司、大豐鹽墾公司、華成鹽墾公司、新通墾植公司、新南墾植公司、大祐墾植公司。　其資本總計約一千餘萬元。

又南通教育以師範學校爲母。其次有女子師範學校、中學校、高等小學、專門有醫學校、紡織學校、甲種有農業學校、商業學校、中學校。外分二十一市鄉國民學校、以十六方里設一校、計凡三百三十二所。高等小學以全縣計、凡十二所。　總計學生合一萬七千餘人。

又公共機關有博物苑、圖書館、軍山氣象臺、五公園、唐閘公園、地方路工處、地方市政處、教養公積社、南通自治會。　慈善機關有育嬰堂、養老院、殘廢院、盲啞學校、南通醫院、貧民工場、濟良所、棲流所。

其自治會之章程、則定於已經興辦各種事業之後。故能名副其實、具有積極之精神。

南通縣自治會報告書南通縣自治會章程第二條本會規定屬於全縣之自治事宜如左(一)教育(二)實業(三)交通(四)水利(五)工程(六)衞生(七)慈善(八)公共營業(九)依法令及行政公署委託辦理事宜。

然其弊在紳權之太重。民國之倡地方自治者、首推山西。號稱村本政治。其施行之法、訂立村範、使各村設立禁約。

山西政治述要某某村公議禁約如左。不准販賣金丹洋煙。不准吸食金丹洋煙。不准聚賭窩娼。不准打架鬭毆。不准游手好閒。不准忤逆不孝。不准兒童無故失學。不准偸竊田禾。不准毁壞樹木。不准挑唆詞訟。不准纏足。不准放牧牛羊踏毁田禾。不准侵佔別人財產。

又立息訟會及採訪村仁化之法。

山西政治述要息訟會條文(一)每編村設立息訟會。村長兼充會長。另由村人公推公斷人四名或六名、爲會員。均義務職。公推後。將公斷人姓名。報由區長轉報縣署立案。(二)村中除命案外凡有兩造爭訟事件。均親願請求公斷者。本會得公斷之。如甲編村人民與乙編村人民爭訟時。由兩村公斷人合組臨時公斷會。公平公斷之。其組織法、由兩村公斷人協定之。(三)公斷時以公斷人多數取決。如可否同數時由會長決定之。(四)公斷後。如兩造有不服者。應聽其自由起訴。(五)公斷事件有涉及會長或公斷人之本身者。會長應自行迴避。由公斷人推舉臨時會長。至公斷人應不到場(六)公斷人之任期。於每屆村長改選時爲滿期。但得連舉連任。

又採訪村仁化之標準 親慈 子孝 兄愛 弟敬 夫義 妻賢 友信 隣睦 右之八項標準。派員往各縣調查。據實報告。擇尤褒揚並專刊於報名曰村話。

各省亦有慕其法。而欲設立新村。以爲自治模範者。然其弊在主動之在官。要之法制變遷之時代。由官治而趨民治。非大多數之人民曉然於德治法治之義。未能達於完全美善之域也。

第十八章 經濟之變遷

吾國歷代雖有與各國通商互市之事。然在滿清道咸以前。大都鎖國獨立。其經濟之變遷。要皆限於國內自五口通商以後門戶洞開海陸商埠逐年增闢加以交通之進步機械之勃興而吾國之經濟遂息息與世界各國相通昔之荒陬僻壤可變爲最重要之都市昔之家給人足者多變爲不平均之發展語物力之開發則爲遠軼於前論財政之困難又覺迥殊於古而國民之思想道德根於經濟之變遷而變遷者尤爲治史者所當深究矣

經濟之變遷無他吸收散殊之各點集中於新闢之地新興之業與外人相競爭而卒之仍爲外人所操縱而吾國之巧黠者又襲取其術以操縱吾愚民而愚民遂日隨以顚倒而已集中之法第一在通商市埠商埠之開始多迫於條約繼則自保利權輪船走集物貨塡委其附近各地及與之關連者罔不仰通商大埠之鼻息而此通商大埠又聽命於世界各大商場銅山東崩洛鐘西應牽連鈎貫而盈虧消息恆多不能自主此數十年間經濟變遷之主因也

附各省商埠表

【省名】	【地名】	【開放年月】	【設關年月】
直隸	北京南苑	光緒二十八年中美條約	
	天津	咸豐十年中英法北京續約	咸豐十一年二月十三日設津海關
	秦皇島	光緒二十四年奏准開放	光緒二十七年十一月初五日設秦皇島分關

	張家口	咸豐十年中俄條約民國三年一月奉令開放	
山東	煙臺	咸豐八年中英天津條約	咸豐十一年七月十七日設東海關
	濟南	光緒三十四年四月奏准開放	
	濰縣	光緒三十年四月初一日奏准開放	
	青島	光緒二十年中德曹州敎案條約	光緒二十四年設膠海關
	周村	光緒三十年四月初一日奏准開放	
	龍口	民國三年一月八日奉令開放	
江蘇	上海	道光二十二年中英南京條約	道光二十二年設江海關
	吳淞	光緒二十二年奏准開放	
	鎭江	咸豐八年中英天津條約	咸豐十一年四月初一日設江海關
	南京	光緒二十三年奏准開放	清光緒二十五年三月二十日設金陵關
	蘇州	光緒二十一年中日馬關和約	清光緒二十二年八月二十日設蘇州關
	海州	光緒三十一年九月二十六日奏准開放	
	浦口	民國元年奉令開放	

安徽	蕪湖	光緒二年中英煙臺條約	光緒三年二月十八日設蕪湖關
	安慶	清光緒二十八年中英條約	
河南	鄭州	民國十一年自行開放	
江西	九江	咸豐八年中英條約	同治元年十一月初一日設九江關
湖北	漢口	咸豐八年中英條約	咸豐十一年十一月初一日設江漢關
	沙市	光緒二十一年中日馬關和約	光緒二十二年八月二十日設沙市關
	宜昌	光緒二年中英煙臺條約	光緒三年二月十八日設宜昌關
	武昌	光緒二十六年十月初八日奏准開放	
湖南	岳州	光緒二十四年奏准開放	光緒二十五年十月一日設岳州關
	長沙	光緒三十年奏准開放	光緒三十年五月十八日設長沙關
	湘潭	光緒三十一年八月初六日奏准開放	
	常德	光緒三十一年八月初六口奏准開放	
四川	重慶	光緒十六年中英條約及光緒二十一年中日馬關和約、	光緒十七年正月十一日設重慶關
	萬縣	光緒二十八年中英商約	民國四年設萬縣分關

浙江	寧波	道光二十二年中英南京條約	道光二十二年設浙海關
	溫州	光緒二年中英煙臺條約	光緒三年十二月八日設甌海關
	杭州	光緒二十一年中日馬關和約	光緒二十二年八月二十日設杭州關
福建	福州	道光二十二年中英南京條約	道光二十二年設閩海關
	厦門	道光二十二年中英南京條約	道光二十二年設厦門關
	三都澳	光緒二十四年奏准開放	光緒二十五年三月二十九日設福海關
	鼓浪嶼	光緒二十八年十月二十二日奏准開放	
廣東	廣州	道光二十二年中英南京條約	道光二十二年設粵海關
	九龍	光緒二十四年中英條約	光緒二十四年設九龍關
	澳門	光緒十三年開放	光緒十三年設拱北關
	汕頭	咸豐八年中英法天津條約	咸豐九年十二月初九日設潮海關
	瓊州	咸豐八年中法英天津條約	光緒二年三月初七日設瓊海關
	北海	光緒二年中英煙臺條約	光緒三年三月十八日設北海關
	三水	光緒二十八年中英緬甸條約	光緒二十三年五月初五日設三水關

	江門	光緒二十八年中英日商約	光緒三十年正月設江門關
	惠州	光緒二十八年中英商約	
	公益埠	民國元年省署批准開辦	
廣西	南寧	光緒二十四年奏准開放	光緒三十二年十一月十七日設南寧關
	梧州	光緒二十三年中英緬甸條約	光緒二十三年五月初五日設梧州關
	龍州	光緒十三年中法條約	光緒十五年五月初三日設龍州關
甘肅	嘉峪關	光緒七年中俄條約	光緒十一年八月初十日設關
雲南	昆明	光緒三十年四月十一日奏准開放	
	騰越	光緒二十三年中英條約	光緒二十八年四月初一日設騰越關
	思茅	光緒二十一年中法條約	光緒二十二年十一月二十九日設思茅關
	蒙自	光緒十三年中法條約	光緒十五年七月二十八日設蒙自關
	河口	光緒二十一年中法條約	光緒二十三年六月初二日設河口分關
	大理	光緒二年中英條約	
奉天	營口	咸豐八年中英天津條約	咸豐十一年六月初四日設山海關

大連灣	光緒二十四年中俄條約	光緒三十三年五月二十一日設大連關
安東		同上年月日設安東關
大東溝	光緒二十九年中美日通商條約	同上年月日設大東溝分關
瀋陽		光緒三十二年實行開放
遼陽	光緒三十一年中日條約	光緒三十三年五月十八日實行開放
新民屯	同上	光緒三十二年八月二十一日實行開放
法庫門	同上	光緒三十二年七月二十二日實行開放
通江子	同上	同上
鐵嶺	同上	同上
鳳凰城	同上	光緒三十二年五月十八日實行開放
洮南	民國三年一月奉令開放	
葫蘆島	同上	
鄭家屯	同上	
天錦縣	民國五年自行開放	

吉林	哈爾濱	清光緒三十一年中日條約	宣統元年五月十四日設濱　關
	吉林	同上	光緒三十二年十二月初一日實行開放
	長春	同上	同上
	琿春	同上	光緒三十三年五月十八日設琿春關
	寧古塔	同上	同上年月日開放
	三姓	同上	宣統元年五月十四日設三姓分關
	局子街	宣統元年中日圖們江界約	宣統元年九月實行開放
	龍井村	同上	宣統元年九月設分關
	頭道溝	同上	宣統元年九月實行開放
	百章溝	同上	同上
黑龍江	齊齊哈爾	清光緒三十一年中日條約	光緒三十二年十二月初一日實行開放
	愛琿	同上	宣統元年六月初十日設大黑河分關
	海拉爾	同上	光緒三十三年五月十八日實行開放
	滿洲里	同上	光緒三十四年正月初四日設滿洲里分關

熱河	赤峯	民國三年一月奉令開放
察哈爾	多倫諾爾	同上
綏遠	歸化城	同上
新疆	伊犂	咸豐元年中俄條約
	塔爾巴哈臺	同上
	喀什噶爾	咸豐十年中俄條約
	烏魯木齊	光緒七年中俄條約
	古城	同上
	哈密	同上
	吐魯番	同上
外蒙古	庫倫	咸豐十年中俄條約
	恰克圖	雍正五年中俄條約
	烏里雅蘇臺	光緒七年中俄條約
	科布多	同上

西藏　亞東	光緒十九年中英藏印條約	光緒二十年三月二十六日設關
江孜	光緒三十一年中英藏印條約	宣統元年三月二十二日設關
噶大克	同上	同上

其次則爲公司。吾國商業。從來雖有獨資合資之別。要皆無大規模。自與西人通商。震於其公司之財力雄厚。知非小商業所能抵制。則集小資本爲大資本。而公司之制。以興。同光之間。李鴻章創辦輪船織布等局。招商集股。尙未名爲公司。

李文忠公奏稿覆陳招商局疏。輪船招商局之設。係由各商集股作本。按照貿易規程。自行經理。已於同治十一年十一月創辦之初。奏明所虧全歸商認。與官無涉。又試辦織布局摺。飭據鄭官應等擬稟。估需成本銀四十萬兩。分招商股。足數議有合同條規。尙屬周妥。當經批准。先在上海設局試辦。

其後各省經營鐵路。相率仿行公司之制。清廷修訂商律。首頒公司法。分爲合資公司、合資有限公司、股分公司、股分有限公司四種。

公司律第一條。凡湊集資本共營貿易者。名爲公司。共分四種。一合資公司。一合資有限公司。一股分公司。一股分有限公司。　第四條。合資公司。係二人或二人以上集資營業。公取一名號者。　第六條。合資有限公司。係二人或二人以上集資營業。聲明以所集資本爲限者。第十條股分公司係七人或七人以上創辦集資營業者。第十三條股分有限公司係七人或七人以上創辦集資營業聲明資本若干以此爲限。

民國初年頒行公司條例又爲改定名稱。

公司條例第一條本條例所稱公司謂以商行爲業而設立之團體。第二條公司共分爲四種一無限公司二兩合公司三股分有限公司四股分兩合公司

並定保息條例以示提倡大規模商業之意而公司之數乃日增。

第三次農業統計表民國二年調查五年印行內載全國公司數凡一一一〇家資本金共九〇五二二一七二元公積金共一六七五二八七元。

然公司法律雖極嚴密其權往往操之大股東及經理人之手小資本之股東目擊其腐敗而無可如何。惟有聽其浪擲久之而股分公司之信用墮落已成者破產倒閉未成者或積久而不能募集焉民國十年頒行交易所條例買賣證券者尤舉國若狂經濟變遷益趨激烈因之貧困自殺者時有所聞蓋經濟集中則影響孔鉅投機之業尤易引人妄念詐欺奢侈相因而生舉凡從前儉勤謹信之德率緣經濟之潮流而變矣。

其次則爲銀行吾國昔之操金融權者惟錢莊與票號錢莊營業不鉅資本亦微票號流通全國爲匯兌

專業其資本亦不過數十萬兩。

東亞同文會編支那經濟全書（按此書有宣統二年經濟學會編譯本。改名中國經濟全書。）第五編山西票莊篇票號爲支那金融機關中最有勢力者其經營者多山西人嚴守秘密研究至難。山西票莊之組織頗爲嚴密其取引之習慣規矩極嚴故其基礎堅固所雇傭者決不用他省人而又賞罰嚴明使彼等對於業務不倦不撓且互守秘密不洩。自清初迄今凡經二百數十年日益繁榮增長。其資本大概小則十萬兩大至五六十萬兩惟南幫義善源及源豐潤皆百萬兩。

甲午戰後講求變法始有倡設銀行以爲通商惠工之本者。

光緒政要二十二年十一月總理衙門奏覆四品京堂盛宣懷條陳自強大計請開設銀行摺查原奏謂西人通商惠工之本其樞紐皆在銀行中國亦宜仿行及另片所奏遴選各省公正殷實之紳商舉爲總董招集股本銀五百萬兩先在京都上海設立中國銀行其餘各省會口岸以次添設由商董自行經理。奉旨責成盛宣懷選擇殷商設立總董招集股本合力興辦

盛宣懷首設中國通商銀行。

民國元年世界年鑑經濟類中國通商銀行爲盛宣懷等發起資本五百萬兩創始於光緒二十四年爲股分有限公司之組織具普通商業銀行性質。

嗣由政府設立戶部銀行（後改爲大清銀行。民國元年改爲中國銀行。）及交通銀行。

中國泉幣沿革光緒三十年正月、財政處戶部奏由部試辦銀行。二月、又奏定試辦銀行章程三十二條。三十一年七月、始奏明在京

師天津上海等處先行開設。是爲戶部銀行。三十四年正月、度支部奏改戶部銀行爲大清銀行。並定則例二十四條。宣統三年、革命軍起。上海大清銀行改爲中國銀行。民國元年、各處均改爲中國銀行。二年四月十五日、公布中國銀行則例三十條。

又光緒三十三年十一月、郵傳部奏設交通銀行。定章程三十八條。民國三年三月、公布交通銀行則例二十三條。

光緒政要光緒三十三年。郵傳部奏擬設交通銀行。綰合輪路電郵四政。收回利權。擬由臣部設一銀行。官商合辦。股本銀五百萬兩。招募商股六成。由臣部認股四成。名曰交通銀行。將輪路電郵各局存款。改由該行經理。就臣部各項散款。合而統計。以握其經畫之權。一切經營。悉照各國普通商業銀行辦法。

世界年鑑中國銀行、由中華民國政府設立。資本五千萬兩。總行在北京。各省均有分行。 凡政府發行之期票匯票及公債票等。皆可貼現及抵押借款。具中央銀行性質。

又交通銀行、資本五百萬兩。分爲五萬股。內百萬兩、由招商局電報局及盛氏所承買。餘招諸各地商人。照股份有限公司辦。其總行在北京。其漢口天津上海南京香港廣東芝罘新加坡卑南等處。均有分行。其內部組織。分爲放款存款匯兌三課。係仿西制。具殖業銀行之性質。

民國以來。銀行猥多。中央及地方政府所設之銀行。固爲全國經濟之樞紐。商民合資開設者。亦競進而與官立銀行爭利。於是全國經濟、又集中於銀行、或類似銀行之銀號錢局之類。

第三次農商統計表銀行類。民國三年、全國銀行總數凡五十九家。資本金總額五六七一七二〇六元。各戶存款額共三四一〇二八四一元。紙幣發行額共一五八三一四六六元。

附　民國十一年銀行年鑑簡表

【行名】	【總行所在地】	【分行數】	【資本金】	【公積金】
中國銀行	北京	八二	六〇〇〇〇〇〇〇元	五九七八四〇元
交通銀行	北京	四九	一〇〇〇〇〇〇〇兩	三五九二五二三兩
浙江興業銀行	上海	六	二五〇〇〇〇〇元	六八〇〇〇〇元
浙江地方實業銀行	杭州	四	二〇〇〇〇〇〇元	三二七一五一元
上海商業儲蓄銀行	上海	六	二五〇〇〇〇〇元	四〇〇〇〇〇元
鹽業銀行	北京	九	五〇〇〇〇〇〇元	二三〇〇〇〇〇元
中孚銀行	天津	四	二〇〇〇〇〇〇元	一八〇〇〇〇元
聚興誠銀行	四川重慶	七	一〇〇〇〇〇〇元	三四〇〇〇〇元
四明商業儲蓄銀行	上海	三	二五〇〇〇〇〇兩	
中華商業銀行	上海		二五〇〇〇〇元	一二一〇〇〇元
廣東銀行	香港	四	一二〇〇〇〇〇鎊	四〇〇〇〇〇元

金城銀行	天津	三	五〇〇〇〇〇〇元	六〇〇〇〇〇元
新華儲蓄銀行	北京	二	五〇〇〇〇〇〇元	六六〇〇〇〇元
東萊銀行	青島	四	二〇〇〇〇〇元	二八七二〇〇元
大陸銀行	天津	五	五〇〇〇〇〇〇元	四七四三一六元
東亞銀行	香港	三	一〇〇〇〇〇〇元	二〇〇〇〇〇元
永亨銀行	上海		五〇〇〇〇〇元	一四〇〇〇〇元
中國實業銀行	天津	五	二〇〇〇〇〇〇〇元	二三七〇〇六元
東陸銀行	北京	三	二〇〇〇〇〇〇元	一〇六六八三八元
正利商業銀行	上海		五〇〇〇〇〇元	三七四〇〇元
中國通商銀行	上海	二	五〇〇〇〇〇〇兩	一七七〇〇〇〇兩
四海通銀行	新嘉坡	二	二〇〇〇〇〇〇元	一二五〇〇〇〇元
北洋保商銀行	北京	二	六〇〇〇〇〇〇元	二一一八九四元
江蘇銀行	上海	五	一〇〇〇〇〇〇元	二九五二四〇元
山東銀行	濟南	九	五〇〇〇〇〇〇元	八一三四八元

華孚銀行	杭州	三	一〇〇〇〇〇〇元	
常州商業銀行	常州		二〇〇〇〇〇元	六七〇〇元
北京商業銀行	北京	二	一〇〇〇〇〇〇元	一八五〇〇〇元
五族商業銀行	北京	一	一〇〇〇〇〇〇元	二四五九二〇元
大宛農工銀行	北京		一〇〇〇〇〇〇元	一三五〇〇〇元
山東工商銀行	濟南	二	二〇〇〇〇〇〇元	四二三六一元
杭縣農工銀行	杭州		二〇〇〇〇〇元	四五七九元
浙江儲蓄銀行	杭州		三〇〇〇〇〇元	三〇〇〇元
新亨銀行	北京	二	一〇〇〇〇〇〇元	一五〇〇〇〇元
中華儲蓄銀行	北京	一	一〇〇〇〇〇〇元	一四八〇〇〇元
南昌振商銀行	南昌		二〇〇〇〇〇元	七二〇〇〇元
勸業銀行	北京	四	五〇〇〇〇〇〇元	一五二一三七元
華大銀行	上海		一〇〇〇〇〇〇元	一七一〇九元
邊業銀行	北京	六	一〇〇〇〇〇〇〇元	一三四四七〇元

厦門商業銀行	厦門		一二〇〇〇〇〇元	六一八〇元
中南銀行	上海	一	二〇〇〇〇〇〇〇元	
中華勸工銀行	上海		一〇〇〇〇〇〇元	六五三二元
上海惠工銀行	上海		一〇〇〇〇〇〇元	
江蘇典業銀行	蘇州		一〇〇〇〇〇〇元	一五一一元
浙江儲蓄銀行	杭州		五〇〇〇〇〇元	
杭州惠通銀行	杭州		二〇〇〇〇〇元	
工商銀行	香港	二	五〇〇〇〇〇〇元	
中興銀行	馬尼拉		一〇〇〇〇〇〇〇元	一二〇〇〇〇元
和豐銀行	新加坡	五	二〇〇〇〇〇〇〇元	
淮海實業銀行	南通	六	五〇〇〇〇〇〇元	三八〇〇〇元
東三省銀行	哈爾濱	六	八〇〇〇〇〇〇元	一五〇〇〇〇元
富華銀行	常州	一	二〇〇〇〇〇元	一三三〇〇元
中國棉業銀行	上海		一〇〇〇〇〇〇元	

通易銀行	上海	二	三〇〇〇〇〇〇元	
上寶農工銀行			三〇〇〇〇〇〇元	
永大銀行	北京	一	二五〇〇〇〇〇元	一一二〇〇〇元
上海江南銀行	上海		一〇〇〇〇〇〇元	
中原實業銀行	漢口	一	五〇〇〇〇〇元	三六五九四元
濟南通惠銀行	濟南		一〇〇〇〇〇〇〇元	
長春益通銀行	長春		一〇〇〇〇〇〇元	
杭州道一銀行	杭州		三一〇〇〇〇元	
大生銀行	北京		二〇〇〇〇〇〇元	

於此有一連帶之事。不可不並述者。卽外人在華所設之銀行是也。吾國未設銀行之先。西商已在各商埠設立銀行。經營中外匯兌兼存款放款之業。其力實足操縱吾國金融。

世界年鑑。通商以來。各埠外國銀行之設立。日多一日。以補助其母國商人。攫奪遠東商權。外商之能操縱金融者。惟銀行是賴。且其資本金及公積金之雄厚。迥非我國銀行所及。又能發行紙幣。吸收我國現金。故一舉手間。社會金融已隱在外人掌握。　外國銀行之在我國者。計十有三家。（一）麥加利銀行一八五三年立（二）花旗銀行一九〇一年立（三）英國實信銀行一九〇二年立（四）匯豐銀行一八六七年立（五）中華匯理銀行一八九年立（六）義豐銀行未詳（七）德華銀行歐戰中停辦（八）華比銀行一九〇三年立（九）東方匯理銀行一八七五年立（十）有利銀行一八九二年立（十一）荷蘭銀行一八四四年立（十二）華俄道勝銀行一八九六年立歐戰中停辦（十三）橫濱正金銀行。

而清季貪墨官吏懼以贓私獲罪者。多存儲於外國銀行。辛亥以來尤甚。歐戰之時。各國經濟困難。且銀行或倒閉或停付。清之親貴大僚損失至鉅。而近年之軍閥。仍多以其盜取之金錢。輦致外國銀行。外人乃取而貸之吾國政府。盤剝重利。干我主權。要我抵品。是至可痛之事也。民國元年。英美法德四國組織銀行團。專營借款。嗣又加入俄日二國。而美國尋卽退出。歐戰時。銀行團解散。至歐戰既終。又組織新銀團。以謀我而共同管理財政之聲。日有所聞。

東方雜誌第十七卷第七號借款團歷史及改組新銀行團經過。借款團新名。在中國始見於一九一二年。爲英美法德四國所成立。第一次成立。爲借給新中華民國建立共和之行政。及發展經濟一切用途之經費。本借款。借款團有監督權。擔保品爲鹽稅。 一九一三年。俄日兩國始新加入借款團。是年三月。美國退出借款團。 一九一三年七月。英國提議。以後借款團不借給中國經濟借款。只供給政治借款。 一九一四年。因大戰。借款團機關解散。 一九一八年六月。美國首發起組織新借款團。集英法日美四國爲團員。美國合三十一家大銀行。共派一財政家赴中國。專門調查。 一九一九年五月十二日。協商國各重要銀行代表在巴黎開一大會。擬定組織新借款團草案。(一)新團員爲英法美日四强國。借款團爲借給中國必借需款。(二)新借款團非徒供給中國政治借款。亦當供給經濟借款。(三)新團員各國因從前借款在中國所得之特權與優先權。當各放置於新借款團。或統還中國。

而吾國之業銀行者。初不以保護國權為意。發行紙幣。既極紛歧。經理借款。尤多弊竇。甚至以儲蓄之款為帝制之用。舉贏餘之利。供政黨之事。其以紙幣之兌換價格之漲落。因之獲利鉅萬者。更不足論矣。近數十年。物價日益騰貴。生計日益困難。推其原因。則貨幣之淆雜。濫偽。及價值低落。實為主因之一。觀民國二年泉幣司之調查各省銀銅貨幣之龐雜。已可概見。

中國泉幣沿革現行銀銅幣統計據民國二年十二月十七日財政部泉幣司所製之調查表。計天津廣東武昌四川江南奉天雲南湖南河南福建吉林江蘇清江安徽山東江西浙江十七處銀銅元局廠。自開辦以來。截至是年報告之時為止。除川廠所鑄藏元不計其枚數及折合元數分列如左表。折合元數。以十角或千文合一元。

【幣質】	【種類及價值】	【所鑄枚數】	【折合銀元數】
銀元	一元	二〇六四二八一五二枚	二〇六〇二八一五二元
	五角	三二二七九四二一枚	一六一三九七一〇元
	二角五分	一一四一〇〇〇枚	二八五二五〇元
	二角	一二三二八六〇四四二枚	二四六五七二〇八八元
	一角	二二三五〇〇四二一二枚	二二三五〇〇四二二元

銅元	五分	五一七四六六九枚	二五八七三三元
	百文	四四七二五三枚	四四七二五元
	五十文	二六五三五四八枚	一三二六七七元
	二十文	二七四七八六四八八枚	五四九五七二九元
	十文	二八五八三一九五九五六枚	二八五八三一九五九元
	五文	三七九四二九五二枚	一八九七一四元
	二文	二八〇四九六七一枚	五六〇九九元
	一文	一八五九三七六六一枚	一八五九三七元
制錢	一文	五二五〇一〇二〇〇〇枚	五二五〇一〇二元

如上表、總計合銀元七萬八千九百九十七萬一千三百零一元三角三分三釐。約言之可稱七萬九千萬元。其中一元銀主幣約占二萬零六百餘萬。五角以下銀輔幣約占二萬八千六百餘萬。（二角者約占二萬四千六百餘萬）銅輔幣約占二萬零一千七百餘萬。（十文者實占二萬八千五百餘萬）銀銅輔幣合計約五萬八千三百餘萬。與一元主幣之數相較。大約主幣居一而輔幣幾居三。統計局廠十七處。惟津粵鄂川寧奉滇吉八廠、銀銅幣並鑄。其餘湘豫閩蘇皖魯贛浙清江九廠、均祗鑄銅幣。現在祗留津粵鄂川寧奉滇湘八廠。餘均停撤。

清季及民國初年均擬整頓錢幣頒行條例皆不果行。

中國泉幣沿革宣統二年四月十六日、度支部奏釐定幣制。酌擬則例。同日明諭內外大臣。遵照則例。切實奉行。

又民國三年二月八日、頒國幣條例及施行細則。三月八日、特設幣制局。監督進行。議借外債。剋期辦理。秋間歐戰忽起。借款無望。年杪總裁辭職。撤局。

近年幣制日益紊亂。發行兌換券之銀行。既日出不窮。已經停鑄之銅元局。又重行開鑄。雖經人民之呼籲。而在位者竟無術以劑其敝焉。

東方雜誌第十八卷第三號全國銀行公會建議案改革幣制之條陳。裒然成帙。然民國幣制破壞擾亂。甚於前清。即就兌換券一端言之。民國四年十月、政府曾擬訂取締條例。凡已經發行紙幣之銀錢行號。有特別規定者。於營業年限後。應即全數收回。無特別規定者。由財政部酌定期限。陸續收回。未發行者。概不得發行。乃三年來。凡稱中外合辦銀行。無不特許發行紙幣。即一二與政府當局有關係之銀行。亦享此特權。致令市面紙幣駁雜。商民疑懼。　流弊所至。必至相率濫發。擾亂金融。一旦有停兌之事。全國將蒙其殃。　至於停鑄銅元。中國商民之籲請。外國商會之要求。至再至三。政府已允飭令各廠一律停鑄。乃昨年以來。因籌款無法。向外商賒購生銅。密令南京武昌等廠開鑄銅元。變售銀元。以鑄餘利充行政經費。於是各省效尤。紛紛加鑄。安慶開封。已奉部令裁撤之銅元局。均已開鑄銅元。近聞天津總廠。至有以全廠押借外款。專鑄銅元。並發行銅元券之說。　圖目前之少利。壞國家之大法。勢必至以整理幣制之權。授之外人而後已。

清代國用歲不過數千萬兩。

清財政考略順治七年以前每歲入數一千四百八十五萬九千餘兩出數一千五百七十三萬四千餘兩。康熙六十年、地丁銀二千八百餘萬兩鹽課銀三百三十七萬兩關稅雜稅三百萬有奇米麥六百九十萬擔各有奇。雍正元年、歲入計共四千餘萬。乾隆五十六年、各省實徵歲入銀四千三百五十九萬歲出銀三千一百七十七萬而漕糧兵糧不與。嘉慶十七年、歲入銀四千一十三萬有奇歲出銀三千五百一十萬有奇。道光二十二年、歲入地丁鹽課關稅共銀三千七百一十四萬。歲出三千一百五十餘萬。同治末年、歲入六千餘萬。歲出在七千萬上下。

宣統之末、增至三萬數千萬元。

宣統四年歲入歲出預算表歲入總計銀三萬五千八十五萬九千九百八十二元。歲出總計銀三萬五千六百百三十六萬一千六百七元。出入相抵共虧銀五百五十萬一千六百二十五元。

至民國八年、增至五萬萬元。

民國八年歲入歲出預算表歲入總計四萬九千零四十一萬九千七百八十六元。歲出總計四萬九千五百七十六萬二千八百八十八元。

其支出之最鉅者厥惟軍費。以光緒甲午以前額軍餉乾及勇餉之數。較之民國海陸軍費之數。眞有天壤之別。

光緒會計表　出項總表

【年分】	【餉乾】	【勇餉】
光緒十一年	一七三三一五〇二兩	二五二三一七四一兩
光緒十二年	一八五九八四六〇兩	二七七一五七八〇兩
光緒十三年	二〇二四四九七三兩	二〇一七六九六九兩
光緒十四年	一八三六一四二五兩	二二七九八八五一兩
光緒十五年	一八七四八五三七兩	二〇五八七三七〇兩
光緒十六年	二〇三五六一五九兩	一九九九三二五三兩
光緒十七年	二七九三八七七七兩	一八二六八三一三兩
光緒十八年	一九七五七一七九兩	一八六〇七二五五兩
光緒十九年	一八四九五二六九兩	一九〇六九七二〇兩
光緒二十年	二二七六六七三四兩	一八九〇八〇二五兩

民國軍費表

【年分】	【陸軍】	【海軍】

民國元年	一六一六九五七九二元	八九八二九三五元
民國八年	二〇七八三二四二〇元	九三七九五〇六元

蓋民國一年中所用於陸海軍之費。可以供同光以前政府全部之經費三四倍而有餘。卽比之宣統末年之國用。亦已佔其三分之二。而其他獨立省分所用之軍費。尚不在北京政府預算之內。此豈國民所能擔負乎。

國用增加。則恃內外債以救目前之急。而外資遂源源輸入。一方則患其貧。一方則見其富。債款集中。而使用此債款者。任意揮霍。奢侈無藝。畸形之發達。乃以此十數年中為驟。居必洋房。行必汽車。賭博冶遊。日支千萬。無吝色。問其來源。皆國債也。前清國債。自庚子賠款外。僅以中日戰役之後所借七次外債為最鉅。同光間借款。在甲午前後陸續還清。

民國行政統計彙報。甲午以後。連借外債七次。統計債額銀一千萬兩。法金四萬佛郎。英金三千七百萬鎊。

其清末幣制借款。僅付四十萬鎊。餘未及交而革命事起。

國債輯要。千九百十一年一千萬鎊之大借款。兩方交涉正在困難之中。忽辛亥之亂起。四國銀行團僅交付四十萬鎊之前付金。其餘均一時終止。

民國以來。政綱瓦解。中央政府不能節制地方。舉凡到期之外債。急需之軍費政費。舉恃外債以應之。於是逐年以債累債，積至十二萬萬有奇。

民國十一年財政部公布外債數，有抵押品者約共十萬二千九百餘萬元，無抵押品者約二萬零四十萬元，合計約十二萬六千九百餘萬元。

而各省單獨所負之債及交通部之債額尚不在內。

國債輯要：鐵道外資總額合計三〇九八九〇〇〇鎊。

此民國政府所以為世所詬病也。清季嘗募昭信股票及愛國公債，是為內債之濫觴。

民國行政統計彙報：我國內債濫觴於前清光緒甲午年昭信股票之發行，定額一萬萬兩，年息五釐，二十年還清。然其時人民鮮知運用公債之利，當道辦理多未得法，以致購買無人，卒歸失敗。辛亥事起，清政府復發行愛國公債，定額三千萬元，年息六釐，通共收數不滿一千二百萬元。

民國以來，以外債之不能應手，累年發行內國公債，積至民國十一年，凡欠內債四萬五千萬有奇。

民國十一年財政部公布內債數，有抵押品者約共二萬零八百四十餘萬元，無抵押品者約二萬四千九百餘萬元，合計約四萬五千七百餘萬元。

論者謂國民之實力，即此可覘。然以人民有限之財，供當局無厭之欲，要亦所謂取之盡錙銖，用之如泥沙耳。

全國銀行公會建議案民國發行內債計元年公債一萬二千餘萬元、三年公債二千四百萬元四年公債二千四百萬元五年公債一千五百餘萬元。七年長短期公債七十餘萬元。八年公商一千九百餘萬元。八釐軍需公債五百七十餘萬元。整理金融公債、截至最近止、已發行四千七百餘萬元。共計票面三萬餘元。其間市價高低不一。以目下時價計之。約計現洋二萬萬元左右。此皆募自民間者。　年來變亂相乘。公私交困。而能吸收內債如此之鉅。孰謂吾國民無資力乎。

經濟之變遷。全視人口與物質之關係。清代人口。雖無精確之統計。然當道光中已達四百兆之數。髮捻之亂。人口銳減。同光以來。生息又復其故。稽其約數。最近之人口。殆不下四億三千餘萬。而近人之慾望與需要。遠軼於前。數十年。供求不相應。則時時現恐慌之狀。道德之墮落因之。思想之激烈因之。是亦自然之趨勢也。

近數十年人口約數表

道光二十二年	(西一八四二年)	四一三〇二一〇〇〇
三十年	(西一八五〇年)	四一四四九三〇〇〇
咸豐十年	(西一八六〇年)	三六〇九二五四〇〇
光緒八年	(西一八八二年)	三八一三九〇〇〇
十一年	(西一八八五年)	三七七六三六〇〇〇

二十七年　（西一九〇一年）　四〇七二五三〇一九（以上均見民國元年世界年鑑）

宣統二年　（西一九一〇年）　四三八四二五〇〇〇

民國十年　（西一九二一年）　四四三三八二〇〇〇（以上據海關册）

人口增加。而土地初未增拓。則生計自然日形困難。以民國五年農商部統計表觀之。全國農田園圃凡十五萬萬餘畝。以四百兆人分之。一人不足四畝。卽以所列荒田合計。亦不過人得五畝。而常年災歉之地。又占其三分之一強。此所以常懸民食不足之問題也。

民國五年農商部統計表各省田圃面積一五七八三四七九二五畝。荒地面積五七八八六七二九六畝。災歉田地面積六五三四七五四四五畝。

吾國北方人民多食豆麥雜糧。南方人民則全食米。米價騰貴。則百物之價值隨之而長。各地米價雖不一致。以上海近年米價騰貴推之。卽可得其梗概。

東方雜誌第十七卷第十五號民食問題。上海米價在歐戰以前。每擔約五元。到去年十二月（民國八年）已經漲到七元二角。今年四五月間到了八元五角。六月初間到了十一元。二十日以後。居然漲到了十六七元。

吾國號稱農業立國。然每年尙須購入食米數百萬擔。或數十萬擔。

同上米出入口統計表

【年分】	【米入口】	【米出口】	【入超】
民國元年	二七〇〇三九一擔	〇擔	二七〇〇三九一擔
民國二年	五四一四八九六擔	〇擔	五四一四八九六擔
民國三年	六八一四〇〇三擔	二七九三九擔	六七八六〇六四擔
民國四年	八四七六〇五八擔	二二二六三擔	八四五三七九五擔
民國五年	一〇二八四〇二四擔	二二五一五擔	一〇二六一五〇八擔
民國六年	九八三七一八二擔	三七九一二擔	九七九九二七〇擔
民國七年	六九八四〇二五擔	三三二八一擔	六九五〇七四四擔
民國八年	一八〇九七四九擔	一二二七六九二擔	五八二〇五七擔

故遇大荒或鄰國荒歉需購吾米之時。則食料不敷分配。而貧民有因以斷炊者矣。

近年世界各國因經濟之變遷。而致工人罷工者。所在皆是。吾國受其影響。以及國內經濟之變遷。亦時有罷工之舉。而勞工問題。遂爲社會最重要之一事。雖都會及商埠與內地情形迴殊。不可一概而論。然牽聯鉤貫。各地之工價隨時增長。亦如潮流之澎湃。試就清末漢口工廠之工價與近年廣州勞工之工價相較。即知其增長之趨勢矣。

漢口〔日本水野幸吉著。光緒三十四年劉鴻樞譯。〕武昌織布廠工二千人工錢分上中下三等上等一日一人二百文中等百五十文下等百文執業之時間午前自六時至十二時午後自一時至六時夜晚七時至十一時。紡紗局職工一千五六百人工錢分三等上等四百文中等三百文下等百文以上執業之時間午前六時至十二時午後一時至六時日下雖不爲夜業若有夜業時則給以一日分之工錢。官絲局職工四百七十八皆係女工工錢上等百八十文中等百二十文下等九十文執業時間午前自六時半至十一時半正午自十二時至六時半。第一工場職工四百五十三人男工一日最高十五仙最低七仙女工最高十三仙最低六仙執業時間每日午前自七時至午後六時。漢陽鐵政局職工男工四百餘人女工千人以上爐子房男工月薪六元押板房六元脫板房四元上藥房六元軋刀房六元裝盒房女工每日五仙抽斗業五仙成包房七仙

鄭譽伯廣州勞工狀況調查錄〔東方雜誌第十八卷第七號〕織布工廠內漂紗及上機用男工月薪十餘元織布則多女工每織布一丈得工值五分每日約得二三角。織毛巾者多女工每織一打得工值三角日可獲四五角。機器工人月薪可得二三十元。造木船工人月薪不過七八元造汽船者恆至二三十元。電燈工人分修路線與廠內司機二種廠內司機者月薪可數十元工作時間分日夜班每班約八時至十時修理路線者月薪僅八元或十元耳。建築工人分泥水造木二種所業雖各不同而工作必須互相聯絡工值從前每日三角近日已漲至七角店主得一角工人得六角工作時間如每日由六時開工則至九時必休息一時或二時至十一時後開工至一時又必暫停下午五時則一日之工作完矣。人力車夫日夜二人交替合租一車如遇旺時日夜可得一元八角餘除車租外實得一元二三角二人均分每人得六七角。

國內之地不足以養其人則必求食於國外。華人之移殖海外者。遠起宋元。至明代而漸盛。清代嚴海禁。而冒禁出洋者殊夥。大抵皆閩廣人也。清季華工、之出洋者益多。往往受外人之排斥。而政府初不保護之。任其自爲謀。

中國五十年來之外交同治十二年。古巴之夏灣拿 Havana 有虐待華工事。政府與日斯巴尼亞交涉。至光緒三年始議結。廢同治三年招工之約。聽華僑之自爲謀。光緒六年、中美續約。中國承認美國得有限定在美華工人數及華工居美年數之權。是後十餘年。美國對於華工之取締。逐漸加嚴。而歐工之中之愛爾蘭人仇視華工。亦日以加厲。中國既承認美國之有權限制。則惟有聽其所爲而已。二十年、駐美公使楊儒與之訂中美保工條約。中國允自禁華工之前往。從此、在美華工有減無增。

間思吸取華僑之金錢。則派員一巡視。而名爲愛護僑民。

光緒政要光緒三十四年。命農工商部右侍郎楊士琦、考察南洋華僑商業情形。歷經美屬之飛獵濱。法屬之西貢。暹羅之曼谷。和屬爪哇之巴達維亞、三寶壠、泗水、日惹、梭羅、及附近蘇門答臘之汶島。英屬之新加坡、檳榔嶼、及附近之大小霹靂等埠。

而於外人之苛待。固無術以抵之。

中國五十年來之外交英荷所屬之馬來半島及東印度羣島。華商頗佔勢力。而僑民之數亦特多。英屬各大埠。我國早設置領事。而荷蘭屬地則否。華僑深以爲苦。光緒三十年以後。荷人對於華僑更設種種之苛例。僑民大窘。屢告急於政府。宣統三年、始立設立領事條約。

論者謂吾國通商口岸輸入恆超過輸出。而其所恃以抵補者。在海外工商、能以其工資及商業所得。輸入祖國。然其數、雖、不、能確定。大致、亦甚微、也。

吾國之對外貿易總額。年有增加。自表面觀之。亦可謂爲經濟之進步。

東方雜志第二十卷第三號三十年來之經濟進展觀國際貿易之有統計。始於光緒三年之海關冊。全國進出口總數。自光緒三年以至十三年、均在二億萬兩以內。其後歷年增加。光緒三十四年、增至六億萬兩左右。宣統年間、增至八億萬兩左右。民國五年。增至九億萬兩左右。迨及民國十年、則歷年增進。竟達於十五億萬兩。在光緒十九年間。全國貿易進出口總數、共爲二億七千餘萬兩。今則十年度、上海一埠之貿易總額數、已有六億三千餘萬兩之巨。殆兩倍於當年之全國總數。苟就貿易統計以觀察之。則三十年來國際貿易之趨勢。固不能謂爲無進展也。

然自通商以來。僅有光緒二年、出口之數超過入口。餘均有、絀、無贏。

四十五年來中國貿易統計輸出超過輸入。僅最初光緒二年。計贏一千餘萬兩。自光緒三年起。無歲不絀。光緒六年、絀數最少。爲一百四十萬餘兩。民國九年、絀數最多。爲二萬二千零六十一萬餘兩。民國三年、歐戰發生。各國軍事倥傯。無暇擴張商業。我國正宜利用時機。大興實業。發展對外貿易。以求輸出之增加。乃當民國四年歐戰正烈之時。雖輸入頓減。尙絀至三千五百六十一萬餘兩之鉅。此四十五年中。共絀二十九萬二千一百九十九萬七千三百三十九兩。除光緒二年、贏一千零五十八萬零九百三十八兩。實絀二十九萬一千一百四十一萬六千四百六十一兩。平均每年約絀六千四百七十萬兩。

故吾謂吸收散殊之各點集中於新闢之地新興之業與外人相競爭而卒之仍爲外人所操縱也。

第十九章　最近之文化

最近之文化當以學校教育爲主清自同光以來既由科舉而漸傾向於學校至光緒三十年詔廢科舉民志益定十餘年來中央政府與地方政府雖對於教育有提倡與摧殘之二方面而社會之心理殆皆公認學校爲民族文化之一大事雖有私塾與其他講學之團體其盛衰固懸別也民國初年迭製教育統計觀其數字固可以見其進步之梗概。

全國學校概況表教育部總計表

【事項】	【民國元年第一次統計】	【民國三年第二次統計】	【民國五年第三次統計】
學校	八七二七二所	一〇八四四八所	一二一〇七七所
學生	二九三三三八七人	三六四三二〇六人	四〇三四八九三人
卒業生	一七三二〇七人	二三三二二一人	二四八二八三人
教員	一二九二九七人	一六四六〇七人	一八七三五〇人
職員	九八九二九人	一二二一七四人	一二〇五三六人
歲入	二九六四七〇九八元	三四一七〇〇八二元	三六八八二一六一元

歲出	二九六六七八〇三元	三五一五一三六一元	三八二六九四九五元
資產	八三〇四一一九九元	九八〇八七一五八元	一一八一三七四〇元

以新教育雜誌調査表觀之。尤可以見各地文化之優劣焉。

新教育第五卷第四期全國各等學校學生數表民國十一年

【省別】	【小學校學生數】	【中等學校學生數】	【高等專門大學學生數】	【總數】
直隸	五五一〇七三人	一三五七〇人	六九一七人	五七一五六〇人
山東	五二三三一一人	七八〇一人	六九二人	五三一八〇六人
山西	三二〇八六一人	六三八五人	一〇三五人	三二八二八一人
陝西	一四九一〇七人	一八一〇人	一三九人	一五一〇五六人
江蘇	三六九七三〇人	一二二〇五人	一三七九人	三七三三一四人
浙江	三五三一五四人	九二八五人	五一四人	三六二九五三人
安徽	七〇八四〇人	三三九三人	八八人	七四三二一人
江西	一三四一七二人	五五二九人	六二七人	一四〇三二八人
河南	二四八五二六人	五七二八人	六七六人	二五四九三〇人

湖北	二三二六一七人	五二五九人	一六六九人	二三九五四五人
湖南	二四四七六五人	一三〇六七人	一〇三二人	二五八八五五人
福建	一三九三三七人	五四七五人	六一六人	一四五四二六人
廣東	三六八六一六人	一〇五四七人	五三九人	三七九七〇二人
廣西	一六八五三八人	三九一一人	二三七人	一七二六七六人
甘肅	六九八八六六人	一六〇八人	七一人	七一〇五六五人
四川	五三五六〇三人	一一四八九人	一三八人	五四八四一〇人
貴州	六四一三八人	二二三五人	二八一人	六六六五四人
雲南	一九二九二七人	三五人	三二人	一九六八一〇人
蒙古				
新疆	四三二一人	五四人		四三六六人
西藏				
黑龍江		一〇六五人	一一七人	
奉天	三六二二七四人	五二八五人	二〇九人	三七二二〇二人

吉林		二一五九八人	九二八人	
熱河		四三九人		
綏遠	二六九〇〇人	一二七人		二七六二八八人
察哈爾		一六二人		
其他	五一三一六八七人	一三二四三二人	一九二八二人	四一八三四〇一人

清季教育。多取法於日本。張之洞所定學堂章程。最注重於讀經。以其爲中國文化之根本也。民國以來之教育。多取法於歐美。而中小學校之讀經。首先廢止。高等大學之經學科目、亦以次改革。急進之士。尤以反對孔子之學說、提倡後進。改造解放之聲。震於一時。於是有所謂新文化運動者。以排斥舊道德、改革舊文學、創造新民族、建設新國家爲目的。其他之主張革新而較爲平和者。則以提倡職業教育。施行選科制度。採取歐美最新之教學法、如設計教學及道爾敦制等。今方日進而未有艾焉。新文化之運動。始於北京大學。北京大學之歷史。亦吾書所不可不述也。時事新報載北京大學之成立及其沿革甚詳。茲節其要於左。

北京大學之成立及其沿革 光緒二十二年、侍郎李端棻疏請立大學於京師。二十四年、始由軍機處及總理衙門擬具大學章程八十餘條。呈請開辦。命孫家鼐爲管學大臣。即景山下馬神廟四公主府爲大學基址。置仕學院。令進士舉人出身各京曹入院學習。

庚子拳禍作。生徒四散。校舍封閉。大學停辦者二年。二十七年、張百熙被命爲管學大臣。延吳汝綸爲總教習。汝綸病卒。副總教習張鶴齡繼主教務。二十八年七月、奏定大學堂章程。十一月、開學招生。甄拔各省績學之士。風氣驟變。二十九年、張之洞奏上學堂章程。以總理學務大臣統轄全國學務。別設大學總監督。三十年正月、改刊管學大臣印爲京師大學堂總監督印。至是大學始成獨立機關。三十三年、劉廷琛爲總監督。宣統元年十一月、始籌辦分科。設經法文格致農工商七科。各科俱以預科及譯學館畢業學生升入。武昌起義。各科學生多有散歸者。民國成立。改稱北京大學校。總監督改稱校長。嚴復任校長。時學生增至八百十八人。至三年。胡仁源署校長。全校學生增至九百四十二人。四年、增至千三百三十三人。五年、增至千五百零三人。六年、胡仁源辭職赴美調查工業。蔡元培任大學校長。整頓校規。袪除弊習。停辦工農各科。專辦文理法三科。至六年暑假、全校學生增至二千人。校中又創設各會。如進德會、哲學會、理科化學演講會、雄辯會、音樂會、書法研究會、畫法研究會、體育會、技擊會、靜坐會、成美學會及閱書報社、學生儲蓄銀行、消費公社等。

北京大學之倡新文化。當民國七八年間。其時歐戰既平。巴黎和議將以青島付之日本。北京學生憤之。乃於八年五月四日、大舉示威運動。以驅除賣國賊曹汝霖、陸宗輿、章宗祥爲幟。迭經軍警干涉。而學生之氣不稍挫。於是五四運動之名詞。赫然爲教育界之一大事。

東方雜誌中國大事記。八年五月四日。北京中學以上各校生。因巴黎和會議定將青島讓與日本。非常憤激。於本日聚集數千人。排隊出行。爲一種示威運動。並四處分送傳單。手白布旗。書力爭山東問題、排除賣國漢奸、及賣國賊曹汝霖陸宗輿章宗祥等字。先至東交民巷各國公使署遞意見書。途經曹汝霖住宅。羣擁入質問。適回國駐日公使章宗祥在曹宅。被衆攢毆受傷甚重。尋曹宅火發。學生整隊散去。警察及步軍游擊隊捕去學生數十人。未幾即經保釋。事後交通總長曹汝霖、幣制局總裁陸宗輿、及教育總長傅增湘等均呈請辭職。國立北京大學校長蔡元培亦辭職出京。

後以政府財政困難。恆欠學校經費。國立諸校常感恐慌。而所倡之新文化。恆受社會之反對。其燄稍稍衰焉。

吾國敎育之不能普及。原因孔多。論者謂文字之艱深亦其一因。遂有改、造、漢、字、之、議。倡始於王照之官話字母及勞乃宣之簡字。

陳懋治統一國語問題五十年來國語問題及其改進之歷史。分爲四期。　第一期、用羅馬字母拼音代漢字。此期起原遠在明季。其時基督舊敎始來我國。歐西人士入我內地者。輒用羅馬字寫其地之方音。以便學習華語。有清一代。新舊兩敎敎徒來者益衆。於是此羅馬字拼中國音之法。傳播益廣。此類之書。今敎會中新舊都有出售。　第二期、白話書報初起。各地拼音文字之發生。此期大略在前清光緒甲午年以後。敎育普及之說、萌芽。是時。故白話書報往往出版於各大都會。而浙江之杭州白話報。北京之京話日報。其最著者也。又因基督敎所設學校。其敎科書頗用白話。於是亦有仿爲之者。是即今日學校用語體文之濫觴矣。至各地之造拼音文字者。首有廣東王炳燿氏。嗣有福建蔡毅若氏。而推行最廣者。爲直隸王照氏之官話字母。因官廳之提倡。北京天津東三省山西傳習者甚衆。其後浙江勞乃宣氏。用王氏字母改名簡字。奏設學堂於江寧。大江南北習之者亦不少民國二年、教育部召集讀音統一會。制定注音字母。至七年公布。

陳懋治統一國語問題民國元年十二月、教育部頒布讀音統一會章程。二年二月十五日開會。三閱月而會畢。製定注音字母三十有九。審定字音六千五百餘。會員七十九人。公議選用字母時頗多爭執、結果議決用固有之漢字。擇筆畫最簡單者。取其雙聲以爲聲母取其疊韻以爲韻母。其寫法則凡與楷書易混者、皆改用篆體。

又民國七年十一月、教育部公布注音字母

於是小學校之讀本、改國文爲國語。師範學校亦以國語與國文並教。然其始冀以省筆之字母、代繁筆之漢文者。後則變爲以俚俗之方言、代通行之文句。而讀音雖號統一。又有京音及國音之別。各成風氣。不相爲謀。統一之期。蓋有待也。

與改造漢字並時而興者。有中國、打字、機。而其原、則本於漢字之不可廢。

王汝鼎創製中國打字機圖說日本山本憲氏著有息邪一篇。篇中以中文與西文相較其便與利之點、悉屬中文。而不便與不利者、都係西文。因知中文爲現今世界最完善之一種文字。西文之勃興。徒以隨其國勢而然耳。故其斷案曰。中國文字不獨現今流行於東亞各國。他日必遍布於宇內。倡漢文廢止論者、妄也。倡漢字節減論者、亦妄也。讀者可參閱本誌第五十六期「芬若謫蘊論中國文字之優點」及第六十九期「論中國語言之足用及中國無哲學系統之故」兩篇。編者識。

初、美日兩國人。均思創造中文打字機。均未完善。有無錫周厚坤者。創造一機。能配置中文六千字。

王汝鼎創製中國打字機圖說、一美國教士之寓北京者、曰翕𦎺而特、於一八九九年創一打字機、左爲一直徑四尺之大平圓板、上置四千整形之中國字模、印附以其他成印之機件、惜尚未完全製成。又有一日本工程師、其機方在實驗中。又周君厚坤、一千九百十年留學美國意里那大學習鐵路工程科、明年轉學於波士頓麻省理工大學、改習機械造船兩科、一九一四年同時畢業、得機械造船兩學士位、一九一二年、創造中國打字機。其機內部有同式之圓筒四、每筒直徑三英寸、長十英寸、於其週圍約可配一千五百字、字之大小爲一英方寸四分之一、四筒共可配置六千字、此數可隨意增減、一十字機架支於兩端之機幹上、負此四筒、如太陽之環以行星焉。見東方雜誌十二卷十號。

周仍思實驗而再求改良、此可以見漢字之不適於用之說、未可盡信也。

歐戰以後、世界思潮回皇無主、吾國學者亦因之而靡所折衷、不但不慊於中國舊有之思想制度、亦復不滿於近世歐美各國之思想制度、故極端之改革派、往往與俄國之過激主義相近、次則誦述吾國老莊絕生之說、期反於原人社會、而抉破近世之桎梏、是亦時勢使然也、然因此現象、復生二種思潮、一則欲輸入歐美之眞文化、一則欲昌明吾國之眞文化、又以歐美人之自訟其短、有取法於吾國先哲之思

申報德國通信、德國近半世紀以來、因物質文明發達之故、一般人多趨重物質主義、而喪失精神生活、一部分有思想之青年、遂相約逃出物質、反於自然、於是所謂遊鳥及自由德意志青年等等團體發生、此等團員、大率衣履務尚儉樸、行動極求自由、其出版物中、曾有一文曰莊子解說中之道教、文中極推崇老子、並謂老子堪作彼輩唯一無二之大師云、現在德國智識階級中幾無一

人不知老子。除老派外。又有所謂孔派。凡屬國際青年團之人。幾無一人不知孔子。該團每次開會。往往先讀論語一節。頗似耶穌教徒之念聖經。至於演說。更屢次提及孔子。對於孔子文化所陶養之中國人。尤引為唯一無二之良友。（讀者可參閱本誌第五十四期「孔子老子學說對於德國青年之影響」一篇。編者識。）

而吾國人以昌明東方文化為吾人之大任之念。乃油然以生。

陳嘉異東方文化與吾人之大任篇。東方文化一語。其內涵之意義。決非僅如所謂國故之陳腐乾枯。精密言之。實含有中國民族之精神。或中國民族再興之新生命之義蘊。所謂吾人之大任一語。乃對吾民族而言。非對一二先哲為言。抑非僅對吾民族而言。實對世界人類而言。以故吾人今日所以振興東方文化之道。不在存古。乃在存中國。抑且進而存人類所以立於天壤之真面目。亦倘非保存國粹之說所得而自閾者也。（東方雜誌十八卷一號）

又進而以儒家之根本精神。為解決今世人生問題之要義。

梁啓超先秦政治思想史。吾儕確信人之所以異於禽獸者、在有其精神生活。但吾儕又確信人類精神生活、不能離卻物質生活而獨自存在。吾儕又確信人類之物質生活、應以不妨害精神生活之發展為限度。太豐妨焉。太嗇妨焉。應使人人皆為不豐不嗇的平均享用。以助成精神生活之自由而向上。吾儕認儒家解答本問題、正以此為根本精神。於人生最為合理。　吾儕今所欲討論者。在現代科學昌明的物質狀態之下。如何而能應用儒家之均安主義。使人人能在當時此地之環境中、得不豐不嗇的物質生活。實現而普及。換言之。則如何而能使吾中國人免蹈近百餘年來歐美生計組織之覆轍。不至以物質生活問題之糾紛、妨害精神生活之向上。此吾儕對於本國乃至對於全人類之一大責任也。

其思想之衝突而相成實一最奇幻之事也。

文化非一端可罄。學術亦非一事可概。近人提倡孔老哲學者。既由舊理想一變而為新理想。而研究考據之學者。又因交通之關繫物質之發展。亦陰受其賜。而有與世界各國學者共同研究之風。如殷虛之古甲骨。如漢晉之木簡。如敦煌石室之古寫本。既自清季發見。而中外學者聞聲相應。研尋考索。所得於古史上大有發明。故論者謂今日專門舊學之進步。實與羣衆普通舊學之退步為正比例。是亦一奇幻之事也。

東方雜誌十九卷第三號抗父氏最近二十年間中國舊學之進步。(一)殷商文字。光緒戊戌己亥間。河南安陽縣西北洹水崖岸為水所齧。土人得龜甲牛骨。上有古文字。估客攜至京。為福山王懿榮所得。庚子秋。王殉難。所藏悉歸丹徒劉鐵雲鶚。而洹水之虛土人於農隙掘地。歲皆有得。亦歸劉氏。光宣間所出。則大半歸於上虞羅叔言振玉。王氏所藏凡千餘片。劉氏藏三千餘片。羅氏藏二三萬片。其餘散在諸家者。當以萬計。而駐彰德之某國牧師（本誌編者按即英人明義士J. M. Menzies君）所藏亦近萬片。其拓墨影印成書者。有劉氏之鐵雲藏龜十冊。羅氏之殷虛書契前編八卷。後編二卷。殷虛書契菁華一卷。鐵雲藏龜之餘一卷。後英人哈同。復得劉氏所藏之一部八百片。印行戩壽堂所藏殷虛文字一卷。甲骨所刻。皆殷王室所卜祭祀伐征行幸田獵之事。其文字較比彝器尤古。且所裨益於文字學者尤大。(二)漢晉木簡。實英印度政府官吏匈牙利人斯坦因博士A. Stein之所發掘。博士於光緒壬寅癸卯間。曾游我國新疆天山南路。於和闐之南、發掘古寺廢址。得唐以前遺物甚夥。復於尼雅河之下流、獲魏晉間人所書木簡四十枚。博士所著于闐之故蹟 Ancient Khotan 中。曾揭其影本。法國沙畹教授 Ed. Chavannes 爲之箋釋。又於丁未戊申間。復游新疆全土及甘肅西部。於敦煌西北長城遺址、發掘兩漢人所書木簡約近千枚。復於尼雅河下流故址、得後漢人所書木簡十餘枚。於羅布淖爾東北海頭故城、得魏晉間木簡百餘枚。皆當時公牘文字及屯戍簿籍。其後日本大谷伯爵光瑞前後所派遣之西域探檢隊。僅於吐魯番近側、得魏晉間木簡三四枚而已。斯氏戊申年所得之木簡。沙畹教授復爲之考釋。影印成書。羅君復與海寧王靜安氏國維重加考訂。於甲寅之春。印以行世。爲流沙墜簡三卷、考釋三卷、補遺一卷、附錄二卷。(三)敦煌千佛洞石室所藏古寫書石室之開。蓋在光緒己亥庚子之際。然至光緒季年尚未大顯。至戊申歲、斯坦因博士與法國伯希和 P. Pelliot 先後至此。得六朝及隋唐人所寫卷子本書各數千卷。及古梵文古波斯文及突厥回鶻諸古國文字無算。始爲我國人所知。其留在石室者。尚近萬卷。後取歸學部所立之京師圖書館。前後復經盜竊。散歸私家者。亦數千卷。其中佛典居百之九。其四部書爲我國宋以後所久佚者。經部則有未經天寶改字之古文尚書孔氏傳。及陸氏尚書釋文、糜信春秋穀梁傳解釋、鄭氏論語注、陸法言切韻。史部則有孔衍春秋後語、唐時西州沙州諸圖經、慧超往五天竺國傳。子部則有老子化胡經、摩尼教經、景教經。集部則有玄諸集、雜曲子、及唐人通俗詩小說各若干種而已。逸四部書之不重要者、及大藏經論。尚不在此數。皆宋元以後所未見也。羅氏就伯氏所寄之影本。寫爲敦煌石室遺書。排印行世。越一年。復印行其影本、爲石室秘寶十五種。又十一年、癸丑。復刊行鳴沙石室逸書十八種。又五年、戊午。刊行鳴沙石室古籍叢殘三十種。及鳴河石室佚書讀編四種。又四年、辛酉。伯氏復以陸法言切韻三種影本寄羅君石印以行世。

又自民國初年農商部設立地質調查所。集中外地質學者。調查吾國之地史。而吾國未有史籍以前之器物。古始以來地層構造變化之狀。亦漸可說明其系統。而治斯學者。且出所得與萬國地質學者聚會而討論焉。是亦前此講學者之所未見。而實有所不逮者也。

自清嘉慶中。英人瑪禮遜來華傳教。爲耶穌教（即新教）傳入中國之嚆矢。

歐美人於中國之文化事業（日本山口昇著）對於支那人最初宣傳新教之教義者。有英國浸禮教會之瑪爾斯門 Joshua Marshman 氏。其人生於澳門。爲一美人之助手。嘗費十六年之功。以漢文譯新約聖經。然通常之說。則以一八〇七年九月一日到廣東之倫敦會之瑪禮遜 Robert Morrisson (1782—1834) 氏。爲對支那宣傳新教之嚆矢。

至道光中。五口通商。教士之來華者漸多。設立醫院及學校。從事布教事業。其勢漸軼於舊日天主教士之上。

山口昇歐美人於中國之文化事業一八四三年。開第一回宣教師大會於香港。出席宣教師之數。僅十五人。經二十年。至一八六五年。組織支那內地會。益進而宣傳於內地。其時宣教師之數。達一百十二名。教會正會員至三千一百三十二名。一八九〇年。開第三回宣教師大會於上海。其時宣教師之數。達一千二百九十六名。教會正會員共三萬七千二百八十七名。

庚子拳匪之亂。教會之進行雖似少挫。然辛丑議和之後。國人懲於前事。無敢非議耶教。甚且以入教求學得受歐美之文化爲榮而敎會之勢乃炎炎日上。

山口昇歐美人於中國之文化事業團匪事變聯軍佔領北京兩宮蒙塵處排外官吏以嚴罰償以鉅額之賠款使支那人感覺吸收泰西新文明之必要大促識者之覺醒從來向低級之支那人試行布敎之宣敎師於茲一變方針乃爲滿足此等支那人之希望爰以各敎會之合同及各科協會之力著手於支那之高等敎育一九〇七年於上海開新敎百年紀念據其報告一九〇五年宣敎師有三千四百四十五人敎會正會員有十七萬八千二百五十四人。

民國成立以來敎會之學者漸進而居於政治敎育之要地其勢益盛據一九一八年之調查其進步之速率及事業之廣被至可驚詫。

山口昇歐美人於中國之文化事業一九一八年之新敎大勢如下(一)布敎關係計外國宣敎師五九六一人華人宣敎師二三三四五人外人駐在地九四四處敎會正會員(受洗禮者)三一二九七〇人信徒六五四六五八人日曜學校四三〇一所日曜學生二一〇三九七八人華人捐款八四六七八七元(二)學校關係計大學校十八所大學學生七七二八人中學校二二八所中學學生一一八九二八人初等小學校五三二九所初等小學生一三八九四三人高等小學校五七三所高等小學生二〇八三二人師範學校一一九所師範學生三一二五人神學校三十所神學生六一〇人實業學校三二所實業學生一三七五人幼稚園七五五所幼稚園生三四九七八人孤兒院三十八所孤兒院生一一五八人外國男敎師四〇五人外國女敎師五九二人中國男敎師七六三五人中國女敎師二九九八人(三)醫療關係計外國男醫士二七〇人外國女醫士八十一人外國看護婦一六二人病院三三二

○所註冊診病者三二八五〇六七人。醫學校二十一所、醫學生男三八九人女六十三人。華人捐款八六二〇八六元。

民國十一年各地學生有非宗教同盟之舉。

東方雜誌時事日誌民國十一年三月十六日。世界基督教學生同盟定於本年四月一日在北京清華學校開第一次大會、同時上海方面發生非宗教學生同盟大運動。發表宣言通電全國學生。

而論者謂信仰基督教。視信仰近日各地新興之社院等。猶爲彼善於此。

梁啓超評非宗教同盟現在彌漫中國的下等宗教。什麼同善社、悟善社、五教道院等。其實狠猖獗。其勢力大於基督教不知幾十倍。其毒害是經過各個家庭。侵蝕到全國兒童的神聖情感。我們全國多數人在此等信仰狀態之下。實在沒有顏面和基督教徒爭是非。

蓋國事不甯。社會紊亂。國外之宗教。既挾其國力與其文化。乘我之隙而得我之民心。而迷信中國舊日之神教者。亦竊其法。欲假宗教之力以弭人心之不安。是皆時勢之所造成也。

（全書已完）

講肆舊稿。舛誤孔多。積年閣置。未皇改削。曩塞學衡。以充篇幅。非云問世。書局諸子復取紙版重印。徒爲世間增加覆瓿物耳。學殖稍進。增補要刪。期之異日。斯固未定本也。幸閱者諒之。

民國二十一年八月柳詒徵識

民国首版学术经典丛书第一辑

留欧外史（第一辑上编）/ 黎锦晖
清代学术概论 / 梁启超
中国目录学史 / 姚名达
理学纲要 / 吕思勉
中国殖民史 / 李长傅
白话本国史（四册）/ 吕思勉
近代中国留学史 / 舒新城
五十年来中国之文学、论文杂记 / 胡适、刘师培
历史研究法与中国文字变迁考 / 吕思勉
苏曼殊年谱及其他 / 柳亚子
中国商业史 / 王孝通
妙峰山 / 顾颉刚
中国文字学史（上下）/ 胡朴安

民国首版文学经典丛书第一辑

新月诗选 / 陈梦家
火灾 / 邱东平
我们的六月 / 朱自清
红的天使 / 叶灵凤
红雾 / 张资平
未完的忏悔录 / 叶灵凤
生死场 / 萧红
云游、志摩的诗 / 徐志摩
徐志摩选集 / 徐志摩
休息、给予者 / 王实味、欧阳山
迷羊 / 郁达夫
第七连 / 邱东平
弘一大师永怀录 / 弘一大师纪念会
石门集 / 朱湘
飞絮 / 张资平
鲁迅杰作选 / 鲁迅
胡适留学日记（四册）/ 胡适

民国首版学术经典丛书第二辑

东西文化及其哲学 / 梁漱溟
印度哲学概论 / 梁漱溟
中国历史研究法 / 梁启超
中国历史研究法补编 / 梁启超
中国小说史略 / 鲁迅
汉晋学术编年（四册）/ 刘汝霖
淮南鸿烈集解（上、下册）/ 刘文典
近代中国教育史料（四册）/ 舒新城
人生哲学（上卷）（上、下册）/ 李石岑
太炎文录续编（上、下册）/ 章太炎
中国百名人传（上、下册）/ 陈翊林
中国画学全史（上、下册）/ 郑昶
中国女性文学史（上、下册）/ 谭正璧
中国哲学史大纲（上卷）/ 胡适
中国文化史（上、下册）/ 柳诒徵
经学教科书 / 刘师培
中国学术史讲话 / 杨东莼
穆天子传西征讲疏 / 顾实
中国伦理学史 / 蔡元培
宋学概要 / 夏君虞

民国首版文学经典丛书第二辑

中国新文坛秘录 / 阮无名
曼殊六记 / 苏曼殊
英兰的一生 / 孙梦雷
一叶 / 王统照
新生代 / 齐同
二月 / 柔石
丽莎的哀怨 / 蒋光慈
苔莉 / 张资平
古庙集 / 章衣萍
海滨故人 / 庐隐
呼兰河传 / 萧红
公墓 / 穆时英
秋风集 / 章衣萍
囚绿记、龙山梦痕 / 陆蠡、徐蔚南
愤怒的乡村 / 鲁彦
泪珠缘（五册）/ 陈蝶仙
春醪集 / 梁遇春
缀网劳蛛 / 落华生
旧梦 / 刘大白
漩涡里外 / 杜衡
都市风景线 / 刘呐鸥
山野掇拾 / 孙福熙
西北远征记 / 宣侠父
花之寺 / 凌叔华
爱眉小札 / 徐志摩
怀旧集 / 柳亚子
音乐会小曲 / 陶晶孙

图书在版编目（CIP）数据

中国文化史：全2册 / 柳诒徵著．—上海：上海科学技术文献出版社，2015.4

（民国首版学术经典丛书．第2辑）

ISBN 978-7-5439-6554-6

Ⅰ．① 中… Ⅱ．①柳… Ⅲ．①文化史—中国 Ⅳ．① K203

中国版本图书馆 CIP 数据核字（2015）第 027220 号

责任编辑：张 树 王卓娅
封面设计：周 婧

中国文化史（上下册）
柳诒徵 著
出版发行：上海科学技术文献出版社
地 址：上海市长乐路 746 号
邮政编码：200040
经 销：全国新华书店
印 刷：上海中华商务联合印刷有限公司
开 本：850×1168 1/32
印 张：34.375
版 次：2015 年 4 月第 1 版 2015 年 4 月第 1 次印刷
书 号：ISBN 978-7-5439-6554-6
定 价：208.00 元
http://www.sstlp.com